Wörterbuch der Sozialpolitik

WÖRTERBUCH DER SOZIALPOLITIK

Herausgegeben von
Erwin Carigiet, Ueli Mäder, Jean-Michel Bonvin

Dieses Wörterbuch entstand auf Initiative der
Schweizerischen Vereinigung für Sozialpolitik (SVSP)
Association Suisse de Politique Sociale (ASPS)
am Lehrstuhl für Sozialarbeit und Sozialpolitik der Universität Freiburg i.Ü.

Rotpunktverlag

Wissenschaftliches Sekretariat:
Alessandro Pelizzari, Thérèse de Werra

Inhaltliche Koordination der Fachbereiche:
Isabelle Bohrer (Bildung); Jean-Michel Bonvin (internationale Institutionen); Claus-Heinrich Daub (Wirtschaftspolitik); Brigitta Gerber (Migration); Pierre Gobet (Gesundheit); Martin Imoberdorf (Soziale Arbeit); Carlo Knöpfel (Sozialhilfe); Stefan Kutzner (Familie); Manfred Neuhaus (Sozialforschung); Michael Nollert (Arbeit, Arbeitsmarkt); Hector Schmassmann (Armut, soziale Ungleichheit); Kurt Seifert (Alter); Ruedi Spöndlin (Gesundheit); Regula Villari (politisches System, Institutionen); Katrin Zehnder (Sozialrecht, Sozialversicherungen); Ludwig Zurbriggen (sozialpolitische und sozialwissenschaftliche Grundbegriffe).

© 2003 Rotpunktverlag, Zürich
www.rotpunktverlag.ch

Schlussredaktion: Karin Tschumper, Andreas Simmen, Barbara Sauser
Umschlag: Andi Gähwiler
Gestaltung & Satz: Tatiana Wagenbach-Stephan, Die Buchherstellung, Zürich
Druck und Bindung: fgb · freiburger graphische betriebe
ISBN 3-85869-253-0

Zum Geleit

Das *Wörterbuch der Sozialpolitik* ist auf Initiative der Schweizerischen Vereinigung für Sozialpolitik (SVSP) entstanden. Nebst dem Präsidenten der SVSP zeichnen die beiden Vorstandsmitglieder Prof. Ueli Mäder und Prof. Jean-Michel Bonvin für die Herausgabe verantwortlich. Die SVSP erhofft sich mit diesem Vorhaben – an der Schnittstelle zwischen Wissenschaft, Politik und Praxis – eine Bündelung des vorhandenen Wissens. Sie will mit dem Wörterbuch zu gezielter Reflexion und zum Wissens- und Erfahrungsaustausch in allen Bereichen der Sozialpolitik beitragen.

Das konkrete Ergebnis dieser Arbeit ist also
- ein lange schon erwartetes *Arbeitsinstrument* für die interessierten Kreise; dazu gehören insbesondere Politikerinnen und Politiker, Fachleute des Sozial- und Gesundheitswesens, Mitarbeiterinnen und Mitarbeiter öffentlicher Verwaltungen, Dozentinnen und Dozenten sowie Studierende der Sozialwissenschaften, der Rechtswissenschaften, Mitarbeitende von Nichtregierungsorganisationen sowie interessierte Laien,
- die Verwirklichung und Festigung eines *Netzwerkes* von Fachleuten aus Theorie und Praxis der Sozialpolitik, welches das bereits bestehende Netzwerk in der lateinischen Schweiz ergänzt.

Mir ist es ein Anliegen, allen Beteiligten im Namen der SVSP für ihre engagierte Mitarbeit zu danken:
- den Autorinnen und Autoren für die unentgeltliche Weitergabe ihres Wissens und ihrer Erfahrungen,
- dem eigens für das Wörterbuch am Lehrstuhl für Sozialarbeit und Sozialpolitik an der Universität Freiburg eingerichteten wissenschaftlichen Sekretariat unter der Leitung von Prof. Ueli Mäder, das für die notwendige Koordination und Kohärenz des Werks sorgte: lic. phil. I Alessandro Pelizzari und Thérèse de Werra,
- den 16 Redaktorinnen und Redaktoren, die in ihren Fachgebieten auf eine überzeugende Qualität der Beiträge achteten,
- den Donatoren, die mit ihrer finanziellen Unterstützung das wissenschaftliche Sekretariat erst ermöglichten (in alphabetischer Reihenfolge):
Bundesamt für Sozialversicherung (BSV), Bern
Migros-Kulturprozent, Zürich
Schweizerische Gemeinnützige Gesellschaft (SGG), Zürich
Georg und Bertha Schwyzer-Winiker Stiftung, Zürich
Stadt Winterthur
Stadt Zürich
- dem deutschsprachigen Lehrstuhl für Sozialarbeit und Sozialpolitik der Universität Freiburg i.Ü.,
- Prof. Jean-Pierre Fragnière, dem Vizepräsidenten der SVSP, der uns als Mitherausgeber des 2002 bereits in zweiter Auflage erschienenen *Dictionnaire suisse de politique sociale* anspornte und von seinen Erfahrungen profitieren liess, und ganz besonders
- dem Verlag Réalités sociales, Lausanne dafür, dass rund ein Drittel der Beiträge des vorliegenden Wörterbuchs aus dem *Dictionnaire suisse de politique sociale* ins Deutsche übersetzt und – im Sinne des wertvollen sprachübergreifenden Wissens- und Erfahrungsaustausches – in das deutschsprachige Werk übernommen werden konnten,
- dem Rotpunktverlag für seine professionelle Unterstützung.

Im Zweckartikel ihrer Statuten vom 23. Juni 1926 verpflichtet sich die Schweizerische Vereinigung für Sozialpolitik, »den Gedanken der fortschrittlichen Sozialpolitik in weitere Kreise zu tragen und an dessen Förderung auf nationalem und internationalem Boden mitzuarbeiten«. In den 75 Jahren ihres Bestehens hat die SVSP Anstösse zur Entwicklung der Sozialpolitik gegeben, sie begleitet, gefördert, kritisiert. Das *Wörterbuch der Sozialpolitik* ist zugleich eine Fortsetzung dieser Tradition und ein Höhepunkt in der Geschichte der SVSP.

Dr. Erwin Carigiet,
Präsident Schweizerische Vereinigung für Sozialpolitik (SVSP)

Einleitung der Herausgeber

Die Sozialpolitik ist als Ganzes zu sehen. Diese Optik hat in den letzten Jahren an Bedeutung gewonnen, denn es zeigt sich, dass eine segmentierte Betrachtungsweise nicht zu tragfähigen Lösungen sozialer Probleme führen kann. Es geht darum,
- die Zusammenhänge zwischen den verschiedenen sozialen Fragen und Risiken zu erkennen, zu analysieren,
- sich interdisziplinär mit ihnen auseinander zu setzen, damit
- zu einer Gesamtschau der sozialen Sicherheit zu kommen und
- alle Beteiligten (Politik, Wissenschaft, Praxis) in die Suche nach innovativen Lösungen einzubeziehen.

Die Sozialpolitik betrifft alle Einwohnerinnen und Einwohner. Sie ist ein wesentlicher Teil der Gesellschaftspolitik. Die Einrichtungen der sozialen Sicherheit sind zu einem tragenden Element der modernen Gesellschaften geworden. Für die Auseinandersetzung mit einer derart komplexen Materie, wie es die soziale Sicherheit ist, wird das *Wörterbuch der Sozialpolitik* wertvolle Hilfe leisten.

Das *Wörterbuch der Sozialpolitik* vereinigt die Fachkompetenz und Erfahrung von 337 Autorinnen und Autoren sowie weiteren Beteiligten zu einem umfassenden Nachschlagewerk. Die Beiträge zu 758 Stichworten aus allen Gebieten der Sozialpolitik sind alphabetisch gegliedert. Am Ende jedes Beitrags stellen die *Verweise* wichtige Querverbindungen her; mit den *Literaturhinweisen* und der Angabe von *Internetseiten* wird die Vertiefung des Wissens vereinfacht. Eine Autorinnen und Autorenliste sowie Aufstellungen mit wichtigster Fachliteratur und bedeutenden Fachzeitschriften am Schluss des Wörterbuchs erhöhen den Nutzen für die Lesenden.

Trotz der bewussten Interdisziplinarität bei der Wahl der Autorinnen und Autoren sowie der großen Breite des aufbereiteten Wissens ist es möglich, dass noch Lücken oder Ungenauigkeiten bestehen. Die Leserinnen und Leser sind freundlich eingeladen, diese zu melden:

Schweizerische Vereinigung für Sozialpolitik (SVSP)
Postfach 85
3003 Bern 13
E-Mail: carigiet@svsp.ch
Website: www.svsp.ch

Wir sind dankbar für Hinweise und Ergänzungen jeder Art, die in einer späteren Auflage berücksichtigt werden können. Die Mitarbeit der Lesenden ist wertvoll. Aus dem Dialog mit Wissenschaft und Praxis können neue wichtige Erkenntnisse der interessierten Öffentlichkeit erschlossen werden.

Erwin Carigiet, Ueli Mäder, Jean-Michel Bonvin

Introduction

La politique sociale concerne directement et concrètement toutes les personnes résidant en Suisse. Elle constitue à ce titre un des fondements majeurs de l'intégration sociale de notre pays en donnant un sens concret et vécu au quotidien à la solidarité qui relie ses habitants, quelle que soit leur communauté linguistique.
Au travers de chacune de ses actions, l'Association Suisse de Politique Sociale cherche à prolonger cette fonction d'intégration sociale caractéristique de la politique sociale, notamment en favorisant les liens entre la politique, l'administration et l'académie, en levant les cloisons séparant les diverses disciplines universitaires et, *last but not least*, en s'efforçant de surmonter les barrières élevées par les frontières linguistiques.
A ce dernier titre, nous nous réjouissons tout particulièrement de la qualité de la collaboration tissée avec nos partenaires romands et tessinois dans le cadre de la préparation du présent ouvrage. La version romande du *Dictionnaire suisse de politique sociale* en est à sa deuxième édition, elle a débouché sur la publication d'un volume considérable de connaissances et sur la constitution d'un réseau significatif de compétences qui a été spontanément ct bénévolement mis à disposition de l'équipe chargée de l'édition du dictionnaire germanophone. L'esprit qui a présidé à cette collaboration entre communautés linguistiques, dont on sait bien à quel point elle n'est pas toujours évidente dans notre pays, s'est signalé par la grande ouverture et disponibilité de tous les partenaires qui n'ont jamais cherché à poser quelque condition que ce soit à leur collaboration.
Que les Éditions Réalités sociales, ainsi que Jean-Pierre Fragnière et Roger Girod (les éditeurs du dictionnaire francophone) trouvent ici l'expression de notre gratitude chaleureuse, qui va aussi à tous les auteurs de l'édition romande qui ont accepté que leurs concepts soient traduits ou adaptés dans le dictionnaire germanophone. Grâce à eux, un réseau d'échanges fructueux s'est constitué, qui voit les chercheurs de tous horizons disciplinaires et de toutes communautés linguistiques entrer dans une démarche de collaboration très féconde.
La coopération tissée autour des versions francophone et germanophone du dictionnaire de politique sociale est maintenant appelée à se prolonger et se renforcer à l'occasion de la préparation des prochaines éditions. Le présent ouvrage constitue ainsi un pas significatif dans la direction tracée par les Statuts de l'Association Suisse de Politique Sociale.

Jean-Michel Bonvin, Erwin Carigiet, Ueli Mäder

Für Einsteigerinnen und Einsteiger: Schlüsselbegriffe der Sozialpolitik

Die nachfolgende Stichwortliste soll den ersten Einstieg in das Wörterbuch erleichtern. Die jeweils 4 bis 6 nach 15 Fachbereichen ausgewählten Schlüsselbegriffe dienen als »Wegweiser« zu weiterführenden Recherchen.

1. Sozialpolitik (allgemein)
Soziale Sicherheit – Sozialpolitik – Sozialstaat – Sozialverfassung – Wohlfahrt – Zivilgesellschaft
2. Soziologische Grundbegriffe
Chancengleichheit – Gerechtigkeit – Sozialer Zusammenhalt – Sozialisation – Sozialstruktur
3. Sozialrecht, Sozialversicherungen
AHV/IV – Arbeitslosenversicherung – Krankenversicherung – Sozialrecht – Unfallversicherung
4. Sozialhilfe
Schweizerische Konferenz für Sozialhilfe (SKOS) – Sozialhilfe – Sozialhilfeprinzip – Sozialwesen
5. Soziale Arbeit
Betreuung/Begleitung (soziale) – Schulsozialarbeit – Soziale Arbeit – Soziokulturelle Animation – Unterstützungssystem
6. Sozialforschung
Evaluation – Sozialforschung – Sozialplanung – Sozialstatistik – Umfragen/Umfrageforschung
7. Wirtschaftspolitik
Budgetpolitik – Finanzierung der sozialen Sicherheit: Wirtschaftliche Aspekte – Nachhaltigkeit – Steuerpolitik – Wirtschaftspolitik
8. Politisches System, nationale und internationale Institutionen
Bundesamt für Sozialversicherung – Europäische Union – Gewerkschaften – Organisation der Vereinten Nationen (UNO) – Wirtschaftsverbände (Arbeitgeberorganisationen)
9. Arbeit, Arbeitsmarkt
Arbeit – Arbeitsbedingungen (-belastungen) – Arbeitsbeziehungen – Arbeitslosigkeit – Arbeitsmarkt – Unbezahlte Arbeit/Freiwilligenarbeit/Ehrenamt
10. Armut, Ausgrenzung, soziale Ungleichheit
Armut – Ausgrenzung – Einkommensumverteilung – Reichtum – Soziale Ungleichheiten
11. Migration, Rassismus
Asylpolitik – Illegale Migration (Sans-Papiers) – Integrationspolitik – Migrationspolitik – Rassismus
12. Bildung
Berufsbildung – Bildung(spolitik) – Politische Bildung – Schulsystem – Weiterbildung
13. Gesundheit
Gesundheit – Gesundheitswesen(s) (Finanzierung des) – Krankenkassen – Pflege – Prävention
14. Kindheit, Jugend, Familie
Existenzsicherung (der Familie) – Familienpolitik – Gleichstellung von Mann und Frau – Jugendpolitik – Kinderpolitik
15. Alter
Altersarmut – Alterspolitik – Pensionierung (Rentenalter) – Sterbehilfe – Ungleichheit zwischen den Generationen

Abweichendes Verhalten (Devianz)

Abweichendes Verhalten (Devianz) ist ein Verhalten, das die Verletzung sozialer Normen sowie Sanktionen impliziert. Dieses Verhalten lässt sich nicht durch bestimmte charakteristische Merkmale, die ihm intrinsisch wären, sondern nur unter Bezug auf die soziale Reaktion, die damit verbunden ist, definieren. »Unter diesem Gesichtspunkt ist die Anormalität des Verhaltens das Produkt der Institutionen, die beauftragt sind, sich mit ihr zu befassen, nicht aber eine tadelnswerte Haltung, welche die Wirkung registrierter und messbarer sozialer Ursachen wäre« (Ogien 1995, 69). Abweichendes Verhalten beinhaltet somit die Dialektik zwischen dem Individuellen und dem Kollektiven, zwischen der Normalität und dem Außergewöhnlichen. Die Einhaltung der Norm und die Sanktion haben transaktionalen Charakter, damit mündet jede Diskussion über abweichendes Verhalten notgedrungen in eine Debatte um die konstitutiven Elemente der gesellschaftlichen Ordnung. Tatsächlich fördert die soziale Reaktion auf abweichendes Verhalten die Werte und Zwänge zutage, welche dem Anpassungsmuster Konformität zugrunde liegen. So widmen sich die meisten Studien zur Devianz der Frage, welche Bedeutung die sanktionierenden Organe den Kriterien zur Definition konformen Verhaltens beimessen. Dies beinhaltet auch eine Fragestellung, welche die Beziehungen zwischen Autorität (Legitimität) und Macht (Legalität) behandelt. Diese Fragestellung erlaubt es u.a. zu verstehen, warum es keine erschöpfende Definition des Begriffs des abweichenden Verhaltens gibt. Zur Erforschung abweichenden Verhaltens gehört deshalb auch die Untersuchung der Logik unterschiedlicher sozialer Situationen, auf welcher der gesellschaftliche Zusammenhalt beruht.

Abweichendes Verhalten ist ein universales Phänomen. Was sich von einer historischen Epoche zur andern und von einer Gesellschaft zur andern verändert, sind kurz aufgezählt folgende Dinge: 1. die als abweichend bezeichneten Verhaltensweisen; 2. die Kategorien der Personen, die als Abweichler angesehen werden; 3. die Organe, die für die Sanktionierung devianter Handlungen zuständig sind; 4. die Formen der Reaktionen auf abweichendes Verhalten; 5. die Rechtfertigungen der Sanktionen, die auf die deviante Handlung angewandt werden; und 6. die Folgen dieser Reaktionen für die deviante Person und die Gesellschaft (Suchar 1978, 7). Es ist deshalb verständlich, dass in der sozialen Definition eine sehr hohe Zahl von Handlungen als deviant beurteilt wird.

Die Soziologie des abweichenden Verhaltens untersucht nicht nur das kriminelle und delinquente Verhalten, sondern auch Phänomene wie den Selbstmord, den Drogenkonsum, den Alkoholismus, die Ehescheidung, die soziale Marginalität usw. Sie steht damit in enger Verbindung mit der Erforschung sozialer Probleme und richtet ihr Interesse auf Subkulturen sowie auf gesellschaftliche Reaktionen in Bezug auf abweichendes Verhalten. Zwei Paradigmen koexistieren heute in der Devianzforschung. Das erste umfasst die äthiologischen Theorien, die abweichendes Verhalten als ein wirklich reales Phänomen begreifen. In diesem Fall befasst sich der Soziologe vor allem mit den Ursachen, die den Schritt zur devianten Handlung erklären. Das zweite Paradigma orientiert sich an der interaktionistischen Methode. Hier wird abweichendes Verhalten konzipiert als das Produkt der Etikettierung von Verhaltensweisen, als das Resultat des Ordnens der Welt. Abschließend seien die wichtigsten Devianztheorien der Gegenwart genannt: 1. Anomietheorie; 2. Theorie der differenziellen Assoziation; 3. Theorie der abweichenden Subkultur; 4. Etikettierungstheorie *(labeling approach).*

Literatur
Albert Ogien, *Sociologie de la déviance*, A. Colin, Paris 1995; – Charles S. Suchar, *Social Deviance. Perspectives and Prospects*, Holt, Rinehart & Winston, New York 1978; – Martine Xiberras, *Les théories de l'exclusion. Pour une construction de l'imaginaire de la déviance*, Méridiens Klincksieck, Paris 1994.
Verweise
Kriminalität – Soziale Kontrolle – Sozialer Zusammenhalt – Stigma

Riccardo Lucchini

Adoption

Während früher das Motiv einer Adoption hauptsächlich in der Kinderlosigkeit der Adoptiveltern lag, steht heute das Wohl des Kindes im Mittelpunkt. Ein Kind darf nur adoptiert werden, wenn dadurch die Voraussetzungen für seine Persönlichkeitsentwicklung verbessert werden. Die Adoption eines unmündigen Kindes (das heißt unter 18 Jahren) durch Ehegatten ist dabei die übliche Form. Voraussetzung ist, dass diese bereits 5 Jahre verheiratet und mindestens 35 Jahre alt sind. Für eine Einzeladoption (durch eine ledige, verwitwete oder geschiedene Person) wird dasselbe Mindestalter gefordert, ansonsten bestehen keine besonderen Voraussetzungen. Die Adoption von Mündigen oder Entmündigten unterliegt dagegen erschwerten und strikten Voraussetzungen.

Wenn das Kind bereits urteilsfähig ist, muss seine Zustimmung zu einer Adoption gegeben sein. Auf jeden Fall bedarf die Adoption der Zustimmung der leiblichen Eltern. Mit der Adoption geht das Sorgerecht der leiblichen Eltern auf die Adoptiveltern über. Das Kind erhält eine Rechtsstellung, als wäre es als Kind der Adoptiveltern geboren. Die Adoption betrifft meistens ein fremdes Kind (Fremdadoption), zuweilen auch das Kind der Ehepartnerin oder des Ehepartners (Stiefkindadoption). Bei einer gewünschten Fremdadoption handelt es sich oft um Kinder aus dem Ausland, vor allem aus ärmeren Ländern, weil im Inland die Zahl der zur Adoption freigegebenen Kinder nicht sehr hoch ist. Um einem Missbrauch in der Adoptionsvermittlung vorzubeugen (die Freigabe eines Kindes zur Adoption aus finanziellen Gründen oder eine beschleunigte Adoptionsvermittlung durch zusätzliche Bezahlung usw.), wird die Vermittlung durch die Kantone beaufsichtigt. Mit der 1998 gegründeten Konferenz der Adoptionsvermittlungsstellen der Schweiz (KAVS) wird versucht, der fehlenden Oberaufsicht auf Bundesebene entgegenzuwirken. Auf internationaler Ebene führte die mit der weltweiten Entwicklung verbundene Problematik des Missbrauchs 1993 zur Verabschiedung des Haager Übereinkommens über die internationale Adoption.

Dasselbe Übereinkommen hat zusammen mit der 1989 verabschiedeten UNO-Kinderrechtskonvention das im ZGB verankerte Adoptivgeheimnis maßgeblich beeinflusst. Das Recht des Adoptivkindes auf Kenntnis seiner leiblichen Eltern wurde, gestützt auf diese Abkommen, im Rahmen der ZBG-Revision umgesetzt. Im Rahmen des Adoptionsgeheimnisses darf die Identität der Adoptiveltern ohne ihre Zustimmung den leiblichen Eltern des Kindes weiterhin nicht bekannt gegeben werden.

Literatur
Cyril Hegnauer, *Grundriss des Kindsrechts*, Stämpfli, Bern 1999; – Per Tuor, Bernhard Schnyder, Alexandra Rumo-Jungo, *Das schweizerische Zivilgesetzbuch*, Schulthess, Zürich 2002.
Verweise
Elterliche Sorge – Familienzulagen – Kindesschutz (Maßnahmen) – Kindesschutz (Teil des Kindesrechts)

Tanja Zangger

Agismus

Die Diskriminierung einer Bevölkerungsgruppe aufgrund des Kriteriums Alter wird seit den 1960er-Jahren als Agismus (englisch *ageism*) definiert. Der Begriff wird vor allem zur Bezeichnung der weit verbreiteten negativen Voreingenommenheit gegenüber älteren Menschen verwendet. So werden älteren Menschen in Abhebung von jungen, leistungsorientierten Menschen vielfach nur negative Attribute zugeteilt (Abhängigkeit, Einsamkeit, körperlicher und geistiger Zerfall). Frühere Generationen kannten andere Altersbilder, die heute vorherrschenden sind weitgehend defizitorientiert. Diese Einschränkung hat Auswirkungen auf das Wohlbefinden der Betroffenen, die sich – mangels positiver Alternativen – an den destruktiven Altersstereotypen orientieren und diese somit reproduzieren und verstärken. Agismus kann durch andere Diskriminierungsformen wie z.B. Sexismus oder Rassismus verstärkt werden.

Der Kampf gegen Agismus besteht in der Konstruktion, Unterstützung und Akzeptanz von ressourcenorientierten, permissiven Altersmodellen, die den vielfältigen individuellen Bedürfnissen der älteren Menschen gerecht werden. Sie sollen, wie andere Bevölkerungsgruppen, die Möglichkeit zur selbstbestimmten Lebensführung haben (Wahl der sozialen Kontakte, der Sexualität, der Wohnform, der Freizeitgestaltung usw.).

Literatur
Robert N. Butler, »A Disease Called Ageism«, in: *Journal of the American Geriatrics Society*, Nr. 38, 1990, S. 178–190; – Pasqualina Perrig-Chiello, »Alt, zänkisch und kein bißchen weise? Fakten und Artefakte zum Älterwerden von Mann und Frau«, in: *Medical Tribune. Kolloquium – Wissenschaft für die Praxis*, Nr. 20, 2000, S. 36–38; – Bernadette Puijalon, Jacqueline Trincaz, *Le droit de vieillir*, Fayard, Paris 2000.
Verweise
Alter – Diskriminierung

Dominique Kern

AHV/IV

Die Eidgenössische Alters- und Hinterlassenenversicherung (AHV) ist der Kern der Altersvorsorge in der Schweiz. Sie richtet hauptsächlich zwei Renten aus, eine für Pensionierte, die andere für Hinterlassene. Die Altersrente soll einen finanziell weitgehend unabhängigen Rückzug aus dem Berufsleben ermöglichen. Die Hinterlassenenrente will verhindern, dass zum menschlichen Leid, das der Tod eines Elternteils oder Ehegatten über eine Familie bringt, auch noch eine finanzielle Notlage hinzukommt.

Der Verfassungsartikel zur Schaffung der AHV wurde 1925 angenommen, nachdem eine bereits 1912 eingereichte Motion zur Gründung einer eidgenössischen Alters- und Invalidenversicherung erst 1918 für erheblich erklärt worden war. Es dauerte dann nochmals 22 Jahre bis zum Erlass des Ausführungsgesetzes: In einer Volksabstimmung sprachen sich 1947 fast 80 Prozent der Stimmenden für das AHV-Gesetz aus, das 1948 in Kraft gesetzt werden konnte.

Die Invalidenversicherung (IV) trat 1960 in Kraft. Sie wurde für die beruflich aktive Bevölkerung geschaffen. Die IV gewährt Leistungen, wenn die Erwerbsfähigkeit aus gesundheitlichen Gründen stark eingeschränkt oder verunmöglicht ist. Sie hat die (Wieder-)Eingliederung in ein selbstbestimmtes Berufs- und Sozialleben zum Ziel.

AHV und IV bilden zusammen die Erste Säule des so genannten Drei-Säulen-Systems. Gemäß Verfassungsauftrag sollen die Rentenleistungen dieser beiden Versicherungen den Existenzbedarf angemessen decken. In besonderen Fällen helfen außerdem die Ergänzungsleistungen (EL), den nötigen Lebensbedarf zu finanzieren.

Die Erste Säule wird ergänzt durch die Zweite Säule, die berufliche Alters-, Hinterlassenen- und Invalidenvorsorge (BVG). Die Erste Säule ist für alle obligatorisch. Die allgemeine Beitragspflicht beginnt nach Vollendung des 20. Altersjahrs, für Erwerbstätige bereits nach Vollendung des 17. Altersjahres. Die AHV wird im so genannten Umlageverfahren finanziert: Innerhalb der gleichen Zeitperiode werden die eingenommenen Beiträge für Leistungen an die Rentenberechtigten wieder ausgegeben, also »umgelegt«.

Der Bundesrat und im Speziellen das Bundesamt für Sozialversicherung (BSV) beaufsichtigen die AHV. Durchführungsorgane sind die AHV-Ausgleichskassen. Ihnen obliegt das Einziehen der Beiträge und das Auszahlen der Versicherungsleistungen. Die rund 100 Kassen werden von Verbänden, Kantonen sowie vom Bund getragen. Die Mitwirkung der Arbeitgeber, insbesondere beim Einzug der Beiträge der Arbeitnehmer, ist gesetzlich vorgeschrieben. Die Zentrale AHV-Ausgleichsstelle in Genf waltet als Verbindungsglied zwischen den AHV-Kassen. Sie führt ein zentrales Versicherten- und Rentenregister sowie die Buchhaltung des AHV-Ausgleichsfonds.

Literatur
Bundesamt für Sozialversicherung (Hrsg.), *Die AHV. Ein Stück soziale Schweiz*, BSV, Bern 1998; – Eidgenössisches Departement des Innern (Hrsg.), *Die längerfristigen Perspektiven der AHV bis zum Jahr 2025*. Aussprachepapier, EDI, Bern 2000; – Rudolf Rechsteiner, *Sozialstaat Schweiz am Ende?*, Unionsverlag, Zürich 1998.
Internet
www.bsv.admin.ch
Verweise
Alter – Altersarmut – Altersrenten – Berufliche Vorsorge – Bundesamt für Sozialversicherung – Drei-Säulen-Prinzip – Ergänzungsleistungen zur AHV/IV – Invalidenrenten – Seniorinnen und Senioren – Umlageverfahren

Kurt Seifert

AIDS/HIV

Anfang der 1980er-Jahre erkrankten in den USA zahlreiche Menschen an seltenen Infektionen, die von banalen Mikroben hervorgerufen werden, die nur bei geschwächter Immunabwehr Krankheitssymptome verursachen. Betroffen waren vorwiegend jüngere männliche Homosexuelle, Gebraucher intravenös gespritzter Drogen und Hämophile, die Blutprodukte benötigt hatten. Ab 1982 traten auch in Europa derartige Krankheitsfälle auf. Das Center of Disease Control in Atlanta (USA) gab der Erscheinung den Namen AIDS (*Acquired Immune Deficiency Syndrome*, erworbenes Immunschwächesyndrom). Bereits 1983 konnte das ursächliche Virus identifiziert werden, das HIV (*Human Immunodeficiency Virus*). Es wird vor allem durch Sexualkontakte und Kontakt mit infiziertem Blut übertragen. Ebenfalls fest stand, dass AIDS mit an Sicherheit grenzender Wahrscheinlichkeit zum Tod führt. Eine Therapie oder eine Impfung stehen der Medizin bis heute nicht zur Verfügung. Umso mehr Gewicht kam deshalb der Verhinderung von Ansteckungen zu. Die zentralen Präventionsbotschaften lauteten und lauten immer noch *safer sex* (bei wechselnden Sexualpartnern immer Präservativ) und saubere Spritzen beim intravenösen Drogenkonsum. Die Schweiz nahm bei der Entwicklung und Durchführung der Prävention eine beispielhafte Vorreiterrolle ein. Dabei spielten Selbsthilfegruppen der Betroffenen, hauptsächlich der Homosexuellen, eine wichtige Rolle. Die Kampagnen trugen nachgewiesenermaßen wesentlich zur Verminderung von Neuansteckungen bei. Sie stießen aber teilweise auf Widerstand, weil sie außereheliche Sexualkontakte und den Konsum illegaler Drogen zum öffentlichen Thema machten. Die Liberalisierung der Drogenpolitik ab Mitte der 80er-Jahre (Gassenzimmer, Abgabe sauberer Spritzen) wäre ohne die Bedrohung durch AIDS kaum möglich gewesen. In den Diskussionen um AIDS prallten repressive und liberale Vorstellungen aufeinander. Es gab Stimmen, welche Zwangs-HIV-Tests sowie die Einsperrung und Stigmatisierung von HIV-Infizierten forderten. Praktisch überall in Europa setzte sich jedoch eine liberale Präventionsstratgie durch, welche die Solidarität mit den Betroffenen betonte und jeden Zwang ablehnte.

Bis Anfang der 90er-Jahre konnten lediglich die Komplikationen der Krankheit (Sekundärinfektionen) bekämpft werden. Seit Mitte der 90er-Jahre gibt es Medikamente, die – wenn auch mit vielen Nebenwirkungen – ein längerfristiges Überleben von AIDS-Kranken ermöglichen. In den entwickelten Industrieländern sind die AIDS-Todesfälle deswegen drastisch zurückgegangen (in der Schweiz von über 600 in den Jahren 1993–1995 auf unter 100 im Jahre 2000). Dafür scheinen die Gebote der Prävention nicht mehr so ernst genommen zu werden. Im Jahre 2001 nahm die Zahl der Ansteckungen in der Schweiz erstmals wieder zu. Mit der Entwicklung wirksamer Medikamente wandelte sich AIDS von einer tödlichen Bedrohung zu einer eher chronischen Krankheit, die wegen den hochkomplexen Therapieschemata wieder stärker in den Verantwortungsbereich der Medizin überging. Eine tödliche

Katastrophe ist AIDS jedoch nach wie vor in den Ländern des Südens, wo die erwähnten Medikamente nicht verfügbar sind.

Literatur
Rolf Rosenbrock, Françoise Dubois-Arber, Doris Schaeffer, Martin Moers, Patrice Pinell, Michel Setbon, »Die Normalisierung von Aids in Westeuropa«, in: *Soziale Medizin*, Nr. 2, S. 41 ff., und Nr. 3, S. 41 ff., 2001.
Internet
www.aidsnet.ch
www.bag.admin.ch
Verweise
Kontakt- und Anlaufstellen für Drogenkonsumierende (Gassenzimmer) – Public Health

Daniel Gelzer, Ruedi Spöndlin

Alimente

Alimente sind materielle Unterhaltsbeiträge, die gezahlt werden an uneheliche oder aus geschiedenen bzw. getrennten Ehen stammende Kinder sowie an geschiedene oder in ehelicher Trennung lebende Personen (fast ausschließlich Frauen).

Kinderalimente werden bis zur Volljährigkeit bzw. bis zum Abschluss der ersten Berufsausbildung vom nicht obhutsberechtigten Elternteil entrichtet. Die Alimentenhöhe wird von den Eltern in der Regel in einer gemeinsamen schriftlichen Vereinbarung festgelegt, die jedoch von der Vormundschaftsbehörde oder vom Gericht bestätigt werden muss. Als Faustregel gilt, dass die Kinderalimente bei einem Kind 15 bis 17 Prozent, bei zwei Kindern 25 bis 27 Prozent des steuerbaren Einkommens betragen sollten. Der alimentenverpflichtete Elternteil ist jedoch gehalten, sich an über den alltäglichen Unterhalt hinausgehenden notwendigen Ausgaben (Zahnbehandlung, Nachhilfeunterricht) angemessen zu beteiligen. Herabgesetzt werden können die zu zahlenden Alimente nur durch Gerichtsbeschluss, wobei ausschließlich die Veränderung der wirtschaftlichen Verhältnisse des alimentenverpflichteten Elternteils als Grund anerkannt wird. In der Regel decken die gezahlten Alimente keineswegs den materiellen Unterhaltsbedarf, sodass der obhutsberechtigte Elternteil, fast immer die Kindsmutter, zusätzlich zu den Betreuungs- und Erziehungsaufgaben erheblich zur Deckung des materiellen Unterhaltes beitragen muss. Kommt der Alimentenzahler seinen Unterhaltsverpflichtungen nicht nach, so können die Alimente ganz bzw. teilweise von den Inkassostellen der Sozialdienste bevorschusst werden. Die Unterhaltspflicht für Kinder ist geregelt im Schweizer Zivilgesetzbuch (Art. 276–295).

Im Scheidungsfall sind Alimente an die Ex-Gattin (oder den Ex-Gatten) zu entrichten, wenn es ihr (ihm) nicht zuzumuten ist, für den Lebensunterhalt selbst aufzukommen. Der nacheheliche Unterhalt ist geregelt im Schweizer Zivilgesetzbuch (Art. 125–132).

Internet
www.svamv-fsfm.ch
Verweise
Alimentenbevorschussung – Scheidung – Unterhaltspflicht

Stefan Kutzner

Alimentenbevorschussung

Allen Personen, die eine rechtlich gültige Verfügung vorweisen können, wird von den jeweiligen Sozialdiensten eine kostenlose und adäquate Hilfe bei der Eintreibung der Unterhaltszahlungen geboten. Das kann eine vollständige oder partielle Bevorschussung dieser Zahlungen sein, unter Berücksichtigung der Einkommens- und Vermögensverhältnisse und zu kantonal unterschiedlichen Bedingungen.

In den vergangenen Jahren haben mehrere Kantone diese Hilfe eingeschränkt, insbesondere unter dem Druck der massiven finanziellen Probleme der öffentlichen Hand und unter dem Vorwand, der Begriff Bevorschussung würde eine zumindest teilweise Rückzahlung implizieren. Diese Kantone boten die Hilfe früher zeitlich unbeschränkt an – maßgebend war nur die Gültigkeitsdauer der rechtlichen Verfügung –, während sie heute die Bevorschussung nach einer gewissen, kantonal unterschiedlichen Dauer einstellen, wenn ersichtlich ist, dass der Schuldner zahlungsunfähig oder sein Aufenthaltsort unbekannt ist.

In berechtigten Fällen übernimmt danach die Sozialhilfe die Zahlungen. Ein wesentlicher Nachteil dieser Lösung ist, dass die Gläubigerin bezüglich Unterhaltszahlungen unmerklich zur Schuldnerin in Bezug auf Fürsorgeleistungen wird. Diese Entwicklung ist unter mehreren Gesichtspunkten fragwürdig, denn die Unterstützung der öffentlichen Hand ist gerade in den Fällen am nötigsten oder gar unabdingbar, in denen der Zahler definitiv ausfällt. Wenn die Ressourcen der Gläubigerin »unglücklicherweise« etwas höher liegen als die Schwelle für Fürsorgeleistungen, wird damit eine prekäre Situation geschaffen, die an Armut grenzt.

Literatur
Valy Degoumois, *Pensions alimentaires, aide au recouvrement et avance, application des art. 290 et 293 CCS*, Médecine et Hygiène, Genève 1982; – Pierre Gilliand et al., *Pensions alimentaires, pratiques et enjeux*, Réalités sociales, Lausanne 1985.
Verweise
Alimente – Einelternfamilie – Scheidung – Sozialhilfe (im weiteren Sinne) – Unterhaltspflicht

Jean-Claude Knutti

Alkoholismus

Die medizinische Somatologie benutzte in der Mitte des 19. Jahrhunderts keine sachlichen Begriffe für die Alkoholabhängigkeit (in Frankreich *ivrognerie*); heute hat sich jedoch der Ausdruck Alkoholismus weitgehend durchgesetzt. Zahlreiche Disziplinen verwenden diesen Begriff, der sämtliche Verhaltensweisen umfasst, die mit dem Alkoholkonsum und dessen Gründen und Konsequenzen zusammenhängen.

Der Alkohol ist nicht nur stark in unserer Kultur, Religion und Geschichte, sondern auch in der Wirtschaft verankert. Der Missbrauch und die Abhängigkeit von Alkohol – die als Krankheiten gelten – gehen meist mit dem Konsum von Psychopharmaka einher (Polytoxikomanie). Fachleute sprechen denn auch von der gleichen Abhängigkeit wie bei Psychopharmaka.

Der Alkoholkonsum stößt in unserer Gesellschaft auf große Akzeptanz, was sich auf sämtliche gesundheitspolitischen Bemühungen hindernd auswirkt. Die Schwellen zur Alkoholisierung werden nach Verbrauch, Missbrauch und Abhängigkeit bestimmt. Der Begriff des Normalkonsums verdeckt dabei aber meist bestehende Probleme, weil er sich an gesellschaftlichen Normen orientiert und somit die Prävention erschwert.

Der Alkoholkonsum scheint weiterhin ein hauptsächlich männliches Verhalten zu sein. Zwei Drittel bis drei Viertel der Personen, die sich in Hilfs- und Pflegediensten für Alkoholabhängige melden, sind Männer und ein Viertel bis ein Drittel sind Frauen. Alkoholisierungsverhalten muss in seiner Komplexität erfasst werden. Eine Diagnose sollte nicht gestellt werden, ehe man – abgesehen vom Konsum an sich – nicht nach Ursachen sowie nach körperlichen, psychischen und sozialen Symptomen gefragt hat. Die Behandlung muss dementsprechend sämtliche Dimensionen umfassen.

Literatur
Alain Ehrenberg, »Individus sous influences, alcool, drogues, médicaments psychotropes«, in: *Esprit*, Paris 1991; – Louise Nadeau, *Vivre avec l'alcool. La consommation, les effets, les abus*, Les éditions de l'homme, Québec 1990; – Schweizerische Fachstelle für Alkohol- und andere Drogenprobleme (SFA), *Zahlen und Fakten 2001*, CD-ROM, SFA, Lausanne 2001.

Verweise
Drogen(politik) – Selbsthilfegruppen – Zwang in der Psychiatrie

Jean Zufferey

Alleinerziehende → Einelternfamilie

Allgemeiner Teil des Sozialversicherungsrechts (ATSG)

Mit dem Bundesgesetz über den Allgemeinen Teil des Sozialversicherungsrechts (ATSG, vom 6. Oktober 2000) hat der Bundesgesetzgeber das schweizerische Sozialversicherungsrecht auf eine einheitliche Basis gestellt und koordiniert. Der Allgemeine Teil enthält Begriffsdefinitionen (etwa des Unfalls, der Krankheit, der Erwerbsunfähigkeit, der Mutterschaft), legt ein einheitliches Verfahren aller Sozialversicherungen fest und stimmt die Sozialversicherungsleistungen aufeinander ab. Das ATSG ist auf alle Sozialversicherungszweige außerhalb der beruflichen Vorsorge anwendbar.

Die Ausarbeitung des Gesetzes geht zurück auf das Jahr 1985, als von der Schweizerischen Gesellschaft für Versicherungsrecht ein ausgearbeiteter Entwurf vorgelegt wurde. Dieser Entwurf wurde in der Folge in das Parlament eingebracht (parlamentarische Initiative von Ständerätin Josi Meier vom 7. Februar 1985). Der Gesetzgebungsprozess nahm rund 15 Jahre in Anspruch, was auf die Schwierigkeiten zurückzuführen ist, im zersplitterten schweizerischen Sozialversicherungsrecht allgemeine und einheitliche Grundsätze zu schaffen.

Mit dem Allgemeinen Teil steht nun ein Erlass zur Verfügung, an welchem sich die zukünftige sozialversicherungsrechtliche Gesetzgebung auszurichten hat. Er enthält wichtige Grundsätze (Beispiele: einheitliches Verfahren, Überentschädigungsgrenze, Vorleistungspflichten einzelner Sozialversicherungszweige), von welchen der Gesetzgeber bei zukünftigen Revisionen der einzelnen Sozialversicherungszweige nicht abweichen sollte. Der Gesetzgeber hat gezeigt, dass eine Vereinheitlichung des Sozialversicherungsrechts gelingen kann und dass Vereinfachungen gerade des sozialversicherungsrechtlichen Verfahrens möglich sind.

Die besonderen Vorzüge des Gesetzes liegen zunächst in der einheitlichen Ordnung des Verfahrens. Mit dem ATSG erhalten die Sozialversicherungen einheitliche Verfahrensgrundlagen; so ist etwa die Akteneinsicht bei den Versicherungen umfassend geregelt worden (Art. 47 ATSG), es gelten klare Fristenregelungen (Art. 38 ff. ATSG), und das Abklärungsverfahren ist in den wichtigsten Punkten geordnet (Art. 43 ff. ATSG). Daneben hat der Gesetzgeber einen wichtigen Schritt hin zu einem einheitlichen Koordinationsrecht getan; hier fehlte es bislang an klaren Grundsätzen, und die bisherige Gesetzgebung war oft zufällig und berücksichtigte koordinationsrechtliche Gesichtspunkte zu wenig. Mit den Artikeln 63 bis 71 ATSG liegt nun ein Grundgerüst der Leistungskoordination vor, welches den einzelnen Sozialversicherungszweigen (etwa der IV, der Unfallversicherung oder der Arbeitslosenversicherung) besser erlaubt, ihre Leistungen aufeinander abzustimmen.

Allerdings ist mit dem ATSG die Rechtsanwendung in der Sozialversicherung nicht einfacher geworden, weil viele Koordinationsschwierigkeiten zwischen den einzelnen Bundesgesetzen und dem ATSG bestehen bleiben. Das ATSG stellt also einen ersten und wichtigen Schritt hin zu einer Vereinheitlichung des Sozialversicherungsrechtes dar, dem weitere Schritte folgen müssen. Insbesondere ist die Tragweite des ATSG noch zu eingeschränkt, weil die berufliche Vorsorge vom Gesetz nicht erfasst ist.

Literatur
Ueli Kieser, *ATSG-Kommentar*, Schulthess, Zürich 2003; – Thomas Locher, *Grundriss des Sozialversicherungsrechts*, Stämpfli, Bern 1997.
Verweise
Harmonisierung – Sozialversicherungen (Koordination der) – Überentschädigung

Ueli Kieser

Allgemeiner Teil des Sozialversicherungsrechts (Geschichte und Idee)

Das schweizerische Recht der sozialen Sicherheit wurde schrittweise und nicht nach einem umfassenden Plan entwickelt. Deshalb besteht es aus über 100 Rechtstexten. Jeder Zweig der Sozialversicherungen besitzt seine eigene Verfassungsgrundlage, sein eigenes Gesetz oder seine eigenen Gesetze sowie seine eigenen Verordnungen. Dieser »anarchische« Aufbau, die Zersplitterung der Quellen und die gegenseitige Abkapselung der Bereiche, welche aus diesem Zustand hervorgehen, führen dazu, dass das System kompliziert und wenig transparent ist. Sie erschweren die Koordination zwischen den verschiedenen Versicherungen. Hinzu kommen materielle Unterschiede, die in manchen Fällen von einiger Bedeutung sind, vor allem hinsichtlich des gewährten Schutzes.

Im Hinblick auf eine Vereinfachung entstand die Idee, einen allgemeinen Teil des Sozialversicherungsrechts zu schaffen, das heißt, ein neues Gesetz zu erlassen, das zu den bereits bestehenden hinzugefügt und die ihnen gemeinsamen Regeln zusammenfassen würde. Diese Idee ist nicht neu, und ihre gesetzliche Verwirklichung hat eine lange Geschichte, die noch nicht abgeschlossen ist. Ein entsprechender Vorschlag wurde 1984 von der Schweizerischen Gesellschaft für Versicherungsrecht (SGVR) präsentiert. Auf der politischen Ebene wurde die Idee von der Ständerätin Josi Meier aufgegriffen, die im Februar 1985 eine parlamentarische Initiative einreichte, die sich auf das Projekt der SGVR stützte und beantragte, »es sei ein Bundesgesetz zu erlassen, welches den allgemeinen Teil des Sozialversicherungsrechts zusammenfasst«.

Nach einem ersten Scheitern der Vorlage in den Eidgenössischen Räten präsentierte schließlich die Kommission des Nationalrats im März 1999 einen eigenen Bericht (BBl 1999 4523), und die Bundesversammlung verabschiedete dann das Bundesgesetz über den Allgemeinen Teil des Sozialversicherungsrechts (ATSG) am 6. Oktober 2000 (BBl 2000 5041).

Die Idee eines solchen allgemeinen Teils stellt eine Alternative zu zwei anderen Möglichkeiten einer formellen Vereinfachung des Systems dar: Es gibt zum einen das Instrument einer Gesamtkodifikation des Sozialversicherungsrechts, das heißt eines einheitlichen Gesetzestextes, der alle in diesem Bereich anwendbaren Bestimmungen enthalten würde. Die Ausarbeitung einer solchen Kodifikation der sozialen Sicherheit wurde allerdings abgelehnt, da es sich um ein schwieriges und viel Zeit in Anspruch nehmendes Unterfangen handeln würde. Anderseits existiert die Möglichkeit eines Harmonisierungsgesetzes, das heißt eines Gesetzes, dessen Ziel (ausschließlich) in der Revision aller bestehenden Gesetze bestehen würde, um überall dieselben Begriffe und Definitionen, dieselben Verfahrensnormen, dieselben Regeln der Koordination von Leistungen usw. zu verankern. So würden z.B. die Begriffe der Krankheit und des Unfalls in allen Gesetzen, in denen sie vorkommen, identisch definiert, und gleich lautende Verfahrensnormen würden in allen Gesetzen aufgeführt. Ein solches Harmonisierungsgesetz würde am Tage seines Inkrafttretens zu existieren aufhören, da alle seine Bestimmungen in die bestehenden Gesetze aufgenommen worden wären.

Das neue ATSG tritt am 1. April 2003 in Kraft (AS 2002 3371).

Literatur
Ueli Kieser, »Das Bundesgesetz über den Allgemeinen Teil des Sozialversicherungsrechts (ATSG)«, in: Hans-Jakob Mosimann, *Aktuelles im Sozialversicherungsrecht*, Schulthess, Zürich 2001, S. 111 ff.; – Hans Peter Tschudi, »Vereinfachung und Verbesserung des schweizerischen Sozialversicherungsrechts«, in: *Schweizerische Zeitschrift für Sozialversicherung*, 1995, S. 173 ff.
Verweise
Beschwerde (im Bereich der Sozialversicherungen) – Soziale(n) Sicherheit (Kodifikation der) – Sozialversicherungen (Koordination der) – Sozialversicherungsrechtsprechung – Verfügung

Pascal Mahon

Alter

In den westlichen Industriegesellschaften wird heute zwischen dem dritten (junge Alte) und vierten Alter (Hochaltrige) unterschieden. Vor allem das Letztere ist gekennzeichnet durch ein Nachlassen der körperlichen und geistigen Leistungsfähigkeit, es gibt dabei aber große individuelle Unterschiede. Ebenso sind Wachstum und Stabilität bis ans Lebensende möglich (Lebenserfahrung, Weisheit, kognitive Leistungsfähigkeit). Durch die Verbesserung der Hygiene hat die Lebenserwartung in der zweiten Hälfte des 20. Jahrhunderts markant zugenommen. Gleichzeitig wurden auch die biologischen Alterserscheinungen zurückgedrängt. Im Gegensatz dazu findet die Pensionierung, die gemeinhin als Eintritt in das »Alter« verstanden wird, immer früher statt. Damit erweitert sich die Phase im menschlichen Lebenslauf, die durch eine große zeitliche Verfügbarkeit gekennzeichnet ist. Die finanzielle Absicherung weiter Teile der Bevölkerung nach der Pensionierung erleichtert zudem die Entwicklung dieses Lebensabschnitts und erhöht seine Attraktivität.

In den 1950er- und 60er-Jahren versuchten Soziologen wissenschaftliche Theorien zum »optimalen« Altern zu entwickeln. Maßgeblich waren die *activity theory* (Robert Havighurst, Ruth Albrecht, 1953) und die *disengagement theory* (Elaine Cumming, William Henry, 1961). Die erste sieht das »richtige« Altern in der Beibehaltung der bisherigen Aktivitäten aus dem mittleren Lebensabschnitt. Für die zweite wird das Alter charakterisiert durch einen sukzessiven Rückzug aus allen Aktivitäten des Lebens, bis hin zum Tod.

Heute wird nicht mehr nach einer alles erklärenden Alterstheorie gesucht. Altern wird als multifaktorieller Prozess verstanden, wobei dem kalendarischen Alter (vergangene Zeit seit der Geburt) nur eine kleine Bedeutung zukommt. Wesentlich wichtiger sind die individuelle Biografie mit Faktoren wie Bildungsniveau, Einkommen, Lebenshygiene, Wohnort usw. Diese Entwicklung favorisiert die Ressourcenorientierung und führt zu einer diversifizierten Ausgestaltung der Altersbilder.

Die aktuelle Problemstellung bezieht sich auf den Lebenssinn der älteren Menschen. Die sozialen Rollen in unserer Gesellschaft stehen in maßgeblichem Zusammenhang mit der erwerbsmäßigen Berufstätigkeit. Durch den Wegfall dieser Aktivität beim Übergang in den »Ruhestand« findet auch der entsprechende Rollenverlust statt. Die optimale Integration der älteren Menschen wird entscheidend davon abhängen, ob die Gesellschaft fähig ist, neue sinnstiftende und aufwertende Rollen zu entwickeln.

Zentrale Bedeutung kommt dabei den zwischenmenschlichen Kontakten und den Generationenbeziehungen zu, denn das Wohlbefinden der älteren Menschen wird maßgeblich durch soziale Faktoren beeinflusst.

Literatur
François Höpflinger, Astrid Stuckelberger, *Demographische Alterung und individuelles Altern: Ergebnisse aus dem nationalen Forschungsprogramm Alter/Vieillesse/Anziani*, Seismo, Zürich 1999; – Ursula Lehr, *Psychologie des Alterns*, Quelle und Meyer, Heidelberg/Wiesbaden 2000; – Pasqualina Perrig-Chiello, *Wohlbefinden im Alter*, Juventa, Weinheim/München 1997.
Internet
www.snf.ch/NFP/NFP32/NFP32_Homepage.htm
www.connect.to/hoepf
Verweise
Agismus – AHV/IV – Integrationspolitik – Junge Alte – Pensionierung (Rentenalter) – Viertes Alter
Dominique Kern

Ältere Arbeitnehmerinnen und Arbeitnehmer

Bedingt durch die demografische Alterung erhöht sich auch das Durchschnittsalter der erwerbstätigen Bevölkerung. Heute ist rund die Hälfte der Beschäftigten in der Schweiz über 40 Jahre alt. Ihr Anteil nimmt weiter zu, obwohl rund ein Drittel vorzeitig in den Ruhestand tritt. Ab welchem Alter von »älteren« Arbeitnehmerinnen und Arbeitnehmern zu sprechen ist, lässt sich nicht objektiv bestimmen, sondern unterliegt sozialen Zuschreibungen. Vielfach wird Personen ab einem bestimmten Alter – schon ab etwa 40 – eine reduzierte professionelle Leistungsfähigkeit zugeschrieben, wobei diese Altersgrenze mit dem Alter der Beurteilenden kovariiert. Deshalb wird wenig in die Weiter- und Fortbildung Älterer investiert. Die gerontologische Forschung der letzten Jahre zeigt, dass keine objektive Grundlage für negative Altersstereotypen besteht. Allfällige Verluste bei der kognitiven Verarbeitungsgeschwindigkeit werden durch Erfahrung aufgewogen. Abgesehen von schwerer körperlicher Arbeit, wo altersbedingte Leistungsdefizite unbestreitbar auftreten, hängt die Leistungsfähigkeit mehr vom beruflichen Anregungspotenzial und vom Training als vom kalendarischen Alter ab. Dies macht auch fixe Altersgrenzen bei der Pensionierung fragwürdig. Sozialpolitisch sind flexible, für die Beschäftigten und die Unternehmen berechenbare und finanziell tragbare Modelle des Übertritts in den Ruhestand gefordert.

Literatur
François Höpflinger, »Generationenmix. Stichworte zu Generationenbeziehungen auf dem Arbeitsmarkt und in Unternehmen«, in: Jean-Pierre Fragnière, François Höpflinger, Valérie Hugentobler, *La question des générations – Generationenfrage*, Universitäres Institut Alter und Generationen, Sitten 2002, S. 221–224; – Martin Kohli, Harald Künemund, »Die Grenzen des Alters – Strukturen und Bedeutungen«, in: Pasqualina Perrig-Chiello, François Höpflinger, *Jenseits des Zenits. Frauen und Männer in der zweiten Lebenshälfte*, Haupt, Bern 2000, S. 37–60.
Verweise
Alter – Arbeitsmarkt und Alter – Gerontologie
Hans Rudolf Schelling

Altersarmut

Bis in die Mitte des 20. Jahrhunderts hinein entsprach die Formel »alt gleich arm« weitgehend der gesellschaftlichen Wirklichkeit. Vor allem für Angehörige unterer Sozialschichten, bei denen die verfügbare Körperkraft über das Einkommen bestimmte, war Armut eine meist unumgängliche Begleiterscheinung des Alters. Einzig die Tatsache, dass die Armen oft starben, bevor sie ein höheres Alter erreichten, reduzierte die Altersarmut. Erst in der Nachkriegszeit verbesserte sich dank Einführung der AHV sowie des allgemeinen Wohlstandsgewinns die wirtschaftliche Lage der älteren Menschen. Trotzdem blieb das Armutsrisiko der älteren Bevölkerung bis in die 80er-Jahre des 20. Jahrhunderts hinein über dem Durchschnitt der Gesamtbevölkerung.

Das Eintreten der ersten Wohlstandsgenerationen ins Rentenalter sowie der Ausbau der beruflichen Vorsorge haben das Armutsrisiko seither reduziert. Die schweizerische Armutsstudie 1992 hat gezeigt, dass die Altersrentnerinnen und -rentner heute kein überdurchschnittliches Armutsrisiko aufweisen. Heute sind eher Teile der jüngeren Generation von Armut bedroht – insbesondere kinderreiche Familien sowie Alleinerziehende. Doch es gibt bestimmte Gruppen von älteren Menschen, für die Armut immer noch ein Problem darstellt – vor allem Migrantinnen und Migranten im AHV-Alter.

Die Erfolge im Kampf gegen die Altersarmut hängen mit dem Ausbau der AHV sowie dem System der Ergänzungsleistungen zur AHV zusammen, das eine bedarfsgerechte Form der Existenzsicherung ermöglicht. Das künftige Armutsrisiko älterer Menschen hängt somit stark davon ab, ob die Altersvorsorge weiter besteht oder massiv gekürzt wird.

Literatur
François Höpflinger, Astrid Stuckelberger, *Demographische Alterung und individuelles Altern*, Seismo, Zürich 1999; – Robert E. Leu, Stefan Burri, Tom Priester, *Lebensqualität und Armut in der Schweiz*, Haupt, Bern 1997.
Verweise
AHV/IV – Berufliche Vorsorge – Ergänzungsleistungen zur AHV/IV – Lebenserwartung

Kurt Seifert

Alterspolitik

Der Begriff Alterspolitik ist erst in jüngerer Zeit entstanden und noch wenig etabliert. Dennoch: Alterspolitik nimmt zunehmend als öffentlicher Handlungs- und Aufgabenbereich Gestalt an. Dies ist vor allem vor dem Hintergrund einer sozialstaatlichen Diskussion zu verstehen, in der Altersfragen eine große Herausforderung sind und aufgrund der demografischen Entwicklung dringlich werden. Mit der quantitativen Zunahme der älteren Bevölkerung ist auch eine Diskussion von qualitativen Aspekten des Alterns entstanden. Hier werden gesellschaftliche Bedingungen diskutiert und Forderungen bezüglich qualitativer Lebensbedingungen erhoben – etwas, das noch vor wenigen Jahrzehnten unbekannt war.

Alterspolitik ist der Oberbegriff für alle Maßnahmen zur Durchsetzung von Zielen und zur Gestaltung des öffentlichen Lebens zugunsten älterer Menschen. Alterspolitik hat letztlich das Ziel, die älteren Menschen als gleichberechtigte Mitglieder in die Gesellschaft zu integrieren. Obwohl der Begriff Alterspolitik immer häufiger gebraucht wird und seine Aktualität noch zunehmen wird, darf nicht übersehen werden, dass die Gruppe der älteren Menschen und deren Interessen nicht homogen sind. Zielsetzung der Alterspolitik ist die Förderung der Autonomie der älteren Menschen.

Die Alterspolitik ist auf den drei Ebenen Bund, Kanton und Gemeinden anzusiedeln, wobei in letzter Zeit die Alterspolitik zunehmend in gemeindenaher Form stattfindet. Viele Gemeinden entwickeln Altersleitbilder unter dem starken Einbezug der älteren Einwohnerinnen und Einwohner. Es entstehen Seniorenräte oder Alterskommissionen. Neben den staatlichen Aktivitäten sind auf die wichtigen Aktivitäten der Wohlfahrtsorganisationen und Verbände (z.B. Pro Senectute) hinzuweisen, die neben den konkreten Leistungen der Altershilfe auch alterspolitische Forderungen und Konzepte zur Diskussion stellen. Festzustellen ist auch, dass in den letzten Jahren die Seniorinnen und Senioren, bzw. deren Verbände, vermehrt Einfluss nehmen und selbstbewusst intervenieren.

Die Alterspolitik versucht bei der vielfach noch existierenden Dualität zwischen den sozialen und gesundheitlichen Bereichen zu vermitteln und die Koordinierung der gesundheits- und sozialpolitischen Maßnahmen für ältere Menschen zu erleichtern. Dabei hat die Alterspolitik die wichtige Funktion, ein noch stärkeres öffentliches Problembewusstsein für diesen Bereich zu schaffen.

Literatur
Gertrud M. Backes, *Alter(n) als »Gesellschaftliches Problem«?*, Westdeutscher Verlag, Opladen 1997; – Paul Baltes, Jürgen Mittelstraß, Ursula Staudinger (Hrsg.), *Alter und Altern: Ein interdisziplinärer Studientext zur Gerontologie*, Gruyter, Berlin/New York 1994; – Adalbert Evers, Kai Leichsenring, Birgit Pruckner, *Alt genug um selbst zu entscheiden. Internationale Modelle für mehr Demokratie in Altenhilfe und Alterspolitik*, Lambertus, Freiburg i.Br. 1993 – Jean-Pierre Fragnière, François Höpflinger, Valérie Hugentobler, *La question des générations – Generationenfrage*, Universitäres Institut Alter und Generationen, Sitten 2002.

Internet
www.seniorweb.ch
Verweise
Alter – Gerontologie – Integrationspolitik – Pro Senectute – Schweizerischer Seniorenrat – Seniorinnen und Senioren – Sozialversicherungen (allgemeiner Begriff)

Ueli Schwarzmann

Alterspyramide

Stellt man die Alters- und Geschlechtsstruktur einer traditionellen Bevölkerung (hohe Geburten- und Sterberate) in einem doppelten Histogramm dar, so nimmt sie die Form einer Pyramide an. In den westlichen Bevölkerungen gleicht diese entweder einem Obelisken oder einem Pilz.

Diese Momentaufnahme liefert wertvolle Angaben zum verhältnismäßigen Einfluss der jungen und alten Menschen, der Männer und Frauen, die man überdies auch nach ihrem Zivilstand, ihrem Status oder ihrer Nationalität unterscheiden kann. Vor allem geht es dabei um ein Konzentrat der soziodemografischen Geschichte von gegenwärtigen und vergangenen Generationen und um die Basis, von der aus ihre künftige Entwicklung antizipiert werden kann. Die momentane Struktur reflektiert die langfristigen Tendenzen der Geburten- und Sterberaten sowie der Lebenserwartung in den verschiedenen Altersstufen, die Zufälle der Geschichte, die Ungleichheiten bezüglich des Todes, die Auswirkungen der Wirtschaftskonjunktur auf die Migration. Unterschiedliche Phänomene können jedoch auch zu einer gleichen Struktur konvergieren. Die Momentaufnahme kann die Vergangenheit also nicht vollständig erklären; so wie sie auch die Zukunft nicht voraussagen kann. Die Zusammensetzung der Bevölkerung sagt zwar etwas über die zukünftigen Akteure aus – potenzielle Eltern, Pensionierte, Schulkinder –, aber sie verrät nicht, ob sie dasselbe Verhalten wie ihre Vorgänger und Vorgängerinnen haben werden.

Literatur
Roland Pressat, *L'analyse démographique*, Presses Universitaires de France, Paris 1983; – Jacques Véron, *Arithmétique de l'homme*, Seuil, Paris 1993.
Verweise
Alter – Alterung, demografische – Demografie – Generationen – Lebenserwartung – Soziale Ungleichheit vor dem Tod

Claudine Sauvain-Dugerdil

Altersrenten

Das schweizerische System der sozialen Sicherheit kennt zwei Arten von Altersrenten: jene der Alters- und Hinterlassenenversicherung (AHV) und jene der beruflichen Vorsorge (BV). Diese beiden Vorsorgeeinrichtungen werden Erste und Zweite Säule genannt. Während sich die Finanzierung der AHV auf das Umlageverfahren stützt, beruht die BV auf dem Kapitaldeckungsverfahren. Dieser Unterschied hat sehr wichtige Auswirkungen, sowohl auf die finanzielle Struktur der beiden Systeme als auch auf die Höhe der Renten.

Da die AHV ein universelles Regime ist, hat grundsätzlich jede Person, der für mindestens ein volles Jahr Einkommen, Erziehungs- oder Betreuungsgutschriften angerechnet werden können, ab Erreichung des Rentenalters Anspruch auf eine ordentliche Altersrente. Personen ohne schweizerisches Bürgerrecht, die weder ein Abkommen der sozialen Sicherheit mit ihrem Herkunftsland noch den Status von Flüchtlingen oder Staatenlosen geltend machen können, müssen außerdem ihren Wohnsitz und gewöhnlichen Aufenthalt in der Schweiz haben.

Je nachdem, ob der Bezugsberechtigte eine vollständige oder unvollständige Beitragsdauer für seinen Jahrgang aufweist, erhält er eine Vollrente oder eine Teilrente. Die Höhe der Vollrenten setzt sich aus einem Bruchteil des Mindestbetrages der Altersrente (fester Rententeil) und einem Bruchteil des maßgebenden durchschnittlichen Jahreseinkommens (variabler Rententeil) zusammen. Der Höchstbetrag der Rente entspricht dem doppelten Mindestbetrag.

Es ist möglich, die Auszahlung der Altersrente um 1 oder 2 Jahre vorzuziehen oder sie um mindestens 1 Jahr oder höchstens 5 Jahre aufzuschieben. Im ersten Fall wird die vorgezogene Rente gekürzt, im zweiten Fall wird die aufgeschobene Rente erhöht. Diese Regelung befindet sich im Zentrum der gegenwärtigen Diskussionen über das flexible Rentenalter (11. AHV-Revision).

Die Gesetzgebung über die obligatorische berufliche Vorsorge bestimmt einige Mindestregeln, welche die Vorsorgeeinrichtungen durch ihre Reglemente ergänzen können. Grundsätzlich entspricht das Rentenalter dem AHV-Alter, und es fällt in der Regel mit dem altersbedingten Ausscheiden aus dem Erwerbsleben (Pensionierung) zusammen. Die Höhe der Rente entspricht einem bestimmten Prozentsatz des Altersguthabens, das der Versicherte bis zu jenem Zeitpunkt erworben hat, in dem sein Rentenanspruch beginnt (Umwandlungssatz).

Literatur
Gertrud E. Bollier, *Soziale Sicherheit in der Schweiz. Entstehung, Struktur, Finanzierung und Perspektiven*, Verlag Personalvorsorge und Sozialversicherung, Luzern 1999; – Erwin Carigiet, Jean-Pierre Fragnière (Hrsg.), *Hat das Drei-Säulen-Konzept eine Zukunft? – Le concept des trois piliers a-t-il un avenir?*, Réalités sociales, Lausanne 2001.
Internet
www.bsv.admin.ch

Alterung, demografische

Verweise
AHV/IV – Berufliche Vorsorge – Kapitaldeckungsverfahren – Umlageverfahren – Universalität

Raymond Spira

Altersversicherung → AHV/IV

Alterung, demografische
Mit dem Begriff der »demografischen Alterung« wird eine Entwicklung beschrieben, die heute weltweit zu beobachten ist: Der Anteil der älteren und hochaltrigen Menschen an der Gesamtbevölkerung nimmt stetig zu. Diese Entwicklung wird durch zwei Faktoren bestimmt: Einer sinkenden Geburtenrate steht eine steigende durchschnittliche Lebenserwartung gegenüber. In vielen Industriegesellschaften liegt die Zahl der Geburten inzwischen auf einem so tiefen Niveau, dass die Erneuerung der Generationen nicht mehr gewährleistet ist.

In den Gesellschaften der so genannten Dritten Welt wird die demografische Alterung heute noch durch einen hohen Anteil junger Menschen überdeckt. Allerdings sind dort in wenigen Jahrzehnten Veränderungen in der altersmäßigen Zusammensetzung der Bevölkerung zu erwarten, für die europäische Industriegesellschaften zwei bis drei Generationen benötigten. Die Zunahme der durchschnittlichen Lebenserwartung ist als Hinweis auf wesentliche Verbesserungen der Lebensverhältnisse zu werten. Insofern lässt sich die demografische Alterung positiv deuten. Sie erzwingt allerdings sowohl in den Gesellschaften der »entwickelten« als auch in jenen der Dritten Welt gesellschafts- und sozialpolitische Veränderungen, auf die diese Gesellschaften vielfach noch unvorbereitet sind.

Die Industriegesellschaften, die schon seit geraumer Zeit mit den Folgen sinkender Geburtenraten und zunehmender Langlebigkeit konfrontiert worden sind, konnten durch die Einwanderung ausländischer Arbeitskräfte und ihrer Angehörigen eine zeitweilige demografische Verjüngung erfahren. Ob sich dieses Konzept auch noch in Zukunft umsetzen lässt, ist fraglich: Einerseits unterliegen auch die klassischen Einwanderungsländer in gleicher Weise der demografischen Alterung, sodass die Einwanderer vermehrt aus außereuropäischen Gesellschaften kommen müssten. Auf der anderen Seite wächst in den Industriegesellschaften aus Angst vor Wohlstandsverlusten der Widerstand gegen eine liberale Einwanderungspolitik.

Demografische Alterung als globaler Prozess stellt alle Gesellschaften vor ganz neue Herausforderungen. Notwendig ist insbesondere ein verändertes Bild des Alters, das nicht in erster Linie als Last, sondern als individuelle wie kollektive Chance wahrgenommen wird. Gerade auf diesen Punkt hat der Schweizer Diskussionsbeitrag zur Zweiten Weltversammlung zur Frage des Alterns 2002 in Madrid aufmerksam gemacht.

Literatur
Bundesamt für Sozialversicherung (Hrsg.), *Langlebigkeit – Herausforderung und kulturelle Chance. Ein Diskussionsbeitrag aus der Schweiz zur Zweiten Weltversammlung zur Frage des Alterns*, BSV, Bern 2002; – Bundesamt für Statistik (Hrsg.), *Szenarien zur Bevölkerungsentwicklung der Schweiz 2000–2060*, Bundesamt für Statistik, Neuenburg 2001; – François Höpflinger, Astrid Stuckelberger, *Demographische Alterung und individuelles Altern*, Seismo, Zürich 1999.
Internet
www.bsv.admin.ch
www.statistik.admin.ch
Verweise
Alter – Alterspolitik – Alterspyramide – Bundesamt für Statistik – Demografie – Lebenserwartung – Seniorinnen und Senioren

Kurt Seifert

Ambulante Versorgung
Als ambulant bezeichnet man die Versorgung von Patientinnen und Patienten, die sich bei sich zu Hause oder im Haushalt von Verwandten oder Bekannten aufhalten. Davon zu unterscheiden ist die stationäre Versorgung, die in einem Spital oder einer anderen speziellen Institution erfolgt, etwa einem Pflegeheim. Der Eintritt kann dabei notfallmäßig oder regulär, das heißt zu einem vereinbarten Termin, stattfinden. Ambulante Behandlungen werden auch in Spitälern durchgeführt. Dies ist meistens dann der Fall, wenn eine Therapie aufwendige Apparaturen erfordert, die nur in einem Spital vorhanden sind.

Bis in die Zwischenkriegszeit bevorzugte die Medizin die stationäre Versorgung, da diese eine genauere Beobachtung und eine bessere Einhaltung der medizinischen und pflegerischen Anordnungen ermöglichte. Seither wurde diese spitalzentrierte Auffassung der Gesundheitsversorgung jedoch Schritt für Schritt aufgegeben. Nach heutiger Auffassung sind Spital- und Heimeintritte wenn immer möglich zu vermeiden oder zumindest zu verzögern. Ebenso wird eine Verkürzung der durchschnittlichen Spitalaufenthaltsdauer angestrebt. Dies bedingt allerdings die Aufwertung von Prävention und Gesundheitsförderung, die Weiterentwicklung der Spitexangebote und die Sicherstellung der Behandlungskontinuität durch die organisatorische Integration beider Bereiche.

Bei stationären Behandlungen in öffentlichen oder öffentlich subventionierten Spitälern hat der Wohnkanton der Patientin oder des Patienten gemäß Krankenversicherungsgesetz 50 Prozent der Kosten zu übernehmen. Seit Juni 2002 gilt dies auch für (halb)privat Versicherte. Im ambulanten Bereich hingegen gehen die gesamten Kosten – mit Ausnahme der Kostenbeteiligung – zulasten der Krankenversicherung. Eine Verlagerung vom stationären in den ambulanten Bereich führt somit zur finanziellen Entlastung der Kantone, während eine Verlagerung vom ambulanten in den stationären Bereich für die Versicherer von Vorteil ist. Die damit gesetzten Anreize können je nach Situation zu verfrühten Spitalentlassungen oder umgekehrt zu unnötigen Spitaleinweisungen führen.

Gemäß Bundesratsentwurf zur zweiten Teilrevision des Krankenversicherungsgesetzes vom September 2000 soll die kantonale Beitragspflicht auch bei Behandlungen in Privatspitälern auszurichten sein, sofern diese auf der Spitalliste sind. Die Prämien im Zusatzversicherungsbereich sollen um diesen Betrag entlastet und entsprechend attraktiver werden. Diskutiert wird weiter der Übergang von der dualen zur so genannten monistischen Spitalfinanzierung. Nach diesem Modell würden die Kantone ihren Beitrag an die Grundversicherung und nicht mehr an die Spitäler leisten. Spitäler würden somit ausschließlich über die Krankenversicherung finanziert. Dieses System würde ebenfalls zur Entlastung der Privatversicherer führen, da auch hier vorgesehen ist, die Unterscheidung zwischen öffentlichen und öffentlich subventionierten Spitälern einerseits und privaten Spitälern andererseits aufzuheben. Die geplanten Revisionen der Spitalfinanzierung zielen in erster Linie auf die Verbesserung des Preis-Leistungs-Verhältnisses im Angebot der privaten Krankenversicherung. Hingegen tragen sie wenig zur notwendigen Integration der ambulanten und stationären Versorgung bei.

Literatur
Doris Schaeffer, Michael Ewers (Hrsg.), *Ambulant vor stationär. Perspektiven für eine integrierte ambulante Pflege Schwerkranker*, Huber, Bern 2002.
Verweise
Gesundheitswesen(s) (Finanzierung des) – Integrierte Versorgung – Public Health – Spitalfinanzierung – Spitex
Pierre Gobet

Analphabetismus → Illettrismus

Angewandte Ökonomie
Die angewandte Ökonomie stellt einen besonderen Zweig der Wirtschaftswissenschaften dar. Sie bemüht sich um eine Anwendung der durch die ökonomische Analyse entwickelten Instrumente, um Antworten auf aktuelle Fragen zu geben. Zu diesem Zweck stützt sie sich ebenso sehr auf theoretische Ansätze wie auf die Instrumente der empirischen Analyse (Statistik und Ökonometrie). So erstellt sie Prognosen über zukünftige wirtschaftliche und gesellschaftliche Entwicklungen, zeigt die Auswirkungen von gewissen in Betracht gezogenen Reformen auf oder unterstützt die politischen Akteure bei der Ausarbeitung konkreter Lösungen für aktuelle Probleme. Aufgrund ihres Forschungsfeldes errichtet die angewandte Ökonomie Brücken zwischen Universität und Gesellschaft. Diese Zusammenarbeit soll in den kommenden Jahren ausgebaut werden.

Verweise
Marktwirtschaft
Yves Flückiger

Anpassung der Leistungen der Ersten und Zweiten Säule an die wirtschaftliche Entwicklung
Die den Leistungen zugewiesenen Ziele, das heißt die Sicherung der lebenswichtigen Bedürfnisse und die Beibehaltung des Lebensstandards, setzen unabhängig vom gewählten Rentensystem eine Anpassung der Renten an die Entwicklung der wirtschaftlichen Bedingungen voraus.

Auf der allgemeinen Ebene können die verschiedenen Anpassungsmethoden und ihre Wirkungsweise wie folgt beschrieben werden:
– Vollständige Dynamisierung: Die laufenden und die neuen Renten werden vollständig an die Lohnentwicklung angepasst.
– Teilweise Dynamisierung: Die neuen Renten werden an die Lohnentwicklung und die laufenden Renten (vollständig oder zumindest weitgehend) an die Preisentwicklung angepasst. Eine Vielzahl solide verankerter Pensionskassen wenden dieses System an. Das Rentenniveau steigt von einer Generation zur nächsten parallel zur Lohnentwicklung (dank der entsprechenden Anpassung der neuen Renten). Gleichzeitig werden neue und laufende Renten unterschiedlich behandelt.
– Mischindex (Dynamisierung nach dem durchschnittlichen Prozentsatz): Die neuen und laufenden Renten folgen der Entwicklung des Mischindexes, der zu 50 Prozent durch den Lohnindex und zu 50 Prozent durch den Preisindex desselben Jahres bestimmt wird. Dieses System wird bei der AHV angewendet. Die Rentenquote sinkt von einer Generation zur nächsten, denn die Renten folgen nur zur Hälfte der realen Lohnentwicklung der erwerbstätigen Bevölkerung.
– Einfache Indexierung: Die neuen und laufenden Renten folgen der Entwicklung des Preisindexes. Laufende und neue Renten werden gleich behandelt. Die Rentenquote sinkt noch stärker von einer Generation zur nächsten, denn die Renten werden überhaupt nicht an die Lohnentwicklung angepasst.

Verweise
AHV/IV – Altersrenten – Berufliche Vorsorge – Generationen – Pensionierung (Rentenalter)
Anton Streit

Anreizsysteme in der Sozialhilfe

Anreize dienen dazu, bei ihrem Empfänger ein gewünschtes Verhalten zu fördern. Geregelte Anreizsysteme in der Sozialhilfe sind primär materieller Art. Es kann unterschieden werden in Anreize im Einzelfall und generelle Anreize. In beiden Fällen besteht eine Abmachung in Form eines »wenn – dann«, indem Bedingungen formuliert und die bei deren Erfüllung fällige Belohnung festgelegt wird. Anreizsysteme beruhen auf impliziten oder expliziten Verträgen.

Klassische Formen des Anreizes sind die Erwerbsunkostenpauschale von 250 Franken pro Vollzeitstelle oder die Nichtanrechnung eines 13. Monatsgehalts aus den Richtlinien der Schweizerischen Konferenz für Sozialhilfe (SKOS).

Häufige Spielarten des Anreizes sind die Modelle von »Leistung – Gegenleistung«, in denen aus der Beteiligung an einem Einsatz-, Arbeits- oder Förderprogramm ein erhöhtes Einkommen resultiert. Solche Programme sind vielerorts unter verschiedenen Bezeichnungen bekannt (*workfare*, Job-Markt, Gegenleistungs-Programme usw.).

Als neues, generelles Anreizsystem hat der Kanton Basel-Stadt 2002 für Arbeitende und Arbeitsuchende (vgl. Sozialhilfeklientinnen und -klienten) anstelle des Grundbedarfs II einen Einkommensfreibetrag in Abhängigkeit vom Erwerbseinkommen eingeführt, während das »Chancenmodell« der Stadt Zürich eine Mischung zwischen generellen (z.B. Einkommensfreibeträge) und individuellen (z.B. Belohnung für Termineinhaltung) Anreizen darstellt.

Ein weiteres Anreizmodell stellt die »negative Einkommenssteuer« dar. Ausgehend von einem existenzsichernden Einkommen, zieht sie da Steuern ein, wo dieses überschritten wird, und richtet Beiträge aus, wo es nicht erreicht wird. Durch eine angemessene Progression im positiven wie im negativen Bereich kann sie dafür sorgen, dass wachsende Eigenleistung immer zu steigendem Einkommen führt – und umgekehrt. Die negative Einkommenssteuer ist allerdings kein Instrument der Sozialhilfe, sondern ihr Ende. Die heutigen Institutionen der Sozialhilfe könnten sich bei ihrer Einführung aus der materiellen Hilfe zurückziehen und ihre Angebote auf Beratung, Begleitung und das Anbieten und Vermitteln von Fördermaßnahmen konzentrieren.

Wenig Beachtung finden vorerst die im sozialen Gesamtsystem vorhandenen »negativen« Anreize, welche ein gesellschaftlich nicht erwünschtes Verhalten belohnen. In der relativ neuen Diskussion um Methoden zur Förderung gesellschaftlich erwünschten Verhaltens werden sie zum Thema werden müssen.

Anreizsysteme werden in Wissenschaft und Sozialpolitik allerdings auch kritisch gewürdigt: Anreize sind aus dieser Sicht jedenfalls immer wieder auf ihre Wirkung hin zu untersuchen. Diese ist umstritten. Bei den Gegenleistungen wird von einem Zusammenspiel von Zuckerbrot und Peitsche gesprochen. Die Wirkungen von Anreizen werden tendenziell eher überschätzt (Freyssinet 1998, 259 ff.).

Literatur
Jacques Freyssinet, »Arbeitslosenunterstützung und die Arbeitsmärkte: ein Anreiz, nicht zu arbeiten?«, in: Alessandra Bosco, Martin Hutsebaut (Hrsg.), *Sozialer Schutz in Europa, Veränderungen und Herausforderungen*, Schüren, Marburg 1998, S. 258 ff.
Verweise
Schweizerische Konferenz für Sozialhilfe (SKOS) – Sozialhilfeklientinnen und -klienten – Steuern

Walter Rösli

Antirassismus

Antirassismus ist konzeptuell weit schwieriger einzugrenzen als Rassismus, was noch dadurch erschwert wird, dass im Antirassismus oft auf unterschiedliche Rassismusdefinitionen Bezug genommen wird. Eine minimale Lesart sieht Antirassismus als eine Form des Denkens und der Praxis, welche versucht, Rassismus in seinen unterschiedlichen Ausdrucksformen zu konfrontieren, zu unterbinden oder zu schwächen. Dabei betont der Antirassismus die Wichtigkeit des institutionellen Rassismus, den es zu überwinden gelte, und geht davon aus, dass Rassismus in erster Linie mit rationalen und interventionistischen Ansätzen zu bekämpfen sei (Prävention im Erziehungsbereich, strafrechtliche Repression, Konzepte zur friedlichen Konfliktlösung, Veränderung gesellschaftlicher Rahmenbedingungen). Da Antirassismus die Existenz von Rassismus bedingt und es ohne Rassismus keinen Antirassismus geben würde, werden die Ursprünge der Antirassismus-Debatten oftmals einem eurozentrischen, der Aufklärung entspringenden Universalismus zugeschrieben. Doch inzwischen hat sich auch zunehmend ein Verständnis durchgesetzt, das die Entwicklung des Antirassismus als transnationale Geschichte versteht, auf deren Hintergrund verschiedene Bewegungen (u.a. gegen Sklaverei, gegen Kolonialismus, gegen Apartheid, für Menschenrechte) zu sehen sind.

In der Praxis fand der Begriff Antirassismus in den 1960er-Jahren zunächst in Großbritannien und Frankreich Verbreitung. In der Schweiz kam der Begriff Anfang der 80er-Jahre nach dem Scheitern der »Mitenand«-Initiative auf und setzte sich Ende der 80er-Jahre durch als Reaktion auf die sich häufenden rechtsextremen Gewalttaten und im Zusammenhang mit den Vorbereitungen für den Beitritt der Schweiz zum Internationalen Übereinkommen zur Beseitigung jeder Form von Rassendiskriminierung der UNO. Endgültig zu etablieren vermochte sich der Begriff schließlich mit den öffentlichen Debatten um das Referendum gegen das Antirassismusgesetz (Art. 261bis StGB) im Jahre 1994. Von sozialwissenschaftlicher Seite her werden Ende der 80er-Jahre, Anfang der 90er-Jahre Konzepte und Praxis der antirassistischen Akteure und Akteurinnen als häufig selbst nicht frei von essenzialisierendem Denken und askriptiven Vorstellungen kritisiert (Taguieff 2000). Neuere empirische Untersuchungen zeigen jedoch, dass die Kritiken u.a. auf wenig Kenntnis der antirassistischen Praxis, einer zu starken Beschränkung auf pädagogische Aspekte und einer Vernachlässigung bewegungseigener Spezifika beruhen (Anthias, Lloyd 2002, Gerber [in Vorbereitung]).

Literatur
Floya Anthias, Cathie Lloyd (Hrsg.), *Rethinking Anti-Racisms: From Theory to Practice*, Routledge, London/New York 2002; – Brigitta Gerber, *Die antirassistische Bewegung in der Schweiz: Organisationen, Netzwerke und Aktionen. Eine empirische Studie* (in Vorbereitung); – Pierre-André Taguieff, *Die Macht des Vorurteils. Der Rassismus und sein Double*, Hamburger Edition, Hamburg 2000.
Internet
www.humanrights.ch
www.raben-net.ch
www.united.non-profit.nl
Verweise
Eidgenössische Kommission gegen Rassismus – Menschenrechte (Europäische Konvention der) – Multikulturalismus – Rassismus

Brigitta Gerber

Anwendbares Recht

Um festzustellen, welches Recht auf einen bestimmten Lebenssachverhalt anwendbar ist, gilt es danach zu fragen, welche Rechtsvorschriften in sachlicher, räumlicher und zeitlicher Hinsicht sowie aus normenhierarchischer Sicht anwendbar sind.
Da eine Vorschrift nur eine bestimmte Anzahl von Fällen regelt, ist in sachlicher Hinsicht zu prüfen, ob der fragliche Sachverhalt von der Vorschrift erfasst wird.
Der räumliche Anwendungsbereich einer Vorschrift ist sowohl bei internationalen als auch bei nationalen Sachverhalten zu beachten. Denn jeder Staat wie auch jeder Kanton und jede Gemeinde haben ihr eigenes Recht (Territorialitätsprinzip), dessen Anwendungsbereich jeweils selbst bestimmt wird. Bei internationalen Sachverhalten, die sachlich dem Privatrecht zuzuordnen sind (z.B. Arbeitsrecht), hilft das Internationale Privatrecht (IPR), die im Einzelfall anwendbare staatliche Rechtsordnung auszuscheiden. Im öffentlichen Recht gelingt dies anhand des Anwendungsbereichs der betreffenden nationalen Rechtsordnung oder mit Staatsverträgen (im Bereich des Sozialversicherungsrechts z.B. das Personenfreizügigkeitsabkommen der bilateralen Abkommen I mit der EU von 1999). Gelangt die schweizerische Rechtsordnung zur Anwendung (bei Sachverhalten ohne Auslandsberührung ist dies stets der Fall), ist der räumliche Geltungsbereich dann relevant, wenn die Anwendung von kantonalem oder kommunalem Recht in Frage steht. Dieser bestimmt sich entweder nach dem Anwendungsbereich der kantonalen bzw. kommunalen Rechtsordnung oder nach so genannten interkantonalen oder interkommunalen Konkordaten. Hauptkriterien, anhand deren die Abgrenzung vorgenommen wird, sind der Wohn- und der Arbeitsort.
Der zeitliche Anwendungsbereich ist zu prüfen, wenn sich ein Sachverhalt (z.B. Rentenbezug) über einen längeren Zeitraum erstreckt und zwischenzeitlich das Recht sich ändert. In diesem Fall ist das anzuwendende Recht nach den übergangsrechtlichen Regelungen zu bestimmen, die meist in der jüngeren Rechtsordnung enthalten sind.
Die Frage der Normenhierarchie stellt sich nur, wenn mehrere Normen, die – sachlich, räumlich und zeitlich – gleichzeitig anwendbar sind, die gleiche Rechtsfrage unterschiedlich beantworten (so genannte Normenkollision). Diesfalls ist nach der erlassenden Gebietskörperschaft (Bund, Kanton usw.) oder dem erlassenden Organ (Legislative, Exekutive) abzugrenzen.

Literatur
Hansjörg Seiler, *Einführung in das Recht*, Schulthess, Zürich 2000.
Verweise
Föderalismus – Normen/Regelungen – Persönlicher Geltungsbereich – Universalität

Ruth Schnyder

Äquivalenzprinzip

Das Äquivalenzprinzip steht in engem Zusammenhang mit dem Versicherungsprinzip. Sein Hauptanwendungsgebiet liegt in der Privatversicherung. In einer Versicherung schließen sich die von einem Risiko Betroffenen zu einer Versichertengemeinschaft zusammen und zahlen Prämien ein. Die Berechnung der Prämien und Leistungen stützt sich auf die Tatsache ab, dass einige Versicherte vom versicherten Risiko nicht betroffen sein werden. Gemäß Äquivalenzprinzip sind Prämien und Leistungen gleichwertig: Theoretisch sind die beiden Seiten der Rechnung ausgeglichen. Das Äquivalenzprinzip steht im Gegensatz zum Solidaritätsprinzip, nach dem ein Teil der Versicherten vertikal (zwischen den verschiedenen Einkommen) begünstigt wird.

Diese Versicherten erhalten dann mehr Leistungen, als ihnen nach dem Prinzip der individuellen Äquivalenz zustehen würden.

Literatur
Thomas Locher, *Grundriss des Sozialversicherungsrechts*, Stämpfli, Bern 1997.
Verweise
Gegenseitigkeit (Grundsatz der) – Solidarität – Versicherungsprinzip

Pierre-Yves Greber

Arbeit

Als Arbeit bezeichnet man allgemein bewusste, gezielte, körperliche und/oder geistige Tätigkeit, die ein materielles oder immaterielles Produkt hervorbringt und zur Sicherung der materiellen und geistigen Existenz beiträgt.

Arbeit, insbesondere die körperliche, galt während langer Jahrhunderte, von der Antike bis ins europäische Mittelalter hinein, in der herrschenden Wahrnehmung als Übel, Mühsal oder göttliche Strafe, als ein Los, welches quasi gleichbedeutend war mit materiellem Elend, Unsicherheit und dem Ausschluss vom Bürgerstatus. Diese freilich nie so eindeutig negative Sicht änderte sich erst mit der Reformation und der lutherischen Berufslehre. Vor allem aber erfuhr die Arbeit eine grundlegende Aufwertung mit dem klassischen Liberalismus eines John Locke, der sie als Quelle des privaten Eigentums, oder eines Adam Smith, der sie zur Schöpferin gesellschaftlichen Reichtums schlechthin erklärte. Mit der »Befreiung« der Arbeit aus ihren vormodernen Fesseln und der Ausdifferenzierung des Arbeitsmarktes als eines nach marktwirtschaftlichen Regeln funktionierenden autonomen Systems kommt es auch zu der Unterscheidung zwischen der am Arbeitsmarkt angebotenen und rein auf Erwerb gerichteten Arbeit und denjenigen Arbeiten, die unentgeltlich und vornehmlich von Frauen im Haus und für die Familie geleistet werden.

Auch die Erwerbsarbeit selbst differenziert sich mit der Industrialisierung und der Entstehung des Fabriksystems zunehmend aus. Mit der administrativ-gesetzlichen Normierung und Regulierung der Arbeit im nationalstaatlichen Kontext und im Rahmen des sich konstituierenden Sozialstaats wird schließlich die Differenz von Arbeit und Arbeitslosigkeit wie auch jene von Arbeit und Freizeit etabliert, und neben der selbständigen Arbeit kristallisiert sich die Lohnarbeit aus den unterschiedlichen Formen abhängiger Arbeit als die für das 20. Jahrhundert dominante Form von Arbeit heraus. Sie umfasst heute den weitaus größten Teil der erwerbstätigen Menschen, wobei sie den Individuen nicht nur Einkommen und Wohlstand gewährleistet, sondern zugleich auch soziale Sicherheit, Integration, einen Status sowie persönliche Identität vermittelt.

Mit der Verfestigung der Massenarbeitslosigkeit gegen Ende des 20. Jahrhunderts wurde in den öffentlichen Debatten eine »Krise der Arbeitsgesellschaft« (Claus Offe), ja sogar das »Ende der Arbeit« (Jeremy Rifkin) diagnostiziert. Dabei geht es nicht allein um den Mangel an einkommenssichernden Arbeitsplätzen, sondern ebenso sehr um die Frage nach den Folgen dieser Krise für das Arrangement von Arbeit und sozialer Sicherheit sowie für die Integration und Identitätsbildung der Individuen.

Schematisierend lassen sich in dieser Kontroverse zwei Positionen isolieren:

Eine Seite hält zur Lösung der gegenwärtigen Beschäftigungskrise am gegebenen System der Erwerbsarbeit fest und fordert entweder eine Aktivierung der Kräfte des Marktes durch Deregulierung, Flexibilisierung oder setzt im Gegensatz dazu auf staatliche Hilfen, von der Schaffung von Arbeitsplätzen mittels öffentlicher Investitionen oder keynesianischer Nachfragesteigerung bis hin zur Subventionierung von gering produktiven Dienstleistungen.

Die andere geht davon aus, dass es genügend Nützliches in unseren Gesellschaften zu tun gibt, dies jedoch in den Formen der Erwerbsarbeit nicht hinreichend erledigt werden kann. Stattdessen sollen diese gesellschaftlichen Bedürfnisse über neue Formen der Arbeit befriedigt werden, die in einem »dritten Sektor« jenseits von Markt und Staat angesiedelt sind. Letztlich geht es dieser Position also darum, über eine Abkehr von der Zentralität der Erwerbsarbeit die geschichtlich entstandene Ausdifferenzierung und Institutionalisierung der Formen menschlichen Tätigseins und Arbeitens rückgängig zu machen, was dazu führt, auch die Frage nach der Verknüpfung von Existenzsicherung, sozialer Sicherheit und Identitätsbildung mit Arbeit mittels Konzepten wie dem des »Bürgergeldes«, der »Bürgerarbeit«, der »Eigenarbeit« oder der »Tätigkeitsgesellschaft« neu zu überdenken.

Literatur
Robert Castel, *Die Metamorphosen der sozialen Frage. Eine Chronik der Lohnarbeit*, UVK, Konstanz 2000; – Werner Conze, »Arbeit«, in: Otto Brunner et al. (Hrsg.), *Geschichtliche Grundbegriffe. Historisches Lexikon zur politisch-sozialen Sprache in Deutschland*, Band 1, Klett, Stuttgart 1972, S. 154–215; – Jürgen Kocka, Claus Offe (Hrsg.), *Geschichte und Zukunft der Arbeit*, Campus, Frankfurt am Main/New York 2000.
Verweise
Arbeitslosigkeit – Arbeitsmarkt – Beschäftigungspolitik – Dritter Sektor/Nonprofit-Sektor/Gemeinnützigkeit – Flexibilisierung von Arbeitsverhältnissen – Unbezahlte Arbeit/Freiwilligenarbeit/Ehrenamt

Andreas Pfeuffer

Arbeiterbewegung

Unter Arbeiterbewegung wird die Gesamtheit der Bestrebungen von Arbeiterinnen und Arbeitern verstanden, um durch Zusammenschlüsse und kollektives Handeln am Arbeitsplatz und in andern Bereichen der Gesellschaft ihre ökonomische, soziale, politische und kulturelle Emanzipation zu fördern. Organisatorisch lassen sich Gewerkschaften, Parteien, Genossenschaften sowie kulturelle und sportliche Arbeitervereine unterscheiden, ideologisch hauptsächlich eine freie (sozialdemokratische), eine christliche und eine kommunistische Richtung. Die schweizerische Arbeiterbewegung erreichte ihren Höhepunkt in der ersten Hälfte des 20. Jahrhunderts. Nach dem Zweiten Weltkrieg integrierten sich Genossenschaften und Vereine zunehmend in milieuübergreifende Strukturen oder verschwanden. Hinzu kommt, dass sich die Sozialdemokratische Partei und die Gewerkschaften angesichts von an Bedeutung verlierenden Statusgrenzen und wachsendem Gewicht der Angestellten heute nicht mehr allein an der Arbeiterschaft orientieren, sondern an der gesamten Arbeitnehmerschaft, was einer Abkehr von der einstigen Klassenidentität gleichkommt.

Literatur
Bernard Degen, »Arbeiterbewegung«, in: *Historisches Lexikon der Schweiz*, Band 1, Schwabe, Basel 2002, S. 440–445; – Brigitte Studer, François Valloton (Hrsg.), *Sozialgeschichte und Arbeiterbewegung 1848–1998*, Éditions d'en bas/Chronos, Lausanne/Zürich 1997.
Verweise
Gewerkschaften – Schweizerischer Gewerkschaftsbund (SGB) – Travail.Suisse (ehem. Christlich-Nationaler Gewerkschaftsbund)

Bernard Degen

Arbeitsbedingungen (-belastungen)

Als Arbeitsbedingungen bezeichnet man die Summe der aus der Arbeitsumgebung sowie aus Formen und Inhalten des Arbeitsvollzugs resultierenden Einflüsse auf den psychischen und körperlichen Zustand der Beschäftigten und die Chancengleichheit innerhalb des Unternehmens. Diejenigen Einflüsse, die negative Folgen für die Beschäftigten zeitigen, bezeichnet man als Arbeitsbelastungen, die subjektive Wahrnehmung der Arbeitsbedingungen als Arbeitszufriedenheit. Die Arbeitsbedingungen sind von folgenden Faktoren abhängig: 1. physikalische Arbeitsfaktoren (Lärm, Schmutz, zu tragende Lasten usw., Informiertheit über mögliche Risiken); 2. Arbeitsorganisation (Art der Arbeit, Selbstbestimmtheit bei der Arbeit, Arbeitstempo und -intensität, Modelle der Arbeitszeitorganisation wie Schicht-, Nacht- oder Wochenendarbeit, mit prekären Beschäftigungsverhältnissen und neuen Produktionsmodellen einhergehende Flexibilitätsanforderungen); 3. die soziale und psychosoziale Umgebung (Information und Konsultation der Beschäftigten, alters-, geschlechts- und behinderungsbedingte Probleme, Gewalt und Belästigung am Arbeitsplatz); 4. an das *human resource management* gebundene Faktoren (bezahlte Fortbildung, Entsprechung von Qualifikation und Arbeitsplatzanforderungen, Beschäftigungsstatus und Entlohnung).

Entgegen der landläufigen Ansicht, dass sich die Arbeitsbedingungen in ihren negativen Aspekten im Zuge des technischen wie organisatorischen Fortschritts und der Tertiarisierung verbessert hätten und vor allem physische Belastungen im Rückzug begriffen seien, belegen differenziertere empirische Erhebungen nur eine Verschiebung, in manchen Bereichen gar eine Zunahme der Belastungen (auch der traditionellen physischen) sowie eine Intensivierung der Arbeit. Verantwortlich dafür sind vorab organisatorische Neuerungen wie die *Just-in-time*-Produktion, die Einführung von neuen Qualitätsnormen, gestiegene Orientierung an Kundenanforderungen sowie die Übernahme von mehr Verantwortung durch die Beschäftigten unterer Hierarchieebenen bei gleichzeitiger Schwächung gewerkschaftlicher Einflussmöglichkeiten.

Literatur
Europäische Stiftung zur Verbesserung der Lebens- und Arbeitsbedingungen, *Dritte Europäische Umfrage über die Arbeitsbedingungen 2000*, ESVLA, Luxemburg 2002; – Michel Gollac, Serge Volkoff, *Les conditions de travail*, La Découverte, Paris 2000.
Internet
www.fr.eurofound.eu.int/working/working.htm
Verweise
Arbeitsorganisation – Arbeitssicherheit – Arbeitszeit – Arbeitszufriedenheit

Andreas Pfeuffer

Arbeitsbeziehungen

Unter Arbeitsbeziehungen versteht man die Vereinbarungen zwischen Arbeitgeber- und Arbeitnehmerverbänden bezüglich der Regulation der Arbeitsmärkte, der betrieblichen Konfliktschlichtungs- und Lohnregelungen, der Mitwirkungsmöglichkeiten der Arbeitnehmer sowie die Einflussnahme auf sozial- und wirtschaftspolitische Angelegenheiten. Die beiden Extrempole, zwischen denen die nationalen Systeme oszillieren, sind der Pluralismus und der Korporatismus. Als pluralistisch werden Arbeitsbeziehungen bezeichnet, wenn die Arbeitsmärkte schwach reguliert sind, eine unüberblickbare Menge von Verbänden gegenseitig konkurriert und die Mitsprache von Verbänden in der Politikformulierung und -implementierung nicht institutionalisiert ist. Derartige

Arbeitsbeziehungen herrschen vor allem in angloamerikanisch geprägten Ländern vor.

Korporatistisch sind Arbeitsbeziehungen dann, wenn diese vergleichsweise stark reguliert sind, das Verbändesystem stark zentralisiert und monopolisiert ist und die Verbände institutionell in die Politikgenese eingebunden sind. Als sektoral korporatistisch gelten Systeme der Arbeitsbeziehungen, deren korporatistische Arrangements auf Wirtschaftssektoren beschränkt sind. Stark korporatistische Arbeitsbeziehungen finden sich vor allem in den skandinavischen Ländern und in Österreich. Die Schweiz nimmt auf der Skala zwischen den beiden Extrempolen eine mittlere Stellung ein, und zwar deshalb, weil das Verbändesystem vergleichsweise schwach zentralisiert und monopolisiert ist, die Verbände dank des Vernehmlassungsverfahrens aber doch vergleichsweise stark in den politischen Entscheidungsprozess inkorporiert sind. Charakteristisch für die Arbeitsbeziehungen in der Schweiz sind im Weiteren mangelnde Mitbestimmungs- und Mitsprachemöglichkeiten, das faktische Streikverbot durch das Friedensabkommen von 1937 und die Gesamtarbeitsverträge auf Branchenebene.

Die Öffnung nationaler Märkte, veränderte politische Kräfteverhältnisse und der europäische Integrationsprozess bewirken in zweifacher Hinsicht einen Wandel der Arbeitsbeziehungen in Europa. Zum einen ist absehbar, dass die betriebsinternen Arbeitsbeziehungen in transnational tätigen Unternehmen an Bedeutung gewinnen. So sieht eine Richtlinie der Europäischen Union (EU) seit 1994 vor, dass alle Unternehmen, die in mehreren Ländern der EU tätig sind und eine bestimmte Mitarbeiterzahl erreichen, also auch schweizerische, einen Betriebsrat einrichten müssen. Zum andern gibt es inzwischen Bestrebungen zum Aufbau korporatistischer Strukturen auf europäischer Ebene. In der EU sind die beiden wichtigsten Säulen des interverbandlichen Dialogs der Wirtschafts- und Sozialausschuss und der »Soziale Dialog«. Dieser Dialog wurde vom damaligen Kommissionspräsidenten Jacques Delors 1985 initiiert und im Vertrag von Maastricht (Sozialprotokoll) von 1992 verankert und ausgebaut. So räumt der Vertrag der Union der Industrie- und Arbeitgeberverbände Europas (UNICE), dem Europäischen Gewerkschaftsbund (EGB), dem Verband der öffentlichen Unternehmen (CEEP) und seit 1999 auch dem 1992 gegründeten Dachverband der Klein- und Mittelbetriebe und Handwerker (UEAPME) das Recht ein, im Rahmen des Dialogs gesamteuropäisch verbindliche Kollektivverträge abzuschließen.

Literatur
Robert Fluder, Heinz Ruf, Walter Schöni, Martin Wicki, *Gewerkschaften und Angestelltenverbände in der schweizerischen Privatwirtschaft: Entstehung, Mitgliedschaft, Organisation und Politik seit 1940*, Seismo, Zürich 1991; – Ferdinand Karlhofer, Emmerich Tálos (Hrsg.), *Zukunft der Sozialpartnerschaft*, Signum, Wien 1999; – Walter Müller-Jentsch, *Soziologie der industriellen Beziehungen*, Campus, Frankfurt am Main/New York 1997.
Internet
www.eiro.eurofound.ie/
Verweise
Arbeitsfrieden (Abkommen über den) – Sozialpartnerschaft – Verbände – Wirtschafts- und Sozialausschuss (der Europäischen Union)

Michael Nollert

Arbeitsfrieden (Abkommen über den)

Im September 1936 entschied der Bundesrat, die Währung abzuwerten, und verabschiedete einen Bundesbeschluss, der es dem Eidgenössischen Volkswirtschaftsdepartement erlaubte, auf eigene Initiative bei kollektiven Lohnkonflikten zu intervenieren. Vor diesem Hintergrund einigten sich der Arbeitgeberverband Schweizerischer Maschinen- und Metallindustrieller (ASM) und der Schweizerische Metall- und Uhrenarbeiterverband (SMUV) auf die Unterzeichnung eines Abkommens. Dabei handelt es sich um das Friedensabkommen in der Maschinenindustrie, das auch vom Christlichen Metallarbeiterverband der Schweiz (CMV) und dem Landesverband freier Schweizer Arbeiter (LfSA) mit unterzeichnet wurde. Dieses Abkommen vom 19. Juli 1937 schrieb den absoluten Arbeitsfrieden fest, verbot während seiner Geltungsdauer (2 Jahre) jegliche Kampfmaßnahmen und sah Mechanismen für die Regelung von Konflikten vor, welche allgemeine Lohnveränderungen betreffen.

Verweise
Aussperrung (Lockout) – Gewerkschaften – Sozialpartnerschaft – Streik

Alexandre Berenstein

Arbeitsgesetz

Das Arbeitsgesetz (ArG) ist nach einer jahrzehntelangen Debatte auf den 1. Februar 1966 in Kraft gesetzt und 1998 wesentlich revidiert und liberalisiert worden. Sein Vorläufer war das Fabrikgesetz, mit welchem der aufkommende Sozialstaat 1877 die unmenschlichen Arbeitsbedingungen in den Fabriken des Industrialismus bekämpfen wollte.

Regelungsgegenstand des Arbeitsgesetzes (und seiner mittlerweile 5 Verordnungen) sind die klassischen Fragen des Arbeitsschutzes: Arbeitszeit (wöchentliche Höchstarbeitszeiten, Überzeit, Ruhezeiten und Pausen), Nachtarbeit, Sonntagsarbeit, Schichtarbeit und ununterbrochener Betrieb, Sonderschutz für Jugendliche, Schwangere

und Mütter, industrielle Betriebe sowie der Gesundheitsschutz ganz allgemein.
Das Arbeitsgesetz zählt zum so genannten öffentlichen Arbeitsrecht, welches im Unterschied zur privatrechtlichen Regelung von Artikel 319 ff. OR die Normadressaten (vor allem die Arbeitgebenden) direkt dem Staat gegenüber verpflichtet (z.B. die wöchentlichen Höchstarbeitszeiten einzuhalten) und spezielle Behörden auf Bundes- wie kantonaler Ebene mit der Kontrolle und nötigenfalls zwangsweisen Durchsetzung seiner Schutznormen beauftragt.

Literatur
Peter Böhringer, Rainer Mössinger, *Das Neue Arbeitsgesetz. Ein systematischer Überblick*, Kaufmännischer Verband, Zürich 2001; – Walther Hug (Hrsg.), *Kommentar zum Arbeitsgesetz*, Stämpfli, Bern 1971; – Roland A. Müller, *Kurzkommentar zum Arbeitsgesetz*, Orell Füssli, Zürich 2001.

Verweise
Arbeitsverhältnis – Arbeitsvertrag – Fabrikarbeit (Bundesgesetz) – Mitbestimmung/Mitwirkung

Peter Böhringer

Arbeitslosenhilfe

Unter Arbeitslosenhilfe versteht man im weitesten Sinne Maßnahmen zur Verbesserung der Lage von Arbeitslosen, im engeren Sinne die der Sozialhilfe vorgeschalteten Programme, die in den beiden letzten Jahrzehnten die meisten Kantone eingerichtet haben. Vor der Verbreitung der Arbeitslosenversicherung (ALV) hatten die verschiedenen Formen der Arbeitslosenhilfe für die meisten Betroffenen existenzielle Bedeutung. Anfänglich unterstützten vor allem private Hilfsorganisationen Arbeitslose mit klar von der allgemeinen Fürsorge abgegrenzten Natural- und Geldspenden. Seit etwa der Wende zum 20. Jahrhundert fanden sie Unterstützung vorab von Gemeinden, und es entstand ein Netz von neuen Maßnahmen wie Naturalverpflegungsstationen, Arbeiterkolonien, Arbeitsnachweisbüros, geheizte Räume, Volksküchen, verbilligte Lebensmittel und Brennmaterialien, Notstandsarbeiten (vor allem Erdarbeiten und Schneeräumung) und beitragsunabhängige finanzielle Krisenhilfe. Solche Formen der Arbeitslosenhilfe waren – angesichts der geringen Abdeckung durch die ALV – bis zum Zweiten Weltkrieg an der Tagesordnung.
Die meisten kantonalen Einführungsgesetze zum Bundesgesetz über die obligatorische Arbeitslosenversicherung und die Insolvenzentschädigung (AVIG) von 1982 sahen bis Mitte der 90er-Jahre unter verschiedensten Titeln (z.B. Mindestsozialhilfeeinkommen, Ausgesteuertenhilfe, Krisenhilfe, außerordentliche Arbeitslosenentschädigung, Mindesteingliederungseinkommen, Anschlusstaggelder) Taggelder für ausgesteuerte Arbeitslose und ausnahmsweise für solche ohne bundesrechtlichen Anspruch vor. Die in der Regel während 60 bis 90 Tagen, zum Teil länger ausgezahlten Leistungen lehnten sich stark an die der ALV an, richteten sich aber zusätzlich nach dem eigenen Vermögen und dem Einkommen von Angehörigen. Die Finanzierung erfolgte nicht über Beiträge, sondern aus kantonalen und kommunalen Mitteln. Die Verlängerung der ALV-Unterstützungsdauer auf 520 Tage veranlasste die meisten Kantone, die Taggelder durch die Unterstützung von Kursen, Ausbildungsgängen, Beschäftigungsprogrammen usw. zu ersetzen Die Folgen der Verkürzung der ALV-Unterstützungsdauer auf 400 Tage für die Arbeitslosenhilfe sind noch nicht abzusehen.

Literatur
Silvia Bucher, *Soziale Sicherheit, beitragsunabhängige Sonderleistungen und soziale Vergünstigungen*, Universitätsverlag, Freiburg 2000, S. 685–719; – Kurt Wyss, Rosmarie Ruder, »Integrationsmaßnahmen zur Bekämpfung der Langzeiterwerbslosigkeit«, in: *Soziale Sicherheit*, Nr. 5, 1999, S. 239–245.

Verweise
Arbeitslosenversicherung – Arbeitslosigkeit – Regionales Arbeitsvermittlungszentrum

Bernard Degen

Arbeitslosenrate → Erwerbslosenrate

Arbeitslosenversicherung

Ziel der Arbeitslosenversicherung ist es, Arbeitnehmerinnen und Arbeitnehmer gegen das Risiko der Arbeitslosigkeit zu versichern. Finanziert wird dieser wichtige Pfeiler des Sozialstaates durch Beiträge der Erwerbstätigen und der Arbeitgeber. Dadurch wird ein Teil des Einkommens hin zu den Erwerbslosen transferiert. Die Verwaltung dieses Transfereinkommens ist zwar zur Hauptsache Aufgabe des Staates. Daran beteiligt sind aber auch die Arbeitslosenkassen der Gewerkschaften sowie von anderen privaten Organisationen. Die erste Kasse in der Schweiz ist 1884, vom Typografenbund, gegründet worden. Die von der Stadt Bern 1893 eingerichtete Kasse war die erste öffentliche Einrichtung in Europa überhaupt. Im europäischen Vergleich spät erfolgte hingegen die Einführung der Pflichtversicherung, und zwar erst 1977, per dringlichen Bundesbeschluss.
Geregelt ist die Verwaltung im Arbeitslosenversicherungsgesetz (AVIG). Auf Bundesebene zuständig sind die Aufsichtskommission des Ausgleichsfonds und das Staatssekretariat für Wirtschaft (seco), in den Kantonen die Volkswirtschaftsdirektionen sowie auf lokaler Ebene die Arbeitslosenkassen und die Regionalen Arbeitsvermittlungszentren (RAV). Die im Zuge der Revision des AVIG

vom 23. Juni 1995 neu geschaffenen RAVs kontrollieren und beraten die Bezügerinnen und Bezüger von Versicherungsleistungen. Mit der Revision sind die Pflichten für den Leistungsbezug ausgebaut worden. Die Versicherten stellen nun nicht mehr bloß ihre physische Präsenz (»Stempeln«) unter Beweis, sie sind überdies verpflichtet zu beweisen, dass sie sich aktiv um eine Stelle und die Verbesserung der eigenen Vermittlungsfähigkeit *(employability)* bemühen. Damit betreibt die Schweiz eine »aktive Arbeitsmarktpolitik«, wie sie die OECD ihren Mitgliedstaaten empfiehlt.

Literatur
Bernard Degen, »Zur Geschichte der Arbeitslosigkeit in der Schweiz«, in: *Widerspruch*, Nr. 25, 1993, S. 37–46; – Silvano Möckli, *Der schweizerische Sozialstaat. Sozialgeschichte, Sozialphilosophie, Sozialpolitik*, Haupt, Bern 1988; – Brigitte Studer, »Soziale Sicherheit für alle? Das Projekt Sozialstaat«, in: dies. (Hrsg.), *Etappen des Bundesstaates. Staats- und Nationsbildung der Schweiz, 1848–1998*, Chronos, Zürich 1998, S. 159–186.
Verweise
Arbeitslosigkeit – Arbeitsmarkt – Beschäftigungspolitik – Regionales Arbeitsvermittlungszentrum – Sozialversicherungen (allgemeiner Begriff)
Chantal Magnin

Arbeitslosigkeit

Der Begriff Arbeitslosigkeit bezieht sich ausschließlich auf die Erwerbstätigkeit, nicht aber auf andere Formen der Arbeit. Damit eine Person als »arbeitslos« gilt, muss sie mindestens drei Bedingungen erfüllen: 1. Arbeitsfähigkeit, das heißt, einer Anstellung dürfen nicht Hindernisse wie Alter, Krankheit, Unfall oder andere Verpflichtungen entgegenstehen; 2. keine Erwerbstätigkeit in der Referenzzeit; 3. Arbeitswilligkeit, bewiesen z.B. durch aktive Stellensuche. Diese Kriterien sind weder vorgegeben, noch lassen sie sich in der Praxis problemlos umsetzen. Zudem erfassen sie vor allem Männer, da Frauen sich bei Entlassungen – gesellschaftlichen Leitbildern entsprechend – eher vom Arbeitsmarkt zurückziehen.
Arbeitslosigkeit manifestiert sich in vier Formen: 1. Tief greifende Verschiebungen im Wirtschaftsgefüge führen zu struktureller Arbeitslosigkeit, wenn vom Niedergang einer Branche Betroffene wegen spezifischer Qualifikation oder mangels Alternative in ihrer Region keine neue Stelle finden. 2. Wirtschaftliche Abschwünge oder Krisen führen zur in der Regel unerwartet und massiv auftretenden konjunkturellen Arbeitslosigkeit, die sich oft zuerst in der Exportwirtschaft bemerkbar macht. Weil sie weitaus am meisten Menschen gleichzeitig erfasst, werden ihretwegen am häufigsten sozialpolitische Maßnahmen ergriffen. Ob der erste oder der zweite Fall vorliegt, bleibt jeweils heftig umstritten. 3. Branchen, die vom Wetter abhängen, kennen – früher ausgeprägter als heute – saisonale Arbeitslosigkeit. 4. Stark an Bedeutung verloren hat die einst erhebliche Fluktuationsarbeitslosigkeit, das heißt die erwerbslose Zeit bei einem schlecht koordinierten Stellenwechsel.

Wegen erheblichen Abgrenzungsproblemen gehören Arbeitslosenzahlen zu den umstrittensten Daten der Statistik. Grundsätzlich stehen zwei Methoden zur Verfügung: 1. *labour force surveys* mit dem Kriterium aktive Stellensuche (Erwerbslosenstatistik des Bundesamts für Statistik) und 2. die Registrierung beim Arbeitsamt (Arbeitslosenstatistik des seco). Für historische Vergleiche stehen leider nur nach letzterer Methode erhobene Daten zur Verfügung. Diese prägen auch die wirtschafts- und sozialpolitische Debatte. Sie repräsentieren vorwiegend Personen, die sich von der Anmeldung eine Verbesserung ihrer Lage – z.B. Taggelder – versprechen. Vor allem vor dem Obligatorium der Arbeitslosenversicherung, zum Teil aber bis in die jüngste Zeit, sind Frauen und Ausländer statistisch untervertreten geblieben, weil sie gesellschaftlichen Leitbildern folgend in den Haushalt bzw. in ihre Herkunftsländer zurückkehren.

Die materiellen Folgen der Arbeitslosigkeit wurden früher durch verschiedene Maßnahmen – von Almosen über Naturalverpflegungsstationen, Volksküchen und Arbeiterkolonien bis zu Notstandsarbeiten – gelindert. Seit 1976 stehen die Taggelder der obligatorischen Arbeitslosenversicherung klar im Vordergrund. Neben materiellen verursacht Arbeitslosigkeit bei Betroffenen vor allem bei langer Dauer psychische Probleme. Diesem Aspekt widmen sich kantonale und kommunale Institutionen sowie Hilfsorganisationen. Die wissenschaftliche und sozialpolitische Debatte dreht sich im Kern seit dem 19. Jahrhundert immer um dieselbe Frage: Wie können unverschuldet und selbstverschuldet arbeitslos gewordene Personen auseinander gehalten werden? Seit dem Ausbau der Arbeitslosenversicherung ist die Kontroverse, ob deren Leistungen allenfalls Arbeitslose von der Stellensuche abhalten und somit die Wiedereingliederung verhindern, dazugekommen (Problem des moralischen Risikos oder *moral hazard*).

Literatur
Arbeite wer kann! Travaille qui peut!, Limmat/Éditions d'en bas, Zürich/Lausanne 1996; – Bernard Degen, »Arbeitslosigkeit«, in: *Historisches Lexikon der Schweiz*, Band 1, Schwabe, Basel 2002, S. 458–461.
Internet
www.treffpunkt-arbeit.ch
Verweise
Arbeitslosenversicherung – Arbeitslosigkeit (Verfassungsartikel zur) – Arbeitsmarkt – Beschäftigungspolitik
Bernard Degen

Arbeitslosigkeit (Verfassungsartikel zur)

Artikel 114 der Bundesverfassung (BV) – der Artikel 34novies der alten BV (aBV) entspricht – verpflichtet den Bund, die Arbeitslosenversicherung (ALV) zu regeln (Abs. 1), und gibt ihm die Kompetenz, Vorschriften über die Arbeitslosenfürsorge (Abs. 5) zu erlassen. Für Arbeitnehmerinnen und Arbeitnehmer gilt ein Versicherungsobligatorium (Abs. 2 lit. b); der freiwillige Beitritt für Selbständigerwerbende (Abs. 2 lit. c) ist noch nicht möglich. Die ALV muss einen angemessenen Erwerbsersatz – nicht nur das Existenzminimum – gewähren sowie Maßnahmen zur Verhütung und Bekämpfung der Arbeitslosigkeit unterstützen (Abs. 2 lit. a). Die Finanzierung erfolgt – analog zur AHV – je zur Hälfte durch Arbeitgeber- und Arbeitnehmerbeiträge (Abs. 3). Bund und Kantone können bei außerordentlichen Verhältnissen zur Finanzierung beigezogen werden (Abs. 4). Bevor Artikel 34novies aBV 1976 angenommen wurde, behielt Artikel 34ter von 1947 die Kompetenz zur Einführung des Obligatoriums den Kantonen vor. Damit setzte sich dieses wesentlich später als in vergleichbaren Industriestaaten durch. Angesichts der Notlage erfolgte dafür die Umsetzung rasch, noch 1976 durch eine Übergangsordnung und 1982 durch das Bundesgesetz über die obligatorische Arbeitslosenversicherung und die Insolvenzentschädigung (AVIG).

Literatur
Gerhard Gerhards, *Grundriss des neuen Arbeitslosenversicherungsrechts*, Haupt, Bern 1996.
Internet
www.admin.ch
Verweise
Arbeitslosenversicherung – Arbeitslosigkeit – Sozialversicherungen (allgemeiner Begriff)

Bernard Degen

Arbeitsmarkt

Auf dem Arbeitsmarkt gilt entlöhnte Arbeitsleistung als handelbare Ware. Hier treffen Individuen, die ihre Arbeitskraft anbieten, auf die entsprechende Nachfrage der Arbeitgeber. Stellensuchende mit ihren Qualifikationen und Ansprüchen stehen einer Auswahl von Stellen mit unterschiedlichen Anforderungen und Gegenleistungen gegenüber. In modernen Gesellschaften ist die Sozialstruktur stark durch die Arbeitswelt geprägt. Der Erfolg auf dem Arbeitsmarkt entscheidet weitgehend über die materiellen und immateriellen Lebenschancen des Individuums. Chancengleichheit heißt damit wesentlich: gleiche Startbedingungen auf dem Arbeitsmarkt (unabhängig etwa von sozialer Herkunft oder Geschlecht).

Ökonomische Theorien betonen die Marktförmigkeit der Abstimmung von Angebot und Nachfrage. Entscheidend ist der Preis für den Produktionsfaktor Arbeit (Lohn). Den eigenen Marktwert beeinflusst das Individuum durch Investitionen in produktivitätsrelevante Qualifikationen (Humankapital). Sozialwissenschaftliche Ansätze erweitern diese individualisierende Sicht durch den Einbezug struktureller, institutioneller und kultureller Bedingungen. Hervorgehoben wird etwa die Bedeutung von kollektiven Aushandlungsprozessen, staatlichen Regulierungen und gruppenspezifischen Vorurteilen. Auf dem Arbeitsmarkt begegnen sich somit nicht einmalige Individuen, sondern typische Arbeitnehmergruppen und charakteristische Anstellungsverhältnisse. Entsprechend zerfällt der Arbeitsmarkt in Teilarbeitsmärkte unterschiedlicher Prägung (Arbeitsmarktsegmentierung). Auf der Mikroebene ist das Arbeitsmarktgeschehen eingebettet in persönliche Beziehungsnetzwerke und wird wesentlich von nichtmonetären Motiven beeinflusst (Granovetter 1988).

Die Nachfrage auf dem Arbeitsmarkt ist starken konjunkturellen Schwankungen unterworfen. Langfristige Verschiebungen der Arbeitsmarktnachfrage sind die Folge des wirtschaftsstrukturellen, technologischen und organisationellen Wandels. Quantität und Qualität des Angebots an Arbeitskräften werden durch die demografische Entwicklung, die Erwerbsquote, das Bildungsniveau und die individuellen Ansprüche bestimmt.

Literatur
Mark Granovetter, »The Sociological and Economic Approaches to Labor Market Analysis. A Social Structural View«, in: George Farkas, Paula England (Hrsg.), *Industries, Firms and Jobs. Sociological and Economic Approaches*, Plenum, New York 1988; – Werner Sesselmeier, Gregor Blauermel, *Arbeitsmarkttheorien. Ein Überblick*, Physica, Heidelberg 1998.
Internet
www.arbeitsmarktforschung.ch
Verweise
Arbeitslosigkeit – Beschäftigungspolitik – Humankapital – Segmentation (des Arbeitsmarkts) – Sozialkapital

Alexander Salvisberg

Arbeitsmarkt und Alter

Die Lebensarbeitszeit hat sich während der letzten Jahrzehnte in den wirtschaftlich hoch entwickelten Ländern deutlich reduziert. Einerseits verlängerte sich die Ausbildungsphase, andererseits wurde ein immer früheres Ausscheiden aus dem Erwerbsleben, der Übertritt in den »Ruhestand«, institutionalisiert. In der Schweiz waren 1920 83 Prozent der 65- bis 69-jährigen bzw. 60 Prozent der über 70-jährigen Männer erwerbstätig, im Jahr 2000 hingegen nur noch rund 12 bzw. 3 Prozent. Diese Verschiebung ist mit der Einführung der AHV allein nicht zu erklären, vielmehr erfolgte die Entwicklung recht kontinuierlich, beschleunigte sich aber in den 70er-Jahren nach Einführung der gesetzlichen beruflichen Vorsorge.

Im Laufe der 90er-Jahre nahm der vorzeitige Ruhestand in der Schweiz in spektakulärem Ausmaß auf 38 Prozent bei den Männern und 26 Prozent bei den Frauen zu. In diesem Zeitraum ging die Erwerbsquote der 55- bis 64-jährigen Männer um rund 6 Prozentpunkte auf 79 Prozent zurück, gleichzeitig stieg diejenige der Frauen zwischen 55 und 61 Jahren um ebenso viel auf 59 Prozent. Eine geschlechtsspezifisch unterschiedliche Erwerbsbeteiligung besteht also fort, wenn auch in reduziertem Ausmaß.

Neben der Verbesserung der wirtschaftlichen Bedingungen für Pensionierte hat die Abnahme der Zahl Selbständigerwerbender in der Landwirtschaft und im Gewerbe sowie die steigende Arbeitslosigkeit, teilweise kaschiert durch zunehmende Frühpensionierungen, zur Senkung der Erwerbsbeteiligung kurz vor dem und im Pensionsalter beigetragen – bei den Frauen allerdings gebrochen durch eine kohortenbedingte Erhöhung der Beteiligung.

In den 90er-Jahren verjüngten viele Unternehmen ihre Belegschaft durch Frühpensionierungen und die gezielte Einstellung jüngerer Arbeitskräfte. Für Personen über 50 wurde es zunehmend schwieriger, eine Stelle zu finden. Erst in neuerer Zeit wurde deutlich, dass dadurch nicht immer die Effizienz gesteigert, sondern wichtiges Erfahrungswissen ausgelagert wird. Eine nachhaltig positive beschäftigungspolitische Wirkung von Frühpensionierungen in Richtung einer Verringerung der Jugendarbeitslosigkeit ist nicht nachgewiesen. Stattdessen wurde der Trend zu Frühpensionierungen vielfach zur Umstrukturierung und Rationalisierung genutzt. Überdies widerspricht die Frühpensionierung gesellschaftlichen Entwicklungen wie der Erhöhung der Lebenserwartung, der Verbesserung des Ausbildungsniveaus und der Gesundheit im höheren Alter sowie gerontologischen Erkenntnissen bezüglich Kompetenzen im Alter.

Infolge der allgemeinen demografischen Alterung ist dennoch eine deutliche Alterung auch der Erwerbsbevölkerung absehbar. So ist bereits heute rund die Hälfte der Erwerbsbevölkerung über 40 Jahre alt. Der größte Anteil ist um das Jahr 2010 zu erwarten, wobei sowohl eine verschärfte Konkurrenz um junge Arbeitskräfte als auch eine erhöhte Wertschätzung und Förderung älterer Personen vorstellbar ist. Die Fort- und Weiterbildung älterer Mitarbeitender wurde in den vergangenen Jahren stark vernachlässigt, verspricht aber eine ideale Kombination von Innovationsfähigkeit und beruflicher Erfahrung. Der wirtschaftliche Wandel wird sich weniger als bisher über einen Generationenwechsel vollziehen können, sondern von der laufend geschulten mittleren und älteren Generation getragen werden müssen. Das setzt allerdings eine vorurteilsfreie Personalpolitik in den Unternehmen, eine Bereitschaft der Betroffenen zur Fortbildung sowie eine entsprechende firmeninterne und -externe Bildungskultur und -struktur voraus.

Literatur
Bundesamt für Statistik, »Von der Erwerbstätigkeit zum Ruhestand«, in: *Statistisches Jahrbuch der Schweiz 2002*, NZZ Buchverlag, Zürich 2002, S. 178–181; – François Höpflinger, »Generationenmix. Stichworte zu Generationenbeziehungen auf dem Arbeitsmarkt und in Unternehmen«, in: Jean-Pierre Fragnière, François Höpflinger, Valérie Hugentobler, *La question des générations – Generationenfrage*, Universitäres Institut Alter und Generationen, Sitten 2002, S. 221–224; – François Höpflinger, Astrid Stuckelberger, *Demographische Alterung und individuelles Altern. Ergebnisse aus dem nationalen Forschungsprogramm Alter/Vieillesse/ Anziani*, Seismo, Zürich 1999.
Verweise
AHV/IV – Ältere Arbeitnehmerinnen und Arbeitnehmer – Arbeitsmarkt – Beschäftigungspolitik

Hans Rudolf Schelling

Arbeitsmedizin

Die Arbeitsmedizin befasst sich mit den Wechselbeziehungen zwischen Arbeit und Beruf einerseits und dem Menschen, seiner Gesundheit und seinen Krankheiten andererseits. Sie beruht auf dem Studium der physischen und psychischen Reaktionen des Menschen auf Arbeit und Arbeitsumwelt. Durch präventive und hygienische Maßnahmen sind Schäden an Leben und Gesundheit zu verhüten. Ziel der Arbeitsmedizin ist es, das körperliche, geistige und soziale Wohlbefinden der Arbeitnehmer in allen Berufen in größtmöglichem Ausmaß zu erhalten und zu fördern.

Die Arbeitsmedizin ist primär keine kurative Medizin. Vielmehr soll sie in Zusammenarbeit mit anderen Disziplinen der Medizin und der Arbeitssicherheit (z.B. Dermatologie, Pneumologie bzw. Arbeitshygiene, Sicherheitswesen, Ergonomie) aufzeigen, wo im Rahmen der beruflichen Tätigkeit erhöhte Risiken für Unfälle, Berufskrankheiten und Belästigungen liegen und wie geschädigte Personen wieder in den Arbeitsprozess eingegliedert werden können. Gemeinsam mit den Arbeitgebern und den Arbeitnehmenden werden entsprechende Maßnahmen getroffen. Das spezifische Wissen des Arbeitsmediziners und der Arbeitsmedizinerin erlaubt es, den Arbeitgeber und die Belegschaft konkret medizinisch zu beraten und bei allenfalls aufgetretenen Berufskrankheiten die richtigen Schlüsse zu ziehen.

In der Schweiz verfügen die Schweizerische Unfallversicherungsanstalt, die meisten medizinischen Fakultäten, die Eidgenössische Technische Hochschule Zürich und eine Reihe von Großunternehmen über Arbeitsmedizinerinnen und -mediziner. Dazu gibt es eine Anzahl in freier Praxis niedergelassener Fachpersonen.

Literatur
Joseph LaDou, *Occupational & Environmental Medicine*, Appleton & Lange, Stamford 1997.
Internet
www.sgarm.ch
www.suva.ch
Verweise
Arbeitsunfähigkeit – Unfallversicherung – Unfallversicherungsanstalt (Schweizerische) (SUVA)

Rudolf Schütz

Arbeitsorganisation

Moderne Arbeit – im öffentlichen wie privaten Sektor – ist heute in überwiegendem Umfang »organisierte« Arbeit, die sich im Rahmen stabiler bürokratischer Betriebsorganisationen vollzieht. »Bürokratisch« ist eine Organisation, wenn sie über klar definierte, schriftlich fixierte Zielsetzungen, Mitgliedschaftsverträge, Verhaltensregeln, Kompetenzordnungen und Rollenspezialisierungen verfügt, die durch kollektiv verbindliche Entscheidungen entstanden sind und geändert werden können.

Bis ins 18. Jahrhundert hat man nur im öffentlichen Sektor (Verwaltung, Militär u.a.) von »organisierter Arbeit« sprechen können, während in der Privatwirtschaft kleinformatig-individualistische und familiengebundene Produktionsformen vorherrschend blieben.

Danach hat die Konzentration der Arbeitskräfte in Manufaktur- und Industriebetrieben notwendige Voraussetzungen geliefert, um neue Technologien rasch zu implementieren, um die Rollenstrukturen und Verhaltensvorschriften kompromisslos auf die Ziele ökonomischer Produktion auszurichten und die Arbeitnehmer auf eine Loyalität zur Firma und eine gewisse Identifikation mit ihrer »Unternehmensphilosophie« zu verpflichten. Erst diese bürokratische Organisation hat den Status des »Arbeit-losen« geschaffen, dessen dramatische Randständigkeit darin besteht, dass ihm mangels Mitgliedschaft in einer Betriebsorganisation jeder Zugang zu erwerbsmäßigen Arbeitsaktivitäten fehlt.

Unter dem Einfluss von Frederick Taylor und Henry Ford hat diese Rationalisierung zu Beginn des 20. Jahrhunderts zumindest im Bereich standardisierter Massengüterproduktion (z.B. Autoindustrie) ihren Höhepunkt erreicht: geprägt durch eine extrem zentralistisch konzipierte Arbeitsorganisation, in der sich die operativen Arbeitskräfte als rein ausführende Kräfte in höchst spezialisierten, simplifizierten Fließbandrollen vorgefunden haben.

Nachdem bereits in den 30er-Jahren die Bedeutung informeller Gruppenstrukturen (für das individuelle Wohlbefinden ebenso wie für die Produktivität) erkannt worden ist, haben sich seither zunehmend »postfordistische« Konzepte der Arbeitsorganisation ausgebreitet, die im japanischen Modell der *lean production* eine prägnante Verdichtung erfahren haben und wiederum in der Automobilindustrie besonders weitgehend implementiert worden sind (»Toyotismus«). Genauso wie bei westlichen Modellen (z.B. *management reengineering, total quality management* usw.) besteht die Zielrichtung darin, durch Abwärtsdelegation von Verantwortlichkeiten *(team empowerment)* gleichzeitig die Flexibilität und qualitative Zuverlässigkeit der Produktionsabläufe zu steigern und bei den Arbeitnehmern zusätzliche Motivationsquellen und Qualifizierungsprozesse zu erschließen.

Wenn früher die staatliche Bürokratie das Modell war, nach dem private Unternehmen und Verbände ihre Organisation ausgerichtet haben, so ist heute der Staat umgekehrt bestrebt, durch Ausrichtung auf privatwirtschaftliche Vorbilder mehr Flexibilität und Effizienz (die allerdings auf Kosten der arbeits- und sozialversicherungsrechtlichen Absicherung der Beschäftigten und demokratischer Kontrolle gehen kann) zu erwerben (New Public Management).

Unter dem Einfluss neuer Kommunikationsmedien (Internet, Mobiltelefon u.a.) werden sich in Zukunft wohl auch völlig neue, »virtuelle« Formen der Arbeitsorganisation entfalten, die ohne Verdichtung im Raum und ohne stabile Formen der Mitgliedschaft und Rollenzuweisung auskommen können und hierarchische Kontrollen durch horizontale Netzwerkkoordination ersetzen. Die historische Erfahrung lehrt jedoch, dass ältere Formen beim Auftreten neuer normalerweise nicht einfach verschwinden, sondern sich auf jene Branchen oder Regionen konzentrieren, für die sie am besten geeignet sind.

Literatur
Michael Hammer, James Champy, *Business Reengineering. Die Radikalkur für das Unternehmen*, Campus, Frankfurt am Main/New York 1995; – Michael Piore, Charles F. Sabel, *Das Ende der Massenproduktion. Studie über die Requalifizierung der Arbeit und die Rückkehr der Ökonomie in die Gesellschaft*, Wagenbach, Berlin 1984; – Werner Then, *Die Evolution in der Arbeitswelt*, InnoVatio, Bonn/Fribourg/Ostrava 1994.
Internet
europa.eu.int/comm/employment_social/soc-dial/social/green_de.htm
europa.eu.int/comm/employment_social/socdial/workorg/ewon/index_de.htm

Arbeitsplatzverlagerung

Verweise
Arbeit – Flexibilisierung von Arbeitsverhältnissen – Flexibilität – Postfordismus

Hans Geser

Arbeitsplatzverlagerung

Von Arbeitsplatzverlagerung ist dann die Rede, wenn ein Unternehmen Arbeitsplätze in seinem Stammland abbaut und an einem Standort im Ausland expandiert. Bei transnationalen Konzernen finden Arbeitsplatzverlagerungen innerhalb eines komplexen Produktionsnetzwerkes permanent statt, während für einen kleinen oder mittleren Betrieb die Verlagerung von Arbeitsplätzen in ein anderes Land der erste Schritt zur Transnationalisierung der Produktion darstellt. Häufig wird auch das *global sourcing* transnationaler Konzerne, die weltweite Kostenoptimierung der Einkäufe, im Zusammenhang mit Arbeitsplatzverlagerungen genannt, wenn dies bei den betroffenen Zulieferern im Stammland zu Arbeitsplatzabbau führt.

Bereits in den 1970er-Jahren diagnostizierten Fröbel et al. (1977), dass sich durch Arbeitsplatzverlagerung eine »neue internationale Arbeitsteilung« herausbilde. Für die Regulationsschule (Lipietz 1987) bildet die Arbeitsplatzverlagerung für Unternehmen in Ländern mit geringeren Produktionskosten ein Mittel gegen die sinkenden Profitraten am Ende der goldenen Jahre des Fordismus.

Seit Mitte der 90er-Jahre ist Arbeitsplatzverlagerung eines der kontroversen Themen der Globalisierungsdiskussion. Von globalisierungskritischer Seite wird befürchtet, reale oder angedrohte Arbeitsplatzverlagerung erlaube es den transnationalen Konzernen, die Errungenschaften der Arbeiterbewegung zu torpedieren und korporatistische Strukturen aufzubrechen. Befürworter der Globalisierung betrachten dagegen im Ausland geschaffene Arbeitsplätze als Indiz für insgesamt größeres Wachstum dank der Globalisierung und bestreiten die These der Verlagerung als Nullsummenspiel. Für die Schweiz nennt Gerster (2001) eindeutige Zahlen. Zwischen 1980 und 2000 hätten die 15 größten Konzerne in der Schweiz über 40 000 Arbeitsplätze abgebaut, im Ausland dagegen 200 000 geschaffen. Umstritten bleibt allerdings, ob dafür primär die Lohnkosten und nicht vielmehr die überbewertete Währung und der sehr kleine Heimmarkt verantwortlich sind.

Literatur
Folker Fröbel, Jürgen Heinrichs, Otto Kreye, *Die neue internationale Arbeitsteilung. Strukturelle Arbeitslosigkeit in den Industrieländern und die Industrialisierung der Entwicklungsländer*, Rowohlt, Reinbek bei Hamburg 1977; – Richard Gerster, *Globalisierung und Gerechtigkeit*, h.e.p., Bern 2001; – Alain Lipietz, *Mirages and Miracles: the Crises of Global Fordism*, Verso, London 1987.

Verweise
Arbeitsteilung (internationale) – Globalisierung – Postfordismus – Sozialdumping

Andreas Missbach

Arbeitsproduktivität

Unter Arbeitsproduktivität versteht man die Menge produzierter Güter oder Dienstleistungen pro Arbeitsstunde. Dabei gilt es die physische Produktivität und den eigentlichen Wert zu unterscheiden, und zwar je nachdem, ob die Produktion in materiellen oder in finanziellen Einheiten gemessen wird. Die erste Messung ist grundsätzlich durch den technologischen Fortschritt oder durch die Variation der zur Verfügung stehenden Maschinen beeinflusst, die es möglich machen, in derselben Zeit mehr zu produzieren. Die zweite kann nicht nur aufgrund dieser beiden Parameter variieren, sondern auch bezüglich der Preisschwankungen der produzierten Güter und Dienstleistungen. Für jene Firmen, die um ihre finanzielle Rendite besorgt sind, stellt die in Wert gemessene Produktivität einen speziell wichtigen Indikator dar. Es kann überdies nützlich sein, die beiden Begriffe der globalen und der partiellen Produktivität zu unterscheiden. Das erste Konzept evaluiert das Verhältnis zwischen der totalen Produktion (materiell und wertbezogen) und sämtlichen verwendeten Produktionsfaktoren (Arbeit, Kapital, natürliche Ressourcen). Das zweite Konzept bezieht die totale Produktion auf einen einzigen Produktionsfaktor, z.B. Arbeit.

Das wirtschaftliche und soziale Leben hängt sehr eng mit der Produktivität zusammen. Diese beeinflusst gleichzeitig die Entwicklung der Beschäftigung, die Preis- und Lohnschwankungen sowie den Profit des Kapitals. Wird von der Definition der Produktivität ausgegangen, kann festgestellt werden, dass die Anzahl Arbeitsstellen zunimmt (bei gleich bleibenden Arbeitszeiten), wenn das Wachstum der globalen Produktivität einer Wirtschaft (gemessen am Bruttoinlandprodukt) den Fortschritt der Arbeitsproduktivität überschreitet. Die Produktivität kann die Arbeitsplätze aber auch reduzieren, wenn sie stärker anwächst als die Produktion. Für die Ebene der einzelnen Sektoren gilt, dass Branchen, in denen der technische Fortschritt Arbeitsplätze schafft, sowohl Tätigkeiten, in denen das Wachstum der Produktivität über dem nationalen Durchschnitt liegt, wie auch Industriezweige mit unterdurchschnittlicher Produktivität umfassen. In den Branchen des ersten Sektors (Chemie, Energie, Informatik usw.) tendiert die Produktivität durch ihren starken Anstieg dazu, die Arbeitsplätze zu vermindern. Die wachsende Nachfrage nach Produkten dieser Branchen vermag diese Tendenz jedoch zu kompensieren. Auf der anderen Seite vermag auch die zunehmende Nachfrage in Branchen wie der Holzindustrie den relativ langsamen technischen Fortschritt auszugleichen. Schließlich ist es klar, dass die Stagnation der Nachfrage in den landwirtschaftlichen Branchen, kombiniert mit einer stark wachsenden Produktivität, einen großen Arbeitsverlust bedeutet.

Eine Anhebung der Arbeitsproduktivität ist anfangs im Sinken der Produktionskosten zu erkennen, was den Firmen zugute kommt und den Profit anheben hilft, ob er nun verteilt wird oder nicht. Von diesem Produktivitätsgewinn profitiert aber nicht unbedingt nur das Kapital. Er kann auch an die Konsumenten und Konsumentinnen verteilt werden: durch eine Preissenkung bei den Produkten oder durch eine Erhöhung des Reallohnes (Verhältnis des Lohns und des generellen Preisniveaus) bei den Angestellten. Diese Gewinnverteilung ist hinsichtlich der Finanzierung der Sozialversicherungen, die noch heute hauptsächlich auf die Arbeit aufbaut, äußerst wichtig. Schließlich können die Produktivitätsgewinne auch zur Reduktion der Arbeitszeit beitragen. Wenn sich für eine gegebene Produktionseinheit, unter ansonsten gleichen Bedingungen, die Produktivität um einen gewissen Prozentsatz erhöht, kann die Arbeitszeit im gleichen Verhältnis verkürzt werden, ohne dass die Kaufkraft dabei reduziert wird. Die Arbeitszeitverkürzung ist überdies oft selbst schon ein Wachstumsfaktor der Produktivität je Stunde.

Literatur
Jean Fourastié, *La productivité*, Presses Universitaires de France, Paris 1957.
Verweise
Arbeitsbedingungen (-belastungen) – Arbeitsorganisation – Arbeitszeit
Yves Flückiger

Arbeitssicherheit

Unter Arbeitssicherheit wird die gefahrenfreie Ausübung des Berufes verstanden. Eine enge Auffassung von Arbeitssicherheit fokussiert die alleinige Unfallvermeidung und das Verhindern von körperlichen Schädigungen am Arbeitsplatz. Im Zentrum steht also die Frage, wie Arbeitsprozesse gestaltet und die benötigten Maschinen in diese Prozesse integriert werden müssen, um Unfälle zu vermeiden und schädigende Einflüsse auszuschließen.

Viele Veränderungen in der Arbeitswelt – der Wandel von der industriellen Produktions- zur Dienstleistungsgesellschaft, einhergehend mit neuen Technologien und Werkstoffen, geänderten Arbeitsmustern und -rhythmen – haben neue Gefährdungen am Arbeitsplatz hervorgerufen. In den Begriff der Arbeitssicherheit werden deshalb inzwischen auch psychosoziale oder infrastrukturelle Faktoren, die das Wohlbefinden und die Zufriedenheit am Arbeitsplatz entscheidend beeinflussen, integriert.

Rechtlich ist der Erhalt der Arbeitssicherheit in verschiedenen Gesetzen und Verordnungen geregelt und mit den Bestimmungen der Europäischen Union harmonisiert. Die wichtigsten sind das Arbeitsgesetz (ArG) (allgemeiner Gesundheitsschutz am Arbeitsplatz) und das Unfallversicherungsgesetz (UVG) (Vorschriften zur Verhütung von Berufsunfällen und -krankheiten).

Internet
www.osha-focalpoint.ch/d/index.htm
www.seco.admin.ch
Verweise
Arbeitsmedizin – Unfallverhütung – Unfallversicherung
Theresa Furrer

Arbeitssuche

Das Konzept der Arbeitssuche umfasst Strategien, die bei der Suche nach einem Arbeitsplatz in Frage kommen. Dabei lassen sich selbstgesteuerte Strategien, indirekte Suchstrategien und die Zufallssuche unterscheiden. Als selbstgesteuerte Strategien gelten die Beantwortung von Stelleninseraten in Zeitungen und Internet, die Platzierung von eigenen Inseraten sowie die persönliche Kontaktierung von Bekannten und Verwandten. Indirekte Strategien sind die Besuche von Stellenvermittlungsbüros oder Arbeitsämtern. Als Zufallssuche wird der Versuch bezeichnet, einer bewusst ausgewählten Organisation unaufgefordert Bewerbungsunterlagen zuzustellen. Zahlreiche soziologische Studien belegen jedoch, dass der Erfolg bei der Arbeitssuche nicht nur durch die Wahl der Strategie, formale Bildung und berufsspezifische Qualifikationen (Humankapital), askriptive Merkmale (z.B. Geschlecht, Nationalität, Alter), sondern vor allem auch von der Verfügbarkeit von persönlichen Kontakten (Sozialkapital), das heißt vor allem lockere Bekanntschaften (*weak ties*, siehe Granovetter 1995), bestimmt wird. Solche Kontakte sind vor allem deshalb von Bedeutung, weil vielen Arbeitgebern und -geberinnen die Platzierung von Stelleninseraten oder die Durchführung aufwendiger Assessment-Verfahren zu kostspielig ist und sie es daher vorziehen, Personen zu rekrutieren, die Mitarbeitern und Mitarbeiterinnen bekannt sind und von ihnen entsprechend kontaktiert und empfohlen werden.

Literatur
Martin Börner, *Erfolgreiche Arbeitssuche. Personale und situative Determinanten des Arbeitsuchverhaltens*, LIT, Münster 2001; – Mark Granovetter, *Getting a Job. A Study*

of Contacts and Careers, University of Chicago Press, Chicago 1995; – Bruno Marelli, *Arbeitsvermittlung und Stellensuche in der Schweiz*, Rüegger, Grüsch 1985.
Verweise
Arbeitslosigkeit – Diskriminierung – Regionales Arbeitsvermittlungszentrum – Sozialkapital

Michael Nollert

Arbeitsteilung

Unter Arbeitsteilung wird die Aufteilung verschiedener Tätigkeiten verstanden, die zur Herstellung eines Produkts oder zur Erbringung einer Leistung nötig sind. Sie ist direkt mit Spezialisierung verknüpft, also nicht bloß eine momentane Vereinbarung zwischen Einzelpersonen, sondern eine dauerhafte Form sozialer Organisation, in welcher die Tätigkeiten einer großen Zahl von Individuen aufeinander abgestimmt werden. Deshalb ist Arbeitsteilung nicht nur wirtschaftlich bedeutsam, sondern auch sozial.

Der französische Gründervater der Soziologie Émile Durkheim hat einen wichtigen Zusammenhang betont: Arbeitsteilung kann nur bei einem gewissen Ausmaß von Koordination oder Zusammenarbeit funktionieren. Sie stiftet damit eine besondere Art des sozialen Zusammenhalts, der nicht in erster Linie auf gemeinsamen Werten und ähnlichen Überzeugungen beruht (Durkheim spricht in diesem Fall von »mechanischer Solidarität«), sondern auf faktischer Interdependenz. Wenn etwa die Tätigkeiten Brot backen und Kleider schneidern nicht von jedermann oder jederfrau ausgeführt werden, sondern von Spezialisten, so sind diese aufeinander angewiesen und müssen Mittel und Wege finden, minimal miteinander auszukommen (»organische Solidarität«).

Spezialisierung ist unter heutigen Bedingungen meist mit der Unterscheidung verschiedener Bildungsabschlüsse und Berufsqualifikationen und der Abgrenzung entsprechend spezialisierter Arbeitsmärkte verbunden. Neben den funktionell rechtfertigbaren Grenzen gibt es jedoch auch sozial fixierte Zuschreibungen, z.B. Geschlecht (»weibliche« und »männliche« Tätigkeiten), ethnische Zugehörigkeit, aber auch geografische Gebiete (Ghettobildung, zentrale kontra periphere Regionen usw.). Diese Zuschreibungen sind sozialpolitisch problematisch, da sie häufig mit hierarchischer Abgrenzung und Diskriminierung zu tun haben.

Literatur
Hildegard Matthies et al., *Arbeit 2000. Anforderungen an eine Neugestaltung der Arbeitswelt*, Rowohlt, Reinbek bei Hamburg 1994.
Verweise
Arbeitsmarkt – Diskriminierung – Segmentation (des Arbeitsmarkts) – Teilen von Arbeit

René Levy

Arbeitsteilung (internationale)

Die ökonomische Theorie der internationalen Arbeitsteilung, genauer der wirtschaftlichen Arbeitsteilung zwischen Nationen, orientiert sich auch heute noch an David Ricardos Annahme, wonach jedes Land produzieren und exportieren soll, was es im internationalen Vergleich am kostengünstigsten herstellen kann. Damit – so wurde argumentiert – ließe sich die optimale Verteilung der Güter- und Dienstleistungsproduktion über den ganzen Globus hinweg sicherstellen. In der Praxis exportierten jedoch arme, schwach industrialisierte Entwicklungsländer vornehmlich Rohstoffe (Erdöl aus Nigeria, Bananen aus Honduras), reiche Industrieländer hingegen veredelte Produkte mit entsprechend höherem Mehrwert (Maschinen, Medikamente). Die reale Organisationsform der Weltwirtschaft behinderte also bislang den Aufbau einer autonomen, auf die nationalen Bedürfnisse ausgerichteten Industrie in den Ländern der Dritten Welt.

Im Rahmen der sich seit langem herausbildenden »Globalisierung« werden in jüngerer Zeit wegen der tieferen Lohnkosten vermehrt Produktionsfunktionen aus Industrieländern in Drittweltländer verlagert (Turnschuhe in Malaysia, Buchhaltung internationaler Firmen in Indien), meist in Niederlassungen multinationaler Gesellschaften, die so genannten »Produktionsenklaven«. Der Welthandel, in den sie eingebunden sind, ist häufig ein internationaler Konzernbinnenhandel, bei dem die entstehenden Gewinne in reiche Industrieländer oder Steueroasen transferiert werden.

Literatur
Folker Fröbel, Jürgen Heinrichs, Otto Kreye, *Die neue internationale Arbeitsteilung. Strukturelle Arbeitslosigkeit in den Industrieländern und die Industrialisierung der Entwicklungsländer*, Rowohlt, Reinbek bei Hamburg 1977; – Rudolf Strahm, *Warum sie so arm sind. Arbeitsbuch zur Entwicklung der Unterentwicklung in der Dritten Welt mit Schaubildern und Kommentaren*, Peter Hammer, Wuppertal 1985.
Verweise
Arbeitsteilung – Globalisierung – Sozialdumping

René Levy

Arbeitsunfähigkeit

Das Sozialrecht unterscheidet zwischen der Arbeitsunfähigkeit und der Erwerbsunfähigkeit. Die Tatsache, keiner Einkommen bringenden Tätigkeit nachgehen zu können, kann ein Recht auf finanzielle Leistungen eröffnen. Die Arbeitsunfähigkeit muss jedoch auf einer von der sozialen Sicherheit vorgesehenen Ursache beruhen: Krankheit, Unfall, Mutterschaft. Die Krankenversicherung setzt eine Arbeitsunfähigkeit von mindestens 50 Prozent voraus, damit eine Erwerbsersatzleistung ausbezahlt wird. Bei der Unfallversicherung ist es anders. Hier wird gemäß dem medizinisch anerkannten Arbeitsunfähigkeitsgrad bezahlt. Die Militärversicherung funktioniert nach dem gleichen Prinzip. Die Versicherung hingegen, die im Falle von Mutterschaft beansprucht wird, darf kein Arbeitsunfähigkeitszeugnis verlangen. Während des Mutterschaftsurlaubs soll der Lohn während der Phase nach der Geburt ersetzt werden, ohne dabei auf die effektive Arbeitsfähigkeit der Mutter zu achten.

Literatur
Jean-Louis Duc, *Les assurances sociales en Suisse*, IRAL, Lausanne 1995.
Verweise
Arbeitslosigkeit – Sozialrecht – Sozialversicherungen (allgemeiner Begriff)

Béatrice Despland

Arbeitsverhältnis

»Arbeitsverhältnis« als juristischer Begriff bezeichnet das mittels Arbeitsvertrag eingegangene Rechtsverhältnis zwischen zwei Parteien, von denen die eine (die Arbeitnehmerin) gegen Lohn der anderen (der Arbeitgeberin) während einer bestimmten oder unbestimmten Dauer ihre Arbeitskraft zur Verfügung stellt und sich dazu in deren betriebliche Organisation eingliedert und deren Weisungsrecht unterordnet. In der Schweiz leisten von den rund 4 Millionen Erwerbstätigen fast 90 Prozent im Rahmen eines Arbeitsverhältnisses Lohnarbeit.

Das herkömmliche, so genannte Normalarbeitsverhältnis hat seinen historischen Ausgangspunkt in der Fabrikarbeit des Industrialismus. Die Arbeitsbedingungen in den Fabriken waren derart inhuman, dass die Gewerkschaften und der aufkommende Sozialstaat gegen diese Missstände vorgehen mussten, Erstere mithilfe von Gesamtarbeitsverträgen, der Staat zunächst mit dem Fabrikgesetz von 1877 (zwingende öffentlich-rechtliche Vorschriften und spezielle Arbeitsbehörden zu deren Kontrolle und Durchsetzung), dann mit der privatrechtlichen Regelung des Einzelarbeitsvertrages im Obligationenrecht (zum Teil ebenfalls zwingende Normen, welche die Vertragsfreiheit zugunsten der schwächeren Partei, das heißt der Arbeitnehmenden, einschränken). Diese Dreigleisigkeit sozialrechtlicher Absicherung des Arbeitsverhältnisses (GAV, öffentlich-rechtlicher Arbeitsschutz und privatrechtliche Einschränkung der Vertragsfreiheit) bildet bis heute die Grundstruktur des schweizerischen Arbeitsrechts.

Der arbeitsrechtliche Schutz bezieht sich traditionellerweise auf Höchstarbeitszeiten, Ruhezeiten, Nacht- und Sonntagsarbeit, Schichtarbeit, Sonderschutz von Jugendlichen sowie Schwangeren und Müttern, Berufskrankheiten und -unfälle sowie allgemeine Gesundheitsvorsorge (Ergonomie am Arbeitsplatz usw.), Lohnschutz, Überstundenarbeit, Ferienanspruch und natürlich Kündigungsschutz. Hinzugekommen sind in der Nachkriegszeit zahlreiche Sozialversicherungen und in den letzten beiden Jahrzehnten Spezialgesetze zu Berufsbildung, Arbeitsvermittlung und Personalverleih, Datenschutz, Mitwirkung der Belegschaft, Gleichstellung von Arbeitnehmerinnen und Arbeitnehmern sowie vor kurzem zur Entsendung von Arbeitnehmenden und zum Gewerbe der Reisenden. So wird das Arbeitsverhältnis insgesamt von einer Vielzahl komplex zusammenspielender Gesetze, Verordnungen und Gesamtarbeitsverträge sozialpolitisch geregelt.

Trotzdem gilt bis heute der Grundsatz der Kündigungsfreiheit: Das Arbeitsverhältnis kann grundsätzlich jederzeit und aus einem beliebigen Grund gekündigt werden. Der gesetzliche Kündigungsschutz (Kündigungsfristen und -termine, Sperrfristen bei Krankheit und Ähnlichem und Verbot missbräuchlicher Kündigungen) erweist sich in der heutigen Zeit rasanten Wandels, verschärften Konkurrenzkampfes und abnehmender sozialer Verantwortung als schwach. Hinzu kommt, dass im Zuge von Liberalisierung, Deregulierung und Flexibilisierung der Druck auf die Normalarbeitsverhältnisse bzw. das Arbeitsrecht stark zugenommen hat, indem zum einen sozialstaatliche Schutznormen als »Standortnachteil« im internationalen wirtschaftlichen Wettbewerb kritisiert, zum andern immer mehr Arbeitnehmende in sozialrechtlich weniger geschützte atypische, häufig prekäre Arbeitsverhältnisse oder die »Scheinselbständigkeit« gedrängt werden.

Literatur
Peter Böhringer, *Arbeitsrecht. Ein Lehrgang für die Praxis*, Orell Füssli, Zürich 2001; – Manfred Rehbinder, *Schweizerisches Arbeitsrecht*, Stämpfli, Bern 2002; – Ullin Streiff, Adrian von Kaenel, *Arbeitsvertrag. Leitfaden zum Arbeitsvertragsrecht*, Organisator, Zürich 1992.
Verweise
Arbeitsgesetz – Arbeitsvertrag – Atypische Beschäftigungsformen – Kündigungsschutz – Normalarbeitsverhältnis – Prekarisierung

Peter Böhringer

Arbeitsvertrag

Der Arbeitsvertrag ist die zwischen zwei Parteien abgeschlossene Vereinbarung, miteinander zu gewissen Bedingungen (vor allem Arbeitsinhalt, -ort, -zeit, Lohn, Ferien und Kündigung) ein Arbeitsverhältnis eingehen zu wollen. Kernmerkmal dieses Typus von Dienstleistungsvertrag ist die betriebliche Einordnung des Arbeitnehmers und die umfassende Weisungsgewalt der Arbeitgeberin (im Unterschied zur Leistung selbständiger Erwerbsarbeit im Rahmen eines Auftrags, Werk- oder Verlagsvertrags). Dieser von Artikel 319 bis 362 OR geregelte »Einzelarbeitsvertrag« ist einerseits zu unterscheiden vom zwischen Sozialpartnern abgeschlossenen »Gesamtarbeitsvertrag« (GAV) und anderseits vom praktisch weniger wichtigen »Normalarbeitsvertrag« (verordnungsähnlicher Erlass von Bund bzw. Kantonen für gewerkschaftlich nicht organisierte Branchen). Wie weit die Vertragsparteien ihre Zusammenarbeit im Einzelnen regeln, ist ihnen überlassen. Das OR enthält allerdings in den Artikeln 319 ff. zahlreiche zwingende Normen zum Schutz der Arbeitnehmenden. Zudem sind die zwingenden Bestimmungen der weiteren arbeitsrechtlich relevanten Gesetze (vor allem Arbeits-, Gleichstellungs-, Datenschutz-, Mitwirkungs-, Berufsbildungs- und Arbeitsvermittlungsgesetz) sowie die Mindestarbeitsbedingungen eines allfälligen GAV zu beachten. Der Einzelarbeitsvertrag wird beendet durch Fristablauf, falls es sich um ein befristetes Arbeitsverhältnis handelt, im Normalfall aber durch Kündigung (ordentliche oder fristlose), unter Umständen aber auch durch Aufhebungsvertrag oder Tod des Arbeitnehmers.

Literatur
Peter Böhringer, *Arbeitsrecht. Ein Lehrgang für die Praxis*, Orell Füssli, Zürich 2001; – Manfred Rehbinder, *Schweizerisches Arbeitsrecht*, Stämpfli, Bern 2002; – Ullin Streiff, Adrian von Kaenel, *Arbeitsvertrag. Leitfaden zum Arbeitsvertragsrecht*, Organisator, Zürich 1992.
Verweise
Arbeitsgesetz – Arbeitsverhältnis – Gesamtarbeitsvertrag (GAV) – Kündigung

Peter Böhringer

Arbeitszeit

Der heute geläufige Begriff der Arbeitszeit ist – wie auch der Begriff der Arbeit – erst im Industriezeitalter entstanden. In der Ökonomie des 19. Jahrhunderts wurde der Wert einer Ware an der Zeit gemessen, die zu ihrer Herstellung notwendig war. Auch heute noch wird der Begriff vor allem dort verwendet, wo es darum geht, Zeit zu messen, die in irgendeiner Weise vergütet werden muss. Erst in den letzten Jahren ist vermehrt der Versuch unternommen worden, Arbeitszeit auch in dienstleistungsnahen und wenig kommerzialisierten Bereichen nachzuweisen, wie insbesondere in Familie und Erziehung. Dies u.a. mit dem Ziel, Personen vor Diskriminierung zu schützen, die – wie mehrheitlich Frauen – in der Privatsphäre unentgeltliche Haus-, Pflege- und Betreuungsleistungen erbringen. Zugleich macht gerade der Begriff Arbeitszeit deutlich, dass nichtmaterielle Formen der Anerkennung von Arbeit an Gewicht verloren haben. Allein eine präzise Zeitmessung erscheint eine gerechte und angemessene Entschädigung möglich zu machen. Daher rühren aber auch die Schwierigkeiten, den Begriff zu generalisieren oder auf Arbeitsverhältnisse zu übertragen, die älter sind als die klassischen Modelle von industrieller Erwerbsarbeit.

Regelungen der Arbeitszeit werden vertraglich auf individueller, betrieblicher, tariflicher sowie staatlicher bzw. gesetzlicher Ebene getroffen, Letzteres z.b. wenn es um spezifische Gruppen von Arbeitnehmenden (z.B. Jugendliche, Behinderte, Mütter) geht. Gegenstand der Vereinbarungen können der Umfang (Tages-, Monats-, Jahres-, Lebensarbeitszeit), die Lage (Nacht-, Wochenend-, Schichtarbeit), Höchstarbeits- und Pausenzeiten, Freistellungen und Beschäftigungsverbote bis hin zu individuellen Präferenzen der Vertragspartner sein.

Im Zentrum der gesellschaftlichen Auseinandersetzung stehen heute die Konsequenzen einer Flexibilisierung der Arbeitszeit. Auf der Ebene der Beschäftigten etwa stehen sich hier ein Mehr an Freiheit bzw. »Zeitsouveränität« und der Ausfall an Einkommen, sozialer Sicherung und immateriellen Vorteilen der »Normalarbeitszeit« gegenüber. Kontrovers wird darüber hinaus die Verkürzung der Wochenarbeitszeit diskutiert. Mit durchschnittlich rund 42 Stunden pro Woche besitzt die Schweiz nach Großbritannien die zweithöchste Arbeitszeit in Europa.

Literatur
Jürg Baillod et al. (Hrsg.), *Zeitenwende Arbeitszeit: Wie Unternehmen die Arbeitszeit flexibilisieren*, vdf Hochschulverlag, Zürich 1997; – Andre Büssing, Hartmut Seifert (Hrsg.), *Sozialverträgliche Arbeitszeitgestaltung*, Hampp, München 1995; – Alfonso Sousa-Poza, Fred Henneberger, »Arbeitszeitpolitik. Eine Analyse der gewünschten Arbeitszeit, der Überstunden und der Stundenrestriktionen in der Schweiz«, in: *Mitteilungen aus der Arbeitsmarkt- und Berufsforschung*, Nr. 2/33, 2000, S. 277–289.
Internet
www.admin.ch/ch/d/sr/822_111
www.nzz.ch/dossiers/2002/abstimmung_0303/index_arbeitszeit.html
Verweise
Arbeit – Flexibilisierung von Arbeitsverhältnissen – Freizeit – Normalarbeitsverhältnis

Brigitte Liebig

Arbeitszufriedenheit

Mit den Bemühungen zur »Humanisierung der Arbeitswelt« in den 1950er-Jahren hat auch der Begriff der Arbeitszufriedenheit zunehmendes Interesse in Forschung und Praxis erfahren. In der Arbeits- und Organisationspsychologie gilt Arbeitszufriedenheit als Ausdruck der subjektiven Wahrnehmung und Beurteilung einer Arbeitssituation vor dem Hintergrund individueller Erwartungen und Ansprüche. Dabei spielt die Qualität der Arbeitsbedingungen, wie sie aus Merkmalen der Arbeitssituation resultiert, eine maßgebliche Rolle im Evaluationsprozess. Neben Spezifika der Arbeitsumgebung, zu denen neben sozialen und kulturellen Dimensionen (z.B. Führungsstile, Kommunikationsbeziehungen, Betriebsklima) auch Betriebsorganisation, Unternehmenspolitik oder Arbeitsplatzsicherheit zählen, werden in diesem Zusammenhang Eigenschaften der Arbeitstätigkeit (z.B. Vielfalt, Prestige) sowie deren Gestaltung (z.B. Eigenverantwortlichkeit) aufgeführt. Arbeitszufriedenheit gilt heute als wichtige wirtschaftliche Größe sowie als Teil einer zukunftsorientierten Personalpolitik, da sie auf zahlreiche arbeitsrelevante Aspekte, wie etwa auf Fluktuationen, Fehlzeiten oder die subjektiv empfundene Leistungsfähigkeit, Einfluss nimmt.

Literatur
Nicole Bayard, *Unternehmens- und personalpolitische Relevanz der Arbeitszufriedenheit*, Haupt, Bern 1997; – Lorenz Fischer (Hrsg.), *Arbeitszufriedenheit. Beiträge zur Organisationspsychologie*, Band 5, Verlag für Angewandte Psychologie, Stuttgart 1991.
Internet
www.transferplus.ch/documents/Arbeitszufriedenheit_2001.pdf
Verweise
Arbeitsbedingungen (-belastungen) – Arbeitsorganisation

Brigitte Liebig

Armut

Die Definition von Armut als unerträgliche Ausgrenzung sollte der Ausuferung terminologischer Varianten ein Ende setzen, anhand deren versucht wird, eine wahrhaft komplexe Wirklichkeit zu beschreiben. Nach Serge Milano widerspiegelt die Überfülle von Begriffen (absolute Armut, relative Armut, traditionelle Armut, neue Armut, anhaltende Armut, Armut unter den Erwerbstätigen – Working Poor –, extreme Armut, Armut im Sinne von Prekarität usw.) die Vielfalt der Wahrnehmungen von Wirklichkeit. Die Frage, ob es um Erkenntnis oder um Intervention geht, prägt die Wahrnehmung und die Begriffsbildung. Zudem ist die beschriebene Wirklichkeit oft schwer zu fassen, flüchtig und verschwommen. Die Definition von Armut als »unerträgliche Ausgrenzung« sollte alle Dimensionen, die einen Zustand der Armut charakterisieren, wiedergeben.

Armut bedeutet zunächst das Verfügen über eine sehr unterdurchschnittliche Menge an materiellen Ressourcen und staatsbürgerlichen Rechten. Dieser Mangel ist so groß, dass die Teilnahme am Gemeinschaftsleben und die Beteiligung an sozialen Alltagsaktivitäten gefährdet sind. Die auf diese Weise definierte soziale Ausgrenzung wird jedoch erst unerträglich, wenn sie auch die biologischen, psychischen und geistig-moralischen Existenzbedingungen von Menschen oder Bevölkerungsgruppen bedroht. Armut ist folglich das Resultat einer kausalen Abfolge: unterdurchschnittliche Ressourcen – soziale Ausgrenzung – Gefährdung des moralischen und physischen Überlebens.

Die Individualisierung und die Abgrenzung von Armut bedingen daher die Teilnahme der sozialen Akteure an der Untersuchung der Verarmungsprozesse und an der analytischen Konstruktion von »Armutskarrieren« auf lokaler Ebene. Das gleichzeitige Vorkommen von Ausgrenzung und existenzieller Krise zeigt einen Ausweg aus der Tautologie und der paradoxen Situation, die in offiziellen Definitionen von Armut implizit enthalten sind, wonach jemand arm ist, wenn sein Einkommen unter einer bestimmten festgelegten Schwelle liegt (40, 50, 66 Prozent des Durchschnitts- oder Median-Netto-Äquivalenzeinkommens). In dieser Perspektive ist Armut (nur) eine besonders gravierende Form von sozialer Ungleichheit. Die konventionelle Messung von Armut ist nicht eindeutig (inverse Korrelation zwischen Armut und wirtschaftlicher sowie sozialer Konjunktur).

Die Unterscheidung zwischen Armut und Ungleichheit ist hingegen unabdingbar, denn damit verbunden sind verschiedene Formen der Legitimierung von Sozialpolitik. Der Kampf gegen Armut betrifft die Verteidigung des sozialen Grundrechts aufs Überleben, das eine moralische Verpflichtung jeglicher Zivilgesellschaft darstellt. Der Kampf gegen soziale Ungleichheiten (in Bezug auf Lebenschancen, auf Einkommen, auf Kräfteverhältnisse auf dem Gütermarkt, dem Arbeitsmarkt usw.) ist demgegenüber den systemischen Bedingungen und den gesellschaftlich und politisch bedeutsamen Motivationen untergeordnet. Der Kampf gegen soziale Ungleichheiten muss als solcher verhandelt werden. Die moralische Verpflichtung des Kampfes gegen Armut legt auch eine Armutsschwelle als Interventionsschwelle fest. Die Gesellschaft anerkennt diese Armutsschwelle als »absolut« und leistet zu deren Überwindung mindestens eine finanzielle Anstrengung. Diese Schwelle schließt bei der Analyse der Armutsgründe neben der wirtschaftlichen Situation, die sicherlich sehr wichtig ist, auch andere Formen sozialer Bindungen ein (Familien- und Gruppensolidarität, Formen sozialer Reziprozität und gemeinschaftlicher Selbsthilfe).

Literatur
Pierre Gilliand (Hrsg.), *Pauvretés et sécurité sociale*, Réalités sociales, Lausanne 1990; – Serge Milano, *La pauvreté dans les pays riches. Du constat à l'analyse*, Nathan, Paris 1992; – Karl Polanyi, *The Great Transformation*, Rinehart, New York 1944.
Verweise
Armutsgrenzen – Ausgrenzung – Prekarisierung – Soziale Ungleichheiten

Christian Marazzi

Armut (neue)

Während mit »alter Armut« oder traditioneller Armut ein Begriff und eine einheitliche Lebensbedingung gemeint ist, die kumulativ alle Subsysteme (Ökonomie, Kultur, Wohnen, Beziehungen, Gesundheit) erfasst, um die herum das Leben einer Person oder einer Gruppe strukturiert ist, tritt die neue Armut nicht mehr in der Gestalt einer einheitlichen und kumulativen Existenzbedingung auf. Man kann in einem oder mehreren Subsystemen prekarisiert sein, ohne dass dies automatisch eine Prekarisierung in allen anderen zur Folge hat. Streng genommen müsste man von Armut in der Mehrzahl sprechen. Neu an der Armut ist, dass sich heute die Faktoren, die Armutssymptome erzeugen können, ausdifferenziert und vervielfacht haben (zunehmende Komplexität der Gesellschaft). Ein völlig unerwarteter Schock (z.B. Verlust des Arbeitsplatzes) kann das Gleichgewicht zwischen Verfügbarkeit der Ressourcen und Fähigkeit, sie zu nutzen, stören, ohne dass der Verlust des Arbeitsplatzes notwendigerweise einen übertriebenen Verlust der finanziellen Ressourcen zur Folge hätte. Dies bedeutet, dass die neue Armut den ganzen Sozialkörper durchdringt, sie befällt nicht ausschließlich Personen, die unter einer bestimmten Einkommensgrenze leben.

Literatur
Pierre Gilliand (Hrsg.), *Pauvretés et sécurité sociale*, Réalités sociales, Lausanne 1990; – Nicola Negri, *Saggi sull'esclusione sociale*, Il Segnalibro, Milano 1990; – Amartya Sen, *Collective Choice and Social Welfare*, Holdenday, San Francisco 1970.
Verweise
Armut – Armutsgrenzen – Prekarisierung

Christian Marazzi

Armutsbesteuerung

Armutsbesteuerung ist die Besteuerung von privaten Haushalten, deren Einkommen unter oder knapp über der Grenze des Existenzminimums liegt. Neben den Working Poor sind all jene Erwerbstätigen betroffen, deren Budget durch die Steuerbelastung auf das Existenzminimum reduziert wird.
Mindestens ein Fünftel aller Haushalte hat Zahlungsprobleme mit den Steuern.
Gründe dafür sind: 1. Die Besteuerung beginnt unterhalb der Armutsgrenze; 2. sie berücksichtigt nicht das Budget überproportional belastende Mietzinsen; 3. die aktuell fälligen Steuerraten können bei Pfändungen (im Regelfall) nicht in das betreibungsrechtliche Existenzminimum einbezogen werden; 4. das dem Einkommen nachhinkende Steuerinkasso fördert Fehlkalkulationen über das wirklich verfügbare Netto-Einkommen; 5. nach Einkommensreduktionen, bei temporärer Arbeitslosigkeit, nach familiären Veränderungen werden viele Haushalte zahlungsunfähig, weil sie die Steuern früherer besserer Jahre zu bezahlen haben; 6. viele Haushalte sind mit Steuererklärungs- und Zahlungsmodalitäten und den Besonderheiten der verschiedenen Kantone und Gemeinden administrativ überfordert. Der Aspekt der Armutsbesteuerung ist dabei besonders stoßend. Beispiel aus Basel-Stadt (13 Nettolöhne pro Jahr, monatliche Umrechnung, betrifft allein stehende Person): Bei einem Einkommen von 2300 Franken sind 10 Prozent Steuern pro Monat, das entspricht 230 Franken, zu zahlen, obwohl dieses Einkommen (in vielen Fällen) nur dem Existenzminimum entspricht.

Die derzeitigen Problemlösungen, die die Gemeinwesen für diese Situationen anbieten, sind individualisierend, diskriminierend, den meisten Haushalten unbekannt oder nicht ohne externe Hilfe handhabbar: Steuererlass oder Teilerlass bei eng umschriebenen individuellen Härtefällen, spezielle Anreizsysteme der Sozialhilfe, Einbezug der Steuern in das Existenzminimum bei Pfändungen (in Einzelfällen in wenigen Kantonen). Die Problemlösungen mit Breitenwirkung sind formuliert, aber bisher nur punktuell durchgesetzt: höhere Sozialabzüge für Einkommensschwache, höhere Steuerfreigrenzen, angemessene Berücksichtigung der Kinder, eine prinzipielle Befreiung des Existenzminimums von der Steuerpflicht. Die Quellenbesteuerung für alle oder als Recht für alle Antragstellenden ist bisher aufgrund des Steuerharmonisierungsgesetzes nicht kantonal durchsetzbar.

Verweise
Existenzminimum – Steuern

Michael Claussen

Armutsforschung

Die Armutsforschung befasst sich mit dem Ausmaß, den Formen, Ursachen, Entwicklungen und Lösungsansätzen der Armut. Sie ist quantitativ und qualitativ angelegt, berücksichtigt materielle sowie immaterielle Aspekte. Nach kantonalen Armutsstudien (Tessin 1986, Neuenburg 1990, Jura 1991, Basel 1991, Wallis 1991, St. Gallen 1992, Zürich 1992, Bern 1995, Graubünden 1996, Luzern 1997) liegt in der Schweiz eine nationale Untersuchung (Leu et al. 1997) vor, die Armut als Ressourcenschwäche versteht und den Ressourcen- mit dem Lebenslagenansatz verbindet. Ursachen der Armut sind u.a. die Erwerbslosigkeit, die fehlende Übereinstimmung der sozialen Sicherheit mit dem Wandel der Lebensformen, die ungleiche Vermögens- und Einkommensverteilung sowie der anhaltende Rückgang der Reallöhne im Niedriglohnbereich seit dem Ende des »goldenen Zeitalters« der Nachkriegsprosperität. Lösungsansätze beziehen sich auf die Integration in die Erwerbsarbeit, Reformen der Sozialhilfe und die Ausweitung der Grundsicherung (Entkoppelung von Erwerbsarbeit und Einkommen).

Literatur
Robert E. Leu, Stefan Burri, Tom Priester, *Lebensqualität und Armut in der Schweiz*, Haupt, Bern 1997; – Elisa Streuli, Tobias Bauer, *Working Poor in der Schweiz. Konzepte, Ausmass und Problemlagen aufgrund der Daten der Schweizerischen Arbeitskräfteerhebung*, Bundesamt für Statistik, Neuenburg 2002.
Verweise
Armut – Armutsgrenzen – Soziale Sicherheit (allgemeiner Begriff)

Ueli Mäder

Armutsgrenzen

Infolge ihres Zuschreibungscharakters (Anzahl und Kategorien von Armen) ist die Definition von Armutsgrenzen immer ein wissenschaftliches und politisches Wagnis.
Eine Armutsgrenze kann direkt, ja sogar »objektiv« definiert werden, wenn man z.B. auf Ernährungsnormen (Unterernährung: 1500 Kalorien pro Tag und pro Person; Fehlernährung: 2500) zurückgreift. In diesem Fall hat die absolute Armut effektiv nur relativ in Bezug auf Alter, Geschlecht, Tätigkeitsart sowie Gesundheitszustand Geltung.
Die Definition von Armutsgrenzen kann aber auch einer Konvention verpflichtet sein, wie dies beim *International Standard of Poverty* der Fall ist. In diesem Fall wird die Armutsgrenze mit einem Prozentsatz des Einkommens gleichgesetzt (40 bzw. 50 Prozent des durchschnittlichen verfügbaren Einkommens je Konsumeinheit, errechnet als Äquivalenzeinkommen unter Verwendung der Methode der Äquivalenzskalen, die Skalenerträge, das heißt Einsparungen im Verhältnis zur Haushaltsgröße, berücksichtigen).
Eine Armutsgrenze kann einerseits die Funktion eines Zahlenindexes erfüllen, der die Anzahl der Armen misst und diese nach verschiedenen Aspekten kategorisiert, andererseits die Funktion eines Volumenindexes, womit ein Maß für die Armutsintensität gewonnen wird, das die Verteilung der Armen unterhalb der Armutsgrenze berücksichtigt (10 Prozent der Armen, die 1 Prozent unterhalb der Armutsgrenze liegen).

In der schweizerischen Praxis zur Berechnung des Existenzminimums werden drei Armutsgrenzen angewandt, nämlich jene der öffentlichen Sozialhilfe (soziales Existenzminimum gemäß den Richtlinien der Schweizerischen Konferenz für Sozialhilfe, SKOS), jene der Zwangsvollstreckung (betreibungsrechtliches Existenzminimum) und jene der Ergänzungsleistungen zur AHV/IV. Das Existenzminimum der Ergänzungsleistungen zur AHV/IV könnte mittelfristig den Status des offiziellen Existenzminimums für alle Systeme der sozialen Sicherheit erhalten (mit Ausnahme der von der Sozialhilfe zu erfassenden Verhältnisse): Eine einheitliche Grundsicherung für die wichtigsten sozialen Risiken wäre so gewährleistet.

Literatur
Robert E. Leu, Stefan Burri, Tom Priester, *Lebensqualität und Armut in der Schweiz*, Haupt, Bern 1997; – Serge Milano, *La pauvreté dans les pays riches. Du constat à l'analyse*, Nathan, Paris 1992; – Martino Rossi, Elena Sartoris, *Solidarität neu denken*, Seismo, Zürich 1996.
Verweise
Armut – Ergänzungsleistungen zur AHV/IV – Soziale Ungleichheiten

Christian Marazzi

Arzthaftung

Unter der Arzthaftung versteht man die rechtliche Verantwortung von Ärztinnen und Ärzten gegenüber ihren Patienten und Patienten. Die gesetzliche Grundlage dazu findet sich im Obligationenrecht, sofern ein Arzt oder eine Ärztin in eigener Praxis tätig oder von einem privaten Arbeitgeber angestellt ist. Bei Ärztinnen und Ärzten im Dienste des Staates, z.B. in öffentlichen Spitälern, richtet sich die Arzthaftung nach dem Gesetz des betreffenden Kantons über die Staats- und Beamtenhaftung.
Soweit das Obligationenrecht zur Anwendung kommt, richtet sich die Arzthaftung zunächst nach dem Auftragsrecht (Art. 394 ff. OR). Dieses kennt keine Verantwortlichkeit für den Erfolg, sondern nur für eine sorgfältige Ausführung. Ein Arzt oder eine Ärztin kann somit nicht allein deswegen belangt werden, weil eine Behandlung nicht zum gewünschten Erfolg geführt oder sogar einen Schaden verursacht hat. Sondern nur, wenn ihm oder ihr darüber hinaus eine Sorgfaltspflichtverletzung, ein Verstoß gegen die Regeln der ärztlichen Kunst (so genannte Kunstfehler), nachgewiesen werden kann. Belangt werden können Ärztinnen und Ärzte hingegen auch, wenn sie den Patienten oder die Patientin nicht genügend über die Risiken einer Behandlung informiert haben. Die Gesetze über die Haftung von Ärztinnen und Ärzten in Staatsdiensten laufen für die Patientinnen und Patienten meistens auf ein ähnliches Ergebnis hinaus.

Ein Personenkreis um die Schweizerische Gesellschaft für Gesundheitspolitik (SGGP) versucht zurzeit einen Fonds zu schaffen, der Opfer ärztlicher Behandlungsfehler auch ohne Nachweis einer Sorgfaltspflichtverletzung entschädigt.

Literatur
Heinrich Honsell (Hrsg.), *Handbuch des Arztrechts*, Schulthess, Zürich 1994; – Paul Ramer, Josef Rennhard, *Patientenrecht. Ein Ratgeber aus der Beobachter-Praxis*, Beobachter, Zürich 1998.
Internet
www.spo.ch (Schweizerische Patientenorganisation)
www.patientenstelle.ch
Verweise
Ärztin-Patientin-Beziehung (bzw. Arzt-Patienten-Beziehung) – Ärztliche Schweigepflicht – Patientinnen- und Patientenrecht

Ruedi Spöndlin

Ärztin-Patientin-Beziehung (bzw. Arzt-Patienten-Beziehung)

Gemäß abendländischem, aus der Tradition des Hippokrates hergeleiteten Verständnis der Medizin beruht die Beziehung zwischen Arzt und Patient bzw. Ärztin und Patientin auf folgenden Hauptelementen:
1. dem Einzelgespräch, in welchem ein leidender Mensch seine Probleme einer von ihm als kompetent angesehenen Fachperson anvertraut. Man spricht in diesem Zusammenhang oft vom Zusammentreffen vom Vertrauen des Patienten und (Ge-)Wissen von Ärztin oder Arzt;
2. der Vertraulichkeit über das Ausgetauschte, die durch das Berufsgeheimnis geschützt wird;
3. der Freiheit der Patienten und Patientinnen, ihren Arzt bzw. ihre Ärztin frei zu wählen;
4. der Freiheit des Arztes oder der Ärztin, einem Menschen Hilfe anzubieten oder – außer im Notfall – zu verweigern, wenn die Umstände der therapeutischen Beziehung nicht befriedigend sind.

Der kranke Mensch hat gegenüber Ärztinnen und Ärzten ein Recht auf ausreichende und verständliche Information über Diagnose, mögliche Therapieformen und die mögliche Entwicklung seiner Krankheit. Eine weitere Säule der Beziehung zwischen Arzt und Patient bzw. Ärztin und Patientin ist die so genannte freie und informierte Zustimmung. Außer in speziellen Fällen ist jede ärztliche Handlung nur zulässig, wenn ihr der betroffene Mensch im vollen Wissen über ihre Bedeutung zugestimmt hat.

Literatur
Marina Mandofia Berney (Hrsg.), »Le partage de l'information médicale dans la relation thérapeutique«, in: *Cahiers médico-sociaux 39*, Nr. 4, 1995; – Jean Martin, *Enjeux éthiques en santé publique*, Médecine et Hygiène, Genève 1991; – Jean Martin, *Dialoguer pour soigner – Les pratiques et les droits*, Médecine et Hygiène, Genève 2001.

Verweise
Arzthaftung – Ärztliche Schweigepflicht – Patientinnen- und Patientenrecht

Jean Martin

Ärztliche Schweigepflicht

Die ärztliche Schweigepflicht beruht auf einer Vertraulichkeitsgarantie bezüglich der Informationen, die eine Patientin oder ein Patient einem konsultierten Arzt oder einer Ärztin darlegt. Diese Garantie existiert, um die Privatsphäre der Patientinnen und Patienten zu schützen und um die öffentliche Gesundheit zu fördern, indem jede Person dazu ermutigt wird, sich ohne Zurückhaltung dem ausgewählten Pflegepersonal anzuvertrauen. Die Verletzung der ärztlichen Schweigepflicht ist auf Anzeige strafbar. Artikel 321 StGB regelt die Fälle von Ärztinnen und Ärzten, Pharmazeutinnen und Pharmazeuten, Zahnärztinnen und Zahnärzten sowie von Hebammen und ihren Helfenden. Artikel 35 des Datenschutzgesetzes regelt die Fälle für Gesundheitsberufe, die selbständig ausgeübt werden (z.B. die Psychologinnen und Psychologen). Der Patient oder die Patientin kann den Arzt oder die Ärztin von der Schweigepflicht entbinden. Überdies ermöglichen verschiedene rechtliche Umstände (Misshandlung, Epidemien, Forschung im Gesundheitswesen), aus wichtigen Gründen Ausnahmen bezüglich der Schweigepflicht zu genehmigen.

Literatur
Olivier Guillod, »Le secret médical, aujourd'hui«, in: *Le secret, Cahiers ERIE*, Université de Lausanne, 1996, S. 49 ff; – Karin Keller, *Das ärztliche Berufsgeheimnis gemäss Art. 321 StGB*, Zürich 1993.
Verweise
Arzthaftung – Ärztin-Patientin-Beziehung (bzw. Arzt-Patienten-Beziehung) – Berufsgeheimnis – Patientinnen- und Patientenrecht

Olivier Guillod

Assessment → Beratung

Assistenz (persönliche oder selbstbestimmte)

Der Begriff Assistenz wird häufig mit den Adjektiven »persönliche« oder »selbstbestimmte« ergänzt. Als Gegenteil gelten fremdbestimmte Betreuungsformen Behinderter.

Menschen, die aufgrund einer Behinderung in den alltäglichen Lebensverrichtungen auf persönliche Hilfe angewiesen sind (Assistenznehmende), bestimmen die Ausgestaltung dieser Assistenz (wer wann was wo wie hilft) selbst. Dazu müssen sie über folgende, zentrale Kompetenzen verfügen: 1. Organisationskompetenz: Die Assistenznehmenden planen die Einsätze; 2. Anleitungskompetenz: Sie schreiben die Tätigkeiten der Assistenzleistenden selbst vor und leiten die

Ausführung an; 3. Personalkompetenz: Sie stellen Assistenzleistende selbst an und lösen bei Bedarf auch Arbeits- und Auftragsverhältnisse auf; 4. Finanzkompetenz: Sie verfügen über genügend finanzielle Mittel und rechnen mit den Assistenzleistenden selbständig ab.

Dank dieser Kompetenzen können die Assistenznehmenden selber entscheiden, ob sie Arbeitgebende werden, sich mit anderen Assistenznehmenden zu Assistenzgemeinschaften zusammenschließen oder kompakte Dienstleistungen wie z.B. einen Heimplatz einkaufen wollen.

Assistenz ermöglicht Menschen mit einer Behinderung, trotz Hilfe Dritter ihr Leben eigenverantwortlich und selbstbestimmt zu gestalten. Die Ausübung der Grundrechte, wie sie die Bundesverfassung vorsieht, ist für Menschen mit Bedarf an individueller Betreuung und Pflege nur möglich, wenn diese in Form von persönlicher Assistenz zur Verfügung gestellt wird.

Die Möglichkeit der persönlichen Assistenz steigert die Lebensqualität der Menschen mit einer Behinderung, lässt sie in ihrem angestammten Umfeld leben und ist gegenüber herkömmlichen staatlich organisierten Pflege- und Betreuungsformen ökonomisch effizient. Insbesondere die skandinavischen Länder sowie die Beneluxstaaten können auf eine bis zu 30-jährige Erfahrung mit Assistenz zurückblicken. In der Schweiz ist diese Form der Inanspruchnahme von persönlicher Hilfe sozialversicherungsrechtlich noch nicht vorgesehen. Deshalb fehlen insbesondere vom Staat für Assistenz zur Verfügung gestellte finanzielle Mittel.

Literatur
Alberto Godenzi, Edgar Baumgartner, *Experiment Assistenzdienst*, Universität Freiburg, Freiburg 2000; – Katharina Kanka, *Inhaltliche Grundlagen der Assistenzmodelle*, FAssiS, Hinterkappelen 2000; – Simone Leuenberger, *Die Berücksichtigung der Grundrechte der Bundesverfassung im Bereich der Assistenz von Menschen mit einer Körperbehinderung, unter besonderer Berücksichtigung der Sozialversicherungsgesetzgebung des Bundes*, Diplomarbeit an der Rechts- und Wirtschaftswissenschaftlichen Fakultät der Universität Bern, April 2001.
Internet
www.fassis.net
www.zslschweiz.ch
Verweise
Case Management – Selbstbestimmung (selbstbestimmtes Leben für Behinderte) – Selbsthilfegruppen

Katharina Kanka, Simone Leuenberger

Asylgesetz

Zwar ist die Schweiz der Genfer Flüchtlingskonvention vom 28. Juli 1951 und ihrem Zusatzprotokoll vom 31. Januar 1967 rasch beigetreten, jedoch wurde erst 1973 eine verlässliche rechtliche Grundlage für die Asylpolitik geschaffen. Das schweizerische Asylgesetz (AsylG) ist vom Parlament am 5. Oktober 1979 verabschiedet worden und trat am 1. Januar 1981 in Kraft.

Die Asylgesetzgebung zeichnet sich in erster Linie durch die zahlreichen Revisionen aus. Tatsächlich wurde das Gesetz bereits im Jahr 1983 zum ersten Mal durch das Parlament revidiert. Weitere Revisionen folgten 1986, 1988, 1990 und 1994. Im Jahr 1998 ist eine vollständig neue Fassung von den eidgenössischen Räten verabschiedet worden, doch bereits 2001 wurde erneut eine Revision in die Vernehmlassung geschickt. Eine derart rasche Abfolge von Revisionen ist eher ungewöhnlich und lässt sich nur aus dem Umstand heraus erklären, dass die Asylpolitik von heftigen Auseinandersetzungen geprägt ist.

Trotz der zahlreichen Revisionen ist die Definition des Flüchtlingsbegriffs seit 1979 beinahe unverändert geblieben. Artikel 3 AsylG übernimmt die Formulierung der Genfer Konvention und bekräftigt, dass »Flüchtlinge Personen sind, die in ihrem Heimatstaat oder im Land, in dem sie zuletzt wohnten, wegen ihrer Rasse, Religion, Nationalität, Zugehörigkeit zu einer bestimmten sozialen Gruppe oder wegen ihrer politischen Anschauungen ernsthaften Nachteilen ausgesetzt sind oder begründete Furcht haben, solchen Nachteilen ausgesetzt zu werden. Als ernsthafte Nachteile gelten namentlich die Gefährdung des Leibes, des Lebens oder der Freiheit sowie Maßnahmen, die einen unerträglichen psychischen Druck bewirken. Den frauenspezifischen Fluchtgründen ist Rechnung zu tragen.«

Verschiedene andere Aspekte des Asylverfahrens haben hingegen an Bedeutung gewonnen: so die Verpflichtung, das Gesuch an eine Empfangsstelle zu richten, die Mitwirkungspflicht unter Androhung, das Gesuch für unzulässig zu erklären, Anhörung durch die Kantone, die Möglichkeit der Behörden, die aufschiebende Wirkung eines Rekurses aufzuheben usw. Außerdem wurden zahlreiche neue Möglichkeiten geschaffen, auf Gesuche nicht einzutreten und die unverzügliche Wegweisung anzuordnen, insbesondere wenn eine Person aus einem Land stammt, »in dem es keine Verfolgung gibt« (2003 sind dies u.a.: Albanien, Bulgarien, Gambia, Ghana, Indien, Litauen, Mongolei, Rumänien, Senegal).

Nach der Einreichung des Gesuchs wird der Asylsuchende einem Kanton zugewiesen, der eine vertiefte Anhörung durchführt. Die erstinstanzliche Entscheidung liegt beim Bundesamt für Flüchtlinge (BFF) und basiert in 80 Prozent der Fälle auf der Begutachtung der Dossiers der Asylsuchenden. Das BFF kann eine zusätzliche Anhörung anordnen sowie weitere Untersuchungsmaßnahmen (sprachliche Expertise, Analyse von Dokumenten, Nachforschungen im Herkunftsland). Als Beschwerdeinstanz ist bei einem negativen Entscheid einzig die Schweizerische Asylrekurskommission zuständig. Weil das Gesetz dem Asylsuchenden kein subjektives Recht auf Asyl zugesteht, gibt es keine juristische Kontrolle der behördlichen Verfügungen.

Das Asylgesetz verbietet Asylsuchenden, in den ersten 3 Monaten ihres Aufenthaltes in der Schweiz zu arbeiten. Eine minimale Fürsorge (Unterkunft, Unterhalt, Taschengeld) wird von den Kantonen angeboten. Schließlich sei noch vermerkt, dass die Fingerabdrücke aller Asylsuchenden systematisch registriert werden, sobald sie sich bei den Behörden melden, um Vergleiche mit elektronischen Daten der Nachbarländer vornehmen zu können.

Literatur
Mario Gattiker, *Das Asyl- und Wegweisungsverfahren*, Schweizerische Flüchtlingshilfe, Bern 1999.
Verweise
Asylpolitik – Asylsuchende – Ausländerinnen- und Ausländerpolitik – Bundesamt für Flüchtlinge – Flüchtlinge/Flucht

Christophe Tafelmacher

Asylpolitik

In den 1960er- und 70er-Jahren stand die Asylpolitik der Schweiz im Zeichen der Konfrontation zwischen den zwei internationalen Blöcken. Flüchtlinge aus kommunistischen Ländern wurden großzügig empfangen. Das Untersuchungsverfahren war relativ einfach und in der Regel wurde Asyl erteilt – außer für Flüchtlinge aus afrikanischen Ländern, von denen in den 70er-Jahren nur 33 Prozent aufgenommen wurden.

Seit Anfang der 80er-Jahre hat sich diese Politik gewandelt. Ab diesem Zeitpunkt kamen eine steigende Anzahl Asylsuchende aus Staaten, zu denen die Schweiz gute Beziehungen unterhielt (Chile, Zaire, Türkei, Sri Lanka usw.). Kurz nach Inkrafttreten des Asylgesetzes im Jahre 1981 prangerten rechtsbürgerliche Kräfte Asylsuchende als »falsche« Flüchtlinge oder »Wirtschaftsflüchtlinge« an, die vom »Wohlstand der Schweiz« profitieren wollten. Die Rate der bewilligten Asylgesuche sank daraufhin sehr stark. Den tiefsten Wert erreichte sie 1990 und 1991 mit ungefähr 4 Prozent, danach stieg sie wieder auf 5 bis 10 Prozent an. Die politische Debatte verschob sich von der Integration der anerkannten Flüchtlinge auf die Behandlung der Asylsuchenden.

Die Praxis der Behörden definiert sich als restriktiv und es wurde offiziell verkündet, Asylpolitik sei eine Politik der Ausschaffung und Abschreckung. Das Parlament hat zahlreiche Änderungen der Gesetzgebung beschlossen, durch die die Verwaltung einen immer größeren Ermessensspielraum erhielt. Angesichts der pendenten Gesuche, die sich bei der Verwaltung Anfang der 80er-Jahre angesammelt hatten, sollten diverse Revisionen das Verfahren beschleunigen. Dieses Ziel ist heute weitgehend erreicht, jedoch zulasten der Asylsuchenden, die mit zahlreichen polizeilichen und diskriminierenden Maßnahmen konfrontiert sind: Entscheid über Nichteintreten mit sofortiger Ausschaffung, systematische Aufnahme von Fingerabdrücken, Arbeitsverbot, Sozialhilfenormen, die unter den Mindestsätzen der Schweizerischen Konferenz der öffentlichen Sozialhilfe (SKOS) liegen usw.

In den 90er-Jahren wurden Flüchtlinge immer öfter mit Straffälligen in Verbindung gebracht. Die Zürcher Behörden, die mit offenen Drogenszenen konfrontiert waren, forderten neue Maßnahmen, die als Zwangsmaßnahmen im Ausländerrecht im Jahr 1993 vom Parlament verabschiedet wurden. Aufgrund dieser Maßnahmen kann eine Person aus rein administrativen Gründen bis zu 12 Monate lang inhaftiert werden.

Seit 1992 hat das zuständige Bundesamt für Zehntausende Menschen die vorläufige Aufnahme verfügt, die aus Bürgerkriegsländern wie Somalia, Angola, Afghanistan und Jugoslawien flüchteten. Der Status der vorläufigen Aufnahme schließt das eigentliche Asylverfahren aus, trägt jedoch der Tatsache Rechnung, dass die Ausschaffung nicht vollstreckt werden kann. Die Anwesenheit dieser »Gewaltflüchtlinge« führt zu Diskussionen über die Definition des Flüchtlings in den internationalen Konventionen. Im Rahmen der Totalrevision des Asylgesetzes im Jahr 1998 wurden ebenfalls besondere Bestimmungen eingeführt.

Literatur
Marie-Claire Caloz-Tschopp et al., *Asile, violence, exclusion en Europe, histoire, analyse, prospective*, GGE, Genève 1994; Alain Maillard, Christophe Tafelmacher, *»Faux Réfugiés«? La politique suisse de dissuasion d'asile 1979–1999*, Éditions d'en bas, Lausanne 1999.
Verweise
Asylgesetz – Asylsuchende – Bundesamt für Flüchtlinge

Christophe Tafelmacher

Asylsuchende

Aktuell wurde der Begriff Mitte der 1980er-Jahre, als einerseits immer mehr Menschen unterschiedlicher Herkunft in europäischen Staaten Schutz suchten und andererseits immer weniger von ihnen im Rahmen des nationalen Rechts als Flüchtlinge anerkannt wurden. Als Asylsuchende werden in der Schweiz primär Asylbewerber und Asylbewerberinnen (gesetzlicher Terminus) bezeichnet, deren Antrag auf Asyl von den zuständigen Behörden – manchmal während monate- und jahrelanger Verfahren – geprüft wird. Vielfach sind auch schutzsuchende Personen, die anderen Aufenthaltskategorien (vorläufige Aufnahme, temporärer Schutz) angehören, sowie abgewiesene Asylbewerber gemeint. Gemeinsam ist allen Betroffenen ein relativ unsicherer Aufenthaltsstatus, der primär vom Ausgang des Asylverfahrens oder von Entwicklungen im Herkunftsland abhängt.

Während die Aufenthaltsbedingungen für Arbeitsmigrantinnen und -migranten infolge der Verdichtung des internationalen Rechts progressiv verbessert wurden, ist im Asylbereich eine gegenläufige Entwicklung auszumachen. Dies hängt damit zusammen, dass der Anstieg der Migrationsbewegungen bei gleichzeitig zunehmender Beschränkung alternativer Einwanderungsmöglichkeiten zu Überlastungen im Asylwesen führte, die manche Staaten dazu veranlassten, Maßnahmen zu ergreifen, um möglichst kein bevorzugtes Ziel von Asylsuchenden zu werden. So wurden zahlreiche Beschränkungen in der Sozialhilfe, im Zugang zum Arbeitsmarkt und in anderen Lebensbereichen (Bildung, medizinische Versorgung, Mobilität) eingeführt, die nur für Asylsuchende gelten und stigmatisierend wirken können. Da zudem nur eine Minderheit der Gesuchsstellenden letztlich Asyl erhalten und die Übrigen oft als »Scheinflüchtlinge« wahrgenommen werden, hat sich in breiten Kreisen der Bevölkerung die negativ konnotierte Bezeichnung des »Asylanten« durchgesetzt, die primär mit Umgehung des Asylrechts, Missbrauch und manchmal Kriminalität assoziiert wird. Obwohl solche Vorstellungen die Fakten und komplexen Entwicklungen im Asylwesen völlig verkennen, sind sie aus den migrationspolitischen Debatten der beiden vergangenen Jahrzehnte kaum mehr wegzudenken.

Literatur
Alice Bloch, Carl Levy (Hrsg.), *Refugees, Citizenship and Social Policy in Europe*, Macmillan, London 1999; – Denise Efionayi-Mäder et al., *Asyldestination Europa*, Seismo, Zürich 2001; – Mario Gattiker, *Das Asyl- und Wegweisungsverfahren*, Schweizerische Flüchtlingshilfe, Bern 1999.
Internet
www.unhcr.ch
www.migration-population.ch
Verweise
Arbeitsmarkt – Asylwesen – Menschenrechte (Europäische Konvention der) – Rassismus – Sozialhilfe (im engeren Sinne)

Denise Efionayi-Mäder

Asylwesen

Das schweizerische Asylwesen betreute im Jahre 2002 rund 100 000 Personen – Asylsuchende, anerkannte Flüchtlinge und vorläufig Aufgenommene – in unterschiedlicher Weise. Die sozialen Leistungen richten sich nach dem rechtlichen Status.

Die Asylsuchenden bilden mit etwa 35 000 Personen die größte Gruppe. Sie werden unmittelbar nach ihrer Einreise betreut. Dazu gehört die Unterbringung in Kollektivunterkünften, das Angebot von Kursen, in denen sie sprachliche Grundkenntnisse erwerben und die schweizerische Lebensweise kennen lernen können. In den ersten 3 Monaten ihres Aufenthalts ist es dieser Personengruppe nicht erlaubt, einer Erwerbstätigkeit nachzugehen, wodurch sie in höherem Maße auf Sozialhilfe angewiesen ist. Für Unterkunft, Krankenkasse, medizinische Behandlung und Verpflegung wird pro Kopf knapp 1000 Franken pro Monat ausbezahlt. Die Sozialhilfe für Asylsuchende beansprucht damit 50 Prozent des Budgets des Bundesamtes für Flüchtlinge (BFF) (2001: 460 Millionen Franken). Nach Ablauf der Eintrittsphase können Asylsuchende an Beschäftigungsprogrammen teilnehmen und/oder eine Arbeit aufnehmen.

Jedes Jahr erhalten ungefähr 2000 Personen die Flüchtlingseigenschaft. Für die Gruppe der anerkannten Flüchtlinge übernimmt der Bund in den ersten 5 Jahren ihres Aufenthalts die Integrations- und Sozialhilfekosten. Danach sind die Kantone für sie zuständig. Der Bund finanziert Integrations- und Beschäftigungsprogramme, welche den Zugang zum Arbeitsmarkt erleichtern sollen, und unterstützt kantonale Sprachkurse sowie individuelle Beiträge zur Förderung der beruflichen Integration. Insgesamt kommen die Kosten auf 80 Millionen Franken zu liegen (2001: 8,5 Prozent des Jahresbudgets des BFF).

Personen, die vorläufig aufgenommen wurden, weil der Vollzug ihrer Wegweisung nicht zumutbar, nicht zulässig oder nicht möglich ist, bilden mit rund 30 000 Personen die dritte Gruppe. Diese Menschen müssen früher oder später die Schweiz verlassen. Die Praxis zeigt aber, dass sie sich oftmals aus unterschiedlichen Gründen über mehrere Jahre in der Schweiz aufhalten. Um diesen Personen den Zugang zum Arbeitsmarkt zu erleichtern, werden ebenfalls Beschäftigungsprogramme angeboten. Ein erheblicher Teil der vorläufig Aufgenommenen ist erwerbstätig und somit teilweise oder völlig finanziell unabhängig (60 Prozent). Die Sozialhilfe- und Integrationskosten für diese Kategorie belaufen sich auf 210 Millionen Franken, was 22 Prozent des Budgets des BFF entspricht.

Literatur
Bundesamt für Flüchtlinge, *Asyl in der Schweiz. Ein Überblick über den Asyl- und Flüchtlingsbereich*, Bundesamt für Flüchtlinge, Bern 2001; – Schweizerische

Flüchtlingshilfe, *Botschaft vom 4. September 2002 zur Änderung des Asylgesetzes; Integration der anerkannten Flüchtlinge*, Schweizerische Flüchtlingshilfe, Bern 2001; – Hans-Rudolf Wicker, Rosita Fibbi, Werner Haus (Hrsg.) *Migration und die Schweiz*, Seismo, Zürich 2003.
Internet
www.asyl.admin.ch
www.sfh-osar.ch
Verweise
Asylpolitik – Flüchtlinge/Flucht – Migration
Isabelle Schenker

Atypische Beschäftigungsformen

Seit einigen Jahren ist im Rahmen der Liberalisierung der Wirtschaft und der Deregulierung eine Ausdehnung der so genannt atypischen Beschäftigung zu beobachten. Diese unterscheidet sich von den typisch genannten Anstellungsverhältnissen, welche in der Regel eine unbefristete Vollzeitarbeit vermitteln. Die Schlüsselbegriffe sind Prekarität (aus der Sicht der Lohnabhängigen) oder Flexibilität (aus der Sicht der Unternehmer). Der Begriff der atypischen Beschäftigung wird im Allgemeinen mit einem Status in Verbindung gebracht, den der Lohnabhängige nicht gewählt hat: Er hat nur Zugang zu einer Teilzeitstelle (obwohl er Vollzeit arbeiten wollte) oder zu einer befristeten Stelle von kurzer Dauer (anstatt einer unbefristeten) oder zu einer temporären (nicht stabilen) Erwerbstätigkeit. Der höchste Grad an Prekarität/Flexibilität wird mit der Arbeit auf Abruf erreicht (der Unternehmer entscheidet allein über die Ausführung der Arbeit). Gewisse Formen selbständiger Erwerbstätigkeit zählen ebenfalls zu diesem Problemkreis: Auch hier wurde der Status nicht frei gewählt (der Erwerbstätige findet nichts anderes oder versucht, sich der Arbeitslosigkeit zu entziehen), und die wirtschaftliche Unabhängigkeit muss in Frage gestellt werden.

Die atypische Beschäftigung verursacht Probleme im Bereich der Sozialversicherungen: 1. Die betroffenen Personen werden geschwächt (zunehmende Bedürfnisse, abnehmende Beiträge an die Finanzierung); 2. sie können von gewissen Versicherungen ausgeschlossen werden (wenn der Zugang von einem Minimum an Einkommen oder Arbeitszeit abhängt oder wenn die Versicherung nur auf Lohnabhängige angewendet wird); 3. die monetären Versicherungsleistungen können gekürzt werden (wenn ihre Berechnung auf dem Einkommen basiert; wenn als Referenz eine kurze Zeitspanne mit atypischer Beschäftigung gilt). Folgende Lösungen können in Betracht gezogen werden: Die Loslösung gewisser Schutzbestimmungen von der Erwerbsarbeit (im Bereich von Pflege, Familienunterstützung; die Garantie eines Mindesteinkommens (geknüpft an Auflagen betreffend die verfügbaren Mittel der Person); die Öffnung von Sozialversicherungssystemen auch für selbständig Erwerbstätige; besondere Schutzbestimmungen bei atypischer Beschäftigung; die Aufwertung bestimmter Ereignisse bzw. der durch sie vermittelten Anrechte auf Leistungen (Mutterschaft, Kinderbetreuung, Begleitung betagter oder behinderter Personen).

Literatur
Erwin Murer (Hrsg.), *Neue Erwerbsformen – veraltetes Arbeits- und Sozialversicherungsrecht?*, Stämpfli, Bern 1996.
Verweise
Flexibilisierung von Arbeitsverhältnissen – Normalarbeitsverhältnis – Teilzeitarbeit
Pierre-Yves Greber

Ausgaben-Umlageverfahren

Im reinen Ausgaben-Umlageverfahren ermitteln die Sozialversicherungsträger die Leistungen und Verwaltungskosten, die mutmaßlich während einer Rechnungsperiode (in der Regel pro Kalenderjahr) anfallen. Diese Aufwendungen müssen durch Beiträge des Kollektivs finanziert werden. Dadurch entstehen Solidaritäten unter den Versicherten (gesund/krank, Mann/Frau, jung/alt, arm/reich, Stadt/Land usw.). Die Einnahmen sind mit den Ausgaben identisch. Fehlende Beiträge müssen in der nächsten Rechnungsperiode nachfinanziert werden, während ein allfälliger Überschuss den in der nächsten Periode zu erhebenden Beiträgen anzurechnen ist.

Um gewisse Schwankungen aufzufangen, werden – insbesondere für auf längere Zeit ausgerichtete Sozialversicherungsleistungen wie im Falle der AHV – Ausgleichsfonds gebildet. Sind solche vorhanden, wird von einem modifizierten Ausgaben-Umlageverfahren gesprochen.

Die Finanzierung der Sozialversicherungen außerhalb der beruflichen Vorsorge und der langfristigen Leistungen der Unfallversicherung beruht auf dem Ausgaben-Umlageverfahren. Allerdings sind in der Regel Mittel aus öffentlicher Hand bzw. in der Arbeitslosenversicherung Darlehen erforderlich, um das finanzielle Gleichgewicht herzustellen. Da die Beiträge größtenteils in Lohnprozenten erhoben werden, sind die Einnahmen stark von der jeweiligen Wirtschaftslage abhängig und Schwankungen unterworfen, die es auszugleichen gilt.

Literatur
Carl Helbling, *Personalvorsorge und BVG*, Haupt, Bern 2000; – Thomas Locher, *Grundriss des Sozialversicherungsrechts*, Stämpfli, Bern 1997; – Alfred Maurer, *Bundessozialversicherungsrecht*, Helbing & Lichtenhahn, Basel 1994.

Verweise
Finanzierung der sozialen Sicherheit: Wirtschaftliche Aspekte
Gertrud E. Bollier

Ausgleichskasse
Die Ausgleichskassen sind rechtlich unabhängige Organe, die eigens zum Zweck der Durchführung der AHV geschaffen wurden. Es gibt 26 kantonale Ausgleichskassen, 70 Verbandsausgleichskassen und 2 Ausgleichskassen des Bundes.
Die Ausgleichskassen legen die AHV-Beiträge der Personen mit selbständiger Erwerbstätigkeit und der Personen ohne Erwerbstätigkeit fest. Sie sind außerdem zuständig für die Erhebung der Beiträge von Arbeitnehmern, die Berechnung und die Auszahlung der Renten und die Abrechnung mit der Zentralen Ausgleichsstelle. Die kantonalen Ausgleichskassen haben zudem dafür zu sorgen, dass sämtliche beitragspflichtigen Personen in ihrem Kanton in die Versicherung aufgenommen werden.
Die Eidgenössische Ausgleichskasse ist zuständig für das Personal der Bundesverwaltung und der Bundesbetriebe. Die Aufgaben der Schweizerischen Ausgleichskasse liegen in der Durchführung sowie der freiwilligen Versicherung von Personen im Ausland und den internationalen Abkommen der sozialen Sicherheit.

Verweise
AHV/IV – Altersrenten
Michel Valterio, Brigitte Dumas

Ausgrenzung
Ausgrenzung ist ein Prozess des Ausschlusses eines Individuums oder einer Gruppe. Zur Ausgrenzung gehören die (Des-)Integration bzw. Vorstellungen von dem, was normal ist, innen und außen, akzeptiert oder nicht akzeptiert. Nebst Merkmalen und Eigenschaften, die zur Ausgrenzung führen, geht es um Zuschreibungen. Wer ausgegrenzt ist, gehört nicht (mehr) dazu, wird stigmatisiert. Stigma bedeutet herkömmlich Brandmal, in der Soziologie mehr Zuschreibung denn Eigenschaft. Goffman (1971) hat den Begriff im Kontext neuerer Interaktionstheorien eingeführt. Negativ bewertete Merkmale (wie vorbestraft) werden einem Individuum zugeordnet, das sozial diskreditiert bzw. ausgegrenzt wird. Die Ausgrenzung stützt sich auf Pauschalisierung. Sie ordnet unterschiedliche Aspekte einer einzigen Kategorie zu. Solche Zuordnungen sind meist plakativ und voller Vorurteile. Von Selbstausgrenzung ist dann die Rede, wenn Individuen oder Gruppen die Eigenschaften und Verhaltensweisen, die ihnen zugeschrieben werden, selbst übernehmen.

Literatur
Erving Goffman, *Stigma. Über Techniken der Bewältigung beschädigter Identität*, Suhrkamp, Frankfurt am Main 1967; – Dieter Kreft, Ingrid Mielenz (Hrsg.), *Wörterbuch Soziale Arbeit. Aufgaben, Praxisfelder, Begriffe und Methoden der Sozialarbeit und Sozialpädagogik*, Beltz, Weinheim/Basel 1996; – Schweizerischer Nationalfonds (SNF), *Integration und Ausschluss, Ausführungsplan Programm 51*, SNF, Bern 2002.

Verweise
Abweichendes Verhalten (Devianz) – Soziale Disqualifizierung – Stigma
Ueli Mäder

Ausländerinnen- und Ausländerpolitik
Ausländerpolitik bezieht sich auf jenen Politikbereich, der die Ein- und Ausreise sowie die Anwesenheit nichtschweizerischer Staatsangehöriger in der Schweiz regelt. Ausländerpolitik wird von der Asyl- und Flüchtlingspolitik unterschieden, die sich nach den Grundsätzen internationaler Verpflichtungen im Rahmen des Völkerrechts und der Genfer Konvention von 1951 ausrichtet. Die Politikbereiche Ausländerpolitik und Asylpolitik sind Teil einer umfassenderen Migrationspolitik, die im Weiteren auch Bereiche wie Migrationsaußenpolitik und Entwicklungszusammenarbeit unter der Perspektive von »Migrationsprävention« oder Rückkehrprogramme beinhaltet.
Ausländerpolitik im engeren Sinn stützt sich in der Schweiz seit den 70er-Jahren auf drei Pfeiler: die Zulassungspolitik, die Arbeitsmarktpolitik sowie die Integrationspolitik. Bis Mitte der 90er-Jahre lag das Schwergewicht auf den ersten beiden Pfeilern, die sich um ein ausgeglichenes Verhältnis zwischen Schweizern und Ausländern in demografischer Hinsicht, aber auch in Bezug auf das Verhältnis auf dem Arbeitsmarkt bemühten. Zulassungspolitik und Arbeitsmarktpolitik sind eng miteinander verknüpft: So wird die Höhe der zuzulassenden Personen von der konjunkturellen Lage der Schweizer Wirtschaft abhängig gemacht. Die Verordnung über die Begrenzung der Zahl der Ausländer (BVO) legt jährlich die Höchstzahlen von Personen fest, die in der Schweiz Arbeit erhalten können. Seit dem Inkrafttreten des freien Personenverkehrs gelten diese Höchstzahlen nur noch für Personen aus Drittstaaten.
Die gesetzliche Grundlage der Ausländerpolitik stützt sich bis heute auf das Gesetz über Aufenthalt und Niederlassung der Ausländer (ANAG) aus dem Jahr 1931. Das ANAG, das in einer Zeit der politischen Abschottung gegen außen entstand, regelt denn auch lediglich die Bereiche der Zulassung, Wegweisung und Aufenthaltsberechtigung von Personen ausländischer Herkunft. Die Integration wurde erst zu einem Thema, als mehrere Überfremdungsinitiativen zur Debatte standen und sich der Bundesrat veranlasst sah, sich konkreter

mit dem Zusammenleben von Schweizern und Ausländern auseinander zu setzen. Eine der konkreten Maßnahmen war die Einsetzung der Eidgenössischen Ausländerkommission (EKA), die sich mit den Problemen der Ausländerinnen und Ausländer befassen und konkrete Vorschläge zu deren Integration in der Schweiz machen sollte.

Die Bemühungen des Bundesrats, dem veränderten Politikverständnis mit einem neuen Ausländergesetz von 1978 eine neue Grundlage zu geben, scheiterten allerdings in einer Referendumsabstimmung im Jahr 1980. Erst im Rahmen der Totalrevision des Asylgesetzes von 1995 konnte eine Teilrevision des ANAG realisiert werden, die die Einführung eines Integrationsartikels nach sich zog. Der 1999 in Kraft getretene Artikel 25a ANAG ermöglicht es dem Bund, sich finanziell für Integrationsbemühungen einzusetzen und eigene Schwerpunkte der Integrationsförderung zu bezeichnen. Gestützt auf die Verordnung über die Integration der Ausländerinnen und Ausländer (VIntA) vom 13. September 2002 gewährt der Bund jährlich einen Kredit, der für besondere Maßnahmen der Integrationsförderung verwendet werden kann.

Die Ausländerpolitik steht gegenwärtig in einer neuen Phase. Der Entwurf für ein neues Gesetz für Ausländerinnen und Ausländer (AuG) wurde am 8. März 2002 mit der Verabschiedung einer Botschaft des Bundesrates der Öffentlichkeit vorgestellt. Dieses Gesetz enthält neben den klassischen Bestimmungen zu Einreise, Ausreise und Aufenthalt erstmals ein Kapitel zur Integration mit entsprechenden Gesetzesbestimmungen. Die Beratungen im Parlament stehen noch bevor, und ein frühestes Inkrafttreten wird auf 2005/2006 prognostiziert.

Der Gesetzesentwurf wird von Interessengruppierungen verschiedenster Couleur bekämpft. Die einen sehen darin eine Verschärfung der fremdenpolizeilichen Bestimmungen, andere kritisieren vor allem die Zulassungspolitik, die Hochqualifizierte bevorzugen will, als entweder diskriminierend oder die wirtschaftliche Entwicklung behindernd. Unbestritten scheint derzeit einzig die Integrationspolitik zu sein.

Literatur
Bernhard Ehrenzeller (Hrsg.), *Aktuelle Fragen des schweizerischen Ausländerrechts*, Schriftenreihe des Instituts für Rechtswissenschaft und Rechtspraxis, Universität St. Gallen, St. Gallen 2001; – Uriel Gast, *Von der Kontrolle zur Abwehr. Die Eidgenössische Fremdenpolizei im Spannungsfeld von Politik und Wirtschaft 1915-33*, Chronos, Zürich 1997; – Werner Haug, *Vom Einwanderungsland zur multikulturellen Gesellschaft. Grundlagen für eine schweizerische Migrationspolitik*, Bundesamt für Statistik, Bern 1995.

Verweise
Eidgenössische Ausländerkommission – Migration
Simone Prodolliet

Außerparlamentarische Kommissionen

Außerparlamentarische Kommissionen stellen eine Form der staatlichen Verwaltung dar, die auf verwaltungsexterne Akademikerinnen und Akademiker sowie Interessenvertreterinnen und -vertreter zurückgreift, um politische Geschäfte (Verfassungsänderungen, Gesetzesvorlagen, Bundesbeschlüsse) vorzubereiten. Der Bundesrat bestimmt die Zusammensetzung der Kommissionen und beauftragt sie, politische Vorlagen auszuarbeiten. Diese Vorlagen sollen das Ergebnis von Kompromissen zwischen den verschiedenen Interessenvertretungen und Fachspezialisten sein. Die Kompromissbildung findet statt, bevor das Parlament die Vorlagen berät. Die außerparlamentarischen Kommissionen dienen der Vermeidung von Referenden über die entsprechende Vorlage. Sie sind ein Kernstück der Konkordanzdemokratie. In diesen Kommissionen sind aber nicht alle Interessen gleich stark vertreten. Referendumsfähige Interessengruppen haben ein besonderes Gewicht. Männliche Repräsentanten großer Kantone, der Städte und bürgerlicher Parteien sind zahlreicher als Frauen, Sozialdemokratinnen und Sozialdemokraten sowie Vertretungen von Randregionen und sozialen Bewegungen. Kommissionspräsidentinnen und -präsidenten und Mitglieder, die in mehreren Kommissionen gleichzeitig teilnehmen, prägen die Ausarbeitung politischer Geschäfte.

Literatur
Raimund E. Germann, *Öffentliche Verwaltung in der Schweiz*, Haupt, Bern 1998; – Raimund E. Germann, Andreas Frutiger, *Ausserparlamentarische Kommissionen: die Milizverwaltung des Bundes*, Haupt, Bern 1981; – Hanspeter Kriesi (Hrsg.), *Le système politique suisse*, Economica, Paris 1995.

Internet
www.admin.ch/ch/d/cf/ko/index.html
Ludwig Zurbriggen

Aussperrung (Lockout)

Die Aussperrung besteht aus der Verhinderung der Arbeitsmöglichkeit des Lohnabhängigen durch den Unternehmer. Es handelt sich um eine Kampfmaßnahme der Unternehmerschaft. Die Aussperrung darf unter denselben Bedingungen ausgeübt werden wie der Streik.

Verweise
Arbeitsfrieden (Abkommen über den) – Sozialpartnerschaft – Streik

Jean-Claude Prince

B-Ausweis → Jahresaufenthaltsbewilligung

Beamtenstatus
Der Beamtenstatus bezeichnet ein Anstellungsverhältnis, das eine Festanstellung von öffentlichen Angestellten auf eine feste Amtsdauer vorsieht. In der Schweiz wurden erstmals 1853 in einem Gesetz die »bleibenden eidgenössischen Beamtungen« festgeschrieben. Diese Amtsdauer betrug auf der Bundesebene bis 1959 3, danach 4 Jahre. Obwohl die Amtsdauer begrenzt war, erfolgte nach Ablauf der 4-jährigen Amtsdauer praktisch automatisch die »Wiederwahl«. 1992 wurden im Zusammenhang mit dem Stellenabbau im Militärdepartement allerdings viele Beamte nur noch provisorisch wieder gewählt. 1995 scheiterte im Parlament dann der Vorschlag, die Amtsdauer bei den Chefbeamten durch in der Privatwirtschaft übliche Kündigungsmechanismen zu ersetzen. Das 2002 in Kraft getretene neue Bundespersonalgesetz beendete jedoch definitiv den Beamtenstatus auf Bundesebene. Damit verloren auch die Angestellten der Post und der SBB den Beamtenstatus. Inzwischen ist der Beamtenstatus auch in den meisten Kantonen und Gemeinden abgeschafft worden.

Verweise
Arbeitsverhältnis – New Public Management – Öffentlicher Dienst

Michael Nollert

Bedarfsprinzip
Das Bedarfsprinzip schreibt vor, dass sozialstaatliche Leistungen an eine individuelle wirtschaftliche Bedarfssituation anknüpfen. Diese Bedarfssituation ist relevant bei der Definition sowohl der Leistungsvoraussetzungen wie der Leistungshöhe. Im schweizerischen System der sozialen Sicherheit gilt das Bedarfsprinzip in der kantonalrechtlich organisierten Sozialhilfe, die charakteristischerweise voraussetzt, dass im Einzelfall das Existenzminimum unterschritten werden muss, bevor die fehlenden, an der individuellen Notlage orientierten Existenzmittel ausgerichtet werden. Bei den bundesrechtlich geregelten Sozialversicherungen hingegen spielt der Bedarf im Einzelfall grundsätzlich weder für den generellen Leistungsanspruch noch für die konkrete Leistungshöhe eine Rolle. Zwischenformen lassen sich in den Ergänzungsleistungen zur AHV und IV sowie in der Prämienverbilligung in der sozialen Krankenversicherung erkennen. Diese verlangen einerseits eine zum Teil typisierte Bedarfssituation (z.B. das Unterschreiten einer definierten Einkommensgrenze), andererseits richten sie zum Teil typisierte Leistungen aus (z.B. pauschale Zuschüsse in der Prämienverbilligung, die den individuellen Bedarf nicht vollumfänglich abdecken).

Literatur
Helmar Bley, *Grundbegriffe des Sozialrechts*, Nomos, Baden-Baden 1988; – Robert Fluder, Jürgen Stremlow, *Armut und Bedürftigkeit – Herausforderungen für das kommunale Sozialwesen*, Haupt, Bern/Stuttgart/Wien 1999; – Hans Peter Tschudi, »Sozialversicherung und Sozialfürsorge«, in: *Schweizerische Zeitschrift für Sozialversicherung und berufliche Vorsorge*, Jhg. 28, 1984, S. 1 ff.

Verweise
Ergänzungsleistungen zur AHV/IV – Sozialhilfe (im engeren Sinne) – Sozialhilfe (im weiteren Sinne) – Sozialhilfeprinzip – Versicherungsprinzip – Versorgungsprinzip

Pascal Coullery

Bedürfnisklausel
Unter einer Bedürfnisklausel sind Bestimmungen des Bundes oder eines Kantons zu verstehen, welche die Ausübung gewisser Berufe oder Gewerbe vom Vorhandensein eines entsprechenden Bedürfnisses abhängig machen. Es handelt sich dabei um einen Eingriff in die von der Bundesverfassung garantierte Wirtschaftsfreiheit, der einer gesetzlichen Grundlage bedarf. Gegenwärtig wird vor allem im Gesundheitswesen über die Anwendung von Bedürfnisklauseln diskutiert, weil die Statistiken zeigen, dass die Höhe der Gesundheitsausgaben mit der Anzahl der Arztpraxen in einem bestimmten Gebiet korreliert. In Artikel 55a des Krankenversicherungsgesetzes (KVG) findet sich auch eine entsprechende Gesetzesgrundlage, die den Bundesrat ermächtigt, die Zulassung von Leistungserbringern zur obligatorischen Krankenversicherung für eine Dauer von bis zu 3 Jahren von einem ausgewiesenen Bedürfnis abhängig zu machen. Im Sommer 2002 hat der Bundesrat von dieser Kompetenz Gebrauch gemacht, indem er einen stark umstrittenen Zulassungsstopp für neue Arztpraxen erließ.

Verweise
Gesundheitskosten – Krankenversicherung

Stéphane Rossini, Ruedi Spöndlin

Befas (berufliche Abklärungsstelle)
Die berufliche Abklärungsstelle (Befas) ist in der Deutschschweiz in Allschwil (Basel), Appisberg (Zürich), Burgdorf (Bern) und Horw (Luzern) eine Dienstleistung für die Invalidenversicherung.
Die erste Abklärungsstelle wurde 1982 eingerichtet zum Zweck, im praktischen Versuch festzustellen, welche Tätigkeiten in welchem Umfang trotz einer Behinderung möglich sind. Das Be-

treuungsteam bilden Fachleute aus Wirtschaft, Berufsberatung und Medizin.
Im Abklärungsbericht an die zuweisende IV-Stelle werden die Einschränkungen beim Arbeiten, alternative Tätigkeiten und Umschulungsmöglichkeiten aufgezeigt. Dieser Bericht bildet die Grundlage zum Bemessen von Leistungsansprüchen (Eingliederungsmaßnahmen und Renten). Während der gewöhnlich 4-wöchigen Abklärungszeit wird ein IV-Taggeld ausgerichtet.

Literatur
Bundesamt für Sozialversicherung (BSV), *Kreisschreiben betreffend die Abklärungen in einer beruflichen Abklärungsstelle (BEFAS)*, BSV, Bern 1982; – »Aus der Praxis der beruflichen Abklärungsstellen der IV (BEFAS)«, Separatdruck aus der *Zeitschrift für die Ausgleichskasse*, Nr. 5, BSV, Bern 1985.
Internet
www.befas.ch
Verweise
Berufliche Wiedereingliederung – Eingliederungsmaßnahmen – Invalidenversicherung (IV)

Wally Gschwind-Fiegele

Behinderung

»Behinderung« wird oft mit »invalid« oder »Invalidität« gleichgesetzt. »Invalid« (unwert) und »Invalidität« sind heute zwar eher verpönt, werden aber im Versicherungsbereich (Invalidenversicherung) als fachtechnische Termini verwendet. Im versicherungstechnischen Sinn ist zwar eine körperliche, geistige oder psychische Behinderung Voraussetzung für die Anerkennung von Invalidität und damit für Versicherungsleistungen, aber nicht jede Behinderung führt auch zu Versicherungsleistungen. Die klare Definition des Begriffs Behinderung ist schwierig, das Phänomen Behinderung ist äußerst vielschichtig. Eher als – durchaus nicht falsche – Provokation aus Kreisen von Behinderten und Behindertenhilfe gedacht war der Ausspruch »Wir alle sind behindert« – weil niemand alles kann und weiß. Aber das heute weitgehend als richtig anerkannte Normalisierungsprinzip knüpft letztlich an diese provokante Aussage an: Es ist normal, verschieden zu sein, und die Gesellschaft soll sich so organisieren und nötigenfalls die Einrichtungen schaffen, damit dieses Verschiedensein autonom gelebt werden kann.
Die WHO (Weltgesundheitsorganisation) verwendet für die Definition von »Behinderung« drei Begriffe: 1. Schädigung *(impairment)*, das heißt Mängel oder Abnormitäten der anatomischen, psychischen oder physiologischen Funktionen und Strukturen des Körpers; 2. Beeinträchtigung *(disability)*, das heißt Funktionsbeeinträchtigungen oder -mängel aufgrund von Schädigungen, die typische Alltagssituationen behindern oder unmöglich machen; 3. Behinderung *(handicap)*, das heißt Nachteile einer Person aus einer Schädigung oder Beeinträchtigung.
Das deutsche Bundessozialhilfegesetz (BSHG) umschreibt Behinderung so: »Eine nicht nur vorübergehende erhebliche Beeinträchtigung der Bewegungsfreiheit, die auf dem Fehlen oder auf Funktionsstörungen von Gliedmaßen oder auf anderen Ursachen beruht [...]. Weiterhin liegen Behinderungen bei einer nicht nur vorübergehenden erheblichen Beeinträchtigung der Seh-, Hör- und Sprachfähigkeit und bei einer erheblichen Beeinträchtigung der geistigen oder seelischen Kräfte vor«.
Ursache von Behinderungen können Schädigungen vor oder während der Geburt, aber auch Krankheiten, Unfälle und (krankhafte) psychische Fehlentwicklungen sein. Ob und inwieweit auch soziale Faktoren »Behinderung« verursachen oder beeinflussen, ist kontrovers und in der Öffentlichkeit wenig thematisiert.

Literatur
Ulrich Bleidick et al., *Einführung in die Behindertenpädagogik*, Kohlhammer, Stuttgart 1998; – Urs Haeberlin, *Einführung in die Heilpädagogik*, Haupt, Bern 1985.
Verweise
Behinderung, geistige – Diskriminierung – Invalidenversicherung (IV) – Selbstbestimmung (selbstbestimmtes Leben für Behinderte)

Walter Ilg

Behinderung, geistige

Geistige Behinderung ist kein klarer Begriff, dessen Inhalt sich überprüfen oder operationalisieren lässt. Stefan Osbahr (2000) meint, dass der Begriff eher als soziales Deutungsmuster denn als Fachterminus verwendet werden kann. Die geistige Behinderung eines Menschen wird heute als komplexer Zustand aufgefasst, der sich unter dem vielfältigen Einfluss sozialer Faktoren aus medizinisch beschreibbaren Störungen entwickelt hat. Die diagnostizierbaren prä-, peri- und postnatalen Schädigungen erlauben keine Aussagen zur geistigen Behinderung eines Menschen. Diese bestimmt sich vielmehr aus dem Wechselspiel zwischen seinen potenziellen Fähigkeiten und den Anforderungen seiner konkreten Umwelt. Für Barbara Fornefeld (2000) ist die geistige Behinderung keine statische Größe. Geistige Behinderung ist ein Prozess, der der Dynamik des Lebens folgt, das heißt, in jeder Lebensphase eines Menschen wird sich die geistige Behinderung anders zeigen, bedarf sie anderer Zugänge. Wer das Phänomen der geistigen Behinderung erfassen will, muss sich ihm aus verschiedenen Perspektiven nähern. Nur eine medizinische, psychologische, epidemiologische, pädagogische, soziologische, juristische und philosophische Betrachtungsweise wird der Komplexität des Phänomens der geistigen Behinderung gerecht, wobei noch nichts über das Wesen der geistigen Behinderung bzw. darüber, was sie für den von ihr betroffenen Menschen bedeutet, ausgesagt ist.

Aussonderung und Stigmatisierung geistig behinderter Menschen haben eine lange geschichtliche Tradition. Vor 100 Jahren wurden sie »Blödsinnige«, »Schwachsinnige«, »Oligophrene« genannt, die Begriffe »debil«, »imbezil«, »idiotisch« waren gängige Bezeichnungen. Menschen mit einer geistigen Behinderung wurden als Minusvariante der Nichtbehinderten dargestellt und an der Erfüllung elementarer Bedürfnisse gehindert. Sie wurden wie ein Kind angesprochen, das umsorgt, beschützt und behütet werden muss. Die Folgen dieser Überbetreuung waren Passivität und Schwerfälligkeit, Merkmale, die leichtfertig als typische Eigenschaften geistig behinderter Menschen bezeichnet wurden.

Heute sollen Menschen mit geistiger Behinderung ihren Mitmenschen in allen Lebensbereichen gleichgestellt sein, ihr Leben möglichst selbstbestimmt und selbstverantwortlich gestalten und über ein differenziertes Angebot an Fördermaßnahmen verfügen können. Im Zentrum ihrer Lebensgestaltung stehen Fähigkeiten und Stärken.

Literatur
Barbara Fornefeld, *Einführung in die Geistigbehindertenpädagogik*, Reinhardt, München/Basel 2000; – Stefan Osbahr, *Selbstbestimmtes Leben von Menschen mit einer geistigen Behinderung*, Edition SZH, Luzern 2000.
Verweise
Selbstbestimmung (selbstbestimmtes Leben für Behinderte) – Zwangssterilisation

Martin Haug

Beihilfen

In einem weiteren Sinn verstanden sind Beihilfen mit staatlichen Subventionen gleichzusetzen. In einem engeren Sinn versteht man unter Beihilfen kantonale Zulagen an Einzelpersonen, welche über die bundesrechtlich vorgeschriebenen Ergänzungsleistungen hinausgehen. In der Regel werden die kantonalen Beihilfen (wie die Ergänzungsleistungen) finanziell bedürftigen AHV- und IV-Rentnern und -Rentnerinnen, ausnahmsweise auch weiteren bedürftigen Personenkreisen (z.B. ausgesteuerten Arbeitslosen) ausgerichtet. Im Gegensatz zur Sozialhilfe besteht bei den Beihilfen (wie auch bei den Ergänzungsleistungen) ein klar umschriebener Rechtsanspruch mit gesetzlich definierten Leistungen (Bedürftigkeitsrente).

Beihilfen in diesem Sinn kennen die Kantone AI, BE, BS, GE, JU, SG, VS, ZG und ZH, und zwar unter unterschiedlichsten Bezeichnungen (außerordentliche Ergänzungsleistungen, kantonale Beihilfen, zusätzliche kantonale Zulagen, Zuschüsse für minderbemittelte Personen). In einzelnen Kantonen sind die Beihilfen kommunal geregelt.

Literatur
Silvia Bucher, *Soziale Sicherheit, beitragsunabhängige Sonderleistungen und soziale Vergünstigungen*, Universitätsverlag, Freiburg 2000.
Verweise
Ergänzungsleistungen zur AHV/IV – Existenzminimum – Rechtsanspruch

Olivier Steiner

Beistandschaft

Die Beistandschaft ist eine auf eigenes Begehren beantragte oder von Amtes wegen verordnete Maßnahme zur vorläufigen Unterstützung eines Individuums in genau definierten persönlichen oder rechtlichen Belangen.

Eine Beistandschaft kann unterschiedliche Formen und rechtliche Hintergründe haben:
– Die Vertretungsbeistandschaft (Art. 392 ZGB) wird angeordnet, wenn eine mündige Person oder der Inhaber der rechtlichen Vertretung einer Person in einer dringenden Angelegenheit infolge Krankheit, Abwesenheit oder dergleichen nicht handlungsfähig ist oder wenn in einer bestimmten Situation Interessenkonflikte zwischen dem Inhaber der rechtlichen Vertretung und dem Vertretenen bestehen.
– Die Verwaltungsbeistandschaft (Art. 393 ZGB) regelt die Maßnahmen im Rahmen einer Situation, in der das Vermögen einer Person nicht oder ungenügend verwaltet wird.
– Die gemischte Beistandschaft (Art. 392 Ziff. 1 und Art. 392 Ziff. 2 ZGB) kombiniert die beiden obgenannten Formen einer Beistandschaft.

Bei Gefährdung des Kindeswohls werden zudem auf Begehren eines Elternteils oder infolge gerichtlicher oder vormundschaftlicher Anordnung so genannte Erziehungsbeistandschaften ernannt.

Die Beistandschaft zieht für den Betroffenen keinen Entzug der rechtlichen Handlungsfähigkeit nach sich, sondern lediglich eine Beschränkung ihrer Ausübung, weshalb sie weniger streng als die Vormundschaft ist.

Literatur
Henri Deschenaux, Paul-Henri Steinauer, *Personnes physiques et tutelle*, Stämpfli, Bern 1995; – Martin Stettler, *Représentation et protection de l'adulte*, Éditions Universitaires, Fribourg 1997.
Verweise
Vormundschaft – Vormundschaftsbehörde – Vormundschaftsrecht

Nicolas Queloz, Ariane Senn

Beitrag/Prämie

In der Schweiz werden die beiden Begriffe oft als Synonyme verwendet, um die Zahlungen der Versicherten und/oder ihrer Arbeitgeber an die verschiedenen Systeme der sozialen Vorsorge zu bezeichnen. Sie stehen im Gegensatz zu den Subventionen und weiteren staatlichen Zuschüssen, welche aus Steuergeldern finanziert werden. Üblicherweise benutzt man den Begriff Beitrag in der Alters- und Hinterlassenenversicherung, der Invalidenversicherung, der beruflichen Vorsorge, der Arbeitslosenversicherung, der Erwerbsersatzordnung und bei den Familienzulagen. Der Begriff Prämie hingegen wird bei der Unfallversicherung und der Krankenversicherung verwendet. Er stammt aus dem privaten Versicherungsrecht und bezeichnet dort die Summe, welche der Versicherungsnehmer dem Versicherer im Austausch gegen die Deckung des versicherten Risikos bezahlt.

Die Beiträge und Prämien werden in der Regel in Abhängigkeit vom Einkommen oder vom Lohn (mit oder ohne Höchstgrenze) festgelegt. Im Gegensatz dazu wird bei den privaten Versicherungen zum Zweck ihrer Berechnung meistens vom versicherten Risiko ausgegangen.

Da sie der Finanzierung von Sozialversicherungen dienen, sind die Beiträge und Prämien in drei Bereichen besonderen Bestimmungen unterworfen: Erstens kann der Versicherer sie mit anfallenden Leistungen verrechnen (sofern dadurch das Lebensniveau des Versicherten nicht ungebührlich in Frage gestellt wird). Zweitens kommen sie in den Genuss eines Konkursprivilegs (Forderungen, die der zweiten Klasse zugewiesen werden). Schließlich stellt ihre Veruntreuung durch den Arbeitgeber oder das Unterlassen ihrer Überweisung an die Versicherungseinrichtung ein Delikt dar, welches vom Gesetz speziell geahndet wird.

Literatur
Erwin Carigiet, *Gesellschaftliche Solidarität. Prinzipien, Perspektiven und Weiterentwicklung der sozialen Sicherheit*, Helbing & Lichtenhahn, Basel 2001; – Thomas Locher, *Grundriss des Sozialversicherungsrechts*, Stämpfli, Bern 1997; – Alfred Maurer, *Schweizerisches Sozialversicherungsrecht*, Band I: *Allgemeiner Teil*, Stämpfli, Bern 1983.

Verweise
AHV/IV – Finanzierung der sozialen Sicherheit: Juristische Aspekte – Finanzierung der sozialen Sicherheit: Wirtschaftliche Aspekte – Versicherungsprinzip

Raymond Spira

Beitragsprimat

Beim Beitragsprimat handelt es sich um ein im System der öffentlichen oder privaten Alters-, Hinterlassenen- und Invalidenvorsorge angewandtes Prinzip: Die Leistungen der Vorsorgeeinrichtung richten sich grundsätzlich nach der Höhe der von den Versicherten (und ihren Arbeitgebern) bezahlten Beiträge. Diese Beiträge werden durch das Gesetz oder das Reglement der betreffenden Vorsorgeeinrichtung (Pensionskasse, Sammelstiftung) in Prozenten des versicherten Lohnes festgelegt. Die Höhe der Leistungen wird für jeden einzelnen Versicherten individuell bestimmt und ist Ausdruck der Summe aller während der Beitragsdauer einbezahlten Beiträge (bei Kapitalisierung einschließlich der akkumulierten Zinsen). Jede Lohnveränderung führt zu einer Änderung der Leistungen.

Vorteile des Beitragsprimats: Es vermittelt den Arbeitgebern und Versicherten einen hohen Grad an finanzieller Sicherheit, weil ihre gegenseitigen Verpflichtungen stets präzise bestimmbar sind (Höhe der einbezahlten Guthaben, Höhe der zu erwartenden, das heißt finanzierbaren Leistungen sowie die Höhe der Freizügigkeitsleistung, jener Leistung, die bei Wechsel der Vorsorgeeinrichtung oder Aufgabe der Erwerbstätigkeit ausbezahlt wird). Überdies besteht keine Verpflichtung, beim Eintritt in eine Vorsorgeeinrichtung Einkaufssummen oder bei Lohnerhöhungen Nachzahlungen zu entrichten, um eine gewisse Leistungshöhe zu garantieren.

Nachteile des Beitragsprimats:
– Bei jeder Erhöhung des versicherten Verdienstes sinkt der Vorsorgegrad, das heißt, aufgrund der verkürzten Beitragsausrichtung reduziert sich die zu erwartenden Leistungen. Durch die Anwendung altersabhängiger progressiver Beitragssätze kann dieser für die Versicherten ungünstige Effekt korrigiert werden.
– Die während der Beitragsdauer eingetretene Inflation wird nicht genügend berücksichtigt, wodurch der Leistungserhalt nur ungenügend gewährleistet ist. Wenn die wirtschaftliche Entwicklung positiv verläuft, das heißt auf dem von der Vorsorgeeinrichtung angelegten Kapital entsprechend hohe Erträge erwirtschaftet werden, werden die beschriebenen Nachteile ganz oder teilweise ausgeglichen. Allerdings kann eine verfehlte Anlagepolitik auch das Gegenteil bewirken.
– Das Leistungsniveau fällt beim Beitragsprimat oft tiefer aus als beim Leistungsprimat.

Literatur
Gertrud E. Bollier, *Leitfaden schweizerische Sozialversicherung*, Stutz, Wädenswil 2001; – Jürg Brühwiler, Hermann Walser, »Obligatorische und weitergehende berufliche Vorsorge«, in: Ulrich Meyer-Blaser (Hrsg.), *Schweizerisches Bundesverwaltungsrecht*, Band *Soziale Sicherheit*, Helbing & Lichtenhahn, Basel 1998.

Internet
www.sozialversicherungen.ch
www.bsv.admin.ch

Verweise
Finanzierung der Sozialversicherungen: Wirtschaftliche Aspekte – Leistungsprimat – Pensionierung (Rentenalter)

Bernard Viret

Beobachtung

Die Beobachtung ist eine Datenerhebungsmethode, die sinnlich wahrnehmbare Handlungsweisen, Interaktionen (menschlichen) Verhaltens oder Geschehen organischer Prozesse und Ereignisse systematisch, zielgerichtet und methodisch kontrolliert zu erfassen, festzuhalten und zu deuten versucht. Lamnek (1989) unterscheidet folgende Formen der Beobachtung: naive (alltägliche) und wissenschaftliche Beobachtung, strukturierte (bzw. standardisierte) und unstrukturierte (bzw. nicht standardisierte) Beobachtung, offene und verdeckte Beobachtung, teilnehmende und nicht teilnehmende Beobachtung, aktiv und passiv teilnehmende Beobachtung, direkte und indirekte Beobachtung, Feld- und Laborbeobachtung. Weiter wird unterschieden zwischen der Beobachtung von (in der Regel) fremdem und eigenem Verhalten (Introspektion bzw. Selbstanalyse). Diekmann (2002) grenzt die Beobachtung von der Befragung und der Analyse von Verhaltensspuren, als zwei weiteren Datenerhebungsmethoden, ab.

Zur Reduzierung von systematischen Beobachtungsfehlern (z.B. Selektivität der Wahrnehmung) werden geeignete Maßnahmen (z.B. Beobachtungsraster und technische Hilfsmittel) eingesetzt.

Literatur
Peter Atteslander, *Methoden der empirischen Sozialforschung*, de Gruyter, Berlin 1995; – Andreas Diekmann, *Empirische Sozialforschung. Grundlagen, Methoden, Anwendungen*, Rowohlt, Reinbek bei Hamburg 2002; – Siegfried Lamnek, *Qualitative Sozialforschung*. Band 2: *Methoden und Techniken*, Psychologie Verlags Union, München 1989.

Verweise
Empirische Forschungsmethoden – Experiment (Sozial-) – Sozialforschung

Manfred Neuhaus

Beratung

Die Beratung ist ein zentraler Prozess in zahlreichen sozialen Institutionen. Traditionell steht dabei die Zweierbeziehung zwischen Klient und Beraterin im Vordergrund. Case Management als Beratungsprozess zeichnet sich durch zwei Hauptmerkmale aus: 1. methodisches, 2. systemisches Vorgehen.

Als Methode gliedert Case Management den Beratungsprozess in Einzelschritte, die im Voraus definiert sind und die standardisiert auf alle möglichen Beratungsfälle einer Institution gleichmäßig angewendet werden. Diese vordefinierten Schritte gelten auch im Sinne von Qualitätsstandards für den Beratungsprozess. Die Methodik will Zufälligkeiten oder Ungleichbehandlungen vermeiden und die Effizienz der Dienstleistung sichern.

Die Verfahrensschritte können je nach Institution definiert werden: 1. Einschätzung und Abklärung der Situation des Klienten (Assessment); 2. Planung, gestützt auf die Ergebnisse im ersten Schritt. Diese Planung geschieht vorzugsweise in Form einer gemeinsam getragenen Zielvereinbarung zwischen Institution und Klient *(planning)*; 3. Durchführung (Intervention), das heißt, Umsetzung der in der Zielvereinbarung festgelegten Maßnahmen, wobei beide Teile ihre Aufgabe zu erfüllen haben; 4. Kontrolle und Überwachung *(monitoring)*; 5. Bewertung und Auswertung (Evaluation): Beurteilung des Erfolges der Maßnahmen und allenfalls Einleitung anderer oder weiterer Maßnahmen.

Case Management als Beratungsprozess will systemisch wirken. Im Vordergrund steht nicht die Zweierbeziehung zwischen Klient und Beratungsperson, sondern das Netzwerk. Dabei ist einerseits das System von möglichen Hilfsdiensten auf der Leistungsseite gemeint und andererseits das Netzwerk des Klienten. Case Management will zwischen diesen beiden Systemen Verbindungen herstellen und Ressourcen nutzen. Das ist ein Ansatz, der nicht die Probleme des Klienten in den Vordergrund stellt, sondern staatliche und private Hilfsdienste mit den Möglichkeiten des Klienten in Verbindung bringt.

Literatur
Gerd Gehrmann, Klaus D. Müller, *Management in sozialen Organisationen*, Walhalla, Regensburg/Bonn 1999; – Yvonne Hofstetter Rogger, »Denken und Handeln im Case Management«, in: *Soziale Arbeit CH*, Nr. 1, Mai 1998; – Wolf Rainer Wendt, *Case Management im Sozial- und Gesundheitswesen*, Lambertus, Freiburg i.Br. 1999.

Verweise
Case Management – Soziale Arbeit – Sozialhilfe (im engeren Sinne) – Sozialhilfeklientinnen und -klienten

Rolf Maegli

Beruf/Berufswechsel

Mit dem Begriff Beruf wird eine spezialisierte Arbeitstätigkeit (ausgeübter Beruf) oder auch eine fachspezifische Ausbildung (erlernter Beruf) bezeichnet, welche die für die Berufsausübung erforderlichen Fähigkeiten und Kenntnisse vermittelt. Der Beruf steht somit auch für die individuelle Position in der gesellschaftlichen Arbeitsteilung, von der Erwerbschancen, Einkommen und soziales Ansehen (Berufsprestige) maßgeblich abhängen. Darüber hinaus bilden Berufe ein soziales Umfeld mit prägendem Einfluss auf das Individuum (berufliche Sozialisation) und stellen ein wichtiges Element der persönlichen Identität dar.

Die Idee des »Berufs« reicht weit in die christlich-abendländische Tradition zurück, welche die Tätigkeit des Menschen stets im Sinne einer von Gott zugewiesenen Lebensaufgabe – einer »Berufung« – verstanden hat. Bereits im Mittelalter haben Zünfte und Handwerksorganisationen erste Vorformen der modernen Berufslehre geschaffen. Seit Ende des 19. Jahrhunderts wurde die Berufsausbildung in der Schweiz zunehmend durch den Bund geregelt und finanziell gefördert, wobei aber Betriebe und Verbände eine bedeutende Rolle behalten haben. Außerhalb der Universitäten hat sich in der Schweiz das – für die deutschsprachigen Länder typische – duale Berufsbildungssystem durchgesetzt, welches betrieblich-praktische und schulische Ausbildung kombiniert.

Wichtige aktuelle Kontroversen kreisen vor allem um die Beobachtung, dass es aufgrund des schnellen technisch-organisatorischen Wandels je länger, je weniger genügt, in jungen Jahren einen Beruf zu erlernen. Vielmehr ist eine kontinuierliche berufliche Weiterbildung gefordert; zudem werden vermehrt Berufswechsel und Umschulungen notwendig. Dies hat zu Bestrebungen geführt, die duale Berufsbildung – u.a. mit einem modularen Aufbau – durchlässiger zu gestalten und ihre starre Berufsfixierung so etwas zu lockern. Umstritten bleibt dabei, inwieweit die Spaltung des Arbeitsmarktes in separate Teilmärkte für einzelne Berufe (berufsfachliche Arbeitsmarktsegmentation) als eigenständige Ursache von Arbeitslosigkeit sowie von ungleichen Erwerbs- und Weiterbildungschancen anzusehen ist. Kein Konsens besteht ferner auch darüber, weshalb sehr viele Berufe bis heute fast nur von Frauen respektive fast nur von Männern erlernt und ausgeübt werden (berufliche Geschlechtersegregation) und inwieweit dies für die ungleichen Erwerbschancen beider Geschlechter maßgeblich ist.

Literatur
Ulrich Beck, Michael Brater, Hansjürgen Daheim, *Soziologie der Arbeit und des Berufs*, Rowohlt, Reinbek bei Hamburg 1980; – Günther G. Voss, »Berufssoziologie«, in: Harald Kerber, Arnold Schmieder (Hrsg.), *Spezielle Soziologien*, Rowohlt, Reinbek bei Hamburg 1994, S. 128–148.
Verweise
Berufsbildung – Berufslehre – Bildung(spolitik) – Flexibilisierung von Arbeitsverhältnissen

Stefan Sacchi

Berufliche Vorsorge

Die berufliche Vorsorge ist eine Einrichtung der sozialen Sicherheit und ergänzt die Alters- und Hinterlassenenversicherung (AHV) sowie die Invalidenversicherung (IV) und die obligatorische Unfallversicherung (UVG). Ihr Hauptauftrag ist es, den bisherigen Lebensstandard in angepasstem Maße zu garantieren. Dazu werden Renten ausbezahlt – Alters-, Hinterbliebenen- und Invalidenrenten –, welche die AHV/IV-Renten oder jene der Unfallversicherung ergänzen. Diese Eventualitäten sind jedoch nur auf einer beruflichen Basis versichert. Die berufliche Vorsorge ist daher vielmehr eine zweite Stufe als eine Zweite Säule der sozialen Sicherheit. Denn prinzipiell können ausschließlich die beruflich aktiven Personen geschützt werden. Die Arbeitslosenversicherung (ALV) macht eine Ausnahme, indem sie Tod und Invalidität zusätzlich zur Deckung durch die AHV/IV versichert.

Die berufliche Vorsorge bietet ihrerseits ebenfalls zwei Stufen des Schutzes. Die erste Stufe wird durch die obligatorische Versicherung gebildet, die durch das am 1. Januar 1985 in Kraft getretene Bundesgesetz über die berufliche Alters-, Hinterlassenen- und Invalidenvorsorge (BVG) eingeführt wurde. Die freiwillige berufliche Vorsorge bildet die zweite Stufe. Sie verbessert die von der BVG angebotene Vorsorge und wird vom Arbeitgeber oder von den Sozialpartnern durch Gesamtarbeitsverträge geregelt. Die berufliche Vorsorge wird durch ein Kapitaldeckungsverfahren finanziert.

Dank der beruflichen Vorsorge sind Angestellte mit einem jährlichen Mindesteinkommen von 25 320 Franken obligatorisch bis zu einem Lohnplafond von 75 960 Franken (Stand 2003) versichert. Die berufliche Vorsorge deckt die Risiken des Todes und der Invalidität mit Recht auf Rente ab dem 1. Januar, der dem 17. Geburtstag folgt. Das Recht auf eine Rente oder auf Kapitalbeträge kann ab dem 1. Januar nach dem 24. Geburtstag beansprucht werden. Die Deckung endet mit dem 63. Lebensjahr für Frauen und mit dem 65. für Männer. Die berufliche Vorsorge basiert auf dem Beitragsprimat. Die Altersrente setzt sich demzufolge aus den paritätischen Ersparnissen des/der Angestellten und des Arbeitgebers sowie den angesammelten Zinsen zusammen. Ein jährlicher Mindestzinssatz von 3,25 Prozent ist garantiert. Der Beitragssatz nimmt mit dem Alter zu, was sich auf die Verkürzung der Sparperiode bezieht. Bei vollständiger Beitragszeit sollten AHV- und BVG-Renten zusammen 60 Prozent des letzten obligatorisch versicherten Lohnes ausmachen.

Die Verbesserung der Altersvorsorge durch die freiwillige berufliche Vorsorge ermöglicht z.B., eine höhere Lohnsumme zu versichern oder gar eine Rente zu erhalten, die nach dem System des Leistungsprimats einen genauen Prozentsatz des letzten Lohnes ausmacht. Ebenfalls ermöglicht sie höhere Arbeitgeberbeiträge.

Die berufliche Vorsorge wird durch dezentralisierte Vorsorgeinstitutionen umgesetzt. Diese werden paritätisch von Arbeitgebern und Arbeitnehmenden geleitet. Sie werden regelmäßig von Buchhaltungs- und Versicherungsexperten bzw. -expertinnen kontrolliert und staatlich überwacht. Unter Berücksichtigung der Risiken und der Liquiditätsansprüche verwalten die Institutionen ihr Vermögen nach Prinzipien der notwendigen Sicherheit, des Eintrags und der Umverteilung. Die Beiträge, das Vermögen und die Zinserträge sind steuerfrei. Eine obligatorische Versicherung erlaubt, die gesamten Leistungen bis zu einem bestimmten Plafond gegen Zahlungsunfähigkeit der Institution zu schützen.

Literatur
Getrud E. Bollier, *Leitfaden schweizerische Sozialversicherung*, Stutz, Wädenswil 2001.
Internet
www.bsv.admin.ch
www.vorsorgeforum.ch
Verweise
AHV/IV – Beitragsprimat – Freizügigkeit in der beruflichen Vorsorge – Kapitaldeckungsverfahren – Leistungsprimat – Pensionskasse – Zwangssparen
Jacques-André Schneider

Berufliche Wiedereingliederung

Die berufliche Eingliederung ist – zusammen mit der medizinischen und der sozialen Eingliederung – Bestandteil der ganzheitlichen Rehabilitation, wie sie von der Weltgesundheitsorganisation (WHO) verstanden wird. Sie beinhaltet alle Maßnahmen, die auf eine rasche und erfolgreiche Rückkehr in die Arbeitswelt ausgerichtet sind. Es obliegt den Betroffenen, aus eigenem Antrieb das Zumutbare zur beruflichen Wiedereingliederung beizutragen (Schadenminderungspflicht). Sie haben aber Anspruch auf Unterstützung durch die Sozialversicherung. Die (Wieder-)Eingliederung ist die vorrangige Aufgabe der Invalidenversicherung (IV). Ihre Dienstleistungen umfassen medizinische und berufliche Maßnahmen sowie die Abgabe von Hilfsmitteln. Die Leistungen zur Wiedereingliederung ins Erwerbsleben bestehen in Berufsberatung, Arbeitsvermittlung, Umschulung und Kapitalhilfe. Die Eingliederungsmaßnahmen gehen Rentenleistungen vor. Die Regelung der beruflichen Eingliederungsmaßnahmen in der Militärversicherung – sie ist bei Gesundheitsschädigungen im Militärdienst zuständig – stimmt weitgehend mit derjenigen der IV überein. Berufliche Eingliederungsmaßnahmen kennt auch die Arbeitslosenversicherung. Um die Vermittlungsfähigkeit von Arbeitslosen zu verbessern, fördert sie insbesondere die Umschulung und Weiterbildung, die selbständige Erwerbstätigkeit und die Mobilität.

Literatur
Übereinkommen 159 über die berufliche Rehabilitation und Beschäftigung der Behinderten vom 20. Juni 1983 (SR 0.822.725.9); – Bundesamt für Sozialversicherung (Hrsg.), *Leitfaden Alters- und Hinterlassenenversicherung AHV, Invalidenversicherung IV, Erwerbsersatzordnung EO, Ergänzungsleistungen EL*, Bundesamt für Sozialversicherung, Bern 2001.
Internet
www.bsv.admin.ch
Verweise
Invalidenversicherung (IV) – IV-Stelle (Invalidenversicherung) – Regionales Arbeitsvermittlungszentrum
Willi Morger

Berufsberatung

Die Berufsberatung hat gemäß dem Berufsbildungsgesetz die Aufgabe, Jugendliche und Erwachsene durch Information, persönliche Beratung und Realisierungshilfe (Lehrstellenvermittlung) bei der Berufs- und Studienwahl sowie bei der Gestaltung der beruflichen Laufbahn zu unterstützen.

Wichtigste Einrichtung der Berufsinformation sind die Berufsinformationszentren und zunehmend auch das Internet.

In der persönlichen Beratung geht es darum, im Gespräch, allenfalls unterstützt durch Interessen-, Leistungs- und Persönlichkeitstests, die Grundlagen für einen selbstverantworteten Entscheid des Ratsuchenden zu erarbeiten. Gegen 50 Prozent der Ratsuchenden sind Erwachsene.

In der Jugendlichenberatung arbeitet die Berufsberatung eng mit der Schule (so genannte Berufswahlvorbereitung), der Wirtschaft und den Eltern zusammen. Diese sind gemäß Artikel 302 des ZGB verpflichtet, ihrem Kind eine angemessene, seinen Fähigkeiten und Neigungen so weit als möglich entsprechende allgemeine und berufliche Ausbildung zu verschaffen, und sind ihrerseits gehalten, mit der Berufsberatung zusammenzuarbeiten.

Die Berufsberatung ist einzig dem Ratsuchenden verpflichtet und darf ohne dessen Zustimmung keine Beratungsergebnisse an Dritte weiterleiten.

Literatur
Erwin Egloff, *Berufswahlvorbereitung*, Lehrmittelverlag des Kantons Aargau, Aarau 2002; – René Zihlmann (Hrsg.), *Berufswahl in Theorie und Praxis*, sabe, Zürich 1998; – ders., *Das Berufswahlbuch*, sabe, Aarau 2002.
Internet
www.berufsberatung.ch
Verweise
Qualifikation (berufliche) – Weiterbildung
René Zihlmann

Berufsbildung

Der Begriff Berufsbildung bezeichnet in einem weiteren Sinn den Erwerb von Kompetenzen, welche zur Ausübung einer beruflichen Tätigkeit nötig und nützlich sind. In diesem Sinne umfasst er auch betriebliche und individuelle Weiterbildungen. Im engeren Sinn bezeichnet er einen definierten Bildungsgang, der mit einer Qualifikation abschließt, die das Recht gibt, eine umschriebene Berufsbezeichnung zu tragen und diesen Beruf auch auszuüben.

Berufsbildung spielt sich auf verschiedenen Ebenen des Bildungssystems ab. Traditionell schließt sie in der Form der Berufslehre an die abgeschlossene Volksschule an. Immer bedeutender werden Berufsausbildungen nach einer schulischen oder beruflichen Ausbildung auf Sekundarstufe II, dies besonders im Gesundheits- und Sozialbereich, aber ebenfalls in neuen Technologien und im Dienstleistungssektor. Auch Höhere Fachschulen, Fachhochschulen und Universitäten vermitteln Berufsbildung, Letztere dort, wo nicht ein allgemeiner akademischer Abschluss, sondern eine klare Berufskompetenz das Ziel ist (z.B. Medizin).

Die Berufsbildung wird in der Schweiz in erster Linie durch das Berufsbildungsgesetz geregelt, weiter durch das Fachhochschulgesetz und weitere Bundesgesetze. Der Bund trägt den kleineren Teil der Finanzierung, Kantone und Gemeinden den Rest. Die Finanzierung der praktischen Ausbildung ist in der Regel Sache der Betriebe.

Die dadurch gegebene starke Ausrichtung der Berufsbildung auf die betrieblichen Bedürfnisse ist Stärke und Schwäche der Berufsbildung zugleich. Sie verhindert zum einen die Heranbildung von Personen, die auf dem Arbeitsmarkt nicht nachgefragt werden. Anderseits ergibt dies eine Tendenz, in den Ausbildungen in erster Linie die aktuelle Situation abzubilden. Der Staat greift deshalb des Öftern steuernd ein. Beispiele sind Aktionen zur Vergrößerung des Frauenanteils in Informatikberufen, die Lehrstellenbeschlüsse sowie die Schaffung der Berufsmaturität und der Fachhochschulen.

Das neue Berufsbildungsgesetz will insbesondere neue Lern- und Qualifikationsformen stärken. Diese sollen u.a. zur Gleichstellung der Geschlechter beitragen. Immer noch zeigt sich, dass Frauen in den kürzesten Berufsausbildungen deutlich übervertreten sind, ebenso in der Gruppe der Bevölkerung, die gar keine Berufsbildung aufzuweisen hat. Diese Gruppen finden sich dann gehäuft unter den Langzeitarbeitslosen, was die volkswirtschaftliche Bedeutung der Berufsbildung deutlich vor Augen führt.

Befähigung zu lebenslangem Lernen ist heute das Ziel der Berufsbildung, im Wissen darum, dass die Halbwertszeit erlernter beruflicher Kompetenzen immer geringer wird. Dem hat die Validierung von Kompetenzen zu entsprechen, die in nicht formalisierter Bildung erworben werden.

Eine zunehmend wichtige soziale Aufgabe stellt sich in der Integration der ausländischen Wohnbevölkerung, besonders der Frauen, in die schweizerische Berufsbildung. Eine weitere Herausforderung stellt der Einbezug der so genannten bildungsfernen Schichten in die Weiterbildung dar.

Literatur
Rolf Dubs, »Das Berufsbildungssystem zwischen Bildung und Wirtschaft«, in: *Finanz- und Wirtschaftspolitik in Theorie und Praxis*, Haupt, Bern 1997, S. 393–415; – Emil Wettstein, *Berufliche Bildung in der Schweiz*, Deutschschweizerische Berufsbildungsämterkonferenz, Luzern 1999.
Internet
www.bbt.admin.ch
Verweise
Berufsbildungsgesetz – Berufslehre – Bildung(spolitik) – Lebenslanges Lernen

Johannes Flury

Berufsbildungsgesetz

Das geltende Berufsbildungsgesetz (BBG) stammt aus dem Jahr 1978 und regelt die Berufsbildung in den Berufen der Industrie, des Handwerks, des Handels, des Gewerbes, der Dienstleistungen sowie der Hauswirtschaft, dies gestützt auf den Artikel 64bis der früheren Bundesverfassung. Die übrigen Ausbildungen werden noch von der Erziehungs- bzw. Sanitätsdirektoren-Konferenz geregelt.

Ein neues Gesetz, das sich auf Artikel 63 BV stützt, wird voraussichtlich im Jahr 2004 in Kraft gesetzt werden. Es umfasst alle Bereiche der Berufsbildung, damit unter anderen auch die Berufsausbildungen im Sozial- und Gesundheitsbereich und in der Kunst, und setzt sich zum Ziel, berufliche Grundbildung und Höhere Berufsbildung/Weiterbildung besser zu verzahnen, die Durchlässigkeit zu erhöhen und neuen Qualifikationsformen zum Durchbruch zu verhelfen. Mit Pauschalzahlungen sollen die Verantwortung und die Bewegungsfreiheit der Kantone erhöht werden, der Bund zieht sich auf die strategische Steuerung zurück. Das neu geschaffene Instrument der branchenbezogenen Berufsbildungsfonds soll nichtausbildende Betriebe in die Solidarität einbinden.

Literatur
Petra Wittwer-Bernhard, »Übergang der Berufsbildungen in den Bereichen Gesundheit, Soziales und Kunst in die Bundeskompetenz«, in: *Frauenfragen*, Eidgenössische Kommission für Frauenfragen, Bern 2002, Nr. 1, S. 27–29.
Internet
www.bbt.admin.ch
Verweise
Berufsbildung – Berufslehre – Schulsystem

Johannes Flury

Berufsgeheimnis

Der Begriff des Berufsgeheimnisses wird vor allem im Zusammenhang mit den in Artikel 321 des Strafgesetzbuches erwähnten Berufsgruppen verwendet, deren Berufsgeheimnis strafrechtlichen Schutz genießt. Zu diesen Berufen gehören insbesondere Geistliche, Ärztinnen, Rechtsanwälte, Zahnärztinnen, Apotheker sowie ihre Hilfspersonen. Die Angehörigen dieser Berufsgruppen machen sich strafbar, wenn sie ihnen infolge ihres Berufes anvertraute Geheimnisse Dritten offenbaren, ohne dass dazu die Einwilligung des so genannten Geheimnisherrs bzw. der Geheimnisherrin (z.B. Patientin, Klient usw.) vorliegt.

Das Berufsgeheimnis der Medizinalpersonen und insbesondere der Ärztinnen und Ärzte soll gewährleisten, dass sich die Patientinnen und Patienten den sie behandelnden Fachpersonen umfassend anvertrauen können, ohne befürchten zu müssen, dass Einzelheiten aus ihrer Geheimsphäre an unberechtigte Dritte weitergegeben werden.

Auch wenn die Wurzeln des Berufsgeheimnisses der Ärztinnen und Ärzte bis in die Antike auf den griechischen Arzt Hippokrates zurückgehen, so gewinnt es heute angesichts der zunehmenden elektronischen Bearbeitung von medizinischen Daten und der wachsenden Vernetzung noch mehr an Bedeutung.

Literatur
Lukas S. Brühwiler-Frésey, *Medizinischer Behandlungsvertrag und Datenrecht*, Schulthess, Zürich 1996; – Heinrich Honsell (Hrsg.), *Handbuch des Arztrechts*, Schulthess, Zürich 1994.
Verweise
Ärztliche Schweigepflicht

Michael Allgäuer

Berufslehre

Die Berufslehre ist in der Schweiz die hauptsächliche Form der Berufsausbildung. Etwa zwei Drittel der Jugendlichen schlagen nach der obligatorischen Schulzeit diesen Ausbildungsweg ein.

Unter Berufslehre wird eine berufliche Grundbildung in einem privaten oder öffentlichem Betrieb verstanden, die an einer Berufsfachschule und in überbetrieblichen Kursen (so genannter dritter Lernort) ergänzt wird. Das frühere duale System ist insofern teilweise durch ein triales abgelöst worden. Wird mehr als die Hälfte der Ausbildungszeit an einer Berufsfachschule absolviert, übernimmt diese die Gesamtverantwortung. Die Berufslehre dauert 2 bis 4 Jahre, die 3- und 4-jährigen Ausbildungen werden mit einem Eidgenössischen Fähigkeitszeugnis abgeschlossen, die 2-jährigen mit einem Attest.

Der Vorteil der Berufslehre ist ihr Bezug zur beruflichen Praxis. Sie stellt qualifizierte Berufsfachleute bereit, die ihre Arbeitsmarkt-Tauglichkeit bewiesen haben, und verhindert so weitgehend die Jugendarbeitslosigkeit. Die Hauptlast der Ausbildung liegt allerdings auf kleineren und mittleren Unternehmungen (KMUs), vor allem im gewerblichen Bereich. Firmen in neuen Technologien und Großunternehmen mit automatisierter Fertigung sind deutlich untervertreten. Diese Situation führt dazu, dass dem System der Berufslehre eine ungenügende Fähigkeit zur Anpassung an sich immer schneller verändernde Verhältnisse angelastet wird.

War die Berufslehre früher auf eine lebenslange Tätigkeit im erlernten Beruf ausgerichtet, werden heute Ausbildungen in Berufsfeldern favorisiert, welche im Betrieb und mit gezielter Weiterbildung auf die konkreten Anforderungen hin fortentwickelt werden. Stark an Bedeutung gewonnen hat in letzter Zeit die Berufslehre für Um- oder später Einsteigende.

Über Qualifikationsverfahren für nicht formalisierte Bildung kann eine berufliche Grundbildung unter vereinfachten Bedingungen erreicht werden.

Internet
www.bbt.admin.ch
Verweise
Beruf/Berufswechsel – Berufsbildungsgesetz – Bildung(s)politik) – Schulsystem

Johannes Flury

Beschäftigungsmaßnahmen (aktive)

Der Begriff bezeichnet staatliche Aktivitäten, die darauf abzielen, die Arbeitslosigkeit durch Verhaltensveränderungen bei den Arbeitsuchenden zu verringern. Diese Maßnahmen sollen die Erwerbschancen erhöhen, sie richten sich vornehmlich an Arbeitslose, um deren Qualifikationen durch Umschulungen und Weiterbildungen besser an die Nachfrage auf dem Arbeitsmarkt anzupassen. Neben der Verkürzung der Dauer der Arbeitslosigkeit ist vorgesehen, die Arbeitsfähigkeit der Arbeitslosen durch Beschäftigungsprogramme und die Erhöhung der Mobilität durch Pendler- und Wochenaufenthalterbeiträge zu erhalten. Dadurch soll die Arbeitslosenversicherung Kosten einsparen und die Arbeitsuchenden sollen dazu angehalten werden, schlechtere Arbeitsbedingungen zu akzeptieren. Die Befürworterinnen und Befürworter aktiver Beschäftigungsmaßnahmen nehmen an, dass mangelnde oder falsche Qualifikationen und fehlende Mobilität der Arbeitslosen ihre Arbeitslosigkeit verursachen. Entsprechend wird gefordert, dass Arbeitslose kein Recht auf Leistungen aus der Arbeitslosenversicherung haben, sondern diese Leistungen durch Gegenleistungen in Form der Teilnahme an Beschäftigungsmaßnahmen verdienen müssen. Wer nicht an diesen Maßnahmen teilnimmt, hat denn auch mit gekürzten oder gestrichenen Taggeldern der Arbeitslosenversicherung zu rechnen.

Literatur
Rudolf H. Strahm, *Arbeit und Sozialstaat. Analysen und Grafiken zur schweizerischen Wirtschaft im Zeichen der Globalisierung*, Werd, Zürich 1997.
Verweise
Arbeitslosenversicherung – Arbeitslosigkeit – Beschäftigungspolitik – Regionales Arbeitsvermittlungszentrum
Ludwig Zurbriggen

Beschäftigungspolitik
Beschäftigungspolitik umfasst das Spektrum von staatlichen Maßnahmen, welche die Arbeitslosigkeit bekämpfen und die Vollbeschäftigung der gesamten erwerbsfähigen Bevölkerung oder einer bestimmten Bevölkerungsgruppe anstreben.
Die Art der Beschäftigungspolitik hängt von der Erklärung der Arbeitslosigkeit ab. Beschäftigungspolitische Maßnahmen gründen auf der keynesianischen Analyse der Arbeitslosigkeit. Wer die Ursache in der mangelnden Nachfrage der privaten Haushalte sieht, der unterstützt Maßnahmen, welche die Kaufbereitschaft und die finanzielle Lage der Haushalte verbessern. Keynesianische, das heißt nachfrageorientierte Beschäftigungspolitik will Arbeitsplätze zudem durch öffentliche Investitionsprogramme schaffen und unterstützt daher Maßnahmen, die neue Arbeitsplätze schaffen (Förderung von Firmengründungen, öffentliche Investitionsprogramme, Forschung und Entwicklung).
Die Befürworter aktiver Beschäftigungsmaßnahmen berufen sich dagegen auf die Angebotstheorie der Chicago-Schule um Milton Friedman. Im Gegensatz zur nachfrageorientierten Beschäftigungspolitik sehen die angebotsorientierten Erklärungen die Ursache der Arbeitslosigkeit bei den Arbeitnehmenden. Ihnen fehle die Bereitschaft, gering entlöhnte Stellen anzunehmen, den Wohnort zu wechseln und sich weiterzubilden. Die aktiven Beschäftigungsmaßnahmen sollen diese Bereitschaft erhöhen.
Die Arbeitszeitpolitik setzt den Hebel ebenfalls bei den Arbeitskräften an. Sie will durch eine Verkürzung der Arbeitszeit das Arbeitskräfteangebot verkleinern (Abbau von Überstunden, Teilzeitarbeit, Senkung des Rentenalters, Verkürzung der Wochen- oder Jahresarbeitszeit) und dadurch besser an die Nachfrage anpassen. Zudem führe die Arbeitszeitverkürzung auch zur Schaffung neuer Arbeitsplätze.

Die Geldpolitik der Zentralbanken und die Lohnpolitik der Gewerkschaften und Arbeitgeberverbände beeinflussen ebenfalls die Arbeitslosenrate. Während geldpolitische Maßnahmen den Preis von Exportgütern und Investitionskrediten beeinflussen, bestimmt die Lohnpolitik über die Gesamtarbeitsverträge den Preis der Arbeit. Dabei ist umstritten, ob tiefere Löhne mehr Arbeitsplätze infolge der steigenden Investitionsbereitschaft der Unternehmer oder weniger infolge der geringeren Kaufkraft der Arbeitnehmer generieren.
Langfristige Strategien der Beschäftigungspolitik setzen auf technische Innovationen, neue technisch-naturwissenschaftliche und soziale Berufe, wodurch neue Arbeitsplätze entstehen. Dies erfordert Investitionen in die Ausbildung für diese Tätigkeiten. Dadurch werden sowohl Erfindungen neuer Produkte und Dienstleistungen gefördert als auch die Arbeitnehmenden den neuen Anforderungen entsprechend qualifiziert. Einige Arbeitnehmende werden diesen Anforderungen nicht gewachsen sein. Hier kann die Beschäftigungspolitik durch langfristige Beschäftigung im öffentlichen Sektor die Abkopplung dieser Personen von der Arbeitswelt verhindern.
Der Schweizer Bundesstaat pflegt seit 1968 eine Beschäftigungspolitik, welche mit Impulsprogrammen und Investitionsboni die konjunkturell bedingte Arbeitslosigkeit bekämpfen soll. Die Ausgabenhöhe dieser Programme ist jedoch äußerst bescheiden. Es fehlt an koordinierten Anstrengungen zwischen Bund, Kantonen und Gemeinden. Die wirkungsvollste Steuerung des Arbeitskräfteangebotes erfolgte über die Arbeitsbewilligungen für ausländische Arbeitskräfte.
In den 1990er-Jahren hat der Bund seine Impulsprogramme mit aktiven Beschäftigungsmaßnahmen ergänzt.

Literatur
Klaus Armingeon, »Wirtschafts- und Finanzpolitik der Schweiz«, in: Ulrich Klöti, Peter Knoepfel et al. (Hrsg.), *Handbuch der Schweizer Politik*, NZZ Buchverlag, Zürich 2002, S. 725–766; – Rudolf H. Strahm, *Arbeit und Sozialstaat. Analysen und Grafiken zur schweizerischen Wirtschaft im Zeichen der Globalisierung*, Werd, Zürich 1997.
Verweise
Arbeitsmarkt – Beschäftigungsmaßnahmen (aktive) – Vollbeschäftigung
Ludwig Zurbriggen

Beschwerde (im Bereich der Sozialversicherungen)
Die Beschwerde ist ein Begehren um Aufhebung, Abänderung oder Feststellung der Nichtigkeit eines Erlasses – in der Regel eine Verfügung oder ein Urteil – und richtet sich an eine andere Instanz als jene, welche diesen Akt erlassen hat. Sie muss in schriftlicher Form erfolgen und muss

eine Begründung (Weshalb ist der Beschwerdeführer nicht mit dem angegriffenen Entscheid einverstanden?) und einen Antrag (Was will er erreichen?) enthalten. Sie muss innerhalb der gesetzlich festgelegten Frist an die Beschwerdeinstanz geschickt werden. Im eidgenössischen Recht der Sozialversicherungen richtet sich die Beschwerde in der Regel an eine kantonale (Versicherungsgericht, Verwaltungsgericht, Rekurskommission), manchmal an eine eidgenössische Instanz (z.B. für AHV/IV-Versicherte, die im Ausland wohnhaft sind). In einzelnen Sozialversicherungszweigen wird zuerst ein Einspracheverfahren durchgeführt. Das Verfahren ist einfach, rasch und kostenlos, außer im Falle einer mutwilligen oder leichtfertig eingereichten Beschwerde. Die auf Kantonsebene gefällten Urteile können durch eine verwaltungsgerichtliche Beschwerde vor dem Eidgenössischen Versicherungsgericht in Luzern angefochten werden.

Literatur
Thomas Locher, *Grundriss des Sozialversicherungsrechts*, Stämpfli, Bern 1997, S. 370 ff.; – Dieter Widmer, *Die Sozialversicherung in der Schweiz*, Schulthess, Zürich 2001, S. 236 f.
Verweise
Rechtsmittel – Sozialversicherungsrechtsprechung – Verwaltungsverfahren
Raymond Spira

Betreuung/Begleitung (soziale)

Die zwei Begriffe beinhalten in ihrem zu definierenden Handlungsvollzug graduelle Unterschiede. Sinngemäß bedeutet »betreuen« »in Treue erhalten«, »schützen«. Mittelhochdeutsch *betriuwen* hieß »stark, fest wie ein Baum sein«. Im Sozialbereich heißt Betreuung ihrem Wesen nach, für Menschen Interessen wahrzunehmen, die sie aufgrund ihrer psychischen, körperlichen, geistigen oder seelischen sowie sozialen Situation ganz oder teilweise nicht übernehmen können. Das Ausmaß und die Form der Betreuung richten sich danach, wieweit die Einschränkung sie hindert, ihre Angelegenheiten selber zu besorgen. Dieses Handeln für Menschen darf also das Selbstbestimmungsrecht der Betroffenen nicht ausschließen. Alle wichtigen Angelegenheiten müssen daher vor deren Erledigung in der Regel mit den Betreuten besprochen werden. Ziel jeder Betreuung muss sein, trotz den Einschränkungen der Betroffenen die vorhandene Autonomie möglichst zu erhalten bzw. (wieder) zu erweitern.
Betreuung ist eine zutiefst menschliche Handlungsweise und demnach nicht grundsätzlich zu professionalisieren. In jedem Leben kann es Situationen geben, in denen man auf Betreuung angewiesen ist. Es besteht deshalb ein Anspruch auf diese Form der Hilfe, die zum Teil auch gesetzlich verankert ist (z.B. Vormundschaftsrecht). Alle helfenden Berufe können jedoch auch betreuerische Aufgaben haben oder deren Notwendigkeit erkennen. Es ist angezeigt, auch im sozialen Umfeld der Betroffenen Betreuungsmöglichkeiten zu erkennen und allenfalls anleitend und begleitend zu erschließen.
Der Begriff Begleitung hat die alte Bedeutung, »Führung«, verloren und wird heute als ein im Bedarfsfall schützendes Mitgehen verstanden. Die Betroffenen verfügen nur zum Teil über eingeschränkte Handlungsmöglichkeiten, ihre Autonomie ist demnach noch stärker zu gewährleisten als bei der Betreuung.

Verweise
Beratung – Case Management – Soziale Arbeit
Heinz Müller

Beveridge-Plan

Im Jahr 1941 betraute die britische Regierung eine von ihr zusammengesetzte interministerielle Kommission unter Vorsitz von Sir William Beveridge mit der Erstellung eines Berichts über die damals bestehenden Sozialversicherungssysteme sowie die daran anknüpfenden Dienste, an den sich Empfehlungen anschließen sollten. Der von Beveridge unterzeichnete Bericht wurde im November 1942 vorgelegt.
Der Bericht macht konkrete Vorschläge zur Errichtung eines umfassenden Systems sozialer Sicherheit, das in erster Linie die Zusammenführung der Sozialversicherungen, die Schaffung eines die Absicherung bei Arbeitsunfällen einschließenden allgemeinen Gesundheitsdienstes, schließlich die Einführung von Familienzuwendungen, die Aufrechterhaltung einer hohen und stabilen Beschäftigungsquote sowie den Schutz vor Massenarbeitslosigkeit umfasst. Den Sozialversicherungen soll das Prinzip der Einbeziehung der Gesamtbevölkerung und der Einheitlichkeit von Beiträgen und Leistungen zugrunde liegen.
Die ältere vergleichende Wohlfahrtsstaatsforschung hat das in Großbritannien in Anschluss an den Beveridge-Plan verwirklichte System als »Beveridge-Modell« zu einem eigenen Typus erhoben. Dieses auch als »universalistisch« bezeichnete Modell ist im Gegensatz zum so genannten Bismarck-Modell sozialer Sicherung dadurch gekennzeichnet, dass es 1. die gesamte Bevölkerung abdeckt, statt nur die Gruppe der versicherten Arbeitnehmer; 2. vorwiegend aus dem Staatsbudget finanziert wird, statt über Einkommensbeiträge; 3. einheitliche Pauschalleistungen vorsieht, anstelle von auf der Grundlage der ausgefallenen Löhne und Gehälter bemessenen Leistungen. Allerdings liegt dieser idealtypi-

schen Zuspitzung des Systemgegensatzes eine besondere Gewichtung des nationalen Gesundheitsdienstes zugrunde.

Vom Beveridge-Plan gingen wesentliche Impulse zum Ausbau des Sozialversicherungswesens der Schweiz nach 1946 aus.

Literatur
Edgar Milhaud, »Der Beveridge-Plan«, in: *Annalen der Gemeinwirtschaft*, Genf 1943 – Anthony I. Ogus, »Landesbericht Großbritannien«, in: Peter A. Köhler, Hans F. Zacher (Hrsg.), *Ein Jahrhundert Sozialversicherung in der Bundesrepublik Deutschland, Frankreich, Großbritannien, Österreich und der Schweiz*, Schriftenreihe für Internationales und Vergleichendes Sozialrecht, Band 6, Duncker & Humblot, Berlin 1981; – E. F. Rimensberger, *Was ist der Beveridge Plan*, Hauenstein, Olten 1943.

Verweise
Soziale Sicherheit (allgemeine Theorie) – Sozialstaat – Versorgungsprinzip – Wohlfahrtsstaat

Alexandre Berenstein, Andreas Pfeuffer

Bevollmächtigung → **Stellvertretung/Vertretung**

Bilaterale Abkommen
Mit bilateralen Abkommen werden im Verhältnis Schweiz–Europäische Union (EU) die 7 sektoriellen Abkommen bezeichnet, welche zwischen der Schweiz und der Europäischen Gemeinschaft (EG) am 21. Juni 1999 unterzeichnet wurden und am 1. Juni 2002 in Kraft getreten sind. Es handelt sich hierbei um die folgenden Abkommen: 1. Abkommen über die wissenschaftliche und technologische Zusammenarbeit (Forschungsabkommen); 2. Abkommen über bestimmte Aspekte des öffentlichen Beschaffungswesens; 3. Abkommen über die gegenseitige Anerkennung von Konformitätsbewertungen; 4. Abkommen über den Handel mit landwirtschaftlichen Erzeugnissen; 5. Abkommen über den Luftverkehr; 6. Abkommen über den Güter- und Personenverkehr auf Schiene und Straße sowie 7. Abkommen über die Freizügigkeit (Freizügigkeitsabkommen). Die Vertragsparteien sind auf der einen Seite die Schweiz, auf der anderen Seite die EG, beim Forschungsabkommen zusätzlich Euratom, beim Freizügigkeitsabkommen zusätzlich die 15 EU-Mitgliedstaaten.

Nach dem Willen der Vertragsparteien sind die 7 sektoriellen Abkommen untereinander verbunden und teilen dasselbe Schicksal: Sie sind gleichzeitig in Kraft getreten und werden, sollte ein Abkommen von den Vertragsparteien gekündigt werden, alle gleichzeitig außer Kraft treten. In diesem Zusammenhang ist jedoch zu beachten, dass das Forschungsabkommen, welches von der Teilnahme der Schweiz an den fünften EU-Rahmenprogrammen (1998–2002) handelt, am 31. Dezember 2002 automatisch außer Kraft treten wird, ohne dass dadurch der Weiterbestand der übrigen Abkommen berührt wird.

Das Freizügigkeitsabkommen, welches von der Personenfreizügigkeit, der Koordinierung der Systeme der sozialen Sicherheit und der gegenseitigen Anerkennung beruflicher Qualifikationen handelt, ist für eine anfängliche Dauer von 7 Jahren abgeschlossen worden. Es verlängert sich auf unbestimmte Zeit, sofern nicht die EG oder die Schweiz der anderen Vertragspartei vor dem 31. Mai 2009 etwas Gegenteiliges notifizieren. In der Schweiz wird die Bundesversammlung über die Weiterführung des Abkommens mit einem Bundesbeschluss entscheiden, welcher dem fakultativen Referendum unterstehen wird. Kommt es zu keiner Verlängerung des Freizügigkeitsabkommens, so werden alle sektoriellen Abkommen außer Kraft treten.

Literatur
Daniel Felder, Christine Kaddous (Hrsg.), *Accords bilatéraux Suisse-UE (Commentaires)*. Bilaterale Abkommen Schweiz–EU (Erste Analysen), Dossier de droit européen No. 8, Basel/Genf/München/Brüssel 2001; – Daniel Thürer, Rolf H. Weber, Roger Zäch (Hrsg.), *Bilaterale Verträge Schweiz – EG. Ein Handbuch*, Schulthess, Zürich 2002.
Internet
www.europa.admin.ch/ba/d/index.htm
Verweise
Eurokompatibilität – Europäische(n) Union (Reglementierung der) – Konvergenz (in der Europäischen Union)

Patrick Edgar Holzer

Bildung(spolitik)
Bildung ist eine zentrale sozialphilosophische Kategorie der Neuzeit. Was unter ihr verstanden wird, variiert historisch und milieuspezifisch erheblich. Den verschiedenen Bildungsvorstellungen gemeinsam ist die Idee einer organisierten Übernahme von Deutungsmustern aus der sozialen Umwelt. Dabei wird jedoch meist übergangen, dass jeder Erwerb von Wissen vorgängige Aneignungen voraussetzt. Ebenso wird unterstellt, dass der Einzelne durch pädagogisches Einwirken eine individuelle und unabhängige Entwicklung erfahren kann, die seine menschliche Existenz verbessert. Begriffsgeschichtlich hängt der Ausdruck mit Gestalt und Gestaltung (*forma, formatio*) zusammen. Im deutschsprachigen Raum wird der Bildungsbegriff charakteristisch mit Schule und Unterricht assoziiert, umfasst neben der beruflichen Ausbildung aber auch die so genannte Allgemeinbildung. Besonders häufig wird der Begriff im Bereich der Pädagogik und der Erziehungswissenschaften verwendet.

Erstmals wurde der Bildungsbegriff Mitte des 18. Jahrhunderts vom Dritten Stand im Kampf gegen die theologisch legitimierte ständische Gesellschaftsordnung erfolgreich benutzt. Bildung wurde damals als rationales Denken und gesellschaftlich vernünftiger Gebrauch von Wissen verstanden. Nach dem Etablieren des Bürgertums konnte sie nur mit dem individuellen Durchschreiten eines festen Kanons erworben werden. Diese Auffassung ging mit der Vorstellung einher, dass sie gesellschaftliche Vorrechte beglaubigt. In westeuropäischen Ländern ist der Bildungsabschluss heute ein zentrales gesellschaftliches Strukturmerkmal; er weist die Individuen Berufs- und Statusgruppen zu. Zahlreiche empirische Untersuchungen belegen, dass das Bildungssystem soziale Ungleichheiten reproduziert, weil es Ungleiche gleich behandelt.

Die bildungspolitischen Diskussionen finden im Spannungsfeld von zwei Grundpositionen statt: Auf der einen Seite begreift die Bildungsökonomie Bildung als Investitionsfaktor, der nach der Kosten-Nutzen-Logik organisiert werden soll. Auf der anderen Seite wird, bezugnehmend auf die demokratische Konstitution moderner Staaten, gefordert, dass durch das Bildungssystem ein Ausgleich gesellschaftlicher Chancen hergestellt wird. Die Vertreter beider Seiten haben die Expansion des Bildungswesens nach dem Zweiten Weltkrieg mitgetragen. Zwei konträre Vorstellungen von Bildung haben die wissenschaftliche Diskussion der letzten Jahrzehnte geprägt: T.W. Adorno bekräftigte, dass Bildung die Integration des Individuums in gesellschaftliche Verhältnisse zur Funktion hat, derweil J. Heydorn die Aneignung von Bildung als emanzipatorischen, subversiven Vorgang der Selbstermächtigung begriff. In der aktuellen wissenschaftlichen und bildungspolitischen Debatte wird die Wissensaneignung überwiegend in ökonomischen Kategorien beschrieben und vornehmlich gefordert, dass Ausbildungen sich möglichst stark an den Erfordernissen von (Groß-)Unternehmen auszurichten haben. Diese Vorstellung manifestiert sich oft in Schlüsselbegriffen wie »lebenslanges Lernen«, »neue Lernkultur« und »Wissensgesellschaft«.

Literatur
Pierre Bourdieu, Jean-Claude Passeron, *Illusion der Chancengleichheit. Zur Soziologie des Bildungswesens am Beispiel Frankreichs*, Suhrkamp, Frankfurt am Main 1971; – Dietrich Hoffmann, »Bildung – Halbbildung – Unbildung. Der Verfall eines pädagogischen Sachverhaltes«, in: ders., *Rekonstruktion und Revision des Bildungsbegriffs: Vorschläge zu seiner Modernisierung*, Deutscher Studienverlag, Weinheim 1999; – Frank-Olaf Radtke et al. (Hrsg.), *Schulautonomie, Wohlfahrtsstaat und Chancengleichheit. Ein Studienbuch*, Leske + Budrich, Opladen 2000.
Verweise
Arbeit – Beruf/Berufswechsel – Berufsbildung – Chancengleichheit

Michael Gemperle

Bildungsurlaub
Unter Bildungsurlaub versteht man die bezahlte, befristete Freistellung von Arbeitnehmerinnen und Arbeitnehmern zu Bildungszwecken. Die Dauer der Freistellung kann von wenigen Arbeitstagen pro Jahr bis zu Perioden von mehreren Wochen oder Monaten reichen.

In der Schweiz bestehen erst bescheidene Ansätze zur Förderung und Regelung von Bildungsurlauben. Entsprechende gesetzliche Regelungen liegen nicht vor. Betriebe, die ihre Mitarbeitenden für Weiterbildungsaktivitäten freistellen, verfügen entweder über entsprechende interne Richtlinien oder regeln die Freistellung auf informellem Weg. Vereinzelt sind Bildungsurlaube in personalrechtlichen Erlassen der öffentlichen Hand (z.B. Stadt Zürich) oder in Gesamtarbeitsverträgen (z.B. Spitex-PROFA) festgelegt.

Da kein gesetzlich verankerter Anspruch auf Bildungsurlaub existiert, hängt dessen Gewährung von den Arbeitgebern oder von sozialpartnerschaftlichen Vereinbarungen ab. In anderen europäischen Ländern (z.B. Deutschland) besteht ein gesetzlich verankertes Recht auf Bildungsurlaub.

Verweise
Qualifikation (berufliche)

André Schläfli

Bioethik
Der Ausdruck Bioethik steht als Sammelbegriff für methodisch geleitete Reflexionen, die das menschliche Handeln gegenüber und den verantwortlichen Umgang mit Leben zum Thema haben. In der Bioethik werden *ethische* Methoden auf das Untersuchungsfeld des Lebendigen (griechisch *bios*: Leben) angewandt. Unter dem Eindruck der wissenschaftlich-technologischen Entwicklungen prägte der Onkologe van Rensselaer Potter 1971 den Begriff *bioethics* für eine Hyperdisziplin, welche die Überlebensbedingungen der Menschheit erforschen und zu diesem Zweck zwischen Natur- und Humanwissenschaften vermitteln sollte. Kurz darauf von der Medizin übernommen, wurde das umfassende Programm auf die Lösung konkreter medizinischer Konfliktsituationen reduziert. Diese Verengung auf biomedizinische Ethik bestimmte wesentlich die weitere Entwicklung. Bioethik bildet heute den Hauptzweig der sich seit den 70er-Jahren weitgehend parallel entwickelnden angewandten oder praktischen Ethik.

Obwohl eine allgemein verbindliche Festlegung von Themenfeldern und Methoden aussteht, wird Bioethik mehrheitlich als Überbegriff für eine ganze Reihe so genannter Bereichsethiken aufgefasst. Dazu gehören Medizin-, Umwelt-,

Tier-, Genethik oder ökologische Ethik mit all ihren Verästelungen etwa zu Fragen der Nachhaltigkeit, Humanökologie, pränatalen Diagnostik, Humangenetik, Geburtenregelung oder Sterbehilfe. Ausgehend vom Menschen als dem zur Selbstreflexion und damit zur Ethik fähigen Lebewesen, nimmt Bioethik dessen verschiedene Natur- und zugleich Verantwortungsverhältnisse in den Blick: sein Verhältnis zur natürlichen Umwelt, zu anderen Lebewesen und zu seiner eigenen Natur. Ethische Fragestellungen reagieren wie Seismografen auf ambivalent wahrgenommene gesellschaftliche, wissenschaftliche und technologische Entwicklungen, aktuell vor allem im Bereich der Biotechnologien. Trotz aller berechtigten Kritik an einem anthropozentrischen Denken, das den Menschen als Mittelpunkt oder Zweck und seine Umwelt tendenziell nur als Mittel betrachtet, steht im Zentrum der komplexen Problemstellungen der Bioethik die alte anthropologische Frage nach dem Menschenbild – oder mit dem Philosophen Immanuel Kant: »Was ist der Mensch?«

Literatur
Eva-Marie Engels (Hrsg.), *Biologie und Ethik*, Reclam, Stuttgart 1999; – Wilhelm Korff, Lutwin Beck, Paul Mikat (Hrsg.), *Lexikon der Bioethik*, Gütersloher Verlagshaus, Gütersloh 1998; – Julian Nida-Rümelin (Hrsg.), *Angewandte Ethik. Die Bereichsethiken und ihre theoretische Fundierung*, Kröner, Stuttgart 1996.
Verweise
Ethik – Pränatale Diagnostik – Rationierung – Zwangssterilisation

Frank Mathwig

Biografie
Die Biografieforschung (auch: Autobiografie, Lebensgeschichte, *life history, life story*) zeichnet die subjektive Deutung von Lebensverläufen nach. Sie stützt sich auf lebensgeschichtliche bzw. narrative Interviews, Autobiografien und andere persönliche Dokumente. Dabei betont sie die biografischen Eigenperspektiven der Betroffenen. Sie gibt einen Einblick in den Prozess des sozialen Lebens.
Der biografische Ansatz erforscht hauptsächlich Lebensläufe in verschiedenen Sozialmilieus und von soziokulturellen Minoritäten. Er untersucht die Verarbeitung chronischer Krankheiten und krisenhafter Ereignisse im familiären Bereich (Familiengründung, Trennung, Scheidung) sowie Migrationsprozesse, analysiert kritische Ereignisse im beruflichen Bereich (Arbeitslosigkeit, Übergang in den Ruhestand), subjektive und kollektive Verarbeitung zeitgeschichtlicher Phasen und historischer Großereignisse (Erfahrung des Nationalsozialismus und des Zweiten Weltkriegs). Abgesehen von den Anfängen der Biografieforschung in der Chicagoer Soziologie der 1920er-Jahre und der ungebrochenen Tradition der »biografischen Methode« in der polnischen Soziologie, hatte die Biografieforschung bis zu Beginn der 70er-Jahre nur eine marginale Rolle. Danach kam es in mehreren Disziplinen und verschiedenen Ländern zu einer Renaissance der Biografieforschung. Der technologisch-berufliche Strukturwandel und die Bildungsexpansion lösten erwartbare Lebensverlaufmuster auf und dehnten die Übergangsphase vom Jugendlichen zum Erwachsenen aus. Für den Aufschwung der Biografieforschung in der deutschsprachigen Soziologie war vor allem die Entwicklung des narrativen Interviews von Fritz Schütze bedeutsam. Die Darstellung von Prozessstrukturen des Lebenslaufs und des Leidens an der Gesellschaft beeinflusst Sozialpädagogik und Sozialarbeit. Die Integration beider Forschungsrichtungen löst die Abgrenzung von qualitativer Biografieforschung und quantitativer Lebensverlaufsforschung ab.

Literatur
Werner Fuchs-Heinritz, *Biographische Forschung*, Westdeutscher Verlag, Opladen 2000; – Gerd Jüttemann, Hans Thomae (Hrsg.), *Biographische Methoden in den Humanwissenschaften*, Psychologie Verlags Union, Weinheim 1998.
Internet
www.soziologie.de/sektionen/b02/
Verweise
Lebenslauf – Sozialforschung

Martin Schmeiser

Biopolitik
Den Begriff Biopolitik prägte der Philosoph Michel Foucault im Rahmen seiner Forschung zur Geschichte der Sexualität. Er bezeichnete damit eine Tendenz des modernen (Sozial-)Staates, den menschlichen Körper immer stärker zu kontrollieren. Ein Beispiel sind gewisse Ideen, die Mitte der 1980er-Jahre zur AIDS-Prävention entwickelt wurden. Sie liefen darauf hinaus, das Sexualverhalten durch staatliche Vorschriften zu reglementieren und gewisse sexuelle Praktiken zu verbieten. Damit wäre die bis dahin klare Grenze zur Intimität verschoben worden. Zumindest in Westeuropa ging die AIDS-Prävention dann allerdings einen anderen Weg und verzichtete auf das Verbot von Sexualpraktiken. Ebenfalls im Rahmen der Biopolitik sind staatliche Belehrungen zu gesundem Verhalten zu sehen. Kulminationspunkte der Biopolitik stellen die seit über 100 Jahren immer wieder auftauchenden Bestrebungen dar, durch »Zuchtwahl« oder technische Eingriffe das menschliche Erbgut zu »verbessern«. Wirksam verhindert wird eine derartige Politik durch Minderheitenrechte, reversible Politiken und zivilisa-

torische Diskurse, die von selbstbestimmten Individuen ausgehen.

Literatur
Ferenc Fehér, Agnes Heller, *Biopolitics*, Ashgate, Aldershot 1994.

Verweise
AIDS/HIV – Sozialpolitik

Ruedi Spöndlin

Bologna-Deklaration

Am 19. Juni 1999 unterzeichneten 31 europäische Bildungsminister, darunter auch jener der Schweiz, die Erklärung von Bologna.
Gemeinsames Anliegen der Unterzeichnerstaaten ist der Aufbau eines europäischen Hochschulraumes mit dem Ziel, die Kompatibilität und die Vergleichbarkeit der einzelnen Hochschulsysteme zu fördern. Vorgesehen ist insbesondere die Einführung eines Systems mit vergleichbaren Abschlüssen, das sich im Wesentlichen auf zwei Hauptzyklen stützt: einen mindestens 3 Jahre dauernden Studienzyklus bis zum ersten Abschluss *(undergraduate, bachelor)* und einen Zyklus nach dem ersten Abschluss *(graduate, master)*, der den erfolgreichen Abschluss des ersten bedingt.
Zur Förderung größtmöglicher Mobilität soll ein Leistungspunktesystem (ECTS, *European Credit Transfer System*) eingeführt werden.
Weitere erklärte Ziele der Bologna-Deklaration sind die Anerkennung von Auslandaufenthalten zu Forschungs-, Lehr- oder Ausbildungszwecken und die verbesserte Zusammenarbeit zwischen den Hochschulen bei der Qualitätssicherung. Teilweise wird befürchtet, dass die Umsetzung der Deklaration zur Verschulung der Studiengänge sowie zur Ökonomisierung der Hochschulbildung führt und die Vielseitigkeit der Lehre gefährdet.
In der Schweiz hat die Rektorenkonferenz der Schweizer Universitäten (CRUS) im Jahr 2001 Grundsätze zur Umsetzung der Bologna-Deklaration festgelegt. Die entsprechenden Konzepte sollen bis im Jahr 2010 umgesetzt werden.

Internet
www.shk.ch
www.gezetera.ch

Isabelle Bohrer

Boykott

Der Begriff bezeichnet im Allgemeinen eine Aktion, die darauf abzielt, eine Person, eine Gruppe von Individuen oder einen Staat daran zu hindern, Verträge als Kunde, Lieferant, Angestellter oder Arbeitgeber abzuschließen, und dadurch seine wirtschaftlichen Aktivitäten zum Stillstand zu bringen. Seine etymologische Wurzel geht auf die Aktion einer Bauernorganisation im Westen Irlands im Jahr 1880 zurück, der es gelang, den Landwirtschaftsbetrieb eines gewissen Charles Cunningham Boycott zu behindern, der für seine außerordentlich harte Haltung gegenüber den kleinen Pächtern bekannt war. Der Boykott kann entweder von einem Staat gegenüber einem anderen Staat und seinen Angehörigen verhängt werden oder von Unternehmen oder Gewerkschaften gegenüber anderen Personen. Auch wenn die Ziele eines Boykotts eindeutig wirtschaftlicher Natur sind und in erster Linie in der Bestrafung eines Landes oder eines Unternehmens auf finanzieller Ebene liegen, so sind doch seine Beweggründe in der Regel politischer oder sozialer Art. Der internationale Boykott ist im Bereich des Völkerrechts angesiedelt, wogegen Aktionen, welche von Unternehmen oder Gewerkschaften auf eigene Initiative unternommen werden, dem Privatrecht unterstehen. In diesem Falle betrachtet das amerikanische Recht Boykottmaßnahmen im Allgemeinen als unrechtmäßig, weil sie in unverhältnismäßigem Ausmaß gegen die Handels- und Gewerbefreiheit verstoßen. In manchen europäischen Ländern, insbesondere in der Schweiz, wurde allerdings die Zulässigkeit von Boykottmaßnahmen zwischen Unternehmen als Mittel der Verteidigung der Interessen eines Berufszweigs in einigen Fällen zugestanden.

Verweise
Gewerkschaften

Yves Flückiger

Bruttoinlandprodukt (BIP)

Das Bruttoinlandprodukt (BIP) misst die gesamte Produktion, die während einer Zeitspanne (in der Regel ein Jahr) durch sämtliche in einem Land ansässigen Unternehmen realisiert wurde, unabhängig vom Wohnsitz der Besitzer der Produktionsfaktoren, die zu dieser Leistung beigetragen haben. Das BIP kann berechnet werden, indem sämtliche an diese Unternehmen gerichteten Ausgaben zusammengezählt werden (Endkonsum der Haushalte, des Staates und der Sozialversicherungen, Investitionen und Saldo zwischen den Exporten und Importen von Gütern und Dienstleistungen). Man kann das BIP auch durch Addition der Wertschöpfung aller im betreffenden Land ansässigen Unternehmen berechnen. Diese misst die Differenz zwischen dem Umsatz (Wert der Produktion) und der Summe der getätigten Zwischeneinkäufe.
Das BIP dient der Berechnung des Wachstums der wirtschaftlichen Aktivitäten, die sich in einem Land entwickeln. Diese Information ist wichtig, um die Entwicklung der Beschäftigung zu verste-

hen, auch wenn sich die Zusammenhänge zwischen den Veränderungen des BIP und der Beschäftigung im Laufe der Zeit verändern können. Durch Addition der Arbeits- und Eigentumseinkommen, welche die im Land wohnhaften Personen im Ausland erzielen, und Subtraktion jener Faktoreinkommen, die an im Ausland lebende Personen (vor allem an Grenzgänger) ausbezahlt werden, erhält man ausgehend vom BIP das Bruttosozialprodukt (BSP). In der Schweiz übertrifft das BSP seit jeher regelmäßig das BIP. Das liegt im Wesentlichen daran, dass die im Ausland erzielten Kapitaleinkünfte von in der Schweiz wohnhaften Personen die von den in der Schweiz tätigen Unternehmen an Grenzgänger ausbezahlten Einkommen bei weitem übersteigen. Wenn in der Schweiz ansässige Unternehmen einen Teil ihrer Produktion ins Ausland verlagern, trägt dies sowohl zu einer Reduktion des BIP als auch zu einer Erhöhung des eidgenössischen BSP bei. Das Bruttosozialprodukt pro Einwohner wird oft als Indikator verwendet, um den Lebensstandard der im Land wohnhaften Personen zu messen, obwohl dies zahlreicher Kritik ausgesetzt ist. Diese betrifft insbesondere die Tatsache, dass die Hausarbeit nicht berücksichtigt wird, dass Produktionstätigkeiten hinzugerechnet werden, die externe Kosten für die Allgemeinheit verursachen (Umweltschmutzung), und dass nichts zur Einkommensverteilung unter den in einem Land wohnhaften Personen ausgesagt wird. Um den Wohlstand der Bevölkerung zu erfassen, muss dieser Indikator also durch weitere quantitative wie qualitative Kriterien ergänzt werden.

Verweise
Finanzierung der sozialen Sicherheit: Wirtschaftliche Aspekte – Indikator der menschlichen Entwicklung (HDI)

Yves Flückiger

Budgetpolitik

Der Ausdruck Budgetpolitik wird erstens im betriebswirtschaftlichen Kontext verwendet für die langfristig ausgerichtete, »strategische« Budgetplanung von privaten und öffentlichen Unternehmen. Zweitens ist Budgetpolitik auch eine geläufige Bezeichnung für die Politik der Budgetentscheide in öffentlichen Haushalten. Die folgenden Ausführungen beschränken sich auf die zweite Bedeutung.

Budgetentscheide in öffentlichen Haushalten erstrecken sich zum einen auf den Umfang und die Quellen zur Beschaffung von Zahlungsmitteln (Finanzierungsseite), zum andern auf die Verwendungszwecke oder Allokation der Zahlungsmittel (Leistungsseite). Außerdem sind der zeitliche Ablauf der Beschaffung und die Verwendung der liquiden Mittel zu beachten. Dies macht deutlich, dass sich jede Budgetplanung auf eine Mittelflussrechnung zu beziehen hat. Die Beschaffung der Zahlungsmittel dient der Finanzierung von Aufträgen, die ein mit Budgethoheit ausgestattetes Gremium als Auftraggeber (meist der Exekutive, manchmal auch direkt der Legislative oder Judikative) an eine private oder öffentliche Unternehmung oder eine verwaltungsinterne Stelle als Auftragnehmerin vergibt.

Geht man von den »technischen« Möglichkeiten des Sparens aus, sind zunächst die innerhalb einer Budgetperiode zwangsweise einzuhaltenden Restriktionen auf der Finanzierungsseite zu beachten. Die Budgetierung ist der jederzeit geltenden buchhalterischen Identität des Budgetausgleichs unterworfen:

(1a) Einnahmen = Ausgaben + Veränderung der Netto-Schuldenposition des öffentlichen Bereichs.

Die buchhalterische Identität (1a) kann noch etwas detaillierter aufgegliedert werden:

(1b) Ausgaben = Einnahmen aus direkten und indirekten Steuern + Einnahmen aus Abgaben + Einnahmen aus Gebühren + Veränderung der Netto-Schuldenposition gegenüber dem Privatsektor + Veränderung der Netto-Schuldenposition gegenüber der Notenbank.

In den meisten westlichen Ländern ist der in (1b) beschriebene Weg, wie die Regierung zu Einnahmen zwecks Finanzierung der »laufenden« öffentlichen Budgetausgaben gelangen kann, durch legale Hindernisse versperrt (Verbot der »Finanzierung mit der Notenpresse«).

Die erste Möglichkeit des Sparens wird erkennbar, wenn die Planungsrechnung *ex ante* auf der Leistungsseite betrachtet wird:

(2a) Soll-Leistungen (geplant, Norm) < Ist-Leistungen (finanziert).

In diesem Fall, der meist in Phasen des konjunkturellen Aufschwungs eintritt, genügt die einfache administrative »Maßnahme« einer Ausgabenkürzung, um damit Einnahmenkürzungen, Defizitreduktionen oder Überschusssteigerungen zu finanzieren. Zugleich wird unmittelbar deutlich, dass scheinbar unpolitische Verwaltungsmaßnahmen stets von zuvor gefällten politischen Entscheiden abhängen, im konkreten Fall von niedrig gehaltenen bzw. »eingesparten« Soll-Leistungen. Sie können auch implizit getroffen worden sein, z.B. durch simples »Fortschreiben« in die neue Rechnungsperiode bzw. durch (scheinbares) »Nichtentscheiden« innerhalb von Verwaltungsroutinen. In der Nachkriegszeit seien explizite normative Entscheide immer häufiger schleichend unterlaufen worden, meint Niklas Luhmann (1983). Er spricht hier von »Legitimation durch Verfahren«.

Falls nun aber in der Budgetplanung der Fall von

(2b) eintritt, hat sich die Situationsdefinition hinsichtlich gewisser öffentlicher Leistungen explizit politisiert – wobei der Kampf um die »Themenführerschaft« selber ein Gegenstand politischer Planung ist.

(2b) Soll-Leistungen (geplant) > Ist-Leistungen (finanzierbar).

In der öffentlichen Debatte wird spätestens jetzt ein »politischer Handlungsbedarf« zur Änderung der bisherigen Budgetierungspraxis bewusst wahrgenommen. Einerseits kann dies zum Anlass genommen werden, einen Diskurs des »Gürtel-enger-Schnallens«, der »Abwehr von Anspruchsmentalitäten« usw. zu entfachen, um so der Reduktion der zu erbringenden Soll-Leistungen zum hegemonialen Durchbruch zu verhelfen. Gelingt dieses Vorhaben der explizit normativ begründeten, aktiven Leistungssenkung *(austerity)*, ist der zweite Weg des »Sparens« beschritten worden. Es eröffnet sich die Chance, dass das jetzt niedrigere Niveau des leistungsseitig definierten Leistungskataloges zur neuen stillschweigenden, wie selbstverständlich akzeptierten Sparnorm mutiert, sodass bei wieder reichlicher fließenden Einnahmequellen die Situation von (2a) eintritt. Für die reichen westlichen Staaten können die USA als Paradefall gelten. John K. Galbraith spricht von einer politischen Kultur, die den »privaten Überfluss« mit »öffentlicher Armut« kombiniere.

Andererseits ist mit (2b) auch die Gelegenheit geschaffen, in der Öffentlichkeit die Finanzierungsseite der Budgetierung auf die aktuelle politische Agenda zu setzen, indem sie aus der Perspektive der Leistungsseite ins Blickfeld gerät. Auf diese Weise wird die dritte Sparmöglichkeit sichtbar:

(2c) Finanzierte Ausgaben für öffentliche Leistungen (Ist) = Ausgaben für bisher erbrachte Leistungen + Ausgaben für neue und verbesserte Leistungen – Ausgaben für gestrichene Leistungen – vermiedene Ausgaben dank Effizienzsteigerung der Leistungserbringung = Einnahmen + Veränderung der Netto-Schuldenposition des öffentlichen Bereichs.

Werden die Ist-Leistungen gedanklich als »bereits finanziert« fixiert, wird klar, dass umso mehr neue und bessere Leistungen erbracht werden können und umso weniger bisherige Leistungen gestrichen werden müssen, je deutlicher eine Effizienzsteigerung der Leistungserbringung bereits gelungen ist. In den 90er-Jahren ist dieser Weg zur Erhöhung des »Finanzierungsspielraumes« ins Zentrum des politischen Interesses gerückt. Er kann selbstverständlich auch als – dritte – Sparmöglichkeit eingesetzt werden, indem der Leistungskatalog unverändert belassen und das totale Ausgabenvolumen gesenkt wird.

Literatur
John Kenneth Galbraith, *Gesellschaft im Überfluss*, Knaur, München 1968; – Jürgen Habermas, *Technik und Wissenschaft als »Ideologie«*, Suhrkamp, Frankfurt am Main 1969; – Niklas Luhmann, *Legitimation durch Verfahren*, Suhrkamp, Frankfurt am Main 1983.

Verweise
Sparpolitik

Thomas Ragni

Bundesamt für Berufsbildung und Technologie

Das Bundesamt für Berufsbildung und Technologie (BBT) ist als Amt des Eidgenössischen Volkswirtschaftsdepartements auf den 1. Januar 1998 geschaffen worden. Den Teil Berufsbildung hat es vom vormaligen Bundesamt für Industrie, Gewerbe und Arbeit (BIGA) übernommen. Das BBT versteht sich als Kompetenzzentrum des Bundes für Fragen der Berufsbildung, inklusive Fachhochschulen, und der Technologiepolitik. Es steht in intensivem Kontakt mit den Berufsverbänden (über 600), den Kantonen, insbesondere den Ämtern für Berufsbildung und den Trägern der 7 Fachhochschulen.

Das BBT ist in 5 Leistungsbereiche gegliedert: Berufsbildung, Fachhochschulen, Strategie und Controlling, Innovation und Ressourcenmanagement. Ihm angegliedert ist das Schweizerische Institut für Berufspädagogik (SIBP) in Zollikofen, Lausanne und Lugano. Das BBT beschäftigt gesamthaft rund 230 Mitarbeitende. Das Budget (2002) beträgt rund 780 Millionen Franken, 424 Millionen für die Berufsbildung, 214 Millionen für die Fachhochschulen und 125 Millionen für die Förderung technologischer Innovationen durch die Kommission für Technologie und Innovation (KTI).

Internet
www.bbt.admin.ch

Johannes Flury

Bundesamt für Flüchtlinge

Das Bundesamt für Flüchtlinge (BFF) gehört organisatorisch zum Eidgenössischen Justiz- und Polizeidepartement (EJPD) und ist für die Anwendung des schweizerischen Asylrechts zuständig. Wer in seiner Heimat wegen seiner politischen Überzeugung, seiner Rasse, Religion, Nationalität oder wegen seiner Zugehörigkeit zu einer bestimmten sozialen Gruppe ernsthafte Nachteile befürchten muss, dem gewährt das BFF Asyl in der Schweiz. Es prüft die Asylgesuche in Einzelverfahren und muss beurteilen, wer in seiner Heimat durch Verfolgung oder Krieg an Leib und Leben bedroht ist. In Zusammenarbeit mit den Kantonen und Hilfswerken sorgt das BFF für den Empfang und die Betreuung der Asylsuchenden. Es fördert im Weiteren die Integration der anerkannten Flüchtlinge. Bei Asylsuchenden, deren Gesuch den Anforderungen des schweizerischen Asylgesetzes nicht genügt, fördert das BFF die freiwillige Rückkehr in Sicherheit und Würde oder unterstützt die Rückschaffung.

Internet
www.asyl.admin.ch
Verweise
Asylpolitik – Asylsuchende – Ausländerinnen- und Ausländerpolitik – Flüchtlinge/Flucht
Bundesamt für Flüchtlinge

Bundesamt für Justiz

Das Bundesamt für Justiz (BJ) gehört zum Eidgenössischen Justiz- und Polizeidepartement. Es betreut in eigener Federführung Rechtsetzungsgeschäfte im Staats- und Verwaltungsrecht, Privatrecht (insbesondere Ehe-, Adoptions-, Kindes- und Vormundschaftsrecht), internationalen Recht und Strafrecht. Daneben berät es die übrige Bundesverwaltung bei allen Rechtsetzungsgeschäften und erstellt Gutachten.

Vollzugsaufgaben im sozialpolitischen Bereich werden im BJ vor allem von der Sektion Sozialhilfe für Auslandschweizerinnen und Auslandschweizer (SAS) und dem Dienst für Kindesschutz wahrgenommen. Die Fachstelle SAS unterstützt bedürftige Auslandschweizerinnen und Auslandschweizer und hilft im Notfall auf Vorschussbasis auch Schweizerinnen und Schweizern, die sich vorübergehend im Ausland aufhalten. Der Dienst für Kindesschutz ist als Zentralbehörde im Bereich der internationalen Kindesentführung, des internationalen Minderjährigenschutzes und der internationalen Adoption tätig.

Bezugspunkte zu sozialpolitischen Fragen weist zudem das vom BJ betreute Gebiet der Opferhilfe auf. In diesem Bereich nimmt die Abteilung Rechtsetzungsprojekte und -methodik sowohl Aufgaben der Gesetzgebung als auch Vollzugs- und Aufsichtsaufgaben wahr.

Literatur
Thomas C. Maurer et al., *Bundesamt für Justiz*, Bundesamt für Justiz, Bern 2002.
Internet
www.bj.admin.ch
Verweise
Bundesamt für Polizei

Christoph Auer

Bundesamt für Polizei

Das Bundesamt für Polizei (BAP) dient im Bereich der inneren Sicherheit der Schweiz seinen kantonalen und internationalen Partnern als Zentrum für Information, Koordination und Analyse.

Seine Tätigkeit umfasst einerseits vorbeugende Aufgaben wie den präventiven Staatsschutz und Sicherheitsmaßnahmen zum Schutze gefährdeter Personen und Objekte.

Anderseits nimmt das BAP auch Aufgaben im Rahmen der Strafverfolgung wahr (insbesondere bei der Bekämpfung der organisierten Kriminalität). Neben der Koordination von Ermittlungsverfahren ermittelt das BAP selber in den Bereichen Betäubungsmittelhandel (und dessen Finanzierung) sowie Falschgeld und führt die Meldestelle für Geldwäscherei.

Seit 2002 führt das BAP in Fällen von Schwerstkriminalität (organisierte Kriminalität, Geldwäscherei, Korruption) auch eigene Ermittlungen unter der Leitung des Bundesanwaltes.

Literatur
Bericht Innere Sicherheit der Schweiz, Publikation des Bundesamtes für Polizei, EJPD, Bern (erscheint jährlich).
Internet
www.fedpol.ch

Bundesamt für Polizei

Bundesamt für Sozialversicherung

Der erste rechtliche Text zu den Sozialversicherungen entstand im Jahr 1890 bei einer Teilrevision der Bundesverfassung. Die Eidgenossenschaft wurde beauftragt, gesetzlich eine Kranken- und Unfallversicherung einzurichten. Der Wortlaut des Gesetzes wurde am 13. Juni 1911 vom Parlament und im Jahr 1912 in einer Volksabstimmung gutgeheißen. Um diese neue Aufgabe zu bewältigen, beschlossen die eidgenössischen Räte am 19. Dezember 1912, innerhalb des Handels-, Industrie- und Landwirtschaftsdepartements ein Bundesamt für Sozialversicherung (BSV) zu schaffen. Dieses begann seine Arbeit am 1. Februar 1913. Im Jahr 1954 wurde das BSV in das Eidgenössische Departement des Innern verlegt. Die Aufgaben des BSV wuchsen seit seiner Gründung infolge der Ausarbeitung und Annahme neuer Gesetze stetig weiter. Diese neuen Gesetze sind insbesondere:
– die Alters- und Hinterlassenenversicherung/AHV (1948 in Kraft getreten),
– die Familienzulagen in der Landwirtschaft (1952 in Kraft getreten),
– die Erwerbsersatzordnung/EO (1953 in Kraft getreten),
– die Invalidenversicherung/IV (1960 in Kraft getreten),
– das Gesetz über Ergänzungsleistungen zu AHV/IV (1965 in Kraft getreten),
– das neue Unfallversicherungsgesetz/UVG (1984 in Kraft getreten),
– das Bundesgesetz über die berufliche Vorsorge/BVG (1985 in Kraft getreten),
– das neue Krankenversicherungsgesetz/KVG (1996 in Kraft getreten).

Die Versicherungen, für die das BSV zuständig ist, sind konstant angewachsen. 1999 betrugen die Kosten der Sozialversicherungen insgesamt 100,4 Milliarden Franken.

Das BSV hat primär Aufsichts- und Gesetzgebungsfunktionen. Es sorgt für ein gutes Funktionieren der Sozialversicherungen und für die korrekte Anwendung der Gesetze. Gesetze oder Revisionen entstehen in langer Vorarbeit und vertiefter Diskussion, zunächst in Expertenkommissionen, dann in den eidgenössischen Räten. Der Vorentwurf zu einem Gesetz oder einer Revision wird meistens in die Vernehmlassung geschickt, bei der interessierte Kreise und betroffene Bundesämter Bemerkungen und Vorschläge formulieren können. Der Gesetzesentwurf wird dann dem Bundesrat und dem Parlament zur Prüfung und Annahme unterbreitet. Nachdem der Gesetzesentwurf eingehend diskutiert, abgeändert, angepasst und verabschiedet wurde, wird er schließlich zum Bundesgesetz – falls kein Referendum ergriffen wird und das Gesetz nicht in einer Volksabstimmung verworfen wird.

Literatur
Thomas Locher, *Grundriss des Sozialversicherungsrechts*, Stämpfli, Bern 1997.
Internet
www.bsv.admin.ch
Verweise
Bundesamt für Sozialversicherung (Befugnisse) – Bundessozialversicherungsrecht

Brigitte Dumas, Michel Valterio

Bundesamt für Sozialversicherung (Befugnisse)

Die Befugnisse des Bundesamtes für Sozialversicherung (BSV) sind auf verschiedene Organisationseinheiten aufgeteilt.
– Alter und Hinterlassene: Die Aufgaben der Bereiche AHV, EO und EL beziehen sich auf die Anwendung der AHV-Gesetzgebung, die Erwerbsersatzordnung und die Ergänzungsleistungen einschließlich der Altershilfe. Zu ihren Aufgaben gehören Fragen der Versicherungspflicht, der Erhebung der Beiträge, der Berechnung und Auszahlung der Renten sowie der Revisionen auf diesen Gebieten.
– Berufliche Vorsorge: Dieser Bereich ist zuständig für die Anwendung des Gesetzes, die Bearbeitung der Gesetzgebung einschließlich der Verordnungen, die Koordination und die Planung. Er ist mit der direkten Überwachung der nationalen und internationalen Vorsorgeeinrichtungen beauftragt.
– Invalidenversicherung: Das mit der Anwendung der IV-Gesetzgebung beauftragte Geschäftsfeld behandelt die individuellen Leistungen, die Eingliederungsmaßnahmen, den Anspruch auf Taggelder sowie die Beiträge zum Bau und Betrieb von Anstalten, Werkstätten und Wohnheimen und die Subventionen an Ausbildungszentren und an private Organisationen der Invalidenhilfe.
– Krankheit und Unfall: Dieses Geschäftsfeld behandelt sämtliche allgemeinen Probleme im Zusammenhang mit der Krankenversicherung und der Unfallversicherung – Tarife für ambulante und stationäre Behandlung – und erarbeitet Revisionsprojekte. Es prüft die Jahresrechnungen und die Bilanzen der Krankenkassen, genehmigt die Prämien und verwaltet die Subventionen des Bundes zugunsten der individuellen Prämienverbilligung. Im Bereich der Krankenkassen bereitet es außerdem die Beschwerden und Anmeldungen für das Sozialversicherungsgericht in Luzern vor. Der Bereich Unfallversicherung und Unfallverhütung überwacht die Anwendung des Gesetzes (UVG) und ist für die Kontrolle der Versicherer gemäß UVG zuständig. Das BSV figuriert als Beschwerdeinstanz. Dieser Bereich erstellt die Stellungnahmen zu Handen des Sozialversicherungsgerichts in Luzern.
– Internationale Angelegenheiten: Dieses Geschäftsfeld prüft und behandelt hauptsächlich die Gesuche um bilaterale und multilaterale Abkommen der sozialen Sicherheit und aktualisiert sie, falls dies notwendig ist. Sie ist für die Beziehungen zu den internationalen Organisationen zuständig.
– Zentralstelle für Familienfragen: Die Zentralstelle überwacht die Anwendung des Bundesgesetzes über die Familienzulagen in der Landwirtschaft und beteiligt sich an der Vorbereitung von Entwürfen zur Revision der kantonalen Gesetze über die Familienzulagen. Es handelt sich um ein Koordinationszentrum für Familienfragen in der Bundesverwaltung.
– Kompetenzzentrum Grundlagen: Der Bereich erarbeitet die mathematischen und statistischen Grundlagen, die zur Entwicklung und Begleitung der verschiedenen Gesetzesprojekte sowie zur Überwachung der Sozialwerke, die der Kontrolle des BSV unterstehen, notwendig sind.
– Der Bereich Forschung und Entwicklung betreibt prospektive Forschung und wertet mit Wirkungsanalysen Ergebnisse beschlossener Gesetzesrevisionen aus.

Internet
www.bsv.admin.ch
Verweise
Bundesamt für Sozialversicherung – Bundessozialversicherungsrecht

Michel Valterio, Brigitte Dumas

Bundesamt für Statistik

Das Bundesamt für Statistik (BFS) liefert für Politik, Wirtschaft und Wissenschaft sowie für die Bevölkerung wichtige Informationen zur aktuellen Lage sowie zur Entwicklung im demografischen, wirtschaftlichen, sozialen, räumlichen und ökologischen Bereich der Schweiz. Die moderne, demokratische und pluralistische Gesellschaft ist auf statistische Informationen angewiesen, das heißt, sie benötigt quantitative Synthesedaten, die wissenschaftlich abgestützt sind. Die Weltsprache Statistik weist die für das Funktionieren unserer Gesellschaft nötige Transparenz auf und stellt eine wichtige Grundlage für die Erfassung der Realität sowie für rationelle Entscheidungen dar.

Die statistischen Tätigkeiten des BFS sind im Bundesstatistikgesetz vom 9. Oktober 1992, den vier dazugehörigen Ausführungsverordnungen sowie dem Volkszählungsgesetz (Bundesgesetz vom 3. Februar 1860, revidiert am 23. Juni 1988) geregelt. Das BFS ist außerdem für die Koordination der gesamten Bundesstatistik (FEDESTAT) sowie die Koordination der Statistik auf Bundes-, Regional- und Gemeindeebene (REGIOSTAT) zuständig. Das BFS pflegt intensive Kontakte mit dem Statistischen Amt der Europäischen Union (EUROSTAT), mit der OECD, der UNO und zahlreichen ihrer Spezial- und Regionalorganisationen sowie mit dem Europarat in Straßburg. Dazu kommen Beziehungen zu internationalen Dachverbänden im wissenschaftlichen Bereich, etwa zum Internationalen Statistischen Institut und seinen Sektionen, zur International Association for Research in Income and Wealth usw.

Das BFS zählt rund 600 fest angestellte Mitarbeitende, wovon 45 Prozent über einen Hochschulabschluss verfügen. Bei Großerhebungen werden zudem bis zu 250 Personen mehr beschäftigt. Das Jahresbudget beträgt durchschnittlich rund 70 Millionen Franken. Seit 1998 befindet sich das BFS in Neuenburg.

Das BFS leistet einen wichtigen Beitrag zur Erarbeitung zentraler statistischer Informationen im Bereich der Sozialpolitik.

Literatur
Bundesgesetz über die eidgenössische Volkszählung vom 23. Juni 1988 (SR 431.112 – Volkszählungsgesetz); – Bundesamt für Statistik, *Das statistische Mehrjahresprogramm des Bundes 1999 bis 2003*, Bundesamt für Statistik, Neuenburg 2000; – Bundesamt für Statistik, *Auskunftsstellen der öffentlichen Statistik* (Stand: Januar 2002), Bundesamt für Statistik, Neuenburg 2000; – Bundesamt für Statistik, *Das Bundesamt für Statistik kurz erklärt*, Bundesamt für Statistik, Neuenburg 1999.
Internet
www.statistik.admin.ch
Verweise
Eurostat/ESSOSS – OECD (Organisation für wirtschaftliche Zusammenarbeit und Entwicklung) – Sozialstatistik

Carlo Malaguerra

Bundesamt für Verkehr

Mobilität und Verkehr haben in der zweiten Hälfte des 20. Jahrhunderts stark zugenommen. Um auch in Zukunft einen effizienten Verkehr zu gewährleisten, müssen heute konkrete Lösungen erarbeitet werden. Das Bundesamt für Verkehr (BAV) ist die für den öffentlichen Landverkehr zuständige Behörde; mit seinem politischen Mandat verfolgt es insbesondere zwei Ziele: 1. Die Sicherstellung von effizienten Verbindungen im öffentlichen Verkehr durch die Erarbeitung von Maßnahmen und die Entwicklung einer Infrastruktur, die den Bedürfnissen der heutigen Gesellschaft entsprechen; 2. die Sicherstellung eines umweltfreundlichen Verkehrs durch die Erhöhung des Anteils des öffentlichen Verkehrs gegenüber dem Individualverkehr und durch die Förderung der Verlagerung der Güter von der Straße auf die Schiene.

Um diese Ziele zu erreichen, verfolgt das BAV eine konsequente Politik: Die Finanzierung der neuen Infrastrukturen und anderer Maßnahmen steht auf einer soliden Grundlage. Die schweizerische Verkehrspolitik ist auch eine europäische: Das 1999 unterzeichnete Landverkehrsabkommen sichert der Schweiz die Anerkennung der Ziele und der Mittel durch die Europäische Union.

Die Schweizer Bevölkerung hat diese Verkehrspolitik in den letzten 10 Jahren bei den Abstimmungen stets klar unterstützt.

Internet
www.bav.ch

Anne-Lise Cattin

Bundesamt für Wohnungswesen

Das Bundesamt für Wohnungswesen (BWO) ist für die Ausarbeitung und die Umsetzung der Wohnungspolitik des Bundes zuständig. Zu seinen wichtigsten Aufgaben zählen die Förderung des Wohnungsbaus und des Zugangs zu Wohneigentum, die Verbesserung der Wohnverhältnisse in den Bergregionen, die Realisierung von Forschungen und Marktstudien, der Mieterschutz (Mietrecht) sowie Information und Beratung. Das BWO arbeitet eng mit den anderen Bundesämtern, den zuständigen Stellen der Kantone, den Organisationen des gemeinnützigen Wohnungsbaus und den Kreditinstituten zusammen.

Literatur
Bundesamt für Wohnungswesen, *20 Jahre Wohnbau- und Eigentumsförderungsgesetz. Eine Dokumentation*, Schriftenreihe Wohnungswesen Nr. 61, Bundesamt für Wohnungswesen, Bern 1995.
Verweise
Miete (Schutz der Mietenden) – Wohnbau- und Eigentumsförderung – Wohnungspolitik

Bundesamt für Wohnungswesen

Bundesamt für Zuwanderung, Integration und Auswanderung

Das Bundesamt für Zuwanderung, Integration und Auswanderung (früher: Bundesamt für Ausländerfragen) fördert die Integration der rund 1,4 Millionen Ausländerinnen und Ausländer, die dauerhaft in der Schweiz leben und arbeiten. Als oberste Ausländerbehörde ist das IMES (Immigration, Intégration, Emigration Suisse) zudem zuständig für eine gelenkte Zuwanderung von Arbeitskräften und deren Familien. Es entscheidet zusammen mit Kantonen, Grenzwachtkorps und Schweizer Botschaften im Ausland, wer geregelt in die Schweiz einreisen darf. Während der Übergangsfrist zum freien Personenverkehr mit der EU (bis 2007) überwacht das Amt die Einhaltung der Höchstzahlen für die Zuwanderung von EU-Arbeitskräften. Das IMES führt das zentrale Ausländerregister, das den statistischen Überblick über alle Ausländerinnen und Ausländer erlaubt, die sich mit einer Bewilligung in der Schweiz aufhalten.

Das IMES berät zudem Leute, die für kürzere oder längere Zeit aus der Schweiz auswandern oder im Rahmen der Stagiairesabkommen in einem der 26 Partnerländer berufliche Auslanderfahrungen sammeln wollen.

Literatur
Friederike Ruch (Hrsg.), *Das aktuelle schweizerische Ausländerrecht*, WEKA-Verlag, Zürich 1995.
Internet
www.auslaender.ch
Verweise
Ausländerinnen- und Ausländerpolitik – Eidgenössische Ausländerkommission – Migration
Bundesamt für Zuwanderung, Integration und Auswanderung (IMES)

Bundessozialversicherungsrecht

Im Gegensatz zu »Sozialrecht« oder »Recht der sozialen Sicherheit« ist »Bundessozialversicherungsrecht« ein präziser, durch das positive Recht umschriebener Begriff. Er erschließt sich aus den derzeit 11 Bundessozialversicherungsgesetzen, welche für die letztinstanzliche Beurteilung von Streitigkeiten zwischen den Sozialversicherern und den versicherten Personen, Leistungserbringern oder Arbeitgeberinnen den Weg der Verwaltungsgerichtsbeschwerde an das Eidgenössische Versicherungsgericht (EVG), die sozialversicherungsrechtliche Abteilung des Schweizerischen Bundesgerichts mit Sitz in Luzern, eröffnen. Es handelt sich um die Bundesgesetze über die Alters- und Hinterlassenenversicherung (AHVG), die Invalidenversicherung (IVG), die Ergänzungsleistungen zur AHV/IV (ELG), die berufliche Vorsorge (BVG und Freizügigkeitsgesetz/FZG), die Erwerbsersatzordnung (EOG), die Familienzulagen in der Landwirtschaft (FLG), die Militär- (MVG), Unfall- (UVG), Kranken- (KVG) und Arbeitslosenversicherung (AVIG). Diese bundesgesetzlich und in einem umfangreichen Verordnungsrecht normierten Versicherungszweige fallen unter den Begriff der Sozialversicherung im Sinne von Artikel 128 des Bundesgesetzes über die Organisation der Bundesrechtspflege (OG), welcher die sachliche Zuständigkeit des EVG umschreibt. Bundessozialversicherungsrecht ist somit die Gesamtheit der Rechtsnormen, deren Anwendung im Streitfall vom EVG geprüft wird. Der derzeitige Rechtszustand ist das Ergebnis einer rund 100-jährigen Rechtsentwicklung, die nicht gleichförmig, sondern, je nach dem soziopolitischen Hintergrund, sprunghaft verlaufen und vor allem durch den Ausbau der Sozialversicherungen nach dem Zweiten Weltkrieg geprägt ist.

Diese letztlich verfahrensrechtlich orientierte realtypische Begriffsbildung verwirklicht die vier Wesenselemente des Idealtypus Sozialversicherung – soziales Risiko, pauschaler Schadensausgleich, Versicherungsprinzip, öffentlich-rechtliches Obligatorium – nur teilweise und in sehr unterschiedlichem Maße. So ist das Versicherungsprinzip in den meisten Sozialversicherungszweigen zugunsten des Solidaritätsprinzipes abgeschwächt (z.B. in der AHV/IV) oder überhaupt preisgegeben (z.B. in der Militärversicherung oder bei den Ergänzungsleistungen). Das öffentlich-rechtliche Versicherungsobligatorium ist nicht im gesamten Bundessozialversicherungsrecht verwirklicht (z.B. nicht in der freiwilligen Taggeldversicherung nach Art. 67 ff. KVG oder in der weitergehenden beruflichen Vorsorge nach Art. 49 Abs. 2 BVG). Die positivrechtliche Begriffsbildung des Bundessozialversicherungsrechts verläuft daher unabhängig von der Dogmatik und ist den Wandlungen unterworfen, welche sich aus den häufigen durch die wirtschaftlichen, sozialen und demografischen Entwicklungen bedingten Gesetzesrevisionen auf dem Gebiet der Bundessozialversicherung ergeben.

Literatur
Ulrich Meyer-Blaser, »Allgemeine Einführung/Übersicht«, in: ders., *Schweizerisches Bundesverwaltungsrecht*, Band *Soziale Sicherheit*, Helbing & Lichtenhahn, Basel 1998.
Internet
www.admin.ch
Verweise
Eidgenössisches Versicherungsgericht – Soziale Sicherheit (allgemeiner Begriff) – Sozialpolitik – Sozialrecht
Ulrich Meyer-Blaser

Bürgerrechte

Bürgerrechte begründen den Status für Vollmitglieder eines politischen Gemeinwesens. Alle Personen mit Bürgerrechtsstatus haben die gleichen Rechte. Etymologisch leitet sich der Begriff Bürgerrechte vom Wort Burg ab, welches auch befestigte Stadt bedeutete. In den mittelalterlichen Stadtstaaten war der Erwerb des Bürgerrechts an soziale Bedingungen geknüpft, in der Regel an Grundstücksbesitz. Im Zuge der demokratischen Revolutionen des 19. Jahrhunderts wandelte sich das mittelalterliche Bürgerrecht zum modernen Staatsbürgerrecht. Nicht nur die Besitzbürger *(bourgeois)*, sondern alle Staatsangehörigen wurden schrittweise zu Staatsbürgern *(citoyens)*. Zudem wurde der ursprüngliche Inhalt des Bürgerrechtstatus – die individuellen Freiheitsrechte – um demokratische und soziale Beteiligungsrechte erweitert. Später erlangten auch die Frauen die vollen Bürgerrechte. Bürgerrechte grenzen dennoch weiterhin einzelne Personen aus (z.B. Ausländer) und stehen deshalb im Spannungsverhältnis zu den universellen Grund- und Menschenrechten. Anderseits wurde 1992 mit der Unionsbürgerschaft im Maastrichter EU-Vertrag erstmals ein transnationaler Bürgerschaftsstatus geschaffen. Dies deutet darauf hin, dass Bürgerrechte nicht essenziell an nationale Grenzen gebunden sind.

Literatur
Heinz Kleger (Hrsg.), *Transnationale Staatsbürgerschaft*, Campus, Frankfurt am Main/New York 1997; – Reinhart Koselleck, Klaus Schreiner (Hrsg.), *Bürgerschaft. Rezeption und Innovation der Begrifflichkeit vom Hohen Mittelalter bis ins 19. Jahrhundert*, Klett-Cotta, Stuttgart 1994; – Thomas H. Marshall, *Bürgerrechte und soziale Klassen*, Campus, Frankfurt am Main/New York 1992.
Verweise
Politische Rechte

Roland Erne

Bürgertum

Der Begriff Bürgertum lässt sich bestimmen als idealtypische Verbindung unterschiedlicher Eigenschaftsmerkmale (Besitz und Bildung, Eigeninteresse und Gemeinwohl, zweckfreie Kreativität und Nützlichkeit). Durch Orientierung an diesen in sich spannungsreichen Prinzipien kann der Einzelne Bürger werden. Historische und gesellschaftliche Strukturbedingungen befördern dann jeweils spezifische Ausprägungen von Bürgertum als einer Sozialformation.

Die historische Situation in der Schweiz war für die Ausbildung einer modernen Bürgerlichkeit in mehrfacher Hinsicht besonders günstig. 1. war ein eigenständiger, sozial und politisch starker Adel kaum vertreten; 2. war der größere Teil der ländlichen Bevölkerung besitzindividualistisch geprägt; 3. kam es in der frühen Neuzeit nicht zur Ausbildung einer absolutistischen staatlichen Bürokratie; 4. begünstigte der kantonale Föderalismus die Tradition der lokalen Selbstverwaltung.

Hieraus erklären sich auch zu einem guten Teil die besonderen Strukturmerkmale des schweizerischen Bürgertums. Wie in keinem anderen westlichen Land entwickelte sich die bürgerliche Gesellschaft hier als gesellschaftliche Selbstorganisation bürgerlicher Mittelschichten. Die bundesstaatliche Bürokratie blieb äußerst schwach, die Armee blieb Bürgermilitär, soziale Sicherung blieb sehr lange und weitgehend der Initiative der Einzelnen überlassen, private Stiftungen deckten vor allem in Städten viele Aufgabenbereiche ab.

Im Vergleich zu anderen europäischen Ländern ist Bürgertum in der Schweiz bis heute mehr durch Besitz und ökonomisch-soziale Selbständigkeit geprägt und weniger durch in staatlichen Institutionen erworbene Bildungsqualifikationen. Die historischen Traditionen speisen bis heute sowohl positive Selbstbilder als auch negative Fremddeutungen: Jene Stimmen, die wirtschaftliche Selbständigkeit und soziale Verantwortung des »Bürgers« als gesellschaftliche wie individuelle Leitwerte hochhalten, und jene, die »bürgerliche« Wohlstandsbehäbigkeit und Geistferne attackieren, sind den langfristigen Strukturmerkmalen von Bürgerlichkeit gleichermaßen verpflichtet.

Literatur
Manfred Hettling, Mario König et al., *Eine kleine Geschichte der Schweiz*, Suhrkamp, Frankfurt am Main 1998; – Philipp Sarasin, *Stadt der Bürger. Struktureller Wandel und bürgerliche Lebenswelt, Basel 1870–1900*, Helbing & Lichtenhahn, Basel 1997; – Albert Tanner, *Arbeitsame Patrioten – wohlanständige Damen. Bürgertum und Bürgerlichkeit in der Schweiz 1830–1914*, Orell Füssli, Zürich 1995.
Verweise
Liberalismus

Manfred Hettling

Bürokratie

Als Bürokratie wird die Apparatur der Staatsverwaltung in modernen Gesellschaften bzw. die von ihr ausgeübte Macht bezeichnet. Charakteristisch für die Bürokratie sind das hierarchische System von Amtsstellen, die feste Zuordnung von Verantwortlichkeiten und Kompetenzen, festgelegte Amtsverfahren, das schriftliche Festhalten aller Vorgänge und qualifizierte Beamten mit fester Anstellung und Besoldung. Durch die Regelhaftigkeit der Abläufe und die Voraussagbarkeit der Entscheidungen soll die Gleichbehandlung aller sichergestellt und Willkür verhindert werden.

Bürokratische Formen lösten im 19. Jahrhundert mit den wachsenden Ansprüchen an den Staat (Sozialpolitik, Sicherheit, öffentlicher Verkehr) feudalistische Systeme ab. Auch frühe Wirtschaftsbetriebe und private Organisationen übernahmen bürokratische Strukturen. Laut Kieser (1999) ist die Bürokratie durch ihre »Maschinenartigkeit« anderen Formen der Verwaltung an Effizienz eindeutig überlegen. Diesem Vorteil steht die oft kritisierte Tendenz der Bürokratie gegenüber, eine Eigendynamik zu entwickeln, sich damit der politischen Kontrolle zu entziehen und durch ihre starren Strukturen individuelle Freiheit und Einzelinitiative zu behindern.

Literatur
Henry Jacoby, *Die Bürokratisierung der Welt*, Campus, Frankfurt am Main 1984; – Alfred Kieser, »Max Webers Analyse der Bürokratie«, in: Alfred Kieser (Hrsg.), *Organisationstheorien*, Kohlhammer, Stuttgart 1999; – Ingeborg Eleonore Schäfer, *Bürokratische Macht und demokratische Gesellschaft*, Leske + Budrich, Opladen 1994.
Verweise
Soziale Sicherheit (allgemeiner Begriff) – Wohlfahrtsstaat

Dieter Egli

C-Ausweis → Jahresaufenthaltsbewilligung

Case Management
Case Management ist neben *gatekeeping*, *disease management* und *utilization review* eines der bedeutsamsten Instrumente von Managed Care und *care management*. Case Management ist auf die Verarbeitung von und Betreuung von versorgungstechnisch komplexen und kostenträchtigen Einzelfällen ausgerichtet. Im Gegensatz zu anderen Managed-Care-Instrumenten wird Case Management nicht prinzipiell allen Patientinnen und Patienten angeboten, sondern primär solchen mit einer Polymorbidität sowie mit diagnostisch schwer objektivierbaren Gesundheitsbeeinträchtigungen, etwa einem Schleudertrauma. Das sind 5 bis 10 Prozent aller Patientinnen und Patienten.
Die Arbeit im Einzelfall stützt sich auf den Case-Management-Regelkreis, ein weitgehend standardisiertes Vorgehen, das sich mit dem Pflegeprozess vergleichen lässt. Von der Aufnahme des Falles bis hin zur Evaluation und Revision bzw. Einstellung des Managed-Care-Plans werden üblicherweise mindestens fünf einzelne Phasen unterschieden.
Auf der Ebene der Patientinnen und Patienten hat Case Management die Kontinuität der Behandlung und die Transparenz des Angebots zum Ziel. Auf Strukturebene trägt es zur Integration und zur effizienteren Inanspruchnahme des Versorgungsnetzes bei. Nicht selten wird Case Management allerdings in erster Linie als Sparmaßnahme angesehen.

Literatur
Michael Ewers, Doris Schaeffer (Hrsg.), *Case Management in Theorie und Praxis*, Huber, Bern 2000; – Wolf Rainer Wendt, *Case Management im Sozial- und Gesundheitswesen*, Lambertus, Freiburg i.Br. 1999.
Verweise
Beratung – Hausarztmodell – Integrierte Versorgung – Managed Care

Pierre Gobet

Chancengleichheit
Chancengleichheit ist ein zentraler Wert demokratischer Gesellschaften. Seine Wurzeln liegen in der Aufklärung, als gesellschaftliches Ideal hat er sich aber erst mit der Französischen Revolution etabliert. Die Verwendung des ethischen Grundsatzes suggeriert, dass ein Abbau der ungleichen Verteilung von materiellen und immateriellen gesellschaftlichen Gütern angestrebt wird. Darüber, wie das Ideal verwirklicht werden soll, bestehen allerdings unterschiedliche Vorstellungen.
Während liberale Auffassungen die Chancengleichheit durch Behandlungsgleichheit erreichen wollen (und Maßnahmen wie gleiche Rechte für alle beim Zutritt zum Wettbewerb um gesellschaftliche Güter vorschlagen, z.B. das Recht auf kostenlose Schulbildung), soll sie nach sozialdemokratischen Auslegungen mit der Angleichung der Ausgangsbedingungen in dieser Konkurrenzsituation (und durch Maßnahmen wie die individuelle Förderung im Rahmen sozialstaatlicher Leistungen, z.B. Stipendien) realisiert werden. Wie Pierre Bourdieu und Jean-Claude Passeron (1971) betonen, kann ein Ausgleich gesellschaftlicher Chancen nur durch eine Veränderung der Mechanismen des Zutritts zu sozialen Ressourcen verwirklicht werden. Aus ihrer Sicht wird Chancenungleichheit erst dann kompensiert, wenn Gleiches gleich und Ungleiches ungleich behandelt wird. In kapitalistischen Gesellschaften ist Chancengleichheit schwierig zu realisieren.
Politisch, wirtschaftlich, geschlechtlich u.a. bedingte Ungleichheiten zwischen Menschen werden in zeitgenössischen wissenschaftlichen und gesellschaftspolitischen Debatten meist partikulär, unscharf und einander widersprechend thematisiert. Die aktuelle Herausforderung besteht darin, die verschiedenen Formen von Ungleichheit so mit Begriffen zu erfassen, dass ihrer wechselseitigen Determinierung Rechnung getragen wird (soziale Ungleichheiten im Bereich der Politik hängen z.B. stark vom Bildungsvermögen ab).

Literatur
Pierre Bourdieu, Jean-Claude Passeron, *Illusion der Chancengleichheit. Zur Soziologie des Bildungswesens am Beispiel Frankreichs*, Suhrkamp, Frankfurt am Main

1971; – René Levy et al., *Alle gleich? Soziale Schichtung, Verhalten und Wahrnehmung*, Seismo, Zürich 1998; – John Rawls, *Eine Theorie der Gerechtigkeit*, Suhrkamp, Frankfurt am Main 1993.
Verweise
Bildung(spolitik) – Soziale Ungleichheiten

Michael Gemperle

Chronisch, Chronifizierung

Der Begriff ist hergeleitet von griechisch *chronos* (Zeit) zur näheren Beschreibung vorwiegend von Krankheitszuständen und meint lange Zeit anhaltende, meist nicht heilbare Zustände. Zur Chronifizierung kommt ein Zustand dann, wenn er längere Zeit anhält, eine Krankheit, wenn sie nicht geheilt werden kann.

Typisch für die Altersmedizin ist, dass die meisten Betagten mehrere chronische Krankheiten haben, durchschnittlich zwei, am häufigsten Bluthochdruck, Arthrosen, Herzkrankheiten und asthmoide Bronchitis.

Bei chronischen Krankheiten ist das Behandlungsziel die Linderung von Beschwerden und die Minimierung von Behinderungen durch Vermeiden von sekundären Schädigungen. Ein wichtiges Mittel zum erfolgreichen Umgang mit chronischen Krankheiten ist die Befähigung der Betroffenen, ihr chronisches Leiden selbst zu verstehen, zu managen und so zu bewältigen *(empowerment)*.

Literatur
N. M. Clark et al., »Self Management of Chronic Disease by Older Adults«, in: *Journal Ageing and Health*, Nr. 3, 1991, S. 3–27; – K. U. Mayer, P. B. Baltes, *Berliner Altersstudie*, Akademie-Verlag, Berlin 1996.
Internet
www.sad.stzh.ch
Verweise
Case Management – Pflegewohngruppe – Selbstbestimmung (selbstbestimmtes Leben für Behinderte)

Albert Wettstein

Demenz

Das lateinische Wort Demenz heißt wörtlich übersetzt Entgeistung und beschreibt eine krankheitsbedingte Verwirrung. Folgende Symptome können während einem demenziellen Prozess auftreten: Gedächtnisstörungen, Orientierungsstörungen, Sprachstörungen, die Beeinträchtigung der Handlungsfähigkeit, Erkennungsstörungen, der Verlust der Fähigkeit zu planen, zu organisieren und die Übersicht über eine Situation zu behalten, zunehmender Verlust der Urteilsfähigkeit. Für den demenziellen Prozess können verschiedene Krankheitsursachen verantwortlich sein: In etwa 60 Prozent der Fälle ist es die Alzheimerkrankheit, in etwa 15 Prozent der Fälle sind es vaskuläre Ursachen, in weiteren 15 Prozent der Fälle gemischte Ursachen. Bei den restlichen rund 10 Prozent sind verschiedenste Ursachen im Spiel, die zum Teil reversibel sind. Die Alzheimerkrankheit ist degenerativ, ohne Beteiligung der Blutgefässe. Sie ist unheilbar. Für die vaskuläre Demenz sind Durchblutungsstörungen der kleinsten Blutgefässe im Gehirn verantwortlich. Auch sie ist unheilbar. Heute stehen verschiedene Medikamente zur Behandlung der Demenzerkrankungen zur Verfügung. Diese versprechen den Krankheitsprozess zu verlangsamen.

3 Prozent aller 65-Jährigen und sogar 20 Prozent der 80-Jährigen sind von einer Demenzerkrankung betroffen. Damit ist auch der einzig nachweisbare Risikofaktor beschrieben: das Alter.

Zunehmend wird sowohl in der medizinischen Forschung wie auch im Betreuungsalltag erkannt, dass die demenziellen Verhaltensstörungen erheblich mehr zur Belastung der Betreuenden beitragen als die kognitiven Störungen. Die Persönlichkeitsveränderungen und die damit verbundenen Verhaltensstörungen der Demenzkranken gefährden die seelische Integrität der betreuenden Angehörigen oder anderer Pflegepersonen und können zur völligen Isolation der Betroffenen und ihrer Angehörigen führen.

Literatur
Günther Krämer, *Alzheimer-Krankheit*, Trias, Stuttgart 2000; – Ulrich Maurer, Ulrike Maurer, *Alzheimer. Das Leben eines Arztes und die Karriere einer Krankheit*, Piper, München 1998.
Internet
www.wirrgarten.ch
www.alz.ch
Verweise
Geriatrie – Krankenheime

Irene Leu

Demografie

Demografie bezeichnet die wissenschaftliche Untersuchung der Größe (Zahl) und Zusammensetzung der Bevölkerung (z.B. nach Geschlecht, Alter, Nationalität) sowie deren räumliche Verteilung und Entwicklung. Die Veränderung der Bevölkerungsgröße und -zusammensetzung wird durch demografische Prozesse bzw. Ereignisse verursacht. Solche Prozesse sind Wanderungen und natürliche Bevölkerungsbewegungen, zu denen Geburten, Todesfälle, Heiraten und Scheidungen gehören. Die drei Kernbereiche der Demografie sind die Erforschung der Fruchtbarkeit oder Fertilität (z.B. die durchschnittliche Kinderzahl pro Frau), der Sterblichkeit oder Mortalität (z.B. die Frage, wie lange Menschen heute und in der Zukunft leben werden) und der Migration (die Beschreibung und Erklärung von Wanderungsvorgängen). Im Weiteren sind auch die

Wechselwirkungen zwischen der Bevölkerung und anderen Gesellschaftsbereichen von zentralem Interesse.

Die Demografie ist interdisziplinär ausgerichtet, zukunftsorientiert und von erheblicher gesellschaftlicher Relevanz. Mit den Stichworten demografische Alterung, höhere Lebenserwartung, Geburtenrückgang, Wandel der familiären Lebensformen, Überfremdungsangst oder Zuwanderungsbedarf sind zentrale Lebensfragen der Gesellschaft angesprochen, die im Kernbereich des Erklärungsgegenstands der Demografie liegen.

Literatur
Jürg Hauser, *Bevölkerungslehre für Politik, Wirtschaft und Verwaltung*, Haupt, Bern 1982; – Ulrich Mueller, Bernhard Nauck, Andreas Diekmann (Hrsg.), *Handbuch der Demographie, 1. Modelle und Methoden*, Springer, Berlin/Heidelberg 2000; – Philippe Wanner, »Die Bevölkerungsstatistik«, in: *Wirtschafts- und Sozialstatistik der Schweiz. Eine Einführung*, Haupt, Bern 2000.
Internet
www.demographie.ch
Verweise
Alterung, demografische – Bundesamt für Statistik – Generationen – Lebenserwartung – Soziale Ungleichheit vor dem Tod

Marcel Heiniger

Deregulierung

Deregulierung bezeichnet den Abbau von Eingriffen des Staates in die Entscheidungen von privaten oder halbstaatlichen Unternehmungen. Der Begriff hat in der Schweiz in der Liberalisierungsdebatte der 1990er-Jahre Eingang gefunden. Er stammt aus den Vereinigten Staaten *(deregulation)* und bezeichnet dort die Korrektur der zu Beginn des 20. Jahrhunderts erfolgten staatlichen Kontrolle von *public utilities (regulation* von öffentlichen Versorgungsunternehmen der Netzinfrastrukturbereiche Schienenverkehr, Telekommunikation, Elektrizität, Entsorgung). Diese produzieren unter Bedingungen sinkender Durchschnittskosten: Je größer das Produktionsvolumen einer Unternehmung, desto tiefer sind ihre Stückkosten. Dies führt unter Wettbewerbsbedingungen zu »ruinöser Konkurrenz«. Um zu verhindern, dass die überlebende Unternehmung als Monopolist Marktmacht ausüben kann, wurden solche Unternehmungen in den USA staatlichen Produktions-, Preis- und Investitionskontrollen unterstellt. In Europa (auch in der Schweiz) wählte man zur Lösung des gleichen Problems in der Regel den Weg der Verstaatlichung.

Regulierte (und verstaatlichte) Versorgungsunternehmen neigen wegen des abgeschwächten Wettbewerbsdrucks zu Ineffizienz. Angesichts der Herausforderungen durch den globalen Standortwettbewerb wird heute dereguliert bzw. privatisiert. Dabei ist zu unterscheiden zwischen Betrieb und Netz. Im Betriebsbereich sind Deregulierung und mehr Konkurrenz häufig möglich, während beim Infrastrukturnetz Regulierungen beibehalten werden oder sogar »Re-Regulierungen« erfolgen müssen, z.B. bei den Bahnen zur Sicherstellung des freien Netzzugangs *(free access)*. In der Schweiz hat die Deregulierung (meist in Verbindung mit Teilprivatisierungen) zu Effizienzsteigerungen, Innovationsschüben und Preissenkungen geführt (Telekommunikation). In anderen Bereichen (Post, Bahn, Elektrizität) zeigte sich Widerstand, da der *service public* (das heißt die Sicherstellung einer preisgünstigen und flächendeckenden Grundversorgung) gefährdet erscheint.

Literatur
Alfred E. Kahn, *The Economics of Regulation. Principles and Institutions*, MIT Press, Cambridge 1989.
Verweise
Globalisierung – Liberalismus – Privatisierung

René L. Frey

Dezentralisierung/Integration

Integration ist ein Prozess, in dem Einzelne oder Gruppen unter Zuweisung von Positionen und Funktionen in der Struktur eines sozialen Systems ihren Platz finden. Sie setzt Aufnahmebereitschaft und Wandelbarkeit des Sozialsystems voraus, kann also nicht mit gesellschaftlicher Stabilität gleichgesetzt werden. Integration bedingt eine Akzeptanz der jeweiligen Lebensformen ohne gleichzeitige Androhung von Marginalisierung oder Stigmatisierung, aber auch einen Konsens über Grundwerte und Regeln des gesellschaftlichen Zusammenlebens und der Konfliktlösung. Die Auffächerung des kulturellen Normen- und Wertesystems muss nicht *per se* desintegrativ sein, wie das in manchen Bereichen (Familie, Gemeinde, soziokulturelle Subsysteme) oft beklagt wird, sondern kann durch dem Wandel angepasste politische Instrumente zu neuen Formen der Integration führen.

Zentraler Bestandteil aller Prozesse sozialer Integration sind Mechanismen sozialer Kontrolle, die mit Religionen, Ideologien, Philosophien und daraus abgeleiteten Medien (z.B. Erziehungsinstitutionen) Ziele und Methoden integrativer Prozesse bestimmen und gleichzeitig als abweichend definiertes Verhalten mit Sanktionen belegen. Nimmt die soziale Kontrolle überhand, können gerade dadurch desintegrative Tendenzen entstehen; umgekehrt kann das Fehlen allgemein akzeptierter Normen und Regeln zur Anomie führen.

In einem enger auf sozialpolitische Institutionen bezogenen Sinn geht es bei Dezentralisierung und Integration darum, einerseits eine übermäßige Zentralisierung mit den innewohnenden Tendenzen der Bürokratisierung und Machtkonzentration zu vermeiden, anderseits die verschiedenen Leistungen für die Nutzerinnen und Nutzer möglichst integriert anzubieten. Dezentralisierung erfordert die Verteilung von Aufgaben auf unabhängig arbeitende und selbständig entscheidende Einheiten. Es muss aber verhindert werden, dass sozialpolitische Aufgaben – z.B. aus Kostengründen – nach »unten« delegiert werden, wo sie mangels Ressourcen und spezialisiertem Know-how gar nicht richtig wahrgenommen werden können. Ziel ist es, die Qualität der Leistungen zu verbessern, sie den Bedürfnissen der betreffenden Gruppe anzupassen und den Zugang zu erleichtern.

Literatur
Jürgen Friedrichs, Wolfgang Jagodzinski (Hrsg.), *Soziale Integration*, Westdeutscher Verlag, Opladen 1999; – Wilhelm Heitmeyer (Hrsg.), *Was hält die Gesellschaft zusammen?*, Suhrkamp, Frankfurt am Main 1997; – Britta Kuhn, *Sozialraum Europa. Zentralisierung oder Dezentralisierung der Sozialpolitik?* Schulz-Kirchner, Idstein 1993; – Richard Münch, *Offene Räume. Soziale Integration diesseits und jenseits des Nationalstaats*, Suhrkamp, Frankfurt am Main 2001; – Jonas Strom, Matthias Szadrowsky, Isidor Wallimann, *Weg von der Armut durch soziokulturelle Integration bei Sozialhilfeabhängigkeit, Alter und Behinderung*, Haupt, Bern 2002.
Verweise
Abweichendes Verhalten (Devianz) – Integrationspolitik – Normen / Regelungen – Stigma

Walter Leimgruber

Diakonie

Der Begriff Diakonie, der sich aus dem altgriechischen *diakonia* (Dienst) herleitet, bezeichnet – besonders im Protestantismus – die Gesamtheit der karitativen Unternehmungen, die sich aus dem Evangelium herleiten. Dazu gehören auch die Bestrebungen zugunsten einer Reform ungerechter sozialer Strukturen.

Die hohe Zeit der Diakonie ist im Westen abgelaufen, obwohl die Kirchen ursprünglich beinahe das gesamte Feld der sozialen Tätigkeiten ausfüllten (Schulen, Spitäler, Sozialhilfe usw.). Der Staat und seine Institutionen, die sich nicht aus einer religiösen Begründung herleiten, haben in der Mehrzahl der Aufgaben – mit Zustimmung und Unterstützung der Kirchen – die Rolle der diakonischen Werke übernommen. Übrig geblieben sind aber das spirituelle Verlangen, das gläubige Menschen dazu bringt, der Allgemeinheit zu dienen, und die dem Christentum eigene Art der Präsenz gegenüber Schwachen und Verarmten. Oft äußert sich diese Präsenz dort, wo das Netz der öffentlichen Sozialhilfe Lücken aufweist. Meist jedoch drückt sie sich im persönlichen Engagement der Menschen in diakonischen Einrichtungen aus. Dieser Einsatz zugunsten der Allgemeinheit ist – abhängig vom Standort und von der Verankerung der Kirchen in der Gesellschaft – geprägt vom Gemeinschaftscharakter des Christentums.

Die institutionelle Verantwortung der Kirchen wird auf verschiedenen Niveaus wahrgenommen: Die Diakonie in den Pfarreien leistet gegenseitige individuelle und kollektive Hilfe (z.B. zugunsten der betagten Pfarreiangehörigen): Diese Hilfe wird geschätzt und hochgehalten. Die eigentliche institutionelle Diakonie verwirklicht sich in von den Kirchen und ihren Einrichtungen betriebenen Spitälern, Alters- und Pflegeheimen, Schulen des Gesundheits- und Sozialwesens usw. Der diakonische Einsatz wird oft auf regionaler Ebene in Sozialzentren koordiniert und gebündelt, die über speziell ausgebildetes Personal verfügen und für die ganze Bevölkerung geöffnet sind. Darüber hinaus stellen die Kirchen Geistliche im Sinne der Diakonie zur Verfügung, die sich Leidender und Sterbender annehmen.

Die Diakonissinnen der reformierten Kirche sind in Ordensgemeinschaften zusammengeschlossen und engagieren sich in den erwähnten Institutionen für die Allgemeinheit. Als Diakone und Diakoninnen werden durch die römisch-katholische und die christkatholische Kirche geweihte spezielle Funktionsträgerinnen und -träger bezeichnet (ein Weihegrad unter dem Priestertum).

Literatur
Claude Bridel, *L'Église justifiée par ses œuvres. Une diaconie pour notre temps*, Fontaines, Neuchâtel 1989; – Martha Häusermann, Charlotte Allenbach, *Liebe hat Hände und Füsse: Diakonie in der Schweiz*, Bern 1991; – Jochen-Christoph Kaiser (Hrsg.), *Handbuch Geschichte der deutschen evangelischen Diakonie*, Stuttgart 2001; – Marc Edouard Kohler, *Kirche als Diakonie: ein Kompendium*, Kirchenrat der Evangelisch-Reformierten Landeskirche des Kantons Zürich, Zürich 1991.
Internet
www.diakonieverband.ch
www.ref.ch
www.kath.ch
Verweise
Katholische Soziallehre – Kommunitarismus – Private Organisationen im Sozialbereich

Claude Bridel

Dienstleistungsgesellschaft

Als Dienstleistungsgesellschaft bezeichnet man Gesellschaften, deren Beschäftigungsstruktur, nach Verlassen des Stadiums der Industriegesellschaft, durch ein Übergewicht des tertiären Sektors (Tertiarisierung) geprägt ist. Der tertiäre Sektor zeichnet sich im Gegensatz zum Sektor der

Urproduktion (primärer Sektor) und der verarbeitenden Produktion (sekundärer Sektor) dadurch aus, dass die Tätigkeit der darin Beschäftigten (z.b. die freien Berufe, die Berufe im Bereich Handel, Verkehr, Banken und öffentlicher Dienst) nicht auf die Gewinnung, Verarbeitung und Bearbeitung von Sachgütern gerichtet ist.

Der Übergang von der Industriegesellschaft zur Dienstleistungsgesellschaft wurde 1949 durch den französischen Ökonomen Jean Fourastié breitenwirksam beschrieben. Die gegenwärtige politische und sozialwissenschaftliche Debatte dreht sich u.a. um die Frage, ob mit der Tertiarisierung die Lösung des Beschäftigungsproblems einhergeht oder ob es zu einer massenhaften Schaffung von »servilen«, minderqualifizierten Dienstleistungen kommt. Allerdings muss diese Frage differenzierter angegangen werden, indem man zwischen niedrig qualifizierten und qualifizierten Dienstleistungen sowie zwischen personenbezogenen und nicht personenbezogenen oder produktionsbezogenen Dienstleistungen unterscheidet.

Literatur
Jean Fourastié, *Die große Hoffnung des zwanzigsten Jahrhunderts*, Bund-Verlag, Köln 1954; – Hartmut Häußermann, Walter Siebel, *Dienstleistungsgesellschaften*, Suhrkamp, Frankfurt am Main 1998.
Verweise
Arbeitsteilung – Postfordismus – Prekarisierung
Andreas Pfeuffer

Direktion für Entwicklung und Zusammenarbeit (DEZA)

Die Direktion für Entwicklung und Zusammenarbeit (DEZA) ist Teil des Eidgenössischen Departements für auswärtige Angelegenheiten. Es handelt sich um eine der beiden Bundesstellen, deren Auftrag im Bundesgesetz über die internationale Entwicklungszusammenarbeit und humanitäre Hilfe vom 19. März 1976 und im Bundesbeschluss über die Zusammenarbeit mit den Staaten Osteuropas vom 24. März 1995 definiert ist. Die andere Stelle ist das seco (Staatssekretariat für Wirtschaft des Eidgenössischen Volkswirtschaftsdepartements). Die internationale Zusammenarbeit und die humanitäre Hilfe sind Instrumente der Schweizer Außenpolitik. Aus Gründen der Effizienzsicherung fokussiert die DEZA ihre langfristige Entwicklungsarbeit auf eine beschränkte Anzahl Länder und Tätigkeitsbereiche. Die humanitäre sowie die Katastrophenhilfe jedoch werden weltweit eingesetzt; da, wo sie notwendig sind.

Literatur
Jahrbuch Schweiz – Dritte Welt, IUED, Genf 1981; – Serge Chappatte, »Die Abteilung Entwicklungspolitik und multilaterale Zusammenarbeit: ein wichtiges Organ der DEZA«, in: *Die Volkswirtschaft*, Nr. 11/74, 2001, S. 70–72; – Laurent Goetschel, Magdalena Bernath, *Schweizerische Aussenpolitik: Grundlagen und Möglichkeiten*, NZZ Buchverlag, Zürich 2002.
Internet
www.deza.admin.ch
Verweise
Entwicklungspolitik – Flüchtlinge/Flucht – Humanitäre Hilfe
Jacques Martin

Diskriminierung

Als Diskriminierung im weiteren Sinne bezeichnet man alle illegitimen Formen der Benachteiligung sozialer Gruppen. Dabei kommen als Diskriminierungsmerkmale vorab askriptive Merkmale (Geschlecht, Ethnie, Nationalität, Sprache, Alter, Gesundheitszustand usw.) in Frage. Es gibt allerdings auch weniger transparente Diskriminierungsmerkmale wie etwa sozial »vererbte« Umgangsformen oder Sozialkapital (vgl. Bourdieu 1982).

Im Arbeitsleben bezeichnet der Begriff in erster Linie das Faktum, dass Stellenbesetzungen und Arbeitseinkommen von Faktoren bestimmt werden, die nichts mit der beruflichen Qualifikation oder der Produktivität der Person zu tun haben. Neben transparenten Formen der Diskriminierung wirken auf Arbeitsmärkten allerdings auch die angesprochenen weniger transparenten sowie »versteckte« Diskriminierungsmechanismen. So dokumentieren bildungssoziologische Studien, dass der persönliche Erfolg auf realen Arbeitsmärkten nicht nur von der Leistungsfähigkeit und von allgemein gültigen Leistungskriterien, sondern auch vom sozialen Herkunftsmilieu abhängig ist. Zu beachten ist auch, dass viele Personen unter kumulierter Diskriminierung leiden. Entsprechend lässt sich diagnostizieren, dass schwarze und farbige Frauen, die aus der Unterschicht stammen, in europäischen Gesellschaften zumindest in dreifacher Hinsicht benachteiligt sind (vgl. Meulenbelt 1988).

Erfolgt die Diskriminierung aufgrund von Durchschnittserwartungen über das Verhalten einer Gruppe, spricht man auch von statistischer Diskriminierung (Phelps 1972). Diese Diskriminierung wählen vorab Arbeitgeber und -geberinnen, für die eine genaue Abklärung der Leistungsfähigkeit der stellensuchenden Person zu aufwendig erscheint. In einigen europäischen Staaten existieren inzwischen Antidiskriminierungsgesetze, die es diskriminierten Personen ermöglichen, eine illegitime Behandlung auf dem Arbeitsmarkt einzuklagen. In einigen Staaten wird dieses Rechtsinstrument überdies durch eine positive Diskriminierung ergänzt. So sieht z.B. das Programm der Affirmative Action in den USA vor, dass eine bestimmte Quote von Stellen in staatlichen Behörden farbigen Personen vorbehalten bleibt.

Literatur
Pierre Bourdieu, *Die feinen Unterschiede. Kritik der gesellschaftlichen Urteilskraft*, Suhrkamp, Frankfurt am Main 1982; – Anja Meulenbelt, *Scheidelinien. Über Sexismus, Rassismus und Klassismus*, Rowohlt, Reinbek bei Hamburg 1988; – Edward S. Phelps, »The Statistical Theory of Racism and Sexism«, in: *American Economic Review* 62, 1972, S. 659–661.
Internet
aad.english.ucsb.edu/pages/discrim.html
www.humanrights.ch
Verweise
Rassismus – Soziale Randgruppe – Unterprivilegierung

Michael Nollert

Dolmetschen im Gesundheitswesen

Unter Dolmetschen wird die mündliche Übersetzungsarbeit verstanden. Im Migrationskontext wird beim Dolmetschen (zunehmend auch Sprachmitteln genannt) der über den wortwörtlichen Sinn hinausgehende Inhalt des Gesprochenen miteinbezogen. Die Berücksichtigung der soziokulturellen Hintergründe der Gesprächspartner und das reziproke Aufzeigen und Erklären von Unterschieden tragen dazu bei, dass eine gemeinsame Verständigungsebene möglich wird und dass umfassend kommuniziert wird. Dolmetschen findet in der Regel in einer *Face-to-face*-Situation statt.

In der Behandlung von Migrantinnen und Migranten im Gesundheitsbereich haben Untersuchungen aufgezeigt, dass die Kommunikation als Hauptproblem wahrgenommen wird und die Behandlungsqualität vermindert ist. Professionelle Dolmetscherinnen und Dolmetscher bauen einerseits sprachliche Barrieren ab, anderseits können sie zwischen unterschiedlichen Gesundheits- und Krankheitskonzepten vermitteln. Gesamtschweizerische Bestrebungen arbeiten an einer Professionalisierung der Dolmetscharbeit und an deren Institutionalisierung.

Literatur
Alexander Bischoff, Louis Loutan, *Mit anderen Worten. Dolmetschen in Behandlung, Beratung und Pflege*, Département de Médecine Communautaire HUG, Bern/Genf 2000; – Simone Prodolliet, *Interkulturelle Kommunikation*, Caritas, Luzern 2000; – Rahel Stuker, »Professionelles Dolmetschen«, in: *Professionelle transkulturelle Pflege*, Hans Huber, Bern/Göttingen/Toronto/Seattle 2001.
Internet
www.inter-pret.ch
Verweise
Migration und Gesundheit

Natali Velert

Drei-Säulen-Prinzip

In der Schweiz beruht die Alters-, Hinterlassenen- und Invalidenvorsorge auf einer Konstruktion mit drei Stockwerken oder drei Säulen, die sich ergänzen. Dieses System wurde 1972 im Artikel 34^{quater} Bundesverfassung (BV) verankert. Eine eidgenössische Versicherung, die AHV/IV, bildet die Erste Säule und soll die Befriedigung der lebenswichtigen Bedürfnisse in angemessenem Ausmaß ermöglichen. Die Zweite Säule, berufliche Vorsorge genannt, erlaubt es (den in diesem Rahmen versicherten Personen) bis zu einem gewissen Grad, den bisherigen Lebensstandard beizubehalten. Schließlich hat die Selbstvorsorge oder Dritte Säule zum Ziel, die Personen insbesondere durch steuerliche Maßnahmen und eine Politik der Förderung des Zugangs zu Wohneigentum darin zu unterstützen, Ersparnisse zu bilden, um ihren zukünftigen Lebensstandard zu verbessern. Das System wird durch Ergänzungsleistungen vervollständigt, die jenen Bezügerinnen und Bezügern von AHV/IV-Renten, deren wirtschaftliche und persönliche Situation dies rechtfertigt, ein zusätzliches, regelmäßiges Einkommen garantieren.

Die Konzeption der drei Säulen entsprang nicht einer vollständig neuen Idee. Indem der Bundesrat vorschlug, dieses System in der Bundesverfassung zu verankern, wollte er nicht die bestehenden Verhältnisse abschaffen, sondern die Entwicklung der bereits existierenden Strukturen, nämlich die Staatsversicherung, die berufliche Vorsorge und die Selbstvorsorge, durch entscheidende Verbesserungen weiterführen. In dieser Hinsicht sind die in der Botschaft des Bundesrates an die Bundesversammlung zum Entwurf betreffend die Änderung der Bundesverfassung auf dem Gebiete der Alters-, Hinterlassenen- und Invalidenvorsorge und im Bericht über das Volksbegehren für eine wirkliche Volkspension (BBl 1971 II S. 1597) enthaltenen Erklärungen zu beachten. Um das gesteckte Ziel zu erreichen, mussten also die Eigenschaften einer jeden Säule definiert werden. Dadurch sollte verhindert werden, dass die Intervention der öffentlichen Hand über das Notwendige hinausgeht, und gleichzeitig sichergestellt werden, dass das vorgeschlagene System tatsächlich das beabsichtigte Schutzniveau garantiert. Dies wurde als erstrangiges Ziel betrachtet, was sich darin äußert, dass es eigens im Absatz 4 des Artikels 34^{quater} BV in Erinnerung gerufen wird: Die Verfassung fordert dort den Bund dazu auf, dafür zu sorgen, »dass die eidgenössische Alters-, Hinterlassenen- und Invalidenversicherung sowie die berufliche Vorsorge ihren Zweck dauernd erfüllen können«. Das System der drei Säulen ist also das Ergebnis der Suche nach einem Gleichgewicht, das es den verschiedenen Versicherungszweigen erlaubt, sich zu ergänzen und die jeder einzelnen Versicherung eigenen Risiken zu vermindern. Die Koexistenz eines nach dem Umlageverfahren (AHV/IV) und eines nach dem Kapitaldeckungsverfahren (berufliche Vorsorge) organisierten Systems erlaubt es, eine ausgeprägte Solidarität an der Basis mit der Bildung des für die Wirtschaft unverzichtbaren Kapitals zu verbinden. Außerdem ermöglicht es dieses System, die durch die Bevölkerungsentwicklung und die Teuerung verursachten Risiken aufgrund der jeweiligen Finanzierungsmethode der verschiedenen Säulen optimal zwischen ihnen zu verteilen. Ein weiterer Vorteil liegt in der Tatsache, dass sich der Staat und die private Eigeninitiative die Verantwortung für die Vorsorge teilen. Denn wenn auch die Erste Säule einen deutlich zentralisierten Charakter aufweist, so beruht die Zweite Säule im Wesentlichen auf der Verantwortung der Vorsorgeeinrichtungen, der Unternehmer und der Lohnabhängigen. Die Maßnahmen zur Förderung der Selbstvorsorge sind schließlich insbesondere für jene Personen von großer Bedeutung, die keine Zweite Säule aufbauen können. Allerdings weist das System auch Schwachpunkte auf. Eine beträchtliche Zahl von Personen hat keinen Zugang zur beruflichen Vorsorge, und die Vielfalt der Pensionskassen führt zu großen Unterschieden in der Handhabung der Leistungen, insbesondere im Bereich des Teuerungsausgleichs. Schließlich warten zahlreiche die Koordination betreffende Probleme auf eine Lösung. Das Werk der Alters-, Hinterlassenen- und Invalidenvorsorge ist also keineswegs abgeschlossen und muss in den nächsten Jahren konsolidiert werden. Allerdings hat das System der drei Säulen den Beweis seiner Nützlichkeit erbracht, und die Tragweite der drei Säulen wird nicht grundsätzlich verschoben werden müssen. Zu diesen Schlussfolgerungen gelangten 1990 fünf durch das Eidgenössische Departement des Inneren beauftragte Experten sowie der Bericht desselben Departements über die gegenwärtige Struktur und die zukünftige Entwicklung der helvetischen Konzeption der drei Säulen der Alters-, Hinterlassenen- und Invalidenvorsorge, der 1995 veröffentlicht wurde. Seit der Revision der Bundesverfassung wird der Grundsatz der drei Säulen im Artikel 111 aufgeführt.

Literatur
Erwin Carigiet, Jean-Pierre Fragnière (Hrsg.), *Hat das Drei-Säulen-Konzept eine Zukunft? – Le concept des trois piliers a-t-il un avenir?*, Réalités sociales, Lausanne 2001; – René Rhinow, *Die Bundesverfassung 2000*, Helbing & Lichtenhahn, Basel 2000.

Verweise
Bundessozialversicherungsrecht – Soziale(n) Sicherheit (Architektur der) – Volksversicherung

Michel Valterio, Brigitte Dumas

Dritte Säule (oder Selbstvorsorge)
Die Systeme der Ersten und Zweiten Säule befriedigen auf kollektive Weise die Bedürfnisse eines jeden im Bereich der Vorsorge für Alter, Tod und Invalidität. Dies ist bei der Dritten Säule, die man auch Selbstvorsorge nennt, nicht der Fall. Hier obliegt es jedem Einzelnen, selbst die finanziellen Mittel zu bestimmen, über die er zu verfügen gedenkt, und für deren Finanzierung zu sorgen. Die individuelle Vorsorge wird durch steuerliche Maßnahmen sowie eine Politik der Förderung des Zugangs zu Wohneigentum unterstützt.
Die gebundene Selbstvorsorge (Säule 3a):
Dieses Vorsorgesystem existiert seit 1987 und wird durch die Verordnung über die steuerliche Abzugsberechtigung für Beiträge an anerkannte Vorsorgeformen vom 13. November 1985 geregelt. Zwei Vorsorgeformen werden darin erwähnt: 1. Die gebundene Vorsorgeversicherung ist eine Vorsorgeform, die der Versicherung entspricht und mit Versicherungseinrichtungen abgeschlossen werden kann. 2. Die gebundene Vorsorgevereinbarung umfasst hauptsächlich ein Sparguthaben bei einer Bankstiftung.
Das Ausmaß des im Rahmen der gebundenen Selbstvorsorge erlaubten steuerlichen Abzugs hängt davon ab, ob die betroffene Person bei einer Einrichtung der Zweiten Säule versichert ist. Personen ohne Erwerbstätigkeit haben keinen Zugang zur Säule 3a.
Die freie Selbstvorsorge (Säule 3b):
Die freie Selbstvorsorge, das heißt jene Vorsorge, die nicht an öffentlich-rechtliche Verpflichtungen geknüpft ist, umfasst im Wesentlichen die Ersparnisse und die privaten Versicherungen. Im Gegensatz zu den Säulen 1, 2 und 3a ist sie nur teilweise der Alters-, Hinterlassenen- und Invalidenvorsorge zuzurechnen. Da diese Vorsorgeform vollständig frei ist, können die Sparguthaben grundsätzlich zu jeder Zeit eingelöst und verausgabt werden. Deshalb sind die steuerlichen Begünstigungen beschränkt.
Es ist nicht möglich, eine verlässliche Schätzung des gesamten, im Rahmen der freien Vorsorge angehäuften Kapitals vorzunehmen. Aber diese Summe übertrifft wahrscheinlich um ein Vielfaches sämtliche in den Säulen 2 und 3a akkumulierten Guthaben. Gewisse Schätzungen gehen von ein bis zwei Billionen Franken aus. Dies zeugt von der außerordentlichen Bedeutung der freien Vorsorge, nicht nur im Bereich der Politik des Staates, sondern auch der Wirtschafts- und Sozialpolitik.

Verweise
AHV/IV – Altersrenten – Berufliche Vorsorge – Drei-Säulen-Prinzip

Michel Valterio, Brigitte Dumas

Dritter Sektor/Nonprofit-Sektor/Gemeinnützigkeit

Der Dritte Sektor bzw. Nonprofit-Sektor umfasst alle Organisationen, die sich weder der staatlichen Sphäre noch der Marktsphäre zurechnen lassen. Diese Organisationen werden häufig als Nonprofit-Organisationen bezeichnet, wobei *nonprofit* nicht die Absenz einer Profitorientierung, sondern die Tatsache bezeichnet, dass diese Organisationen ihren Profit nicht an ihre Mitglieder ausschütten, sondern für die Realisierung ihres Organisationszwecks verwenden *(not for profit)*. Ein weiteres Charakteristikum der Nonprofit-Organisationen ist die private Rechtsform bzw. die Absenz einer unmittelbaren staatlichen Kontrolle. Häufig werden auch die Autonomie bzw. die Selbstverwaltung und die Abhängigkeit von Freiwilligenarbeit und Spenden als Definitionsmerkmale hinzugefügt (vgl. Badelt 1999).

Die beiden wichtigsten Typen von Nonprofit-Organisationen sind Eigenleistungsorganisationen, das heißt Organisationen, die primär ihren Mitgliedern dienen, und Fremdleistungsorganisationen, das heißt Organisationen, die ihre Dienstleistungen vornehmlich Klienten außerhalb der Organisation anbieten. Die Organisationsstrukturen von Nonprofit-Organisationen werden von der gewählten Rechtsform bestimmt, wobei in der Schweiz die Stiftung, gefolgt von der Genossenschaft und dem Verein, am häufigsten vorkommt. Die wichtigste Funktion von Nonprofit-Organisationen ist die Bereitstellung von Dienstleistungen, die der Staat nicht zur Verfügung stellt und die von Personen nachgefragt werden, die über eine geringe Kaufkraft verfügen. Eine weitere Funktion, die vorab von den deutschen Wohlfahrtsverbänden wahrgenommen wird, besteht in der Vertretung der Interessen von sozialen Gruppen, die auf Märkten und in der Politik benachteiligt sind. Seit den 1990er-Jahren werden im sozialpolitischen Diskurs allerdings eine Reihe weiterer Funktionen thematisiert. So wird von Nonprofit-Organisationen erwartet, dass sie zur Bewältigung gesellschaftlicher Sinnkrisen beitragen, die Privatisierung staatlicher Sozialleistungen vorantreiben, Arbeitsplätze und Sozialkapital schaffen sowie die zivilgesellschaftliche Basis der Demokratie revitalisieren.

Dank des *Johns Hopkins Comparative Nonprofit Sector Project* (Salamon et al. 1999) gibt es inzwischen Indizien über das quantitative Ausmaß des Dritten Sektors. So dokumentieren die Projektbefunde, dass die Nonprofit-Organisationen in den untersuchten Ländern für mehr als 4 Prozent des Bruttoinlandprodukts verantwortlich sind und vornehmlich im Wohlfahrtssektor (Gesundheit, Bildung und übrige Sozialleistungen) tätig sind. Dabei gilt es markante Unterschiede zwischen den Ländern zu beachten. Starke Dritte Sektoren sind vorab in Ländern erkennbar, die wirtschaftlich hoch entwickelt sind und von religiösen Organisationen und Konflikten geprägt sind (z.B. Niederlande, Irland, Belgien, Israel, USA). Obwohl in der Untersuchung nicht berücksichtigt, dürfte auch die Schweiz zu dieser Ländergruppe zählen (Wagner 1999). In den vom Projekt berücksichtigten lateinamerikanischen und osteuropäischen Ländern sind die Dritten Sektoren hingegen vergleichsweise schwach ausgebaut. Überdies ist erkennbar, dass in Irland, Belgien und Israel der Bildungsbereich, in den Niederlanden und in den USA hingegen der Gesundheitsbereich die wichtigsten Bereiche des Dritten Sektors sind. In der Schweiz dominieren die Gesundheits- und Sozialbereiche im engeren Sinne, gefolgt von den Bildungs- und Kulturbereichen.

Literatur
Christoph Badelt (Hrsg.), *Handbuch der Nonprofit Organisationen*, Schäffer-Poeschel, Stuttgart 1999; – Lester A. Salamon, Helmut K. Anheier et al., *Global Civil Society: Dimensions of the Nonprofit Sector*, Johns Hopkins Institute, Baltimore 1999; – Antonin Wagner, *Teilen statt umverteilen. Sozialpolitik im kommunitaristischen Wohlfahrtsstaat*, Haupt, Bern 1999.
Internet
www.jhu.edu/~cnp
Verweise
Private Organisationen im Sozialbereich – Schweizerische Gemeinnützige Gesellschaft (SGG) – Unbezahlte Arbeit/Freiwilligenarbeit/Ehrenamt – Verbände – Wohlfahrtspluralismus (Welfare Mix) – Zivilgesellschaft

Michael Nollert

Drogen(politik)

Drogenpolitik ist seit Ende der 1960er-Jahre ein umgangssprachlicher Begriff. Der Konsum von Drogen wird seither als gesellschaftliches Problem angesehen, mit dem viele Personen in ihrem Umfeld konfrontiert sind. Mit dem Begriff Drogen waren seinerzeit ausschließlich illegale Drogen wie Heroin, Kokain, Cannabis oder LSD gemeint. Heute fassen ihn Fachleute hingegen breiter und schließen die legalen Substanzen Alkohol und Tabak oftmals mit ein.
In der Schweiz beginnt die Drogenpolitik 1918, mit der Ratifizierung des Übereinkommens von Den Haag. Das erste Betäubungsmittelgesetz stammt aus dem Jahre 1924, das zweite und heute noch gültige wurde 1952 in Kraft gesetzt. Die schweizerische Gesetzgebung orientiert sich an internationalen Abkommen.
1991 hat der Bund mit dem Grundlagenpapier des Bundesamtes für Gesundheit mit dem Titel »Maßnahmen des Bundes zur Verminderung der Drogenprobleme« einen neuen Weg in der Drogenpolitik eingeschlagen. Als Antwort auf die da-

maligen offenen Drogenszenen in vielen Schweizer Städten wurde das bis heute gültige Vier-Säulen-Modell ausgearbeitet. Der Bund steckt den Rahmen für die in der Schweiz praktizierte Drogenpolitik ab, die Verantwortung für die Umsetzung tragen jedoch weitgehend die Kantone in Zusammenarbeit mit den Gemeinden und privaten Organisationen. Der Bund fördert die nationale Koordination von Politik und Maßnahmen der verschiedenen Kantone.

Die Ziele der Schweizer Drogenpolitik sind, die Anzahl neuer Konsumierender und Abhängiger von Drogen zu senken, die Zahl jener, die den Ausstieg schaffen, zu steigern, die gesundheitlichen Schäden und die soziale Ausgrenzung von Drogenabhängigen zu vermindern und schließlich die Gesellschaft vor den Auswirkungen des Drogenproblems zu schützen und die Kriminalität zu bekämpfen. Diesen Zielen dient das Konzept der vier Säulen.

– Säule 1, Prävention: Das Ziel der Prävention ist heute nicht mehr, nur Jugendliche vom Erstkonsum von psychoaktiven Substanzen abzuhalten, sondern Aufgabe der Prävention ist auch das Verhindern gesundheitlicher und sozialer Probleme, die sich für einen Menschen aus dem Drogenkonsum ergeben.

– Säule 2, Therapie: Ziele der Therapie sind, den Ausstieg aus der Sucht zu schaffen, die körperliche und geistige Gesundheit zu fördern und Drogenkonsumierende sozial zu integrieren. Heute gibt es in der Schweiz ein vielfältiges Angebot an stationärer und ambulanter Betreuung.

– Säule 3, Schadenminderung: Die Schadenminderung oder Überlebenshilfe will diejenigen Abhängigen ansprechen, die mit an Abstinenz orientierten Angeboten nicht erreicht werden können. Das Ziel ist, dass die Phase des Drogenkonsums mit möglichst wenig psychischen, körperlichen oder sozialen Schäden durchlebt werden kann. Die Chance für einen späteren Ausstieg aus dem Drogenkonsum wird dadurch verbessert.

– Säule 4, Repression: Heute steht nicht mehr der Drogenkonsument im Zentrum der polizeilichen Ermittlungen. Die wichtigsten Ziele der Repression sind die Angebotsverknappung, das Bekämpfen des Drogenhandels sowie der Kampf gegen das organisierte Verbrechen und die Geldwäscherei.

Die heutige Drogenpolitik bewegt sich in einem Spannungsfeld von ordnungs- und gesundheitspolitischen Aufträgen. Verschiedene politische Akteure versuchen eine strikt repressive Politik durchzusetzen, auf der anderen Seite finden sich die Verfechter einer sehr liberalen Drogenpolitik. Mit den verschiedenen drogenpolitischen Abstimmungen Ende der 90er-Jahre wurde die Drogenpolitik des Bundes von der Mehrheit der Stimmberechtigten bestätigt.

Literatur
Bundesamt für Gesundheit, *Die Schweizer Drogenpolitik*, Bundesamt für Gesundheit, Bern 2000.
Internet
www.bag.admin.ch/sucht/d/index.htm
Verweise
Kontakt- und Anlaufstellen für Drogenkonsumierende (Gassenzimmer) – Public Health – Substitutionstherapie
Anne Lévy

Duale Gesellschaft
Bei der dualen Gesellschaft handelt es sich um eine besondere Form der (sozialen) Ungleichheit. Soziale Ungleichheit liegt vor, wenn Mitglieder einer Gesellschaft dauerhaft in unterschiedlichem Mass über notwendige und begehrte Güter verfügen. Es geht nicht um individuelle Unterschiede wie Größe, Hautfarbe oder körperliche Kraft, sondern um die Verteilung von Wohlstand, Ansehen und Macht. Bei der dualen Gesellschaft steht die Integration in die Erwerbsarbeit im Vordergrund. Nach diesem Kriterium wird die Gesellschaft unterteilt in Erwerbstätige und nicht Erwerbstätige. Je nach Verhältnis ist von Zweidrittel- oder Dreiviertel-Gesellschaft die Rede.

Bei Analysen sozialer Ungleichheit ist ein Wandel von vertikalen zu horizontalen Betrachtungen feststellbar. Marxistische Konzepte betonen im 19. Jahrhundert duale Gegensätze durch (Nicht-) Besitz an Produktionsmitteln. Modelle sozialer Schichten beziehen in der ersten Hälfte des 20. Jahrhunderts weitere Kriterien wie Bildung, Qualifikation, Erwerbslage und Einkommen ein. Nach dem Zweiten Weltkrieg rücken Modelle sozialer Lagen »jenseits von Klasse und Schicht« individuelle Lebenschancen und Verhaltensweisen in den Vordergrund. Sie berücksichtigen Ressourcen wie Erwerbsarbeit, Einkommen, Reichtum, Wissen, Macht und vor allem weitere Lebensumstände. Seit den 80er-Jahren des 20. Jahrhunderts halten Lebenswelt- und Milieumodelle die Erwerbsarbeit, berufliche Positionen, Einkommen und Ausbildungen für nicht mehr so zentral. Lebensweisen scheinen frei wählbar und vom (konservativen, technokratischen, aufstiegsorientierten, alternativen) Milieu abhängig zu sein, in dem sich Menschen bewegen. Duale Konzepte geraten – trotz sozialer Gegensätze – in den Hintergrund.

Literatur
Angelika Diezinger, Verena Mayer-Kleffel, *Soziale Ungleichheit. Eine Einführung für soziale Berufe*, Lambertus, Freiburg i.Br. 1999; – Rainer Geissler, »Facetten der modernen Sozialstruktur – Modelle und Kontroversen«, in: Victoria Jäggi, Ueli Mäder, Katja Windisch (Hrsg.), *Entwicklung, Recht, Sozialer Wandel*, Social Strategies, Vol. 35, Peter Lang, Bern 2001, S. 537–551.

Verweise
Ausgrenzung – Soziale Ungleichheiten

Ueli Mäder

Dunkelziffer
Mit Dunkelziffer wird die Abweichung zwischen den erfassten bzw. bekannten Fällen eines Phänomens und dessen tatsächlicher Ausbreitung innerhalb einer Population bezeichnet. Beispielsweise ist die effektive Anzahl des sexuellen Missbrauchs an Kindern wesentlich höher, als durch Anzeigen oder Befragungen letztlich aufgedeckt und erfasst wird. Die genaue Höhe der unerfassten Fälle lässt sich nur durch Schätzung (mittels Proxy-Indikatoren) eruieren und bleibt letztlich unbekannt.
Der Begriff Dunkelziffer wird des Öfteren fälschlicherweise verwendet. So z.B. in Untersuchungen, welche die Anzahl der Personen bestimmen wollen, die, obwohl sie Anspruch auf Sozialhilfe hätten, diesen nicht geltend machen. Da sich die Höhe der potenziell Sozialhilfeberechtigten unter Zuhilfenahme personenbezogener statistischer Daten und durch Festlegung einer Sozialhilfegrenze (z.B. gemäß der Schweizerischen Konferenz für Sozialhilfe, SKOS) bestimmen lässt, ist es in diesem Fall angebrachter, von Nichtbezugsquote zu sprechen.

Literatur
Robert E. Leu, Stefan Burri, Tom Priester, *Lebensqualität und Armut in der Schweiz*, Haupt, Bern 1997.
Verweise
Armut – Beobachtung – Schweizerische Konferenz für Sozialhilfe (SKOS)

Manfred Neuhaus

Ehe
Die Ehe ist die zivilrechtlich und damit öffentlich anerkannte Verbindung eines Mannes und einer Frau. In der westlichen Kultur gilt die Ehe nicht als Vertragsverhältnis, sondern als solidarische und zeitlich unbegrenzte Gemeinschaft, in der die Ehegatten wechselseitig füreinander Verantwortung übernehmen. Beruhte die Ehe in der Vergangenheit vielfach auf der im paternalistischen Sinne ausgeübten Vorherrschaft des Mannes der Frau und den Kindern gegenüber, so sind inzwischen beide Ehegatten bezüglich Rechten und Pflichten einander gleichgestellt.
Nach gegenwärtiger Vorstellung soll die Ehe auf der beidseitigen Liebe der Ehegatten zueinander beruhen. Das romantische Liebesideal setzte sich inzwischen in allen Bevölkerungsschichten durch, andere Motive zur Eheschließung (Besitz- oder Versorgungsinteressen, dynastische Motive usw.) sind immer mehr in den Hintergrund geraten. Die im Wesentlichen ausschließlich emotionale Basis der Ehe bedingt jedoch wiederum deren größere Instabilität. Je mehr die Ehe auf den Erwartungen der Ehegatten nach wechselseitiger emotionaler Befriedigung beruht, desto krisenanfälliger wird das Eheverhältnis, umso größer werden in der Folge die Anforderungen an beide Ehegatten zur Aufrechterhaltung einer »harmonischen« oder »glücklichen« Ehe. Die hierfür angebotene »Ratgeber-Literatur« ist in ihrem Umfang kaum überschaubar.
In den vergangenen Jahrzehnten haben nichteheliche Lebensformen (Konkubinate, Single- und Alleinerziehenden-Existenzformen) an Attraktivität gewonnen. Dennoch, trotz gestiegener Scheidungszahlen und eines höher gewordenen Heiratsalters kann von einem generellen Attraktivitätsverlust der Institution Ehe keine Rede sein. Wie ließe sich ansonsten die Forderung homosexueller Paare, ihre Liebesbeziehung der Ehe gleichzustellen oder sie als Ehe anzuerkennen, erklären?

Literatur
Jean-Claude Kaufmann, *Schmutzige Wäsche – zur ehelichen Konstruktion von Alltag*, UVK, Konstanz 1995; – Michael Mitterauer, Reinhard Sieder, *Vom Patriarchat zur Partnerschaft – zum Strukturwandel der Familie*, Beck, München 1991; – Edward Shorter, *Die Geburt der modernen Familie*, Rowohlt, Reinbek bei Hamburg 1983.

Stefan Kutzner

Eherecht
Das Eherecht ist derjenige Teil des Familienrechts, der sich mit der Eheschließung, den Wirkungen der Ehe und der Auflösung einer Ehe befasst. Im schweizerischen Zivilgesetzbuch (ZGB) ist das Eherecht in den Artikeln 90 bis 251 geregelt. Diese Vorschriften befassen sich mit dem Verlöbnis, der Eheschließung, der Ehescheidung und Ehetrennung sowie mit den allgemeinen Wirkungen der Ehe, insbesondere dem Unterhaltsrecht, und mit dem gesetzlichen sowie vertraglichen Ehegüterrecht.
Diese in den Jahren 1984 und 1998 grundlegend modernisierten Bestimmungen gehen seit diesen Reformen von folgenden Grundsätzen aus: Das Eherecht kodifizierte das Recht der so genannt legitimen Ehe, das heißt der traditionell geschlossenen Ehe heterosexueller Partner. Die registrierte Partnerschaft ist in einem Spezialgesetz geregelt. Seit der Reform von 1998 sind die Ehehindernisse, die einer Eheschließung entgegenstehen, vermindert worden, und die Ehescheidung wird durch die gesetzliche Anerkennung der bereits vorher praktizierten einverständlichen Scheidung auf gemeinsames Begehren entformalisiert. Die Ehewirkungen gehen vom Grundsatz der Gleichberechtigung beider Ehegatten aus. Die Ehegatten und nicht Gesetzesnormen verteilen

die Rollen in der Ehe. Beide Ehepartner haben dieselben Rechte und Pflichten, und das Ehegüterrecht stellt mit dem gesetzlichen Güterstand der Errungenschaftsbeteiligung (Art. 196 bis 220 ZGB) einen Güterstand der Gütertrennung mit Ausgleich der Errungenschaft bei Beendigung des Güterstandes (Tod, Scheidung, außerordentliche Beendigungsgründe) zur Verfügung. Er lässt beiden Ehegatten fast unbeschränkte Verfügungsfreiheit während des Bestehens ihres gesetzlichen Güterstandes.

All diese Regelungen des heutigen schweizerischen Eherechts folgen im Wesentlichen dem internationalen Trend zum Abbau gesetzlicher Schranken für Eheschließung und Ehescheidung und stimmen infolge des Gleichberechtigungsgrundsatzes mit ausländischen Rechtsordnungen weitgehend überein. Gleichwohl hält sich das schweizerische Eherecht in vielen Bereichen zurück, z.B. bei der Scheidung auf Klage eines Ehegatten (Voraussetzung 4-jährigen Getrenntlebens, es sei denn, dies sei unzumutbar) und bei der Behandlung registrierter Partnerschaften (Regelung nur der gleichgeschlechtlichen Partnerschaft in einem speziellen Gesetz).

Literatur
Cyril Hegnauer, Peter Breitschmid, *Grundriss des Eherechts*, Stämpfli, Bern 2000; – Marlies und Heinz Näf-Hofmann, *Schweizerisches Ehe- und Erbrecht*, Schulthess, Zürich 1998; – Peter Tuor, Bernhard Schnyder, Jörg Schmid, *Das Schweizerische Zivilgesetzbuch*, Schulthess, Zürich 1995 und Suppl. 1999.

Kurt Siehr

Eidgenössische Ausländerkommission

Die Eidgenössische Ausländerkommission (EKA) wurde 1970 als Expertenkommission des Bundesrates gegründet und direkt dem Eidgenössischen Justiz- und Polizeidepartement (EJPD) zugeordnet. Die Kommission berät den Bundesrat und das Departement in Migrationsfragen. Der EKA gehören gegenwärtig 28 Mitglieder an. Sie vertreten Ausländerorganisationen, Gemeinden, Kantone, Sozialpartner und Institutionen der Zivilgesellschaft.

Seit Herbst 2000 ist das Sekretariat der EKA strukturell dem Bundesamt für Zuwanderung, Integration und Auswanderung (IMES) angegliedert. Das Sekretariat arbeitet eigenständig und nimmt Stellung zu migrationspolitischen Fragen in Form von Grundlagenpapieren und Vernehmlassungen. Zweimal jährlich erscheint die Zeitschrift *terra cognita* zu spezifischen Themen der Integrations- und Migrationspolitik. Seit 2001 stellt der Bund erstmals finanzielle Beiträge zur Integrationsförderung zur Verfügung. Die EKA prüft die Gesuche und überweist diese mit ihrer Stellungnahme an das Bundesamt für Zuwanderung, Integration und Auswanderung (IMES) bzw. an das EJPD.

Im Mittelpunkt der Aufgaben der EKA steht die Integration von Ausländerinnen und Ausländern. Vor diesem Hintergrund nimmt die EKA einen entsprechenden Informationsauftrag wahr. Die EKA orientiert sich an einem dynamischen und prozessorientierten Integrationsbegriff, der die Chancengleichheit für alle zum Ziel hat. Sie betrachtet Integration als eine Querschnittaufgabe, die alle gesellschaftlichen Bereiche angeht. Aus diesem Grund arbeitet sie eng mit kommunalen und kantonalen Behörden zusammen, die sich mit Integration befassen.

Literatur
terra cognita – Schweizer Zeitschrift zu Integration und Migration.
Internet
www.eka-cfe.ch
Verweise
Ausländerinnen- und Ausländerpolitik – Migration

Simone Prodolliet

Eidgenössische Kommission für Jugendfragen

Die Eidgenössische Kommission für Jugendfragen (EKJ) im Bundesamt für Kultur ist eine Gesprächspartnerin des Bundesrates in allen Fragen, welche Jugend und Kindheit betreffen.

Die Kommissionsmitglieder werden von den führenden Jugendorganisationen vorgeschlagen und durch den Bundesrat ernannt, der dabei auf eine angemessene Vertretung der Sprachregionen und Geschlechter achtet. Einmal gewählt, beziehen die Mitglieder der EKJ in ihrem persönlichen Namen Stellung und handeln im Auftrag der EKJ. Die EKJ kann den Bundesbehörden auf eigene Initiative Vorschläge unterbreiten. Sie kann sich auch an verschiedene andere Behörden auf kantonaler oder Gemeindeebene wenden.

Alle zwei Jahre organisiert die EKJ eine nationale Versammlung (Bieler Tagung) und lädt Personen aus der ganzen Schweiz, die in der Jugendarbeit tätig sind, zur Diskussion über ein bestimmtes Thema ein. Behandelt werden Fragen wie der Einstieg ins Berufsleben, Gewalt, die Teilnahme am gesellschaftlichen Leben oder die Integration junger Ausländerinnen und Ausländer.

Literatur
Eidgenössische Kommission für Jugendfragen, *Ohne Arbeit keine Zukunft? Jugendliche auf der Suche nach ihrem Platz in der Gesellschaft*, Bundesamt für Kultur, Bern 1997; – Eidgenössische Kommission für Jugendfragen, *Prügeljugend – Opfer oder Täter?*, Bundesamt für Kultur, Bern 1998.
Internet
www.kultur-schweiz.admin.ch/index.htm

Verweise
Jugendpolitik

Jean-Pierre Boillat

Eidgenössische Kommission gegen Rassismus

Die Eidgenössische Kommission gegen Rassismus (EKR) »befasst sich mit Rassendiskriminierung, fördert eine bessere Verständigung zwischen Personen unterschiedlicher Rasse, Hautfarbe, nationaler oder ethnischer Herkunft, Religion, bekämpft jegliche Form von direkter oder indirekter Diskriminierung und schenkt einer wirksamen Prävention besondere Bedeutung« (aus dem Mandat der EKR laut Bundesratsbeschluss vom 23. August 1995). Mit öffentlichen Auftritten und Pressearbeit sensibilisiert die EKR die Öffentlichkeit. Sie verfasst Berichte zu ausgewählten Themen und publiziert das Bulletin *Tangram*. Die EKR berät den Bundesrat und die Departemente durch Empfehlungen und die Teilnahme an Vernehmlassungen. Sie recherchiert und vermittelt in Konfliktfällen und beantwortet Anfragen von Menschen, die sich als Opfer rassistischer Diskriminierung fühlen.

Die EKR setzt sich für die Zusammenarbeit zwischen staatlichen Behörden, Nichtregierungsorganisationen und internationalen Stellen ein. Sie koordiniert ihre Tätigkeiten insbesondere mit der Eidgenössischen Kommission für Flüchtlingsfragen (EKF) und der Eidgenössischen Ausländerkommission (EKA). Die EKR fördert die Forschung zu den für sie relevanten Themen und führt eine Dokumentation von Zeitungsartikeln und Urteilen zur Rassismus-Strafnorm (Art. 261bis StGB). Die EKR ist jedoch keine Zensurstelle und hat keine richterlichen Funktionen. Sie kann auch keine finanziellen Unterstützungen gewähren.

Literatur
Eidgenössische Kommission gegen Rassismus (Hrsg.), *Tangram – Bulletin der Eidg. Kommission gegen Rassismus*, Bern.
Internet
www.ekr-cfr.ch
Verweise
Antirassismus – Eidgenössische Ausländerkommission – Rassismus

Gioia Weber

Eidgenössische Steuerverwaltung

Die Eidgenössische Steuerverwaltung (ESTV) ist das Kompetenzzentrum des Bundes für nationale und internationale Steuerfragen. Sie beschafft dem Bund den Großteil der zur Finanzierung seiner Aufgaben notwendigen Einnahmen.
Die ESTV sorgt für die rechtsgleiche und effiziente Erhebung der Mehrwertsteuer, der direkten Bundessteuer, der Verrechnungssteuer, der Stempelabgaben, der Spielbankenabgabe sowie der Wehrpflicht-Ersatzabgabe. Dabei bemüht sie sich um ein gutes Steuerklima.
Die ESTV erarbeitet tragfähige Grundlagen für die Steuergesetzgebung. Sie berücksichtigt dabei die Bedürfnisse der Wirtschafts- und Finanzpolitik. Ferner betreut die ESTV in Zusammenarbeit mit den Kantonen die formelle Harmonisierung der direkten Steuern von Bund, Kantonen und Gemeinden.
Darüber hinaus nimmt die ESTV weitere besondere Aufgaben wahr. So handelt sie Staatsverträge zur Vermeidung der Doppelbesteuerung aus und wirkt beim Vollzug mit, betreut die internationalen Steuerangelegenheiten, erstellt die schweizerische Steuerstatistik und führt eine Dokumentation über die in- und ausländischen Steuerordnungen.
Die ESTV erfüllt ihre Aufgaben mit rund 1100 Mitarbeitenden und ist ein Bundesamt des Eidgenössischen Finanzdepartements (EFD).

Internet
www.estv.admin.ch
Verweise
Steuern – Steuerpolitik

Roger Braunschweig

Eidgenössisches Versicherungsgericht

Das Eidgenössische Versicherungsgericht wurde durch das Bundesgesetz über die Kranken- und Unfallversicherung vom 13. Juni 1911 errichtet. Seit dem 1. Oktober 1969 ist sein Status im Bundesgesetz über die Organisation der Bundesrechtspflege anerkannt. Das Eidgenössische Versicherungsgericht entscheidet mit seinen zurzeit 11 Richtern und Richterinnen (sowie 11 Ersatzrichtern und -richterinnen) als letzte Instanz über Verwaltungsgerichtsbeschwerden in sämtlichen Bereichen der bundesrechtlich geregelten Sozialversicherungen. Ebenso beurteilt es als einzige Instanz verwaltungsrechtliche Klagen auf dem Gebiet der Sozialversicherung. Gemäß Bundesrecht gilt das Eidgenössische Versicherungsgericht (mit Sitz in Luzern) als organisatorisch selbständige Abteilung des Bundesgerichts (mit Sitz in Lausanne).

Internet
www.bger.ch
Verweise
Bundessozialversicherungsrecht – Rechtsmittel – Sozialversicherungsrechtsprechung

Béatrice Despland

Einelternfamilie

Als Einelternfamilie bezeichnet man einen privaten Haushalt, der aus einem Elternteil und mindestens einem Kind besteht. Weitere Verwandte können dem Haushalt, dessen Mitglieder durch wirtschaftliche, persönliche oder juristische Beziehungen miteinander verbunden sind, angehören. Der allein stehende Elternteil kann verwitwet, getrennt, geschieden oder ledig sein. In den meisten Fällen handelt es sich um eine Frau.

Verweise
Familie – Scheidung – Unterhaltspflicht

Cristina Molo Bettelini, Elio Venturelli

Eingliederungsmaßnahmen

Die Eidgenössische Invalidenversicherung finanziert nach dem Grundsatz »Eingliederung vor Rente« geeignete Maßnahmen, um Kindern und Erwachsenen mit einer Behinderung den Einstieg oder Wiedereinstieg ins Erwerbsleben zu ermöglichen. Erst wenn Eingliederungsmaßnahmen ausgeschöpft oder von vorneherein aussichtslos sind, werden Renten ausgerichtet. Die gesetzliche Grundlage dafür bildet das Bundesgesetz über die Invalidenversicherung und die ergänzenden Verordnungen und Kreisschreiben. Die Militärversicherung kennt ebenfalls Eingliederungsmaßnahmen und kann die Dienste der IV-Stellen in Anspruch nehmen.

1. Medizinische Eingliederungsmaßnahmen: Behandlung eines erworbenen Leidens bei Erwachsenen in unmittelbarem Zusammenhang mit der Erwerbsfähigkeit bzw. beruflichen Eingliederungsmaßnahmen; Behandlung eines angeborenen Leidens bis zum 20. Altersjahr; monatliche Pflegebeiträge, abgestuft nach Aufwand.
2. Berufliche Eingliederungsmaßnahmen: Berufsberatung durch eigene Fachleute; Übernahme von invaliditätsbedingten Mehrkosten der erstmaligen beruflichen Ausbildung beispielsweise in spezialisierten Ausbildungsbetrieben oder Eingliederungsstätten für Behinderte; Umschulung von Berufsleuten nach einem maßgeschneiderten Umschulungsplan; Arbeitsvermittlung in Zusammenarbeit mit der Arbeitslosenversicherung; Kapitalhilfe in besonderen Fällen.
3. Schulische Eingliederungsmaßnahmen: Sonderschulung und begleitende pädagogisch-therapeutische Maßnahmen.
4. Pflegebeiträge für Minderjährige/Hilflosenentschädigungen für Erwachsene: Wer in den täglichen Verrichtungen erheblich auf Hilfe Dritter angewiesen ist, erhält einen monatlichen Beitrag an diese Mehrkosten.
5. Hilfsmittel: Leihweise Abgabe von Hilfsmitteln zur möglichst selbständigen Bewältigung von privatem Alltag und Berufsarbeit.

Während der Dauer von medizinischen und beruflichen Eingliederungsmaßnahmen und bei Sonderschulung ab 18 Jahren wird ein IV-Taggeld ausgerichtet.

Literatur
Informationsstelle AHV/IV und BSV, *Leistungen der Invalidenversicherung (IV). Merkblatt 4.01/d*, Bundesamt für Sozialversicherung, Bern 2000; – René Schaffhauser, Franz Schlauri (Hrsg.), *Rechtsfragen der Eingliederung Behinderter*, Veröffentlichungen des Schweizerischen Instituts für Verwaltungskurse der Universität St. Gallen, Neue Reihe, Band 50, St. Gallen 2000.
Internet
www.iv-stelle.ch
Verweise
Hilflosenentschädigung – Hilfsmittel – Invalidenversicherung (IV)

Wally Gschwind-Fiegele

Einheitliche Europäische Akte → Europäische Union

Einkommen(sgarantie)

Bei Einkommensausfall infolge Krankheit, Unfall oder Arbeitslosigkeit entsteht grundsätzlich ein Anspruch auf Sozialversicherungsleistungen. Dieser Anspruch entsteht in allen Bereichen, mit Ausnahme der Krankenversicherung. Die Revision des Bundesgesetzes vom 18. März 1994 erlaubt weiterhin den fakultativen Charakter der Lohnausfallentschädigungen im Krankheitsfall. Für Arbeiter und Angestellte entsteht in diesem Falle nicht zwangsläufig ein Anspruch auf Lohnausfallentschädigung. Gesamtarbeitsverträge und Einzelvorkehrungen der Arbeitgeber im Bereich freiwilliger Taggeldversicherungen bieten den Arbeitnehmenden einen gewissen Schutz. Dennoch kann eine länger andauernde Arbeitsunfähigkeit infolge Krankheit zu vollständigem Einkommensverlust führen. An die Stelle von Taggeldleistungen der Kranken- und Krankentaggeldversicherungen treten daher Rentenleistungen der eidgenössischen Invalidenversicherung, Unfallversicherung, Militärversicherung und der beruflichen Vorsorge im Rahmen des BVG.

Literatur
Philippe Gnägi, *Le droit du travailleur au salaire en cas de maladie*, Schulthess, Zürich 1996.
Verweise
Arbeitsunfähigkeit – Existenzminimum – Invalidenversicherung (IV) – Krankenversicherung – Soziale Mindeststandards – Unfallversicherung

Béatrice Despland

Einkommensumverteilung

Die Umverteilung der Einkommen als Mittel zur Verbesserung der Lebensumstände wurde zu einem der wichtigsten Instrumente der Sozialpolitik ausgebaut. Diese Umverteilung funktioniert zweifach: einerseits horizontal und anderseits vertikal. Die horizontale Umverteilung des Einkommens kommt in allen Zweigen der Sozialversicherungen vor: von den Erwerbstätigen zu den Pensionierten, von den Beschäftigten zu den Arbeitslosen, von den Gesunden zu den Kranken, von den Personen ohne Unterhaltspflichten gegenüber Kindern zu solchen mit Unterhaltspflichten. Zum einen werden Prämien und Steuern einbezahlt, zum andern werden Einkommenstransfers an die Anspruchsberechtigten des Sozialversicherungssystems gewährt. Die staatlichen Transferleistungen machen heute in den industrialisierten Ländern ein beträchtliches Volumen – in der Grössenordnung von 15 bis 25 Prozent der volkswirtschaftlichen Ressourcen – aus. Bei der vertikalen Umverteilung geht es um einen Transfer von Ressourcen und Kaufkraft von einkommensstarken zu einkommensschwachen Kategorien, wobei verschiedene Interventionsmethoden Verwendung finden wie Steuern, Preiskontrollen, Subventionen und Bereitstellung bestimmter Güter und Dienstleistungen (Bildung, Gesundheit und Wohnen). Diese Form der Umverteilung wird vor allem durch das Steuersystem und die öffentliche Ausgabenpolitik bewirkt; es gibt aber noch andere Möglichkeiten zu einer gerechteren Umverteilung der Einkommen, z.B. Einführung eines Mindesteinkommens und einer Mindestrente sowie Steuerbefreiung für schlecht entlöhnte Arbeitnehmerinnen und Arbeitnehmer.

Verweise
Mindestlohn – Sozialbudget – Soziale Sicherheit (allgemeine Theorie) – Soziale Ungleichheiten – Sozialpolitik

Roland Sigg

Elterliche Sorge

Die elterliche Sorge (bis zum 31. Dezember 1999 »elterliche Gewalt«) ist das Recht und die Pflicht der Eltern bzw. des sorgeberechtigten Elternteils, für das Kind zu sorgen, es zu leiten, zu erziehen, es zu vertreten und sein Vermögen zu verwalten (Art. 296 bis 330 ZGB). Die elterliche Sorge üben während der Ehe beide Eltern gemeinsam aus. Ist die Mutter nicht verheiratet, steht der Mutter allein die elterliche Sorge für ihr Kind zu, und zwar auch dann, wenn der Vater das Kind anerkannt hat und mit der Mutter zusammenlebt. Seit der Reform von 1998 kann jedoch beiden unverheirateten Eltern die gemeinsame elterliche Sorge übertragen werden (Art. 289a ZGB). Nach der Ehescheidung wird in aller Regel einem Elternteil das Kind anvertraut und ihm die elterliche Sorge zugeteilt. Jedoch kann sie auch auf Antrag bei beiden Eltern bleiben (Art. 133 Abs. 3 ZGB). Der nicht sorgeberechtigte Elternteil hat ein Recht auf persönlichen Verkehr mit seinem Kind (Art. 273, 274 ZGB).

Die elterliche Sorge und das Recht auf persönlichen Verkehr zwischen Eltern und Kind müssen stets so ausgeübt werden, dass das Wohl des Kindes nicht beeinträchtigt wird (Art. 301 ZGB, Art. 3 UNO-Übereinkommen von 1989 über die Rechte des Kindes). Wird das Wohl des Kindes gefährdet, können von Amtes wegen Kindesschutzmaßnahmen ergriffen werden (Art. 307 bis 317 ZGB). Diese Maßnahmen sollen angemessen und proportional auf die Gefährdung des Kindeswohls reagieren und können im Extremfall zur Entziehung der elterlichen Sorge und zur Bestellung eines Vormundes für das Kind führen. Im internationalen Verhältnis richtet sich der Kindesschutz nach dem Haager Übereinkommen von 1961 über den Minderjährigenschutz, das durch ein neues Übereinkommen von 1996 abgelöst werden soll.

Literatur
Cyril Hegnauer, *Grundriss des Kindesrechts*, Stämpfli, Bern 1999; – Peter Tuor, Bernhard Schnyder, Jörg Schmid, *Das Schweizerische Zivilgesetzbuch*, Schulthess, Zürich 1995 und Suppl. 1999.

Verweise
Familie – Unterhaltspflicht

Kurt Siehr

Emanzipation

Emanzipation bezeichnete im römischen Recht die Entlassung aus der Gewalt des Familienoberhauptes. Das Konzept ist für die kritische Theorie zentral. Emanzipation bezieht sich auf gesellschaftliche und oft internalisierte Abhängigkeitsverhältnisse. Sie knüpft an Aufklärungsphilosophie, marxistische Gesellschaftstheorie und Psychoanalyse an. Der Begriff bezeichnet das Heraustreten aus gesellschaftlicher Abhängigkeit. Kants Aufforderung, sich seines eigenen Verstandes zu bedienen, setzt Einsicht in gesamtgesellschaftliche Zusammenhänge und Ideologiekritik voraus. Wissenschaft ist Ausdruck widerstreitender gesellschaftlicher Interessen, wobei kritische Theorie emanzipatorische Interessen vertritt. Sie vereinigt dazu Analysen verschiedenster Disziplinen (Gesellschaftstheorie, Soziologie, Ökonomie, Recht, Psychologie, Pädagogik, Kunst- und Kulturwissenschaft u.a.).

Emanzipation richtet sich auf gesellschaftliche Verhältnisse (Marx) wie auf psychische Strukturen (Freud). Sie verändert das gesellschaftliche Handeln, denn sie löst Abhängigkeitsverhältnisse auf. Teile des Bürgertums und des Proletariats haben im 19. Jahrhundert emanzipatorische Prozesse in Gang gesetzt. In den 1960er-Jahren vermittelten soziale Bewegungen (Bürgerrechte, Pazifismus, Studentenbewegungen, Frauenemanzipation, Antiapartheid, Unabhängigkeitsbewegungen der Kolonien, Atomkraftgegner) emanzipatorische Hoffnungen und Bestrebungen. Sie haben politische Forderungen mit dem Ruf nach Aufhebung von Selbstbegrenzungen verbunden (antiautoritäre Bewegung, Umwertung und Befreiung der Sexualität und ihrer Praxisformen, Verbreitung und Verbreitung psychoanalytischer, therapeutischer Möglichkeiten usw.).

Literatur
Theodor W. Adorno u.a., *Der Positivismusstreit in der deutschen Soziologie*, Luchterhand, Neuwied/Berlin 1969; – Jürgen Habermas, *Erkenntnis und Interesse*, Suhrkamp, Frankfurt am Main 1968; – Oskar Negt, Alexander Kluge, *Maßverhältnisse des Politischen. 15 Vorschläge zum Unterscheidungsvermögen*, Fischer, Frankfurt am Main 1992.
Verweise
Gerechtigkeit – Soziale Bewegungen – Ungleichheit

Martin A. Graf

Empirische Forschungsmethoden

Empirische Forschungsmethoden bezeichnen Verfahren, mit denen Erfahrungswissen (»Empirie«) über soziale Tatbestände und Regelmäßigkeiten in systematischer und intersubjektiv nachvollziehbarer Weise gewonnen und analysiert werden kann. Die modernen empirischen Forschungsmethoden der Sozialwissenschaften nahmen ihre Anfänge im 17. Jahrhundert mit dem Aufkommen der politischen Arithmetik in England und der Universitätsstatistik in Deutschland. Bis heute haben sie sich zu einem komplexen und vielseitigen Instrumentarium weiterentwickelt.

Ziele der empirischen Forschung sind 1. die Überprüfung von Theorien und daraus abgeleiteten Hypothesen sowie 2. die Untersuchung von singulären Sachverhalten (z.B. das Ausmaß der Konzentration der Einkommen in der Schweiz). 3. ist die Untersuchung der Wirkungen und Nebenwirkungen sozialplanerischer Maßnahmen (Wirkungs- oder Evaluationsforschung) ein wichtiges Themengebiet empirischer Sozialforschung.

Nach dem Grad des Vorwissens und der Präzision von Hypothesen und Fragestellungen können explorative von hypothesenprüfenden (konfirmatorischen) Vorgehensweisen unterschieden werden. Explorative Studien zeichnen sich durch ein hohes Maß an Offenheit und Nicht-Standardisierung aus und werden vor allem bei geringem Vorwissen über ein soziales Feld eingesetzt. Hier kann es auch zweckmäßig sein, in zwei Schritten vorzugehen: Zunächst werden in einer explorativen Forschungsphase Hypothesen entwickelt oder präzisiert, die sodann in einer zweiten Phase mit standardisierten Verfahren empirisch überprüft werden. Explorative und hypothesenprüfende Sozialforschung korrespondieren (teilweise) mit der Unterscheidung von nicht standardisierter (qualitativer) und standardisierter (quantitativer) Sozialforschung. Bei explorativen Studien wird man eher »qualitative« Methoden wie die nicht standardisierte Beobachtung, Leitfadeninterviews, narrative Interviews usw. einsetzen. Die heute gebräuchliche Dichotomie von »qualitativen« und »quantitativen« Methoden ist allerdings missverständlich. Es erscheint sinnvoller, von standardisierten versus nicht standardisierten Methoden zu sprechen.

Der Forschungsprozess kann in vier Phasen eingeteilt werden. Zunächst wird das Forschungsproblem formuliert (Aufstellung einer oder mehrerer Untersuchungshypothesen). In Phase zwei wird der Ablauf der Untersuchung festgelegt. Dazu zählen die Messung und Operationalisierung der für die Hypothesen bedeutsamen Variablen und die Auswahl eines Erhebungsverfahrens (dazu weiter unten). Weiterhin ist das Forschungsdesign zu überlegen. Daten können mit Querschnitt- oder Längsschnittdesigns (Trend- oder Panelstudie) erhoben werden. Ferner kann ein experimentelles (Zufallsaufteilung zwischen Kontroll- und Versuchsgruppen) oder ein nicht-experimentelles Design gewählt werden. In den Sozialwissenschaften dominieren mit Umfragen *(surveys)* nichtexperimentelle Designs, die allerdings bei der Prüfung von Kausalhypothesen nicht immer eindeutige Ergebnisse liefern (Problematik von »Scheinkorrelationen«). Schließlich sind noch der Stichprobenumfang, die Population, aus der die Stichprobe gezogen wird, und das Stichprobenverfahren festzulegen, wobei sich die wissenschaftliche Sozialforschung an der Theorie der Zufallsstichprobe orientiert. Nach einer Prüfung und eventuellen Revision des Erhebungsinstruments *(pretest)* wird in Phase drei mit der Datenerhebung begonnen. Das Interview ist nach wie vor das hauptsächlich verwendete Erhebungsverfahren, wobei aber eine deutliche Verschiebung vom *Face-to-face*-Interview zur telefonischen, computerunterstützten Befragung (CATI-Technik) zu vermerken ist und neuerdings auch Online-Befragungen eingesetzt werden. Andere Erhebungsmethoden sind Beobachtungstechnik, Inhaltsanalyse sowie die Erhebung »prozessproduzierter« Daten (z.B. Ehescheidungsdaten aus Familienregistern, Unfallmeldungen bei Versicherungen usw.). Eine Alternative zu den Phasen zwei und drei bietet die Sekundäranalyse, bei der auf bereits bestehende Daten zurückgegriffen wird. In Phase vier erfolgt schließlich die (statistische) Analyse der Daten. Beispielsweise kann die Stärke des Zusammenhangs zwischen dem Berufsstatus der Eltern und der Ausbildungsdauer der Kinder mit Methoden der Regressions- und Korrelationsstatistik geschätzt werden. Weil im gesellschaftlichen Leben viele Merkmale (Variablen) wechselseitig miteinander verknüpft sind, werden in der nichtexperimentellen Forschung moderne, multivariate statistische Methoden benötigt, um genauere Aussagen über Zusammenhänge machen zu können.

Literatur
Andreas Diekmann, *Empirische Sozialforschung. Grundlagen, Methoden, Anwendungen*, Rowohlt, Reinbek bei Hamburg 2002; – Jürgen Friedrichs, *Methoden empirischer Sozialforschung*, Leske + Budrich, Opladen 1990; – Rainer Schnell, Paul B. Hill, Elke Esser, *Methoden der empirischen Sozialforschung*, Oldenbourg, München 1999.
Internet
www.lrz-muenchen.de/~wlm/ilmes.htm
Verweise
Praxisforschung – Sozialplanung – Sozialstatistik
Andreas Diekmann, Ben Jann

Entschuldung (von Haushalten)

Der Begriff Entschuldung impliziert die gesamthafte Befreiung von allen Schulden und ist weitgehend synonym mit dem Begriff Schuldensanierung. Eine Entschuldung ist dann erreicht, wenn alle Gläubiger einer einvernehmlichen Lösung zugestimmt haben, diese Lösung durchgeführt worden ist und gleichzeitig keine neuen Schulden entstanden sind. Eine Entschuldung setzt ein stabiles Einkommen voraus, das für die Erfüllung aller laufenden Verpflichtungen ausreicht. Die Gläubiger müssen aufgrund von Budgeteckzahlen und Situationsbeschreibung von einem realistischen Sanierungsplan überzeugt werden. Die Sanierungssumme hängt von der wirtschaftlichen Leistungsfähigkeit ab, von den trotz Sparmaßnahmen notwendigen laufenden Ausgaben sowie von der Einschätzung des Durchhaltevermögens der Verschuldeten (in der Regel maximal 2 bis 3 Jahre).

Die Zustimmung der Gläubiger kann auf der Basis unterschiedlicher Vorgehensweisen erreicht werden:

1. Abzahlung aller Rückstände zu 100 Prozent mit weiterlaufenden Verzugszinsen und unterschiedlichen Fristerstreckungen und Raten bei den Gläubigern (dieses Vorgehen entspricht der üblichen Ausgangssituation der ver- und überschuldeten Haushalte).

2. Abzahlung aller Rückstände zu 100 Prozent mit Verzicht der Gläubiger auf weitere Verzugszinsen und Zahlung aller Schulden innerhalb der gleichen Frist.

3. Totalverzicht der Gläubiger auf alle Forderungen. Dieser Verzicht ist bei öffentlich-rechtlichen Gläubigern möglich, die gleichzeitig ein Interesse an der Erfüllung der laufenden Verpflichtungen haben müssen (Steuern, Kirchensteuern, Militärpflichtersatz, in seltenen Fällen Krankenkassen).

4. Außergerichtlicher Nachlassvertrag, einvernehmliche Schuldenbereinigung mit Teilerlass bei Zahlung einer Ablösesumme, die von einer Drittinstitution oder Drittperson (Arbeitgeber, Stiftung, Sanierungsfonds, Angehörige, Erbschaftsvorbezug) zur Verfügung gestellt wurde, in der Regel als zinsfreies oder zinsniedriges Darlehen.

5. Außergerichtlicher Nachlassvertrag, einvernehmliche Schuldenbereinigung mit Teilerlass bei Zahlung der verbleibenden Restschuld in Raten. Die Gläubiger können den gesamten ursprünglichen Forderungsbetrag wieder geltend machen, wenn die Ratenzahlungen ausbleiben oder ohne klare Begründung unterbrochen werden.

6. Außergerichtlicher Nachlassvertrag, einvernehmliche Schuldenbereinigung aufgrund einer Sanierungsplanung mit gerichtlich erwirkter bzw. erzwungener Stundung von 3 bis maximal 6 Monaten (gemäß Art. 333 ff. SchKG).

7. Gerichtlicher Nachlassvertrag gemäß Artikel 293 ff. SchKG, bei der die Hälfte der Gläubiger, die zwei Drittel der Schuldensumme vertreten, die Gleichbehandlung aller Gläubiger mit gerichtlicher Verfügung erwirken können.

8. Besondere Ausgangssituation: eine Entschuldung im Rahmen von Pfändungsverlustscheinen aus einer früheren Krisenphase, z.B. Suchtabhängigkeit, Gefängnisaufenthalt, gescheiterte Selbständigkeit. Aufgrund der oftmals älteren Geschichte und oftmals hohen Gesamtverschuldung können die Gläubiger häufig für einen außerordentlich hohen Teilerlass bis zu 90 Prozent per Saldo aller Ansprüche gewonnen werden.

9. Besondere Ausgangssituation: eine Sanierung von Konkursverlustscheinen bei einem Einkommen unterhalb der Vermögensbildungsgrenze (definiert gemäß unterschiedlicher kantonaler Gerichtspraxis). Auch hier kann ein außerordentlich hoher Teilerlass ausgehandelt werden, weil die Forderungen in der Regel nicht eintreibbar sind (Rechtsvorschlag mangels neuen Vermögens erheben); hingegen folgt die Sanierung bei vermögensbildendem Einkommen den normalen Regeln.

10. Sonderform: transparente Ungleichbehandlung der Gläubiger aus besonderen Gründen (dringliche Mietzinsschulden, Krankenversicherer, die ihre gesetzliche Vorzugsstellung einfordern, »schwarze Schafe« der Kreditbranche). Die einer Teilerlass-Lösung zustimmenden Gläubiger halten trotzdem ihre Zustimmung aufrecht, damit es nicht zum Konkurs kommt.

11. Sonderform: Nach Scheitern einer Verhandlungslösung mit einer vermittelnden Stelle über-

nimmt der verschuldete Haushalt das weitere Vorgehen in eigener Regie, er baut dabei auf die erreichten Kompromisse auf.

Die meisten überschuldeten Haushalte, die sich bei Sozialberatungs- und gemeinnützigen Fachstellen melden, können keine Entschuldung erreichen. Sie sind auf Existenzsicherungsmaßnahmen trotz Schulden angewiesen: kleine Spielräume im Pfändungsverfahren geltend machen, Budget verbessern, fair und klar die Gläubiger über Grund und Dauer der Zahlungsunfähigkeit orientieren. Einigen überschuldeten Haushalten ist mit Hilfestellung für Konkurs gedient.

Viele überschuldete Haushalte nehmen die Vermittlung kommerzieller Sanierungsbüros in Anspruch und kommen damit vom Regen in die Traufe. Ungenügende Budgetprüfung, ungenügende Sanierungsplanung, hohe Inkassospesen führen zu einem Ansteigen des Schuldenbergs. Die sofortige Auflösung des Auftrags ist häufig angezeigt. Über Subventionen und Leistungsvereinbarungen mit den öffentlichen Körperschaften, mit Arbeitgebern, Sponsoren und Stiftungen muss die gemeinnützige Schuldenberatung um ein Vielfaches ausgebaut werden, um Entschuldung zu planen und zu erreichen.

Literatur
Verein Schuldensanierung Bern (VSB), *Schulden – was tun?*, VSB, Köniz 1995.
Internet
www.srk-gr.ch/schuld.htm
www.schulden-zh.ch
www.schkg.ch
Verweise
Existenzminimum – Richtlinien für die Ausgestaltung und Bemessung der Sozialhilfe (SKOS-Richtlinien) – Soziale Arbeit

Michael Claussen

Entschuldung (von Staaten)

Der Begriff der Entschuldung bezeichnet einen vollständigen oder teilweisen Erlass ausstehender Zahlungsverpflichtungen. Im Verhältnis zwischen den Gläubigerländern des Nordens und den Schuldnerländern des Südens bedeutet Entschuldung die Gewährung von Schuldenerleichterungen durch die Gläubiger.

Im Gefolge der internationalen Schuldenkrisen des 19. und frühen 20. Jahrhunderts mussten die Gläubiger den Schuldnerländern zum Teil erhebliche Schuldenerleichterungen zugestehen (Schuldenerlass von bis zu 50 Prozent). Auch im Gefolge der Schuldenkrise der 1980er-Jahre wurden von sozialen Bewegungen und Nichtregierungsorganisationen umfassende Entschuldungsmaßnahmen gefordert. Aufgrund der von Hilfswerken lancierten Petition »Entwicklung braucht Entschuldung« bewilligte das Schweizer Parlament anlässlich der 700-Jahr-Feier einen Entschuldungsfonds von 700 Millionen Franken. Im internationalen Rahmen hat die von der Solidaritätsbewegung Jubilee 2000 geforderte Schuldenstreichung zur 1996 lancierten und 1999 erweiterten HIPC-Initiative *(Highly Indebted Poor Countries)* von Weltbank, IWF und den G7-(G8-) Staaten geführt. Damit sollen die Schulden der 41 ärmsten Länder halbiert werden. Neben dem begrenzten Ausmaß der Entschuldung (die gesamte Auslandsverschuldung aller Länder des Südens wird lediglich um etwa 4 Prozent reduziert) werden an der HIPC-Initiative die fehlende Mitwirkung der privaten Gläubiger und die an den Entschuldungsprozess gebundenen Bedingungen kritisiert.

Literatur
David Malin Roodman, *Still Waiting for the Jubilee: Pragmatic Solutions for the Third World Debt Crisis*, Worldwatch Paper Nr. 155, Worldwatch Institute, Washington 2001; – John E. Serieux et al., »Debt Relief for the Poorest Countries«, in: *Canadian Journal of Development Studies*, Nr. 2/22, 2001; – Christian Suter, *Debt Cycles in the World-Economy*, Westview, Boulder 1992.
Internet
www.worldbank.org/hipc/
www.jubilee2000uk.org/
www.oneworld.org/eurodad/
Verweise
Finanzkrise – Globalisierung – Weltbank

Christian Suter

Entwicklungspolitik

Entwicklungspolitik zielt auf die Förderung der sozioökonomischen Entwicklung, des grundsätzlich gelenkten sozialen Wandels und Kulturwandels in einem Sozialgebilde. Ziel ist die Verbesserung der politischen, gesellschaftlichen, wirtschaftlichen und sozialen Lebensbedingungen möglichst vieler Mitglieder des Sozialgebildes sowie ihrer Fähigkeit, dazu aus eigenen Kräften beizutragen. Entwicklungspolitik begreift sich somit als Gesellschaftspolitik.

Klassische Entwicklungspolitik umfasst auf bestimmte entwicklungspolitische Zielsetzungen abgestimmte und koordinierte Einzelmaßnahmen der öffentlichen Entwicklungszusammenarbeit im engeren Sinne, die auf bilateralen (zwischen Staaten) oder multilateralen (über internationale Organisationen) Beziehungen zwischen den so genannten Industrie- und Entwicklungsländern beruhen oder (im weiteren Sinne) von nichtstaatlichen Organisationen oder privat getragen werden.

Die Anfänge der Entwicklungspolitik in den 1950er- und 60er-Jahren beschränkten sich vielfach auf einseitige Förderung wirtschaftlichen Wachstums gemäß den Modernisierungs- oder

Wachstumstheorien, gepaart mit außenpolitischem Opportunismus der Beziehungen zwischen Industrie- und Entwicklungsländern, was in den 70er-Jahren u.a. zur Forderung nach Abkoppelung vom Weltmarkt gemäß Dependenztheorie führte, um in den Entwicklungsländern eigenständige Entwicklung zu ermöglichen.
Die (soziale) Wirksamkeit mobilisierter technischer, wirtschaftlicher, finanzieller u.a. Ressourcen hängt allerdings 1. ab von der jeweiligen Gesellschaftsordnung des Entwicklungsgebietes, besonders der Schichtungsstruktur und der sie beeinflussenden Werthaltungen, Normen und Verhaltensweisen, den gesellschaftlichen Machtverhältnissen u.a. 2. hängt sie wechselseitig zusammen mit dem Einfluss anderer gesellschaftlicher Teilbereiche und zunehmend vernetzter (inter)nationaler Strukturen und Rahmenbedingungen wie (Zugang zu) Wirtschafts- und Handelsräumen, Rechtssicherheit, politischer Stabilität und *good governance*.
Mit dem Brundtlandbericht 1987 und dem auf der UN-Konferenz für Umwelt und Entwicklung (UNCED) in Rio de Janeiro 1992 verabschiedeten umwelt- und entwicklungspolitischen Aktionsprogramm für das 21. Jahrhundert (Agenda 21) rückten Nachhaltigkeit der Entwicklung *(sustainable development)*, Partizipation und *empowerment*, Stärkung von Rechtsstaatlichkeit und Demokratie, neben Armutsbekämpfung und ländlicher Entwicklung als Paradigmen der Entwicklungspolitik stärker in den Vordergrund.

Literatur
Richard F. Behrendt, *Soziale Strategie für Entwicklungsländer*, Fischer, Frankfurt am Main 1968; – Dieter Goetze, *Entwicklungspolitik, 1. Soziokulturelle Grundfragen*, Schöningh, Paderborn 1983; – Weltbank, *World Development Report 2003. Sustainable Development in a Dynamic World*, Weltbank, Washington 2002.
Verweise
Europäische Bank für Wiederaufbau und Entwicklung – Nachhaltigkeit – Weltbank

Katja Windisch

Ergänzender Arbeitsmarkt

Der ergänzende Arbeitsmarkt umfasst sämtliche Integrationsmaßnahmen – auch Beschäftigungsprogramme genannt – für Erwerbslose, unabhängig von ihrem Status (Arbeitslosenversicherung, Sozialhilfe, Invalidenversicherung oder anerkannter Flüchtling). Die Zielsetzung ist die soziale und berufliche Integration.
Die Maßnahmen zur sozialen und beruflichen Integration für Erwerbslose wurden in der Schweiz in der zweiten Hälfte der 1990er-Jahre deutlich verstärkt. Einerseits wurden 1997 die arbeitsmarktlichen Maßnahmen der Arbeitslosenversicherung (ALV) eingeführt und andererseits wurde die Sozialhilfe aktiv, um die von der ALV Ausgesteuerten wieder zu integrieren. Mit den sinkenden Arbeitslosenzahlen ab 1999 wurden die arbeitsmarktlichen Maßnahmen der ALV wieder abgebaut. Nicht alle konnten jedoch von der sich bessernden Arbeitsmarktlage profitieren. Viele Menschen wurden während der Wirtschaftskrise dauerhaft vom Erwerbsleben ausgeschlossen. Deshalb sind die Integrationsmaßnahmen der Sozialhilfe nach wie vor notwendig. Die aktuelle Herausforderung besteht darin, wirkungsvolle Integrationsmaßnahmen für Langzeiterwerbslose anzubieten, die zum Teil intensive soziale Betreuung benötigen, psychische und physische Handicaps aufweisen und oft bildungsungewohnt sind. Die Maßnahmen konzentrieren sich in erster Linie auf die Zielsetzung der beruflichen Integration. Es existiert eine große Anzahl Projekte, die eine Vermittlung in den ordentlichen Arbeitsmarkt anstreben. Integrationsmaßnahmen mit einer sozial integrativen Zielsetzung sind hingegen selten. Der Drehtüreneffekt von der ALV zur Sozialhilfe und von der Sozialhilfe zurück zur ALV oder Invalidenversicherung ist zudem ein deutlicher Hinweis darauf, dass eine erfolgreiche Integration von Erwerbslosen eine intensive Zusammenarbeit dieser Institutionen erfordert.

Literatur
Andrea Grawehr, Carlo Knöpfel, *Ergänzender Arbeitsmarkt. Ein erfolgreiches Konzept zur sozialen und beruflichen Integration?*, Caritas, Luzern 2001; – Kurt Wyss, Rosmarie Ruder, »Integrationsmassnahmen zur Bekämpfung der Langzeiterwerbslosigkeit: Starke Segmentierung«, in: *Soziale Sicherheit*, Nr. 5, 1999, S. 239–245.
Verweise
Interinstitutionelle Zusammenarbeit – Langzeitarbeitslosigkeit – Sozialhilfe (im engeren Sinne) – Sozialhilfe (im weiteren Sinne) – Wiedereingliederung

Andrea Grawehr

Ergänzungsleistungen zur AHV/IV

Die Ergänzungsleistungen zur AHV/IV sind mit dem Bundesgesetz vom 19. März 1965 (ELG) eingeführt worden und bezwecken die materielle Existenzsicherung der in der Schweiz lebenden AHV- und IV-Rentenberechtigten. Bei den Ergänzungsleistungen zur AHV/IV handelt es sich um Sozialversicherungsleistungen ganz besonderer Art. Sie nehmen heutzutage eine wichtige Stellung zwischen der »klassischen« Sozialversicherung (AHV und IV) und der öffentlichen Sozialhilfe ein.
Ohne Ergänzungsleistungen zur AHV/IV würde das Drei-Säulen-Prinzip der Alters-, Hinterlassenen- und Invalidenvorsorge daran kranken, dass es nur den besser Verdienenden Existenzsicherung gewährleisten würde. 1999 benötigten rund 11 Prozent der AHV-Berechtigten und 24 Prozent

der IV-Berechtigten die Ergänzungsleistungen zur materiellen Existenzsicherung. Die Ergänzungsleistungen stellen gleichzeitig eine bedarfsorientierte Pflegeversicherung dar. 50 bis 65 Prozent aller Heimbewohnenden beziehen Ergänzungsleistungen zur AHV/IV.

Im ELG ist der Kreis der potenziell Anspruchsberechtigten eng und zugleich klar umschrieben: Ergänzungsleistungen zur AHV/IV dürfen nur an Personen ausgerichtet werden,
– die einen eigenen Anspruch auf eine AHV-Rente oder auf mindestens eine halbe IV-Rente oder auf eine Hilflosenentschädigung der IV haben oder während mindestens 6 Monaten Taggelder der IV beziehen;
– die einen Anspruch auf eine AHV/IV-Rente hätten, aber die Mindestbeitragsdauer gemäß Artikel 29 Absatz 1 AHVG nicht erfüllen;
– die in der Schweiz Wohnsitz haben und sich hier gewöhnlich aufhalten;
– die das Schweizer Bürgerrecht besitzen oder als ausländische Staatsangehörige bestimmte Karenzfristen erfüllen. EU-Staatsangehörige sind den Schweizerinnen und Schweizern gleichzustellen;
– deren vom ELG anerkannten Ausgaben die anrechenbaren Einnahmen übersteigen.

Die Ergänzungsleistungen bestehen aus zwei Leistungsarten, den jährlichen Ergänzungsleistungen, welche monatlich ausbezahlt werden, und der Vergütung von Krankheits- und Behinderungskosten. Die Höhe der jährlichen Ergänzungsleistungen entspricht dem Betrag, um den die anerkannten Ausgaben die anrechenbaren Einnahmen übersteigen.

Gewichtigste Ausgabenposition für AHV- und IV-Rentenberechtigte in einer Wohnung ist der Betrag für den allgemeinen Lebensbedarf und der Mietzins. Für Personen, die dauernd oder längere Zeit in einem Heim oder Spital leben, stehen die Ausgaben der Heimtaxe und der Betrag für persönliche Auslagen im Vordergrund. Die weiteren im ELG aufgeführten Ausgaben stellen zwingendes Bundesrecht dar und bilden einen abschließenden Katalog.

Als Einnahmen sind insbesondere anzurechnen die Erwerbseinkünfte (teilweise Anrechnung), Einkünfte aus Vermögenswerten, Vermögensverzehr, Renten und andere wiederkehrende Leistungen sowie Einkünfte und Vermögenswerte, auf die verzichtet worden ist.

Literatur
Bundesgesetz über die Ergänzungsleistungen vom 16. März 1965 (SR 831.30 – Ergänzungsleistungsgesetz, ELG); – Erwin Carigiet, *Ergänzungsleistungen zur AHV/IV*, Schulthess, Zürich 1995; – Erwin Carigiet, Uwe Koch, *Ergänzungsleistungen zur AHV/IV*, Ergänzungsband, Schulthess, Zürich 2000; – Alexandra Rumo-Jungo, »Bundesgesetz über die Ergänzungsleistungen zur Alters-, Hinterlassenen- und Invalidenversicherung«, in: Erwin Murer, Hans-Ulrich Stauffer (Hrsg.), *Rechtsprechung des Bundesgerichts zum Sozialversicherungsrecht*, Schulthess, Zürich 1996.
Verweise
Armutsgrenzen – Soziale Entschädigungssysteme – Versorgungsprinzip

Uwe Koch

Ergotherapie

Ergotherapie hat sich in der Schweiz als eigenständige – von den Kranken- und Unfallversicherungen anerkannte – therapeutische Maßnahme etabliert. Sie setzt individuell angepasste Aktivitäten gezielt zur Befunderhebung und zur Behandlung von Menschen jeden Alters mit einer psychisch oder physisch bedingten Einschränkung der Handlungsfähigkeit ein. Ziel der ergotherapeutischen Intervention ist die Förderung oder Wiederherstellung der Selbständigkeit des betroffenen Menschen in der Ausführung seiner Lebensaufgaben und in der Ausübung seiner sozialen Rollen.

Auf der Basis veränderter Konzepte zur Behandlung psychisch kranker Menschen im 19. Jahrhundert sowie zur Behandlung und Rehabilitation Kriegsverletzter im Anschluss an den Ersten Weltkrieg entwickelte sich die Ergotherapie – mit Wurzeln in den USA und England – als organisierter Beruf in der Schweiz Mitte des 20. Jahrhunderts.

Literatur
Peter Jehn et al., *Ergotherapie vom Behandeln zum Handeln. Lehrbuch für die theoretische und praktische Ausbildung*, Thieme, Stuttgart/New York 1999; – Christina Jerosch-Herold et al., *Konzeptionelle Modelle für die ergotherapeutische Praxis*, Springer, Berlin/Heidelberg 1999.
Internet
www.ergotherapie.ch

Ursula Schwager

Ermessen

Ermessen bedeutet die Möglichkeit zur Auswahl zwischen mehreren gleichwertigen Verhaltensweisen. Der entscheidenden Behörde wird ein Entscheidungsspielraum eingeräumt. Ermessen bedeutet jedoch nicht freies Belieben. Vielmehr sind Ermessensspielräume pflichtgemäß, das heißt unter Berücksichtigung von Verfassung, allgemeinen Rechtsgrundsätzen und der Zielsetzungen der maßgebenden gesetzlichen Grundlagen auszufüllen.

Der Begriff des Ermessens wird meist im Zusammenhang mit Entscheiden der Verwaltung verwendet. Dabei wird herkömmlicherweise zwischen Auswahl-, Tatbestands- und Entschließungsermessen unterschieden, wobei heute um-

Erwerbsbevölkerung

stritten ist, ob aus dieser Unterscheidung rechtliche Konsequenzen abgeleitet werden können.
Der Begriff des Ermessens kann auch verwendet werden, um die Freiheit des Gesetzgebers bei der Konkretisierung und Umsetzung von Verfassungsrecht zu umschreiben.
Vorgesetzte Verwaltungsbehörden sind regelmäßig befugt, Entscheide der untergeordneten Behörden auf Angemessenheit und Zweckmäßigkeit hin zu überprüfen (vgl. für den Bund Art. 49 lit. c VwVG). Dagegen nehmen Gerichte meist eine eingeschränkte Kontrolle vor und korrigieren einen Ermessensentscheid der Verwaltung nur bei Ermessensmissbrauch, Ermessensüberschreitung oder Ermessensunterschreitung (vgl. für den Bund Art. 104 lit. c OG). Vorliegen und Umfang von Ermessen sind durch Auslegung der maßgebenden gesetzlichen Grundlage zu ermitteln.

Literatur
Ulrich Häfelin, Walter Haller, *Grundriss des Allgemeinen Verwaltungsrechts*, Schulthess, Zürich 1998.
Verweise
Verwaltungsrecht – Verwaltungsverfahren

Felix Uhlmann

Erwachsenenbildung → Lebenslanges Lernen

Erwerbsbevölkerung
Die Erwerbsbevölkerung umfasst alle Personen in einer Wirtschaft, die zu einem gegebenen Zeitpunkt erwerbstätig sind oder aktiv nach Erwerbsarbeit suchen. Sie wird auch als Erwerbspersonenbestand bezeichnet. Statistisch betrachtet setzt sich die Erwerbsbevölkerung aus der Summe der Erwerbstätigen und Arbeitslosen zusammen. Sie dient bei der Berechnung der Arbeitslosenquote als Nenner.
Von besonderem Interesse ist das Verhältnis der Erwerbsbevölkerung zur Gesamtwohnbevölkerung im erwerbsfähigen Alter (in der Regel 15–64 Jahre), das Erwerbsquote genannt wird und die Erwerbsbeteiligung einer Bevölkerung abbildet. Veränderungen der Erwerbsbeteiligung in Abhängigkeit vom Lohn und von weiteren Bestimmungsfaktoren stellt in den Wirtschaftswissenschaften das Arbeitskräfteangebot dar. Eine hohe Erwerbspartizipation führt unter sonst gleichen Bedingungen zu einem hohen Pro-Kopf-Einkommen, einem gängigen Maß des wirtschaftlichen Wohlstandes einer Bevölkerung.

Literatur
Wolfgang Franz, *Arbeitsmarktökonomik*, Springer, Berlin 1999.
Verweise
Erwerbslosenrate – Erwerbslosigkeit (Struktur der) – Erwerbsquote

George Sheldon

Erwerbsersatzordnung
Im Ersten Weltkrieg bezogen die Armeeangehörigen während ihres Dienstes in der Regel nur für eine eng begrenzte Zeit noch Lohn von ihrem Arbeitgeber und dazu einen geringen Sold. Selbständigerwerbende erhielten einzig den Sold. Dieses System war nicht geeignet, den Dienstleistenden und ihren Angehörigen eine minimale soziale Sicherheit zu bieten. Nach Ausbruch des Zweiten Weltkriegs führte der Bundesrat deshalb unter Anwendung von Notrecht eine Erwerbsausfallentschädigung bei Militärdienst ein. Gestützt auf eine Verfassungsrevision von 1947 wurde 1952 das Bundesgesetz über die Erwerbsersatzordnung für Dienstleistende in Armee und Zivilschutz (EOG) erlassen, welches letztmals im Jahr 1998 überarbeitet wurde. Eine erneute Revision fand im Jahr 2002 statt.
Die Erwerbsersatzordnung (EO) gewährt Angehörigen der Armee, des Zivilschutzes, des Zivildienstes (sowie Teilnehmenden an Leiterkursen von Jugend und Sport oder an Jungschützenleiterkursen) teilweisen Ersatz für den während der Dauer des Dienstes (bzw. Kurses) erlittenen Erwerbsausfall. Die Grundentschädigung beträgt in der Regel 65 Prozent (während der Rekrutenschule 20 Prozent) des vordienstlichen Einkommens; hinzu kommen Kinderzulagen (43 Franken pro Tag für das erste, 22 Franken für jedes weitere Kind), Zulagen für Betreuungskosten sowie Betriebszulagen (für Selbständigerwerbende). Die Höhe der täglichen Gesamtentschädigung beträgt jedoch maximal 215 Franken und minimal 43 Franken (Stand 2001).
Finanziert wird die EO zur Hauptsache durch die paritätischen Beiträge von Arbeitgebern und Arbeitnehmenden, welche je 0,15 Prozent des Lohns ausmachen, sowie durch die Beiträge von Selbständigerwerbenden. Die EO wird durch die Organe der AHV (Ausgleichskassen) vollzogen.

Literatur
Pascal Mahon, »Le régime des allocations pour perte de gain«, in: Ulrich Meyer-Blaser (Hrsg.), *Schweizerisches Bundesverwaltungsrecht*, Band Soziale Sicherheit, Helbing & Lichtenhahn, Basel 1998; – Alfred Maurer, *Schweizerisches Sozialversicherungsrecht*, Band II, Stämpfli, Bern 1981; – Dieter Widmer, *Die Sozialversicherung in der Schweiz*, Schulthess, Zürich 2001.
Internet
www.bsv.admin.ch
Verweise
AHV/IV

Olivier Steiner

Erwerbslosenrate
Die Erwerbslosenrate wird als das Verhältnis zwischen erwerbsloser Bevölkerung und gesamter aktiver Bevölkerung definiert. Erwerbstätige und

Arbeitsuchende sind gleichermaßen Teil der aktiven Bevölkerung. Die Anzahl der Erwerbslosen entspricht der Anzahl Personen, die bereit sind, zu den gegebenen Bedingungen des Marktes (vor allem dem Lohn) zu arbeiten, die aber trotz ihrer aktiven Suche keine Anstellung finden. Um die Rate zu berechnen, braucht es Daten bezüglich der Arbeitsuchenden sowie jene der aktiven Bevölkerung. In der Schweiz gibt es zwei Statistiken zur Erwerbslosigkeit.

Die erste und offizielle Statistik zur Erwerbslosigkeit wird vom seco, dem Staatssekretariat für Wirtschaft, erarbeitet. Diese erfasst am Ende jedes Monats jene Personen, die sich bei einem kantonalen Arbeitsamt eingeschrieben haben, unabhängig davon, ob sie ein Recht auf Arbeitslosengeld haben oder nicht. In dieser Statistik werden Personen als erwerbslos erfasst, wenn sie ohne Anstellung sind und auf der Suche nach einer Voll- oder Teilzeitarbeit sind, wenn sie höchstens zu 50 Prozent angestellt sind und eine zweite Teilzeitstelle oder eine andere Vollzeitstelle suchen oder wenn sie sofort verfügbar und vermittelbar sind, was bedeutet, dass sie bereit sind, eine Arbeit zu akzeptieren, und fähig und berechtigt sind, dieser nachzugehen, wobei sie älter als 14 Jahre sein müssen. Da die Registrierung in einem kantonalen Arbeitsamt für den Empfang von Arbeitslosengeldern notwendig ist, erlauben die Zahlen des seco, alle Empfänger und Empfängerinnen von Arbeitslosengeldern aufzurechnen. Die Personen jedoch, die kein Recht oder kein Recht mehr (die Ausgesteuerten) auf Leistungen haben, müssen sich nicht in einem Arbeitsamt eintragen lassen. Ihre Entscheidung, sich einzuschreiben, hängt davon ab, was für Leistungen sie erwarten können. Wenn sie ihr lokales Arbeitsamt bei ihrer Stellensuche als nützlich erachten oder wenn diese Registrierung notwendig ist, um kantonale Leistungen zu erhalten (wie z.B. in Genf), werden sie sich eher bei einem Amt melden. Wenn ihnen dieses Vorgehen jedoch unnütz erscheint, so werden sie nirgends offiziell erfasst sein und fallen somit aus den Statistiken heraus. Letztere weisen dann zu tiefe Zahlen auf.

Bis 1991 waren die Daten, die vom seco monatlich herausgegeben werden, die einzige offizielle Erwerbslosenstatistik in der Schweiz. Seit 1991 gibt es in der Schweiz aber eine weitere Informationsquelle, die sich einer Umfrage bedient, die eine repräsentative Anzahl Personen befragt. Die Schweizerische Arbeitskräfteerhebung (SAKE) wurde 1991 vom Bundesamt für Statistik das erste Mal realisiert. Seither wird sie jedes Jahr im zweiten Trimester wiederholt. Dank der SAKE kann die Anzahl Arbeitsloser in der Schweiz nun auch anhand der Empfehlungen des Internationalen Arbeitsamtes, der OECD und der EU-Kommission erhoben werden. Zu den Erwerbslosen gehören gemäß internationalen Normen nämlich Personen im Alter von mindestens 15 Jahren, die in der Referenzwoche nicht erwerbstätig waren, die in den 4 vorangegangenen Wochen aktiv eine Arbeit gesucht haben und dabei mindestens einen konkreten Versuch gemacht haben, eine Stelle zu finden, und die innerhalb der 4 folgenden Wochen mit einer Tätigkeit beginnen können. Anhand dieser Kriterien kann innerhalb der befragten Bevölkerung die Anzahl Personen berechnet werden, die erwerbslos sind. Extrapoliert man diese Zahl mit der ganzen Bevölkerung, erhält man die geschätzte Zahl der Arbeitsuchenden in der Schweiz zum Zeitpunkt der Umfrage.

Literatur
Augustin de Coulon, Yves Flückiger, »The Analysis of Regional Unemployment Inequality: The Case of Switzerland«, in: Michael A. Landesmann, Karl Pichelmann, *Unemployment in Europe*, McMillan, London 2000, S. 260–272.
Verweise
Arbeitslosigkeit – Erwerbslosigkeit (Struktur der) – Erwerbsquote

Yves Flückiger

Erwerbslosigkeit (Struktur der)

Die Erwerbslosigkeit kann in drei Arten unterteilt werden: friktionell, strukturell und konjunkturell. Von friktioneller Erwerbslosigkeit spricht man, wenn die Arbeitgeber eines bestimmten Arbeitsmarkts freie Stellen anbieten und auf demselben Markt gleichzeitig Erwerbslose gemeldet sind. Diese Situation hängt mit einem Informationsproblem sowie mit dem normalen Prozess der Arbeitsuche durch die Arbeitnehmenden sowie durch die Arbeitgeber zusammen. Diese Erwerbslosigkeit ist von kurzer Dauer, im Gegensatz zur strukturellen Erwerbslosigkeit, die auf der Unvereinbarkeit der Arbeitsuchenden und der freien Stellen basiert. Diese Art von Erwerbslosigkeit ist sehr schwierig zu bekämpfen. Die Erwerbslosen müssen sich requalifizieren oder eine Mobilität hinsichtlich des Arbeits- oder des Wohnortes in Kauf nehmen. Die konjunkturelle Erwerbslosigkeit schließlich tritt ein, wenn im Verhältnis zur Anzahl Erwerbsloser generell zu wenig Arbeitskräfte gesucht werden.

Um effizient gegen die Erwerbslosigkeit ankämpfen zu können, müssen die zu ergreifenden Maßnahmen an die Art des Problems angepasst werden. Eine Politik des wirtschaftlichen Aufschwungs wird es nicht schaffen, strukturelle Erwerbslosigkeit zu verringern, so wie ihr auch nicht gelingen kann, die Friktionen, die dem Markt inne sind, zu verhindern. Im Gegensatz zu den makroökonomischen Instrumenten hat die Arbeitsmarktpolitik zum Ziel, das Funktionieren des Arbeitsmarktes zu verbessern, damit die Friktionen vermindert werden. Dies geschieht, indem auf die Qualifikationen der Erwerbslosen eingewirkt wird und indem die Firmen dazu aufgefordert werden, Erwerbslose einzustellen. Trotz ihrer großen Unterschiede können diese aktiven Maßnahmen in vier Kategorien eingeteilt werden. Die erste umfasst jene Maßnahmen, die das Arbeitsangebot fokussieren, um die Qualifikationen der Erwerbslosen zu erhöhen, sie beruflich umzuorientieren oder deren Weiterbildung zu fördern. Die zweite Kategorie hält Firmen dazu an, vermehrt junge Personen, die frisch auf den Arbeitsmarkt kommen, oder ausgesteuerte Erwerbslose einzustellen. Diese Anstellungsverhältnisse werden dann für eine gewisse Zeit subventioniert. Auch Erwerbslose, die sich selbständig machen, können hier Unterstützung finden. Die dritte Kategorie enthält Maßnahmen zur Verbesserung der Information über den Arbeitsmarkt und zur Effizienzsteigerung in der Stellenvermittlung. Die vierte Kategorie betrifft jene Maßnahmen, die auf die Anpassung der Gesetze und der Institutionen abzielen, indem die Kündigungskosten verändert, die Arbeitszeiten umgestaltet (frühzeitige Pensionierung, Jahresarbeitszeit) oder die Steuern und die Sozialabgaben angepasst werden, um Arbeitsstellen zu schaffen. Bis 1995 betrugen die Kosten für die aktiven Maßnahmen in der Schweiz nur 25 Prozent der totalen Ausgaben in Zusammenhang mit der Erwerbslosigkeit. In Europa waren es über 33 Prozent. Mit der Revision des AVIG 1995 sind die aktiven Maßnahmen jedoch zum Herzstück der Bekämpfung der Erwerbslosigkeit in der Schweiz geworden.

Verweise
Beschäftigungsmaßnahmen (aktive) – Beschäftigungspolitik – Erwerbslosenrate – Erwerbsquote

Yves Flückiger

Erwerbsquote

Die Erwerbsquote bezeichnet den prozentualen Anteil der erwerbstätigen und als arbeitslos gemeldeten Personen an der Gesamtbevölkerung. Die Quote vermittelt einen Eindruck, inwieweit das Ziel der Vollbeschäftigung erreicht wird. Im Gegensatz zur These vom »Ende der Arbeit« spricht die Entwicklung der Erwerbsquote dafür, dass immer mehr Menschen einem Erwerb nachgehen. Besonders die Erwerbsquote der Frauen steigt seit 1970 kontinuierlich an.
Die Erwerbstätigenquote unterscheidet sich insofern von der Erwerbsquote als sie nur den Anteil der erwerbstätigen Personen, nicht aber der Arbeitslosen an der Gesamtbevölkerung erfasst. Dabei gilt es zu beachten, dass die verschiedenen statistischen Quellen unterschiedliche Kriterien zur Bestimmung der Erwerbstätigkeit und der Referenzgröße »Gesamtbevölkerung« verwenden. Die Gesamtbevölkerung, die älter als 15 Jahre ist, bildet bei manchen Berechnungsarten die Referenzgröße.

Literatur
Heiner Ritzmann (Hrsg.), *Historische Statistik der Schweiz*, Chronos, Zürich 1996.
Verweise
Erwerbsbevölkerung – Erwerbslosenrate – Erwerbslosigkeit (Struktur der)

Ludwig Zurbriggen

Etatismus

Etatismus (von französisch *État*, Staat) bezeichnet eine politische Haltung, die gesellschaftliche Probleme hauptsächlich durch staatliche Regelungen zu lösen versucht. Der Begriff ist in Frankreich um 1880 entstanden: Zur Aufgabe des Staates gehört auch die Lenkung der Wirtschaft, weshalb die Arbeiterklasse durch Wahlen (und nicht durch Revolution) das Eigentum an den Produktionsmitteln erreichen soll.
Dieser auf demokratischem Weg verwirklichte Staatssozialismus kann als Gegenmodell zum Nachtwächterstaat und Variante des Reformismus begriffen werden. In der Debatte über die Rolle des Staates in der (schweizerischen) Sozialdemokratie vertreten die »Traditionalisten« (mehrheitlich aus der Romandie) den etatistischen Standpunkt gegenüber den »Modernisten/Reformern« (mehrheitlich aus der deutschen Schweiz), die bestimmte gesellschaftliche Probleme auch mithilfe des Marktes lösen wollen. Von konservativer und liberaler Seite wird der Begriff häufig verwendet gegen Versuche der Linken, sozialstaatliche Regelungen auf Bundesebene durchzusetzen.

Literatur
Helga Grebing, *Die deutsche Arbeiterbewegung: zwischen Revolution, Reform und Etatismus*, B.I. Taschenbuchverlag, Mannheim 1993.
Verweise
Reformismus – Sozialismus – Subsidiarität

Markus Blaser

Ethik

Die Ethik ist eine »Unterdisziplin« der Philosophie sowie der Theologie und befasst sich mit den Problemen, die mit den Werturteilen und den ihnen zugrunde liegenden Normen zusammenhängen. Sie strebt danach, diese Normen mit universalisierbaren Argumenten zu begründen. Somit unterscheidet sich die Ethik von allen andern Disziplinen, die versuchen, die Entstehung oder die Entwicklung der Normen ausgehend von einer empirischen Methodologie zu beschreiben oder zu erklären. Die Ethik bezieht sich schließlich auf die Erfahrung, wenn sie von gelebter Moral oder von Bräuchen spricht, ohne diesen aber normativen Charakter zu verleihen; täte sie dies, würde die ethische Reflexion einem naturalistischen Trugschluss verfallen.

Auf einem höheren Abstraktionsgrad als die ethisch-normative Überlegung befindet sich die Metaethik. Als Unterdisziplin der Ethik ist ihre Aufgabe, die erkenntnistheoretische Reichweite und die Sprachstruktur der ethischen Diskurse zu studieren. Man geht davon aus, dass die Metaethik normativ neutral sein sollte. In der Metaethik werden vollkommen unterschiedliche Thesen unterstützt: In einer minimalistischen Perspektive versteht man die ethischen Aussagen als reine, nicht kognitive Gefühlsausdrücke (Emotivismus), überdies meinen gewisse Ethiker und Ethikerinnen, dass sie den ethischen Aussagen eine fast mathematische Evidenz geben könnten. Die normative Ethik hingegen spaltet sich in zwei verschiedene Teile: die »fundamentale oder allgemeine Ethik« und die »spezielle oder angewandte Ethik«. Letztere hat sich in jüngster Zeit stark entwickelt und fast autonome Unterdisziplinen gebildet. So spricht man von Bioethik, Wirtschaftsethik, Umweltethik, Medienethik usw. Der Status dieser angewandten Ethiken ist umstritten, einerseits wird ihre methodologische Autonomie unterstrichen, andererseits werden sie zu ihren gemeinsamen Wurzeln der allgemeinen Ethik zurückgeführt.

Die Grundprobleme der allgemeinen Ethik lösen ebenfalls heftige Diskussionen aus. Soll sich die Ethik ausschließlich an der Normenbildung ausrichten oder soll sie eine Theorie des (verantwortlich) agierenden Subjektes erarbeiten, innerhalb einer Theorie der Tugend?

Die Bedeutung der Normen wird diskutiert: Haben sie an sich einen Wert, unabhängig von den Konsequenzen ihrer Einhaltung (Deontologismus), oder sollte man stets die Auswirkungen der in der Ethik stark betonten Konsequenzen der Taten wie auch der Normen berücksichtigen (Konsequenzialismus, Teleologismus, Utilitarismus)? Was ist schließlich die Rolle der religiösen Vorstellungen und Überzeugungen in der Erarbeitung und Fundierung von moralischen Normen? Gewisse Ethikerinnen und Ethiker, darunter sowohl Philosophen und Philosophinnen wie auch Theologen und Theologinnen, betonen die methodologische Unabhängigkeit der moralischen Beurteilung von religiösen Vorstellungen, während andere davon ausgehen, dass der absolute Charakter der moralischen Normen nur durch einen Bezug zu einem göttlichen Gesetz garantiert werden kann.

Literatur
Kurt Bayertz (Hrsg.), *Praktische Philosophie – Grundorientierungen angewandter Ethik*, Rowohlt, Reinbek bei Hamburg 1991; – Otfried Höffe (Hrsg.), *Lexikon der Ethik*, Beck, München 2002; – Helmut Holzhey, Peter Schaber (Hrsg.), *Ethik in der Schweiz*, Pano, Zürich 1996; – Julian Nida-Rümelin (Hrsg.), *Angewandte Ethik*, Kröner, Stuttgart 1996.

Verweise
Bioethik – Transplantationsmedizin – Utilitarismus – Zwang in der Psychiatrie – Zweiklassenmedizin

Alberto Bondolfi

Eugenik

Der Ausdruck Eugenik wurde von Sir Francis Galton, einem Cousin Darwins, geprägt, um die Verbesserung des genetischen »Materials« der Bevölkerung zu bezeichnen. Er bezog sich auf wissenschaftliche Studien über »alle Einflüsse, die in irgendeiner Weise geeignetere Rassen oder Herkunftsstränge mit der Fähigkeit ausstatten, sich schneller als sonst gegenüber den weniger geeigneten Individuen durchzusetzen« (1883, S. 25). Verfechter der Eugenik bezogen sich auf sozialdarwinistische Ideen, erachteten jedoch den »natürlichen« Evolutionsprozess als zu langsam, um moderne Bedürfnisse abzudecken. In der Überzeugung, dass sowohl moralische als auch physische Defekte erblich seien, verteidigten die Eugeniker eine »positive« Eugenik – soziale Reformen, welche die Fortpflanzung von genetisch »überlegenen« Mitgliedern der Nation fördern sollten –, was einige Autoren mit »negativer« Eugenik kombinierten – Einschränkung der Reproduktion von genetisch »Minderwertigen«.

Eugenik entstand sowohl als Wissenschaft als auch als soziale Bewegung. Die neue Wissenschaft der Eugenik sollte Regierungen darin unterstützen, sozialpolitische Maßnahmen einzusetzen, welche durch aktives soziales Eingreifen Degeneration verhindern sollten. Eine Vielzahl von »sozialreformatorischen« Gesellschaften aus dem gesamten politischen Spektrum sowie wissenschaftliche Disziplinen wie Psychiatrie, Anthropologie, Biologie und Sexualwissenschaft haben dem eugenischen Gedankengut vor allem in der zweiten Hälfte des 19. Jahrhunderts eine breite institutionelle Unterstützung verschafft. Mit der Entstehung der ersten Maßnahmen im Hinblick auf einen Wohlfahrtsstaat zu Beginn des 20. Jahrhunderts beeinflusste die Eugenik viele sozialpolitische Ansätze, speziell in den USA, Skandinavien, der Schweiz und später dann auch in Nazideutschland. Die Schweiz tat sich hierbei besonders hervor (obwohl »Eugenik« hier oft durch den Begriff »Rassenhygiene« ersetzt wurde), mit Pionieren wie Auguste Forel, Eugen Bleuler und Ernst Rüdin.

Maßnahmen wie eugenisch motivierte Heiratsverbote oder Sterilisationspraktiken betrafen psychisch Kranke, geistig Behinderte, allein erziehende Mütter, Fahrende und andere sozial ausgegrenzte Gruppen. In der Vorkriegszeit entsprachen eugenische Ideen der wissenschaftlichen Orthodoxie, obwohl ihre Übersetzung in die Politik umstritten war und vor allem von liberalen und katholischen Kreisen abgelehnt wurde. Obschon einige eugenische Praktiken bis spät in die Nachkriegszeit durchgeführt worden sind, wurde Eugenik durch ihre Assoziation mit der großflächigen »Euthanasie« von »minderwertigen« Personen durch Nazideutschland während des Zweiten Weltkriegs stark diskreditiert.

Literatur
Eugen Bleuler, *Lehrbuch der Psychiatrie*, Julius Springer, Berlin 1916; – Auguste Forel, *La question sexuelle exposée aux adultes cultivés*, Steinheil, Paris 1906; – Francis Galton, *Inquiries into Human Faculty and Its Development*, Macmillan, London 1883.
Verweise
Rasse und Wissenschaft – Sozialdarwinismus

Véronique Mottier

Eurokompatibilität/autonomer Nachvollzug

Eurokompatibilität bzw. autonomer Nachvollzug bezeichnen die Anpassung des nationalen Rechts an das Recht der Europäischen Union. Nach der Ablehnung des Abkommens über den Europäischen Wirtschaftsraum (EWR), das die Anpassung weiter Teile des schweizerischen Rechts, einschließlich des Arbeitsrechts und der Sozialversicherungen, an das Europarecht vorsah, beschloss der Gesetzgeber, bestimmte Bereiche des schweizerischen Rechts im Rahmen des autonomen Nachvollzugs dennoch anzupassen. Bezüglich des Sozialrechts sind die Bestimmungen des Obligationenrechts über den Arbeitsvertrag zu erwähnen (Betriebsübergang und Massenentlassungen) sowie das eidgenössische Mitwirkungsgesetz (SR 822.14). Weitere Anpassungen sind im Rahmen des Abkommens zwischen der Schweiz und der Europäischen Gemeinschaft und ihren Mitgliedstaaten über die Freizügigkeit vorgenommen worden.

Literatur
Botschaft vom 24. Februar 1993 über das Folgeprogramm nach der Ablehnung des EWR-Abkommens, BBl. 1993 I 805; – Thomas Cottier, Matthias Oesch, *Die sektoriellen Abkommen Schweiz - EG – Ausgewählte Fragen zur Rezeption und Umsetzung der Verträge vom 21. Juni 1999 im schweizerischen Recht*, Stämpfli, Bern 2002; – Bettina Kahil-Wolff, *Suisse – Europe, mesurer le possible, viser à l'essentiel*, Centre Patronal, Lausanne 1995.
Internet
http://www.europa.admin.ch
Verweise
Bilaterale Abkommen – Europäische Gemeinschaft und soziale Sicherheit – Europäische(n) Union (Instrumente der) – Europäische(n) Union (Reglementierung der) – Personenverkehr (freier)

Bettina Kahil-Wolff

Europäische Bank für Wiederaufbau und Entwicklung

Die Europäische Bank für Wiederaufbau und Entwicklung (englisch *European Bank for Reconstruction and Development*, EBRD) wurde 1991 von 41 Gründungsmitgliedern mit dem Ziel errichtet, den Übergang der Länder Mittel- und Osteuropas zur Marktwirtschaft zu erleichtern. Voraussetzung ist deren Bekenntnis nicht nur zu marktwirtschaftlichen, sondern auch zu demokratischen Prinzipien.

Die Bank mit Sitz in London ist für ihre Aufgaben in 27 Einsatzländern von ihren gegenwärtig 62 Mitgliedern (60 Staaten, die Europäische Gemeinschaft und die Europäische Investitionsbank) mit einem Kapital von 20 Milliarden Euro ausgestattet.

Jedes der Mitglieder ist mit einem Gouverneur im obersten Entscheidungsorgan, dem Gouverneursrat, vertreten. Das Direktorium mit 23 von den Gouverneuren gewählten Direktoren führt operationelle und weitere ihm vom Gouverneursrat übertragene Aufgaben aus. Der Präsident der Bank wird ebenfalls von den Gouverneuren gewählt und führt unter der Aufsicht des Direktoriums die laufenden Geschäfte.

Die Bank hat bisher über 700 Investitionsprojekte finanziert, überwiegend im Privatsektor. Sie gewährt dabei hauptsächlich Darlehen, stellt aber auch Beteiligungskapital und Garantien zur Verfügung. Jeweils etwa ein Drittel der Zusagen entfallen auf Finanzinstitutionen, auf Infrastrukturprojekte sowie auf Industrie und Handel.

Literatur
Adam Bronstone, *The European Bank for Reconstruction and Development: The Building of a Bank for East Central Europe*, Manchester University Press, Manchester 1999; – Europäische Bank für Wiederaufbau und Entwicklung, *Die EBWE: Rolle und Tätigkeit*, EBRD, London 2000; – Paul Menkveld, *Origin and Role of the European Bank for Reconstruction and Development*, Graham and Trotman, London 1991.
Internet
www.ebrd.org
Verweise
Entwicklungspolitik – Weltbank

Alkuin Kölliker

Europäische Freihandelsassoziation (EFTA)

Die Europäische Freihandelsassoziation (englisch *European Free Trade Association*, EFTA) wurde von 7 westeuropäischen Ländern (Dänemark, Norwegen, Österreich, Portugal, Schwe-

den, Schweiz, Vereinigtes Königreich) als Reaktion auf die Gründung der Europäischen Wirtschaftsgemeinschaft (EWG) durch die Stockholmer Konvention gegründet (unterzeichnet am 4.1.1960).
Später traten auch Island (1970), Finnland (1986) und Liechtenstein (1991) bei. Durch den Übertritt mehrerer EFTA-Länder zur Europäischen Union (EU) in den Jahren 1973 (Vereinigtes Königreich und Dänemark), 1986 (Portugal) und 1995 (Finnland, Österreich und Schweden) verlor die EFTA einen Großteil ihrer Bedeutung. Die heutigen Mitgliedländer sind Island, Liechtenstein, Norwegen und die Schweiz. Leitendes Organ ist der EFTA-Rat mit Treffen auf Ebene der Minister sowie auf Ebene der diplomatischen Vertreter. Entscheide werden normalerweise im Konsens gefällt.
Zu den wichtigsten Etappen in der Geschichte der EFTA gehören der Abschluss von Freihandelsabkommen mit den Europäischen Gemeinschaften (EG) im Jahr 1972 sowie das Abkommen über den Europäischen Wirtschaftsraum (EWR) mit der EG und ihren Mitgliedländern. Aufgrund der Ablehnung bei der Volksabstimmung vom 6. Dezember 1992 nimmt die Schweiz als einziges EFTA-Land am EWR-Abkommen nicht teil, welches dennoch am 1. Januar 1994 in Kraft trat. Der EWR brachte wesentliche institutionelle Veränderungen mit sich, welche eine Schwerpunktverschiebung der Aktivitäten vom Sekretariat und Hauptsitz in Genf zum Brüsseler Sekretariat zur Folge hatten.

Literatur
European Free Trade Association, *Annual Report 2001*, EFTA, Brüssel 2002; – European Free Trade Association, *EFTA 1960–2000: In Commemoration of EFTA's 40th Anniversary*, EFTA, Brüssel 2000; – Finn Laursen (Hrsg.), *EFTA and the EC: Implications of 1992*, European Institute of Public Administration, Maastricht 1990.
Internet
www.efta.int
Verweise
Europäische Union – Europäischer Wirtschaftsraum
Alkuin Kölliker

Europäische Gemeinschaft → Europäische Union

Europäische Gemeinschaft und soziale Sicherheit

In der Europäischen Gemeinschaft liegt das Dossier der sozialen Sicherheit vorwiegend in den Händen der Mitgliedstaaten: Sie entwickeln ihre eigenen Systeme und organisieren deren Verwaltung und Finanzierung. Es existiert also kein europäisches System der sozialen Sicherheit, welches Pflegeleistungen, Altersrenten usw. garantieren würde. Allerdings verfügt auch die Gemeinschaft selbst durchaus über Kompetenzen in diesem Bereich. Der EG-Gründungsvertrag enthält die Absicht, ein hohes Niveau der sozialen Sicherheit zu gewährleisten (Art. 2), beinhaltet eine Politik im sozialen Bereich (Art. 3), sieht eine Koordination der nationalen Systeme im Zusammenhang mit der Freizügigkeit der Arbeitnehmer vor (Art. 42, ehemals Art. 51), erwähnt ein sozialpolitisches Programm (Art. 136, ehemals Art. 117) und verlangt von der Gemeinschaft, die Aktion der Mitgliedstaaten zu unterstützen und zu ergänzen (Art. 137, ehemals Art. 118). Der Artikel 141 (ehemals Art. 119) verbietet Diskriminierungen zwischen weiblichen und männlichen Lohnabhängigen, insbesondere im Bereich der betrieblichen Systeme der sozialen Sicherheit. Allerdings betont Artikel 4 über die Wirtschafts- und Währungspolitik den freien Wettbewerb (ohne Vorbehalt betreffend die soziale Ebene), formuliert Artikel 5 Absatz 2 das Subsidiaritätsprinzip und verlangt für die Anwendung der oben erwähnten Bestimmungen (Art. 42 und 137) einstimmig gefasste Beschlüsse, wodurch das Ausmaß der Kompetenzen eingeschränkt wird.

Das im Zuge der Anwendung des Vertrags entstandene Recht (abgeleitetes Recht) hat sich vor allem im Bereich der Koordination der nationalen Systeme der sozialen Sicherheit entwickelt (EWG Nr. 1408/71 und EWG Nr. 574/72). In Sachen Harmonisierung oder Konvergenz ist seine Tragweite deutlich begrenzter, mit Ausnahme der Gleichbehandlung von Frauen und Männern und der Gesundheit sowie der Sicherheit der Lohnabhängigen. Die Empfehlung von 1992 betreffend die Konvergenz der Ziele und der Politik des sozialen Schutzes betont die grundlegende Mission im Bereich der sozialen Sicherheit. Hervorzuheben gilt es die sehr wichtige Rolle des Europäischen Gerichtshofes, der sich bei seinen Entscheiden an den Zielbestimmungen des Vertrages, insbesondere an jenen betreffend den freien Personenverkehr und das Verbot von Diskriminierungen, orientiert.

Literatur
Pierre-Yves Greber (Hrsg.), *La sécurité sociale en Europe à l'aube du XXIe siècle. Mutations, nouvelles voies, réformes du financement*, Helbing & Lichtenhahn, Basel 1996; – Stephan Leibfried, Paul Pierson (Hrsg.), *Standort Europa. Sozialpolitik zwischen Nationalstaat und Europäischer Union*, Suhrkamp, Frankfurt am Main 1998.
Internet
www.europa.eu.int/scadplus
Verweise
Eurokompatibilität – Europäische Union – Gleichbehandlung von Mann und Frau – Konvergenz (in der Europäischen Union) – Personenverkehr (freier) – Soziales Europa
Pierre-Yves Greber

Europäische Kommission

Die Europäische Kommission ist eine der Hauptinstitutionen der Europäischen Union (EU). Sie nimmt zusammen mit dem Rat die exekutiven Aufgaben innerhalb der EU wahr. Zu ihren wichtigsten Kompetenzen gehören das Initiativrecht für Rechtsvorschriften gegenüber dem Rat und dem Europäischen Parlament, die Durchführung von Gemeinschaftspolitiken, die Überwachung der Einhaltung des Gemeinschaftsrechts sowie die Vertretung der Europäischen Union bei der Aushandlung internationaler Abkommen.

Die Ursprünge der Europäischen Kommission gehen zurück auf die »Hohe Behörde«, das Exekutivorgan der Europäischen Gemeinschaft für Kohle und Stahl (EGKS), das am 10. August 1952 in Luxemburg seine Tätigkeit aufnahm. Die Verträge von Rom (unterzeichnet am 25.3.1957) schufen die EWG-Kommission und die Euratom-Kommission als die Exekutivorgane dieser beiden neuen Europäischen Gemeinschaften. In ihrer heutigen Form geht die Kommission der Europäischen Gemeinschaften (so ihre offizielle Bezeichnung) zurück auf die Fusion der Exekutivorgane der drei Gemeinschaften am 1. Juli 1967.

Von den 20 Kommissaren stammen jeweils zwei aus den 5 größten und jeweils einer aus den übrigen Mitgliedländern. Der Kommissionspräsident wird von den Mitgliedstaaten benannt und stellt nach einem Vertrauensvotum des Europäischen Parlamentes in Absprache mit den Mitgliedstaaten das Team der übrigen Kommissare zusammen. Die neue Kommission als Ganzes bedarf dann wiederum der Zustimmung des Parlamentes und wird schließlich von den Regierungen gemeinsam für eine Amtsperiode von 5 Jahren ernannt. Gemäß dem noch nicht in Kraft getretenen Vertrag von Nizza sollen die Mitgliedländer im Rat bei der Bestellung der Kommission in Zukunft mit qualifizierter Mehrheit entscheiden. Außerdem wird die Position des Kommissionspräsidenten gegenüber den anderen Kommissaren weiter gestärkt werden.

Die Kommission hat ihren Sitz in Brüssel. Die Sitzungen der Kommission finden einmal wöchentlich statt. Beschlüsse können mittels der einfachen Mehrheit der Kommissionsmitglieder gefällt werden. Die Kommissare sind bei der Ausübung ihrer Aufgaben unabhängig und unterstehen keinerlei Weisungen aus den Mitgliedstaaten. Sie unterstehen jedoch der Kontrolle des Parlamentes, welches die Kommission per Misstrauensvotum zum Rücktritt zwingen kann.

So trat die Kommission am 15. März 1999 nach der Veröffentlichung eines Berichtes unabhängiger Sachverständiger zu Betrug, Missmanagement und Nepotismus in der Kommission auf Androhung eines Misstrauensvotums durch das Parlament hin geschlossen zurück.

Dem Kollegium der Kommissare untersteht ein aus Generaldirektionen und allgemeinen Diensten bestehender Verwaltungsapparat mit etwa 20 000 Mitarbeitern. Die Kommission verfügt über ein weltweites Netz von rund 130 Vertretungen gegenüber Staaten und internationalen Organisationen.

Literatur
Michelle Cini, *The European Commission: Leadership, Organisation and the Culture in the EU Administration*, Manchester University Press, Manchester 1996; – Wolfgang Dietz, Barbara Fabian, *Das Räderwerk der Europäischen Kommission*, Economica, Bonn 1998; – Geoffrey Edwards (Hrsg.), *The European Commission*, Cartermill, London 1997.
Internet
www.europa.eu.int/comm/index_de.htm
www.europa.eu.int/comm/dgs_de.htm
Verweise
Europäische Union – Europäisches Parlament – Rat der Europäischen Union

Alkuin Kölliker

Europäische Union

Die Europäische Union (EU) ist ein vertragsbasierter Verbund europäischer Staaten mit der umfassenden Aufgabe, »die Beziehungen zwischen den Mitgliedstaaten sowie zwischen ihren Völkern kohärent und solidarisch zu gestalten« (Art. 1 des EU-Vertrags).

Die Ursprünge der EU mit ihren gegenwärtig 15 Mitgliedländern gehen zurück auf den von Jean Monnet ausgearbeiteten und vom französischen Außenminister Robert Schuman am 9. Mai 1950 präsentierten Plan, welcher zur Gründung der Europäischen Gemeinschaft für Kohle und Stahl (EGKS) durch den Vertrag von Paris führte (unterzeichnet am 18.4.1951 von den 6 Gründungsmitgliedern Belgien, Deutschland, Frankreich, Italien, Luxemburg und den Niederlanden). Durch die Römer Verträge (unterzeichnet am 25.3.1957) errichteten die 6 Gründungsmitglieder später auch die Europäische Atomgemeinschaft (Euratom) sowie das Herzstück im weiteren Prozess der europäischen Einigung, die Europäische Wirtschaftsgemeinschaft (EWG). Ein Fusionsvertrag vereinigte am 1. Juli 1967 die Institutionen der drei Europäischen Gemeinschaften. Auf die Vollendung der Zollunion (1.7.1968) und des gemeinsamen Agrarmarktes folgte nach dem Beitritt des Vereinigten Königreichs, Irlands und Dänemarks (1.1.1973) eine Stagnationsphase. In weiteren Beitrittsrunden traten später auch Griechenland (1.1.1981), Portugal und Spanien (1.1.1986) sowie Finnland, Österreich und Schweden bei (1.1.1995).

Die Stagnation wurde erst mit dem Programm zur Vollendung des europäischen Binnenmarktes mit dem Zieldatum 1992 überwunden. Dieses wurde 1985 lanciert und durch das Inkrafttreten der ersten umfassenden Revision der Gründungsverträge durch die Einheitliche Europäische Akte (1.7.1987) wesentlich erleichtert. Projekte für eine Währungsunion und eine »politische Union« der Gemeinschaftsländer führten bald zur erneuten Revision der Gemeinschaftsverträge und zur Gründung der Europäischen Union durch den Vertrag von Maastricht (unterzeichnet am 7.2.1992). Mit der Umbenennung der EWG in »Europäische Gemeinschaft« (EG) trug der Maastrichter Vertrag der allmählichen Vertiefung und Ausweitung der Kompetenzen der Gemeinschaft Rechnung. Der Vertrag sah u.a. die Errichtung einer Wirtschafts- und Währungsunion (WWU) innerhalb der EG-Säule vor sowie eine Gemeinsame Außen- und Sicherheitspolitik (GASP) und die Zusammenarbeit in den Bereichen Justiz und Inneres als zwei weitere, anfangs weitgehend zwischenstaatlich geprägte Säulen unter dem gemeinsamen Dach der EU.

In der Folge vereinbarte die EU in den Verträgen von Amsterdam und Nizza (unterzeichnet am 2.10.1997 bzw. am 26.2.2001) weitere Revisionen der Gründungsverträge, übernahm mit der Integration des Schengener Besitzstandes in die EU und mit dem Beginn einer Europäischen Sicherheits- und Verteidigungspolitik (1999) weitere wichtige Aufgabenbereiche, vollendete nach 3-jähriger Übergangsphase mit der Einführung von Euro-Bargeld die Währungsunion (1.1.2002) und führte Verhandlungen mit 12 Beitrittskandidaten aus Zentral- und Osteuropa sowie dem Mittelmeerraum.

Nebst dem bevorstehenden gleichzeitigen Beitritt von bis zu 10 dieser Länder strebt die EU auch eine weitere Stärkung ihrer demokratischen Legitimation, ihrer inneren Funktionstüchtigkeit sowie ihres äußeren Einflusses durch einen Verfassungsvertrag an, der durch den breit abgestützten und öffentlich tagenden Europäischen Konvent vorbereitet wird.

Die vier wichtigsten Gemeinschaftsorgane sind das Europäische Parlament, der Rat, die Kommission und der Gerichtshof. Der Rat teilt sich die exekutiven Aufgaben mit der Kommission und die legislativen Aufgaben mit dem direkt gewählten Parlament, während der Gerichtshof die gerichtliche Kontrolle ausübt. Der Gerichtshof hat seinen Sitz in Luxemburg. Plenarsitzungen des Parlamentes finden normalerweise in Straßburg statt. Die übrigen Aktivitäten der EU-Institutionen konzentrieren sich in Brüssel. Mit ihren Verordnungen und Richtlinien verfügt die EU über gesetzliche Instrumente, welche bindend sind, über nationalem Recht stehen und direkte Rechtswirkung entfalten können.

Wichtige Konfliktlinien bei der Debatte um die Entwicklung der EU betreffen die grundlegende institutionelle Form (bundesstaatliche versus zwischenstaatliche Organisationsformen), den Einfluss der Bürgerinnen und Bürger (»demokratisches Defizit«), das Verhältnis zwischen Markt und Staat sowie den Grad der äußeren Offenheit bzw. Abschottung (»Festung Europa«).

Literatur
Dietmar Herz, *Die Europäische Union: Politik, Recht, Wirtschaft*, Fischer Taschenbuch, Frankfurt am Main, 2000; – Frank Pfetsch, *Die Europäische Union: Geschichte, Institutionen, Prozesse*, Uni-Taschenbücher, Stuttgart 2001; – Helen Wallace und William Wallace, *Policy-Making in the European Union*, Oxford University Press, Oxford 2000.

Internet
http://www.europa.eu.int

Verweise
Europäische Kommission – Europäischer Gerichtshof – Europäisches Parlament – Rat der Europäischen Union

Alkuin Kölliker

Europäische Währungsunion

Mit der Einführung von Euro-Bargeld in 12 der 15 EU-Länder ab 1. Januar 2002 wurde die Europäische Währungsunion vollendet.

Vorgängerin der Währungsunion war das von den damaligen EG-Mitgliedern am 13. März 1979 in Kraft gesetzte Europäische Währungssystem (EWS). Das EWS etablierte einen Wechselkursmechanismus mit dem Ziel, die Währungsschwankungen zwischen den Teilnehmerländern innerhalb einer engen Bandbreite (plus/minus 2,25 Prozent) zu halten, wobei die Möglichkeit zu gelegentlichen Anpassungen weiterhin bestand.

Nach einem ersten gescheiterten Versuch in den 70er-Jahren (Werner-Plan) legte der Vertrag von Maastricht (unterzeichnet am 7.2.1992) einen detaillierten Stufenplan zur Errichtung einer Wirtschafts- und Währungsunion (WWU) zwischen den EU-Mitgliedern fest.

Nach der Errichtung der Europäischen Zentralbank (EZB) mit Sitz in Frankfurt am 1. Juni 1998 setzte am 1. Janruar 1999 die dritte Stufe der WWU ein (unwiderrufliche Festlegung der Wechselkurse zwischen den anfänglich 11 Teilnehmerländern und Beginn einer einheitlichen Geldpolitik unter der Verantwortung der EZB). Der Maastrichter Vertrag macht den Eintritt einzelner Mitgliedländer in die Währungsunion abhängig von der Einhaltung bestimmter wirtschaftlicher Konvergenzkriterien, zu denen auch die Vermeidung übermäßiger Budgetdefizite gehört. Der Vertrag sieht auch die Abgabe von Empfehlungen zu den Grundzügen der Wirtschaftspolitik in den Mitgliedstaaten durch den Rat der EU vor. Der am 17. Juni 1997 vom Europäischen Rat beschlossene Stabilitäts- und Wachstumspakt sollte außerdem die Fortsetzung der Haushaltsdisziplin auch nach dem Eintritt in die Währungsunion sicherstellen, wobei Geldbußen als letztes Mittel vorgesehen sind.

Innerhalb der Währungsunion bilden die EZB und die Zentralbanken aller Mitgliedstaaten das Europäische System der Zentralbanken (ESZB). Der Begriff Eurosystem bezeichnet die EZB und die Zentralbanken der Euro-Teilnehmerländer. Die Geldpolitik für die Euro-Zone wird vom EZB-Rat bestimmt, dem das 6-köpfige EZB-Direktorium sowie die Zentralbankpräsidenten der Euro-Teilnehmerländer angehören. Das Direktorium besteht aus dem Präsidenten der EZB, dem Vizepräsidenten und 4 weiteren von den Mitgliedländern im gegenseitigen Einverständnis für eine Amtszeit von 8 Jahren ernannten Mitgliedern. Als vorrangiges Ziel des Eurosystems ist die Preisstabilität in der Euro-Zone festgeschrieben. Bei der Ausübung ihrer Aufgaben ist das Eurosystem unabhängig vom Einfluss der anderen EU-Organe und der Mitgliedländer.

Literatur
Philip Arestis, Andrew Brown, Malcolm Sawyer, *The Euro: Evolution and Prospects*, Elgar, Cheltenham 2001; – Klaus Lange, *Der Euro: Das Lexikon zur neuen Währung*, Meyers Lexikonverlag, Mannheim 2000; – Jean-Victor Louis, Hajo Bronkhorst (Hrsg.), *The Euro and European Integration*, Peter Lang, Brüssel 1999.
Internet
www.ecb.int
www.europa.eu.int/euro
www.europa.eu.int/pol/emu/index_en.htm
Verweise
Europäische Union – Rat der Europäischen Union

Alkuin Kölliker

Europäische Zentralbank → **Europäische Währungsunion**

Europäische(n) Union (Instrumente der)
Die Europäische Union hat ihre Aktivitäten im Bereich der Sozialpolitik im Verlauf der Jahre stetig ausgebaut. Nach sehr bescheidenen Anfängen (der Römer Vertrag von 1957 enthielt nur sehr wenige Artikel, welche die Sozialpolitik im Besonderen betrafen) ergaben sich aus der Einheitlichen Europäischen Akte von 1986 neue Impulse für die Sozialpolitik, vor allem in den Bereichen der Gesundheit und Sicherheit am Arbeitsplatz sowie des Dialogs der Sozialpartner.

Die Verabschiedung der Charta der sozialen Grundrechte (1989) entspricht ebenfalls dem Anliegen, die soziale Dimension im Rahmen der Schaffung eines europäischen Binnenmarktes nicht zu vernachlässigen. Sie legt die Grundzüge des europäischen Modells des Arbeitsrechts fest und erwähnt insbesondere die folgenden Ziele: Verbesserung der Lebens- und Arbeitsbedingungen, Förderung der Versammlungsfreiheit und der kollektiven Verhandlungsfreiheit, gleiche Behandlung von Frauen und Männern, Schutz von Betagten und Behinderten.

Der Vertrag von Maastricht (1991) geht mit dem Protokoll über die Sozialpolitik, welches die Kompetenzen und Instrumente der Union in diesem Bereich stärkt, noch einen Schritt weiter. In der Folge der Verabschiedung des Vertrags von Amsterdam (1997) wird die Beschäftigungsförderung zu einem Ziel der Gemeinschaft, und die Europäische Union bemüht sich um die Ausarbeitung einer koordinierten Strategie zugunsten der Beschäftigung, deren Kern aus der Verabschiedung gemeinsamer Direktiven besteht. Mit dem Vertrag von Amsterdam wird auch die Gleichheit zwischen Mann und Frau zu einem zentralen Ziel der Union, die darin ihren Willen unterstreicht, die Ungleichheiten zwischen den Geschlechtern in allen Bereichen zu eliminieren.

Literatur
Roger Blanpain, Michele Colucci, *European Labour Law and Social Security: a Glossary*, Kluver Law International, Deventer 2002.
Internet
www.europa.eu.int/scadplus
Verweise
Europäische Gemeinschaft und soziale Sicherheit – Europäische Union – Europäische(n) Union (Reglementierung der) – Soziale Sicherheit (allgemeiner Begriff)

Jean-Michel Bonvin

Europäische(n) Union (Reglementierung der)
Eines der wichtigsten Dokumente der Europäischen Union im sozialen Bereich ist die Verordnung Nr. 1408/71 vom 14. Juni 1971 (einschließlich der später vorgenommenen Abänderungen). Sie betrifft die Anwendung der Systeme der sozialen Sicherheit auf jene Lohnabhängigen und selbständig Erwerbstätigen sowie ihre Familien, die sich innerhalb der Gemeinschaft bewegen. Dabei geht es um die Koordination der Systeme der sozialen Sicherheit, welche zur Verbesserung der Mobilität in der Union notwendig ist. Mehrere Richtlinien sind der Umsetzung des Prinzips der Gleichheit von Männern und Frauen, das im Artikel 119 des Römer Vertrages aufgeführt ist, gewidmet: Einkommensgleichheit (1975); Gleichbehandlung am Arbeitsplatz (1976); im Bereich der sozialen Sicherheit (1978); bei den betrieblichen Systemen der sozialen Sicherheit (1986); selbständig erwerbstätige Männer und Frauen sowie Schutz der Mutterschaft (1986).

1989 hat der Rat eine Rahmenrichtlinie zur Umsetzung von Maßnahmen erlassen, welche die Sicherheit und die Gesundheit der Erwerbstätigen am Arbeitsplatz fördern sollen. In der Folge davon hat er eine Reihe von besonderen Richtlinien verabschiedet, welche sich mit spezifischen Aspekten dieser Maßnahmen befassen.

Ohne im Detail auf die anderen Verordnungen und Richtlinien der Europäischen Union im sozialen Bereich einzugehen, seien die folgenden Texte erwähnt: Verordnung über die Freizügigkeit der Arbeitnehmer innerhalb der Gemeinschaft (1968), Richtlinien über Massenentlassungen (1975), über die Garantie der Rechte der Arbeitnehmer im Falle von Unternehmensverlagerungen (1977) und bei Zahlungsunfähigkeit des Arbeitgebers (1980), über den Gesundheitsschutz von Schwangeren, Wöchnerinnen und stillenden Müttern am Arbeitsplatz (1992), über die Gestaltung der Arbeitszeit (1993), über den europäischen Betriebsrat (1994), über den Jugendschutz am Arbeitsplatz (1994) und über den Elternurlaub (1996).

Literatur
Roger Blanpain, Michele Colucci, *European Labour Law and Social Security: a Glossary*, Kluver Law International, Deventer 2002.
Internet
www.europa.eu.int/scadplus
Verweise
Europäische Gemeinschaft und soziale Sicherheit – Europäische Union – Europäische(n) Union (Instrumente der) – Soziale Sicherheit (allgemeine Theorie) – Soziales Europa

Alexandre Berenstein

Europäischer Betriebsrat

Unter einem Europäischen Betriebsrat (EBR; englisch *European works council*, französisch *comité de groupe*) wird ein Gremium zur Information und Konsultation von Arbeitnehmern in einem europaweit tätigen Unternehmen verstanden. Nach langwierigen Verhandlungen im Rahmen des Sozialen Dialoges initiierte die Europäische Union (EU) 1994 die Richtlinie über die Einsetzung eines Europäischen Betriebsrates oder die Schaffung eines Verfahrens zur Unterrichtung und Anhörung der Arbeitnehmer in gemeinschaftsweit operierenden Unternehmen und Unternehmensgruppen (EU Amtsblatt Nr. L 254/64–72, 30.9.94). Die 1996 in Kraft getretene Richtlinie sieht »die Stärkung des Rechts auf Unterrichtung und Anhörung der Arbeitnehmer« (Art. 1) vor mittels der Einrichtung eines Gremiums zur Information und Konsultation der Arbeitnehmer eines Unternehmens. Sie gilt für Unternehmen mit mindestens 1000 Arbeitnehmern in der EU, wobei mindestens 150 in mindestens zwei Ländern tätig sein müssen. Damit fallen über 1000 transnationale Konzerne in Europa unter die EBR-Richtlinie.

Obwohl die Schweiz als Nicht-EU-Mitglied davon nicht direkt betroffen ist, wirkt sich die Richtlinie auch auf Schweizer Unternehmen und Schweizer Arbeitnehmer aus. In der EU tätige Schweizer Unternehmen müssen nämlich, sofern sie die genannten Kriterien erfüllen, einen EBR einrichten. Ob sie die Arbeitnehmer in der Schweiz miteinbeziehen, ist ihnen freigestellt; das Gleiche gilt für die Unternehmen aus dem EU-Raum in der Schweiz. Konkret sind in einigen Fällen Schweizer Arbeitnehmer mitberücksichtigt worden, in anderen – trotz gewerkschaftlichen Druckes – nicht. Die EBR-Richtlinie betrifft in der Schweiz nach gewerkschaftlichen Schätzungen rund 250 Unternehmen, ungefähr 190 ausländische Konzerne mit Tochtergesellschaften in der Schweiz und etwa 60 mit Sitz in der Schweiz.

Literatur
Hans Baumann, »Schweiz und Europäische Betriebsräte – eine Zwischenbilanz«, in: *Die Volkswirtschaft*, Nr. 9, 1997, S. 60–63; – Wolfgang Lecher, Hans-Wolfgang Platzer, Stefan Rüb (Hrsg.), *Europäische Betriebsräte – Perspektiven ihrer Entwicklung und Vernetzung*, Nomos, Baden-Baden 1999; – Patrick Ziltener, »Interaktion und Integration: Das europäische Mehrebenensystem als Handlungsfeld der Schweizer Gewerkschaften«, in: Klaus Armingeon, Simon Geissbühler (Hrsg.), *Gewerkschaften in der Schweiz*, Seismo, Zürich 2000, S. 219–289.
Internet
www.eurofound.ie
www.boeckler.de
Verweise
Arbeitsbeziehungen – Gewerkschaften – Soziales Europa

Patrick Ziltener

Europäischer Gerichtshof

Der Europäische Gerichtshof (EuGH) ist das Rechtsprechungsorgan der Europäischen Gemeinschaft (EG) und (teilweise) der Europäischen Union (EU). Er besteht aus 15 unabhängigen Richtern und 8 beratenden Generalanwälten. Seit 1989 unterstützt ihn das Gericht erster Instanz. Amtssitz ist Luxemburg.

Der EuGH sichert die Wahrung des Rechts bei der Auslegung und Anwendung des EG- und EU-Vertrages. Klagen können EG/EU-Institutionen, Mitgliedstaaten und natürliche und juristische Personen einreichen, wenn sie unmittelbar und individuell betroffen sind. Nationale Gerichte jeder Instanz können dem EuGH europarechtliche Fälle zur »Vorabentscheidung« vorlegen.

Die integrationsfördernde Rechtsprechung des EuGH trug entscheidend zur Entwicklung der EG als supranationaler Organisation bei. Hervorzuheben ist das von ihm eingeführte und anschließend politisch akzeptierte Prinzip des Vorranges von Europarecht vor nationalem Recht, auch vor nationalem Verfassungsrecht. Des Weiteren hat der EuGH Europarecht teilweise mit unmittelbarer Wirkung ausgestattet. Dies erlaubt einzelnen Personen, sich vor nationalen Gerichten und Behörden auf EG-Normen zu berufen. Mehrere individuelle Klägerinnen konnten so z.B. den im EG-Vertrag postulierten Grundsatz des gleichen Entgelts für Mann und Frau gegen diskriminierendes nationales Recht durchsetzen.

Der EuGH und seine Rechtsprechung genießen in der EG/EU und den Mitgliedstaaten hohe Autorität.

Literatur
Roland Bieber, Astrid Epiney, Marcel Haag, Bengt Beutler, *Die Europäische Union, Rechtsordnung und Politik*, Nomos, Baden-Baden 2001; – Gráinne De Búrca, Joseph H. H. Weiler (Hrsg.), *The European Court of Justice*, Oxford University Press, Oxford/New York 2001; – Heinrich Neisser, Bea Verschraegen, *Die Europäische Union, Anspruch und Wirklichkeit*, Springer, Wien/New York 2001.
Internet
curia.eu.int
Verweise
Europäische Union – Konvergenz (in der Europäischen Union)

Larissa Ogertschnig-Berdiyev

Europäischer Gewerkschaftsbund (EGB)

Der 1973 gegründete Europäische Gewerkschaftsbund (EGB) ist die einflussreichste Dachorganisation nationaler Gewerkschaftsbünde auf europäischer Ebene. Dem EGB gehören über 50 nationale Mitgliedsorganisationen (Einheitsgewerkschaften, Arbeitergewerkschaften, Angestelltengewerkschaften sowie sozialistische und christliche Richtungsgewerkschaften) aus mehr als 20 Ländern Europas an. Der EGB vertritt damit mehr als 50 Millionen Arbeitnehmer und Arbeitnehmerinnen. Die wichtigste Vorläuferorganisation des EGB war die 1950 gegründete Europäische Regionalorganisation des Internationalen Bundes Freier Gewerkschaften (ERO-IBFG). Im Anschluss an die Gründung der Europäischen Gemeinschaft für Kohle und Stahl (EGKS) bildete sich 1952 der so genannte 21er-Ausschuss des IBFG mit den Industriegewerkschaften der Montanindustrie der EGKS-Staaten. Nach der Unterzeichnung der EWG-Verträge 1957 gründeten die europäischen Mitgliedsverbände des IBFG 1958 in Düsseldorf das Europäische Gewerkschaftssekretariat (EGS). 1969 benannte sich das EGS um in Europäischer Bund Freier Gewerkschaften in der Europäischen Gemeinschaft (EBFG).

Der EGB hat zwei politisch arbeitende Organe: den Kongress, der mindestens alle 4 Jahre tagt, und den Exekutivausschuss. Diese beiden Organe bestimmen die politische Richtung des EGB in Form von Beschlussfassungen. Der EGB unterhält mehrere Einrichtungen: das Europäische Gewerkschaftsinstitut (EGI), die Europäische Gewerkschaftsakademie (EGA), das Europäische Technikbüro der Gewerkschaften für Gesundheit und Sicherheit (TGB) und den Europäischen Verband für die Ausbildung der Arbeitnehmer im Bereich neuer Technologien (AFETT). Überdies arbeitet der EGB mit anderen internationalen Gewerkschaftsbünden zusammen und organisiert die Lobbyarbeit für Arbeitnehmer bei der Europäischen Union (EU). Eine beachtliche Zahl von Gewerkschaftern arbeitet zudem in den beratenden Gremien der EU mit.

Literatur
Jon Eric Dølvik, *Die Spitze des Eisbergs? Der EGB und die Entwicklung des Euro-Korporatismus*, Westfälisches Dampfboot, Münster 1998; – Emilio Gabaglio, Reiner Hoffmann (Hrsg.), *11 Versuche über den Europäischen Gewerkschaftsbund*, Westfälisches Dampfboot, Münster 1998; – Hans-Wolfgang Platzer, *Gewerkschaftspolitik ohne Grenzen? Die transnationale Zusammenarbeit der Gewerkschaften im Europa der 90er Jahre*, Dietz, Bonn 1991.
Internet
www.etuc.org
Verweise
Gewerkschaften – Union der Industrie- und Arbeitgeberverbände von Europa (UNICE) – Wirtschafts- und Sozialausschuss (der Europäischen Union)

Michael Nollert

Europäischer Rat

Seit 1975 fanden außerhalb des institutionellen Systems der Europäischen Gemeinschaft (EG) mindestens zweimal jährlich Sitzungen der Staats- und Regierungschefs der EG-Mitgliedstaaten statt. Diese Tagungen, bald Europäischer Rat genannt, sollten der EG politische Impulse und Legitimation vermitteln. 1986 wurde der Europäische Rat erstmals vertraglich verankert, seit 1992 ist er ein Organ der Europäischen Union (EU).

Der Europäische Rat besteht aus Staats- und Regierungschefs der Mitgliedstaaten sowie aus dem Präsidenten der Kommission, unterstützt von Außenministern und einem Kommissionsmitglied. Er tagt mindestens zweimal jährlich.

Seine zentrale Aufgabe ist es, der EU-Integration Impulse zu geben und allgemeine politische Zielvorstellungen festzulegen. So akzeptierte der Europäische Rat von Edinburgh im Dezember 1992 eine mögliche EU-Mitgliedschaft der mittel- und osteuropäischen Länder. Seine als »Schlussfolgerungen« formulierten Grundsätze werden vom Rat der Europäischen Union umgesetzt.

Agiert der Europäische Rat ohne Vertreter der Kommission, z.B. bei Feststellung einer Verletzung der Unionsgrundsätze (Demokratie, Rechtsstaatlichkeit usw.), tagt er formell als »Rat in der Zusammensetzung der Staats- und Regierungschefs«.

Literatur
Roland Bieber, Astrid Epiney, Marcel Haag, Bengt Beutler, *Die Europäische Union, Rechtsordnung und Politik*, Nomos, Baden-Baden 2001; – Council of the European Union, General Secretariat, *The European Council*, Office for Official Publications of the EC, Luxemburg 2000; – John Peterson, Michael Shackleton (Hrsg.), *The Institutions of the European Union*, Oxford University Press, Oxford/New York 2002.
Internet
ue.eu.int
Verweise
Europäische Kommission – Europäische Union

Larissa Ogertschnig-Berdiyev

Europäischer Wirtschaftsraum

Der Vertrag über den Europäischen Wirtschaftsraum (EWR) zwischen der Europäischen Gemeinschaft und ihren Mitgliedländern einerseits und Mitgliedländern der Europäischen Freihandelsassoziation (EFTA) anderseits ermöglicht die Teilnahme von EFTA-Staaten am EU-Binnenmarkt. Der Vertrag beinhaltet im Wesentlichen die Übernahme des *acquis communautaire* durch die beteiligten EFTA-Staaten in den Bereichen des freien Waren-, Dienstleistungs-, Kapital- und Personenverkehrs, im Bereich des Wettbewerbsrechts sowie in Bezug auf so genannte flankierende und horizontale Politiken (Forschung und Entwicklung, Statistik, Bildung usw.). Im Unterschied zu herkömmlichen internationalen Verträgen unterliegt EWR-Recht einer ständigen Aufdatierung durch neues EU-Recht (Stand im Februar 2001: über 3800 Rechtsakte).

Der EWR geht auf eine Initiative des damaligen EU-Kommissionspräsidenten Jacques Delors im Jahr 1989 zurück. Das EFTA-Mitglied Schweiz nimmt daran nach dem Nein der Stimmbeteiligten vom 6. Dezember 1992 nicht teil. Der Vertrag trat mit einem Jahr Verspätung dennoch in Kraft (1.1.1994). Nach dem Übertritt der EFTA-Mitglieder Finnland, Österreich und Schweden zur EU besteht die EFTA-Säule im EWR lediglich aus Island, Liechtenstein und Norwegen.

Zur Übernahme und Durchsetzung der relevanten Teile des EU-Rechts in den beteiligten EFTA-Staaten wurden durch den EWR-Vertrag innerhalb der EFTA Strukturen geschaffen, welche bis zu einem gewissen Grad die Institutionen der EU im Kleinformat wiederspiegeln (EFTA-Überwachungsbehörde und EFTA-Gerichtshof als Parallelinstitutionen zur EU-Kommission bzw. zum Europäischen Gerichtshof). Gemeinsame EWR-Organe vereinigen die EFTA-Säule mit einer entsprechenden EU-Säule (EWR-Rat, Gemeinsamer Ausschuss, Parlamentarischer Ausschuss).

Literatur
Olivier Jacot-Guillarmod (Hrsg.), *Accord EEE: Commentaires et réflexions*, Schulthess, Zürich 1992; – Sven Norberg et al., *EEA Law: A Commentary on the EEA Agreement*, Fritzes, Stockholm 1993; – Willy Zeller (Hrsg.), *Der Europäische Wirtschaftsraum – EWR: Charakteristiken des EG-EFTA-Vertrages*, NZZ Buchverlag, Zürich 1992.
Internet
secretariat.efta.int/euroeco
www.europa.eu.int/comm/external_relations/eea
Verweise
Europäische Freihandelsassoziation (EFTA) – Europäische Union

Alkuin Kölliker

Europäisches Parlament

Das Europäische Parlament (EP) ist das einzige direkt gewählte Organ der EU sowie das einzige durch Wahlen legitimierte transnationale Parlament der Welt. Es hat seinen Sitz in Straßburg; Parlaments-, Fraktions- und Ausschusssitzungen finden jedoch auch in Brüssel statt. Zurzeit setzt sich das EP aus 626 Abgeordneten zusammen. Diese repräsentieren auf EU-Ebene über 120 nationale Parteien in 8 europäischen Fraktionen. Die Entscheidungen des EP widerspiegeln nicht feste Koalitionen, sondern wechselnde Mehrheiten – je nach Thema. Die EP-Fraktionen sind jedoch meist gezwungen, einen breit abgestützten Kompromiss zu suchen, da das EP nur dann ein EU-Rechtsetzungsverfahren beeinflussen kann, wenn die absolute Mehrheit seiner Mitglieder einem entsprechenden Vorschlag zustimmt.

Ursprünglich spielte das EP in der EU-Rechtsetzung nur eine beratende Rolle: Bis 1993 entschied der Rat der EU abschließend über die Rechtsetzungsvorschläge der Europäischen Kommission. In den EU-Verträgen von Maastricht (1993) und Amsterdam (1997) räumten die EU-Regierungen dem EP schließlich verbindliche Entscheidungsrechte ein. Das Mitentscheidungsverfahren (Art. 251 EG-Vertrag) sieht vor, dass sich Rat und EP in fast allen Politikbereichen über die Änderung und Verabschiedung eines EU-Rechtsetzungsvorschlags einigen müssen. Außerdem verfügt das EP über Haushalts- sowie über Initiativ- und Kontrollrechte gegenüber der Kommission, welcher sie auch das Misstrauen aussprechen kann. Ansonsten muss das EP auch jedem EU-Beitritt und jedem EU-Assoziierungsvertrag zustimmen. Anderseits hat das EP weiterhin keinen direkten Einfluss auf die Revisionen der EU-Verträge sowie auf die konkrete Umsetzung der EU-Politik. In den letzten Jahren hat sich das EP dennoch von einem demokratischen Feigenblatt zu einem gewichtigen politischen Akteur entwickelt. Trotzdem ist umstritten, ob ein weiterer Ausbau der Rechte des EP ausreicht, um das EU-Demokratiedefizit zu überwinden.

Literatur
Roland Erne, Andreas Gross, Bruno Kaufmann, Heinz Kleger (Hrsg.), *Transnationale Demokratie: Impulse für ein demokratisch verfasstes Europa*, Realotopia, Zürich 1995; – John Lambert, Catherine Hoskyns, »How Democratic Is the European Parliament?«, in: Catherine Hoskyns, Michael Newman (Hrsg.), *Democratizing the European Union*, Macmillan, Manchester 2000, S. 93–115; – Michael Shackleton, »The European Parliament«, in: John Peterson, Michael Shackleton (Hrsg.), *The Institutions of the European Union*, Oxford University Press, Oxford 2002, S. 95–117.
Internet
www.europarl.eu.int/
www.eurobserver.com
www.iri-europe.org
Verweise
Europäische Kommission – Europäische Union – Rat der Europäischen Union

Roland Erne

Europäisches Währungssystem (EWS) → Europäische Währungsunion

Europarat
Der Europarat ist eine zwischenstaatliche Organisation mit Sitz in Straßburg. Er wurde 1949 zur Überwindung der Folgen des Zweiten Weltkrieges von 10 westeuropäischen Staaten gegründet. Ziel war eine Vereinigung, um gemeinsame demokratische Ideale zu schützen und den wirtschaftlichen und sozialen Fortschritt zu begünstigen. Die Schweiz trat 1963 bei. Heute hat der Europarat 44 Mitgliedstaaten aus West- und Osteuropa. Seine Organe sind das Ministerkomitee, bestehend aus den Außenministern, und die Parlamentarische Versammlung, bestehend aus Delegationen der nationalen Parlamente. Diese können keine bindenden Rechtsakte erlassen, sondern nur Empfehlungen aussprechen.

Sein Arbeitsfeld umfasst außer der Verteidigung alle Aspekte der europäischen Gesellschaft, wie sozialen Zusammenhalt, Gesundheit, Bildung, Medien, juristische Zusammenarbeit, Kultur, Sport, Jugend, Umwelt und Raumordnung. Besonders aktiv ist der Europarat im Bereich der Demokratie und der Menschenrechte. Er erarbeitete die Europäische Menschenrechtskonvention (EMRK, 1953), einen Vertrag, der seine Mitgliedstaaten verpflichtet, Grund- und Freiheitsrechte einzuhalten. Diese Rechte können von Einzelpersonen beim Europäischen Gerichtshof für Menschenrechte (EGMR) in Straßburg eingeklagt werden. Der Europarat verfasste auch die Europäische Sozialcharta von 1965 bzw. von 1999, in der soziale Grundrechte verankert sind. Ihr fehlt jedoch ein wirksames Kontrollsystem. Die Schweiz hat die Sozialcharta noch nicht ratifiziert.

Literatur
Roger Blanpain (Hrsg.), *The Council of Europe and the Social Challenges of the XXIst Century*, Kluwer Law International, Den Haag/London 2001; – Hans Ulrich Jost, Matthieu Leimgruber, Isaline Marcel, *Europa und die Schweiz 1945–1950: Europarat, Supranationalität und schweizerische Unabhängigkeit*, Payot/Chronos, Lausanne/Zürich 1999.
Internet
www.coe.int
www.europarat.de/europarat
Verweise
Europarat(es) (Instrumente des) – Sozialcharta (Europäische)

Larissa Ogertschnig-Berdiyev

Europarat(es) (Instrumente des)
Die Instrumente des Europarates im sozialen Bereich sind:
1. Die Europäische Sozialcharta vom 18. Oktober 1961, ihre Zusatzprotokolle vom 5. Mai 1988 und vom 9. November 1995, das Protokoll zur Änderung der Europäischen Sozialcharta vom 21. Oktober 1991 sowie die revidierte Charta vom 3. Mai 1996. Die Europäische Sozialcharta ist ein Abkommen von grundlegender Bedeutung, dessen Ziel in der Proklamierung der sozialen Rechte des Individuums, insbesondere der Arbeitnehmenden, besteht.
2. Die europäische Menschenrechtskonvention, genannt gemäß offizieller Bezeichnung die Europäische Konvention zum Schutze der Menschenrechte und Grundfreiheiten vom 4. November 1950, sowie ihre Zusatzprotokolle. Obwohl dieses Abkommen vor allem dem Schutz der bürgerlichen und politischen Rechte dient, garantieren einige seiner Bestimmungen auch die Ausübung sozialer Rechte (Art. 4 und 11).
3. Unter den weiteren Abkommen, die unter dem Dach des Europarates entstanden sind, gilt es insbesondere die folgenden zu erwähnen:
a) Die Europäische Ordnung der sozialen Sicherheit und ihr Protokoll vom 16. April 1964. Die Ordnung übernimmt beinahe im Wortlaut den Text des Übereinkommens Nr. 102 der Internationalen Arbeitsorganisation (ILO) über die Mindestnormen der sozialen Sicherheit, das minimale Normen vorsieht, welche die Staaten in den verschiedenen Bereichen der sozialen Sicherheit beachten sollten. Das Protokoll enthält Normen, die jene der Ordnung leicht übertreffen. Es wurde von 16 Staaten, so auch von der Schweiz, ratifiziert.
b) Die revidierte Europäische Ordnung der sozialen Sicherheit vom 6. November 1990. Dieses Instrument, das noch nicht in Kraft getreten ist, ver-

bessert die Normen der Ordnung und verleiht ihnen eine größere Flexibilität.

c) Die zwei europäischen Interimsvereinbarungen über die Systeme der sozialen Sicherheit vom 11. Dezember 1953 (von der Schweiz nicht ratifiziert). Das eine betrifft die Alters-, Invaliden- und Hinterlassenenversicherung, das andere die übrigen Systeme der sozialen Sicherheit.

d) Das Europäische Übereinkommen über Soziale Sicherheit vom 14. Dezember 1972 (von der Schweiz nicht ratifiziert), das auf die beiden Interimsvereinbarungen folgte und der Koordination der Gesetzgebungen der Mitgliedstaaten im Bereich der sozialen Sicherheit dient. Es behandelt vor allem das Problem der anwendbaren Rechtsordnung und regelt für jede Kategorie von Leistungen die Modalitäten der Zusammenrechnung der Versicherungszeiten und der Gleichbehandlung der Versicherten.

e) Das Europäische Fürsorgeabkommen vom 11. Dezember 1953 (von der Schweiz nicht ratifiziert).

Literatur
Lenia Samuel, *Fundamental Social Rights. Case-law of the European Social Charter*, Council of Europe Publishing, Straßburg 2002.
Internet
www.coe.int
Verweise
Europarat – Sozialcharta (Europäische)– Soziale Sicherheit (allgemeiner Begriff)

Alexandre Berenstein

European Free Trade Area → Europäische Freihandelsassoziation (EFTA)

Eurostat/ESSOSS
Eurostat ist das statistische Amt der Europäischen Union. Eurostat sammelt, vereinheitlicht und verbreitet Informationen über Bereiche des wirtschaftlichen und sozialen Lebens und spielt bei der Entwicklung der Politik der Europäischen Union eine wichtige Rolle.

Die Staaten der Union haben die Notwendigkeit erkannt, für die Harmonisierung der Sozialpolitik über vergleichbare Informationen aus den Systemen der sozialen Sicherheit zu verfügen. Im Lauf der 1960er-Jahre wurde ein Instrument aufgebaut, das einheitliche Definitionen der sozialen Sicherheit, der erfassten Informationen, der Beobachtungsmethoden und der Veröffentlichung fördern will. Diese Entwicklungen haben 1981 zur Gründung des Europäischen Systems der integrierten Sozialschutz-Statistik (ESSOSS) geführt.

Die Methodologie von ESSOSS wurde zur Referenz für die Produktion von Statistiken über die soziale Sicherheit. Das Konzept wurde 1981 in einer ersten Fassung veröffentlicht und bezog sich zunächst nur auf finanzielle Informationen. Die jüngste Fassung der Methodologie stammt aus dem Jahr 1996 und sieht auch Daten über die Bezüger von Sozialleistungen vor. Ziel ist, dass alle Länder der Union vergleichbare Informationen in Bezug auf Niveau, Anwendung und Kosten erhalten. Zentrale Elemente hierfür sind einerseits die Erarbeitung von Nomenklaturen zur Differenzierung der Einnahmen und Ausgaben des Systems der sozialen Sicherheit sowie über die Verteilung der Ausgaben auf die verschiedenen Bereiche des sozialen Schutzes (Krankheit, Invalidität, Alter, Hinterbliebene, Familien und Kinder, Erwerbslosigkeit, Wohnen, soziale Ausgrenzung und anderweitig nicht erfasste Leistungen).

Bis heute liegen ländervergleichende Zahlen über Ausgaben und Einnahmen des Systems der sozialen Sicherheit von 1980 bis 1999 vor. Es werden zwei Zonen definiert (EU 12 und EU 15 aufgrund der Erweiterung der EU). Hinzu kommen die Daten der EWR-Länder (EU 15 plus Island und Norwegen; keine Angaben für Liechtenstein), der Schweiz, der Slowakei und Sloweniens.

Literatur
Spartaco Greppi, Heiner Ritzmann, *Gesamtrechnung der Sozialen Sicherheit: Methoden und Konzepte*, Bundesamt für Statistik, Neuenburg 2002; – Heiner Ritzmann, *Gesamtrechnung der Sozialen Sicherheit: Resultate für 1999. Schätzungen für 2000. Entwicklung seit 1990*, Bundesamt für Statistik, Neuenburg 2002.
Internet
europa.eu.int/comm/eurostat
Verweise
Bundesamt für Statistik – Social Monitoring – Sozialindikatoren

Stéphane Rossini

Euthanasie → Sterbehilfe

Evaluation
Der Begriff Evaluation kann in einem sehr weiten Sinn gebraucht werden und meint dem Wortsinn nach die Beurteilung eines Gegenstandes, eines Sachverhaltes oder einer Person. Im Bereich der öffentlichen Politik wird Evaluation nach einer weithin akzeptierten Begriffsbestimmung als wissenschaftliche und empirisch gestützte Beurteilung der Konzeption, des Vollzugs und/oder der Wirksamkeit staatlicher Aktivitäten, seien dies Maßnahmen, Programme oder Projekte, definiert. Dabei wird insbesondere zwischen vorausschauenden *(ex ante)*, begleitenden und nachträglichen *(ex post)* Evaluationen unterschieden. Evaluationen bewerten staatliche Aktivitäten nach transparenten Kriterien und stellen Kausalzusammenhänge zwischen Aktivitäten und Wirkungen dar. Solche Angaben dienen der Ent-

scheidungsfindung, der Rechenschaftslegung, der Kontrolle oder als Grundlage qualifizierter Diskussionen. Oft werden Evaluationen auch taktische Funktionen zugeschrieben.

Literatur
Werner Bussmann, Ulrich Klöti, Peter Knoepfel (Hrsg.), *Einführung in die Politikevaluation*, Helbing & Lichtenhahn, Basel 1997; – Alan Clarke, *Evaluation Research. An Introduction to Principles, Methods and Practice*, Sage, London 1999; – Carol H. Weiss, *Evaluation*, Upper Saddle River, Prentice Hall 1998.
Internet
www.seval.ch
Verweise
Praxisforschung – Social Monitoring – Sozialplanung

Andreas Balthasar

Existenzminimum

Das Existenzminimum beinhaltet grundlegende und unverzichtbare Güter und Dienstleistungen. Grundsätzlich wird das Existenzminimum monetär beschrieben und meint ein minimales Einkommen, welches den Erwerb dieser Güter und Dienstleistungen gewährleistet. Ursprünglich als »biologisches Minimum« definiert (Minimum an Kalorien, Nahrung, Kleidung, Heizung), versteht man heute darunter ein »soziales Existenzminimum«, welches einen gewiss sehr bescheidenen, aber doch an der Norm orientierten Lebensstandard gewährleistet, der neben den vitalen Grundbedürfnissen auch eine gewisse Teilhabe am sozialen und kulturellen Leben ermöglicht (Wohnung, Gesundheitskosten, Kommunikationskosten, Mobilität, Kultur und Information). Da dieses Existenzminimum nicht objektiv definiert werden kann, wird es in der Regel von Fachkommissionen (z.B. der Schweizerischen Konferenz der Sozialhilfedirektoren) oder aber im Rahmen der politischen Entscheidungsfindung (z.B. im Rahmen der Ergänzungsleistungen zur AHV/IV) festgelegt.

Literatur
Helvetio Gropetti, Caroline Regamey, *Minimum pour vivre. Étude de diverses normes*, La Passerelle, Lausanne 1999; – Robert E. Leu, Stefan Burri, Tom Priester, *Lebensqualität und Armut in der Schweiz*, Haupt, Bern 1997.
Verweise
Armutsgrenzen – Richtlinien für die Ausgestaltung und Bemessung der Sozialhilfe (SKOS-Richtlinien) – Soziale Mindeststandards

Martino Rossi

Existenzsicherung (der Familie)

Die größte Gruppe der Armen in der Schweiz bilden mit rund 60 Prozent Familien. Waren es in den 1980er-Jahren noch vor allem Alleinerziehende, die Sozialhilfe bezogen, weil sie nicht oder nur Teilzeit erwerbstätig waren, so steigt seit den 90er-Jahren der Anteil von Haushalten mit zwei Erwachsenen und Kindern stetig. Kinder sind inzwischen ein Armutsrisiko.

Heute wird die Familienarmut im Wesentlichen durch die Sozialhilfe aufgefangen. Die Sozialhilfe unterliegt zudem der Rückerstattungs- und der Verwandtenunterstützungspflicht. Sie wird subsidiär ausgerichtet, das heißt, dass praktisch alle eigenen Mittel ausgeschöpft sein müssen, bis ein Anspruch geltend gemacht werden kann. Dies bedeutet, dass betroffene Eltern und Kinder in der Regel bereits eine Geschichte der Verarmung hinter sich haben, wenn die Sozialhilfe einsetzt. Sozialhilfe wird oft als stigmatisierend erlebt, die Nichtbezugsquote wird auf weit über 50 Prozent geschätzt. Familien nehmen die Sozialhilfe oft nicht oder erst zu einem späten Zeitpunkt in Anspruch und verbleiben somit über längere Zeit in finanziell und sozial prekären Verhältnissen.

Die Deckung von solchen strukturellen Armutsrisiken, die vom aktuellen System der sozialen Sicherung nicht aufgefangen werden, verlangt nach neuen Lösungen. Das duale System von Steuerabzügen und Familienzulagen soll durch Ergänzungsleistungen zu einem Drei-Säulen-Modell des Familienlasten- bzw. Familienleistungsausgleichs erweitert werden. Die Ausdehnung der Ergänzungsleistungen auf einkommensschwache Familien ist eine geeignete Maßnahme, Kinderarmut präventiv und wirksam zu bekämpfen.

Die Ergänzungsleistungen zur AHV/IV haben sich als wirksames Instrument zur Armutsreduktion erwiesen. Anspruchsberechtigung und Leistungsumfang sind im politischen Diskurs ausgehandelt worden. Die Verfahren zur Bemessung und Ausrichtung von Ergänzungsleistungen zur AHV/IV sind seit langem erprobt und können mit den notwendigen Anpassungen übernommen werden. Bei der Definition der Anspruchsberechtigten für die Existenzsicherung von Familien müssen der gesellschaftliche Wandel und damit die Existenz verschiedener Familienformen berücksichtigt werden, und es ist darauf zu achten, dass die Ausgestaltung nicht nur das traditionelle Rollenverständnis begünstigt. Ergänzungsleistungen wirken zielgerichtet und die Kostenfolgen sind klar begrenzbar.

Literatur
Erwin Carigiet, *Gesellschaftliche Solidarität. Prinzipien, Perspektiven und Weiterentwicklung der sozialen Sicherheit*, Helbing & Lichtenhahn, Basel 2001; – Hans Peter Tschudi, *Sozialstaat, Arbeits- und Sozialversicherungsrecht*, Schulthess, Zürich 1996; – Hans F. Zacher, *Abhandlungen zum Sozialrecht*, Müller, Heidelberg 1993.
Verweise
Familie – Familie (Verfassungsartikel zum Schutz der) – Familienpolitik

Ernst Reimann

Experiment (Sozial-)
Bei einem Sozial-Experiment wird eine Intervention bzw. Maßnahme im sozialen Feld implementiert und ihre Effekte werden wissenschaftlich evaluiert.
Die Versuchsanordnung beim Sozial-Experiment orientiert sich an der Logik des klassischen Experimentes mit folgenden Merkmalen:
1. Bildung mindestens zweier Gruppen (wobei bei der Experimentalgruppe die Maßnahme eingesetzt wird, währenddem die Vergleichsgruppe keine oder eine andere Maßnahme erfährt); 2. die Zuordnung auf die Gruppen erfolgt per Zufall (*Randomisierung*); und 3. Messung der interessierenden Zielgröße zu verschiedenen Zeitpunkten (im Idealfall vor und nach der Intervention) in allen Gruppen.
Die Randomisierung erlaubt, dass sich ein gemessener Effekt auf die Maßnahme bzw. Intervention zurückführen lässt und nicht auf den Einfluss von Drittvariablen (so genannte Störvariablen- oder Drittvariablenkontrolle). Beim Sozial-Experiment kann die Randomisierung jedoch öfters durch die Vorgaben des untersuchten Feldes oder aus ethischen Gründen nicht durchgeführt werden. So wäre es z.B. für die Evaluation der Maßnahme »kontrollierte Heroinabgabe« nicht möglich, drogenabstinente Personen der Experimentalgruppe zuzuordnen.

Literatur
Andreas Diekmann, *Empirische Sozialforschung. Grundlagen, Methoden, Anwendungen*, Rowohlt, Reinbek bei Hamburg 2002; – Helmut Kromey, *Empirische Sozialforschung*, Leske + Budrich, Opladen 1991.
Verweise
Beobachtung – Empirische Forschungsmethoden – Praxisforschung
Manfred Neuhaus

Externalitäten
Das Volumen des Austauschs eines Gutes oder einer Dienstleistung auf einem Markt wird bestimmt durch das Aufeinandertreffen der von den Unternehmen getragenen privaten Produktionskosten mit dem privaten Nutzen jener Personen, die dieses Gut oder diese Dienstleistung konsumieren. Der Konsum und/oder die Produktion können jedoch weitere Kosten zulasten von Drittpersonen verursachen, welche nicht in der Lage sind, eine Kompensation für den erlittenen Schaden zu erhalten. Ebenso können sie die Quelle eines Nutzens für Dritte sein, die für den erlangten Gewinn nicht bezahlen müssen.
Ohne jegliche Intervention integriert der Markt diese negativen Externalitäten (externe Kosten) oder positiven Externalitäten (externer Nutzen) nicht, was ihn im ersten Fall zu einer übermäßigen, im zweiten zu einer ungenügenden Produktion führt. Wie bei den reinen Kollektivgütern versagt der Markt selbst dann, wenn der Wettbewerb spielt, da er in diesem Falle keine optimale Ressourcenallokation mehr garantieren kann. Die Umweltverschmutzung, Verkehrsunfälle, Lärm oder Berufsrisiken stellen Beispiele externer Kosten dar, die, sofern sie nicht »internalisiert« werden, zu einem übermäßigen Konsum von Produkten führen, die externe Schäden verursachen. Umgekehrt stellen Impfstoffe ein Beispiel externen Nutzens dar, denn die Tatsache, dass gewisse Personen sich impfen lassen, erlaubt es anderen Individuen, welche den Impfstoff nicht konsumieren, gegen die Infektionsrisiken geschützt zu sein, ohne dafür etwas bezahlen zu müssen. Unter diesen Umständen wird der Markt zu einem ungenügenden Konsum von Impfstoffen führen. Die Bildung stellt ein weiteres Beispiel externen Nutzens dar, denn diese Tätigkeit bringt sowohl für die Personen, welche die Dienstleistung konsumieren, als auch für jene, die sie nicht direkt konsumieren, aber indirekt von ihr profitieren, Vorteile.
Es gibt mehrere Möglichkeiten, den fehlbaren Markt zur Integration dieser Externalitäten zu zwingen. Die erste besteht darin, im Falle externer Kosten Höchstwerte der Verschmutzung (Grenzwerte) festzulegen oder im Falle externen Nutzens den obligatorischen Konsum durchzusetzen. Die zweite Möglichkeit besteht in der Einführung einer Steuer auf das Gut, das die Verschmutzung verursacht oder auf die Verschmutzung selbst (z.B. CO_2-Steuer). Im Falle externen Nutzens hingegen muss das Gut, welches die positiven Externalitäten hervorbringt, subventioniert werden. Schließlich besteht eine weitere Möglichkeit, wie sie z.B. im Rahmen des Kyoto-Protokolls ins Auge gefasst wurde, in der Entwicklung eines Systems austauschbarer Zertifikate: Jeder betroffenen Partei wird dabei das Recht zugesprochen, eine gewisse Menge an Verschmutzung zu verursachen. Dieses Recht wird durch Zertifikate anerkannt, mit denen gehandelt werden darf. Unter diesen Bedingungen wird der Akteur mit den zur Reduktion der Verschmutzung geringsten Kosten dazu tendieren, einen Teil seiner Verschmutzungsrechte an eine andere Partei zu verkaufen, die sehr hohe Kosten zur Reduktion der Verschmutzung zahlt. Dieses System erlaubt es, das durch die öffentliche Hand festgelegte Ziel zu erreichen (Begrenzung der Verschmutzung, die insgesamt hingenommen wird) und zugleich die Kosten zur Reduktion der Verschmutzung durch eine optimale Verteilung des Aufwandes zur Reduktion des Schadens zu minimieren.

Fabrikarbeit (Bundesgesetz)

Verweise
Kollektivgüter und -dienstleistungen (reine) – Wettbewerb (Konkurrenz)

Yves Flückiger

Fabrikarbeit (Bundesgesetz)
Das erste Bundesgesetz über die Fabrikarbeit wurde von der Bundesversammlung 1877 verabschiedet. Dieses Gesetz legte im Prinzip die Maximaldauer der Arbeit fest (11 Stunden pro Tag), bestimmte ein Mindestalter für Fabrikarbeit (14 Jahre) und wies dem Fabrikanten die objektive Verantwortung im Falle von Arbeitsunfällen zu. 1914 wurde das zweite Bundesgesetz betreffend die Arbeit in den Fabriken angenommen. Es wurde durch das Gesetz von 1919 erneut abgeändert, welches die Einführung der 48-Stunden-Woche brachte. Schließlich wurde das Bundesgesetz betreffend die Arbeit in den Fabriken 1964 durch das Arbeitsgesetz aufgehoben, wobei nur die Vorschriften über das Einigungswesen in Kraft blieben.

Verweise
Arbeitsgesetz – Arbeitssicherheit – Kinderarbeit

Alexandre Berenstein

Fachhochschulen (FHS)
Der Begriff Fachhochschulen (FHS) subsumiert mehrere Partnerinstitutionen, die sich der Ausbildung und Lehre im Bereich der Technik, der Wirtschaft und der Kunst verpflichten. Aus ehemals 28 Ingenieurschulen und höheren technischen Lehranstalten, 21 Höheren Wirtschafts- und Verwaltungsschulen und 9 Höheren Fachschulen für Gestaltung bildeten sich 7 Fachhochschulen, welche jeweils den Namen der Region, in der sie angesiedelt sind, tragen (z.B. Fachhochschule Nordwestschweiz, Scuola universitaria della Svizzera Italiana oder Haute école specialisée de Suisse occidentale). Diese Institutionen unterstehen der Kompetenz des Bundes. Die Fachhochschulen, welche der Kompetenz der Kantone unterstehen – so beispielsweise jene in den Bereichen Gesundheit und Soziale Arbeit –, sollen mittelfristig ebenfalls unter Bundeskompetenz überführt und entwickelt werden.
Die Errichtung und Führung einer Fachhochschule untersteht der Genehmigung durch den Bundesrat. Bedingung für die Erteilung der Genehmigung ist der Nachweis, dass die Fachhochschule ihre Aufgaben im Rahmen der geltenden gesetzlichen Bestimmungen erfüllt, dass sie adäquat organisiert und finanziell abgesichert ist und Ausbildungen anbietet, die einem grundlegenden Bedürfnis entsprechen. Die Fachhochschulen verpflichten sich des Weiteren auf eine kontinuierliche Zusammenarbeit unter sich wie auch mit den Universitäten und unterziehen sich stetig Qualitätskontrollen und Evaluationen.

Internet
www.bbt.admin.ch/fachhoch/d/main.htm
www.sassa.ch

Verweise
Fachhochschulen und Höhere(n) Fachschulen für Soziale Arbeit (Schweizerische Arbeitsgemeinschaft der, SASSA) – Soziokulturelle Animation

Regula Villari

Fachhochschulen und Höhere(n) Fachschulen für Soziale Arbeit (Schweizerische Arbeitsgemeinschaft der, SASSA)
Ziel der Arbeitsgemeinschaft ist die Förderung der verschiedenen Ausbildungen im Bereich der Sozialarbeit (Sozialarbeit, Sozialpädagogik, soziokulturelle Animation) und der Koordination und Zusammenarbeit zwischen den verschiedenen Ausbildungsstätten. Dabei verpflichtet sich die Arbeitsgemeinschaft insbesondere zu folgenden Aufgaben: 1. Regelmäßiger Erfahrungs- und Informationsaustausch zwischen den Mitgliedern; 2. Unterstützung der Errichtung und Erhaltung der spezialisierten Fachhochschulen für Sozialarbeit und Sozialpädagogik; 3. Kontakt zu den zuständigen Behörden im Hinblick auf die Planung und Finanzierung der Fachhochschulen sowie in Bezug auf die Anerkennung der Schulen und der Diplome; 4. Koordination der Schulungsangebote und der Dienstleistungen der Mitgliedsschulen sowie der Forschungsangebote in den einzelnen Institutionen.

Internet
www.sassa.ch

Verweise
Fachhochschulen (FHS) – Sozialarbeiterinnen und Sozialarbeiter (Ausbildung der)

Gérard de Rham

Familie
Alltagssprachlich wird mit dem Begriff Familie zweierlei gemeint: zum einen die Gemeinschaft von Eltern mit ihren wirtschaftlich noch nicht selbständigen Kindern, zum anderen bezeichnen wir mit diesem Begriff eine gegenüber außen abgrenzbare Gruppe miteinander in verwandtschaftlichen Verhältnissen stehender Personen. Die Soziologie unterscheidet die »Kern- oder Nuklearfamilie« von der »erweiterten Familie« (König 1978).
Die Kernfamilie ist die vorherrschende Familienform im westlichen Kulturkreis: In einem Haushalt leben Eltern gemeinsam mit ihren wirtschaftlich abhängigen Kindern. Das Haushalten bezieht sich auf den gemeinsamen Konsum

(Wohnung und Verpflegung), als Produktionsgemeinschaft existiert die Familie (von Ausnahmen in der Landwirtschaft abgesehen) seit der Industrialisierung nicht mehr. Gelegentlich kommt es vor, dass weitere Verwandte (Großeltern, Geschwister der Eltern usw.) im gleichen Haushalt mitleben, diese Haushaltsform stellt inzwischen jedoch eine Ausnahme dar. Die Zunahme von Trennungen und Ehescheidung sowie der erneuten Wiederverheiratung bewirkt eine Ausbreitung der so genannten neuen Familienformen, die umgangssprachlich als Eineltern-, Stief- und Fortsetzungsfamilien bezeichnet werden. Die Migration von Arbeitnehmenden und ihren Angehörigen aus anderen Kulturkreisen hat zur Folge, dass kulturell anders geprägte und organisierte Familienformen sich in den Industrieländern verbreiten.

In der westlichen Kultur sind ausschließlich die Eltern für die Sorge um ihre Kinder und für deren Erziehung verantwortlich. So obliegt es den Eltern, für den Lebensunterhalt ihrer Kinder zu sorgen wie auch juristisch die Verantwortung für ihre Kinder zu tragen. Diese beiden Funktionen verschwinden im Prinzip mit der Volljährigkeit und der wirtschaftlichen Verselbständigung der Kinder. Persönliche Bindungen und wechselseitige Solidarverpflichtungen, wie sie ohnehin in der erweiterten Familie bestehen, bleiben nach dieser Ablösung zwischen Eltern und Kindern dennoch in der Regel erhalten.

Im westlichen Kulturkreis hat sich die innerfamiliale Arbeitsteilung seit Mitte des 20. Jahrhunderts sehr gewandelt: Gehörte es in der »traditionalen Ernährerfamilie« zur Pflicht des Mannes bzw. Familienvaters, die Hauptlast der ökonomischen Versorgung der Familie zu tragen, während die Frau bzw. Mutter mit der Haushaltsführung und der Kindererziehung betraut war, so wird diese Aufgabenteilung gegenwärtig flexibler gehandhabt. Hintergrund für diesen Prozess ist die Bildungsexpansion, von der vor allem Frauen profitieren, sowie der daraufhin erfolgte vermehrte Einbezug der Frauen in den Arbeitsmarkt.

Die persönlichen Beziehungen innerhalb der Familie sind emotionaler Natur, Familien- und Freundschaftsverhältnisse sind die einzigen Lebenszusammenhänge, in denen der affektive Austausch untereinander ausdrücklich erwünscht ist. Gleichwohl sind die Beziehungen zwischen Kindern und Eltern wegen der einseitigen Sorge- und Erziehungsverpflichtungen asymmetrisch. Universales Merkmal aller Eltern-Kind-Verhältnisse ist das Inzest-Verbot als Norm: Während die Sexualität unter den Eltern als Ausdruck ihrer wechselseitigen emotionalen Zuneigung gilt, ist Sexualität zwischen Kindern und Eltern wie auch unter Geschwistern ausdrücklich qua gesellschaftlicher Norm verboten.

Die innerhalb der Familie und in der Regel von den leiblichen Eltern ausgeübten sozialisatorischen Funktionen sind wesentlich für den Persönlichkeitsaufbau, insbesondere der Ausbildung der Individualität. Die Unabdingbarkeit des familiären Rahmens für die Sozialisation relativiert jedoch nicht die Bedeutung der schulischen Sozialisation. Familie und Bildungssystem können sich nicht wechselseitig ersetzen.

Literatur
René König, *Die Familie der Gegenwart*, Becksche Schwarze Reihe, München 1978; – Rosemarie Nave-Herz, *Familie heute: Wandel der Familienstrukturen und Folgen für die Erziehung*, Wissenschaftliche Buchgesellschaft, Darmstadt 1994; – François de Singly, *Die Familie der Moderne*, UVK, Konstanz 1995.

Verweise
Ehe – Elterliche Sorge – Familienarbeit – Familienpolitik – Scheidung – Unterhaltspflicht

Stefan Kutzner

Familie (Verfassungsartikel zum Schutz der)

Der erste Verfassungsartikel über die Familie (Art. 34^{quinquies}) wurde in der Volksabstimmung vom 25. November 1945 mit überwältigender Mehrheit des Volkes und durch Zustimmung aller Kantone und Halbkantone außer Appenzell Ausserrhoden angenommen. Die neue Bundesverfassung, die am 1. Januar 2000 in Kraft trat, übernahm ihn weitgehend in ihrem Artikel 116.

1. Der erste Absatz des Artikels 116 BV sieht vor, dass »der Bund bei der Erfüllung seiner Aufgaben die Bedürfnisse der Familie berücksichtigt. Er kann Maßnahmen zum Schutz der Familie unterstützen«. Diese Bestimmung kann nicht als Basis für eine direkte und unmittelbare Anwendung dienen: Sie schafft keine neue gesetzgeberische Kompetenz und begründet kein individuelles Grundrecht auf Schutz des Familienlebens. Letzteres gilt eher für den neuen Artikel 13 BV (siehe unten). Der Absatz 1 ist nur in jenen Bereichen anwendbar, in denen der Bund auf der Grundlage einer anderen Verfassungsnorm zur »Erfüllung seiner Aufgaben« berechtigt ist.

Die Bedürfnisse der Familie sind wirtschaftlicher, sozialer, moralischer und kultureller Art. In Anbetracht der Querschnittdimension der Familienpolitik ist der Gesetzgeber neben den im Verfassungsartikel erwähnten Bereichen vor allem in den folgenden Gebieten dazu aufgerufen, die Bedürfnisse der Familie zu berücksichtigen: Zivilrecht, Steuerwesen, Sozialversicherungen, Stipendien, Arbeitswelt, Bildungswesen, Wohnungswesen, Medien und Kinderschutz. Absatz 1 erwähnt die Familie, ohne sie zu definieren, jedoch besteht Konsens darüber, dass er sich nicht

Familienarbeit

nur auf die traditionelle Kernfamilie, sondern auch auf die Familie von Alleinerziehenden, die Familie eines Konsensualpaares, die Fortsetzungsfamilie sowie die Familie mit weiteren Verwandten bezieht.

2. Absatz 2 des Artikels 116 BV verschafft dem Bund die Kompetenz zur Gesetzgebung im Bereich der Familienzulagen. Es handelt sich um eine Möglichkeit, nicht um einen verbindlichen Auftrag. Außerdem wird der Bund insbesondere dazu ermächtigt, eine eidgenössische Ausgleichskasse zu führen (zentraler Finanzausgleich auf nationaler Ebene) und seine Beiträge von angemessenen Leistungen der Kantone abhängig zu machen (Abs. 4).

Der Bund hat nur in sehr beschränktem Ausmaß und zugunsten eines einzelnen Wirtschaftszweigs, der Landwirtschaft, von diesen Kompetenzen Gebrauch gemacht. Das Bundesgesetz vom 20. Juni 1952 über die Familienzulagen in der Landwirtschaft führte Leistungen zugunsten von landwirtschaftlichen Arbeitnehmern und Kleinbauern ein. Unter dem letztgenannten Begriff werden selbständig erwerbstätige Bauern verstanden, deren Einkommen eine gewisse Grenze nicht überschreitet.

3. Gemäß Absatz 3 des Artikels 116 BV »richtet der Bund eine Mutterschaftsversicherung ein«. Hier handelt es sich um einen verbindlichen Auftrag. Dabei kann der Bund auch Personen zur Zahlung von Beiträgen verpflichten, die nicht in den Genuss von Versicherungsleistungen gelangen können. Der Verfassungstext lässt dem Gesetzgeber eine große Freiheit, was die Finanzierung und die Organisation der Versicherung angeht. Die Versuche zur Einführung einer tatsächlichen Mutterschaftsversicherung waren zahlreich, sind jedoch bisher allesamt gescheitert.

4. Absatz 4 des Artikels 116 BV ermächtigt den Bund dazu, den Beitritt zu einer Familienausgleichskasse und die Mutterschaftsversicherung allgemein oder für einzelne Bevölkerungsgruppen obligatorisch zu erklären. Außerdem kann er seine finanziellen Beiträge an die Familienzulagen und die Mutterschaftsversicherung von angemessenen Leistungen der Kantone abhängig machen.

5. Die neue Bundesverfassung von 1999 befasst sich zudem auch in einigen weiteren neuen Bestimmungen mit der Familie.

Artikel 11 gewährt Kindern und Jugendlichen einen besonderen Schutz, fördert ihre Entwicklung und erlaubt es ihnen, ihre Rechte selbst auszuüben. Artikel 67 verlangt vom Bund und von den Kantonen, den besonderen Förderungs- und Schutzbedürfnissen von Kindern und Jugendlichen im Bereich von Bildung, Kultur und außerschulischen Aktivitäten Rechnung zu tragen.

Artikel 13 schützt das Privat- und Familienleben und unterstreicht das Recht einer jeden Person, ihr Leben selbst zu organisieren und Beziehungen mit anderen Personen zu unterhalten, ohne vom Staat daran gehindert zu werden. Der Begriff des Familienlebens muss hier in einem weiteren Sinne verstanden werden.

Artikel 14 garantiert das Recht zweier Personen verschiedenen Geschlechts auf Ehe und Familiengründung.

Artikel 41 unterstreicht die sozialen Aufgaben des Bundes. Die Kantone übernehmen ihrerseits eine Vielzahl von Aufgaben der Sozialpolitik und tragen zur konkreten Umsetzung der sozialen Gerechtigkeit bei. In Absatz 1c werden Bund und Kantone verpflichtet, sich dafür einzusetzen, dass Familien als Gemeinschaften von Erwachsenen und Kindern geschützt und gefördert werden.

Artikel 108 Absatz 4 hebt die soziale Dimension der Wohnbauförderung hervor. Der Bund muss dabei namentlich die Interessen von Familien, Betagten, Bedürftigen und Behinderten berücksichtigen.

Schließlich schützt der Bund in Artikel 119 Absatz 2 die Menschenwürde, die Persönlichkeit und die Familie durch den Erlass von Vorschriften zum Umgang mit menschlichem Keim- und Erbgut.

Verweise
Familie – Familienpolitik

Jean-Marie Bouverat

Familienarbeit

Die Familie ist ein Sozialsystem, das ein bestimmtes Maß an Arbeit benötigt, um das Familienleben in all seinen Aspekten zu ermöglichen. Neben der Beschaffung der finanziellen Mittel gehört dazu viel unbezahlte Arbeit: Haushalt, Pflege von Kindern, Kranken, Alten, Pflege von Beziehungen – Tätigkeiten, die man insgesamt als Familienarbeit bezeichnen kann. Nicht nur, aber auch weil sie unbezahlt ist, ist die soziale Bewertung der Familienarbeit (Ansehen, Prestige, damit auch Selbstwertgefühl) wesentlich geringer als jene von Erwerbsarbeit. Nach wie vor herrscht eine starke Geschlechterdifferenzierung vor: Männliche Partner sind in erster Linie für Erwerbsarbeit zuständig, weibliche für Familienarbeit. In anderen Tätigkeiten (besonders jenen, die dem anderen Geschlecht zugeschrieben sind) engagieren sich beide meistens nur so weit, als es die Ansprüche ihrer Arbeitsstelle zulassen. Während die meisten Männer – vom Verlauf des Familienlebens kaum beeinflusst – Vollzeit arbeiten, ist das Ausmaß der Erwerbstätigkeit der Partnerinnen stark von den Familienphasen abhängig. Mit anderen Worten absorbieren die Partnerinnen weitgehend den wechselnden Umfang der Familienarbeit und ermöglichen damit ihren Partnern, von diesem Wechsel unbeeinflusst eine berufliche Karriere zu verfolgen. Sie bezahlen dies, anders als ihre Männer, mit Brüchen in ihrer eigenen beruflichen Karriere und oft mit beruflichem Abstieg. In den meisten industrialisierten Ländern leisten die Frauen, in Stunden gemessen, zwischen zwei und drei Viertel der gesamten Familienarbeit. Diese ungleiche Aufteilung von Erwerbs- und Familienarbeit zwischen den Geschlechtern hängt nur partiell von den persönlichen Überzeugungen der beteiligten Personen ab. Ungleich einflussreicher sind institutionelle Regelungen, die das soziale Umfeld der Familien organisieren. Dazu gehört auch das sozialpolitische Regime eines Landes.

Literatur
Silvia Strub, Tobias Bauer, *Wie ist die Arbeit zwischen den Geschlechtern verteilt?*, Büro für arbeits- und sozialpolitische Studien, Bern 2002.
Verweise
Arbeitszeit – Familie – Frauenerwerbsarbeit – Unbezahlte Arbeit/Freiwilligenarbeit/Ehrenamt

René Levy

Familienmediation

Die Familienmediation stellt ein außergerichtliches Verfahren der Bearbeitung von Konflikten in Familienbeziehungen dar. Im Zentrum stehen Konflikte über die Regelungen von Trennungs- und Scheidungsfolgen. Ziel ist es, einvernehmlich eine Vereinbarung zu finden, die auch eine tragfähige Basis für die Nachscheidungsbeziehungen abgeben kann. Diese Vereinbarung sollte in einem anschließenden Scheidungsverfahren nur noch bestätigt werden. Ein wichtiges Prinzip der mediatorischen Konfliktbearbeitung ist die Freiwilligkeit. Beide Konfliktparteien begeben sich von sich aus in eine Mediation und können diese jederzeit kündigen. Die Position des Mediators unterscheidet sich von der eines Richters und eines Schlichters, da der Mediator weder Urteile fällt – sie auch nicht erzwingen kann – noch den Klienten einen Kompromissvorschlag unterbreitet. Er soll den Klienten vielmehr dabei helfen, selbst eine konsensuelle Lösung für ihr Problem zu finden.

Dieser Bearbeitungsform entspricht auf der Seite der Klienten eine Konstellation, in der Paare einerseits so weit in den Trennungskonflikt involviert sind, dass sie die Trennungsfolgen selbst nicht kooperativ regeln können, andererseits insoweit über eine Kooperationsorientierung verfügen, dass sie nach einer kooperativen Lösung streben. Ein Hauptmotiv für eine solche vermittelte Kooperationsorientierung bildet das geteilte Interesse an guten Beziehungen zu den (minderjährigen) Kindern nach der Trennung.

Das Konzept einer mediatorischen Konfliktbearbeitung entstand zu Beginn der 1970er-Jahre in den USA. In der Schweiz findet das Verfahren seit den 80er-Jahren verstärkt Resonanz. Im Unterschied zu den USA ist die Familienmediation hier bisher weder als obligatorischer noch als fakultativer Bestandteil des Scheidungsverfahrens gesetzlich verankert.

Literatur
Stephan Breidenbach, *Mediation: Struktur, Chancen und Risiken von Vermittlung im Konflikt*, Schmidt, Köln 1995.
Verweise
Familienrecht – Mediation – Scheidung

Kai-Olaf Maiwald

Familiennachzug/-zusammenführung

Unter Familiennachzug wird die Erteilung einer Aufenthaltsbewilligung an Familienangehörige verstanden, nachdem zuvor ein Familienmitglied in der Schweiz eine Aufenthalts- oder Niederlassungsbewilligung erhalten hat. Mit dem Inkrafttreten des Freizügigkeitsabkommens haben Angehörige der EG oder der EFTA einen Rechtsanspruch auf den Nachzug des Ehegatten, der Kinder unter 21 Jahren sowie der Verwandten beider Ehegatten in auf- und absteigender Linie, sofern deren Unterhalt gewährleistet wird. Eine angemessene Wohnung wird vorausgesetzt; ein Zusammenwohnen der Eheleute ist nicht erforderlich. Der Ehegatte und die Kinder des EG- oder EFTA-Angehörigen haben einen Anspruch auf Erwerbstätigkeit.

Ehegatten und Kinder unter 18 Jahren von Angehörigen außerhalb der EU- und EFTA-Mitgliedstaaten (Drittstaatsangehörige) haben einen Rechtsanspruch auf Familiennachzug, wenn sie mit einem oder einer Schweizer Staatsangehörigen oder mit einer Ausländerin oder einem Ausländer verheiratet sind, welche die Niederlassungsbewilligung besitzen. Bei Ehen zwischen Ausländern muss die Familie zusammenwohnen. Bei Ehen zwischen Schweizer Bürgern und Ausländerinnen und Ausländern genügt der rechtliche Bestand der Ehe. Jahresaufenthalter haben keinen Rechtsanspruch auf Familiennachzug; er wird jedoch gewährt, wenn eine angemessene Wohnung und genügend finanzielle Mittel vorhanden sind und die Familie zusammenwohnt.

Der vom Bundesrat am 8. Mai 2002 verabschiedete Entwurf für ein Bundesgesetz über Ausländerinnen und Ausländer (AuG) sieht vor, dass für Familienangehörige von Schweizerinnen und Schweizern grundsätzlich die gleichen Regelungen wie beim Freizügigkeitsabkommen mit der EU gelten. Für niedergelassene Ausländer und Jahresaufenthalter aus Drittstaaten soll der Nachzug der Ehegatten und Kinder unter 18 Jahren mit Rechtsanspruch, für Personen mit einer Bewilligung von weniger als einem Jahr (Kurzaufenthalter) ohne Rechtsanspruch gewährt werden. Mit Ausnahme der Angehörigen der Kurzaufenthalter sollen nachgezogene Ehegatten und Kinder einen Anspruch auf Erwerbstätigkeit erhalten.

Literatur
Botschaft zum Bundesgesetz über die Ausländerinnen und Ausländer vom 8. März 2002; – Integrationsbüro EDA, Bundesamt für Zuwanderung, Integration und Auswanderung (IMES) und Direktion für Arbeit seco, *EU-Bürgerinnen und -Bürger in der Schweiz*, IMES, Bern 2002; – Walter Kälin, Martina Caroni, *Diskriminierungsverbot und Familiennachzug*, Eidgenössische Kommission gegen Rassismus, Bern 1998.
Internet
www.auslaender.ch
www.eka-cfe.ch
Verweise
Ausländerinnen- und Ausländerpolitik – Jahresaufenthaltsbewilligung – Migrationspolitik
Simone Prodolliet, Martin Nyffenegger

Familienpolitik

Ursprünglich diente Familienpolitik bevölkerungspolitischen Interessen. Im Zeitalter der Industrialisierung sollte die Familie als Institution geschützt und erhalten werden, dem moralischen Zerfall, der sich durch die Ausbreitung des Massenelends ergab, wollte man entgegenwirken. Heutzutage wird Familienpolitik im Wesentlichen als materielle Kompensation der Folgen und Lasten, die sich durch die Familiengründung ergeben, verstanden. Teilweise verbindet sich Familienpolitik mit einer Politik der Gleichstellung der Frau. Moralische und bevölkerungspolitische Zielsetzungen spielen keine, allenfalls nur noch eine geringe Rolle.

Gegenüber anderen Haushaltsformen erleiden Familien, als Gemeinschaften von Eltern und wirtschaftlich unselbständigen Kindern, einen deutlichen Kaufkraftverlust: Zum einen haben Familien einen höheren Lebenshaltungsbedarf als andere Haushalte, zum anderen wird wegen der Wahrnehmung von Betreuungsaufgaben und Erziehungsverpflichtungen der Erwerbsgrad der Eltern eingeschränkt (wobei das meistens für die Frau gilt). Da aber die Familie unentbehrliche Funktionen ausübt, sollten die mit der Kinderbetreuung und Kindererziehung entstehenden Lasten teilweise kompensiert werden, so die Begründung für Familienpolitik. Ebenso könne Familiengründung auch nicht das Privileg einkommensstarker Gruppen sein, so die Sicht der Sozialdemokratie, die die Möglichkeit zur Familiengründung auch als soziales Grundrecht ansieht. Die familienpolitischen Instrumente sind vielfältig: Sie reichen von direkten Subventionen (Kinderzulagen) über indirekte Subventionen (Verbilligungen öffentlicher Leistungen für Familien, Steuerentlastungen (durch höhere Freibeträge) bis zur Förderung der Erwerbstätigkeit der Frauen (durch Arbeitsmarktpolitik und Bereitstellung familienergänzender Betreuungseinrichtungen). Weiterhin zählen eine familienfreundliche Ausgestaltung des Sozialversicherungssystems (durch Anrechnung von Erziehungszeiten, Mutterschaftsversicherung), eine familienfreundliche Städteplanung, Wohnungsbau- und Verkehrspolitik sowie die Förderung von Elternbildung und -beratung ebenfalls zur Familienpolitik.

Aufgrund des föderativen Staatsaufbaus und eines überwiegend liberalen Staatsverständnisses ist die Familienpolitik in der Schweiz verglichen mit anderen europäischen Industriestaaten wenig ausgebaut. Gegenwärtig wird in der Schweiz die Notwendigkeit eines erweiterten Engagements des Staates zugunsten der Familie kaum mehr bestritten, die Schweizerische Volkspartei stellt hier aufgrund ihres altliberalen Staatsverständnisses eine Ausnahme dar. Die Freisinnig-Demokratische Partei möchte gemäß ihrem liberalen Wirtschaftsverständnis die Familie steuerlich entlasten, auf weitere Subventionierungen jedoch verzichten, stattdessen eher den Erwerbsgrad der Frauen vergrößern, was aus ihrer Sicht auch wieder der Kaufkraft der Familie insgesamt zugute kommt. Die Sozialdemokratische Partei verbindet die Gleichstellungspolitik zugunsten der Frauen mit einer starken familienbezogenen Subventionierung, die sich bevorzugt allerdings zugunsten der unteren Einkommensklassen auswirken soll. Die Christlichdemokratische Volkspartei verbindet Subventionen zugunsten der Familie (die jedoch in ihrem Umfang geringer ausfallen, als es die Sozialdemokratie vorschlägt) mit Steuerentlastungen, ihr geht es gemäß ihrem Selbstverständnis vor allem auch um die Anerkennung familiärer Leistungen.

Literatur
Kurt Lüscher, Franz Schultheis, Michael Wehrspaun (Hrsg.), *Die »postmoderne« Familie: familiale Strategien und Familienpolitik in einer Übergangszeit*, UVK, Konstanz 1988; – Zentralstelle für Familienfragen beim Bundesamt für Sozialversicherung (Hrsg.), *Familienfragen*, Bundesamt für Sozialversicherung, Bern (3 Ausgaben pro Jahr).
Verweise
Familie – Krippe und Kindertagesstätte
Stefan Kutzner

Familienrecht

Versteht man den Begriff Familienrecht in einem weiten Sinne, dann gehören dazu alle Gesetze, deren Regelungsgegenstände die familiären Beziehungen betreffen, wie z.B. das Scheidungs- oder Erbrecht und entsprechende Bereiche der Sozial- und Steuergesetzgebung. In seiner gängigeren, begrenzteren Bedeutung versteht man darunter den Teilbereich des Zivilrechts, der den Status der Familienmitglieder (im Wesentlichen über Ehe und Abstammung) und die rechtlichen Folgen dieses Status bestimmt. Das Familienrecht kann als ein gesellschaftlich herausgehobener Ort institutioneller Strukturvorgaben des familialen Lebens angesehen werden. Der Idee nach kommt darin das geltende gesellschaftliche Verständnis von Familie zum Ausdruck. Umgekehrt werden die faktischen Familienbeziehungen durch das Familienrecht beeinflusst. Von besonderer Bedeutung ist dabei das Scheidungsrecht. Das Familienrecht »steuert« die verschiedenen Aspekte der Beziehungen nicht direkt. Es stellt jedoch die Grundlage der Entscheidung im Fall von Konflikten dar, die in Familienbeziehungen entstehen können und die die Beteiligten mit einer Klage an die Gerichte herantragen.

Grenzen der Verrechtlichung entstehen aus dem »diffusen«, emotionalen und partikularen, das heißt an die je konkreten Personen gebundenen Charakter von Familienbeziehungen. So kann nicht jeder Konflikt Gegenstand eines gerichtlichen Verfahrens werden, das nach allgemein geltenden Standards entscheiden muss und aus dem nur bestimmte, vor allem geldwerte Leistungen vollstreckt werden können. Auch werden viele gesetzliche Regelungen faktisch sehr selten in Anspruch genommen. Ein Grund dafür kann in dem Umstand gesehen werden, dass typische Eigenschaften der familialen Gemeinschaft – vor allem die autonome Konfliktlösung auf Basis von Konsens und Kompromiss – einer gerichtlichen Klärung von Konflikten entgegenstehen. Diese in verschiedener Hinsicht besondere Stellung des Familienrechts erklärt den tief greifenden Wandel, den es in den letzten Jahrzehnten erfahren hat. Genannt seien hier nur die Veränderungen im Scheidungsrecht (vom Schuldprinzip zum Zerrüttungsprinzip) und im Kindschaftsrecht (die Einrichtung einer gemeinsamen Sorge geschiedener Eltern).

Literatur
Die Praxis des Familienrechts – FamPra, Helbing & Lichtenhahn, Basel (erscheint vierteljährlich).
Verweise
Familienmediation – Scheidung

Kai-Olaf Maiwald

Familiensplitting

Eine grundlegende Frage bei der Ausgestaltung von Einkommenssteuersystemen ist die Bestimmung des Steuersubjekts. Das Familiensplitting ist eine Kombination von Individual- und Gemeinschaftsbesteuerung.

Bei der Individualbesteuerung werden alle erwachsenen steuerpflichtigen Personen, unabhängig von ihrem Zivilstand, einzeln veranlagt und besteuert.

Die Gemeinschaftsbesteuerung bezieht sich auf Ehepaare. Die Steuer wird auf dem Gesamteinkommen beider Partner erhoben. Üblicherweise ist das System der Einkommensbesteuerung progressiv ausgestaltet. Um zu vermeiden, dass das Ehepaar durch die Gemeinschaftsbesteuerung in eine höhere Progression gerät, wird das Verfahren des Splittings angewandt. Das Gesamteinkommen wird zum Satz des hälftigen Einkommens oder mit einem anderen geeigneten Divisor geteilt bzw. gesplittet und besteuert.

Beim Modell Familiensplitting ist der Anknüpfungspunkt das Zusammenleben von Paaren mit Kindern und Jugendlichen in einem Haushalt. Ehe- und Konkubinatspaare mit Kindern und Jugendlichen werden als Lebensgemeinschaft und wirtschaftliche Einheit betrachtet und gemeinsam mithilfe eines Splittingverfahrens besteuert. Hat ein Paar keine Kinder oder haben diese bereits ihre Ausbildung abgeschlossen, wird jeder Partner individuell besteuert.

In der Schweiz gilt bis anhin die Gemeinschaftsbesteuerung für Ehepaare. Jedoch haben sich in den vergangenen Jahrzehnten die Familienstrukturen tief greifend verändert. Zentrales Element des Familienbegriffs ist heute nicht mehr die Ehe, sondern das Vorhandensein von Kindern. Im Rahmen der laufenden Reform der Familienbesteuerung wird deshalb das Familiensplitting diskutiert. Das Modell begünstigt in erster Linie Personen mit Kindern. Familiensplitting in dieser Form ist ausschließlich in der Schweiz ein Thema. In den OECD-Staaten dominiert das System der Individualbesteuerung mit speziellen Abzügen für Haushalte mit Kindern.

Literatur
Zentralstelle für Familienfragen, *Familienbesteuerung: die 3 Reformmodelle*, Familie und Gesellschaft Nr. 2, Bern 1999.
Verweise
Steuern

Susanne Blank

Familienzulagen

Unter dem Begriff Familienzulagen werden verschiedene Zulagen, welche Eltern die Tragung der Unterhaltskosten ihrer Kinder erleichtern sollen, zusammengefasst. Sie gleichen dabei nur einen Teil der Kinderkosten aus und wurzeln damit auf der Idee der primären Verantwortung der Familie für die Tragung von Kinderkosten.

Die Familienzulagen beruhen bisher größtenteils auf kantonalem Recht, wobei teilweise mehrere Regelungen bestehen. Der Bund hat von seiner Regelungskompetenz (Art. 116 Abs. 2/4 BV) nur im Bereich der landwirtschaftlichen Arbeitnehmenden Gebrauch gemacht. Die Schweiz kennt deshalb ein Nebeneinander von über 50 verschiedenen Familienzulagensystemen mit sehr unterschiedlichen Regelungen bezüglich der Art und der Höhe der Leistungen, der Bezugsdauer und der Anspruchsberechtigten. Die wichtigste Familienzulage bilden dabei die in allen Kantonen vorgesehenen Kinder- und Ausbildungszulagen für Arbeitnehmende (150 bis 444 Franken, bis zum 16. bzw. 25. Altersjahr). In heute insgesamt 10 Kantonen haben auch Selbständigerwerbende Anspruch auf Kinderzulagen, in 5 Kantonen auch Nichterwerbstätige, wobei beide Leistungen teilweise nur bis zu einer Einkommensobergrenze ausgerichtet werden. Für ein Kind kann grundsätzlich nur eine ganze Zulage bezogen werden. Hinzu kommen in mehreren Kantonen Geburtszulagen.

Die Familienzulagen für die Arbeitnehmenden werden über die Familienausgleichskassen abgewickelt, denen sich die Arbeitgebenden anzuschließen haben, soweit sie sich nicht bei Ausrichtung eigener gleichwertiger Leistungen vom Anschluss dispensieren können. Es existieren über 800 kantonale und private Familienausgleichskassen. Besondere größere Unternehmen und die Gemeinwesen erbringen oft freiwillig zusätzliche oder höhere Zulagen, als sie das kantonale Recht vorsieht (z.B. Unterhaltszulagen).

Derzeit laufen Bestrebungen, die Familienzulagen im Bund zu harmonisieren und durch Ergänzungsleistungen für Familien mit Kindern mit einem geringen Einkommen zu ergänzen. Solche kantonalen Ergänzungsleistungen kennt bisher nur der Kanton Tessin.

Literatur
Ueli Kieser, »Streifzug durch das Familienzulagenrecht«, in: *Schweizerische Zeitschrift für Sozialversicherung und berufliche Vorsorge*, 1995, 276 ff.; – Pascal Mahon, »Les allocations familiales«, in: Ulrich Meyer-Blaser (Hrsg.), *Schweizerisches Bundesverwaltungsrecht*, Band Soziale Sicherheit, Helbing & Lichtenhahn, Basel 1998.
Internet
www.bsv.admin.ch/fam/grundlag/d/zulagen.htm
www.bsv.admin.ch/publikat/ahi/d/index.htm
Verweise
Ausgleichskasse – Ergänzungsleistungen zur AHV/IV – Familienpolitik

Stephan Wullschleger

Fastenopfer, Katholisches Hilfswerk Schweiz

Das Fastenopfer entstand 1961 auf Initiative von Laien, welche die Öffnung hin zur Welt und das Teilen auf universeller Ebene leben wollten. Seit 1964 handelt es sich um eine Stiftung. Das Fastenopfer setzt sich im Geiste des Zweiten Vatikanischen Konzils und der »Option für die Armen« für eine offene und solidarische Gesellschaft und Kirche ein.

In der Schweiz betreibt das Fastenopfer Information, Bildung und Entwicklungspolitik. Im Süden leistet es finanzielle Unterstützung an Gemeinschaften der Zivilgesellschaft, kirchliche Gemeinschaften und benachteiligte soziale Gruppen, die sich für ihre Rechte und ihre Anerkennung als vollwertige Bürgerinnen und Bürger einsetzen. Die entwicklungspolitische Arbeit des Fastenopfers findet hauptsächlich im Rahmen der Arbeitsgemeinschaft Swissaid/Fastenopfer/Brot für alle/HEKS/Helvetas/Caritas statt. Der größte Teil der Arbeit des Fastenopfers geschieht auf ökumenischer Basis in Zusammenarbeit mit Brot für alle und »Partner sein«.

Internet
www.fastenopfer.ch
Verweise
Diakonie – Selbsthilfe

Charles Ridoré

Feminisierung der Arbeit

Als Feminisierung wird der mit der Globalisierung, Deregulierung und Flexibilisierung von Arbeit einhergehende Prozess der Ausweitung von Frauenerwerbsarbeit bzw. ihres Anteils an gesellschaftlicher Gesamtarbeit beschrieben. Als Ausdruck eines tief greifenden Umbruchs der Arbeitswelt kennzeichnet der Begriff zudem die Angleichung männlicher Erwerbsbiografien an bis anhin für Frauen typische Beschäftigungsformen und -bedingungen. So ist heute auf den europäischen Arbeitsmärkten eine wachsende Zahl von Menschen nicht nur auf geringfügige, ungeschützte, »informelle« Arbeit angewiesen, sondern auch mit befristeten Arbeitsverträgen, mit Unterbezahlung und Arbeitslosigkeit konfrontiert. Haftet dem Begriff somit primär eine negative Konnotation an, so ist damit doch potenziell auch ein Wandel der traditionellen Arbeitsteilung zwischen den Geschlechtern assoziiert. Mit der Abkehr von einer lebenslangen Vollzeiterwerbstätigkeit ist die Herausforderung verknüpft, Leitbilder für Lebens- und Arbeitsformen zu schaffen, die Erwerbsarbeit und »reproduktive« oder freiwillige Arbeit für den Gemeinnutzen in ein neues Verhältnis zueinander rücken.

Literatur
Christel Eckart, »Keine Angst vor der Feminisierung der Arbeit – es kommt darauf an, was wir daraus machen«, in: *Gewerkschaftliche Monatshefte*, Nr. 6/7 (49), 1998,

S. 341–345; – Beate Krais, Margaret Maruani (Hrsg.), *Frauenarbeit – Männerarbeit. Neue Muster der Ungleichheit auf dem europäischen Arbeitsmarkt,* Campus, Frankfurt am Main 2001.
Internet
www.servus.at/kupf/zeit/zeit01/92.haug.htm
Verweise
Deregulierung – Flexibilisierung von Arbeitsverhältnissen – Globalisierung – Teilzeitarbeit

Brigitte Liebig

Finalität

In der Rechtslehre werden Einrichtungen der sozialen Sicherheit nach kausalen und finalen Systemen unterschieden. Wird eine Leistung ausgerichtet, weil ein Bedarf eingetreten ist, spricht man von Finalität. Die Ursachen, welche zu diesem Bedarf geführt haben, spielen keine Rolle. Zu den klassischen finalen Systemen gehören die öffentliche und die private Sozialhilfe. Unter den Sozialversicherungen zählt man AHV, IV, EL und die berufliche Vorsorge zu den finalen Systemen. Sie knüpfen zwar an ein bestimmtes Risiko an (Alter, Tod, Invalidität), unterscheiden aber nicht nach dessen Ursache (Unfall oder Krankheit). Beim Kausalitätsprinzip knüpft die Leistungspflicht hingegen an eine ganz bestimmte Ursache an. Musterbeispiel für ein kausales System ist die Unfallversicherung. Nur wenn ein Unfall eingetreten ist, kommt die Unfallversicherung auf. Ihre Leistungen beschränken sich ausschließlich auf Unfallfolgen. Der Gegensatz Kausalität–Finalität darf nicht überbewertet werden, denn für die versicherte Person hat die Unterscheidung zwischen Finalität und Kausalität keine konkrete Bedeutung. Für sie ist einzig die Abgrenzung der verschiedenen Ursachen ausschlaggebend, da dafür verschiedene Versicherungseinrichtungen zuständig sind, welche unterschiedliche Leistungen ausrichten. Hier setzt auch die Kritik an, da es der versicherten Person in erster Linie darum geht, im Risikofall unabhängig von der Ursache auf ein optimales einheitliches Leistungsangebot zugreifen zu können.

Literatur
Erwin Carigiet, *Gesellschaftliche Solidarität. Prinzipien, Perspektiven und Weiterentwicklung der sozialen Sicherheit,* Helbing & Lichtenhahn, Basel 2001; – Monika Stocker, Gabriela Riemer-Kafka et al., »Finalität oder Kausalität?«, in: *Schweizerische Zeitschrift für Sozialversicherung und berufliche Vorsorge,* Nr. 46, 2002, S. 334 ff.
Verweise
Bedarfsprinzip – Kausalität – Sozialpolitik – Versorgungsprinzip

Uwe Koch

Finanzausgleich

Der Begriff des Finanzausgleichs umschreibt den Grundsatz der Verteilung der Mittel zwischen den verschiedenen institutionellen Ebenen, das heißt in der Schweiz zwischen dem Bund und den Kantonen auf der einen und zwischen den Gemeinden eines Kantons auf der anderen Seite. Über die Finanzströme hinaus betrifft der Ausgleich die Verteilung der Aufgaben und Zuständigkeiten bei der Umsetzung der staatlichen Politik. Er stellt ein Kernelement der finanziellen Solidarität in einem dezentralisierten politischen System dar und trägt dadurch zur Reduktion von Ungleichheiten bei, die durch kantonale und/oder kommunale Disparitäten verursacht werden.
Seit 1994 wird an einem umfassenden Reformprozess des Finanzausgleichs zwischen Bund und Kantonen gearbeitet. Dabei hat sich eine breite Diskussion entwickelt, welche die Akteure bzw. Partner der verschiedenen Politikfelder, insbesondere der Sozialpolitik, mobilisiert hat. Die Komplexität der Aufgabe und die Vermehrung der Widerstände haben zu einer Art Moratorium geführt. Inzwischen gilt das Jahr 2003 als Horizont für ein Ende der Arbeiten.

Literatur
Bernard Dafflon, *Fédéralisme et solidarité,* Institut du fédéralisme, Fribourg 1995; – Eidgenössisches Finanzdepartement, *Der neue Finanzausgleich zwischen Bund und Kantonen. Vernehmlassung,* EFD, Bern/Solothurn 2000.
Verweise
Finanzierung der sozialen Sicherheit: Wirtschaftliche Aspekte – Steuern

Stéphane Rossini

Finanzierung der sozialen Sicherheit: Juristische Aspekte

Die juristische Analyse der Finanzierung der Sozialversicherungen konzentriert sich auf die Systeme und die Quellen der Finanzierung.
Die hauptsächlichen Finanzierungssysteme sind verschiedene Verfahren zur Umlage der Ausgaben und zur Kapitaldeckung. Das Umlageverfahren im reinen Sinn bedeutet, dass die angebotenen Leistungen innerhalb einer bestimmten Zeitspanne durch die Einnahmen derselben Periode gedeckt sind. Die Einnahmen werden also unverzüglich verwendet und es gibt in einem solchen System keine mathematische Reserve oder Ersparnisse. Dies setzt einen gewissen Fortbestand des Versicherers und eine horizontale Solidarität zwischen den Personen, die die Einnahmen liefern, und den Leistungsbeziehenden voraus (z.B. zwischen aktiver und pensionierter Generation). Das Verteilungssystem ist demnach eng verbunden mit der demografischen Entwicklung, vor allem bezüglich der Alterung der Bevölkerung.
Bei der reinen Kapitaldeckung finanziert jede versicherte Person durch ihre Beiträge das Kapi-

tal, durch das die Leistungen beim Eintreffen der versicherten Eventualität gedeckt sein sollen. Die Leistungen werden also vorfinanziert und es besteht eine Garantie, dass sie durch die mathematische Reserve effektiv ausbezahlt werden können, wenn das Recht auf die Rente in Kraft tritt. Diese Garantie bezieht sich allerdings nur auf den Nominalwert des Kapitals, nicht aber auf den Realwert (Inflationsempfindlichkeit). Die Kapitalisierung bezieht sich auf Idee und Prinzip der Versicherung und damit auf ein individuelles Gleichgewicht zwischen Beitrag und Leistung. Der Grundsatz Solidarität ist ihr fremd: Jede versicherte Person finanziert ihre eigenen Leistungen.
Um Vor- und Nachteile der beiden Versionen auszugleichen, können sie durch die Legislative kombiniert werden (in der Schweiz ist z.B. die Erste Säule der Alters-, Hinterlassenen- und Invalidenversicherung vor allem durch Umlage finanziert und nur an zweiter Stelle durch Kapitalisierung).
Das Rentenwert-Umlageverfahren stellt eine Variante des Kapitaldeckungsverfahrens dar und setzt voraus, dass der Versicherer bei der Festlegung der Leistung ein Kapital stellt, das ausreicht, um alle künftigen Geschäfte, die sich aus den regelmäßigen Zahlungen für das Leistungsangebot bilden, finanzieren zu können. Der Unterschied zur reinen Kapitalisierung liegt darin, dass das Deckungskapital von dem Zeitpunkt an, an dem das Recht in Kraft tritt – und nicht vorher –, vorhanden sein muss. Jede Generation finanziert so ihre eigenen Leistungen.
Die Finanzierungsquellen können untereinander kombiniert werden. Es sind dies die Beiträge der Versicherten – und eventuell ihrer Arbeitgeber –, die Beiträge der öffentlichen Hand sowie die Erträge der Kapitalanlagen und die Regresseinnahmen von haftpflichtigen Dritten. Die Beiträge bilden in der Schweiz die hauptsächliche Einnahmequelle (es kann jedoch vorkommen, dass es keine gibt). Die Anpassung und die Modalitäten der Beiträge sind sehr unterschiedlich und zwar in erster Linie bezüglich der einzahlenden Personen. Es kann sich um Angestellte, aber auch um Selbständigerwerbende oder Erwerbslose handeln. Der Beitrag der Angestellten wird meistens zwischen der versicherten Person und ihrem Arbeitgeber geteilt.
Der Verteilungsschlüssel variiert allerdings (allgemein, hälftig, individuell oder aber in globaler Parität, mit Lasten ausschließlich beim Arbeitgeber oder Aufteilung nach Art des Versicherungsgegenstandes). Die Beitragsbasis variiert ebenfalls. In den meisten Fällen ist der Beitrag der finanziellen Situation der versicherten Person angepasst: proportional zu ihrem Einkommen oder Lohn; seltener aufgrund ihrer sozialen Situation (Vermögen usw.); manchmal auch aufgrund der versicherten Leistungen und des Risikos.

Wenn der Beitrag proportional zu Einkommen oder Lohn bestimmt wird, so kommt es zu einer vertikalen Solidarität zwischen den verschiedenen Einkommensschichten. Diese Form von Solidarität ist begrenzt, wenn gesetzlich ein beitragspflichtiger Einkommens- oder Lohnplafond festgesetzt wird. Sie ist hingegen umso größer, wenn das Gesetz bei den Beiträgen keinen Plafond setzt, wohl aber bei den Leistungen. Die Beiträge der öffentlichen Hand machen die zweitwichtigste Einnahmequelle aus. Der vertikale Umverteilungseffekt der allgemeinen Steuern ist größer als jener der Beiträge.
Zu berücksichtigen ist zudem, ob es auf nationaler Ebene einen allgemeinen Risikoausgleich gibt, das heißt, ob eine Versicherungsbranche eine einzige Kasse hat, die durch die Einnahmen genährt und durch die Ausgaben verringert wird und die gesamte versicherte Bevölkerung im ganzen Land deckt, oder ob die Finanzierung vielmehr in unzählige voneinander unabhängige Einheiten aufgeteilt ist, die alleine haushalten müssen. Während die horizontale und die vertikale Solidarität im ersten Fall ihre volle Wirkung zum Tragen bringen können, so sind sie im zweiten Fall auf eine reduzierte Risikogemeinschaft beschränkt (»gute« und »schlechte« Risiken sind nicht notwendigerweise gerecht aufgeteilt und können sich daher nicht gegenseitig kompensieren).

Literatur
Pascal Mahon, »Le financement de la sécurité sociale en Suisse«, in: *Cahiers genevois et romands de sécurité sociale*, Nr. 14, 1995, S. 75–97; – Alfred Maurer, *Schweizerisches Sozialversicherungsrecht*, Band I, Stämpfli, Bern 1983; – Ulrich Meyer-Blaser (Hrsg.), *Schweizerisches Bundesverwaltungsrecht*, Band *Soziale Sicherheit*, Helbing & Lichtenhahn, Basel 1998, S. 47 ff.
Verweise
Ausgaben-Umlageverfahren – Kapitaldeckungsverfahren – Rentenwert-Umlageverfahren – Umlageverfahren – Versicherungsprinzip

Pascal Mahon

Finanzierung der sozialen Sicherheit: Wirtschaftliche Aspekte

Die meisten Staaten finanzieren ihre soziale Sicherheit durch Lohnbeiträge. Dieser Finanzierungsmethode können vier Kritikpunkte entgegengesetzt werden. Der erste hängt mit der Entwicklung der Steuerbasis zusammen, aufgrund deren die Beiträge abgezogen werden. In einem Großteil der Staaten sinkt der Lohnanteil im Volkseinkommen. Nähme diese Tendenz zu, würde dies bedeuten, dass die Lohnbeiträge den wachsenden Sozialausgaben – die entsprechend dem Volkseinkommen steigen – nicht mehr folgen könnten. Des Weiteren ergeben sich aus dieser Finanzierungsweise ungerechtfertigte Behandlungsunterschiede zwischen den Wirtschaftssektoren. Misst man die Arbeitgeberbeiträge an der Arbeitslosenversicherung im Verhältnis zur Brutto-Mehrwertsteuer, so wird ersichtlich, dass die Beiträge der Metallindustrie in der Schweiz doppelt so hoch sind als jene des Bankensektors. Der dritte Kritikpunkt ergibt sich daraus, dass die aktuelle Finanzierung auf der Basis einer Gesellschaft errichtet wurde, in der die Vollzeitanstellung die häufigste Anstellungsform war. Nun gibt es aber neue Anstellungsformen (Teilzeit, Selbständigkeit, Telearbeit usw.), die das Sozialsystem vor neue Herausforderungen stellen. Viertens tragen die Lohnbeiträge schließlich dazu bei, die indirekten Arbeitskosten zu erhöhen. Firmen mit Entlassungen wälzen also die Sozialkosten, die sie ausgelöst haben, auf jene ab, die ihr Personal behalten.

Eine Reform der Finanzierung drängt sich auf. Sie muss auf den Zielen der jeweiligen Sozialversicherung basieren. Wenn deren einziges Ziel ist, Risikodeckung zu gewährleisten, so muss das Instrument der Beiträge eingesetzt werden. Steuern kommen zum Zug, wenn die Einkommensumverteilung beabsichtigt wird. In der Arbeitslosenversicherung ist es normal, Beiträge zu nutzen. Diese sollten jedoch nicht auf die Löhne bezogen werden, sondern auf die gesamte Brutto-Mehrwertsteuer der Firma. Mit diesem System würden die Beiträge nicht nur von der Lohnmasse abgezogen, sondern auch von den Dividenden, von den verteilten oder nicht verteilten Gewinnen, von den Zinsen sowie von den Abschreibungen.

Im Falle der AHV – unter Berücksichtigung der aktuellen (Erziehungsgutschriften) und künftigen potenziellen Entwicklungen (andere Aktivitäten von kollektivem Interesse) – erweist sich der Rückgriff auf die Steuern, ergänzend zu den Lohnbeiträgen, als gerechtfertigt, weil der Umverteilungsanteil der Versicherung zum Wachstum tendiert. Dabei können verschiedene Lösungswege gewählt werden. Die allgemeine Sozialabgabe hat den Vorteil, dass sie eine einfache Steuer ist, die sich durch eine breite Basis auszeichnet, die proportional zum Lohn berechnet wird. Sie ist gerechter als die Mehrwertsteuer. Diese hat jedoch einen Vorteil, den keine andere Steuer aufweist: Indem sie den Export von den Steuern entlastet und den Import taxiert, beeinflusst sie die ansässigen Firmen bei ihrem Wettbewerb auf dem internationalen Markt nicht. Gleichzeitig finanzieren importierte Waren die Sozialversicherungen mit. In diesem Sinne würde die Mehrwertsteuer wie eine Maßnahme der sozialen Sicherheit für die nationale Wirtschaft wirken. Um zwischen den beiden Steuerformen als Ergänzungsfinanzierungen der AHV zu entscheiden, müssen ihre Vor- und Nachteile abgewogen werden.

Literatur
Yves Flückiger, Javier Suarez, »Propositions de réforme du financement de la sécurité sociale en Suisse«, in: Pierre-Yves Greber (Hrsg.), *La sécurité sociale en Europe à l'aube du XXIe siècle. Mutations, nouvelles voies, réformes du financement*, Helbing & Lichtenhahn, Basel 1996; – Pascal Mahon, »Le financement de la sécurité sociale en Suisse«, in: *Cahiers genevois et romands de la sécurité sociale*, Nr. 14, 1995; – Geneviève Perrin, »Rationalisation du financement de la sécurité sociale«, in: *Sécurité sociale: quelle méthode de financement? Une analyse internationale*, Bureau international du travail, Genève 1984.

Verweise
Steuern – Steuerpolitik

Yves Flückiger

Finanzkrise

Die Bezeichnung Finanzkrise kann sich auf mehrere monetäre Phänomene der Wirtschaft beziehen. Erstens können aufgrund allgemein sprunghaft gestiegener »Liquiditätspräferenz« noch vor einer »real«-ökonomischen Krise Börsenstürze auftreten. In der Folge muss es nicht zu »realen« Nachfrageausfällen und ausgedehnter Arbeitslosigkeit kommen. Der Börsencrash von 1987 führte z.B. nicht in eine Rezession, weil die Notenbanken – auf dem Hintergrund der historischen Erfahrung von 1929 – ihre Funktion als *lender of last resort* wahrnahmen und konzertiert sehr rasch sehr viel Liquidität in die Finanzmärkte pumpten. Trotz anhaltend erhöhter Inflation in den Folgejahren konnte so eine zähe Vertrauenskrise vermieden werden. In einer scharfen Rezession oder Depression kann es zweitens allmählich zu einem hartnäckig erhöhten Liquiditätsbedürfnis kommen, weil die »kritische Schwelle« von Kreditausfällen überschritten worden ist und sich eine tiefe Verunsicherung hinsichtlich der Stabilität der Finanzsphäre breit macht. Das Resultat ist ein die Krise verschärfender und verlängernder *credit crunch*. Trotz reichlicherem Geldangebot kommt es zu keiner Zinssenkung mehr (»Liquiditätsfalle«), weil sinkende Börsenkurse und steigende Zinsen antizipiert werden. Dies ist der Grund, wieso die monetäre Wirtschaft keinen Ausweg aus der Krise zu weisen vermag. In den letzten beiden Jahrzehnten sind Finanzkrisen drittens gehäuft in Form von Zahlungsbilanz- bzw. Währungskrisen in Schwellenländern aufgetreten (Mexikokrise, Asienkrise, Russlandkrise, Südamerikakrise usw.). Sobald Banken in Konkurs geraten, kommt viertens ein Dominoeffekt in Gang, der sich sehr rasch zu einer Finanzsystemkrise ausweiten kann. In Japan sind z.B. als

Erbschaft des zusammengebrochenen Immobilienbooms der 80er-Jahre noch heute gigantisch hohe Kreditvolumen als »faul« (mit niedrigster Bonität) zu erachten. Sollte diese Blase jemals schockartig platzen, könnte eine sich ausbreitende Flutwelle von Bankenpleiten das globale Finanzsystem zerrütten.

Über die Ursachen solcher Finanzkrisen sind sich die Finanzmarktexperten und -expertinnen uneinig. Im Fall der jüngsten Zahlungsbilanz- und Währungskrisen hat es sich in der Literatur eingebürgert, die entsprechenden Modelle grob in (bislang) drei Generationen einzuteilen. 1. Erodierte *fundamentals* provozieren spekulative Attacken auf eine Währung. 2. Bei zufälligen Schocks kommt es aufgrund eines irrationalen *herd behaviour* der Investoren *(noise traders)* zu *Contagion*-Effekten, flexible Krisenreaktionen der Währungsbehörden werden dabei strategisch einbezogen. 3. Die Antizipation geplatzter *asset bubbles* führt in die Falle der *self-fulfilling prophecies*. Die neoklassische Doktrin der (wenigstens schwach) effizienten Kapitalmärkte wird grundsätzlich fragwürdig.

Literatur
Philippe Aghion, Philippe Bacchetta, Abhiji Banerjee, »Currency Crises and Monetary Policy in an Economy with Credit Constraints«, in: *European Economic Review*, Nr. 45, 2001, S. 1121–1150; – Michael Bordo et al., »Financial Crises. Lessons from the Last 120 Years – Is the Crisis Problem Growing More Severe?«, in: *Economic Policy*, 2001, S. 51–82; – Ralf L. Weber, »Währungs- und Finanzkrisen: Ursachen und Lehren für Transformationsländer«, in: *Ordo – Jahrbuch für die Ordnung von Wirtschaft und Gesellschaft*, Band 50, Lucius & Lucius, Stuttgart 1999, S. 371–404.
Verweise
Entschuldung (von Staaten) – Globalisierung – Krise des Sozialstaats

Thomas Ragni

Flexibilisierung von Arbeitsverhältnissen

Technologische Entwicklung, Globalisierung, Wettbewerbs- und Rationalisierungsdruck sowie veränderte Präferenzen von Teilen der Erwerbstätigen haben dazu geführt, dass das »Normalarbeitsverhältnis« bzw. die Vollzeit-Erwerbslaufbahn im Verlauf der letzten beiden Jahrzehnte zunehmend durch flexible Arbeits- und Beschäftigungsformen verdrängt wurden. Flexibilisierungsstrategien schließen neben der flexiblen Gestaltung der zeitlichen Dimension von Arbeit (z.B. Gleitzeit-, Teilzeit-, Temporär-Arbeit, *job sharing* usw.) Veränderungen ihrer räumlichen (z.B. Tele-, Heimarbeit usw.), biografischen (z.B. flexibler Berufsausstieg, Laufbahnunterbrechung, verlängerte Lebensarbeitszeit usw.), funktionellen (z.B. *outsourcing*, Arbeit auf Abruf usw.) sowie lohnbezogenen (z.B. Boni, Leistungslöhne, Aktienoptionen usw.) Dimensionen ein.

Während flexible Arbeits(zeit)modelle als Mittel gegen Arbeitslosigkeit oder die bis Mitte des Jahrhunderts zu erwartende Verknappung und Alterung der Erwerbsbevölkerung gelten, erhoffen sich Betriebe davon finanzielle Einsparungen und Produktivitätssteigerungen, da sie u.a. eine optimale Anpassung der Betriebsmittel an zeitliche Erfordernisse und Nachfrageschwankungen erlauben. Auch werden die durch flexible Arbeit verbesserten Möglichkeiten der Vereinbarung von Erwerbsarbeit und individuellen Bedürfnissen bzw. Verpflichtungen in Bereichen wie Familie, Haushalt, Politik oder Ausbildung usw. angeführt. Anderseits jedoch bergen die für flexible Arbeitsverhältnisse charakteristischen Spielräume bei der Gestaltung von Arbeitsverträgen sowie arbeitsschutz- und sozialversicherungsrechtlichen Bestimmungen erhebliche Gefahren. Gewerkschaften und andere kritische Stimmen sehen dadurch insbesondere die Tendenz zur Informalisierung der Arbeit sowie die Zunahme ungeschützter, prekärer Beschäftigungsformen in Niedriglohnbereichen (z.B. in Gastgewerbe, Reinigung, im Nonprofit-Bereich und in privaten Haushalten) begünstigt. Tatsächlich profitieren von der Flexibilisierung bisher nur bestimmte Beschäftigungsgruppen und Funktionsbereiche. Zwiespältige Auswirkungen haben flexible Beschäftigungsformen auch auf erwerbstätige Frauen, indem sie ihnen zwar vermehrt ein Einkommen, nicht jedoch gleichen Lohn und gleiche Aufstiegschancen ermöglichen.

Literatur
Elisabeth Bühler et al. (Hrsg.), *Deregulierung und Chancengleichheit: Neue Herausforderungen an Staat und Gesellschaft*, vdf Hochschulverlag, Zürich 1998; – Joachim Gutmann (Hrsg.), *Flexibilisierung der Arbeit: Chancen und Modelle für eine Mobilisierung der Arbeitsgesellschaft*, Schäffer-Poeschel, Stuttgart 1997; – Volker Hielscher, *Entgrenzung von Arbeit und Leben? Die Flexibilisierung von Arbeitszeiten und ihre Folgewirkungen für die Beschäftigten. Eine Literaturstudie*, WZB Discussion Papers, Berlin 2000.
Internet
www.socio.ch/arbeit/t_pdietrich.htm
www.box1.boeckler-boxen.de/ forschung/ fors. flex/ index.html
Verweise
Arbeitsverhältnis – Atypische Beschäftigungsformen – Flexibilität – Normalarbeitsverhältnis

Brigitte Liebig

Flexibilität

Als Flexibilität bezeichnet man allgemein die Fähigkeit von Organisationen oder Individuen, sich an innere oder äußere Änderungen rasch anpassen zu können.

Im Gegensatz zur Deregulierung, die als Bündel von staatlichen Maßnahmen und Eingriffen unternehmerische Flexibilisierungsbemühungen ordnungspolitisch flankieren soll, bezeichnet Flexibilisierung der Arbeit die vor allem von den Unternehmern und ihren Verbänden sowie manchen Wissenschaftlern angestrebte Durchsetzung dieses Regulationsmodus, um Angebotsschocks zu überwinden und auf sich verändernde technologische und ökonomische Rahmenbedingungen reagieren zu können, in vielen Fällen aber auch, um den Interessen der Beschäftigten auf mehr Zeitsouveränität entgegenzukommen. Insofern die Interessen der beiden Parteien sich nicht immer zur Deckung bringen lassen, ist dem Begriff eine gewisse Ambivalenz eigen.

Eine gängige Unterscheidung der Varianten von Flexibilisierung ist die Einteilung in externe und interne Flexibilisierung.

Externe Flexibilisierung setzt auf die zahlenmäßige Personalanpassung durch Entlassung und Einstellung, aber auch durch den Rückgriff auf befristete Beschäftigungsverhältnisse und Leiharbeit, was mit zu der zunehmenden Segmentierung des Arbeitsmarkts und zur Erosion des Normalarbeitsverhältnisses beiträgt.

Interne Flexibilität stützt sich dagegen zum einen auf eine Anpassung der Arbeitsorganisation sowie eine entsprechend breite Qualifikation der Beschäftigten (funktionale Flexibilität), zum andern auf die Flexibilisierung der Arbeitszeiten, das heißt auf die Anpassung von Dauer, Lage und Verteilung der Arbeitszeit auf betriebliche Erfordernisse bzw. die (familiären) Interessen der Beschäftigten eines Unternehmens.

In letzter Zeit wird eine mögliche Synthese der häufig sich widerstreitenden Interessen an Flexibilität einerseits und sozialer Sicherheit anderseits vor allem mittels des Konzepts der *flexicurity* thematisiert.

In gesellschaftsdiagnostischer Hinsicht hat Richard Sennett (1998) die Folgen allumfassender Flexibilitätsanforderungen für die Lebensführung und den Charakter des Menschen im modernen Kapitalismus beschrieben. Dem »flexiblen Menschen«, der stets bereit für Neues und Veränderungen sein soll, der sich keinen Routinen hingeben darf, werde es unmöglich, langfristige Bindungen einzugehen, seinem eigenen Leben, das zu undurchschaubarem Stückwerk wird, einen konsistenten Sinn zu verleihen.

Literatur
Berndt Keller, Hartmut Seifert, »Flexicurity – Das Konzept für mehr soziale Sicherheit flexibler Beschäftigung«, in: *WSI-Mitteilungen*, Nr. 5, 2000, S. 291–300; – Anna Pollert, *Farewell to Flexibility?*, Blackwell, Oxford 1991; – Richard Sennett, *Der flexible Mensch. Die Kultur des neuen Kapitalismus*, Berlin Verlag, Berlin 1998.

Verweise
Arbeitsorganisation – Arbeitszeit – Deregulierung – Flexibilisierung von Arbeitsverhältnissen – Segmentation (des Arbeitsmarkts)

Andreas Pfeuffer

Flüchtlinge/Flucht

Der Begriff Flüchtling ist nicht einheitlich definiert. Im soziologischen Sinne und auch umgangssprachlich bezeichnet er eine Person, die ihren Wohnort unfreiwillig verlassen hat, um an einem andern Ort Schutz zu suchen. Die Gründe, die Menschen zur Flucht treiben, sind vielfältig: Bürgerkriege und ihre Folgen, Naturkatastrophen, Armut, Hunger, geschlechtsspezifische Unterdrückung oder politische Verfolgung. Die rechtliche Definition des Begriffs ist weit enger gefasst, das heißt, nur ein kleiner Teil der Flüchtlinge im soziologischen Sinne sind auch Flüchtlinge im Rechtssinn. Völkerrecht (Genfer Flüchtlingskonvention von 1951) und Asylgesetz anerkennen und schützen als Flüchtlinge nur Personen, welche wegen ihrer Religion, ethnischen Abstammung, Staatszugehörigkeit, Zugehörigkeit zu einer bestimmten sozialen Gruppe oder ihrer politischen Überzeugung gezielt und persönlich von staatlichen oder ähnlichen Organen verfolgt werden.

Die Aufnahmeländer reagieren auf diese Spannung zwischen Realität und Rechtsnormen u.a. mit der vorläufigen Schutzgewährung von Personen aus humanitären Gründen. In den 1990er-Jahren hat sich in europäischen Ländern die vorübergehende, kollektive Schutzgewährung von so genannten Gewaltflüchtlingen aus Bürgerkriegsgebieten als neues asylpolitisches Instrument durchgesetzt.

Literatur
Mario Gattiker, *Das Asyl- und Wegweisungsverfahren*, Schweizerische Flüchtlingshilfe, Bern 1999; – Christina Hausammann, *Frauenverfolgung und Flüchtlingsbegriff*, Eidgenössisches Büro für die Gleichstellung von Frau und Mann, Bern 1992; – Walter Kälin, *Grundriss des Asylverfahrens*, Helbing & Lichtenhahn, Basel 1990.
Internet
www.fluechtlingshilfe.ch
Verweise
Asylgesetz – Asylpolitik – Asylsuchende – Menschenrechte (Europäische Konvention der)

Sabine Schoch

Föderalismus

Als Föderalismus (Bundesstaatlichkeit) wird das Gestaltungsprinzip im Bundesstaat bezeichnet, nach dem die staatliche Macht und Gestaltungsbefugnis zwischen dem Bundesstaat und dessen Gliedstaaten (Kantone) geteilt wird. Der moderne föderalistische Staat fand erstmals in den Schriften von Alexis de Tocqueville über die amerikanische Demokratie seinen Ausdruck. In Europa sind heute neben der Schweiz Deutschland, Österreich, Belgien und Bosnien-Herzegowina bundesstaatlich aufgebaut.

Der Föderalismus ist neben der Demokratie und der Rechtsstaatlichkeit die dritte Säule, auf der der schweizerische Staat gründet. Als verfassungsrechtliches Strukturprinzip der Schweiz soll er »Einheit in der Vielfalt« (vgl. Präambel Bundesverfassung [BV]) sichern. Auf dem Subsidiaritätsgedanken fußend soll der Bund nur diejenigen Aufgaben erfüllen, welche nicht durch die Kantone, als den Einzelnen nähere Gemeinwesen, erfüllt werden können, weil sie einer einheitlichen Regelung bedürfen (Art. 42 Abs. 2 BV). Der Bund darf dabei nur tätig werden, wenn ihm dazu in der Bundesverfassung eine ausdrückliche Kompetenz eingeräumt wird (Art. 3, 42 BV). Diese Kompetenzen beschränken sich oft auf eine Rahmengesetzgebung. Innerhalb dieses gesetzlichen Rahmens bleiben die Kantone weiterhin autonom. In den allermeisten Fällen bleibt der Vollzug von Bundesaufgaben bei den Kantonen (Art. 46 BV).

Der föderalistische Aufbau ist in der Schweiz dreistufig, indem unterhalb der Kantone als Gliedstaaten auch den Gemeinden ein Autonomiebereich zukommt.

Ergänzt wird die Autonomie der Kantone in ihrer Aufgabenerfüllung durch ihre Mitsprache im Bund. Aufgrund des Erfordernisses des doppelten Mehrs von Volk und Ständen für Verfassungsänderungen (Art. 140 Abs. 1 BV) können neue Bundesaufgaben nur mit der Zustimmung der Stimmberechtigten in einer Mehrzahl der Kantone begründet werden. Hinzu kommen die Mitwirkungsrechte der kantonalen Behörden gemäß Artikel 44 f. BV im Bund.

Der föderalistische Staatsaufbau prägt auch die Sozialstaatlichkeit der Schweiz. Bundesstaatlich einheitlich geregelt werden die Sozialversicherungen (Art. 111–117 BV), wobei deren Vollzug, soweit er staatlichen Organen obliegt, weitgehend Sache der Kantone ist (IV-Stellen, kantonale Ausgleichskassen, Arbeitslosenkassen). Eine Ausnahme bilden trotz entsprechender Bundeskompetenz (Art. 116 BV) die weitgehend kantonal geregelten Familienzulagen. Bundesrechtlich geregelt ist auch der Arbeitnehmerschutz und das Wohnungsmietwesen. Kantonal geregelt ist die Sozialhilfe, die regelmäßig durch die Gemeinden erfüllt wird. Der Gewährleistung einer gewissen Einheitlichkeit dient dabei der Fachverband SKOS (Schweizerische Konferenz der Sozialhilfe), in dem Kantone, Bundesämter, Gemeinden und interessierte Organisationen vertreten sind. Weitgehend kantonale Kompetenzen sind im Übrigen das Schul- und das Gesundheitswesen sowie der soziale Wohnungsbau (vgl. aber Art. 108 BV).

Literatur
Thomas Fleiner, Alexander Misic, »Föderalismus als Ordnungsprinzip der Verfassung«, in: Daniel Thürer, Jean-François Aubert, Jörg Paul Müller (Hrsg.), *Verfassungsrecht der Schweiz*, Schulthess, Zürich 2001; – Max Frenkel, *Föderalismus und Bundesstaat. System, Recht und Probleme des Bundesstaates im Spannungsverhältnis von Demokratie und Föderalismus*, Peter Lang, Bern 1984/1986.
Verweise
Soziale Sicherheit (Umfeld) – Wirtschafts- und Sozialartikel der Bundesverfassung
Stephan Wullschleger

Fortbildung → Weiterbildung

Fortpflanzungsmedizin

Unter Fortpflanzungsmedizin wird die ärztlich assistierte Fortpflanzung verstanden, insbesondere die Insemination (Einbringen von Sperma direkt in die Gebärmutter) und die *In-vitro*-Fertilisation (IvF; Befruchtung der Eizelle außerhalb des weiblichen Körpers). Der Begriff kam 1978 mit der Geburt des ersten durch IvF gezeugten Kindes auf. In der Schweiz wurde das erste durch IvF gezeugte Kind 1985 geboren. Gemäß Gesetz über die medizinisch unterstützte Fortpflanzung (in Kraft seit 1.1.2001) ist die IvF zulässig bei anders nicht behebbarer weiblicher oder männlicher Sterilität oder bei schweren familiären Erbkrankheiten. Vor der Einpflanzung in die Gebärmutter werden die Embryonen unter dem Mikroskop auf Chromosomenschäden geprüft. Eine molekulargenetische Kontrolle (Präimplantationsdiagnostik) ist wegen Missbrauchsgefahr verboten. Trotz gesetzlichem Verbot fallen bei der IvF »überzählige Embryonen« an, die zu einem begehrten »biologischen Material« zur Gewinnung von Stammzellen geworden sind. Die ethischen Diskussionen über den Status eines Embryos und über das Missbrauchspotenzial dieser Technik haben begonnen. Der Bund hat im Mai 2002 den Entwurf zu einem Gesetz über die Forschung an überzähligen Embryonen in die Vernehmlassung gegeben.

Literatur
Guido Appius, Ruth Mascarin, »Den Zugriff auf die Embryonen verhindern«, in: *Soziale Medizin*, Nr. 1, 2000, S. 36–39; – Bundesgesetz über die medizinisch unterstützte Fortpflanzung vom 18. Dezember 1998 (SR 814.90 – Fortpflanzungsmedizingesetz, FmedG); – »Kindermacher: Die Zukunft der Fortpflanzung«, *NZZ Folio*, Nr. 6, 2002.
Verweise
Pränatale Diagnostik – Schwangerschaftsberatung
Ruth Mascarin

Frauen und Gesundheit
Der Begriff Frauengesundheit kam in den 1970er-Jahren im Zusammenhang mit der Frauenbewegung auf. Die Frauengesundheitsberichterstattung der 80er- und 90er-Jahre verbesserte die bis dahin dürftige Informationslage und brachte das Thema auf die Agenda internationaler Konferenzen der UNO und der Weltgesundheitsorganisation (WHO). Die Vernachlässigung frauenspezifischer Gesundheitsbelange in der medizinischen Forschung führte vor allem in den USA zu einer Kritik der biomedizinischen Forschungspraxis. Forschungsergebnisse der 90er-Jahre zeigten, dass das Geschlecht auch in der ärztlichen Berufsausübung und in der Forschungstätigkeit eine Rolle spielt. Während die sich ebenfalls in den 80er- und 90er-Jahren entwickelnde *Gender*-Forschung inzwischen Frauen-, Männer- und Geschlechterforschung umfasst, fokussiert die Frauengesundheitsforschung explizit auf den Einfluss des Geschlechts aus einer frauenspezifischen Perspektive.
Geschlecht bezeichnet sowohl biologisch bedingte Merkmale *(sex)* wie auch soziokulturell und gesellschaftlich bedingte Aspekte *(gender)*. Entsprechend sind Geschlecht und Gesundheit auf vielfältige Art verknüpft:
– Biologisch begründete Faktoren führen zu geschlechtsspezifischen Gesundheitsbelangen und unterschiedlichem Krankheitsgeschehen.
– Lebensbedingungen, welche auf die Gesundheit einwirken, unterscheiden sich bei Frauen und Männern (Ressourcen, Lebenswelten, Aufgabenzuteilungen, soziale Position). In individuellen Entwicklungsprozessen ist Geschlecht ein bestimmender Faktor für Wahrnehmung, Verhalten und Identitätsbildung, was sich auf das Gesundheits- und Hilfesucheverhalten auswirkt.
– Kulturell entstandene Geschlechter-Stereotype sind auch im Gesundheitsbereich wirksam.
Für die gesundheitliche Betreuung und den Public-Health-Bereich ist dementsprechend eine Berücksichtigung frauenspezifischer Gesundheitsbelange, Bedürfnisse und Gesundheitshindernisse zu fordern. Darüber hinaus soll eine Beachtung von Geschlechterfragen auch auf gesundheitspolitischer Ebene und im Forschungsbereich realisiert werden.

Literatur
Marlene Goldman, Maureen Hatch (Hrsg.), *Women & Health*. Academic Press, San Diego 2000; – Klaus Hurrelmann, Petra Kolip (Hrsg.), *Geschlecht, Gesundheit und Krankheit. Männer und Frauen im Vergleich*, Hans Huber, Bern 2002; – Christopher Murray, Allan Lopez (Hrsg.), *Health Dimensions of Sex and Reproduction. Global Burden of Disease and Injury Series*, Band 3, Harvard University Press, Cambridge 1998.

Verweise
Public Health

Elisabeth Zemp

Frauenerwerbsarbeit
Unter »Frauenerwerbsarbeit« ist die Summe der von Frauen ausgeübten Erwerbstätigkeiten zu verstehen. Mit der Industrialisierung hat die Erwerbsarbeit ganz generell an Bedeutung gewonnen. Frauen abeiteten von Beginn weg in der Industrie, vorab in der inzwischen erodierten Textil- und in der Uhrenindustrie. Dies zeigt sich u.a. daran, dass die Frauenerwerbsquote in der Schweiz erst wieder Ende der 1960er-Jahre das einstige Niveau von 1910 erreicht hatte (Wecker 1988, 46 f.). Dabei gilt es zu beachten, dass der erneute Anstieg der Anzahl erwerbstätiger Frauen in der Schweiz in den 50er-Jahren auf die Rekrutierung ausländischer Arbeitskräfte zurückzuführen ist.
Nach 1910 ist die für Unterschichten typische Familienökonomie allmählich der Realisierung des Alleinernährerkonzeptes gewichen. Möglich wurde dies durch den Anstieg der Männerlöhne sowie durch den sich am bürgerlichen Familienbild orientierenden Auf- und Ausbau sozialer Sicherheit. Auf dem Höhepunkt der industriellen Frauenerwerbsarbeit sind ausgehend von den bürgerlichen Geschlechternormen des 19. Jahrhunderts »moderne« Frauenberufe geschaffen worden. Indem die zu verrichtenden Tätigkeiten an so genannt typisch weibliche Charaktereigenschaften gekoppelt wurden, eröffneten sich insbesondere für unverheiratete Frauen bürgerlicher Schichten neue Berufsfelder. Doch die Ausgestaltung dieser Frauenberufe war nicht auf eine lebenslange Erwerbstätigkeit ausgerichtet, sondern gedacht als Phase vor der Heirat. Mit der allmählichen Durchsetzung des Drei-Phasen-Modells in der Nachkriegszeit des 20. Jahrhunderts kam der Wiedereinstieg als dritte Phase neu hinzu. Zentral im Leben von Frauen blieb die unbezahlte Familienarbeit.
Noch heute zeichnen sich Frauenberufe durch mangelnde Aufstiegs- und Weiterbildungsmöglichkeiten aus. Immer noch konzentrieren sich Frauen in ihrer Berufswahl auf einige wenige Bereiche wie Verkauf, pflegerische, soziale und kaufmännische Berufe. Die geschlechtsspezifische Segregation des Arbeitsmarktes ist weiterhin intakt. Frauen verdienen weniger als Männer und sind in den Arbeitsmarkt nur mangelhaft integriert. Bezüglich der Integration sind derzeit zwei gegenläufige, von der Qualifikation abhängige Tendenzen zu beobachten. Obwohl Frauenerwerbsarbeit stets von Unsicherheit geprägt war, sind Frauen von der derzeitigen Diffusion atypischer Beschäftigungsformen zusätzlich und in

einem größeren Ausmaß als Männer betroffen. Dieses erhöhte Armutsrisiko kontrastiert mit dem Faktum, dass inzwischen auch viele Frauen auf höhere Hierarchiestufen von Wirtschaft und Verwaltung vorstoßen. Dort wird Frauenerwerbsarbeit vermehrt gefördert, da der Mangel an gut qualifizierten Arbeitskräften allmählich zur Erkenntnis führt, dass die *human resources* von Frauen besser genutzt werden sollten.

Literatur
Marlis Buchmann et al., *Halb drinnen – halb draussen. Analysen zur Arbeitsmarktintegration von Frauen in der Schweiz*, Rüegger, Chur/Zürich 2002; – Bettina Heintz et al., *Ungleich unter Gleichen. Studien zur geschlechtsspezifischen Segregation des Arbeitsmarktes*, Campus, Frankfurt am Main 1997; – Chantal Magnin, »Der Alleinernährer. Eine Rekonstruktion der Ordnung der Geschlechter im Kontext der sozialpolitischen Diskussion von 1945 bis 1960 der Schweiz«, in: Hans-Jörg Gilomen, Sebastian Guex, Brigitte Studer (Hrsg.): *Von der Barmherzigkeit zur Sozialversicherung. Umbrüche und Kontinuitäten vom Spätmittelalter bis zum 20. Jahrhundert*, Chronos, Zürich 2002, S. 387–400; – Regina Wecker, »Von der Langlebigkeit der ›Sonderkategorie Frau‹ auf dem Arbeitsmarkt«, in: Marie-Louise Barben, Elisabeth Ryter (Hrsg.), *Verflixt und zugenäht!, Frauenberufsbildung – Frauenerwerbsarbeit 1888–1988*, Chronos, Zürich 1988, S. 45–54.
Verweise
Arbeit – Beruf/Berufswechsel – Segmentation (des Arbeitsmarkts)

Chantal Magnin

Frauenhäuser

Die Frauenhäuser bieten Unterkunft, Krisenintervention und Beratung an für Frauen, die für sich und ihre Kinder Schutz vor der Gewalttätigkeit ihres Ehemannes, Partners oder anderer Angehöriger suchen. Die Trägerschaften der Frauenhäuser sind privatrechtlich organisiert. Fast alle Frauenhäuser werden durch kantonale und kommunale Subventionen und private Spenden finanziert, einige wenige kommen gezwungenermaßen ohne Subventionen aus.

Die Frauenbewegung hat Gewalt gegen Frauen in den 1970er-Jahren in der Schweiz öffentlich zu thematisieren begonnen. Die Analysen und Forderungen der in diesem Bereich engagierten Frauen richteten sich zunehmend auf die in der Ehe und Partnerschaft ausgeübte Gewalt. Aus dieser Bewegung heraus sind in den letzten 20 Jahren in verschiedenen Kantonen und Städten (Aarau, Bern, Biel, Thun, Basel, Fribourg, Genf, Chur, La Chaux-de-Fonds, Luzern, Schaffhausen, St. Gallen, Lausanne, Zürich, Zürich-Oberland, Winterthur) Frauenhäuser entstanden, die gewaltbetroffenen Frauen und ihren Kindern provisorische Unterkunft und Beratung anbieten. Die Prinzipien der Beratung orientieren sich an der Parteilichkeit für die betroffenen Frauen und dem Selbstbestimmungsrecht der Frau. Ein wichtiger Bestandteil der Arbeit der Frauenhäuser ist die Informations- und Öffentlichkeitsarbeit, die auf der gesellschaftlichen Ebene Veränderungen bewirken soll. 14 Schweizer Frauenhäuser, dasjenige von Liechtenstein sowie das Mädchenhaus Zürich sind der Dachorganisation DAO angeschlossen.

Die Frauenhäuser entsprechen einem großen Bedürfnis. Pro Jahr finden in der Schweiz gegen 1000 Frauen und ebenso viele Kinder Schutz in einem Frauenhaus. Mehr als doppelt so viele Frauen und ihre Kinder müssen jeweils aus Platzgründen abgewiesen werden.

Wie in anderen Ländern ist auch in der Schweiz die Erkenntnis gewachsen, dass Gewalt gegen Frauen kein privates Problem darstellt. Es sind deshalb Bemühungen im Gang, die strafrechtlichen und zivilrechtlichen Bestimmungen im Bereich der Gewalt in Ehe und Partnerschaft zu revidieren. Zudem sind in den letzten Jahren in vielen Kantonen und Städten Projekte und Stellen zur Intervention gegen häusliche Gewalt entstanden. Sie verfolgen das Ziel, mittels koordinierter Maßnahmen und einer effektiven Zusammenarbeit zwischen staatlichen und privaten Stellen Opfer besser vor häuslicher Gewalt zu schützen und längerfristig zu einer Reduktion der Gewalt beizutragen.

Literatur
Daniela Gloor, Hanna Meier, Pascale Baeriswil, Andrea Büchler, *Interventionsprojekte gegen Gewalt in Ehe und Partnerschaft: Grundlagen und Evaluation zum Pilotprojekt Halt-Gewalt*, Haupt, Bern 2000; – Daniela Gloor, Hanna Meier, Martine Verwey, *Frauenalltag und soziale Sicherheit. Schweizer Frauenhäuser und die Situation von Frauen nach einem Aufenthalt*, Rüegger, Chur/Zürich 1995; – Christa Hanetseder, *Frauenhaus: Sprungbrett zur Freiheit?*, Haupt, Bern 1992.
Internet
www.frauenhaus-schweiz.ch
www.equality.ch/gewaltgegenfrauen.html
Verweise
Häusliche Gewalt

Martha Weingartner

Freiheitsbeschränkende Strafen (Ersatzstrafen)

Der Ausdruck Ersatzstrafe lässt sich historisch erklären: die freiheitsbeschränkenden Sanktionen wurden vor allem konzipiert und entwickelt, um die Vollstreckung von freiheitsentziehenden Maßnahmen zurückzudrängen, die nach der Meinung der meisten Experten den Urhebern besonders schwerer Vergehen vorbehalten sein sollten: Die Legitimität der freiheitsentziehenden Strafe wird tatsächlich weit und breit diskutiert und deren Vollstreckung ist sehr kostspielig, vor allem wenn die Aufgabe des Gefängnisses darin gesehen wird, Straffällige in die Gesellschaft wieder einzugliedern. Infolgedessen sucht man seit über einem Jahrhundert nach Alternativen – die dem Richter eine Wahl bieten: Gefängnis oder eine andere Sanktion – und wirklichen Ersatzmaßnahmen, die das Gefängnis ersetzen.

Man spricht oft von »in der Gemeinschaft vollzogenen Sanktionen«. Unter diesem Titel hat der Europarat 1992 tatsächlich eine Empfehlung (Nr. R (92) 16) erlassen, die für die Verurteilten einen rechtlichen Rahmen und Garantien festlegt. Diese Garantien sind wichtig, denn die angebliche Milde der mit diesen Sanktionen einhergehenden Freiheitseinschränkungen könnte zu Übertreibungen führen. Eine andere Kritik, die an den Ersatzstrafen formuliert wird, geht dahin, dass ihre Entwicklung paradoxerweise die strafrechtliche Repression verstärken könnte, und zwar in dem Sinne, dass viele Übertretungen, die straffrei blieben, wenn sie nur mit Gefängnis oder Geldstrafen geahndet würden, weiter unter das Strafrecht fallen, da sie ja weniger streng sanktioniert werden können.

Zu den bekanntesten und viel diskutierten Sanktionen gehört hierbei die gemeinnützige Arbeit oder der Dienst an der Gemeinschaft. Sie existiert in England, Frankreich oder Deutschland seit etlicher Zeit. Die Schweiz ist ihren Nachbarn mit einiger Verspätung gefolgt, u.a., weil es an ausreichenden Betreuungsstrukturen mangelt, die viel besser ausgebaut sind in Ländern, die seit längerem noch andere Ersatzstrafen wie die Bewährungsstrafe *(probation)* kennen. Deren Einführung ist vorsichtig erfolgt, in Form einer Änderung des Vollzugs von kurzen Freiheitsstrafen. Die Kantone sind aufgefordert worden, die gemeinnützige Arbeit in Modellversuchen zu erproben; diese Erfahrungen wurden manchmal, wie im Falle des Kantons Bern, Gegenstand einer externen Evaluation (durch ein Institut der Universität).

Die Botschaft zur Änderung des Schweizerischen Strafgesetzbuches von 1998 räumt den freiheitsbeschränkenden Strafen (gemeinnützige Arbeit, Fahrzeugausweisentzug) breiten Raum ein. Dem Freiheitsentzug sollte nach dem Willen des Gesetzgebers lediglich eine subsidiäre Funktion zukommen. Im Moment ist es noch sehr ungewiss, ob sich dieses Konzept der Sanktion durchsetzen wird.

Literatur
Monique Gisel-Bugnion, *Punir sans prison. Quelques suggestions*, Labor et Fides, Genève 1984; – Karl-Ludwig Kunz, Thomas von Witzleben, *Gemeinnützige Arbeit – Modellversuch im Kanton Bern*, Haupt, Bern 1996.
Verweise
Gefängnis (Freiheitsentzug) – Strafrechtliche Sanktionen
Robert Roth

Freizeit
Während Freizeit über lange Zeit in erster Linie als »Abwesenheit von Arbeit« oder »Restzeit« definiert wurde, ist der Begriff in der jüngeren Vergangenheit mit weiteren Bedeutungsdimensionen aufgeladen worden. Angesichts der zunehmenden gesellschaftlichen Bedeutung des Freizeitbereichs muss heute zwischen mindestens drei eng miteinander verknüpften Aspekten des Freizeitbegriffs unterschieden werden (Lamprecht und Stamm 1994, 38 ff.):
1. Freizeit als freie Zeit: Freizeit als diejenige Zeit, die nach Abzug der vom Individuum (subjektiv) als Pflicht erlebten Zeit bleibt. 2. Freizeit als Summe von Aktivitäten: Freizeit als eine Menge von Handlungen, deren Ausübung vom Individuum (subjektiv) als frei gewählt eingeschätzt wird. 3. Freizeit als relativ eigenständiger Bereich der individuellen und sozialen Erfahrung und Sinnstiftung: Freizeit als Lebensbereich oder soziales Subsystem mit spezifischen Funktionen und Strukturen, das besondere Leistungen für das Individuum (z.B. Sinnstiftung, Identitätsbildung) und die Gesellschaft bzw. andere gesellschaftliche Teilsysteme erbringt.

Literatur
Markus Lamprecht, Hanspeter Stamm, *Die soziale Ordnung der Freizeit*, Seismo, Zürich 1994; – Hansruedi Müller, *Freizeit und Tourismus: eine Einführung in Theorie und Politik*, Forschungsinstitut für Freizeit und Tourismus der Universität Bern, Bern 1999; – Heinz-Günter Vester, *Zeitalter der Freizeit. Eine soziologische Bestandsaufnahme*, Wissenschaftliche Buchgesellschaft, Darmstadt 1988.
Verweise
Arbeit – Arbeitszeit – Sozialzeit
Hanspeter Stamm

Freizügigkeit in der beruflichen Vorsorge
Die Freizügigkeit erlaubt eine berufliche Mobilität der Lohnabhängigen ohne Einbußen beim bislang erworbenen Niveau der Vorsorge. Sie stützt sich auf das am 1. Januar 1995 in Kraft getretene eidgenössische Freizügigkeitsgesetz (FZG).

Bei Austritt aus der Vorsorgeeinrichtung wird eine Austrittsleistung zur Zahlung fällig. Sie entspricht in den nach dem Beitragsprimat organisierten Systemen dem Sparguthaben oder dem Deckungskapital. In den nach dem Leistungsprimat organisierten Systemen entspricht sie dem Barwert der erworbenen Leistungen. Außerdem legt das Gesetz einen Mindestbetrag der Austrittsleistung fest.

Die Austrittsleistung wird im Prinzip an die Vorsorgeeinrichtung am neuen Arbeitsplatz überwiesen. Ab dem Eintritt in diese Vorsorgeeinrichtung ist der Lohnabhängige für die Leistungen versichert, die ihm nach dem Reglement aufgrund der einzubringenden Eintrittsleistung zustehen. Falls die eingebrachte Austrittsleistung nicht ausreicht, um den gesamten Betrag der notwendigen Eintrittsleistung zu begleichen, muss der Versicherte zusätzliche Zahlungen aufwenden. Gesundheitliche Vorbehalte betreffend den Eintritt oder den Vorsorgeschutz sind nur in sehr begrenztem Ausmaß zulässig.

Literatur
Jürg Brühwiler, Hermann Walser, »Obligatorische und weitergehende berufliche Vorsorge«, in: Ulrich Meyer-Blaser (Hrsg.), *Schweizerisches Bundesverwaltungsrecht*, Band *Soziale Sicherheit*, Helbing & Lichtenhahn, Basel 1998.
Internet
www.bsv.admin.ch
Verweise
Berufliche Vorsorge – Pensionskasse

Jacques-André Schneider

Fürsorgerischer Freiheitsentzug

Der fürsorgerische Freiheitsentzug ist eine vormundschaftliche Maßnahme nach den Artikeln 397a ff. ZGB, wonach bestimmt wird, dass einer Person vorübergehend die Freiheit entzogen werden darf, wenn ihr die nötige Hilfe (insbesondere Betreuung) nirgendwo anders als in einer Anstalt gegeben werden kann. Die Maßnahme kann nur gegenüber einer Person erfolgen, welche unter Geisteskrankheit, Geistesschwäche, Trunksucht, Rauschgiftsucht oder schwerer Verwahrlosung leidet, und Voraussetzung dazu ist u.a. das Vorhandensein einer geeigneten Anstalt, welche die nötige persönliche Fürsorge und Betreuung bietet. Der Entscheid wird von einer vom kantonalen Recht bezeichneten Behörde gefällt; die betroffene (oder eine ihr nahe stehende) Person kann gegen den Entscheid gerichtlich vorgehen, dabei stehen ihr besondere Verfahrensgarantien zu.
Gemäß Bundesgericht (BGE 125 III 169; BGE 126 I 112) gibt es bei fürsorgerischen Freiheitsentziehungen keine rechtliche Grundlage für medizinische Behandlungen gegen den Willen der betroffenen Person (»Zwangsbehandlung«). Diesem Punkt soll im Rahmen der laufenden Revision des Vormundschaftsrechts besondere Aufmerksamkeit geschenkt werden.

Literatur
Marco Borghi, Giorgio Rezzonico (Hrsg.), *Évaluation de l'efficacité de la législation sur la privation de liberté à des fins d'assistance*, Pro Mente Sana, Zürich/Lausanne 1991; – Jacques Gasser, Bertrand Yersin (Hrsg.), *Prescrire la contrainte?*, Médecine et Hygiène, Genève 2000.
Verweise
Sicherheitsmaßnahmen – Vormundschaft – Vormundschaftsbehörde

Olivier Guillod

G7 (Gruppe der 7/8)

Deutschland, die Vereinigten Staaten von Amerika, Frankreich, Großbritannien und Japan bilden die »Gruppe der 5« (Plaza-Abkommen), die zusammen mit Kanada und Italien zur G7 wurde. Seit 1976 sind die Treffen der G7 ein Ort der Diskussion über wirtschaftliche und finanzielle Fragen von globaler Tragweite. Die jährlich stattfindenden »Gipfeltreffen« (und die Treffen der Minister und Experten) der G7 behandeln heute alle internationalen Fragen und werden mehr und mehr zu einem Mittel, das Image der Teilnehmer für innenpolitische Zwecke zu verbessern. Die Länder der G7 stellen weniger als 10 Prozent der Weltbevölkerung, jedoch mehr als 40 Prozent des weltweiten Bruttoinlandproduktes dar. 1997 wurde die G7 zur G8, als Russland mit gewissen Einschränkungen insbesondere wirtschaftlicher Art in den Klub aufgenommen wurde.

Internet
www.g7.toronto.ca

Jean-Pierre Fragnière

Gassenzimmer → Kontakt- und Anlaufstellen für Drogenkonsumierende

Gefängnis (Freiheitsentzug)

Der Freiheitsentzug – Strafe *par excellence* – bildet seit dem Ende des 18. Jahrhunderts den Eckstein des Systems der strafrechtlichen Sanktionen. Obwohl seit etwas mehr als 50 Jahren immer mehr Ersatzstrafen verhängt werden, bleibt die Freiheitsstrafe die härteste Sanktion unseres Strafrechts. Jedes Jahr erfolgen ungefähr 50 000 Verurteilungen zu Gefängnisstrafen; davon werden allerdings etwa 70 Prozent bedingt ausgesprochen. Die Zahl der tatsächlichen Inhaftierungen beläuft sich auf etwas mehr als 10 000 Personen pro Jahr; mit einer Gefangenenrate von 76 je 100 000 Einwohner befindet sich die Schweiz im europäischen Vergleich im Mittelfeld, weit entfernt von den Vereinigten Staaten, die von allen so genannten entwickelten Ländern die höchste Inhaftierungsrate hat.
In Bezug auf die Vollzugsform sind die kurzen Freiheitsstrafen (unter 6 Monaten) von den »längeren« Strafen zu unterscheiden, die diese Höchstdauer überschreiten. Die kurzzeitige Gefängnisstrafe soll als »Schockstrafe« dienen: Ihr Zweck ist, dem Verurteilten scharfe Verwarnungen zu erteilen, ohne ihn zu lange von seiner gewohnten Umgebung abzuschneiden. Zahlreiche neue Vollzugsformen sind vorgesehen, um diese Abschließung von der Außenwelt zu begrenzen oder sogar zu durchbrechen: So wird heute die kurze Strafe meistens in der Form der Halbgefangenschaft (der Verurteilte verbringt seine Frei-

und Ruhezeit im Gefängnis) oder des tageweisen Vollzugs an Wochenenden vollstreckt. In mehreren Schweizer Kantonen kam es zur Einführung der gemeinnützigen Arbeit, die eine Alternative zur kurzen Gefängnisstrafe bildet.

Vollzugsziel langfristiger Strafen ist »die Vorbereitung des Gefangenen auf ein Leben in der Freiheit« und somit dessen Resozialisierung. Dieser Grundsatz selbst wurde vor allem in den Vereinigten Staaten stark in Frage gestellt; er bleibt der grundlegende Fixpunkt unseres Strafrechts. Die Ziele der Resozialisierung werden nur teilweise erreicht, da es den Strafvollzugsbehörden an den notwendigen Geldmitteln fehlt. Die gegenwärtigen Bedingungen des Arbeitsmarkts, die von Arbeitskräften berufliche Mobilität und Flexibilität verlangen, machen die berufliche Wiedereingliederung Straffälliger nicht einfach: Es macht keinen Sinn mehr, »einen Beruf zu erlernen«, vor allem wenn er vom Aussterben bedroht ist; in der Schweiz setzt sich der Kern der Gefangenenarbeit immer noch aus verschiedenen handwerklichen und landwirtschaftlichen Tätigkeiten zusammen. Man muss »lernen zu lernen«, und dies ist schwieriger im Gefängnis. Es bleibt schließlich als einziger Strafzweck die Vergeltung übrig, die in den Vereinigten Staaten sehr beliebt ist; die Gefängnisstrafe soll allein dazu dienen, einen Verurteilten unschädlich zu machen.

Literatur
Bundesamt für Statistik, Bundesamt für Justiz (Hrsg.), *Anstalten des Strafvollzugs. Katalog der Anstalten zum Vollzug von Strafen, Massnahmen und Untersuchungshaft in der Schweiz 1997*, Bundesamt für Statistik, Bern 1998; – Claude Faugeron et al., *Approches de la prison*, De Boeck, Bruxelles 1996; – Martial Gottraux (Hrsg.), *Prisons, droit pénal: le tournant?*, Éditions d'en bas, Lausanne 1987; – André Kuhn, *Punitivité, politique criminelle et surpeuplement carcéral*, Haupt, Bern 1993.

Verweise
Freiheitsbeschränkende Strafen (Ersatzstrafen) – Sicherheitsmaßnahmen – Strafrechtliche Sanktionen
Robert Roth

Gegenseitige Hilfe → Selbsthilfe

Gegenseitigkeit (Grundsatz der)

Das Eidgenössische Versicherungsgericht definiert den Inhalt des Begriffs der Gegenseitigkeit als Risikogemeinschaft, deren Mitglieder sich gegenseitig dieselben Vorteile zusichern, unter Ausschluss jeglichen Gewinnstrebens. Dieses Prinzip schließt auch ein Gleichgewicht zwischen Beiträgen und Versicherungsleistungen ein.

Beim Grundsatz der Gegenseitigkeit handelt es sich um einen zentralen Angelpunkt der Krankenversicherung. Er zählt zu den Bedingungen, an die das eidgenössische Krankenversicherungsgesetz (KVG) die Anerkennung der Versicherer knüpft. Außerdem spielt er auch in der Beziehung zwischen den Versicherern und ihren Versicherten eine Rolle. Vom Grundsatz der Gegenseitigkeit lassen sich gewisse Prinzipien des öffentlichen Rechts ableiten: die Gleichbehandlung, die Verhältnismäßigkeit und die Organisationsfreiheit der Krankenversicherer.

Verweise
Beitrag/Prämie – Krankenversicherung – Soziale(n) Sicherheit (Leistungen der)
Béatrice Despland

Geldleistungen

Im Sozialversicherungsrecht wird zwischen Geld- und Sachleistungen unterschieden (vgl. das Bundesgesetz über den Allgemeinen Teil des Sozialversicherungsrechts, ATSG).

Nach Eintritt des versicherten Risikos können die verschiedenen Sozialversicherungen folgende Geldleistungen ausrichten: 1. ein Ersatzeinkommen bei Wegfall oder Verminderung des bisherigen Einkommens. Anspruchsberechtigt können nicht nur die versicherten Personen, sondern auch deren Angehörige sein (z.B. beim Tod der versicherten Person der überlebende Ehegatte oder die Kinder); 2. ein Zusatzeinkommen bei Anfall finanzieller Lasten für die versicherten Personen (z.B. erhöhte Familienlasten durch Kinder).

Die Geldleistungen können unterteilt werden in vorübergehende und dauernde Leistungen. Die vorübergehenden Leistungen werden in der Regel als Taggeld bezeichnet und tageweise bemessen, während die Dauerleistung in der Regel als Rente bezeichnet und monatsweise ausgerichtet wird. Die Geldleistungen der einzelnen Sozialversicherungen werden nach sehr unterschiedlichen Kriterien berechnet.

Bei den vorübergehenden Leistungen gehen die Gesetze vom Grundsatz aus, dass es sich um einen zeitlich befristeten Zustand handelt. Bei ganzer oder teilweiser Arbeitsunfähigkeit gewährt das Krankenversicherungs-, das Unfall- und das Militärversicherungsgesetz ein Taggeld; auch die Entschädigung bei Arbeitslosigkeit wird als Taggeld bezeichnet.

Bei den dauernden Leistungen wird in der Regel darauf abgestellt, dass es sich um einen zeitlich unbefristeten Zustand handelt, welcher sich auf folgende Risiken bezieht: 1. Erreichen einer bestimmten Altersgrenze: Altersrente der AHV (Erste Säule als Existenzsicherung) und der beruflichen Vorsorge (Zweite Säule zur Fortsetzung der gewohnten Lebenshaltung). Renten der Unfall- und Militärversicherung werden auch nach Erreichen dieser Altersstufe weitergewährt. 2. Tod einer versicherten Person, die unterhaltsberechtigte Angehörige hinterlässt: Hinterlassenenrenten für den überlebenden Ehegatten und die Kinder in der AHV, in der beruflichen Vorsorge sowie in der Unfall- und Militärversicherung. 3. Eintritt von Invalidität: Invalidenrenten der IV, der beruflichen Vorsorge, der Unfall- und Militärversicherung. Ausnahmsweise wird die Dauerleistung auch in Kapitalform ausgerichtet (z.B. die Integritätsentschädigung der Unfallversicherung).

Literatur
Ueli Kieser, Gabriela Riemer-Kafka, *Tafeln zum schweizerischen Sozialversicherungsrecht*, Schulthess, Zürich 1998; – Thomas Locher, *Grundriss des Sozialversicherungsrechts*, Stämpfli, Bern 1997; – Ulrich Meyer-Blaser (Hrsg.), *Schweizerisches Bundesverwaltungsrecht*, Band *Soziale Sicherheit*, Helbing & Lichtenhahn, Basel 1998.
Verweise
Drei-Säulen-Prinzip – Invalidenenten – Sachleistungen

Thomas Locher

Gemeineigentum

Mit Gemeineigentum ist jener Besitz gemeint, über den die Mitglieder einer Gruppe oder Gesellschaft gemeinsam verfügen. Dabei geht es vor allem um den kollektiven Besitz an Grund und Boden. Verbreitet sind die Allmende und das Gemeineigentum im Rahmen gemeinwirtschaftlicher Zusammenschlüsse. Genossenschaften verfolgen z.B. den Zweck, Güter oder Dienstleistungen in solidarischer Selbsthilfe zu beschaffen und gemeinsam über den Erlös zu verfügen.
Der französische Philosoph François Noël Babeuf (1760–1797) entwickelte Ende des 18. Jahrhunderts die Idee des Gemeineigentums. Er trat dafür ein, sowohl den Grund und Boden als auch die erarbeiteten Güter in Gemeineigentum zu überführen und nach dem Leistungsprinzip zu verteilen.
Bekannt wurde Babeuf als Gründer der Verschwörung der Gleichen. Er ging von einer naturrechtlichen Konzeption der sozialen Verhältnisse aus. Die Annahme lautete, dass jeder Mensch von Natur aus das gleiche Recht hat, seine Bedürfnisse zu befriedigen und die gesellschaftlichen Güter zu nutzen. Während Babeuf das Privateigentum bekämpfte, postulierte Jean-Jacques Rousseau einen Ausgleich der Besitzverhältnisse.

Literatur
Dieter Nohlen (Hrsg.), *Wörterbuch Staat und Politik*, Piper, München 1991.
Verweise
Gemeinwohl – Sozialismus

Ueli Mäder

Gemeinwesenarbeit

Gemeinwesenarbeit (GWA) hat zwei historische Wurzeln: Die eine führt zu den Regierungen der nachkolonialen Zeit sowie der UNO und verfolgt als *community development* (CD) das Ziel der Aktivierung der lokalen Bevölkerung und der Demokratisierung der innerstaatlichen Strukturen im Zusammenhang mit den nach dem Zweiten Weltkrieg einsetzenden Entkolonisierungsprozessen. Die andere führt nach England und den USA zur Settlementbewegung ab etwa 1870, welche je nach Gründungsgeneration verschiedene Ziele verfolgte: Überwindung der Klassengegensätze mittels konkreter Überlebenshilfe, Bildung, Errichtung oder Erkämpfung einer stadtteilbezogenen medizinischen, sozialen wie kulturellen Infrastruktur (Toynbee Hall in London, Hull House in Chicago, Henry Street in New York als die bekanntesten). Hull House engagierte sich auch bei der Gründung von Gewerkschaften, der Progressive Party, der Einführung progressiver Kindergarten- und Schulmodelle, der Frauen- und Friedensbewegung. Sozialenqueten zur sozioökonomischen Lage der deprivierten (Slum-) Bevölkerung sowie das forschungsbezogene Studium sozialer Probleme dienten als Basis für die Erkämpfung sozialer Reformen (Arbeits- und Schulgesetzgebung, Migrationspolitik, Frauenhandel usw.). Während des Ersten Weltkrieges engagierten sich die Frauen von Hull House, insbesondere Jane Addams (spätere Friedensnobelpreisträgerin von 1931 sowie erste Präsidentin der Women's International League of Peace and Freedom, auf diplomatischem Wege für die Beendigung des Krieges durch Verhandlungen anstelle der Sieg-Niederlage-Logik.
In der Schweiz bzw. im deutschen Sprachraum wird GWA seit etwa 1960 an den Hochschulen für Soziale Arbeit gelehrt und in Freizeit-, Gemeinschafts- und Kulturzentren, in Siedlungen, Quartieren/Stadtteilen und Regionen praktiziert. Sie umfasst allerdings ein kleineres Spektrum von Handlungsfeldern als ihre historischen Vorläufer. Weltweit betrachtet ist sie seit etwa 1990 integraler Bestandteil eines sich globalisierenden Sozialwesens/Dritten Sektors, in welchem soziale Bewegungen, Nichtregierungsorganisationen, lokale Produktionsgenossenschaften und globale Netzwerke zunehmend an Bedeutung gewinnen. Ausgangspunkt für GWA sind verschiedene Formen von sozioökonomischer Not, Umweltzerstörung, hohe Erwerbslosigkeit- und Bildungsdeprivationsraten, fehlende oder zerstörte Infrastruktur, ferner interkulturelle Konflikte, Rassismus und Ausgrenzung, Gewalt. Ansprechpartner der sozialen Veränderung sind die Mitglieder eines sozialräumlichen, organisationellen oder zielgruppenspezifischen Gemeinwesens – gewissermaßen als Sozialbürger. Die zur Verfügung stehenden Problemerfassungsmethoden sind u.a. Sozialenqueten, narrative Interviews, Bedürfnis-,

Sozialraum- und Organisationsanalysen, partizipative Handlungsforschung. Dazu kommen Methoden der Projekt- und kommunalen Sozialplanung sowie der Ermächtigung und Entwicklung einer demokratischen Beteiligungskultur, die sich an Menschenrechten orientiert. Dabei haben sich sowohl auf Konsens und Kooperation als auch auf Protest, Widerstand und Konflikt orientierte Theorietraditionen und Verfahren entwickelt. Als erste Theoretiker und Handlungstheoretikerinnen der GWA sind u.a. Henri de Saint Simon, Karl Marx, Jane Addams, John Dewey, Pjotr Kropotkin und Pierre-Joseph Proudhon, Kurt Lewin, Murray Ross, Paolo Freire, Saul D. Alinsky zu nennen.

Ob GWA heute als Nachbarschaftshilfe in der Tradition der Settlementbewegung, *community organizing* in der konflikttheoretischen Tradition von Alinsky, als Solidarökonomie, kommunale Sozialplanung, Quartiermanagement im Rahmen des Projektes Soziale Stadt, als Sozial- und Kulturpolitik definiert wird – ihr übergeordnetes Ziel ist das folgende: Menschen, die den Glauben an eine Verbesserung ihrer individuellen wie mit anderen geteilten Lebenssituation verloren haben, sollen befähigt werden, miteinander zu lernen und mittels gegenseitiger Hilfe, Ressourcenerschließung, Öffentlichkeitsarbeit, Einflussnahme auf Machtträger und sozialer Verteilungsregeln usw. die sie betreffenden sozialen und kulturellen Probleme zu mildern oder zu lösen.

Literatur
Hubert Campfens, *Community Development around the World: Practice, Theory, Research, Training*, University of Toronto Press, Toronto 1997; – Wolfgang Hinte, Maria Lüttringhaus, Dieter Oelschlägel, *Grundlagen und Standards der Gemeinwesenarbeit*, Votum, Münster 2001; – Heinz Ries, Susanne Elsen, Bernd Steinmetz, Hans-Günter Homfeldt (Hrsg.), *Hoffnung Gemeinwesen. Innovative Gemeinwesenarbeit und Problemlösungen in den Bereichen lokaler Ökonomie, Arbeitslosigkeit, Gesundheit, Benachteiligung*, Luchterhand, Neuwied 1997.
Verweise
Soziokulturelle Animation – Unterstützungssystem
Silvia Staub-Bernasconi

Gemeinwohl

Gemeinwohl und Gemeinsinn sind zwei aufeinander bezogene Begriffe, die im Zuge einer Renaissance sozial-moralischen Denkens in der politischen Diskussion wieder vermehrt aufgegriffen werden. Gemeinwohl bezeichnet einen normativen Orientierungspunkt sozialen und politischen Handelns, während mit Gemeinsinn die Motivation und Bereitschaft gemeint ist, das eigene Handeln tatsächlich am normativen Ideal der Gemeinwohlorientierung auszurichten. Gemeinwohlorientierung ist eine vorpolitische, aber unverzichtbare Grundlage für staatliches Handeln, insofern der Staat diese nicht selber hervorbringen, sondern nur günstige Randbedingungen zu ihrer Entfaltung schaffen kann.

In pluralistischen Demokratien kann es keine allgemein verbindliche inhaltliche Definition von Gemeinwohl mehr geben. Jede materiale Bestimmung wirft die Frage auf, aus welcher Perspektive sie getroffen wird: Wer gehört zur Gemeinschaft, deren Wohl angesprochen wird, und inwiefern werden Außenstehende durch eine bestimmte Gemeinwohlkonzeption ausgeschlossen oder negativ getroffen? Verwendet wird der Gemeinwohlbegriff allgemein in Verbindung mit Fragen politischer, sozialer und wirtschaftlicher Gerechtigkeit.

Der Rekurs auf das Gemeinwohl dient oft dazu, in Interessenkonflikten die eigene Position zu legitimieren. Gleichzeitig entwickelt die Berufung auf das allgemeine Wohl indes auch eine selbstverpflichtende Wirkung, sodass »strategisch intendierte Gemeinwohlrhetorik eine tatsächliche Gemeinwohlorientierung (erzwingt)« (Münkler/Fischer 2002, 15). Der Begriff wird in der öffentlichen Diskussion als kritische Anklage verwendet (z.B. gegen Eigennutz), als Appell (z.B. an Opferbereitschaft) oder Handlungsgebot (z.B. als Aufruf zu Freiwilligenarbeit).

Literatur
Kurt Bayertz (Hrsg.), *Solidarität. Begriff und Problem*, Suhrkamp, Frankfurt am Main 1998; – Herfried Münkler, Karsten Fischer (Hrsg.), *Gemeinwohl und Gemeinsinn. Rhetoriken und Perspektiven sozial-moralischer Orientierung*, Akademischer Verlag, Berlin 2002; – Ulrich von Aleman et al. (Hrsg.), *Bürgergesellschaft und Gemeinwohl. Analyse, Diskussion, Praxis*, Leske + Budrich, Opladen 1999.
Verweise
Solidarität – Sozialpolitik – Sozialstaat – Wohlfahrtspluralismus (Welfare Mix) – Zivilgesellschaft
Eva Nadai

Generationen

Das Konzept von Generationen wird in sozialpolitischen und wissenschaftlichen Diskursen in mehrdeutiger Weise benützt. In der Forschungsliteratur lassen sich mindestens drei, und wenn sozialpolitische Diskurse berücksichtigt werden, sogar vier unterscheidbare Konzepte von Generationen festhalten. Die vier verwendeten Konzepte von Generationen sind:

1. Generation als Kategorie zur Unterscheidung von Abstammungsfolgen in Familien (genealogischer bzw. familial-verwandtschaftlicher Generationenbegriff). Der genealogische Generationenbegriff bezieht sich auf die Abfolge von Familienangehörigen. Die konkrete Ausgestaltung der familialen Generationenbeziehungen unterliegt

sozialen, kulturellen und demografischen Veränderungen. Für moderne Gesellschaften ist charakteristisch, dass dank hoher Lebenserwartung ein Neben- und Miteinander verschiedener Familiengenerationen häufig ist.
2. Generation als pädagogisch-anthropologische Grundkategorie von Lern- und Erziehungsprozessen (pädagogischer Generationenbegriff). Der pädagogische Generationenbegriff spricht das Verhältnis zwischen vermittelnden und aneignenden Generationen an. Eine pädagogische Generation bezeichnet im Unterschied zu anderen Generationenbegriffen keine gesellschaftliche Gruppe, sondern eine Funktion zur Garantie von gesellschaftlicher Kontinuität angesichts fehlender genetischer Dispositionen des Menschen.
3. Generation zur Unterscheidung historischer und/oder sozialer Gruppierungen mit gemeinsamem soziohistorischem Hintergrund (historischsoziale Generationen), in Anlehnung an Karl Mannheim. In dieser Perspektive werden Generationen als soziale Kategorien wahrgenommen, die aufgrund der Gleichzeitigkeit des Aufwachsens oder gemeinsam erfahrener Ereignisse soziale Gemeinsamkeiten (gemeinsame Interessen, Weltanschauungen usw.) aufweisen. Gemäß Mannheim gibt es keine Generationen ohne gemeinsames Generationsbewusstsein, und die Zugehörigkeit zu einem Geburtsjahrgang konstituiert nur den ersten Schritt der Generationenlagerung. Es sind gesellschaftliche Momente, welche zu einer historisch-soziologischen Generationseinheit führen.
4. Generation zur Beschreibung wohlfahrtsstaatlicher Verteilungsprozesse zwischen Altersgruppen (Stichwort: Generationenvertrag). Im Zusammenhang mit dem Ausbau der wohlfahrtsstaatlichen Strukturen – und namentlich der Altersvorsorge – erhielt der Begriff des »Generationenvertrages« eine verstärkte Aktualität. Bei dieser Diskussion steht ein sozialpolitisches Konzept von Generationen im Zentrum.

Literatur
Claudine Attias-Donfut (Hrsg.), *Les solidarités entre générations. Vieillesses, familles, État*, Nathan, Paris 1995; – François Höpflinger, *Generationenfrage. Konzepte, theoretische Ansätze und Beobachtungen zu Generationenbeziehungen in späteren Lebensphasen*, Réalités sociales, Lausanne 1999; – Eckart Liebau (Hrsg.), *Das Generationenverhältnis. Über das Zusammenleben in Familie und Gesellschaft*, Juventa, Weinheim 1997.
Internet
www.hoepflinger.com
Verweise
Alter – Alterung, demografische – Demografie – Generationenkonflikte – Jugend(sub)kultur – Lebenserwartung – Seniorinnen und Senioren – Ungleichheit zwischen den Generationen

François Höpflinger

Generationenkonflikte

Die Beziehungen zwischen den Generationen sind sowohl eine Quelle starker Solidarität wie auch gravierender Konflikte. Im Allgemeinen führen folgende drei Differenzen zwischen jüngeren und älteren Menschen zu Generationenkonflikten: 1. eine Wettbewerbssituation bzw. Konkurrenz um knappe Ressourcen (Land, Statuspositionen); 2. sichtbare Differenzen bezüglich kulturell relevanter Informationen (Wissens- und Erfahrungsvorsprünge der einen oder anderen Generation) und 3. Autoritätsfragen bzw. Sanktionsgewalt.

Der Aufbau der wohlfahrtsstaatlichen Institutionen hat dazu beigetragen, dass die familialen Generationenbeziehungen wirtschaftlich, sozial und emotional entlastet wurden. Die wirtschaftlichen Konflikte zwischen junger und älterer Generation wurden von der konkreten familialen Lebenswelt auf eine allgemeine sozialpolitische Ebene transferiert. Die demografische Alterung führt dabei zu einer neuartigen Umdefinition der uralten Generationenfrage: Die Hauptprotagonisten sind nicht mehr die Jungen in ihrer Rebellion gegen die Erwachsenen, stattdessen hat sich die gesellschaftliche Diskussion auf die Stellung der älteren Generation verlagert. Vorstellungen eines »Kriegs zwischen den Generationen« werden dadurch gestützt, dass ältere Menschen sozialpolitisch primär unter dem Aspekt wirtschaftlicher Belastungen betrachtet werden. Solche Diagnosen basieren allerdings auf falschen Generationen-Metaphern und demografischen Fehlinterpretationen.

Literatur
Sara Arber, Claudine Attias-Donfut (Hrsg.), *The Myth of Generational Conflict – the Family and the State in Ageing Societies*, Routledge, London 2000; – Bettina Bräuninger, Andreas Lange, Kurt Lüscher; »›Alterslast‹ und ›Krieg zwischen den Generationen‹? Generationenbeziehungen in aktuellen Sachbuchtexten«, in: *Zeitschrift für Bevölkerungswissenschaft*, Nr. 23/1, 1998, S. 3–17; – Lothar Krappmann, Annette Lepenies (Hrsg.), *Alt und Jung. Spannung und Solidarität zwischen den Generationen*, Campus, Frankfurt am Main 1997.
Verweise
Alter – Alterung, demografische – Generationen – Seniorinnen und Senioren

François Höpflinger

Generationenvertrag

Der Generationenvertrag regelt die Beziehungen zwischen Alt und Jung. Der bisherige, nicht festgeschriebene Vertrag meint im Wesentlichen die Finanzierung der Alterssicherung durch Beiträge der Erwerbstätigen. Demografischer Veränderungen wegen fordern immer mehr Stimmen einen neuen Generationenvertrag. Dieser soll die Interessen kommender Generationen wahren und auch Jugendliche, Erwerbslose sowie jüngere Pensionierte besser in das soziale Leben integrieren. Ein solches Ziel bedingt, dass neben der Umverteilung der Einkommen neue Formen der (Zeit-) Solidarität zum Tragen kommen. Damit tritt die Frage der Gegenseitigkeit zwischen sozialen Rechten und Pflichten wieder in den Vordergrund.

Literatur
Commission fédérale, *Vieillir en Suisse: bilan et perspectives*, Office fédéral des imprimés, Bern 1995.
Internet
www.socialinfo.ch/inag
Verweise
Alter – Alterspolitik – Generationen – Jugendpolitik – Solidarität

Jean-Pierre Fragnière

Generika

Generika sind Arzneimittel, die sich bezüglich ihres Wirkstoffes, ihrer Darreichungsform und ihrer Dosierung an ein bei der schweizerischen Zulassungsstelle registriertes Originalpräparat anlehnen. Als Originalpräparat gelten von einer Herstellerin oder einem Hersteller aufgrund eigener Forschung entwickelte Arzneimittel, deren Wirkstoff oder deren Darreichungsform als erste in der Schweiz zugelassen wurde (Art. 66 KVG). Generika sind somit dem Originalpräparat ebenbürtig. Die Herstellung von Generika ist jedoch erst nach Patentablauf erlaubt. Für die Registrierung von Generika gelten vereinfachte Zulassungsverfahren, was u.a. die Kosten senkt. Generika werden deshalb in der Regel billiger angeboten als die Originalpräparate.

Der Marktanteil der Generika steigt jährlich (2001: gegen 4 Prozent des Gesamtmarktes zu Fabrikabgabepreisen), ist aber im Vergleich zum Ausland tief. Politiker sehen bei den Generika noch ein Einsparpotenzial für die Krankenversicherungen. Dieses ist jedoch beschränkt, denn 59,8 Prozent des Medikamentenmarktes sind patentgeschützt und nur für 9,7 Prozent existieren überhaupt Generika. Ein wesentlicher Grund dafür ist, dass viele Firmen nach Ablauf der Patentfrist den Preis senken, womit eine Konkurrenzierung durch Generika wirtschaftlich uninteressant wird.

Literatur
Bundesamt für Sozialversicherung, *Spezialitätenliste, Teil 3, Generikaliste (GL)*, Bundesamt für Sozialversicherung, Bern (erscheint jährlich).
Internet
www.bsv.admin.ch/sl/liste/d/index.htm
www.medi-info.ch/generika.html
Verweise
Medikamente

Markus B. Fritz

Gerechtigkeit

Seit den ersten Gerechtigkeitstheoretikern Platon und Aristoteles gilt Gerechtigkeit als zentraler moralischer Maßstab. Zum einen bezeichnet Gerechtigkeit im Hinblick auf den Einzelnen eine Kardinaltugend, zum anderen ist sie ein Kriterium zur Beurteilung der Legitimität von sozialen Verhältnissen und Institutionen wie Recht, Politik und Staat. In den gegenwärtigen Debatten um Gerechtigkeit besteht Übereinstimmung, dass die traditionellen Gerechtigkeitskonzepte einer mehrfachen Erweiterung bedürfen: So soll Gerechtigkeit von ihrem nationalen bzw. innerstaatlichen Bezug entgrenzt und als internationale oder globale Gerechtigkeit auch auf zwischenstaatliche und supranationale Verhältnisse angewendet werden. Dieselbe Entgrenzung als ökologische wie sozialpolitische Gerechtigkeit ist notwendig im Verhältnis der jetzt Lebenden und der künftigen Generationen.

Im Anschluss an John Rawls *Theory of Justice* (1971) geht die Mehrheit der Gerechtigkeitskonzeptionen davon aus, dass Gerechtigkeit oder soziale Gerechtigkeit sich auf die Probleme der Verteilung von immateriellen wie materiellen Gütern bezieht. Für solche Güter gilt, dass sie zur Befriedigung der menschlichen Grundbedürfnisse notwendig und sowohl knapp als auch begehrt sind. Es handelt sich 1. um Grundrechte (z.B. negative Freiheitsrechte), 2. um Freiheiten und Chancen (etwa politische und gesellschaftliche Partizipation) und 3. um Einkommen und Vermögen (vgl. die sozialen Wohlfahrtsrechte).

Soziale Gerechtigkeit darf als Verteilungsgerechtigkeit nicht – wie dies Theoretiker in einer liberalen Tradition tun – zu einem Verfahrensprinzip für Verteilprozeduren eingeengt werden. Gerechtigkeit muss ihr Augenmerk auch auf die Verteilungsresultate richten. Es braucht nicht nur gerechte Verfahren, sondern auch gerechte Ergebnisse.

Entscheidend für die Konkretisierung des abendländischen Gerechtigkeitsbegriffes ist das Gleichheitsprinzip. Unbestritten ist das Gleichheitsprinzip als Verfahrensprinzip im Sinne der rechtlichen Gleichbehandlung (Art. 8 Abs. 1 BV: »Alle Menschen sind vor dem Gesetz gleich«). In der Ergebnisorientierung verlangt es darüber hinaus, dass jedes Mitglied einer Gesellschaft die gleichen Partizipationschancen hat und in ausreichender Weise mit Gütern versorgt ist. Das Gleichheitsprinzip ist in der – keineswegs banalen – Grundeinsicht verankert, dass alle Menschen gleichermaßen Mensch sind. Der Anspruch, gut und sicher leben zu können, kommt einem Mitglied der Gesellschaft aufgrund seines Menschseins zu, also vor irgendeiner Leistungserbringung. Politisch resultiert daraus etwa die Pflicht des Staates, Armut zu bekämpfen.

Aus der Perspektive der sozialen Gerechtigkeit ist deshalb die Festsetzung einer bloß formalen (rechtlichen) Gleichheit ungenügend. Die Mitglieder einer Gesellschaft sollen nicht nur die gleichen Rechte haben, sie müssen auch dieselben Chancen haben, ihre rechtlich garantierten Freiheiten zu nutzen. Konkret verlangt das Postulat der Chancengleichheit über die bloße Rechtsgleichheit hinaus, dass auch die soziale Situation der Einzelnen berücksichtigt wird, insbesondere ihre Ausstattung mit materiellen Ressourcen. Sie strebt auch annähernd gleiche Anteile am gesellschaftlichen Wohlstand an. Diese Angleichung ist jedoch kein Zweck an sich. Sie ist vielmehr ein Mittel zur Angleichung von Lebens- und Partizipationschancen. Deshalb lassen sich neuere Entwürfe zur sozialen Gerechtigkeit vom umfassenden Begriff der Beteiligungsgerechtigkeit leiten.

Literatur
Otfried Höffe, *Gerechtigkeit. Eine philosophische Einführung*, Beck, München 2001; – IG Metall (Hrsg.), *Was ist soziale Gerechtigkeit? Eine Einführung*, IG Metall, Schwalbach 2002; – John Rawls, *Eine Theorie der Gerechtigkeit*, Suhrkamp, Frankfurt am Main 1993.
Internet
www.igmetall.de/fairteilen
Verweise
Soziale Ungleichheiten – Sozialpolitik – Wohlfahrtsstaat

Odilo Noti

Geriatrie

Geriatrie, oder auch Altersmedizin, ist jener Zweig der Medizin, der sich mit der Gesundheit im Alter und den klinischen, präventiven, rehabilitativen und sozialen Aspekten von Krankheiten bei Betagten befasst.

Die Zunahme des Anteils der älteren und insbesondere der hochbetagten Personen an der schweizerischen Gesamtbevölkerung in den nächsten Jahrzehnten ist markant. Dies hat erhebliche Auswirkungen auf das Gesundheitswesen und begründet die Forderung nach einem medizinischen Fachgebiet Geriatrie und gleichzeitiger Anpassung bestehender klinisch-medizinischer Prozeduren an die Bedürfnisse betagter und hochbetagter Menschen im Sinne einer »Geriatrisierung der Medizin«.

Die Geriatrie hat zum Ziel, Betagten ein erfülltes, aktives Leben zu ermöglichen, Krankheiten und deren Folgen vorzubeugen bzw. diese frühzeitig zu diagnostizieren und zu behandeln. Sie unterstützt Betagte, die leiden, abhängig sind oder Funktionseinbußen haben, und leistet terminal Kranken die notwendige medizinische und soziale Unterstützung.

Geriatrische Patientinnen und Patienten sind in der Regel über 65 Jahre alt und zeichnen sich aus durch das Vorliegen von mehrfachen und komplexen Krankheiten, schwerwiegenderen Folgen akuter Krankheiten und langsamer Erholung bei erhöhter Empfindlichkeit auf Krankheiten, auf medizinische Interventionen und ganz allgemein auf physischen, emotionalen und sozioökonomischen Stress. Zudem leiden Geriatriepatientinnen und -patienten oft an chronischen Erkrankungen und an die Autonomie beeinträchtigenden funktionellen Einschränkungen sowie an oft nur begrenzt reversiblen Behinderungen.

Akute Erkrankungen von alten Menschen führen damit oft zu Dekompensationen nicht nur der körperlichen, sondern auch der psychischen, sozialen, ökonomischen oder insbesondere der funktionellen Gesundheit, womit die geriatrischen Abklärungs- und Therapiestrategien diese Gesundheitsdimensionen von Beginn weg einzubeziehen haben. In der klinisch-geriatrischen Praxis liegt das primäre Behandlungsziel oft im Erhalt oder in der Verbesserung der funktionellen Kapazität.

Zu diesem Zweck wurden spezifische geriatrische Methoden entwickelt: einerseits das multidimensionale geriatrische Assessment als strukturierter diagnostischer Prozess zur Erfassung der medizinischen, funktionellen und psychosozialen Defizite und Ressourcen und als Basis der Erstellung eines umfassenden Plans für die weitere Behandlung und Betreuung *(geriatric evaluation and management)*; andererseits die Methoden der auf die Wiederherstellung der Alltagsfunktionalität zentrierten geriatrischen Rehabilitation. Diese in geriatrischen Kliniken entwickelten Abklärungs- und Behandlungsstrategien erweisen sich als Schrittmacher der geforderten »Geriatrisierung der Medizin«.

Interdisziplinarität und Teamwork sind wesentliche Grundlagen geriatrischer Arbeit – unabdingbar im Hinblick auf die Vielfältigkeit geriatrischer Problemstellungen. Multidimensionales geriatrisches Assessment mit eng gekoppelter, angepasster multidisziplinärer, integrierter Intervention erwies sich als wichtiger klinischer Fortschritt, welcher systematisch Alltagsbehinderung und Notwendigkeit zur Langzeit-Institutionalisierung vermindern kann.

Die Stärke geriatrischer Medizin – ihre Interdisziplinarität, ihre explizite Berücksichtigung nicht nur körperlicher, sondern auch psychischer, sozialer, funktioneller und ökonomischer Belange – ist gleichzeitig ihre strukturelle Schwäche, indem sie sich damit der konventionellen Struktur medizinischer Dienstleistungen (organbezogen, zentriert auf bestimmte Interventionen bzw. Berufsgruppen) entzieht.

Für die Beziehung der geriatrischen Medizin zu

den andern medizinischen Fächern bestehen verschiedene Modelle: 1. das traditionelle Modell, in welchem die Vertreter anderer medizinischer Fachrichtungen jene Patienten auswählen, die sie geriatrischen Institutionen zuweisen – in der Regel mehrfachkranke, hochbetagte Menschen, bei welchen sich die jeweiligen fachspezifischen Methoden und Möglichkeiten nicht als griffig genug erweisen; 2. das altersdefinierte Modell, in welchem Patienten ab einem bestimmten Alter direkt geriatrischen Leistungserbringern zugewiesen werden; 3. das integrierte Modell, wo Geriater und deren Team integriert werden in die Dienstleistung anderer Fachgebiete.

Eine Spezialisierung innerhalb der Altersmedizin ist im Gange. Solche Spezialgebiete sind: die spitalgestützte Akutgeriatrie als Spezialgebiet der internistischen Spitalmedizin, die Gerontopsychiatrie als Spezialgebiet der Psychiatrie für alte Menschen, die Langzeitpflegemedizin als spezielle geriatrische Medizin in den Krankenheimen, die ambulante Geriatrie, wie sie in Memorykliniken oder Sturzkliniken praktiziert wird, wie auch Geronto-Odontostomatologie – die Alterszahnmedizin als Spezialgebiet der Zahnmedizin. Geriatrische Medizin eignet sich hervorragend, zukunftsgerichtete, an den Patientenbedürfnissen orientierte, interdisziplinäre und vernetzte Dienstleistungskonzepte zu entwickeln und im Gesundheitswesen zu etablieren – als spezifische Dienstleistung für hochbetagte, mehrfachkranke, von Behinderung bedrohte Menschen.

Literatur
John C. Brocklehurst, Raymond Tallis, Howard Fillit (Hrsg.), *Textbook of Geriatric Medicine and Gerontology*, Churchill Livingstone, Edinburgh 1992; – John Grimley Evans, »Geriatric Medicine: A Brief History«, in: *British Medical Journal*, Nr. 315, 1997, S. 1075–1077; – Thorsten Nikolaus (Hrsg.), *Klinische Geriatrie*, Springer, Berlin 2000.
Internet
www.geriatrics.ch
www.altersmedizin.ch
Verweise
Krankenheime – Sozial- und Präventivmedizin

Daniel Grob

Gerontologie

Gerontologie wurde als Begriff vom Russen Elie Metchnikoff zu Beginn des 20. Jahrhunderts geprägt und meint die wissenschaftliche Analyse des Altwerdens und Altseins, das heißt die Alterswissenschaften. Bereits im klassischen Altertum wurden von Cicero und Seneca gerontologische Übersichtsarbeiten verfasst. Gerontologie ist heute eine interdisziplinäre Wissenschaft. Besonders wichtige gerontologische Teilgebiete sind 1. die gerontologische Soziologie oder Gerontosoziologie; 2. die gerontologische Entwicklungspsychologie oder Gerontopsychologie; 3. die Biologie des Alterns oder biologische Gerontologie; 4. die Altersmedizin oder Geriatrie und 5. die Alterspsychiatrie oder Gerontopsychiatrie oder Psychogeriatrie.

Jeder dieser Teilbereiche arbeitet im Prinzip mit den Methoden seiner Mutterwissenschaften und hat entsprechende soziologische, biologische oder medizinische Alterstheorien erarbeitet. Im Entstehen sind wissenschaftliche Zweige wie die Kulturgerontologie im Bereich der Literatur- oder Kunstwissenschaften, die ökonomische Gerontologie im Bereich von Nationalökonomie und Politikwissenschaften und die politische Gerontologie mit ihren wichtigsten Produkten bzw. Forschungsobjekten der wirtschaftlichen Alterssicherung (Altersrentenversorgung) und Alterspolitik sowie die Geragogik mit ihrem Produkt der Altersbildung im Bereich der Erziehungswissenschaften.

Nach einer jahrhundertelangen Tradition einer vor allem philosophischen Ausrichtung der gerontologischen Methodik hat die Gerontologie durch große empirische Untersuchungen wie die *Duke Longitudinal Studies*, die *Bonner gerontologische Längsschnittstudie* und am umfassendsten – unter Einbezug von Gerontopsychologie, Gerontosoziologie, Geriatrie und Gerontopsychiatrie – die 1996 veröffentlichte *Berliner Altersstudie* umfassende Kenntnisse in allen wichtigen Bereichen des Alterns und Altseins erreicht. Die universitäre gerontologische Infrastruktur zum Einbringen dieser Erkenntnisse in die akademischen Berufe fehlt zurzeit noch an den meisten Schweizer Universitäten. Lediglich an den Universitäten Genf und Zürich bestehen entsprechende interdisziplinäre Zentren zur Vernetzung der verschiedenen Teilgebiete, das Centre Interfacultaire de Gérontologie (CIG) in Genf und das Zentrum für Gerontologie der Universität Zürich. Eine einzige wissenschaftliche Gesellschaft, die Schweizerische Gesellschaft für Gerontologie, umfasst alle Bereiche der Gerontologie. Im Bereich der Nichtregierungsorganisationen vertritt Pro Senectute Schweiz mit ihren kantonalen Stiftungen wesentliche gerontologische Anliegen.

Literatur
François Höpflinger, Astrid Stuckelberger, *Alter: Hauptergebnisse und Folgerungen aus NFP32*, Bern 1999; – H. T. Thomne, *Altersstudie und Altersschicksale. Ein Beitrag zur differentiellen Gerontologie*, Hans Huber, Bern 1983; – Albert Wettstein et al., *Checkliste Geriatrie*, Georg Thieme, Stuttgart 2001.
Internet
www.zfg.unizh.ch
www.sgg-ssg.ch

Verweise
Alter – Alterspolitik – Geriatrie – Gerontologie (Schweizerische Gesellschaft für) – Pro Senectute

Albert Wettstein

Gerontologie (Schweizerische Gesellschaft für)

Die Schweizerische Gesellschaft für Gerontologie (SGG) vernetzt als Fachorganisation Personen und Institutionen, die in der Erforschung von Alterungsvorgängen engagiert und in der praktischen Altersarbeit und -pflege tätig sind. Sie wurde 1953 von Ärzten gegründet, die sich speziell für Fragen der Geriatrie interessierten. Die SGG ist eine nicht gewinnorientierte Organisation. Sie versammelt über 1100 aktive Mitglieder in verschiedenen Bereichen der Gerontologie. Sie wird vom Bundesamt für Sozialversicherung im Rahmen eines Leistungsauftrags unterstützt. Weitere Einkommensquellen sind die Mitgliederbeiträge, die Spenden und die Einkünfte aus Fachtagungen. 1990 hat der Vorstand der SGG ein ständiges Sekretariat gegründet, das sich im Berner Ziegler-Spital befindet. Der bewusst interdisziplinäre Vorstand arbeitet ehrenamtlich mit Unterstützung der Geschäftsstelle und versucht, ein möglichst breites Netzwerk aufzubauen. Die Präsidentschaft dauert 6 Jahre: 4 Jahre als Vize- und 2 Jahre als Präsident/Präsidentin.

Die Tätigkeit der SGG als wissenschaftliche Gesellschaft mit einem großen Praxisbezug besteht darin, die gerontologische Forschung und Lehre anzuregen und durch Netzwerke zu unterstützen. Im Mittelpunkt stehen die Bemühungen, jetzt und in Zukunft diejenigen in ihrem Tun und Forschen zu stärken, die sich im Berufsalltag mit dem Altern und Alter befassen. Die SGG-SSG bietet eine Begegnungsplattform für alle, die sich aus der Sicht der Entwicklung *(human development)* wie auch aus der Sicht der Lebensgeschichte *(life course)* für die Verbreitung und Anwendung von gerontologischem Wissen und Handeln engagieren.

Alle zwei Jahre findet der wissenschaftliche nationale SGG-Kongress statt. Schwerpunkt ist vor allem der interdisziplinäre Austausch und Begegnungen der verschiedenen Fachbereiche. Weiter- und Fortbildungsveranstaltungen der Fachgebiete Geriatrie, Gerontopsychologie, angewandte Gerontologie ergänzen das Angebot. In Arbeitsgruppen werden interdisziplinär spezifische Fragestellungen angegangen. Die Resultate werden einem interessierten Publikum in geeigneter Form zugänglich gemacht.

Die SGG ist Mitglied der International Association of Gerontology (IAG) und dadurch weltweit vernetzt.

Literatur
Schweizerische Gesellschaft für Gerontologie, *Gerontologie Information* (erscheint 4-mal jährlich).

Internet
www.sgg-ssg.ch

Verweise
Alterspolitik – Geriatrie – Gerontologie

Pia Graf-Vögeli

Gesamtarbeitsvertrag (GAV)

Der Gesamtarbeitsvertrag (GAV) ist ein schriftliches Abkommen, das zwischen einer oder mehreren Arbeitnehmerorganisationen einerseits und einer oder mehreren Arbeitgeberorganisationen oder einem oder mehreren Arbeitgebern anderseits abgeschlossen wird. GAV ist der nur in der Schweiz gebräuchliche Ausdruck für »Tarifvertrag«.

Die Eigenart des GAV besteht darin, dass die Vertragspartner nach Gesetz (Art. 356–358 OR) frei sind in der Erarbeitung des Abschlusses, des Inhaltes und des Ziels des Arbeitsverhältnisses zwischen Arbeitgebern und betroffenen Arbeitnehmern (»normative Bestimmungen«); die Vertragspartner erarbeiten überdies die gegenseitigen Rechte und Pflichten, vor allem was die Kontrolle und die Ausführung der Klauseln des GAV angeht (»schuldrechtliche Bestimmungen«). Der Bundesrat oder die zuständigen kantonalen Behörden können auf Verlangen der Vertragsparteien einen GAV allgemein verbindlich erklären. Eine Allgemeinverbindlichkeitserklärung (AVE) hat zur Folge, dass nicht nur die Mitglieder der Vertragsparteien, sondern alle Arbeitgeber sowie Arbeitnehmerinnen und Arbeitnehmer einer Branche unterstellt sind.

Erste, bescheidene Tarifverträge entstanden bereits Mitte des 19. Jahrhunderts; aber erst seit Beginn des 20. Jahrhunderts verbreitete sich der GAV stärker, in den ersten vier Jahrzehnten allerdings fast ausschließlich im Gewerbe. Der Durchbruch in der Exportindustrie erfolgte gegen Ende des Zweiten Weltkrieges, wobei die Chemie 1945 den Anfang machte. Bis 1951 erreichten 775 000 Personen – fast nur Arbeiterinnen und Arbeiter – einen GAV; danach verlangsamte sich der Anstieg. Seit den 70er-Jahren werden immer mehr Angestellte einbezogen; seit den 90er-Jahren ersetzen GAVs in aus der allgemeinen Verwaltung ausgelagerten öffentlichen Betrieben zunehmend die Personalgesetze. 1999 zählte man 621 GAVs mit rund 1,27 Millionen Unterstellten, was im privaten Sektor einer Abdeckung von 44 Prozent entspricht; ein Drittel davon waren Frauen. Lange wurden die GAVs ausgebaut und neben Lohn und Arbeitszeit auf weitere Aspekte wie Ferien, Feiertage, Spesen, Versicherungen usw. ausgedehnt. Seit den 90er-Jahren zeichnet sich eine gegenläufige Entwicklung ab. Weitaus die meisten GAVs enthalten heute die absolute, wenige die relative Friedenspflicht (Streik- und Aussperrungsverbot).

Verweise
Arbeitsfrieden (Abkommen über den) – Arbeitsgesetz – Arbeitsverhältnis – Arbeitsvertrag
Bernard Degen, Jean-Claude Prince

Gesellschaftspolitik

Gesellschaftspolitik ist ein Oberbegriff, mit welchem eine Mehrzahl von Maßnahmen bezeichnet werden, die auf die Verwirklichung einer nach bestimmten Werten organisierten Gesellschaft und ihrer Ordnung abzielen. Politische Maßnahmen können als Teil einer bestimmten Gesellschaftspolitik verstanden werden, wenn sie sich in eine systematische und in sich konsistente Gesamtkonzeption des Zusammenlebens einordnen. Besonders gut erkannt werden kann die Orientierung politischer Akteure in Kernbereichen wie der Wirtschafts- oder der Sozialpolitik. Verwendet wird der Begriff, wenn die Zielvorstellung politischen Einwirkens hervorgehoben werden soll.

In modernen kapitalistischen Gesellschaften lassen sich idealtypisch zwei Gesellschaftspolitiken identifizieren, die sich in ihrem Umgang mit sozialer Ungleichheit unterscheiden: linke und rechte Gesellschaftspolitik. Linke Gesellschaftspolitik orientiert sich am Ideal der sozialen Gerechtigkeit und der Gestaltbarkeit des gesellschaftlichen Zusammenlebens durch Institutionen des Gemeinwesens. Sie zielt auf die Beseitigung oder Abfederung der »antisozialen« Konsequenzen ökonomischen Wirkens ab (z.B. Ausbau sozialstaatlicher Leistungen, Steuererhöhungen). Rechte Gesellschaftspolitik geht vom Grundsatz aus, dass die Maximierung des allgemeinen Wohlstandes durch das »freie« Spiel der ökonomischen Kräfte erreicht wird. Sie bezweckt die Verbesserung der gesellschaftlichen Bedingung für Unternehmer und Investoren (z.B. Aufweichen von Tarifverträgen, Anreize für Investitionen) und führt in der Regel zu einer Umverteilung der gesellschaftlichen Reichtümer von unten nach oben. Maßnahmen, die mit vorherrschenden Werten einer Gesellschaft gerechtfertigt werden, gelten allgemein als gesellschaftspolitisch pragmatisch, nahe liegend und fortschrittlich, die Orientierung an anderen als ideologisch, unsachlich oder rückständig.

Verweise
Soziale Ungleichheiten – Sozialpolitik – Wirtschaftspolitik
Michael Gemperle

Gesundheit

Gesundheit ist, gemäß Definition der Weltgesundheitsorganisation (WHO) von 1946, ein Zustand völligen körperlichen, seelischen und sozialen Wohlbefindens und nicht nur das Freisein von Krankheit und Gebrechen. Diese Definition weist auf den mehrdimensionalen Charakter von Gesundheit hin und betont neben dem objektiven Aspekt der abwesenden medizinischen Pathologie den subjektiven Aspekt von Wohlbefinden.

In der Ottawa-Charta für Gesundheitsförderung definiert die WHO 1986: Gesundheit ist eine Ressource für das tägliche Leben. Sie ist ein positives Konzept, welches soziale und persönliche Ressourcen gleichermaßen betont. Ein guter Gesundheitszustand ist eine wesentliche Bedingung für soziale, ökonomische und persönliche Entwicklung und ein entscheidender Bestandteil der Lebensqualität.

Der Begriff der Gesundheit kann sowohl dichotom (zweiwertig) als auch kontinuierlich interpretiert werden. Der dichotome Begriff setzt voraus, dass ein Schwellenwert (oder Normwert) definiert werden kann, jenseits dessen man krank (nicht gesund) ist. Gesundheit und Krankheit schließen sich gegenseitig aus. Diese Sichtweise ist für Legaldefinitionen notwendig: Man ist entweder berechtigt oder nicht berechtigt, Sozialversicherungsleistungen zu beziehen usw.

Ein kontinuierlicher Gesundheitsbegriff beinhaltet, dass ein aktueller Gesundheitszustand jedem beliebigen Punkt eines Kontinuums zwischen maximaler Gesundheit und maximaler Krankheit entsprechen kann. Diese Sichtweise begreift Gesundheit als einen dynamischen Prozess.

Zusammenfassend lassen sich folgende Aspekte positiver Gesundheit aufzählen (nach Noack und Weiss, 1993): 1. wahrgenommenes körperliches und psychisches Wohlbefinden oder Gleichgewicht; 2. soziales Wohlbefinden, Arbeitsfähigkeit und soziale Integration; 3. körperliche und geistige Funktions- und Leistungsfähigkeit (»Fitness«); 4. Fähigkeit zu erfolgreicher Auseinandersetzung mit der physischen und sozialen Umwelt (*Coping*-Fähigkeit); 5. Potenzial zur Aufrechterhaltung des Wohlbefindens und der Leistungsfähigkeit bzw. der Wiederherstellung beeinträchtigten Wohlbefindens oder reduzierter Leistungsfähigkeit; 6. Fähigkeit zur vollen Entfaltung körperlicher, geistiger und sozialer Potenziale.

Dieser umfassende biopsychosoziale Gesundheitsbegriff wird neuerdings durch den Aspekt der spirituellen Gesundheit ergänzt, welcher die Fähigkeit bezeichnet, mit den Sinnfragen des Lebens umzugehen.

Literatur
Horst Noack, Walter Weiss, »Gesundheitliches Wohlbefinden«, in: Walter Weiss (Hrsg.), *Gesundheit in der Schweiz*, Seismo, Zürich 1993, S. 87–99.
Verweise
Gesundheitsförderung – Prävention – Salutogenese
Christoph Junker

Gesundheitsförderung

Der Begriff der Gesundheitsförderung ist wesentlich von der Entwicklungsarbeit der Weltgesundheitsorganisation (WHO) geprägt. An der Konferenz von Alma Ata im Jahr 1978 wurde sie als ein Teil der Gesundheitsversorgung postuliert. Ein weiterer Meilenstein ist die Verabschiedung der Ottawa-Charta im Jahr 1986. Sie beschreibt Gesundheitsförderung zusammengefasst wie folgt: Gesundheit wird von Menschen in ihrer alltäglichen Umwelt geschaffen und gelebt: dort, wo sie spielen, lernen, arbeiten und lieben. Gesundheit entsteht dadurch, dass man sich um sich selbst und für andere sorgt, dass man in die Lage versetzt ist, selber Entscheidungen zu fällen und eine Kontrolle über die eigenen Lebensumstände auszuüben, sowie dadurch, dass die Gesellschaft, in der man lebt, Bedingungen herstellt, die allen ihren Menschen Gesundheit ermöglichen. Die Zielsetzung der Ottawa-Charta hat große Nähe zum *Empowerment*-Ansatz. Neben Faktoren, die vom Individuum ausgehen, betont das Konzept der Gesundheitsförderung die Notwendigkeit struktureller Veränderungen.

Wesentlich zur Verbreitung des Begriffs Gesundheitsförderung beigetragen hat die Kritik am System der medizinischen Versorgung (Apparatemedizin) und die Auseinandersetzung mit dem Gesundheits- und Krankheitsbegriff (Entwicklung des biopsychosozialen Krankheitsmodells, salutogenetisches Modell) in den 70er- und 80er-Jahren.

Jeder Kanton verfügt heute über Beauftragte für Prävention und Gesundheitsförderung. Gestützt auf Artikel 19 des Krankenversicherungsgesetzes existiert die von den Krankenkassen und Kantonen betriebene Stiftung »Gesundheitsförderung Schweiz«. Dieser standen im Jahr 2001 rund 17 Millionen Franken aus den Krankenkassenprämien zur Verfügung.

Der Anteil von Prävention und Gesundheitsförderung am Gesamtaufwand des Gesundheitswesens ist marginal: Von total 43 Milliarden Franken im Jahr 2000 gehen 46,8 Prozent in die stationäre Versorgung, 45,8 Prozent in die ambulante Versorgung, 5,1 Prozent in die Verwaltung und 2,3 Prozent in die Prävention und Gesundheitsförderung.

Erschwert wird die Verbreitung der Gesundheitsförderungsidee dadurch, dass die Gesundheitspolitik in der Schweiz durch die Diskussion um steigende Krankheitskosten dominiert wird und der Nutzen von Programmen zur Gesundheitsförderung oftmals angezweifelt wird.

Internet
www.who.int/hpr
www.gesundheitsfoerderung.ch

Verweise
Frauen und Gesundheit – Gesundheit – Migration und Gesundheit – Salutogenese

Irène Renz

Gesundheitskosten

Die Kosten des Gesundheitswesens machen seit 1950 einen wachsenden Anteil des Bruttoinlandprodukts (BIP) in der Schweiz aus. 1950 beliefen sich diese Kosten auf 3,5 Prozent des BIP. 1975 betrugen sie 7,5 Prozent und im Jahr 2000 belaufen sie sich auf 10,7 Prozent. Die Gesundheitskosten in der Schweiz sind nach Angaben des Bundesamtes für Statistik im Jahr 2000 auf 43,3 Milliarden Franken angestiegen.

Die Schweiz hat damit nach den USA das teuerste Gesundheitssystem aller OECD-Länder. Die Ausgaben der Schweiz liegen 34 Prozent über dem Durchschnitt der 28 OECD- und auch der EU-Staaten, welche beide einen Anteil von 8 Prozent des BIP ausweisen. Zwischen 1990 und 2000 sind die Ausgaben der OECD-Länder im Schnitt um 11,1 Prozent gestiegen, jene der Schweiz um 25,9 Prozent. Die EU-Länder verzeichneten ein Wachstum von 8,1 Prozent. Zwischen 1998 und 2000 nahm der Anteil der Gesundheitsausgaben am BIP sowohl in den OECD- als auch in den EU-Staaten nicht mehr zu. Er blieb unverändert bei 8 Prozent, während er in der Schweiz noch leicht von 10,6 auf 10,7 Prozent zulegte.

Die realen Pro-Kopf-Ausgaben stiegen zwischen 1990 und 2000 in der Schweiz jährlich um 2,5 Prozent oder über 12-mal stärker als das Wachstum des BIP, welches 0,2 Prozent ausmachte. Im OECD-Durchschnitt wuchsen die Pro-Kopf-Ausgaben »nur« 50 Prozent stärker als das BIP (3,3 gegenüber 2,2 Prozent Wachstum).

Pro Kopf der Bevölkerung gaben die USA im Jahr 2000 als das teuerste Land über 4600 US-Dollar für ihr Gesundheitswesen aus, gefolgt von der Schweiz mit rund 3200 US-Dollar und Deutschland mit rund 2750 US-Dollar. Der OECD-Durchschnitt liegt knapp unter 2000 US-Dollar. Diese Werte sind kaufkraftbereinigt, berücksichtigen also die unterschiedliche Kaufkraft der einzelnen Währungen.

Die Schweiz leistet sich somit im internationalen Vergleich ein teures, je nach Auffassung sogar ein sehr teures Gesundheitswesen. Die Schweiz hat insbesondere im letzten Jahrzehnt des vergangenen Jahrtausends eine höhere Wachstumsrate aufzuweisen als andere Industrieländer. Diese höhere Wachstumsrate am BIP dürfte u.a. darauf zurückzuführen sein, dass der Vergleichswert des BIP in der Schweiz im Beobachtungszeitraum unterdurchschnittlich gewachsen ist (0,2 Prozent jährliches Wachstum gegenüber 2,2 Prozent Wachstum in der OECD).

Anzumerken bleibt, dass ein teureres Gesundheitswesen nicht unbedingt ein besseres Gesundheitswesen ist. Das zeigt das Beispiel der USA deutlich. Obwohl dort unter den Industrieländern der höchste Anteil des BIP für das Gesundheitswesen ausgegeben wird, sind zwischen 10 und 15 Prozent der Bevölkerung ohne jeglichen Zugang zum Gesundheitsversorgungssystem. Auch für die Schweiz lässt sich die Frage stellen, ob weniger nicht mehr sein könnte. Das legen zumindest neuere Untersuchungen nahe, die aufzeigen, dass das schweizerische Gesundheitssystem beispielsweise in Bereichen wie Mütter- oder Säuglingssterblichkeit schlechtere Werte aufweist als Länder, welche weniger Ausgaben in Prozenten des BIP für das Gesundheitswesen aufwenden.

Die viel gehörte Behauptung, die »Kostenexplosion« sei unvermeidlich und in allen Ländern festzustellen, trifft in dieser Form eindeutig nicht zu. Nach Berechnungen der Schweizerischen Gesellschaft für Gesundheitspolitik (SGGP) gelang es zwischen 1990 und 2000 immerhin 5 von 27 Ländern, den Anteil ihrer Gesundheitsausgaben am BIP zu senken. Finnland liegt hier an der Spitze mit einer Reduktion um 16 Prozent, gefolgt von Ungarn, Norwegen, Dänemark und Luxemburg mit je 2 bis 4 Prozent.

Literatur
Gianfranco Domenighetti, Jacqueline Quaglia, »Internationale Vergleiche«, in: Gerhard Kocher, Willy Oggier (Hrsg.), *Gesundheitswesen Schweiz 2001/2002*, Konkordat der Schweizerischen Krankenversicherer, Solothurn 2001, S. 72; – Pierre Gilliand, »Kosten und Finanzierung des Gesundheitswesens«, in: ebd., S. 90 f.
Internet
www.bsv.admin.ch
Verweise
Gesundheitswesen(s) (Finanzierung des) – Grundversicherung (der Krankenversicherung)
Willy Oggier

Gesundheitsversorgung (soziale Ungleichheit in der)

Die Gesundheit sozial schlecht gestellter Personen ist erwiesenermaßen schlechter als diejenige von Angehörigen höherer Sozialschichten, darüber existieren Hunderte von Publikationen. Über den Zusammenhang von Sozialschicht und Gesundheitsversorgung ist die Datenlage jedoch äußerst mangelhaft. Da die Angehörigen tiefer Sozialschichten häufiger und schwerer krank sind, muss erwartet werden, dass sie auch häufiger medizinische Leistungen in Anspruch nehmen, falls die Kosten durch eine Sozialversicherung gedeckt sind. Wo dies nicht der Fall ist, in der Schweiz z.B. im Bereich der Zahnpflege, lässt sich in den unteren Sozialschichten gleichzeitig eine deutlich schlechtere Zahngesundheit und eine geringere Inanspruchnahme von zahnärztlichen Leistungen beobachten.

Aufgrund der Daten der Schweizerischen Gesundheitsbefragung wird vermutet, dass im ambulanten medizinischen Bereich eine etwa gleich große Inanspruchnahme bei höherem Krankheitsgrad eine relative Unterversorgung darstellt. Im stationären Bereich sind Angehörige tiefer Sozialschichten vermehrt anzutreffen. Eine Erklärungsmöglichkeit dafür ist, dass diese erst in einem fortgeschritteneren Krankheitsstadium ärztliche Hilfe in Anspruch nehmen. Auch Überversorgung ist bei tieferen Sozialschichten zu beobachten: Gut versicherte Personen mit tiefem Bildungsgrad erhalten mehr medizinische Leistungen von fraglichem Nutzen.

Literatur
Christoph Junker, »Gesundheit in Abhängigkeit von der sozialen Schicht«, in: Bundesamt für Statistik (Hrsg.), *Gesundheit und Gesundheitsverhalten in der Schweiz 1997*, Bundesamt für Statistik, Neuenburg 2000; – Anne Witschi, Christoph Junker, Christoph Minder, *Soziale Ungleichheit und Gesundheit in der Schweiz. Ergebnisse der Schweizerischen Gesundheitsbefragung 1992/93*, Institut für Sozial- und Präventivmedizin, Bern 2000.
Verweise
Rationierung – Zweiklassenmedizin
Christoph Junker

Gesundheitswesen(s) (Finanzierung des)

In der Schweiz beliefen sich die Gesundheitskosten im Jahr 2000 auf 43,3 Milliarden Franken. Die vom Bundesamt für Statistik gelieferten und nach neuer Methode berechneten Zahlenreihen für die Jahre 1995 bis 2000 lassen auch eine Verschiebung der Finanzierungslasten erkennen. Der Staat hat seine finanziellen Leistungen in absoluten Beträgen zwar ausgeweitet. Im Verhältnis zu den Gesamtausgaben hat sich dieser Anteil aber von 16,1 Prozent im Jahr 1995 auf 15,2 Prozent im Jahr 2000 verringert. Im Gegenzug haben die Krankenversicherer in der obligatorischen Krankenpflege-Grundversicherung überproportional viel Mehrleistungen übernehmen müssen, was einen Anstieg ihres Finanzierungsanteils von 30 auf 32,5 Prozent zur Folge hatte. Dies dürfte u.a. darauf zurückzuführen sein, dass das am 1. Januar 1996 eingeführte Krankenversicherungsgesetz die Palette der durch die Krankenversicherer zu übernehmenden Leistungen in der Grundversicherung ausgeweitet hat.

Die Ausgaben in der Grundversicherung betrugen gemäß Angaben von santésuisse, dem Branchenverband der Krankenversicherer, im Jahr 2001 16,5 Milliarden Franken. Damit sind die Kosten der obligatorischen Krankenversicherung seit der Einführung des Krankenversicherungsgesetzes im Jahr 1996 um ein Drittel gestiegen. Eine Analyse der Entwicklung zeigt, dass die Kostensteigerungen in diesem Zeitraum zwischen jährlichen Wachstumsraten von 4,2 Prozent im Jahr 1999 und von 7,3 Prozent im Jahr 2000 variierten. Nach der Darstellung des Bundesamtes für Statistik wäre die Mehrbelastung für die Krankenversicherer aus der Grundversicherung noch höher ausgefallen, wenn sich die Versicherten nicht in stärkerem Ausmaß an den anfallenden Kosten beteiligt hätten. Die privaten Haushalte bezahlten im Jahr 2000 eine Milliarde Franken mehr direkt aus der eigenen Tasche als 1995. Ihr Anteil an den gesamten Gesundheitsausgaben ist mit rund 33 Prozent in den 5 Jahren jedoch stabil geblieben. Die Finanzierung weist einige Besonderheiten auf: Die Direktzahlungen der privaten Haushalte an Spitäler, Ärzte und andere Leistungserbringer waren Ende der 90er-Jahre jährlich um 5 Prozent gestiegen. Im Jahr 2000 wuchsen sie noch um 2,8 Prozent. Dies wird vom Bundesamt für Statistik auf die Leistungsdrosselung der Privatversicherungen und das Verhalten der Versicherten zurückgeführt, welche teilweise auf Zusatzversicherungen verzichteten.

Im europäischen Vergleich anzumerken gilt es, dass die privaten Haushalte in der Schweiz einen relativ hohen Anteil an Selbstbeteiligung leisten. Denn im Gegensatz zu praktisch allen anderen westeuropäischen Ländern erweist sich die Leistungspflicht der obligatorischen Krankenpflege-Grundversicherung insbesondere in den Bereichen der Zahnmedizin und der Rehabilitation als verhältnismäßig bescheiden.

Bemerkenswert ist ferner, dass im Gegensatz zu allen anderen Ländern Westeuropas die Schweiz am Kopfprämiensystem (ergänzt mit individueller Prämienverbilligung für Menschen in bescheidenen wirtschaftlichen Verhältnissen) festhält. Sozialstaatliche Modelle finanzieren den Großteil der Basisversorgung aus allgemeinen Steuermitteln. Sozialversicherungsmodelle finanzieren sich in der Regel auch in der Krankenversicherung über Arbeitnehmer- und Arbeitgeberbeiträge. Ein solches Ansinnen ist in der Schweiz am 4. Dezember 1994 im Rahmen einer Volksabstimmung erneut vom Souverän abgelehnt worden.

Literatur
Pierre Gilliand, »Kosten und Finanzierung des Gesundheitswesens«, in: Gerhard Kocher, Willy Oggier (Hrsg.), *Gesundheitswesen Schweiz 2001/2002*, Konkordat der Schweizerischen Krankenversicherer, Solothurn 2001, S. 90 f.
Internet
www.santesuisse.ch
www.admin.ch
Verweise
Ambulante Versorgung – Gesundheitskosten – Grundversicherung (der Krankenversicherung) – Spitalfinanzierung – Zweiklassenmedizin

Willy Oggier

Gewalt

Unsere Ansicht darüber, was Gewalt ausmacht, ist verzerrt durch die traditionelle Art und Weise, in der Gewalt als Phänomen im Alltag, in Recht- und Sozialtheorie behandelt wird. Die Ausübung oder Androhung von physischem und psychischem Zwang gegenüber Personen und Gruppen umfasst einerseits die rohe, gegen Sitte und Recht verstoßende Einwirkung und anderseits das Durchsetzungsvermögen in Macht- und Herrschaftsbeziehungen. In einem umfassenderen Sinne ist Gewalt in allen Macht- und Herrschaftsverhältnissen auffindbar. Hier geht es um den Besitz und die Anwendung legitimer Gewaltsamkeit (Max Weber). Verschiedene Erscheinungsformen von Gewalt – Gewalt gegen Personen oder gegen Sachen, Gewalt in gesellschaftlichen Institutionen – verlangen nach unterschiedlichen Gewaltbegriffen. Es wird unterschieden zwischen direkter/indirekter, kollektiver/individueller, legitimer/illegitimer, konkreter/struktureller, physischer/psychischer sowie manifester/symbolischer Gewalt.

Im Lichte seiner lateinischen Bedeutungsgeschichte ist der Begriff »Gewalt« als Übersetzung eines breiten Spektrums von früheren Formen der Gewalt gebraucht worden: *imperium, potestas, potentia, vis* oder *violentia* konnten und können alle mit »Gewalt« wiedergegeben werden. Es gilt also, dass Gewalt nicht gleich Gewalt ist. Der Hobbes'sche Souverän z.B., der durch seinen Schiedsspruch Frieden unter den Mitgliedern des politischen Verbandes stiftet, wendet Gewalt (lateinisch *potestas*) an, er ist aber nicht gewalttätig (lateinisch *vis*). Gewalt im Sinne von *potestas* ist viel umfassender als die unmittelbare körperliche Gewalt. Nur für Letztere besteht das Gewaltmonopol, welches im Sinne von körperlichem Zwang, von physischer Gewalt oder im Sinne von *vis* verwendet wird.

In den letzten Jahrzehnten hat sich die öffentliche Diskussion über Gewalt innerhalb folgender Problemkreise bewegt: 1. Krieg bzw. Abschreckung; 2. politisch motivierte Gewalt (als Terrorismus, als Gewalt gegen Fremde, gegen »konstruierte Andere«); 3. (massenmediale) Gewaltdarstellungen und ihre Verhaltensfolgen; 4. Gewalt in persönlichen Beziehungen; 5. Jugendgewalt sowie 6. Misshandlungen und Missbrauch. Die Gründe für das Entstehen und die Rechtfertigung von Gewalt sind vielfältig. Zu nennen wären folgende Problemkonstellationen: 1. soziale Umstände (finanzielle Lage, Sozialisationshintergrund, kultureller Kontext); 2. biografische Ein-

bettung und subjektives Erleben (Gruppenzwang, Frustration, Aggression); 3. Medien (Internet, Computerspiele, Videos, Fernsehen).
Die meisten Erscheinungsformen der Gewalt werden unter direkter oder personaler Gewalt zusammengefasst. Bei der strukturellen, indirekten Gewalt stehen soziale Strukturen im Vordergrund. Diese Form hat sich von individuellen Akteuren gelöst. Sie bezeichnet all jene gesellschaftlichen Strukturen und Bedingungen, welche die Menschen so beeinflussen, dass »ihre aktuelle somatische, das heißt körperliche und geistige Verwirklichung geringer ist als ihre potenzielle Verwirklichung« (Galtung). Damit kann z.B. jede Form von sozialer Ungleichheit und Herrschaft als Gewalt bezeichnet werden.
Auch der Begriff der symbolischen Gewalt hat sich von seinem physischen Kern entfernt. Pierre Bourdieu bezeichnet mit diesem Ausdruck »jene Form der Gewalt, die gegen einen gesellschaftlichen Akteur mit dessen stillschweigender Komplizenschaft ausgeübt wird«. Gewalt wird in dem Sinne erlitten, als die Akteure einem ihnen fremden Sprach- und Verhaltenscode ausgeliefert sind, und symbolisch wird sie, weil sie in Worten und Zeichen ihre subtilste Ausdrucksform findet. Mit dem Begriff der symbolischen Macht werden bestimmte Herrschafts- und Machtverhältnisse bezeichnet, die als Inkorporationen der symbolischen Ordnung gelten. Durch symbolische Macht wird eine legitime Ordnung der Herrschaft hergestellt.
Die Frage nach Ursachen und Hintergründen von Gewalt bzw. Gewaltanwendung ist von einer Vielzahl sozialtheoretischer Ansätze, meist auf empirischer Grundlage, behandelt worden. Exemplarisch zu nennen sind: 1. trieb- und instinkttheoretische Ansätze; 2. Frustrations-Aggressions-Theorie; 3. Anomietheorie; 4. Etikettierungstheorie *(labeling approach)*; 5. Theorie der sozialen Kontrolle. In Bezug auf die gewaltpräventive Arbeit sind einige Kontextbedingungen zu beachten: 1. Es braucht menschenwürdige Verhältnisse (Abbau sozialer Ungleichheit und Ungerechtigkeit); 2. um Gewalt zu verhindern oder einzudämmen, ist ein Sozialsystem mit demokratisch legitimiertem, staatlichem Gewaltmonopol unerlässlich; 3. auf gesellschaftspolitischer Ebene müssen sich Alternativen zur gewaltsamen Konfliktlösung etablieren können; 4. soziale und persönliche Kompetenzen – mittels Einbezug der Ressourcen der betreffenden Menschen und Organisationen – müssen gestärkt bzw. gefördert werden, um die Gefahr von Gewaltausbrüchen zu mindern.

Literatur
Pierre Bourdieu, »Sur le pouvoir symbolique«, in: *Annales* 32/3, Mai/Juni 1977, S. 405–411; – Johan Galtung, *Strukturelle Gewalt*, Rowohlt, Reinbek bei Hamburg 1975; – Wilhelm Heitmeyer, John Hagan (Hrsg.), *Internationales Handbuch der Gewaltforschung*, Westdeutscher Verlag, Wiesbaden 2002.
Verweise
Kriminalität – Soziale Ungleichheiten – Unterprivilegierung

Catherine Mueller, Hector Schmassmann

Gewalt in der Pflege
In den Sozialwissenschaften bedeutet »Gewalt« die Anwendung von physischem und/oder psychischem Zwang gegenüber anderen, um diesen Schaden zuzufügen bzw. sie der Herrschaft der Gewaltausübenden zu unterwerfen (inklusive sexuelle Gewalt, Zwang zu sexuellen Handlungen), oder um solcher Gewalt zu begegnen (Gegengewalt). Wird der Begriff auf »institutionelle Gewalt« ausgedehnt, wird in Einrichtungen des Gesundheits- und Sozialwesens *a priori* Gewalt ausgeübt. Umstritten ist, ob eine schädigende Absicht für den Gewaltbegriff konstituierend ist.
In Betreuungsverhältnissen kommt Gewalt in vielfältiger Art vor: Es gibt Gewalt von Patientinnen und Patienten gegen Betreuungspersonen, in problematischem Ausmaß z.B. in der Psychiatrie, in Notfallstationen und Pflegeheimen, aber auch Gewalt von Pflegenden gegen Betreute (z.B. in Pflegeheimen), Gewalt unter Patientinnen und Patienten und Gewalt durch und gegen Angehörige betreuter Personen (z.B. in der Pädiatrie, in der Gemeindepflege). Gewalt in Betreuungsverhältnissen unterliegt der Gefahr der Tabuisierung und es gibt wenig gesicherte Erkenntnisse über das Ausmaß des Phänomens.

Literatur
Erich Grond, *Altenpflege ohne Gewalt*, Vincentz, Hannover 1997; – Jacques Heijkoop, *Herausforderndes Verhalten von Menschen mit geistiger Behinderung*, Beltz, Weinheim 1998; – Dorothea Sauter, Dirk Richter (Hrsg.), *Gewalt in der psychiatrischen Pflege*, Hans Huber, Bern 1998.
Verweise
Pflege

Christoph Abderhalden

Gewerkschaften
Gewerkschaften sind Vereinigungen von unselbständig Erwerbstätigen, welche hauptsächlich der Vertretung ihrer individuellen und kollektiven, betrieblichen und beruflichen, oft auch ihrer gesellschaftlichen und politischen Interessen dienen. Dabei wird unterschieden zwischen Verbänden, welche nur Angehörige eines bestimmten Berufsstands umfassen (Berufsverbände, Standesorganisationen), und solchen, die Erwerbstätige eines oder mehrerer Wirtschaftszweige organisieren (Industriegewerkschaften, interprofessionelle Gewerkschaften). Hinzu kommen

Verbände, die nur Beschäftigte eines einzelnen Unternehmens organisieren (Hausverbände). Zuweilen werden auch nur solche Organisationen als Gewerkschaften bezeichnet, »deren Vertretungsanspruch sich auf alle Arbeitnehmerinnen und -nehmer eines Organisationsbereichs« (Unternehmen, Branche) bezieht (Fluder 1996, 10). Berufsverbände und Angestelltenorganisationen sind von dieser Definition ausgeschlossen. Diese Eingrenzung verweist darauf, dass Gewerkschaften in der Schweiz wie im übrigen Kontinentaleuropa in der Blütezeit des Industriekapitalismus als Teile der sozialistisch orientierten Arbeiterbewegung entstanden. Ziel war nicht die bloße materielle Besserstellung einzelner organisierter Gruppen von Lohnabhängigen, sondern eine Gesellschaft, welche den Bedürfnissen aller Arbeitenden gerecht werden sollte. Unter diesen Vorzeichen wurde 1880 der Schweizerische Gewerkschaftsbund (SGB) als erster Dachverband gegründet. Zu Beginn des 20. Jahrhunderts entstanden Richtungsgewerkschaften katholischer, evangelischer und freisinniger Orientierung, die sich vom SGB abgrenzten, sowie politisch neutrale Verbände vor allem von Angestellten. Ab Mitte des 20. Jahrhunderts wurde der Konflikt zwischen Kapital und Arbeit zunehmend gesamtarbeitsvertraglich geregelt, und die Gewerkschaften wurden wie die wirtschaftlichen Interessenverbände systematisch in die Formulierung der Wirtschafts- und Sozialpolitik einbezogen. Damit verbunden war ein Funktionswandel hin zu einem zentralen Ordnungsfaktor im wohlfahrtsstaatlichen Kapitalismus. Der Streik als Mittel zur Interessendurchsetzung verlor an Bedeutung. Seit den 90er-Jahren ist, unter dem Einfluss der neuen sozialen Bewegungen und in einem von neoliberalen Tendenzen geprägten schwierigeren Umfeld, eine Neigung hin zu einem konfliktiveren Auftreten festzustellen.

Die meisten Gewerkschaften erfüllen heute eine Vielzahl von Funktionen. Neben der kollektiven Interessenvertretung in Betrieben, gegenüber Branchenverbänden der Arbeitgeber und in der Politik ist dies die Hilfestellung für Mitglieder bei individuellen Problemen am Arbeitsplatz. Hinzu kommen Dienstleistungen, von denen nur Mitglieder profitieren (Vergünstigungen, Weiterbildungsangebote). Solche individuellen Anreize spielen neben Argumenten der Solidarität und neben der Teilhabe an einem teils regen Vereinsleben eine wachsende Rolle bei der Mitgliederwerbung.

Vom wirtschaftlichen Strukturwandel (Tertiarisierung) sowie von Abbautendenzen in den relativ gut organisierten Staatsbetrieben sind die Schweizer Gewerkschaften stark betroffen. Mit mehreren Verbandsfusionen in den 90er-Jahren und mit dem Vorstoß in neue Organisationsfelder im Dienstleistungssektor wird versucht, die Folgen des Mitgliederschwundes aufzufangen. Offen bleibt, wie mit überwiegend nationalen Organisationsstrukturen der zunehmenden Internationalisierung des Kapitals begegnet werden kann.

Literatur
Klaus Armingeon, Simon Geissbühler (Hrsg.), *Gewerkschaften in der Schweiz: Herausforderungen und Optionen*, Seismo, Zürich 2000; – Robert Fluder et al., *Gewerkschaften und Angestelltenverbände in der schweizerischen Privatwirtschaft*, Seismo, Zürich 1991; – Robert Fluder, *Interessenorganisationen und kollektive Arbeitsbeziehungen im öffentlichen Dienst der Schweiz*, Seismo, Zürich 1996.
Internet
www.sgb.ch
www.travailsuisse.ch
Verweise
Arbeiterbewegung – Arbeitsbeziehungen – Schweizerischer Gewerkschaftsbund (SGB) – Sozialpartnerschaft – Tavail.Suisse (ehem. Christlich-Nationaler Gewerkschaftsbund)

Heinz Gabathuler

Ghettoisierung (Integration/Segregation)

Die Begriffe Ghettoisierung, Integration, Segregation treten heute vornehmlich im Zusammenhang mit Migrationsbewegungen und der dauerhaften Niederlassung von Migrantinnen und Migranten sowie deren Kindern im Ankunftsland auf und dienen dazu, unterschiedliche Durchmischungsstufen zwischen der ansässigen und zugezogenen Bevölkerung zu beschreiben. Der im US-Amerikanischen gebräuchliche Begriff der Ghettoisierung ist im kontinentaleuropäischen Kontext mit Vorsicht zu gebrauchen, da es sich hierzulande überwiegend um Formen von sozioökonomischer Aufspaltung handelt und nicht um »ethnische« Stadtteile, deren Bevölkerung über alle sozialen Schichten verteilt ist. Bedingt durch die offizielle Zulassungspolitik der Schweiz, die eine Unterschichtung der Schweizer Bevölkerung verursacht hat, artikuliert sich heute die sozioökonomische Segregation jedoch auch als »ethnische« Konzentration (vgl. Mahnig 2001). Während Ghettoisierung und Segregation meist in Bezug auf die räumliche Verteilung benützt werden, ist die Wortbedeutung von Integration weiter gefasst. In der Migrationsliteratur (vgl. Esser 1980 und 2001) wird konventionell zwischen den Ebenen Kultur und Struktur sowie zwischen dem Individuum und der Gruppe unterschieden, wobei sich heute der Begriff der Assimilation für die kulturelle Ebene und der Begriff der Integration auf der soziostrukturellen Ebene durchgesetzt haben. Integration (oder: strukturelle Assimilation) bezieht sich also auf die Teilhabe von Migrantinnen und Migranten an den begehrten

Gütern in allen wichtigen Institutionen der Aufnahmegesellschaft (beispielsweise Zugang zu Statuspositionen auf dem Arbeits-, Bildungs- und Wohnungsmarkt u.a.). Bommes (1999) weist jedoch darauf hin, dass der Begriff der Integration aus der strukturfunktionalistischen Theorienbildung heraus entstanden ist, somit auf Erhalt, Funktionalität und Stabilität von Gesellschaft in ihrer Gesamtheit zielt und kulturelle Assimilation als Element der Funktionstüchtigkeit einschließt. Er schlägt aus systemtheoretischen Überlegungen zur Beschreibung einer dynamischen Gesellschaft den Terminus »Inklusion« vor, da in dieser Sichtweise die Teilsysteme (Ökonomie, Recht, Bildung, Politik usw.) jeweils als autonome soziale Organisationen verstanden werden. So können Zugezogene sehr wohl im wirtschaftlichen Teilsystem eingeschlossen sein, aber politisch-rechtlich ausgeschlossen bleiben.

Literatur
Michael Bommes, *Migration und nationaler Wohlfahrtsstaat. Ein differenzierungstheoretischer Entwurf*, Westdeutscher Verlag, Opladen 1999; – Hartmut Esser, *Aspekte der Wanderungssoziologie. Assimilation und Integration von Wanderern, ethnischen Gruppen und Minderheiten. Eine handlungstheoretische Analyse*, Luchterhand, Darmstadt/Neuwied 1980; – Hartmut Esser, »Kulturelle Pluralisierung und strukturelle Assimilation: das Problem der ethnischen Schichtung«, in: *Swiss Political Science Review*, Nr. 2/7, 2001, S. 97–108; – Hans Mahnig, *Ethnische Segregation als Herausforderung städtischer Politik*, Discussion Paper Schweizerisches Forum für Migrations- und Bevölkerungsstudien, Neuenburg 2001.
Internet
www.stzh.ch/fste/
Verweise
Migration – Rassismus – Urbanisierung – Wohnungspolitik

Rebekka Ehret

Gleichbehandlung von Inländern und Ausländern

Die nationalen Gesetzgebungen können im Bereich der Sozialversicherungen strengere Regeln für Ausländer vorsehen, welche als direkte oder formelle Diskriminierungen bezeichnet werden. Es kommt außerdem vor, dass Regeln, die für alle identisch sind, für Ausländer schwieriger einzuhalten sind (z.B. die Bestimmung, wonach die Familie im selben Staat wohnhaft sein muss wie der Lohnabhängige). Es kann also auch eine indirekte Diskriminierung geben. Das oberste Prinzip der zwischenstaatlichen Koordination des Rechts betrifft die Gleichbehandlung von Inländern und Ausländern. Dieses Prinzip kann unterschiedliche Formen annehmen: Die Gleichbehandlung kann vollständig sein, Ausnahmen zulassen (z.B. im Bereich der beitragsfreien Leistungen), nur teilweise gelten oder von Bedingungen der Gegenseitigkeit abhängig gemacht werden. Die Gleichbehandlung kann durch einen konstituierenden Text (vgl. Art. 12 und 39 des Vertrags über die Gründung der europäischen Wirtschaftsgemeinschaft), durch eine Verordnung der Gemeinschaft (vgl. Art. 7 der Verordnung Nr. 1612/68 über den freien Personenverkehr; Art. 3 der Verordnung Nr. 1408/71 über die Koordination), durch ein multilaterales internationales Abkommen (vgl. Art. 3 des Übereinkommens Nr. 118 der Internationalen Arbeitsorganisation [ILO, Genf] über die Gleichbehandlung von Inländern und Ausländern in der sozialen Sicherheit) oder durch einen internationalen bilateralen Vertrag (vgl. Art. 4 des Abkommens zwischen der Schweiz und der Tschechischen Republik vom 10. Juni 1996) geregelt werden. Natürlich kann die Gleichbehandlung auch einseitig von einem Staat entschieden und in seine Gesetzgebung eingeführt werden.

Literatur
Marc Spescha, *Handbuch zum Ausländerrecht*, Haupt, Bern 1999.
Verweise
Ausländerinnen- und Ausländerpolitik – Europäische Union – Migrationspolitik – Niederlassungsbewilligung

Pierre-Yves Greber

Gleichbehandlung von Mann und Frau

Artikel 4 der alten Bundesverfassung (aBV) beinhaltete das allgemeine Prinzip der Gleichbehandlung, das in der sozialen Sicherheit wichtige Anwendung findet. Mit der Abstimmung zur entsprechenden Verfassungsänderung vom 14. Juni 1981 erhielt Artikel 4 Absatz 2 aBV (der Vorläufer des heutigen Art. 8 BV) eine spezifische Bestimmung bezüglich der Gleichbehandlung in Familie, Ausbildung und Arbeit. Die verfassungsrechtliche Bestimmung anerkennt das Recht auf gleichen Lohn für gleichwertige Arbeit. Das Bundesgesetz über die Gleichstellung von Frau und Mann ist am 24. März 1995 vom Parlament verabschiedet worden und am 1. Juli 1996 in Kraft getreten. Dieses Bundesgesetz beruht auf dem Verbot von Diskriminierung aufgrund des Geschlechts und umfasst sämtliche Arbeitsverhältnisse (private und öffentliche) auf den verschiedenen Ebenen (Bund, Kantone, Gemeinden). Das Eidgenössische Büro für die Gleichstellung von Frau und Mann hat in diesen Belangen spezifische Kompetenzen.

Literatur
Claire Jobin, *Entre les activités professionnelle et domestique: la discrimination sexuelle*, Éditions d'en bas, Lausanne 1995; – Nora Refaeil (Hrsg.), *Die Gleichbehandlung von Mann und Frau im europäischen und schweizerischen Recht*, Schulthess, Zürich 1996.

Internet
www.equality.ch
www.equality-office.ch

Béatrice Despland

Gleichstellung von Mann und Frau

Der Begriff der Gleichstellung von Mann und Frau stellt kein eindeutig definiertes Konzept dar und kann sich auch nicht auf eine allgemein anerkannte Theorie oder ein unumstrittenes Modell abstützen. Er hat deshalb einen unscharfen Charakter und umfasst (potenziell, aber nicht explizit) mehrere weitere übliche Begriffe, die im Bereich der Reflexion über die gesellschaftlichen Beziehungen zwischen den Geschlechtern verwendet werden. Dieser Ausdruck ist daher problematisch und allzu vereinfachend, sofern er nicht durch weitere Angaben ergänzt wird, die es erlauben, den jeweiligen Diskurs genauer einzuordnen. So schreibt das Bundesgesetz über die Gleichstellung von Frau und Mann (24.3.1995) z.B. »das Verbot der Diskriminierung aufgrund des Geschlechts im Erwerbsleben« vor.

Es lässt sich allerdings hervorheben, dass der Begriff der Gleichstellung von Frau und Mann üblicherweise als Bezeichnung für eine Politik der Beseitigung der geschlechtsspezifischen Diskriminierungen verwendet wird und hauptsächlich die zwei Grundsätze der Rechts- und Chancengleichheit und der Gleichbehandlung der Individuen, unabhängig vom Geschlecht, umfasst.

In der Schweiz schreibt der Grundsatz der Gleichstellung der Geschlechter, den das Volk 1981 angenommen hat, von einem juristischen Standpunkt aus gesehen die Rechts- und Chancengleichheit von Frau und Mann vor, insbesondere in der Familie, in der Ausbildung und im Erwerbsleben. Er umfasst außerdem die formelle Gleichbehandlung von Frau und Mann (z.B. gleicher Lohn für gleichwertige Arbeit). Es ist allerdings notwendig, den Graben zu betonen, der diese formelle Gleichheit von der tatsächlichen Gleichstellung, das heißt von der eigentlichen Umsetzung dieser Rechte, trennt. Letztere ist in Anbetracht der bedeutenden Unterschiede zwischen den Geschlechtern in allen Bereichen des Lebens, wobei nicht jeder Unterschied eine Ungleichheit oder Diskriminierung einschließen muss, schwierig zu messen.

Verweise
Gleichbehandlung von Mann und Frau – Gleichstellungsbüro – Soziale Ungleichheiten

Caroline Regamey

Gleichstellungsbüro

Der Grundsatz der Gleichstellung von Frau und Mann ist seit 1981 in der Bundesverfassung in Artikel 4 Absatz 2 verankert (Art. 8 Abs. 3 der neuen Bundesverfassung). In der Schweiz existieren auf Bundes-, Kantons- und Gemeindeebene 23 Gleichstellungsbüros, deren hauptsächliche Tätigkeitsbereiche 1. die Förderung der Gleichstellung in allen Bereichen sowie 2. die Beseitigung jeder Form von direkter oder indirekter Diskriminierung sind.

Um ihren Auftrag umzusetzen, sind die Gleichstellungsbüros an möglichst vielen Orten gezielt tätig: in der Verwaltung, im Parlament, in Zusammenarbeit mit den Sozialpartnern, den Institutionen, den Frauenorganisationen und mit Privatpersonen.

Ihrer Informationspflicht tragen sie durch die Organisation von Kampagnen und Konferenzen über Frauen- und Gleichstellungsfragen Rechnung. Die Gleichstellungsbüros oder -dienste bilden zusammen die Schweizerische Konferenz der Gleichstellungsbeauftragten.

Internet
www.equality.ch
www.equality-office.ch
Verweise
Gleichbehandlung von Mann und Frau – Gleichstellung von Mann und Frau

Sophie Barras Duc

Gleichwertigkeit (Grundsatz der)

Der Grundsatz der Gleichwertigkeit ist mit der Versicherung verbunden. Diese begründet eine Risikogemeinschaft und die Bezahlung von Prämien. Die Berechnung der Leistungen ist abhängig von der Tatsache, dass gewisse Versicherte vom Risiko nicht betroffen sein werden, sowie von der Höhe der Beiträge. Wird der Grundsatz der Gleichwertigkeit angewendet, so stehen Prämien und Leistungen in einem Verhältnis von Leistung und Gegenleistung zueinander: Sie werden auf theoretischer Ebene ausgeglichen. Die Gleichwertigkeit steht dem Grundsatz der Solidarität gegenüber, dessen vertikale Dimension (Ausgleich zwischen Einkommen) im Gegensatz dazu einen Teil der geschützten Personen bevorzugt. Diese erhalten mehr Leistungen, als es der individuellen Gleichwertigkeit entsprechen würde.

Verweise
Privatversicherungsrecht – Versicherungsprinzip

Pierre-Yves Greber

Globalisierung

Der Begriff der Globalisierung, der zu Beginn der 1980er-Jahre in wissenschaftlichen und politischen Debatten noch kaum präsent war, hat in den 90er-Jahren eine unglaubliche diskursive Dynamik entfaltet. Grundsätzlich beschreibt er den Sachverhalt, dass die Kontinente und Nationen in ein immer engeres Netzwerk von Produktion, Handel, Information und Kommunikation eingebunden werden. Gezeichnet wird allgemein ein Bild, wonach auf den Weltmärkten die Länder wie Unternehmen stärker als bisher miteinander konkurrieren: Ebenso wie die Unternehmen generell unter weit höherem Wettbewerbs- und Kostendruck stehen, sind auch die Staaten mit einer verschärften Wettbewerbssituation konfrontiert. Nach dieser Lesart ist erst seit Anfang der 90er-Jahre der internationale Wettbewerb und Markt wirklich global geworden. Südostasien, China sowie die logistisch vorteilhaft gelegenen Niedriglohn-Länder in Mittel- und Osteuropa schaffen erst eine zusätzlich existenzielle Wettbewerbssituation, in deren Namen eine günstige Standortpolitik gefordert wird.

Dass der Weltmarkt größer geworden ist und an Breite gewonnen hat, ist unstrittig. Vor allem die südostasiatische Wirtschaftsregion hat im Verlauf der 90er-Jahre ihren Anteil an Produktion und Warenaustausch ausbauen können. Aber nach wie vor spielt sich der überwiegende Teil der Kapitalverwertung innerhalb der großen Wirtschaftsblöcke ab. Die härteste Standortkonkurrenz findet heute also nicht zwischen den Schwellenländern statt, sondern wird zwischen den Unternehmen innerhalb der Triade (USA, Europa, Japan) ausgetragen. Der ökonomische Grund für den verschärften Wettbewerb liegt im langfristigen Strukturwandel westlicher Ökonomien. Die Marktanteile auf den stagnierenden Märkten sind hart umkämpft. Welches Kapital verdrängt wird und in welcher Form diese Brachlegung erfolgt, wird durch den Konkurrenzkampf entschieden. In diesem Verdrängungswettbewerb gewinnt jene Politik an Einfluss, die über Anpassung an weltwirtschaftlich niedrigere Löhne oder geringere Steuersätze dem nationalen Kapital einen Wettbewerbsvorteil verschaffen will. Die großen Kapitalunternehmen, die sich selbst mehr und mehr transnational organisieren, um auf den Märkten der Triade agieren zu können, sind somit die großen Akteure der Globalisierung.

Ein weiteres Merkmal der Globalisierung sind die Fortschritte der Computer- und Telekommunikationstechnologien, welche die Investoren heute in die Lage versetzen, auf den globalisierten Finanzmärkten auf kleine Renditedifferenzen oder auf die Erwartungen von Veränderungen im internationalen Wechselkurs- oder Renditegefüge in kürzester Zeit fast ohne Kosten mit der Verschiebung großer Geldsummen zu reagieren, womit sie erheblichen Einfluss auf die Wechselkurse, die Aktienkurse und die Zinsen in den betroffenen Ländern ausüben und durch spekulative und immer riskantere Finanzinvestitionen sowie massiven Geldzufluss und -abzug ganze Währungen zusammenbrechen lassen. Sowohl die Asienkrise als auch die zahlreichen anderen Finanzkrisen der 90er-Jahre (Zusammenbruch des Europäischen Währungssystems 1992, Mexiko 1994, Russland 1998, Brasilien, Kolumbien und Ecuador 1999, Argentinien und Türkei 2000) haben gezeigt, dass spekulative Währungsgeschäfte, die von einer kleinen Anzahl global agierender Vermögensbesitzer und -verwalter betrieben werden, schwere Krisen auslösen können.

Literatur
Elmar Altvater, Birgit Mahnkopf, *Grenzen der Globalisierung. Ökonomie, Ökologie und Politik in der Weltgesellschaft*, Westfälisches Dampfboot, Münster 1997; – François Chesnais, *La mondialisation du capital*, Syros, Paris 1997; – Jörg Huffschmid, *Politische Ökonomie der Finanzmärkte*, VSA, Hamburg 2002; – Le Monde Diplomatique, *Atlas der Globalisierung*, Le Monde Diplomatique, Berlin 2002.
Internet
www.attac.org
Verweise
Finanzkrise – Konzerne (multinationale) – Marktwirtschaft – Neoliberalismus

Alessandro Pelizzari

Glückskette

Die Schweizerische Stiftung der Glückskette ist eine privatrechtliche, nicht gewinnorientierte Institution, die vom Westschweizer Radio gegründet wurde. Sie ist als gemeinnützige Organisation anerkannt. Im Jahr 1946 als Unterhaltungs-Radiosendung entstanden, stellt sie heute in der Schweiz das wirkungsvollste Instrument dar, um Mittel für soziale und humanitäre Zwecke aufzutreiben. Die Glückskette erlaubt es jeder Großzügigkeit, sich konkret zu manifestieren. Sie befindet sich in der Mitte der Kreuzung, an der Spender und Opfer zusammentreffen. Mithilfe der Schweizerischen Radio- und Fernsehgesellschaft (SRG), deren humanitärer Arm sie ist, lanciert sie Spendenaufrufe zur Unterstützung von Personen, welche von Unglücksfällen betroffen sind, insbesondere bei großen Katastrophen in der Schweiz und im Ausland. Die Spendengelder werden ausschließlich für den bestimmten Zweck verwendet. Die für die Umsetzung von Hilfsprogrammen im Ausland gesammelten Mittel werden auf der Grundlage einer Analyse der von den schweizerischen Hilfswerken vorgelegten Projekte verteilt. Bei den Hilfswerken handelt es sich um rund 25 regelmäßige Partner. Die Glückskette kontrolliert die Ausführung der Projekte. Im Jahr 2000 hat die Glückskette nach den schweren Unwettern im Wallis und in den umliegenden Regionen die bisher größte Summe der schweizerischen Geschichte gesammelt, nämlich 74,4 Millionen Schweizer Franken.

Literatur
Sascha Katja Dubach, »*Hilfe für den Nächsten und den Übernächsten«: Von der nationalen zur internationalen Solidarität bei Naturkatastrophen*. Untersuchung anhand der Spendenaufrufe von Glückskette und Schweizerischem Roten Kreuz (1951–1970), Lizentiatsarbeit Universität Bern, Bern 1999; – Werner Wicki, Andrea Bütikofer, *Evaluation der individuellen Sozialhilfe der Glückskette*, Hochschule für Sozialarbeit, Bern 2000.
Internet
www.glueckskette.ch
www.bonheur.ch
Verweise
Humanitäre Hilfe – Sozialhilfe (im engeren Sinne) – Sozialhilfe (im weiteren Sinne)

Félix Bollmann

Grundrechte

Grundrechte formulieren fundamentale Ansprüche der oder des Einzelnen auf etwas in Form von Rechten. Die in den staatlichen Verfassungen aufgeführten Bestimmungen über die Rechtsstellung der Einzelperson (Menschen- und Bürgerrechte) haben eine doppelte Funktion. Als Abwehrrechte schützen Grundrechte die Freiheiten des Individuums vor staatlichen Eingriffen, aber auch gegenüber Angriffen anderer. Inhaltlich bilden Grundrechte den Versuch, die Prinzipien von Freiheit, Gleichheit und Teilhabe in positives Verfassungsrecht umzuwandeln. Diese Prinzipien bilden das Zentrum des Menschenrechtsgedankens. Weitergehende Vorstellungen, (politische) Teilhabe- und soziale Grundrechte werden je nach Rechtstradition verschieden beurteilt. Welches Gewicht ihnen zugestanden wird, ist nicht zuletzt eine Frage der Grundrechtsinterpretation. Die Entwicklung nach dem Zweiten Weltkrieg zeigt eine Ausweitung der Grundrechte etwa in dem inzwischen weitgehend anerkannten sozialen Recht auf das Existenzminimum.

Literatur
Robert Alexy, *Theorie der Grundrechte*, Suhrkamp, Frankfurt am Main 1996; – Otfried Höffe, *Kategorische Rechtsprinzipien. Ein Kontrapunkt der Moderne*, Suhrkamp, Frankfurt am Main 1990; – Peter Koller, *Theorie des Rechts. Eine Einführung*, Böhlau, Wien 1997.
Verweise
Bürgerrechte – Menschenrechte (Europäische Konvention der) – Menschenrechtserklärung (Allgemeine) – Menschenwürde – Normen/Regelungen

Frank Mathwig

Grundversicherung (der Krankenversicherung)

Als Grundversicherung wird die (soziale) Krankenversicherung bezeichnet, der die gesamte Bevölkerung von Gesetzes wegen obligatorisch angehört. Sie ist zu unterscheiden von den freiwilligen Zusatzversicherungen.
Um eine umfassende Solidarität zu gewährleisten, ist die Bemessung der Prämien in der Grundversicherung gesetzlich genau geregelt. Die Versicherer dürfen die Prämien nur regional abstufen, nicht aber nach Alter (mit Ausnahme der Jugendprämien), Eintrittsdatum oder Geschlecht. Zudem besteht ein Aufnahmezwang. Die Versicherer müssen alle aufnehmen, die das wünschen – ungeachtet ihres Alters und Gesundheitszustands. Den Versicherten steht eine kostenlose Verwaltungsrechtspflege zur Verfügung.
Die Zusatzversicherungen sind hingegen nicht zur Solidarität verpflichtet. Für sie gibt es weder einen Aufnahmezwang noch Vorschriften über die Prämienabstufung. Rechtsstreitigkeiten zwischen Versicherten und Zusatzversicherern sind in einem kostenpflichtigen Verfahren vor den Zivilgerichten auszutragen.

Literatur
Gebhard Eugster, »Krankenversicherung«, in: Ulrich Meyer-Blaser (Hrsg.), *Schweizerisches Bundesverwaltungsrecht*, Band Soziale Sicherheit, Helbing & Lichtenhahn, Basel 1998, S. 162 ff; – santésuisse (Hrsg.), *Handbuch der Schweizerischen Krankenversicherung*, Konkordat der Schweizerischen Krankenversicherer, Solothurn 2002.
Internet
www.santesuisse.ch
www.bsv.admin.ch
Verweise
Krankenversicherung – Leistungskatalog der Krankenversicherung – Zweiklassenmedizin

Ruedi Spöndlin

Harmonisierung

Die Harmonisierung der Systeme der sozialen Sicherheit zielt in einer Optik des Fortschritts auf eine Angleichung in Punkten ab, die als wesentlich erachtet werden: die Definition der Versicherungsfälle (Krankenpflege, Pensionierung usw.) und des persönlichen Geltungsbereichs (mit Tendenz zur allgemeinen Anwendung, zur Universalität), die Leistungen (Ausrichtung auf Prävention, Entschädigung, Wiedereingliederung; Art der Leistungen; Leistungsniveau; Voraussetzungen und Dauer des Leistungsbezugs) und die allgemeine Verantwortung des Staates in diesem Bereich. Die Angleichung erfolgt in der Form flexibler Normen (unter Berücksichtigung der Verschiedenheit der Systeme), die von den Staaten aufgebessert werden können. Die Beweggründe der Harmonisierung liegen in der Sozialpolitik (Verbesserung des Schutzes der Bevölkerung), im internationalen Wettbewerb (Verhinderung einer Benachteiligung von Staaten mit einer entwickelten Sozialgesetzgebung) und in der Sorge um die Erhaltung des Friedens.
Zwei bedeutende Institutionen haben eine wichtige Rolle im Bereich der Harmonisierung ge-

spielt: die Internationale Arbeitsorganisation (ILO) und der Europarat. Die ILO hat zur Entstehung des Begriffs der sozialen Sicherheit an sich entscheidend beigetragen und begleitet die Entwicklung der Systeme. Drei Instrumente sind in dieser Hinsicht von grundlegender Bedeutung: die Empfehlung Nr. 67 der ILO über die Garantie der Existenzmittel (1944), die Empfehlung Nr. 69 der ILO über die Krankenpflegeleistungen (1944) und das Übereinkommen Nr. 102 der ILO über die Mindestnormen der sozialen Sicherheit (1952). Die ILO hat eine Reihe weiterer Übereinkommen und Empfehlungen verabschiedet, welche die im ILO-Übereinkommen Nr. 102 festgelegten Standards erhöhen. Der Europarat ist in vergleichbarer Art und Weise vorgegangen, zunächst durch die Europäische Ordnung der sozialen Sicherheit und ihr Protokoll (1964), auf welche die revidierte Europäische Ordnung der sozialen Sicherheit folgte (1990). Die Schweiz hat einige dieser Abkommen (vollständig oder teilweise) ratifiziert.

Die Europäische Gemeinschaft hat zu dieser sozialen Strömung nicht viel beigetragen. Ihre Institutionen (vor allem die Kommission) haben aber oft über den Begriff der Harmonisierung diskutiert und ihn dabei mit jenem der Vereinheitlichung gleichgesetzt (ein unerreichbares oder in jedem Fall gänzlich verfehltes Ziel). Dadurch ist die Entstehung eines neuen Konzepts zu erklären, der Konvergenz. Zurzeit wird der Begriff der Harmonisierung nur noch für juristische Instrumente, die einen obligatorischen Charakter haben können (internationale Abkommen; Richtlinien der Gemeinschaft), verwendet und durch die Begriffe »normativer Text« oder »Konvergenz« ersetzt.

Literatur
Erwin Murer, »Globalisierung und Sozialschutz: ein Blick in die Entstehungsgeschichte der ILO (IAO/OIT) aus schweizerischer Sicht«, in: Bettina Kahil-Wolff et al. (Hrsg.), *Mélanges en l'honneur de Jean-Louis Duc*, IRAL, Lausanne 2001, S. 197 ff.
Verweise
Bilaterale Abkommen – Europarat – Internationale Arbeitskonferenz (IAK) – Internationale Arbeitsorganisation (ILO) – Universalität

Pierre-Yves Greber

Hausarztmodell

Das Hausarztmodell ist eine Variante der obligatorischen Krankenversicherung ohne freie Arztwahl. Wer sich dafür entscheidet, muss sich zuerst an den in Absprache mit dem Versicherer gewählten Hausarzt wenden. Dieser entscheidet über eine allfällige Weiterverweisung. Dafür ist die Prämie um 5 bis 20 Prozent günstiger. Die Vergütung der beteiligten Hausärztinnen und -ärzte erfolgt entweder nach dem herkömmlichen Einzelleistungstarif, allenfalls ergänzt durch eine Gewinn- und Verlustbeteiligung, oder durch eine feste Pauschale pro Patientin oder Patient (System der *capitation rate*).

Im Jahr 2000 gehörten in der ganzen Schweiz fast 8 Prozent der Versicherten einem Hausarzt- oder HMO-System an. Immer mehr Versicherer bieten das Hausarztmodell allerdings nicht mehr an. Da sich vor allem gesunde Menschen dafür entscheiden, die ohnehin kaum ärztliche Leistungen beanspruchen, lassen sich damit keine Kosten sparen. Die Prämieneinnahmen sind aber niedriger.

Literatur
Der Beobachter (Hrsg.), *Krankenversicherung*, Beobachter, Zürich 1998; – santésuisse (Hrsg.), *Handbuch der Schweizerischen Krankenversicherung*, Konkordat der Schweizerischen Krankenversicherer, Solothurn 2002.
Internet
www.santesuisse.ch
www.bsv.admin.ch
Verweise
HMO – Krankenversicherung – Managed Care

Ruedi Spöndlin

Haushaltsbudget von Familien

Der Begriff Haushaltsbudget von Familien wird einerseits von Budgetberatungsstellen verwendet. Diese helfen privaten Personen bei Fragen rund um die Lebenshaltungskosten weiter. Wichtiger Anwendungsort dieses Begriffs ist anderseits die Statistik. Im Rahmen der Einkommens- und Verbrauchserhebung werden jährlich bei rund 3000 Haushalten Daten zu ihren Budgets erhoben. Auf der Einnahmenseite wird unterschieden zwischen Einnahmen aus Erwerbsarbeit, aus Transferzahlungen (insbesondere Renten) und Einnahmen aus Eigentum und Vermögen. Die Ausgabenseite wird unterteilt in Verbrauchsausgaben (Kauf von Waren und Dienstleistungen) und Transferausgaben (Versicherungen, Steuern, Sozialabgaben).

Die Daten zu den Haushaltsbudgets von Familien finden Eingang in zahlreiche weitere Statistiken, so beispielsweise in den Landesindex der Konsumentenpreise oder in die Volkswirtschaftliche Gesamtrechnung. Daten über das Haushaltsbudget von Familien bilden eine wichtige statistische Grundlage für sozial- und wirtschaftspolitische Entscheidungen.

Literatur
Arbeitsgemeinschaft Schweizerischer Budgetberatungsstellen, *Auskommen mit dem Einkommen*, Orell Füssli, Zürich 1998; – BS Aktuell, *Einkommens- und Verbrauchserhebung 1998, Grundlagen*, Neuenburg, Mai 1999.
Internet
www.statistik.admin.ch

Susanne Blank

Häusliche Gewalt

Der Begriff häusliche Gewalt umfasst alle Formen der physischen, sexuellen, psychischen, sozialen, ökonomischen und emotionalen Gewalt zwischen Erwachsenen, die in nahen Beziehungen zueinander stehen oder gestanden haben. Er ist abgeleitet vom englischsprachigen Begriff *domestic violence*. Neben dem Begriff häusliche Gewalt werden auch die Begriffe Gewalt im sozialen Nahraum und Gewalt in Ehe und Partnerschaft verwendet. In der Praxis wird häusliche Gewalt als Oberbegriff für alle im familiären Rahmen ausgeübte Gewalt verstanden. Damit ist auch die Misshandlung und Vernachlässigung von Kindern eingeschlossen, ebenso die gegen alte und/oder invalide Familienangehörige ausgeübte Gewalt.

In den vergangenen Jahren ist die Gewalt gegen Frauen in persönlichen Beziehungen Thema wissenschaftlicher Forschung geworden. Im Rahmen des Nationalen Forschungsprogramms Nr. 35, »Frauen in Recht und Gesellschaft: Wege zur Gleichstellung«, wurde 1997 eine Studie zur Gewalt gegen Frauen in Paarbeziehungen veröffentlicht, die erstmals Zahlen zur Situation in der Schweiz präsentierte: In einer repräsentativen Befragung von 1500 Frauen gab ein Fünftel der befragten Frauen zwischen 20 und 60 Jahren an, einmal im Leben Opfer von physischer oder sexueller Gewalt durch ihren Partner geworden zu sein. 40 Prozent der Frauen gaben an, psychische Gewalt erfahren zu haben.

Literatur
Andrea Büchler, *Gewalt in Ehe und Partnerschaft. Polizei-, straf- und zivilrechtliche Interventionen am Beispiel das Kantons Basel-Stadt*, Helbing & Lichtenhahn, Basel 1998; – Lucienne Gillioz, Jacqueline De Puy, Véronique Ducret, *Domination et violence envers la femme dans le couple*, Payot, Lausanne 1997; – Schweizerische Konferenz der Gleichstellungsbeauftragten (Hrsg.), *Beziehung mit Schlagseite. Gewalt in Ehe und Partnerschaft*, eFeF, Bern 1997.
Internet
www.frauenhaus-schweiz.ch
www.equality.ch/gewaltgegenfrauen.html
Verweise
Frauenhäuser

Martha Weingartner

Heilsarmee

Die Heilsarmee ist eine evangelische Freikirche mit ausgeprägt sozialem Charakter. Die Bewegung wurde 1865 in England von William und Catherine Booth gegründet und breitete sich weltweit aus. In der Schweiz ist die Heilsarmee seit 1882 tätig. Ihre Sozialarbeit orientiert sich an den Grundsätzen christlicher Ethik. Ihr Dienst in den verschiedenen Institutionen richtet sich an Frauen, Männer und Kinder aller Altersgruppen und unabhängig ihrer Religionszugehörigkeit, Nationalität oder Hautfarbe.

Die Heilsarmee finanziert ihre Soziale Arbeit einerseits durch Mitgliederbeiträge und Spenden, anderseits durch Beiträge der öffentlichen Hand (Gemeinde-, Kantons- und Bundesbeiträge) sowie Zuwendungen aus Erbschaften und Legaten.

Die sozialen Institutionen gehören mehrheitlich zur »Genossenschaft für Sozialwerke der Heilsarmee in der Schweiz« mit Sitz in Bern; Soziale Arbeit wird aber auch im Rahmen der Heilsarmee-Gemeinden geleistet. Diese gehören der »Stiftung der Heilsarmee in der Schweiz«.

Literatur
The Salvation Army Year Book, The Salvation Army International Headquarters, London 2002; – Robert Chevalley, *Die Heilsarmee in der Schweiz. Siegeszug einer Friedensarmee*, Heilsarmee Schweiz, Bern 1989; – Dirk Gnewekow, Thomas Hermsen, *Die Geschichte der Heilsarmee. Das Abenteuer der Seelenrettung. Eine sozialgeschichtliche Darstellung*, Leske + Budrich, Opladen 1993; – Johann Hoffmann-Herreros, Catherine und William Booth, *Sozialarbeit und Seelsorge – die Heilsarmee*, Grünewald, Mainz 1989.
Internet
www.heilsarmee.ch
www.armeedusalut.ch
Verweise
Soziale Arbeit

Hedi Zogg

Hilfe zur Selbsthilfe → Selbsthilfe

Hilflosenentschädigung

Die Invalidenversicherung bezahlt eine Hilflosenentschädigung, wenn die in der Schweiz wohnhafte invalide Person für die alltäglichen Lebensverrichtungen (aufstehen, sich setzen, anziehen, waschen, essen usw.) dauernd der Hilfe Dritter oder der persönlichen Überwachung bedarf. Der monatliche Betrag dieser Entschädigung wird in Abhängigkeit vom Grad der Hilflosigkeit bestimmt (leichte, mittlere oder schwere Hilflosigkeit). Die Versicherten im Alter von 2 bis 18 Jahren haben unter denselben Bedingungen Anspruch auf einen Beitrag an die Pflegekosten. Dieser unterscheidet sich von der Hilflosenentschädigung einzig durch den Berechnungsmodus (auf der Grundlage von Tagen der Hauspflege anstatt von Monaten). Alle diese Leistungen zielen darauf ab, die durch die Invalidität verursachten Zusatzkosten, die nicht in den Rahmen einer beruflichen Tätigkeit fallen und nicht durch eine konkrete Eingliederungsmaßnahme der IV abgedeckt werden können, zumindest teilweise zu übernehmen.

Hilflosenentschädigungen können auch von der Unfall- oder Militärversicherung ausgerichtet werden. Sie gehen der Hilflosenentschädigung der Invalidenversicherung vor.

Literatur
Robert Ettlin, *Die Hilflosigkeit als versichertes Risiko in der Sozialversicherung*, Universitätsverlag Freiburg, Freiburg 1998; – Thomas Locher, *Grundriss des Sozialversicherungsrechts*, Stämpfli, Bern 1997.
Verweise
Invalidenversicherung (IV) – Unfallversicherung
Michel Valterio, Brigitte Dumas

Hilfsmittel

Invaliden Versicherten werden in verschiedenen Sozialversicherungszweigen Gegenstände abgegeben, deren Gebrauch – im Blick auf die ausgeübte Tätigkeit oder auf die soziale Integration und die Selbstsorge – den Ausfall gewisser Teile oder Funktionen des menschlichen Körpers zu ersetzen vermag. Mit ihnen können die Auswirkungen eines Gesundheitsschadens teilweise behoben oder gemildert werden.
Hilfsmittel werden von IV, AHV, EL, Unfallversicherung und Militärversicherung abgegeben. In den verschiedenen Sozialversicherungszweigen wird die Abgabe von Hilfsmitteln unterschiedlich mittels so genannter Hilfsmittel-Listen geregelt.
Die Liste der IV, der wichtigsten Abgabestelle für Hilfsmittel, umfasst Prothesen, Orthesen, Schuhwerk, Hilfsmittel für den Kopfbereich, Sehhilfen, Rollstühle, Fahrzeuge, Hilfsmittel für Blinde, Gehhilfen, Hilfsmittel am Arbeitsplatz, im Haushalt und zur Ausbildung, Hilfsmittel für die Selbstsorge sowie Hilfsmittel für den Kontakt mit der Umwelt.

Literatur
Thomas Locher, *Grundriss des Sozialversicherungsrechts*, Stämpfli, Bern 1997; – Alfred Maurer, *Bundessozialversicherungsrecht*, Helbing & Lichtenhahn, Basel 1994; – Dieter Widmer, *Die Sozialversicherung in der Schweiz*, Schulthess, Zürich 2001.
Verweise
Invalidenversicherung (IV) – Unfallversicherung
Olivier Steiner

Hinterlassenenleistungen

Hinterlassenenleistungen werden an Personen ausgerichtet, welche durch Tod eine unterhaltspflichtige Person verloren haben. Hinterlassene (oder Hinterbliebene) in einem engeren Sinn sind Witwen, Witwer, geschiedene überlebende Ehegatten und Kinder, Personen also, welche eine nach Familienrecht ihnen gegenüber zum Unterhalt verpflichtete Person durch Tod verloren haben. In einem weiteren Sinn sind auch Lebenspartnerinnen und -partner und Eltern als Hinterlassene zu bezeichnen.
Hinterlassenenleistungen werden in erster Linie im Sozialversicherungsrecht (AHV, berufliche Vorsorge, Unfallversicherung, Militärversicherung) in Form von Witwen- und Witwerrenten, Renten an geschiedene überlebende Ehegatten, Waisenrenten sowie Elternrenten (Letztere nur in der Militärversicherung) ausgerichtet. Die Rente an Witwen, Witwer und geschiedene überlebende Ehegatten beläuft sich in der Regel in der AHV auf 80 Prozent der Altersrente, in der beruflichen Vorsorge auf 60 Prozent der Invalidenrente, auf welche die verstorbene Person Anspruch gehabt hätte (bei geschiedenen Ehegatten Begrenzung auf den scheidungsrechtlichen Unterhaltsbeitrag), und in der Unfallversicherung auf 40 Prozent des versicherten Verdienstes des verstorbenen Elternteils. Die Waisenrente beträgt in der AHV im Grundsatz 40 Prozent der Altersrente, in der beruflichen Vorsorge 20 Prozent der Invalidenrente, auf welche die verstorbene Person Anspruch gehabt hätte, und in der Unfallversicherung 15 Prozent des versicherten Verdienstes des verstorbenen Elternteils.
Sodann werden auch im Privatversicherungsrecht (private Unfallversicherung, Lebensversicherung mit Begünstigung einer unterhaltsberechtigten Person), im Haftpflichtrecht (Versorgerschaden) und im Arbeitsrecht (Lohnfortzahlungspflicht des Arbeitgebers während einem bis zwei Monaten) Leistungen an Hinterlassene ausgerichtet.

Literatur
Thomas Locher, *Grundriss des Sozialversicherungsrechts*, Stämpfli, Bern 1997; – Alfred Maurer, *Bundessozialversicherungsrecht*, Helbing & Lichtenhahn, Basel 1994.
Internet
www.bsv.admin.ch
Verweise
AHV/IV – Berufliche Vorsorge – Unfallversicherung
Olivier Steiner

Hinterlassenenversicherung → AHV/IV

HMO

HMO ist die Abkürzung für Health Maintenance Organisation, eine Form von Krankenversicherung, die seit den 30er-Jahren des 20. Jahrhunderts in den USA entwickelt wurde. Die HMOs arbeiten nach dem Prinzip von Managed Care. Sie vergüten nicht einfach Behandlungskosten, sondern lassen die medizinische Behandlung und Pflege ihrer Versicherten von Angestellten oder Vertragspartnern durchführen. Diese arbeiten unter Vertragsbedingungen, die einen Anreiz zum Erbringen von möglichst wenig Leistungen enthalten (z.B. Gewinnbeteiligung).

In der Schweiz kann die HMO seit einigen Jahren als Variante der obligatorischen Grundversicherung mit reduzierter Prämie gewählt werden. Wer von dieser Möglichkeit Gebrauch macht, muss sich im Krankheitsfall zuerst immer an die kasseneigene HMO-Praxis wenden (außer im Notfall). Angeboten wird die HMO vor allem in größeren Städten, wo einzelne Versicherer oder Zusammenschlüsse von Versicherern HMO-Praxen aufgebaut haben.

Literatur
Ulla Ziegler, Thomas Gartenmann, »Vormarsch der ›Managed Care‹ in Europa«, in: *NZZ*, 16./17.8.1997, S. 27.
Internet
www.medizinundgewissen.de
Verweise
Hausarztmodell – Krankenversicherung – Managed Care
Ruedi Spöndlin

Höhere Fachschulen für Soziale Arbeit → Sozialarbeiterinnen und Sozialarbeiter (Ausbildung der)

Humanitäre Hilfe
Ziel der humanitären Hilfe ist es, menschliches Leben zu retten und Leiden zu lindern. Nebst der Nothilfe (Sofort- und Überlebenshilfe) gehören auch Elemente der Prävention, des Wiederaufbaus und der Anwaltschaft (*advocacy* – Einstehen für die Interessen der Opfer) zu den Aufgaben der humanitären Hilfe. Sie kommt vor, während und nach Konflikten, Krisen und Katastrophen in Drittländern zum Tragen.

Die humanitäre Hilfe orientiert sich an den Grundwerten der Menschlichkeit und des humanitären Völkerrechts. Sie wird neutral und unparteilich geleistet, sie steht, basierend u.a. auch auf den Genfer Konventionen, Menschen in Not zu – ungeachtet ihrer Rasse, ihrer Religion, ihrer politischen Meinung oder sozialen Zugehörigkeit.

Neben den Vereinten Nationen, internationalen Organisationen wie dem IKRK, nationalen Hilfswerken und Nichtregierungsorganisationen tragen auch staatliche Institutionen die humanitäre Hilfe. In der Schweiz gehört die Humanitäre Hilfe des Bundes zur Direktion für Entwicklung und Zusammenarbeit (DEZA) innerhalb des Eidgenössischen Departements für auswärtige Angelegenheiten. Teil der Humanitären Hilfe des Bundes ist auch das Schweizerische Korps für humanitäre Hilfe (SKH), ein Milizkorps, dem mindestens 700 einsatzbereite Expertinnen und Experten zur Verfügung stehen.

Internet
www.deza.admin.ch
Verweise
Organisation der Vereinten Nationen (UNO)
Joachim Ahrens

Humankapital
Humankapital bezeichnet den Bestand an Fähigkeiten, Kenntnissen und Eigenschaften eines Individuums, welcher sich auf dessen Produktivität auswirkt. Humankapital wird in erster Linie über Bildung und Erfahrung aufgebaut (so genannte Humankapitalinvestitionen). Becker (1983), einer der »Väter« der modernen Humankapitaltheorie, unterscheidet zwischen allgemeinem und spezifischem Humankapital. Ersteres ist breit einsetzbar und wird in institutionalisierten Ausbildungsgängen oder über Weiterbildung angeeignet. Spezifisches Humankapital ist an einen bestimmten Arbeitgeber, Beruf oder Wirtschaftssektor gebunden und kann nicht transferiert werden. Der Erwerb erfolgt normalerweise über betriebsinterne Weiterbildung und Berufserfahrung. Als wichtigster Ertrag bzw. Nutzen von Humankapital gilt der Lohn, den Erwerbstätige für ihre Arbeit erhalten.

Literatur
Gary S. Becker, *Human Capital: A Theoretical and Empirical Analysis, with Special Reference to Education*, Chicago Press, Chicago 1983; – Eugen Stocker, Ursula Streckeisen, Stefan C. Wolter, *Indikatoren zum Humankapital in der Schweiz*, Bundesamt für Statistik, Neuenburg 1998.
Verweise
Arbeitsmarkt – Bildung(spolitik) – Sozialkapital – Weiterbildung
Irene Kriesi

Identitätspolitik
Das Ende nationalstaatlicher Referenzsysteme, die »neue Unübersichtlichkeit«, aber auch die Individualisierungstendenzen moderner Gesellschaften haben auf individueller und kollektiver Ebene zu einer Suche nach Identität geführt, die sich in Form von Infragestellungen der tradierten Orientierungen, aber auch sozialer Destrukturierung in urbanen Kontexten äußerten. Aktiv suchen vor allem Gruppen über Abkapselung auf diese Veränderungen zu reagieren und ihre Identität zu sichern. Dabei laufen sie Gefahr, vom Regen der Identitätskrise in die Traufe des Sektierertums zu kommen. Politisch reagierten vor allem neokonservative Kräfte zu Beginn der 1980er-Jahre auf diese Identitätskrise. Deren Maßnahmen bestanden vor allem in einer defensiven Investition in identitätsstiftende Werte und Orte. Heimatmuseen entstanden und Nischenkulturen in Städten wurden gefördert, und zwar mit dem Ziel, die destrukturierenden Anforderungen der Modernisierung von Wirtschaft und Sozialstaat, die vor allem in einer generellen Flexibilisierung der Lebenszusammenhänge bestanden, durch identitätsstiftende Orte und Bräuche zu kompensieren. Gleichzeitig entwickelten Städte und Planungsinstanzen aktive Politiken, die

die Regenerierung von Räumen durch die Förderung sozialer Beziehungssysteme anvisierten. Quartiere, Straßen, Selbsthilfegruppen wurden so zu Keimzellen der Erneuerung einer sozial destrukturierten Gesellschaft. Identitätspolitik über Stadtmarketing, Quartierfeste und Stadtfeste, aber auch über Quartiererneuerung wird damit zu einem Markenzeichen von Städten und Gemeinden, die soziales Kapital fördern, um wirtschaftlich und politisch handlungsfähig zu bleiben.

Literatur
Hartmut Häußermann, Walter Siebel, *Neue Urbanität*, Suhrkamp, Frankfurt am Main 1987.
Verweise
Kernstadt – Migration – Urbanisierung
Sandro Cattacin

Illegale Migration (Sans-Papiers)
Illegale Migration bezeichnet sämtliche Phänomene in Verbindung mit der rechtswidrigen Einwanderung und dem unerlaubten Aufenthalt von ausländischen Staatsangehörigen in modernen Nationalstaaten. Dazu zählen neben dem Grenzübertritt ohne erforderliche oder mit gefälschten Reisedokumenten der unbewillte Verbleib, die unbefugte Erwerbstätigkeit und gelegentlich das Fehlen gültiger Identitätspapiere. Der Begriff Sans-Papiers für Personen ohne gültige Aufenthaltspapiere wurde Anfang der 1970er-Jahre in Frankreich geprägt, um stigmatisierende Bezeichnungen, die mit Delinquenz konnotiert werden (Illegale, *clandestins*), zu ersetzen. Die englische Fachliteratur unterscheidet vielfach zwischen Papierlosen *(undocumented immigrants)*, die illegal ins Land gelangt sind und nie ein Aufenthaltsrecht besaßen, und legal eingereisten Einwanderern, die ihre Aufenthaltsberechtigung verloren haben (so genannte *overstayers*). Dies kann beispielsweise infolge der Nichterneuerung der Aufenthaltsbewilligung nach Ablauf eines Touristenvisums, Abschluss eines Studiums, Ablehnung eines Asylgesuches sowie durch Verlust eines Arbeitsplatzes, Scheidung oder Tod des Ehepartners oder wegen Fürsorgeabhängigkeit, Straffälligkeit sowie am Ende eines Kurzaufenthalts geschehen.

Die rechtliche Situation von Personen ohne Aufenthaltsstatus ist ausgesprochen komplex, da zwar Menschenrechte sowie gewisse sozial- und arbeitsrechtliche Ansprüche für diese Gruppe ebenso Geltung haben wie für registrierte Migranten und Migrantinnen, von den Betroffenen aber nur – wenn überhaupt – mit dem Risiko einer Ausweisung eingefordert werden können. Obwohl illegaler Aufenthalt generell als selbstverschuldet betrachtet wird, ist nicht zu übersehen, dass zahlreiche Betriebe und Privathaushalte von der verfügbaren, meist billigen Arbeitskraft der Sans-Papiers profitieren. Ferner haben die vermehrten Zulassungsbeschränkungen im Ausländer- und Asylbereich zweifellos zu einer Zunahme der Illegalität beigetragen. Die Ursachen illegaler Migration sind aber ebenso komplex, wie die Lebenslagen und Laufbahnen von Personen ohne Aufenthaltsstatus vielfältig sind. Erfahrungsgemäß lassen sich deshalb illegale Migrationsbewegungen selbst bei Bestehen legaler Einwanderungsperspektiven nicht vermeiden; gewiss ist nur, dass erst die Personenfreizügigkeit das Phänomen ganz zu überwinden vermag.

Bis Mitte der 90er-Jahre blieb Illegalität im deutschsprachigen Raum ein Randthema, das mit einem Tabu belegt war und nur in Aktivistenkreisen offen debattiert wurde. Seither hat sich die Erkenntnis durchgesetzt, dass Zuwanderung in einer immer stärker vernetzten Welt durch nationale oder überstaatliche Regelungen nur beschränkt gesteuert werden kann. Im Spannungsfeld zwischen nationalstaatlicher Abgrenzung und sozioökonomischer Realität müssen Behörden und Nichtregierungsorganisationen bereits heute Lösungen im Umgang mit Sans-Papiers finden, die mit einer streng legal ausgelegten Praxis manchmal schwer zu vereinbaren sind. Gerade im Umfeld wachsender wirtschaftlicher Verflechtung und internationaler Mobilität können Antworten auf diesen Problemkomplex nur in einer gesamtgesellschaftlichen Auseinandersetzung gefunden werden. Gefordert ist hier eine Politikgestaltung, die sowohl menschenrechtlich vertretbare als auch migrationspolitisch glaubwürdige Handlungsansätze entwickelt.

Literatur
Jörg Alt, Ralf Fodor, *Rechtlos? – Menschen ohne Papiere*, von Loeper, Karlsruhe 2001; – Klaus J. Bade (Hrsg.), *Integration und Illegalität in Deutschland*, Institut für Migrationsforschung und Interkulturelle Studien, Osnabrück 2001; – Ryszard Cholewinski, »The EU Acquis on Irregular Migration«, in: *European Journal of Migration and Law*, Nr. 2, 2000, S. 361–405.
Internet
www.iom.ch
www.sans-papiers.ch
Verweise
Arbeitsmarkt – Migration – Wirtschaftspolitik
Denise Efionayi-Mäder

Illettrismus
Illettrismus ist ein aus dem Französischen entlehnter Begriff, der gleichbedeutend verwendet wird wie der Begriff funktionaler Analphabetismus. Analphabetismus bezeichnet die Situation von Menschen, die nie lesen gelernt haben und die Zeichen des Alphabets nicht kennen. Der

Begriff Illettrismus hingegen bezieht sich auf die Tatsache, dass in Gesellschaften mit langjähriger Schulpflicht viele Menschen nicht über jene Grundkompetenzen verfügen, die ihnen die obligatorische Schule hätte vermitteln sollen. Im Vordergrund stehen dabei die Kompetenzen im Bereich Lesen; allerdings beziehen gewisse Definitionen auch Schreiben und Rechnen in die Definition mit ein. International vergleichende Studien haben gezeigt, dass in der Schweiz 13 bis 19 Prozent der Erwachsenen (IALS-Studie) und 20 Prozent der Jugendlichen (PISA-Studie) über sehr geringe Lesekompetenzen verfügen. Das Ausmaß des Problems hängt vom Stand der gesellschaftlichen Anforderungen an die Lesekompetenzen ab, die im Übergang zur Informationsgesellschaft gestiegen sind.

Literatur
Bundesamt für Statistik (BFS) und Schweizerische Konferenz der kantonalen Erziehungsdirektoren (Hrsg.), *Für das Leben gerüstet? Die Grundkompetenzen der Jugendlichen. Nationaler Bericht der Erhebung PISA 2000*, BFS, Neuenburg 2002; – Philipp Notter, Eva-Marie Bonerad, François Stoll, *Lesen – eine Selbstverständlichkeit? Schweizer Bericht zum International Adult Literacy Survey (IALS)*, Chur/Zürich 1999; – Schweizerische Koordinationsstelle für Bildungsforschung (Hrsg.), *Illettrismus: Wenn Lesen ein Problem ist. Hintergründe und Gegenmassnahmen*, Aarau 2002.
Internet
www.lesenschreiben.ch

Silvia Grossenbacher

Index der Konsumentenpreise

Dieser Index ist ein Messinstrument der allgemeinen Entwicklung der Preise jener Güter und Dienstleistungen, welche die Schweizer Haushalte konsumieren. Der erste schweizerische Index geht auf das Jahr 1922 zurück. Seither wurde er mehrmals vollständig überarbeitet, zuletzt im Jahr 2000. Seit 1987 ist das Bundesamt für Statistik für diesen Index zuständig. Der Landesindex der Konsumentenpreise (LIK) ist der wichtigste, aber nicht der einzige Indikator der Preisentwicklung. Hinter diesem Index stehen Konventionen, Hypothesen, Methoden und Verfahren, die in Bezug auf den Zweck, dem er dienen soll, und vor dem Hintergrund seiner tatsächlichen Verwendung bewertet werden müssen. Ein Preisindex kann auf zahlreiche verschiedene Arten konzipiert und berechnet werden. Es gibt keinen idealen oder einzig richtigen Index. Der auf Konsens ausgerichtete Charakter des LIK äußert sich darin, dass bei Revisionen verschiedene Akteure (Wirtschaftskreise, Konsumentenvereinigungen, Gewerkschaften usw.) mit einbezogen werden.
Gewisse Kritiker setzen beim Inhalt des Konsums an (LIK-Warenkorb). Methodologische Gründe, praktische Erwägungen und das Fehlen von verlässlichen Angaben haben zum Ausschluss bestimmter Posten geführt, denen allerdings tatsächliche Ausgaben der Haushalte entsprechen (direkte Steuern, Sozialversicherungsbeiträge, Prämien von Privatversicherungen, Krankenkassenprämien, Motorfahrzeugsteuern, Auslagen für Investitionen usw.). So werden nur 70 Prozent der gesamten Ausgaben der Haushalte als Konsumausgaben erfasst, welche die Gewichtung der Ausgabengruppen im Index bestimmen.

Abgesehen von den technischen Aspekten hat die Verwendung von Konsumentenpreisindizes eine ausgesprochen politische Dimension. Z.B. haben die Zentralbanken im Namen der Bekämpfung der Inflation, welche durch die Entwicklung des Preisindexes gemessen wird, ihre restriktive Politik geführt und werden sie weiter führen, mit allen Auswirkungen auf die Beschäftigung und das alltägliche Leben der Menschen.

Die wichtigsten Verwendungszwecke des LIK in der Schweiz sind die Inflationsmessung, die Indexierung von Geldwerten (Löhne, Renten, Unterhaltsbeiträge, Mietzinsen usw.) und die Deflation von Nominalwerten der volkswirtschaftlichen Gesamtrechnung oder von anderen statistischen Größen, die Werte messen.

Der Index der Konsumentenpreise misst weder die Entwicklung der Lebenshaltungskosten noch jene der Kaufkraft. Er wird auf konventioneller Grundlage als Indikator der Teuerung verwendet. Die Frage bleibt bestehen, ob gewisse Werte auf der Grundlage dieses Indexes oder eher mithilfe anderer Indizes, die bereits existieren oder noch zu schaffen wären, angepasst werden sollen.

Literatur
Bundesamt für Statistik, *Der neue Landesindex der Konsumentenpreise (Mai 2000). Methodenübersicht*, Bundesamt für Statistik, Neuenburg 2000; – Bundesamt für Statistik, *Preisstatistik 2001. Inventar der preisrelevanten politischen Massnahmen*, Bundesamt für Statistik, Neuenburg 2002; – Jean-Paul Piriou, *L'indice des prix*, La Découverte, Paris 1983.
Internet
www.statistik.admin.ch
Verweise
Konsum – Konsumentinnen- und Konsumentenschutz – Preisindex

Claude Enz

Indikator der menschlichen Entwicklung (HDI)

Das Entwicklungsprogramm der Vereinten Nationen (UNDP) veröffentlicht seit 1990 einen Gesamtindikator der menschlichen Entwicklung (*Human Development Index*, HDI). Damit sollen die traditionellen Indikatoren (Bruttosozialprodukt, Bruttoinlandprodukt, Volkseinkommen) mithilfe eines umfassenderen Instrumentes, welches von grundlegenden Kriterien der Entwicklung ausgeht, ergänzt werden.

Im Zentrum steht die Absicht, die menschliche Entwicklung, das heißt die Schutz verdienende Herausbildung der Fähigkeiten und Rechte der Menschen, auf allen Ebenen zu erfassen.

Der HDI hebt insbesondere die Lebensdauer, das Wissen und das Lebensniveau hervor und wird gegenwärtig aufgrund von vier Grundvariablen berechnet: Einkommen, Lebenserwartung, Alphabetisierung der Erwachsenen und durchschnittliche Bildungsdauer, wobei zwischen den verschiedenen Bildungsstufen (Primar-, Sekundar- und Hochschulstufe) unterschieden wird. Die Entwicklung ist mit drei Dimensionen verknüpft: ein langes und gesundes Leben, der Zugang zu Wissen und Informationen sowie die Verfügbarkeit von Ressourcen, welche ein menschenwürdiges Lebensniveau zulassen.

Der HDI enthält für jedes Kriterium einen Höchst- und einen Mindestwert. Die Position aller Länder wird durch eine Zahl zwischen 0 und 1 ausgedrückt. So umfasst die Lebenserwartung eine Spannweite von 25 bis 85 Jahren, die Alphabetisierung der Erwachsenen und die Schulbesuchsquoten reichen von 0 bis 100 Prozent, das Bruttoinlandprodukt zu realen Preisen pro Einwohner erstreckt sich von 100 bis 40 000 US-Dollar.

Das UNDP unterscheidet drei Gruppen von Ländern: jene mit einem hohen Niveau der menschlichen Entwicklung (HDI > 0,799), jene mit einem mittleren Niveau der menschlichen Entwicklung (0,800 > HDI > 0,499) und jene mit einem schwachen Niveau der menschlichen Entwicklung (HDI < 0,500).

Dieser Indikator ist der Entwicklung weiterer Indikatoren vorangegangen, z.B. eines Gesamtindikators der politischen Freiheiten und eines geschlechtsspezifischen Indikators der menschlichen Entwicklung (Analyse der Ungleichheiten zwischen den Geschlechtern).

Internet
http://hdr.undp.org/statistics
Verweise
Bruttoinlandprodukt (BIP) – Entwicklungspolitik – Internationaler Währungsfonds (IWF) – Sozialindikatoren – Welthandelsorganisation (WTO)

Fabrice Ghelfi

Inflation

Inflation bedeutet Kaufkraftverlust des Geldes. Sie führt zum Anstieg des allgemeinen Preisniveaus, muss jedoch von der Erhöhung der Lebenshaltungskosten unterschieden werden. Beim Wertverlust der Geldeinheiten handelt es sich um ein Phänomen, das die gesamte Volkswirtschaft ohne Unterscheidung zwischen einzelnen Kategorien von Akteuren erfasst. Die Erhöhung der Lebenshaltungskosten hingegen verändert die Verteilung der Einkommen nach Funktionen und Personen, ohne die Beziehung zwischen der Geldmenge und dem Sozialprodukt zu berühren, welche die Kaufkraft des Geldes bestimmt. Die Inflationsrate lässt sich auf einfache Weise an den Variationen des Indexes der Konsumentenpreise messen. Dabei handelt es sich allerdings nicht um ein präzises Maß, denn die Veränderungen des Indexes der Konsumentenpreise lassen sich nicht in allen Fällen auf die Inflation zurückführen. Außerdem kann der Preisindex auch bei einer positiven Inflationsrate stabil bleiben: Die aufgrund des technischen Fortschritts sinkende Tendenz der Preise kann in der Tat durch eine Preiserhöhung ausgeglichen werden, die dem Wertverlust des Geldes zuzuschreiben ist. Die wirksame Ursache dieser Pathologie konnte noch nicht aufgedeckt werden.

Literatur
Michael Parkin, »Inflation«, in: *The New Palgrave: A Dictionary of Economics*, Macmillan, London 1987; – Sergio Rossi, *Money and Inflation*, Elgar, Cheltenham 2001.
Verweise
Europäische Währungsunion – Kaufkraft – Monetarismus

Sergio Rossi

Informelle Wirtschaft

Der Begriff informelle Wirtschaft wird in der Literatur nicht einheitlich verwendet. Im angelsächsischen Raum werden Ausdrücke wie *informal, illegitimate, irregular, hidden, unobserved* verwendet. Im deutschen Sprachraum wird die informelle Wirtschaft auch als Schattenwirtschaft bezeichnet.

Die informelle Wirtschaft umfasst Tätigkeiten, die zur Wertschöpfung im Sinne der volkswirtschaftlichen Gesamtrechnung beitragen, die jedoch nicht in den offiziellen Statistiken ausgewiesen sind. Darunter fallen 1. legal ausgeführte Aktivitäten, welche der Erfassung der Steuerbehörde entzogen werden (Steuerhinterziehung); 2. legale Aktivitäten, die illegal ausgeführt werden (Schwarzarbeit), und 3. illegale (kriminelle) Aktivitäten.

Die Größe der informellen Wirtschaft ist naturgemäß schwer zu messen. Gemäß aktuellen Schätzungen liegt sie für die Schweiz 1999 bei 8,3 Prozent des Bruttosozialproduktes (Schneider und Enste 2000). Dies entspricht einer Verdoppelung seit 1970. Dennoch weist die informelle Wirtschaft in der Schweiz international gesehen den tiefsten Wert auf. Als entscheidende Ursachen für die Expansion des informellen Sektors werden generell die steigende Steuer- und Abgabebelastung und die zunehmende Regulierungsdichte in der offiziellen Wirtschaft aufgeführt.

Literatur
Friedrich Schneider, Dominik Enste, *Schattenwirtschaft und Schwarzarbeit. Umfang, Ursachen, Wirkungen und wirtschaftspolitische Empfehlungen*, Oldenbourg, München/Wien 2000; – Hannelore Weck, Werner W. Pommerehne, Bruno S. Frey, *Schattenwirtschaft*, Vahlen, München 1984.
Verweise
Marktwirtschaft – Steuerflucht – Steuern

Benno Torgler

Insolvenzentschädigung

Die Insolvenzentschädigung dient der Deckung des Lohnausfalls, welchen Arbeitnehmende wegen der Zahlungsunfähigkeit ihres Arbeitgebers erleiden. Sie soll verhindern, dass Arbeitnehmende in materielle Bedrängnis geraten, weil sie auf die Lohnzahlung warten müssen. Es besteht in der Regel Anspruch auf Insolvenzentschädigung in der Höhe von vier Monatslöhnen.

In folgenden Fällen wird Zahlungsunfähigkeit des Arbeitgebers angenommen: Es wurde der Konkurs über ihn eröffnet (oder eine Nachlassstundung bzw. ein richterlicher Konkursaufschub gewährt); der Konkurs wurde nur deshalb nicht eröffnet, weil sich infolge offensichtlicher Überschuldung des Arbeitgebers kein Gläubiger bereit findet, die Kosten des Konkursverfahrens vorzuschießen; der oder die Arbeitnehmende hat gegen den Arbeitgeber für Lohnforderungen das Pfändungsbegehren gestellt. Der Anspruch auf Insolvenzentschädigung muss innerhalb von 60 Tagen seit Veröffentlichung des Konkurses im *Schweizerischen Handelsamtsblatt* oder seit Vollzug der Pfändung bei der örtlich zuständigen Arbeitslosenkasse geltend gemacht werden, ansonsten der Anspruch erlischt.

Literatur
Thomas Locher, *Grundriss des Sozialversicherungsrechts*, Stämpfli, Bern 1997; – Thomas Nussbaumer, »Arbeitslosenversicherung«, in: Ulrich Meyer-Blaser (Hrsg.), *Schweizerisches Bundesverwaltungsrecht*, Band *Soziale Sicherheit*, Helbing & Lichtenhahn, Basel 1998; – Dieter Widmer, *Die Sozialversicherung in der Schweiz*, Schulthess, Zürich 2001.
Internet
www.seco.admin.ch
Verweise
Arbeitslosenversicherung

Olivier Steiner

Integrationspolitik

Integrationspolitik beschreibt die Maßnahmen, die den so weit als möglich gleichberechtigten Einbezug von Personen mit Migrationshintergrund in die Gesellschaft und deren Teilsysteme (Schule, Politik, Wirtschaft, Kultur) fördern. Diese Politik hat sich in der Schweiz im Rahmen des föderalistischen Aufbaus des Staates, der direkten Demokratie und der Volkssouveränität bei fehlender Verfassungsgerichtsbarkeit entwickelt und ein uneinheitliches *patchwork* von Programmen, Rechten und Rechtsansprüchen ausgebildet, das aus dem Blickwinkel der Rechtsgleichheit problematische territoriale Unterschiede schafft.

De facto kann deshalb nicht von einem einheitlichen nationalen Modell im Bereich der Integrationspolitik gesprochen werden, doch können kantonale Lösungen dagegen durchaus mit anderen Realitäten nationaler und regionaler Art verglichen werden. Wir können gar von einer Art »Europa im Kleinformat« sprechen, das sich durch eine inhaltlich offene nationale Integrationspolitik auszeichnet, während die Kantone und die Gemeinden einen recht unterschiedlichen Pluralismus an Politiken produziert haben. Entwickelt hat sich die Integrationspolitik zuerst in den Schweizer Großstädten, geplant etwa in Zürich und Basel, spontan eher in Genf.

Das Anfangsthema der Integrationspolitik war die Assimilation – die kulturelle Angleichung der Migrantinnen und Migranten an die schweizerische Lebensart mit dem Endziel einer Naturalisierung (Einbürgerung). Auch auf Druck von Organisationen der Migration – in erster Linie die *Colonie Libere Italiane* – haben sich in den 1970er-Jahren kritische Stimmen erhoben, die Integration als gleichberechtigte Anerkennung von Migrantinnen und Migranten in Schule, Wirtschaft und Politik thematisierten. Politische Rechte, verstärkte Repräsentation in Gewerkschaften, Aufhebung von Sonderklassen und schulischen Diskriminierungen: Dies waren die Themen, die zu einem anderen Umgang mit Migrationsfragen führten. Städte passten ihre Politik an, Kantone wie Neuenburg realisierten weitreichende Integrationspolitiken unter dem Blickwinkel der Anerkennung der Verschiedenheit.

Seit 2001 ist die Bundespolitik mit einem Förderungskredit für Projekte und einem Integrationsartikel im Ausländergesetz im Bereich Integration aktiv geworden und verschiedene Städte und Kantone haben Integrationsleitbilder entwickelt. Integration erhält dabei eine neue Wendung: Es geht nicht hauptsächlich um die Anerkennung von Verschiedenheit, sondern um die Schaffung von Kompetenzen in der Migrations- und in der Schweizer Bevölkerung, die es erlauben sollten, in einer pluralistischen Gesellschaft konstruktiv Verschiedenheit aufeinander zu beziehen. Sprachkompetenz, Austausch zwischen Personen verschiedener Herkunft, Abschaffung von Zugangsbarrieren zu Erziehung, Gesundheit und allgemein der Administration sind dabei Schwerpunkte, die auch Schweizerinnen und Schweizern zugute kommen.

Literatur
Sandro Cattacin, Bülent Kaya, »Die Politik der Integration von Migrantinnen und Migranten im föderalistischen System der Schweiz«, in: Lale Akgün, Dietrich Thränhardt (Hrsg.), *Integrationspolitik in föderalistischen Systemen. Jahrbuch Migration – Yearbook Migration 2000/2001*, LIT, Münster 2001, S. 191–217.
Verweise
Eidgenössische Ausländerkommission – Migrationspolitik – Stadt/Land – Städteinitiative

Sandro Cattacin

Integrierte Versorgung
Der Begriff integrierte Versorgung beinhaltet die Schaffung von (regionalen) Versorgungsnetzwerken, in denen die Leistungserbringer der ambulanten und stationären akutmedizinischen und rehabilitativen Versorgung institutionalisiert und ergebnisorientiert zusammenarbeiten. Qualitätsorientierte Ziele sind z.B. die Sicherstellung von Behandlungskontinuität (»Versorgung aus einer Hand«) sowie von nachhaltigen Behandlungsergebnissen durch die Optimierung der Schnittstellen (Abbau von Kommunikations- und Koordinationsdefiziten). Wirtschaftliche Ziele sind z.B. die Vermeidung unnötiger Leistungswiederholungen sowie die Begrenzung der teuren stationären Versorgung auf das medizinisch unbedingt nötige Maß. Hintergrund dafür ist die bestehende Sektorialisierung des Gesundheitswesens mit ihrer personellen, organisatorischen und finanziellen Trennung von ambulanter haus- und fachärztlicher Versorgung, stationärer Spitalversorgung, Rehabilitation und Langzeitpflege.
Die daraus resultierenden Schnittstellenprobleme betreffen in erster Linie Chronischkranke und haben negative Auswirkungen sowohl auf die Effektivität ihrer Versorgung (z.B. durch [zu] wenig nachhaltige Behandlungserfolge infolge ihrer diskontinuierlichen Betreuung) als auch auf deren Effizienz (z.B. durch teure diagnostische Doppelspurigkeiten). Dank ihrer separaten Tarifierung können sich Leistungserbringer durch medizinisch nicht begründete Überweisungen von kostenintensiven Patienten in andere Versorgungsbereiche finanziell entlasten, obwohl daraus »unter dem Strich« Mehrkosten resultieren. So führen z.B. Pauschalvergütungen, die sich auf ein Akutspital beschränken, nachweisbar nicht selten auch zu Patientenverschiebungen und Kostenverlagerungen in die nachgelagerten Versorgungsbereiche der Rehabilitation und/oder Langzeitpflege.

Literatur
Montague Brown (Hrsg.), *Integrated Health Care Delivery. Theory, Practice, Evaluation and Prognosis*, Aspen Publication, Gaithersburg 1996; – Siegfried Eichhorn (Hrsg.), *Chancen und Risiken von Managed Care. Perspektiven der Vernetzung des Krankenhauses mit Arztpraxen, Rehabilitationskliniken und Krankenkassen*, Kohlhammer, Stuttgart 1998; – Klaus Müller, *Integriertes Leistungsmanagement der medizinischen Versorgung*, Schriftenreihe der Schweizerischen Gesellschaft für Gesundheitspolitik, Nr. 54, Muri 1997.
Verweise
Managed Care

Klaus Müller

Integritätsentschädigung/-schaden
Ein Integritätsschaden besteht in der dauernden und erheblichen Schädigung der körperlichen oder geistigen Unversehrtheit einer versicherten Person. Im Gegensatz zur Invalidenrente ist die Integritätsentschädigung nicht dazu bestimmt, den Verdienstausfall wegen Invalidität auszugleichen; vielmehr soll sie der versicherten Person einen Ausgleich schaffen, wenn sie wegen einer Gesundheitsschädigung etwa unter Dauerschmerzen leidet oder in ihrem Lebensgenuss beeinträchtigt ist. Sie ist insofern mit der zivilrechtlichen Genugtuung (Schmerzensgeld) vergleichbar, welche ebenfalls den Verlust immaterieller Güter aufwiegen soll. Integritätsentschädigungen werden im Rahmen der Sozialversicherung (Unfallversicherung, Militärversicherung) und der Privatversicherung ausgerichtet.
In der Unfallversicherung beträgt die maximale Integritätsentschädigung 106 800 Franken (Stand 2001). Deren Höhe wird nach der Schwere des Integritätsschadens zwischen 100 Prozent (etwa bei vollständiger Blindheit) und 5 Prozent (etwa beim Verlust einer Großzehe) abgestuft.

Literatur
Jean-Maurice Frésard, »L'assurance-accidents obligatoire«, in: Ulrich Meyer-Blaser (Hrsg.), *Schweizerisches Bundesverwaltungsrecht*, Band *Soziale Sicherheit*, Helbing & Lichtenhahn, Basel 1998; – Thomas Locher, *Grundriss des Sozialversicherungsrechts*, Stämpfli, Bern 1997; – Alfred Maurer, *Bundessozialversicherungsrecht*, Helbing & Lichtenhahn, Basel 1994.
Verweise
Militärversicherung – Unfallversicherung

Olivier Steiner

Interinstitutionelle Zusammenarbeit
Interinstitutionelle Zusammenarbeit (IIZ) meint das koordinierte Miteinander im Dienste des betroffenen Menschen. Die interinstitutionelle Zusammenarbeit bezweckt durch koordinierte Bemühungen aller Institutionen das bestehende Optimierungs- und Koordinationspotenzial der Vollzugstellen zu nutzen. Wichtige Partner im

Mosaik der IIZ sind Arbeitslosenversicherung, Invalidenversicherung, Sozialdienste, Berufsberatung, Berufsbildung und Wirtschaft. IIZ versteht sich als ein gemeinsames Bestreben, den wirtschaftlichen und sozialen Ausschluss einer stetig wachsenden Zahl Menschen durch eine rasche und nachhaltige Reintegration in den ersten Arbeitsmarkt zu verhindern. Um diese für Gesellschaft und Volkswirtschaft unabdingbare Integrationsaufgabe bewältigen zu können, muss das gegenseitige Verstehen der Interessenlage und der Standpunkte, die Kenntnis der Mittel und Möglichkeiten der einzelnen Akteure gefördert werden. Es sind geeignete Formen der praktischen Zusammenarbeit zu etablieren und mittel- und langfristig soll eine gesetzliche und finanzielle Harmonisierung erlangt werden.

Die gezielte, an die individuellen Bedürfnisse des Kunden angepasste Betreuung steht im Mittelpunkt. Dem Drehtüreffekt, der Weiterreichung des betroffenen Menschen an die nächste Institution, soll durch Leistungsaustausch zwischen den Systemen entgegengewirkt werden. Die Nutzung von Synergien bietet sich in den Wirkungsfeldern: 1. frühzeitige und umfassende Betreuung und Diagnose der Potenziale der betroffenen Menschen; 2. rascher Zugang zu wirkungsvollen Integrationsmaßnahmen aller Institutionen für alle Betroffenen; 3. koordinierte Beratung und Arbeitsvermittlung wie auch koordinierte Arbeitgeberkontakte; 4. institutionsübergreifender Informationsaustausch.

Die bisher entwickelten Kernkompetenzen in den Institutionen sind bereichsübergreifend zu nutzen.

Literatur
Bericht der interdepartementalen Arbeitsgruppe »Komplementärarbeitsmarkt« zu Postulat 99.3003 der Kommission für Wirtschaft und Abgaben (WAK-NR); – Carlo Knöpfel, »Interinstitutionelle Zusammenarbeit in der Sozialpolitik«, *Soziale Sicherheit*, Nr. 4, 2002; – Staatssekretariat für Wirtschaft (seco), *Alle an die Arbeit*, seco, Bern 2001; – *Die Volkswirtschaft*, Nr. 6, 2001.
Verweise
Arbeitslosenversicherung – Invalidenversicherung (IV) – Sozialhilfe (im engeren Sinne) – Sozialhilfe (im weiteren Sinne)

Daniel Luginbühl

Interkantonale Landeslotterie

Die Geschichte des Lotteriewesens in der Schweiz reicht bis ins frühe Mittelalter zurück. So gab es in Basel einen ersten »Glückstopf«, den man gegen das Entrichten eines Einsatzes gewinnen konnte. Der Topf wurde bald in der gesamten Nordschweiz zur Attraktion an Volksfesten. Wie überall machte sich aber auch hierzulande die Obrigkeit Sorgen darüber, dass die Durchführung von Glücksspielen die Tugend der Bürger und Bürgerinnen gefährden könnte. Im Lauf der Jahrhunderte kam es denn auch oft zu unschönen Auswüchsen auf dem Spielsektor, sodass 1923 die Eidgenossenschaft das noch heute gültige Lotteriegesetz erließ. Darin werden Lotterien grundsätzlich verboten, doch wird als Ausnahme den Kantonen das Recht zur Veranstaltung von Lotterien zu wohltätigen und gemeinnützigen Zwecken zugestanden.

1933 schuf der Kanton Bern mit der SEVA eine Lotteriegesellschaft, die sehr erfolgreich arbeitete. Als es ein paar Jahre später darum ging, die Landesausstellung in Zürich mitzufinanzieren, lag der Gedanke nahe, für diese Aufgabe eine Lotterie zu Hilfe zu nehmen. So wurde 1937 von den restlichen Deutschschweizer Kantonen und dem Tessin die Interkantonale Landeslotterie (ILL) als Genossenschaft gegründet. Zur gleichen Zeit entstand in der Westschweiz die Loterie Romande. Auch wenn der Markt dadurch eine gewisse Regionalisierung erfuhr, konnte dank diesen Organisationen eine gute Ordnung in das schweizerische Lotteriewesen gebracht werden. 1938 schließlich entstand in Basel die Sport-Toto-Gesellschaft, welche im ganzen Land Sportwetten anbot.

Die Sport-Toto-Gesellschaft, Basel, die Société de la Loterie de la Suisse Romande, Lausanne, die SEVA-Lotteriegenossenschaft, Bern, und die Interkantonale Landeslotterie, Zürich, gründeten 1970 die Gesellschaft Schweizer Zahlenlotto. Hatte sich das Zahlenlotto schon in einigen umliegenden Ländern als höchst erfolgreiches Spiel erwiesen, sollte es nur ganz kurze Zeit dauern, bis es sich auch in der Schweiz größter Beliebtheit erfreute. Gemessen an Umsatz und Ertrag ist das Zahlenlotto mit seinen zwei Ziehungen wöchentlich die erfolgreichste Lotterie, die je in der Schweiz durchgeführt worden ist.

Der von der Interkantonalen Landeslotterie mit den verschiedenen Lotteriespielen erwirtschaftete Reingewinn wird vollumfänglich an die Mitgliederkantone abgeliefert. Als Verteilschlüssel dienen zum einen die Bevölkerungszahl und zum andern der Umsatz. Die Mittel fließen je nach Herkunft in einen von jedem Kanton unterhaltenen Lotterie- oder einen Sportfonds. Dadurch wird sichergestellt, dass die Gelder gemäß den gesetzlichen Bestimmungen verwendet werden. Die Kantone sind verpflichtet, die Gelder aus ihren Lotteriefonds ausschließlich für gemeinnützige, soziale und kulturelle Zwecke zu verwenden. In der Vergabe dieser Beiträge sind die Kantone autonom. Ein solches System stellt sicher, dass die Beiträge direkt jenen zugute kommen, die sie benötigen. Ebenfalls schließt diese Art von »Feinverteilung« und direkter Kontrolle Missbräuche aus.

Die Gelder der Lotteriefonds, die die Kantone der Gemeinnützigkeit, der Kultur und dem Sport – und nur für diese Aufgaben – zukommen zu lassen haben, sind volkswirtschaftlich nicht unbedeutend. Gerade bei sinkenden Steuererträgen gewinnen sie an Wichtigkeit, da in den Bereichen Kultur und Wohltätigkeit erfahrungsgemäß zuerst gespart wird. Bevölkerungsreiche Kantone, die erhebliche Beiträge in ihre Lotteriefonds erhalten, helfen den kleineren, bevölkerungsarmen Kantonen oft bei der Erfüllung ihrer kulturellen, gemeinnützigen Aufgaben.

Der Umsatz der Swisslos, wie sich die ILL seit Anfang der 90er-Jahre etwas eingängiger nennt, stieg in den vergangenen 12 Jahren (1991–2002) von rund 140 auf etwa 260 Millionen Franken. Zusammen mit den Erträgen des Zahlenlottos wurden 2002 den Mitgliedkantonen weit über 150 Millionen Franken verteilt. Seit ihrem Bestehen konnte die Interkantonale Landeslotterie Swisslos ihren Trägerkantonen Beiträge in der Höhe von über 2,5 Milliarden Franken aus dem Lotteriewesen abliefern.

Auf Anfang 2003 schloss sich der Kanton Bern als 20. Kanton der Genossenschaft ILL an. Auf diesen Zeitpunkt übernahm die Swisslos auch die Vermarktung des Zahlenlottos sowie im Auftrag der Sport-Toto-Gesellschaft diejenige der Sportwetten. Diese neue und vereinfachte Struktur ist sinnvoll in einem zunehmend globalisierten Markt und erbringt mittel- bis langfristig merkliche Synergiegewinne.

Das bestehende Lotteriegesetz gilt seit 1923. Um den erheblichen Veränderungen des Marktes – gerade auf dem elektronischen Gebiet – Rechnung tragen zu können, ist nun ein neues Lotteriegesetz in Ausarbeitung. Es regelt das Lotteriewesen und stellt Kriterien der Abgrenzung zum Spielbankensektor auf.

»Öffnung der Märkte« und »Privatisierung« sind Schlagworte, die auch den Lotteriemarkt erreicht haben. Weltweit ist das Glücksspielwesen aus Gründen der Suchtprävention, der Verhinderung von Geldwäscherei sowie weiteren kriminellen Aktivitäten unter staatlicher Kontrolle. So wird auch das oben angesprochene neue Lotteriegesetz nicht darum herumkommen, restriktive Bestimmungen aufzustellen, um den negativen Auswirkungen eines so genannt liberalisierten Marktes entgegenzuwirken.

Die Swisslos stellt sich den Herausforderungen, die auf sie zukommen. Sie ist nach Kräften bestrebt, sich neuzeitlich, innovativ und dynamisch auf dem Markt zu bewegen. Es ist ihr Ziel, den Kantonen möglichst große Erträge zur Erledigung der vielfältigen Aufgaben auf dem Gebiet der Gemeinnützigkeit, der Kultur und des Sports zu erarbeiten.

Literatur
Fredy Brauchli et al., *50 Jahre Sport-Toto-Gesellschaft, 1938–1988*, Sport-Toto-Gesellschaft, Basel 1988; – Markus Gröber et al., *50 Jahre Interkantonale Landes-Lotterie, 1937–1987*, Interkantonale Landes-Lotterie, Zürich 1987; – Hans-Balz Peter, *Lotterie. Sozialethische Überlegungen*, Institut für Sozialethik, Bern 1995.
Internet
www.landeslotterie.ch
www.swisslos.ch

Dieter Ryffel

Interkulturelle Pädagogik

Interkulturelle Pädagogik will eine zeitgemäße Antwort auf die durch die sprachliche und kulturelle Vielfalt veränderte schulische und gesellschaftliche Wirklichkeit sein. Der Anspruch ist hoch: Verlangt wird ein ganzheitlicher und ein auf die heutige Schulpraxis bezogener Ansatz, der die Beziehungen zum »Anderen« auf die Grundlage gegenseitiger Anerkennung, des Dialogs und der Konfliktbewältigung im Sinne des sozialen Lernens stellt. Diese Konzeption unterscheidet sich deutlich von früheren Auffassungen in der so genannten Ausländerpädagogik, welche primär über Sondermaßnahmen zu intervenieren versuchte.

Das Bild von Schule und Gesellschaft als einsprachiger und monokultureller Raum muss hierzu zugunsten einer neuen, pluralistischen und mehrperspektivischen Betrachtung überwunden werden. Dieser Perspektivenwechsel setzt sich ausdrücklich mit der Herausforderung auseinander, in sprachlich, kulturell, sozial, geschlechtlich und leistungsmäßig heterogen zusammengesetzten Lerngruppen eine gerechte Verteilung der Bildungschancen zu erreichen – u.a. durch die Erhöhung der interkulturellen Kompetenz von Lehrpersonen dank guter Unterrichtsqualität, Lebensweltbezogenheit pädagogischer Handlungen und Kooperation mit allen (auch »bildungsfernen«) Eltern. Adressaten sind alle Kinder, nicht nur die »ausländischen« oder »fremdsprachigen«.

Literatur
Georg Auernheimer (Hrsg.), *Interkulturelle Kompetenz und pädagogische Professionalität*, Leske + Budrich, Opladen 2002; – Andrea Lanfranchi, Christiane Perregaux, Beat Thommen, *Interkulturelle Pädagogik in der Lehrerinnen- und Lehrerbildung. Zentrale Lernbereiche, Vorschläge, Literatur*, EDK-Dossier 62, Bern 2000.
Verweise
Humankapital – Migration und Bildung – Multikulturalismus – Schulsystem

Andrea Lanfranchi

International Labour Organisation (ILO) → Internationale Arbeitsorganisation (ILO)

Internationale Arbeitskonferenz (IAK)

Die Internationale Arbeitskonferenz wird als oberstes Organ der Internationalen Arbeitsorganisation (ILO) betrachtet. Jährlich versammelt sie die Vertreterinnen und Vertreter aller Mitgliedstaaten. Die Delegationen setzen sich jeweils aus 4 Mitgliedern, 2 Regierungsvertreterinnen und -vertretern sowie 2 Berufsdelegierten – aus Arbeitgeberschaft und Arbeitnehmerschaft – zusammen, die von den repräsentativsten Berufsverbänden jedes Staates delegiert werden. Diese tripartite Struktur macht aus der Konferenz ein lebendiges Forum für die Diskussion von arbeitsspezifischen sowie von sozialen Fragen. Außerdem verhindert sie das Abgleiten in diplomatische Belange.

Die Konferenz stellt das Budget der Organisation auf, verabschiedet die internationalen Arbeitsnormen (bis heute sind es über 350 Abkommen oder Empfehlungen, die die Mitgliedstaaten aufgefordert sind zu ratifizieren) und überwacht die Umsetzung und Anwendung durch die ratifizierenden Staaten.

Literatur
Jean-Michel Bonvin, *L'Organisation internationale du travail. Étude sur une agence productrice de normes*, Presses Universitaires de France, Paris 1998; – Nicolas Valticos, *Droit international du travail*, Dalloz, Paris 1983.
Internet
www.ilo.org
Verweise
Internationale Arbeitsnormen – Internationale Arbeitsorganisation (ILO) – Internationales Arbeitsamt (IAA)
Jean-Michel Bonvin

Internationale Arbeitsnormen

Ende des 19. Jahrhunderts wurden in einigen industrialisierten Ländern erstmals nationale Arbeitsschutzgesetze erlassen. Angesichts der bereits damals vorangeschrittenen internationalen Vernetzung der Ökonomien befürchteten diese früh reglementierten Länder allerdings Konkurrenznachteile im internationalen Wettbewerb. Zu ihnen gehörte auch die Schweiz, die sich nach Inkraftsetzung des Fabrikgesetzes 1877 an vorderster Front für eine internationale Harmonisierung der Sozialpolitik einsetzte. Zunächst blieben die Bemühungen der Industrieländer zaghaft, doch die revolutionären Umwälzungen in Russland von 1918 erhöhten den Druck, und so kam es 1919 zur Gründung der Internationalen Arbeitsorganisation (ILO) mit Sitz in Genf. Die nach dem Zweiten Weltkrieg als Spezialorganisation der UNO angegliederte ILO versucht seither harmonisierend Einfluss auf die nationale Sozialpolitik in den heute über 176 Mitgliedländern zu nehmen. Sie tut dies über die Verabschiedung von Konventionen und Empfehlungen in Form sozial- und arbeitspolitischer Mustergesetzgebungen. Den Mitgliedstaaten steht es frei, diese Arbeitsstandards in das nationale Recht aufzunehmen. Die ILO kennt auch keine harten Sanktionen, um die Mitgliedländer zur Einhaltung eingegangener Verpflichtungen anzuhalten; ihre Instrumente sind Überzeugungsarbeit und moralischer Druck durch regelmäßige, öffentliche Berichterstattung.

Eine Besonderheit der ILO ist die dreigliedrige Zusammensetzung aller wichtigen Organe, indem neben den Regierungen auch Vertreter der nationalen Arbeitgeber- und Arbeitnehmerorganisationen entsendet werden. Die Bemühungen der ILO um eine internationale arbeits- und sozialrechtliche Harmonisierung waren in der Nachkriegszeit friedens- und stabilitätspolitisch bedeutsam, die Organisation wurde denn auch Ende der 60er-Jahre mit dem Friedensnobelpreis ausgezeichnet. Seit Ende der 90er-Jahre befindet sich die ILO aber in einem Prozess der inneren Reform. Der kontinuierliche Ausbau des mittlerweile über 180 Konventionen und 190 begleitende Empfehlungen (Stand 2002) umfassenden ILO-Regelwerks wird vor allem vonseiten der Arbeitgeberorganisationen zunehmend hinterfragt. Mit den Umwälzungen in Osteuropa und dem Ende des Kalten Kriegs verlor die ILO ihre Funktion als Vermittlerin zwischen Ost und West, und es zeichnet sich ein Funktionswandel hin zum Versuch eines Ausgleichs des ökonomischen Gefälles zwischen Nord und Süd ab. Aufgrund der bisher gescheiterten Versuche, im Rahmen der Verhandlungen der Welthandelsorganisation (WTO) eine Sozialklausel zu etablieren, wurde an der WTO-Ministerkonferenz von 1996 in Singapur beschlossen, zukünftig enger mit der ILO zusammenzuarbeiten. Es wird derzeit darauf hingearbeitet, alle WTO-Mitgliedstaaten zu verpflichten, eine Reihe von ILO-Kernkonventionen im Bereich der Menschenrechte zu ratifizieren. Es geht dabei um die Garantie der Vereinigungsfreiheit, das Verbot von Zwangs- und Kinderarbeit sowie um ein generelles Diskriminierungsverbot in der Beschäftigung.

Literatur
Héctor G. Bartolomei de la Cruz et al., *The International Labor Organization. The International Standards System and Basic Human Rights*, Westview Press, Boulder Colorado/Oxford 1996; – Martin Senti, *Internationale Regime und nationale Politik. Die Effektivität der Internationalen Arbeitsorganisation (ILO) im Industrieländervergleich*, Haupt, Bern 2002.
Verweise
Gewerkschaften – Internationale Arbeitsorganisation (ILO) – Sozialklausel – Welthandelsorganisation (WTO)
Martin Senti

Internationale Arbeitsorganisation (ILO)

Die Internationale Arbeitsorganisation (ILO) wurde 1919 gegründet und ist die älteste Institution der Vereinten Nationen. Zwischen den beiden Weltkriegen fokussiert sie vor allem die Verbesserung der Arbeitsbedingungen. Aber das Aufkommen totalitärer Regime sowie die dramatischen Umstände des Zweiten Weltkrieges führen eine Ausweitung ihres Mandats herbei, das von da an das weite Feld der sozialen Menschenrechte beinhaltet. In diesem Sinne verfolgt die Organisation vor allem zwei Aktionslinien: die Verabschiedung von internationalen Normen durch tripartite Organe, nämlich Regierungen, Arbeitgeber und Arbeitnehmende; die Erarbeitung von Programmen für die technische Zusammenarbeit, die hauptsächlich den Entwicklungsländern gelten. 1969, zum 50-Jahre-Jubiläum, erhielt die ILO den Friedensnobelpreis. Der Mauerfall und das Ende der ideologischen Konfrontation haben einen neuen geopolitischen Kontext eingeläutet, worin die ILO aufgerufen ist, ihren Platz als jene Instanz zu finden, die wirtschaftliche und soziale Fragen regelt. Die Verabschiedung der Erklärung über die Grundsätze und Grundrechte der Arbeit von 1998 durch die Internationale Arbeitskonferenz spiegelt diesen Fokus wider.

Literatur
Jean-Michel Bonvin, *L'Organisation internationale du travail. Étude sur une agence productrice de normes*, Presses Universitaires de France, Paris 1998; – Stefan Brupbacher, *Fundamentale Arbeitsnormen der Internationalen Arbeitsorganisation: eine Grundlage der sozialen Dimension der Globalisierung*, Stämpfli, Bern 2002.
Internet
www.ilo.org
Verweise
Internationale Arbeitskonferenz (IAK) – Internationale Arbeitsnormen – Internationales Arbeitsamt (IAA)

Jean-Michel Bonvin

Internationale Finanzinstitutionen → Internationaler Währungsfonds (IWF), Weltbank, Welthandelsorganisation (WTO)

Internationale Handelsabkommen

Als das erste internationale Handelsabkommen gilt das unter 23 Ländern ausgehandelte Allgemeine Zoll- und Handelsabkommen GATT (General Agreement on Tariffs and Trade), das am 1. Januar 1948 in Kraft trat. Die Absicht der GATT-Begründer war die Belebung der Wirtschaft nach dem Zweiten Weltkrieg über die gegenseitige Öffnung der Märkte und den Abbau der Handelsschranken. Seit 1948 fanden acht so genannte GATT-Runden zur Liberalisierung des Welthandels statt. Die achte Runde, nach dem Gastgeber Uruguay als »Uruguay-Runde« benannt, ist in formeller und materieller Hinsicht ein Neubeginn. Formell über die Schaffung der selbständigen internationalen Organisation WTO und materiell, indem nebst dem Güterhandel auch der Dienstleistungshandel und die handelsbezogenen Aspekte der geistigen Eigentumsrechte erfasst und zusätzliche Abkommen über den Agrar- und Textilhandel, die Anwendung sanitarischer und phytosanitarischer Vorschriften sowie über Investitionsmaßnahmen ausgehandelt worden sind.

Seit 1948 ist die Zahl von Entwicklungsländern weit über diejenige der Industrieländer hinausgewachsen. Auf die Industriestaaten entfallen aber nach wie vor rund zwei Drittel des Welthandels. Vor diesem Hintergrund wird das GATT bzw. die WTO auch als das Werk von und für Industrieländer bezeichnet, die auf die Bedürfnisse ärmerer Länder wenig Rücksicht nehmen.

Literatur
Bhagirath Lal Das, *Trade Organisation: A Guide to the Framework for International Trade*, Third World Network, Singapur 2001; – Richard Senti, *WTO. System und Funktionsweise der Welthandelsordnung*, Schulthess, Zürich 2000.
Internet
www.wto.org
www.twnside.org.sg
Verweise
Welthandelsorganisation (WTO)

Marianne Hochuli

Internationale Vereinigung für soziale Sicherheit (IVSS)

Die Internationale Vereinigung für soziale Sicherheit (IVSS) wurde 1927 mit dem Ziel gegründet, auf internationaler Ebene die Zusammenarbeit zwischen den Organisationen der sozialen Sicherheit zu unterstützen und den regelmäßigen Informationsaustausch sowie Studien über gemeinsame Probleme im Bereich der sozialen Sicherheit zu fördern. Der IVSS gehören über 340 Organisationen aus ungefähr 130 Ländern an. Sie versammelt Administratoren der sozialen Sicherheit aus der ganzen Welt. Ihr Hauptsitz befindet sich in Genf beim Internationalen Arbeitsamt, zu dem die Vereinigung eine historische Verbindung unterhält. Die IVSS verfügt zudem über einen Beraterstatus beim Wirtschafts- und Sozialrat der Vereinten Nationen. Das Ziel der IVSS liegt in der Verteidigung und Förderung der sozialen Sicherheit auf der ganzen Welt. Zu diesem Zweck bietet sie ihren Mitgliedern die Möglichkeit, Informationen und Erfahrungen auszutauschen. Sie organisiert Bildungskurse und Weiterbildungsseminare, führt Studien über die soziale Sicherheit durch und veröffentlicht ein umfassendes Programm von Publikationen zu Fragen der sozialen Sicherheit.

In Anbetracht der neuen wirtschaftlichen und sozialen Verhältnisse, der Veränderungen der Familienmodelle und des Arbeitsmarktes arbeitet die IVSS heute in erster Linie an der Verstärkung der Mittel der Organisationen der sozialen Sicherheit, die es ihnen erlauben, ihren Auftrag möglichst vollständig und effizient zu erbringen, sowie an der Verbesserung der Qualität, der Sachdienlichkeit und der Verfügbarkeit der Informationen über Entwicklungen, Innovationen und Erfahrungen im Bereich der sozialen Sicherheit auf weltweiter Ebene. Zu diesem Zweck führt die IVSS ein internationales Dokumentationszentrum, bei dem es sich um das umfassendste im Bereich der sozialen Sicherheit handelt. Es enthält im Wesentlichen Publikationen der IVSS und anderer internationaler Organisationen (IAA, OECD usw.), eine beträchtliche Auswahl von Werken zu Fragen der sozialen Sicherheit, eine große Anzahl nationaler oder internationaler Zeitschriften (gegen 1000 Titel) und eine Reihe von bibliografischen oder Textdatenbanken der IVSS oder anderer internationaler Organe (im Moment vor Ort einsehbar; ein Internetzugang soll schrittweise eingeführt werden). Das Zentrum bietet außer der Verwaltung der Dokumente und einer bibliografischen Datenbank auch noch einen Informationsdienst (bibliografische Nachforschungen, Konsultation vor Ort, Beantwortung externer Anfragen).

Literatur
Internationale Revue für Soziale Sicherheit, internationale Vierteljahreszeitschrift der IVSS, Peter Lang, Pieterlen;
– *Trends in der Sozialen Sicherheit*, Vierteljahreszeitschrift der IVSS, Peter Lang, Pieterlen.
Internet
www.issa.int
Verweise
Internationales Arbeitsamt (IAA) – Soziale Sicherheit (allgemeine Theorie)

Roland Sigg

Internationaler Sozialdienst (ISS)

Der Internationale Sozialdienst ist eine Nichtregierungsorganisation, die aus einem weltweiten Netzwerk von Korrespondenten in über 140 Ländern besteht.
Die Schweizerische Stiftung des Internationalen Sozialdienstes ist die nationale Zweigstelle dieses weltumspannenden Netzes. Ihr Ziel besteht in der Darbietung einer sozialen und juristischen Hilfe an Menschen, die sich in der Folge freiwilliger oder erzwungener Migration mit besonderen Schwierigkeiten konfrontiert sehen.
Die Stiftung unterstützt:
– Personen oder Familien, deren Probleme eine koordinierte soziale Intervention in mindestens zwei verschiedenen Ländern erfordern;
– binationale Paare und Familien in der Schweiz, welche betreffend eigene und fremde Gesetzgebungen, administrative Verfahren, Aspekte wie Erziehung, elterliche Rollenteilung, Religion usw. vor einer Hochzeit oder bei eventuell auftretenden Konflikten eine klärende Unterstützung benötigen;
– Ausländer in der Schweiz, die mit Schwierigkeiten konfrontiert sind, welche mit ihrem Status im Aufenthaltsland verknüpft sind.
Außerdem führt sie in verschiedenen Ländern Projekte durch, die sich an Kinder richten, die nicht in der eigenen Familie aufwachsen können.
Die Schweizerische Stiftung des Internationalen Sozialdienstes wird durch öffentliche Trägerschaften, deren Aktionen sie ergänzt, unterstützt. Sie interveniert auch auf Anfrage von privaten Sozialdiensten und Privatpersonen.

Internet
www.ssiss.ch
Verweise
Migration – Soziale Arbeit

Rolf Widmer

Internationaler Währungsfonds (IWF)

Der Internationale Währungsfonds (IWF) wurde 1945 gegründet und zählt gegenwärtig 183 Mitgliedstaaten. Sein Hauptsitz befindet sich in Washington. Er verfolgt insbesondere die folgenden Ziele: die internationale Zusammenarbeit im Währungsbereich, die Ausweitung des internationalen Handels, die Stabilität der Wechselkurse und die Errichtung eines multilateralen Systems für die Abwicklung der laufenden Zahlungsströme zwischen den Mitgliedstaaten.
Zu diesem Zweck bedient er sich folgender Instrumente: Überwachung, finanzieller Beistand (um wenn möglich das Gleichgewicht der Zahlungsbilanz zu wahren) und technische Unterstützung. Die vom IWF gewährte Finanzhilfe ist allerdings an die Bedingung geknüpft, dass Maßnahmen der Strukturanpassung umgesetzt werden, welche auf einige bedeutende makroökonomische Variablen (vor allem das Defizit der öffentlichen Hand und die Außenschuld) sowie auf Schlüsselelemente der Preisbildung (Wechselkurse, Zinsraten, Lohnniveau, Preise grundlegender Produkte) abzielen.
Diese Betonung der wirtschaftlichen Stabilität verlangt schmerzhafte Opfer von den verletzlichsten Gruppen in den betroffenen Ländern. Die Maßnahmen des IWF werden wie jene der anderen multilateralen Finanzinstitutionen oft und heftig kritisiert.

Literatur
Bon Deacon et al., *Global Social Policy*, Sage, London

1997; – Internationaler Währungsfonds, *World Economic Outlook*, Washington, erscheint jährlich.
Internet
www.imf.org
Verweise
Indikator der menschlichen Entwicklung (HDI) – Monetarismus – Nachhaltigkeit – Organisation der Vereinten Nationen (UNO) – Weltbank

Jean-Michel Bonvin

Internationales Arbeitsamt (IAA)
Das Internationale Arbeitsamt (IAA) ist das einzige permanente Organ der Internationalen Arbeitsorganisation (International Labour Organisation, ILO). Es beschäftigt Funktionärinnen und Funktionäre aus sämtlichen Mitgliedstaaten. Die Beschäftigten sind von ihren Regierungen unabhängig. Zuerst war das IAA als einfaches Sekretariat gedacht. Dank der Tatkraft seines ersten Direktors, Albert Thomas, wurde es aber bald fixer Partner bei Verhandlungen innerhalb der Organisation. Unabhängig von Ideologie und Interesse hat es die Aufgabe, die sozialen Menschenrechte zu verteidigen. Jedoch hat das IAA keine Entscheidungskompetenz, diese liegt ausschließlich bei den repräsentativen Organen der ILO: die Internationale Arbeitskonferenz und der administrative Rat des IAA. Das IAA ist auch Koordinationsstelle für Angelegenheiten der technischen Kooperation der ILO und bereitet die wissenschaftlichen Berichte vor, die an jeder Session der Internationalen Arbeitskonferenz vorgestellt werden.

Literatur
Jean-Michel Bonvin, *L'Organisation internationale du travail. Étude sur une agence productrice de normes*, Presses Universitaires de France, Paris 1998; – Nicolas Valticos, *Droit international du travail*, Dalloz, Paris 1983.
Internet
www.ilo.org
Verweise
Entwicklungspolitik – Internationale Arbeitskonferenz (IAK) – Internationale Arbeitsnormen – Internationale Arbeitsorganisation (ILO)

Jean-Michel Bonvin

Internationales Recht (übergeordnetes Recht)
Gemäß diesem Prinzip steht das Recht der internationalen Verträge über dem internen Recht. In diesem Sinne muss ein Staat die Verpflichtungen, die er durch einen Vertrag eingegangen ist, ohne Rücksicht auf die spezifische Ausprägung seines eigenen Rechts respektieren. Man unterscheidet in dieser Hinsicht zwei Arten von Verträgen: Es gibt internationale Verträge, die mit dem Begriff *self-executing* bezeichnet werden. Deren Bestimmungen sind in jedem Vertragsstaat ohne vorgängige Verabschiedung von internen Regeln direkt anwendbar. Dies setzt einen hohen Grad der Präzision der Bestimmungen voraus, damit diese als Grundlage zur Lösung besonderer Fälle dienen können. Davon unterscheiden sich jene Verträge, die mit dem Begriff *executory* umschrieben werden und die in den Mitgliedstaaten erst nach der Verabschiedung entsprechender interner Bestimmungen anwendbar sind.

Verweise
Europäische(n) Union (Reglementierung der) – Konvergenz (in der Europäischen Union)

Gustavo Scartazzini

Invalidenrenten
Das eidgenössische Sozialversicherungsrecht definiert die Invalidität als vollständige oder teilweise, voraussichtlich bleibende oder längere Zeit dauernde Erwerbsunfähigkeit. Bei minderjährigen Versicherten ohne Erwerbstätigkeit bestimmt die Wahrscheinlichkeit dieser Unfähigkeit das Eintreten der Invalidität. Bei erwachsenen Versicherten, die vor der Beeinträchtigung ihrer körperlichen oder geistigen Gesundheit keine Erwerbstätigkeit ausübten, ist darauf abzustellen, in welchem Maße sie behindert sind, sich im bisherigen Aufgabenbereich zu betätigen.
Es gibt auf Bundesebene vier Versicherungen, die Invalidenrenten auszahlen: die Invalidenversicherung (IV), die berufliche Vorsorge, die obligatorische Unfallversicherung und die Militärversicherung. Die Höhe der Renten hängt vor allem vom Invaliditätsgrad ab. Zu dessen Berechnung wird das Einkommen, das der Versicherte erzielen könnte, wenn er nicht invalid geworden wäre (hypothetisches Einkommen), mit jenem Einkommen in Beziehung gesetzt, das der Versicherte nach Eintritt der Invalidität und nach Durchführung allfälliger Behandlungen und Eingliederungsmaßnahmen durch eine ihm zumutbare Tätigkeit bei ausgeglichener Arbeitsmarktlage erzielen könnte (Invalideneinkommen). Bei Personen ohne Erwerbstätigkeit wird auf eine Bewertung der Behinderung bei der Ausübung im bisherigen Aufgabenbereich (Hausarbeit, Erziehung von Kindern, Aktivität in einer religiösen Gemeinschaft) abgestellt. In sämtlichen Versicherungszweigen wird dieser Invaliditätsgrad von Zeit zu Zeit überprüft, was zur Verminderung oder sogar zum Verlust von Rentenansprüchen führen kann.
In der IV orientiert sich die Berechnung der ordentlichen Invalidenrente an jener der von der AHV ausbezahlten Altersrenten (Mindest- und Höchstbetrag, Voll- oder Teilrente). Außerdem gibt es drei Stufen, die vom Invaliditätsgrad abhängig sind: eine Viertelsrente bei einem Grad von mindestens 40 Prozent, eine halbe Rente bei mindestens 50 Prozent und eine ganze Rente ab

Invalidenversicherung (IV)

66⅔ Prozent. In Härtefällen – das heißt, wenn die vom Bundesgesetz über Ergänzungsleistungen zur AHV/IV anerkannten Ausgaben höher liegen als die gemäß demselben Gesetz maßgebenden Einkünfte – hat der Versicherte bereits bei einem Invaliditätsgrad von mindestens 40 Prozent Anspruch auf eine halbe Rente. Unter gesetzlich festgelegten Bedingungen können diese Leistungen um eine Zusatzrente für den Ehegatten und um eine Kinderrente ergänzt werden. Der Anspruch auf Invalidenrente erlischt mit Beginn des Anspruchs auf Altersrente.

Im Bereich der obligatorischen beruflichen Vorsorge haben Personen Anspruch auf Invalidenleistungen, die gemäß IV zu mindestens 50 Prozent invalid sind und bei Eintritt der Erwerbsunfähigkeit, deren Ursache zur Invalidität geführt hat, versichert waren. Sie erhalten eine Vollrente bei einem Invaliditätsgrad gemäß IV von mindestens zwei Dritteln, und eine halbe Rente bei einem Grad von mindestens 50 Prozent. Diese Mindestansprüche können in den Reglementen der Vorsorgeeinrichtungen erweitert werden. Die Höhe der Rente ist abhängig vom Altersguthaben, das der Versicherte bis zum Beginn des Anspruches auf die Invalidenrente erworben hat, sowie von der Summe der Altersgutschriften für die bis zum Rentenalter fehlenden Jahre, ohne Zinsen. Die Rente kann um eine Kinderrente ergänzt werden.

In der obligatorischen Unfallversicherung und der Militärversicherung entspricht die gesetzliche Definition der Invalidität jener der IV und der Invaliditätsgrad wird nach denselben Grundsätzen berechnet. Die Renten hingegen werden auf einer Skala zwischen 1 und 100 festgelegt. In der Unfallversicherung besteht ab einem Invaliditätsgrad von 10 Prozent Anspruch auf eine Rente. Im Falle von vollständiger Invalidität betragen die Leistungen der Unfallversicherung 80 Prozent, jene der Militärversicherung 95 Prozent des versicherten Verdienstes. Das Gesetz legt eine Höchstgrenze des versicherten Verdienstes fest.

Verschiedene Bestimmungen regeln das Zusammentreffen mehrerer Renten und zielen in erster Linie darauf ab, eine übermäßige Entschädigung des Versicherten zu verhindern.

Literatur
Gertrud E. Bollier, *Leitfaden schweizerische Sozialversicherung*, Stutz, Wädenswil 2001; – Thomas Locher, *Grundriss des Sozialversicherungsrechts*, Stämpfli, Bern 1997; – Dieter Widmer, *Die Sozialversicherung in der Schweiz*, Schulthess, Zürich 2001.
Verweise
Berufliche Vorsorge – Invalidenversicherung (IV) – Invalidität – Unfallversicherung

Raymond Spira

Invalidenversicherung (IV)

Das Bundesgesetz vom 19. Juni 1959 über die Invalidenversicherung (IVG) stellt eines der wichtigsten Gesetze der sozialen Sicherheit in der Schweiz dar. Es ist mit dem Bundesgesetz über die Alters- und Hinterlassenenversicherung (AHVG) harmonisiert und koordiniert.

Die Invalidenversicherung (IV) ist wie die Alters- und Hinterlassenenversicherung (AHV) für alle Personen obligatorisch, die in der Schweiz wohnhaft sind oder eine Erwerbstätigkeit ausüben. Die IV unterstützt so weit als möglich die Wiedereingliederung der behinderten Person ins Erwerbsleben.

Sie erbringt Leistungen an jene Versicherten, die aufgrund eines Gesundheitsschadens voraussichtlich dauerhaft oder auf längere Zeit hinaus vollständig oder teilweise unfähig sind, eine Erwerbstätigkeit auszuüben oder ihre üblichen Arbeiten zu erbringen. Minderjährige Versicherte gelten als invalid, wenn sie einen Gesundheitsschaden aufweisen, der wahrscheinlich im Erwachsenenalter eine Erwerbsunfähigkeit zur Folge haben wird. Bei dieser gesetzlichen Definition der Invalidität spielt es keine Rolle, ob sie körperlicher oder geistiger Natur ist oder ob sie durch ein Geburtsgebrechen, eine Krankheit oder einen Unfall verursacht wurde.

Die Invalidenversicherung bevorzugt die Eingliederung oder die berufliche Umschulung gegenüber der Rente. Deshalb erbringt sie Leistungen in der Form von medizinischen Maßnahmen, von Maßnahmen beruflicher Art und, falls notwendig, von Taggeldern während der Umsetzung dieser Maßnahmen. Sie sorgt für die Sonderschulung der invaliden Kinder und bezahlt Hilfsmittel, Renten und Hilflosenentschädigungen.

Eine Rente wird nur ausbezahlt, wenn die Eingliederungsmaßnahmen es nicht ermöglichen, das angestrebte Ziel vollständig oder teilweise zu erreichen, oder wenn von Beginn an keine Erfolgsaussichten bestehen. Der Anspruch auf diese Leistungen erlischt spätestens am Ende des Monats, in dessen Verlauf die versicherte Person jenes Alter erreicht, das ihr den Anspruch auf die Altersrente eröffnet.

Zusätzlich zu den individuellen Leistungen erbringt die IV auch kollektive Leistungen in der Form von Subventionen, die an Anstalten, Werkstätten und Wohnheime für behinderte Personen, an Organisationen der Invalidenhilfe und an Ausbildungsstätten für Fachpersonal im Bereich der Betreuung behinderter Personen überwiesen werden.

Literatur
Gertrud E. Bollier, *Leitfaden schweizerische Sozialversicherung*, Stutz, Wädenswil 2001; – Thomas Locher,

Grundriss des Sozialversicherungsrechts, Stämpfli, Bern 1997; – Dieter Widmer, *Die Sozialversicherung in der Schweiz*, Schulthess, Zürich 2001.
Internet
www.bsv.admin.ch
Verweise
Eingliederungsmaßnahmen – Invalidität – IV-Stelle (Invalidenversicherung)

Michel Valterio, Brigitte Dumas

Invalidität

Das Wort Invalidität wird noch als Fachbegriff im Sozialversicherungsrecht gebraucht, sonst spricht man in der Regel von Behinderung.

Das Gesetz über den Allgemeinen Teil des Sozialversicherungsrechts (ATSG) definiert die Invalidität als eine voraussichtlich bleibende oder längere Zeit dauernde, ganze oder teilweise Erwerbsunfähigkeit. Die Invalidität kann Folge von Geburtsgebrechen, Krankheit oder Unfall sein. Die Gesundheitsschädigung aus medizinischer Sicht an sich führt noch nicht zu einem Recht auf Versicherungsleistungen im Rahmen der Invalidenversicherung. Entscheidend sind eher die Folgen dieser Schädigung in Bezug auf dauernd verminderte Erwerbsfähigkeit oder, bei nicht erwerbstätigen Personen, die verminderte Fähigkeit, alltägliche Arbeiten zu verrichten.

Internet
www.bsv.admin.ch
www.avs-ai.ch
Verweise
Arbeitsunfähigkeit – Behinderung – Invalidenversicherung (IV)

Michel Valterio, Brigitte Dumas, Ruedi Spöndlin

Inzest

Inzest ist der sexuelle Verkehr unter blutsverwandten Personen. Der Inzest ist ein strafbewehrtes Offizialdelikt (Art. 213 StGB). Alle menschlichen Kulturen kennen eine Inzestschranke, der sexuelle Verkehr unter miteinander blutsverwandten Personen ist ein universelles Tabu in allen Gesellschaften.

Vom Inzest ist der sexuelle Missbrauch zu unterscheiden. Mit sexuellem Missbrauch werden sexuelle Übergriffe von erwachsenen Personen auf Kinder und minderjährige Jugendliche bezeichnet. Ob Täter und Opfer miteinander verwandt sind, ist für den Tatbestand des sexuellen Missbrauchs (Art. 187–191 StGB) unerheblich. Sexueller Missbrauch kann zwischen Eltern und Kindern stattfinden (meist zwischen Vater und Tochter), meint als Begriff aber ebenso den sexuellen Übergriff durch andere erwachsene Personen, seien es Lehrpersonen, Betreuungspersonen oder entferntere Verwandte. In der Schweiz wurden 1997 wegen sexueller Vergehen an Kindern bzw. minderjährigen Jugendlichen 320 Personen verurteilt. Es ist aber von einer großen Dunkelziffer dieser sexueller Vergehen auszugehen, vor allem weil es aufgrund familiärer Loyalitätsbindungen zwischen Tätern und Opfern kaum zu Anzeigen kommt oder sexuelle Übergriffe seitens des Opfers verdrängt werden. Personen, die in ihrer Kindheit bzw. Jugend sexuellen Übergriffen ausgesetzt waren, erleiden je nach Schwere der Tat – teilweise infolge der damit verbundenen Traumatisierungen – oft lebenslange Beeinträchtigungen wie psychosomatische Beschwerden und Einschränkungen ihrer sexuellen Erlebnisfähigkeit.

Literatur
Katharina Rutschky, Reinhart Wolff (Hrsg.), *Handbuch sexueller Missbrauch*, Klein, Hamburg 1994.
Verweise
Häusliche Gewalt

Stefan Kutzner

IV-Stelle (Invalidenversicherung)

Die kantonalen IV-Stellen sind das Resultat der durch die eidgenössischen Räte am 22. März 1991 im Rahmen der dritten Revision des Gesetzes verabschiedeten Reorganisation der IV, die am 1. Januar 1992 in Kraft getreten ist. Diese Reorganisation zielte darauf ab, eine einfachere, besser verständliche und kostengünstigere Anwendung zu ermöglichen, die gesetzlichen Bestimmungen einheitlicher zu gestalten und die Verfahrensfristen zu verkürzen.

Durch die am 15. Juni 1992 vorgenommene Abänderung der IV-Verordnung hat der Bundesrat den Kantonen Richtlinien betreffend die Schaffung der neuen Strukturen vorgegeben. Zu diesem Zweck verlangte er, dass spätestens Ende 1994 die kantonalen IV-Stellen existieren müssen, welche die Kommissionen, die Sekretariate und die regionalen Stellen umfassen. Zugleich legte er die besonderen Aufgaben fest, die den Stellen bei der Anwendung der IV zukommen. In einzelnen Kantonen bilden die IV-Stellen zusammen mit den kantonalen Ausgleichskassen die Sozialversicherungsanstalt.

Das Gesetz vermittelt den IV-Stellen die Rechtspersönlichkeit und bezeichnet sie als kompetent, um Entscheide in Bezug auf alle gesetzlich garantierten Leistungen zu fällen: medizinische Maßnahmen, Maßnahmen beruflicher Art, Maßnahmen für die Sonderschulung und zugunsten hilfloser Minderjähriger, Hilfsmittel, Taggelder, Renten und Hilflosenentschädigung. Zu den Befugnissen der IV-Stellen gehört es, zu prüfen, ob die allgemeinen Versicherungsbedingungen erfüllt sind und ob die versicherte Person rehabilitiert werden kann, sich um die Berufswahl und die Stellensuche zu kümmern, die Invalidität und die Hilflosigkeit zu bewerten, Entscheide betreffend die Leistungen zu fällen und die Öffentlichkeit zu informieren.

Verweise
Ausgleichskasse – Invalidenversicherung (IV)
Olivier Urfer

Jahresaufenthaltsbewilligung

Mit dem Inkrafttreten des Personenverkehrsabkommens vom 1. Juni 2002 mit der EG und der Änderung des EFTA-Übereinkommens gelten für Angehörige der Mitgliedstaaten der EG (EU) und der EFTA sowie für deren Familienangehörige und entsandte Arbeitnehmer und Arbeitnehmerinnen besondere Bestimmungen. Diese Personen haben im Rahmen des Personenverkehrsabkommens einen Rechtsanspruch auf eine Aufenthaltsregelung in der Schweiz. Während den ersten 5 Jahren gelten allerdings noch besondere Übergangsbestimmungen, mit welchen die Freizügigkeit schrittweise eingeführt wird.

Weisen EG/EFTA-Angehörige einen Arbeitsvertrag mit einer Dauer von einem Jahr oder mehr (bzw. unbefristet) vor, erhalten sie eine »Aufenthaltsbewilligung EG/EFTA« (B EG/EFTA-Ausweis) mit einer Gültigkeitsdauer von 5 Jahren, sofern die übergangsrechtlichen Voraussetzungen erfüllt sind (Einhaltung der besonderen Höchstzahlen, des Vorranges der inländischen Arbeitskräfte und der Kontrolle der Lohn- und Arbeitsbedingungen). Nach Ablauf von 5 Jahren besteht ein Anspruch auf Verlängerung der Aufenthaltsbewilligung EG/EFTA, sofern weiterhin eine Erwerbstätigkeit ausgeübt wird. Personen, die keine Erwerbstätigkeit ausüben, erhalten eine 5-jährige Aufenthaltsbewilligung EG/EFTA, wenn sie genügende finanzielle Mittel (keine Gefahr der Sozialhilfeabhängigkeit) und eine ausreichende Krankenversicherung nachweisen können.

Personen, die nicht aus einem Mitgliedstaat der EU oder EFTA stammen (Drittstaatsangehörige), erhalten eine Jahresaufenthaltsbewilligung gestützt auf die Bestimmungen des Bundesgesetzes über Aufenthalt und Niederlassung der Ausländer (ANAG). Diese berechtigt, sich während eines Jahres in der Schweiz aufzuhalten. Die Aufenthaltsbewilligung kann mit Bedingungen verknüpft werden. Erstmalige Bewilligungen zur Erwerbstätigkeit dürfen nur im Rahmen der jährlich für Drittstaatsangehörige neu festgesetzten Höchstzahlen erteilt werden. Die einmal gewährten Bewilligungen werden im Normalfall jährlich erneuert, sofern nicht spezielle Gründe (z.B. Straftaten, Sozialhilfeabhängigkeit, angespannter Arbeitsmarkt) vorliegen. Es besteht kein gesetzlicher Anspruch auf Verlängerung. In der Praxis wird diese auch im Fall von Arbeitslosigkeit erteilt, solange jemand Taggelder der Arbeitslosenversicherung beziehen kann.

Literatur
Botschaft zum Bundesgesetz über die Ausländerinnen und Ausländer vom 8. März 2002; – Integrationsbüro EDA, Bundesamt für Zuwanderung, Integration und Auswanderung (IMES) und Direktion für Arbeit seco, *EU-Bürgerinnen und -Bürger in der Schweiz*, Bundesamt für Zuwanderung, Integration und Auswanderung, Bern 2002.
Internet
www.auslaender.ch
Verweise
Ausländerinnen- und Ausländerpolitik – Familiennachzug/-zusammenführung – Niederlassungsbewilligung
Simone Prodolliet, Martin Nyffenegger

Jugendarbeitslosigkeit

Der Begriff der Jugendarbeitslosigkeit bezeichnet die Arbeitslosigkeit junger Menschen im Alter von 15 bis 24 Jahren. Manchmal wird auch die Altersklasse von 25 bis 29 Jahren dazu gezählt. Betroffen von Jugendarbeitslosigkeit sind in erster Linie Jugendliche mit geringer Bildung, wobei in der Schweiz erhebliche regionale Unterschiede bestehen. Die Jugendarbeitslosigkeit reagiert sensibel auf die Konjunkturlage und unterliegt stärkeren Schwankungen als die Gesamtquote der Arbeitslosen. In der Schweiz wurde im Verlauf der Rezession der 1990er-Jahre ein starker Anstieg der Arbeitslosigkeit unter Jugendlichen nicht zuletzt infolge der geringen Nachfrage nach Lehrlingen verzeichnet. Auch wenn im internationalen Vergleich die Jugenderwerbslosenquote in der Schweiz tief blieb, bildet die Vermittlung von Lehrstellen eine wichtige sozialpolitische Aufgabe. Dabei bleibt zu bedenken, dass nur ein Teil der arbeitslosen Jugendlichen als erwerbslos gilt, da viele eine Zwischenlösung wählen und von den Arbeitsmarktstatistiken nicht erfasst werden.

Literatur
Jörg Christoffel, »Jugendliche auf dem Schweizer Arbeitsmarkt der neunziger Jahre: Eine verlorene Generation?«, in: *Die Volkswirtschaft*, Nr. 4, 1998, S. 52–57; – Paul Röthlisberger et al. (Hrsg.), *Jugendliche – Trendsetter oder Ausgeschlossene? Ein statistisches Porträt der Jugend*, Bundesamt für Statistik, Bern 1997.
Verweise
Arbeitslosigkeit – Jugendgewalt/-kriminalität – Jugendpolitik
Anne Juhasz

Jugendgewalt/-kriminalität

Jugendgewalt wird als solche erst ab Mitte des 20. Jahrhunderts als gesellschaftliches Risiko wahrgenommen. In der Schweiz wurden jugendliche Tatverdächtige bzw. Jugendstrafurteile bis 1975 separat von Erwachsenenurteilen erfasst. Die 1974 geänderten Eintragsregelungen für das Strafregister führten zu einer starken Verringerung von registrierten Jugendstrafurteilen. Dadurch standen fast keine entsprechenden Daten mehr zur Verfügung. Aus diesem Grund wurde 1999 mit einer gesamtschweizerisch einheitlichen, neuen (fallbezogenen) Jugendstrafurteilsstatistik begonnen.

Erklärungsmodelle beziehen sich auf Arbeitslosigkeit, soziale Schicht und Armut, auf neue Muster von Freizeit- und Unterhaltungsaktivitäten, die Zunahme von Gewaltdarstellungen in den Medien, veränderte familiäre Umstände und grundlegendes, kulturübergreifendes Problem von »Männlichkeit«. Durch subjektiven Eindruck gewonnene und über Medien vermittelte Informationen über Ausmaß und Formen von Jugendgewalt bzw. -kriminalität müssen keineswegs mit den realen Entwicklungen deckungsgleich sein. Sie stellt nach wie vor nur einen kleinen Teil der Gewaltausübung in der Gesellschaft dar.

In der öffentlichen Diskussion wird gegenwärtig behauptet,
– dass Gewalt von Jugendlichen zunehme,
– dass Täter und Täterinnen im Vergleich zu früher jünger würden und
– dass durch die Veränderung von Tabuzonen vor allem in den Medien die Schwelle zur Gewaltanwendung herabgesetzt werde und so die Brutalität zunehme.

Diese Behauptungen können durch Forschungsergebnisse allerdings nicht bestätigt werden. Kriminalstatistiken sind nur begrenzt nützlich, um das Phänomen Jugendgewalt differenziert verstehen und bewerten zu können. Art und Umfang der registrierten Kriminalität werden vom Anzeigeverhalten der Bevölkerung sowie von der Strafverfolgung durch die Polizei bestimmt.

Literatur
Eidgenössische Kommission für Jugendfragen, *Prügeljugend – Opfer oder Täter?* Bundesamt für Kultur, Bern 1998; – Manuel Eisner, Patrik Manzoni, *Gewalt in der Schweiz, Studien zu Entwicklung, Wahrnehmung und staatlicher Reaktion*, Rüegger, Zürich 1998.
Internet
www.verbrechenspravention.ch
www.jungundstark.ch
Verweise
Abweichendes Verhalten (Devianz) – Drogen(politik) – Jugendstrafrecht – Kriminalität – Kriminalstatistik
Michael Baumgartner

Jugendhilfe

Jugendhilfe ist ein Sammelbegriff für ein »von der Gesellschaft bereitzustellendes System von indirekten, direkten und politischen Leistungen, das der Verbesserung der Entwicklungschancen von Kindern und Jugendlichen wie auch der Entfaltung ihrer sozialen, humanen und solidarischen Verhaltensweisen dienen soll« (Jordan/Sengling 1988). Dieses System der Jugendhilfe ist in der Schweiz bisher kaum in die Literatur eingeführt, obschon gesetzliche Grundlagen im ZGB (Art. 302) bestehen und die Kantone aufgefordert sind, kantonale Jugendhilfegesetze zu formulieren (Art. 317).

Institutionen der Jugendhilfe nehmen familienergänzende und -ersetzende Beratungs- und Unterstützungsangebote wahr, die sich in die allgemeine Förderung der Erziehung und Bildung junger Menschen (z.B. durch die offene Jugendarbeit oder begleitete Spielplätze), die Leistungen zur allgemeinen Förderung (z.B. schulbezogene Erziehungshilfen) und die besonderen Leistungen (offene und ambulante Hilfen, Vormundschaft, Beistandschaft) unterteilen lassen. Jugendhilfe nimmt so wichtigen Einfluss auf die Kontexte des Aufwachsens von Kindern und Jugendlichen.

Mit dem Postulat der Lebensweltorientierung (Thiersch 1992) verbindet sich seit den 1990er-Jahren eine Neuorientierung auch in der Jugendhilfe. Zu der »klassischen« Aufgabe der Bereitstellung von besonderen Erziehungshilfen treten präventive (vorbeugende) Erziehungshilfen. Wenn Jugendhilfe ihren Auftrag erfüllen will, junge Menschen zu einem selbständigen Leben zu befähigen, dann darf sie die veränderten Lebenswelten nicht nur registrieren, sondern hat nach Junge (1992) eine doppelte Aufgabe: Sie muss sich an der Gestaltung der Lebenswelten im Interesse von Kindern und Jugendlichen beteiligen und sie muss ihre pädagogischen Bemühungen an den durch Veränderung entstandenen neuen Anforderungen orientieren. In der Praxis resultieren diese Bestrebungen in Konzepten wie dem der Schulsozialarbeit oder der mobilen Jugendarbeit.

Literatur
Erwin Jordan, Dieter Sengling, *Jugendhilfe. Einführung in Geschichte und Handlungsfelder, Organisationsformen und gesellschaftliche Problemlagen*, Juventa, Weinheim 1988; – Hubertus Junge (Hrsg.), *Zwischen Fordern und Gewähren: Erziehen in veränderten Lebenswelten*, Lambertus, Freiburg i.Br. 1992; – Hans Thiersch, *Lebensweltorientierte soziale Arbeit: Aufgaben der Praxis im sozialen Wandel*, Juventa, Weinheim 1992.
Verweise
Schulsozialarbeit – Soziale Unsicherheit
Matthias Drilling

Jugendpolitik

In der Schweiz wurde Jugendpolitik das erste Mal lanciert mit dem Bericht der nationalrätlichen Kommission Gut: »Überlegungen und Vorschläge zu einer schweizerischen Jugendpolitik« von

1972. Darin wurden drei grundsätzlich mögliche Verständnisse von Jugendpolitik dargestellt: Politik für die Jugend, Politik mit der Jugend und Politik der Jugend. In den vergangenen Jahren wurde vor allem die Partizipation Jugendlicher thematisiert.

Jugendpolitik steht, wie etwa Frauenpolitik usw., quer zur üblichen Politikorganisation nach Sachbereichen. Daraus ergibt sich oft eine Schwierigkeit: Wem soll Jugendpolitik zugeordnet werden? Gehört sie zum Sozial-, zum Bildungs- oder zum Familienbereich? Kann ihr übergreifender Charakter gewahrt bleiben, wenn sie einem Ressort zugeordnet wird?

Jugendpolitik beinhaltet folgende Bereiche:
– Politik gegenüber auffälligen und minderprivilegierten Gruppierungen Jugendlicher;
– Bildungspolitik;
– allgemeiner Jugendschutz;
– Gestaltung der soziokulturellen Infrastruktur;
– Gestaltung der allgemeinen Lebensbedingungen im gesellschaftlichen Sinne, von denen die Jugendlichen mitbetroffen sind;
– Politik bezogen auf die Zukunft unserer Gesellschaft;
– Politik, die sich die Aktivierung und Integration Jugendlicher ins politische und gesellschaftliche Leben zum Thema nimmt.

Neben diesen inhaltlichen Unterscheidungen gibt es zwei Grundfragen, die in der Jugendpolitik beantwortet werden müssen:
– Ist Jugendpolitik aktiv oder reaktiv, das heißt, werden im politischen Bereich selber Vorstellungen und Aktivitäten für Jugendpolitik entworfen oder reagiert Politik in diesem Bereich nur auf Druck von außen (Probleme, Konflikte)?
– Ist Jugendpolitik nur subsidiär oder gibt es auch Bereiche, wo sie primäre Aktivität beinhaltet; wartet sie, bis irgendwo private Aktivität vorhanden ist, die unterstützt werden kann, oder initiiert sie selber bestimmte Aktionen und Institutionen?

Endlich: Jugendpolitik kann sich nicht einfach auf objektive Erkenntnisse und Erfordernisse stützen und ist auch nicht durch Gesetze und Erlasse definiert (eine Verfassungsnorm auf Bundesebene gibt es nicht, und nur einzelne Kantone erwähnen diesen Bereich auf umfassende Art), sondern setzt immer einen politischen Gestaltungswillen voraus.

Literatur
Eidgenössische Kommission für Jugendfragen (EKJ), *Jugendpolitik im Wandel: Perspektiven für die Schweiz*, EKJ, Bern 1996; – Eidgenössische Kommission für Jugendfragen (EKJ), *Grundlagen für eine nationale Kinder- und Jugendpolitik*, EKJ, Bern 2000; – Pro Juventute (Hrsg.), *Jugendpolitik jetzt. Handbuch für eine aktive Jugendpolitik in der Gemeinde*, Pro Juventute, Zürich 1998.

Heinz Wettstein

Jugendstrafrecht
Das Jugendstrafrecht ist im Wesentlichen in den Artikeln 82 bis 99 Strafgesetzbuch (StGB) enthalten (siehe auch Art. 369 bis 373 StGB, Art. 1 VStGB 1 sowie die Verordnung über das Strafregister). Das materielle Recht ist auf Bundesebene geregelt, das Verfahren und die Gerichtsorganisation hingegen liegen in der Zuständigkeit der Kantone. In der Folge der Volksabstimmung vom 14. März 2000 (Zustimmung zur Vereinheitlichung des Verfahrens) haben die Arbeiten an einem Bundesgesetz über das schweizerische Jugendstrafverfahren begonnen.

In der Schweiz haben alle Kantone spezialisierte Instanzen. Die Systeme unterscheiden sich allerdings und können in zwei große Modelle eingeteilt werden: das Modell des Jugendrichters in der Westschweiz und im Kanton Bern sowie das Modell des Jugendanwalts in der Deutschschweiz und im Tessin.

Die Intervention der gerichtlichen Instanz folgt dem medizinischen Vorbild und stützt sich auf den Grundsatz der einheitlichen Behandlung, der es der gleichen Behörde überträgt, die drei Phasen des Gerichtsverfahrens (Untersuchung, Urteil, Vollzug) zu führen. Der Strafvollzug ist von erstrangiger Bedeutung und bietet die Möglichkeit, durch Änderung der Maßnahme (Art. 86 und 93 StGB) den Entscheid des Gerichtes jederzeit an die individuellen Bedürfnisse des Jugendlichen anzupassen.

Das Jugendstrafrecht wird nur auf Jugendliche angewendet, die Straftaten begangen haben. Es betrifft nicht Situationen von gefährdeten Jugendlichen oder von misshandelten Kindern. Dafür sind die Vormundschaftsbehörden oder die Dienste des Jugendschutzes zuständig.

Die untere Interventionsschwelle liegt bei 7 und die obere bei 18 Jahren. Dazwischen besteht eine Trennlinie bei 15 Jahren, welche die Kinder (7–15 Jahre) von den Jugendlichen im engeren Sinne (15–18 Jahre) unterscheidet. Die noch nicht 7-Jährigen gelten nicht als strafrechtliche Subjekte (vollständige Unzurechnungsfähigkeit). Den Kindern wird eine begrenzte Zurechnungsfähigkeit zuerkannt (Art. 82 bis 88 StGB). Dasselbe gilt für die Jugendlichen, die allerdings zu einer Busse und zu einer Haft von einem Tag bis zu einem Jahr verurteilt werden können (Art. 89 bis 99 StGB). Ab Vollendung des 18. Lebensjahrs endet die Sonderbehandlung und beginnt die strafrechtliche Mündigkeit. Entscheidend ist der Zeitpunkt, in dem die Straftat begangen wurde. Zur Frage der Zuständigkeit bei Straftaten, die teils vor, teils nach dem 18. Altersjahr begangen wurden, ist die Verordnung über das Schweizerische Strafgesetzbuch (SR 311.01), Artikel 1 zu konsultieren.

Das Jugendstrafrecht unterscheidet sich vom ordentlichen Strafrecht durch seine Zielsetzungen, welche sich an der Erziehung (Vermittlung der Kenntnis des Gesetzes und seiner Wirkung), der Heilung (Behandlung der Ursachen), der Prävention (sekundäre und tertiäre Spezialprävention, das heißt Verhinderung von Wiederholungstaten und chronischer Straffälligkeit), der sozialen Integration (Förderung der Eingliederung) und dem Schutz (sowohl des Täters, Opfer einer krankhaften Situation, als auch der Gesellschaft) ausrichten. Bei der erwähnten Prävention handelt es sich um eine Spezialprävention, die sich an der Person des Täters orientiert, und nicht um die Generalprävention des für die Erwachsenen geltenden Rechts.

Das Jugendstrafrecht stützt sich in erster Linie auf den Grundsatz der Individualisierung (Täterstrafrecht) und bedient sich vor allem erzieherischer Maßnahmen (Art. 84 bis 86 und 91 bis 94bis StGB), welche die Betreuung betonen. Sie können ambulant (Erziehungshilfe, besondere Behandlung) oder stationär sein (Unterbringung in einer Familie oder einem Heim, besondere Behandlung in einer Einrichtung). Die Maßnahmen gehen den Disziplinarstrafen und den Strafen der Artikel 87, 95 und 96 StGB vor (Grundsatz des gerichtlichen Monismus: Maßnahmen und Strafen werden nicht kumuliert). Zu erwähnen und von großer Bedeutung sind die gerichtlich verfügten Maßnahmen in der Form gemeinnütziger Arbeit, verschiedener Erziehungskurse und von praktizierenden Spezialisten entwickelten Mediation-Wiedergutmachung. Der Freiheitsentzug bleibt eine Ausnahme (vgl. Statistik des BFS, seit 1984).

Das geltende Recht wird derzeit revidiert. Der Bundesrat hat einen Entwurf für ein Bundesgesetz über das Jugendstrafrecht ausgearbeitet, der zurzeit dem Parlament vorliegt. Dieser Entwurf bleibt der Optik eines auf die Erziehung und den Schutz ausgerichteten Rechts treu, verwirklicht zugleich die Idee eines eigenen Gesetzes, das den Anforderungen der internationalen Abkommen und des Kinderrechts entspricht.

Literatur
Entwurf für ein Bundesgesetz über das Jugendstrafrecht vom 21.9.1998 (98.038); – Marie Boehlen, *Kommentar zum schweizerischen Jugendstrafrecht*, Stämpfli, Bern 1975; – Martin Stettler, *Condition pénale des jeunes délinquants*, Georg et Eshel, Genève 1980.
Internet
www.childsrights.org
Verweise
Abweichendes Verhalten (Devianz) – Gemeinwesenarbeit – Jugendgewalt /-kriminalität – Kriminalität
Jean Zermatten

Jugend(sub)kultur
Unter Subkultur versteht man das eigene Normen und Werte besitzende kulturelle System einer Minderheit, die von der gesamten sie umgebenden Gesellschaft bewusst abweicht. Der Begriff Jugendsubkultur bezeichnet also den eigenständigen (sub)kulturellen Lebensstil junger Menschen. Dieser Begriff wird heute allerdings nicht mehr gern verwendet, da immer weniger klar ist, welche Kultur überhaupt dominiert. Heute wird eher der Begriff Jugendszene gebraucht; junge Menschen können unterschiedlichen Szenen angehören. Für die überwiegende Mehrheit der Jugendlichen ist heute das Leben in jugendkulturellen Szenen fester Bestandteil ihres persönlichen Alltags – und viele von ihnen sind nicht nur in einer einzigen Szene, sondern in mehreren Szenen gleichzeitig unterwegs.
»Jugendkultur« nennt man die Werte, Einstellungen und Verhaltensweisen, durch die sich Jugendliche von älteren Generationen unterscheiden. Da sich die Jugend – hier definiert als der Lebensabschnitt von 15 bis 25 Jahren – alle paar Jahre rein biologisch bedingt komplett erneuert, findet immer wieder eine komplette Neuorientierung der Jugendkultur statt. Starke jugendkulturelle Phänomene, wie sie z.B. in den Bewegungen des Rock'n'Roll, der Hippies und der Techno-Kids verkörpert wurden bzw. werden, halten sich in der Regel jedoch länger als 10 Jahre.
In den USA wurden in den 1930er-, 40er- und 50er-Jahren sozialwissenschaftliche Studien vorgelegt, die sich mit der Bandenbildung Jugendlicher in den Großstädten, besonders Chicago, befassten. Hier wurde zum ersten Mal jugendliches Verhalten untersucht, das auffällig im Sinn von abweichend bzw. delinquent war. Die Studien zeigten auf, dass die Bandenmitglieder eigenen, von der Stammkultur abweichenden Regeln und Normen folgten. Nach dem Zweiten Weltkrieg etablierte sich der Begriff der jugendlichen Subkultur zunehmend auch in der soziologischen Jugendforschung der Bundesrepublik Deutschland. Der beginnende Wohlstand zeitigte den Durchbruch einer Teenagerkultur, und die steigende Kaufkraft der Jugendlichen ließ einen eigenen Markt von Konsum- und Vergnügungsgütern entstehen. Mit der Zunahme massenmedial vermittelter Kulturwaren wie Musik, Tanz und Mode veränderte sich die Teenagerkultur zu einer internationalisierten Jugendstilbewegung, der sich kaum noch ein Heranwachsender entziehen kann. Mittlerweile haben die Phänomene jugendlicher (Teil-)Kulturen eine Bedeutung erlangt, der der Jugendsubkulturbegriff nicht mehr gerecht wird. Es wird in diesem Zusammenhang vom historischen Übergang von den sozialmilieuspezifi-

schen Jugendsubkulturen zu den individualitätsbezogenen Jugendkulturen gesprochen.

Literatur
Beate Großegger, Bernhard Heinzlmaier, *Jugendkultur-Guide. Szenen, Trends und Analysen*, Öbv & hpt, Wien 2002; – Peter Kemper, Thomas Langhoff, Ulrich Sonnenschein (Hrsg.), *»but I like it«. Jugendkultur und Popmusik*, Reclam, Ditzingen 1998; – Klaus Poell, Wolfgang Tietze, Elke Toubartz, *Wilde Zeit. Von Teddyboys zu Technokids. Ein Arbeitsbuch zur Jugendkultur von den 50er Jahren bis heute*, Verlag an der Ruhr, Mühlheim 1995; – SpoKK (Hrsg.), *Kursbuch JugendKultur. Stile, Szenen und Identitäten vor der Jahrtausendwende*, Bollmann, Köln 1997.
Internet
www.jugendkultur.at
www.sozialarbeit.de/download/grafiti/eins.htm
www.gep.de/medienpraktisch/amedienp/mp2-98/2-98miko.htm
Verweise
Sozialisation

Christian Urech

Junge Alte

In der wissenschaftlichen und öffentlichen Diskussion wird zunehmend zwischen »drittem« und »viertem Alter« unterschieden. Ein wesentliches Kriterium zur Abgrenzung beider Gruppen ist der Grad der Freiheit von Behinderungen und schweren Krankheiten. Viele der so genannt jungen Alten leben in guten finanziellen Verhältnissen, die es ihnen erlauben, einen aktiven und freizeitorientierten Lebensstil zu führen. Dieser unterscheidet sich nur graduell vom Lebensstil erwerbstätiger Menschen.

Eine Verjüngung des Alters ist vor allem seit den 80er-Jahren des 20. Jahrhunderts zu beobachten. Heutige Generationen älterer Menschen haben es gelernt, bis ins späte Erwachsenenalter relativ »jugendlich« zu bleiben. Anderseits lässt sich beobachten, dass viele ältere Männer und Frauen das Alter eher als eine unerfreuliche Tatsache wahrnehmen.

Auffallend ist die Vielfalt des dritten Alters, das die Vielfalt der Lebensweisen während der beruflich bzw. familiär aktiven Zeit widerspiegelt. Längsschnittstudien bestätigen vor allem bei jüngeren Rentnern und Rentnerinnen kontinuitätstheoretische Annahmen. Die familialen, sozialen und kulturellen Aktivitäten verändern sich beim Übergang in die nachberufliche Phase nur graduell. Wer im mittleren Erwachsenenalter einen passiven Lebensstil pflegte, wird dies in aller Regel auch im Rentenalter tun. Entsprechendes gilt für partizipative Lebensweisen.

Entgegen landläufigen Vorstellungen gehen Lebenszufriedenheit und Wohlbefinden nach dem Übergang in die nachberufliche Phase nicht zurück. Es lässt sich vielmehr feststellen, dass insbesondere das psychische Wohlbefinden eher zunimmt: Ein Zuwachs an Gelassenheit und Ausgeglichenheit steht einer Abnahme von Nervosität und Gereiztheit gegenüber. Dieses Phänomen ist durch zahlreiche Studien belegt worden.

Literatur
François Höpflinger, »Altsein in der Schweiz – Entwicklung und Gegenwart«, in: Pro Senectute Schweiz (Hrsg.), *Unterwegs zu einer »Gesellschaft des langen Lebens«*, ps-Fachverlag, Zürich 2001; – Pasqualina Perrig-Chiello, *Wohlbefinden im Alter. Körperliche, psychische und soziale Determinanten und Ressourcen*, Juventa, Weinheim 1997.
Verweise
Alter – Alterung, demografische – Pensionierung (Rentenalter) – Rentnerinnen- und Rentnerverbände – Seniorinnen und Senioren – Viertes Alter – Vorbereitung auf die Pensionierung

Kurt Seifert

Jus Sanguinis / Jus Soli

Jeder Staat schreibt einem innerhalb der Landesgrenzen geborenen Kind eine Staatsangehörigkeit zu. Dies ist eine Ausnahme gegenüber dem säkularen Trend in der Moderne, der sich von einer askriptiven Statuszuweisung abwendet. Außerdem weisen liberale Autoren auf den Umstand hin, dass die Zuordnung der Staatsangehörigkeit mit dem Credo nicht zu vereinbaren ist, wonach politische Mitgliedschaft auf individueller Zustimmung beruht. Ein erster Grund für diesen Zustand liegt in der administrativen Annehmlichkeit, die ermöglicht, dass Geburten klar und eindeutig aufgezeichnet werden können. Diese Zuordnungsweise stützt sich zweitens auf eine Mutmaßung über die Stärke der Loyalität einem bestimmten Staat gegenüber und der erwarteten Solidarität unter den Mitgliedern. In einer Nation der Bürger und Bürgerinnen wird die stärkste Bindung bei der Geburt in einem Territorium erwartet, in dem schon die Eltern Bürger waren. Geringer sind hingegen die Loyalitätserwartung an im Territorium geborene Kinder von ausländischen Eltern oder im Ausland geborene Kinder von Einheimischen.

Traditionelle Einwanderungsländer ordnen allen Personen, die im Territorium geboren werden, ihre Staatsangehörigkeit zu (Jus Soli). Diese Regelung gilt auch für das weniger traditionelle Einwanderungsland Frankreich. »Einwanderungsländer neueren Typs« (Bade 1993) wie die Schweiz und Deutschland, welche die vollzogene Einwanderung als politisches Thema tabuisierten, haben dagegen keine spezielle Regelung für die Zuschreibung der Staatsbürgerschaft an die zweite oder dritte Generation. Die Staatsangehörigkeit kann lediglich aufgrund von Abstammungskriterien weitergegeben werden (Jus Sanguinis). Eine andere Möglichkeit des Zugangs zur Staatsangehörigkeit ist deren Erwerb durch die Einbürgerung. Die Regeln können dabei mehr oder weniger restriktiv sein. Beispiele für eine restriktive Variante bieten Deutschland und die Schweiz, wo die Kandidatinnen und Kandidaten bestimmte Bedingungen erfüllen müssen, der Staat sich aber vorbehalten kann zu entscheiden, ob die Einbürgerung in seinem Interesse erfolgt. Die Prozedur ist lang und komplex, die Einbürgerung wird nicht staatlich gefördert, sondern mit hohen Gebühren möglichst verhindert. Deutschland hat dieses System im Jahr 2000 reformiert, die Schweiz steht im Begriff es zu tun. Als Alternative zu diesen restriktiven Verfahren bieten sich die Modelle aus Schweden, USA und Kanada an, welche alle Kandidatinnen und Kandidaten, die gewisse Bedingungen erfüllen, einbürgern. Die Einbürgerung wird vom Staat direkt angeregt. Das Vorgehen ist einfach, die Gebühren sind niedrig.

Literatur
Klaus J. Bade, *Deutsche im Ausland – Fremde in Deutschland*, Beck, München 1993; – Rogers W. Brubaker, *Citizenship and Nationhood in France and Germany*, Harvard University Press, Cambridge 1992; – Gianni D'Amato, *Vom Ausländer zum Bürger*, LIT, Münster 2001.
Verweise
Migration – Migrationspolitik

Gianni D'Amato

Kapitaldeckungsverfahren

Beim Kapitaldeckungsverfahren (auch Anwartschafts-Deckungsverfahren genannt) geht es um die Vorfinanzierung der eigenen künftigen Leistungen durch einen planmäßigen Sparprozess. Aufgrund versicherungsmathematischer Regeln werden die Beiträge bestimmt, die benötigt werden, um – zusammen mit den Zinsen (Kapitalerträgen) – das mit Eintritt des Leistungsfalls erforderliche Deckungskapital zu bilden.
Man geht – im Gegensatz zum Ausgaben-Umlageverfahren – davon aus, dass jede Generation die Mittel für den eigenen Versicherungsschutz selbst bildet. Sämtliche laufenden und anwartschaftlichen Ansprüche sind somit durch ein entsprechendes Deckungskapital sichergestellt. Im individuellen Anwartschafts-Deckungsverfahren geht man überdies vom Grundsatz aus, dass für jede versicherte Person individuell die Mittel für den eigenen Versicherungsschutz gebildet werden.
Das Kapitaldeckungs- bzw. individuelle Anwartschafts-Deckungsverfahren wird im Rahmen der beruflichen Vorsorge angewandt. Das Deckungskapital wird mit Erreichen des Endalters (bzw. Invalidität, Tod) ausgerichtet oder in eine lebenslängliche Leibrente umgewandelt. Der entsprechende Umwandlungssatz wurde 1985 mit Einführung des Bundesgesetzes über die berufliche Vorsorge (BVG) auf 7,2 Prozent festgesetzt. Aufgrund der zunehmenden Lebenserwartung ist im Rahmen der 1. BVG-Revision mit einer Absenkung zu rechnen.
Für eine Finanzierung im Kapitaldeckungsverfahren sprechen die individuelle Gestaltbarkeit und damit verbunden das individuelle Deckungskapital, das heißt der persönliche Anspruch auf das real vorhandene Kapital. Im System nachteilig wirken sich das Anlagerisiko sowie Inflationsverluste aus. Durch das Nebeneinander von Ausgaben-Umlageverfahren in der Ersten und Kapitaldeckungsverfahren in der Zweiten Säule werden die systemrelevanten Vor- und Nachteile gegeneinander weitgehend aufgehoben.

Literatur
Carl Helbling, *Personalvorsorge und BVG*, Haupt, Bern 2000; – Thomas Locher, *Grundriss des Sozialversicherungsrechts*, Stämpfli, Bern 1997; – Alfred Maurer, *Bundessozialversicherungsrecht*, Helbing & Lichtenhahn, Basel 1994.
Verweise
Altersrenten – Ausgaben-Umlageverfahren – Berufliche Vorsorge – Umlageverfahren – Umlageverfahren (Formen) – Zwangssparen

Gertrud E. Bollier

Katholische Soziallehre

Unter der katholischen Soziallehre werden gemeinhin die Sozialenzykliken der Päpste verstanden, angefangen von der Enzyklika *Rerum novarum* zur Arbeiterfrage über die Enzykliken *Pacem in terris* (Johannes XXIII., 1963) und *Populorum progressio* (Paul VI., 1971) bis hin zu *Laborem exercens* (Johannes-Paul II., 1981) und *Sollicitudo rei socialis* (1987).
Obwohl die päpstlichen Lehrschreiben von Anbeginn an eine kritische Reaktion auf die kapitalistische Industrialisierung darstellten, beanspruchten sie, »die ewigen Wahrheiten« zur sozialen Frage zu formulieren. In ihrer Grundtendenz begriffen sie die Gesellschaft als ein stabiles Ordnungsgefüge, das dem Staat, den gesellschaftlichen Einrichtungen oder der Eigentumsordnung zeitlosen Charakter verlieh. Das Zweite Vatikanische Konzil bedeutete auch für die katholische Soziallehre einen »Sprung vorwärts«. Von der Enzyklika *Pacem in terris* an verstand sie sich in stärkerem Maße als eine Verkündigung, die geschichtlich bedingt ist und sich daher angesichts veränderter gesellschaftlicher Verhältnisse weiterentwickeln muss.
Die katholische Soziallehre kehrt nun ihre Methode im Umgang mit der sozialen Wirklichkeit um: Statt von abstrakten Prinzipien zu konkreten

Situationen fortzuschreiten, rückt sie jetzt die gesellschaftlichen Brennpunkte ins Zentrum. Man kann von einem eigentlichen erkenntnistheoretischen Einschnitt sprechen, der in der Anerkennung des Primats der Praxis für die Theorie und im Übergang von einer deduktiven zu einer induktiven Methode besteht. Die katholische Soziallehre verzichtet auch auf den Anspruch, ein eigenes Gesellschaftsmodell, einen »dritten Weg« entwickeln zu können. In erster Linie vertritt sie ein praktisches Interesse: die Veränderung der sozialen Verhältnisse hin zu größerer Gerechtigkeit. Das Zweite Vatikanische Konzil hat auch die Entstehung einer eigenen ortskirchlichen Soziallehre bzw. Sozialverkündigung ermöglicht. Erinnert sei an die Vollversammlungen des Lateinamerikanischen Bischofsrates in Medellín (1968) und Puebla (1979), die für die soziale und seelsorgerliche Arbeit in den Pfarreien des ganzen Kontinents entscheidende Weichenstellungen vorgenommen haben. In der Schweiz haben sich die Synode 72 und die Ökumenische Konsultation zur sozialen und wirtschaftlichen Zukunft der Schweiz aus christlicher Sicht mit wirtschaftlichen und sozialen Themen auseinander gesetzt.

Literatur
Marie-Dominique Chenu, *Kirchliche Soziallehre im Wandel. Das Ringen der Kirche um das Verständnis der gesellschaftlichen Wirklichkeit*, Exodus, Freiburg/Luzern 1991; – Friedhelm Hengsbach, *Die andern im Blick. Christliche Gesellschaftsethik in den Zeiten der Globalisierung*, Wissenschaftliche Buchgesellschaft, Darmstadt 2001.
Internet
www.kath-soziallehre.de
Verweise
Konservativismus – Wohlfahrtsstaat

Odilo Noti

Kaufkraft

Im wörtlichen Sinne beschreibt der Begriff die Finanzkraft eines potenziellen Käufers. Man unterscheidet zwischen der Kaufkraft des Geldes, welche die Menge der Güter beschreibt, die man im Austausch gegen eine Geldeinheit erwerben kann, und der Kaufkraft des Lohnes, welche die Menge der Güter beschreibt, die mit einer Lohneinheit gekauft werden können.

Die Kaufkraft ist stark an zwei weitere Begriffe gebunden: an die Inflation (Anstieg des allgemeinen Preisniveaus) und den Konsum (Verwendung eines Gutes zur Befriedigung eines Bedürfnisses). Wenn die Preise z.B. in einem durch konstante Einkommen geprägten Umfeld ansteigen, spricht man davon, dass die Kaufkraft sinke, woraus ein Rückgang des Konsums resultieren wird. Umgekehrt kann eine über der Inflationsrate liegende Erhöhung der Löhne zu einem Anstieg der Kaufkraft der Lohnabhängigen führen und den Konsum sowie, auf indirektem Weg, die Produktion und die Beschäftigung positiv beeinflussen. Die Bewertung der Kaufkraft spiegelt also den Preisindex mit umgekehrten Vorzeichen.

Die Systeme der sozialen Sicherheit dienen auch der Garantie einer minimalen Kaufkraft oder der Erhaltung der Kaufkraft, wenn bestimmte Lebensumstände zu Einkommenseinbußen führen (Arbeitslosigkeit, Krankheit von langer Dauer, Invalidität, Pensionierung).

Der Begriff der Kaufkraft steht jenem des Lebensstandards sehr nahe (Menge der Güter und Dienstleistungen, über die ein Haushalt, eine soziale Kategorie oder ein Land aufgrund ihrer Einkommen verfügen), der dem Konsumniveau entspricht.

Verweise
Einkommen(sgarantie) – Inflation – Konsum

Fabrice Ghelfi

Kaufmännischer Verband der Schweiz (SKV)

Der Kaufmännische Verband (SKV) ist die mitgliederstärkste schweizerische Berufsorganisation der Angestellten in Büro und Verkauf sowie verwandter Berufe. Ihm gehören insgesamt 70 Sektionen an, die die Interessen von insgesamt rund 60 000 Mitgliedern vertreten. Die ersten historischen Vorläufer des 1977 umbenannten Verbands (vorher Kaufmännischer Verein der Schweiz) sind die in den 1870er-Jahren gebildeten Vereine junger Kaufleute, die sich erstmals 1873 auf gesamtschweizerischer Ebene organisierten, wobei weibliche Mitglieder erst ab 1918 zugelassen wurden. 1918 gehörte der SKV überdies zu den Mitbegründern der Vereinigung schweizerischer Angestelltenverbände (VSA) und markierte damit seine Distanz zur sich radikalisierenden Arbeiterbewegung und zum Schweizerischen Gewerkschaftsbund. Seit den 30er-Jahren (Bündnis mit den Gewerkschaften im Rahmen der »Kriseninitiative« 1934) hat sich diese Distanz jedoch merklich verringert. So ist der SKV seit dem Beitritt der VSA 1991 zum Europäischen Gewerkschaftsbund ein Teil der supranationalen Gewerkschaftsbewegung. Punkto Mitgliederzahl erreichte der SKV in den 70er-Jahren mit über 80 000 Mitgliedern seinen Zenit und ist seither permanent von Mitgliederschwund bedroht. Politische Priorität haben für den SKV derzeit wegweisende Gesamtarbeitsverträge für die Angestellten und die Gleichstellung von Frau und Mann am Arbeitsplatz. Neben der Interessenvertretung engagiert sich der SKV vor allem in der Berufsausbildung und Weiterbildung. Viele Sektionen betreiben KV-Schulen und bieten ihren Mitgliedern Weiterbildungskurse an.

Internet
www.skv.ch
Verweise
Europäischer Gewerkschaftsbund (EGB) – Gewerkschaften – Vereinigung schweizerischer Angestelltenverbände (VSA)

Michael Nollert

Kausalität

Die Kausalität oder der kausale Zusammenhang ist im Zivil- und öffentlichen Recht Tatbestandselement von Gesetzesbestimmungen (Rechtsnormen). Ihre Erfüllung löst, zusammen mit anderen Tatbestandselementen (z.b. Schaden, widerrechtliches Verhalten, Verschulden; Versichertsein), die in der jeweiligen Norm vorgesehene Rechtsfolge aus (z.b. Schadenersatzpflicht, Zusprechung einer Versicherungsleistung, Anordnung einer versicherungsrechtlichen Sanktion).

Ein Zusammenhang zwischen zwei (oder mehreren) Tatsachen ist kausal, wenn die in Frage stehenden Lebensumstände im Verhältnis von Ursache und Wirkung zueinander stehen. In dieser Zuordnung unterscheidet sich das Kausalitätsprinzip von anderen Zurechnungsmodellen wie z.B. der Kontemporalität (oder Kontemporaneität), welche ein zeitgleiches Auftreten der in Frage stehenden Tatsachen verlangt, und der Finalität, die nur darauf abstellt, dass sich eine bestimmte – rechtserhebliche – Tatsache verwirklicht hat, ohne nach den Ursachen deren Eintritts zu fragen.

Das schweizerische Recht unterscheidet den natürlichen und den – als Rechtsfolgevoraussetzung kumulativ verlangten – adäquaten Kausalzusammenhang (auch Adäquanz genannt). Die natürliche Kausalität, welche bisweilen, aber nicht durchwegs einen naturgesetzlichen Charakter aufweist, stellt eine Tatfrage dar: Tatsache A gilt für Tatsache B als natürlich kausal, wenn Tatsache A nicht weggedacht werden kann, ohne dass auch die Verwirklichung von Tatsache B entfiele (Tatsache A als *conditio sine qua non* für Tatsache B). Der Nachweis einer solchen natürlich kausalen Beziehung zwischen A und B stellt ein Beweisproblem dar, das nach den Regeln der Beweiserhebung, der freien Beweiswürdigung und – im Falle fehlenden Beweises – der Beweislastverteilung zu lösen ist. Der adäquate Kausalzusammenhang hingegen ist eine Wertungs- und daher Rechtsfrage. Von der endlosen Reihe aller denkbaren für den Eintritt einer bestimmten Tatsache natürlich kausalen Tatsachen sollen nur jene Ursachen die normspezifische Rechtsfolge auslösen, welche nach dem gewöhnlichen Lauf der Dinge und der allgemeinen Lebenserfahrung an sich allgemein geeignet sind, einen Erfolg von der Art des Eingetretenen herbeizuführen.

Die Rechtsprechung von Schweizerischem Bundesgericht und Eidgenössischem Versicherungsgericht (EVG) folgt übereinstimmend dem Konzept der natürlichen und adäquaten Kausalität. Hingegen führt die Konkretisierung der gleich lautenden Adäquanzformel Bundesgericht und EVG teilweise zu ganz unterschiedlichen Ergebnissen (vgl. BGE 123 III 110 im Vergleich zu BGE 123 V 98). Nach Auffassung des Bundesgerichts schränkt die Adäquanz den von den kantonalen Gerichten verbindlich festgestellten natürlichen Kausalzusammenhang nicht ein. Nach jener des EVG gilt dies nur in klar ausgewiesenen medizinischen Ursache-Wirkung-Zusammenhängen (also bei eindeutig bewiesenen somatischen Folgen versicherter Ereignisse, z.B. Unfällen); bei psychogenen und bei medizinisch nur plausiblen, aber nicht voll bewiesenen Unfallfolgen (z.B. Folgen von Verletzungen der Halswirbelsäule ohne objektivierbare Befunde) findet eine besondere Adäquanzbeurteilung nach differenzierten Kriterien statt, die zur Verneinung der Leistungspflicht des Sozialversicherungsträgers trotz angenommenem natürlichem Kausalzusammenhang führen kann (BGE 122 V 415, 119 V 335, 117 V 359 und 369, 115 V 133; RKUV 2001 U 442 544).

Literatur
Ernst A. Kramer, »Das Schleudertrauma: das Kausalitätsproblem im Haftpflicht- und Sozialversicherungsrecht«, in: *Basler Juristische Mitteilungen*, 2001, S. 153–172.
Verweise
Finalität – Unfallversicherung

Ulrich Meyer-Blaser

Kernfamilie

Als Kernfamilie wird die familiäre Gemeinschaft von Eltern und ihren noch minderjährigen sowie ökonomisch unselbständigen Kindern bezeichnet, die in der Regel zugleich auch eine Haushaltsgemeinschaft ist. Zur erweiterten Familie zählen Verwandte sowie angeheiratete Personen.

Verweise
Familie

Stefan Kutzner

Kernstadt

Kernstadt bezeichnet das gesellschaftliche, kulturelle und wirtschaftliche Zentrum eines urbanen Raumes oder einer Agglomeration. Die Rolle und die Bedeutung der Kernstadt werden in jüngster Zeit im Zusammenhang mit der Ausdehnung des städtischen Lebensraumes und als Folge davon vor allem vor dem Hintergrund der finanziellen, ökologischen und strukturellen Probleme der Städte debattiert. Die Städte und Agglomerationen sind von einer zunehmend funktionalen und sozialen Entmischung betroffen, die mit der räumlichen Konzentration einerseits, der Suburbanisierung und Zersiedlung anderseits einhergeht. Die negativen Auswirkungen dieser Prozesse fallen insbesondere den Zentren zulasten.

Die Kernstadt übernimmt wesentliche Zentrumsleistungen in den Bereichen Kultur, Bildung, öffentliche Sicherheit, öffentlicher Verkehr und im Sozialwesen auch für das Umland. Doch weder Standortvorteile noch Zentrumsnutzen vermögen die Zentrumslasten zu kompensieren. Unter Berücksichtigung der Kernstadt-Umland-Probleme wird die fiskalische Äquivalenz bei der Erstellung zentraler Infrastrukturen und öffentlicher Dienstleistungen gefordert. Der vorgeschlagene Neue Finanzausgleich (NFA) des Bundes berücksichtigt die Probleme der städtischen Gebiete und schlägt neue Instrumente der Umverteilung und des Ausgleichs vor.

Literatur
Bundesrat, *Agglomerationspolitik des Bundes*, Bundeskanzlei, Bern 2001; – Jürgen Friedrichs, *Stadtsoziologie*, Leske + Budrich, Opladen 1999.
Internet
www.are.admin.ch
Verweise
Finanzausgleich – Urbanisierung

Franziska Dörig

Keynesianismus

Keynesianismus ist ein Sammelbegriff für die Lehre von John Maynard Keynes und die daran anknüpfenden Weiterentwicklungen durch John Hicks u.a. Keynesianismus postuliert, dass ein dezentral organisiertes Wirtschaftssystem, wenn es mit Konjunkturschwankungen konfrontiert wird, ohne staatliche Eingriffe nicht in der Lage ist, Vollbeschäftigung zu gewährleisten. Zentral in Keynes' Lehre ist, dass ein Gleichgewicht auf Güter- und Geldmärkten mit einem Ungleichgewicht auf dem Arbeitsmarkt, das heißt mit unfreiwilliger Arbeitslosigkeit, vereinbar ist. Der Grund hierfür liegt in einer Lohnstarrheit auf dem Arbeitsmarkt. Diese verhindert, dass der Lohn sinkt und der Arbeitsmarkt geräumt wird bzw. Vollbeschäftigung wiederhergestellt wird, wenn die gesamtwirtschaftliche Nachfrage zurückgeht. Keynesianische Wirtschaftspolitik empfiehlt zur Überwindung dieses Ungleichgewichtes eine Stimulation der gesamtwirtschaftlichen Nachfrage durch 1. eine expansive Geldpolitik und 2. eine expansive Fiskalpolitik. Keynesianismus unterscheidet sich von der klassischen Lehre, indem er die Idee eines allgemeinen Gleichgewichtes, das nicht oder nur temporär verlassen wird, ablehnt. Keynesianismus ist aber auch von der marxistischen Wirtschaftstheorie abzugrenzen, welche das kapitalistische Wirtschaftssystem grundsätzlich für instabil hält.

Während und nach dem Zweiten Weltkrieg hatte der Keynesianismus einen entscheidenden Einfluss auf die Wirtschaftspolitik in den Industriestaaten. Ein Beispiel hierfür in der Schweiz ist der Konjunkturartikel (Art. 100 BV), der Bund und Kantone zu einer antizyklischen Konjunkturpolitik verpflichtet. In den 70er-Jahren verblasste der Glanz des Keynesianismus. Propagierte der Keynesianismus, dass durch die Inkaufnahme einer höheren Inflationsrate eine tiefere Arbeitslosigkeit erreicht werden kann, so wurden nun hohe Inflationsraten sowie eine hohe Arbeitslosigkeit gleichzeitig beobachtet. Auf wirtschaftstheoretischer Ebene wurde der Keynesianismus bereits Ende der 60er-Jahre durch den Monetarismus bedrängt, welcher die Möglichkeit negiert, die Beschäftigung durch eine expansive Geldpolitik systematisch zu erhöhen. Heute sind durch die prioritäre Zielsetzung der Zentralbanken, die Geldwertstabilität zu erhalten, und den eingeschränkten fiskalpolitischen Spielraum der meisten Staaten einer keynesianischen Wirtschaftspolitik enge Grenzen gesetzt.

Literatur
John R. Hicks, »Mr Keynes and the Classics: A Suggested Interpretation«, in: *Econometrica*, Nr. 5/2, 1937, S. 147–59; – John M. Keynes, *Allgemeine Theorie der Beschäftigung des Zinses und des Geldes*, Duncker & Humblot, Berlin 1994.
Verweise
Liberalismus – Monetarismus – Neoliberalismus – Sozialismus

Alessandro Bee

Kinderarbeit

Unter Kinderarbeit versteht man Arbeit durch ein Kind, das jünger ist, als die gesetzliche Arbeitsalterslimite vorschreibt, und durch die Arbeitsleistung der Schule fern bleibt. Die Definition bezieht sich auf die beiden Konventionen der Internationalen Arbeitsorganisation (ILO) zur Kinderarbeit. Die Schweiz hat die beiden Konventionen an der Internationalen Arbeitskonferenz 1998 ratifiziert und beabsichtigt diese in die Bundesverfassung aufzunehmen. In der Schweiz ist die Alterslimite durch das Schulobligatorium von 9 Schuljahren festgelegt und Kinderarbeit stellt kein wirkliches Problem mehr dar. Das Verbot der Kinderarbeit ist im Arbeitsgesetz und Heimarbeitsgesetz geregelt und geht zurück auf das Fabrikgesetz von 1877, welches vor allem den schwächeren und damals ausgebeuteten Gruppen – Kinder und Frauen – als minimaler Arbeiterschutz zugute kam. Die so genannten Verdingkinder (Pflegekinder in landwirtschaftlichen Betrieben) blieben jedoch bis 1978 ungeschützt (Revision des Kindesrechts). Auch heute gibt es noch Ausnahmen, die gewerbliche Aktivitäten von Kindern erlauben, wie Familienarbeit – z.B. in der Landwirtschaft – und Ferienbeschäftigung von Kindern und Jugendlichen. Solche Aktivitäten führen allerdings nicht dazu, dass Kinder dem Pflichtunterricht fernbleiben.

Auf der internationalen Ebene ist es der ILO 1998 gelungen, die Mitgliedstaaten der ILO zur Akzeptanz einer Gruppe von grundlegenden Arbeitnehmerrechten, der *Core Labour Standards* (Gewerkschaftsfreiheit, Nichtdiskriminierung, Verbot von Zwangs- und Kinderarbeit), zu verpflichten. Kinderarbeit und die Verletzung von anderen grundlegenden Arbeitsrechten in Produktionsstätten von Drittweltländern wurden in den letzten Jahren vor allem von Gewerkschaftsverbänden und Konsumvereinigungen kritisch diskutiert. Gerade im Westen werden vermehrt Stimmen laut, wonach Produkte, welche unter nicht menschenwürdigen Arbeitsbedingungen hergestellt werden, durch die Welthandelsorganisation (WTO) sanktioniert werden sollen. Die Billiglohnländer betrachten diese Sozialklausel jedoch als neue Form des Handelsprotektionismus, die vor allem den Entwicklungsländern schade und den Industrieländern zugute komme. Die ILO distanziert sich klar von der Position, dass Kinderarbeit und andere Arbeitskonventionen in WTO-Regulierungen mitzuberücksichtigen sind. Gute Arbeitsbedingungen sollten vielmehr auf dem Prinzip der Freiwilligkeit in den einzelnen Mitgliedländern vorangetrieben werden.

Literatur
Brigitte Studer, »Arbeiterschutz«, *Historisches Lexikon der Schweiz*, Schwabe, Basel 2001.
Internet
www.ilo.org/public/english/standards/norm/
www.kinderschutz.ch
Verweise
Arbeitsgesetz – Fabrikarbeit (Bundesgesetz) – Kinderarmut – Kinderrechte

Sandra Rothböck

Kinderarmut

Kinderarmut bezeichnet die Armut von Kindern, die in einem armen Haushalt leben. Neuere Untersuchungen betonen die Wichtigkeit, die Armut von Kindern mehrdimensional und aus einer Kinderperspektive heraus zu verstehen; neben der materiellen Situation des Haushalts sind auch kulturelle, soziale, psychische und physische Merkmale zu berücksichtigen: »Es bedarf eines Armutsbegriffs, der Armut aus dem heraus beschreibt, was bei den Kindern – in materieller wie in immaterieller Hinsicht – tatsächlich ankommt und was diese wirklich benötigen« (Hock et al. 2000). Thematisiert werden in diesem Zusammenhang insbesondere die Auswirkungen von Armut auf Kinder im schulischen, emotionalen, gesundheitlichen Bereich und in Bezug auf die soziale Integration. Nachteilige Auswirkungen auf die persönliche Entwicklung von Kindern und Jugendlichen sind nicht monokausal auf ökonomische Knappheit zurückzuführen, sondern sind das Resultat eines komplexen Zusammenspiels verschiedener personaler, sozialer und institutioneller Bedingungen. Armut ist einer unter mehreren Belastungsfaktoren, dessen Wirkungen durch vorhandene Ressourcen in Familie, Schule, Betreuungsinstitutionen u.a. ganz oder teilweise aufgefangen oder bei zusätzlichen Belastungen durch das Umfeld nochmals verstärkt werden können. Mit zunehmendem Alter der Kinder wird für die Identitätsentwicklung die Akzeptanz durch Gleichaltrige in Peer Groups wichtig. In einem Alter, wo sich Heranwachsende mit Gleichaltrigen messen und daraus ihren Platz in der Gesellschaft ableiten, ist Armut ein Wettbewerbsnachteil im Kampf um soziales Prestige. Im Maße, wie sich Kinder und Jugendliche vorrangig durch Konsummuster und kostspielige Freizeitaktivitäten definieren, steigt die Gefahr der Stigmatisierung und des sozialen Ausschlusses von jenen, die an diesem Lebensstil nicht teilnehmen können. Ein institutionelles Betreuungsangebot, welches Kindern Erlebnisbereiche und Handlungen unabhängig von finanziellen Ressourcen ermöglicht und Defizite im familiären Bereich zumindest teilweise kompensieren kann, scheint insbesondere für Kinder im Vorschulalter von entscheidender Bedeutung zu sein.

Literatur
Beate Hock, Gerda Holz, Renate Simmedinger, Werner Wüstendörfer, *Gute Kindheit – Schlechte Kindheit? Armut und Zukunftschancen von Kindern und Jugendlichen in Deutschland*, Abschlussbericht zur Studie im Auftrag des Bundesverbandes der Arbeiterwohlfahrt, AWO Bundesverband, Bonn 2000; – Sabine Walper, »Wenn Kinder arm sind – Familienarmut und ihre Betroffenen«, in: Lothar Böhnisch, Karl Lenz (Hrsg.), *Familien. Eine interdisziplinäre Einführung*, Juventa, Weinheim 1997, S. 265–281.
Verweise
Armut – Kinderpolitik – Jugendpolitik

Elisa Streuli

Kinderkosten

Der Begriff der Kinderkosten wird im Allgemeinen für die monetären und zeitlichen Belastungen verwendet, die Kinder für ihre Eltern mit sich bringen. Unter den direkten Kinderkosten werden alle den Kindern zuzuordnenden Haushaltsausgaben verstanden. In der ökonomischen Analyse werden die Kosten dabei als das nötige Zusatzeinkommen gemessen, damit die Eltern beim Hinzukommen eines Kindes auf dem gleichen Wohlstandsniveau bleiben (Instrument der Äqui-

valenzskala). Als indirekte Kinderkosten wird der monetär bewertete Zeitaufwand für Kinder bezeichnet. Diese Kosten werden im Allgemeinen durch die Minderung des Erwerbseinkommens infolge der zeitlichen Bindung durch die Kinder gemessen.
Die Ermittlung der Kinderkosten ist für die Bemessung von Sozialleistungen und die Ausgestaltung des Unterhaltsrechts von erheblicher Bedeutung. Die durchschnittlichen direkten Kinderkosten liegen im Bereich von 1200 Franken pro Monat. Tendenziell sinken sie mit zunehmender Kinderzahl (Skalenersparnisse) und steigen mit dem Alter eines Kindes. Die indirekten Kosten sind im Durchschnitt noch höher. Für ein durchschnittliches Paar mit zwei Kindern machen die gesamten Kinderkosten für die ersten zwanzig Lebensjahre der Kinder rund 1,2 Millionen Franken aus, was gut 60 Prozent des effektiven Einkommens entspricht (Zahlenangaben für Ende 1990er-Jahre).

Literatur
Tobias Bauer, *Kinder, Zeit und Geld. Eine Analyse der durch Kinder bewirkten finanziellen und zeitlichen Belastungen von Familien und der staatlichen Unterstützungsleistungen in der Schweiz*, Büro für arbeits- und sozialpolitische Studien, Bern 1998; – Stefan Spycher, Tobias Bauer, Beat Baumann, *Die Schweiz und ihre Kinder. Private Kosten und staatliche Unterstützungsleistungen*, Rüegger, Chur/Zürich 1995; – Rolf Widmer, *Der volkswirtschaftliche Wert der unbezahlten Arbeit und deren Bedeutung im Kinderunterhaltsrecht*, Haupt, Bern 1999.
Verweise
Familie

Tobias Bauer

Kinderpolitik

Kindheit ist nach dem Internationalen Übereinkommen über die Rechte des Kindes (UNO 1990) die Lebensphase, die sich von der Geburt bis zur zivilrechtlichen Volljährigkeit erstreckt. Als soziale Alterskategorie umfasst sie alle Menschen zwischen 0 und 18 Jahren: In der Schweiz sind dies mehr als 20 Prozent der niedergelassenen Bevölkerung. Allgemein wird unterschieden zwischen: 1. Kleinkindalter, das heißt Kinder von 0 bis 5 Jahren, die noch keine obligatorische Schule besuchen; 2. eigentlicher Kindheit, die sich über die Schulzeit erstreckt; 3. Adoleszenz, die unter den Begriff des Jugendalters fällt. Kindheit ist gekennzeichnet durch Status (rechtliche Minderjährigkeit, privates Kindesverhältnis und Abhängigkeit von der elterlichen Sorge) und durch Entwicklung (Prozess der körperlichen, kognitiven, affektiven und sozialen Entwicklung hin zur Autonomie des Erwachsenenalters).
Unter Kinderpolitik versteht man die Gesamtheit der Maßnahmen im Hinblick auf die materiellen und institutionellen Bedingungen der Erziehung. Schematisch können drei Stoßrichtungen im öffentlichen Handeln bezüglich Kindheit unterschieden werden. Dabei geht es um das Verhältnis zwischen Familie, Kind und Staat:
1. Kinderschutzpolitik: Die materielle und erzieherische Betreuung der Kinder ist zunächst Aufgabe der Familie und wird aufgrund des privaten Kindesverhältnisses den Eltern übertragen. Wenn die natürliche Familie ihre Rolle nicht oder nicht mehr erfüllen kann oder ihren Pflichten nicht nachkommt, greift der Staat im Namen des Jugendschutzes ein (erzieherische Unterstützung, Prävention von Misshandlung, Platzierung usw.).
2. Politik der Unterstützung der Familienfunktion: In Anerkennung der sozialen Bedeutung der erzieherischen Funktion der Familie unterstützt der Staat die Eltern in ihrer Aufgabe durch geeignete Maßnahmen (direkte oder indirekte finanzielle Hilfe, soziale und erzieherische Dienste usw.). Statt die Familie zu ersetzen, wirkt der Staat auf die äußeren Rahmenbedingungen ein, um die Ausübung der Elternschaft zu erleichtern.
3. Politik der Kinderrechte: Der Staat anerkennt seine direkte Verantwortung gegenüber Kindern als zukünftigen Bürgern und Subjekten mit sozialen Rechten (Internationales Übereinkommen über die Rechte des Kindes). Aus dieser Sicht hat das Kind nicht nur abgeleitete Rechte, sondern muss auch direkte Rechte (z.B. das Recht auf Anhörung bei Scheidung) und spezifische soziale Maßnahmen genießen (Beihilfen, Krippen- oder Kindergartenplätze, Gesundheitsdienste, Spielflächen in der Stadt, Freizeitzentren usw.).

Literatur
Friedhelm Güthoff, Heinz Sünker (Hrsg.), *Handbuch Kinderrechte: Partizipation, Kinderpolitik, Kinderkultur*, Votum, Münster 2001; – UNICEF Schweiz et al. (Hrsg.), *Kinder und Jugendliche in der Schweiz: Bericht zu ihrer Situation*, Schweizerisches Komitee der UNICEF, Zürich 1999.
Verweise
Elterliche Sorge – Familie – Familienpolitik – Kindesschutz (Maßnahmen) – Kindesschutz (Teil des Kindesrechts)

Pierre-Yves Troutot

(Kinder-)Prostitution

Prostitution ist ein soziales Phänomen, welches nur durch die gleichzeitige Analyse der Normen, Werte und Ungleichgewichte einer Gesellschaft verstanden werden kann. Im engeren Sinn bedeutet Prostitution den Verkauf bzw. Kauf von Geschlechtsverkehr oder anderen sexuellen Handlungen. Die Beziehung der in das Tauschgeschäft involvierten Akteure und Akteurinnen ist typischerweise asymmetrisch. Gewalt und Verbrechen spielen vielfach mit hinein. Für ein umfassendes Verständnis des Phänomens müssen neben den Anbietenden und Nachfragenden dritte, an der Prostitution beteiligte Akteure (Zuhälter, Bordellbesitzer, Menschenhändler, Sexindustrie usw.) ebenfalls mit einbezogen werden. Die Prostitution von Erwachsenen ist von Doppelmoral umschattet und wirft Fragen zur Diskriminierung von Frauen, zu den Arbeitsbedingungen der Prostituierten, ihrer Gesundheitsbedrohung wie auch zu Kriminalität und grundlegenden Menschenrechten auf (Lim 1998). Von feministischer Seite wird die Prostitution von Erwachsenen zweifach kritisiert. Zum einen wird sie als patriarchales Phänomen abgelehnt, welches die Gewalt gegen Frauen, Klischees über weibliche Sexualität u.a. reproduziert. Zum anderen wird dafür gekämpft, aus der zwielichtigen Prostitution eine gesellschaftlich akzeptiertere Erwerbsarbeit zu machen.

Die Prostitution von Kindern hingegen ist illegal. Kinderprostitution ist neben der Kinderpornografie und dem Kinderhandel für sexuelle Zwecke ein Teilbereich der kommerziellen sexuellen Ausbeutung von Minderjährigen. Sie verletzt die Kinderrechte und ist eine untolerierbare Form der Kinderarbeit. Das Phänomen der kommerziellen sexuellen Ausbeutung von Kindern und Jugendlichen durch Prostitution ist zu einem weltweiten Problem geworden, das sich durch den wachsenden Sextourismus akzentuiert hat. Touristen aus Industrienationen nutzen das sozioökonomische Strukturgefälle zwischen ihrem Herkunftsland und dem ärmeren Reiseland aus, um Sex mit immer jüngeren Kindern und Jugendlichen zu erstehen. Die Hauptgruppe der Ausbeutenden machen dabei nicht Pädosexuelle, sondern Gelegenheitstäter aus.

Zentral bei der Definition von Kinderprostitution ist, dass Kinder von anderen für sexuelle Aktivitäten angeboten oder in diese einbezogen werden. Kinder können dafür nicht verantwortlich gemacht werden.

Noch nicht zufrieden stellend geklärt ist, wie mit der Altersdifferenz zwischen der Definition eines Kindes gemäß UNO-Kinderrechtskonvention (18 Jahre) und dem in vielen Ländern bereits vorher erreichten Alter der sexuellen Mündigkeit umgegangen werden soll.

Literatur
Heinrich W. Ahlemeyer, *Prostitutive Intimkommunikation. Zur Mikrosoziologie heterosexueller Prostitution*, Ferdinand Enke, Stuttgart 1996; – Lin Lean Lim (Hrsg.), *The Sex Sector. The Economic and Social Bases of Prostitution in Southeast Asia*, International Labour Office, Genf 1998; – Stefan Studer, Christina Peter, *Kommerzielle sexuelle Ausbeutung von Kindern und Jugendlichen in der Schweiz*, Edition Soziothek, Bern 1999.

Internet
www.ecpat.net
www.feministischepartei.de/seite23.htm
Verweise
Diskriminierung – Gewalt – Kinderrechte – Kindesmisshandlung

Katrin Hartmann

Kinderrechte

Kinderrechte sind Rechtsnormen, die sich auf Kinder bzw. deren Lebensbereiche beziehen. Dazu gehören vor allem zivile, soziale, wirtschaftliche und kulturelle Rechte, die verschiedene Anspruchs-, Handlungs- und Konkretisierungsebenen umfassen: individuelle Garantien, die dem einzelnen Kind zustehen und mit rechtlichen Mitteln durchgesetzt werden können; Rechte, die Kindern als gesellschaftlicher Gruppe zukommen und aus welchen sich Aufträge an das Gemeinwesen ableiten lassen; Rechte im Sinne von Prinzipien, zu deren Berücksichtigung der Staat in seinem Handeln verpflichtet ist.

Während dieses weite Verständnis von Kinderrechten alle Rechte und Ansprüche der Kinder als Teil der Gesellschaft gegenüber dem Gemeinwesen umfasst, regelt das Kindesrecht im Wesentlichen die Beziehungen des Kindes zu seinen Eltern. Das Kindesrecht im engeren (zivilrechtlichen) Sinne umfasst die Normen, welche die primäre Verantwortung der Eltern für ihr unmündiges Kind verankern, im Einzelnen konkretisieren und damit die rechtliche Grundlage für seine Erziehung und Sozialisation bilden.

Ältere Rechtsnormen, die sich auf Kinder und Jugendliche beziehen, sind vornehmlich aus der Perspektive des Schutzes und der Fürsorge geschrieben. Zunehmend ergänzt nun der Gedanke der Partizipation und Emanzipation diese Sichtweise und rückt Kinder und Jugendliche als eigenständige Rechtspersönlichkeiten ins Zentrum. Zu diesem gewandelten Verständnis vom Kind als Rechtssubjekt hat auch die Kinderrechtskonvention (UN-KRK) beigetragen und Gesetzesrevisionen in diesem Sinne beeinflusst. Illustrative Beispiele sind der Kinder- und Jugendartikel in der revidierten Bundesverfassung (Art. 11); Bestimmungen, welche die Anhörung des Kindes in allen es betreffenden Verfahren vorschreiben (namentlich im Scheidungsverfahren seiner Eltern, bei Adoption oder bei Kindesschutzmaßnahmen). Auch Änderungen im Opferhilfegesetz, die vorgesehenen Neuerungen im Jugendstrafrecht und im Jugendstrafverfahren gehen auf spezifische Bedürfnisse der Kinder und Jugendlichen ein und berücksichtigen neuere entwicklungspsychologische und pädagogische Erkenntnisse.

Kinderrechte sind als Rechte einer sozialen Gruppe mit vielfältigen Aufgaben verknüpft und beeinflusst durch neue gesellschaftspolitische Herausforderungen. Deshalb ändern sich Inhalt und Tragweite; beispielsweise ist davon auszugehen, dass künftig vermehrt Fragen der sozialen Sicherheit (Armut) und der medizinischen Fortpflanzung auch unter dem Aspekt Kinderrechte zu regeln sind.

Literatur
Dieter Freiburghaus-Arquint, »Kinderrechte – Kinder und Recht«, in: Regula Gerber Jenni, Christina Hausammann (Hrsg.), *Kinderrechte – Kinderschutz*, Helbing & Lichtenhahn, Basel 2002; – Cyril Hegnauer, *Grundriss des Kindesrechts*, Stämpfli, Bern 1999.
Internet
www.ofj.admin.ch
www.horizons.org
Verweise
Kinderrechtskonvention – Kindesschutz (Maßnahmen) – Kindesschutz (Teil des Kindesrechts)

Regula Gerber Jenni

Kinderrechtskonvention

Das UNO-Übereinkommen über die Rechte des Kindes von 1989 (Kinderrechtskonvention, UN-KRK) konkretisiert die Menschenrechte für die Lebensbereiche des Kindes, das heißt des Menschen bis zum zurückgelegten 18. Altersjahr. Als weltweiter Mindeststandard garantiert die UN-KRK dem Kind einerseits Schutz und Unterstützung bei der Entwicklung seiner Persönlichkeit und spricht es darüber hinaus als eigenständiges Subjekt an. Mit dieser partizipativen Ausrichtung hat die UN-KRK zu einem Perspektivenwechsel beigetragen, indem das Kind zunehmend als mitgestaltende Persönlichkeit wahrgenommen wird. Die offenen Formulierungen lassen allerdings den Staaten große Freiheiten bei der Auslegung und Anwendung. Die Rechte lassen sich unterteilen in Schutzrechte, Recht auf Betreuung und Versorgtwerden (Recht auf Teilhabe) und in Partizipationsrechte (Recht auf Teilnahme). Viele dieser Rechte weisen einen kindspezifischen Gehalt auf, z.B. das Recht des Kindes auf Zusammenleben bzw. auf regelmäßige persönliche Kontakte mit den Eltern, das Recht auf Anhörung in allen das Kind betreffenden staatlichen Gerichts- und Verwaltungsverfahren, das Recht auf Bildung und Freizeit. Die UN-KRK wird ergänzt durch die Fakultativprotokolle von 2000 betreffend den Einsatz von Kindern in bewaffneten Konflikten und betreffend den Verkauf von Kindern, Kinderprostitution und Kinderpornografie. In der Schweiz ist die UN-KRK seit 26. März 1997 mit fünf Vorbehalten in Kraft. Die UN-KRK hat dazu beigetragen, das Kind vermehrt als eigenständiges, autonomes Rechtssubjekt wahrzunehmen, und hat in diesem Sinne auch die nationale Gesetzgebung beeinflusst.

Literatur
Sharon Detrick, *A Commentary on the United Nations Convention on the Rights of the Child*, Nijhof, Den Haag 1999; – Regula Gerber Jenni, Christina Hausammann (Hrsg.), *Die Rechte des Kindes. Das UNO-Übereinkommen und seine Auswirkungen auf die Schweiz*, Helbing & Lichtenhahn, Basel 2001; – Stephan Wolf, »Die UNO-Konvention über die Rechte des Kindes und ihre Umsetzung in das schweizerische Kindesrecht«, in: *Zeitschrift des Bernischen Juristenvereins*, Nr. 134, 1998, S. 113–153.
Internet
www.unhchr.ch/html/intlinst.htm
Verweise
Menschenrechte (Europäische Konvention der) – Menschenrechtserklärung (Allgemeine)

Regula Gerber Jenni

Kinderzulagen → Familienzulagen

Kindesmisshandlung

Was heute als Kindesmisshandlung bezeichnet wird, gehörte viele Jahrhunderte zum »normalen« Alltag und zur Biografie vieler Kinder: Körperstrafen, Züchtigungen, Kindstötung, sexuelle Übergriffe, Kinderarbeit usw. Erst in den 1960er-Jahren haben amerikanische Kinderärzte begonnen, vom »Syndrom des geschlagenen Kindes« zu sprechen und intensive Forschung zu betreiben.
Wenn es sich bei der ursprünglichen Behandlung des Problems vor allem um schwere körperliche Verletzung handelte, hat man bald festgestellt, dass die Grenzen fließend sind: von der so genannten gesunden Ohrfeige über die »wohlverdiente« Tracht Prügel bis hin zu psychischer Gewalt, sexueller Ausbeutung und Vernachlässigung.
In einem weiten Sinn versteht man heute unter Kindesmisshandlung die nicht zufälligen, bewussten oder unbewussten, gewaltsamen körperlichen und/oder psychischen Schädigungen, die zu Verletzungen und/oder Entwicklungshemmungen oder sogar zum Tode führen können und die das Wohl und die Rechte der Kinder beeinträchtigen oder bedrohen.
Um dem Gegenstand gerecht zu werden, empfiehlt es sich jedoch, die einzelnen Formen von Misshandlungen genauer zu definieren und zu umschreiben:
– Körperliche Misshandlungen: betreffen sämtliche körperlichen Übergriffe auf Kinder (ausschließlich der sexuellen Ausbeutung). Dazu gehören insbesondere Schläge mit den Händen oder mit Gegenständen, aber auch Fußtritte, Reißen an den Haaren, Verbrennungen, Vergiftungen und das Schütteln usw. Nicht jede körperliche Misshandlung hinterlässt körperlich diagnostizierbare Verletzungen.
– Psychische Misshandlungen: sind andauernde feindliche, abweisende oder ablehnende Haltung, Äußerungen, Handlungen und Unterlas-

sungen, die das Kind terrorisieren, herabsetzen und demütigen, isolieren, überfordern und ihm das Gefühl der Wertlosigkeit oder der Minderwertigkeit vermitteln.
– Sexuelle Ausbeutung und Übergriffe: wenn ein Kind von einem Erwachsenen oder älteren Jugendlichen als Objekt der eigenen sexuellen Bedürfnisse benutzt wird, wenn sich Erwachsene bewusst und absichtlich am Körper eines Kindes befriedigen oder sich von Kindern befriedigen lassen (vgl. auch Kinderprostitution).
– Vernachlässigung: ist dann gegeben, wenn Kinder in ihrer Entwicklung beeinträchtigt oder geschädigt werden dadurch, dass ihnen nicht die notwendige Aufsicht (Schutz), nicht die notwendige Fürsorge (Ernährung, Pflege) und nicht die nötige geistige, soziale, emotionale und motorische Anregung gewährt wird.

Die strukturelle Gewalt gegen Kinder findet (auch) in der Fachliteratur oft keine Erwähnung. Kinder sind jedoch nicht nur Opfer direkter (personaler) Gewalthandlungen, sondern auch von gesellschaftlichen Strukturen, die als kinderfeindlich oder zumindest als nicht kinderverträglich zu bezeichnen sind (z.B. Straßenverkehr, Umweltverschmutzung, Armut usw.).

Von Misshandlungen können grundsätzlich alle Menschen betroffen werden. Besonders gefährdet sind aber vorwiegend jene Personen(gruppen), die als »schwächer« wahrgenommen werden: Kinder, Alte, Behinderte usw.

Literatur
Arbeitsgruppe Kindesmisshandlung, *Kindesmisshandlungen in der Schweiz. Bericht zuhanden des Vorstehers des Eidg. Departementes des Innern*, EDMZ, Bern 1992; – Mary E. Helfer, Ruth S. Kempe, Richard D. Krugman (Hrsg.), *Das misshandelte Kind*, Suhrkamp, Frankfurt am Main 2002.
Internet
www.kinderschutz.ch
Verweise
Gewalt – (Kinder-)Prostitution – Kinderrechte
Franz Ziegler

Kindesschutz (Maßnahmen)

Der Kindesschutz umfasst erzieherische Normen und rechtliche Regeln zum Schutz des Kindes im Hinblick auf seine psychische, soziale und physische Entwicklung. Bei Vernachlässigung, physischer oder psychischer Misshandlung sowie sexueller Ausbeutung wird entweder auf administrativer Grundlage durch die zuständigen Behörden (Jugenddienst/Jugendamt) oder aufgrund einer richterlichen Anordnung interveniert. Im zweiten Fall hat die Gerichtsbehörde die Befugnis, in Anwendung der Bestimmungen des Schweizerischen Zivilgesetzbuches und des kantonalen Rechts eine Maßnahme zum Schutz des Kindes durchzusetzen. Dabei kann es sich um eine Beistandschaft zur Unterstützung der Erziehungsarbeit, um Sorgerechtsentzug oder auch um Ernennung eines Vormunds handeln. Strafrechtliche Maßnahmen werden eingeleitet, falls eine strafbare Handlung im Sinne des Strafgesetzbuches vorliegt.

Literatur
Internationale Kinderrechtskonvention; – Kantonale Gesetze zum Kindesschutz; – *Schweizerisches Strafgesetzbuch*, Artikel 127, 187, 219, 220; – *Schweizerisches Zivilgesetzbuch*, Artikel 307.

Verweise:
Elterliche Sorge – Inzest – Pro Juventute
Anne Giroud

Kindesschutz (Teil des Kindesrechts)

Das Grundprinzip des Kindesschutzes ist die Abwendung einer Gefährdung des Kindeswohls. Die Verantwortung über das Wohlergehen und die Erziehung des Kindes obliegt grundsätzlich den Eltern (elterliche Sorge). Wenn diese die Sorgepflicht nicht erfüllen (können), stehen dem Staat verschiedene Maßnahmen zur Verfügung: 1. Erteilung von Weisungen für die Pflege, Erziehung oder Ausbildung, oder die Bestimmung einer Person oder Stelle, der Einblick und Auskunft zu geben ist; 2. Ernennung eines Beistands; 3. Aufhebung der elterlichen Obhut (Aufenthaltsort) und 4. Entziehung der elterlichen Sorge (Sorgerecht). Ausschlaggebend für ein solches Eingreifen ist das Wohl des Kindes und nicht das Verschulden der Eltern. Für die Anordnung, Änderung und Aufhebung von Kindesschutzmaßnahmen ist die Vormundschaftsbehörde zuständig.

Die UNO-Konvention über die Rechte des Kindes (KRK) von 1989 (seit 1997 in der Schweiz in Kraft) hat den Kindesschutz in der Schweiz erweitert. Verschiedene Anliegen der KRK wurden im Rahmen der ZGB-Revision (1998–2000) gesetzlich verankert. So im Rahmen des revidierten Scheidungsrechts die Möglichkeit der gemeinsamen elterlichen Sorge sowie das Anhörungsrecht des Kindes im Scheidungsverfahren. Zudem haben sowohl das Kind wie die Eltern gegenseitig Anspruch auf persönlichen Verkehr, wenn das Kind nicht mehr unter elterlicher Obhut oder Sorge steht.

Weitere das internationale Kindesrecht bestimmende Abkommen:
– Haager Übereinkommen von 1961 über den Schutz von Kindern und das dieses Regelwerk erweiternde Haager Kinderschutzübereinkommen von 1996 (betrifft hauptsächlich die Zuständigkeit, das anwendbare Recht und die Anerkennung ausländischer Entscheidungen).

– Haager Übereinkommen über die zivilrechtlichen Aspekte internationaler Kindesentführungen von 1980 (Schutz des Kindes bei widerrechtlichem Aufenthalt im Ausland) sowie das im selben Jahr verabschiedete europäische Übereinkommen über die Anerkennung und Vollstreckung von Entscheidungen über das Sorgerecht für Kinder und die Wiederherstellung des Sorgerechts.
– Europäische Konvention zum Schutze der Menschenrechte und Grundfreiheiten (EMRK) von 1950. Die Artikel 2, 5, 6, 8 und 14 der EMRK sind sowohl für die Gesetzgebung wie auch die Rechtsprechung im Kindesrecht bedeutsam.

Literatur
Cyril Hegnauer, *Grundriss des Kindesrechts*, Stämpfli, Bern 1999; – Bernhard Schnyder, *Die ZGB-Revision 1998/2000*, Schulthess, Zürich 1999; – Stephan Wolf, »Die UNO-Konvention über die Rechte des Kindes und ihre Umsetzung in das schweizerische Kindesrecht«, in: *Zeitschrift des Bernischen Juristenvereins*, Band 134, 1998, S. 113–151.

Tanja Zangger

Klasse

Der Begriff Klasse bezeichnet ein soziales und kulturelles Gebilde, das sich nur aufgrund seiner Beziehung zu anderen Klassen bestimmen lässt. Klassen gründen in gesellschaftlichen Ordnungsprinzipien (etwa Eigentum), die Gruppen von Individuen in ein bestimmtes sozial relevantes Verhältnis zueinander stellen. Welche gesellschaftlichen Ordnungsprinzipien sich aber als bedeutsam erweisen, ob überhaupt noch von einer Klassengesellschaft gesprochen werden kann, ist Gegenstand von politischen wie wissenschaftlichen Auseinandersetzungen.
Ungeachtet der vielfältigen Ansätze von Klassentheorien etwa bei Adam Smith, Comte de Saint-Simon und Lorenz von Stein waren es Karl Marx und Friedrich Engels, die Klassen als zentralen Begriff der entstehenden Gesellschaftswissenschaften etablierten. Die These des *Kommunistischen Manifests*, die Geschichte aller bisherigen Gesellschaft sei die Geschichte von Klassenkämpfen, ergibt allerdings nur als Bestandteil einer umfassenden ökonomischen und historischen Theorie Sinn. In dieser stehen Klassen und Klassenbildung im engen Zusammenhang mit sich selbst verstärkenden Widersprüchen, die aus der technologisch-ökonomischen Entwicklung resultieren und sich als Konflikt zwischen Ausbeutenden und Ausgebeuteten äußern. Das große Problem des marxistischen Klassenbegriffs bleibt das Verständnis von sozialen Lagen, die nicht eindeutig von dem dominanten Klassengegensatz bestimmt sind. Diese Lagen bezeichnet Marx als »Glieder ohne mannigfache Beziehung«, die zu »keinem gemeinsamen Interesse finden können«.
Max Weber hat das soziologische Verständnis von Klassen in dieser Hinsicht wesentlich erweitert. Er wendet sich gegen die Vorstellung, die objektiven Klassenlagen verwirklichten sich quasi von selbst im kollektiven und individuellen Bewusstsein. Klassenlagen und Klasse bezeichnen für Weber »Tatbestände gleicher (oder ähnlicher) typischer Interessenlagen«. Klassenlagen stellen »ursächliche Komponenten« von Lebenschancen dar. Sie bilden für Weber allerdings nur »*mögliche* Grundlagen« eines gemeinschaftlichen Handelns. Entscheidend für die gesellschaftliche Realität von Klassen ist das Vorhandensein eines gemeinsam geteilten alltagsweltlichen Bedeutungshorizonts, der das Handeln und Denken der Menschen in ähnlichen Interessenlagen aufeinander bezieht. Nur auf diese Weise lässt sich verstehen, weshalb Klassen in ökonomisch durchaus ähnlichen Gesellschaften so unterschiedliche Bedeutungen und Realitäten besitzen. Die Schwierigkeit einer solchen Klassenkonzeption liegt darin, dass sie die Logik der Herausbildung von Klassenkulturen offen lässt.
Pierre Bourdieu erweitert Max Webers Vorstellung der Klassenbildung gerade um diese kulturelle Logik der Klassengegensätze. Wie die ökonomische Entwicklung ist auch die kulturelle Bildung von Klassen keineswegs beliebig. Vielmehr durchdringen und bestärken sich die ökonomische und symbolische Logik der Klassengesellschaft gegenseitig. Die Klassengegensätze äußern sich oft sehr subtil, als »feine Unterschiede« im alltäglichen Wahrnehmen und Verhalten. Auf diese Weise erhält sich ökonomisches und kulturelles Kapital auch in gegenwärtigen Gesellschaften über Generationen hinweg. Pierre Bourdieus Perspektive widerspricht damit zeitgenössischen Thesen von einer pluralisierten, individualisierten »Gesellschaft ohne Klassen« nachhaltig.

Verweise
Schichten – Soziale Bewegungen – Soziale Ungleichheiten

Felix Keller

Kleinkinderzieherin und -erzieher

Kleinkinderzieherinnen und -erzieher betreuen vorschulpflichtige Kinder in Krippen, Tages- und Kinderheimen. Sie sind für Erziehung, Förderung, Ernährung und Pflege der ihnen anvertrauten Kinder zuständig. Die Tätigkeit wird zu 95 Prozent von Frauen ausgeführt. Zu den Tätigkeitsfeldern einer gelernten Kleinkinderzieherin und eines gelernten Kleinkinderziehers gehören: 1. Gruppenleben organisieren, Gruppenhaushalt führen; 2. Gruppenaktivitäten, -prozesse, -kultur, Zu-

sammenleben gestalten; 3. Entwicklung des einzelnen Kindes fördern; 4. Gesundheit und Pflege sicherstellen; 5. administrative Aufgaben und Berichterstattung wahrnehmen; 6. Zusammenarbeit mit Eltern und Fachleuten organisieren und pflegen; 7. Berufsnachwuchs ausbilden.
In der deutschen Schweiz beginnt die Ausbildung zur Kleinkindererzieherin in der Regel mit einem Praktikum. Danach folgt eine 3-jährige Berufslehre (Sekundarstufe II). In der Romandie wird dieser Ausbildungsgang auf der Tertiärstufe (Höhere Fachschule) angeboten. Im Rahmen des neuen Berufsbildungsgesetzes müssen die Ausbildungen gesamtschweizerisch angepasst werden.
Kleinkindererzieherinnen und Kleinkindererzieher sind im Schweizerischen Berufsverband CH-S2 organisiert.

Literatur
Schweizerischer Verband für Berufsberatung, *Berufsbild Kleinkindererzieher/Kleinkindererzieherin*, Schweizerischer Verband für Berufsberatung, Dübendorf 1998.
Internet
www.ch-s2.ch
Verweise
Krippe und Kindertagesstätte

Urs Rufli

Klientensystem → Unterstützungssystem

Kollektivgüter und -dienstleistungen (reine)
Die Kategorie der »reinen Kollektivgüter« beinhaltet Güter, welche von mehreren Personen gleichzeitig konsumiert werden können und von deren Konsum niemand ausgeschlossen werden kann. Dabei handelt es sich in erster Linie um öffentliche Dienste, die öffentliche Verwaltung, die nationale Verteidigung, die Diplomatie oder die Justiz. Die Eigenart dieser Güter bringt es mit sich, dass kein Privatunternehmen bereit ist, sie ohne eine staatliche Deckungsgarantie zu produzieren. Zwar besteht eine gesellschaftliche Nachfrage für diese Güter und Dienstleistungen, sie bleibt aber unbefriedigt, da keine private Produktion zustande kommen kann. Der Markt versagt hier also gänzlich.
Um dies auszubessern, muss der Staat intervenieren und selbst die Produktion dieses Gutes übernehmen (öffentliche Produktion) oder sie an ein konzessioniertes Privatunternehmen auslagern. Allerdings bleibt es schwierig, die Produktionsmenge zu bestimmen, da die Konsumentinnen und Konsumenten ihre Präferenzen nicht kundtun. Um dieses Problem zu umgehen, kann der Staat in einer direkten Demokratie Abstimmungen organisieren, um die Nachfrage der Bürger und Bürgerinnen zu erforschen. Er kann die Steuerzahlenden auch dazu zwingen, ihre Präferenzen kundzutun, indem er aufhört, reine Kollektivgüter zu produzieren.
Grundsätzlich werden zwei Kriterien zur Unterscheidung der Güter und Dienstleistungen benutzt: die Rivalität (versus die Nicht-Rivalität) und die Ausschließlichkeit (versus die Nicht-Ausschließlichkeit). Ein Gut wird als rivalisierend betrachtet, wenn der Konsum einer Einheit dieses Gutes durch eine Person den gleichzeitigen Konsum derselben Einheit durch eine andere Person unmöglich macht. Umgekehrt ist ein Gut nicht rivalisierend, wenn es von mehreren Konsumenten gleichzeitig konsumiert werden kann. Diese Nicht-Rivalität kann absolut oder relativ sein, wie dies das Beispiel des Kinos veranschaulicht, bei dem die Nicht-Rivalität auf die Platzkapazität des Kinosaals limitiert ist. Sobald es voll ist, wird der Konsum durch zusätzliches Publikum rivalisierend.
Die Ausschließlichkeit bezieht sich auf die Möglichkeit der Produzenten, jene Konsumenten auszuschließen, die für die beanspruchten Güter keine Zahlungsbereitschaft äußern. Man spricht von Nicht-Ausschließlichkeit, wenn niemand vom Konsum eines Gutes ausgeschlossen werden kann. Beispiele sind etwa die Landesverteidigung, der Umweltschutz oder ein Leuchtturm.
Von diesen beiden Charakteristika ausgehend können neben reinen Kollektivgütern weitere drei Gütergruppen unterschieden werden: Die erste Gruppe ist die der »reinen Individualgüter«, die ausschließlich und rivalisierend sind (Beispiel: Lebensmittel). Die zweite Gruppe besteht aus den »kollektiven gemischten Gütern und Dienstleistungen«, den so genannten Clubkollektivgütern. Sie sind nicht rivalisierend, aber ausschließend (Kino und andere kulturelle oder sportliche Veranstaltungen). Die so genannten Quasikollektivgüter bilden die dritte Gruppe. Es sind dies kollektive gemischte Güter und Dienstleistungen, die rivalisierend, aber nicht ausschließlich sind. Diese Kategorie umfasst hauptsächlich die natürlichen Ressourcen. Im Fall der Hochseefischerei beispielsweise rivalisiert ein Schiff mit einem anderen, das somit nicht dieselben Fische fangen kann. Laut aktuellem internationalem Recht ist hier kein Ausschluss jener Produzenten möglich, die den Preis dieser Benutzung nicht zahlen wollen, womit das Risiko der Überstrapazierung der Ressource besteht.

Literatur
Volker Arnold, *Theorie der Kollektivgüter*, Vahlen, München 1992.
Verweise
Liberalismus – Öffentlicher Dienst – Wohlfahrtsstaat

Yves Flückiger

Kommunitarismus

Der Kommunitarismus sieht sich als eine intellektuelle und politische Gegenbewegung zu Tendenzen moderner Großgesellschaften wie sozialer Desintegration, moralischer Desorientierung und überzogenem Egoismus. Diesen werden moralische Tugenden wie Solidarität, Verantwortungsbewusstsein und vor allem Gemeinsinn gegenübergesetzt. Der Kommunitarismus wird einerseits charakterisiert durch seine Kritik an der fortschreitenden Ökonomisierung und Individualisierung der Gesellschaft, ist anderseits aber auch kritisch gegenüber der staatlichen Institutionalisierung sozialer Aufgaben. Gesetzt wird vielmehr auf die »Zivilgesellschaft«, an der die von der Verantwortung für die Gemeinschaft geprägten »guten Bürger« partizipieren. Die kommunitaristische Bewegung stützt sich auch auf das Prinzip der Subsidiarität, wonach der Staat Aufgaben nur übernehmen darf, wenn untergeordnete Gemeinschaften damit überfordert sind. Als Elemente, die – ergänzend zur repräsentativen Demokratie – vom Kommunitarismus gefordert werden, nennt Meier (2001) als Beispiele Nachbarschaftsversammlungen oder kommunale Selbsthilfe- und Selbstbestimmungsprogramme im Sozial-, Sicherheits- und Umweltbereich.

Entworfen wurde der Kommunitarismus von amerikanischen Intellektuellen als Reaktion auf die neoliberale Ausrichtung der US-Politik der 1980er-Jahre. Dabei wurde auch auf die lange Tradition diverser nichtstaatlicher Freiwilligenorganisationen in den USA Bezug genommen. Im deutschsprachigen Raum wurde die Debatte zuerst von Intellektuellen, nach der Wende in Deutschland auch von der Politik aufgenommen. Von sozialdemokratischer Seite wird auf die Wichtigkeit des Kommunitarismus für die Verwirklichung des »dritten Weges« zwischen Sozialismus und Kapitalismus hingewiesen. Liberale Politik sieht im Konzept des Gemeinsinns die Möglichkeit, einerseits negative Folgen der wirtschaftlichen Globalisierung abzufedern, anderseits die Staatsbürokratie einzudämmen. So soll mit einem Weniger an Staat ein Mehr an politischer Partizipation erreicht werden. In diesem Sinne ist denn auch der Kommunitarismus nicht einfach als Gegenthese zum Liberalismus zu verstehen. Walzer (1995), einer der Mitbegründer, nennt Kommunitarismus eine »Begleiterscheinung«, der es nicht um die Überwindung, sondern vielmehr um die »periodische Korrektur« des Liberalismus gehe.

Literatur
Amitai Etzioni, *Der dritte Weg zu einer guten Gesellschaft*, Mikro-Edition, Hamburg 2001; – Bernd Meier, *Kommunitarismus. Politische Idee, Programmatik und empirische Befunde*, Deutscher Instituts-Verlag, Köln 2001; – Michael Walzer, »Die kommunitaristische Kritik am Liberalismus«, in: Axel Honneth (Hrsg.), *Kommunitarismus. Eine Debatte über die moralischen Grundlagen moderner Gesellschaften*, Campus, Frankfurt am Main 1995.

Verweise
Bürokratie – Liberalismus – Subsidiarität – Zivilgesellschaft

Dieter Egli

Komplementärmedizin

Komplementärmedizin ist kein einheitlicher Begriff. Je nach geistigem Hintergrund verwendet man dafür auch die Bezeichnungen: Alternativmedizin, Naturheilkunde, Erfahrungsmedizin, Ganzheitsmedizin, Außenseitermedizin, Paramedizin, unkonventionelle medizinische Richtungen, unkonventionelle Therapieverfahren oder besondere Therapierichtungen.

»Komplementär« meint Ergänzung – Ergänzung eines etablierten Medizinsystems zu einem (neuen) Ganzen. Etabliert ist heute die naturwissenschaftlich orientierte Hochschulmedizin (die so genannte Schulmedizin) mit ihrer korrektiven und oft lebensrettenden Medizintechnik. Die Komplementärmedizin versteht sich dagegen als System, das Heilwirkung durch autonome Selbstregulation in einem ärztlich unterstützten Therapieverfahren herbeizuführen sucht. Beide Systeme gehören zum Grundbegriff Heilkunde, entsprechen aber unterschiedlichen Geisteshaltungen.

Ausgeübt wird die Komplementärmedizin sowohl von diplomierten Hochschulmedizinern als auch von auf andere Weise ausgebildeten Therapeutinnen und Therapeuten. Letztere nennen sich Naturärzte, Naturheiler, Heilpraktiker u.a. bis hin zu autodidaktischen Geistheilern. Zu den Methoden der abendländischen Heilkunde kommen heute vermehrt Therapien aus dem asiatischen Kulturkreis, wie Akupunktur, *Shiatsu, Reiki, Ayur Veda* und weitere. Auch hier stammen die darin Tätigen sowohl aus dem Lager der Hochschulabsolventen wie auch aus Laienkreisen mit spezifischer Fachausbildung.

Die unter dem Begriff Komplementärmedizin zusammengefassten therapeutischen Verfahren werden nicht oder nur marginal an Hochschulen gelehrt. Komplementärmedizinische Lehraufträge gibt es an den Universitäten Zürich (Lehrstuhl für Naturheilkunde) und Bern (Kollegiale Instanz für Komplementärmedizin, KIKOM). Im Vergleich zur »Schulmedizin« stehen der Komplementärmedizin jedenfalls fast keine Forschungsmittel zur Verfügung. Auch die obligatorische Krankenversicherung kommt grundsätzlich nicht für komplementärmedizinische Therapien auf. Eine Ausnahme gilt seit dem 1. Juli 1999 für Homöopathie, Phythotherapie, anthroposophisch erweiterte

Medizin, Neuraltherapie und Teile der chinesischen Medizin, sofern sie von einem diplomierten Arzt angewandt werden.

Geschichtlich gesehen hat sich die Komplementärmedizin aus der Volksmedizin heraus entwickelt. Teilaspekte davon sind etwa die Kräutermedizin (mutiert zur heutigen Phytomedizin) oder auf der antiken Säftelehre aufbauende Verfahren (z.B. Aderlass und Schröpfen). Diese und weitere heute unübliche Methoden gehören zu einer etwa 100 bis 300 Jahre zurückliegenden medikalen Kultur und waren damals Teil der etablierten Standardtherapie.

Im 19. Jahrhundert übernahm die universitäre, naturwissenschaftlich gestützte Medizin allmählich eine Monopolstellung. Medizinische Praktiken aus früheren Epochen wurden in Außenseiterpositionen gedrängt. Dabei haben sich jedoch in den letzten Jahrzehnten Homöopathie, anthroposophisch erweiterte Medizin, einige nichtabendländische Therapieverfahren (wie chinesische Medizin oder *Ayur Veda* aus Indien), Spagyrik u.a. eine gefestigte Position erworben.

Moderne Bestrebungen versuchen unter dem Begriff der integrativen Medizin Aspekte der naturwissenschaftlich orientierten Medizin mit Bereichen der komplementären Therapieformen zu einer verstärkt ganzheitlichen, das heißt Körper, Seele und Geist umfassenden Sicht zu vereinen.

Literatur
Karl W. Kratky, *Komplementäre Medizinsysteme. Vergleich und Integration*, Ibera, Wien 2002; – Sabine Sieg, Reinhard Saller, Rosalind Coward, *Überblick: Komplementäre Medizin heute*, Stadt Celle, Celle 2000; – Union schweizerischer komplementärmedizinischer Ärzteorganisationen, *Komplementärmedizin und Krankenversicherung*, Union, Luzern 2001.
Verweise
Gesundheit – Medizin (Geschichte der)

Peter H. Baumann

Konferenz der kantonalen Sozialdirektorinnen und Sozialdirektoren (SODK)

In der 1943 gegründeten Sozialdirektorenkonferenz (SODK) behandeln die Vorsteherinnen und Vorsteher der kantonalen Sozialdepartemente grundlegende Fragen des Sozialwesens. Schwerpunkte sind: die Sozialhilfe in den Kantonen, der Vollzug der Sozialversicherungen, die Asyl- und Flüchtlingspolitik, die Opferhilfe (Vorsitz der Verbindungsstellen-Konferenz), das Heimwesen (Federführung bezüglich der Interkantonalen Vereinbarung für soziale Einrichtungen, IVSE). Die SODK nimmt Informations- und Koordinationsaufgaben zwischen Kantonen, Bundesbehörden, Städten und Gemeinden sowie privaten Organisationen wahr. Sie vertritt die Kantone in Kommissionen und Arbeitsgruppen, führt Vernehmlassungen durch, erarbeitet Berichte und Stellungnahmen zu sozialpolitischen Anliegen der Kantone. Oberstes Organ der Konferenz ist die jährlich tagende Plenarversammlung. Der Vorstand vereinigt 7 bis 9 kantonale Sozialdirektorinnen und -direktoren; Bund (BSV), Städte und Gemeinden sowie die SKOS sind mit beratender Stimme vertreten. Eine »Beratende Kommission« mit Vertreterinnen und Vertretern der verschiedenen Landesgegenden bereitet die Geschäfte des Vorstandes vor. Die SODK verfügt über ein ständiges Zentralsekretariat mit Sitz in Bern.

Internet
www.sodk-cdas-cdos.ch
Verweise
Schweizerische Konferenz für Sozialhilfe (SKOS) – Städteinitiative

Ernst Zürcher

Konkubinat

Konkubinat bezeichnet die eheähnliche Gemeinschaft unverheirateter Partner, in aller Regel heterosexueller Partner. Früher war das Konkubinat strafbar. In Frankreich wird mit *concubinage* (Art. 515–8 französischer Code civil) eine tatsächliche Gemeinschaft verstanden, in der zwei Personen gleichen oder verschiedenen Geschlechts dauerhaft und effektiv zusammenleben. Je mehr Staaten eine registrierte Partnerschaft auch heterosexueller Partner einführen (wie jetzt bereits z.B. Frankreich, die Niederlande und einige spanische Regionen), desto häufiger werden sich formlose Konkubinate in registrierte Partnerschaften umwandeln. Wo, wie z.B. in der Schweiz (mit Ausnahme der Kantone Genf und Zürich), Konkubinatspartner verschiedenen Geschlechtes sich nicht als Partnerschaft registrieren lassen können, werden diese eheähnlichen Gemeinschaften als einfache Gesellschaften angesehen und nach den Regeln der Artikel 530 ff. OR behandelt und aufgelöst. Diese formlosen Verbindungen stehen also nicht außerhalb jeglicher rechtlichen Regelung. Das Eigentum der Partner kann beiden gehören, ihr lang andauerndes Zusammenleben (rund 5 Jahre) kann nacheheliche Unterhaltsansprüche eines geschiedenen Partners zum Erlöschen bringen, und Konkubinatspartner können auch in den Genuss deliktsrechtlicher Genugtuungsansprüche bei Tötung oder Verletzung des Partners (Art. 47 OR) kommen.

Literatur
Jürgen Basedow, Klaus Hopt, Hein Kötz, Peter Dopffel (Hrsg.), *Die Rechtsstellung gleichgeschlechtlicher Lebensgemeinschaften*, Max Planck, Tübingen 2000; – Florence Guillaume, Raphael Arn (Hrsg.), *Cohabitation non maritale. Évolution récente en droit suisse et étranger*, Droz, Genève 2000; – Cyril Hegnauer, Peter Breitschmid,

Grundriss des Eherechts, Stämpfli, Bern 2000; – Bernhard Pulver, *Unverheiratete Paare. Aktuelle Rechtslage und Reformvorschläge*, Helbing & Lichtenhahn, Basel 2000.
Verweise
Unverheiratete Paare

Kurt Siehr

Konservativismus

Der Konservativismus entsteht als Reaktion auf die Französische Revolution. Als Begründer des politischen konservativen Denkens gilt der Brite Edmund Burke, der als damaliger Zeitgenosse die Französische Revolution insbesondere wegen ihres abstrakten Rationalismus und ihrer Vernunftideologie kritisiert. Ein einheitliches konservatives Denken existiert nicht, der Konservativismus gewinnt seine jeweilige inhaltliche Kontur hauptsächlich in der Auseinandersetzung mit seinen Gegenspielern, dem Liberalismus und dem Sozialismus. Vom Konservativismus ist die Restauration (als Wiederherstellung ehemaliger Verhältnisse) oder die Reaktion (als direkte Gegenbewegung zu stattfindenden Veränderungen) zu unterscheiden. Der Konservativismus lehnt Veränderungen nicht grundlegend ab, gibt jedoch evolutionären Entwicklungen gegenüber revolutionären Neuschaffungen den Vorzug, da er davon ausgeht, dass mit dem Rückgriff auf Vernunftprinzipien keine Ordnung (in politischer wie in sozialer Hinsicht) geschaffen werden könne. Der Konservativismus betont das Organische und das historisch Gewachsene einer jeden Sozialordnung, die aus seiner Perspektive nur allmählich und schonend verändert werden könne. Im 19. Jahrhundert tritt der Konservativismus gegen den Ansturm des Liberalismus und später des Sozialismus in der Regel als Verteidiger ständischer Interessen, tradierter Lebensweisen und politischer Institutionen sowie religiöser Glaubensüberzeugungen auf. In der Schweiz verbindet sich auf der politischen Ebene konservatives Denken mit dem Katholizismus, was sich in der Gründung der Konservativ-Katholischen Volkspartei 1912 dokumentiert. Der im Rahmen der katholischen Kirche entstehende Sozialkatholizismus ist auch zum Konservativismus zu zählen: die katholische Soziallehre zielt insbesondere auf die Respektierung der historisch gewachsenen Lebensformen ab, propagiert die sittliche Orientierung am Gemeinwohl und drückt durch ihre Berufung auf das Subsidiaritätsprinzip ihre Skepsis gegenüber anonymen und nicht überschaubaren Organisationen aus.
Die Durchsetzung und Etablierung des modernen Sozialstaates geht in Europa maßgeblich auf das Wirken konservativer Sozialreformer zurück, die im Zeitalter der Industrialisierung und des Massenelends den Staat vor sozialrevolutionären Erschütterungen bewahren wollten. In der Schweiz legte dagegen der Freisinn den Grundstein für den Sozialstaat.
Gegenwärtig findet sich konservatives Denken in verschiedenen Bereichen und ist keineswegs nur auf rechts stehende politische Parteien beschränkt. Die allgemeine Skepsis gegenüber dem technischen Fortschritt, wie sie in der Ablehnung der Atomenergie und auch der Gentechnologie seitens der ökologischen Bewegung zum Ausdruck kommt, ist genauso konservatives Denken, findet seinen politischen Ort jedoch eher in links stehenden Parteien (den Grünen und Teilen der Sozialdemokratie). Konservatives Denken dokumentiert sich weiterhin in religiösen Überzeugungen, wenn beispielsweise mit dem Verweis auf die Unverfügbarkeit menschlichen Lebens ein Verbot der Abtreibung sowie ein Verbot der Reproduktionsmedizin gefordert wird. Schließlich ist das Festhalten an der immer währenden Neutralität der Schweiz und die sich daraus ergebende Konsequenz, die Ablehnung einer Mitarbeit in supranationalen Organisationen, wie es beispielsweise durch die Schweizerische Volkspartei vertreten wird, ebenfalls konservatives Denken.

Verweise
Katholische Soziallehre – Liberalismus – Sozialismus – Sozialstaat

Stefan Kutzner

Konsum

Das Wort Konsum stammt vom lateinischen *consumere* und bedeutet jede Art von Verbrauch und Verwendung von Gegenständen. Dieser Ge- und Verbrauch von Gütern und Leistungen dient unmittelbar zur Befriedigung eines Bedürfnisses. Es geht dabei um einen personalen Akt des Konsumierens. In der Ökonomie wird der Konsum den privaten Haushalten oder Einzelpersonen (auch zum Teil dem Staat, dem öffentlichen Haushalt), die Produktion dagegen den Unternehmen zugeordnet. Bei privaten Haushalten basiert der Konsum auf den Individualbedürfnissen, während die öffentlichen Haushalte ihren Bedarf aus den Bedürfnissen der privaten Haushalte (Kollektivbedürfnisse) ableiten. Wie viele Produkte nachgefragt werden, ist jeweils abhängig von der Kaufkraft der Konsumenten, der Einkommenshöhe, vom Preisniveau, vom Güterangebot, von sozialen wie psychologischen Faktoren. Beispielsweise können die Wirkung einer Werbung, eine günstige Konjunktur oder emotionale Reize die Konsumenten zum Kauf bzw. Konsum animieren. In der heutigen Zeit spielt der Konsum eine wichtige Rolle, da der Konsum nicht nur auf einzelne Personen, sondern gesamtwirtschaftlich gesehen auch auf Wirtschaft und Gesellschaft einen starken Einfluss ausübt. Besonders bei Jugendlichen ist die heutige Sozialisierung auch eine Art Erziehung zum Konsum. Im historischen Kontext gesehen hat sich die Bedeutung des Konsums stetig verändert; er erfuhr inhaltliche Veränderungen, neue Bedeutung und unterschiedliche Assoziationen.

In der Antike bedeutete Konsum Verbrauch, Verwendung von Gegenständen sowie jede Art der Beseitigung bzw. Veräußerung. Im Mittelalter war ein spezieller Begriff für den Verbrauch (Konsum) bzw. für die Versorgung der Menschen mit dem Grundbedarf unbekannt. Erst mit der merkantilistischen Wirtschaftstheorie, also in der Zeit des Absolutismus, gewinnt der Begriff wieder an Bedeutung im Sinne von »verzehren«, »verbrauchen«. Im 18. Jahrhundert bezeichnete Adam Smith (1723–1790), der Begründer der klassischen Nationalökonomie, in seinem Werk *Wealth of Nations* den Konsum als eigentliches Ziel der Produktion. Smith war übrigens der Erste, der sich intensiv Gedanken über den Markt und dessen Mechanismen machte. Er beschrieb ihn als ein sich selbst regulierendes System: Im freien Wettbewerb stellt sich das Gleichgewicht zwischen Produktion, Verbrauch, Lohn und Preis und damit ein Zustand der natürlichen Harmonie des wirtschaftlichen und sozialen Lebens ein. In der klassischen Nationalökonomie fand zu dieser Zeit der Konsum bzw. der Verbrauch als ökonomischer Faktor kaum Beachtung, was auf die Betonung des Tauschwertes anstatt des Gebrauchswertes zurückzuführen war. Im 19. Jahrhundert wurde der Konsum sogar als Vernichtung des Tauschwertes von Waren angesehen. Konsumtion, die kein Bedürfnis befriedigt, galt somit als Zerstörung. Hier tauchte nun der Begriff des Bedürfnisses auf; bereits Karl Marx (1818–1883) argumentierte, dass die Produktion die Konsumtion miterzeugt, indem der *output* (Produkte) das Bedürfnis im Konsumenten erzeugt. Zu Beginn des 20. Jahrhunderts wird der Konsum als Befriedigung von Bedürfnissen des Menschen mit wirtschaftlichen Mitteln gesehen. Volkswirtschaftlich wird er als Indikator für ökonomisches Wachstum wichtig. Mit zunehmender Orientierung des Mittelstandes am Konsum entsteht Mitte des 20. Jahrhunderts ein neuer Begriff: die Konsumgesellschaft. In den folgenden Jahren wird aus verschiedenen Kreisen Kritik an der Überfluss-, Wohlstands- und Wegwerfgesellschaft geübt. Diese Kritik ist heute ambivalenter Natur, sehen doch Gesellschaft wie Teile der Wissenschaft neben den negativen Inhalten (wie Bedürfnismanipulation, Entfremdung, Materialismus, Sinnentleerung, Manipulation, Fremdbestimmung durch die Wirtschaft) auch positive Inhalte.

Soziologisch gesehen wird Konsum als soziales Handeln mit umfassenden gesellschaftlichen und individuellen Funktionen gesehen (Wachstum, Beschäftigung, Status, Lebenssinn). Die Soziologie hat sich jedoch relativ spät mit dem Themenbereich Konsum auseinander gesetzt; Ende der 80er-Jahre bestand insbesondere im angelsächsischen Raum ein sozialwissenschaftliches Interesse an Konsumthemen. Hier galt die Aufmerksamkeit vor allem der Auseinandersetzung mit dem prestigeorientierten Konsum, mit Konsumkultur und Mode, mit dem Verhältnis von Sozialstruktur und Konsum, aber auch mit kritischen Bemerkungen (Konsumkritik, Massenkonsum).

Seit der Rio-Konferenz im Jahr 1992 wird auch vom »nachhaltigen Konsum« *(sustainable consumption)* gesprochen. Dabei wird dem Sachverhalt Rechnung getragen, dass die Produktion durch die Nachfrage gesteuert wird und demzufolge Umweltbelastungen in der Konsumsphäre selbst stattfinden (Niveau des Verbrauchs an Ressourcen und Belastung der Umwelt). Es stellt sich die Frage, wie zukünftig der Konsum beschaffen sein sollte, damit nicht auf Kosten nachfolgender Generationen gelebt wird. Denn Konsum spiegelt immer auch Werte und Normen einer Gesellschaft wider (Kultur).

Der Konsum ist aber auch Teil des Bruttoinlandproduktes (BIP) einer Volkswirtschaft, das dem Wert aller im Inland hergestellten Güter während einer Periode entspricht. Das BIP (Y) setzt sich wie folgt zusammen: $Y = C + I + G + NE$ (C = Konsum, I = Investitionen, G = Staatsausgaben, NE = Nettoexporte [Export – Import]). So betrug das BIP zu laufenden Preisen (Marktpreisen) für die Schweiz im Jahre 2001 414 882 Millionen Franken, wovon auf den Konsum 314 099 Millionen Franken entfielen (privater Konsum 252 447 Millionen Franken, Staatsausgaben [öffentliche Haushalte] 56 514 Millionen Franken), auf die Investitionen 86 745 Millionen Franken, die Exporte 170 007 Millionen Franken und die Importe 155 969 Millionen Franken. Nominal entsprach das BIP einer Wachstumsrate von 2,9 Prozent gegenüber dem Jahr 2000, real jedoch nur 0,9 Prozent. Ersichtlich wird auch die Bedeutung des Konsums für die Volkswirtschaft, denn bereits 60 Prozent des BIP entfallen auf den privaten Konsum.

Literatur
Ulrike Knobloch, *Theorie und Ethik des Konsums: Reflexionen auf die normativen Grundlagen sozialökonomischer Konsumtheorien*, Haupt, Bern 1994; – Ulrich Wyrwa, »Consumption, Konsum, Konsumgesellschaft«, in: Hannes Siegrist, Hartmut Kaelble, Jürgen Kocka (Hrsg.), *Europäische Konsumgeschichte*, Campus, Frankfurt am Main/New York 1997, S. 747–762.

Verweise
Einkommen(sgarantie)– Index der Konsumentenpreise – Inflation

Rudolf Ergenzinger

Konsumentinnen und Konsumenten

Als Konsumentinnen und Konsumenten werden Personen aus allen Altersgruppen bezeichnet, die für sich oder ihre Haushaltsmitglieder Güter oder Dienstleistungen erwerben und so durch ihre Nachfrage auf dem Markt ihre Bedürfnisse befriedigen. Diese im nationalökonomischen Marktmodell gewonnene Bedeutung setzte sich im 20. Jahrhundert durch. Es sind also Wirtschaftssubjekte, deren Verhalten auf die Dispositionen zur Befriedigung konsumtiver Bedürfnisse der eigenen Person bzw. Haushaltsmitglieder gerichtet ist. Meistens ist die kaufende mit der verbrauchenden Person identisch; es können Einzelpersonen oder private Haushalte sein. Es stellt sich die Frage, wer denn die Käufer und Käuferinnen sind bzw. wer den Kaufentscheid fällt: Männer, Frauen, Kinder, Singles, Senioren, Doppelverdiener, Familien, Studierende, Jugendliche. Der Käufer muss jedoch nicht mit dem Verbraucher identisch sein (Kauf für Dritte, z.B. Geschenke). Daraus wird ersichtlich, dass bei Kaufentscheidungen und Kaufhandlungen Personen verschiedene und mehrere Rollen einnehmen können als Käufer, Verwenderin, Entscheiderin oder Beeinflusser.

In den letzten 50 Jahren hat sich die Einstellung bzw. das Verhalten der Konsumenten und Konsumentinnen in jedem Jahrzehnt verändert. Anfangs dominierte die Befriedigung der Grundbedürfnisse. Durch die Wirren des Zweiten Weltkrieges ergab sich ein Nachholbedarf, was sich in einem so genannten Verkäufermarkt widerspiegelt; hier ist die Nachfrage größer als das Angebot; der Verkäufer bestimmt, an wen er seine Produkte verkauft bzw. verteilt. Durch den wirtschaftlichen Aufschwung in den 60er- und 70er-Jahren war die Wirtschaft durch hohe Kapital- und Kaufkraft gekennzeichnet (Wirtschaftswachstum und Konsumrausch); es entstand der Begriff der Überfluss- bzw. Wohlstandsgesellschaft. Zugleich vollzog sich eine Wende vom Verkäufer- zum Käufermarkt; hier übersteigt das Angebot die Nachfrage; die Käuferin sucht nun aus, bei wem sie ihre Bedürfnisse deckt. Die 80er- und 90er-Jahre werden durch den Hedonismus geprägt. Es entsteht der Begriff hybrider Konsument: Einerseits möchte dieser seinen Wunsch nach Konsumerlebnis (Einkaufserlebnis) und Selbstverwirklichung erfüllt wissen, anderseits basieren seine Einkaufsentscheidungen auf rationalen und ökonomischen Aspekten. Oder man spricht auch vom »multioptionalen Konsumenten«, bei dem das Einkaufserlebnis und das *smart shopping* (Schnäppchenjäger mit Orientierung an Marken zu einem günstigen Preis) im Vordergrund stehen. Betrachtet man die *Shopper*-Typen in den Dimensionen Preis und Marktorientierung, erhalten wir folgende Kategorien: Hinter besagtem *smart shopper* stehen vor allem jüngere Singles oder Paare, die versuchen, hochpreisige und langlebige Konsumgütermarken zu sehr günstigen Preisen zu erzielen. Sie sind sehr markenbewusst, aber nicht markentreu *(more value for less money)*. Der »Schnäppchenjäger« sucht nach Angeboten, die in der unteren Preisklasse liegen. Im Gegensatz zum *smart shopper*, der nach den günstigsten Marken sucht, sucht der Schnäppchenjäger nach den billigsten Produkten. Der »klassische Markenkäufer« ist sehr stark markenorientiert und achtet weniger auf den Preis (schwache Preisorientierung). Weitere Unterscheidungen im Rahmen des Konsumentenverhaltens sind die so genannten *cherry pickers*, die aus den Konkurrenzangeboten immer das Beste herausgreifen, *variety seekers*, die, trotz Zufriedenheit, aus Langeweile oder Neugier immer wieder nach Abwechslung im Konsum (Wechsel von Marke, Anbieter) suchen und den »Berater-Klauer«, der sich z.B. im Fachgeschäft beraten lässt, seinen Kauf jedoch im Discountgeschäft tätigt.

Rudolf Ergenzinger

Konsumentinnen- und Konsumentenschutz

Unter Konsumentenschutz versteht man die Gesamtheit von Rechtsvorschriften, die den Konsumenten/Verbraucher vor Missbrauch und Benachteiligung schützt. In der Schweiz ist der Konsumentenschutz seit Beginn des 20. Jahrhunderts von Bedeutung; bereits 1905 wurde mit dem Lebensmittelgesetz eine erste Basis dazu gelegt. Der Konsument soll vor Täuschung und Gefahren im Zusammenhang mit Lebensmitteln und Gebrauchsgegenständen geschützt werden. Vor allem Rechte auf Schutz vor und Hilfe bei materieller Schädigung durch gefährliche Produkte, Beeinträchtigung wirtschaftlicher Interessen, das Recht auf Schadenersatz, Information, Aufklärung, Vertretung und Beratung sind Gegenstand des Konsumentenschutzes.

In der Schweiz wird der Konsumentenschutz sowohl vom Privatrecht als auch vom öffentlichen Recht geregelt. Das Privatrecht regelt die rechtlichen Beziehungen von Bürgern untereinander, wobei die Vertragsbeziehungen zwischen Konsumenten und Lieferanten das Obligationenrecht regelt. Das öffentliche Recht schützt die Verbraucher durch die Umschreibung der Lieferantenpflichten, wobei die Konsumenten nicht selbst rechtliche Schritte ergreifen, um ihre Rechte zu verteidigen. Dies geschieht vielmehr durch die zuständigen kantonalen oder staatlichen Stellen. Im Rahmen der Bundesverfassung unter Artikel 97 wird der Schutz des Konsumenten wie folgt festgelegt (seit dem 1. Januar 2000): Der Bund trifft Maßnahmen zum Schutz der Konsumentinnen und Konsumenten, er erlässt Vorschriften über die Rechtsmittel, welche die Konsumentenorganisationen ergreifen können; diesen Organisationen stehen im Bereich der Bundesgesetzgebung über den unlauteren Wettbewerb (UWG) die gleichen Rechte zu wie den Berufs- und Wirtschaftsverbänden.

Im Jahre 1965 entstanden durch die Studienkommission für Konsumentenfragen aufgrund ihrer Forderung nach einer Bundesstelle das Eidgenössische Büro für Konsumentenfragen (ständige Behördenstelle) und die Eidgenössische Kommission für Konsumentenfragen (nichtständiges Beratungsorgan). Dem Eidgenössischen Büro für Konsumentenfragen obliegt die Aufgabe, die Konsumenteninteressen, den Konsumentenschutz sowie das Funktionieren des Marktes zu fördern. Die Eidgenössische Kommission für Konsumentenfragen ist das Konsultativorgan des Bundesrates sowie der Departemente und ihrer Ämter in allen Belangen, welche die Konsumentenpolitik betreffen. Im Bundesgesetz Artikel 9 wird festgelegt, dass der Bundesrat die Eidgenössische Kommission für Konsumentenfragen bestellt, in der die Konsumenten, die Wirtschaft und die Wissenschaft vertreten sind. Sie berät den Bundesrat und die Departemente in Angelegenheiten, die die Konsumenten betreffen, und fördert die partnerschaftliche Lösung von Konsumentenfragen.

In der Schweiz existieren 3 Verbraucherverbände: 1961 gründeten 13 Frauenzentralen und 11 gesamtschweizerische Frauenverbände das Konsumentinnenforum der deutschen Schweiz und des Kantons Tessin. 1964 wurde der vom Konsumentinnenforum und von der Commission Romande des Consommatrices getragene Konsumentenbund gegründet. Im selben Jahr errichtete die Aktionsgemeinschaft der Arbeitnehmer und Konsumenten (vor allem Gewerkschaften und Angestelltenverbände) die Stiftung für Konsumentenschutz (SKS).

Die SKS begann gleich zu Beginn ihres Bestehens als erste Institution, Waren und Dienstleistungen zu testen, was massive Kritik von verschiedener Seite auslöste (Prozessandrohung, Zeitungsverlag warnte davor, die Tests abzudrucken); für die Konsumentinnen und Konsumenten waren diese Informationen jedoch eine wichtige Orientierungshilfe. Aufgabe der SKS ist ihre Stellungnahme zu zahlreichen Themen, Problemen und Missständen, sie verhandelt mit dem Bundesrat oder Unternehmungen und setzt sich im Parlament oder bei Vernehmlassungen (z.B. Verordnung zum Konsumkreditgesetz) für die Rechte der Konsumentinnen und Konsumenten ein.

Die SKS arbeitet unabhängig von Wirtschaft, Unternehmen und Politik. Sie vertritt ausschließlich und unabhängig die Interessen der Konsumentinnen und Konsumenten: Sie setzt sich für gesunde, ökologisch und ethisch verantwortbare Lebensmittel, für bezahlbare und sozial verträgliche Kosten im Gesundheitswesen ein. Weiter engagiert sie sich im Bereich der Energie für Nachhaltigkeit, den sorgfältigen Umgang mit nicht erneuerbaren Ressourcen und verlangt einen sinn- und maßvollen Einsatz der neuen Technologien ohne gesundheits- und umweltbeeinträchtigende Nebenwirkungen. Wichtig sind ihr weiter Wahlfreiheit, Transparenz und Vergleichbarkeit im Dienstleistungsbereich.

In letzter Zeit fordert die SKS im Rahmen der Vernehmlassung zur Agrarpolitik 2007 einen besseren Schutz der Konsumentinnen und Konsumenten vor allem in den Bereichen des Täuschungs- und Gesundheitsschutzes sowie der Deklarationspflicht. Dies im Zusammenhang mit dem expliziten Verzicht von Gentechnik in der Tierzucht, bei den Futtermitteln und im Pflanzenbau. Ebenso wird eine vollständige Deklaration von importierten Lebensmitteln verlangt, welche mit in der Schweiz verbotenen Produktionsmitteln hergestellt wurden.

Verweise
Konsum

Rudolf Ergenzinger

Konsumentinnen- und Konsumentenverhalten

Unter dem allgemeinen Begriff der Konsumentenforschung versteht man eine Forschung, die sich auf das Konsumentenverhalten bezieht. Dabei steht nicht die aggregierte bzw. volkswirtschaftliche (Konsumentennachfrage in ihrer Gesamtheit), sondern die verhaltenswissenschaftliche Konsumforschung im Vordergrund. Diese versucht auf der Individualebene, die psychologischen, sozialen und kulturellen Determinanten der Kaufentscheidung zu erklären. Man geht der Frage nach, warum und wie Kunden und Kundinnen bestimmte Produkte kaufen bzw. nicht kaufen. Dabei bestehen grundsätzliche Unterschiede im Kaufverhalten von privaten Haushalten, Individuen und Unternehmen/Institutionen.

Das Konsumentenverhalten lässt sich in zweifacher Hinsicht erklären: Im engeren Sinn geht es um das Verhalten der Menschen beim Kauf und Konsum von wirtschaftlichen Gütern. Im weiteren Sinn ist allgemein das Verhalten der Letztverbraucher von materiellen und immateriellen Gütern zu verstehen. Hier wird auch das Verhalten von Wählerinnen, Patienten, Theaterbesuchern, Umweltschützerinnen usw. miteinbezogen. Mit der Ausweitung des Begriffs wird das Konsumentenverhalten aber auch Gegenstand einer interdisziplinären und verselbstständigten Konsumentenforschung, die nicht allein dem Marketing, der Psychologie, der Soziologie bzw. Sozialpsychologie zugeordnet werden kann. Eine alleinige Erklärung des Konsumentenverhaltens als Folge ökonomischer Variablen ist unzureichend und weist erhebliche Mängel auf. Deshalb ergibt sich die Notwendigkeit verhaltenswissenschaftlicher Ansätze, die zum Ziel haben, das Verhalten der Konsumenten zu erklären, Gesetz- und Regelmäßigkeiten zu erkennen, zu formulieren, zu prüfen sowie Prognosen über das künftige Verhalten der Konsumenten zu erstellen.

Die Erforschung des Verhaltens der Konsumenten und Konsumentinnen lag historisch gesehen im Wesentlichen bei der angewandten Psychologie und der sozialökonomischen Verhaltensforschung. Bereits Ende der 1940er-Jahre wurde in den USA ein Ansatz entwickelt, bei dem Erkenntnisse aus der Psychologie verwendet wurden, um ökonomisches Verhalten von Konsumenten und Unternehmen zu erklären. In den 50er- und 60er-Jahren fand im Zusammenhang mit der Erklärung des Konsumentenverhaltens die Motivationsforschung zunehmend Beachtung.

Im Marketing begann die Entwicklung vor rund 30 Jahren, als in der dortigen Literatur die Erforschung des Konsumentenverhaltens zu einem zentralen Schwerpunkt wurde. Dabei entstanden eine Vielzahl theoretischer Konzepte und empirischer Forschungsmethoden. Man bevorzugte nicht mehr nur eine bestimmte Sichtweise, sondern verfolgte ökonomische, psychologische oder soziologische Forschungsrichtungen. Ein in der Wissenschaft wie Praxis weit verbreiteter Ansatz ist der neobehavioristische Ansatz: Stimulus (S), Organismus (O), Response (R), das so genannte S-O-R-Modell. Bestimmte Stimuli (Werbeslogan, Qualität, Preis) treffen auf das Individuum (Organismus), werden dort verarbeitet (intrapersonelle Abläufe; z.B. Einstellungsveränderung) und lösen danach eine Reaktion aus (Kauf, Benutzung des Produktes, Wahl von Marken, Ablehnung). Im Vordergrund dieser positivistischen Forschungsrichtung steht die Überprüfung von Hypothesen und Theorien (Hypothesen über Verhaltenswirkungen von Einstellungen in Experimenten). In den 90er-Jahren steht nun nicht mehr die Suche nach Gesetz- und Regelmäßigkeiten des Verhaltens im Vordergrund, sondern ein umfassendes Verständnis realen Konsumentenverhaltens mit seinen vielfältigen Beziehungen und Zusammenhängen (Forschungsmethoden sind u.a. Tiefeninterviews, Video-Aufzeichnungen, Gruppen-Diskussionen usw.).

Das Verhalten des Menschen beim Kauf und Konsum von Gütern ist sehr unterschiedlich: Je nachdem, wer als Käufer auftritt (Einzelpersonen, private Haushalte, Unternehmen, Staat usw.), wird das Verhalten auf dem Markt, besonders das Kaufverhalten und die Kaufentscheidungsprozesse, sehr verschieden sein. Die Konsumentenpersönlichkeit wird durch ein sozialpsychologisches Verhalten gesteuert, zeigt Wirkungen auf Einstellungen und Lebensstile und beeinflusst so das Kaufverhalten. Geprägt wird dieses Verhalten durch kognitive (rational, bewusst, willentlich) und wenig oder nicht kognitive Verhaltensweisen (automatisiert, routiniert, impulsiv, emotional, unbewusst).

Im Zusammenhang mit dem Verhalten der Kunden und Kundinnen spricht man seit einiger Zeit auch vom hybriden Kundenverhalten (»Sowohl-als-auch-Konsument«): Der gleiche Kunde kauft heute Produkte beim Discounter oder verpflegt sich im *Fast-food*-Restaurant, anderntags kauft er im Fachgeschäft ein bzw. isst im erstklassigen Gourmetrestaurant.

Anders verhält es sich, wenn das Kaufverhalten von Organisationen (öffentliche oder privatwirtschaftliche) analysiert wird, denn hier handelt es sich in der Regel um kollektive Entscheidungen, an denen unterschiedliche Stellen oder Abteilungen beteiligt sind (multipersonale Gremien wie z.B. ein *buying center*). Die von Institutionen gekauften Güter haben in der Regel eine höhere wirtschaftliche Bedeutung, sind demzufolge einem höheren Risiko ausgesetzt und haben bei Fehlentscheidungen schwerwiegende Auswirkungen.

Literatur
Axel Bänsch, *Käuferverhalten*, Oldenbourg, München 1998; – Werner Kroeber-Riel, Peter Weinberg, *Konsumentenverhalten*, Vahlen, München 1999.
Verweise
Konsumentinnen- und Konsumentenschutz
Rudolf Ergenzinger

Konsumgüter

Bei den Wirtschaftsgütern unterscheidet man materielle (Konsum- und Investitionsgüter) und immaterielle Güter (Dienstleistungen, Rechte, Patente, Informationen). Ganz allgemein dienen Güter der Bedürfnisbefriedigung. Konsumgüter sind somit Teil der Wirtschaftsgüter, auch knappe Güter genannt. Konsumgüter im engeren Sinne sind *Output*-Güter und dienen unmittelbar dem Konsum, der direkt ein menschliches Bedürfnis befriedigt. Es handelt sich um Güter des täglichen Bedarfs, die von privaten Haushalten oder Einzelpersonen gekauft werden. Auf Konsumgütermärkten treten die Konsumenten in großer Zahl auf, sodass in der Regel keine individuellen Lösungen angeboten werden (Massenmärkte).

Die Konsumgüter lassen sich in verschiedener Hinsicht typologisieren:
1. Kurz- und langlebige Konsumgüter: Kurzlebige Konsumgüter sind Güter wie Milch, Zahnpasta, Butter, Zigaretten usw., die gemessen am verfügbaren Einkommen relativ preisgünstig sind, regelmäßig und wiederholt nachgefragt werden und aus Sicht des Marketing eine hohe Distributionsdichte aufweisen. Langlebige Konsumgüter wie Möbel, Waschmaschine, Auto usw. belasten in erheblichem Maße das verfügbare Einkommen eines Haushaltes. Der Kaufentscheid ist hier im Gegensatz zu demjenigen bei kurzlebigen Konsumgütern eher extensiver Natur.
2. Eine andere Unterscheidung ist die Unterteilung in Verbrauchs- und Gebrauchsgüter: Verbrauchsgüter (z.B. Güter des täglichen Bedarfs, Medikamente) sind zur einmaligen Verwendung bestimmt und existieren nach dem Gebrauch nicht mehr; die Gebrauchsgüter bestehen dagegen für eine mehrmalige bzw. längerfristige Verwendung (z.B. Möbel, Waschmaschine, Autos).
3. Eine weitere Unterscheidung, speziell im Marketing, fokussiert sich u.a. auf die Unterscheidung der Güter nach den Kaufgewohnheiten der Konsumenten und Konsumentinnen: So gibt es die *convenience goods*, das sind Güter des täglichen Bedarfs, die beim Kauf ein Minimum an Aufwand verursachen (Butter, Brot, Zeitungen, Zigaretten); *shopping goods* sind relativ selten gekaufte Güter (z.B. Möbel) mit Fokus Preis- und Qualitätsvergleich; *specialty goods* sind Güter, die selten gekauft werden und zum Teil unter großen Kaufbemühungen wie beispielsweise spezielle Sportausrüstungen oder spezielle Markenprodukte; schließlich die *unsought goods*, das sind Güter, die der Verbraucher nicht kennt oder die ihm zwar bekannt sind, an deren Anschaffung er im Normalfall jedoch nicht denkt, und auf die er erst z.B. durch Werbung aufmerksam wird; daher auch der Ausdruck fremdinitiierter Kauf.
Betrachten wir die Struktur der Konsumausgaben (Güter und Dienstleistungen) in der Schweiz im Jahre 2000, so wird ersichtlich, dass am meisten für Wohnen und Energie (17,6 Prozent), für Nahrungsmittel und Getränke (9,6 Prozent), für Verkehr (7,5 Prozent), für Unterhaltung, Kultur und Bildung (7,1 Prozent) und Gast- und Beherbergungsstätten (6,5 Prozent) ausgegeben wird. Betrachtet man die Ausgabenstruktur der Haushalte, so entfallen auf die Konsumausgaben 63 Prozent, auf die Transferzahlungen (Versicherungen, Steuern, Gebühren) 37 Prozent.

Verweise
Einkommen(sgarantie) – Index der Konsumentenpreise

Rudolf Ergenzinger

Kontakt- und Anlaufstellen für Drogenkonsumierende (Gassenzimmer)

Die Kontakt- und Anlaufstellen bieten einen niederschwelligen Zugang zu Überlebenshilfe und Beratung für Drogen konsumierende Erwachsene. Die Stellen sind dezentral über das Gebiet einer Stadt verteilt und haben ergänzende Öffnungszeiten, um eine möglichst umfassende Versorgung garantieren zu können.
Zielgruppe sind randständige, meist langjährige Drogenkonsumenten und -konsumentinnen. Ziele sind: Überlebenshilfe, Hepatitis- und HIV-Prävention, Stopp von Verelendungs- und Ausgrenzungsprozessen sowie Vermittlung von Behandlungs- und Ausstiegsmöglichkeiten.
Das Angebot der Überlebenshilfe hilft den Betroffenen, ihre Suchtphase mit möglichst wenig Schäden zu überleben und ihre Ausstiegschancen zu verbessern. Dieses Angebot besteht aus einfachem Zugang zu Hilfe, Information und Beratung, ärztlichen Sprechstunden, Treffpunkt und Aufenthaltsmöglichkeit ohne Konsumzwang, erster Hilfe und Gesundheitsvorsorge, Spritzenumtausch und anderen Mitteln zur Förderung der Hygiene, günstigem Essen und Getränken sowie Arbeitsangeboten. Des Weitern befindet sich in den Kontakt- und Anlaufstellen ein Injektionsraum, in dem Drogen konsumiert werden können.

Internet
www.suchthilfe.ch
Verweise
Drogen(politik)

Thomas Bonda

Konvergenz (in der Europäischen Union)

Die Konvergenz, das heißt das Zusammenwachsen der Ziele und der Politik des sozialen Schutzes, ist ein Konzept, das im Rahmen der Europäischen Gemeinschaft ausgearbeitet wurde. Es stützt sich auf die folgenden Elemente: Die nationalen Systeme der sozialen Sicherheit sind sehr unterschiedlich, werden jedoch mit gemeinsamen Problemen konfrontiert (Arbeitslosigkeit, Armut, Schwächung der Familien, hohes Alter usw.); die Einkommenstransfers setzen sowohl eine entwickelte Wirtschaft als auch die Zustimmung der Bevölkerung voraus; die Unterschiedlichkeit der Schutzmaßnahmen behindert den freien Personenverkehr. Es erscheint daher sinnvoll, eine Strategie der flexiblen, schrittweisen und unverbindlichen Konvergenz zu entwickeln, welche gemeinsame Ziele definiert und die soziale Kohäsion berücksichtigt.
Das wichtigste Instrument ist die Empfehlung des Rates vom 27. Juli 1992 über die Annäherung der Ziele und der Politiken im Bereich des sozia-

len Schutzes (92/422/EWG; ABl. EG Nr. L 245/49 vom 26. 8. 1992). Dieser Text schlägt 4 große Aufgaben vor: universelle Garantie 1. der Gesundheitsversorgung und 2. der sozialen und beruflichen Integration; 3. Kampf gegen die Armut; 4. Erhaltung des Lebensstandards der Lohnabhängigen.

Hinzu kommen die Entwicklung von Schutzmaßnahmen zugunsten der selbständig Erwerbstätigen, die Achtung der Gleichheit und die Anpassung der Systeme an die Bedürfnisse. Weiter umfasst die Konvergenz, immer noch in der Form von Empfehlungen, die Bereiche der Berufskrankheiten, des flexiblen Rentenalters, der Unterstützung der Ärmsten, des Kampfs gegen die Arbeitslosigkeit. So ist die Konvergenz durch kontrastierende Aspekte gekennzeichnet: Sie ist stark in der Grundidee – welche der Verteidigung und Förderung eines europäischen Sozialmodells entspricht – und schwach in der Form (unverbindliche Texte). Dies ist Ausdruck der begrenzten Kompetenzen der Gemeinschaft sowie von bestimmten politischen Optionen. Das Konzept kann auch außerhalb des Rahmens der Gemeinschaft von Nutzen sein (z.B. UNO, ILO).

Literatur
Christos C. Paraskevopoulos, *Interpreting Convergence in the European Union. Patterns of Collective Action, Social Learning and Europeanization*, Palgrave Global Publishing, Basingstoke 2001.

Verweise
Bilaterale Abkommen – Eurokompatibilität/autonomer Nachvollzug – Europäische Gemeinschaft und soziale Sicherheit – Soziale Sicherheit (allgemeine Theorie)

Pierre-Yves Greber

Konzentrationsprozesse (wirtschaftliche)

Die anwachsende Zusammenballung von wirtschaftlicher Macht durch Zusammenschlüsse von Unternehmen zu größeren Unternehmen und schließlich zu Konzernen ist ein wirtschaftlicher Konzentrationsprozess, bei dem die einzelnen Unternehmen ihre Selbständigkeit im Zuge dieses Zusammenschlusses zugunsten einer einheitlichen (Konzern-)Leitung aufgeben. Dabei werden freiwillige Zusammenschlüsse, so genannte Fusionen, von unfreiwilligen Übernahmen *(unfriendly takeovers)* unterschieden. So genannte Elefantenhochzeiten – immer größere Unternehmenszusammenschlüsse – werden im Zuge der Globalisierung immer häufiger. Es entstehen meist Oligopole, wodurch der Wettbewerb stark eingeschränkt und im Endeffekt ganz unterbunden wird. Dies wird jedoch in der Regel im Zusammenhang mit der Globalisierung, mit Blick auf den technischen Fortschritt und die internationale Wettbewerbsfähigkeit, für unvermeidlich gehalten. Im Zuge von Integrationsprozessen muss es nicht zwangsläufig zu mehr geografischen Disparitäten kommen. Das Grundmodell der neuen ökonomischen Geografie zeigt etwa auf, unter welchen Bedingungen eine divergente räumliche Struktur zwischen Ländern (Regionen) entsteht, die einem Integrationsprozess ausgesetzt sind. Es bleibt also letztlich offen, welche Abkoppelungs- und Aufholprozesse stattfinden, oder ob sich Räume mit hoher bzw. niedriger Wirtschaftsdichte herausbilden. Dies wiederum verlangt nach einer sehr wachen Wettbewerbspolitik und einer tragenden Strukturpolitik der einzelnen Länder.

Die wettbewerbspolitischen Analysen im schweizerischen Kontext unterscheiden drei Aspekte der Wettbewerbsbeschränkungen: 1. Wettbewerbsabreden (u.a. Kartelle); 2. marktbeherrschende Unternehmen / Marktmacht; 3. Zusammenschlüsse von Unternehmen / Fusionen. Es ist paradox, dass das freie Spiel der Marktkräfte vor allem mittels Vertragsfreiheit, das heißt über Absprachen, eingeschränkt wird. Im Rahmen der Wirtschaftsfreiheit sind in der Schweiz Absprachen sowie ein gewisses Maß an Marktmacht erlaubt (Art. 96 BV). Seit 1996 ist das neue Kartellgesetz in Kraft; dennoch blieb die Schweiz ein sehr dicht kartellisiertes Land. Es fehlt nach wie vor ein Kartellregister, welches eine systematische Gesamtübersicht und Analyse erlauben würde. Eine der Konsequenzen der andauernden Wettbewerbsbeschränkungen ist ein Preisniveau, das (nach Kaufparitäten) bis heute deutlich über dem Durchschnitt der EU liegt.

Heute wird vor allem dem Ausmaß der Regulierung von Märkten via wirtschaftliche Konzentration, so z.B. im Schweizer Bankwesen, Beachtung geschenkt. Entscheidend für eine Beurteilung der Konzentration ist der jeweils relevante Bezugsmarkt bzw. der Anteil der größten Unternehmen an der Gesamtheit einer Variablen des Bezugsmarktes (anhand des Umsatzes, der Bilanzsumme, der Versicherungsprämien, der Kundenanzahl usw.).

Literatur
Gordon L. Clark et al. (Hrsg.), *The Oxford Handbook of Economic Geography*, Oxford University Press, Oxford 2000; – Beat Hotz-Hart, Andreas Reuter, Patrick Vock, *Innovationen, Wirtschaft und Politik*, Peter Lang, Bern 2001; – Francesco Kneschaurek, *Unternehmung und Volkswirtschaft. Eine Volkswirtschaftslehre für Führungskräfte*, NZZ Buchverlag, Zürich 1995.

Internet
www.wettbewerbskommission.ch
www.ebk.admin.ch

Verweise
Deregulierung – Globalisierung

Catherine Mueller

Konzerne (multinationale)

Mit dem Begriff des Konzerns wird in der Betriebswirtschaftslehre ein Zusammenschluss mehrerer rechtlich selbständiger Unternehmen bezeichnet, die in wirtschaftlicher, finanzieller, technischer und organisatorischer Hinsicht der Konzernleitung einer Muttergesellschaft unterstellt sind. Letztere kann entweder selbst produktiv tätig sein oder aber im Sinne einer Dachgesellschaft *(holding)* ihre Tochtergesellschaften nur verwalten. In horizontalen Konzernen sind Unternehmen der gleichen Produktionsstufe vereinigt, in vertikalen Konzernen solche Unternehmen, die aufeinander folgende Produktionsstufen realisieren; Mischkonzerne bestehen aus Unternehmen verschiedenster Art.

Von einem multinationalen Konzern – im englischsprachigen Raum: *transnational corporation* (TNC) – wird dann gesprochen, wenn die »Konzernmutter« in mehreren Staaten Produktionsstätten unterhält.

Wenn heute von einem multidimensionalen Wandel der Weltwirtschaft als zentralem Kriterium für die Deutung des sozioökonomischen Wandels im Sinne eines Globalisierungsprozesses gesprochen wird, muss auf die Entwicklung multinationaler Konzerne ein besonderes Augenmerk gerichtet werden. Sie gelten heute als bedeutsamste Akteure bei der Führung und Gestaltung eines globalen Wirtschaftssystems. Darauf verweisen u.a. die in Relation zum globalen Bruttoinlandprodukt steigenden Umsätze transnationaler Konzerne sowie ihr ebenfalls markant anwachsender Anteil an der Wertschöpfung und an den weltweiten Exporten. Dabei muss man sich der Gefahren bewusst sein, die der gewaltige Zuwachs an Macht und Einfluss der weltweit operierenden Konzerne in der soziopolitischen Sphäre mit sich bringt. Ihre Möglichkeit, sich ihre Produktions-, Investitions- und Steuerstandorte weitgehend frei auszuwählen und dabei zugleich einzelne Volkswirtschaften gegeneinander auszuspielen, erweist sich als ein wesentlicher Hinderungsgrund für die Bemühungen der Staaten um die Ausgestaltung einer zukünftigen Welt im Sinne einer nachhaltigen Entwicklung.

Literatur
Johann Günther König, *Alle Macht den Konzernen: Das neue Europa im Griff der Lobbyisten*, Rowohlt, Reinbek bei Hamburg 1999; – Robert B. Reich, *Die neue Weltwirtschaft: Das Ende der nationalen Ökonomien*, Fischer, Frankfurt am Main 1996.
Internet
www.unctad.org
www.oecd.org
Verweise
Globalisierung

Claus-Heinrich Daub

Korporatismus → Arbeitsbeziehungen

Kostenbeteiligung (in der Krankenversicherung)

Um die Selbstverantwortung zu stärken, übernimmt die Krankenversicherung die medizinischen Behandlungskosten nicht vollständig.
Die Kostenbeteiligung der Versicherten setzt sich aus drei Komponenten zusammen (Stand 2002):
1. der Franchise, einem Betrag von 230 Franken pro Jahr, bis zu dem Erwachsene die anfallenden Kosten vollumfänglich selber tragen müssen. Durch die Wahl einer höheren Franchise (400, 600, 1200 oder 1500 Franken) lässt sich die Prämie reduzieren; 2. einem Selbstbehalt von 10 Prozent der die Franchise übersteigenden Kosten, pro Jahr aber maximal 600 Franken; 3. einem Beitrag von 10 Franken pro Tag im Spital. Dieser entfällt bei Mutterschaft sowie für Versicherte, die mit Familienangehörigen in gemeinsamem Haushalt leben.
Abgesehen vom Beitrag an Spitalaufenthalte kann sich die Kostenbeteiligung einer erwachsenen Person pro Jahr somit auf 830 bis 2100 Franken belaufen. Auf politischer Ebene wird diskutiert, die Kostenbeteiligung vom Einkommen und Vermögen einer Person abhängig zu machen.

Literatur
Der Beobachter (Hrsg.), *Krankenversicherung*, Beobachter, Zürich 1998; – santésuisse (Hrsg.), *Handbuch der Schweizerischen Krankenversicherung*, Konkordat der Schweizerischen Krankenversicherer, Solothurn 2002.
Internet
www.santesuisse.ch
www.bsv.admin.ch
Verweise
Grundversicherung (der Krankenversicherung) – Krankenversicherung

Ruedi Spöndlin

Kostenrechnung

Die Buchführung begnügt sich damit, in Zahlen ausgedrückte Informationen über ein Unternehmen, seine Aktivitäten, die Struktur seiner Eigenmittel und seine Beziehungen zur Umwelt zusammenzutragen und zu organisieren. Die Kostenrechnung hingegen zielt darauf ab, diese Daten auszuwerten, um die Führung des Unternehmens in der Vergangenheit zu interpretieren oder fundierte Entscheidungen für die Zukunft vorzubereiten. Zu diesem Zweck arbeitet die Kostenrechnung Kennziffern aus, deren Gesamtheit ein Kontrollsystem bildet, das den Unternehmensverantwortlichen zur Verfügung steht. Sie nimmt außerdem eine detaillierte Analyse der verschiedenen Elemente der Produktionskosten vor, indem diese nach Dienstleistungen, Abteilungen oder verschiedenen Produkten aufgeschlüsselt werden.

Die Kostenrechnung versucht insbesondere das minimale Produktionsvolumen zu bestimmen, das ein Unternehmen erbringen muss, um seine Gewinnschwelle zu erreichen, ab der es sämtliche festen und variablen Kosten decken kann.

Wenn auch die Nützlichkeit der Kostenrechnung unbestritten ist, sieht sie sich doch mit zahlreichen Schwierigkeiten konfrontiert. Das größte Problem ist, dass die zur Einteilung aller in Zahlen ausgedrückten Informationen gewählte Methode die Bedeutung und die Aussagekraft der hervorgebrachten Resultate beeinflusst, vor allem wenn es sich um Vergleiche zwischen verschiedenen Produkten handelt. Tatsächlich können zwar gewisse Elemente der Produktionskosten einem bestimmten Produkt zugewiesen werden, doch die Mehrheit der Fixkosten lässt sich kaum aufschlüsseln, da sie ohne Unterscheidung zur Finanzierung sämtlicher Aktivitäten eines Unternehmens beiträgt. So ist es sehr schwierig, die Gesamtheit der Allgemeinkosten (Mietzinsen, Versicherungen, Beleuchtung usw.) und Amortisationen eines Unternehmens, das eine Vielzahl von Produkten herstellt, aufzuschlüsseln.

Ungeachtet solcher Kritik bleibt die Kostenrechnung ein Instrument, das Unternehmen in breitem Ausmaß verwenden. Sie wird insbesondere im Bereich der Lagerführung eingesetzt, um mögliche Unterbrüche des Materialflusses zu vermeiden und ein optimales Niveau der Lagerbestände zu berechnen, das es erlaubt, mit möglichst kleinen Kosten im Bereich der Lagerung von Rohstoffen oder Zwischenprodukten zu produzieren. Die Kostenrechnung wird auch zur Unterstützung von Investitionsentscheidungen herangezogen sowie bei der Wahl der optimalen Form der Finanzierung neuer Anlagen. Schließlich wird sie auch in der Lohnpolitik der Unternehmen angewendet, insbesondere um die individuellen oder kollektiven Prämien zu bestimmen. Diese werden in Abhängigkeit von Produktivitätsindikatoren ausbezahlt, welche mit dem Ziel entwickelt wurden, den produktiven Beitrag verschiedener Abteilungen, Produktionsstätten oder Sektionen zu messen.

Yves Flückiger

Krankenheime

Als Krankenheime werden in der Deutschschweiz Heime bezeichnet, die sich auf die institutionelle Betreuung von chronischkranken Langzeitpflegebedürftigen spezialisiert haben.

Abzugrenzen sind Krankenheime von so genannten Alters- sowie Alters- und Pflegeheimen, die außer pflegebedürftigen Langzeitkranken auch noch selbständige Betagte beherbergen. Aufgrund des neuen, seit 1996 geltenden Krankenversicherungsgesetzes (KVG) wird als Oberbegriff für all diese Institutionen der Begriff Pflegeheim verwendet.

Wichtigster Grund zur Platzierung in Krankenheimen ist die Demenz, gefolgt von anderen chronischen neurologischen Krankheiten wie Parkinson, Zustand nach Hirnschlag, Multiple Sklerose und Gehbehinderungen bzw. Sturztendenzen sowie Schwächezustände wie z.B. bei terminalen Herzleiden, Lungenleiden oder Krebs.

Moderne Krankenheime verfügen oft über spezielle Abteilungen für Demenzkranke, zur langsamen Rehabilitation oder zur optimalen Palliation (auch Hospiz-Abteilungen genannt) und über Leichtpflegeabteilungen im Sinne von Pflegewohngruppen. Vermehrt übernehmen Krankenheime auch Betagte zur zeitlich befristeten Rehabilitation nach einem Akutspitalaufenthalt.

Literatur
Albert Wettstein, »Die Geriatrie in Zürich 1951–1999«, in: Regierungsrat des Kantons Zürich (Hrsg.), *Zürcher Spitalgeschichte*, Band 3, Zürich 2000, S. 559–571; – Albert Wettstein, *Senile Demenz*, Hans Huber, Bern 1991.
Internet
www.sad.stzh.ch
Verweise
Demenz – Pflegeheime – Pflegeversicherung

Albert Wettstein

Krankenkassen

Der Begriff Krankenkasse bezeichnet eine Kategorie von Versicherern, die gemäß Krankenversicherungsgesetz (KVG) zur Durchführung der obligatorischen Krankenversicherung und fakultativen Taggeldversicherung zugelassen sind. Daneben können die Krankenkassen unter gleichem Namen Zusatzversicherungen anbieten, für die sie aber eine getrennte Rechnung führen müssen.

Die Rechtsform einer Krankenkasse kann eine juristische Person des Privatrechts (z.B. Verein, Genossenschaft, Stiftung, Aktiengesellschaft) oder des öffentlichen Rechts sein. Die in gewissen Kantonen existierenden öffentlichen Krankenkassen sind in der Regel Körperschaften des öffentlichen Rechts. Im Bereich der Grundversicherung dürfen die Krankenkassen nicht gewinnorientiert arbeiten und müssen vom Eidgenössischen Departement des Innern (EDI) anerkannt sein. Die meisten Krankenkassen existierten – zum Teil unter anderem Namen und in einer anderen Rechtsform – schon vor Inkrafttreten des heutigen KVG. Viele sind aus Unterstützungskassen, Versicherungsgesellschaften auf Gegenseitigkeit, Kantons- oder Gemeindekassen hervorgegangen.

Bis 1996 war die Durchführung der sozialen Krankenversicherung gemäß Krankenversicherungsgesetz solchen gemeinnützigen Trägerschaften vorbehalten. Das neue KVG erlaubt seither aber auch einer zweiten Kategorie von Versicherern die Durchführung der obligatorischen Krankenversicherung, nämlich privaten Versicherungsgesellschaften. Die großen Versicherungskonzerne der Schweiz haben von dieser Möglichkeit bisher jedoch kaum Gebrauch gemacht.

Literatur
Bundesamt für Statistik, *Statistik über die Krankenversicherung. Vom Bund anerkannte Versicherungsträger 1996*, Bundesamt für Statistik, Bern 1998.
Verweise
Krankenversicherer – Krankenversicherung
Michel Surbeck

Krankenkassenverbände (kantonale)

In den kantonalen Krankenkassenverbänden haben sich fast alle Träger der obligatorischen Krankenversicherung zusammengeschlossen. Pro Kanton besteht in der Regel ein Verband. Gewisse Verbände umfassen auch eine Gruppe von Kantonen. Ihre Aufgabe ist die Koordination der Tätigkeiten ihrer Mitglieder und die Wahrung gemeinsamer Interessen gegenüber Behörden und Leistungserbringern des Gesundheitswesens. Dazu gehört vor allem das Aushandeln von kantonalen Tarifverträgen und die Klärung grundlegender Anwendungsfragen.
Der nationale Dachverband der Krankenversicherer ist santésuisse mit Sitz in Solothurn. Früher hieß er Konkordat der schweizerischen Krankenversicherer.

Literatur
Infosantésuisse, Nr. 7–8, Juli/August 2001.
Verweise
Krankenkassen – Krankenversicherer
Michel Surbeck

Krankenversicherer

Die Schweizer Krankenversicherer garantieren der Bevölkerung den nötigen Schutz im Falle von Krankheit, Unfall und Mutterschaft. Sie schließen dazu Verträge mit den Leistungserbringern (Spitäler, Ärzte und Ärztinnen, Apothekerinnen und Apotheker, Pflegeheime, Spitexorganisationen usw.), die vor allem die anwendbaren Tarife festlegen. Ihre Statistiken ermöglichen den vom Gesetzgeber verlangten Datenaustausch und die Planung der Bedürfnisse zum Zweck der ständigen Verbesserung unseres Gesundheitssystems.
Der Branchenverband Schweizer Krankenversicherer santésuisse nimmt eine leitende Koordinations-, Promotions- und Orientierungsrolle für die Branche ein. Er verfügt über einen Hauptsitz in Solothurn und verschiedene Regionalsekretariate.

Internet
www.santesuisse.ch
Verweise
Krankenkassen – Krankenkassenverbände (kantonale)
santésuisse

Krankenversicherung

Typische Leistungen der Krankenversicherung sind die Bezahlung von ärztlichen Behandlungen, Spitalaufenthalten, Medikamenten und Therapien. Ebenfalls zu ihrem Leistungsumfang kann der Erwerbsersatz im Krankheitsfall gehören.
Überall in Westeuropa gilt die Krankenversicherung als öffentliche Aufgabe. In gewissen Ländern (z.B. Großbritannien) erfolgt die Finanzierung der Gesundheitsversorgung aus Steuergeldern. In anderen bestehen Versicherungseinrichtungen, die eine Prämie verlangen. Außer in der Schweiz ist die Prämie fast überall nach der finanziellen Leistungsfähigkeit der Versicherten abgestuft.
In der Schweiz wird die Krankenversicherung von Krankenkassen getragen, die ursprünglich von Berufsverbänden und Selbsthilfeorganisationen gegründet worden sind. Ihre Anzahl ist in den letzten Jahrzehnten stark zurückgegangen, zwischen 1960 und 2001 von über 1000 auf rund 100.
1996 ist ein neues Krankenversicherungsgesetz (KVG) in Kraft getreten: Im Sinne einer sozialen Krankenversicherung ist die Grundversicherung für die gesamte Bevölkerung als obligatorisch konzipiert worden (Prinzip der Universalität). Ihre Leistungen werden von verschiedenen Versicherern auf nicht gewinnorientierter Basis angeboten. Die Leistungen sind bei jedem Versicherer einheitlich, die Prämien unterschiedlich. Es besteht Freizügigkeit, das heißt, die Versicherten können den Versicherer vorbehaltlos wechseln. Damit sollen die Versicherer untereinander im Wettbewerb stehen und haben nach der Konzeption des Gesetzes einen Anreiz, ihre Kosten möglichst tief zu halten.
Die obligatorische Grundversicherung gewährleistet eine umfassende Versorgung, einschließlich aller Leistungen der Spitzenmedizin. Sie erbringt ihre Leistungen auch bei chronischer Erkrankung, bei Mutterschaft und bei Unfällen, sofern die versicherte Person nicht der Unfallversicherung für Arbeitnehmende angehört. Ausgeschlossen sind im Normalfall zahnmedizinische Behandlungen. Nicht obligatorisch ist auch die Absicherung des Erwerbsausfalls im Krankheitsfall. Ein beachtlicher Teil der Bevölkerung ist diesbezüglich ungenügend abgesichert.
Ein Politikum ist die Höhe der Krankversicherungsprämien, die für Menschen mit niedrigem und mittlerem Einkommen das Maß des Erträglichen überschritten hat. Die Prämien unter-

scheiden sich zwar von Versicherer zu Versicherer und von Kanton zu Kanton, nicht aber nach Alter und finanzieller Leistungsfähigkeit der Versicherten. Für Bedürftige richtet die öffentliche Hand eine individuelle Prämienverbilligung aus. In vielen Kantonen ist diese jedoch äusserst bescheiden. Gegenwärtig stehen politische Vorstösse auf der Tagesordnung, die Prämienverbilligung auszubauen oder eine sozialere, nach der wirtschaftlichen Leistungsfähigkeit der Versicherten abgestufte Finanzierung einzuführen.

Einen Teil der Behandlungskosten haben die Versicherten der schweizerischen Krankenversicherung selbst zu tragen. Durch die Wahl von Versicherungsvarianten mit einer höheren Kostenbeteiligung oder eingeschränkter Arztwahl können sie die Prämie reduzieren.

Nebst der obligatorischen Versicherung werden freiwillige Zusatzversicherungen angeboten. Sie übernehmen vor allem die Finanzierung der Unterbringung in Einer- oder Zweierzimmern im Spital sowie die meist damit verbundene Behandlung durch Kaderärztinnen oder -ärzte oder von alternativen Heilverfahren, der Zahnpflege, von Zahnkorrekturen und Haushalthilfen. Diese Versicherungen unterstehen nicht dem KVG, sondern dem VVG (Versicherungsvertragsgesetz).

Literatur
Gebhard Eugster, »Krankenversicherung«, in: Ulrich Meyer-Blaser (Hrsg.), *Schweizerisches Bundesverwaltungsrecht*, Band *Soziale Sicherheit*, Helbing & Lichtenhahn, Basel 1998; – Gerhard Kocher, Willy Oggier (Hrsg.), *Gesundheitswesen Schweiz 2001/ 2002*, Konkordat der Schweizerischen Krankenversicherer, Solothurn 2001; – santésuisse (Hrsg.), *Handbuch der Schweizerischen Krankenversicherung*, Konkordat der Schweizerischen Krankenversicherer, Solothurn 2002.
Internet
www.santesuisse.ch
www.bsv.admin.ch
Verweise
Grundversicherung (der Krankenversicherung) – Hausarztmodell – HMO – Kostenbeteiligung (in der Krankenversicherung) – Leistungskatalog der Krankenversicherung – Prämienverbilligung – Universalität – Zweiklassenmedizin

Ruedi Spöndlin

Kriminalität

Der Begriff der Kriminalität ist weder klar noch eindeutig. Das Verbrechen als Sozialerscheinung ist durch vielfältige Formen gekennzeichnet, bleibt in der Zeit ziemlich instabil und stösst immer wieder auf gesellschaftliche Ächtung. Es sind alle strafrechtlichen missbilligten Handlungen im Begriff Kriminalität eingeschlossen. Die kriminelle Handlung zeichnet sich durch folgende Definitionsmerkmale aus: 1. das Zufügen von Schaden (Unrecht und Leid); 2. das Vorliegen eines kollektiven Konsenses darüber, was gesellschaftliche Vulnerabilität ausmacht; 3. die soziale Reaktion durch spezifische Organe, die für die strafrechtliche Verfolgung zuständig sind.

Émile Durkheim (1895) entwickelte im Anschluss an die grossen Erhebungen der »Moralstatistik« das Konzept der Kriminalität. Er fordert im Gegensatz zur Tarde'schen »Interpsychologie«, dass das Verbrechen als ein »normales« Phänomen betrachtet wird, welches eine soziale Funktion erfüllt: Es verstärkt das Gefühl der kollektiven Solidarität und begünstigt deren Weiterentwicklung. Eine Verhaltensweise kann starke Missbilligung auslösen, ohne als kriminell angesehen zu werden. In der Folgezeit haben die Kriminalitätskonzepte der Durkheim-Schule und der Schule des sozialen Milieus um Gabriel Tarde auf die Arbeiten der Vertreter der Chicagoer Schule (Frederic M. Trasher 1927; Clifford R. Shaw 1929; Paul G. Cressey 1932) grossen Einfluss ausgeübt. Edwin Sutherland (1924) stellte fest, dass kriminelles Verhalten in Gruppen erlernt wird, die staatliche Autorität und deren Sanktionsgewalt missachten. Kriminelle verbinden und organisieren sich vor allem über kriminelle Netzwerke.

Trotz mehr Wohlstand und Bildung wächst die Kriminalität stetig an. Kriminelles Verhalten ist in der Gesellschaft ungleichmässig verteilt und bleibt oft der Öffentlichkeit verborgen. Zum Verständnis von Kriminalität in Bezug auf ihre Entwicklung, Struktur und Schwere können vier grosse Theoriefamilien unterschieden werden (Downes 1998): 1. Stresstheorien: Die grossen gesellschaftlichen Institutionen erfüllen immer weniger ihre integrativen Funktionen. Gruppen, die von Desintegration und Deprivation am meisten betroffen sind, neigen zu kriminellem Verhalten. 2. Interaktionstheorien: Identität wird sozial konstruiert. Somit können gewisse Personen und Gruppen aufgrund von kollektiven Zuschreibungs- und Etikettierungsprozessen in die Kriminalität abgedrängt werden. 3. Kontrolltheorien: Im Vordergrund steht die Kontrolle krimineller Handlungen. Je nach theoretischer Position werden eher situative oder soziale Faktoren hervorgehoben. 4. Kritische Kriminologie: Die Hauptursache für kriminelle Handlungen liegt in den Ungleichheiten und Gegensätzen moderner Gesellschaften.

Heute wendet sich die Soziologie der Kriminalität zunehmend einer Soziologie der Akteure zu, indem sie den Fokus auf die Rollen bei der Produktion und Anwendung strafrechtlicher Normen legt. Damit sind nicht nur Experten (Richter oder Staatsanwälte, Advokaten, Strafvollzugsbedienstete, Polizeibeamte usw.), sondern auch Laien (Opfer, Täter, Zeugen, Informanten usw.) gemeint, also all jene Akteure, deren Interessen sich an normativen Ressourcen orientieren.

Literatur
David Downes, Paul Rock, *Understanding Deviance. A Guide to the Sociology of Crime and Rule Breaking*, Oxford University Press, Oxford 1998; – Christian Lüdemann, Thomas Ohlemacher, *Soziologie der Kriminalität. Theoretische und empirische Perspektiven*, Juventa, Weinheim/München 2002; – Philippe Robert, *La question pénale*, Droz, Genève 1984.

Verweise
Abweichendes Verhalten (Devianz) – Kriminalstatistik – Soziale Kontrolle

Catherine Mueller, Hector Schmassmann

Kriminalstatistik

Kriminalstatistik umfasst statistische Daten, die von der Polizei und von der Justiz regelmäßig (jährlich) gesammelt werden. Diese umfangreichen Statistiken enthalten aufgearbeitete Daten über Art und Ausmaß der registrierten Straftaten sowie über einzelne Eigenschaften bereits Verurteilter (u.a. DNA-Daten). Kriminalitätsraten (z.B. Tatverdächtigen- und Verurteiltenraten) werden von staatlichen Organen veröffentlicht. Kriminalstatistiken sind allerdings bloß ein Indikator für die Wirklichkeit von Kriminalität, welche erst in Prozessen der Wahrnehmung und Bewertung konstituiert wird. Gemessen werden in erster Linie Tätigkeiten strafrechtlicher Instanzen (Polizei, Strafverfolgungsbehörden, Justiz und Strafvollzug).

Seit 1800 wurden in Europa vermehrt statistische Angaben in den Berichten der Justiz aufgenommen. Die ersten nationalen Kriminalstatistiken wurden im frühen 19. Jahrhundert erhoben (England seit etwa 1800, Frankreich 1825, Schweiz auf kantonaler Ebene seit 1832). In England und Wales wurden von der Polizei erhobene Kriminalitätsraten seit 1876 publiziert, in den USA seit 1930 und in der Schweiz seit 1946. Die westlichen Industrieländer haben ein dramatisches Anwachsen der Kriminalitätsraten seit den mittleren 1950er-Jahren erlebt, ein nachhaltiger Rückgang fand erst in den mittleren 90er-Jahren statt. Über die Zeit hat sich die Deliktstruktur verändert: Zwar sind Vermögensdelikte nach wie vor die weitaus größte Deliktsgruppe, aber ihr Anteil ist zurückgegangen; umgekehrt ist der Anteil der Gewaltdelikte gestiegen.

In der Rechtspflegestatistik ist die Trennung von Daten zu Ereignissen und solchen zu Personen grundlegend. Dies ermöglicht Verknüpfungen zwischen Ereignissen und Personen und erhöht damit die Qualität der Auswertung (z.B. Mehrfachverzeigungen, kriminelle Karrieren, Rückfälligkeit). Die wichtigsten – vom Bundesamt für Statistik publizierten – Schweizer Statistiken sind: 1. Polizeiliche Kriminalstatistik (PKS); 2. Betäubungsmittelstatistik (BMS); 3. Statistik der Jugendstrafurteile (JUSUS); 4. Strafurteilsstatistik (SUS); 5. Strafvollzugsstatistik (SVS); 6. Statistik der gemeinnützigen Arbeit (SGA) und 7. Statistik des elektronisch überwachten Strafvollzugs (SEM). Im Aufbau sind: 1. Statistik des Strafverfahrens sowie 2. Bewährungshilfestatistik.

In den Vereinigten Staaten werden die Daten von lokalen Polizeibehörden als *Uniform Crime Reports* veröffentlicht. Im Vereinigten Königreich werden vergleichbare Statistiken vom Home Office (*Criminal Statistics England and Wales* und die 2-jährlich erscheinenden *Statistical Bulletins*) produziert.

Seit dem Beginn der Kriminalstatistik ist ihre Validität als Indikator der realen Kriminalität umstritten. Die polizeiliche Kriminalstatistik umfasst angezeigte und von ihr registrierte Delikte. Diese Daten werden nun regelmäßig durch länderumfassende Opferumfragen ergänzt, um der Sichtbarkeit und Sichtbarmachung kriminellen Verhaltens gerecht zu werden (Dunkelfeld). Dagegen sind Justizstatistiken (z.B. Verurteilungen, Strafzumessung, Deliktsgruppen) generell reliabel.

Aus den Opferumfragen gehen erhöhte Viktimierungsraten hervor. In den USA, in Großbritannien und in der Schweiz werden nur etwa 50 Prozent der kriminellen Handlungen der Polizei tatsächlich angezeigt. Die Opferbefragungen entsprechen dem Grundmodell einer individuell konstituierten Täter-Opfer-Beziehung, opferlose oder konsentierte Delikte, Delikte, die sich nicht gegen individuelle Opfer richten, die so genannte Rechtsgüter der Allgemeinheit betreffen und die ein deliktbedingtes geringes Entdeckungsrisiko aufzeigen, bleiben also im Dunkelfeld zurück. Ebenso wird das Anzeigeverhalten durch die Deliktsart beeinflusst: Vermögensdelikte werden am meisten angezeigt.

In Zukunft wäre es wünschenswert, die Reliabilität und Transparenz der Justizstatistiken noch zu verbessern. »Eine integrierte Datenbank von der Polizei bis zum Gericht oder Strafvollzug wäre heute technisch machbar. Darin würde jeder ›Fall‹ von der Anzeige bis zur letzten Erledigung erfasst und in seiner Entwicklung verfolgbar« (Killias 2001).

Literatur
Bundesamt für Statistik (Hrsg.), *Statistisches Jahrbuch der Schweiz 2002*, Kapitel 19, NZZ Buchverlag, Zürich 2002; – Clive Coleman, Jenny Moynihan, *Understanding Crime Data*, Open University Press, Buckingham 1996; – Martin Killias, *Précis de criminologie*, Stämpfli, Bern 2001; – UN Office for Drug Control and Crime Prevention (Hrsg.), *Global Report on Crime and Justice*, Oxford University Press, New York 1999.

Internet
www.admin.ch
www.ojp.usdoj.gov/bjs

Verweise
Kriminalität – Opfer von Straftaten (Opferhilfegesetz) (OHG) – Soziale Unsicherheit – Sozialstatistik
Catherine Mueller, Hector Schmassmann

Krippe und Kindertagesstätte
Es gibt vielfältige Formen von Tagesstätten für Kinder im Vorschulalter. Ihre Bezeichnung variiert in den verschiedenen Kantonen. Krippe und Kindertagesstätte sind Orte mit ähnlichen funktionalen Eigenschaften. Auch wenn nicht alle Tagesstätten beispielsweise ein Mittagessen vorsehen oder Säuglinge aufnehmen, bieten diese Strukturen meist ein zeitlich breites Leistungsangebot (Öffnungszeiten am Tag, unter der Woche und durch das Jahr hindurch), das dem Arbeitstag der Erwachsenen entspricht. Dies ist bei anderen Formen der kollektiven Betreuung nicht der Fall, da die Öffnungszeiten dort meist beschränkt sind.
Krippen und Tagesheime bieten eine Dienstleistung für erwerbstätige Eltern. Sie stellen eine Alternative zur Betreuung durch eine Tagesmutter dar und fördern die Sozialisierung der Kinder innerhalb einer Peer Group schon in einem jungen Alter.
Obwohl diese Institutionen durch die Eidgenössische Verordnung über die Aufnahme von Pflegekindern aus dem Jahr 1977 geregelt sind, besteht diesbezüglich keine einheitliche Sozialpolitik, wie es die diversen Finanzierungsarten zeigen. Gewisse Institutionen sind öffentlich, andere werden subventioniert, wieder andere sind privat. In den verschiedenen Regionen gibt es große Unterschiede bezüglich der Verfügbarkeit von Betreuungsplätzen. In städtischen Gebieten sind diese Strukturen stärker entwickelt und werden gefördert, da dort das Verbleiben der Mütter auf dem Arbeitsmarkt und der Zerfall der traditionellen Familienmodelle stärker ausgeprägt sind. Die zunehmende Zahl von Krippen und Tagesheimen widerspiegelt die Entwicklung der Lebensstile.
Die Nachfrage hat zunächst quantitativ zugenommen. Sind Statistiken verfügbar, so zeigen sie eine Knappheit an Betreuungsplätzen auf. Für die steigende Anzahl Familien mit »atypischen« Arbeitszeiten, beispielsweise Arbeit auf Abruf oder Nachtarbeit, bieten diese Institutionen keine angemessene Lösung.
Die Nachfrage hat auch in qualitativer Hinsicht zugenommen. Das Erziehungspersonal besteht immer häufiger aus beruflich qualifizierten Fachkräften, wobei die Nachfrage nach diplomierten Personen das Angebot übersteigt. Die Eltern erwarten neben der reinen Betreuung auch eine erzieherische Tätigkeit vonseiten der Institution.
Obwohl eine qualitativ hoch stehende soziale und erzieherische Betreuung eine akzeptierte Forderung darstellt, sind Krippen und Tagesheime immer noch umstritten und werden teils in wahltaktischer Absicht (ideologisch und finanziell) in Frage gestellt.

Verweise
Familienpolitik
Gil Meyer

Krise des Sozialstaats
Die Frage, ob der Sozialstaat sich in einer Krise befindet, steht heute im Zentrum politischer Auseinandersetzungen, in deren Rahmen neue sozialpolitische Konzepte diskutiert und umgesetzt werden (z.B. der Übergang vom *welfare state* zum so genannten *workfare state*). Gesprochen wird sowohl von Finanzkrise (Missverhältnis zwischen den Mitteln und den Aufgaben des Sozialstaates) als auch von Legitimationskrise (Missverhältnis zwischen der traditionellen Sozialpolitik und den vorherrschenden gesellschaftspolitischen Grundsätzen und sozialen Bedürfnissen) des Sozialstaates.
Beide Krisenbegriffe sind weniger eindeutig, als es auf den ersten Blick erscheint, und verweisen nur zum Teil auf neuartige Entwicklungen. Zum einen ist unbestritten, dass jede strukturelle Wirtschaftskrise sich grundsätzlich nachteilig auf das Verhältnis der verfügbaren Mittel zu den Ausgaben des Sozialstaates auswirkt, da sie wachsende soziale Bedürfnisse hervorruft und zugleich das Substrat öffentlicher Finanzen beeinträchtigt. Dennoch ergibt sich eine Finanzkrise nicht wie von selbst durch automatisch steigende Defizite der öffentlichen Haushalte, denn diese sind wiederum auch das Resultat steuerpolitischer Entscheide (Steuersenkungen u.a.): Zur Diskussion steht also auch die Frage der Verteilung des gesellschaftlich produzierten Reichtums. Abgesehen von finanziellen Aspekten darf außerdem nicht vergessen werden, dass die sozialstaatlichen Institutionen den Bedürfnissen der Menschen auch schon vor der Krisendiskussion nur teilweise gerecht wurden. Diskrepanzen dieser Art haben sich im Zusammenhang mit der Individualisierung und Destabilisierung der Arbeits- und Lebensverhältnisse zweifellos weiter verschärft und könnten Anhaltspunkte für eine demokratische Erneuerung des Sozialstaates liefern.

Literatur
Heiner Ganssmann, *Politische Ökonomie des Sozialstaates*, Westfälisches Dampfboot, Münster 2000; – Alessandro Pelizzari, *Die Ökonomisierung des Politischen*, UVK, Konstanz 2001.
Verweise
Liberalismus – Sozialpolitik – Sozialstaat
Peter Streckeisen

Kündigung

Mit Kündigung ist die Aufhebung eines Arbeitsvertrags durch den Arbeitgeber gemeint. Eine Kündigung ist bereits mündlich rechtsgültig, sofern der Einzelarbeitsvertrag oder ein Gesamtarbeitsvertrag nicht die schriftliche Form vorschreibt. Es muss sich dabei um eine deutliche Willensäußerung handeln, die eindeutig die definitive Beendigung des Arbeitsvertrags beabsichtigt. Die Kündigung tritt in Kraft, sobald sie von dem oder der Angestellten empfangen wird. Generell gilt, dass der Arbeitgeber einen bestimmten Zeitraum zwischen der Bekanntmachung der Kündigung und dem effektiven Ende des Arbeitsverhältnisses einhalten muss, außer der oder die Arbeitnehmende habe einen schlimmen Fehler begangen, der die fristlose Kündigung rechtfertigt.

Die Person, deren Arbeitsvertrag gekündigt wird, kann bei der anderen Partei die Kündigungsgründe schriftlich verlangen. Die Kündigung bleibt aber unabhängig davon gültig.

Verweise
Arbeitsvertrag – Kündigungsschutz – Prekarisierung
Jean-Bernard Waeber

Kündigungsschutz

Im Schweizer Recht gibt es zwei Arten des Kündigungsschutzes. Einerseits besteht ein Schutz während gewisser Lebensabschnitte einer angestellten Person (1.). Andererseits gibt es den Schutz gegen eine inakzeptable Kündigung: bei Kündigungsmissbrauch (2.) und bei ungerechtfertigter fristloser Kündigung (3.). Die Auswirkungen dieser beiden Schutztypen sind sehr unterschiedlich (4.).

1. Nach Ablauf der Probezeit besteht eine Phase des Kündigungsschutzes. Ausschließlich für unbefristete Arbeitsverträge gilt überdies ein Kündigungsschutz unter folgenden Umständen:
– Während der gesamten Schwangerschaft einer Angestellten und während 16 Wochen nach der Geburt.
– Während der Zeit, in der eine angestellte Person aufgrund einer Krankheit oder eines Unfalls vollständig oder teilweise arbeitsunfähig ist. Die Dauer der Schutzperiode ist von der Anzahl der Dienstjahre abhängig. Im ersten Dienstjahr beträgt sie 30 Tage, vom zweiten bis zum fünften 90 Tage und ab dem sechsten Dienstjahr beträgt sie 180 Tage.
– Während des Absolvierens von obligatorischem Militär-, Zivilschutz- oder Zivildienst sowie während 4 Wochen vor und nach dem Dienst, falls dieser mehr als 11 Tage dauert.
2. Eine Kündigung durch den Arbeitgeber ist missbräuchlich, wenn sie zwar die Kündigungsfrist einhält, aber auf Gründen beruht, die außerhalb der Führung des Betriebs angesiedelt sind oder rechtlich nicht nach Treu und Glauben geäußert werden. So ist beispielsweise eine Entlassung missbräuchlich, wenn sie wegen gewerkschaftlicher Mitgliedschaft oder Tätigkeit erfolgt, wenn das Kündigungsschreiben eintrifft, während die Person ein Mandat zur Vertretung der Beschäftigten erfüllt, oder wenn es sich um eine Rachekündigung handelt, weil die/der Beschäftigte die ihm vertraglich zustehenden Rechte geltend gemacht hat. Ebenfalls missbräuchlich ist eine Entlassung, wenn sie auf Merkmalen der Persönlichkeit der angestellten Person wie Geschlecht, Nationalität oder ethnische Zugehörigkeit basiert (außer wenn ein solches Merkmal eine Bedingung für die Anstellung war), oder eine Entlassung, die wegen der Ausübung eines verfassungsrechtlich garantierten Rechts erfolgt.
3. Eine fristlose Kündigung durch den Arbeitgeber ist gerechtfertigt, wenn die arbeitnehmende Person einen derart gravierenden Fehler begangen hat, dass das Vertrauen gebrochen ist und das Arbeitsverhältnis während der Kündigungsfrist nicht weiterführbar ist. Die fristlose Kündigung ist ungerechtfertigt, wenn das Ausmaß des begangenen Fehlers nicht so groß ist, dass es die schwerwiegende Maßnahme der fristlosen Kündigung rechtfertigt.
4. Während der Kündigungsschutzzeit ist jegliche Kündigung nichtig. Das gilt jedoch nicht für missbräuchliche oder fristlose Kündigungen; sie beenden das Arbeitsverhältnis definitiv, und zwar innerhalb der gesetzlich oder vertraglich festgelegten Zeitspanne im Falle der missbräuchlichen Kündigung und sofort im Falle der fristlosen Kündigung. Die arbeitnehmende Person kann dann lediglich versuchen, den missbräuchlichen oder ungerechtfertigten Charakter der Kündigung gerichtlich bestätigen zu lassen, was ihr im positiven Falle eine finanzielle Entschädigung einbringt.

Schließlich bleibt noch die kollektive Entlassung zu erwähnen. Wenn diese vom Arbeitgeber aus wirtschaftlichen Gründen veranlasst wird und die Zahl der Entlassenen größer oder gleich 10 ist bzw. einen gewissen Anteil seiner Angestellten übersteigt, so ist er vom Gesetz her verpflichtet, das Vorhaben der Betriebskommission (oder dem gesamten Personal, falls es keine Kommission gibt) sowie dem kantonalen Arbeitsamt mitzuteilen.

Literatur
Christiane Brunner, Jean-Michel Bühler, Jean-Bernard Waeber, *Commentaire du contrat de travail*, Réalités sociales, Lausanne 1996; – Manfred Rehbinder, *Schweizerisches Arbeitsrecht*, Stämpfli, Bern 2002.

Verweise
Arbeitsvertrag – Gesamtarbeitsvertrag (GAV) – Kündigung – Mutterschaft(sschutz)

Jean-Bernard Waeber

Kurzaufenthalter (Saisonnierstatut)

Hinter befristeten Aufenthaltsbewilligungen steht das so genannte Rotationsmodell: Ausländische Arbeitskräfte werden angeworben in der Schweiz zu arbeiten, nicht aber eingeladen sich gesellschaftlich zu integrieren. Diese Einwanderungspolitik kommt bereits nach dem Ersten Weltkrieg zum Tragen und wird erstmals 1931 in einem Bundesgesetz (über Aufenthalt und Niederlassung der Ausländer, ANAG) festgeschrieben. Neben dem 1934 eingeführten Saisonnierstatut gibt es einmalige und nur ausnahmsweise verlängerbare Kurzaufenthaltsbewilligungen (L), die einen Aufenthalt bis zu einem Jahr regeln, sowie erneuerbare Jahresaufenthaltsbewilligungen (B).
1991 – kurz nach Einführung des Drei-Kreise-Modells – wird das Saisonnierstatut für Nicht-EU-Angehörige aufgehoben. Am 1. Juni 2002 tritt das Personenfreizügigkeitsabkommen mit der EU in Kraft, welches jetzt allen Angehörigen aus EU-Staaten Mobilität, Familiennachzug, Sozialleistungen usw. zugesteht. Damit ist das Saisonnierstatut faktisch nicht mehr existent. Der Aufenthalt von Nicht-EU-Angehörigen unterliegt hingegen weiterhin dem bisherigen Gesetz, das 2003 totalrevidiert werden soll. Gemäß Gesetzesentwurf werden Kurzaufenthalter und Kurzaufenthalterinnen in Übereinstimmung mit den völkerrechtlichen Verpflichtungen ihre Familienangehörigen nachkommen lassen können, allerdings unter dem Vorbehalt, dass Einkommen und Wohnung »angemessen« sind. Kurzaufenthalte müssen spätestens nach 2 Jahren für mindestens 1 Jahr unterbrochen werden; Stellen- und Kantonswechsel sollen ausnahmsweise und in begründeten Fällen möglich sein. Grundsätzlich sollen Kurzaufenthaltsbewilligungen, abgesehen von den Aufenthalten zwecks Ausbildung, medizinischer Behandlung oder einer speziellen Regelung für Cabaret-Tänzerinnen, nur noch an so genannt hoch qualifizierte Arbeitskräfte aus dem Nicht-EU-Bereich erteilt werden. Das revidierte Bundesgesetz über Ausländerinnen und Ausländer (AuG) verabschiedet sich damit zwar vom Saisonnierstatut, hält aber mit neuen Kurzaufenthalterregelungen am Rotationsmodell fest.

Literatur
Susanne Bertschi, *Sexarbeit tabuisiert – zum Nachteil der Frauen. Eine juristische Analyse von Straf- und AusländerInnenrecht*, Schweizerischer Nationalfonds, Bern 2003; – Martina Caroni, *Tänzerinnen und Heiratsmigrantinnen: Rechtliche Aspekte des Frauenhandels in der Schweiz*, Caritas, Luzern 1996; – Georg Kreis, »Die Schweiz wird zum Einwanderungsland«, in: Walter Leimgruber, Werner Fischer (Hrsg.), »*Goldene Jahre«: Zur Geschichte der Schweiz seit 1945*, Chronos, Zürich 1999; – Marc Spescha, *Handbuch zum Ausländerrecht*, Haupt, Bern 1999.
Internet
www.auslaender.ch
www.stadt-zuerich.ch/kap10/frauenberatung/fiz.htm
Verweise
Ausländerinnen- und Ausländerpolitik – Jahresaufenthaltsbewilligung – Migration – Migrationspolitik

Anni Lanz

Langzeitarbeitslosigkeit

Langzeitarbeitslosigkeit bezieht sich auf Stellenlosigkeit, die länger als ein Jahr anhält. Problematisch dabei ist, dass die Stellenaussichten eines Erwerbslosen mit der Dauer seiner Arbeitslosigkeit in der Regel abnehmen, sei es, weil Arbeitgeber hinter fortgesetzter Erwerbslosigkeit gravierende Mängel vermuten, sei es, weil berufliche Kompetenzen bei anhaltender Stellenlosigkeit abgebaut werden. Auf diese Weise kann eine Arbeitslosigkeit, die einmal konjunkturell begann, zu einer Dauerarbeitslosigkeit mutieren, die auf konjunkturelle Erholungen kaum anspricht. Um Langzeitarbeitslosigkeit zu vermeiden, sind Maßnahmen zu ergreifen, die auf eine schnelle Reintegration der Stellenlosen zielen. Langfristige Ansprüche auf Entschädigungen der Arbeitslosenversicherung können dabei kontraproduktiv wirken, indem sie die Reintegrationsbemühungen der Betroffenen und der vermittelnden Behörde verlangsamen (so genanntes Problem des moralischen Risikos). Über das quantitative Ausmaß des Effekts herrscht in der Literatur Uneinigkeit.

Literatur
Stephen Machin, Alan Manning, »The Causes and Consequences of Longterm Unemployment in Europe«, in: Orley Ashenfelter, David Card (Hrsg.), *Handbook of Labor Economics*, Band 3C, North Holland, Amsterdam 1999, S. 3085–3139; – George Sheldon, *Langzeitarbeitslosigkeit in der Schweiz: Diagnose und Therapie*, Haupt, Bern 1999.
Verweise
Arbeitslosigkeit – Beschäftigungsmaßnahmen (aktive) – Beschäftigungspolitik – Regionales Arbeitsvermittlungszentrum

George Sheldon

Lebenserwartung

Die Lebenserwartung (bei der Geburt) für ein bestimmtes Geschlecht und ein gegebenes Jahr ist die durchschnittliche Zahl der Lebensjahre, die ein Neugeborenes des jeweiligen Geschlechts unter den aktuell gegebenen Sterblichkeitsverhältnissen leben wird. Die üblicherweise publizierten Daten zur durchschnittlichen Lebenserwartung basieren auf Querschnittsdaten (und neuere, auf Kohortendaten basierende Analysen belegen, dass damit die Lebenserwartung eher unterschätzt wird). Die Lebenserwartung von Menschen wird durch folgende 5 Faktorengruppen bestimmt: 1. genetische und biologische Faktoren; 2. umweltspezifische Faktoren (Naturgewalten, Wohnlage); 3. sozioökonomische Faktoren (Lebensstandard); 4. soziokulturelle Faktoren (Normen und Sanktionen gegenüber gesundheitsschädigendem Verhalten) sowie 5. spezifisches Verhalten (Gesundheits- und Risikoverhalten u.a.). Die Lebenserwartung variiert je nach Schicht- und Berufszugehörigkeit sowie auch nach Lebensform und Geschlecht. In der Schweiz leben Frauen heute durchschnittlich 6 Jahre länger als Männer.

Im 20. Jahrhundert stieg die durchschnittliche Lebenserwartung (bei Geburt) in der Schweiz markant an: Lebten Männer zu Beginn des 20. Jahrhunderts durchschnittlich 45,7 Jahre, sind es zu Beginn des 21. Jahrhunderts schon durchschnittlich 76,9 Jahre. Noch stärker stieg die durchschnittliche Lebenserwartung bei den Frauen, von 48,5 Jahren zu Beginn des 20. Jahrhunderts auf 82,6 Jahre zu Beginn des 21. Jahrhunderts. Je nach Bevölkerungsszenario wird davon ausgegangen, dass sich die mittlere Lebenserwartung der Männer bis 2060 auf 79,5 Jahre (tiefste Annahme) bzw. 85,5 Jahre (höchste Annahme) erhöht. Bei den Frauen wird ein Anstieg auf minimal 85,0 Jahre bzw. maximal 90,0 Jahre erwartet.

Literatur
Bundesamt für Statistik, *Kohortensterbetafeln für die Schweiz. Geburtsjahrgänge 1880–1980*, Bundesamt für Statistik, Bern 1998; – Bundesamt für Statistik, *Szenarien zur Bevölkerungsentwicklung der Schweiz 2000–2060*, Bundesamt für Statistik, Neuenburg 2001; – François Höpflinger, *Bevölkerungssoziologie*, Juventa, Weinheim 1997.
Verweise
Alter – Alterung, demografische – Demografie
François Höpflinger

Lebenslanges Lernen
Der Gedanke einer lebenslangen Bildungsphase ist in der umfassenden Bildungsreform Ende 1960er- und Anfang 70er-Jahre entstanden. Die OECD, die UNESCO und der Europarat prägten die Begriffe *lifelong education, recurrent education* und *éducation permanente*. Von der Europäischen Union wurde nun der Begriff des lebenslangen Lernens mit dem Memorandum als ein neuer Hauptbegriff deklariert. Die permanente Anpassung der Qualifikationen der arbeitenden Menschen an neue Techniken und auch kulturelle Anforderungen trägt dem internationalen Konkurrenzdruck Rechnung.

Das Grundkonzept des lebenslangen Lernens geht davon aus, dass nur Leute, die ihr ganzes Leben lang lernen und sich weiter qualifizieren, in der Lage sind, die raschen Veränderungen kompetent zu meistern. Es beinhaltet auch, dass die Lernenden die lebenslange Lernperspektive ihres Lernprozesses selber lenken. Die Bildungssysteme des lebenslangen Lernens werden somit nicht mehr von den Institutionen und der Lehre her definiert, sondern von der Person her, die lernt.

Beim lebenslangen Lernen geht es darum, dass das Individuum entsprechend seinem individuellen Lebensentwurf und seiner Biografie die Lerninhalte definiert und wählt. Dazu braucht es neue und strukturierbare Module mit offenen Bezügen und freien Zugängen. Entsprechend rücken Fragen nach individuellen Lernformen und der persönlichen Gestaltung von Lernprozessen in den Vordergrund. Die individuelle Fähigkeit, die unterschiedlichen Lernfelder in Beziehung zu setzen oder mit neuen Medien wie Internet oder *e-learning* umzugehen, werden entscheidend.

Das Konzept des lebenslangen Lernens stellt einen Paradigmawechsel in der Weiterbildung dar und bedingt eine strukturelle Veränderung des bisherigen Bildungssystems. Es erfordert neue Bezüge zwischen den einzelnen Bereichen des Bildungssystems, sowohl bezüglich Lerninhalten als auch bezüglich Übergängen, Zugängen und des Aufbaus von Wissen, Qualifikationen und Fähigkeiten.

Literatur
Ekkehard Nuissl, *Einführung in die Weiterbildung*, Luchterhand, Neuwied 2000.
Verweise
Qualifikation (berufliche) – Weiterbildung
André Schläfli

Lebenslauf
Ein Lebenslauf bezeichnet die objektive Abfolge der Ereignisse und Veränderungen im Leben von Personen (auch: *life course*, Lebensverlauf, früher: *life cycle*, Lebenszyklus). Bildungssystem, Arbeitsrecht, Berufsstruktur und die soziale Sicherung bestimmen Schullaufbahnen, Ausbildungsverläufe, Erwerbstätigkeit, berufliche Karrieren, Zugang zum und Verweildauern im Krankheitsstatus, im Mutterschutz und im Ruhestand. Daneben prägen zeitgeschichtliche Bedingungen (Wirtschaftskrisen, Kriege usw.) unterschiedliche Lebensverlaufsformen von nebeneinander lebenden Generationen. Die Lebenslaufforschung erforscht die verschiedenen Muster von Lebensverläufen von Frauen und Männern, Gruppen, Gesellschaften und historischen Phasen.

War die Lebenszeit in vormodernen Gesellschaften von dem Muster der Zufälligkeit der Lebensereignisse bestimmt, so kam es in modernen Gesellschaften durch drei Entwicklungen zu einem »institutionalisierten Lebenslauf« (Martin Kohli) mit dem Muster eines wohlgeordneten Lebensverlaufs: das Sicherwerden einer erwartbaren Lebenszeit durch den säkularen Sterblichkeitsrückgang seit dem 19. Jahrhundert, die Durchsetzung der Erwerbsarbeit und die sozialstaatliche Absicherung der Lebensrisiken. Lebensläufe deinstitutionalisieren, pluralisieren und entstandardisieren sich seit 1980, sodass sich die Individuen weniger an vorgegebenen Statuspassagen, Altersnormen und Ablaufmustern orientieren als an den Erfahrungen der eigenen Biografie (Biografisierung bzw. Individualisierung). Dazu beigetragen hat die Bildungsexpansion mit der Zunahme der Bildungsdauer, der Mehrfachausbildungen und der Ausbildungsabbrüche. Nichtreguläre Erwerbsformen, Arbeitslosigkeit und Langzeitarbeitslosigkeit machen den lebenslangen Beruf und den Normalarbeitsvertrag weniger typisch. Freisetzungen und der Trend zur vorzeitigen Verrentung erodieren zusätzlich die frühere Standardisierung des Lebenslaufs. Damit wird die Dreiteilung des Lebenslaufs in Ausbildungs-, Erwerbs- und Ruhestandsphase flexibilisiert, und die Übergänge zwischen den Phasen werden differenzierter, ausgedehnter und prekärer.

Literatur
Walter R. Heinz (Hrsg.), *Statuspassagen und Lebenslauf.* Band 1 bis 4, Juventa, Weinheim/München 2001; – Karl-Ulrich Mayer (Hrsg.), *Lebensverläufe und sozialer Wandel*, Westdeutscher Verlag, Opladen 1990.
Internet
www.sfb186.uni-bremen.de
Verweise
Biografie – Sozialforschung
Martin Schmeiser

Lebensqualität

Lebensqualität bezeichnet die objektiven Lebensbedingungen und das subjektive Wohlbefinden von Individuen, Gruppen sowie der Gesellschaft als eines Ganzen. Der Begriff ist mehrdimensional und umfasst einerseits verschiedene Lebensbereiche wie Wohnen, Gesundheit, Bildung, Arbeit, soziale Integration, Freizeit und finanzielle Ressourcen. Anderseits beinhaltet Lebensqualität die Zufriedenheit mit dem Leben, Glück, Selbstentfaltung und Chancengleichheit. Was unter Lebensqualität verstanden wird, hängt von Werturteilen ab und verändert sich je nach gesellschaftlichem Kontext sowie im Verlauf der Zeit.
Der Begriff der Lebensqualität stammt aus den 1970er-Jahren. Er entstand aus der Kritik an den auf rein materiellen Wohlstand ausgerichteten Wachstumskonzepten der Nachkriegszeit, welche an ihre ökologischen und sozialen Grenzen stießen. Dem rein materiellen Wohlstand wurde das qualitative Wachstum als gesellschaftliches Entwicklungskonzept gegenübergestellt.
Sozialpolitik erhält unter der Optik der Lebensqualität eine erweiterte Bedeutung. Sie umfasst neben der Absicherung vor wirtschaftlichen Risiken (Sozialpolitik im engeren Sinn) auch die Wohn-, Bildungs-, Arbeitsmarkt-, Gesundheits- und Umweltpolitik (Sozialpolitik im weiteren Sinn). Die Messung der Lebensqualität erfolgt über eine Vielzahl sozialer Indikatoren.

Literatur
Robert E. Leu, Stefan Burri, Tom Priester, *Lebensqualität und Armut in der Schweiz*, Haupt, Bern 1997.
Verweise
Armutsgrenzen – Sozialpolitik
Peter Aregger

Lebensweisen (Wandel der)

Die einzelnen Menschen und/oder die sozialen Gruppen verbringen ihren Alltag, ihr Leben auf höchst unterschiedliche Art und Weise. Dies wird mit den Begriffen der Lebensweise oder Lebensform erfasst. Von einem Wandel der Lebensweisen ist die Rede, wenn sich die unterschiedlichen Formen der Lebensbewältigung ändern und von der bisher in der jeweiligen Gesellschaft allgemein üblichen Art abweichen.
In der Schweiz, wie auch in anderen industrialisierten Ländern, sind in der Gegenwart bedeutsame Veränderungen der Lebensweisen zu beobachten. Als Beispiele seien erwähnt:
– Veränderungen in der Arbeitswelt: Die sich rasant ausbreitenden technologischen Entwicklungen (Möglichkeit der Verlagerung von Arbeit an weit entfernte Standorte, z.B. Billiglohnländer für die Produktion von Massengütern, unter Beibehaltung einer hohen Arbeitsqualität), die parallel damit einhergehenden organisatorischen Veränderungen in der Organisation der Arbeit (Umverteilung der insgesamt abnehmenden bezahlten Erwerbsarbeit, erhöhte Anforderungen an die Mobilität und Flexibilität der Arbeitnehmenden usw.) verändern das Leben in Familie und Gesellschaft.
– Wandel der Rolle der Frau in der Gesellschaft: Die Erwartungen der Frauen auf mehr Autonomie in Beruf und Partnerschaft, im Leben ganz allgemein, ihre erfolgreichen Anstrengungen im Bildungswesen führen zu einer Neugestaltung der Rollen in Ehe und Familie (markante Zunahme der Erwerbsquote der Frauen).
– Veränderung der familiären Strukturen: In der Gegenwart sind mannigfaltige (neue) Formen der Familie festzustellen. Die an die Ehe gebundene Familie ist nicht mehr die alleinige Form des er-

folgreichen Zusammenlebens von Paaren mit oder ohne Kinder. Aus unterschiedlichsten Gründen, individuellen und sozialen, hat sich die Aufgabenverteilung innerhalb der Familie (Einelternfamilien, Familien mit Erwerbstätigkeit beider Elternteile usw.), aber auch zwischen der Familie und dem sozialen Umfeld verändert: Die Rolle der Institutionen außerhalb der Familie gegenüber den Familienmitgliedern passt sich den neuen Anforderungen an (allerdings verfügt die Schweiz in diesem Bereich nicht über den Stand, den andere vergleichbare Staaten erreicht haben). Soziale Sicherheit wird nicht mehr in erster Linie durch die Familienmitglieder gewährleistet, sondern durch Sozialversicherungen, Sozialhilfe und weitere kollektive Maßnahmen wie Alters- und Pflegeheime, Blockzeiten in der Schule, Kinderhorte, Erleichterungen in der Besteuerung (Kinder- und weitere Betreuungsabzüge).

– Demografische Entwicklungen: Die demografischen Strukturen haben sich verändert und verändern sich weiter. Mit der zunehmenden Lebenserwartung und der allgemeinen Alterung der Gesellschaft hat sich die Wahrnehmung der betagten Menschen derart geändert, dass heute von einem vierten Alter gesprochen wird. Gleichzeitig verringert sich der Anteil der Kinder und Jugendlichen in der Gesellschaft.

Wenn die beschriebenen Veränderungen und Entwicklungen anhalten, was erwartet werden kann, beeinflussen sie die Gesellschaft als Ganzes. Das System der sozialen Sicherheit ist von den dadurch verursachten sozialen Fakten besonders betroffen (Abnahme der erwerbstätigen Bevölkerung, Zunahme der Armutsgefährdung für eine kleine, aber wachsende Minderheit der erwerbsfähigen Bevölkerung usw.). Es stellt sich die Frage, ob die soziale Sicherheit in ihrer heutigen Ausgestaltung die anstehenden Probleme überhaupt bewältigen kann. Neue Formen der sozialen Sicherheit sind zu suchen und zu entwickeln.

Literatur
Bea Cantillon, »Les transformations des modèles du travail et de la famille et leurs implications sur la sécurité sociale«, in: Jean-Pierre Fragnière (Hrsg.), *Repenser la sécurité sociale*, Réalités sociales, Lausanne 1995, S. 115 ff.; – Pierre Gilliand, May Lévy (Hrsg.), *Familles et solidarité dans une société en mutation*, Réalités sociales, Lausanne 1991; – François Höpflinger, Astrid Stuckelberger, *Demographische Alterung und individuelles Altern. Ergebnisse aus dem nationalen Forschungsprogramm Alter/Vieillesse/Anziani*, Seismo, Zürich 1999.
Internet
www.sozialinfo.ch
www.bsv.admin.ch
Verweise
Arbeit – Gleichstellung von Mann und Frau – Sozialpolitik

Jean-Pierre Fragnière

Leistung und Gegenleistung

Im letzten Jahrzehnt haben verschiedene Kantone ihre Sozialgesetzgebung revidiert und die Begriffe Gegenleistung und Vertrag eingeführt. In der politischen Debatte um diese Neuerungen steht für die einen der wachsende Finanzbedarf der Sozialhilfe und für die anderen der Kampf gegen die steigende Zahl von vom sozialen Ausschluss bedrohten Personen im Vordergrund. Fast einhellig wird jedoch der neue Begriff der Gegenleistung der unterstützten Person als Pendant zur finanziellen Leistung der öffentlichen Hand begrüßt.

Dennoch gibt es über den Inhalt des Begriffes Gegenleistung keinen Konsens. Die einen sind der Auffassung, die politische Akzeptanz der Sozialhilfe könne in Zukunft nur über die Einführung einer Gegenleistung erreicht werden. Andere interpretieren die Gegenleistung als Verpflichtung der Gesellschaft, den vom sozialen Ausschluss bedrohten Mitgliedern nicht nur die materielle Existenz zu sichern, sondern ihnen auch Möglichkeiten für ihre soziale und berufliche Wiedereingliederung zu bieten.

Hinter dem Begriff Gegenleistung verbergen sich mindestens zwei unterschiedliche Grundhaltungen. Der ersten folgend wird die Gegenleistung als moralische Verpflichtung des Bezugsberechtigten gegenüber der öffentlichen Hand betrachtet. Sie zeugt von einem gewissen Misstrauen gegenüber den zu unterstützenden Personen, welche dieser Philosophie folgend das System missbrauchen würden, wären sie nicht einem Zwang unterstellt. Man geht dabei implizit davon aus, dass diese Personen sich relativ einfach in den Arbeitsmarkt eingliedern könnten, wenn sie sich nur entsprechend anstrengen würden. Diese Konzeption der Gegenleistung kann als konditionelle Gewährung der Sozialhilfe betrachtet werden, deren Vereinbarkeit mit dem Artikel 12 Bundesverfassung in Frage gestellt werden kann.

Die andere Philosophie geht davon aus, dass die Gegenleistung einen Anreiz darstellt und in einen finanziellen Vorteil für die Betroffenen ausmünden kann. Diese Philosophie setzt voraus, dass die von den unterstützten Personen geforderte Gegenleistung in erster Linie die berufliche und soziale Integration der Betroffenen zum Ziel hat. In diesem Fall ist die Gegenleistung von unterstützten Personen mit der Verpflichtung der öffentlichen Hand verbunden, Maßnahmen zur sozialen und beruflichen Eingliederung zu Verfügung zu stellen.

Literatur
Peter Farago, »Verhütung und Bekämpfung der Armut: Möglichkeiten und Grenzen staatlicher Maßnahmen«,

in: *Soziale Sicherheit*, Nr. 3, 1995; – Ueli Tecklenburg, »Leistungs- und Gegenleistungsmodelle auf kantonaler Ebene«, in: Caritas (Hrsg.), *Sozialalmanach. Existenzsicherung in der Schweiz*, Caritas, Luzern 1999.
Verweise
Anreizsysteme in der Sozialhilfe – Beratung – Sozialhilfeklientinnen und -klienten

Ueli Tecklenburg

Leistungsauftrag

Der Leistungsauftrag ist ein Instrument zur mittelfristigen Steuerung von (Regie-)Betrieben (wie z.B. Bahn, Post, Universität, städtische Werke) oder von Nonprofit-Unternehmungen (wie z.B. Hilfswerke, Spitex, spezialisierte Beratungsstellen), welche im Auftrag der öffentlichen Hand Leistungen erbringen.

Im Zuge des New Public Management (NPM) und der Wirkungsorientierten Verwaltungsführung (WoV) werden auch einzelnen Ämtern oder ganzen Departementen der öffentlichen Verwaltung vermehrt mehrjährige Leistungsaufträge für ihre zu erbringenden Leistungen (Produktegruppen) erteilt.

Der Leistungsauftrag umschreibt die übergeordneten, politischen und strategischen Ziele einer Organisationseinheit (Verwaltungsabteilung oder Nonprofit-Unternehmung) bzw. einer Leistungskategorie (Produktegruppe). Er stellt damit in Kurzform eine Zusammenfassung der gesetzlichen Grundlagen und der rechtlichen Rahmenbedingungen sowie der politischen und strategischen Schwerpunktsetzungen des Auftraggebers im bezeichneten Bereich dar.

Der Leistungsauftrag beinhaltet insbesondere die anzustrebenden Wirkungen in Gesellschaft, Wirtschaft und Umwelt, welche durch die Tätigkeit der bezeichneten Organisationseinheit bzw. durch die Erstellung der bezeichneten Leistungskategorie (Produktegruppe) erzielt werden sollen. Diese Zielsetzungen sind durch wenige, aussagekräftige Wirkungs- und Leistungsindikatoren samt zu erzielenden Soll-Werten zu operationalisieren. Die Auftragserfüllung kann anhand der tatsächlich erreichten Ist-Werte und ihrer Differenz zu den vorgegebenen Soll-Werten beurteilt und interpretiert werden.

Der Leistungsauftrag ist ein wichtiger und integrierter Bestandteil der Produktegruppen-Globalbudgets, wenn Parlament und Regierung nach der Philosophie des New Public Management arbeiten. Er dient den beiden obersten Staatsleitungsorganen als Instrument zur Steuerung von öffentlicher Verwaltung und von Nonprofit-Unternehmungen – und zwar zusammen mit dem globalisierten Budget der jeweiligen Produktegruppe. Das Produktegruppen-Globalbudget (samt Leistungsauftrag) kann mit einem Kontrakt genauer spezifiziert werden.

Literatur
Kuno Schedler, Isabella Proeller, *New Public Management*, Haupt, Bern 2000; – Ruedi Signer, »Was ist ein Leistungsauftrag – Braucht die Sozialarbeit Leistungsaufträge?«, in: *Sozialarbeit*, Nr. 15, 1995, S. 2–5.
Internet
www.kekcdc.ch/svoam/leistungsauftrag.htm
www.sassa.ch
Verweise
Leistungsindikatoren – New Public Management – Wirkung

Theo Haldemann

Leistungsindikatoren

Leistungsindikatoren sind steuerungsrelevante Größen für die Leistungserstellung in Verwaltungseinheiten und Nonprofit-Organisationen, welche nach den Konzepten des New Public Management und der Wirkungsorientierten Verwaltungsführung gesteuert werden. Leistungsindikatoren messen den Ist-Zielerreichungsgrad und geben den Soll-Wert der Leistungszielsetzung für eine Produktegruppe oder für ein Produkt vor.

Diese Vorgabe von Soll-Werten und das Messen der erreichten Ist-Werte kann auf mehreren Leistungsdimensionen erfolgen:
– Mengenziele werden mit den Indikatoren Anzahl Beratungen, Anzahl Fälle, Anzahl Klientinnen und Klienten, Anzahl Projekte usw. operationalisiert (Mengengerüst);
– Qualitäts- und Fristenziele werden mit den Indikatoren Abschlussquote, Erfolgsquote bzw. Termintreue, durchschnittliche Wartezeit von Anmeldung bis Erstgespräch usw. operationalisiert (Qualitätssicherung);
– Kostenziele werden mit den Indikatoren Fallkosten, Fallführungskosten, durchschnittliche Finanzhilfen usw. operationalisiert (Kostendeckung);
– Zufriedenheitsziele werden mit dem Indikator Anteil zufriedener/sehr zufriedener Klientinnen und Klienten operationalisiert (Kundenorientierung).

Die Soll- und Ist-Werte der Leistungsindikatoren geben Auskunft über die geplante und die tatsächliche Leistungsentwicklung; sie sind jeweils einzeln und zusammen im gesamten Kontext zu interpretieren.

Erste Erfahrungen mit der Leistungssteuerung in der Schweiz haben gezeigt, dass die Leistungszielsetzungen in den Produktegruppen-Globalbudgets und Leistungsvereinbarungen oft fehlen oder nicht als Indikatoren mit Soll-Werten ausformuliert wurden. An ihrer Stelle finden sich nicht steuerungsrelevante Kennzahlen oder allzu umfangreiche Kommentare aus dem bisherigen Geschäftsbericht.

Literatur
Kuno Schedler, Isabella Proeller, *New Public Management*, Haupt, Bern 2000.
Internet
www.statistik.zh.ch/benchmarking
Verweise
Leistungsauftrag – Produktegruppen-Globalbuget – Wirkung

Theo Haldemann

Leistungskatalog der Krankenversicherung

Unter dem Leistungskatalog versteht man eine Aufzählung der Leistungen, für welche die obligatorische Krankenversicherung (Grundversicherung) aufkommen muss. Diese sind allerdings nicht alle ausdrücklich aufgezählt. Die Artikel 24–40 des Krankenversicherungsgesetzes (KVG) halten fest, dass die Behandlung kranker und verunfallter Menschen durch Ärztinnen, Ärzte, Spitäler und Angehörige gewisser anderer Gesundheitsberufe grundsätzlich von der Grundversicherung zu bezahlen ist. Wesentlich ist Artikel 32 KVG, wonach diese Leistungen wirksam, zweckmäßig und wirtschaftlich sein müssen. Das Eidgenössische Departement des Innern (EDI) kann die Voraussetzungen zur Kostenübernahme in einer Verordnung genauer umschreiben. Es tut dies vor allem dann, wenn die Wirksamkeit, Wirtschaftlichkeit und Zweckmäßigkeit einer Behandlungsmethode umstritten sind. Ein Spezialfall sind Analysen und Arzneimittel, welche die Grundversicherung nur bezahlt, wenn sie sich auf einer vom EDI erstellten Liste befinden.

Literatur
Bundesgesetz über die Krankenversicherung vom 18. März 1994 (SR 832.10 – Krankenversicherungsgesetz, KVG); – santésuisse, *Handbuch der Schweizerischen Krankenversicherung*, Konkordat der Schweizerischen Krankenversicherer, Solothurn 2002.
Internet
www.santesuisse.ch
www.bsv.admin.ch
Verweise
Grundversicherung (der Krankenversicherung) – Krankenversicherung – TARMED, Tarif

Ruedi Spöndlin

Leistungsprimat

Beim Leistungsprimat handelt es sich um ein im System der öffentlichen oder privaten Alters-, Hinterlassenen- und Invalidenvorsorge angewandtes Prinzip: Die Leistungen entsprechen grundsätzlich einem durch das Gesetz oder das Reglement der entsprechenden Vorsorgeeinrichtung bestimmten Prozentsatz des versicherten Lohnes. Maßgeblich ist dabei entweder der zuletzt erhaltene Lohn oder der Durchschnittslohn der letzten 5 bis 10 Jahre oder manchmal auch der Durchschnittslohn während der gesamten Beitragsdauer. Der Prozentsatz des versicherten Lohnes ist meistens abhängig vom Alter der Versicherten bei ihrem Eintritt in die Vorsorgeeinrichtung, oft auch vom Alter bei Lohnerhöhungen und beruflichen Neuausrichtungen. Damit der Leistungssatz bei Lohnveränderungen beibehalten werden kann, müssen die resultierenden Mehrkosten durch Nachzahlungen finanziert werden. Wenn die Versicherten bei ihrem Eintritt jenes Alter bereits überschritten haben, welches Anspruch auf die reglementarisch vorgesehenen ordentlichen Leistungen vermittelt, wird von ihnen eine den fehlenden Beitragsjahren entsprechende Einkaufssumme verlangt. Ansonsten muss der Leistungssatz reduziert werden.
Wichtigster Vorteil des Leistungsprimats: Es erlaubt die Beibehaltung des relativen Leistungsniveaus bei Veränderungen des versicherten Lohnes. Bedeutender Nachteil des Leistungsprimats: Es verursacht bei jeder Anpassung der Höhe der Leistungen an die Lohnentwicklung steigende Kosten, insbesondere in Zeiten starker Inflation.

Literatur
Gertrud E. Bollier, *Leitfaden schweizerische Sozialversicherung*, Stutz, Wädenswil 2001; – Jürg Brühwiler, Hermann Walser, »Obligatorische und weitergehende berufliche Vorsorge«, in: Ulrich Meyer-Blaser (Hrsg.), *Schweizerisches Bundesverwaltungsrecht*, Band *Soziale Sicherheit*, Helbing & Lichtenhahn, Basel 1998.
Internet
www.sozialversicherungen.ch
www.bsv.admin.ch
Verweise
Beitragsprimat – Finanzierung der sozialen Sicherheit: Juristische Aspekte – Finanzierung der sozialen Sicherheit: Wirtschaftliche Aspekte

Bernard Viret

Leistungsvereinbarung

Die Leistungsvereinbarung – auch Kontrakt genannt – ist ein kurz- bis mittelfristiges Führungsinstrument, welches das partnerschaftliche Verhältnis zwischen dem Leistungseinkäufer der öffentlichen Hand (Regierung, Departement) und dem Leistungserbringer (Verwaltungsabteilung, Nonprofit-Unternehmung, Privatfirma) regelt. Der Kontrakt kann einen Leistungsauftrag des Leistungsbestellers Souverän oder Parlament ergänzen und konkretisieren, er kann aber auch allein stehen.
Im Zuge von New Public Management (NPM) und der Wirkungsorientierten Verwaltungsführung (WoV) kommt dieses moderne Führungsinstrument sowohl verwaltungsintern als auch mit externen Dritten vermehrt zum Einsatz. Die damit angestrebte Kontraktkultur unterscheidet sich grundlegend von der Befehlskultur, wo der Auftraggeber dem Auftragnehmer hierarchisch

übergeordnet ist und die Leistungserbringung und Kostenrückerstattung mittels Rechtserlassen einseitig vorschreibt. Verwaltungsintern entspricht der Kontrakt einer zustimmungsbedürftigen Weisung, nur im Außenverhältnis begründet er eine (einklagbare) vertragliche Regelung.

Bei den Leistungsvereinbarungen wird in der Regel zwischen einem mittelfristigen Teil, dem 4-jährigen Rahmenkontrakt, und einem kurzfristigen Teil, dem Jahreskontrakt, unterschieden, welche sowohl das »Was« als auch das »Wie« der Leistungserbringung regeln.

Der Rahmenkontrakt enthält mindestens folgende Elemente:
– Zweck, Geltungsdauer und (Vertrags-)Partner des Rahmenkontrakts;
– grobe Bezeichnung der vereinbarten Leistungskategorien (Produktegruppen) und Entgelte (Kostendach) inklusive Vorbehalt der jährlichen Budgetgenehmigung;
– Finanz-, Personal- und Sachkompetenzen des Leistungserbringers;
– Modalitäten der jährlichen und unterjährigen Berichterstattung;
– Modalitäten für die Änderung, Auflösung und Verlängerung des Kontrakts.

Der Jahreskontrakt umfasst mindestens folgende Elemente:
– Zweck, Geltungsdauer und (Vertrags-)Partner des Jahreskontrakts;
– detaillierte Bezeichnung der vereinbarten Leistungen nach erfolgtem Budgetbeschluss: Die einzelnen Produkte werden mit Leistungsmengen, Qualitätsstandards, Fristvorgaben, Kosten, Kundenzufriedenheiten umschrieben. Zusätzliche Projekte werden mit Jahreszielen, wichtigen Meilensteinen und einzuhaltendem Kostendach festgehalten.

Die praktische Handhabung der Kontrakte beeinflusst die Kontraktkultur: Keine Verwaltungsabteilung oder Nonprofit-Organisation kann gegen ihren Willen zu einer Kontraktunterzeichnung gezwungen werden; bei Uneinigkeit muss zwingend auf die herkömmlichen Instrumente interne Weisung und Auftrag an Dritte zurückgegriffen werden.

Literatur
Kuno Schedler, Isabella Proeller, *New Public Management*, Haupt, Bern 2000.
Internet
www.hpzuri.ch/leistungen.htm
www.zuv.unibas.ch/uni/leistungsvereinbarung/Leistung.pdf
Verweise
Leistungsauftrag – New Public Management – Produktegruppen-Globalbudget

Theo Haldemann

Liberalismus
Der Liberalismus als Werthaltung und politische Bewegung entsteht auf der Basis humanistischen Gedankenguts im Zeitalter der europäischen Aufklärung. Er stellt die Freiheit des über Vernunft verfügenden Individuums in den Mittelpunkt seines Denkens. Er wendet sich im 18. Jahrhundert gegen die Machtansprüche des absolutistischen Staates sowie die Bevormundung seitens der Kirchen und auch anderer Kollektivorganisationen (Zunftwesen, Berufskorporationen usw.). Auf der politischen Ebene tritt er ein für die Meinungs- und Gedankenfreiheit, das Recht auf politische Betätigung sowie die religiöse Freiheit; auf der wirtschaftlichen Ebene verficht er die Besitz- und Vertragsfreiheit sowie die allgemeine Handels- und Gewerbefreiheit. Der Liberalismus ist maßgeblich beteiligt an der Etablierung des auf den universalistischen Menschenrechten basierenden Rechtsstaates und der Demokratie sowie an der Etablierung eines freien Marktes. Die Gründung des Schweizer Bundesstaates verdankt sich im Wesentlichen der liberalen Bewegung.

Nach dem Anwachsen des staatlichen Interventionismus, das auch als Reaktion auf die im Zuge der Industrialisierung entstehende soziale Frage in der zweiten Hälfte des 19. Jahrhunderts erfolgt, formiert sich der Liberalismus seit Beginn des 20. Jahrhunderts erneut als Neoliberalismus. Zwei Richtungen können unterschieden werden.

Die erste, auch als Ordoliberalismus bezeichnet, geht zurück auf Alfred Müller-Armack, Wilhelm Röpke und Walter Eucken und findet in der BRD nach dem Zweiten Weltkrieg Verwendung bei der Fundierung der sozialen Marktwirtschaft. Im Gegensatz zum früheren Liberalismus lehnt der Ordoliberalismus staatliche Interventionen nicht rundweg ab, sie sollen aber zur Erhaltung der politischen wie auch der wirtschaftlichen Freiheiten erfolgen; die Bewahrung des wirtschaftlichen Wettbewerbs im Interesse des Gemeinwohls ist sein Credo. So hat der Staat nach Vorstellungen des Ordoliberalismus die Aufgabe, die Bildung von Monopolen und Kartellen zu erschweren, wenn nicht gar auf dem Wege der Gesetzgebung zu verhindern. Auch wird dem Staat eine aktive Rolle in der Sozialpolitik zugestanden: So soll er die Vermögensbildung der Arbeitnehmerschaft fördern. Der Ordoliberalismus ist gegenüber der staatlichen Regulierung der Arbeitsverhältnisse eher ablehnend, befürwortet aber den Einfluss starker kollektiver Interessenorganisationen (Gewerkschaften, Arbeitgeberverbände).

Die zweite Richtung des Neoliberalismus, die auf Ludwig von Mises, Friedrich August von Hayek sowie Milton Friedman zurückgeht, bildet sich als Reaktion auf den keynesianistischen Interventionsstaat. Dieser Neoliberalismus, der sich seit den 1970er-Jahren vor allem im angelsächsischen Bereich durchsetzt, lehnt staatliche Interventionen rundweg ab, will den Staat auf die klassischen Grundfunktionen (Garantie der Rechtsordnung und militärischer Schutz gegen äußere Feinde) reduzieren und den gesamten gesellschaftlichen Bereich dem freien Spiel der Kräfte auf dem Markt überlassen. Hintergrund dieser Politik ist die Auffassung Hayeks, nach der eine spontan und ungeplant entstehende Ordnung, wie sie sich auf dem freien Markt herausbildet, einer geplanten und gelenkten, durch staatliche Interventionen zustande kommenden Ordnung überlegen sei. In der Konsequenz will der Neoliberalismus auch das Sozialversicherungswesen privatisieren und dem Markt überlassen, schlägt jedoch im Gegenzug eine materielle Grundsicherung für alle Bürger und Bürgerinnen vor (negative Einkommenssteuer nach Friedman). Der Abbau von Handelsschranken, die Beseitigung von Importzöllen und Subventionen, also die zunehmende Durchsetzung der internationalen Handelsfreiheit geht nicht zuletzt auf den Einfluss des Neoliberalismus zurück. Das wachsende Gewicht parastaatlicher Wirtschaftsorganisationen im internationalen Bereich (Internationaler Währungsfonds, Weltbank) ist mit dem Programm des Neoliberalismus wiederum nicht vereinbar; nicht alles, was der so genannten Globalisierung zugeschrieben wird, kann sich auf die neoliberale Doktrin berufen.

Im Gegensatz zum angelsächsischen Neoliberalismus verstehen sich der klassische und der Ordoliberalismus keineswegs als prinzipielle Gegner des Sozialstaates. Jedoch wird der Selbstverantwortung des Bürgers und der Bürgerin Vorrang gegeben, sodass Einrichtungen der sozialen Sicherheit eher subsidiären Charakters sind und komplementär Funktionen dort ausüben, wo die Eigeninitiative und -verantwortung nicht mehr ausreicht. Eine große Bedeutung wird von diesen beiden Positionen des Liberalismus dem öffentlichen Bildungswesen zugemessen bei der Verwirklichung von Chancengerechtigkeit.

Verweise
Konservativismus – Sozialismus – Sozialstaat

Stefan Kutzner

Lockout → Aussperrung (Lockout)

Lohnindex

Der Lohnindex gibt Aufschluss über die jährliche Entwicklung der Löhne – zum Nominal- und Realwert (das heißt, nach Abzug der mittels Landesindex der Konsumentenpreise [LIK] errechneten Teuerung) – auf der Ebene der einzelnen Wirtschaftsbranchen. Diese Lohnindikatoren dienen der Konjunkturbeobachtung und der Analyse langfristiger Trends. Der Lohnindex gibt die »reine« Lohnentwicklung innert eines Jahres wieder, das heißt, er misst lediglich die Veränderung von Löhnen, die für Arbeiten konstanter Natur ausbezahlt werden. Lohnveränderungen, die auf eine Zunahme des Anteils höher qualifizierter Arbeitnehmerinnen und Arbeitnehmer oder auf den Stellenwechsel von Beschäftigten in Richtung Branchen mit durchschnittlich höheren Löhnen zurückzuführen sind, werden deshalb außer Acht gelassen (entsprechend dem Konzept des Lohns als »Preis der Arbeit«). Der Lohnindex stellt einen Schlüsselindikator für die Lohnverhandlungen zwischen den Sozialpartnern dar. Außerdem dient er als Grundlage für die Berechnung des AHV-Mischindexes zur Rentenindexierung sowie für die Festlegung des Einkommens der Kantone, und er liefert die notwendigen Informationen für die Anwendung verschiedener Bundesgesetze.

Zwischen 1942 und 1993 wurde die Lohnentwicklung anhand der Lohn- und Gehaltserhebung vom Bundesamt für Industrie, Gewerbe und Arbeit (BIGA, heute seco) berechnet. Nach dem Inkrafttreten des Bundesgesetzes über die Krankenversicherung im Jahr 1984, das die Versicherungspflicht für alle Erwerbspersonen einführte, erteilte der Bundesrat dem BIGA den Auftrag zur Revision der Lohnstatistik. Das Bundesamt für Statistik (BFS), das diesen Bereich 1995 übernahm, berechnet den Lohnindex seit 1994 anhand der Lohndaten in den rund 130 000 Unfallmeldungen, die ihm von der Sammelstelle für die Statistik der Unfallversicherung (SSUV) übermittelt werden. Mit der laufenden Revision des Lohnindexes sollen die strukturellen Veränderungen auf dem Arbeitsmarkt der letzten Jahre berücksichtigt werden können. Ziel der revidierten Lohnentwicklungsstatistik ist es, neben dem Einbezug der Teilzeitarbeitenden und der systematischen Erfassung der hohen Löhne (obligatorische Deklaration der Löhne, die über dem maximal versicherten Verdienst von zurzeit 8900 Franken liegen), ab 2004 auch einen quartalsbezogenen Konjunkturindikator einzuführen.

Literatur
Bundesamt für Statistik, *Die neue Statistik der Lohnentwicklung*, Bundesamt für Statistik, Bern 1995.
Internet
www.statistik.admin.ch/stat_ch/ber03/lohn/lohnindex/dtfr03.htm
Verweise
Schweizerische Lohnstrukturerhebung (LSE)

Didier Froidevaux

Machtmissbrauch

Machtmissbrauch setzt ein strukturelles Machtgefälle und/oder die unterschiedliche Verfügung über Machtquellen (psychisches, ökonomisches, soziales, kulturelles Kapital) und Sanktionsmittel zwischen mindestens zwei Menschen als Individuen oder/und als Mitglieder von sozialen Systemen (Gruppen, politische Gemeinwesen, Organisationen) voraus. Macht hat eine durch Regeln strukturierte, indirekte und eine direkte Einfluss- und Erzwingungskomponente:

Ein sozialer Akteur hat strukturelle Macht über einen anderen Akteur, wenn er – bewusst oder nicht – aufgrund von allgemeinen sozialen Regeln dessen Handlungsspielraum in lebenswichtigen Dimensionen einschränken bzw. verändern kann. Direkte Machtausübung erfolgt über die direkte Anwendung von sozialen Regeln oder/und mittels Gewalt.

Menschliche Handlungsfelder, mithin auch Sozialpolitik und Sozialwesen, sind Orte der Machtnahme, des Machtaufbaus und der Machtverteilung. Die dabei über öffentliche Diskurse und organisationspolitische Prozesse zu beantwortenden Grundfragen sind: Welche Ressourcen stehen aufgrund welcher sozialer Regeln wem zu (Verteilungsgerechtigkeit – Benachteiligung versus Privilegierung)? Wer darf über wen befehlen (aufgabenbezogene Arbeitsteilung und Hierarchie versus Herrschaft aufgrund der Interessen einer Person, einer Gruppe oder Klasse, eines Netzwerks)? Was sind die obersten, leitenden Ideen oder Prinzipien, nach denen Ressourcen verteilt und Menschen sozial angeordnet werden sollen (Legitimationsprinzipien, Gesetzgebungen, die sich auf allen Menschen zugängliche Merkmale beziehen, versus solche, die aufgrund unveränderlicher, u.a. biologischer, kultureller oder heiliger Merkmale die Überlegenheit der Machthaber sowie die Unantastbarkeit des Machtgefälles und Machtmissbrauchs legitimieren)?

Machtmissbrauch liegt allgemein dann vor, wenn jemand den Lebens-, Handlungs- und Denkspielraum eines/einer anderen so einengt oder verändert, dass er oder sie sich wider Willen und ohne Möglichkeit zur Gegenwehr fügen muss. Genauer geht es darum, dass 1. die Ressourcenverteilungsregeln so festgelegt werden, dass die einen Menschen ihre biologischen, psychischen und sozialen Bedürfnisse nicht befriedigen können, dieweil andere Menschen sich mit Luxusgütern eindecken, 2. wenn die sozialen Anordnungsregeln sozioökonomische Ausbeutung, kulturelle Kolonisierung, psychische wie technische Manipulation ermöglichen, 3. wenn Rechtsbiegung, Rechtswillkür und -missachtung durch staatliche Einrichtungen betrieben werden und schließlich 4. wenn in interpersonellen Beziehungen (außerhalb des staatlichen Gewaltmonopols) physische Gewalt in irgendeiner Form angewendet wird.

Machtmissbrauch macht es notwendig, als Korrektiv den positiven Umgang mit Macht, u.a. als Erweiterung oder legitime Begrenzung von Handlungsspielräumen, ebenfalls zu definieren.

Literatur
Peter Imbusch (Hrsg.), *Macht und Herrschaft. Sozialwissenschaftliche Konzeptionen und Theorien*, Leske + Budrich, Opladen 1998; – Tilly Miller, Sabine Pankofer (Hrsg.), *Empowerment konkret. Handlungsentwürfe aus der psychosozialen Praxis*, Lucius & Lucius, Stuttgart 2000; – Silvia Staub-Bernasconi, *Systemtheorie, soziale Probleme und Soziale Arbeit*, Haupt, Bern 1995.

Silvia Staub-Bernasconi

Managed Care
Managed Care bedeutet Anwendung von betrieblichen Managementprinzipien auf die medizinische Versorgung und deren Steuerung von der Versicherungs- bzw. Finanzierungsseite. Managed Care wurde in den 1990er-Jahren zur dominierenden Versicherungs- und Versorgungsform in den USA. Vorwiegendes Ziel ist die Kostenkontrolle. Eine Managed-Care-Organisation (MCO) übernimmt gegen eine im Voraus festgelegte Prämie die medizinische Versorgung ihrer Mitglieder für einen bestimmten Zeitraum. Die MCOs betreiben eigene Versorgungseinrichtungen oder gehen vertragliche Beziehungen mit ausgewählten Leistungsanbietern (Gruppenpraxen, Ambulatorien, Krankenhäuser usw.) ein. MCOs tragen das wirtschaftliche Behandlungsrisiko, das sie in der Regel mittels prospektiver Finanzierungsformen an die Versorgungsinstitutionen weitergeben. Die Mitglieder müssen – unabhängig vom individuellen Bedarf – mit einem prospektiv festgelegten Budget pro Kopf umfassend versorgt werden. Bleibt der Ressourcenverbrauch darunter, so verwandelt sich die Differenz in Gewinn, im anderen Fall entstehen Verluste. Das Versorgungshandeln wird sowohl direkt durch *micromanagement* (*utilization management*, Leitlinien, *gatekeeping*, Case Management, *disease management* usw.) als auch indirekt durch monetäre Anreize (Kopfpauschalen, Bonus-Malus-Systeme usw.) kontrolliert und gesteuert. In der Regel kontrolliert ein Primärarzt *(gatekeeper)* den Zugang der Patienten zu allen ambulanten und stationären spezialärztlichen Leistungen. Kostspielige Maßnahmen (wie Diagnostik, Überweisungen zum Spezialarzt, Einweisungen ins Krankenhaus) müssen von der MCO oder Versicherung genehmigt werden. Das spezifische Versorgungsrisiko der Managed Care liegt in der Ressourcenverknappung. Schutz durch Transparenz und Sicherung der Qualität ist bislang nur partiell. In MCOs sind Arztwahl und ärztliche Autonomie – in unterschiedlichem Maße – eingeschränkt.

Empirisch ermittelte Kostenvorteile erwachsen

aus 1. Preisabschlägen als Folge veränderter Marktmacht, 2. reduzierten Leistungsmengen und 3. Vermeidung von überdurchschnittlich »teuren« Versicherten (Selektion). Da auf nur 1 Prozent der Versicherten 30 Prozent und auf 5 Prozent der Patienten 58 Prozent der Gesamtausgaben entfallen, wird »Risikoselektion« in hohem Maße finanziell belohnt.

Managed Care wird auch als Ausdruck einer langfristigen Tendenz der »Industrialisierung«, »Verbetrieblichung« und Ökonomisierung gesehen. Die medizinischen Institutionen befinden sich auf Punkten eines Kontinuums, dessen Ausgangspunkt A die traditionelle professionelle Autonomie und Dominanz der Ärzte repräsentiert, in der jede Leistung in jeder Menge als legitimiert gilt, wenn sie nur von einem Arzt oder unter seiner Leitung erbracht worden ist. Sein Endpunkt B steht für MCOs, in denen Ärzte und Nicht-Ärzte arbeitsteilig nach inhaltlichen Vorgaben unter der Kontrolle eines betrieblichen Managements arbeiten, dem wiederum – durch Vertrag oder Eigentum – Bedingungen gesetzt sind, die in wesentlichen Punkten von der Finanzierungs- bzw. Versicherungsseite ausgehen. Die Masse der medizinischen Institutionen liegt irgendwo zwischen A und B, die Bewegungsrichtung geht von A mit vielen Differenzierungen und Übergangserscheinungen nach B.

Von Managed Care gehen Impulse zur Vergrößerung der Versorgungseinheiten und zur Integration der Versorgungselemente aus. Versicherung, Ärzte (Gruppenpraxen) und Krankenhäuser werden organisatorisch zusammengefasst und verfolgen im Wettbewerb gewinnorientierte Ziele. Auf Märkten bedeutet hohes Integrationsniveau auch Marktmacht, sodass potenzielle Produktivitätseffekte und Vorteile auf den Beschaffungs- und Absatzmärkten tendenziell eher in Gewinne als in sinkende Beiträge verwandelt werden.

Verweise
Case Management – Hausarztmodell – HMO – Integrierte Versorgung – Krankenversicherung – Risikoselektion
Hagen Kühn

Markt

Der Markt bildet eine zentrale ökonomische Institution und ist ein Schlüsselwort im sozialpolitischen Diskurs. Der Begriff Markt ist vom lateinischen *mercatus* abgeleitet und bezeichnete ursprünglich den Austausch von Gütern und den Ort, wo Tauschhandel stattfindet. Im Verlauf der Zeit wurde der Markt ein Synonym für den Vorgang des Kaufens und Verkaufens von Waren. Heute meint Markt im Sinne der Volkswirtschaftslehre primär den Preisbildungsmechanismus, bei dem der Preis eines Gutes oder einer Dienstleistung (z.B. Arbeit) durch das »freie«, das heißt nicht staatlich diktierte Zusammenspiel von Angebot und Nachfrage bestimmt wird. Dabei lassen sich vollkommene und unvollkommene Märkte unterscheiden. »Vollkommen« ist ein Markt dann, wenn das angebotene Gut homogen (gleichartig) ist, die Marktteilnehmerinnen und -teilnehmer keine persönlichen Präferenzen haben und wenn der Markt transparent ist.

Da Märkte keine naturwüchsigen, sondern sozial konstruierte Institutionen sind, muss jede Analyse realer Märkte die politischen, rechtlichen und kulturellen Rahmenbedingungen mitberücksichtigen. In diesem Sinne argumentieren der deutsche Wirtschaftswissenschaftler Walter Eucken und der französische Historiker Fernand Braudel gleichermaßen, dass ein von staatlichen Leitplanken vermeintlich »befreiter« Kapitalismus zur Oligo- und Monopolisierung der Marktstrukturen beitrage und daher den Abbau marktwirtschaftlicher Mechanismen begünstige.

Funktionsfähige Märkte existierten bereits in der Antike, in Griechenland und Rom, wobei die tribalen Märkte kontinuierlich durch städtische Märkte und interregionale Handelsnetzwerke ergänzt und ersetzt wurden. Im Mittelalter gewann sowohl der Finanzmarkt als auch der Einfluss des Staates (Merkantilismus) und der Assoziationen (Zünfte, Kartelle, Verbände) auf die Preisbildung an Bedeutung. Ausgehend von den Überlegungen Adam Smiths verbreitete sich im Verlauf des 19. Jahrhunderts vorab im angloamerikanischen Raum jedoch die Ansicht, dass sich der Einfluss des Staates und der Assoziationen auf die Preise sozioökonomisch schädlich auswirke und daher durch ein rigides Wettbewerbsrecht eingedämmt werden müsse. Im deutschsprachigen Raum dominierte dagegen bis Ende des Zweiten Weltkriegs die Ansicht, dass das freie Spiel von Marktkräften in einen ruinösen Preiskampf ausarten und folglich zur Verschärfung der sozialen Ungleichheiten beitragen würde. Entsprechend tolerierte und unterstützte der Gesetzgeber (z.B. in Deutschland) vielerorts moderate Preisabsprachen und staatliche Preiskontrollen.

Die Debatte zwischen Marktbefürwortern und -kritikern setzt sich auch im aktuellen Diskurs über die Auswirkungen globalisierter Finanz-, Güter- und Arbeitsmärkte fort. Während sich Befürworter im Sinne Smiths von der Denationalisierung der Märkte mehr Innovationsdruck und damit mehr Wirtschaftswachstum sowie eine Angleichung der Lebensverhältnisse infolge der Entprivilegierung bislang staatlich protegierter, leistungsschwacher Unternehmen und Arbeitnehmer versprechen, befürchten die Kritiker, dass die globale Diffusion des Marktprinzips zur Erosion solidarischer, fordistischer Verteilungskoalitionen und der staatlichen Protektion schwacher Marktakteure führe.

Literatur
Fernand Braudel, *Sozialgeschichte des 15. bis 18. Jahrhunderts. Aufbruch zur Weltwirtschaft*, Kindler, München 1988; – Michel Callon, *The Laws of the Market*, Blackwell, Oxford 1998; – Walter Eucken, *Ordnungspolitik*, LIT, Münster 1999; – Karl Polanyi, *The Great Transformation. Politische und ökonomische Ursprünge von Gesellschaften und Wissenschaftssystemen*, Suhrkamp, Frankfurt am Main 1995.

Verweise
Liberalismus – Marktwirtschaft

Michael Nollert

Marktstudien
Marktstudien sind Untersuchungen, die zur Definition der Umrisse und Eigenschaften des Marktes für ein besonderes Gut oder eine bestimmte Dienstleistung dienen. Um den zutreffenden Markt abzustecken, müssen zunächst all jene Güter und Dienstleistungen bestimmt werden, die von den Konsumenten als genügend ähnlicher Ersatz betrachtet werden, um dasselbe Bedürfnis befriedigen zu können. Um eine solche Abgrenzung vorzunehmen, kann man sich entweder auf Umfragen unter Konsumenten abstützen oder auf quantitative Analysen, welche es erlauben, die Preiselastizität der Nachfrage für ein Gut im Verhältnis zum Preis eines anderen Gutes, das als Ersatz dienen kann, zu messen. Wenn diese Elastizität hoch liegt, dann sollten beide fraglichen Güter demselben Markt zugewiesen werden, um diesen sachdienlich zu definieren. In einem zweiten Schritt geht es dann darum, die geografischen Grenzen des Marktes abzustecken und ein Territorium zu definieren, auf dem die Partner des Tausches auf der Seite des Angebots und der Nachfrage agieren.

Es stellt sich insbesondere die Frage, ob das Angebot eines Unternehmens, das in einer bestimmten Region ansässig ist, durch das Angebot eines in einer anderen Region tätigen Unternehmens ersetzt werden kann, ohne dass daraus ein Preisnachteil resultiert, der es den Konsumenten erschwert oder verunmöglicht, eine solche Substitution des Angebots vorzunehmen.

Ausgehend von der Dimension des Produkts und der geografischen Reichweite des zutreffenden Marktes gilt es danach, die Strukturen dieses Marktes zu erfassen. Zu diesem Zweck müssen die auf dem Markt handelnden Akteure berücksichtigt werden, insbesondere die Anzahl und die Größe der konkurrierenden Unternehmen und die Anzahl und die Gewohnheiten der Konsumenten. Im Übrigen sollte das Umfeld dieses Marktes erfasst werden, wozu eine Beschreibung der wirtschaftlichen, technischen, gesetzlichen und administrativen Barrieren notwendig ist, die möglicherweise existieren und den Eintritt neuer Konkurrenten behindern.

Solche Studien werden in der Regel von Unternehmen durchgeführt, die es in Betracht ziehen, auf einen neuen Markt vorzustoßen oder eine neue Serie von Produkten zu lancieren. Sie stehen zudem im Zentrum der von den nationalen Wettbewerbsbehörden durchgeführten Analysen, welche den Umfang des von ihnen zu überprüfenden Marktes definieren müssen, bevor sie überhaupt den Grad der auf ihm herrschenden Konkurrenz untersuchen können. Diese Definition ist oftmals von sehr großer Bedeutung für die Entscheidungen, welche die Wettbewerbsbehörden fällen. Denn wenn der Markt sehr großzügig definiert wird, durch den Einschluss von Produkten, die füreinander letztlich nur in einem geringen Ausmaß als Ersatz dienen können, oder durch die Berücksichtigung eines zu großen geografischen Raumes, dann dürften die Untersuchungen der Wettbewerbsbehörden zu ganz anderen Ergebnissen führen, als wenn der Markt sehr eng definiert würde.

Dies erklärt auch, weshalb die einer solchen Überprüfung unterworfenen Unternehmen immer die Haltung aufweisen, den Markt sehr großzügig definieren zu wollen, um die Verdachtsmomente zu reduzieren, die auf ihrem Verhalten lasten könnten.

Verweise
Arbeitsmarkt – Wettbewerb (Konkurrenz)

Yves Flückiger

Marktwirtschaft
Als Marktwirtschaft bezeichnet man eine Wirtschaftsform, in der die relevanten wirtschaftlichen Entscheidungen dezentralisiert getroffen werden, also individuell von den Akteuren des wirtschaftlichen Geschehens. Marktteilnehmer sind die Konsumenten und Konsumentinnen sowie die Produzenten, die Arbeitnehmer und Arbeitnehmerinnen sowie die Arbeitgeber, die alle bei ihren Entscheidungen in erster Linie ihre eigenen Bedürfnisse befriedigen wollen. Der Ort, wo die Marktteilnehmer ihre Wünsche äußern, heißt Markt. Das wichtigste Kriterium für die Entscheidungen der Akteure sind die Preise. Über die Preise werden angebotene und nachgefragte Mengen gesteuert, wobei es automatisch zu einem Ausgleich kommt, was vom »Erfinder« der Marktwirtschaft, Adam Smith, 1776 als Steuerung durch eine *invisible hand* bezeichnet wurde.
Märkte gibt es für viele Güter und Dienstleistungen, für Boden und für Kapital. Sie können zentralisiert (Börse) oder dezentralisiert (Konsumgüter, Arbeit) sein oder in elektronischer Form exis-

tieren *(e-commerce)*. Voraussetzungen für das Funktionieren einer Marktwirtschaft sind Privateigentum (auch an Boden und Produktionsmitteln), Vertragsfreiheit, ein zuverlässiges Rechtssystem und vollkommene Konkurrenz. Befürworter der Marktwirtschaft beurteilen diese deshalb positiv, weil sie die Garantie der individuellen Freiheit und die Eigenverantwortung als zentrale Werte betrachten.

Reine Marktwirtschaften gibt es nicht, weil es nirgends vollkommene Konkurrenz gibt, weil externe Effekte wie Lärm und Schadstoffemissionen vorkommen, die von den Verursachern nicht abgegolten werden, und weil es öffentliche Güter gibt, die vom Staat geregelt und angeboten werden, wie Schulen, Straßen, öffentliche Sicherheit usw. Allerdings sind das Ausmaß des staatlichen Einflusses und der Grad des marktwirtschaftlichen Einflusses in vielen Volkswirtschaften sehr unterschiedlich.

Literatur
David Begg, Stanley Fisher, Rudiger Dornbush, *Economics*, Mc Graw-Hill, London 1994; – Gregory N. Mankiv, *Grundzüge der Volkswirtschaftslehre*, Schäffer-Poeschel, Stuttgart 2001; – Paul A. Samuelson, William D. Nordhaus, *Economics*, Mc Graw-Hill, New York 2001.
Internet
www.marktwirtschaft.de
Verweise
Liberalismus – Markt – Neoliberalismus

Rolf Schaeren

Massenentlassung (Sozialplan)
Das schweizerische Arbeitsrecht bietet gegen die Parallelkündigung von großen Gruppen von Arbeitnehmenden keinen unmittelbaren Schutz, abgesehen vom normalen, den Erhalt des Arbeitsplatzes auch nicht garantierenden Kündigungsschutz. Ebenso wenig verpflichtet es die Arbeitgebenden zu einem Sozialplan, welcher die Folgen von Massenentlassungen sozial abfedern würde. Die Folgekosten werden stattdessen externalisiert durch Überwälzung auf die Allgemeinheit (die Sozialversicherungen, vor allem die Arbeitslosenversicherung, die soziale Fürsorge oder, wie im Fall des Swissair-Debakels, die Steuerzahlenden).

Einen bescheidenen, letztlich aber nicht garantierten Schutz bieten immerhin indirekt – wenn sie wirklich angewendet würden – die Artikel 335d–g des Obligationenrechts (OR). Diese aufgrund des Mitwirkungsgesetzes bzw. des Eurolex-Programms 1994 ins OR eingefügten Bestimmungen geben der betroffenen Belegschaft (bzw. der Personalvertretung) einen Anspruch auf rechtzeitige Information und Konsultation und verpflichten das Unternehmen, die beabsichtigte Massenentlassung zusammen mit dem Ergebnis der Belegschafts-Konsultation dem kantonalen Arbeitsamt schriftlich mitzuteilen, damit dieses nach Lösungen suchen kann.

Diese Vorschriften gelten allerdings nur, falls es sich um eine Massenentlassung im Sinne von Artikel 335d OR handelt. Dazu muss innert eines Zeitraums von 30 Tagen eine bestimmte, nach Betriebsgröße gestaffelte Mindestanzahl von nicht persönlich verursachten Entlassungen ausgesprochen werden (mindestens 10 Entlassungen in Betrieben mit mehr als 20 Mitarbeitenden, mindestens 10 Prozent von mindestens 100 Arbeitnehmenden oder mindestens 30 Entlassungen von 300 oder mehr Mitarbeitenden; in Betrieben mit höchstens 20 Arbeitnehmenden kann es also gar keine Massenentlassung im Sinne des Gesetzes geben).

Unterlässt es ein Unternehmen, die Belegschaft rechtzeitig oder überhaupt zur beabsichtigten Massenentlassung zu konsultieren, erklärt das schweizerische Arbeitsrecht die Kündigungen nicht etwa für ungültig, sondern lediglich für missbräuchlich und spricht den Betroffenen dafür einen Anspruch auf eine spezielle, so genannte Pönalentschädigung von bis zu zwei Monatslöhnen zu (Art. 336 Abs. 2 Buchst. c und Art. 336a Abs. 3 OR). Immerhin besagt Artikel 335g Absatz 4, dass das im Rahmen einer Massenentlassung gekündigte Arbeitsverhältnis frühestens 30 Tage nach Anzeige an das kantonale Arbeitsamt endet, was indirekt doch zu einem Schutz vor Entlassung führen kann, falls bzw. solange die Arbeitgeberin diese Anzeigepflicht verletzt.

Literatur
Gabriel Aubert, »Die neue Regelung über Massenentlassung und den Übergang von Betrieben«, *Aktuelle Juristische Praxis*, Nr. 3, 1994, S. 699 ff.; – Lienhard Meyer, *Die Massenentlassung nach dem schweizerischen Obligationenrecht unter Berücksichtigung der Rechtsordnung der Europäischen Union, der Bundesrepublik Deutschland und des Vereinigten Königreiches Grossbritannien und Nordirland*, Dissertation Universität Basel, Basel 1999; – Rémy Wyler, *Droit du travail*, Stämpfli, Bern 2002, Kap. 10.
Verweise
Arbeitslosigkeit – Kündigung – Mitbestimmung/Mitwirkung

Peter Böhringer

Master of Nursing Science
Master of Nursing Science (auch Master in Nursing Science) bezeichnet den universitären Titel, welcher von Absolventinnen und Absolventen eines Studienganges in Pflegewissenschaft erlangt wird und sie dazu berechtigt, ein Doktorat anzustreben.

Masterstudiengänge sind in der Schweiz erst in den letzten 15 Jahren an privaten oder staatlichen

Institutionen in Kooperationen mit Universitäten im In- und Ausland entstanden, und zwar in Bereichen wie Management und Gesundheit. Sie stellen inhaltlich und bezüglich des Titels eine Ergänzung zu den regulären Studiengängen an den staatlichen Universitäten dar.

In den USA und den angelsächsischen Ländern (seit ungefähr 1950) sowie in Skandinavien (seit 1970) ist der Master of Nursing Science Bestandteil des Angebots staatlicher Universitäten. 1999 wurden in der Schweiz die ersten Absolventinnen und Absolventen eines Studiengangs Master in Nursing Science der Universität Maastricht/Niederlande am WE'G (Weiterbildungszentrum für Gesundheitsberufe) graduiert. Seit 2000 existiert am Institut für Pflegewissenschaften der Universität Basel ein Studiengang mit derselben Bezeichnung.

Literatur
Meducs. Bulletin der Schweizerischen Vereinigung für Medizinische Ausbildung, Nr. 3/4, Vol. 11, 1999.
Internet
www.weg-edu.ch
Verweise
Pflegewissenschaft

Iris Ludwig

Medas (medizinische Abklärungsstelle)

Die medizinische Abklärungsstelle (Medas) ist in der Deutschschweiz in Basel, Bern, Luzern, St. Gallen und Zürich eine Dienstleistung für Versicherungen (Kranken-, Unfall-, Invaliden-, Militärversicherung, Pensionskassen).

In sehr komplexen Versicherungsfällen oder wenn Widersprüche in den bestehenden, meistens umfangreichen medizinischen Akten bestehen, oft auch bei Rechtsstreitigkeiten, erstellt ein Ärzte-Team aus verschiedenen medizinischen Fachgebieten, je nach Fragestellung zusammengesetzt, ein gemeinsames Gutachten. Darin wird u.a. zur Frage der restlichen Arbeitsfähigkeit und der Zumutbarkeit von Eingliederungsmaßnahmen Stellung genommen. Das Gutachten umfasst eine Gesamtwürdigung der gesundheitlichen Beeinträchtigungen und dient zur Bemessung von Rentenansprüchen

Verweise
Eingliederungsmaßnahmen – Invalidenversicherung (IV)

Wally Gschwind-Fiegele

Mediation

Seit ungefähr 30 Jahren ist in der großen Mehrheit der so genannten industrialisierten Länder ein Bedeutungszuwachs der Mediation als Art der Konfliktbewältigung in allen Bereichen des gesellschaftlichen Lebens zu beobachten. Dieser Aufschwung der Mediation geht einher mit einer Krise der traditionellen Konfliktregelungsmechanismen. Parallel zum Zuwachs gerichtlicher Fälle erscheint die Mediation, ähnlich wie auch das Schiedsgericht, der Vergleich sowie hybride Formen wie die *mini-trials*, oft als eine Alternative zur Justiz. Solche Formen der Konfliktbewältigung haben sich in den USA und vor allem in den angelsächsischen Ländern stärker entwickelt als in anderen Ländern. Diese Unterschiede sind durch eine gewisse Anzahl soziokultureller Faktoren zu erklären: die Formen der sozialen Integration (universalistische oder differenzialistische Modelle), die Beziehungen zwischen dem Staat und der Zivilgesellschaft (Stellenwert von Gesetz und Verhandlung), die Rechtsauffassungen (geschriebenes Recht oder *common law*).

Ungeachtet dieser Unterschiede stellt die Mediation in allen Ländern ein stärker konsens- und verhandlungsorientiertes Modell der Konfliktregelung dar. Man kann diese Art der Konfliktbewältigung als einen in den meisten Fällen formellen Prozess definieren, bei dem ein unparteiischer Dritter, der Mediator, durch die Organisation von Gesprächen zwischen den Parteien versucht, es ihnen zu ermöglichen, ihre Standpunkte gegenüberzustellen und mit seiner Hilfe eine Lösung ihres Konfliktes herbeizuführen. In sämtlichen Ländern unterliegt die Mediation unterschiedlichen Logiken: institutionelle und gesellschaftliche Logik, berufliche oder ehrenamtliche Logik, kommunikationsorientierte oder instrumentale Logik. Das Feld wird von der institutionellen Mediation beherrscht, an erster Stelle von der gerichtlichen Mediation, sei es im privatrechtlichen (Familienmediation, Mediation am Arbeitsplatz) oder strafrechtlichen Bereich (Strafmediation). An zweiter Stelle stehen die von den Organisationen des öffentlichen Sektors (Mediation in den Schulen, in den Institutionen des Gesundheitswesens usw.) und privaten Organisationen (Mediation im Versicherungs- und Bankenwesen) entwickelten Formen der Mediation. Die gesellschaftliche Mediation, die z.B. auf der Ebene eines Quartiers oder einer Schule von Vereinen ehrenamtlich durchgeführt wird, bleibt in allen Ländern eine begrenzte Erscheinung.

Literatur
James T. Peter, »Mediation: Ein Verfahren zur Überwindung von Einigungshindernissen«, in: *Aktuelle Juristische Praxis*, Nr. 1, 2000, S. 18 ff.
Internet
www.familien-mediation.de
Verweise
Familienmediation

Jean-Pierre Bonafé-Schmitt

Medien

Medien sind Mittler, sie vermitteln zwischen Menschen, aber auch zwischen Menschen und Natur. Die Bedeutung des Mediums als Mitte, über die der Zugang zu anderem und zu anderen möglich wird, wird oft verkannt. Mit der Betonung des Mediums als Informationsträger ist der aktuelle Stand der Nutzung von Medien wiedergegeben, doch ist dabei die gesamte Geschichte der Medien ausgeblendet. Medien können wie die Sprache Symbolcharakter annehmen, sie können selber als Symbole für anderes stehen und sie können als Werkzeuge vermittelnd in Arbeitsprozesse eingreifen.

Medien können Medizinmänner oder Zauberer sein, die Gesundheit vermitteln oder Verbindungen zu anderen Welten herstellen. Es können Totems sein, die Schutz vor der unbegriffenen Natur schaffen. Medien sind die ersten Bilder, mit denen Steinzeitmenschen in Höhlen Tiere abbildeten. Medien sind Werkzeuge und Gegenstände, die von Menschen geschaffen oder vorgefunden wurden. Insofern sie die Auseinandersetzung der Menschen untereinander und wesentlich die Auseinandersetzung mit der Natur verändern, sind Medien immer Instrumente der Veränderung.

Natürlich verändern sich im Lauf des Zivilisationsprozesses die Medien und greifen immer stärker in die Lebenswelten ihrer Nutzer hinein, je technisierter diese Welten sind. Medien wirken nicht nur positiv entwickelnd, sondern auch negativ zerstörend. Neue Medien zerstören häufig alte Kommunikationsformen.

Soziologisch lässt sich zudem sagen, dass Medien mit den Denkstrukturen Gesellschaften und Wirtschaftsstrukturen verändern, aber zugleich auch den Entwicklungsstand von Gesellschaften wiedergeben, zu deren Veränderung sie beitragen.

Offensichtlich ist für die Gegenwart, wie die Entwicklung der Medien einmal durch die Entdeckung der Elektrizität beschleunigt wurde und wie in einem ganz anderen Tempo die Entwicklung der digitalen Medien seit 1970 vorangeschritten ist. Heute wird von der dritten digitalen Medienrevolution gesprochen. Da wir uns noch mitten in diesem Revolutionsprozess befinden, kann nicht abschließend geklärt werden, zu welchen Veränderungen die Verbreitung der digitalen Medien führen wird. Deutlich ist auf jeden Fall, dass wir uns mitten in einem gewaltigen Veränderungsprozess befinden, der Folgen für Politik, Wirtschaft, Kommunikation, Sozialisation und Erfahrung hat.

Globalisierung als Prozess, der den Erdball umspannt, wäre ohne digitale Medien nicht denkbar. Es braucht zur Globalisierung die Überbrückung von Distanzen mit den Möglichkeiten des Internets. Mit dem Internet ist auf der gesamten Erde der Zugang zu gleichen Informationen möglich. Damit entsteht eine Vereinheitlichung der Kultur. Die Weltwirtschaft ist inzwischen ohne den permanenten und grenzenlosen Daten- und Geldfluss über alle Kontinente hinweg nicht mehr denkbar.

Literatur
Werner A. Meier, Michael Schanne, *Medien-»Landschaft« Schweiz*, Pro Helvetia Dokumentation, Zürich 1994; – Heinz Moser, *Einführung in die Medienpädagogik. Aufwachsen im Medienzeitalter*, Leske + Budrich, Opladen 1998; – Ralf Vollbrecht, *Einführung in die Medienpädagogik*, Beltz, Weinheim/Basel 2001.

Peter Trübner

Mediendemokratie

Weltweit haben sich die Konzentrationsprozesse im Medienbereich, die schon seit einigen Jahrzehnten im Gang sind, in den 1990er-Jahren massiv beschleunigt. Das Aufkommen neuer Medien wie Internet hat nicht zu einer Diversifizierung seitens der Medienanbieter geführt, sondern im Gegenteil zu einer noch stärkeren Konzentration der Medienmacht. Dabei kontrollieren die Giganten des Mediengeschäfts (wie AOL-Time Warner, General Electric, News Corporation oder Bertelsmann) jeweils ganze Ketten von medialen Angeboten von Fernsehsendern über Filmverleihe, Mediaplanungsunternehmen, *Online*-Services, Buchverlage bis zu Zeitungen und Magazinen. Eine besondere Ausprägung medialer Konzentration kennen wir in Italien, wo der größte private Medienunternehmer, Silvio Berlusconi, in seiner Funktion als Ministerpräsident heute auch die öffentlich-rechtlichen Medien kontrolliert.

Man muss nicht so weit gehen wie Ramonet (1999), der den Medien in einer von ihm neu definierten Gewaltenteilung den zweiten Platz nach der Wirtschaft einräumt (die Politik wäre dann die dritte Macht); die Konzentration des Medienbesitzes muss nicht zwingend, kann jedoch jederzeit in Missbrauch und politische Manipulation münden.

In der Schweiz fand die Medienkonzentration vor allem in der Form des »Zeitungssterbens« statt, was dazu führte, dass es heute nur noch etwa halb so viele Tageszeitungen gibt wie noch im Jahre 1980. Abgesehen von den großen Agglomerationen haben wir heute in den meisten Regionen der Schweiz nur noch eine einzige (Monopol-)Zeitung. Diese Entwicklung ist noch keineswegs abgeschlossen.

Anders ist die Situation bei den elektronischen Medien: Radio und Fernsehen sind in der Schweiz *Service-public*-Anbieter. Die Bundesverfassung formuliert deren Leistungsauftrag folgendermaßen: »Radio und Fernsehen tragen zur Bildung und kulturellen Entfaltung, zur freien Meinungsäußerung und zur Unterhaltung bei. Sie berücksichtigen die Besonderheiten des Landes und die Bedürfnisse der Kantone. Sie stellen die Ereignisse sachgerecht dar und bringen die Vielfalt der Ansichten angemessen zum Ausdruck.« (Art. 93 Abs. 2 BV). Für zusätzliche überregionale private Radio- und Fernsehsender scheint der Medienmarkt Schweiz zu klein zu sein, zumal die Mehrsprachigkeit es zum Vornherein verunmöglicht, den gesamten schweizerischen Markt zu erreichen.

Aber auch die öffentlich-rechtlichen Medien sind vor Entwicklungen nicht gefeit, welche die Branche (insbesondere das »Leitmedium« Fernsehen) weltweit charakterisieren: Fixierung auf die Einschaltquote, Infotainment, zunehmende Personalisierung der Politik, *performance* statt Argumente. Diese Entwicklungen – die oft unter dem Stichwort Mediendemokratie diskutiert werden – erfassen zunehmend auch Printmedien, und zwar nicht nur im Boulevard-Bereich.

Etliche Beobachter sehen darin nicht zuletzt eine Gefahr für die direkte Demokratie, die davon lebt, dass die Bürgerinnen und Bürger sich in regelmäßigen Abständen immer wieder – und natürlich auch über die Medien – eine Meinung zu zahlreichen Sachfragen bilden sollen.

Literatur
Roger Blum, »Wahlkampf wie in den USA?«, *St. Galler Tagblatt*, 6. Juli 1999; – Ignacio Ramonet, *Die Kommunikationsfalle*, Rotpunktverlag, Zürich 1999; – Rolf H. Weber, *Regulierung und Service Public in der Schweiz*, IPMZ/Universität Zürich, Zürich 2002.
Internet
www.sgkm.ch
Verweise
Medien – Öffentlicher Dienst

Andreas Simmen

Medikamente

Medikamente (Synonym: Arzneimittel) sind Substanzen oder Substanzgemische, die zur Vorbeugung, Heilung oder Linderung von Krankheiten dienen. Sie setzen sich aus Wirk- und Hilfsstoffen zusammen. Bevor Medikamente in den Handel gelangen, müssen sie von der nationalen Zulassungsbehörde (Swissmedic) begutachtet werden. Diese überprüft Sicherheit, Wirksamkeit und Qualität und teilt die Medikamente in Verkaufskategorien ein (A: einmalige Abgabe auf Rezept, B: mehrmalige Abgabe auf Rezept, C: rezeptfreie Abgabe nach Fachberatung in der Apotheke, D: rezeptfrei in Apotheken und Drogerien, E: rezeptfrei in allen Geschäften). Im Jahre 2001 waren 7046 Medikamente bei Swissmedic registriert. 53 Prozent davon sind nur auf Rezept erhältlich. Zu Fabrikabgabepreisen wurden im Jahre 2001 rezeptpflichtige Medikamente zu 2611 Millionen Franken umgesetzt. Der Markt mit rezeptfreien Medikamenten machte 2001 23 Prozent des Gesamtumsatzes von Medikamenten aus (773 Millionen Franken).

Nicht alle Medikamente werden von der Krankenkasse bezahlt, auch wenn ein Rezept vorliegt. Vielmehr darf die Grundversicherung nur Medikamente vergüten, die in der so genannten Spezialitätenliste (SL) des Bundesamtes für Sozialversicherung aufgeführt sind. Maßgebend für die Aufnahme in die SL sind Wirksamkeit, Zweckmäßigkeit und Wirtschaftlichkeit. Die in der SL aufgeführten Preise sind vom Staat kontrolliert, und es handelt sich um Maximalpreise. 72,4 Prozent des Gesamtumsatzes der Medikamente zu Fabrikabgabepreis entfielen 2001 auf kassenpflichtige Medikamente. 3241 Millionen Franken (20,9 Prozent) der Leistungen der obligatorischen Krankenpflegeversicherung betrafen im Jahre 2000 Medikamente (ohne stationäre Behandlung). Den Versicherungen steht es jedoch frei, nicht in der SL aufgeführte Medikamente aus der freiwilligen Zusatzversicherung zu bezahlen.

Rund 28 Prozent der in der Schweiz im Jahre 2001 verkauften Medikamente wurden in der Schweiz hergestellt. Der Rest wurde importiert. Mehr als 90 Prozent der in der Schweiz hergestellten Medikamente sind für den Export bestimmt. Die Exporte für pharmazeutische Produkte beliefen sich im Jahre 2001 auf ungefähr 27,7 Milliarden Franken. Dies entspricht 20 Prozent des gesamten Exportvolumens der Schweiz. Der Exportüberschuss für pharmazeutische Produkte beträgt für das Jahr 2000 11,7 Milliarden Franken. Medikamente sind deshalb auch für die Schweizer Volkswirtschaft ein wichtiger Faktor.

Literatur
Pharma Information, *Das Gesundheitswesen in der Schweiz, Leistungen, Kosten, Preise* (erscheint jährlich); – Pharma Information, *Pharma-Markt Schweiz* (erscheint jährlich).
Internet
www.swissmedic.ch
www.medi-info.ch
Verweise
Generika – Leistungskatalog der Krankenversicherung

Markus B. Fritz

Medizin (Geschichte der)

Unter Medizin versteht man von jeher eine Technik zur Erhaltung menschlichen Lebens und zur Linderung von Leiden, welche die eigenen Heilungskräfte des menschlichen Organismus mit einbezieht. Sie definiert sich sowohl als Kunst wie auch als Wissenschaft. Zugleich versteht sie sich als praktische Tätigkeit innerhalb eines bestimmten sozialen und kulturellen Umfeldes. Diese wird von den beteiligten Akteuren (Ärzte, Ärztinnen, Pflegende, Spitäler, Standesorganisationen, Berufsverbände, medizinische Fakultäten und andere Ausbildungsstätten, kranke Menschen und ihre Angehörigen) sowie durch unterschiedliche Fachrichtungen (etwa die so genannte Schulmedizin, die Komplementärmedizin und andere therapeutische Schulen) ständig neu gestaltet.

Die Medizin ist geschichtlich gewachsen. Der Verlauf ihrer Geschichte stand nicht zum Vornherein fest. Ihre heutigen Institutionen und Praktiken sind das Ergebnis einer langen Auseinandersetzung mit einer Vielzahl von gesellschaftlichen Faktoren. Diese Erkenntnis ist in unserer Gesellschaft jedoch nicht selbstverständlich. Sie trat erst mit einer »Krise« der Medizin ins gesellschaftliche Bewusstsein, die nach dem Zweiten Weltkrieg einsetzte. Seither wird die Macht der medizinischen Institutionen immer wieder heftig kritisiert. Zu erwähnen ist in diesem Zusammenhang etwa die Bewegung der Antipsychiatrie. Ebenfalls eine bedeutsame Rolle spielten die Werke von McKeown und Illich, die Ende der 70er-Jahre erschienen und in der gesamten westlichen Welt auf ein großes Echo stießen. Sie stellten die Wirksamkeit der modernen Medizin in Frage.

Diese »Krise« der Medizin ist heute zweifelsohne noch nicht ausgestanden. Sie äußert sich nach wie vor in den vielen gesellschaftlichen Debatten über medizinische Fragen, etwa in derjenigen über Grenzen der Chirurgie, über die Ausrichtung der Psychiatrie, über die Molekularbiologie und Biotechnologie, über AIDS, über die Macht der Pharmakonzerne und die Finanzierung der Gesundheitsversorgung. Wesentliche Faktoren sind auch die Berücksichtigung der Patientinnen und Patienten als Akteure im System der Medizin und das Phänomen des medizinischen Pluralismus, der mit der Intensivierung des globalen Austausches einhergeht.

Um die Komplexität der Medizin und ihre gesellschaftlichen Zusammenhänge erfahrbar zu machen, ist es nötig, sich mit der Geschichte der Medizin auseinander zu setzen. Die neueste Entwicklung dieser Disziplin ist die kritische Überprüfung der »kontextuellen Medizinwissenschaft« anhand der Sozial- und Politikwissenschaft.

Literatur
Vincent Barras, »Le médecin, de 1880 à la fin du XXe siècle«, in: Louis Callebat (Hrsg.), *Histoire du médecin*, Flammarion, Paris 1999, S. 269–307; – Ivan Illich, *Die Ne-* *mesis der Medizin: die Kritik der Medikalisierung des Lebens*, Beck, München 1995; – Thomas McKeown, *The Role of Medicine*, Blackwell, London 1976.
Internet
www.hospvd.ch/public/instituts/iuhmsp
www.mhiz.unizh.ch/
Verweise
Komplementärmedizin

Vincent Barras

Menschenrechte (Europäische Konvention der)

Die Europäische Konvention zum Schutz der Menschenrechte und Grundfreiheiten wurde am 4. November 1950 in Rom abgeschlossen und ist am 3. September 1953 in Kraft getreten. Sie stellt das wichtigste und am weitesten entwickelte Instrument im Bereich des internationalen Schutzes der individuellen Rechte dar. Sie verpflichtet sämtliche Mitgliedstaaten des Europarates, wodurch ihre Bestimmungen in einem Bevölkerungsraum von ungefähr 800 Millionen Personen gelten.

Die in der Konvention aufgeführten Rechte und Freiheiten orientieren sich an den durch die Allgemeine Erklärung der Menschenrechte – verabschiedet am 10. Dezember 1948 von der Organisation der Vereinten Nationen – ausgerufenen Garantien. Sie umfassen einerseits die klassischen individuellen Freiheiten (Recht auf Leben, persönliche Freiheit, Religionsfreiheit, Meinungsäußerungsfreiheit), anderseits die grundlegendsten rechtsstaatlichen Garantien, die in einer auf die Achtung der menschlichen Würde gegründeten demokratischen Gesellschaft anerkannt werden (Recht auf einen fairen Prozess, Unschuldsvermutung, Rechte der Verteidigung). Die meisten dieser Rechte können allerdings gemäß besonderen Bedingungen, welche in der Konvention selbst festgehalten sind, eingeschränkt werden. Seit ihrer Verabschiedung wurde die Konvention durch 5 Zusatzprotokolle ergänzt, welche den von ihr garantierten Schutz ausweiten und vervollständigen, in so unterschiedlichen Bereichen wie jenen des Rechts auf Bildung (1952), des Schutzes des Eigentums (1952), des freien Personenverkehrs (1963), des Verbots der Todesstrafe (1983), der verfahrensrechtlichen Schutzvorschriften im Falle der Ausweisung von Ausländern (1984), der Gleichheit der Ehegatten (1984) oder des allgemeinen Verbots von Diskriminierungen (2000).

Der grundlegende Beitrag der Konvention liegt weniger in der Natur der von ihr proklamierten Rechte, welche in den meisten Fällen bereits von den Verfassungen und Gesetzgebungen der Vertragsstaaten anerkannt werden, als im durch sie geschaffenen Schutzmechanismus, der ihre Anwendung auf internationaler Ebene sicherstellen soll. Seit einer wichtigen Reform vom 1. November 1998 befindet der Europäische Gerichtshof für Menschenrechte als einzige und permanente internationale Instanz über Menschenrechtsverletzungen, die ihm entweder durch die Vertragsstaaten oder durch Privatpersonen überantwortet werden. Als Voraussetzung dafür, dass sich der Gerichtshof mit einem Fall befasst, muss dieser zuerst allen zuständigen nationalen Instanzen vorgelegt werden. Der internationale Schutz der durch die Konvention garantierten Rechte erlangt dadurch einen subsidiären Charakter, denn die vorrangige Aufgabe, sie zu fördern, ihre Achtung sicherzustellen und ihre Verletzung zu bestrafen, obliegt zuerst den Vertragsstaaten.

Die Reichweite der durch die europäische Konvention geschützten Rechte wird allerdings in entscheidendem Ausmaß vom Gerichtshof beeinflusst. In der Tat betrachtet die Straßburger Instanz die Konvention als ein lebendiges Instrument, welches unter Berücksichtigung der heute in den demokratischen Gesellschaften vorherrschenden Vorstellungen gehandhabt werden muss, wenn es nicht dem Schutz von theoretischen und illusorischen, sondern von wirklich konkreten und wirksamen Rechten dienen soll. Das europäische Recht ist deshalb im Bereich der Menschenrechte mehrheitlich von der Rechtsprechung bestimmt und hat einen sich wandelnden Charakter.

Literatur
Arthur Haefliger, Frank Schürmann, *Die europäische Menschenrechtskonvention und die Schweiz*, Stämpfli, Bern 1999; – Frédéric Sudre, *Droit international et européen des droits de l'homme*, Presses Universitaires de France, Paris 2001; – Mark E. Villiger, *Handbuch der Europäischen Menschenrechtskonvention unter besonderer Berücksichtigung der schweizerischen Rechtslage*, Schulthess, Zürich 1999.
Internet
www.echr.coe.int
Verweise
Menschenrechte (Europäischer Gerichtshof für) – Menschenrechtserklärung (Allgemeine) – Sozialcharta (Europäische)

Michel Hottelier

Menschenrechte (Europäischer Gerichtshof für)

Der 1959 gegründete Europäische Gerichtshof für Menschenrechte ist ein unabhängiges und seit dem 1. November 1998 permanent tagendes internationales Gericht, dessen Aufgabe darin besteht, die Achtung der durch die Europäische Menschenrechtskonvention garantierten Rechte und Freiheiten sicherzustellen. Mit Sitz in Straßburg, versammelt er eine Anzahl von Richtern oder Richterinnen, die jener der Vertragsstaaten entspricht. Der Gerichtshof kann entweder durch die Staaten selbst oder durch ihrer Hoheitsgewalt unterstehende Personen angerufen werden.

Der Gerichtshof übt die folgenden vier Funktionen aus: Er entscheidet zuerst über die Zulässigkeit der ihm vorgelegten Anträge. Danach leitet er die Untersuchung des Falles ein und stellt sich den betroffenen Personen mit dem Ziel zur Verfügung, eine gütliche Beilegung der Rechtsstreitigkeit zu erwirken. Wenn keine Einigung zustande kommt, fällt er ein Urteil zur Frage der Verletzung der angeführten Rechte. Kommt der Gerichtshof zum Schluss, dass eine Verletzung der Konvention stattgefunden hat, so kann er der betroffenen Person eine gerechte Entschädigung zusprechen.

Die Urteile des Gerichtshofes entfalten keine Kassationswirkung. Dennoch haben sie für verurteilte Staaten insofern einen obligatorischen Charakter, als diese die Verantwortung dafür tragen, eine dem europäischen Recht der Menschenrechte entsprechende Situation wiederherzustellen. Die Vollstreckung der Urteile des Gerichtshofes ist einer Kontrolle unterworfen, die durch das Ministerkomitee des Europarates gewährleistet wird.

Literatur
Arthur Haefliger, Frank Schürmann, *Die europäische Menschenrechtskonvention und die Schweiz*, Stämpfli, Bern 1999; – Mark E. Villiger, *Handbuch der Europäischen Menschenrechtskonvention unter besonderer Berücksichtigung der schweizerischen Rechtslage*, Schulthess, Zürich 1999.
Internet
www.echr.coe.int
Verweise
Menschenrechte (Europäische Konvention der) – Menschenrechtserklärung (Allgemeine)

Michel Hottelier

Menschenrechtserklärung (Allgemeine)

Die Charta der Vereinten Nationen, die 1945 in San Francisco verabschiedet wurde, hat eine Menschenrechtskommission eingesetzt, deren erste Aufgabe es war, eine allgemeine Menschenrechtserklärung zu erarbeiten. Ihr Projekt wurde am 10. Dezember 1948 der UNO-Vollversammlung vorgelegt, die den Text angenommen hat.

Die Erklärung ist kein internationales Abkommen, sie wurde aber schon wiederholt als rechtlich verpflichtend anerkannt.

Sie beinhaltet unterschiedliche Dispositionen: Die Artikel 1 bis 21 proklamieren die zivilen und politischen Rechte, die später durch ein entsprechendes Abkommen rechtskräftig wurden, die Artikel 22 bis 27 proklamieren die wirtschaftlichen, sozialen und kulturellen Rechte, die ebenfalls duch das entsprechende Abkommen Rechtskraft erlangt haben; die Artikel 28 bis 30 schließlich sind die Schlussbestimmungsartikel.

Literatur
Hasso Hofmann, *Die Entdeckung der Menschenrechte. Zum 50. Jahrestag der Allgemeinen Menschenrechtserklärung vom 10. Dezember 1948*, Walter de Gruyter, Berlin/New York 1999; – Hasso Hofmann, »Menschenrechte und Demokratie«, in: *Juristenzeitung*, Nr. 56, 2001, Mohr Siebeck, Tübingen 2201, S. 1 ff.
Internet
www.unhchr.ch/udhr/lang/ger.htm
Verweise
Menschenrechte (Europäische Konvention der) – Menschenrechte (Europäischer Gerichtshof für)

Alexandre Berenstein

Menschenwürde

Die Idee der Menschenwürde bildet Bezugspunkt und »Gravitationszentrum« für die Forderung und Durchsetzung globaler Menschenrechte und Humanitätsgrundsätze. Sie wurde in der kritischen Aufklärungsphilosophie des 18. Jahrhunderts entfaltet. Der Begriff der Menschenwürde erhielt seine Eindeutigkeit zunächst aus den Erfahrungen seiner Negation. Es waren die schockierenden Eindrücke der menschenverachtenden Politik totalitärer Regime, die Menschenwürde und Menschenrechte im 20. Jahrhundert ins Zentrum von Recht, Politik und Ethik rückten. »Alle Menschen sind frei und gleich an Würde und Rechten geboren. Sie sind mit Vernunft und Gewissen begabt und sollen einander im Geiste der Brüderlichkeit begegnen«, formuliert Artikel 1 der Allgemeinen Erklärung der Menschenrechte von 1948. Würde kommt dem Menschen als Menschen zu, unabhängig von Verdienst, Ansehen, Rasse, Geschlecht, Glauben und unabhängig von biologisch-genetischen Merkmalen, Eigenschaften und Fähigkeiten. Menschenwürde kann nicht erworben und damit nicht veräußert, verwirkt oder verloren, nicht zu- und damit nicht abgesprochen werden.
Für die jüdische Philosophin Hannah Arendt folgt aus der Anerkennung der Menschenwürde »das Recht, Rechte zu haben«, ein Recht, das jedem Menschen einen »Standort in der Welt« einräumt, »der die Bedingung dafür bildet, dass seine Meinungen Gewicht haben und seine Handlungen von Belang sind« (Arendt 2000, 443 f.). In diesem Sinne ist der Mensch Person. Der prinzipielle Personenstatus des Menschen wird im Zusammenhang der aktuellen biotechnologischen Entwicklungen (pränatale und Präimplantationsdiagnostik, Gentherapie) erneut angegriffen. Personalität sei an die menschliche Fähigkeit, sich selbst als Person zu erkennen, gebunden, lautet das von dem englischen Philosophen John Locke (1632–1704) entlehnte Argument. Föten und Schwerstbehinderte hätten daher keinen Personenstatus. Dagegen stehen christlich-aufklärerische Positionen, die Personalität aus dem Wesen des Menschen (Gottesebenbildlichkeit, Vernunftbegabtheit, Freiheitsvermögen) ableiten. Die Merkmale gelten unabhängig von den jeweils individuell verwirklichten Fähigkeiten. Die aktuelle Kontroverse birgt die Gefahr, im Namen der Humanität ihre eigenen Bedingungen zu untergraben.

Literatur
Hannah Arendt, *Ursprünge und Elemente totaler Herrschaft*, Piper, München 2000; – Stefan Gosepath, Georg Lohmann (Hrsg.), *Philosophie der Menschenrechte*, Suhrkamp, Frankfurt am Main 1998; – Robert Spaemann, *Personen. Versuche über den Unterschied zwischen ›etwas‹ und ›jemand‹*, Klett-Cotta, Stuttgart 1996.
Verweise
Grundrechte – Menschenrechte (Europäische Konvention der)

Frank Mathwig

Messung der Fruchtbarkeit

Drei Arten von Maßzahlen werden in der Demografie verwendet: Die Fertilitätsrate bezeichnet die durchschnittliche Anzahl Kinder pro gebährfähige Frau, die Natalitätsrate gibt (Lebend-)Geburten in einer Bevölkerung gegenüber der Sterberate an und die Reproduktionsrate bezieht sich auf den Prozess der Erneuerung der Generationen.

Literatur
Roland Pressart, *L'analyse démographique*, Presses Universitaires de France, Paris 1983.

Claudine Sauvain-Dugerdil

Miete (Schutz der Mietenden)

Rund 70 Prozent der schweizerischen Bevölkerung wohnen in gemieteten Räumlichkeiten. Das Angebot an mietbarem Wohnraum ist jedoch oft knapp. Somit sitzen die Mietenden am kürzeren Hebel und können nur sehr beschränkt Einfluss auf die Mietbedingungen und die Preisgestaltung nehmen.
Um die Stellung der Mietenden zu stärken, schränkt das Gesetz (Art. 253 ff. OR) die Vertragsfreiheit bei der Miete von Wohn- und Geschäftsräumen relativ stark ein. Viele Gesetzesbestimmungen können vertraglich nicht abgeändert werden – etwa die Pflicht der Vermieterschaft zum Unterhalt des Mietobjekts. Nach einer Kündigung von Vermieterseite haben die Mietenden im Härtefall Anspruch auf eine Erstreckung. Grundsätzlich ist die Vermieterschaft zwar frei, aus beliebigen Gründen zu kündigen. Missbräuchliche Kündigungen sind jedoch anfechtbar.
Reglementiert ist auch die Preisgestaltung. Mietpreisaufschläge sind nur soweit zulässig, als sie sich durch bestimmte Kosten-, Rendite- oder

Marktfaktoren begründen lassen. Bei Neuvermietungen gilt allerdings nur ein beschränkter Preisschutz. Deshalb führt ein Wechsel der Mieterschaft oft zu einem massiven Aufschlag.
Der Rechtsschutz der Mietenden wird insofern erleichtert, als Mietstreitigkeiten in erster Instanz in einem kostenlosen Verfahren vor der Mietschlichtungsbehörde (Bezeichnung kantonal unterschiedlich, im Kanton Bern z.B. »Mietamt«) auszutragen sind. Die Schlichtungsbehörde ist eine paritätisch zusammengesetzte Kommission, in welcher Mieter- und Vermieterorganisationen vertreten sind. Sie kann in den meisten Fällen allerdings keinen verbindlichen Entscheid fällen, sondern nur eine Einigung vorschlagen.
Als Konsumentenschutzorganisation im Bereich der Wohnungs- und Geschäftsmiete bestehen die Mieterinnen- und Mieterverbände mit rund 160 000 Mitgliedern in der ganzen Schweiz. Sie bieten Dienstleistungen wie Rechtsberatung, Rechtsschutz für ihre Mitglieder sowie technische Begutachtungen, insbesondere bei Wohnungswechseln. Zudem leisten sie politische Interessenvertretung.
Das heutige Mietrecht gilt seit 1990. Es löste damals eine provisorische und nicht überall gültige Missbrauchsgesetzgebung ab. Im Laufe der 90er-Jahre forderten gewisse bürgerliche Kreise die »Marktmiete«, eine weitgehende Aufhebung von Einschränkungen der Vertragsfreiheit im Bereich der Wohnungsmiete. Sie begründeten dies unter anderem damit, die bestehenden Schutzbestimmungen bevorzugten die langjährig Mietenden gegenüber neu einziehenden. Bei einer Mehrheit der Mietwohnungen hätte die Marktmiete jedoch eine markante Preissteigerung von bis zu 30 Prozent zur Folge. Zurzeit steht die Marktmiete nicht mehr auf der politischen Tagesordnung, zumindest vorläufig. Als Gegenvorschlag zu einer Volksinitiative des schweizerischen Mieterinnen- und Mieterverbands hat das Parlament im Dezember 2002 jedoch die Bestimmungen über den Preisschutz revidiert. Dieser soll von der oft sprunghaften Entwicklung der Hypothekarzinsen abgekoppelt werden. Infolge eines Referendums wird darüber jedoch noch das Volk abstimmen müssen (Stand Anfang 2003).

Literatur
David Lachat, Daniel Stoll, Andreas Brunner, *Das Mietrecht für die Praxis*, Schweizerischer Mieterinnen- und Mieterverband (Deutschweiz), Zürich 2002.
Internet
www.mieterverband.ch
Verweise
Bundesamt für Wohnungswesen

Ruedi Spöndlin

Migration
Der Mensch hat Füße, deshalb bewegt er sich und lässt sich nieder, wo es ihn gewollt oder ungewollt hinzieht. Solche Bewegungen, individuell oder kollektiv, die zu Niederlassungen führen, haben die Welt sozial strukturiert. Wurde nach den Völkerwanderungen die Bewegung durch die Territorien von ökonomischen Interessen und der Logik des Gastrechts bestimmt, differenzierte sie sich in der Neuzeit vermehrt und andere Beweggründe kamen hinzu: Neben den berühmten Forschungs- und Kulturreisen entstand Migration infolge von Imperialismus und der Flucht vor Krieg und Armut. Mit der Neuzeit einher gingen die Gründung des Nationalstaates und die Differenzierung von In- und Ausländern, von interner (nationaler) und externer (internationaler) Migration. Die nationalstaatliche Dynamik führte aber vor allem zu einer Verrechtlichung des Migrationsdiskurses. Migrantinnen und Migranten wurden unterschieden nach deren Ausweispapieren und der Zugang zu Staaten durch Regeln gesteuert. Diese Regelwelt hat eine ganze Reihe von Verfahren geschaffen, die den rechtlich erlaubten Eintritt in ein Land ermöglichen: Visa für temporäre Aufenthalte, flexible Systeme von Ausweisen mit verschiedenen Niederlassungsfreiheiten, die wirtschaftlichen Anforderungen entsprechen, Lotteriesysteme zum Erhalt von Niederlassungsbewilligungen (die *Green Cards* in den Vereinigten Staaten), Punktesysteme zur rationalen Selektion der Einwanderung (etwa in Kanada), Verfahren zum Erhalt einer Niederlassung bei Asylgesuchen. All diese Regeln entwickelten und verfeinerten sich im 20. Jahrhundert aus nationalstaatlicher Perspektive.
Seit der Krise des Nationalstaates infolge der globalen Vernetzung von Politik und Wirtschaft, aber auch seit dem Zusammenbruch der Weltordnung, die auf zwei Blöcken beruhte (sozialistisch-planwirtschaftlicher Osten und liberal-kapitalistischer Westen), hat sich das bestehende Steuerungssystem, das auf nationalstaatlichen Regeln aufbaute, geschwächt. Globalisierung bedeutet eine erhöhte internationale Migration und der Sturz der Mauer führt zu einer entgrenzten Welt mit erhöhtem Migrationsdruck. Die Folgen sind unkontrollierte Migrationsströme und die Zunahme regionaler Konflikte mit ihren Konsequenzen für die Asylbewegungen. Migration kann deshalb nationalstaatlich nur noch schwer reguliert werden, wie die zunehmenden Regularisierungen von illegalen Einwanderern seit den 80er-Jahren zeigen. Steuerung auf internationaler Ebene wird dagegen vermehrt in den Vordergrund gerückt, sei dies über internationale Regelwerke zur Frage des Asyls und der Zuweisung von Kontingenten, sei es über Versuche, Länder in Be-

ziehungen zu setzen, die Migration, Entwicklungshilfe, Aufbauhilfe, Rückkehrförderung, aber auch Ausbildung und Austausch von Kompetenzen als Systeme der internationalen Steuerung von Migrationsbewegungen sehen.

Migration wird in Zukunft zunehmen, globaler, schneller und unkontrollierter werden. Sie wird nicht nur das Gesicht der Armenmigration oder der Kriegsmigration tragen, sondern auch in Form von internationaler Kriminalität oder Austausch hoch qualifizierter Arbeitskräfte die Welt bestimmen.

Literatur
Saskia Sassen, *Transnational Economies and National Migration Policies*, Institute for Migration and Ethnic Studies, Amsterdam 1996.
Internet
www.unine.ch/fsm/
Verweise
Arbeitsmarkt – Demografie – Globalisierung – Illegale Migration (Sans-Papiers)

Sandro Cattacin

Migration und Bildung

Migrationskinder und -jugendliche werden in der Schweiz wegen der hohen sozialen Selektivität der Schule in allen Kantonen (zwar in unterschiedlichem Ausmaß) systematisch benachteiligt. Das ergeben mit eindrücklicher Regelmäßigkeit die bildungsstatistischen Daten sowie die Evaluationsresultate internationaler Erhebungen (zuletzt die PISA-Studie). Aus verschiedenen Gründen, die nicht primär mit den effektiven Schulleistungen in Beziehung stehen, sind Kinder aus Migrationsfamilien in separierten, sonderpädagogisch geführten Schultypen der Volksschule sowie in den leistungsmäßig tieferen Schultypen der Sekundarstufe I deutlich und zunehmend übervertreten. Sie werden schon beim Übergang vom Kindergarten in die Primarschule überdurchschnittlich oft in Einschulungsklassen mit besonderem Lehrplan versetzt oder vom regulären Schulbeginn dispensiert und in den Kindergarten zurückgestellt (Lanfranchi 2002). In den höheren Bildungsstufen nimmt der Bildungserfolg von nichtschweizerischen Kindern und jungen Erwachsenen noch deutlicher ab. Zunehmend ist auch die Zahl der Jugendlichen aus Migrationsfamilien, die die obligatorische Schule ohne feste Anschlusslösung verlassen, das heißt ohne Zugang zu Berufsbildungsgängen und weiterführenden Studien. Etliche Jugendliche weisen jedoch auch trotz Fremdsprachigkeit und unterprivilegierter sozialer Herkunft eine unauffällige Schulkarriere mit relativ unproblematischen Übergängen ins Berufsleben auf. So hat sich die Bildungsbeteiligung nach der obligatorischen Schulzeit der italienischen und spanischen Jugendlichen in den letzten 15 Jahren derjenigen der schweizerischen angeglichen (von 49 auf 74 Prozent; Schweizer 77 Prozent). Auch bei den Jugendlichen »ex-jugoslawischer«, türkischer und portugiesischer Herkunft zeigt sich eine positive Tendenz, obwohl das Gefälle zu den Schweizern nach wie vor besorgniserregend ist (von 14 auf 41 Prozent). Trotz des positiven Trends einer Aufwärtsmobilität durch Bildung im Generationenverlauf sind wir jedoch noch weit entfernt, eine Chancengerechtigkeit im Bildungssektor erreicht zu haben.

In der bildungspolitischen Diskussion wird die Benachteiligung von Kindern aus neu eingewanderten Familien allzu oft auf ihre sozioökonomische Lebenslage reduziert. Dabei werden die familiären Bedingungen sowie die kulturelle und sprachliche Herkunft als Erklärung von »Defiziten« überbetont, während schulimmanente Determinanten eher unterbelichtet bleiben – wie etwa die vorurteilsbeladenen Erwartungen bei Lehrpersonen oder die Mechanismen der institutionellen Diskriminierung (Gomolla, Radtke 2002). Gute Bildungseinrichtungen zeichnen sich in Einwanderungsgesellschaften dadurch aus, dass sie mit allen Lernenden hohe Leistungsziele erreichen – weil sie ihre *outputs* messen, die Qualität des Unterrichts sichern und die Mehrsprachigkeit aller Lernenden als Kapital im transnationalen Raum fördern.

Literatur
Mechtild Gomolla, Frank-Olaf Radtke, *Institutionelle Diskriminierung. Die Herstellung ethnischer Differenz in der Schule*, Leske + Budrich, Opladen 2002; – Andrea Lanfranchi, *Schulerfolg von Migrationskindern. Die Bedeutung familienergänzender Betreuung im Vorschulalter*, Leske + Budrich, Opladen 2002; – OECD, *Lernen für das Leben. Erste Ergebnisse der internationalen Schulleistungsstudie PISA 2000*, OECD, Paris 2001.
Verweise
Interkulturelle Pädagogik – Migration – Rassismus

Andrea Lanfranchi

Migration und Gesundheit

Gesundheitliches Wohlbefinden und psychosoziales Aufgehobensein sind Voraussetzungen zur Integration. Wohlbefinden im sozialen Bereich wiederum ist relevant für die Gesundheit. In der Schweiz ist jede vierte erwerbstätige Person zugewandert; 1960 war es noch jede sechste Person gewesen. Setzen wir den Anteil der ausländischen Wohnbevölkerung (erwerbstätige und nicht erwerbstätige Bevölkerung) in Bezug zur schweizerischen Gesamtbevölkerung, dann zeigt sich, dass zurzeit 19,3 Prozent (etwa 1,4 Millionen Personen mit Niederlassungs- und Jahresaufenthaltsbewilligung) der ständigen Wohnbevölkerung zugewandert ist. So ist es nicht erstaunlich, dass in den Bereichen des Gesundheitswesens, wie etwa in ärztlichen Praxen, Spitälern, Rehabilitationszentren und auch in heilpädagogischen Schulen, Kinder und Erwachsene nichtschweizerischer Herkunft prozentual mindestens ebenso häufig vertreten sind. Die Gesundheitssituation der zugewanderten Bevölkerung kann zudem nicht losgelöst von ihrer sozialpolitischen, rechtlichen und ökonomischen Situation betrachtet werden. Wird dieser Zusammenhang nicht erkannt, resultiert jene Sichtweise, derzufolge nur kulturspezifisches Wissen eine bessere Kommunikation ermöglicht. Die Verbundenheit zwischen Sprache und Sinngebung des Krankseins beispielsweise verdeutlicht gleichwohl die Bedeutung der Interaktion in den existierenden eher monokulturell ausgerichteten Gesundheitsversorgungsangeboten. Nahezu ein Zehntel der schweizerischen Bevölkerung spricht als Erstsprache Spanisch, Südslawisch (Bosnisch, Serbisch, Kroatisch), Portugiesisch, Türkisch oder Albanisch.

Migration wird mehrheitlich als gesundheitliches Risiko beschrieben. Neuere Studien bezüglich Gesundheitschancen für Migrantinnen und Migranten unterstreichen jedoch weniger die Defizite und Belastungen, sie weisen vielmehr darauf hin, dass die zugewanderte Bevölkerung im Aufnahmeland besonderen Gesundheitsrisiken ausgesetzt ist und dass sie hinsichtlich ihrer gesundheitlichen Situation eine benachteiligte Bevölkerungsgruppe darstellt. Gezeigt wurde, dass, neben der Belastung durch die Migration selbst und dem Bruch mit früheren sozialen Netzwerken, unzureichender Zugang zu Gesundheitsdiensten und Diskriminierungen innerhalb des Gesundheitssystems Migrantinnen und Migranten in eine gegenüber der einheimischen Bevölkerung ungünstigere, verletzlichere Lage bringen. Zudem sind Immigrierende, obwohl sie sich während des Migrationsprozesses meist guter Gesundheit erfreuen, einem überproportionalen Erkrankungsrisiko ausgesetzt. Dies wird oftmals zurückgeführt auf die Einschränkung ihrer Rechte in den Aufnahmeländern, bestimmt durch die Gesetzgebung in Bezug auf den Aufenthaltsstatus, das Recht auf Arbeit und auf soziale Sicherheit, oder auch durch den Arbeitsmarkt und die allgemeine Haltung in der Gesellschaft gegenüber Zuwanderung. Auf welche Weise ein gesundheitliches Problem entsteht, wie es sich manifestiert und was seine Prognose ist, wird durch Faktoren wie Einkommenslage, Stellung im Arbeitsprozess oder Arbeitslosigkeit, Wohnbedingungen, *Gender*-Rolle, Diskriminierung, Rassismus und allenfalls Flüchtlingsstatus bestimmt. Die Berücksichtigung solcher Faktoren beugt einer kulturalisierenden Betrachtungsweise vor.

Literatur
Alexander Bischoff, Louis Loutan, *Mit anderen Worten. Dolmetschen in Behandlung, Beratung und Pflege*, Département de Médecine Communautaire HUG, Bern/Genf 2000; – Paola Bollini, »Die Gesundheit von Migrantinnen in Europa – Perspektiven für 2000«, in: Matthias David et al. (Hrsg.), *Migration – Frauen – Gesundheit. Perspektiven im europäischen Kontext*, Mabuse, Frankfurt am Main 2000, S. 197–206; – Bundesamt für Gesundheit, *Migration und Gesundheit, Strategische Ausrichtung des Bundes 2000–2006*, Bundesamt für Gesundheit, Bern 2002.
Internet
www.bag.admin.ch/sucht/migration/d/migration.pdf
www.medicusmundi.ch/bulletin/bulletin864.htm
Verweise
Dolmetschen im Gesundheitswesen – Gesundheitsversorgung (soziale Ungleichheit in der) – Salutogenese – Stigma

Martine Verwey

Migrationspolitik

Migration bezeichnet einen temporären oder dauerhaften Wohnsitzwechsel von Individuen oder Gruppen. Personen, die sich als provisorisch Aufgenommene, mit langjähriger Aufenthaltsbewilligung oder illegal in einem Land aufhalten, ebenso wie deren Kinder und Kindeskinder werden bis zur Annahme des Bürgerrechts als Migranten/Migrantinnen bezeichnet. Die schweizerische Gesetzgebung sieht verschiedene Aufenthaltsbewilligungen vor, wie etwa eine Saison(nier)bewilligung (Ausweis A), Jahresaufenthaltsbewilligung (Ausweis B), Niederlassungsbewilligung (Ausweis C), Kurzaufenthaltsbewilligung (Ausweis L) und Bewilligungen für Asylbewerbende (Ausweis N). Hinzu kommen Sonderbewilligungen wie diejenige für Diplomatinnen und Diplomaten oder Aufenthaltsbewilligungen für Nichterwerbstätige wie für Rentnerinnen und Rentner, Studierende oder Schülerinnen und Schüler. Migrationspolitik ist der gezielte Versuch, über die staatliche oder suprastaatliche Ebene und die hier angesiedelten Instrumente Einfluss auf die Migrationsentwicklung zu nehmen. Dabei sind vier unterschiedliche Phasen des Migrationsprozesses zu unterscheiden: die Zulassungspolitik, die Integrationspolitik, Ausschaffungen/Rückführungen sowie außenpolitische Angelegenheiten. Besonders die Zulassungspolitik stand jahrzehntelang immer wieder im Kreuzfeuer der politischen Debatten. Skepsis wurde vor allem dem schweizerischen System der Vergabe unterschiedlicher Aufenthaltsbewilligungstypen entgegengebracht. Insbesondere zeigte sich, dass die hiermit geförderte saisonale Rotationswanderung den notwendigen Strukturwandel in der Wirtschaft verzögerte, indem ganze Wirtschaftsbereiche durch die kontinuierliche Zuführung zahlreicher billiger ausländischer Arbeitskräfte aufrechterhalten wurden. Die Unterstützung von Branchen mit großer Nachfrage nach wenig qualifizierten Arbeitskräften hatte zur Folge, dass diese längerfristig international an Wettbewerbsfähigkeit verloren. Ebenso stellte die Vernachlässigung der Infrastruktur (Kranken- und Schulhäuser, Wohnungsbau usw.) in zunehmendem Maße ein Problem dar. Konjunkturpolitisch problematisch – neben den menschenrechtlichen Aspekten – waren außerdem die Massenentlassungen ausländischer Arbeitskräfte in den 1970er-Jahren, die sich höchst negativ auf Investitionen und Konsum auswirkten.

Die schweizerische Migrationspolitik hat bis in die 90er-Jahre aber vor allem auf der Ebene der Integrationspolitik versagt. Gemäß der Rotationsidee gingen die Verantwortlichen davon aus, dass die gerufenen Arbeitskräfte nur wenige Jahre in der Schweiz verblieben und dann wieder in ihr Herkunftsland zurückkehren würden. In der Praxis kamen viele mit temporären Aufenthaltsbewilligungen (A, B), diese wurden aber, vor allem bei Personen mit B-Bewilligungen, mit der Zeit in Niederlassungsbewilligungen umgewandelt. Keine der beiden Aufenthaltsstufen wurde jedoch von geeigneten Integrationsmaßnahmen begleitet. So sind die Wiedereingliederungschancen für arbeitslose Migrantinnen und Migranten in Zeiten der Rezession sehr ungünstig, da oftmals ausreichende Kenntnisse einer der Nationalsprachen fehlen oder nur rudimentäre Qualifikationen vorhanden sind, die keine berufliche Mobilität erlauben. Es ist daher nicht weiter erstaunlich, dass die Arbeitslosenquote der ausländischen Bevölkerung Ende der 90er-Jahre dreimal höher war als jene der Schweizer Bevölkerung.

Literatur
Georg Kreis, »Die Schweiz wird zum Einwanderungsland«, in: Walter Leimgruber, Werner Fischer (Hrsg.), »Goldene Jahre«: Zur Geschichte der Schweiz seit 1945, Chronos, Zürich 1999; – Marc Spescha, Handbuch zum Ausländerrecht, Haupt, Bern 1999.
Internet
www.unine.ch/fsm
www.migration.bl.bs.ch
Verweise
Bürgerrechte – Integrationspolitik – Migration und Bildung – Sozialpolitik – Wirtschaftspolitik
Yves Flückiger, Brigitta Gerber

Mikrozensus

Als Mikrozensus wird eine repräsentative Bevölkerungsumfrage bezeichnet, mit der die nationalen statistischen Ämter zwischen zwei Volkszählungen zusätzliche Individualdaten erheben. Während bei einer Volkszählung (Zensus) durch Teilnahmezwang eine Vollerhebung mit schriftlichen Interviews angestrebt wird, basiert der Mikrozensus auf der freiwilligen und zumeist mündlichen Befragung einer großen repräsentativen Bevölkerungsstichprobe. Obschon der Mikrozensus einer mündlichen Befragung längere und komplexere Fragebogen zulässt, sind wegen der geringeren Zahl der Befragten die Kosten gleichwohl tiefer als bei einem Zensus. Die Freiwilligkeit der Teilnahme an einem Mikrozensus kann allerdings systematische Interviewausfälle und somit Repräsentativitätsprobleme mit sich bringen. Trotzdem hat der Mikrozensus seit etwa 1985 auch in der Schweiz an Bedeutung gewonnen: Die periodische Arbeitskräfteerhebung SAKE, der Mikrozensus Familie sowie eine Reihe ähnlicher Befragungen illustrieren das diesbezügliche Engagement des Schweizerischen Bundesamts für Statistik.

Literatur
Alexis Gabadinho, *Mikrozensus Familie in der Schweiz 1994/95*, Bundesamt für Statistik, Bern 1998; – Philippe Wanner, »Bevölkerung«, in: Peter Bohley et al. (Hrsg.), *Wirtschafts- und Sozialstatistik der Schweiz*, Haupt, Bern 2000, S. 110 ff.
Verweise
Bundesamt für Statistik – Schweizerische Arbeitskräfteerhebung (SAKE) – Volkszählung
Georg Müller

Militärdienstverweigerer

Der Militärdienstverweigerer ist ein Bürger, der sich aufgrund moralischer Bedenken oder einer politischen Einstellung weigert, der Militärdienstpflicht nachzukommen, sich jedoch der Justiz seines Landes nicht entzieht (im Unterschied zu Gehorsamsverweigerung oder Fahnenflucht). Gewisse Staaten anerkennen die Militärdienstverweigerung mehr oder weniger explizit, indem sie den Militärdienstverweigerern einen Status zusprechen, durch den sie vom Waffendienst befreit und für zivile Aufgaben eingesetzt werden, meistens für eine längere Zeitdauer. In der Schweiz wurde nach einer langen öffentlichen Debatte 1995 eine Zivildienst-Regelung eingeführt, die gewissen Kategorien von Dienstverweigerern einen speziellen Status zuspricht, der es ihnen erlaubt, ihre Dienstpflicht durch die Verrichtung gemeinnütziger Arbeit zu leisten. In diesem Rahmen werden sie für Aufgaben in verschiedenen sozialen und gesundheitlichen Bereichen herangezogen.

Verweise
Gemeinwohl – Zivildienst
Jean-Pierre Fragnière

Militärversicherung

Die Militärversicherung ist der älteste Teil der sozialen Sicherheit in der Schweiz. Das erste vollständige Gesetz über die Militärversicherung stammt vom 28. Juni 1901. Es versichert gegen Krankheit (einschließlich Mutterschaft) und gegen Unfälle aller Personen, die einen obligatorischen oder freiwilligen Dienst für das Land leisten (Militärdienst, Zivilschutz, Zivildienst). Ebenfalls gilt es für Berufsmilitärs, die vom Staat vertraglich angestellt sind (Armee- und Zivilschutzinstruktoren, Festungswächter, Überwachungsgeschwader, Waffenkontrolleure usw.). Schließlich deckt es auch Personen, die in der Schweiz oder im Ausland an Einsätzen wie friedenserhaltenden Aktionen und Guten Diensten des Bundes (Gelb- und Blaumützen) teilnehmen oder Mitglieder des Schweizerischen Katastrophenhilfekorps sind.

Die verschiedenen Haftungsgrundsätze der Militärversicherung machen deutlich, dass es sich nicht um eine Versicherung im wahrsten Sinne des Wortes handelt, sondern vielmehr um die Umsetzung einer staatlichen Haftung. Im Übrigen wird die Militärversicherung nicht durch Beiträge finanziert, sondern, mit Ausnahme der freiwilligen Versicherung für pensionierte Berufsmilitärs, durch das Bundesbudget.

Neben den allgemeinen Leistungen wie Behandlungskosten und Erwerbsersatzleistungen zahlt die Militärversicherung bei Erwerbsunfähigkeit eine Invalidenrente von 5 bis maximal 100 Prozent. Sie wird spätestens bis zum AHV-Rentenalter ausbezahlt. Danach wird sie durch eine Altersrente der Militärversicherung ersetzt, die 50 Prozent der bisherigen Invalidenrente beträgt. Schließlich zahlt sie Entschädigungen an die Hinterbliebenen, falls der Versicherte an der versicherten Krankheit stirbt. Eine Eigenart der Militärversicherung im Bereich der Leistungen betrifft den immateriellen Schaden, der bei erheblicher Körperverletzung (funktioneller Verlust und Einschränkung im Lebensgenuss) ausgerichtet wird. Bei Verlust einer lebenswichtigen Funktion erhöht sich die Rente maximal auf 50 Prozent (100 Prozent im Falle der Unfallversicherung). Diese Rente wird grundsätzlich kapitalisiert, was ermöglicht, anders als bei der Unfallversicherung, das Alter der versicherten Person im Moment des Integritätsverlustes zu berücksichtigen. Überdies ist die Militärversicherung die einzige Sozialversicherung, die eine Genugtuung ausbezahlt, und zwar bei erheblicher Körperverletzung oder im Todesfall in Verbindung mit den spezifischen Gefahren des Dienstes:

– an den Versicherten im Fall erheblicher Körperverletzung aufgrund eines Unfalles (insofern der Versicherte keine Integritätsschadenrente bezieht),

– an die Hinterbliebenen im Fall des Todes durch Krankheit oder Unfall der versicherten Person.

Am 19. Juni 1992 hat das Parlament eine Totalrevision des Bundesgesetzes über die Militärversicherung vorgeschlagen (die am 1. Januar 1994 in Kraft getreten ist). Mit dieser Revision wollte die Legislative vor allem die Versicherungslücken beheben, die Koordination verbessern und das Verwaltungsverfahren mit den andern Sozialversicherungen zusammenführen.

Literatur
Bundesamt für Militärversicherung, *Leitfaden durch die Militärversicherung*, Bundesamt für Militärversicherung, Bern 2001; – Jürg Maeschi, *Kommentar zum Bundesgesetz über die Militärversicherung vom 19. Juni 1992*, Stämpfli, Bern 2000.
Internet
www.bamv.admin.ch
Verweise
Bundessozialversicherungsrecht – Integritätsentschädigung/-schaden – Unfallversicherung

Philippe Le Grand Roy

Mindesteingliederungseinkommen

Das Mindesteingliederungseinkommen ist ein Konzept, das in Frankreich mit dem Gesetz vom 1. Dezember 1988 eingeführt wurde *(revenu minimum d'insertion)*. In der Schweiz findet es – zunächst vor allem in den lateinischen Kantonen – in den 90er-Jahren Eingang in verschiedene kantonale Sozialhilfegesetzgebungen. Dabei wird entweder neben der traditionellen Sozialhilfe ein neues Hilfsdispositiv vor allem zugunsten von ausgesteuerten Arbeitslosen geschaffen, wie dies in den Kantonen Genf (RMCAS) oder Waadt (RMR) der Fall ist, oder aber bestehende Sozialhilfegesetze werden in entsprechender Weise revidiert. Die Schweizerische Konferenz für Sozialhilfe ihrerseits hat Ende der 90er-Jahre entsprechende Empfehlungen in ihre Richtlinien aufgenommen.

Die in jüngster Zeit entwickelte Politik besteht darin, die Garantie des materiellen Existenzminimums mit Eingliederungsmaßnahmen zu ergänzen.

Der Begriff der Eingliederung ist die Kehrseite eines neuen Phänomens, das sich im Zuge der Wirtschaftskrise der 90er-Jahre verbreitet hat: der Ausschluss. Durch die Entkoppelung von Wirtschaftswachstum und Beschäftigung entsteht eine Situation, die den bereits bekannten Aspekten der Marginalisierung eine neue quantitative und qualitative Dimension hinzufügt. Mit dem Begriff Ausschluss wird vor allem der Ausschluss aus dem Arbeitsmarkt verstanden, der in der heutigen Gesellschaft noch immer als der Ort gilt, wo gesellschaftliches Ansehen verliehen wird.

Bei den Eingliederungsmaßnahmen, welche die Garantie des Existenzminimums begleiten sollen, wird meistens zwischen sozialer und beruflicher Eingliederung unterschieden. Bei dieser Vorstellung stellt die soziale Eingliederung eine Phase dar, die als Voraussetzung für die berufliche Eingliederung gilt. Für Personen, für welche eine vollständige Eingliederung nicht zu verwirklichen ist, ist sie außerdem ein Prozess, der die Autonomie und die Teilhabe am gesellschaftlichen Leben erhöhen soll.

Die berufliche Eingliederung zielt durch entsprechende Maßnahmen auf die finanzielle Autonomie des Sozialhilfebezügers durch die Wiedereingliederung in den Arbeitsmarkt ab, die es der Person erlauben soll, sich von der Sozialhilfe zu befreien.

In Zusammenhang mit Eingliederungsmaßnahmen wird oft auch von Gegenleistung gesprochen. Hinter diesem Begriff verbergen sich jedoch unterschiedliche Philosophien. Sie zielen einerseits auf die Abgeltung der erhaltenen finanziellen Leistung durch eine zu erbringende Aktivität durch den Bezüger ab. Anderseits haben sie die Verpflichtung der Gesellschaft im Auge, den vom sozialen Ausschluss bedrohten Mitgliedern der Gesellschaft nicht nur ein finanzielles Mindesteinkommen zu garantieren, sondern ihnen auch die Mittel für ihre soziale und berufliche Eingliederung zu Verfügung zu stellen.

Mit den Eingliederungsmaßnahmen wurde auch der Begriff des Vertrages zwischen dem Bezüger und der verantwortlichen Amtsstelle in das Vokabular der Sozialhilfe aufgenommen.

Die beruflichen Eingliederungsmaßnahmen werden von Überlegungen über den Dritten Sektor begleitet. Da die Wirtschaft nicht genügend Arbeitsplätze schafft, zugleich aber unbefriedigte Bedürfnisse existieren, soll das Angebot entsprechender Güter und Dienstleistungen insbesondere mithilfe von nicht gewinnorientierten Organisationen gewährleistet werden. Die dazu notwendigen Arbeitsplätze sollen dabei in erster Linie den Sozialhilfebezügern zugute kommen.

Verweise
Armut (neue) – Ausgrenzung – Schweizerische Konferenz für Sozialhilfe (SKOS) – Sozialhilfe (im engeren Sinne) – Sozialhilfe (im weiteren Sinne)
Piergiorgio Jardini, Ueli Tecklenburg

Mindestlohn

Unter Mindestlohn versteht man einen gesetzlich vorgeschriebenen Lohn, der einen bestimmten, existenzsichernden Betrag nicht unterschreiten darf. In der Schweiz existiert kein solches Gesetz, was sich u.a. in der Virulenz des Working-Poor-Problems manifestiert.

Der Kampf gegen die tiefen Löhne rechtfertigt sich nicht nur durch Argumente für die soziale Gerechtigkeit. Er ist auch für die wirtschaftliche Effizienz unverzichtbar. Dies in erster Linie, weil die Ungleichheiten in einer Welt, die durch die Fehlerhaftigkeit des Kreditmarktes gezeichnet ist, dazu führen, dass ungenügende Investitionen ins Humankapital getätigt werden. Dies ist vor allem für die wirtschaftlich schlecht gestellten Schichten von Bedeutung. Die Ungleichheiten tragen somit dazu bei, das wirtschaftliche Wachstum zu bremsen. Zweitens charakterisieren sich die Tieflohnsektoren durch eine hohe Personalfluktuation, was mit den wenig attraktiven Arbeitsbedingungen zusammenhängt. Dadurch zögern diese Firmen, ihrem Personal Weiterbildungen anzubieten, was wiederum die Produktivität der Arbeit reduziert. Schließlich führen ungenügende Löhne, die knapp an den Sozialhilfenormen vorbeigehen, dazu, dass die Maßnahmen zur beruflichen Wiedereingliederung von Arbeitslosen oder Ausgesteuerten in ihrer Effizienz eingeschränkt werden.

Die Arbeit muss attraktiver sein als die Sozialleistungen. Dies ist eine grundsätzliche Bedingung im Kampf gegen Arbeitslosigkeit und Ausgrenzung. Für die Reduktion der Lohnungleichheiten und für eine Mindesteinkommensgarantie für erwerbstätige Personen bestehen verschiedene Lösungen. Sie können die Form einer reinen Umverteilung annehmen; entweder durch die Steuern (Steuerbefreiung für die untersten Einkommen) oder durch geringere Sozialbeiträge für Einkommen unter einer gewissen Schwelle. Diese Politik kann auch die Form von Transfers annehmen, indem z.B. die kleinsten Einkommen durch Sozialhilfe ergänzt werden, was die Angestellten vor Armut schützen würde. Dieser Ansatz ist jedoch sehr umstritten, vor allem, weil er dazu beiträgt, die Kosten der Tieflöhne auf die Staatsbudgets zu verlegen, die somit gewisse Wirtschaftssektoren subventionieren. Eine andere Lösung besteht darin, direkt auf dem Markt zu intervenieren und den Minimallohn einzuführen. In vielen Staaten existiert er schon, sogar in den äußerst liberalen USA und in England. Früher haben die Ökonomen stets vorgegeben, dass diese Politik Arbeitslosigkeit mit sich bringe, indem sie das Arbeitsangebot anhebe und die Arbeitsnachfrage, die von den Unternehmen kommt, einschränke. Neuste empirische Studien haben jedoch aufgezeigt, dass sich diese negativen Auswirkungen außer bei den Jungen nicht bestätigen. Sogar die OECD erkennt heute, dass eine Politik des Mindestlohnes, die an die Bedingungen des Landes und jeder demografischen Gruppe angepasst ist, keine negativen Auswirkungen hat, sondern vielmehr dazu beiträgt, die Ungleichheiten zu reduzieren und die Armut teilweise zu vermindern.

Wenn man sich die Staaten anschaut, die diese Politik anwenden, so wird ersichtlich, dass sich die gewählten Lösungen von Fall zu Fall beträchtlich unterscheiden. Diese Abweichungen sind nicht nur bezüglich der abweichenden Minimallohnansätze zu verzeichnen. Sie sind auch in unterschiedlichen Deckungen vorzufinden, je nachdem ob das Gesetz die ganze aktive Bevölkerung einschließt (wie in den USA) oder ob es sich auf Personen ab 18 Jahren beschränkt (Frankreich) oder ab 21 Jahren (Belgien) oder sogar erst ab 23 Jahren (Niederlande). Die Unterschiede sind vor allem bezüglich der Höhe des Minimallohnes festzustellen. In Frankreich entspricht der Minimallohn fast 70 Prozent des Durchschnittslohnes, in den Niederlanden 55 Prozent, in den USA und in Japan noch 40 Prozent und in Spanien nur gerade 36 Prozent. Vergleichsweise würde in der Schweiz ein auf 2500 Franken festgesetzter Minimallohn 50 Prozent des mittleren Lohnes entsprechen, während ein Lohn von 3350 Franken 67 Prozent des Mittelwertes entsprechen würde.

Literatur
Juan Dolado, Florentino Felgueroso, Juan Jimeno, »The Role of the Minimum Wage in the Welfare State: An appraisal«, in: *Revue suisse d'économie politique et de statistique*, Nr. 136/3, S. 223–245.
Verweise
Lohnindex – Working Poor

Yves Flückiger

Mitbestimmung/Mitwirkung

Mitbestimmung als gleichberechtigte – und im Idealfall auch chancengleiche – Einflussnahme auf und letztlich Teilnahme an Entscheidungsprozessen bezieht sich begriffsgeschichtlich auf das ökonomische System, im engeren Sinn jedoch nur auf die Unternehmensebene (so genannte Mitbestimmung im engeren Sinn) und betriebliche Fragen (so genannte Mitwirkung).
Die während der 1970er-Jahre heftig geführte Diskussion um die Mitbestimmung ist in der denkwürdigen Volksabstimmung von 1976 mit einem Nein beendet worden. 1992 sah sich der Bundesrat gezwungen, in einer Notübung ein minimales Mitwirkungsgesetz (MWG) zu erlassen, um im Falle einer Integration in den Europäischen Wirtschaftsraum den gemeinschaftsrechtlichen Anforderungen betreffend betriebliche Mitwirkung genügen zu können.
Dieses 1994 in Kraft gesetzte MWG regelt als Rahmengesetz mehrheitlich formelle Fragen (vor allem Anspruch der Belegschaft auf Bestellung einer Arbeitnehmervertretung sowie Regeln zu deren Wahl, Zusammensetzung und grundsätzlichen Rechten) und verweist betreffend die betrieblichen Mitwirkungsangelegenheiten auf folgende Spezialgesetze:
1. auf das OR, welches in Artikel 333/333a für Betriebsübergänge (vor allem Verkauf eines Betriebs oder Betriebsteils) und in Artikel 335d–g für Massenentlassungen lediglich ein Konsultationsrecht vorsieht (Recht auf rechtzeitige Information und Abgabe einer – unverbindlichen – Stellungnahme);
2. auf das Arbeitsgesetz, das in Artikel 48 für alle Fragen betreffend Arbeitszeitgestaltung, Gesundheitsvorsorge und Schutzmaßnahmen bei Nachtarbeit den Belegschaften eine »Mitsprache« gewährt (zusätzlich zum Informations- und Konsultationsrecht einen Anspruch auf Beratung mit dem Arbeitgeber und Begründung seiner abweichenden Entscheidungen; vgl. auch Art. 82 Unfallversicherungsgesetz bezüglich der Verhütung von Berufsunfällen und -krankheiten).
Kurzum: Das Schweizer Recht gibt den Arbeitnehmenden bzw. ihren Personalvertretungen (im Unterschied zu anderen Staaten Europas) bislang kein Mitbestimmungsrecht auf der entscheidenden Unternehmensebene, sondern lediglich ein bescheidenes Mitwirkungsrecht bezüglich betrieblich-operativer Fragen – und selbst dieses nur in einer für die Unternehmensleitung unverbindlichen Form.

Literatur
Peter Böhringer, Rainer Mössinger, *Das Neue Arbeitsgesetz. Ein systematischer Überblick*, Kaufmännischer Verband, Zürich 2001, Kap. 10; – Walo C. Ilg, *Kommentar über das Bundesgesetz über die Information der Arbeitnehmer in den Betrieben (Mitwirkungsgesetz)*, Schulthess, Zürich 1999; – Roland A. Müller, *Die Arbeitnehmervertretung. Schriften zum schweizerischen Arbeitsrecht*, Band 43, Stämpfli, Bern 1999.
Verweise
Arbeitsgesetz – Europäischer Betriebsrat

Peter Böhringer

Monetarismus

Der Monetarismus stellt eine besondere Schule der Wirtschaftslehre dar. Sein Hauptgedanke besteht darin, dass die Zentralbank die Geldmenge verändern kann, indem sie einen direkten Einfluss auf das Volumen des zirkulierenden Geldes ausübt. Mit ihrer Geldpolitik kann also die Zentralbank die Inflation kontrollieren, indem sie die Wachstumsrate der Geldmenge nach der Wachstumsrate der Produktion ausrichtet. Diese Doktrin ist mit den Arbeiten von Milton Friedman verbunden, der in den 1950er- und 60er-Jahren eine geregelte Geldpolitik vorgeschlagen hatte, deren Ziel es sein sollte, eine optimale Inflationsrate zu gewährleisten, welche die langfristige reale Wachstumsrate des Sozialprodukts wiederspiegelte. In den 70er- und 80er-Jahren hat der

Monetarismus die Geldpolitik der Industrieländer stark beeinflusst, auch aufgrund der Vermutung des rationalen Kalküls der wirtschaftlichen Akteure. Vor diesem Hintergrund hat die Glaubwürdigkeit der die Geldpolitik betreffenden Entscheidungen im Kampf gegen die Inflation an Bedeutung gewonnen. So sind die Transparenz, die Unabhängigkeit und die Verantwortung der Zentralbanken – das Dreieck der modernen Geldpolitik – aus dieser Schule hervorgegangen.

Literatur
Philip Cagan, »Monetarism«, in: *The New Palgrave: A Dictionary of Economics*, Macmillan, London 1987; – Sergio Rossi, *Money and Inflation*, Elgar, Cheltenham 2001.
Verweise
Kaufkraft – Neoliberalismus
Sergio Rossi

Multikulturalismus

Die Debatte um die Ausgestaltung der multikulturellen Gesellschaft ist gekennzeichnet durch die Frontstellung von Kommunitaristen und Universalisten. Die universalistische Position kritisiert massiv das Konzept der »multikulturellen Gesellschaft«. Der Begriff suggeriere, so die Kritik, dass unsere Gesellschaft aus verschiedenen Kulturen (und nicht etwa aus Klassen oder anderen Kategorien) zusammengesetzt sei. Damit werde unter anderem nahe gelegt, die Schwierigkeiten von Migranten und Migrantinnen in der hiesigen Gesellschaft seien im Bereich der Kultur zu lokalisieren und nicht in der Gesellschaft. Im Grunde würden ökonomische und politische Konflikte als Kulturkonflikte beschrieben. Dies sei eine Ablenkungsstrategie oder, schlimmer, eine diskriminierende Haltung, da die Begriffsbildung durch die Festlegung des anderen auf eine Kultur der Ausgrenzung Vorschub leiste. Der entscheidende Denkfehler, so die universalistische Position, sei die Übertragung des Begriffs der Kultur von dem Ort, an dem ihre Existenz berechtigt sei, dem Bereich der Hochkultur, auf den der Alltagskultur, der ethnischen Kultur oder der Sub- und Partialkultur. Letztendlich führe dies nur zu einem Narzissmus der kleinen Differenz, zu einer Überbewertung unterschiedlicher Konsumstile. Es gehe jedoch vielmehr darum, im Neuankömmling nicht den Angehörigen eines fremden Volkes zu sehen, sondern den neuen Mitbürger, der sich in seinem Menschsein nicht vom Einheimischen unterscheidet und deshalb ein Recht habe, als Gleicher geachtet zu werden. Als Gegenleistung könne von den Neuankömmlingen eine Anpassung an die säkularen und menschenrechtlich geprägten Werte der Republik verlangt werden. Die kommunitaristische Gegenposition wurde in ihrer elaboriertesten Form von Charles Taylor (1992) formuliert. Sein Ausgangspunkt ist das menschliche Grundbedürfnis nach Anerkennung, das er mit guten Gründen als universal ansieht. Das Bedürfnis nach Anerkennung erschöpfe sich nicht – wie die Universalisten meinten – in der Anerkennung der allgemeinen Menschenwürde. Vielmehr gebe es darüber hinaus das nicht minder grundlegende Bedürfnis des Individuums, in seiner Besonderheit anerkannt zu werden. Denn, so Taylor: Woraus leiten wir den Anspruch eines jeden Menschen auf Anerkennung seiner Würde ab? Doch wohl aus seiner Fähigkeit zu vernünftigem, selbstbestimmtem Handeln – zu einem individuellen Selbstentwurf, zu einer eigenen und unverwechselbaren Identität. Und weil der eigene Entwurf immer auf der Herkunft des Einzelnen aufbaut, heißt dies auch: so wie man geworden ist. Denn gerade Herkunft, Geschlecht, Religion, Ethnizität, Hautfarbe und Sprache sind für viele Menschen, zumal in der Fremde, Quelle ihres Selbstgefühls, ihrer Selbstachtung, ihrer Identität und auch ihres Stolzes. Damit wird die Anerkennung von etwas gefordert, was zwar allen zukommt, was inhaltlich jedoch sehr unterschiedlich sein kann. Oder um es mit einem Schlagwort zu sagen: Eingefordert wird das »Recht auf Differenz«.

Literatur
Horace Kallen, »Democracy versus the Melting Pot«, in: *The Nation*, Band 100, Nr. 2590/91, New York 1915; – Charles Taylor, *Multiculturalism and the Politics of Recognition*, University Press, Princeton 1992; – Alain Touraine, *Critique de la modernité*, Fayard, Paris 1993.
Verweise
Antirassismus – Identitätspolitik – Rassismus
Gianni D'Amato

Mutterschaft(sschutz)

Im weitesten Sinne umfasst der Mutterschaftsschutz die Kostendeckung für medizinische Pflege und für die Prävention, den Erwerbsersatz während dem Mutterschaftsurlaub und den Kündigungsschutz sowie eine finanzielle Unterstützung von nicht erwerbstätigen Müttern. Keine Versicherung deckt jedoch den Mutterschaftsschutz in dieser Form ab – und dies trotz dem zwingenden Mandat, das am 25. November 1945 in die Verfassung aufgenommen wurde (und in den überarbeiteten Text, der am 1. Januar 2000 in Kraft getreten ist, übernommen wurde). Alle Versuche, dies zu ändern, sind an den Abstimmungen gescheitert:
– 2. Dezember 1984: Ablehnung der Volksinitiative für einen Schutz der Mutterschaft (1980);
– 6. Dezember 1987: Ablehnung der Revision des Krankenversicherungsgesetzes, die ein Taggeld für Mütter einführen wollte;

– 13. Juni 1999: Ablehnung des Bundesgesetzes über die Mutterschaftsversicherung, das am 18. Dezember 1998 vom Parlament verabschiedet worden war.

Da es kein Bundesgesetz bezüglich der Mutterschaft gibt, müssen die Rechte der schwangeren Frau und der jungen Mutter in den verschiedenen Gesetzen gesucht werden.

Das Bundesgesetz über die Krankenversicherung sieht für alle Frauen die obligatorische Deckung der Gesundheitskosten vor; ohne Wartefristen und ohne Vorbehalte. Die Prävention, wenn auch in beschränktem Rahmen, ist ebenso Teil der obligatorischen Leistungen der Krankenversicherer.

Eine erste Kategorie von Normen schützt erwerbstätige Frauen, indem die Arbeitgeber während der Schwangerschaft Schutzmaßnahmen bezüglich der Arbeitsbedingungen beachten müssen und indem die Arbeit nach der Geburt verboten ist. Diese Normen sind im Arbeitsgesetz enthalten, dessen letzte Revision am 1. August 2000 in Kraft getreten ist.

Eine zweite Kategorie von Normen ist an den Einzelarbeitsvertrag gebunden. Sie regelt die Nichtigkeit einer Kündigung während der gesamten Schwangerschaft und während 16 Wochen nach der Geburt.

Die Dauer der Mutterschaftsleistung ist vom Bundesgesetz über die Krankenversicherung (KVG) auf 16 Wochen festgelegt. Sie ist jedoch nicht obligatorisch. Der Mutterschaftsschutz kann daher auch von privatrechtlichen Verträgen abhängen, die gemäß den Regeln des Bundesgesetzes über den Versicherungsvertrag (Versicherungsvertragsgesetz – VVG) abgeschlossen wurden. Eine große Anzahl Frauen ist jedoch von jeglicher Versicherungsleistung nach der Geburt ausgeschlossen. Ihre wirtschaftliche Sicherheit beruht vollkommen auf Privatrecht, das dem Arbeitgeber eine Lohnfortzahlungspflicht auferlegt, deren Frist von der Anzahl Dienstjahre der Angestellten abhängt.

Um das Fehlen von Institutionen auf Bundesebene auszugleichen, gehen gewisse Kantone den Weg der kantonalen Mutterschaftsversicherung. So existiert in Genf seit dem 1. Juli 2001 eine Einrichtung für alle erwerbstätigen Frauen (80 Prozent des Lohnes während 16 Wochen).

Hausfrauen können auf keine bundesgesetzlich verankerten Finanzleistungen zählen. Gewisse Kantone haben Gesetze geschaffen, die der Sozialhilfe nahe kommen und ein Recht auf Mutterschaftszulage garantieren. Manchmal sind diese an Bedingungen gebunden, z.B. die Anzahl Jahre, die die Frau im leistungserbringenden Kanton wohnt, die Karenzfristen mit sich bringen. Diese Zulagen gehen in erster Linie an die Mutter. In gewissen Fällen werden sie auch dem Vater zugeschrieben – im Allgemeinen, wenn er die Sorgepflicht für das Kind hat.

Literatur
Alain Aebi, Danielle Dessoulavy, Romana Scenini, *La politique familiale et son arlésienne: L'assurance-maternité*, IES, Genf 1994; – Jean-Louis Duc (Hrsg.), *L'assurance-maternité: colloque de Lausanne 1998*, IRAL, Lausanne 1999.

Béatrice Despland

Nachhaltigkeit

Der Begriff der Nachhaltigkeit stammt in der Schweiz ursprünglich aus der Forstwirtschaft. Bereits das Forstpolizeigesetz von 1902 statuierte den Grundsatz der flächenmäßigen Erhaltung des Waldes. Die wirtschaftliche Nutzung des Waldes wurde auf den natürlicherweise anfallenden Ertrag beschränkt, sodass die Substanz des Waldes erhalten blieb.

Der zentrale Gedanke der Nachhaltigkeit ist die Solidarität zwischen der heutigen und künftigen Generationen. Das Ziel besteht darin, die natürlichen Lebensgrundlagen den kommenden Generationen ungeschmälert zu erhalten. Man soll also von den Zinsen leben und das (natürliche) Kapital unberührt lassen. Die von der UNO eingesetzte Brundtland-Kommission umschrieb dies 1987 mit folgender Formel: »Nachhaltige Entwicklung ist eine Entwicklung, welche heutigen Bedürfnisse zu decken vermag, ohne für künftige Generationen die Möglichkeiten zu schmälern, ihre eigenen Bedürfnisse zu decken.« Auch die schweizerische Bundesverfassung bringt diesen Gedanken in Artikel 73 unter dem Titel »Nachhaltigkeit« zum Ausdruck: »Bund und Kantone streben ein auf Dauer ausgewogenes Verhältnis zwischen der Natur und ihrer Erneuerungsfähigkeit einerseits und ihrer Beanspruchung durch den Menschen anderseits an.«

Anlässlich der UNO-Konferenz über Umwelt und Entwicklung, welche 1992 in Rio de Janeiro stattfand, wurde der Gedanke der Nachhaltigkeit zum Konzept der nachhaltigen Entwicklung *(sustainable development)* erweitert. Als Kernelement dieses Konzepts schälte sich die Notwendigkeit heraus, ein Gleichgewicht zwischen der wirtschaftlichen Entwicklung, dem Zustand der Umwelt und den sozialen Verhältnissen herzustellen. Daraus resultierte ein »magisches Dreieck« zwischen ökologischer, wirtschaftlicher und sozialer Verträglichkeit. Dieser dreidimensionale Ansatz des Konzepts der nachhaltigen Entwicklung fand seinen Niederschlag in der Rio-Deklaration über Umwelt und Entwicklung sowie in der »Agenda 21«, einem umfassenden Umsetzungsprogramm für das 21. Jahrhundert. Im Gefolge des Erdgipfels von Rio wurden in vielen Staaten Programme und

Aktionen lanciert. Auch der Bundesrat formulierte 1997 und 2002 entsprechende Strategien. Weiter wurde im Jahr 2001 ein »Forum nachhaltige Entwicklung« geschaffen, an dem sich der Bund, sämtliche Kantone sowie die größeren Städte beteiligen. Schließlich sind auf kommunaler, regionaler und kantonaler Ebene verschiedene »Lokale Agenda 21«-Prozesse in Gang.

In der Schweiz wurde der Grundsatz der Nachhaltigkeit mit der 1999 abgeschlossenen Verfassungsreform auch in die Bundesverfassung aufgenommen. Bereits die Präambel betont die »Verantwortung gegenüber den künftigen Generationen«. Gemäß dem Zweckartikel (Art. 2) hat die Schweiz unter anderem »die nachhaltige Entwicklung« zu fördern und sich für »die dauerhafte Erhaltung der natürlichen Lebensgrundlagen« einzusetzen. Schließlich beginnt der Abschnitt über Umwelt und Raumplanung mit dem bereits erwähnten Artikel 73.

Der Dreiklang Ökologie/Ökonomie/Gesellschaft entspricht zwar dem heute vorherrschenden Verständnis von nachhaltiger Entwicklung, erfuhr jedoch auch Kritik. Herausgebildet hat sich dieser Dreiklang im internationalen Kontext, als Kompromiss zwischen den Interessen der Industrienationen und denjenigen der Entwicklungsländer. In der Tat ist es nicht unproblematisch, das mit Blick auf die globale Nord-Süd-Thematik entwickelte Dreisäulenmodell unbesehen auf die nationale Ebene zu übertragen. Da wirtschaftliche Interessen gegenüber ökologischen und sozialen in der Regel die stärkere Durchsetzungskraft besitzen, kann ihre Einbindung in ein »magisches Dreieck« leicht dazu führen, dass die ökologischen und sozialen Aspekte bei konkreten Entscheiden den ökonomischen Interessen hintangestellt werden.

Literatur
Astrid Epiney, Martin Scheyli, *Strukturprinzipien des Umweltvölkerrechts*, Nomos, Baden-Baden 1998; – Alain Griffel, *Die Grundprinzipien des schweizerischen Umweltrechts*, Schulthess, Zürich 2001; – Werner Spillmann, »Schwächen Nachhaltigkeitskonzepte den Umweltschutz? – Eine Analyse am Beispiel des Verkehrs«, in: *Umweltrecht in der Praxis,* 2000, S. 187 ff.
Internet
www.admin.ch/are/de/nachhaltig/index.html
www.la21.ch
Verweise
Entwicklungspolitik – Globalisierung – Solidarität – Sozialpolitik

Alain Griffel

Nachtwächterstaat

Als Nachtwächterstaat wird ein Staat bezeichnet, dessen Aufgabe auf die Wahrung der inneren und äußeren Sicherheit beschränkt ist, um in erster Linie das Privateigentum der Bürger und Bürgerinnen zu schützen. Dieser Minimalstaat greift insbesondere nicht durch Wirtschafts- oder Sozialpolitik in den freien Markt ein.

Der Begriff wurde offenbar vom deutschen Sozialisten Ferdinand Lassalle (1825–1864) geprägt, der damit die passive Haltung der damaligen Politik gegenüber der sozialen Frage ironisierte und kritisierte. In gleicher Absicht wird er bis heute von links verwendet gegen Versuche der Neoliberalen, den Wohlfahrtsstaat grundsätzlich zurückzubinden. In diesem Sinne kann er auch als polemisch aufgeladener Gegenbegriff zu Etatismus verstanden werden.

Verweise
Etatismus – Neoliberalismus

Markus Blaser

Nationalfonds (Schweizerischer Nationalfonds zur Förderung der wissenschaftlichen Forschung)

Die ersten Initiativen des Bundes zur Unterstützung der wissenschaftlichen Forschung vor und während des Zweiten Weltkrieges fanden im Rahmen einer Politik der Bekämpfung der Arbeitslosigkeit statt. Um 1950 gelang Vertretern aller schweizerischen Hochschulen und der wissenschaftlichen Dachgesellschaften der Durchbruch zu einer grundlagenorientierten Forschungsförderungspolitik. Der Schweizerische Nationalfonds wurde 1952 als privatrechtlich organisierte Stiftung mit dem Zweck gegründet, die Grundlagenforschung auf allen Gebieten der Wissenschaft zu fördern. Als höchstes Organ wurde der Stiftungsrat eingesetzt, bestehend aus den Vertretern der wissenschaftlichen, politischen und wirtschaftlichen Kreise des Landes. Der Nationale Forschungsrat war als die ausführende Instanz bei der Prüfung aller eingereichten Unterstützungsgesuche gedacht. Seit 1965 geschieht dies in drei Abteilungen (Geistes- und Sozialwissenschaften; Mathematik, Natur- und Ingenieurwissenschaften; Biologie und Medizin), zu denen 1975 die Abteilung für Nationale Forschungsprogramme dazukam.

1974 wurde der Nationalfonds neu mit der Durchführung der Nationalen Forschungsprogramme beauftragt, im Sinn eines Instruments der orientierten Forschung zur Bearbeitung von Problemstellungen von nationaler Tragweite. 1991 wurden zusätzlich die Schwerpunktprogramme (SPP) lanciert, mit dem Ziel, den Anschluss der schweizerischen Forschung an die internationalen Anstrengungen in einigen Schlüsselbereichen zu sichern. Ab 2001 wurden die SPP von den Nationalen Forschungsschwerpunkten (NFS) abgelöst, die nachhaltige Struktureffekte erzielen sollen.

Der Bund stellte dem Nationalfonds im Gründungsjahr 1952 einen Beitrag von 2 Millionen Franken zur Verfügung. Der Bundesbeitrag stieg sukzessiv an und bewegt sich in den letzten Jahren in der Höhe von rund 350 Millionen Franken. Den Geistes- und Sozialwissenschaften kamen über die letzten 50 Jahre hinweg betrachtet 20 Prozent der Fördermittel zu.

Literatur
Antoine Fleury, Frédéric Joye, *Die Anfänge der Forschungspolitik in der Schweiz. Gründungsgeschichte des Schweizerischen Nationalfonds zur Förderung der wissenschaftlichen Forschung 1934–1952*, Hier und Jetzt, Baden 2002; – Dieter Freiburghaus, Willi Zimmermann, *Wie wird Forschung politisch relevant? Erfahrungen in und mit den Schweizerischen Nationalen Forschungsprogrammen*, Haupt, Bern/Stuttgart 1985; – Schweizerischer Nationalfonds, *25 Jahre Schweizerischer Nationalfonds zur Förderung der wissenschaftlichen Forschung*, Schweizerischer Nationalfonds, Bern 1977.
Internet
www.snf.ch
Verweise
Nationalfondsprogramme – Schweizer Haushaltspanel (SHP) – Schweizerischer Wissenschafts- und Technologierat
Rudolf Bolzern

Nationalfondsprogramme

Neben der seit seiner Gründung angestammten Aufgabe, mit Projektbeiträgen die freie Grundlagenforschung zu unterstützen, fördert der Schweizerische Nationalfonds auch Forschungsprogramme. So hatte der Bundesrat 1974 den Nationalfonds mit der regelmäßigen Durchführung Nationaler Forschungsprogramme (NFP) beauftragt; diese sollen neue Erkenntnisse zur Lösung von Problemen liefern, die sich der Gesellschaft stellen. Außerdem müssen die im Rahmen eines NFP durchgeführten Forschungsarbeiten auf einen vorgängig definierten Ausführungsplan ausgerichtet und untereinander koordiniert werden. Im Zeitraum von 1975 bis 2002 sind über 50 NFP durchgeführt oder in Angriff genommen worden, eine neue Serie mehrerer Programme ist in Vorbereitung. Die Ergebnisse der Projekte, welche im Rahmen der NFP vernetzt werden, stellen einen wichtigen Beitrag zum nationalen Wissensschatz dar, ein beträchtlicher Teil betrifft die Sozialpolitik, insbesondere die Bereiche soziale Sicherheit, Familie, Alter, Bildung und Beschäftigung, Gesundheit, Migration, soziale Integration usw. Eine Bilanz der NFP wird jedes Jahr vom Nationalfonds in Form der Publikation »Stand der Nationalen Forschungsprogramme« präsentiert. 1991 wurden zusätzlich die Schwerpunktprogramme (SPP) lanciert, mit dem Ziel, den Anschluss der schweizerischen Forschung an die internationalen Anstrengungen in einigen Schlüsselbereichen zu sichern. In der Folge gelangten vier SPP zur Durchführung, in den Bereichen Informatik, Umwelt, Biotechnologie und Gesellschaft. Das SPP »Zukunft Schweiz« (1996–2003) stellt das größte in der Schweiz realisierte sozialwissenschaftliche Forschungsprogramm dar. Aber auch das SPP »Umwelt« (1992–2001) weist einen beträchtlichen Anteil an sozialwissenschaftlichem bzw. sozialpolitischem Inhalt auf.

1997 ist vom Nationalfonds dem Bund das Instrument der Nationalen Forschungsschwerpunkte (NFS), auch National Centres of Competence in Research (NCCR) genannt, zur Ablösung der SPP vorgeschlagen worden. Primäres Ziel dieses Programms ist die nachhaltige Stärkung des Forschungsplatzes Schweiz in für Wirtschaft und Gesellschaft strategisch wichtigen Gebieten. Gleichzeitig sollen Grundlagenforschung und angewandte Forschung zusammengeführt und die Arbeitsteilung unter den schweizerischen Forschungsinstitutionen verbessert werden. 2001 wurde eine erste Serie von 14 NFS lanciert, zwei davon (»Nord-Süd: Forschungspartnerschaften zur Linderung von Syndromen des globalen Wandels« und »Bewertung und Risikomanagement im Finanzbereich«) enthalten zahlreiche sozialwissenschaftliche Komponenten. Die Lancierung einer zweiten Serie von NFS soll deren Zahl auf 20 Zentren erhöhen. NFP und NFS gelten als Instrumente der orientierten Forschung und basieren auf politischen Vorgaben. In die orientierte Forschung will der Nationalfonds in Zukunft rund ein Sechstel seiner Mittel investieren.

Literatur
Dieter Freiburghaus, Willi Zimmermann, *Wie wird Forschung politisch relevant? Erfahrungen in und mit den Schweizerischen Nationalen Forschungsprogrammen*, Haupt, Bern/Stuttgart 1985.
Internet
www.snf.ch
Verweise
Nationalfonds (Schweizerischer Nationalfonds zur Förderung der wissenschaftlichen Forschung) – Schweizer Haushaltspanel (SHP) – Sozialforschung
Rudolf Bolzern, Miriam Bass

Neoliberalismus

Der Begriff Neoliberalismus tauchte in der heutigen Bedeutung erstmals 1925 auf und wurde 1938 am Colloque Walter Lippmann kollektiv erarbeitet. Beim Neoliberalismus handelt es sich um eine Selbstbezeichnung. Es finden sich darin unterschiedliche Schulen (z.B. Chicago School, Ordoliberalismus und Österreichische Schule der Nationalökonomie) und Theorieansätze (z.B. Humankapitaltheorie, Monetarismus, Neue Institutionenökonomie und *Public-choice*-Ansatz).

Die gemeinsamen Prinzipien der Neoliberalen umfassen individuelle Freiheit, freies Unternehmertum, freier Markt, eine effektive Konkurrenzordnung, eine entsprechende gesetzliche und institutionelle Ordnung sowie eine Redefinition der Funktionen des Staates.

Es war vor allem die Zielformulierung in Bezug auf den Staat, die entscheidend für die relative Breite an Positionen innerhalb des Neoliberalismus war. Die neoliberalen Positionen reichen in dieser entscheidenden Frage von staatsfeindlichen Haltungen (in diesem Fall sind die Funktionen des Staates derart redefiniert, dass sie sich erübrigen) bis zu weitreichenden Staatsinterventionen (immer im Sinne der Absicherung des Marktes und dessen »optimalen« Funktionierens). Damit wird deutlich, dass sich die genannten Neoliberalen auf gemeinsame Prinzipen geeinigt haben, die die Grundlage einer pluralen Bewegung bilden, in der unterschiedliche Strömungen und Positionen ihren Platz haben. Der Neoliberalismus ist als eine ideologische Weltanschauung zu verstehen, die stark auf ökonomischen Theorien beruht, sich aber nicht auf diese beschränkt.

Seit der Gründung der Mont Pèlerin Society 1947, einem Zusammenschluss von vor allem neoliberalen Intellektuellen, aber auch Wirtschaftsleuten und Politikern, wurde vor allem eine implizite hegemoniale Strategie verfolgt, die diese marktradikale Weltanschauung im Alltagsverstand zu verankern versuchte. Neben den intellektuellen Netzwerken bildete sich ein weltweites Netz von *think tanks* für die entsprechende Produktion und Distribution der Ideen heraus. Erstmals durchgesetzt wurde der Neoliberalismus integral unter der Diktatur Pinochet in Chile. Da der Markt als zentrale gesellschaftliche Regulationsinstanz verstanden wird, ist Demokratie nur geduldet unter der Bedingung der Kompatibilität mit Ersterem. Ist das nicht gegeben, treten die autoritären Züge des Neoliberalismus deutlich hervor.

Im Neoliberalismus wird ein neuer Subjekttypus geschaffen, der im Herrschaftskonzept Freiheit handelt. Innerhalb des eisernen Käfigs Freiheit stehen den Subjekten alle Handlungsfreiheiten offen, nur die nicht, diesen Käfig zu zerstören. Verbunden mit den neuen Technologien und der Notwendigkeit, die Arbeitsverhältnisse radikal umzugestalten und Hierarchieebenen der fordistischen Ära abzubauen, stehen den Subjekten Möglichkeiten offen, sich selbst zu verwirklichen und innerhalb einer entfremdeten Rahmenordnung selbsttätig zu handeln. Glück und Unglück, Erfolg wie Misserfolg sind vorwiegend Sache der Subjekte und mit weniger staatlichen Absicherungen verbunden als im Fordismus. Seit 1990 hat der Neoliberalismus eine Vulgarisierung erfahren, verfügt aber nach wie vor über zahllose Verteidiger unter Intellektuellen, die ihn auch weiterentwickeln.

In der Schweiz hat der Neoliberalismus seine Anhänger nicht nur in der FDP gefunden, sondern vor allem und wirkungsmächtiger in der SVP, die dessen wirtschaftspolitische Konzepte aufgegriffen und ihn mit ihrem autoritären rechtspopulistischen Konzept verbunden hat. Doch auch innerhalb der SP finden sich zahlreiche neoliberale Positionen (vgl. das Gurtner Manifest). Es ist gerade diese Breite, die die Stärke des Neoliberalismus ausmacht: Die neoliberale »Vulgata« (Bourdieu) findet sich von links bis rechts. Neben einer monetaristischen Finanzpolitik finden neoliberale Konzepte der Privatisierung und Flexibilisierung breiten Eingang in die Bereiche der Arbeitswelt, der Sozial-, Kultur- und Bildungspolitik. Der neoliberale Um- und Ausbau des Staates führt aber nicht zu weniger, sondern zu mehr Staat, insbesondere im repressiven Bereich (Null-Toleranz-Politik). Ein Ende des Neoliberalismus ist nicht in Sicht, denn in Zeiten, in denen er unter Druck gerät, verfügt er über die »soziale Marktwirtschaft« als eine seiner wichtigsten Verteidigungslinien.

Literatur
Nikolas Rose, *Powers of Freedom. Reframing Political Thought*, Cambridge University Press, London 1999; – Bernhard Walpen, »Von Igeln und Hasen oder: Ein Blick auf den Neoliberalismus«, in: *Utopie kreativ*, Nr. 121/122, 2000, S. 1066–1079; – Bernhard Walpen, Dieter Plehwe, »›Wahrheitsgetreue Berichte über Chile‹: Die Mont Pèlerin Society und die Diktatur Pinochet«, in: *1999. Zeitschrift für Sozialgeschichte des 20. und 21. Jahrhunderts*, 16. Jhg., Nr. 2, 2001, S. 42–70.
Verweise
Liberalismus – Monetarismus – Privatisierung
Bernhard Walpen

Netzwerke → Soziale Netzwerke

New Public Management
Mit diesem Sammelbegriff werden weltweit Verwaltungsreformen bezeichnet, die das Handeln der Verwaltung vermehrt über *output* und *outcome* – die Leistungen und Wirkungen der Verwaltung – steuern und legitimieren wollen. Dies im Gegensatz zur herkömmlichen Verwaltung, der Bürokratie, welche über den *input* – die Regeln und Formen des Rechtsstaates und der Demokratie – gesteuert wird. Die Bürokratie kennzeichnet sich durch hierarchisch organisierten Regelvollzug. Ihr oberstes Gebot ist die Gesetzmäßigkeit, ihr wichtigstes Instrument die hoheitliche Verfügung. Dem stellt New Public Management (NPM) die Normen der Marktwirtschaft und das Instru-

ment des Vertrags gegenüber: Ein Leistungserbringer (die Verwaltung oder ein Privater) soll im Auftrag eines Leistungsbestellers (der Regierung) einen Nutzen für die externen Kunden und Kundinnen schaffen. Bezahlt wird der Leistungserbringer nicht für Tätigkeiten, sondern für Produkte.

Der Begriff stammt aus Neuseeland, das als erstes Land seine Verwaltung radikal kommerzialisiert und auf marktwirtschaftliche Steuerungsmechanismen eingestellt hat. Die Bewegung erfasst seither die USA *(Reinventing Government)*, Großbritannien, Skandinavien, die Niederlande und Deutschland (Neues Steuerungsmodell) – je mit nationalen Eigenarten, aber grundsätzlich gleicher Ausrichtung.

NPM verfolgt verschiedene strategische Ziele. Kundenorientierung verlangt von der Verwaltung, dass sie sich als Dienstleistung versteht und an der Kundenzufriedenheit legitimiert. Heikel bleibt dabei die Bestimmung des Kundenbegriffs und seines Verhältnisses zur demokratischen Öffentlichkeit. Die Leistungs- und Wirkungsorientierung bedeutet Steuerung der Verwaltung über Zielvorgaben und Leistungs- oder Wirkungsindikatoren. Hier liegt die Schwierigkeit in der kausalen Zuordnung von Maßnahmen und Wirkungen. Die Kopplung von Finanzen und Leistungen fördert das Kostenbewusstsein der Verwaltung und führt zur Integration von Staatsaufgaben und Staatsfinanzen im Budgetprozess. Gefordert ist hier ein Kulturwandel von der rein finanziellen zur integralen Steuerung des Staatshaushaltes. Die Wettbewerbsorientierung erfordert, dass innerhalb der Verwaltung oder zwischen ihr und Dritten ein Markt oder doch marktähnliche Situationen geschaffen werden (Ausschreibungen, Kosten- und Leistungsvergleiche). Dies ist schwierig, weil die Verwaltung meist in einer Monopolsituation verbleibt und weil das Wettbewerbsdenken zur Maximierung des Eigennutzens verleiten kann, was möglicherweise in ein Spannungsverhältnis zum öffentlichen Auftrag mündet.

Typische Mittel von NPM sind die Leistungsvereinbarung und das Globalbudget. Die Regierung schließt mit der Verwaltung eine Leistungsvereinbarung ab und beantragt dem Parlament deren Finanzierung. Der Voranschlag ist nicht mehr nach Sachgruppen gegliedert, sondern nach Leistungen (Produktegruppen). Für eine bestimmte Aufgabe wird ein globalisierter Kredit als Pauschale gesprochen. Dies setzt voraus, dass die Verwaltung Leistungen oder Produkte definiert, welchen sich sämtliche Tätigkeiten zuordnen lassen. Standards und Indikatoren müssen gestatten zu messen, ob die Vorgaben auf der Leistungsseite des Voranschlags erfüllt werden. Am Ende der Rechnungsperiode ist sowohl über die Finanzen wie über die erbrachten Leistungen Rechenschaft abzulegen. Je nach dem demokratischen Konzept von NPM stehen dem Parlament Instrumente zur Verfügung, mit denen es die Leistungsseite des Voranschlags oder die politische Planung mitbestimmen kann. Die Verwaltung gewinnt Spielraum, weil sie innerhalb des Leistungsauftrags und des Globalbudgets frei über den Mitteleinsatz zur Zielerreichung bestimmen kann.

Literatur
Philippe Mastronardi, Kuno Schedler, *New Public Management in Staat und Recht. Ein Diskurs*, Haupt, Bern 1998; – Alessandro Pelizzari, *Die Ökonomisierung des Politischen*, UVK/Raisons d'Agir, Konstanz 2001; – Kuno Schedler, Isabella Proeller, *New Public Management*, Haupt, Bern 2000.
Internet
www.inpuma.net
Verweise
Ökonomisierung – Produktegruppen-Globalbudget – Wirkungsorientierte Verwaltungsführung

Philippe Mastronardi

Niederlassungsbewilligung

Die Niederlassungsbewilligung (Ausweis C) ist unbefristet und darf nicht mit Bedingungen verbunden werden. Sie wird in der Regel nach einem regulären und ununterbrochenen Aufenthalt von 5 (für Angehörige der Mitgliedstaaten von EG und EFTA sowie der USA) oder von 10 Jahren (für Angehörige aller übrigen Staaten) erteilt. Unabhängig von der Staatsangehörigkeit besteht ein Anspruch auf eine Niederlassungsbewilligung nach 5 Jahren Ehe für Ehegatten von Schweizern und von niedergelassenen Ausländern sowie für anerkannte Flüchtlinge nach 5 Jahren Aufenthalt in der Schweiz. Personen, welche die Niederlassungsbewilligung besitzen, sind den Schweizer Bürgerinnen und Bürgern mit Ausnahme der politischen Partizipation weitestgehend gleichgestellt. Sie können den Arbeitsplatz frei wählen, sind nicht mehr quellensteuerpflichtig und können sich selbständig machen. Zu Kontrollzwecken wird die Bewilligung alle 3 Jahre überprüft. Die Kontrollfrist bei Angehörigen der EG (mit Ausweis C EG/EFTA) ist neu auf 5 Jahre festgelegt. Im Übrigen ist die Niederlassungsbewilligung nicht Teil des Freizügigkeitsabkommens.

Der vom Bundesrat am 8. Mai 2002 verabschiedete Entwurf für ein Bundesgesetz über die Ausländerinnen und Ausländer (Entwurf AuG) sieht für Drittstaatenangehörige nach 10 Jahren ein Anspruch auf Niederlassung vor, wenn nicht Widerrufsgründe bestehen (Verurteilungen und Abhängigkeit von Sozialhilfe). Bei guter Integration soll die Niederlassungsbewilligung bereits nach 5 Jahren erteilt werden können. Die Kontrollfrist soll generell auf 5 Jahre ausgedehnt werden.

Literatur
Botschaft zum Bundesgesetz über die Ausländerinnen und Ausländer vom 8. März 2002; – Integrationsbüro EDA, Bundesamt für Zuwanderung, Integration und Auswanderung (IMES) und Direktion für Arbeit seco, *EU-Bürgerinnen und -Bürger in der Schweiz*, IMES, Bern 2002.
Internet
www.auslaender.ch
Verweise
Ausländerinnen- und Ausländerpolitik – Familiennachzug/-zusammenführung – Jahresaufenthaltsbewilligung
Simone Prodolliet, Martin Nyffenegger

Nord-Süd-Migration

Migration stammt vom lateinischen *migrare* – wandern. Migration meint heute primär den dauerhaften Wohnortswechsel von Personen(gruppen). Mit »dauerhaft« ist in der Regel ein Wechsel gemeint, der länger als ein Jahr dauert. Im deutschen Sprachraum wird das zeitliche Kriterium gegenüber dem örtlichen vernachlässigt. Die Binnenmigration findet innerhalb nationalstaatlicher Grenzen statt. Bei der internationalen Migration werden nationalstaatliche Grenzen überschritten.
Bis ins 20. Jahrhundert führten große Migrationsströme von Europa nach Amerika, Asien und Afrika. Seit dem 20. Jahrhundert ziehen vermehrt Menschen aus südlichen Kontinenten nach Norden, in die USA oder nach Europa. Auch die Schweiz ist zum Einwanderungsland geworden. Die Migrierenden kommen vorwiegend aus (süd- und ost-)europäischen Ländern in die Schweiz. Wichtige Ursachen für die Süd-Nord-Migration sind politische und religiöse Verfolgung, Kriege, wirtschaftliche Not, Naturkatastrophen und die globale Verschlechterung der Umweltbedingungen.

Literatur
Petrus Han, *Soziologie der Migration*, Lucius & Lucius, Stuttgart 2000; – Franz Nuscheler, *Internationale Migration. Flucht und Asyl*, Leske + Budrich, Opladen 1995.
Internet
www.humanrights.ch
Verweise
Demografie – Entwicklungspolitik – Globalisierung – Migration
Ueli Mäder

Normalarbeitsverhältnis

Unter Normalarbeitsverhältnis versteht man den empirischen Normaltypus unselbständiger Erwerbsarbeit. Dieser Typus ist durch folgende Merkmale gekennzeichnet: unbefristete Dauer der Anstellung, Vollzeitbeschäftigung (variiert je nach Gesellschaft), Tagesarbeit, Anstellung bei einem Arbeitgeber, organisatorische Eingliederung in den Betrieb des Arbeitgebers und Unterordnung unter die Weisungsgewalt des Arbeitgebers. Hinzu kommt, dass für die meisten Beschäftigten das Normalverhältnis die einzige existenzielle Basis ist und daher eine starke Abhängigkeit vom Arbeitgeber besteht.
Das Normalarbeitsverhältnis hat sich als typisches Arbeitsverhältnis im 19. Jahrhundert nicht zuletzt aufgrund des Engagements der Gewerkschaften und der Arbeiterbewegung herausgebildet und wird im Arbeitsrecht geregelt. Seit Ende des 20. Jahrhunderts nehmen jedoch vor dem Hintergrund der steigenden Nachfrage nach »flexiblen« Arbeitsformen kontinuierlich die so genannten atypischen Arbeitsverhältnisse (z.B. Teilzeitarbeit, Arbeit auf Abruf) zu. Die Betroffenen solcher Arbeitsverhältnisse (insbesondere Frauen) werden jedoch vom Arbeitsrecht bislang unzureichend geschützt und verdienen daher in Zukunft mehr sozialpolitische Beachtung.

Literatur
Peter Böhringer, *Die neue Arbeitswelt. Flexibilisierung der Erwerbsarbeit und atypische Arbeitsverhältnisse*, Kaufmännischer Verband, Zürich 2001 – Caritas (Hrsg.), *Sozialmanach 2002: Der flexibilisierte Mensch*, Caritas, Luzern 2002.
Verweise
Arbeitsgesetz – Atypische Beschäftigungsformen – Flexibilisierung von Arbeitsverhältinssen – Flexibilität – Teilzeitarbeit
Michael Nollert

Normalarbeitsvertrag

Ein Normalarbeitsvertrag ist ein Regelwerk, das vom Staat für die Regelung der Arbeitsverhältnisse einer Berufsgattung aufgestellt wird. Grundsätzlich reglementiert der Normalarbeitsvertrag im Detail die gegenseitigen Verpflichtungen des Arbeitgebers und des Arbeitnehmers bzw. der Arbeitnehmerin. Die Kündigungsfrist des Einzelarbeitsvertrages ist ein wichtiger Bestandteil.
Ein Normalarbeitsvertrag muss veröffentlicht werden, bevor er Geltung erhält. Danach ist er zwingend auf alle Arbeitsverhältnisse der betreffenden Berufsgattung anzuwenden. Es ist den Vertragsparteien jedoch gestattet, von den Vorgaben des Normalarbeitsvertrages abzuweichen; gewisse Punkte können im Vertrag jedoch davon ausgenommen sein. Sofern laut Normalarbeitsvertrag die Abweichungen nicht schriftlich festgehalten werden müssen, gelten auch mündliche Vereinbarungen.
Auf Bundesebene existieren einige Normalarbeitsverträge, die meisten sind jedoch von kantonaler Bedeutung. Das Gesetz schreibt den Kantonen überdies vor, für landwirtschaftliche Arbeiterinnen und Arbeiter und für Hauspersonal Normalarbeitsverträge zu erlassen. Außer für die beiden beschriebenen Berufsgruppen

wurden Normalarbeitsverträge vor allem in gewerkschaftlich schwach organisierten Sektoren erstellt, in denen der Schutz der Arbeiterinnen und Arbeiter umso wichtiger ist.

Verweise
Arbeitsvertrag – Atypische Beschäftigungsformen – Gesamtarbeitsvertrag (GAV) – Normalarbeitsverhältnis
Jean-Bernard Waeber

Normen/Regelungen

Ürsprünglich bezeichnete das lateinische *norma* das »Senklot« oder »Winkelmaß« des Baumeisters. Diese Bedeutung schwingt im heutigen Begriff Norm im Sinne von »Maßstab«, »Richtschnur«, »Regel« noch mit. Normen begegnen uns in allen Bereichen menschlicher Aktivität, als Sprachregeln, technische Standards, Konventionen, identitäts- und gemeinschaftsstiftende Rituale oder als soziale und moralische Orientierungsrahmen. Menschen finden Normen immer schon vor (Normenadressaten) und schaffen sie als Subjekte ihrer Handlungswelt zugleich neu (Normenproduzenten).

Soziale Normen wirken in den komplexen Lebenswelten wie ein ordnendes und begrenzendes Koordinatensystem. Sie formulieren Verhaltenserwartungen, die ihre sozial-integrative Funktion nur entfalten, wenn sie nicht allein als fremde Erwartungen wahrgenommen, sondern vom handelnden Subjekt selbst erwartet werden (Niklas Luhmann 1969).

Moralische Normen übersetzen allgemeine Werte in konkrete Zwecke, auf die Handlungen gerichtet sind. Die Begründung solcher Normen im Rahmen der Ethik besteht in dem Nachweis der Übereinstimmung von Handlungszwecken und Wertmaßstäben.

Literatur
Lutz H. Eckensberger, Ulrich Gähde (Hrsg.), *Ethische Norm und empirische Hypothese*, Suhrkamp, Frankfurt am Main 1993; – Niklas Luhmann, »Normen in soziologischer Perspektive«, in: *Soziale Welt*, Nr. 20, 1969, S. 28–48; – John R. Searle, *The Construction of Social Reality*, Free Press, New York 1995.

Verweise
Anwendbares Recht – Ethik – Gesellschaftspolitik
Frank Mathwig

OECD (Organisation für wirtschaftliche Zusammenarbeit und Entwicklung)

Die OECD mit Sitz in Paris gibt es seit 1961. Sie ist die Nachfolgeorganisation der 1948 geschaffenen Organisation für wirtschaftliche Zusammenarbeit in Europa, die den US-Marshall-Plan zugunsten des kriegsversehrten Europas koordiniert hatte.

Die OECD dient der Förderung und Koordination der Wirtschafts-, Währungs- und Entwicklungspolitik der inzwischen 30 Mitgliedstaaten. Dazu gehören die EU- sowie 3 EFTA-Staaten (darunter die Schweiz), die 4 demnächst ebenfalls der EU angehörenden mitteleuropäischen Staaten Polen, Slowakei, Tschechien und Ungarn sowie die Türkei; vom amerikanischen Kontinent die USA, Kanada und Mexiko; von Asien Japan und Südkorea sowie schließlich Australien und Neuseeland.

Die OECD ist auf allen wirtschaftlich und sozial wichtigen Gebieten beratend tätig. Die Themen reichen von traditionellen Wirtschaftsthemen wie Handel oder Kapitalmärkte über sensible und umstrittene Fragen wie Landwirtschaft, Fischerei oder Kernenergie bis zu Bildungs-, Wissenschafts- und Technologiethemen. Die OECD und die ihr angeschlossenen Sonderorganisationen veröffentlichen jährlich rund 12 000 Studien, darunter regelmäßig Berichte zur Wirtschafts- und Sozialpolitik der einzelnen Mitgliedstaaten.

Internet
www.oecd.org
Markus Mugglin

Öffentliche Abgaben

Die öffentlichen Abgaben bestehen für ein Unternehmen aus der Belastung, die es im Bereich der Steuern und der Sozialbeiträge zu tragen hat. Diese Ausgaben werden zugunsten der öffentlichen Hand oder der sie vertretenden Institutionen getätigt (Institutionen der sozialen Sicherheit). Aus den öffentlichen Abgaben setzt sich auch der Grad der Steuerbelastung zusammen, der einen Einfluss auf die Wettbewerbsfähigkeit der Unternehmen hat. Darüber findet eine intensiv geführte Diskussion statt. Denn das Ausmaß der Steuerbelastung wird oft dazu verwendet, um die Entwicklung der Staatsausgaben und der Sozialausgaben zu veranschaulichen. In Wirklichkeit zeigen die internationalen Vergleiche, dass die Länder mit der höchsten Steuerbelastung nicht in jedem Fall die schlechtesten Wirtschaftsleistungen aufweisen, und umgekehrt. Weitere Faktoren müssen in dieser Hinsicht einbezogen werden: Produktivität, Wertschöpfung usw.

Verweise
Finanzierung der sozialen Sicherheit: Wirtschaftliche Aspekte – Sozialbudget – Sozialpolitik
Stéphane Rossini

Öffentlicher Dienst

Nach dem klassischen Markttheoretiker Adam Smith ist es die Aufgabe des Staates, gewisse Infrastrukturen bereitzustellen: Das geht von der Gesundheit über den öffentlichen Verkehr, die

Telekommunikation bis hin zur öffentlichen Sicherheit. Dieser sachlichen Definition steht insbesondere in der französischen Tradition des öffentlichen Dienstes *(service public)* eine historisch gewachsene Beamtenschaft gegenüber, die – mehr als nur Verwaltung – eine Kultur stiftende Rolle spielt. Anders als in der privatwirtschaftlich organisierten Dienstleistungsproduktion verpflichtet diese Kultur den Staat, den Bürgerinnen und Bürgern den chancengleichen Zugang zu den Leistungen der Daseinsvorsorge zu gewährleisten (z.B. durch die Unentgeltlichkeit des Bildungswesens). Regionalpolitische und ökologische Zielsetzungen (z.B. durch Quersubventionierungen im Fernmeldewesen oder in der Elektrizitätsversorgung) gehören ebenso zum öffentlichen Dienst wie wirtschafts- und arbeitsmarktpolitische Interventionen (z.B. durch spezielle Normierungen des Arbeitsrechts).

Dieses Verständnis des öffentlichen Dienstes hat sich im Zuge neoliberaler Politik grundlegend verändert. Vor dem Hintergrund von Staatsverschuldung und Budgetdefiziten sowie einer verschärften internationalen Standortkonkurrenz gelten im politischen Diskurs öffentliche Dienste seit rund zwei Jahrzehnten als ineffizient, teuer und innovationsfeindlich. Privatisierungen, Marktöffnung und Wettbewerb versprechen eine höhere Kosteneffizienz und eine bessere Qualität der Dienstleistungen. Die breite gesellschaftliche Mobilisierung gegen den Abbau des Poststellennetzes oder die Ablehnung der Strommarktliberalisierung im September 2002 durch die Stimmbürgerinnen und Stimmbürger haben jedoch gezeigt, dass der *service public* auch in der Schweiz nach wie vor seinen gesellschaftlichen Stellenwert besitzt – als Teil jener wohlfahrtsstaatlichen Institutionen, für die soziale Bewegungen gut ein Jahrhundert lang gekämpft haben.

Literatur
Alessandro Pelizzari, »Kommodifizierte Demokratie. Zur politischen Ökonomie der ›Modernisierung‹ im öffentlichen Sektor«, in: Armutskonferenz et al. (Hrsg.), *Was Reichtümer vermögen. Gewinner und VerliererInnen in europäischen Wohlfahrtsstaaten*, Mandelbaum, Wien 2002, S. 96–109; – Riccardo Petrella, *Le bien commun*, Page deux, Lausanne 1997.
Verweise
Liberalismus – Neoliberalismus – Ökonomisierung – Privatisierung

Alessandro Pelizzari

Öffentliches Recht

Das öffentliche Recht umfasst zum einen die Normen, welche der Organisation des Staates und des Gemeinwesens dienen, und zum anderen die Bestimmungen, welche die Beziehungen zwischen den öffentlichen Körperschaften und den Privatpersonen regeln. Dieser Teil des Rechts hat sich gleichzeitig wie die dem Staat zugewiesenen Aufgaben entwickelt. Dazu zählen das Verfassungsrecht, das Verwaltungsrecht, das Strafrecht, das Steuerrecht, das Sozialversicherungsrecht sowie die zu ihrer Anwendung notwendigen Gerichtsorganisations- und Verfahrensregeln. Das öffentliche Recht stützt sich weitgehend auf die Unterstellung der Privatpersonen unter die öffentliche Hand. Es hat zwingenden Charakter und lässt der Willensautonomie wenig Spielraum, weil es das Ziel der Sicherstellung des allgemeinen Interesses verfolgt. Sowohl der Bund als auch die Kantone haben die Kompetenz, Normen des öffentlichen Rechts zu erlassen. In vielen Fällen gibt es Regeln, die von beiden Ebenen der Staatsgewalt erlassen wurden. Sie bestehen entweder nebeneinander oder sie ergänzen sich: Dies gilt z.B. für die Bereiche der Sozialversicherungen, des Steuerrechts und der Raumplanung.

Literatur
Ulrich Häfelin, Walter Haller, *Schweizerisches Bundesstaatsrecht*, Schulthess, Zürich 2001.
Verweise
Privatrecht – Sozialrecht

Michel Hottelier

Ökologische Steuerreform

Die Idee einer ökologischen Steuerreform besteht in einer Umlagerung. Dabei sollen die Arbeitnehmenden von den bestehenden Abzügen (Altersvorsorge, Arbeitslosen- und Unfallversicherung) entlastet werden. Im Gegenzug werden (höhere) Abgaben auf Energieträger erhoben und in staatliche Vorsorgeeinrichtungen eingebracht. Das Resultat ist letztlich für den Staatshaushalt neutral. Allerdings hat eine derartige Umverteilung der Steuern den Effekt, dass es für Betriebe unattraktiv ist, Arbeitsplätze zugunsten energieintensiver Maschinen zu streichen. Damit ergibt sich eine höhere Arbeitsplatzsicherheit (*manpower* statt Maschinen) und ein sorgfältigerer Umgang mit Ressourcen, was letztlich der Umwelt zugute kommt.

Wie andere Konzepte entsprang auch das einer ökologischen Steuerreform der Erkenntnis, dass der »Umweltverbrauch« eine nicht zu vernachlässigende wirtschaftliche Größe darstellt. Schäden durch Umwelteinflüsse bereiten nicht nur vom Tourismus abhängigen Gebieten, sondern auch beispielsweise Versicherungsgesellschaften (größere Unwetterschäden durch den vom Menschen verursachten Treibhauseffekt und damit zusammenhängenden Naturereignissen) zunehmend Probleme, da sie für einen schlechteren Geschäftsgang sorgen.

Verweise
Steuern – Steuerpolitik

Andreas Kunz

Ökonomisierung

Der Begriff der Ökonomisierung bezeichnet die organisatorische Neuordnung staatlicher Verwaltungen, bei der durch interne Rationalisierung und die Übernahme marktpreissimulierter Kosten-Ertrags-Kalküle angestrebt wird, die Qualität öffentlicher Dienstleistungen zu verbessern und gleichzeitig deren Produktionskosten zu senken. Ökonomisierungsstrategien wie New Public Management u.Ä. lehnen sich am Modell des privatwirtschaftlichen Konzerns an und kommen vor allem in den öffentlichen Diensten im engeren Sinne (Bildungs- und Gesundheitswesen, Sozialwesen usw.) sowie in den klassischen »hoheitlichen« Bereichen staatlicher Tätigkeit (Polizei, Steuerwesen, Militär usw.) zur Anwendung. Grundsätzlich gilt dabei das Prinzip der Kostenwahrheit: Gebühren und Entgelte werden grundsätzlich gegenüber allgemeinen Steuern bevorzugt, um den Nutznießerinnen und Nutznießern kostengerechte Preise zu verrechnen, welche ihnen den volkswirtschaftlichen Ressourcenverzehr anzeigen und sie zu einer sparsameren Nutzung anregen sollen.
Vertreterinnen und Vertreter von Ökonomisierungsstrategien betonen, dass diese sowohl zu Aufgabenbeschränkungen als auch zu deren Ausweitung führen können. Die Erfahrung der 1990er-Jahre jedoch lehrt, dass Verwaltungsreformen häufig im Kontext finanzpolitischer Sparprogramme eingeleitet werden und die Übernahme des betriebswirtschaftlichen Kostenkalküls auf die öffentliche Verwaltung in der Regel zur quantitativen und qualitativen Einschränkung des Leistungsangebots führt. Die Forderung nach Marktorientierung lässt außerdem die Frage außer Acht, inwiefern eine Steigerung der Effizienz (im betriebswirtschaftlichen Sinne der Mitteloptimierung) eine Erhöhung der Effektivität (im Sinne der Zielerfüllung) garantieren kann. Einzelwirtschaftliche Effizienz als Kostensenkung in kurzfristiger Perspektive kann gesellschaftlich gesehen zu einer hochgradigen Ineffektivität führen, weil beispielsweise die Erhöhung der »Effizienz« eines Sozialarbeiters durch die Verdoppelung der Zahl der in der gegebenen Arbeitseinheit zu betreuenden Jugendlichen sich zwar kurzfristig in einer Kostensenkung niederschlagen wird, langfristig aber die gesellschaftlichen Kosten gerade deswegen überproportional ansteigen können.

Literatur
Alessandro Pelizzari, *Die Ökonomisierung des Politischen*, UVK/Raisons d'Agir, Konstanz 2001.

Verweise
Neoliberalismus – Öffentlicher Dienst – Privatisierung – Sparpolitik

Alessandro Pelizzari

Opfer von Straftaten (Opferhilfegesetz) (OHG)

Die stärkere Beachtung der Wirkungen von Gewalt für Opfer hat zur Aufnahme des Artikels 64ter in der alten Bundesverfassung (Art. 124 BV [neu]) geführt. Dieser lautet wie folgt:»Bund und Kantone sorgen dafür, dass Personen, die durch eine Straftat in ihrer körperlichen, psychischen oder sexuellen Unversehrtheit beeinträchtigt worden sind, Hilfe erhalten und angemessen entschädigt werden, wenn sie durch die Straftat in wirtschaftliche Schwierigkeiten geraten.« Dieser neue Verfassungsartikel, der in der Volksabstimmung von 1984 vom Schweizer Volk angenommen worden ist, bildet die Grundlage für die Erarbeitung des Bundesgesetzes über die Hilfe an Opfer von Straftaten (Opferhilfegesetz, OHG), das am 1. Januar 1993 in Kraft trat.
So erkennt der Gesetzgeber dem Opfer eine besondere Stellung im Strafverfahren zu und präzisiert im Übrigen die Pflichten, die staatliche Organe ihm gegenüber haben.
Als Opfer gilt – gemäß OHG – jede Person, die durch eine Straftat in ihrer körperlichen, sexuellen oder psychischen Integrität unmittelbar beeinträchtigt worden ist. Dem Opfer gleichgestellt sind sein Ehegatte, seine Kinder, seine Eltern oder die ihm in ähnlicher Weise nahe stehenden Personen.
Das Opferhilfegesetz entfaltet seine Wirkungen in folgenden drei Bereichen:
1. Die Unterstützung und Beratung von Opfern durch die Einrichtung von Beratungsstellen (Art. 3 OHG). Die Opfer und deren näheres Umfeld stehen meist unter Schock, denn sie mussten ein Ereignis erleben, das nachhaltig ihr Leben verändert. Sie brauchen Beratung und Hilfe, um das Trauma zu überwinden. Um solche »Entviktimisierungs«-Strategien in konkrete Maßnahmen und Aktivitäten umsetzen zu können, sind Opferhilfe-Beratungsstellen nötig. Das aktuelle Wissen zu diesem Thema zeigt uns, wie wichtig es ist, einen Ansatz zu wählen, der die Verarbeitung traumatischer Erlebnisse und deren Eingliederung in den weiteren Lebenslauf viktimisierter Personen in den Vordergrund stellt.
2. Der Schutz und die Verbesserung der Stellung des Opfers im Strafverfahren (Art. 5 bis 10 OHG). Genannt seien insbesondere folgende prozessuale Mindestgarantien:
– das Recht auf Begleitung durch eine Vertrauensperson bei der Befragung als Zeuge oder als Auskunftsperson;
– der Schutz der Persönlichkeit des Opfers durch

Verzicht auf eine direkte Konfrontation zwischen Opfer und Täter;
– der Anspruch auf Ausschluss der Öffentlichkeit von den Gerichtsverhandlungen;
– der Anspruch auf Einvernahme durch eine Person des gleichen Geschlechts bei Straftaten gegen die sexuelle Integrität;
– das Recht, den Entscheid eines Gerichts zu verlangen, sowie das Recht, den Gerichtsentscheid anzufechten;
– der Anspruch auf Behandlung der Zivilansprüche durch das Strafgericht.

Ferner verlangt das OHG, dass die Polizei das Opfer über die Beratungsstellen informiert und dass die Behörden es in allen Verfahrensabschnitten über seine Rechte informieren.

3. Staatlicher Ersatz des erlittenen Schadens. Das Opfer hat gegenüber dem Kanton, in dem die Tat verübt wurde, Anspruch auf Entschädigung für den durch die Straftat erlittenen Schaden, wenn es keine oder nur ungenügende Leistungen vom Täter oder von den Sozialversicherungen erhalten kann.

Der Vollzug des Opferhilfegesetzes ist Sache der Kantone.

Literatur
Eidgenössisches Justiz- und Polizeidepartement (Hrsg.), *Hilfe an Opfer von Straftaten. Dritter Bericht des Bundesamtes für Justiz an den Bundesrat über den Vollzug und die Wirksamkeit der Opferhilfe (1993–1998)*, EJPD, Bern 2000; – André Kuhn, »Les fondements historiques et théoriques de la loi fédérale sur l'aide aux victimes d'infractions«, in: *Violence et aide aux victimes: réflexions et expériences. Actes de la journée vaudoise de réflexion sur les problèmes des victimes*, Centre LAVI, Lausanne 1995, S. 9–28; – Gérard Piquerez, »La nouvelle loi sur l'aide aux victimes d'infractions: quels effets sur la responsabilité civile et la procédure pénale?«, in: *Revue jurassienne de jurisprudence*, 6/1, 1996, S. 1–63.
Verweise
Gewalt – Soziale Arbeit – Strafrechtliche Sanktionen
Maryse Bloch Bonstein

Organisation der Vereinten Nationen (UNO)
Die Organisation der Vereinten Nationen wurde 1945 in San Francisco gegründet und stellt ein wichtiges institutionelles System dar, dessen Ziel u.a. die Förderung der wirtschaftlichen und sozialen Entwicklung ist. Die Charta der Vereinten Nationen hält in der Präambel fest, die Organisation verfolge das Ziel, den Weltfrieden und die internationale Sicherheit zu wahren sowie »den wirtschaftlichen und sozialen Fortschritt aller Völker zu fördern«. Im Rahmen der UNO entstanden mehrere grundlegende Texte und Sonderorganisationen, insbesondere die Weltgesundheitsorganisation (WHO), die UNESCO usw.

Literatur
Günther Unser, *Die UNO. Aufgaben und Strukturen der Vereinten Nationen*, dtv, München 1997.
Internet
www.un.org
Verweise
Menschenrechtserklärung (Allgemeine) – UNESCO – Vereinte(n) Nationen (Instrumente der) – Weltgesundheitsorganisation (WHO)
Jean-Pierre Fragnière

Palliativmedizin/-pflege
Der Begriff Palliation ist eine Ableitung aus dem lateinischen Wort *pallium*, das Decke oder Mantel bedeutet. Die Weltgesundheitsorganisation (WHO) definiert palliative Medizin und Pflege (internationale Bezeichnung: *palliative care*) als »Lindern eines weit fortgeschrittenen, unheilbaren Leidens mit begrenzter Lebenserwartung durch ein multiprofessionelles Team mit dem Ziel einer hohen Lebensqualität für den Patienten und seine Angehörigen und möglichst am Ort der Wahl des Patienten«. Dies unabhängig davon, wie alt der betreffende Mensch ist und an welcher Erkrankung er leidet. Palliative Medizin und Pflege beschleunigen den Tod nicht, verlängern aber auch das restlich verbleibende Leben nicht unnötig. Sie gehen davon aus, dass Sterben, Tod und Trauer natürliche Vorgänge sind, die es stets individuell und unterstützend zu begleiten gilt. Palliative Medizin und Pflege umfassen also medizinische Behandlungen, körperliche Pflege, aber auch psychologische, soziale und seelsorgerische Unterstützung.

Palliativmedizin und -pflege haben die Aufgabe, die Schmerzen und andere schwierige Symptome der Krankheit zu bekämpfen. Sie bieten in psychologischer, spiritueller und sozialer Hinsicht eine Rundum-Betreuung und bedeuten somit Lebenshilfe im umfassenden Sinn. Sie achten die Persönlichkeit, die Überzeugung, die Würde des einzelnen Menschen. Sie nehmen Bedürfnisse und Erwartungen wahr und handeln danach. Sie erzwingen nichts. Sie bieten Unterstützungsmöglichkeiten an, welche den Patientinnen und Patienten erlauben, so angenehm und aktiv wie möglich bis zum Tode zu leben. Diese Unterstützung schließt auch die Angehörigen mit ein, und zwar während der Krankheit, des Sterbens sowie der darauf folgenden Trauerzeit. Hauptziel der palliativen Pflege ist die bestmögliche Lebensqualität für die Patientinnen und Patienten und deren Familien.

Literatur
Schweizerische Gesellschaft für Palliative Medizin, Pflege und Begleitung (SGPMP), *Palliative Betreuung*, SGPMP, Lausanne 1995.
Internet
www.home.intergga.ch/schmidt/trauer/palliativ.htm

Paritätische Kommission

Verweise
Medizin (Geschichte der) – Pflege

Pia Hollenstein

Paritätische Kommission
Der Begriff paritätische Kommission wird häufig verwendet für Gremien, in welchen zwei (selten mehr) Gruppierungen vertreten sind, die grundsätzlich gegensätzliche Positionen vertreten. Typische Beispiele finden sich im Arbeitsrecht (gewerbliche Schiedsgerichte; früher: Schiedsgericht für Arbeitslose nach AVIG) und im Mietrecht (Schlichtungskommission für Mietstreitigkeiten). Das Bundesgesetz für die berufliche Alters-, Hinterlassenen- und Invalidenvorsorge (BVG) wurde von Anbeginn an als Versicherungswerk konzipiert, welches eine echte Sozialpartnerschaft verwirklichen sollte. Als Kernstück wurde dabei das Prinzip der paritätischen Verwaltung verankert. Artikel 51 BVG spricht bereits im Titel von der paritätischen Verwaltung und auferlegt der Vorsorgeeinrichtung die Pflicht, die ordnungsgemäße Durchführung der paritätischen Verwaltung zu gewährleisten. Dabei wird insbesondere festgehalten, dass Arbeitnehmende und Arbeitgeber das Recht haben, in die Organe der Vorsorgeeinrichtung, die über den Erlass der reglementarischen Bestimmungen, die Finanzierung und die Vermögensverwaltung entscheiden, die gleiche Zahl von Vertretern zu entsenden. Bereits 1958 wurde die Idee der Zusammenarbeit zwischen Arbeitnehmenden und Arbeitgebern in Artikel 89bis Absatz 3 ZGB für Personalfürsorgestiftungen aufgenommen. Danach sind die Arbeitnehmenden nach Maßgabe ihrer Beiträge an der Verwaltung einer Vorsorgeeinrichtung mitzubeteiligen. Das BVG brachte hier eine zusätzliche Verstärkung, indem die Mitverwaltung unabhängig von der Beitragsleistung verankert worden ist. In der Praxis bedeutet dies, dass bei einer BVG-registrierten Vorsorgeeinrichtung, welche in der Regel als Stiftung organisiert ist (Art. 48 BVG), der Stiftungsrat aus gleich vielen Arbeitnehmenden und Arbeitgebervertreterinnen und -vertretern besteht. Da dieses oberste Organ häufig Entscheide von großer Tragweite für die Versicherten zu treffen hat, ist es wichtig, dass ein ausgewogenes Kräfteverhältnis besteht. Gerade in kleinen Verhältnissen darf jedoch nicht verkannt werden, dass faktisch ein Übergewicht der Arbeitgebervertretung trotz formeller Wahrung der Parität besteht.

Literatur
Jürg Brühwiler, *Die betriebliche Personalvorsorge in der Schweiz*, Stämpfli, Bern 1989, S. 328 ff.; – Heinrich Moser, *Paritätische Verwaltung von Pensionskassen, Entstehung, Problematik, Perspektive*, Dissertation Uni Basel, Basel 1987; – Hans Michael Riemer, »Paritätische Verwaltung privat- und öffentlichrechtlicher Personalvorsorgeeinrichtungen gemäß BVG«, in: *Schweizerische Zeitschrift für Sozialversicherung und berufliche Vorsorge*, 1985, S. 16 ff.

Verweise
Berufliche Vorsorge

Christina Ruggli-Wüest

Partizipation
Der Begriff Partizipation bezeichnet die Teilnahme einer Person oder Gruppe an Entscheidungsprozessen oder an Handlungsabläufen, die in übergeordneten Strukturen oder Organisationen stattfinden. Die Teilnahme kann mehr oder minder anerkannt, berechtigt und erwünscht sein. Je nachdem ist Partizipation ein vorgesehenes Instrument zur Legitimierung von Entscheidungen bzw. Aktionen durch die Betroffenen oder sie bleibt Forderung.
In der politischen Theorie werden direkte (z.B. Abstimmungen) und indirekte (z.B. Parlamentswahlen), konventionelle (etwa ein Leserbrief) und unkonventionelle (etwa ein Plakat am Fabrikschlot) Formen der Partizipation unterschieden. Seit der Studenten-, der Ökologie- und der Frauenbewegung der 1960er- und 70er-Jahre werden zunehmend auch innovative, ja teilweise auch illegale Beteiligungsaktionen (z.B. Bürgerinitiativen, ziviler Ungehorsam) als Formen der Partizipation anerkannt und analysiert. Partizipation wird damit zusätzlich zu einem Weg der Erweiterung der Demokratie und auch zu einem Kriterium der Transparenz und der Gerechtigkeit von Machtsystemen.

Literatur
Bernd Guggenberger, Claus Offe, *An den Grenzen der Mehrheitsdemokratie*, Westdeutscher Verlag, Opladen 1984; – Michael Haller, Felix Davatz, Matthias Peters, *Massenmedien, Alltagskultur und Partizipation. Zum Informationsgeschehen in städtischen Gesellschaften*, Helbing & Lichtenhahn, Basel 1995; – Paul Hirst, *Representative Democracy and Its Limits*, Routledge, London 1990.

Verweise
Soziale Kommunikation

Christoph Rehmann-Sutter

Patchwork-Familie
Familien mit Stiefeltern und Stiefkindern, gegebenenfalls auch Stiefgeschwistern, werden umgangssprachlich als Patchwork-, Stief- oder Fortsetzungsfamilien bezeichnet. Diese Familienformen kommen durch Scheidung bzw. Trennung (oder auch Verwitwung) und darauf folgende Wiederverheiratung bzw. Bindung mit einem neuen Lebensgefährten (einer neuen Lebensgefährtin) zustande.
Familienrechtlich ist der Stiefelternteil verpflichtet, den leiblichen und sorgeberechtigten Eltern-

teil in der Erfüllung seiner erzieherischen Aufgaben zu unterstützen, gegebenenfalls auch subsidiär aus eigenen Mitteln zum materiellen Unterhalt des Stiefkindes bzw. der Stiefkinder beizutragen.
Die Position des Stiefelternteiles gegenüber den Stiefkindern ist zumeist diffus: Sie schwankt zwischen dem Anspruch auf elterliche Autorität auf der einen und freundschaftlich motivierter Zuwendung auf der anderen Seite. Die Stiefkinder geraten wiederum in einen Loyalitätskonflikt, wenn zwischen dem Stiefelternteil und dem abwesenden und (meist) nicht sorgeberechtigten leiblichen Elternteil eine offene oder heimliche Konkurrenz existiert. Durch die diffuse Position des Stiefelternteiles und der Gefahr des Loyalitätskonfliktes für die Stiefkinder ist diese familiäre Gemeinschaft besonderen Belastungen ausgesetzt. Obwohl ein steigender Anteil von Kindern und Jugendlichen in solchen »neuen Familienformen« aufwächst, bieten Jugendämter und Erziehungsberatungsstellen in der Regel keine auf die Problemlagen dieser Familien zugeschnittenen Beratungsleistungen an.

Literatur
Irène Théry, Marie-Thérèse Meulders-Klein (Hrsg.), *Fortsetzungsfamilien: neue familiale Lebensformen in pluridisziplinärer Betrachtung*, UVK, Konstanz 1998.
Verweise
Elterliche Sorge – Familie – Unterhaltspflicht
Stefan Kutzner

Patientinnen- und Patientenrecht

Das Patientinnen- und Patientenrecht regelt das Rechtsverhältnis zwischen Patientinnen und Patienten einerseits und den Leistungserbringern des Gesundheitswesens (Arzt, Zahnärztin, Spital usw.) anderseits.
Im öffentlich-rechtlichen Bereich finden sich in verschiedenen Bundesgesetzen (z.B. Datenschutzgesetz, Strafgesetzbuch) vereinzelte Bestimmungen dazu. Vor allem ist das Patientinnen- und Patientenrecht jedoch in kantonalen Gesetzen und Verordnungen geordnet (z.B. Gesundheitsgesetz, Patientenrechtsgesetz, Spitalgesetz). Es gibt allerdings noch zahlreiche Kantone, in denen die Rechte der Patientinnen und Patienten nur sehr fragmentarisch geregelt sind.
Das Rechtsverhältnis zu privaten Leistungserbringern untersteht grundsätzlich dem Auftragsrecht (Art. 394 ff. OR). Zudem lassen sich die Rechte einer Patientin oder eines Patienten in diesem Fall aus dem Persönlichkeitsrecht (Art. 28 ZGB) ableiten.
Die Rechte der Patientinnen und Patienten befinden sich noch immer in einer Entwicklungsphase. In den letzten Jahren hat eine starke Sensibilisierung bei allen Beteiligten stattgefunden. Im Zentrum des Patientinnen- und Patientenrechts steht das Recht auf Selbstbestimmung: Jede Patientin, jeder Patient kann selbst entscheiden, ob eine Untersuchung oder eine Behandlung durchgeführt werden soll und ob sie bzw. er ein bestimmtes Medikament einnehmen will. Daraus ergibt sich unmittelbar das Recht auf umfassende Aufklärung und Information. Nur wer über die Art und Weise einer beabsichtigten Behandlung, über die Risiken und Erfolgsaussichten sowie über allfällige Alternativen informiert ist, kann sein Selbstbestimmungsrecht tatsächlich ausüben.
Eine weitere Auswirkung des Selbstbestimmungsrechts ist das Recht, selbst darüber zu entscheiden, ob unter bestimmten Voraussetzungen lebensverlängernde Maßnahmen ergriffen werden sollen oder nicht.
Patientinnen und Patienten haben grundsätzlich auch das Recht, in ihre Krankengeschichte Einsicht zu nehmen. Eine Weitergabe der Krankengeschichte an Dritte kann nur mit ausdrücklicher oder stillschweigender Zustimmung der betroffenen Person geschehen.
Schließlich gehören z.B. auch das Recht auf Besuch bei einem Spitalaufenthalt und weitere Rechte dazu, wobei diese hier nicht abschließend aufgeführt werden können.

Literatur
Heinrich Honsell (Hrsg.), *Handbuch des Arztrechts*, Schulthess, Zürich 1994; – Paul Ramer, Josef Rennhard, *Patientenrecht. Ein Ratgeber aus der Beobachter-Praxis*, Beobachter, Zürich 1998.
Internet
www.spo.ch (Schweizerische Patienten- und Versicherten-Organisation SPO)
Verweise
Ärztin-Patientin-Beziehung (bzw. Arzt-Patienten-Beziehung) – Ärztliche Schweigepflicht – Grundrechte – Menschenrechtserklärung (Allgemeine) – Menschenwürde – Sterbehilfe – Sterbende(n) (Rechte der)
Michael Allgäuer

Pauperismus

Die Begriffe Pauper und Pauperismus erscheinen in der englischen Sprache zu Beginn des 19. Jahrhunderts, womit eine neue Form der Armut bezeichnet wurde: nicht eine individualisierte Armut oder eine solche, die mit außerordentlichen Umständen wie z.B. schlechten klimatischen Bedingungen gekoppelt ist, sondern eine Massenarmut, die, wie es scheint, mit der Entwicklung der Industrialisierung und des Reichtums unvermeidbar gekoppelt ist. Ein französischer Betrachter gebraucht folgende entlarvende Formulierung: »Der Pauperismus ist, will man ihn durch ein einziges Wort definieren, die Epidemie der Armut« (Émile Laurent 1865). In seinem großen Werk *De la misère des classes laborieuses en Angleterre et en France* (1840) behauptet Eugène Buret, dass »der aus England entliehene Ausdruck des Pauperismus die Gesamtheit aller Phänomene der Armut umfasst. Dieses englische Wort soll für uns Elend im Sinne von gesellschaftlicher Plage, öffentliches Elend bedeuten.«

Das Wort Pauperismus ist allmählich außer Gebrauch geraten, und zwar weil man immer mehr die verschiedenen Ursachen der Armut (Alter, Krankheit, Arbeitslosigkeit usw.) zu verstehen begann und sich das System der modernen Sozialpolitik verbesserte.

Literatur
Gertrude Himmelfarb, *The Idea of Poverty. England in the Early Industrial Age*, Knopf, New York 1984; – François-Xavier Merrien (Hrsg.), *Face à la pauvreté*, Éditions Ouvrières, Paris 1994; – Karl Polanyi, *The Great Transformation*, Rinehart, New York 1944.
Verweise
Armut – Prekarisierung – Sozialpolitik

François-Xavier Merrien

Pauschalisierung

Pauschalisierung kann auf dreierlei Weise verstanden werden: 1. als ein Konzept aus der ökonomischen Allokationstheorie, 2. als eine Methode zur Zusammenfassung von Sachverhalten in der politischen und verwaltungsmäßigen Praxis und 3. als eine undifferenzierte Zuschreibung.

Da Güter wie Geld, Dienstleistungen, Produkte usw. im Verhältnis zu den prinzipiell endlosen Bedürfnissen immer knapp sind, müssen Verfahren gefunden werden, welche die optimale Ausnützung einsetzbarer Ressourcen gewährleisten. Die Pauschalisierung ist in der ökonomischen Allokationstheorie eine Methode, die für bestimmte Ressourceneinsätze, -verbräuche und deren Zuteilung konstante (z.B. Kopfquoten) oder proportionale Quotienten (z.B. Mehrwertsteuersätze) anstelle detaillierter inhaltlicher Größen und Kriterien benützt. Damit wird erreicht, dass viele Sachverhalte in leicht standardisierbare und messbare Größen überführt werden können. Eine Pauschale wird manchmal auch rein formal als eine zusammengefasste Summe definiert.

Oftmals sind staatliche Leistungen an komplexe Sachverhalte gekoppelt, die in der Praxis vereinfacht werden müssen. Aus diesem Grund wird Pauschalisierung auch als Methode zur Zusammenfassung von Sachverhalten in der politischen und verwaltungsmäßigen Praxis verwendet. Konkret werden so genannte Pauschalen vor allem in der Finanzierung durch staatliche Organe verwendet. Ein Beispiel dafür sind die Kopfpauschalen der Bundessubventionen für Fachhochschulen anhand der Zahl eingeschriebener Studierender. Aber auch die in den SKOS-Richtlinien (SKOS: Schweizerische Konferenz für Sozialhilfe) definierten Größen wie der Grundbedarf 1 für den Lebensunterhalt sind pauschalisierte Größen zwecks vereinfachter Handhabung und Vergleichbarmachung.

Umgangssprachlich bedeutet Pauschalisierung eine undifferenzierte und inhaltlich nicht haltbare Zuschreibung. Ein Beispiel dafür ist die Aussage: »Alle Schweizer sind reich.«

Literatur
Schweizerische Konferenz für Sozialhilfe (SKOS), *Richtlinien für die Ausgestaltung und Bemessung der Sozialhilfe*, SKOS, Bern 2000.
Internet
www.skos.ch
Verweise
Existenzminimum – Schweizerische Konferenz für Sozialhilfe (SKOS) – Sozialpolitik

Christoph Maeder

Peer Groups

Peer Groups ist ein aus der amerikanischen Jugendsoziologie stammender Begriff zur Bezeichnung von Gleichaltrigengruppen, informellen Spiel- und Freizeitgruppen etwa gleichaltriger Kinder und Jugendlicher. Die Bandbreite reicht dabei von spontanen, oft nur für bestimmte Anlässe entstandenen Gruppen bis zu festen sozialen Gefügen wie Cliquen oder Jugendbanden mit Mitgliedschafts- und Ausschlussregeln. Diese meist gleichgeschlechtlich zusammengesetzten Gruppen werden für Jugendliche umso wichtiger, je mehr sie sich psychisch und sozial von den Eltern ablösen. Oft grenzen sich denn auch Gleichaltrigengruppen bewusst von spezifischen Wertvorstellungen und Erwartungen Erwachsener ab. Sie treffen sich außerhalb des Einzugsbereichs von Schule und Familie und verstehen sich ausdrücklich nicht als von Erwachsenen initiiert oder kontrolliert.

Als ein Ort, wo in einem Umfeld symmetrischer sozialer Beziehungen die Spielregeln des Zusammenlebens eingeübt werden können, bilden Peer Groups für Kinder und Jugendliche eine wichtige Sozialisationsinstanz. Diese kann in bestimmten Fällen in Konkurrenz zur Familie treten. Vorherrschend sei aber, wie Hurrelmann (1994) erwähnt, die gegenseitige Ergänzung der Einflüsse beider Kontaktbereiche.

Literatur
Klaus Hurrelmann, *Lebensphase Jugend*, Juventa, Weinheim 1994; – Lothar Krappmann, »Sozialisation in der Gruppe der Gleichaltrigen«, in: Klaus Hurrelmann, Dieter Ulich (Hrsg.), *Neues Handbuch der Sozialisationsforschung*, Beltz, Weinheim 1991.
Verweise
Familie – Jugendpolitik – Jugend(sub)kultur – Sozialisation

Dieter Egli

Pensionierung (Rentenalter)
Das Rentenalter ist eine Schlüsselgröße in der Altersvorsorge. Es entscheidet, wann eine Person eine Rente ohne Kürzung (bei Rentenvorbezug), aber auch ohne Zuschlag (bei Rentenaufschub) beziehen kann. Das Rentenalter ist Endpunkt für die allgemeine Beitragspflicht in die AHV. Es ist zudem entscheidend für Vorpensionierungsregelungen in der überobligatorischen beruflichen Vorsorge (Überbrückungsrente). Das Rentenalter führt in der Regel zur Beendigung des Arbeitsverhältnisses.
Für Männer liegt das Rentenalter seit Einführung der AHV im Jahre 1948 unverändert bei 65 Jahren. Für Frauen wurde es dagegen mehrmals angepasst. 1948 galt grundsätzlich auch für Frauen das Rentenalter 65. Eine Ehepaarrente wurde aber bereits ausgerichtet, wenn der Mann 65, die Frau aber erst 60 Jahre alt war. 1957 wurde das Rentenalter der Frauen auf 63 Jahre und 1964 auf 62 Jahre gesenkt. 1979 wurde das Grenzalter der Frauen für die Ehepaarrente auf 62 Jahre angehoben.
Mit der 10. AHV-Revision ist das Rentenalter der Frau in einem ersten Schritt (2001) auf 63 Jahre festgesetzt worden. 2005 wird es auf 64 Jahre erhöht. Mit der 11. AHV-Revision soll eine weitere Erhöhung auf 65 Jahre erfolgen. Die Einführung des Rentenalters 65/65 ist für das Jahr 2009 geplant und wird die Altersjahrgänge 1945 und jünger betreffen.
Ein Rentenaufschub ist seit der 1969 eingeführten 7. AHV-Revision möglich. Er wird von weniger als einem Prozent der Versicherten gewählt. Durch die 10. AHV-Revision wurde auch der Rentenvorbezug ermöglicht. Gegenwärtig ist für Männer ein Rentenaufschub von einem bis fünf Jahren, für Frauen von einem Jahr möglich. Von den betreffenden Männern nehmen lediglich rund 7 Prozent diese Möglichkeit wahr. Die Kürzung pro Vorbezugsjahr entspricht 6,8 Prozent der vorbezogenen Rente. Für die 11. AHV-Revision ist eine Flexibilisierung des Rentenalters vorgesehen. Diese besteht im Wesentlichen aus zwei Elementen: Die Kürzung der vorbezogenen Renten wird nach sozialen Kriterien ausgestaltet. Auch ein Teilvorbezug, das heißt der Vorbezug einer halben Rente, wird möglich sein. Der finanzielle Rahmen zur sozialen Abfederung des flexibilisierten Rentenalters ist gegenwärtig noch umstritten.

Internet
www.bsv.admin.ch
Verweise
AHV/IV – Altersrenten – Berufliche Vorsorge – Vorbereitung auf die Pensionierung

Kurt Seifert

Pensionskasse
Pensionskassen sind Vorsorgeeinrichtungen der beruflichen Vorsorge (Zweite Säule) in größeren Unternehmen und staatlichen Verwaltungen. Das Bundesgesetz vom 25. Juni 1982 über die berufliche Alters-, Hinterlassenen- und Invalidenvorsorge (BVG) verpflichtet die Unternehmen dazu, entweder eine in das Register für die obligatorische berufliche Vorsorge eingetragene Vorsorgeeinrichtung zu errichten oder sich einer solchen anzuschließen. Kleinere Unternehmen wählen in der Regel die zweite Option und lassen die Altersguthaben ihrer Angestellten durch eine Versicherungsgesellschaft verwalten.
Die Pensionskassen funktionieren nach dem Kapitaldeckungsverfahren und weisen im Gegensatz zur AHV keine Dimension der Umverteilung zwischen verschiedenen Einkommensklassen auf. Im Rahmen gesetzlicher Vorgaben können sie Leistungen, Organisation, Verwaltung, Finanzierung u.a. selbst bestimmen. Die Pensionskassen nehmen im schweizerischen Gefüge der so genannten Sozialpartnerschaft eine zentrale Stellung ein: In der Regel werden sie paritätisch verwaltet, wie auch der Sicherheitsfonds und die Auffangeinrichtung auf eidgenössischer Ebene. Zudem bindet das System die Altersvorsorge der Lohnabhängigen an ihr Unternehmen, auch wenn im Freizügigkeitsgesetz vom 17. Dezember 1993 (FZG) Rechte der Versicherten beim Übertritt von einer Kasse in eine andere festgeschrieben sind.
Aufgrund des Volumens der von ihnen verwalteten Zwangsersparnisse sind manche Vorsorgeeinrichtungen zu wichtigen Akteuren der Finanzmärkte geworden. Krisen der internationalen Aktien- und Obligationenmärkte sowie Unternehmenskonkurse von bedeutendem Ausmaß erinnern an die Risiken, welche die Zweite Säule für die Versicherten beinhaltet. Ebenso zeigt die Diskussion über die Senkung des Mindestzinssatzes und des Umwandlungssatzes, dass auch die nach dem Kapitaldeckungsverfahren organisierte Altersvorsorge sich den Auswirkungen der gestiegenen Lebenserwartung nicht entziehen kann. So werden in der Schweiz zu jenem Zeitpunkt, in dem Regierungen anderer europäischer Länder (z.B. Frankreichs) das Pensionskassensystem einführen möchten, deutliche Anzeichen einer Krise der beruflichen Vorsorge sichtbar.

Internet
www.vorsorgeforum.ch
Verweise
AHV/IV – Berufliche Vorsorge – Freizügigkeit in der beruflichen Vorsorge – Kapitaldeckungsverfahren – Zwangssparen

Peter Streckeisen

Personenverkehr (freier)

Der freie Personenverkehr zählt zu den vier Grundfreiheiten, die im Vertrag zur Gründung der Europäischen Gemeinschaft vom 25. März 1957 (EG-Vertrag) verankert sind. Laut Artikel 18 EG hat jeder Bürger/jede Bürgerin der Europäischen Union das Recht, sich im Hoheitsgebiet der Mitgliedstaaten frei zu bewegen und aufzuhalten. Nach der jüngsten Rechtsprechung des Europäischen Gerichtshofes können Nichterwerbstätige das Recht auf Freizügigkeit unmittelbar aus Artikel 18 EG ableiten (EuGH Rs. C-184/99 Grzelczyk). Für Arbeitnehmer, Selbständige und Dienstleistende wird das Recht auf Freizügigkeit in den Artikeln 39 ff. EG sowie in verschiedenen Rechtsakten der Europäischen Gemeinschaft näher konkretisiert. Es beinhaltet insbesondere das Verbot unmittelbarer und mittelbarer Diskriminierungen aufgrund der Staatsangehörigkeit in Bezug auf Beschäftigung, Entlohnung und sonstige Arbeitsbedingungen.

Literatur
Roland Bieber, Astrid Epiney, Marcel Haag, Bengt Beutler, *Die Europäische Union. Rechtsordnung und Politik*, Nomos, Baden-Baden 2001, S. 441 ff. – Erwin Murer (Hrsg.), *Das Personenverkehrsabkommen mit der EU und seine Auswirkungen auf die soziale Sicherheit der Schweiz*, Stämpfli, Bern 2001.
Internet
http://europa.eu.int
Verweise
Bilaterale Abkommen – Deregulierung – Europäische Union – Migrationspolitik – Niederlassungsbewilligung
Bettina Kahil-Wolff

Persönlicher Geltungsbereich

Der persönliche Geltungsbereich zählt zusammen mit dem sachlichen Geltungsbereich (Versicherungsfälle), den Leistungen und der Organisation von Verwaltung, Finanzierung und Streitschlichtung zu den wesentlichen Bestandteilen aller Systeme der sozialen Sicherheit. Er ist sowohl im Landesrecht als auch im Völkerrecht präzisen Regeln unterworfen. Dabei geht es um die Bestimmung der vom Schutz des jeweiligen Sicherungssystems erfassten Personen, die Anspruch auf Leistungen geltend machen können, sofern sie die für den Bezug notwendigen Voraussetzungen erfüllen. In den Sozialversicherungen ist der Begriff des persönlichen Geltungsbereichs gleichbedeutend mit jenem der Versicherten.

Literatur
Ueli Kieser, Gabriela Riemer-Kafka, *Tafeln zum schweizerischen Sozialversicherungsrecht*, Schulthess, Zürich 1998.
Verweise
Bilaterale Abkommen – Soziale(n) Sicherheit (Leistungen der) – Universalität – Versicherungsobligatorium
Pierre-Yves Greber

Persönlichkeit (Schutz der)

Persönlichkeitsschutz beinhaltet die Bewahrung der unantastbaren physischen, affektiven und sozialen Werte der menschlichen Person.
Darunter versteht man namentlich:
– das Recht auf Leben und physische Integrität;
– die Achtung der physischen und psychischen Gesundheit;
– die moralische Integrität und die soziale Wertung, insbesondere Ehre und persönliche und berufliche Würde;
– den Respekt vor der Privatsphäre und den persönlichen Gütern;
– die Achtung der persönlichen Freiheit, insbesondere des Rechts auf freie Meinungsäusserung, des Bewusstseins, des Rechts auf Versammlungsfreiheit sowie des Rechts auf sexuelle Freiheit und des Rechts auf Individualität;
– das Recht auf die eigene Namenswahl.
Im Prinzip ist jeder Angriff auf die Persönlichkeit ungesetzlich und das Opfer kann gerichtlich – sowohl bei moralischer wie materieller Schädigung – Wiedergutmachung oder Schadenersatz einfordern.
Im Rahmen eines Arbeitsvertrags ist der Arbeitgeber rechtlich verpflichtet, die Persönlichkeit der Angestellten zu schützen, sei dies gegenüber Mitarbeitenden, Vorgesetzten oder Dritten (Lieferantinnen, Kunden usw.). Der Arbeitgeber ist dabei persönlich für jede Verfehlung haftbar.

Literatur
Andreas Bucher, *Natürliche Personen und Persönlichkeitsschutz*, Helbing & Lichtenhahn, Basel/Genf/München 1999.
Jean-Bernard Waeber

Petitionsrecht

Artikel 33 BV regelt das Petitionsrecht, das allen die Möglichkeit bietet, sich mit Anfragen, Vorschlägen, Kritik oder Reklamationen an die Behörden zu wenden, ohne dass ihnen dadurch irgendein Nachteil erwächst. Das Petitionsrecht ist an keine bestimmte Form gebunden und kann sowohl von Schweizerinnen und Schweizern als auch von Ausländerinnen und Ausländern, sowohl von natürlichen als auch von juristischen Personen sowie von Minderjährigen beansprucht werden. Nicht weit von der Meinungsfreiheit und den politischen Rechten entfernt, beruht das Petitionsrecht auf der garantierten Kenntnisnahme der Petition durch die angesprochene Behörde, ohne dass Letztere jedoch näher auf sie eingehen muss. Selbst wenn das Petitionsrecht keine vergleichbaren Verpflichtungen wie die Volksinitiative oder das Referendum mit sich bringt, so ermöglicht es doch der Bevölkerung, die Beschlussfassung der Staatsorgane etwas zu beeinflussen.

Literatur
Andreas Auer, Giorgio Malinverni, Michel Hottelier, *Droit constitutionnel suisse*, Band 2: *Les droits fondamentaux*, Stämpfli, Bern 2000; – Franz-Xaver Muheim, *Das Petitionsrecht ist gewährleistet*, Rüegger, Diessenhofen 1981.
Internet
www.admin.ch/ch/d/pore/index5.html
Verweise
Politische Rechte – Referendum

Michel Hottelier

Pflege

Der Begriff Pflege bezeichnet sowohl den Berufsinhalt und die Funktion als auch die Berufsangehörigen des Pflegeberufes. Pflege hat laut Henderson (1955) die Funktion, Individuen oder Gruppen – ob krank oder gesund – bei der Durchführung der Aktivitäten zu helfen und zu assistieren, welche zu Gesundheit, Rekonvaleszenz oder einem friedlichen Tod führen. Dabei geht es um die Hilfeleistungen, welche die Gruppe oder das Individuum auch selbst durchführen würden, wenn sie die notwendige Kraft, den Willen oder das Wissen dazu hätten.

Die Pflege als Beruf befindet sich in stetigem Wandel. Noch bis in die 1960er-Jahre war das religiös geprägte, aus dem späten Mittelalter stammende Berufsverständnis vorherrschend; in den 70er-Jahren stand die Pflege unter dem Einfluss der Technisierung der Medizin; in den 80er- und 90er-Jahren fand die Entwicklung zu einem eigenständigen Wissensgebiet statt. Diese wird durch die Entstehung der Pflegewissenschaft mit eigenem Forschungsgebiet – seit kurzem auch in der Schweiz – vorangetrieben. Ziel ist die Systematisierung von Pflegewissen, welche sich in Instrumenten zur Pflegediagnostik zur Festlegung von Pflegeinterventionen oder zur Evaluation der Pflegequalität erkennen lässt, mit der Absicht, Pflege für und mit Patientinnen und Patienten begründen und Entscheidungen auf gesichertes (wissenschaftliches) Wissen abstützen zu können. Daneben behält das Erfahrungswissen, das Berufsangehörige in ihrer Arbeit mit Patientinnen und Patienten sammeln und nutzen, uneingeschränkte Bedeutung.

Heutzutage führt der Wandel in der Pflege in zwei unterschiedliche Richtungen: Der zunehmende ökonomische Druck setzt den Pflegeberuf der Gefahr der Dequalifizierung aus. Der vermehrte Einsatz von Hilfspersonal und schlechtere Arbeitsbedingungen schaden dem Image der Pflege und erschweren damit die Nachwuchssicherung. Anderseits fördern die Errungenschaften der Frauenemanzipation, die demografischen Entwicklungen, die Zunahme von chronischen Erkrankungen und die Verknappung zur Verfügung stehender Ressourcen die Erkenntnis, dass Pflege als eigenständige Leistung wahrgenommen wird und ihr eine Schlüsselrolle bei der gesundheitlichen Versorgung der Bevölkerung zukommt.

Sowohl im Bereich der zunehmend spezialisierteren Spitzenmedizin als auch bei der Verschiebung der Gesundheitsversorgung vom stationären zum ambulanten Bereich zeigt sich ein Bedarf an auf universitärem Niveau ausgebildeten Pflegenden und Hebammen – eine Forderung der Weltgesundheitsorganisation (WHO) für ihre Mitgliedstaaten aus dem vergangenen Jahrhundert.

Literatur
Virginia Henderson, Bertha Harmer, *Textbook of the Principles and Practice of Nursing*, Mac Millan, New York 1955; – Margarete Landenberger et al. (Hrsg.), *Pflegepfade in Europa. Neue Forschungsergebnisse und Praxisprojekte aus Pflege, Management und Gesundheitspolitik in Europa*, Mabuse, Frankfurt am Main 2002; – Renate Stemmer, »Die Zukunft der Pflege zwischen Ökonomisierung und (De-)Professionalisierung«, in: *PR-Internet für die Pflege*, Hps-Medienverlag, Mönchaltorf 2002.
Verweise
Palliativmedizin/-pflege – Pflegewissenschaft

Iris Ludwig

Pflegefamilie

Als Pflegefamilie wird eine Familie bezeichnet, in der ein minderjähriges Kind, das nicht leibliches Kind der Pflegeeltern ist, auf bestimmte oder unbestimmte Zeit als Pflegekind zur Betreuung und Erziehung aufgenommen worden ist. Zur Pflegefamilie gehören, aus Sicht des Pflegekindes, allenfalls Pflegegeschwister, das heißt leibliche Kinder oder weitere Pflegekinder der Pflegeeltern. In der typischen (herkömmlichen) Konstellation wohnt das Pflegekind in Wochen- oder Dauerpflege bei nicht professionellen Pflegeeltern. In einer Tagespflegefamilie wird das Kind nur tagsüber betreut. In professionellen Pflegefamilien (heilpädagogische oder sozialpädagogische Großfamilien) verfügt mindestens ein Pflegeelternteil über eine einschlägige (sozial)pädagogische oder psychologische Ausbildung.

Artikel 316 ZGB und die Verordnung des Bundes über die Aufnahme von Pflegekindern von 1977 statuieren eine Bewilligungspflicht für die Aufnahme von noch nicht 15 Jahre alten Kindern für die Dauer von mehr als 3 Monaten sowie eine Aufsicht über solche Pflegeverhältnisse. Der Vollzug obliegt den Kantonen, welchen des Weiteren vorbehalten ist, das Pflegekinderwesen zu fördern, u.a. durch Maßnahmen zur Ausbildung, Weiterbildung und Beratung von Pflegeeltern und Vermittlung von guten Pflegeplätzen.

Gemäß Artikel 294 ZGB haben Pflegeeltern Anspruch auf ein angemessenes Pflegegeld. Dieses ist grundsätzlich von den unterhaltspflichtigen leiblichen Eltern geschuldet. Bei zahlreichen Pflegeverhältnissen ist aber zudem eine gänzliche oder teilweise Finanzierung aus Mitteln der öffentlichen Sozialhilfe erforderlich. Die meisten Kantone haben Richtlinien für die Festsetzung der Pflegegelder, mehrere Kantone zudem Richtlinien zur (Mit-)Finanzierung von Pflegeplätzen herausgegeben.

Bezüglich Aufsicht über die Pflegeverhältnisse sowie Fortbildung und Beratung von Pflegeeltern besteht in vielen Kantonen und Gemeinden noch ein erheblicher Handlungsbedarf. Dies ist deshalb nicht unbedenklich, weil sich im Zusammenhang mit dem einzelnen Pflegeverhältnis oft komplexe Fragen und Problemsituationen ergeben, die – wenn sie ungelöst bleiben – schnell zu Konflikten zwischen Pflegefamilie und Herkunftsfamilie des Kindes führen.

Literatur
Fachstelle für das Pflegekinderwesen (Hrsg.), *Handbuch Pflegekinderwesen Schweiz*, Verlag Pflegekinder-Aktion Schweiz, Zürich 2001.
Verweise
Familie – Vormundschaft

Ernst Langenegger

Pflegeheime

Seit dem 1996 in Kraft getretenen Krankenversicherungsgesetz (KVG) sind Pflegeheime »Anstalten, Einrichtungen oder ihre Abteilungen, die der Pflege und medizinischen Betreuung sowie der Rehabilitation von Langzeitpatienten und -patientinnen dienen« (Art. 39 Abs. 3).

Vor dem heutigen KVG wurde die Bezeichnung Pflegeheim oft im Zusammenhang mit Altersheimen und in Abgrenzung zu den Heimen für Chronischkranke verwendet. In diesen Pflegeheimen wurden und werden Menschen, die wegen Krankheit, Alter oder Behinderung auf fremde Hilfe angewiesen sind, Unterkunft, Verpflegung, Betreuung und Pflege gewährt, doch vielfach ohne medizinische Versorgung. Diese erhalten die Bewohnerinnen und Bewohner in solchen Heimen von auswärtigen Ärztinnen und Ärzten.

Der Ursprung der heutigen stationären Betreuungsformen für pflegebedürftige Menschen liegt weit zurück. Zuerst übernahmen die Spitäler diese Aufgabe. Zur Zeit der Gründung des Freiburger Bürgerspitals im Jahre 1252 war das Spital dazu bestimmt, »Bedürftige und alle, die unter schwierigen sozialen Bedingungen nicht mehr imstande waren, ihre Krankheit selbst zu bewältigen, wohltätig aufzunehmen und zu pflegen« (Reidy Aebischer 2000, 41). In Dörfern, welche über keine Heime verfügten, wurden die in Not geratenen Personen gegen eine Entschädigung bei Familien untergebracht. Auch im Kanton Zürich war beispielsweise das Heilig-Geist-Spittel zu Beginn des 14. Jahrhunderts noch ein Platz, der nur zum kleinen Teil Kranke, jedoch zum größten Teil Arme und Gebrechliche, Geistesschwache und Geisteskranke und Dauergäste, die sich eingekauft hatten, beherbergte. Im 19. Jahrhundert entstanden aus diesen vielfältigen Einrichtungen die ersten Alterspflegeheime. Zwischen 1972 und 1985 unterstützte der Bund den Bau von Alters- und Pflegeheimen mit Subventionen. Damit gab er einigen Kantonen den Anstoß zu einer zielgerichteten Unterbringungspolitik.

Seit den 90er-Jahren stehen die Pflegeheime vor starken gesellschaftlichen Herausforderungen. Aspekte wie Pflegequalität, Pflegekonzepte, veränderte Bedürfnisse der Bewohnerinnen und Bewohner sowie die Umstrukturierung zu Servicehäusern mit umfangreichen Angeboten von Dienstleistungen (z.B. Mahlzeiten, Cafeteria, Freizeitangebote), auch für die Bevölkerung des Quartiers, sind Ausdruck des Wandels.

Die durch die personalintensive Betreuung relativ hohen Pflegekosten werden teilweise von der obligatorischen Krankenversicherung übernommen, und oft leisten auch Kanton und/oder Gemeinde öffentliche Beiträge. Ein großer Teil der Tagestaxen aber geht zulasten der Bewohnerinnen und Bewohner, die dafür häufig Ergänzungsleistungen zur AHV/IV in Anspruch nehmen müssen.

Literatur
François Höpflinger, Astrid Stuckelberger, *Demographische Alterung und individuelles Altern*, Seismo, Zürich 1999; – Ursula Reidy Aebischer, *Finanzierung von Alterspflegeheimen aus ökonomischer und sozialpolitischer Sicht*, Europäischer Verlag der Wissenschaften, Bern 2000.
Internet
www.wohnen-im-alter.de
www.hplus.ch
www.heimverband.ch
Verweise
Krankenheime – Pflegeversicherung – Pflegewohngruppe

Thomas Wahlster

Pflegeversicherung

In der Schweiz gibt es keine spezielle Pflegeversicherung, welche für die Betreuung von Menschen aufkommt, die wegen Krankheit, Alter oder Behinderung auf fremde Hilfe angewiesen sind. Für medizinische Behandlungen und ärztlich angeordnete Pflegeleistungen hat die obligatorische Krankenversicherung (Grundversicherung) aufzukommen. Die Kosten für Unterkunft und Verpflegung haben die Betroffenen hingegen grundsätzlich selbst zu tragen. Es gibt die Möglichkeit, Letztere zumindest teilweise bei einer privaten Versicherungsgesellschaft abzudecken. Die Prä-

mien dafür sind jedoch sehr hoch. Die entsprechenden Angebote werden denn auch äußerst selten genutzt.
Bei Aufenthalt in einem Pflege- oder Krankenheim ist genau auszuscheiden, welche Kosten der Krankenversicherung belastet werden dürfen und welche nicht. Der Bund hat dazu einen Rahmentarif festgelegt, der zur Anwendung kommt, wenn zwischen dem Heim und den Krankenversicherern kein Tarifvertrag besteht. In Wirklichkeit deckten die Leistungen der Krankenversicherung die effektiven Kosten der ärztlich angeordneten Pflegeleistungen bisher kaum ab. Eine neue Verordnung, die der Bundesrat im Sommer 2002 erlassen hat, verlangt nun aber eine genaue Erfassung dieser Kosten, damit sie vollumfänglich auf die Krankenversicherer abgewälzt werden können. Letztere erwarten deswegen Mehrkosten von jährlich 1,2 Milliarden Franken. Um eine solche Belastung zu vermeiden, schlagen ihnen nahe stehende Kreise die Schaffung einer separaten Pflegeversicherung vor. Dies ist allerdings nicht unumstritten, haben in der Schweiz doch die Ergänzungsleistungen zur AHV/IV weitgehend die Funktion einer (effizienten) Pflegeversicherung übernommen.
Wer von der Spitex oder in einem Pflegeheim betreut wird, hat heutzutage in der Regel zwar erhebliche Kosten zu tragen, welche die Krankenversicherung nicht übernimmt. Da die wenigsten Menschen selbst (vollständig) dafür aufkommen können, erhalten sie dafür jedoch bedarfsabhängige Ergänzungsleistungen zur AHV/IV und allenfalls weitere kantonale und kommunale Zuschüsse. Die Einzelheiten sind örtlich verschieden. Wer über eigenes Vermögen verfügt, hat dieses in der Regel schrittweise weitgehend zu verbrauchen, um in den Genuss dieser bedarfsabhängigen Leistungen zu kommen. Dies führt vor allem in Mittelstandsfamilien immer wieder zu großer Verbitterung, weil die während Jahrzehnten gebildeten Ersparnisse innert weniger Jahre dahinschmelzen. Diese Ersparnisse sind nach der Konzeption des Drei-Säulen-Prinzips aber nicht zuletzt gerade auch für derartige Bedürfnisse vorgesehen.

Literatur
Erwin Carigiet, Jean-Pierre Fragnière (Hrsg.), *Hat das Drei-Säulen-Konzept eine Zukunft? – Le concept des trois piliers a-t-il un avenir?*, Réalités sociales, Lausanne 2001; – Hardy Landolt, *Der Pflegeschaden*, Stämpfli, Bern 2002; – Hansueli Mösle, »Pflegeheime und Pflegeabteilungen«, in: Gerhard Kocher, Willy Oggier (Hrsg.), *Gesundheitswesen Schweiz 2001/2002*, Konkordat der Schweizerischen Krankenversicherer, Solothurn 2001, S. 172 ff.
Internet
www.bsv.admin.ch
www.seniorennetz.ch

Verweise
Ergänzungsleistungen zur AHV/IV – Krankenheime – Krankenversicherung – Pflegeheime – Soziale Entschädigungssysteme – Spitex

Ruedi Spöndlin

Pflegewissenschaft

Pflegewissenschaft ist eine Praxis- oder Handlungswissenschaft und wird den Humanwissenschaften zugeordnet. Sie hat die Aufgabe, pflegerisches Erfahrungswissen zu erfassen, zu strukturieren und zu evaluieren sowie neues Wissen zu generieren. Die Pflegewissenschaft umfasst die Pflegepraxis, die Pflegetheorien und die Pflegeforschung. Die Methode der Pflegewissenschaft ist die Forschung. Sie stellt einerseits Wissen bereit, das die Pflegepraxis unterstützt und verbessert, andererseits ist sie auch wichtig für die Weiterentwicklung der wissenschaftlichen Disziplin Pflege.
Die Entwicklung der Pflegewissenschaft begann in den USA Anfang des 20. Jahrhunderts. In dieser Zeit wurden auch die ersten pflegewissenschaftlichen Studiengänge an den Universitäten entwickelt. In Großbritannien entstanden die ersten Studiengänge in Pflegewissenschaft in den 50er-Jahren, kurz darauf auch in den skandinavischen Ländern. Die ersten ernsthaften Bestrebungen, die Pflegewissenschaft in Deutschland und in der Schweiz zu etablieren, entstanden in den 80er-Jahren. In der Schweiz kann Pflegewissenschaft seit 1996 studiert werden. Die Universität von Maastricht (NL) bietet in Zusammenarbeit mit dem Weiterbildungszentrum für Gesundheitsberufe (WE'G) in Aarau einen pflegewissenschaftlichen Masterstudiengang an. An der Universität Basel wird seit 2000 ebenfalls Pflegewissenschaft gelehrt.
Pflegewissenschaftliche Erkenntnisse haben sich bis jetzt nur beschränkt auf die Pflegepraxis ausgewirkt. Daher sollte das Verständnis der so genannten Theorie-Praxis-Kluft geändert werden. Sie kann als natürliche Konsequenz der Wesenszüge von Theorie und Praxis gesehen werden. Auch sollte die Umsetzung theoretischer Erkenntnisse neu überdacht werden (Kirkevold, 2002). Kontroverse Meinungen gibt es über die Positionierung der Pflegewissenschaft. Es ist unklar, ob sie den Naturwissenschaften (Medizin), den Sozialwissenschaften oder den Gesundheitswissenschaften zugeordnet werden soll. Die Pflegewissenschaft steht zwar mit andern Disziplinen in Beziehung und teilt mit ihnen die gleichen Ziele, sie hat jedoch ihre eigene Sichtweise und Auffassung.

Literatur
Marit Kirkevold, *Pflegewissenschaft als Praxisdisziplin*,

Hans Huber, Bern 2002; – Afaf Ibrahim Meleis, *Pflegetheorie: Gegenstand, Entwicklung und Perspektiven des theoretischen Denkens in der Pflege*, Hans Huber, Bern 1999.
Verweise
Master of Nursing Science – Pflege

Susi Saxer

Pflegewohngruppe

Pflegewohngruppen sind eine Wohnform für alte, behinderte, desorientierte und verhaltensgestörte Menschen, die auf dauernde fremde Hilfe angewiesen sind. In einer Pflegewohngruppe werden den ungefähr 6 bis 10 Bewohnerinnen und Bewohnern Hilfeleistungen zur Alltagsbewältigung angeboten. Das vordringlichste Anliegen ist jedoch, die Einzelnen in die Gemeinschaft zu integrieren und mit ihnen gemeinsam den Tagesablauf zu gestalten. Die Selbstbestimmung und die Eigenständigkeit der Einzelnen wird so lange wie möglich unterstützt und gefördert.

Pflegewohngruppen sind eine neue Form betreuten Wohnens außerhalb klassischer Alterspflegeheime. Aus ökonomischer Sicht können sie von Bedeutung sein, da im Gegensatz zu Pflegeheimen große Investitionen und lange Planungsphasen entfallen. Neben selbständigen Pflegewohngruppen finden sich auch immer mehr Außenwohngruppen, die organisatorisch und logistisch zu einem größeren Pflegeheim gehören, im Alltag aber weitgehend autonom agieren.

Literatur
François Höpflinger, Astrid Stuckelberger, *Demographische Alterung und individuelles Altern*, Seismo, Zürich 1999.
Internet
www.ges.ch
www.sozpsy.unizh.ch
Verweise
Pflegeheime – Pflegeversicherung

Thomas Wahlster

Pluralismus → Arbeitsbeziehungen

Politische Bildung

Unter politischer Bildung wird die Erziehung zum politisch mündigen Bürger bzw. zur politisch mündigen Bürgerin verstanden. Zur politischen Mündigkeit werden nebst politischem Wissen auch das politische Interesse und ein minimales politisches Engagement gezählt. In der föderalistischen Bildungslandschaft der Schweiz bestehen große regionale Unterschiede in der Vermittlung von politischem Wissen. Häufig werden politische Themen im Rahmen anderer Fächer wie Geschichte, Staatskunde oder Sozialkunde angesprochen. Eine Gesamtkonzeption der zu vermittelnden Inhalte und Lernziele fehlt in der Schweiz. Politische Bildung soll ermöglichen, das politische System zu verstehen und das erworbene politische Wissen umzusetzen. Aktuelle Ereignisse sollen dabei einbezogen werden. Gefördert wird das politische Selbstverständnis Jugendlicher durch Konzepte der Mitbestimmung in der Schule. Eine Aufwertung der politischen Bildung wird auch vom Dachverband Schweizer Jugendparlament gefordert. Die Schweizerische Konferenz der kantonalen Erziehungsdirektoren (EDK) hat zur politischen Bildung in der Schweiz eine Studie in Auftrag gegeben. Diese soll dazu beitragen, die Forschung und Konzeption der politischen Bildung voranzutreiben.

Literatur
Schweizerische Konferenz der kantonalen Erziehungsdirektoren (EDK) (Hrsg.), *Politische Bildung in der Schweiz*, EDK, Bern 2000.
Internet
www.edk.ch
Verweise
Politische Rechte

Isabelle Bohrer

Politische Rechte

Die politischen Rechte sind demokratische Instrumente, aufgrund deren eine kollektive Beteiligung der Bevölkerung an der Verwaltung und der Kontrolle der öffentlichen Angelegenheiten ermöglicht wird. In der Schweiz umfassen sie das Wahl-, das Stimm- sowie das Unterzeichnungsrecht (Initiativ- und Referendumsrecht).

Das in sämtlichen Demokratien gewährte Wahlrecht wird gleichzeitig durch die internationalen Instrumente zum Schutz der Menschenrechte garantiert. Es verlangt die Bestimmung einer oder mehrerer Personen, die ein staatliches Organ bilden sollen (Parlament, Regierung, Gerichte). Das Stimmrecht ermöglicht die Bejahung oder die Zurückweisung eines normativen Aktes oder einer Entscheidung der Wählerschaft (Verfassung, Gesetz, gewisse internationale Abkommen). Das Unterzeichnungsrecht umschreibt die Möglichkeit, ein Referendum (mit 50 000 nötigen Unterschriften auf Bundesebene), eine Volksinitiative für eine Verfassungsänderung (100 000 Unterschriften auf Bundesebene) oder eine Kandidatenliste für die Wahlen (zwischen 100 und 400 Unterschriften im Rahmen der Nationalratswahlen) zu unterstützen.

Die Bundesverfassung (Art. 34) garantiert die politischen Rechte. Diese Vorkehrung schützt die freie Willensbildung und die unverfälschte Stimmabgabe der Bürgerinnen und Bürger. Die politischen Rechte in Bundessachen stehen allen Schweizerinnen und Schweizern zu, die das 18. Altersjahr zurückgelegt haben und die nicht wegen Geisteskrankheit oder Geistesschwäche entmündigt sind.

Obschon die politischen Rechte auch auf Bundesebene oft beansprucht werden, sind sie auf kantonaler oder Gemeindeebene viel verbreiteter und entwickelter. Heute noch spielen sie eine entscheidende Rolle als Labor oder Denkfabrik für das Aufkommen und die Entwicklung von neuen Formen der politischen Mitwirkung der Bevölkerung (z.B. bei den politischen Rechten für Ausländer und Ausländerinnen, bei der gesetzgebenden Volksinitiative, beim administrativen oder finanzpolitischen Referendum).

Literatur
Andreas Auer, Giorgio Malinverni, Michel Hottelier, *Droit constitutionnel suisse*, Band 1: *L'État*, Stämpfli, Bern 2000; – Etienne Grisel, *Initiative et référendum populaires*, Stämpfli, Bern 1997.
Internet
www.admin.ch
www.c2d.unige.ch
Verweise
Referendum – Verfassungsinitiative

Michel Hottelier

Populismus

»Populistisch« wird im öffentlichen Sprachgebrauch eine Politik genannt, die sich opportunistisch nach dem Gefallen der Wählerschaft richtet. Ein Populist ist in diesem Sinne ein Volkstribun oder Demagoge, der geschickt Ängste und Begehrlichkeiten der Bevölkerung für seine politischen Absichten zu nutzen weiß. Doch der Begriff Populismus hat auch eine sozialgeschichtliche und soziologische Bedeutung. Er geht auf eine soziale Bewegung zurück, die gegen Ende des 19. Jahrhunderts in ländlichen Regionen der USA entstand. Die Populist Party sah sich als Vertreterin des einfachen Volkes, die gegen die eigennützigen Finanz- und Industriezentren der USA kämpft. Die Ursachen für diese historische Protestbewegung sind in einer beschleunigten Industrialisierung, Bürokratisierung und Einbindung in den Weltmarkt zu sehen. Ganze Bevölkerungsgruppen sahen sich aufgrund dieser Prozesse einem drohenden sozialen Abstieg ausgesetzt.

Im historischen amerikanischen Populismus zeigte sich ein Typus von Protestbewegung, der sowohl hinsichtlich der Ursache wie der Argumentation in westlichen Demokratien regelmäßig auftaucht. Das zentrale Thema bleibt dabei dasselbe, obwohl es stark von der jeweiligen politischen Kultur eingefärbt ist: Eine imaginäre »schweigende Mehrheit« empört sich über die Machenschaften der korrupten politischen und wirtschaftlichen Eliten. Dieses »Volk« der Populisten im Sinne einer sozial homogenen Einheit ist aber schwer zu finden. Deshalb neigen diese politischen Bewegungen oft dazu, sich neben dem Protest gegen »die da oben« auch durch eine Abgrenzung gegenüber sozial Schwächeren zu definieren. Viele populistische Bewegungen tragen deshalb fremdenfeindliche Züge, sollten aber vom Rechtsextremismus klar unterschieden bleiben.

Der typische Verlauf einer populistischen Artikulation ist in der historischen populistischen Bewegung ebenfalls vorgezeichnet. Der Protest bricht in sich zusammen, sobald zentrale Forderungen von den unter Druck gesetzten politischen Eliten berücksichtigt sind.

Literatur
Helmut Dubiel (Hrsg.), *Populismus und Aufklärung*, Suhrkamp, Frankfurt am Main 1986.
Verweise
Rassismus – Rechtsextremismus – Soziale Bewegungen

Felix Keller

Postfordismus

Um den Unterschied zwischen Fordismus und Postfordismus zu erklären, schlägt der japanische Ingenieur Taijchi Ohno, Erfinder des Produktionsmodells der Toyota (von da rührt der Ausdruck Toyotismus, der den Anfang des Postfordismus markiert), vor, sämtliche fundamentalen Kategorien der wirtschaftlichen Gesellschaft des ausgehenden 20. Jahrhunderts gerade »umgekehrt zu denken«.

Die Hauptmaximen des Postfordismus sind:
– das Produktionssystem *just in time*, bei dem die Menge und das Angebotsspektrum der zu produzierenden Güter und Dienstleistungen aufgrund der Nachfrage der Kundschaft bestimmt werden. Dies bedingt die »Miniaturisierung« der Firma, indem jegliche Verschwendung (von Raum, von Ladenhütern, von Maschinen) eliminiert wird und vor allem indem Arbeitskräfte, die in Bezug auf die Nachfrage überflüssig sind, abgestoßen werden;
– die Aufhebung der Unterteilung zwischen Ausführung (spezialisierte Arbeiter) und Programmierung (Techniker, Kader), damit der Produktionsfluss als Informationsfluss nun reibungsloser ablaufen kann. Die Arbeit wird daher zur kommunikativen Aktivität; dies hauptsächlich durch die Einführung neuer Informationstechnologie;
– die Flexibilisierung des Arbeitsprozesses, entweder indem die Zerstückelung im taylorschen Sinn überholt wird (daher die Polyvalenz der postfordistischen Arbeitnehmenden) oder indem die vertraglichen Steifheiten eliminiert werden (temporäre, befristete und Teilzeit-Beschäftigungen);
– das Auslagern *(outsourcing)* aller Produktionsfunktionen, die nicht direkt den zentralen Kern

der Firma betreffen. Dies generiert eine neue und beträchtliche Schicht von Selbständigen, die einerseits den Fluktuationen der Nachfrage ausgeliefert sind, anderseits von den Aufträgen der Mutterfirma abhängen;
– die Öffnung der nationalen Märkte (Liberalisierung) und die Errichtung von transnationalen Produktionsnetzen (Globalisierung).

Literatur
Ulrich Brand, Werner Raza (Hrsg.), *Fit für den Postfordismus? Theoretisch-politische Perspektiven des Regulationsansatzes*, Westfälisches Dampfboot, Münster 2002; – Joachim Hirsch, Roland Roth, *Das neue Gesicht des Kapitalismus. Vom Fordismus zum Postfordismus*, VSA, Hamburg 1986.
Verweise
Flexibilisierung von Arbeitsverhältnissen – Prekarisierung

Christian Marazzi

Prämienverbilligung

Als Prämienverbilligung bezeichnet man Subventionen an die Krankenversicherungsprämie von einzelnen Versicherten. Diese wurden 1996 durch das neue Krankenversicherungsgesetz (KVG) eingeführt, was einen grundlegenden Systemwechsel darstellte. Vorher subventionierten der Bund und gewisse Kantone die Krankenkassen, indem sie ihnen pro versicherte Person einen bestimmten Betrag zukommen ließen. Das KVG ersetzte diese Subventionen durch individuelle Zuschüsse an einzelne Versicherte mit geringem Einkommen. Bund und Kantone finanzieren die Prämienverbilligung je zur Hälfte.

Die Kantone haben bei der Ausgestaltung einen großen Spielraum, sie legen u.a. die Grenzen der Anspruchsberechtigung und die Bemessungskriterien fest. Viele Kantone schöpfen die vom Bund zur Verfügung gestellten Mittel nur teilweise aus. Unterschiedlich ist auch das Antragsverfahren. In gewissen Kantonen muss ein ausdrücklicher Antrag gestellt werden, was viele Berechtigte erfahrungsgemäß nicht tun. In anderen wird die Verbilligung automatisch gewährt, wenn die Anspruchsberechtigung aus der Steuererklärung hervorgeht. Weil die Prämienbelastung für viele Versicherte mit geringem und mittlerem Einkommen trotz Prämienverbilligung unerträglich hoch ist, berät das Parlament über deren Ausbau und die Verankerung eines verbindlichen Leistungsziels im KVG.

Internet
www.avs-ai.ch
Verweise
Krankenversicherung

Ruedi Spöndlin

Pränatale Diagnostik

Der Begriff pränatale Diagnostik umfasst alle Untersuchungen, welche Informationen über den Gesundheitszustand des ungeborenen Kindes ergeben. Die wichtigsten sind die Ultraschalluntersuchung (nicht invasiv) und Untersuchungen des mütterlichen Blutes (wenig invasiv) sowie Fruchtwasserpunktion, Chorionzottenbiopsie und Nabelschnurpunktion (invasive Untersuchungen); bei Letzteren werden embryonale bzw. fetale Zellen untersucht. Mit den genannten Untersuchungen können Missbildungen, Chromosomenanomalien und Stoffwechselstörungen diagnostiziert werden. Blutuntersuchungen erlauben keine Diagnose, sondern nur eine Risikoabschätzung in Form einer Wahrscheinlichkeit, sind deshalb schwierig zu interpretieren und führen oft zu Verunsicherung. Die Resultate der invasiven Untersuchungen sind bezüglich Chromosomenanomalien sehr verlässlich, bergen aber das Risiko einer Fehlgeburt (bis 1 Prozent).

Heute gehören die Ultraschalluntersuchung und zunehmend auch die Untersuchungen des mütterlichen Blutes zur Routine in der Betreuung von Schwangeren. Weiterentwickelte technische Geräte und die kombinierte Anwendung von verschiedenen Tests führen schon in der frühen Schwangerschaft zu immer höheren Raten der Entdeckung von Normabweichungen beim Kind. Die diagnostischen Möglichkeiten stehen in Kontrast zu oft fehlenden therapeutischen Interventionen, dadurch stehen die Eltern insbesondere bei Chromosomenanomalien vor dem Entscheid, die Schwangerschaft fortzuführen oder abzubrechen.

Die routinemäßige Anwendung einzelner Tests erlaubt in der Regel keine umfassende Beratung. Bei pathologischem Befund besteht deshalb die Gefahr, dass lückenhaft informierte Eltern einen überstürzten Entscheid in Bezug auf einen Schwangerschaftsabbruch treffen.

Die Tatsache, dass manche Befunde mit großer Wahrscheinlichkeit zu einem Schwangerschaftsabbruch führen, wird zunehmend als ethisches Problem erkannt. Gegenwärtig lassen beispielsweise mehr als 90 Prozent der Paare, bei deren Kind in der Schwangerschaft eine Trisomie 21 diagnostiziert wird, einen Schwangerschaftsabbruch vornehmen.

Die Möglichkeit der pränatalen Diagnostik kann das Ausmaß der Selbstbestimmung werdender Eltern erhöhen. Anderseits droht die Entscheidung der Eltern bezüglich der Durchführung von pränatalen Tests sowie eines Schwangerschaftsabbruchs bei einem pathologischen Befund von gesellschaftlichen oder ökonomischen Zwängen mitbeeinflusst zu werden.

Literatur
Irène Dietschi, *Testfall Kind. Das Dilemma der pränatalen Diagnostik*, Werd, Zürich 1998; – Karl-Theo Maria Schneider et al., *Manual der fetalen Medizin mit Referenzwerten für den klinischen Anwender*, Springer, Berlin/Heidelberg 1994.
Verweise
Ethik – Fortpflanzungsmedizin – Schwangerschaftsberatung

Karin Huwiler-Müntener

Prävention

Prävention (aus dem Lateinischen: Zuvorkommen; synonym dazu: Vorbeugung, Verhütung, Prophylaxe) bezeichnet jede Handlung, welche vorausschauend einen drohenden Schaden verhindern soll. Zwei Voraussetzungen müssen dazu erfüllt sein: 1. ein unerwünschtes Ereignis muss mit einer gewissen Wahrscheinlichkeit voraussehbar sein, 2. Maßnahmen, um es abzuwenden, müssen zur Verfügung stehen. Der Begriff wird in der Alltagssprache, in der Kriminalistik und in der Medizin verwendet.

Prävention ist ein sehr wichtiger Bereich der Gesundheitspflege. Meist ist es nicht nur effizienter, Gesundheit vorbeugend zu schützen als sie wiederherzustellen, oft ist dies sogar die einzige Möglichkeit. In der medizinischen Versorgung liegt die Priorität trotzdem bei der Behandlung des schon eingetretenen Schadens (Rettungsprinzip, Sommer 2001, 61).

Prävention kennt grundsätzlich zwei Ansatzpunkte: Bei der Verhaltensprävention soll das Individuum günstige Verhaltensweisen übernehmen und Risiken vermeiden; bei der Verhältnisprävention werden die Umstände und Bedingungen des täglichen Lebens risikoarm ausgestaltet. Am typischsten zeigt sich dies in der Unfallverhütung: Die Benützer von Maschinen und Fahrzeugen müssen einerseits ein vorsichtiges Verhalten erlernen, ihren Alkoholkonsum einschränken usw.; anderseits veranlassen Typenprüfungen, dass Maschinen und Fahrzeuge selbst Sicherheitseinrichtungen aufweisen usw.

Idealtypisch unterscheidet man drei Zielebenen der Prävention. Primäre Prävention will das Auftreten einer Krankheit verhindern. Sekundäre Prävention will eine Krankheit möglichst früh erkennen, das heißt, bevor sie sich von selbst manifestiert, um sie optimal bekämpfen zu können. Tertiäre Prävention will die Folgen einer manifesten Krankheit minimieren. Eine neuere Entwicklung stellt zudem die Gesundheitsförderung dar. Diese zielt auf die Stärkung von unspezifischen Ressourcen, welche Gesundheit ganzheitlich fördern.

Die Hygiene zum Schutz des Trinkwassers stellt wohl die älteste Form der Prävention dar. Seit 200 Jahren kennt man die Impfung als Methode zum Schutz vor Infektionskrankheiten. Die Förderung gesundheitsbewussten Verhaltens (Nichtrauchen, regelmäßige körperliche Bewegung usw.) zielt auf die Prävention der wichtigsten chronischen Krankheiten der industrialisierten Welt (Herz-Kreislauf-Krankheiten, Krebs, Unfälle). Die genügende und ausgewogene Versorgung mit Nahrungsmitteln soll Mangel- und Überflusskrankheiten verhindern (Last 1992).

Die sozialpolitische Bedeutung der Prävention liegt in ihrer großen ökonomischen Effizienz. Die Schwierigkeit der Prävention liegt in der geringen Fähigkeit des Menschen Wahrscheinlichkeiten richtig zu beurteilen sowie aktuell und effektiv anfallende Kosten gegen einen in vielen Jahren potenziell auftretenden Nutzen abzuwägen. Daraus ergibt sich die Wichtigkeit struktureller Maßnahmen in der Prävention.

Literatur
Felix Gutzwiller, Olivier Jeanneret (Hrsg.), *Sozial- und Präventivmedizin, Public Health*, Huber, Bern 1996; – John M. Last, »Scope and Methods of Prevention«, in: John M. Last, Robert B. Wallace (Hrsg.), *Public Health and Preventive Medicine*, Appleton & Lange, East Norwalk 1992; – Jürg H. Sommer, *Muddling through elegantly: Rationierung im Gesundheitswesen*, EMH, Basel 2001.
Internet
www.gesundheitsfoerderung.ch
Verweise
Frauen und Gesundheit – Gesundheitsförderung – Public Health – Salutogenese – Sozial- und Präventivmedizin – Tabakkonsum/Tabakprävention – Umweltmedizin – Unfallverhütung

Christoph Junker

Praxisforschung

Der Begriff Praxisforschung wird zumeist in drei unterschiedlichen Bedeutungen verwendet (vgl. Heiner 1988): 1. Praxisforschung bezeichnet die Erforschung der maßgeblichen Strukturen und Prozesse einer gesellschaftlichen, in der Regel professionalisierten Praxis (z.B. Soziale Arbeit). 2. Praxisforschung bezeichnet Forschungsleistungen, die von Angehörigen der Praxis selbst im Zusammenhang mit ihrer beruflichen Tätigkeit erbracht werden. Das Forschungsinteresse richtet sich dabei tendenziell auf die Klientinnen und Klienten und deren lebensweltliche bzw. gesellschaftliche Verortung. 3. Praxisforschung bezeichnet einen forschungsmethodischen Ansatz, der die Veränderung der Praxis im Forschungsprozess als Erkenntnisinteresse setzt und der sich aus der Tradition der »Handlungs- oder Aktionsforschung« oder der amerikanischen »Action Science« speist (Moser 1995).

Allen drei Bedeutungen gemeinsam ist die Anwendungsorientierung des durch Forschung gewonnenen Wissens, verbunden mit dem Ziel, die Praxis zu verbessern. Weiterhin ist ihnen gemeinsam, dass sie in je spezifischer Weise das Problem der Anwendbarkeit von (sozialwissenschaftlichem) Wissen in personenbezogenen sozialen Dienstleistungen reflektieren und in unterschiedlicher Weise versuchen, die Lücke zwischen Wissenschaft und Praxis zu verkleinern. Die Unterschiede ergeben sich aus unterschiedlichen wissenschafts- und erkenntnistheoretischen Positionen. Während die zweite Bedeutung die Differenz zwischen Wissenschaft und Praxis ignoriert und damit die mittel- und langfristigen Möglichkeiten der Wissensgenerierung zugunsten unmittelbarer und partikularer Erkenntnisproduktion vernachlässigt, betont die erste Bedeutungsvariante die Differenz zwischen Wissenschaft und Praxis als notwendige und konstruktive Komponente im Prozess moderner Wissensproduktion. Die dritte Variante nimmt den aus der kritischen Theorie abgeleiteten Standpunkt ein, dass mit der expliziten Veränderungsperspektive eine andere Form des Wissens überhaupt erst entsteht, der eine gesteigerte Praxisrelevanz und Anwendbarkeit zugeschrieben wird.

Ein Ansatz, diese unterschiedlichen Bedeutungen von »Praxisforschung« zu synthetisieren und sie im Hinblick auf die wissensbasierte Verbesserung der Praxis zu optimieren, liegt mit der Konzeption der »kooperativen Praxisentwicklung« vor (Sommerfeld 2000). Darin werden Akteure in Wissenschaft und Praxis als Träger je unterschiedlicher Formen von Wissen und von Wissenskulturen verstanden, die in einem konkreten kooperativen Problemlösungsprozess zeitlich begrenzt zusammenarbeiten. Die dabei entstehenden Erkenntnisse werden von den jeweiligen Wissensträgerinnen und -trägern in ihrem je eigenen Referenzsystem weitergetragen. Damit soll sowohl die unmittelbare Problemlösungskapazität der Praxis gesteigert als auch die mittel- und langfristige Wissensproduktion stimuliert werden.

Literatur
Maja Heiner (Hrsg.), *Praxisforschung in der Sozialen Arbeit*, Lambertus, Freiburg i.Br. 1988; – Heinz Moser, *Grundlagen der Praxisforschung*, Lambertus, Freiburg i.Br. 1995; – Peter Sommerfeld, »Forschung und Entwicklung als Schnittstelle zwischen Disziplin und Profession«, in: Hans-Günther Homfeldt, Jörgen Schulze-Krüdener (Hrsg.), *Wissen und Nichtwissen. Herausforderungen für Soziale Arbeit in der Wissensgesellschaft*, Juventa, Weinheim 2000, S. 221–236.
Verweise
Empirische Forschungsmethoden – Evaluation – Sozialforschung

Peter Sommerfeld

Preisindex

Ein Preisindex ist eine Zahl, die das Verhältnis zwischen zwei Größen anzeigt, wobei dieses mit 100 multipliziert wird. Man berechnet einen Index, um numerische Resultate im Verlaufe der Zeit zu vergleichen. Ein einfacher Preisindex besteht also aus dem Verhältnis des Preises eines Artikels zu einem bestimmten Zeitpunkt zum Preis desselben Artikels während einer so genannten Basisperiode. In der Regel ist es notwendig, mehrere einfache Indizes zu einem einzigen zusammenzufassen, um eine komplexe Realität erfassen zu können.

Beim schweizerischen Landesindex der Konsumentenpreise handelt es sich um einen zusammengesetzten Index, denn er besteht aus einem gewichteten Durchschnitt einfacher Preisindizes von mehr als 200 Ausgabenposten. Diese Gewichtung wird im Rahmen einer Studie des Konsumverhaltens in Funktion des relativen Gewichts der Ausgaben der Haushalte in ihrem Budget festgelegt. Aufgrund der im Jahre 2000 durchgeführten Revision wird die Struktur dieser Gewichtung nun jährlich angepasst werden, um Veränderungen im Konsumverhalten zu berücksichtigen. Der Mietzinsindex ist Bestandteil des Konsumentenpreisindexes.

Es gibt weitere Preisindizes, insbesondere den Produzentenpreisindex, der die Entwicklung der Preise der von den Unternehmen des landwirtschaftlichen und industriellen Sektors in der Schweiz hergestellten und verkauften Güter misst. Dieser Index erfasst die Preise im ersten Stadium der Vermarktung, das heißt bei Austritt der Waren aus dem Fabriktor. Der Importpreisindex misst die Entwicklung der Preise einiger eingeführter Waren. Diese beiden Indizes ersetzen den Index der Großhandelspreise.

Neben den landesweiten Indizes werden in den Städten Zürich und Bern sowie in den Kantonen Genf und Luzern regionale Baupreisindizes berechnet. Sie messen die Entwicklung der Kosten, die für den Bauherrn bei der Errichtung von Mehrfamilienhäusern in den entsprechenden Regionen anfallen. Zu den Preisindizes kann man ebenfalls den Lohnindex und den Wechselkursindex zählen.

Literatur
Bundesamt für Statistik, *Statistisches Jahrbuch der Schweiz*, NZZ Buchverlag, Zürich, jährliche Publikation; – Jean Fourastié, Bernard Grais, *Les indices statistiques*, Masson, Paris 1984.
Internet
www.statistik.admin.ch
Verweise
Index der Konsumentenpreise – Konsum

Claude Enz

Prekarisierung
Der Begriff der Prekarisierung umfasst Situationen potenzieller Armut, die an die Erosion des so genannten Normalarbeitsverhältnisses gebunden sind. Dieses charakterisiert eine bestimmte historische Ausprägung der Arbeitsverhältnisse, die sich in der zweiten Hälfte des 20. Jahrhunderts durch einen gewissen Grad an arbeitsrechtlicher und sozialstaatlicher Formalisierung auszeichneten. Dieses Normalarbeitsverhältnis hat im Kontext neoliberaler Deregulierung und Flexibilisierung an Bedeutung verloren. Staatliche Vorschriften und kollektivvertragliche Schutzbestimmungen werden ausgeräumt, um die Zu- und Abgänge von Arbeitskräften entsprechend schnell an veränderte Produktions- und Absatzbedingungen anzupassen. Klar definierte Lohnskalen und Arbeitszeitregime werden aufgeweicht, unbefristete Arbeitsverträge in temporäre oder projektbezogene Einsätze umgewandelt sowie Vollzeitstellen durch Teilzeitstellen ersetzt. Untersuchungen haben gezeigt, dass für einen Teil der Arbeitnehmenden im Bereich der flexiblen Arbeitsverhältnisse solche zunehmen, die als prekär zu bezeichnen sind. So muss heute jede zehnte Arbeitssituation in der Schweiz als prekär bezeichnet werden, bei den Frauen sind fast 20 Prozent der Arbeitsplätze betroffen (vgl. Knöpfel, Prodolliet 2001). Vor allem in geringer qualifizierten Dienstleistungstätigkeiten wächst das Ausmaß der atypischen Beschäftigung: geringfügige Beschäftigung, Leiharbeit, abhängige Selbständigkeit, neue (Tele-)Heimarbeit. Solche Beschäftigungsverhältnisse sind gekennzeichnet durch eine Instabilität des Arbeitsplatzes (Arbeit auf Abruf, Gelegenheitsarbeiten, kurzfristige Temporäreinsätze, variable Teilzeitanstellungen usw.), eine mangelnde Kontrolle über das Arbeitsverhältnis bzw. die fehlende Möglichkeit, auf die Gestaltung des Arbeitsverhältnisses Einfluss zu nehmen (Mehrfachbeschäftigung, informelle oder irreguläre Arbeit, atypischer Arbeitsort), fehlende Schutzbestimmungen (Tätigkeiten ohne Arbeitsbewilligung, Arbeitsvertrag oder Aufenthaltsbewilligung) sowie niedrige Einkommen, die zu Armut oder sozialer Desintegration führen (Niedriglohn, Scheinselbständigkeit).
Die sozialwissenschaftliche Diskussion über die Prekarisierung hat den Blick auf die soziale Bedeutung veränderter Arbeitsbedingungen eröffnet und den Einbezug von Fragen der Diskriminierung und der Machtverhältnisse ermöglicht. Pierre Bourdieu thematisiert Prekarisierung als »Teil einer neuartigen Herrschaftsnorm, die auf die Errichtung einer zum allgemeinen Dauerzustand gewordenen Unsicherheit fußt und das Ziel hat, die Arbeitnehmenden zur Unterwerfung, zur Hinnahme ihrer Ausbeutung zu zwingen« (Bourdieu 1998, 100). Dies bedeutet, dass die Situation der betroffenen Personen insofern von Unsicherheit geprägt ist, als eine vorläufig gesicherte Position rasch in eine ungesicherte umschlagen kann. Der Hinweis auf den Zwangscharakter entsprechender Arbeitsverhältnisse macht außerdem deutlich, dass Menschen, die sich in solche Arbeitssituationen begeben, dies nicht aus freien Stücken tun. Vielmehr sind sie direkt (durch sozialpolitische Aktivierungsmaßnahmen) oder indirekt (vor dem Hintergrund der Arbeitslosigkeit) dazu gezwungen, da ihnen keine anderen Möglichkeiten offen stehen.

Literatur
Pierre Bourdieu, *Gegenfeuer*, UVK, Konstanz 1998; – Robert Castel, *Die Metamorphosen der sozialen Frage. Eine Chronik der Lohnarbeit*, UVK, Konstanz 2000; – Carlo Knöpfel, Simone Prodolliet, *Prekäre Arbeitsverhältnisse in der Schweiz*, Caritas, Luzern 2001.
Verweise
Armut – Atypische Beschäftigungsformen – Flexibilisierung von Arbeitsverhältnissen – Neoliberalismus – Normalarbeitsverhältnis – Working Poor
Alessandro Pelizzari

Private Organisationen im Sozialbereich
Private Organisationen im Sozialbereich können Hilfswerke, Selbsthilfegruppen, Trägerorganisationen von sozialen Einrichtungen und Ähnliches mehr sein. Diese Einrichtungen werden als Nonprofit- oder Nichtregierungsorganisationen bezeichnet, um den privaten, aber nicht gewinnorientierten Charakter solcher Institutionen hervorzuheben.
Private Organisationen agieren im lokalen, kommunalen und kantonalen Bereich. In vielen Fällen sind sie in einem nationalen Netzwerk eingebunden und in einem Dachverband organisiert. Wenige private Organisationen erfüllen ihre Aufgaben im nationalen Rahmen. Zu ihnen gehören die drei »Pro-Werke« Pro Juventute, Pro Senectute und Pro Infirmis, Caritas Schweiz, das Hilfswerk der Evangelischen Kirchen der Schweiz (HEKS), das Schweizerische Arbeiterhilfswerk (SAH) und das Schweizerische Rote Kreuz (SRK). Die meisten dieser nationalen Hilfswerke sind Mitglied der Schweizerischen Arbeitsgemeinschaft für Sozialpolitik.
Vorsichtige Schätzungen gehen von rund 70 000 privaten Organisationen im sozialen Bereich aus, die insgesamt mehr als 100 000 Personen in der Schweiz beschäftigen. Dazu ist die Leistung der freiwillig Tätigen in diesen Organisationen dazuzurechnen. Über die Wirkung und den Nutzen privater Einrichtungen im Sozialbereich gibt es bis heute nur Einzelfallstudien, aber keine gesamtschweizerische Einschätzung.
Die Beziehung zwischen öffentlichen Einrichtun-

gen und privaten Organisationen im Sozialbereich ist sehr dynamisch und nicht frei von Spannungen. In vielen Fällen sind es zuerst freiwillig Engagierte, die sich neuer sozialer Fragen und der betroffenen Menschen annehmen. In einer späteren Phase führt dies zu einer Professionalisierung und organisatorischen Strukturen. Der Finanzbedarf steigt. Neben Spenden, Legaten und Zuweisungen werden Subventionen benötigt, um das Angebot an sozialer Hilfe aufrechterhalten zu können. In manchen Fällen kommt es zu einer »Verstaatlichung« der privaten Angebote. Heute vergibt der Sozialstaat aber auch Leistungsaufträge an private Organisationen, wo er nicht selber handeln kann (oder will), aber trotzdem ein Interesse an Hilfsangeboten hat.

Die Theorie des Dritten Sektors geht davon aus, dass es in jeder Gesellschaft neben den beiden Sektoren Markt und Staat einen eigenständigen Dritten Sektor gibt. Die Entstehung des Dritten Sektors und seine weitere Entfaltung wird als Reaktion auf ein Versagen des Marktes und des Staates zurückgeführt.

Das politische Prinzip der Subsidiarität steht im Zentrum kommunitaristischer Ansätze über den Sozialstaat. Die soziale Verantwortung liegt zuerst und vor allem beim Individuum und seiner Familie. An zweiter Stelle kommt das soziale Umfeld eines jeden: die Gemeinschaften. Diese haben sich in privaten Institutionen zu organisieren und soziale Aufgaben zu übernehmen. Erst in letzter Instanz kommt der (nationale) Sozialstaat ins Spiel, der nur noch jene Funktionen wahrzunehmen hat, die nicht durch die vorangestellten Instanzen erfüllt werden können.

In der Theorie kollektiven Handelns werden private Organisationen des Dritten Sektors als Interessengruppen interpretiert, die sich zum Vorteil ihrer Mitglieder beziehungsweise ihrer Klienten einsetzen. Sie handeln unter der Perspektive der Umverteilung, versuchen also auf Kosten der Allgemeinheit Vorteile für die eigene Gruppe herauszuholen.

Literatur
Christoph Badelt (Hrsg.), *Handbuch der Nonprofit Organisation. Strukturen und Management*, Schäffer-Poeschel, Stuttgart 1999; – Wolfgang Seibel, *Funktionaler Dilettantismus. Erfolgreich scheiternde Organisationen im »Dritten Sektor« zwischen Markt und Staat*, Nomos, Baden-Baden 1994; – Antonin Wagner, *Teilen statt umverteilen. Sozialpolitik im kommunitaristischen Wohlfahrtsstaat*, Haupt, Bern 1999.
Verweise
Kommunitarismus – Leistungsauftrag – Schweizerische Arbeitsgemeinschaft für Sozialpolitik (SAS) – Sozialpolitik – Zivilgesellschaft

Carlo Knöpfel

Privatisierung
Unter Privatisierung im engeren Sinne wird die Verlagerung von bestimmten bisher staatlichen Aktivitäten in den privaten Sektor der Volkswirtschaft verstanden, um die Allokation der Ressourcen durch den (als effizienter eingestuften) Markt erfolgen zu lassen. Im weiteren Sinne bedeutet Privatisierung die gesellschaftliche Tendenz der »Vermarktwirtschaftlichung« sämtlicher Produktionsbedingungen des Akkumulationsprozesses: der allgemeinen (staatliche Infrastruktur, öffentliche Dienstleistungen), der persönlichen (soziale Reproduktion) und der externen (natürliche Umwelt). Diese Bedingungen werden sukzessive den Verwertungsinteressen des privaten Kapitals unterworfen.

Der engere Begriff der Privatisierung kann in drei Varianten unterteilt werden (vgl. Zeuner 1999):
– Als Staatskapitalprivatisierung (auch: materielle Privatisierung) wird die Veräußerung von erwerbswirtschaftlichen Unternehmen (beispielsweise staatliche Automobilindustrie, Banken, Stahlwerke usw.) bezeichnet, die sich in Staatsbesitz befinden. Die öffentliche Hand zieht sich vollständig aus der Leistungserbringung zurück und überträgt die Aufgabe auf den privaten Bereich.
– Mit Aufgabenprivatisierung (auch: Liberalisierung) sind Reformen im Bereich der Infrastruktur gemeint. Vormals öffentliche Aufgaben in Monopolbereichen (z.B. Post, Telekommunikation, Bahn, Wasserwirtschaft) werden nun von profitwirtschaftlichen Trägern übernommen und in Konkurrenz zur öffentlichen Hand angeboten.
– Die Organisationsprivatisierung bezeichnet schließlich Ökonomisierungsstrategien, welche die öffentlichen Dienste im engeren Sinn sowie die klassischen »hoheitlichen« Kernbereiche staatlicher Tätigkeit betreffen. Betriebswirtschaftliche Normen und privatwirtschaftliche Arbeitsverhältnisse werden eingeführt, ohne dass sich an den Eigentumsverhältnissen etwas ändert.

In der wissenschaftlichen Literatur findet sich eine Vielzahl oft kontroverser Argumente für die Privatisierung öffentlicher Unternehmen. Im politischen Diskurs bilden vor dem Hintergrund der Finanznot der öffentlichen Kassen fiskalische Überlegungen das zentrale Element. Einig sind sich hingegen die Experten, dass sich durch Privatisierungen der Charakter der Aufgabenerfüllung erheblich verändert. Tatsächlich sind die Betriebe nunmehr rechtlich dazu verpflichtet, in Konkurrenz zu neuen Anbietern den Profit zu mehren, also Preise anzuheben, unrentable Angebote, die sozial aber erwünscht sein können, zu streichen, dem Unternehmen Konkurrenznachteile, die durch Einhaltung gemeinwohlorientierter Vorgaben entstehen könnten, zu ersparen usw. Dies führt im Extremfall zur gänzlichen Abschaffung von Dienstleistungen, die bei Bedarf nur noch durch das Angebot des Marktes erfüllt werden.

Dass durch Privatisierungen ganze Bevölkerungsteile, die über wenig Kaufkraft verfügen, von grundlegenden Bedürfnissen ausgeschlossen werden, ist nur eine Seite der Privatisierungspolitik. Die andere ist, dass durch die Auslagerung von Staatsaufgaben ein neues Staatsmodell entsteht, welches grundsätzlich auf der Wegnahme öffentlicher und parlamentarischer Kontrolle beruht. In der Tat gehört zu den auffälligsten Zügen der jetzigen Entwicklungen die enorme Konzentration von Macht und Ressourcen in den Händen transnationaler Unternehmen. Einige besonders expansive Konzerne haben sich gar darauf spezialisiert, ihr Wachstum auf die Übernahme öffentlicher Dienste zu gründen.

Literatur
Alessandro Pelizzari, *Die Ökonomisierung des Politischen*, UVK/Raisons d'Agir, Konstanz 2001; – Bodo Zeuner, »Das Politische wird immer privater«, in: Michael Heinrich, Dirk Messmer (Hrsg.), *Globalisierung und Perspektiven linker Politik*, Westfälisches Dampfboot, Münster 1999, S. 284–300.
Verweise
Deregulierung – Öffentlicher Dienst – Ökonomisierung
Alessandro Pelizzari

Privatrecht

Das Privatrecht umfasst sämtliche Regeln, welche die Beziehungen zwischen Privatpersonen betreffen. Dazu zählen das Personen- und Familienrecht, das Erbrecht, das Sachenrecht (Schutz des beweglichen und unbeweglichen Eigentums), das Obligationenrecht (Vertragsrecht, Haftung, ungerechtfertigte Bereicherung), das Handelsrecht, das Wertpapierrecht sowie das Recht auf geistiges Eigentum. Das Privatrecht hat grundsätzlich die Form eines Koordinationsrechts, das einen Ausgleich zwischen widersprüchlichen privaten Interessen anstrebt. Da es dem Schutz von individuellen Interessen dient, lässt es der Willensautonomie einen großen Spielraum und hat oft einen dispositiven Charakter. Das Privatrecht ist in der Schweiz auf Bundesebene geregelt, und die Kantone verfügen kaum noch über Kompetenzen in diesem Bereich. Es ist im Wesentlichen im Zivilgesetzbuch vom 10. Dezember 1907 und im Obligationenrecht, das am 30. März 1911 verabschiedet wurde, zusammengefasst.

Literatur
Theo Guhl, *Das Schweizerische Obligationenrecht mit Einschluss des Handels- und Wertpapierrechts*, Schulthess, Zürich 2000; – Alois von Alt-Marin, Peggy A. Knellwolf, Hans Schmidt, Jürg Senn, *ZGB. Das Schweizerische Zivilgesetzbuch*, Beobachter, Zürich 2001.

Verweise
Familienrecht – Öffentliches Recht – Schweizerisches Zivilgesetzbuch (ZGB)
Michel Hottelier

Privatversicherungsrecht

Die Privatversicherung ermöglicht Privatpersonen und Unternehmen, für bestimmte Gefahren oder Risiken Vorsorge zu treffen, um deren finanzielle Folgen auszugleichen oder zu mildern. Die Versicherung verfolgt daher nicht Schadensverhütung, sondern die Wiedergutmachung wirtschaftlicher Nachteile.

Zweck der Privatversicherung ist, die Folgen eines eingetretenen Risikos auf die Gesamtheit der demselben Risiko ausgesetzten Personen gleichmäßig zu verteilen. Sie fasst hierzu zahlreiche Personen, bei denen sich ein Risiko verwirklichen könnte, zu einer so genannten Gefahrengemeinschaft zusammen. Jede Person bezahlt nach einem Schlüssel einen Betrag, die Prämie. Dadurch bilden sich mehr oder weniger große Kapitalien. Aus diesen werden dann jenen Personen festgelegte Versicherungsleistungen entrichtet, bei denen sich die versicherte Gefahr verwirklicht hat, das heißt im Versicherungsfall.

Charakteristisch für die Privatversicherung ist, dass das Versicherungsverhältnis im Einzelfall erst durch Abschluss eines Vertrages entsteht, der Rechte und Pflichten der Beteiligten festlegt. Wichtige Grundlagen sind die Allgemeinen Versicherungsbedingungen (AVB) und das Bundesgesetz über den Versicherungsvertrag (VVG).

Die Prämien werden durch die privaten Versicherungsgesellschaften in der Regel nach der Größe der versicherten Gefahr und der Höhe der vereinbarten Versicherungsleistung abgestuft, das heißt, je größer das Risiko bzw. je höher die Versicherungsleistung, desto höher die Prämie. Der Prämienbildung geht demnach eine Risikoeinschätzung (Kalkulation) voraus, die aufzeigt, was eine Versicherung innerhalb einer bestimmten Gefahrengemeinschaft voraussichtlich an Leistungen zu erbringen haben wird.

In der Privatversicherung können gegen bestimmte Gefahren versichert werden: eine Sache (z.B. Hausrat, Forderung), ein Vermögen (Aufwand oder Verlust) oder eine Person. Als Risiken sind beispielsweise Diebstahl, Haftpflicht und Tod zu nennen.

Die privaten Versicherungsgesellschaften unterstehen der Bewilligungspflicht und Aufsicht durch den Bund (vgl. insbesondere das Bundesgesetz betreffend Aufsicht über die privaten Versicherungseinrichtungen [VAG]). Die Aufsicht konzentriert sich in erster Linie auf die Solvenz der Versicherungsgesellschaften.

Literatur
Moritz W. Kuhn, R. Luka Müller-Studer, Martin K. Eckert, *Privatversicherungsrecht*, Schulthess, Zürich 2002; – Alfred Maurer, *Schweizerisches Privatversicherungsrecht*, Stämpfli, Bern 1995.

Verweise
Äquivalenzprinzip – Gleichwertigkeit (Grundsatz der) – Sozialversicherungen (allgemeiner Begriff) – Versicherungsprinzip

Ruth Schnyder

Pro Familia

Die Dachorganisation Pro Familia Schweiz zählt zahlreiche Mitgliedorganisationen, die auf ihrer Ebene einen wesentlichen Beitrag zur Umsetzung der Familienpolitik und zur Sensibilisierung der Öffentlichkeit leisten.

Diese Organisation wurde zwei Jahre nach der ersten schweizerischen Konferenz zum Schutz von Volk und Familie 1942 gegründet. Ihre Zielsetzung war wie folgt umschrieben: »Förderung einer Wirtschafts- und Sozialpolitik, welche ausreichende Familien- und Kinderzulagen, familienfreundliche Wohnungspolitik und Besteuerung, Schutz der Mutterschaft und Verbilligung der öffentlichen Transporte garantiert.«

Wenige Jahre nach ihrer Konstituierung präsentierte die neue Dachorganisation, die von Anfang an konfessionell und politisch neutral war, ein sehr umfassendes Programm zur Familienpolitik. Dieses Programm blieb bis in die 80er-Jahre das kohärenteste Dokument der schweizerischen Familienpolitik. Zur Umsetzung dieser Politik verstärkte sie die Kontakte zu den Arbeitgeberorganisationen und zu den Gewerkschaften.

Zu Beginn ausgehend von einem klassischen Familienbegriff, öffnete sich die Dachorganisation in den 70er-Jahren den neuen Familienformen und erwartete, dass der Gesetzgeber den neuen Familienrealitäten Rechnung trägt.

Zwischen 1970 und 1990 erlebte der Dachverband innere Zerreißproben und benötigte die meiste Zeit zur Aufarbeitung der internen Differenzen, die durch die Debatte über den Schwangerschaftsabbruch in den 70er-Jahren ausgelöst worden waren. Ende der 80er-Jahre erfuhr Pro Familia eine breite Resonanz in der Öffentlichkeit mit der Publikation der ersten Studie über Kinderkosten. Des Weiteren verabschiedete Pro Familia eine Familiencharta (Leitbild der zukünftigen schweizerischen Familienpolitik), koordinierte und gestaltete in der Schweiz das Internationale Jahr der Familie (1994), veröffentlichte zahlreiche politische Forderungen und Positionen, verstärkte die Lobbytätigkeit auf nationaler Ebene und die Öffentlichkeitsarbeit (nationale Plakatkampagne und Wanderausstellung zu den neuen Familienrealitäten). Auf Veranlassung von Pro Familia wurde die Eidgenössische Koordinationskommission für Familienfragen gegründet.

Heute verfolgt Pro Familia Schweiz mit ihren kantonalen Sektionen folgende Ziele:
– die Vertretung der Interessen der Familien in der Schweiz, in Anerkennung ihrer Vielfalt;
– die Förderung und Mitgestaltung der Familienpolitik in der Schweiz;
– die Sensibilisierung der Öffentlichkeit;
– die Wahrung der Rechte der Familien und ihrer Mitglieder;
– die Förderung einer aktiven Teilnahme der Familien am öffentlichen Leben;
– die Stärkung der Möglichkeiten zur Bildung in Familienfragen.

Internet
www.profamilia.ch
www.familienplattform.ch

Lucrezia Meier-Schatz

Pro Juventute

Die Stiftung Pro Juventute, deren Hauptsitz in Zürich ist, setzt sich für das Wohlergehen und die Würde von in der Schweiz wohnhaften Kindern, Jugendlichen und ihren Familien ein. Ihre Ziele wurden bei ihrer Gründung im Jahre 1912 festgesetzt. Um diese zu erreichen, verfügt sie über eine solide Organisation: Das Fundament bilden die Bezirke – 191 in der ganzen Schweiz –, die sich auf 8000 freiwillige Mitarbeitende stützen. Auf lokaler Ebene bieten sie direkte Hilfe und lancieren oder unterstützen Projekte in den Bereichen der Erziehung, der Bildung, der Gesundheit, der soziokulturellen Animation und der Freizeit. Das Generalsekretariat bewältigt die regionalen oder nationalen Aufgaben und engagiert sich auch sozialpolitisch. Die Stiftung Pro Juventute finanziert mehr als 95 Prozent ihrer Aktivitäten durch den Verkauf von Artikeln, durch Spenden und Legate und durch Dienstleistungsangebote. Vor allem auch dank ihrem traditionellen Briefmarkenverkauf ist sie bei fast 100 Prozent der Schweizer Bevölkerung bekannt.

Internet
www.projuventute.ch

Heinz Bruni

Pro Senectute

Pro Senectute Schweiz ist die führende Fach- und Dienstleistungsorganisation im Altersbereich. Sie ist auf nationaler und kantonaler Ebene organisiert. Pro Senectute wurde 1917 als privates Hilfswerk für »bedürftige Greise« gegründet. Sie war von Anfang auf zwei Ziele ausgerichtet: direkte finanzielle Hilfe für ältere Menschen in materieller Not sowie Unterstützung aller Bemühungen, eine gesetzlich verankerte Altersversicherung zu schaffen. Seit 1928 erhielt die Stiftung Subventionen des Bundes. 1977 wurde die Altershilfe im AHV-Gesetz verankert. Ein Leistungsvertrag regelt die Zusammenarbeit zwischen Bund und Pro Senectute.

Pro Senectute Schweiz bietet Dienstleistungen in folgenden Bereichen an: Soziale Arbeit, Hilfeleistungen zu Hause, Sport und Bildung. Sie führt die Schule für Angewandte Gerontologie (SAG) sowie eine Bibliothek und Dokumentationsstelle zu Alters- und Generationenfragen und gibt die Zeitschrift *Zeitlupe* heraus.

Internet
www.pro-senectute.ch
Verweise
AHV/IV – Alterspolitik – Gerontologie – Seniorinnen und Senioren

Kurt Seifert

Produktegruppen-Globalbudget

Das Produktegruppen-Globalbudget – kurz Globalbudget – enthält mehrjährige Verpflichtungs- oder einjährige Voranschlagskredite für bestimmte Aufgabenbereiche der öffentlichen Hand – gegliedert nach Produktegruppen und mit einem Leistungsauftrag versehen. Die Produktegruppe fasst dabei diejenigen Einzelleistungen oder Produkte zusammen, die eine Einheit mit klarer politischer und strategischer Ausrichtung innerhalb eines Aufgabenbereichs bilden.

Im Unterschied zu den traditionellen, *input*-orientierten Budgets wird auf die detaillierte Darstellung der Aufwands- und Ertragsarten für jede einzelne Verwaltungseinheit oder Nonprofit-Organisation verzichtet. Der *input* wird globalisiert, das heisst zur Summe des gesamten Aufwands und des gesamten Ertrags zusammengefasst oder sogar zum Nettoaufwand saldiert.

Bei den *output*-orientierten Produktegruppen-Globalbudgets werden die vom Parlament bestellten und finanzierten Leistungen mit einem detaillierten Leistungsauftrag pro Produktegruppe spezifiziert:
– übergeordnete politische Ziele im Sinne der Wirkungsorientierung;
– stufengerechte betriebliche Ziele im Sinne der Kosten-Leistungs-Orientierung;
– erfolgsrelevante messbare Indikatoren zu jedem betrieblichen Ziel;
– erreichbare und vereinbarte Sollwerte für diese Indikatoren.

Damit wird ersichtlich, mit welchen Kosten und Leistungen ein Beitrag zur Erreichung welcher Wirkungen in Gesellschaft, Staat, Wirtschaft und Umwelt geleistet werden soll.

Mit dem so spezifizierten Produktegruppen-Globalbudget weist das Parlament den einzelnen Organisationen für genau bestimmte Aufgabenbereiche einen detaillierten Leistungsauftrag und ein globalisiertes Budget pro Produktegruppe zu. Der Aufgaben- und der Finanzierungsentscheid fallen hier zusammen. Bei der notwendigen Regelung der parlamentarischen Steuerungseingriffe mit dem Produktegruppen-Globalbudget wird sowohl die Kompetenzverteilung zwischen Parlament und Regierung als auch die Arbeitsweise und die Organisationsstruktur des Parlaments generell hinterfragt.

Literatur
Daniel Brühlmeier, Theo Haldemann et al., »New Public Management für das Parlament: Ein Muster-Rahmenerlass WoV«, in: *Schweizerisches Zentralblatt für Staats- und Verwaltungsrecht*, Nr. 7, 1998, S. 297–316.
Internet
www.wov.ch
Verweise
Leistungsauftrag – Ökonomisierung – Wirkung

Theo Haldemann

Psychiatrie

Der Begriff Psychiatrie ist aus den griechischen Wörtern *psyche* (Hauch, Atem, Seele) und *iatreia* (Heilung) gebildet. Er bezeichnet die Erforschung, Prävention, Diagnostik und Behandlung von seelischen Erkrankungen. Die Wurzeln der Psychiatrie liegen im Ende des 19. Jahrhunderts. Massgeblich für ihre Entstehung waren die Aufklärung und die Industrialisierung. Die industrielle Produktionsweise erforderte diszipliniertes, genormtes und selbstverbietendes Verhalten – Bedingungen, die nicht alle Menschen erfüllen konnten.

Unvernünftige und Leistungsschwache wurden ins *workhouse* (GB), ins *hôpital général* (F) und in Arbeits-, Korrektions-, Toll- und Siechenhäuser verbracht. Die Konzentration von Irren in Anstalten und die damit verbundene tägliche Erfahrung führte zur Entstehung der Psychiatrie als eigene Wissenschaft und zur Entwicklung der entsprechenden Theorien und therapeutischen Vorgehensweisen. In der zweiten Hälfte des 19. Jahrhunderts wurde sie als eigenständige medizinische Disziplin von den Fakultäten anerkannt. Entstehungsursachen und therapeutische Beeinflussungsmöglichkeiten der meisten psychiatrischen Erkrankungen sind körperlicher, psychischer und sozialer Natur. Die Psychiatrie hat deshalb eine Mittelstellung zwischen Natur- und Geisteswissenschaften und ist – oft polarisierten – Spannungen ausgesetzt. Enge Beziehungen hat die Psychiatrie zur Neurologie, Neurobiochemie, Psychologie, Soziologie, Psychoanalyse, Verhaltensforschung, Anthropologie und Genetik.

Die Psychiatrie ist seit jeher auch der Spannung

ausgesetzt, sich einerseits dem kranken Individuum zuzuwenden und anderseits die Gesellschaft vor störenden Mitgliedern zu schützen, also auch ordnungspolitische Funktionen zu übernehmen. Mit der Entdeckung wirksamer Medikamente in den 1950er-Jahren sowie mit ambulanten und teilstationären Einrichtungen ab den 70er-Jahren wurden außerklinische und gemeindenahe Behandlungsmöglichkeiten geschaffen und gleichzeitig die großen psychiatrischen Kliniken (»totale Institutionen«, Goffman) verkleinert. Diese Entwicklung hat nicht nur ökonomische Vorteile, sie verbessert auch die Integrationschancen der Erkrankten, die in ihrem natürlichen Beziehungsfeld adäquatere rehabilitative Behandlung erhalten und selbständiger leben können. Zudem kann die Stigmatisierung reduziert werden.

Die Stigmatisierung entspricht einer Zusatz-Erkrankung psychiatrischer Patientinnen und Patienten. Die psychiatrische Erkrankung und vor allem die entsprechende Hospitalisierung wird von den Betroffenen schuld- und schamhaft erlebt und von der Gesellschaft stereotyp mit diversen Vorurteilen assoziiert. Im Unterschied zu den meisten körperlichen Erkrankungen erfassen psychiatrische Erkrankungen die Persönlichkeit als Ganzes. Demzufolge ist immer der kranke Mensch als Ganzes zu behandeln.

– Psychopathologie befasst sich mit der Beschreibung abnormen Erlebens, Befindens und Verhaltens. In der deskriptiven Psychopathologie wird beschrieben, benannt und geordnet, im Hinblick auf Klassifikation und diagnostische Zuordnung. Die verstehende, dynamische Psychopathologie fragt nach den erlebens- und biografiebezogenen Zusammenhängen der psychischen Störungen.

– Soziotherapie ist die Behandlung von Kranken durch Milieugestaltung, Strukturierung des Tagesablaufes, Interaktionen, Beschäftigungs- und Arbeitstherapie.

– Psychopharmakologie entspricht der Lehre von der Beeinflussung seelischer Vorgänge durch Psychopharmaka. Psychopharmakotherapie ist demzufolge die medikamentöse Behandlung seelischer Krankheiten. Sie macht heute den weitaus größten Teil der somatischen Behandlungsmethoden in der Psychiatrie aus.

– Psychosomatische Medizin ist ein eigenes Fachgebiet, das sich mit Lehre und Behandlung von körperlich in Erscheinung tretenden Krankheiten beschäftigt, die seelisch bedingt oder zumindest mitbedingt sind.

Literatur
Klaus Dörner, Ursula Plog, *Irren ist menschlich*, Psychiatrie-Verlag, Bonn 2000; – Hans-Jürgen Möller, Gerd Laux, Arno Deister, *Psychiatrie und Psychotherapie*, Thieme, Stuttgart 2001.

Verweise
Psychotherapie – Sozialpsychiatrie – Zwang in der Psychiatrie

Kurt Bachmann

Psychomotorik

Psychomotorik stellt die Bewegung des Menschen als Ausdruck der Beziehung zwischen Körper, Seele und Geist ins Zentrum. Sie geht davon aus, dass Körper- und Bewegungserfahrungen eine wesentliche Voraussetzung für die Entwicklung des Menschen darstellen. In dieser Sichtweise dient der Körper als Ausgangs- und Bezugspunkt für motorische, sensorische, emotionale, kognitive und soziale Erfahrungen.

Aus dieser Erkenntnis sind spezifische Verfahren entwickelt worden, welche im präventiven, pädagogischen und therapeutischen Bereich ihre Anwendung finden.

In der Schweiz ist Psychomotoriktherapie seit 1970 ein heilpädagogischer Beruf. Er findet auch im psychiatrisch-medizinischen Praxisfeld Anwendung. Im therapeutischen Schonraum werden Bewegung und Spiel als zentrale Arbeitsmittel in der Begleitung entwicklungsauffälliger Kinder eingesetzt. Das Kind kann Erfahrungsdefizite ausgleichen, motorische Kompetenzen verbessern und mit bleibenden Schwierigkeiten einen angemessenen Umgang finden. Dabei können Verhaltens- und Bewegungsmuster anhand von persönlichen Entwicklungsthemen verändert und unterstützt werden.

Literatur
ASTP (Verband schweizerischer Psychomotorik-Therapeuten und -Therapeutinnen), *Psychomotoriktherapie*, Schweizerische Zentralstelle für Heilpädagogik (SZH), Luzern 1992; – Emil Kobi, »Psychomotoriktherapie in der Schweiz«, in: *Heilpädagogik als/mit/im System*, SZH, Luzern 1999; – Mathias Weibel, *Dialogische Abklärung in der Psychomotoriktherapie*, Dossier 71 SZH, Luzern 2000.

Internet
www.astp.ch

Irene Kissling, Mathias Weibel

Psychosoziale Dienste

Psychosoziale Dienste umfassen interdisziplinär zusammengesetzte, meist ambulante Beratungsstellen, welche stationäre klinische Einrichtungen der somatischen Medizin und Psychiatrie ergänzen.

Der Ursprung des Begriffes psychosozial ist unklar. Im anglophonen Bereich wird eher biopsychosozial verwendet, mit dem eine nebst biologischen vermehrt auch psychosoziale Aspekte von Gesundheit und Krankheit berücksichtigende Medizin und Psychiatrie bezeichnet wird. Im deutschen Sprachraum ursprünglich zusammengefasst unter »medizinische Psychologie«, setzte sich Ende der 1970er-Jahre der Begriff psychosoziale Medizin durch, nicht zuletzt durch die Aufnahme des entsprechenden Faches in den Prüfungskatalog (CH) der Medizinalprüfungen (Willi 1982). Während »Medizin« die ärztliche Tätigkeit betont, meint »psychosozial« die psychologische, sozialpsychologische und soziologische Dimension der medizinischen Praxis.

Der von psychosozialen Diensten abgedeckte Bereich im Krankenhaus und in seinen nachbetreuenden Einrichtungen ist breit. Kaum eine klinische Spezialität, die heute ihr Angebot nicht mit psychosozialen Dienstleistungen ergänzen würde. Dies zu Recht, muss doch von einer hohen psychischen Komorbidität von Menschen in Spitalbehandlung ausgegangen werden. Dieser Befund führte denn auch zur Etablierung der benachbarten Liaisonpsychiatrie. Dem breiten Gebrauch der Bezeichnung Psychosozialer Dienst entspricht allerdings auch eine wenig präzise Abgrenzung des Begriffes und das Fehlen von Versorgungsstandards. Tatsächlicher Bedarf und Inanspruchnahme psychosozialer Dienstleistungen sind dementsprechend unklar und durch eine lange Reihe von Faktoren beeinflusst. Härter (2000) hebt folgende hervor: die Prävalenz komorbider psychischer Störungen bei somatischen Erkrankungen; schwierige Anpassungs- und Bewältigungsprozesse der Betroffenen; die Bereitschaft und Kompetenz der medizinischen Berufsgruppen, psychische Störungen und ungünstige soziale Bewältigungsprozesse als behandlungsbedürftig zu erkennen; eine Definition spezifischer Gruppen, bei denen eine psychosoziale Dienstleistung erforderlich und möglich ist; die Verfügbarkeit entsprechender Fachpersonen; die subjektive Bedürftigkeit der Betroffenen, woraus schließlich dann deren tatsächliche Inanspruchnahme resultiert.

Um das gesundheitsfördernde Potenzial psychosozialer Dienste effektiv nutzen zu können, sind also noch wesentliche Bereiche zu erforschen, wozu eben Fachleute aus den psychosozialen Disziplinen aufgerufen sind. Die Ausrichtung solcher Forschung ist im Editorial des ersten Bandes von *psychosozial* (1978) skizziert: »Psychische Entwicklung ist die Voraussetzung für bewusste, verantwortete Regulierung des eigenen Handelns, also für die Ethik; soziale Entwicklung ist die Voraussetzung für bewusste, verantwortete Regelung der gemeinsamen Angelegenheiten, also für die Politik.« Die programmatische Zusammenschreibung »psychosozial« betont mithin die Notwendigkeit, mittels verantwortlichen politischen Handelns »das Auseinanderklaffen von sozialen Lebensbedingungen und ursprünglichen psychischen Bedürfnissen zu überwinden«.

Literatur
psychosozial. Zeitschrift für Analyse, Prävention und Therapie psychosozialer Konflikte und Krankheiten, Nr. 1, S. 2–5, rororo, Hamburg 1978; – Martin Härter, Uwe Koch, *Psychosoziale Dienste im Krankenhaus*, Verlag für angewandte Psychologie, Göttingen 2000; – Jürg Willi, »Was ist Pyschosoziale Medizin?«, in: *Schweizerische Ärztezeitung*, Nr. 63, 1982, S. 1102–1103.
Verweise
Unterstützungssystem

Patrick Haemmerle

Psychotherapie

Psychotherapie ist ein Korpus von Methoden und Behandlungstechniken, um das Erleben, Fühlen, Denken und Handeln von Menschen mit geistigen und seelischen Mitteln zu beeinflussen und in eine gewünschte Richtung zu verändern. Sie ist gleichzeitig eine interdisziplinär fundierte Wissenschaft, die ihre Erkenntnisse aus dem Kontext der psychotherapeutischen Praxis bezieht und diese im Wechselspiel von Forschung und Praxis weiterentwickelt.

Psychotherapie gehört zu den wissenschaftlich anerkannten und klinisch, das heißt in der Alltagsversorgung, bewährten Behandlungsformen. Sie gliedert sich in fünf Hauptströmungen: 1. psychoanalytische und tiefenpsychologische Methoden, 2. Methoden mit humanistisch-psychologischer Fundierung, 3. kognitive und verhaltenstherapeutische Methoden, 4. systemische Methoden, 5. körperpsychotherapeutische Methoden.

Die Psychotherapie hat sich seit ihrer Begründung als wissenschaftliche Heilmethode vor über hundert Jahren – Sigmund Freuds *Studien über Hysterie* (1895) gelten als Anfangspunkt ihrer Entwicklung – zu einem breiten Instrumentarium von Methoden und Techniken entwickelt und kann das gesamte Spektrum psychischer Störungen behandeln: neurotische Störungen, Persönlichkeitsstörungen, Süchte und zum Teil auch Psychosen sowie affektive Störungen wie Depression. Psychotherapie wird auch von hinreichend »gesunden« Menschen in Anspruch genommen, die ihre Persönlichkeit weiterentwickeln wollen. Psychotherapie wird im Einzel-, Paar- oder Gruppensetting durchgeführt. Die Psychotherapie mit Kindern und Jugendlichen ist eine spezielle Subdisziplin.

In der Schweiz praktizieren rund 2500 Psychotherapeutinnen und -therapeuten, die eine qualifizierte Weiterbildung in einer anerkannten Psychotherapiemethode absolviert haben, sowie 1500 Psychiaterinnen und Psychiater, die zum Teil psychotherapeutisch qualifiziert sind. Psychotherapie wird nur dann durch die obligatorische Krankenversicherung gedeckt, wenn sie von Ärztinnen oder Ärzten durchgeführt oder delegiert wird. Die qualifizierten Psychotherapeutinnen

und -therapeuten sind nicht als Leistungserbringer in der Grundversicherung zugelassen.
Der Titel Psychotherapeut ist derzeit in der Schweiz noch nicht geschützt. Ein eidgenössisches Psychotherapiegesetz ist jedoch in Vorbereitung. Die meisten Kantone regeln die Ausübung der Psychotherapie durch die Erfordernis einer Praxisbewilligung. Der Schweizer Psychotherapeuten Verband (SPV) und die Föderation der Schweizer Psychologinnen und Psychologen (FSP) sind die maßgeblichen Dachverbände der qualifizierten Psychotherapeutinnen und -therapeuten.

Literatur
Markus Fäh, Gottfried Fischer, *Sinn und Unsinn in der Psychotherapieforschung*. Psychosozial Verlag, Gießen 1998; – Sigmund Freud, *Studien über Hysterie (1895)*, Gesammelte Werke, Band 1: *Imago*, London 1940–1952; – Isabelle Meier, Koni Rohner, *Psychotherapie. Ein Ratgeber aus der* Beobachter-*Praxis*, Beobachter, Zürich 1998.
Internet
www.psychotherapie.ch
Verweise
Gesundheit – Krankenversicherung

Markus Fäh

Public Health
Die Aufgabe von Public Health besteht darin, Bedingungen zu schaffen und zu erhalten, unter denen Menschen gesundheitsverträglich leben können. Zentrale Elemente sind die Bestimmungsfaktoren von Gesundheit und Gesundheitsverhalten, die Ursachen von Krankheit sowie die Wechselwirkungen zwischen Menschen und ihrer natürlichen, technischen und sozialen Umwelt.
Im politischen Alltag ist der Begriff noch kaum verankert. Gleichwohl finden sich Public-Health-Anliegen auf der individuellen wie auch der gesellschaftlichen Ebene zunehmend thematisiert. Beispiele dafür sind Lärmsanierung, Gesundheitsförderung in Betrieben, Bewegungs- und Ernährungsprogramme, Schulungsprogramme zur Krankheitsbewältigung, Integration von Ausländerinnen und Ausländern.
Die Planung und Umsetzung von Public-Health-Maßnahmen erfordert das Zusammenspiel zahlreicher Forschungszweige und Professionen: Epidemiologie, Umweltwissenschaften, Ökonomie, Psychologie, Pädagogik, Soziologie, Medizin, Kommunikationswissenschaften. Seit den frühen 1990er-Jahren bestehen in der Schweiz universitäre Public-Health-Programme.

Literatur
Friedrich W. Schwartz et al. (Hrsg.), *Das Public Health Buch*, Urban & Fischer, München 2000.
Internet
www.public-health-edu.ch

Verweise
Frauen und Gesundheit – Gesundheitsförderung – Migration und Gesundheit – Prävention – Sozial- und Präventivmedizin

Urs Zanoni

Qualifikation (berufliche)
Unter beruflicher Qualifikation ist die Befähigung oder Eignung zur Ausübung eines bestimmten Berufes oder einer beruflichen Funktion zu verstehen. Voraussetzung dazu sind Begabungsaspekte (Intelligenz, soziale Fähigkeiten, körperlich-handwerkliche Begabung usw.) und Bildung. Als Stufen der beruflichen Qualifikation gelten Vorbildung (Primarstufe, Sekundarstufe I), Grundausbildung (auch Grundbildung genannt), die Höhere Berufsbildung (Berufsprüfung, Höhere Fachprüfung, Höhere Fachschule, Fachhochschule) und die berufsorientierte Weiterbildung.
In den letzten Jahren ist die Durchlässigkeit im beruflichen Bildungssystem durch drei Aspekte erhöht worden:
– die Möglichkeit für Erwachsene, den Lehrabschluss nachzuholen;
– die Modularisierung des Aus- und Weiterbildungssystems;
– die Attraktivitätssteigerung durch Einführung der Berufsmaturität und der Fachhochschulen.
Berufliche Qualifikation bedarf der ständigen Anwendung, weil Unternutzung vorhandener Qualifikationen zu Qualifikationsverlusten führt. Zur Erhaltung und zum Ausbau der beruflichen Qualifikation tragen *learning by doing* und *learning on the job* sehr viel bei.
Der junge Mensch hat ein Recht auf eine berufliche Grundausbildung, zu deren Finanzierung die Eltern gemäß Artikel 302 ZGB verpflichtet sind. Wenn dies nicht möglich ist, kann sie durch Ausbildungsbeiträge (Stipendien, Beiträge aus Fonds, Darlehen) finanziert werden.
In neuester Zeit wird auch der außerberuflichen Qualifizierung durch Freizeittätigkeit, freiwillige Arbeit und Familientätigkeiten besondere Beachtung geschenkt. Dies nicht zuletzt unter dem Aspekt der Frauenförderung. Ein entsprechendes Portfolio (Schweizerisches Qualifikationsbuch CH-Q) ermöglicht es, diese außerberuflich erworbenen beruflich relevanten Qualifikationen systematisch zu dokumentieren. Ein nächster Schritt bietet die Möglichkeit, Qualifikationen nachzuweisen (z.B. Centre de bilan oder über den neu gegründeten Verein Valida).
Es ist unbestritten, dass die berufliche Qualifikation (Grundausbildung und permanente Fort- und Weiterbildung) von großer sozialpolitischer Bedeutung ist, trägt sie doch dazu bei, Armuts- und Arbeitslosigkeitsrisiken erheblich zu reduzieren.

Literatur
Anita Calonder-Gerster et al., *Schweizerisches Qualifikationsbuch*, Werd, Zürich 1999; – Emil Wettstein et al., *Berufliche Weiterbildung im Baukastensystem*, Bundesamt für Berufsbildung und Technologie, Bern 1999; – René Zihlmann, *Das Berufswahlbuch*, sabe, Aarau 2002.
Internet
www.ruediwinkler.ch
Verweise
Arbeit – Beruf/Berufswechsel – Berufsberatung – Weiterbildung
René Zihlmann

Qualitätsentwicklung (-sicherung)
Die Begriffe Qualitätsentwicklung, -management, -förderung, -sicherung und -kontrolle bezeichnen das Bestreben, die Erzeugnisse einer Organisation kontinuierlich zu verbessern. In der Umgangssprache wird einem Produkt dann hohe Qualität zugestanden, wenn es hohe Erwartungen erfüllt und vergleichbare Produkte übertrifft. Im Gegensatz zur Umgangssprache ist Qualität im wirtschaftswissenschaftlichen Sinn ein relativer Begriff. Qualität misst sich durch einen Vergleich eines Ist- mit einem Soll-Wert. Stimmen diese beiden Werte überein, sind die Qualitätsziele erreicht, auch wenn der Soll-Wert nach absoluten Maßstäben keine hohen Erwartungen erfüllt. Der Soll-Wert wird dabei in aller Regel in Relation zum Preis gesetzt. Qualitätsentwicklung/-sicherung kann struktur-, prozess- oder ergebnisorientiert sein. Die ergebnisorientierte Qualitätsentwicklung/-sicherung wird heute bevorzugt. Sie wird häufig unter der Bezeichnung *Outcome*-Messung geführt.

Literatur
Klaus Eichler, Marc-Anton Hochreutener, *Outcome-Messung im Krankenhaus: Wege zur Erhöhung der Datenqualität*, Schweizerische Gesellschaft für Gesundheitspolitik, Muri 2002; – Patricia Schroeder, *Qualitätsentwicklung im Gesundheitswesen*, Hans Huber, Bern 1998.
Verweise
Gesundheitskosten – Managed Care – Produktegruppen-Globalbudget
Pierre Gobet

Quoten
Quoten bezeichnen zunächst einen Prozentsatz, einen Anteil an einer Sache. In der Schweiz spielen Quoten bei der Bestellung von Institutionen (Kommissionen, Behörden, Räten usw.) eine große Rolle, insbesondere in Bezug auf Sprachgruppen und Parteien. Seit den 1980er-Jahren bezieht sich der Begriff Quoten vor allem auf die Repräsentanz beider Geschlechter. Jedoch ist diese Quotierung in der Schweizer Bevölkerung nicht populär. Dementsprechend schlecht schnitt auch die Initiative »Für eine gerechte Vertretung der Frauen in den Bundesbehörden«, genannt Quoteninitiative, ab, die 1993 nach der Nichtwahl von Christiane Brunner in den Bundesrat lanciert wurde. Bei der Abstimmung am 12. März 2000 stimmten nur 18,1 Prozent der Stimmbürgerinnen und Stimmbürger für Geschlechterquoten in der Politik. Frankreich hat im Juni 2000 ein Gesetz über die Geschlechterparität verabschiedet, aufgrund dessen in Gemeinden mit mehr als 3500 Einwohnern auf Wahllisten gleich viele Männer wie Frauen antreten müssen. Obwohl in der Schweiz so genannte Ergebnisquoten nicht angenommen wurden, werden Geschlechterquoten auf Wahllisten immer häufiger informell angewendet.

Literatur
Eidgenössische Kommission für Frauenfragen, »Politische Partizipation«, in: *Frauenfragen*, Nr. 1, Bern 2000.
Verweise
Gleichbehandlung von Mann und Frau – Gleichstellung von Mann und Frau – Gleichstellungsbüro
Martine Chaponnière

Rahmenfristen
Die Rahmenfristen haben zum Zweck, den Anspruch auf Arbeitslosenentschädigung zeitlich zu begrenzen. Es wird eine Rahmenfrist für die Beitragszeit und eine Rahmenfrist für den Leistungsbezug unterschieden.
Die Rahmenfrist für die Beitragszeit verlangt, dass die versicherte Person in den 2 Jahren vor dem Stichtag (in der Regel der Tag der Anmeldung bei der Arbeitslosenkasse) während mindestens 6 Monaten einer AHV-beitragspflichtigen Tätigkeit nachgegangen ist. Dies ist zentrale Voraussetzung für den Anspruch auf Arbeitslosenentschädigung. Ausnahmen von der 6-monatigen Beitragszeit gelten für Personen, welche wegen Ausbildung, Krankheit, Unfall, Mutterschaft oder Haft die Beitragszeit nicht erfüllen konnten.
Die Rahmenfrist für den Leistungsbezug begrenzt die Dauer der Arbeitslosenentschädigung auf in der Regel 150 Tage nach dem Stichtag (250 Tage nach Vollendung des 50. Altersjahrs, 400 Tage nach Vollendung des 60. Altersjahrs und 520 Tage bei Bezügern und Bezügerinnen einer Invalidenrente (Stand 2001).

Literatur
Thomas Locher, *Grundriss des Sozialversicherungsrechts*, Stämpfli, Bern 1997; – Thomas Nussbaumer, »Arbeitslosenversicherung«, in: Ulrich Meyer-Blaser (Hrsg.), *Schweizerisches Bundesverwaltungsrecht*, Band *Soziale Sicherheit*, Helbing & Lichtenhahn, Basel 1998; – Dieter Widmer, *Die Sozialversicherung in der Schweiz*, Schulthess, Zürich 2001.
Internet
www.seco.admin.ch
Verweise
Arbeitslosenversicherung
Olivier Steiner

Rasse und Ideologie

Der etymologische Ursprung des Begriffs Rasse ist umstritten. Der Begriff ist bereits im 13. Jahrhundert in den romanischen Sprachen vereinzelt anzutreffen. Während der spanischen Reconquista beispielsweise findet sich *race* im antijudaistischen Kontext. Zwei Jahrhunderte später versucht der französische Geburtsadel mit dem Hinweis auf seine *race* den Aufstieg des Amtsadels zu verhindern. In der gleichen Verwendung erscheint der Begriff im 16. Jahrhundert gehäuft im englischen, deutschen Sprachgebrauch und bezeichnet die Abstammung von einer bestimmten Familie, die Zugehörigkeit zu einem Haus im Sinne von »edlem Geschlecht« (Geiß 1988, 17). Parallel wurde der Begriff dazu verwendet, Vorzüge von Nutz- und Haustieren sowie Kulturpflanzen zu bezeichnen bzw. ihre Zugehörigkeit zu einer bestimmten Gattung zu beschreiben. Allerdings bildete »Rasse« zu diesem Zeitpunkt noch keine biologische oder ethnische Kategorie. Die Anwendung des Begriffs beim Menschen basierte nicht auf körperlichen Merkmalen.

Erst Mitte des 17. Jahrhunderts werden erste Klassifikationen des Menschen anhand phänotypischer Merkmale unternommen (François Bernier), die zwar noch ohne eine Hierarchisierung (wie bei Carl von Linné, 1758), jedoch bereits mit einer wertenden Beurteilung versehen werden. Ende des 18. Jahrhunderts werden schließlich äußerlich erkennbare Merkmale in Zusammenhang mit inneren Werten gestellt und hierarchisch gegliedert (Christoph Meiners). Dieses Verständnis lieferte im Weiteren die Legitimationsgrundlage für die Kolonialpolitik der europäischen Staaten. Ende des 19. Jahrhunderts wurde zudem ein Konnex zwischen Rassen-Theorien und Volk/Nation konstruiert, wodurch sich nun auch die Ideen einer »reinrassigen« Nation manifestieren (Joseph Arthur de Gobineau). Damit sind die Grundlagen für die Rassenideologien der zweiten Hälfte des 19. Jahrhunderts gelegt. Die Steigerung einer arisch-germanischen Rasse ins Pseudoreligiöse sowie die Idee, dass »Vermischung« zu Degeneration und Niedergang einer Nation führen könne, wird unter anderem Howard Stewart Chamberlain, Schwiegersohn von Richard Wagner, zugeschrieben. Die fortwährende ideologische Zuspitzung mündete schließlich in die rassisch begründeten Massenmorde der Nationalsozialisten in der ersten Hälfte des 20. Jahrhunderts. Obwohl die Existenz von menschlichen Rassen als biologisches Phänomen in den 1960er-Jahren widerlegt wurde, hat die Auffassung von Rasse als soziales Konstrukt weiterhin einen großen Einfluss auf die öffentliche Meinung, breit vorhandene Vorurteile, Grundsatzdiskussionen und soziale Interaktion. Die »rassistische Darstellungsform des negativen Anderen« geht jedoch meist mit einer Darstellung des »positiven Eigenen« einher (Robert Miles). Wird also eine Gruppe mit »Rasse« auf negativ bewertete Merkmale reduziert oder werden einer bestimmten »Rasse« rational nicht zu erklärende Bedrohungen anderer Gruppen zugeschrieben, muss von Rassismus gesprochen werden.

Literatur
Ellis Cashmore, *Dictionary of Race and Ethnic Relations*, Routledge, London 1996; – Imanuel Geiss, *Geschichte des Rassismus*, Suhrkamp, Frankfurt am Main 1988; – Gudrun Hentges, *Schattenseiten der Aufklärung: Die Darstellung von Juden und »Wilden« in philosophischen Schriften des 18. und 19. Jahrhunderts*, Wochenschau, Schwallbach 1999; – Léon Poliakov et al., *Rassismus: Über Fremdenfeindlichkeit und Rassenwahn*, Luchterhand, Hamburg/Zürich 1992; – Johannes Zerger, *Was ist Rassismus? Eine Einführung*, Lamuv, Göttingen 1997.

Verweise
Antirassismus – Migration – Rassismus

Brigitta Gerber

Rasse und Wissenschaft

In den sozialen und politischen Wissenschaften wird der Begriff Rasse meist auf zwei unterschiedliche Arten angewandt. Er kann sich auf die Abkömmlinge eines gemeinsamen Vorfahren beziehen, indem die biologische Abstammung einer Bevölkerung hervorgehoben wird. Mehrheitlich versteht man jedoch darunter eine Klasse oder Art von Individuen mit gemeinsamen Charakteristiken, Erscheinungsbildern und Erfahrungen, von denen man annimmt, dass sie aus einer gemeinsamen Abstammung oder Herkunft herrühren.

In Europa entstand der Begriff Rasse im 16. Jahrhundert in Zusammenhang mit der Kolonisierung und dem Bestreben nach moderner wissenschaftlicher Klassifikation. Er wurde variabel eingesetzt, um Unterschiede und Ungleichheit bezüglich Abstammung, Art, Stellung und sozialer Klasse zu beschreiben und zu rechtfertigen. Seine spezifische Anwendung ist eng verknüpft mit den sozialen, ökonomischen, kulturellen und politischen Ansprüchen von Individuen oder Gruppen in einer bestimmten zeitlichen Periode. Sein Gebrauch reflektiert tendenziell historische Entwicklungen und politische Anliegen. Als Forschungskonstrukt gehört Rasse zu den ältesten und wichtigsten Themen in der Umfragenforschung.

In Anerkennung der subjektiven Natur der Klassifizierung von Rassen bedienen sich nur wenige soziale und politische Wissenschaftler rassenbezogener Kategorien, obwohl der Begriff Rasse in den angelsächsischen Sozialwissenschaften als

Synonym für ethnische Abstammung verwendet wird. Die drei wichtigsten Forschungsgebiete, die sich mit dem Begriff Rasse im biologischen Sinne befassen, sind derzeit Untersuchungen in den Bereichen Bildungs- und Erziehungsreform, Reform der Wohlfahrtspolitik und Rassismus. Derart betriebene Forschung ist naturgemäß umstritten, weil heute die menschliche Natur eher anhand von sozioökonomischen als von biologischen Faktoren beschrieben wird.

Obwohl ihre Existenz als biologisches Phänomen sehr umstritten ist, hat die Auffassung von Rasse als soziales Konstrukt weiterhin einen großen Einfluss auf öffentliche Meinung, Vorurteile, Grundsatzdiskussionen und soziale Interaktion.

Literatur
Michael Banton, *Racial Theories*, Cambridge University Press, Cambridge 1987; – Lawrence Bobo, »Race, Public Opinion, and the Social Sphere«, in: *Public Opinion Quarterly*, Nr. 61/1, S. 1–15, 1997; – Stuart Hall, »Race, Articulation, and Societies Structured in Dominance«, in: Philomena Essed, David Theo Goldberg, *Race Critical Theories*, Blackwell, Oxford 2002.
Verweise
Soziale Ungleichheiten

Manfred Max Bergman

Rassismus

Rassismus bezeichnet eine Ideologie, die Menschen aufgrund physiognomischer oder kultureller Eigenarten oder aufgrund ihrer ethnischen, nationalen oder religiösen Zugehörigkeit in angeblich naturgegebene Gruppen – so genannte Rassen – einteilt und diese hierarchisiert. Menschen werden nicht als Individuen, sondern als Mitglieder solcher pseudoverwandtschaftlicher Gruppen mit kollektiven, weitgehend als unveränderbar betrachteten Eigenschaften beurteilt und behandelt. Der klassische Rassismus beruhte auf der fälschlichen Annahme, die Menschheit lasse sich in genetisch voneinander unterschiedliche »Rassen« mit unterschiedlichen psychischen Eigenschaften unterteilen. Er diente der Rechtfertigung des Kolonialismus, der Sklaverei, der Verbrechen der Nazi oder des Apartheidregimes. Seit den 1960er-Jahren (Entkolonialisierung, Emanzipations- und Bürgerrechtsbewegung der Schwarzen in den USA) wird Rassismus vielfach auch für direkte, indirekte, institutionelle und strukturelle rassische Diskriminierung verwendet. Es ist aber sinnvoll, auf der Handlungsebene rassische Diskriminierung sowohl von Rassismus als Ideologie wie auch von anderen Formen der Diskriminierung abzugrenzen. Rassendiskriminierung ist jede Praxis, die Menschen aufgrund physiognomischer Merkmale und/oder ethnischer Herkunft und/oder kultureller Merkmale (Sprache, Name) und/oder religiöser Zugehörigkeit Rechte vorenthält, sie ungerecht oder intolerant behandelt, demütigt, beleidigt, bedroht oder an Leib und Leben gefährdet. Rassendiskriminierung kann, muss aber nicht ideologisch (Rassismus) begründet sein. An der Weltkonferenz gegen Rassismus und Intoleranz (2001) wurde insbesondere die Problematik der mehrfachen Diskriminierung ins Zentrum gerückt (etwa als schwarzer Muslim oder als Thailänderin mit einer Kurzaufenthaltsbewilligung).

Seit 1995 (nach dem Beitritt zum Internationalen Übereinkommen von 1965 zur Beseitigung jeder Form von Rassendiskriminierung) werden öffentliche Formen der Rassendiskriminierung in der Schweiz durch Artikel 261bis StGB als Offizialdelikt geahndet. Eine Regelung gegenüber rassistischer Diskriminierung im privaten Bereich (z.B. Arbeit, Wohnen), wie sie in der EU angestrebt und in Artikel 8 der Bundesverfassung postuliert wird, steht noch aus.

Literatur
Roland Aegerter, Ivo Nezel, *Sachbuch Rassismus. Informationen über Erscheinungsformen der Ausgrenzung*, Pestalozzianum, Zürich 2000; – Nora Räthzel, *Theorien über Rassismus*, Argument, Hamburg/Berlin 2000; – Johannes Zerger, *Was ist Rassismus? Eine Einführung*, Lamuv, Göttingen 1997.
Internet
www.gra.ch
www.edi.admin.ch/ara
Verweise
Menschenrechte (Europäische Konvention der) – Migration – Rechtsextremismus

Michele Galizia

Rat der Europäischen Union

Der Rat oder Ministerrat – seit 1993 »Rat der Europäischen Union« genannt – ist eine der Hauptinstitutionen der EG/EU. Er besteht aus je einem Minister pro Mitgliedstaat, ändert seine Zusammensetzung jedoch je nach zu behandelnder Materie: So besteht der Allgemeine Rat aus den Außenministern, Fachräte aus den jeweils zuständigen Fachministern. Der Rat wird vom Ausschuss der Ständigen Vertreter (COREPER), das heißt den Botschaftern der Mitgliedstaaten, maßgeblich unterstützt. Die Ratspräsidentschaft rotiert im Halbjahresrhythmus zwischen den Mitgliedstaaten. Der jeweilige Ratspräsident vertritt die EU in Angelegenheiten der Gemeinsamen Außen- und Sicherheitspolitik (GASP). Dabei unterstützt ihn der Generalsekretär des Rates als »Hoher Vertreter für die GASP«.

Die zentrale Tätigkeit des Rates ist die Rechtsetzung, die er meist gemeinsam mit dem Parlament ausübt. Er entscheidet vorwiegend mit qualifizierter Mehrheit. Dabei werden die Stimmen der einzelnen Mitgliedstaaten je nach wirtschaftlicher Bedeutung und Bevölkerungszahl gewichtet. Das Initiativrecht des Rates beschränkt sich darauf, die Kommission zu Vorschlägen aufzufordern. Weiter obliegen ihm der Abschluss internationaler Abkommen, verschiedene personelle Ernennungen (Rechnungshof, Wirtschafts- und Sozialausschuss) und die Kontrolle der Kommission.

Literatur
Roland Bieber, Astrid Epiney, Marcel Haag, Bengt Beutler, *Die Europäische Union. Rechtsordnung und Politik*, Nomos, Baden-Baden 2001; – Heinrich Neißer, Bea Verschraegen, *Die Europäische Union, Anspruch und Wirklichkeit*, Springer, Wien/New York 2001; – Martin Westlake, *The Council of the European Union*, John Harper, London 1999.
Internet
ue.eu.int
Verweise
Europäische Kommission – Europäische Union – Europäischer Rat

Larissa Ogertschnig-Berdiyev

Rationierung

Unter Rationierung versteht man herkömmlicherweise die obrigkeitlich kontrollierte Güterzuteilung in Krisen- und Kriegssituationen, in welchen ein realer Mangel herrscht. Das gegenwärtig bekannteste Beispiel ist wohl die Rationierung von Lebensmitteln während des Zweiten Weltkriegs. Neuerdings wird der Begriff aber auch im Gesundheitsbereich verwendet, der durch ein starkes Wachstum gekennzeichnet ist und wo die Ausgangslage somit eine andere ist. Bei dieser Art von Rationierung handelt es sich somit um eine künstliche Verknappung von ausgewählten Leistungen, indem der Zugang zu ihnen erschwert wird. Definiert wird der Begriff der Rationierung im Gesundheitsbereich im Allgemeinen als ökonomisch, juristisch und ethisch legitimierte Verweigerung medizinischer, pflegerischer und sozialer Leistungen, welche für die betroffene Person einen unbestreitbaren Nutzen hätten. Rationierung bedeutet also die Verweigerung von nützlichen und berechtigten Gesundheitsleistungen. Sie ist zu unterscheiden von der so genannten Rationalisierung, also dem Verzicht auf Leistungen, die als unnütz oder sinnlos beurteilt werden. Als scharf wird die Rationierung bezeichnet, wenn sie für die jeweiligen Betroffenen unumgängliche Leistungen betrifft. Unter einer schwachen Rationierung versteht man die Erschwerung des Zugangs zu gewissen Leistungen, die letztlich aber doch erbracht werden. Das kann etwa durch lange Wartezeiten oder eine höhere finanzielle Belastung der Betroffenen erreicht werden.
Im Jahre 1994 führte der US-Bundesstaat Oregon weltweit erstmals ein Rationierungsmodell im Gesundheitsbereich ein. Dieses basiert auf einer Liste von rund 700 Diagnose-Behandlungs-Kombinationen, die im Prinzip nach Kosten-Nutzen-Verhältnis eingeordnet sein sollten. Die 120 Diagnose-Behandlungs-Paare, die die tiefste Kosten-Nutzen-Ratio aufzeigen, bilden den Schluss der Liste. Die entsprechenden Leistungen sind von der staatlichen Grundversicherung für Bedürftige nicht gedeckt.
Rationierung im Gesundheitsbereich ist immer sozial selektiv, auch wenn sie sich nicht ausdrücklich auf bestimmte Sozialgruppen richtet. Es wurde gezeigt (Tobiska, Wiederkehr, Gobet), dass bei einer Anwendung des Oregon-Modells in der Schweiz Frauen überdurchschnittlich stark betroffen wären. Auch Jugendliche würden schlechter fahren als die Bevölkerung im Rentenalter, obwohl die Angehörigen der jungen Generation versicherungstechnisch als »gute Risiken« gelten.

Literatur
Günter Feuerstein, Ellen Kuhlmann (Hrsg.), *Rationierung im Gesundheitswesen*, Ullstein, Wiesbaden 1998; – Heiner Tobiska, Susi Wiederkehr, Pierre Gobet, *Die Rationierung im Gesundheitswesen: Teuer, ungerecht, ethisch unvertretbar*, Aktion Gsundi Gsundheitspolitik, Zürich 1999; – Unabhängige, interdisziplinäre Arbeitsgruppe »Gerechte Ressourcenverteilung im Gesundheitswesen«, *Manifest für eine faire Mittelverteilung im Gesundheitswesen*, Dialog Ethik, Zürich 1999.
Verweise
Ethik – Gesundheitsversorgung (soziale Ungleichheit in der) – Grundversicherung (der Krankenversicherung) – Zweiklassenmedizin

Pierre Gobet

Réalités sociales (Verlag)

Der Verlag Réalités sociales ist ein gemeinnütziger Verein mit Sitz in Lausanne und veröffentlicht Studien und Arbeiten in französischer Sprache zu verschiedenen Aspekten der sozialen Tätigkeit in der Schweiz. Das Ziel des Verlags ist, Austausch und Debatte zwischen den Beteiligten im sozialen Bereich zu fördern. Dank dem ehrenamtlichen Einsatz der Verlagsleiter und von mehr als 200 Autoren konnte der Verlag im letzten Jahrzehnt mehr als 150 Werke publizieren. Diese Bibliothek bildet eine grundlegende Sammlung zur Sozialpolitik in der Schweiz.

Internet
www.socialinfo.ch

Sophie Barras Duc

Recht auf Arbeit

Das Recht auf (Erwerbs-)Arbeit zählt wie das Recht auf Wohnung und auf Bildung zu den klassischen Sozialrechten, die auf die Absicherung existenzieller menschlicher Bedürfnisse abzielen und zusammen mit den so genannten Freiheitsrechten zu den Grundrechten gehören. Anders als die Freiheitsrechte verleihen Sozialrechte dem Einzelnen gegenüber dem Staat kein gerichtlich durchsetzbares subjektives Recht (z.B. auf Beschaffung oder Zurverfügungstellung von Erwerbsarbeit); das wäre mit dem liberal-marktwirtschaftlichen System unvereinbar. Sie legen aber immerhin rechtlich verbindliche Sozialziele fest, die vom Staat via Gesetzgebung und Verwaltung verfolgt werden müssen. In diesem Sinne ist das Recht auf Arbeit nun auch in die neue Bundesverfassung von 1998 aufgenommen worden: Artikel 41 Absatz 1d verpflichtet Bund und Kantone, sich dafür einzusetzen, dass Erwerbstätige ihren Lebensunterhalt durch Arbeit zu angemessenen Bedingungen bestreiten können. Damit ist dem Staat die verfassungsmäßige Pflicht auferlegt, seine Wirtschafts- und Sozialpolitik am Ziel der Vollbeschäftigung auszurichten und mit konkreten gesetzgeberischen und Verwaltungsmaßnahmen die Arbeitslosigkeit zu bekämpfen sowie die Schaffung von neuen bzw. genügend Arbeitsplätzen zu fördern.

Literatur
Jean-Louis Duc, »Droit au travail et assurance-chômage«, in: ders. (Hrsg.), *Le travail et le droit*, Éditions Universitaires, Fribourg 1994, S. 225–242; – Jörg Paul Müller, »Soziale Grundrechte in der Verfassung?«, in: *Zeitschrift Schweizerisches Recht*, Nr. 92, 1973, S. 687 ff.; – Hans Peter Tschudi, »Sozialziele der neuen Bundesverfassung«, in: *Schweizerische Zeitschrift für Sozialversicherung und berufliche Vorsorge*, 1999, S. 364–375.
Verweise
Arbeit – Arbeitslosigkeit – Sozialcharta (Europäische)
Peter Böhringer

Rechtsanspruch
In der Sozialversicherung besteht ein Rechtsanspruch auf die versicherte Leistung, wenn sich das versicherte Ereignis verwirklicht hat. Dieser Anspruch auf eine Leistung wird in den maßgeblichen Gesetzen ausdrücklich erwähnt (z.B. Art. 21 AHVG, Art. 16 UVG, Art. 2 ELG). Ein Rechtsanspruch entsteht nur, wenn die versicherte Person im Zeitpunkt des Versicherungsfalls versichert ist, somit der Versicherungsfall eintritt und sie einen Antrag auf Erbringung der Leistung stellt. Ferner müssen die in den jeweiligen Einzelgesetzen vorgesehenen Voraussetzungen erfüllt sein. Diese werden auch als sekundäre Leistungsvoraussetzungen bezeichnet. In der Regel ist die versicherte Person (bzw. ihre Hinterlassenen) selbst anspruchsberechtigt. Erbringt der Sozialversicherer die geschuldete Leistung nicht oder nur unvollständig, so kann die versicherte Person ihren Rechtsanspruch gerichtlich durchsetzen.

Literatur
Erwin Carigiet, *Gesellschaftliche Solidarität. Prinzipien, Perspektiven und Weiterentwicklung der sozialen Sicherheit*, Helbing & Lichtenhahn, Basel 2001; – Alfred Maurer, *Bundessozialversicherungsrecht*, Helbing & Lichtenhahn, Basel 1994.
Verweise
Beschwerde (im Bereich der Sozialversicherungen) – Rechtsmittel
Uwe Koch

Rechtsextremismus
Mit dem Begriff Rechtsextremismus werden sowohl individuelle Einstellungen und Handlungen als auch kollektive Ausdrucksformen erfasst. Als definitorische Kriterien dienen vor allem ideologische Merkmale wie Nationalismus, Rassismus, Xenophobie, Antipluralismus, Antiegalitarismus und Autoritarismus. Doch die Bedeutung des Begriffes ist umstritten, insbesondere angesichts der fehlenden konzeptuellen und begrifflichen Kohärenz und des kontroversen Extremismusbegriffes, der normativ die antidemokratische Ausrichtung des Rechtsextremismus betont.
Die jüngste Forschung zu Rechtsextremismus arbeitet mit einer dreistufigen Differenzierung. Auf der Mikroebene werden individuelle Einstellungen und Verhaltensweisen anhand von sozio-psychologischen Erklärungsmodellen wie »autoritärer Charakter«, »relative Deprivation« oder »Desintegrationstheorien« untersucht. Die Mesoebene umfasst die kollektiven, organisatorischen Seiten des Phänomens, wobei die rechtsextreme Subkultur aufgrund ideologischer Gemeinsamkeiten als Bestandteil der politischen Familie der radikalen Rechten gilt. Schließlich stehen auf der Makroebene Rahmenbedingungen wie politische Kultur, politisches System, soziokultureller Wandel oder sozioökonomische Transformationen im Vordergrund.

Literatur
Urs Altermatt, Hanspeter Kriesi (Hrsg.), *Rechtsextremismus in der Schweiz. Organisationen und Radikalisierung in den 1980er und 1990er Jahren*, NZZ Buchverlag, Zürich 1995; – Klaus Armingeon, »Der Schweizer Rechtsextremismus im internationalen Vergleich«, in: *Schweizerische Zeitschrift für Politische Wissenschaft*, Nr. 4, 1995, S. 41–64; – Jürgen W. Falter, Hans-Gerd Jaschke, Jürgen R. Winkler (Hrsg.), *Rechtsextremismus. Ergebnisse und Perspektiven der Forschung*, Westdeutscher Verlag, Opladen 1996; – Peter Niggli, Jürg Frischknecht, *Rechte Seilschaften*, Rotpunktverlag, Zürich 1998.
Internet
www.ekr-cfr.ch/
www.gra.ch/
Verweise
Rassismus – Rechtspopulismus
Damir Skenderovic

Rechtsmittel

Das Rechtsmittel ist ein formelles Begehren, mit dem eine Person verlangt, dass eine strittige Rechtsfrage durch ein Rechtsprechungsorgan überprüft wird. Die Rechtsmittel lassen sich nach verschiedenen Kriterien unterscheiden.

– Nach dem Kriterium der Wirkung auf die formelle Rechtskraft: Ordentliche Rechtsmittel hemmen analog zum Zivilprozessrecht den Eintritt der formellen Rechtskraft. Außerordentliche Rechtsmittel dagegen hemmen die formelle Rechtskraft einer Verfügung nicht, sie eröffnen ein eigenständiges Verfahren und bezwecken, die formelle Rechtskraft zu beseitigen.

– Nach dem Kriterium der zulässigen Rekurs- bzw. Beschwerdegründe und damit dem Umfang der Kognition: Das vollkommene Rechtsmittel kann gegen sämtliche Mängel einer Verfügung oder Entscheidung, sowie gegen fehlerhafte Sachverhaltsfeststellungen und Unangemessenheit ergriffen werden. Bei dem unvollkommenen Rechtsmittel beschränkt sich die Überprüfung auf krasse Verstöße bei der Tatsachenfeststellung und Rechtsanwendung. Die Ermessenskontrolle entfällt.

– Nach dem Kriterium der urteilenden Instanz: Devolutive Rechtsmittel werden von einer der verfügenden übergeordneten Instanz beurteilt, bei nicht devolutiven Rechtsmitteln ist die verfügende Instanz zugleich Rechtsmittelinstanz.

– Nach der Wirkung des Entscheides: Reformatorische Rechtsmittel räumen der entscheidenden Instanz die Kompetenz ein, einen neuen Entscheid zu treffen, bei kassatorischen Rechtsmitteln kann sie lediglich den Entscheid der Vorinstanz aufheben und die Sache zur Neubeurteilung zurückweisen.

Literatur
Ulrich Häfelin, Georg Müller, *Grundriss des Allgemeinen Verwaltungsrechts*, Schulthess, Zürich 1998; – Alfred Kölz, Isabelle Häner, *Verwaltungsverfahren und Verwaltungsrechtspflege des Bundes*, Schulthess, Zürich 1998; – Alfred Kölz, Jörg Bosshart, Martin Röhl, *Kommentar zum Verwaltungsrechtspflegegesetz des Kantons Zürich*, Schulthess, Zürich 1999.
Verweise
Beschwerde (im Bereich der Sozialversicherungen) – Eidgenössisches Versicherungsgericht – Rechtsanspruch
Uwe Koch

Rechtspopulismus

Der Begriff Rechtspopulismus umschreibt Politikformen und Strategien von politischen Parteien und Gruppierungen, somit die Art und Weise der Vermittlung ihrer Programmatik und Ideologie. Dabei spielt die Anrufung des »Volkes« eine zentrale Rolle, wobei »Volk« nicht im soziologischen Sinne, sondern als kulturelle, nationale oder gar mythische Größe gemeint ist. Nationalismus, Xenophobie und die Ablehnung des Gleichheitsprinzips kennzeichnen Ideologie und Politik der zur politischen Familie der radikalen Rechten gehörenden rechtspopulistischen Parteien. Mit medienwirksamen Kampagnen schüren sie Ängste und Ressentiments in der Bevölkerung und bieten einfache Erklärungs- und Lösungsmuster für komplexe Sachverhalte an. Im Mittelpunkt ihrer Kritik stehen das so genannte politische Establishment, staatliche Interventionspolitik und die bestehende soziokulturelle Ordnung. Daneben tragen sie maßgeblich zur Politisierung von Migrationsthemen bei und vertreten dabei exklusionistische, diskriminierende Forderungen. Leaderfiguren sind entscheidend für den Erfolg rechtspopulistischer Parteien, da sie die zentralistisch aufgebaute und autoritär geführte Parteiorganisation zusammenhalten und mit ihrem charismatischen Auftreten mobilisierend wirken.

Literatur
Ludger Helms, »Rechtspopulismus in Österreich und der Schweiz im Vergleich«, in: *Journal für Sozialforschung*, Nr. 1, 1996, S. 23–42; – Yves Mény, Yves Surel, *Par le peuple, pour le peuple. Le populisme et les démocraties*, Fayard, Paris 2000; – Damir Skenderovic, »Nation, Nationalismus und politische Parteien: Die Schweiz – keine Insel in Europa«, in: Csaba Szaló (Hrsg.), *On European Identity: Nationalism, Culture & History*, Masaryk University, Brno 1998, S. 131–179.
Verweise
Asylsuchende – Rassismus – Rechtsextremismus
Damir Skenderovic

Rechtssicherheit

Der Verfassungsgrundsatz der Rechtssicherheit gewährleistet Vorhersehbarkeit und Beständigkeit staatlichen Handelns. Er steht in engem Zusammenhang mit dem Legalitätsprinzip (Art. 5 Abs. 1 BV) und dem Vertrauensschutz (Art. 9 BV). Das Bundesgericht hat das Gebot der Rechtssicherheit bisher aus Artikel 4a BV hergeleitet. Heute erscheint eine Verankerung in Artikel 5 BV (Grundsätze rechtsstaatlichen Handelns) nahe liegend.

Praktische Bedeutung erlangt das Gebot der Rechtssicherheit im Zusammenhang mit dem Widerruf und der Nichtigkeit von Verfügungen sowie bei Praxisänderungen. Das Gebot der richtigen Anwendung des Rechts verlangt in diesen Fällen eine Korrektur der bisherigen Rechtslage, während das Gebot der Rechtssicherheit für deren Beibehaltung spricht. Dieser Konflikt ist in aller Regel nur im Rahmen einer umfassenden Interessenabwägung aller Gesichtspunkte des Einzelfalles zu lösen.

Das Gebot der Rechtssicherheit schützt nicht

vor Änderungen durch den Gesetzgeber. Dieser ist weitgehend frei, die Rechtslage jederzeit den geänderten Bedürfnissen anzupassen. Das Gebot der Rechtssicherheit erlangt in diesem Bereich allenfalls Bedeutung, wenn es der Gesetzgeber unterlassen hat, die übergangsrechtlichen Folgen klar zu regeln. Ebenso schützt das Gebot der Rechtssicherheit vor unklarer oder unvollständiger Gesetzgebung. Schließlich verhindert das Gebot der Rechtssicherheit ein Auseinanderklaffen zwischen gesetzlicher Regelung und Praxis der Behörden. In dieser letzten Funktion ist das Gebot der Rechtssicherheit auf Gewährleistung und Vollzug der Rechtsordnung gerichtet.

Verweise
Ermessen – Rechtsmittel

Felix Uhlmann

Referendum

Das schweizerische Referendum ist Teil der Institutionen der direkten Demokratie und der politischen Rechte der Bürger. In der Schweiz wählen die Bürger nicht nur ihre Vertreter, sondern befinden auch über Fragen, die ihnen entweder durch die staatlichen Behörden oder durch eine Gruppe von Bürgern zur Abstimmung vorgelegt werden. Das Volk ist dadurch dazu aufgerufen, eine bedeutende verfassungs- und gesetzgebende Aktivität auszuüben.

Im Allgemeinen bezeichnet man als Volksreferendum eine Befragung der Wählerschaft, durch welche die Bürger dazu aufgerufen werden, für oder gegen eine Regel oder einen Entscheid Stellung zu beziehen.

Das Referendum kann die Verfassung zum Objekt haben (Verfassungsreferendum) oder ein Gesetz (Gesetzesreferendum). Es gibt auch das Referendum über einen internationalen Vertrag (Vertragsreferendum). Das Referendum ist obligatorisch, wenn es aufgrund des Verfassungsrechts durchgeführt werden muss (wobei für eine Annahme der Vorlage eine doppelte Mehrheit erforderlich ist, das heißt eine Mehrheit der Abstimmenden und eine der Kantone), oder fakultativ (wenn es nur auf Verlangen der Kantone, mindestens 8, der Volksvertreter oder eines Teils der Wählerschaft, mindestens 50 000 Bürgerinnen und Bürger, durchgeführt wird; in diesem Fall ist für eine Annahme nur die Zustimmung einer Mehrheit der Abstimmenden erforderlich). Das Referendum hat aufschiebende Wirkung, wenn es Voraussetzung für das Inkrafttreten eines Aktes ist, und aufhebende Wirkung, wenn der Akt schon vor der Abstimmung in Kraft ist. Schließlich ist das Referendum rechtsbegründend, sofern die Behörden an das Resultat gebunden sind, und deklaratorisch, wenn dies nicht der Fall ist.

Aufgrund der föderalistischen Struktur der Schweiz sind verschiedene Typen des Referendums, die auf Bundes- und Kantonsebene existieren, zu unterscheiden. Auf Bundesebene gibt es: 1. das obligatorische Referendum bei Verfassungsrevisionen; 2. das fakultative Referendum auf Gesetzesebene; 3. das fakultative Referendum über langfristige internationale Verträge; 4. das fakultative Referendum über allgemein verbindliche dringliche Bundesbeschlüsse; 5. das obligatorische Referendum über allgemein verbindliche dringliche Bundesbeschlüsse, die gegen die Verfassung verstoßen; 6. das fakultative Referendum über internationale Verträge, die den Beitritt in eine internationale Organisation vorsehen oder zu einer multilateralen Vereinheitlichung des Rechts führen; 7. das obligatorische Referendum über die Mitgliedschaft in Organisationen der kollektiven Sicherheit oder supranationalen Gemeinschaften.

Auf Kantonsebene existieren zusätzlich zum obligatorischen Referendum bei Änderungen der Kantonsverfassung und zum fakultativen Referendum auf Gesetzesebene: 1. das fakultative (und in 19 Kantonen obligatorische) Finanzreferendum; 2. das Verwaltungsreferendum (in einigen Kantonen); 3. das Vertragsreferendum (obligatorisch in 9 Kantonen, fakultativ in 7 Kantonen). Auf Gemeindeebene ist die Lage komplizierter und unterscheidet sich zwischen den Kantonen und Gemeinden.

Literatur
Katja Berlinger, *Die Neugestaltung des Staatsvertragsreferendums*, Berlinger, Zürich 1997; – Yvo Hangartner, Andreas Kley, *Die demokratischen Rechte in Bund und Kantonen der Schweizerischen Eidgenossenschaft*, Schulthess, Zürich 2000; – Leonhard Neidhart, *Die politische Schweiz: Fundamente und Institutionen*, NZZ Buchverlag, Zürich 2002; – Thomas Sägesser, »Das konstruktive Referendum«, in: *Abhandlungen zum schweizerischen Recht*, Nr. 632, Stämpfli, Bern 2000.
Internet
www.admin.cg/ch/d/pore/index.html
Verweise
Außerparlamentarische Kommissionen – Föderalismus – Politische Rechte – Verfassungsinitiative

Paolo Urio

Reformismus

Reformismus bezeichnet den Teil des Sozialismus, der politische Veränderungen auf dem Weg der Reformen anstrebt. Als Strategie wurde der Reformismus ursprünglich von Eduard Bernstein (1850–1932) entworfen, der damit eine Revision des revolutionär-marxistischen Klassenkampfs (mit der notwendigen Phase der »Dikta-

tur des Proletariats«) beabsichtigte. Der Reformismus ist somit die theoretische Grundlage des demokratischen Sozialismus bzw. der Sozialdemokratie, auch im Sinne eines »dritten Wegs« zwischen Kapitalismus und Kommunismus.
Die schweizerische Sozialdemokratie schwenkte 1935 auf eine reformistische Linie ein. Bis heute dauern aber interne Debatten darüber an, wie radikal Reformen sein müssen, damit sie nicht zu einer Heftpflasterpolitik der kleinen Schritte degenerieren, welche die bestehenden Verhältnisse stabilisieren, statt sie wie beabsichtigt zu verändern. Unter dem Eindruck der Probleme des gewachsenen Sozialstaats ist an die Stelle des Gegensatzes Revolution–Reform jedoch die Frage nach der Rolle von Markt und Staat getreten. Die Marktbefürworter werden dabei als Reformer bezeichnet.

Literatur
Peter Glotz, Rainer-Olaf Schultze, »Reformismus«, in: Dieter Nohlen, Rainer-Olaf Schultze (Hrsg.), *Lexikon der Politik*, Band 1: *Politische Theorien*, Beck, München 1995, S. 526–532; – Hans Werder, Ruedi Meier, Peter Müller (Hrsg.), *Sozialdemokratie 2088. Perspektiven der SPS im 21. Jahrhundert*, Z-Verlag, Basel 1988; – SP Schweiz (Hrsg.), *Mit radikalen Reformen die Zukunft gestalten. Vorschläge der SP Schweiz zur Wirtschaftspolitik für die Jahre 1994–2005*, SPS, Bern 1995.
Verweise
Sozialismus – Sozialpolitik

Markus Blaser

Regionales Arbeitsvermittlungszentrum

Regionales Arbeitsvermittlungszentrum (RAV) ist die offizielle Bezeichnung der Vollzugsbehörde des Arbeitslosenversicherungsgesetzes (AVIG). In der Schweiz gibt es derzeit 121 solche Zentren. Gemäß Angaben des Staatssekretariats für Wirtschaft (seco) handelt es sich dabei um die größte Stellenvermittlungsplattform der Schweiz, deren Dienstleistungen sowohl allen Arbeitgebenden wie allen Arbeitnehmenden offen stehen. Diese ist auch per Internet zugänglich. Wer Leistungen der Arbeitslosenversicherung beziehen will, ist von Gesetzes wegen dazu verpflichtet, die Dienstleistungen, im Besonderen die Beratung, in Anspruch zu nehmen. Finanziert werden die Zentren aus dem Fonds der Arbeitslosenversicherung. Für die Einrichtung und den Betrieb dieser Behörde sind die Kantone zuständig. Die RAVs sind in den Jahren 1996 und 1997, im Zuge der zweiten Teilrevision des Arbeitslosenversicherungsgesetzes, geschaffen worden. Diese Professionalisierung der öffentlichen Arbeitsvermittlung erfolgte auf der Grundlage einer Studie der Beratungsfirma Arthur Andersen aus dem Jahr 1994. Seit der Schaffung dieser Zentren sind es die Mitarbeiterinnen und Mitarbeiter der RAVs, anstelle der Gemeindearbeitsämter, die den Bezug von Leistungen der Arbeitslosenversicherung kontrollieren.

Literatur
Arthur Andersen, »Reform der öffentlichen Arbeitsvermittlung«, in: Bundesamt für Industrie, Gewerbe und Arbeit (Hrsg.), *Beiträge zur Arbeitsmarktpolitik Nr. 3*, Bundesamt für Industrie, Gewerbe und Arbeit, Bern 1994; – Verband Schweizerischer Arbeitsämter (VSSA) (Hrsg.), *Arbeitslosenversicherung. Bundesgesetz und Verordnung*, VSAA, Bern 2000.
Internet
www.treffpunkt-arbeit.ch
Verweise
Arbeitslosenversicherung – Arbeitslosigkeit – Sozialversicherungen (Koordination der)

Chantal Magnin

Rehabilitation

Rehabilitation, wörtlich Wiederherstellung, bedeutet die Gesamtheit der Beratungs-, Fürsorge- und Betreuungsmaßnahmen zur Wiedererlangung der körperlichen Gesundheit, des psychischen Wohlbefindens und eines schulisch-beruflichen Status. Sie umfasst medizinische, physiotherapeutische, pädagogische, ergotherapeutische und soziale Maßnahmen, die darauf abzielen, durch Krankheit oder Unfall verlorene Funktionen und Fähigkeiten wiederzuerlangen. Erweist sich dies als nicht möglich, strebt die Rehabilitation neue Ersatzfunktionen an und versucht dem betroffenen Menschen zu helfen, mit reduzierten Möglichkeiten sinnvoll zu leben. Die psychosoziale Integration, die weitgehende Teilhabe am Leben der Gemeinschaft, kann als übergeordnetes Ziel der Rehabilitation angesehen werden.

Literatur
Arnfried Bintig, *Wer ist behindert? Problematisierung der Begriffe und Definitionen von Behinderung in Verwaltung, Wissenschaft und Forschung*, Berichte zur beruflichen Bildung 29, Bundesinstitut für Berufsbildung Berlin 1980.
Verweise
Prävention

Pia Hollenstein

Reichtum

Reichtum wird im materiellen wie im immateriellen Sinn (»innerer Reichtum«) verwendet. Im materiellen Sinn bezeichnet Reichtum das obere Ende der Einkommens- und Vermögensverteilung, wobei die Grenzen nicht klar definiert sind. Zur Bestimmung von Reichtumsschwellen gelangen analoge Konzepte wie bei der Armutsforschung (das heißt »objektive«, »relative«, »subjektive« Reichtumsgrenzen) zur Anwendung. Häufig wird ein Einkommen ab 200 Prozent des Median-Einkommens im Haushalt, gewichtet mit der Anzahl der Haushaltsmitglieder (Äquivalenzeinkommen), als Reichtum bezeichnet. Bezüglich des Vermögens wird dann von Reichtum gesprochen, wenn 200 Prozent des Median-Einkommens ausschließlich aus Zinsen erwirtschaftet werden. Reichtum bezeichnet jedoch nicht nur eine monetäre Größe, sondern auch das Ausmaß, in welchem vom Angebot an Handlungsmöglichkeiten Gebrauch gemacht werden kann.

Umstritten ist, ob der Reichtum Einzelner für die Gesamtwirtschaft förderlich ist, indem Reiche durch innovatives Handeln neue Unternehmen, neue Arbeitsplätze und neue Konsumgüter ermöglichen, von denen schließlich auch Arme profitieren, oder ob große Unterschiede in der Einkommens- und Vermögensverteilung soziale Spannungen, Aggression und Resignation hervorrufen. Ebenfalls kontrovers wird diskutiert, ob eine Umverteilung freiwillig und auf privater Basis erfolgen soll oder ob dazu vermehrte staatliche Interventionen nötig sind.

Literatur
Ernst-Ulrich Huster (Hrsg.), *Reichtum in Deutschland. Die Gewinner in der sozialen Polarisierung*, Campus, Frankfurt am Main 1997; – Ueli Mäder, Elisa Streuli, *Reichtum in der Schweiz. Porträts – Fakten – Hintergründe*, Rotpunktverlag, Zürich 2002.
Verweise
Armut – Gerechtigkeit – Soziale Ungleichheiten

Elisa Streuli

Rentenwert-Umlageverfahren

Dieses Verfahren steht zwischen dem Kapitaldeckungs- und dem Ausgaben-Umlageverfahren. Während – am Beispiel der Unfallversicherung betrachtet – die allgemeinen Sachleistungen wie Heilbehandlung, Hilfsmittel, Eingliederungsmaßnahmen und die Taggelder nach dem Ausgaben-Umlageverfahren festgesetzt werden, wird mit Eintritt des Rentenfalls bzw. der Hilflosigkeit der entsprechende Rentenwert kapitalisiert und hinterlegt.

Dazu wird aufgrund medizinischer und versicherungsmathematischer Erkenntnisse die Summe beziffert, die für die Befriedigung des Rentenfalls benötigt wird. Alsdann wird der Betrag ausgeschieden der – unter Berücksichtigung der während der mutmaßlichen Laufzeit anfallenden, aber stets schwindenden Erträge – benötigt wird, um periodisch die Rente auszurichten. Zutreffender wäre für dieses in der Unfallversicherung, den Risikoleistungen der Lebensversicherung und der beruflichen Vorsorge angewandte Finanzierungssystem die Bezeichnung Rentenbarwert-Deckungskapital.

Literatur
Carl Helbling, *Personalvorsorge und BVG*, Haupt, Bern 2000; – Thomas Locher, *Grundriss des Sozialversicherungsrechts*, Stämpfli, Bern 1997; – Alfred Maurer, *Bundessozialversicherungsrecht*, Helbing & Lichtenhahn, Basel 1994.
Verweise
Ausgaben-Umlageverfahren – Kapitaldeckungsverfahren – Umlageverfahren

Gertrud E. Bollier

Rentnerinnen- und Rentnerverbände

Ältere Männer und Frauen schließen sich in Organisationen zusammen, um Gemeinschaft zu pflegen, ihre Interessen zu wahren und auf ihre besondere gesellschaftliche Situation hinzuweisen. Die ersten Vereinigungen älterer Menschen entstanden in der Schweiz bereits Ende des 19. Jahrhunderts. Vor allem in der zweiten Hälfte des 20. Jahrhunderts bildeten sich kantonale, sprachregionale und nationale Verbände, die allerdings nur eine Minderheit der älteren Bevölkerung erfassen. Die wichtigsten Zusammenschlüsse sind die 1990 gegründete Vereinigung aktiver Senioren- und Selbsthilfe-Organisationen der Schweiz (VASOS) sowie der Schweizerische Senioren- und Rentner-Verband (SSRV). Ihnen gehören gesamtschweizerische, kantonale und lokale Organisationen und Gruppen sowie Einzelmitglieder an. Beide Dachverbände sind Träger des 2001 gegründeten Schweizerischen Seniorenrates.

Literatur
Dominique Puenzieux et al., *Bewegt ins Alter. Das Engagement von Altengruppierungen*, Seismo, Zürich 1997.
Internet
www.vasos.ch
www.ssrv.ch
Verweise
Alterspolitik – Schweizerischer Seniorenrat

Kurt Seifert

Richtlinien für die Ausgestaltung und Bemessung der Sozialhilfe (SKOS-Richtlinien)

Die Richtlinien für die Ausgestaltung und Bemessung der Sozialhilfe sind von der Schweizerischen Konferenz für Sozialhilfe (SKOS) erarbeitete Empfehlungen zuhanden der Sozialhilfeorgane des Bundes, der Kantone, der Gemeinden sowie der Organisationen der privaten Sozialhilfe. Sie konkretisieren den Verfassungsauftrag der Existenzsicherung (Art. 12 BV). Es handelt sich dabei um grundlegende Prinzipien für die Unterstützung längerfristig bedürftiger Personen (inklusive anerkannter Flüchtlinge), die in Privathaushalten leben und fähig sind, den in den Richtlinien definierten Verpflichtungen nachzukommen.

Verbindlich werden die Richtlinien erst durch die kantonale Gesetzgebung, die kommunale Rechtsetzung und die Rechtsprechung. Im Laufe der Jahre haben die SKOS-Richtlinien in Praxis und

Rechtsprechung ständig an Bedeutung gewonnen und dienen heute als Referenz für die Sozialhilfepraxis. Sie bieten damit Gewähr für mehr Rechtssicherheit und Rechtsgleichheit in der kantonal geregelten Sozialhilfe, lassen aber auch Spielraum für angepasste, einzelfall- und bedürfnisgerechte Lösungen. Im Jahr 2002 kennen 22 Kantone verbindliche Richtlinien in der Sozialhilfe, die meisten übernehmen die SKOS-Richtlinien integral, anderen dienen sie als Modell, das sie in Teilen variieren. Die Gerichte orientieren sich in ihren Entscheiden heute weitgehend an den SKOS-Richtlinien, die inzwischen als Referenz für die Definition des sozialen Existenzminimums in der Schweiz gelten.

Die Richtlinien werden laufend aktualisiert und ergänzt, um den Anforderungen der sozial Tätigen zu entsprechen und neueste sozialpolitische Entwicklungen zu berücksichtigen. Die letzte grundlegende Überarbeitung der SKOS-Richtlinien geht auf das Jahr 1998 zurück. Als zentrales Element wird darin das soziale Existenzminimum wie folgt definiert: »Das soziale (im Gegensatz zum absoluten) Existenzminimum umfasst nicht nur die Existenz und das Überleben der Bedürftigen, sondern auch ihre Teilnahme und Teilhabe am Sozial- und Arbeitsleben. Es fördert die Eigenverantwortung und die Hilfe zur Selbsthilfe.« Das in den SKOS-Richtlinien empfohlene individuelle Unterstützungsbudget setzt sich aus der materiellen Grundsicherung und situationsbedingten Leistungen zusammen. Die materielle Grundsicherung umfasst den Grundbedarf für den Lebensunterhalt (Pauschale für Nahrungsmittel, Bekleidung, Telefon, Energieverbrauch, TV, Verkehrsauslagen usw.), Wohnungskosten samt üblichen Nebenauslagen sowie die medizinische Grundversorgung einschließlich Zahnarztkosten. Durch die materielle Grundsicherung wird das Recht auf eine menschenwürdige Existenz verwirklicht. Eine Kürzung oder Beschneidung von Budgetpositionen muss deshalb besonders hohen, in den Richtlinien ausdrücklich formulierten Anforderungen genügen. Sie darf auf keinen Fall das absolute Existenzminimum tangieren. Die situationsbedingten Leistungen tragen dazu bei, die soziale Integration zu erhalten, Desintegration zu vermeiden und berufliche und soziale Reintegration zu fördern. Die finanziellen Leistungen der gemäß SKOS-Richtlinien ausgestalteten Sozialhilfe entsprechen dem Budget von Haushalten unselbständig erwerbstätiger Personen mit niedrigem Einkommen.

Die verschiedenen Armutsstudien, die in der Schweiz realisiert wurden, stützten sich zur Bemessung der Armutsquote meistens auf die politischen Armutsgrenzen, berechnet entweder auf der Basis der SKOS-Richtlinien oder der Ergänzungsleistungen zur AHV/IV. Die SKOS-Richtlinien an sich definieren jedoch weder ein (soziales) Existenzminimum noch eine Armutsgrenze in Form eines fixen Betrages. Vielmehr legen sie – aufgrund normativer Entscheide – fest, wie die Sozialhilfe (sowohl materiell wie immateriell) auszugestalten ist, damit sie Armut verhindert. Die SKOS-Richtlinien dienen dank ihrer breiten Akzeptanz als Grundlage zur Festlegung politischer Armutsgrenzen.

Literatur
Rosmarie Ruder,»SKOS-Richtlinien in den Kantonen zunehmend verankert«, in: *Zeitschrift für Sozialhilfe*, Nr. 11, 2002; – Schweizerische Konferenz für Sozialhilfe (SKOS), *Richtlinien für die Ausgestaltung und Bemessung der Sozialhilfe*, SKOS, Bern 2000.
Internet
www.skos.ch
Verweise
Existenzminimum – Schweizerische Konferenz für Sozialhilfe (SKOS) – Sozialhilfe (im engeren Sinne)
Caroline Knupfer

Risiko

Das Leben bringt eine gewisse Anzahl Risiken mit sich: Gesundheitsbeschwerden, Invalidität, Arbeitsunfähigkeit von Alters wegen, Verlust der Autonomie, Verlust der Unterstützung durch ein Familienmitglied wegen Tod oder Scheidung, erzwungene Umschulung, Arbeitslosigkeit. Diese Risiken verlangen nach Schutz, nämlich Pflege, Ersatzeinkommen, Ressourcengarantie, Dienstleistungen. Sie stellen uns vor die Frage, welche kollektiven Leistungen nötig sind, um die Risiken individualisierter Lebenslagen zu vermindern.

Literatur
Bureau international du travail (BIT), *Introduction à la sécurité sociale*, BIT, Genève 1986; – Jean-Jacques Dupeyroux, *Droit de la sécurité sociale*, Dalloz, Paris 1998.
Verweise
Soziale Sicherheit (allgemeiner Begriff)
Pierre-Yves Greber

Risikoselektion

Unter Risikoselektion wird das Bestreben von Versicherern verstanden, einen möglichst hohen Anteil von Menschen mit geringem Risiko zu versichern. In der Krankenversicherung ist dies sozialpolitisch problematisch, da diese der gesamten Bevölkerung zu tragbaren Bedingungen Zugang zur Gesundheitsversorgung ermöglichen soll. Bis Ende 1995 war es für gewisse Krankenversicherer einfach, überproportional viele gesunde jüngere Männer zu versichern, die das günstigste Risiko darstellen. Denn die Höhe der Prämien hing vom Eintrittsalter ab. Und wer schon eine ernsthafte Krankheit durchgemacht hatte, musste bei einem neuen Versicherer mit einem Vorbehalt rechnen. Das neue, 1996 in Kraft getretene Krankenversicherungsgesetz (KVG) setzte dieser Art von Risikoselektion zwar ein Ende, indem es die Prämienabstufung nach Eintrittsalter sowie die Vorbehalte abschaffte. Nach wie vor finden die Versicherer aber Wege, eine gewisse Risikoselektion zu betreiben, etwa durch gezieltes Marketing.

Verweise
Gesundheitswesen(s) (Finanzierung des) – Krankenversicherung – Zweiklassenmedizin

Ruedi Spöndlin

Sachleistungen
Im Sozialversicherungsrecht wird zwischen Sach- und Geldleistungen unterschieden (vgl. das Bundesgesetz über den Allgemeinen Teil des Sozialversicherungsrechts, ATSG).
Die Sachleistungen dienen der Behandlung bzw. der Behebung eines beeinflussbaren versicherten Risikos oder seiner Auswirkungen (z.B. der Beeinträchtigung des Gesundheitszustandes). Diese Leistungen werden in der Regel durch Dritte zulasten der zuständigen Sozialversicherung und ausnahmsweise durch einzelne Sozialversicherungsträger selbst erbracht:
– als Dienstleistung (z.B. Behandlung des Krankheitszustandes durch eine Medizinalperson),
– als Sachleistung im engeren Sinn (z.B. Abgabe einer Beinprothese als Hilfsmittel).
Für die Qualifizierung als Sachleistung ist unerheblich, ob die Sozialversicherung den Leistungserbringer direkt beauftragt und/oder im gesetzlichen Umfang bezahlt (wie dies typisch ist für die Invaliden-, Unfall- und Militärversicherung) oder ob die versicherte Person die Leistungserbringerin beauftragt und/oder bezahlt sowie von der Sozialversicherung im gesetzlichen Rahmen eine Rückerstattung der Kosten erhält (wie dies für die Krankenpflegeversicherung der Regelfall ist). Im ersten Fall spricht man vom System der Sozialversicherung als *tiers payant* im Gegensatz zum System der Sozialversicherung als *tiers garant*.
Eine besondere Bedeutung haben die Sachleistungen überall dort, wo die Behebung des Risikozustandes das primäre Ziel der Sozialversicherung bildet. Der Bezug einer Geldleistung als Ersatzeinkommen setzt in verschiedenen Bereichen die vorgängige Inanspruchnahme einer Sachleistung voraus.
Bei den Sachleistungen handelt es sich vor allem um:
– die medizinische Behandlung durch die Krankenpflegeversicherung, die Unfall- oder Militärversicherung;
– die berufliche Eingliederung einer invaliden Person durch die IV nach dem Grundsatz »Eingliederung oder Rente« (medizinische Maßnahmen; Maßnahmen beruflicher Art [Berufsberatung, erstmalige berufliche Ausbildung, Umschulung, Arbeitsvermittlung, Kapitalhilfe], in einem weiteren Sinn auch die Maßnahmen für die Sonderschulung von Versicherten bis zu 20 Altersjahren);
– Maßnahmen verschiedener Art zur Umschulung und Wiedereingliederung arbeitsloser Personen in den Arbeitsmarkt (arbeitsmarktliche Maßnahmen gemäß Arbeitslosenversicherungsgesetz).

Literatur
Ueli Kieser, Gabriela Riemer-Kafka, *Tafeln zum schweizerischen Sozialversicherungsrecht*, Schulthess, Zürich 1998; – Thomas Locher, *Grundriss des Sozialversicherungsrechts*, Stämpfli, Bern 1997; – Ulrich Meyer-Blaser (Hrsg.), *Schweizerisches Bundesverwaltungsrecht*, Band Soziale Sicherheit, Helbing & Lichtenhahn, Basel 1998.

Verweise
Eingliederungsmaßnahmen – Geldleistungen – Krankenversicherung

Thomas Locher

Saisonnierstatut → Jahresaufenthaltsbewilligung

Salutogenese
Der Begriff Salutogenese (Gesundheitsentstehung, von *salus*, lateinisch: Gesundheit, Heil, und *genesis*, griechisch: Werden, Entstehen) wurde 1979 von Aaron Antonovsky geprägt. Dieser stellte die »salutogenetische Frage«: Warum und wie bleibt jemand trotz verschiedener krankheitsverursachender Einflüsse gesund? In der Antwort darauf spielen die personalen und sozialen Ressourcen zur Stressbewältigung eine wichtige Rolle, also Kräfte, welche die Fähigkeit des Individuums fördern, mit den körperlichen und psychosozialen Belastungen des Lebens erfolgreich umzugehen. Dadurch entwickelt es das Kohärenzgefühl *(sense of coherence)*, eine Grundorientierung, die das Ausmaß eines umfassenden, dauerhaften und gleichzeitig dynamischen Gefühls des Vertrauens dahingehend ausdrückt, dass 1. die Ereignisse des Lebens strukturiert, vorhersehbar und erklärbar sind; 2. die Ressourcen verfügbar sind, um den aus den Ereignissen stammenden Anforderungen gerecht zu werden; 3. es sich um Herausforderungen handelt, die Interventionen und Engagement lohnen. Das Kohärenzgefühl wird bereits in den Kindheitsjahren angelegt und bewirkt, dass wir mit den täglichen Belastungen wie auch mit schweren Traumata menschlichen Lebens in einer uns eigenen Weise umgehen. Auf der Basis dieses theoretischen Konzeptes versuchte Antonovsky, die drei Komponenten zu operationalisieren, und entwickelte einen Fragebogen, den er 1987 unter

dem Titel »Fragebogen zur Lebensorientierung« veröffentlichte.

Schwachpunkte des Modells sind die Konzentration auf kognitive und subjektive Dimensionen als entscheidende Größen von Gesundheitsentstehung, der zu geringe Stellenwert psychischer Gesundheit, die ungenügende Analyse der Interaktion zwischen körperlicher und psychischer Gesundheit, die letztlich noch ungeklärte Wechselwirkung zwischen Kohärenzgefühl und Gesundheit bzw. Krankheit, die methodischen Probleme bei der empirischen Überprüfung des Modells. Außerdem sind im Modell verschiedene Bereiche kaum berücksichtigt, die aus salutogenetischer Perspektive bedeutungsvoll sind, so z.B. die Entwicklungspsychopathologie des Kindes- und Jugendalters und die Epidemiologie entsprechender Störungen. Forschungen zu diesen Altersgruppen könnten Aufschluss darüber geben, welche materielle und soziale Umwelt von Kindern und Jugendlichen Voraussetzung für die Herausbildung eines stabilen Kohärenzgefühles ist.

Literatur
Aaron Antonovsky, *Salutogenese, Zur Entmystifizierung der Gesundheit*, Deutsche Gesellschaft für Verhaltenstherapie, Tübingen 1997; Bundeszentrale für gesundheitliche Aufklärung, *Was erhält den Menschen gesund? Antonovskys Modell der Salutogenese, Diskussionsstand und Stellenwert*, BGA, Köln 1998; – Wolfram Schüffel et al. (Hrsg.), *Handbuch der Salutogenese. Konzept und Praxis*, Ullstein Medical, Wiesbaden 1998.
Verweise
Gesundheit – Prävention

Patrick Haemmerle

Sans-Papiers → Illegale Migration

Scheidung
Die Scheidung ist die Auflösung des institutionellen Bandes der Ehe. Diese Auflösung erfolgt notwendig gerichtlich. Das geltende Scheidungsrecht bestimmt die rechtlichen Gründe der Scheidung und ihre rechtlichen Folgen. Die Scheidungsfolgen wiederum betreffen im Wesentlichen die Beziehungen zu den Kindern (Unterhaltszahlungen; bei minderjährigen Kindern das Sorge- und Umgangsrecht) und die materiellen Folgen, die sich aus der ehelichen Gemeinschaft ergeben (die Aufteilung des Familienvermögens; die Teilung der Rentenanwartschaften; der Ehegattenunterhalt). Mit dem Übergang vom Schuld- zum Zerrüttungsprinzip – in der Schweiz 1998, in der Bundesrepublik Deutschland 1976 vollzogen – sind sowohl die Scheidungsgründe wie auch die Regelung der Scheidungsfolgen unabhängig von »Vergehen« gegen die Ehe und generell weitgehend unabhängig vom Verhalten im Zusammenhang der Trennung bestimmt. Als materieller Scheidungsgrund gilt jetzt das Scheitern der Ehebeziehung.

Die Trennung und die – wenn Kinder betroffen sind – relative Auflösung der Familie stellen die gerichtliche Regelung der Scheidungsfolgen vor strukturelle Probleme. So bergen die fundamentale Identitätskrise, die die Trennung typischerweise bedeutet, und der Trennungskonflikt zwischen den ehemaligen Gatten ein erhebliches Konfliktpotenzial für die Auseinandersetzungen im Gerichtsverfahren. Diese wiederum bestimmen in erheblicher Weise die Qualität der Nachscheidungsbeziehungen, was insbesondere bei Familien mit Kindern von Bedeutung ist. Die gesellschaftliche Entwicklung geht dahin, das Dilemma der Kündigung der Gattenbeziehung und der Unkündbarkeit der Eltern-Kind-Beziehung im Sinne einer Kontinuität der Eltern-Kind-Beziehung zu lösen. Diese Entwicklung wird dadurch unterstützt, dass mit der Scheidungsrechtsreform von 1998 die gemeinsame elterliche Sorge nach der Scheidung ermöglicht wurde.

Literatur
Thomas Sutter, »Das neue Scheidungsrecht«, in: Peter Gauch, Jörg Schmid (Hrsg.), *Die Rechtsentwicklung an der Schwelle zum 21. Jahrhundert Symposium zum Schweizerischen Privatrecht*, Schulthess, Zürich 2001.
Verweise
Familienmediation – Familienrecht

Kai-Olaf Maiwald

Schichten
Das Schichtkonzept entstammt der Geologie. Das Ordnen der Gesellschaft nach Schichten geht davon aus, dass sich soziale Gruppen in ökonomischer und kultureller Hinsicht klar trennen und als fest gefügte, hierarchisch geordnete Einheiten analysieren lassen. Traditionelle Schichtkategorien umfassen etwa: Oberschicht (Unternehmer, Spitzenpolitiker), Mittelschicht (freie Berufe, Angestellte), Unterschicht (gelernte und ungelernte Arbeiter). Symbolischer Ausdruck des Schichtbegriffs ist die Gesellschaftspyramide.

Im Gegensatz zum Klassenbegriff, der die Beziehungen von Klassen untereinander in den Vordergrund stellt, isoliert der Schichtungsbegriff soziale Einheiten. Die Diskussion um die grundlegenden Einheiten der sozialen Schichtungsordnung (z.B. Familie oder Individuen) und die Geschlechterdiskussion bleibt in dem Konzept der Schicht unberücksichtigt. Aufgrund der stark vereinheitlichenden Betrachtungsweise, die letztlich zu einem statistischen Bild der Gesellschaft führt, wird der Begriff in der Sozialforschung nur noch selten gebraucht.

Literatur
Theodor Geiger, *Die soziale Schichtung des deutschen Volkes: soziographischer Versuch auf statistischer Grundlage*, Enke, Stuttgart 1987.
Verweise
Klasse – Soziale Ungleichheiten

Felix Keller

Schulsozialarbeit

Mit der Schulsozialarbeit wird die längerfristige (statt bisher punktuelle) Integration von professionellen Methoden der Sozialen Arbeit in Form niederschwelliger Angebote in die Schule ermöglicht. Niederschwelligkeit bedeutet den einfachen und freien Zugang zu den Angeboten und die Präsenz der Fachpersonen im Schulhaus (integratives Modell). In Schulhäusern, in denen die Schulsozialarbeit wirkt, arbeiten Lehrpersonen in der Regel mit einer großen Zahl von Kindern und Jugendlichen aus schwierigen Lebenskontexten. Aussonderung und die Überweisung solchermaßen »gefährdeter« Schülerinnen und Schüler an die Institutionen der Jugendhilfe sind häufige Konsequenzen. Angesichts steigender Zahlen von Kindern und Jugendlichen mit sozialisationsrelevanten Problemen wird Schulsozialarbeit auch in der Schweiz zum vielversprechenden Modell der Unterstützung sozial Benachteiligter.

Allgemein definiert setzt sich Schulsozialarbeit zum Ziel, Kinder und Jugendliche im Prozess des Erwachsenwerdens zu begleiten, sie bei einer für sie befriedigenden Lebensbewältigung zu unterstützen und ihre Kompetenzen zur Lösung von persönlichen und/oder sozialen Problemen zu fördern. Entsprechend umfassen schulsozialarbeiterische Tätigkeiten die Einzelfallhilfe (z.B. bei psychosozialen Belastungen), soziale Gruppenarbeit (z.B. bei Gewalt), Projektarbeit (z.B. zum Thema Sexualität) oder Gemeinwesenarbeit (z.B. bei der Vernetzung mit Elterngruppen).

Es gibt unterschiedliche Vorstellungen davon, wie das Angebot der Beziehungen zu den Kindern und Jugendlichen und im Weiteren auch zu den Lehrkräften, Eltern und Bezugspersonen gestaltet werden soll. Vonseiten der Sozialen Arbeit, aber auch der Schule selbst wurden in der Vergangenheit Konzepte vorgestellt, die mit »Sozialarbeit in der Schule«, »Sozialpädagogik in der Schule« und »sozialpädagogische Schule« bezeichnet werden. Unterschiedlich sind diese Grundpositionen in Bezug auf ihre theoretischen Grundlagen und Methoden sowie auf die Frage, ob es externe Fachkräfte braucht, um sozialpädagogische und sozialarbeiterische Aufgabenstellungen in der Schule zu realisieren. Kritikerinnen und Kritiker der Schulsozialarbeit schließlich stellen die Frage in den Vordergrund, ob und in welcher Form die Schule familienergänzende oder -ersetzende Aufgaben wahrnehmen soll.

Literatur
Robert Constable, Shirley McDonald, John P. Flynn, *School Social Work: Practice, Policy, and Research Perspectives*, Lyceum, Chicago 1998; – Matthias Drilling, *Schulsozialarbeit. Antworten auf veränderte Lebenswelten*, Haupt, Bern 2001; – Urs Vögeli-Mantovani, *Schulsozialarbeit. Erzieherische Ressourcen von Schulen erweitern*, Trendbericht Nr. 6 der Schweizerischen Koordinationsstelle für Bildungsforschung, SKBF, Aarau 2003.
Internet
www.schulsozialarbeit.ch
www.schulsozialarbeit.net
Verweise
Jugendhilfe – Soziale Sicherheit (allgemeiner Begriff)

Matthias Drilling

Schulsystem

Das Schulsystem in der Schweiz ist kantonal gegliedert und damit sehr vielfältig. Grundsätzlich lassen sich folgende Stufen unterscheiden:
– Vorschule (ISCED 0), je nach Kanton 1 bis 3 Jahre;
– Obligatorische Volksschule (1/2A), nach 4 bis 6 Jahren gegliedert in Schulen mit Grund- oder erweiterten Ansprüchen, gesamthaft 9 Jahre;
– Sekundarstufe II (3A-C), entweder als allgemein bildende Schule (Gymnasium/Diplommittelschule) oder als Berufsausbildung, 2 bis 4 Jahre;
– Tertiärstufe (5AB/6), Hochschulen, Fachhochschulen/Höhere Berufsbildung.

Die Kantone sind für die Vor- und Volksschule allein zuständig, die übrigen Stufen sind Verbundaufgabe von Bund und Kantonen. Regionale Schulgeldabkommen, interkantonale Universitäts- und Fachhochschulvereinbarungen und Bundesgesetze regeln die Finanzierung.

Die Durchlässigkeit zwischen den verschiedenen Stufen und Arten ist ein dauerndes Postulat und sicher auf der Sekundarstufe II und der Tertiärstufe noch beträchtlich zu verbessern. Die zeitlichen Normierungen der einzelnen Stufen erweisen sich zunehmend als hinderlich (Begabtenförderung, Einschulung, Sonderpädagogik).

Große Herausforderungen für das Schweizer Schulsystem bilden die Integration von Schülerinnen und Schülern aus andern Kulturkreisen, die Veränderungen in der Lehrerbildung (Schaffung von Pädagogischen Hochschulen) und die Reformbestrebungen sowohl im Eingangsbereich der Primarschule wie auf der Sekundarstufe II (tiefe Maturitätsquote im Vergleich zum europäischen Umfeld, dafür starker Berufsbildungsbereich).

Die führende Rolle der Kantone im Volksschulbereich und damit die Systemvielfalt hat tiefe historische Gründe. Auf diesem Weg wird die sprachliche, kulturelle und konfessionelle Vielfalt der Schweiz bewältigt. Ein Einheitssystem steht nicht zur Debatte, hingegen eine bessere Koordination. Dieser nimmt sich in erster Linie die Schweizerische Konferenz der kantonalen Erziehungsdirektorinnen und -direktoren mit wechselndem Erfolg (Schulbeginn, Fremdsprachenerwerb) an.

Literatur
Beat Hotz-Hart, Stefan Mäder, Patrick Vogt, *Volkswirtschaft in der Schweiz*, vdf Hochschulverlag, Zürich 1995, S. 343–353.
Internet
www.edk.ch
Verweise
Berufslehre – Schweizerische Konferenz der kantonalen Erziehungsdirektorinnen und -direktoren (EDK)
Johannes Flury

Schwangerschaftsabbruch

Ein Schwangerschaftsabbruch bezeichnet den Abbruch einer vitalen Schwangerschaft. Er kann heute medikamentös oder chirurgisch (Absaugmethode) durchgeführt werden. Ein legaler Schwangerschaftsabbruch ist ein komplikationsarmer Eingriff im Gegensatz zu einem illegalen, unter unhygienischen Maßnahmen durchgeführten.
Seit dem Altertum sind verschiedene Arten von Schwangerschaftsabbruch angewandt worden. Sie waren weitgehend gesellschaftlich und sozial akzeptiert. In Mitteleuropa war noch im Mittelalter ein Schwangerschaftsabbruch bis Mitte der Schwangerschaft erlaubt. Die Handhabung wurde mit zunehmender Macht der Kirche restriktiver. 1782 legte Papst Pius den Beginn des Lebens auf die Zeugung fest und erreichte damit ein totales Abtreibungsverbot.
Die damit einhergehende hohe Mütter- und Kindersterblichkeit führte zu Bestrebungen einer Liberalisierung. Ein erstes, noch restriktives Gesetz erlaubte 1942 den Schwangerschaftsabbruch bei Lebensgefahr für die Frau (medizinische Indikation). Die Zahl der illegalen Abbrüche in der Schweiz war aber bis 1970 noch hoch.
Zunehmend standen sich in dieser Frage kirchlich-konservative und feministisch-liberale Kreise mit der Forderung nach totalem Abtreibungsverbot versus Straflosigkeit gegenüber. Zwischen 1976 und 2002 gab es vier politische Vorstöße für eine Liberalisierung und zwei für ein Verbot. In einer Abstimmung sagte das Volk am 2. Juni 2002 mit 72 Prozent Ja zur Fristenregelung, die einen straflosen Abbruch in den ersten 12 Schwangerschaftswochen erlaubt.

Literatur
Michèle Minelli, *Tabuthema Abtreibung*, Haupt, Bern 2002.
Internet
www.plan-s.ch
www.svss-uspda.ch
www.fiapac.ch
Verweise
Schwangerschaftsberatung
Helene Huldi, Regina Widmer

Schwangerschaftsberatung

Der Begriff Schwangerschaftsberatung bezeichnet die Beratung bei erwünschter Schwangerschaft im Gegensatz zu Schwangerschaft-Konfliktberatung bei ungeplanter Schwangerschaft.
Aus ärztlicher Sicht wird darunter meist eine Risikoabwägung verstanden, das heißt Vorbeugen, frühzeitiges Erfassen von und Verhalten bei schwangerschaftsbedingten Erkrankungen und Risiko-Schwangerschaft (z.B. Gestose, Schwangerschafts-Diabetes, Zwillinge), aber auch bei vorbestehenden Erkrankungen. Ein besonderes Augenmerk gilt der Begleitung von Frauen und Paaren in schwierigen psychosozialen Verhältnissen. Dies beinhaltet auch den Aufbau eines sozialen Netzes für die werdende Familie nach der Geburt.
Einer der Schwerpunkte in der Früh-Schwangerschaftsberatung ist die Pränataldiagnostik (PND). Damit sind Untersuchungsmethoden gemeint, die eventuelle kindliche Fehlbildungen entdecken.
Zurzeit werden Ultraschall, Bluttests und Chorionzottenbiopsie/Fruchtwasserpunktion (u.a. zur Chromosomenbestimmung) angeboten. Die Entwicklung ist rasant. Vor allem im Bereich der Bluttests zur Risikoerfassung allfälliger Chromosomenfehler werden laufend neue Methoden angeboten. Die Aufgabe, ein Paar über PND zu beraten, ist eine der anspruchsvollsten geburtshelferischen Aufgaben.
Des Weiteren umfasst die Beratung Verhaltensregeln/-maßnahmen zur Förderung einer gesunden Schwangerschafts-Entwicklung (z.B. bezüglich Rauchen und Alkohol, Drogen, Ernährung) sowie bei allgemeinen Schwangerschafts-Beschwerden (Rückenschmerzen, schwere Beine usw.). Dieser Teil wird hauptsächlich durch Hebammen und Geburtsvorbereitungskurse abgedeckt.
Ein Schwerpunkt der Spät-Schwangerschaftsberatung beinhaltet Information über Orte und Arten der Geburt sowie Geburtsvorbereitung.

Internet
www.praenatal-diagnostik.ch
www.apella.ch
Verweise
Pränatale Diagnostik – Schwangerschaftsabbruch
Helene Huldi, Regina Widmer

Schwarzarbeit

Das Phänomen der Schwarzarbeit oder Schattenwirtschaft ist in der Bevölkerung und unter Politikerinnen und Politikern viel beachtet. Im weiteren Sinne versteht man darunter Aktivitäten, die gegen staatliche Vorschriften (z.B. Sicherheitsauflagen, Arbeitszeitbestimmungen) verstoßen und/oder keine oder zu wenig Steuern und Sozialabgaben abwerfen (Steuerhinterziehung). Eine oft verwendete Abgrenzung berücksichtigt zwei Kriterien: Die Tätigkeit wird in den offiziellen Statistiken nicht erfasst, und es handelt sich um Aktivitäten, die eine Wertschöpfung nach den Konventionen der Nationalen Buchhaltung beinhalten. Rein finanzielle Transaktionen bleiben damit unberücksichtigt, ebenso wie an sich produktive Tätigkeiten, die in der Nationalen Buchhaltung nicht aufscheinen (z.B. Selbstversorgung, freiwillige Arbeit für wohltätige Zwecke). Anlass zur Besorgnis gibt, dass die Einbuße an Steuern und Sozialversicherungsabgaben die Finanzierung der öffentlichen Aufgaben erschwert. Die Flucht aus der offiziellen in die Schattenwirtschaft kann auch als Missbehagen der Bevölkerung mit dem *bonum comune*, u.a. aufgrund übermäßiger Regulierung und Abgabenbelastung, als Missachtung ethischer Prinzipien (Organ- und Menschenhandel) oder als bewusste Verweigerung der Mitfinanzierung des Gemeinwesens interpretiert werden.

Literatur
Dominik Enste, Friedrich Schneider, *Schattenwirtschaft und Schwarzarbeit – Umfang, Ursachen, Wirkungen und wirtschaftspolitische Empfehlungen*, Oldenbourg, München/Wien 2000; – Hannelore Weck, Werner W. Pommerehne, Bruno S. Frey, *Schattenwirtschaft*, Vahlen, München 1984.
Internet
www.schattenwirtschaft.de
Verweise
Informelle Wirtschaft – Solidarität – Steuerflucht – Unbezahlte Arbeit/Freiwilligenarbeit/Ehrenamt

Hannelore Weck-Hannemann

Schweizer Haushaltspanel (SHP)

Das Schweizer Haushaltspanel (SHP) basiert auf einer Zufallsstichprobe von 5074 Haushalten aus der ständigen Wohnbevölkerung der Schweiz. In der ersten Befragungswelle »Leben in der Schweiz« vom Jahre 1999 wurden nahezu 7800 14-jährige und ältere Personen zu einem breiten Spektrum von Themen befragt. Die erhobenen Daten betreffen sowohl »objektive Gegebenheiten« (z.B. Ressourcen, Lebensbedingungen und -ereignisse, soziale Lage und Beteiligung) sowie »subjektive Wahrnehmungen« (z.B. Zufriedenheit, Werte, Bewertungen). Alle Personen der teilnehmenden Haushalte werden während 10 bis 15 Jahren in jährlichem Abstand befragt. Die telefonischen Interviews (CATI – *computer assisted telephone interviewing*) werden auf Deutsch, Französisch und Italienisch vom Institut MIS Trend in Lausanne durchgeführt.

Die Trägerschaft des SHP besteht aus dem Schwerpunktprogramm »Zukunft Schweiz«, dem Bundesamt für Statistik und der Universität Neuenburg. Die längsschnittbezogene Datenbasis des SHP ermöglicht eine getreue Abbildung des sozialen Wandels in der Schweiz und der diesen Veränderungen zugrunde liegenden dynamischen Prozesse.

Internet
www.swisspanel.ch
Verweise
Mikrozensus – Trendanalyse – Umfragen/Umfrageforschung

Erwin Zimmermann

Schweizerische Arbeitsgemeinschaft für Sozialpolitik (SAS)

Die Schweizerische Arbeitsgemeinschaft für Sozialpolitik setzt sich für eine zukunftsgerichtete Sozialpolitik ein. Sie orientiert sich an den Zielen der sozialen Gerechtigkeit, des sozialen Friedens und der sozialen Sicherheit für alle. Sie unterstützt die Trägerorganisationen in der sozialpolitischen Grundlagenarbeit, erarbeitet gemeinsame Stellungnahmen zu sozialpolitischen Fragen und Vernehmlassungen, koordiniert die Lobbyarbeit und leistet Sensibilisierungs- und Öffentlichkeitsarbeit.

Die Schweizerische Arbeitsgemeinschaft für Sozialpolitik wurde im März 2002 von den fünf großen Schweizer Hilfswerken und sozialen Organisationen Caritas Schweiz, HEKS (Hilfswerk der Evangelischen Kirchen der Schweiz), Pro Juventute, Pro Senectute und SRK (Schweizerisches Rotes Kreuz) gegründet. Sitz der Arbeitsgemeinschaft ist Bern. Globalisierung, gesellschaftlicher Wandel und demografische Entwicklung stellen den Sozialstaat vor grundlegend neue Herausforderungen. Die Gründung der Arbeitsgemeinschaft ist eine Antwort der fünf Trägerorganisationen auf die neuen Herausforderungen.

Verweise
Armut – Schweizerische Konferenz für Sozialhilfe (SKOS) – Schweizerische Vereinigung für Sozialpolitik (SVSP) – Soziale Arbeit – Sozialpolitik

Jürg Krummenacher

Schweizerische Arbeitskräfteerhebung (SAKE)

Die Schweizerische Arbeitskräfteerhebung (SAKE) ist eine vom Bundesamt für Statistik (BFS) seit 1991 jährlich vorgenommene Befragung bei rund

17 000 Haushalten (ab 2002: rund 40 000 Haushalte). Sie basiert auf einer dem Telefonbuch entnommenen Zufallsstichprobe von Schweizer und Schweizerinnen sowie von niedergelassenen Ausländern und Ausländerinnen (so genannte ständige Wohnbevölkerung). In diesen Haushalten wird wiederum per Zufallsprinzip eine mindestens 15-jährige Person ausgewählt und anschließend in einem 20-minütigen Interview über ihre Erwerbstätigkeit und persönliche Situation befragt. Die Interviews werden durch ein vom BFS beauftragtes privates Marktforschungsinstitut durchgeführt. Die SAKE verwendet die internationalen Definitionen der Erwerbstätigkeit, Erwerbslosigkeit und Unterbeschäftigung (Internationales Arbeitsamt und Eurostat). Eine Person gilt somit als erwerbstätig, wenn sie in der Referenzwoche mindestens eine Stunde gearbeitet hat. Die Anwendung dieser Definitionen ermöglicht internationale Vergleiche. Zusätzlich zu den Merkmalen des Arbeitsmarkts werden einzelne soziodemografische Indikatoren zu den Befragten und deren Haushaltsmitgliedern sowie periodisch in Form eines Zusatzmoduls Informationen zu einem weiteren Thema erhoben (Freiwilligenarbeit, Weiterbildung, Soziale Sicherheit u.a.). Nach einem Rotationsprinzip werden die ausgewählten Personen 5 Jahre in Folge befragt. Dieses Verfahren ermöglicht neben Querschnittsuntersuchungen auch eine Analyse der dynamischen Aspekte des Arbeitsmarkts. Die Beteiligung an der SAKE ist freiwillig. Die Antwortquote von rund 70 Prozent kann – im Vergleich zu anderen Erhebungen – als sehr befriedigend bezeichnet werden.

Um die gelieferten Antworten für die ständige Wohnbevölkerung repräsentativ zu machen, werden sie anschließend gewichtet und hochgerechnet. Eine im Rahmen der SAKE befragte Person repräsentiert durchschnittlich rund 150 Personen in der ständigen Wohnbevölkerung ab 15 Jahren. Bei der Gewichtung der Ergebnisse werden einerseits die unterschiedlichen Auswahlwahrscheinlichkeiten der Haushalte und Personen aufgrund des Stichprobenplanes berücksichtigt und andererseits strukturelle Ausfälle hinsichtlich Geschlecht, Altersgruppen, Heimat und Großregionen ausgeglichen.

Literatur
Brigitte Buhmann, *Einführung in die Arbeitsmarktstatistik*, Bundesamt für Statistik, Neuenburg 1999; – Bundesamt für Statistik, *Die Schweizerische Arbeitskräfteerhebung. Kommentierte Ergebnisse und Tabellen*, Bundesamt für Statistik, Neuenburg (erscheint jährlich); – *SAKE-News*, Bundesamt für Statistik, Neuenburg (erscheint mehrmals jährlich).
Internet
www.statistik.admin.ch/stat_ch/ber03/sake/stfr03.htm

Verweise
Bundesamt für Statistik – Eurostat/ESSOSS – Umfragen/Umfrageforschung

Elisa Streuli

Schweizerische Gemeinnützige Gesellschaft (SGG)

Die Schweizerische Gemeinnützige Gesellschaft (SGG) wurde 1810 mit dem allgemeinen Ziel gegründet, gemeinnützige Aktivitäten und Wohltätigkeit in der Schweiz zu fördern, sowohl in geistiger wie in materieller Hinsicht. 1860 schenkte die SGG der Eidgenossenschaft die Rütliwiese und ist seither deren Verwalterin mit einer eigenen Rütlikommission.

Die SGG war eine der treibenden Kräfte bei der Gründung einer ganzen Reihe von sozialen Organisationen, so z.B. von Pro Juventute, Pro Senectute, Pro Familia, der Berghilfe und Pro Mente Sana. Sie hat auch die Gründung des Schweizerischen Gemeinnützigen Frauenvereins (300 Sektionen) unterstützt. Die Genfer Gemeinnützige Gesellschaft bildete den Ursprung des Internationalen Komitees des Roten Kreuzes (IKRK).

Heute zählt die SGG mehr als 3500 Mitglieder, unter ihnen 2500 individuelle Mitglieder. Sie verbindet Personen und Organisationen, die sich für die soziale Entwicklung im Dienst der Allgemeinheit, für ein soziales Gleichgewicht und für eine angemessene Unterstützung der Bedürftigen einsetzen.

Die Partner der SGG arbeiten in Politik, Wirtschaft, Wissenschaft, Bildung, Kultur und im Sozialbereich.

Die Aufgaben der SGG lassen sich wie folgt umschreiben:
– Die SGG fördert und verbreitet innovative Ideen und Pilotprojekte, selbständig oder in Zusammenarbeit mit anderen Organisationen;
– sie unterstützt verschiedene soziale Organisationen;
– sie nimmt an politischen Debatten über Gemeinnützigkeit teil und setzt sich für das soziale Verantwortungsgefühl unter der Bevölkerung ein – so engagierte sich die SGG für die Stiftung Solidarität Schweiz und übernahm die Führung der Abstimmungskampagne;
– und insbesondere engagiert sie sich für Freiwilligkeit in all ihren Facetten – so lanciert sie ein nationales Forschungsprogramm zu Freiwilligkeit.

Ihre Aktionsmittel sind unter anderem:
– Konferenzen und Diskussionen an der jährlichen Gesellschaftsversammlung, im Zentralvorstand oder in Spezialkommissionen;
– Tagungen zu wichtigen sozial- und gesellschaftspolitischen Fragen;
– Stellungnahmen oder Berichte (Revision des Jugendstrafrechts, Liberalisierung der Spielbanken);

- Aktivitäten der Geschäftsstelle (2,4 Stellen);
- Herausgabe einer Zeitschrift und weiterer Publikationen über spezifische gesellschaftliche und soziale Probleme;
- Verwaltung zahlreicher Stiftungen, die der SGG administrativ angegliedert sind;
- die finanziellen Mittel, welche ihr erlauben, gezielt zukunftsträchtige Entwicklungen zu unterstützen.

Die Strukturen der SGG umfassen eine dreimal jährlich stattfindende Sitzung des Zentralvorstandes (ZV) (dieser besteht aus 30 Mitgliedern und 5 permanenten Gästen), 6 bis 8 Sitzungen des Ausschusses des ZV, die jährliche Gesellschaftsversammlung und die Geschäftsleitung.

Zu den Aktivitäten und Projekten gehören:
- die Verwaltung von Fonds und Stiftungen für zweckgebundene oder nicht zweckgebundene individuelle Hilfe;
- das Projekt TikK, Team für interkulturelle Konflikte und Gewalt (Beratung, Mediation, Situationsanalyse, Lösungssuche), 1995–2003;
- der »SeitenWechsel«, ein Sozialpraktikum für Führungskräfte der Wirtschaft und Sozialarbeiter, durch das die einen jeweils »die andere Seite« erfahren können, seit 1991;
- Einzelhilfe für Menschen in finanziellen Schwierigkeiten, unter der Voraussetzung, dass die Gesuche über die zuständigen Sozialämter eingereicht und der Staat zu einem Steuererlass bereit ist.

Zu den Schwerpunkten der nächsten Jahre zählen das Sammeln und Verbreiten von Wissen in Sachen ehrenamtliche Tätigkeit und Freiwilligkeit, die Förderung von Freiwilligkeit sowie die Förderung des sozialen Engagements und der sozialen Verantwortung in der Wirtschaft.

Neben der Schweizerischen Gemeinnützigen Gesellschaft sind in fast allen Kantonen der Schweiz eigenständige Gemeinnützige Gesellschaften tätig. In einigen Kantonen gibt es auch auf der Ebene der Bezirke und Gemeinden Gemeinnützige Gesellschaften, vor allem in den Kantonen Zürich, St. Gallen und Aargau. Deren heutige Bedeutung ist sehr unterschiedlich. Die Gesellschaft für das Gute und Gemeinnützige in Basel ist in der Sozialpolitik des Kantons Basel-Stadt ein sehr wichtiger Partner der öffentlichen Hand, ebenso die Gesellschaft in Zug. Die Bernische Ökonomische und Gemeinnützige Gesellschaft hat vor allem für die bäuerliche Bevölkerung des Kantons nach wie vor eine sehr große Bedeutung.

Internet
www.sgg-ssup.ch
Verweise
Schweizerische Konferenz für Sozialhilfe (SKOS) – Sozialpolitik – Zivilgesellschaft

Herbert Ammann

Schweizerische Konferenz der kantonalen Erziehungsdirektorinnen und -direktoren (EDK)

Die Kantone tragen in der Schweiz die Hauptverantwortung für die Bildung und die Hauptlast bei der Bildungsfinanzierung.

Die Schweizerische Konferenz der kantonalen Erziehungsdirektorinnen und -direktoren (EDK) ist die Behörde der Bildungskooperation in der Schweiz. In der EDK sind alle kantonalen Regierungsmitglieder vertreten, die für Erziehung, Bildung, Kultur und Sport verantwortlich sind. Als Direktorenkonferenz besteht die EDK seit 1897. Das Schulkonkordat von 1970 ist heute die rechtliche Grundlage der EDK. Es verpflichtet die Kantone generell zur Zusammenarbeit im Bildungsbereich. Die EDK ist die einzige Direktorenkonferenz mit einer derartigen staatsvertraglichen Grundlage, die in den Kantonen durch die Parlamente und zum Teil über Volksabstimmungen ratifiziert werden musste. Als einziger Kanton ist der Kanton Tessin dem Konkordat nicht formell beigetreten, nimmt aber als Vollmitglied an allen Aktivitäten der EDK teil.

Die EDK ist Verhandlungspartner des Bundes für jene Bildungsbereiche, in denen Bund und Kantone gemeinsam die Verantwortung tragen. Die EDK vertritt die Kantone auch im Ausland in Bildungs- und Kulturfragen.

Funktionsweise der EDK:
- Das Schulkonkordat ermächtigt die EDK zum formellen Erlass von Empfehlungen an die Kantone (z.B. Empfehlungen zur Schulung von fremdsprachigen Kindern, zur Schaffung von Pädagogischen Hochschulen). Empfehlungen sind nicht bindende Beschlüsse. Als Produkte mehrjähriger Konsensarbeit haben sie aber nachweislich einen hohen Harmonisierungs- und Koordinationseffekt. Weitere Instrumente sind der Erlass von politischen Erklärungen, Richtlinien, Rahmenlehrplänen usw.
- Auf Basis der interkantonalen Diplomvereinbarung von 1993 kann die EDK kantonale Bildungs- und Berufsabschlüsse gesamtschweizerisch anerkennen und für die Anerkennung Mindestnormen festlegen.
- Die von der EDK abgeschlossenen Finanzierungs- und Freizügigkeitsvereinbarungen ermöglichen den gleichberechtigten Zugang zu Bildungsinstitutionen (vor allem im Tertiärbereich) in der ganzen Schweiz und regeln den Lastenausgleich zwischen den Kantonen.

Zur Wahrnehmung ihrer Aufgaben verfügt die EDK über folgendes Instrumentarium:
- Politische Organe: Oberstes Entscheidungsorgan der EDK ist die Plenarversammlung (alle kantonalen Regierungsmitglieder); Führungsorgan ist der Vorstand (bestehend aus 10 EDK-Mitgliedern); der Fachhochschulrat ist das Koordina-

tionsorgan im Fachhochschulbereich (Trägerkantone, Bund, Schulen).
– Fach- und Koordinationsgremien: In den Gremien der EDK (Kommissionen, Arbeitsgruppen, Fachkonferenzen, weitere interkantonale Netzwerke) engagieren sich bis zu 500 Vertreterinnen und Vertreter der Kantone, des Bundes und weiterer Partner.
– Führung von und Zusammenarbeit mit gesamtschweizerisch tätigen Institutionen und Kompetenzzentren (z.B. Schweizerische Koordinationsstelle für Bildungsforschung, Schweizerische Zentralstelle für die Weiterbildung der Mittelschullehrpersonen, Schweizerische Fachstelle für Informationstechnologien im Bildungswesen).
Die EDK führt ein Generalsekretariat in Bern. Es bereitet insbesondere die Geschäfte der politischen Organe vor und führt die Fach- und Koordinationsgremien. Das Generalsekretariat verfügt über ein Dokumentations- und Informationszentrum (IDES), das die bildungspolitischen Aktivitäten in der Schweiz systematisch dokumentiert.

Internet
www.edk.ch
Verweise
Berufsbildung – Schulsystem

Gisela Fuchs

Schweizerische Konferenz für Sozialhilfe (SKOS)

Die Schweizerische Konferenz für Sozialhilfe (SKOS) ist ein Zusammenschluss privater und öffentlicher Stellen der Schweiz, die konkrete Leistungen in der Sozialhilfe erbringen. Als nationaler Fachverband im Sinne des Vereinsrechts bezweckt die SKOS die Förderung von Kompetenz, Koordination und Zusammenarbeit in der öffentlichen und privaten Sozialhilfe auf kommunaler, regionaler, kantonaler und eidgenössischer Ebene. Dabei wird ein spezielles Augenmerk auf den Austausch und die Erarbeitung partnerschaftlicher Beziehungen mit Gremien und Institutionen aller Sprachregionen gelegt. Außerdem setzt sich die SKOS für die Festigung der Beziehungen zwischen Professionellen der Sozialen Arbeit und Behördenmitgliedern ein, indem sie sich für eine komplementäre Aufgabenteilung zwischen diesen beiden Akteuren der Sozialhilfe einsetzt.

Entstanden im Jahre 1905 als »Armenpflegekonferenz«, entwickelte sich das Forum zur »Schweizerischen Konferenz für öffentliche Fürsorge« (SKöF), die in den 60er-Jahren erstmals »Richtlinien zur Unterstützung in der Fürsorge« herausgab. Diese SKöF-Richtlinien wurden in der Fachwelt rasch zu einer maßgeblichen Größe für die Ausgestaltung und Bemessung der Sozialhilfe. Ihre Weiterentwicklung ist heute ein Eckpfeiler der Verbandstätigkeit. Die SKOS setzt sich für eine zeitgemäße Sozialhilfe ein. Um sich dem neuen sozialpolitischen Kontext anzupassen und der beabsichtigten Öffnung gegenüber Organisationen der privaten Sozialhilfe Ausdruck zu verleihen, hat sie 1996 ihren Namen geändert und wurde zur Schweizerischen Konferenz für Sozialhilfe (SKOS).

Zu den Hauptaufgaben der SKOS zählen die Erarbeitung von Empfehlungen und Richtlinien für die Ausgestaltung und Bemessung der Sozialhilfe (SKOS-Richtlinien), die Information der Mitglieder (u.a. in Form der Fachzeitschrift *Zeitschrift für Sozialhilfe* und anderer Publikationen), der breite Informationsaustausch mit Partnern im Sozialwesen auf regionaler, nationaler und internationaler Ebene sowie Angebote im Bereich der Fort- und Weiterbildung. Letztere reichen von Fachkursen für Behördenmitglieder und professionell in der Sozialhilfe Tätige über Weiterbildungskurse zu Grundsatzfragen des Sozialwesens und der Sozialhilfe bis hin zu Fort- und Weiterbildungsangeboten in Zusammenarbeit mit Fachhochschulen für Soziale Arbeit und anderen Organisationen.

Die SKOS berät die Mitglieder in grundsätzlichen Fachfragen, stellt ihnen Arbeitsinstrumente für den Alltag in der Sozialhilfe zur Verfügung und vertritt ihre fachlichen Interessen in verschiedenen Gremien und Arbeitsgruppen. Ihre sozialpolitische Rolle nimmt die SKOS wahr, indem sie bei Vernehmlassungen des Bundes Stellung nimmt und Lobbyarbeit leistet. Sie betreibt selber Forschung und vergibt Aufträge an Dritte zu aktuellen Themen im Bereich der Sozialhilfe und der Existenzsicherung.

Die breite Abstützung der SKOS erlaubt es, wichtige Konzepte für den Bereich der Schweizerischen Sozialhilfe zu formulieren und Modelle für die Gestaltung einer sozialen Schweiz von morgen zu entwickeln. Im Verständnis der SKOS umfasst die Sozialhilfe alle materiellen und immateriellen bedarfsabhängigen Sozialleistungen außerhalb der Sozialversicherungen, die von privaten oder öffentlichen Einrichtungen erbracht werden. Die SKOS setzt sich dafür ein, dass diese Leistungen so ausgestaltet sind, dass nicht nur das bloße Überleben gewährleistet ist, sondern die Teilnahme und Teilhabe der Betroffenen am Sozial- und Arbeitsleben und damit die Eigenverantwortung und die Hilfe zur Selbsthilfe gefördert wird. Der Gefahr der Stigmatisierung von Armutsbetroffenen schenkt die SKOS besondere Aufmerksamkeit.

Die SKOS engagiert sich in der sozialpolitischen Debatte insbesondere in den Bereichen Armut und sozialer Ausschluss und setzt sich für soziale Gerechtigkeit und die Wahrung der Menschenwürde von Bedürftigen ein. Die SKOS vertritt die

Interessen der Akteure der Sozialhilfe und damit mittelbar die Interessen von bedürftigen Personen und die Interessen der Allgemeinheit.

Internet
www.skos.ch
Verweise
Existenzminimum – Richtlinien für die Ausgestaltung und Bemessung der Sozialhilfe (SKOS-Richtlinien) – Sozialhilfe (im engeren Sinne)

Caroline Knupfer

Schweizerische Lohnstrukturerhebung (LSE)

Die LSE wird seit 1994 alle zwei Jahre durch schriftliche Befragung einer repräsentativen Stichprobe von nahezu 12 000 Unternehmen im sekundären und tertiären Wirtschaftssektor auf landesweiter Ebene durchgeführt und erlaubt Aussagen über Niveau und Struktur der Löhne in der Schweiz. Als wichtigste Quelle der öffentlichen Statistik über das Niveau der Löhne in der Schweiz liefert die LSE Informationen über die Höhe (in absoluten Zahlen) des Arbeitseinkommens gegliedert nach Wirtschaftsbranchen, Unternehmensgröße, Anforderungsniveau des Arbeitsplatzes, Tätigkeitsbereichen sowie nach den persönlichen Merkmalen der Arbeitnehmenden (Alter, Geschlecht, Ausbildung, Nationalität usw.). Die LSE gibt also Aufschluss über die detaillierte Verteilung der Löhne innerhalb verschiedener Arbeitnehmergruppen (z.B. Kaderlöhne, Niedriglöhne; Relation zwischen Frauen- und Männerlöhnen usw.), über die Lohnsysteme der einzelnen Wirtschaftszweige und über den relativen Stellenwert der einzelnen Lohnkomponenten am effektiv ausbezahlten Arbeitslohn (Grundlohn, 13./14. Monatslohn, Prämien, Sonderzahlungen [Boni] usw.).

Im Gegensatz zum schweizerischen Lohnindex berücksichtigt die LSE strukturelle Veränderungen, die das Lohnniveau beeinflussen. Die von der LSE bereitgestellten Lohnindikatoren leisten einen Beitrag zur Definition der Lohnpolitik der einzelnen Wirtschaftssektoren und zur Beurteilung der Konkurrenzfähigkeit des Wirtschaftsstandorts Schweiz im weiteren Sinne (Salär als Faktor der Attraktivität der Arbeitsplätze und der Kosteneffektivität der Ausbildung). Um den Vollzug der flankierenden Maßnahmen zum freien Personenverkehr zu ermöglichen, die im Rahmen der bilateralen Abkommen zwischen der Schweiz und der Europäischen Union beschlossen wurden, entschied man, die Lohnstrukturerhebung 2002 und die folgenden Erhebungen bis mindestens 2006 so zu erweitern, dass die Informationen auf der Ebene der 7 Großregionen (sowie der Kantone, die auf eigene Kosten eine kantonale LSE-Stichprobe finanzieren) vorliegen. Diese Erweiterung gestattet es, den tripartiten Kommissionen (Staat, Wirtschaftsverbände, Gewerkschaften) – auf eidgenössischer und kantonaler Ebene – Lohnindikatoren als Referenzgrößen zur Verfügung zu stellen, anhand deren sich die Entwicklung der Arbeitslöhne nach der Grenzöffnung verfolgen lässt. Ab 2004 ist eine thematische Erweiterung der Lohnstrukturerhebung auf den Bereich der Arbeitskosten geplant.

Literatur
Bundesamt für Statistik, *Die Schweizerische Lohnstrukturerhebung*, Bundesamt für Statistik, Neuenburg (erscheint alle zwei Jahre).
Internet
www.statistik.admin.ch/stat_ch/ber03/lohn/dtfr03.htm
Verweise
Lohnindex

Didier Froidevaux

Schweizerische Vereinigung für Sozialpolitik (SVSP)

Die Schweizerische Vereinigung für Sozialpolitik (SVSP) – Association Suisse de Politique Sociale (ASPS), Associazione Svizzera per la Politica Sociale (ASPS) – wurde am 23. Juni 1926 als Zusammenschluss der Schweizerischen Vereinigung des internationalen Arbeiterschutzes und des Schweizerischen Vereins für Sozialversicherung gegründet. Zweck der Vereinigung ist es, »den Gedanken der fortschrittlichen Sozialpolitik in weitere Kreise zu tragen und an dessen Förderung auf nationalem und internationalem Boden mitzuarbeiten«. Als gesamtschweizerische Organisation bemüht sich die SVSP seit ihren Anfängen außerdem, die sozialpolitischen Grundpositionen der lateinischen und der deutschen Schweiz gleichberechtigt zur Geltung kommen zu lassen.

Vor dem Zweiten Weltkrieg war die SVSP die Plattform, auf der die Sozialpartner ihre Vorstellungen und Argumente in einer sachlichen, vorpolitischen Atmosphäre debattieren konnten. Als sich der Bund des Aufbaus der Sozialversicherungen annahm, bot sich die SVSP als Forum der Diskussion zwischen ihm und den Sozialpartnern an. Seit etwa 1980 tritt die SVSP vorwiegend mit Tagungen und Publikationen auf.

Die SVSP sieht die Sozialpolitik als Ganzes, aus der Überzeugung heraus, dass die bisherige horizontale und vertikale Segmentierung der sozialen Sicherheit keine tragfähigen Lösungen für die absehbaren sozialen Probleme mehr anbieten kann. Um diese Sicht der Sozialpolitik zu verbreiten, fördert die SVSP den Dialog zwischen der Praxis in Politik und Verwaltung einerseits und der Wissenschaft andererseits. Sie gibt Impulse, vermittelt Wissen sowie Erfahrungen aus dem In- und Ausland und motiviert die verschiedenen Kräfte der Sozialpolitik, gemeinsam Lösungen für die schwierigen Probleme zu suchen. Das *Wörterbuch der Sozialpolitik*, das in der deutschsprachigen Version von der SVSP herausgegeben wird, ist ein wichtiger Meilenstein auf diesem Weg.

Literatur
Erwin Carigiet, Jean-Pierre Fragnière (Hrsg.), *Hat das Drei-Säulen-Konzept eine Zukunft? – Le concept des trois piliers a-t-il un avenir?*, Réalités sociales, Lausanne 2001; – Schweizerische Vereinigung für Sozialpolitik, *Welche soziale Sicherheit braucht die Schweiz von morgen?*, SVSP, Bern 1999; – Antonin Wagner, *Teilen statt umverteilen. Sozialpolitik im kommunitaristischen Wohlfahrtsstaat*, Haupt, Bern 1999.
Internet
sozialinfo.ch/adressen/bfv/bf20.htm

Günther Latzel

Schweizerischer Berufsverband Soziale Arbeit (SBS/ASPAS)

Der Schweizerische Berufsverband Soziale Arbeit (SBS/ASPAS) ist ein Zusammenschluss von Professionellen der Sozialen Arbeit, die eine Ausbildung an einer Höheren Fachschule, Fachhochschule oder Universität in Sozialarbeit, Sozialpädagogik und/oder soziokultureller Animation absolviert haben oder absolvieren. Der Verband vertritt die beruflichen, wirtschaftlichen und sozialen Interessen seiner Mitglieder und hilft mit, politische Lösungen im Einklang mit seinen Zielsetzungen zu finden. Der SBS/ASPAS fördert die Weiterentwicklung der Berufe Sozialarbeit, Sozialpädagogik und soziokulturelle Animation. Er ist auf regionaler, nationaler und internationaler Ebene tätig. Der Verband umfasst 15 Sektionen in der deutschen und welschen Schweiz, die vor Ort die Interessen der Mitglieder wahrnehmen. Der Schweizerische Verband führt eine professionelle Geschäftsstelle. Deren Mitarbeitende erarbeiten Grundlagen für den Beruf und unterstützen die diversen Gremien des Verbandes. Fachkommissionen und wechselnde Arbeitsgruppen bilden den Kern der aktiven Verbandsarbeit im Milizsystem.
Der SBS/ASPAS ist Herausgeber des Berufskodexes für die Professionellen Sozialer Arbeit in der Schweiz und der Fachzeitschrift *SozialAktuell*.

Internet
www.sbs-aspas.ch
Verweise
Fachhochschulen (FHS) – Sozialarbeiterinnen und Sozialarbeiter (Ausbildung der) – Soziale Arbeit – Soziokulturelle Animation

Isabelle Bohrer

Schweizerischer Gewerkschaftsbund (SGB)

Der Schweizerische Gewerkschaftsbund (SGB), 1880 gegründet, ist ein gewerkschaftlicher Dachverband, dessen Sitz sich in Bern befindet und der im Jahr 2003 17 Verbände umfasst. Der SGB weist knapp 400 000 Mitglieder auf. Auf kantonaler und regionaler Ebene ist er durch kantonale Gewerkschaftsbünde präsent, die durch die Sektionen der Mitgliedsverbände gebildet werden. Zu den Haupttätigkeiten des SGB gehören: die Verteidigung und Entwicklung des Sozialstaates, der Einsatz zugunsten einer auf Vollbeschäftigung zielenden Wirtschaftspolitik und damit der Kampf gegen Arbeitslosigkeit, die Verteidigung der Arbeitslosen, der Erhalt des *service public*. Deshalb fördert der SGB insbesondere: eine geschlechtergerechte Teilung und dazu eine Verkürzung der Arbeitszeit, die Gleichstellung von Frau und Mann, die Integration der Migrantinnen und Migranten, die Demokratie auf der Ebene der Unternehmen, soziale Regeln im Welthandel, Respekt der Menschenrechte, den *service public* als Garanten dafür, dass allen hier Ansässigen unabdingbare Leistungen preisgünstig zuteil werden usw.
Der SGB nimmt durch Pressemitteilungen bzw. Pressekonferenzen öffentlich zu allen ihn interessierenden Themen Stellung. Seine Lobbytätigkeit äußert sich zur Hauptsache in der Mitarbeit bei zahlreichen außerparlamentarischen Kommissionen und in der Teilnahme an den Vernehmlassungsverfahren. Der SGB arbeitet vor allem – aber nicht ausschließlich – mit den linken im Parlament vertretenen Parteien (insbesondere SPS und Grüne) zusammen. Er unterhält regelmäßige Kontakte zu den Mitgliedern des Bundesrates und der eidgenössischen Verwaltung.
Mit dem Lancieren von Volksinitiativen und Referenden interveniert der SGB direkt in die Politik. Der SGB lanciert solche Vorstöße je nach Voraussetzung allein oder in Allianz mit anderen gewerkschaftlichen oder politischen Kräften. Er unterstützt bei Übereinstimmung der Ziele nicht von ihm lancierte Vorstöße auf der Ebene der direkten Demokratie. Wenn nötig, organisiert er, allein oder im Verbund, nationale Manifestationen oder Demonstrationen.
Das politische Personal des SGB besteht aus 7 Sekretären und 3 Redaktoren, die sich folgende Dossiers teilen: Wirtschaftspolitik (inkl. Außenwirtschaft); soziale Sicherheit; Arbeitsrecht; *service public*; Gesundheit und Sicherheit am Arbeitsplatz; Gleichstellung; Migration; Berufsbildung usw.
Die Organe des SGB sind: der Präsidialausschuss, der Vorstand, die Delegiertenversammlung und der alle vier Jahre stattfindende Kongress. Der SGB und seine Verbände führen mit movendo ein eigenes Bildungsinstitut. Der SGB ist Mitgründer des Schweizerischen Arbeiterhilfswerkes (SAH) und des Solifonds (Solidaritätsfonds für die soziale Befreiung der Dritten Welt). Auf internationaler Ebene ist der SGB Mitglied des Europäischen

Gewerkschaftsbundes (EGB) und des Internationalen Bundes freier Gewerkschaften (IBFG). Alljährlich beteiligt sich der SGB aktiv an der Konferenz der Internationalen Arbeitsorganisation (ILO). Der SGB gibt einen Pressedienst in drei Sprachen heraus und verfügt über zusätzliche Publikationsreihen (insbesondere »Dokumentation« und »Dossier«).

Literatur
Robert Fluder, *Politik und Strategien schweizerischer Arbeitnehmer-Organisationen*, Rüegger, Chur/Zürich 1998.
Internet
www.sgb.ch
Verweise
Arbeitsbeziehungen – Europäischer Gewerkschaftsbund (EGB) – Gewerkschaften – Sozialpartnerschaft
Ewald Ackermann

Schweizerischer Informations- und Datenarchivdienst für die Sozialwissenschaften (SIDOS)

Der Schweizerische Informations- und Datenarchivdienst für die Sozialwissenschaften (SIDOS) hat zum Ziel, den Zugang zur sozialwissenschaftlichen Forschung zu erleichtern, hauptsächlich auf zwei Arten:
Einerseits erstellt SIDOS ein Inventar der schweizerischen sozialwissenschaftlichen Forschung. Darin sind rund 6000 Projekte beschrieben und jährlich kommen rund 500 Neueintragungen hinzu. Interessierte haben über das Internet freien Zugang.
Anderseits archiviert SIDOS Daten großer quantitativer Untersuchungen, um sie der wissenschaftlichen Gemeinschaft zur Verfügung zu stellen. Durch das Archiv wird es beispielsweise möglich, die Meinung der schweizerischen Bevölkerung zu sozialen Ungleichheiten vor 20 Jahren mit der heutigen Wahrnehmung zu vergleichen. Zurzeit sind im Archiv etwa 200 Datensätze der Sozialwissenschaften dokumentiert und abgelegt. Des Weiteren ermöglicht SIDOS den Zugang zu Archiven mit internationalen Datensätzen, wie z.B. zum Council of European Social Science Data Archives (CESSDA) oder zur International Federation of Data Organisation (IFDO).
Weitere Aufgabengebiete von SIDOS sind die Durchführung von internationalen Befragungen in der Schweiz, Beratung, Erstellen einer Frage-Datenbank zur Unterstützung beim Aufbau von Fragebögen, Mitorganisation einer jährlichen Sommerschule über sozialwissenschaftliche Methoden sowie die Pflege und Weiterentwicklung des Web-Angebotes.

Internet
www.sidos.ch
www.cessda.org
www.ifdo.org
Verweise
Schweizerisches Sozialarchiv – Sekundäranalyse – Sozialforschung
Dominique Joye

Schweizerischer Seniorenrat

Während des UNO-Jahres der älteren Menschen 1999 wurde die Idee eines Schweizerischen Seniorenrates (SSR) lanciert. In enger Zusammenarbeit erarbeiteten die beiden Dachverbände der Seniorenorganisationen – der Schweizerische Senioren- und Rentnerverband (SSRV) sowie die Vereinigung aktiver Senioren- und Selbsthilfe-Organisationen der Schweiz (VASOS) – ein Konzept dafür. Mit Unterstützung des Eidgenössischen Departements des Innern sowie der Pro Senectute Schweiz wurde der SSR am 26. November 2001 in Bern gegründet. SSRV und VASOS sind im Rat paritätisch vertreten.
Der SSR dient als Plattform der älteren Generationen in Fragen der Alterspolitik. Er will insbesondere die Würde, Lebensqualität und Autonomie sowie die sozialen, kulturellen und wirtschaftlichen Interessen der älteren Menschen wahren. Außerdem soll die Mitsprache der älteren Menschen in der Gesellschaft sowie die Solidarität zwischen den Generationen gefördert werden. Er ist als beratendes Organ für Altersfragen vom Bundesrat anerkannt.

Internet
www.sssr-csa.ch
Verweise
Alterspolitik – Rentnerinnen- und Rentnerverbände
Margrit Annen-Ruf

Schweizerischer Wissenschafts- und Technologierat

Der Schweizerische Wissenschafts- und Technologierat (SWTR) – bis Januar 2000 Schweizerischer Wissenschaftsrat (SWR) – ist das Konsultativorgan des Bundesrates in allen Fragen der Wissenschafts-, Bildungs-, Forschungs- und Technologiepolitik.
Gemäß den Vorgaben des Bundesrates, die dem SWTR am 13. März 2001 in Form eines Arbeitsprogrammes übermittelt wurden, lassen sich die Aufgaben des SWTR in die folgenden drei Kategorien einteilen:
– Studien, Berichte und Evaluationen, die der SWTR aufgrund eines Mandates oder aus eigener Initiative durchführt und erarbeitet;
– Stellungnahmen zu konkreten punktuellen Fragen;
– Mitarbeit an Projekten mit einem oder mehreren Partnern.
Als Sprachrohr der Wissenschaft erarbeitet der SWTR zuhanden des Bundesrates Gesamtkon-

zepte und schlägt Maßnahmen zu ihrer Verwirklichung vor. Aus eigener Initiative oder im Auftrag des Bundesrates, des Eidgenössischen Departements des Innern oder des Eidgenössischen Volkswirtschaftsdepartements nimmt er zu einzelnen wissenschafts-, bildungs-, forschungs- und technologiepolitischen Vorhaben und Problemen Stellung. Er steht auch anderen Bundesbehörden, kantonalen Instanzen und Universitäten zur Verfügung.

Der SWTR setzt sich zusammen aus einem Präsidenten/einer Präsidentin und 10 bis 15 Mitgliedern, die vom Bundesrat für eine Amtsdauer von vier Jahren gewählt werden. Die Ratsmitglieder sind renommierte Repräsentantinnen und Repräsentanten von Wissenschaft und Technologie aus dem In- und Ausland. Sie vertreten weder ein Fach noch eine Institution oder Organisation. Die einzelnen akademischen Disziplinen sowie Geschlechter und Sprachen sind angemessen vertreten.

Die Arbeitssitzungen des Rates finden in der Regel fünfmal jährlich während ein bis zwei Tagen statt. Der Präsident stellt die Zusammenarbeit sowohl mit den Bundesstellen wie auch mit den Institutionen der Forschungsförderung sicher. Ferner pflegt er regelmäßige Kontakte mit dem Staatssekretär für Wissenschaft und Forschung.

Das Zentrum für Technologiefolgen-Abschätzung (TA-SWISS) ist dem SWTR angegliedert.

Literatur
Botschaft über die Förderung von Bildung, Forschung und Technologie in den Jahren 2000–2003 vom 25. November 1998, Schweizerischer Bundesrat, Bern 1998; – Carl Pfaff, »Die Anfänge des SWR«, in: Bernard Prongué et al., *Passé pluriel: en hommage au professeur Roland Ruffieux*, Études et recherches d'histoire contemporaine Nr. 12, Fribourg 1991, S. 491–501; – Schweizerischer Wissenschafts- und Technologierat, *Jahresbericht 2000*, SWTR, Bern 2001.
Internet
www.swtr.ch
www.ta-swiss.ch

Christine Haag, Max Salm

Schweizerisches Arbeiterhilfswerk (SAH)

Das Schweizerische Arbeiterhilfswerk (SAH) wurde 1936 gegründet und ist in der Schweiz, in Ländern des Südens und Ostens aktiv. Sein Ziel ist die Entwicklung von individueller Autonomie, die über Bildung, Arbeit und Beratung realisiert wird. Diese Aktivitäten erstrecken sich auf verschiedenen Ebenen:
– Aktivitäten in der Schweiz: Durchführen von Projekten (Beschäftigungsprogramme, Stellenbörsen, Hilfe bei der Arbeitssuche, Motivationssemester für Jugendliche, Basis-Qualifikationskurse, Integration von Flüchtlingen und Asylsuchenden) zur Prävention, zum Wiedereinstieg und zur Integration.
– Aktivitäten im Ausland: Entwicklungszusammenarbeit mit dem Schwerpunkt auf der Entwicklung von lokalen Organisationen – Gewerkschaften, Frauenorganisationen, ländliche Vereinigungen – und niederschwellige wirtschaftliche Aktivitäten. (Das SAH ist Mitglied des europäischen Netzwerks Solidar, im welchem Organisationen mit ähnlicher Ausrichtung vereinigt sind.)
– Humanitäre Hilfe: Nothilfe und kurzfristiger sowie längerfristiger Wiederaufbau.

Literatur
SAH-Zeitung *Solidarität* (erscheint mehrmals jährlich).
Internet
www.sah.ch
Verweise
Dritter Sektor/Nonprofit-Sektor/Gemeinnützigkeit – Private Organisationen im Sozialbereich – Solidarität

Frances Trezevant

Schweizerisches Rotes Kreuz (SRK)

Das Schweizerische Rote Kreuz (SRK) wurde 1866 gegründet und ist eine private Institution mit Sitz in Bern. Das SRK ist im ganzen Land verankert durch seine Kantonalverbände und Mitgliedorganisationen: Schweizerischer Samariterbund, REGA, Schweizerische Lebensrettungs-Gesellschaft, Schweizerischer Militär-Sanitäts-Verband, Schweizerischer Verein für Katastrophenhunde, Schweizerischer Zivilschutzverband.

Zu der ursprünglichen Mission des SRK – die Stärkung des militärischen Sanitätsdienstes – kommen weitreichende Aktivitäten in den Bereichen Gesundheit (Kurse, Blutspenden, Ausbildung für Berufe im Gesundheitswesen, spitalexterne Krankenpflege, Ergotherapie), freiwillige soziale Tätigkeit (z.B. Fahrdienste) und Flüchtlingshilfe hinzu. Im Ausland interveniert das SRK bei Katastrophen und führt Programme für die Entwicklungszusammenarbeit durch.

Das SRK ist Mitglied der Internationalen Föderation der Rotkreuz- und Rothalbmond-Gesellschaften. Das SRK unterhält enge Beziehungen mit dem Internationalem Komitee vom Roten Kreuz (IKRK) und mit den Behörden, die es bei humanitären Einsätzen unterstützt.

Verweise
Asylpolitik – Humanitäre Hilfe

Philippe Bender

Schweizerisches Sozialarchiv

Das Schweizerische Sozialarchiv wurde 1906 auf Initiative des Sozialpolitikers Paul Pflüger (1865–1947) gegründet. Seit den Anfängen wurden kontinuierlich und systematisch schriftliche und ikonografische Dokumente zu sozialen Ereignissen, Zuständen, Ideen und Bewegungen gesammelt. Sammlungsschwerpunkte bilden die alten und neuen sozialen Bewegungen, z.B. Arbeiter-, Frauen-, Jugend-, Friedensbewegung usw., sowie die sozialen Probleme, die mit den gesellschaftlichen Veränderungsprozessen auftreten.

Das Schweizerische Sozialarchiv ist gleichzeitig Spezialbibliothek, thematisch orientiertes Archiv und Dokumentationsstelle. Die unterschiedlichen Dokumentarten – Monografien, Periodika, Graue Literatur, Archivalien, Flugblätter, Bilddokumente und Presseausschnitte – zu den gleichen Themen ergänzen sich wechselseitig. Das parallele, komplementäre Angebot der verschiedenen Informationsträger unter dem gleichen Dach ist sehr benutzungsfreundlich. Das Schweizerische Sozialarchiv erfüllt eine doppelte Funktion als Lehr- und Forschungsdienstleistungsbetrieb für die Fächer Geschichte, Soziologie, Politikwissenschaft und Sozialarbeit.

Literatur
Fritz N. Platten, Miroslav Tucek, *Das Schweizerische Sozialarchiv*, Schweizerisches Sozialarchiv, Zürich 1971; – Eugen Steinemann, Eduard Eichholzer, *50 Jahre Schweizerisches Sozialarchiv 1907–1957: Festschrift zum fünfzigjährigen Bestehen und zur Einweihung des neuen Sitzes des Schweizerischen Sozialarchivs in Zürich*, Schweizerisches Sozialarchiv, Zürich 1958.
Internet
www.sozialarchiv.ch

Anita Ulrich

Schweizerisches Strafgesetzbuch (StGB)

Das schweizerische Strafgesetzbuch (StGB) ist das Kernstück des materiellen Strafrechts der Schweiz. Es wurde am 1. Januar 1942 in Kraft gesetzt und seither mehrfach revidiert.

Der »Allgemeine Teil« (Art. 1–110 StGB) des Strafgesetzbuches enthält allgemeine Regeln der Strafvoraussetzungen und Normen zu den Straftatfolgen. Der »Besondere Teil« (Art. 111–332 StGB) enthält eine Aufzählung der Handlungen, welche strafrechtlich geahndet werden, und die jeweiligen Rechtsfolgen. Neben dem StGB finden sich solche Strafbestimmungen auch in anderen Bundesgesetzen wie z.B. im Straßenverkehrsgesetz (SVG), im Betäubungsmittelgesetz (BetMG), im Umweltschutzgesetz (USG) oder im Ausländerrecht.

Das StGB folgt kriminalpolitisch einer mittleren Linie zwischen Schuldstrafrecht (vor allem hinsichtlich der Zurechnung) und Präventionsstrafrecht. Die Sanktionenwahl und die Ausgestaltung des Strafvollzuges sollen dabei gemäß geltendem StGB vom Resozialisierungsziel geprägt sein.

Literatur
Marcel Alexander Niggli, *Das Schweizerische Strafrecht*, Schulthess, Zürich 2001; – Stefan Trechsel, *Schweizerisches Strafgesetzbuch, Kurzkommentar*, Schulthess, Zürich 1997.
Verweise
Abweichendes Verhalten (Devianz) – Jugendstrafrecht – Schweizerisches Zivilgesetzbuch (ZGB)

Peter Mösch

Schweizerisches Zivilgesetzbuch (ZGB)

Das Schweizerische Zivilgesetzbuch (ZGB) ist ein bundesprivatrechtliches Gesetzeswerk von großer Bedeutung. Es geht zurück auf die Arbeiten von Eugen Huber, der im Auftrag des Eidgenössischen Justiz- und Polizeidepartementes von 1892 einen an die kantonale Gesetzgebung anknüpfenden und für seine Zeit modernen Entwurf ausgearbeitet hatte. Das ZGB wurde von den eidgenössischen Räten am 10. Dezember 1907 angenommen und trat am 1. Januar 1912 in Kraft. Es stellte eine letzte Etappe der Vereinheitlichung des Privatrechts in der Schweiz dar.

Das ZGB umfasst die vier Teile Personenrecht (Art. 11–89bis), Familienrecht (Art. 90–455), Erbrecht (Art. 457–640) und Sachenrecht (Art. 641–977). Darüber hinaus enthält es einleitende Bestimmungen grundsätzlicher Natur (Art. 1–10) und einen Schlusstitel. Es zeichnet sich durch Klarheit, Kürze und Übersichtlichkeit aus. Seit 1912 hat es zahlreiche Revisionen erfahren.

In einem weiteren, nicht sehr gebräuchlichen Sinne umfasst der Begriff Schweizerisches Zivilgesetzbuch auch das Obligationenrecht vom 30. März 1911, das zwar den »fünften Teil« des ZGB bildet, zugleich aber ein eigenes Bundesgesetz mit selbständiger Paragraphierung ist.

Literatur
Heinz Aeppli (Hrsg.), *ZGB: Schweizerisches Zivilgesetzbuch. Mit Nebengesetzen und Verordnungen sowie Bundesgerichtspraxis*, Schulthess, Zürich 2002; – Alois Alt-Marín, Peggy A. Knellwolf et al., *Das Schweizerische Zivilgesetzbuch ausführlich kommentiert und erklärt. ZGB für den Alltag*, Schulthess, Zürich 1996; – Bernhard Schnyder, Peter Tuor, *Das Schweizerische Zivilgesetzbuch*, Schulthess, Zürich 2002.
Internet
www.admin.ch/ch/d/sr/210
Verweise
Öffentliches Recht – Privatrecht – Schweizerisches Strafgesetzbuch (StGB)

Andrea Büchler

Segmentation (des Arbeitsmarkts)

Das Konzept des segmentierten Arbeitsmarkts unterscheidet sich von herkömmlichen Arbeitsmarktmodellen dadurch, dass es die Existenz eines einzigen homogenen Arbeitsmarkts negiert. »Segmentiert« meint demnach, dass der Arbeitsmarkt in zwei oder mehr Teilarbeitsmärkte zerfällt, in denen Entlöhnung, Beförderungspraxis und Arbeitssicherheit variieren. Die Theorie des dualen Arbeitsmarkts, die in den 1970er-Jahren in den USA entwickelt wurde, postuliert, dass sich der Arbeitsmarkt in ein primäres und sekundäres Segment unterteilt. Der primäre Arbeitsmarkt zeichnet sich durch das Vorhandensein von mono- und oligopolistischen, kapitalintensiv produzierenden Unternehmen aus, die Arbeitskräfte mit ausgewiesenen Qualifikationen einstellen und durch hohe Löhne, Aufstiegsmöglichkeiten und stabile Arbeitsverhältnisse an sich binden. Der sekundäre Arbeitsmarkt hingegen ist charakterisiert durch die Existenz von kleineren Betrieben, die auf kompetitiven Märkten operieren und arbeitsintensiv produzieren. Sie weisen eine geringere Entlöhnung, schlechtere Aufstiegsmöglichkeiten und einen hohen Grad an Arbeitsunsicherheit auf. Die Mobilität zwischen den zwei Segmenten wird durch Eintrittsbarrieren zum attraktiveren primären Segment beschränkt.

An dieser dualen Unterteilung wurde jedoch kritisiert, dass sie der Spaltung des Arbeitsmarkts nach Qualifikationen, die auch für den schweizerischen Arbeitsmarkt von Bedeutung ist, keine Rechnung trage. Die Theorie des dreigeteilten Arbeitsmarkts von Sengenberger beseitigt dieses Defizit insofern, als sie die unterschiedlichen beruflichen Qualifikationen als Determinanten der Arbeitsmarktspaltung definiert und idealtypisch ein unstrukturiertes, ein berufsfachliches und ein betriebsinternes Segment identifiziert. Während im unstrukturierten Teilarbeitsmarkt unqualifizierte Tätigkeiten vorherrschen, sind für den Eintritt in das berufsfachliche Segment berufsspezifische Zertifikate nötig und eine Mobilität innerhalb des beruflichen Teilarbeitsmarkts ist ohne Verlust gewährleistet. Im betriebsinternen Teilarbeitsmarkt befinden sich ebenfalls qualifizierte Arbeitskräfte, die jedoch betriebsspezifische Qualifikationen erworben haben, die sie von einem Wechsel in einen anderen Betrieb abhalten. Im Gegensatz zum Ansatz der dualen Segmentation können in Sengenbergers Ansatz die verschiedenen Teilarbeitsmärkte im gleichen Betrieb koexistieren.

Empirische Studien, die sich an Segmentation orientieren, bieten eine plausible Antwort auf die Frage, weshalb Frauen, ethnische Minoritäten und immigrierte Arbeitnehmende in unattraktiven Segmenten übervertreten sind. In der Tat ist nicht zu übersehen, dass die Art und das Ausmaß der Segmentation vorab durch politische Rahmenbedingungen beeinflusst werden. Entsprechend ist es ein sozialpolitischer Imperativ, die Eintrittsbarrieren zwischen den verschiedenen Teilarbeitsmärkten – sei dies in Form von zertifizierten Qualifikationen oder von Arbeitsstrukturen, die die Mobilität zwischen den Segmenten (z.B. infolge einer mangelhaften Ausstattung von Teilzeitstellen im primären Segment) behindern – abzubauen.

Literatur
Randy Hodson, Robert L. Kaufman, »Economic Dualism: A Critical Review«, in: *American Sociological Review*, Nr. 47, 1982, S. 727–739; – Werner Sengenberger, *Struktur und Funktionsweise von Arbeitsmärkten. Die Bundesrepublik Deutschland im internationalen Vergleich*, Campus, Frankfurt am Main 1987.
Verweise
Arbeitsmarkt – Arbeitsbedingungen (-belastungen) – Humankapital

Carmen Baumeler

Seismo (Verlag)

Der Seismo Verlag ist in der sozialwissenschaftlichen Gemeinschaft entstanden und rechtlich eine Aktiengesellschaft. Hauptaktionärin ist bis heute die Schweizerische Gesellschaft für Soziologie. Der Verlag wurde im Jahr 1989 aus der Einsicht heraus gegründet, dass sozialwissenschaftliche Literatur nicht immer einfach zu veröffentlichen ist, weil der Vermarktung von sozialwissenschaftlichem Sonderwissen in der Regel enge Grenzen gesetzt sind.

Als Fachverlag mit einem wissenschaftlichen Lektorat – alle Publikationen unterliegen der externen Begutachtung – hat das Haus mittlerweile gut hundert Bücher produziert. Inhaltliche Schwerpunkte sind: Soziologie, Politologie, Kommunikationsforschung und Soziale Arbeit. Der Verlag publiziert auch in französischer Sprache (Anteil ca. 20 Prozent) und betreut zwei wissenschaftliche Zeitschriften: Die *Schweizerische Zeitschrift für Soziologie* und *Tsantsa*, die Zeitschrift der schweizerischen Ethnologischen Gesellschaft. Neben dem allgemeinen Programm veröffentlicht Seismo auch »Dossiers«, die mit Materialien und Analysen Grundlagen zu aktuellen gesellschaftlichen Problemen bereitstellen (z.B. Frauen- und Gleichstellungsatlas Schweiz).

Literatur
Thomas Eberle, »10 Jahre Seismo Verlag – Interview mit dem Geschäftsführer Peter Rusterholz«, in: *Bulletin der Schweizerischen Gesellschaft für Soziologie*, März 1999.
Internet
www.seismoverlag.ch
Verweise
Sozialpolitik

Christoph Maeder

Sekundäranalyse

Sekundäranalysen sind Reanalysen von Daten, die von Primärforschern und -forscherinnen für andere Zwecke erhoben worden sind. Wichtige

Quellen für die Sekundäranalyse sind Datenarchive (z.B. SIDOS in Neuenburg oder ZA in Köln), amtsstatistische Publikationen, prozessproduzierte Daten öffentlicher Verwaltungen sowie Datenannexe zu wissenschaftlichen Publikationen. Im Vergleich zur eigenständigen Datenerhebung ermöglicht die Sekundäranalyse in der Regel substanzielle Einsparungen an Zeit und Kosten. Da für die Sekundäranalyse in Datenarchiven oft auch ältere Datensätze verfügbar sind, vermag diese auch wichtige Beiträge zur quantitativen historischen Sozialforschung zu leisten. Diesen Vorteilen steht das Problem der Fremdheit der Daten gegenüber: Mögliche Qualitätsmängel der Daten sowie deren historisch-kulturelle Kontextgebundenheit sind bei einer Sekundäranalyse daher sorgfältig abzuklären. Zudem ist bei einer Sekundäranalyse die Konstruktion eigener valider Indikatoren unter Umständen schwierig, wenn die Forschungsinteressen von Primär- und Sekundäranalyse allzu stark voneinander abweichen.

Literatur
K. Jill Kiecolt, Laura E. Nathan, *Secondary Analysis of Survey Data*, Sage, Newbury Park 1998.
Verweise
Empirische Forschungsmethoden – Schweizerischer Informations- und Datenarchivdienst für die Sozialwissenschaften (SIDOS) – Schweizerisches Sozialarchiv
Georg Müller

Selbstbestimmung (selbstbestimmtes Leben für Behinderte)
Das Recht auf selbstbestimmtes Leben ist neben Existenzsicherung, Integration und Gleichstellung die vierte zentrale Forderung der schweizerischen Selbstbestimmt-Leben-Bewegung. Sie ist als Gegenposition zur herkömmlichen Sicht zu verstehen, wonach Behinderte grundsätzlich krank und hilflos und folglich in Institutionen zu »versorgen« bzw. zu »betreuen« seien.
Die Selbstbestimmt-Leben-Bewegung der Behinderten versteht sich als Teil des 1970 in den USA gegründeten Independent Living Movement. Sie definiert Behinderung als Resultat von sozialen, politischen und strukturellen Mechanismen der Entmachtung von Menschen, die gängigen Leistungs- und Ästhetiknormen nicht entsprechen. Die Selbstbestimmt-Leben-Bewegung verzichtet weitgehend auf die medizinische oder versicherungstechnische Definition von Behinderung und verfolgt behinderungsübergreifend die radikale Ausweitung des Begriffs von Normalität.
Dem Konzept der Hilflosigkeit setzt Selbstbestimmt-Leben *empowerment* entgegen, der institutionalisierten Versorgung die persönliche Assistenz, bei der Betroffene als Arbeitgeber von Assistenten Kontrolle und Verantwortung über ihr eigenes Lebens übernehmen.
Zwar findet die Diskussion der Selbstbestimmt-Leben-Ansätze auch in der Schweiz seit den 80er-Jahren statt. Trotzdem entstand das erste Zentrum für Selbstbestimmtes Leben (ZSL) erst 1996 in Zürich. Ein Umdenken bezüglich der Fremdbestimmung fand hierzulande vorher nur marginal statt. Grund dafür dürfte das im Vergleich zu anderen Ländern gut finanzierte und entsprechend komfortable Versorgungssystem für Behinderte sein.
Das ZSL verficht die Position des Selbstbestimmungsrechts von Behinderten als Expertinnen und Experten in eigener Sache. Entsprechend setzt es sich für rechtliche und sozialversicherungstechnische Grundlagen ein, damit Behinderte ein Leben außerhalb der Institutionen führen können. Es kämpft folgerichtig gegen ausgrenzende Strukturen – u.a. technischer, juristischer und architektonischer Natur – und für eine bedarfsgerechte Finanzierung der persönlichen Assistenz.

Internet
www.zslschweiz.ch
Verweise
Assistenz (persönliche oder selbstbestimmte) – Behinderung
Peter Wehrli

Selbsthilfe
Von Selbsthilfe können wir sprechen, wenn ein Mensch individuell oder in Gemeinschaft mit andern etwas gegen seine Not unternimmt. Im Unterschied zu Selbstorganisation, bei der es um die Verwirklichung gemeinsamer Ziele geht, meint Selbsthilfe, dass einzelne Personen oder Gruppen aus eigener Kraft ihre Probleme zu lösen versuchen. Die primäre Selbsthilfe vollzieht sich im Familien- oder Freundeskreis, die sekundäre in entfernteren Gruppen. Die gegenseitige Hilfe ist eine ausgeweitete Form der Selbsthilfe.
Selbsthilfegruppen umfassen psychologisch-therapeutische oder themenzentrierte Gesprächsgruppen von problembetroffenen Mitgliedern. Selbsthilfeorganisationen entstehen häufig aus Selbsthilfegruppen. Sie unterscheiden sich von diesen durch eine größere Mitgliederzahl, formalisierte Arbeits- bzw. Verwaltungsabläufe und intensivere Kontakte zum staatlich-professionellen System. Einzelne Selbsthilfeorganisationen bieten mehr Hilfe zur Selbsthilfe an und verstehen sich als Träger professioneller Dienste. Die Hilfe zur Selbsthilfe zielt darauf ab, eigene Anstrengungen zu fördern. Wenn sich Betroffene zusammenschließen, um (sozial)politische Anliegen zu verwirklichen, handelt es sich um soziale Selbsthilfe.

Literatur
Thomas Mächler, *Selbsthilfe wirtschaftlich Schwacher*, Haupt, Bern 1994; – Vreni Vogelsanger, *Selbsthilfegruppen brauchen ein Netz*, Seismo, Zürich 1995.

Ueli Mäder

Selbsthilfegruppen

Selbsthilfegruppen sind freiwillige autonome Zusammenschlüsse unter Menschen, die sich in derselben, meist schwierigen Lebenslage befinden, als Direktbetroffene wie auch als Angehörige. Bei den regelmäßigen Treffen steht die gegenseitige Beratung und Unterstützung im Hinblick auf das gemeinsame Thema im Vordergrund. In der Schweiz gibt es rund 2000 Selbsthilfegruppen mit rund 22 000 Mitgliedern zu 330 verschiedenen Themen.

Die ursprüngliche Kontroverse, ob der Verzicht von Selbsthilfegruppen auf fachliche Leitung nicht eine unverantwortliche Überforderung Betroffener durch die Kumulierung schwerer Schicksale darstellt, wurde durch Erfahrungen abgelöst, die in eine ganz andere Richtung weisen. Man hat sowohl die Selbstregulierungsprozesse, die in den demokratisch strukturierten Gruppen stattfinden, wie auch die tragfähigen Bande, die sich aus der Schicksalsgemeinschaft ergeben, unterschätzt. Es findet in Selbsthilfegruppen ein *empowerment* im klassischen Sinn statt und Menschen finden dort nicht nur Antworten auf viele Alltagsfragen, sondern ebenso einen Zuwachs an Selbstvertrauen, Handlungsfähigkeit und Lebenssinn. Wenn man die Beitrittsmotive Betroffener mit den Kohärenzkriterien der Salutogenese vergleicht, stellt man eine erstaunliche Übereinstimmung fest. Offenbar zielen Selbsthilfegruppen genau auf das ab, was in der Forschung als wesentlich für einen gesunden Umgang mit Lebensproblemen erkannt wurde. In diesem Sinn kann man Selbsthilfegruppen als eigentliche Kohärenzwerkstätten bezeichnen.

Selbsthilfegruppen entstehen zwar aus eigener Initiative, aber nicht unabhängig von der Förderung, die sie erfahren. Man weiß, dass sie dort, wo eine themenübergreifende regionale Kontaktstelle im Sinne einer »Ermöglichungsstruktur« besteht, um ein Vielfaches zahlreicher entstehen und gedeihen. Der Anerkennung von Selbsthilfegruppen muss nun eine beherztere Förderpolitik folgen mit einer entsprechenden gesetzlichen Verankerung.

Folgende Forschungsprojekte sind zu erwähnen:
– Hochschule für Soziale Arbeit Luzern, Jürgen Stremlow (Leitung): Selbsthilfe und Selbsthilfe-Förderung in der Schweiz – Eine Grundlage zur Erfassung der Selbsthilfe-, Versorgungs- und Förderungsverhältnisse in der Schweiz unter besonderer Berücksichtigung aktueller gesundheits- und sozialpolitischer Entwicklungsprobleme.
– Schweizerisches Gesundheitsobservatorium Neuenburg, Dr. Bernhard Borgetto, Universität Freiburg i.Br. (Leitung): Stand und Entwicklungsmöglichkeiten der gesundheitsbezogenen Selbsthilfe in der Schweiz.

Literatur
Aaron Antonovsky, *Salutogenese. Zur Entmystifizierung der Gesundheit*, Deutsche Gesellschaft für Verhaltenstherapie, Tübingen 1997; – Joachim Braun, Ulrich Kettler, *Perspektiven der Selbsthilfe und ihrer infrastrukturellen Förderung in den alten und neuen Bundesländern*, Bundesministerium für Familie, Senioren, Frauen und Jugend/Institut für Sozialwissenschaftliche Analysen und Beratung, Köln 1996; – Vreni Vogelsanger, *Selbsthilfegruppen brauchen ein Netz*, Seismo, Zürich 1995.
Internet
www.kosch.ch
www.nakos.de
www.obsan.ch/themen/versorgung/d/selbsth.htm
Verweise
AIDS/HIV – Alkoholismus – Selbsthilfe

Vreni Vogelsanger

Selbstmord → Suizid

Selbstverwaltung (betriebliche)

Ideengeschichtlich liegen die Wurzeln selbstverwalteten Arbeitens im Frühsozialismus und in der Genossenschaftsbewegung des 19. Jahrhunderts. Der Einfluss der neuen sozialen Bewegungen führte seit Ende der 1960er-Jahre zunehmend zu neuen Kollektiven, die um 1980 als »Inseln der Zukunft« ihre größte Verbreitung und als alternatives Modell zur Lohnarbeit in Politik wie Wissenschaft Beachtung fanden.

Idealtypisch partizipieren in selbstverwalteten Betrieben alle Mitglieder gleichberechtigt an Arbeit, Kapital und Management (Identitätsprinzip) und führen ihr Unternehmen nach basisdemokratischen Prinzipien. Theorie wie Praxis zeigen jedoch, dass absolut egalitäre Partizipation kaum realisierbar ist. Die pragmatische Ausgestaltung führt deshalb meist zu funktionalen Differenzierungen (Arbeitsteilung) und teilweise abgestufter Beteiligung (z.B. unterschiedliche Mitbestimmung, Einkommen).

Zeitgenössische selbstverwaltete Betriebe sind überwiegend konkurrenzfähige Kleinbetriebe in städtischen Ballungsräumen, die auch langfristige Erwerbsperspektiven bieten. Als Rechtsform dominiert die Genossenschaft, die ein Pro-Kopf-Stimmrecht der Beteiligten gewährleistet.

Literatur
Toni Holenweger, Werner Mäder (Hrsg.), *Inseln der Zukunft? Selbstverwaltung in der Schweiz*, Limmat, Zürich 1979; – Sibylle Keller, Matthias Tobler, *Selbstverwaltung: Formen der Partizipation. Formale Regelung von Partizi-

pation in erwerbs- und marktorientierten selbstverwalteten Betrieben der deutschsprachigen Schweiz, Lizentiatsarbeit Soziologisches Institut, Universität Zürich, 2002; – Isidor Wallimann (Hrsg.), *Selbstverwaltung. Soziale Ökonomie in schwierigen Zeiten*, Heuwinkel, Neu-Allschwil/Basel 1996.
Internet
www.soziologie.ch/resources/texts/socialmov.xml
Verweise
Arbeitsorganisation – Soziale Bewegungen

Sibylle Keller, Matthias Tobler

Senilität

Hergeleitet von lateinisch *senium* (Alter) wird der Begriff heute ausschließlich abwertend im Sinne von seniler Verblödung oder neutraler von seniler Demenz gebraucht.

Früher waren Begriffe wie Kindlich-werden, Arterienverkalkung des Gehirns oder kurz Verkalkung im Gebrauch, später psychoorganisches Syndrom im Senium. Heute wird der Oberbegriff senile Demenz verwendet, um alle Demenzkrankheiten im Alter zu bezeichnen, wie die senile Demenz vom Alzheimertyp bzw. Morbus Alzheimer. Zwischen normalem Alter und Alter mit Demenz gibt es Alter mit leichter kognitiver Beeinträchtigung, was oft auch unter dem Begriff Senilität subsumiert wird, aber wesentlich häufiger ist (15 Prozent im Vergleich zu ca. 6 Prozent Demenz bei über 65-Jährigen).

Die Erfahrungen mit diesen gut 20 Prozent aller Betagten mit beeinträchtigten Hirnleistungen werden oft fälschlicherweise auf alle Betagten generalisiert, was zur verbreiteten Diskriminierung und bevormundendem Verhalten gegenüber Betagten geführt hat.

Literatur
Albert Wettstein, *Senile Demenz*, Huber, Bern 1991.
Internet
www.sad.stzh.ch
www.alz.co.uk
www.alz.ch
Verweise
Alter – Diskriminierung

Albert Wettstein

Seniorenuniversität

Die erste Seniorenuniversität wurde 1972 in Toulouse gegründet. Die Bewegung hat sich danach rasch in Europa (Belgien, Schweiz, Italien) und Nordamerika (Kanada) ausgebreitet, und entwickelt sich heute auch in anderen Ländern und Kontinenten: Man zählt gegenwärtig 250 bis 300 Institutionen dieser Art, zusammengeschlossen in einem internationalen Verein, der 1975 gegründet wurde. In der Schweiz gibt es in jeder Universitätsstadt sowie im Tessin eine Seniorenuniversität.

Die Seniorenuniversität versammelt im Rahmen oder in Zusammenarbeit mit einer Universität Personen im Rentenalter, oder auch frühzeitig Pensionierte, unabhängig von vorgängig erlangten Bildungsdiplomen. Sie bietet ihnen ein Programm von akademischem Niveau in allen Bereichen des Wissens und der Künste. Die Vorlesungen finden am Nachmittag statt und werden in der Regel von Hochschuldozenten und -dozentinnen gehalten. Zusätzlich zu diesen Veranstaltungen werden auf Anfrage der Teilnehmenden Studiengruppen und Seminare organisiert sowie Sprachkurse und kulturelle Exkursionen und Reisen. Die Teilnehmenden werden dazu aufgefordert, ihre eigenen kulturellen Leistungen so weit wie möglich selbständig an die Hand zu nehmen. Alle zwei Jahre organisiert die internationale Vereinigung der Seniorenuniversitäten (Association Internationale des Universités du Troisième Âge – AIUTA) einen Kongress, an dem die Mitglieder der Seniorenuniversitäten die Resultate ihrer Arbeiten vorstellen können und die Gelegenheit haben, eine Reihe erstklassiger Referate zu einem bestimmten Thema zu hören und darüber zu diskutieren.

Internet
www.aiuta.asso.fr
Verweise
Alter – Seniorinnen und Senioren

Claude Bridel

Seniorinnen und Senioren

»Jugend« wie »Alter« als institutionalisierte Lebensphasen sind Erscheinungsformen der Moderne. Der sich seit Ende des 19. Jahrhunderts (zunächst vor allem in Deutschland) entwickelnde Sozialstaat schuf den Altersrentner und die Altersrentnerin. In der Schweiz setzte dieser Prozess wesentlich später, ab Mitte des 20. Jahrhunderts, mit der Gründung der AHV ein. 1920 waren noch über 80 Prozent der 65- bis 69-jährigen Männer erwerbstätig, 1950 immerhin noch zwei Drittel. Erst mit dem Aufbau einer obligatorischen Altersvorsorge konnte sich eine eigenständige Lebensphase im Alter herausbilden.

Nach dem Zweiten Weltkrieg setzte sich in Wissenschaft und Politik das Konzept des »Ruhestands« durch. Es war vom Glauben beseelt, Lebensqualität im Alter werde vor allem durch das Recht zum Rückzug von beruflichen und anderen sozialen Rollen ermöglicht. Doch dahinter verbarg sich auch ein Zwang: Der alternde Mensch habe nämlich sein Schicksal – in Form von geistigem und körperlichem Leistungsabbau, Verlust von Fertigkeiten und Fähigkeiten – zu akzeptieren und sich anzupassen. Dieses so genannte Defizitmodell wurde seit Mitte der 60er-Jahre schrittweise durch die Aktivitäts-Theorie abgelöst. Lebensqualität steht hier unter dem Motto: Wer rastet, der rostet. Diese Theorie prägt in der Folgezeit auch die Alterspolitik sowie das Dienstleistungsangebot für ältere Menschen.

Um die positiven und aktiven Seiten des Alters zu betonen, hat sich zunehmend der Begriff der Senioren durchgesetzt. Dieser ist allerdings nicht sehr trennscharf, weil unter einem »Senior«, einer »Seniorin« ganz Unterschiedliches verstanden wird: Im Sport können bereits 20-Jährige zu den Senioren gerechnet werden. Bei der Einteilung in Konsumentengruppen zählen 50-Jährige und Ältere dazu. Umgangssprachlich sind in erster Linie Empfänger und Empfängerinnen der gesetzlichen Altersrente gemeint.

Literatur
François Höpflinger, Astrid Stuckelberger, *Demographische Alterung und individuelles Altern*, Seismo, Zürich 1999; – Schweizerisches Rotes Kreuz (SRK) (Hrsg.), *Alter – Perspektiven einer aktiven Lebensgestaltung*, SRK, Bern 1998.

Verweise
AHV/IV – Alter – Gerontologie – Junge Alte – Seniorenuniversität – Viertes Alter

Kurt Seifert

Sicherheitsmaßnahmen

Die Sicherheitsmaßnahmen sind strafrechtliche Sanktionen, die es nicht nur und ausschließlich in der Schweiz gibt; sie haben aber in diesem Land eine besondere legislative Entwicklung erlebt. Sie bestehen darin, Personen aufgrund der Tatsache, dass sie eine Straftat begangen haben, unter Betreuung zu stellen, meistens mit Möglichkeiten der medizinischen, psychosozialen oder sozialpädagogischen Behandlung. Die strafrechtliche Antwort tritt hier nicht in Form eines Übels auf, wie dies bei Strafen der Fall ist, sondern in Form einer Betreuung unter Zwang.

In der Schweiz werden jedes Jahr etwas mehr als tausend Sicherheitsmaßnahmen angeordnet. Die angesprochene Klientel umfasst erstens Rauschmittelabhängige, dann Geisteskranke, Alkoholiker, »junge Erwachsene« (im Alter zwischen 18 und 25 Jahren), die in der Persönlichkeitsentwicklung gestört sind, und schließlich Wiederholungstäter (bei dieser Personenkategorie ist die Maßnahme weitgehend außer Gebrauch).

Es besteht ein Graben zwischen der klar erkennbaren Absicht des Gesetzgebers – nachzulesen im Gesetz – einerseits und der Wirklichkeit anderseits. Es fehlt häufig an »geeigneten Unterbringungseinrichtungen« sowie an ausreichenden finanziellen Mitteln für eine angemessene Behandlung. Dies trifft vor allem für die »geistig abnormen« Straftäter (Art. 43 StGB) zu, die zur Zeit ihrer Verurteilung als gefährlich eingeschätzt wurden; sie werden meistens in Gefängnissen untergebracht. Die Situation scheint besser zu sein für Geisteskranke, die als nicht gefährlich gelten, sowie für Rauschgiftabhängige; es handelt sich um Kategorien von Verurteilten, für die wenigstens Anstalten vorhanden sind.

In Sachen Sicherheitsmaßnahmen kommt immer mehr eine Art der Betreuung zum Zuge, die weniger hart ist als die Verwahrung, in Form einer ambulatorischen Behandlung, die den Täter in seiner Freiheit belässt und ihn zur Teilnahme an Behandlungsmaßnahmen in Spitaleinrichtungen oder einer Therapiepraxis zwingt.

Literatur
Peter Albrecht, *Die allgemeinen Voraussetzungen zur Anordnung freiheitsentziehender Massnahmen gegenüber erwachsenen Delinquenten*, Helbing & Lichtenhahn, Basel 1981; – Bundesamt für Statistik, Bundesamt für Justiz (Hrsg.), *Anstalten des Strafvollzugs. Katalog der Anstalten zum Vollzug von Strafen, Massnahmen und Untersuchungshaft in der Schweiz 1997*, Bundesamt für Statistik, Bern 1998.

Verweise
Gefängnis (Freiheitsentzug) – Strafrechtliche Sanktionen

Robert Roth

Sicherheitsrat

Der Sicherheitsrat ist eines der Hauptorgane der UNO. Er besteht aus den 5 ständigen Mitgliedern China, Frankreich, Russland, Großbritannien und USA sowie aus 10 nichtständigen Mitgliedern, die von der UNO-Generalversammlung für zwei Jahre gewählt werden. Beschlüsse des Sicherheitsrats bedürfen der Zustimmung von 9 Mitgliedern einschließlich sämtlicher ständigen Mitglieder (Vetorecht); Stimmenthaltungen sind möglich.

Der Sicherheitsrat hat insbesondere die Aufgabe, den Weltfrieden und die internationale Sicherheit zu wahren oder wiederherzustellen. Er kann zwischen den Konfliktparteien vermitteln oder Empfehlungen an diese richten. Er kann aber auch weiter gehende Maßnahmen beschließen; dazu gehören Zwangsmaßnahmen wie wirtschaftliche Sanktionen und kollektive militärische Aktionen. Die UNO-Mitglieder sind verpflichtet, diesen Beschlüssen Folge zu leisten.

Weiter wirkt der Sicherheitsrat u.a. bei der Ernennung des UNO-Generalsekretärs und bei der Wahl der Mitglieder des Internationalen Gerichtshofs mit.

Seit 1948 hat der Sicherheitsrat über 1400 Resolutionen verabschiedet und an die 50 friedenssichernde Operationen durchgeführt.

Internet
www.un.org/Depts/german/
www.un.org/french/documents/scinfo.htm

Verweise
Organisation der Vereinten Nationen (UNO) – Vereinte(n) Nationen (Instrumente der)

Felix Baumann

Singles

Lange Zeit wurden Personen, die nicht in einer Ehe oder Familie und somit außerhalb einer bürgerlichen Norm lebten, in der wissenschaftlichen Diskussion wenig beachtet. Seit Ende der 1960er-Jahre erfährt die Gruppe der Singles eine verstärkte Aufmerksamkeit. Parallel dazu stieg der Anteil an Einpersonenhaushalten seit den 50er-Jahren deutlich an. Der Begriff Singles stammt aus den USA und hatte ursprünglich die Bedeutung von »ledig« oder »unverheiratet«, meist in Kombination mit Partnerlosigkeit. Im deutschsprachigen Raum verlagerte sich die Bedeutung in der Single-Literatur allmählich auf die Wohnform: Der Begriff Single wird heute meist synonym zu »allein lebend« bzw. »in einem Einpersonenhaushalt wohnend« verwendet. Bisweilen wird zwischen Singles im »weiteren« und im »engeren« Sinn oder zwischen »echten« und »unechten« Singles unterschieden. Echte Singles wären überzeugte, freiwillig dauerhaft Alleinlebende im mittleren Lebensalter, das heißt in einer Lebensphase, in der die meisten Menschen in einem Paar- oder Familienhaushalt leben. Häufig sind mit dem Begriff Vorstellungen über eine bestimmte Lebensweise verbunden: Singles gelten als freiheitsliebend und unabhängig; als »Grundfigur der durchgesetzten Moderne« (Beck, Beck-Gernsheim 1990, 190) und Wegbereiter des Individualismus oder im Gegenteil als bindungsunfähig und asozial. Die Ergebnisse der Single-Forschung zeigen jedoch, dass sich die Phasen des Alleinlebens in erster Linie auf die Zeit nach dem Tod des Partners sowie in zweiter Linie auf die Zeit nach dem Auszug aus dem Elternhaus als Folge einer verlängerten Ausbildungsdauer konzentrieren. Alleinleben während des gesamten Erwachsenenlebens ist auch heute noch relativ selten und in den wenigsten Fällen von Anfang an geplant. Der statistisch beobachtbare Anstieg der Einpersonenhaushalte ist hauptsächlich darauf zurückzuführen, dass mehr Menschen im Lauf ihres Lebens alleine leben und diese Phasen länger dauern als früher und nicht auf einen höheren Anteil von permanent Alleinlebenden.

Literatur
Ulrich Beck, Elisabeth Beck-Gernsheim, *Das ganz normale Chaos der Liebe*, Suhrkamp, Frankfurt am Main 1990; – Stefan Hradil, *Die »Single-Gesellschaft«*, Beck, München 1995; – Elisa Streuli, *Alleinleben in der Schweiz. Entstehung, Verbreitung, Merkmale*, Dissertation Soziologisches Institut, Universität Zürich, 2002.

Verweise
Familie – Lebensweisen (Wandel der) – Sozialer Wandel

Elisa Streuli

Skalenertrag

Der Begriff des Skalenertrags erlaubt eine Bewertung des relativen Anstiegs der gesamten Produktion eines Unternehmens, wenn es entscheidet, sämtliche *inputs* in identischem Ausmaß zu erhöhen. Man spricht von steigenden Skalenerträgen, wenn das Unternehmen durch eine Erhöhung jedes einzelnen Produktionsfaktors um k Prozent einen Anstieg seines Produktionsvolumens von mehr als k Prozent erreicht. Unter diesen Bedingungen verringern sich die Stückkosten in dem Ausmaß, in dem das Unternehmen seine Produktion mengenmäßig ausweitet. Dies erlaubt es ihm, einen Wettbewerbsvorteil gegenüber den anderen Herstellern zu erlangen. Im Gegensatz dazu spricht man von sinkenden Skalenerträgen, wenn eine Erhöhung jedes einzelnen Produktionsfaktors um k Prozent zu einem Anstieg des Produktionsvolumens führt, der geringer als k Prozent ist. Schließlich sind die Skalenerträge konstant, wenn *input* und *output* in genau demselben Ausmaß variieren. Dabei handelt es sich um den in der Realität am häufigsten beobachteten Fall.

Wenn eine gesamte Industrie steigende Skalenerträge aufweist, entwickelt sich eine schrittweise Konzentration der Produktion in den Händen einer immer kleineren Anzahl von Unternehmen. Denn indem sie ihre eigene Größe steigern, erlangen diese einen Kostenvorteil im Vergleich zu den kleineren Unternehmen, die vom Markt verschwinden werden. Dieser Prozess kann dazu führen, dass ein einzelner Hersteller die Produktion monopolisiert. Die anderen möglichen Konkurrenten sind dann aufgrund ihrer ungenügenden Größe, welche höhere Kosten verursacht, nicht in der Lage, auf den Markt vorzustoßen. Man spricht in diesem Falle von Eintrittsbarrieren, die es jenem Unternehmen, das den Markt allein versorgt, erlauben, in aller Ruhe seine Position als Monopolist auszunützen, weil die möglichen Konkurrenten nicht in der Lage sind, diese anzugreifen. Um zu verhindern, dass das betreffende Unternehmen seine vorherrschende Stellung missbraucht, muss der Staat eingreifen, z.B. in der Form von Höchstpreisen oder einer »Nationalisierung« der Produktion. Eine solche Situation besteht insbesondere bei den Infrastrukturen für Transport (vor allem Eisenbahn) oder Versorgung (z.B. Elektrizität).

Verweise
Arbeitsmarkt – Wettbewerb (Konkurrenz)

Yves Flückiger

Social Marketing

Von Social Marketing bzw. Sozialmarketing oder Sozio-Marketing spricht man, wenn die Philosophie des Marketing bzw. die Marketing-Aktivitäten auf das Verhalten von sozialen, gesellschaftlichen, politischen usw. Institutionen übertragen werden. Social Marketing kann als Marketing für soziale Anliegen und Ziele verstanden werden. Gemeint ist, dass viele nicht erwerbswirtschaftliche Institutionen vor ähnlichen Problemen stehen wie gewinnorientierte Unternehmen und sich deshalb die Prinzipien des Business-Marketing übertragen lassen bzw. die Marketing-Aktivitäten (Marketingmaßnahmen) zur effizienteren Lösung von sozialen und gesellschaftlichen Problemen beitragen können.

Social Marketing baut auf Methoden auf, wie sie im Geschäftsleben üblich sind: realisierbare und messbare Ziele setzen, menschliche Bedürfnisse und Wünsche untersuchen, Produkte auf einzelne Konsumentengruppen ausrichten, diese positionieren, kommunizieren usw. Social Marketing umschreibt damit alle Aktivitäten von Behörden, Verbänden u.Ä., die soziale Belange zum Inhalt haben. Im Vordergrund stehen die Förderung von Ideen (z.B. Umweltschutz) und die Beeinflussung von entsprechenden Verhaltensweisen wie z.B. die Drogenkampagne: »Keine Macht den Drogen« oder die AIDS-Kampagne: »Gib Aids keine Chance – Kondome schützen«.

Sinn und Zweck des Social Marketing ist somit eine Verhaltens- und Einstellungsänderung z.B. gegenüber Umwelt, Politik, Hilfsorganisationen, Behinderten, Obdachlosen usw. So gesehen stellt das Social Marketing auf die Verbreitung von Ideen, Werten und Verhaltensweisen ab, mit denen gesellschaftlich erwünschte Ziele erreicht werden. Z.B. dient der Vertrieb von Verhütungsmitteln dazu, diesen neuen Werten und Verhaltensweisen Gewicht zu verleihen. Das bedeutet, dass es nicht allein bei einer Idee bleiben kann, sondern diese muss konkretisiert und zu einem Produkt (mit rationalen und emotionalen Produkteeigenschaften) umgewandelt werden.

Innerhalb der Marketingwissenschaft löste der Ansatz des Social Marketing kontroverse Diskussionen aus. Es wurde die Möglichkeit in Frage gestellt, ob die traditionelle Marketingphilosophie (kommerzielle Vermarktung von Konsumgütern) auf soziale Belange und Anliegen von nicht kommerziellen Institutionen (Nonprofit-Organisationen wie Rotes Kreuz, Umweltschutzorganisationen, kulturelle und politische Organisationen, Universitäten usw.) übertragen werden kann. Denn diese stehen oft in einem Spannungsfeld von Leistung und Gegenleistung.

Ursprünglich wurde der Begriff in den USA 1971 zur Bezeichnung des Einsatzes von Marketingprinzipien und -techniken zur Förderung eines gesellschaftlichen Anliegens, einer Vorstellung oder einer Verhaltensweise eingeführt. In der Zwischenzeit erfolgte aber eine Ausweitung, indem eine ganzheitliche Sicht und Managementpraxis entstand, die sozialen Wandel einleiten soll und sich aus Planung, Umsetzung und Kontrolle von Programmen zusammensetzt; diese haben zum Ziel, die Akzeptanz einer gesellschaftspolitischen Vorstellung oder einer Verhaltensweise bei einer oder mehreren Zielgruppen zu erhöhen. Soziales Marketing möchte mehrere Zielgruppen erreichen, das heißt zu veränderten Denk- und Verhaltensweisen animieren. Deshalb ist es wie im Marketing von Wichtigkeit, genaue Kenntnisse der Zielgruppen (sozial, demografisch, psychosozial) zu haben. So ist jede Kampagne zielgruppenspezifisch zu gestalten und sollte mit kulturellen und religiösen Traditionen und Werten vereinbar sein. Trotzdem erreichen viele dieser Kampagnen ihre Ziele nicht, weil die Zielgruppen und ihre Bedürfnisse nicht erforscht und analysiert wurden, die Medien zur Verbreitung der neuen Informationen schlecht gewählt waren oder die Mittel und Maßnahmen nicht ausreichten, Programme erfolgreich umzusetzen. Durch zielgerichtete Kampagnen, die sich um sozialen Wandel bemühen, können Grundeinstellungen, Werte, Vorstellungen und Verhaltensweisen beeinflusst, bestimmt und verändert werden.

Eine Vielzahl von sozialen Themen kommen dafür in Frage: Beseitigung gesellschaftlicher Probleme wie Drogenmissbrauch, Umweltverschmutzung oder das Bemühen, bestimmten Gruppen mehr Rechte einzuräumen. Z.B. wurde in Sri Lanka von Novartis zusammen mit dem Gesundheitsministerium, der Aussätzigen-Hilfe Emmaus Schweiz und dem Novartis-Leprafonds ein neuer Weg (mit sozialem Marketing) eingeschlagen; die Kampagne lancierte zwei soziale Produkte: die Denkweise, Lepra als ganz normale, heilbare Krankheit zu betrachten, und die Verhaltensweise, sich untersuchen und gegebenenfalls behandeln zu lassen.

Ein weiteres Beispiel einer erfolgreichen Sozialkampagne ist diejenige Schwedens zur Verkehrsumstellung: Am 3. September 1967 um 5.00 Uhr wurde die Straßenverkehrsordnung von Links- auf Rechtsverkehr umgestellt. Dabei ging es um die Umstellung der Fahrgewohnheiten, die nur mit einer intensiven Informationskampagne über die neuen Verkehrsführungen und -vorschriften erzielt werden konnte. Sämtliche Medien (täglich bis zu vier Fernseh- und zwei Radiosendungen, Erstellen von speziellen Plakatwänden, Informationen in 130 Tages- und Wochenzeitungen/Zeitschriften/Comic-Heften, Aufklärungsfilme in Kinos, Hinweise auf Verpackungen von Milch, Getränken, Kaffee und auf Einkaufstaschen) sowie eine 32-seitige Broschüre an alle Haushalte (in 9 Sprachen übersetzt) wurden dafür eingesetzt. Viele Zielgruppen erfuhren eine gesonderte Betrachtung bzw. Ansprache (Schulkinder, Behinderte, Blinde usw.).

Literatur
Walter Fischer, *Sozialmarketing für Non-Profit-Organisationen*, Orell Füssli, Zürich 2000; – Philip Kotler, Eduardo Roberto, Nancy Lee, *Social Marketing*, Sage, London 2002.

Rudolf Ergenzinger

Social Monitoring

Social Monitoring ist gesellschaftliche Dauerbeobachtung mittels periodisch erhobener quantitativer Sozialindikatoren, welche den Zustand einer Gesellschaft und ihrer Teilsysteme beschreiben sollen. Social Monitoring soll u.a. rechtzeitig vor Fehlentwicklungen warnen, den Erfolg sozialpolitischer Maßnahmen evaluieren, die demokratische Elitenkontrolle verstärken und den Vergleich mit anderen Gesellschaften erleichtern. Erfolgreiches Social Monitoring ist daher auf problemzentrierte und international möglichst vergleichbare Sozialindikatoren angewiesen, welche regelmäßig von einer neutralen Instanz erhoben und der Öffentlichkeit in Form von Sozialberichten vorgestellt werden. In Skandinavien haben solche Sozialberichte eine lange, bis in die 1970er-Jahre zurückreichende Tradition. In der Schweiz werden seit etwa 1990 verstärkt Anstrengungen zur Etablierung einer kontinuierlichen Sozialberichterstattung unternommen, welche unter anderem zur Publikation des *Sozialberichts 2000* geführt haben.

Literatur
Roland Habich, Heinz-Herbert Noll, Wolfgang Zapf, *Soziale Indikatoren und Sozialberichterstattung*, Bundesamt für Statistik, Bern 1994; – Christian Suter (Hrsg.), *Sozialbericht 2000*, Seismo, Zürich 2000.
Verweise
Evaluation – Sozialbilanz – Sozialindikatoren – Sozialplanung

Georg Müller

Solidarität

Solidarität bedeutet Zusammengehörigkeit, Verbundenheit. Das Wort stammt vom französischen *solidaire* bzw. vom lateinischen *solidus* und heißt echt, ganz. Die deutsche Sprache kennt das Wort solid mit der Bedeutung fest, zuverlässig. *Solidus* ist auch mit dem lateinischen *salvus* verwandt; zu Deutsch: heil, gesund.
Solidarität lässt sich auf drei konzeptionelle Wurzeln zurückführen: eine republikanische, eine sozialistische und eine katholische. Die republikanische (Volks-)Verbundenheit kommt im Patriotismus zum Ausdruck. Um Gegenmacht, Zusammenhalt und soziale Einrichtungen geht es der Arbeiter- und Arbeiterinnen-Bewegung. Der Solidarismus der christlichen Sozialphilosophie argumentiert mit der Gleichheit vor Gott. Bedingungen für Solidarität können soziale Ähnlichkeiten, gemeinsame Werteorientierungen, extreme Bedrohungen oder die Einsicht sein, dass eine Gesellschaft auseinander fällt, wenn sich deren Mitglieder vorwiegend am Eigennutz orientieren. Solidarität kann auch den Einsatz für ein Gemeinwesen bedeuten, das niemanden ausschließt.

Literatur
Ueli Mäder, *Für eine solidarische Gesellschaft*, Rotpunktverlag, Zürich 1999; – Georges T. Roos (Hrsg.), *Wozu noch Solidarität?*, Scherz, Bern 1997.
Verweise
Arbeiterbewegung – Gerechtigkeit – Sozialstaat

Ueli Mäder

Sonderschulung

Die Sonderschulung in der Schweiz umfasst in der Regel die von der Invalidenversicherung subventionierten Sonderschulen und die der Volksschule zugeordneten Sonder- bzw. Kleinklassen sowie die Sonderkindergärten. Die Sonderschulung richtet sich an Kinder und Jugendliche, die dem Lehrplan in Regelschulen oder Regelkindergärten nicht zu folgen vermögen. Die Invalidenversicherung zählt ebenfalls die heilpädagogische Früherziehung bei Kleinkindern sowie die von ihr finanzierten pädagogisch-therapeutischen Maßnahmen (Logopädie, Psychomotoriktherapie) der Sonderschulung zu.

Erste Sonderschulen für Sehbehinderte und Taubstumme entstanden zu Beginn des 19. Jahrhunderts. Erste Sonder- bzw. Hilfsklassen wurden bereits ab 1882 für Lernbehinderte eröffnet. Dank der Einführung der Invalidenversicherung wurden Ende der 1960er-Jahre weitere Sonderschulen für Körperbehinderte und Sprachbehinderte gegründet. Hinzu kamen im Laufe der Zeit u.a. auch Sonderklassen für Verhaltensauffällige sowie Sprachbehinderte.

Rund 6,4 Prozent der Kinder besuchen eine Sonderschule oder eine Sonderklasse (Schuljahr 2000/01). Bezüglich der Quote an Sonderklassen gibt es große kantonale Unterschiede. Ausländische Kinder und Jugendliche sind im Vergleich zu Regelklassen überdurchschnittlich in Sonderklassen vertreten. Obwohl in den letzten Jahren vermehrt integrative Förderangebote geschaffen worden sind, hat die Anzahl an Kindern und Jugendlichen in Sonderklassen weiterhin zugenommen.

Literatur
G. Bless, W. Kronig, »Wie integrationsfähig ist die Schweizer Schule geworden?«, in: *Vierteljahresschrift für Heilpädagogik und ihre Nachbargebiete*, Nr. 68/4, 1999, S. 414–426; – Bundesamt für Statistik, *Schülerinnen, Schüler und Studierende 2000/01*, Bundesamt für Statistik, Neuenburg 2002.
Internet
www.szh.ch/d/institut/#System
Verweise
Invalidenversicherung (IV)

Sonja Rosenberg

Sozial

Abgesehen von Ausdrücken, die spezifischen Wortschätzen angehören, wie z.b. dem politischen (Sozialdemokratie) oder dem naturwissenschaftlichen (Insekten mit sozialen Strukturen), beschreibt dieses Wort Aspekte der menschlichen Beziehungen, und dies aus zwei Blickpunkten:
1. Die Ideen und Aktivitäten, die zum Ziel haben, die Situation der ganzen Bevölkerung oder gewisser Kategorien zu verbessern. Dabei ist der Fokus in erster Linie auf die am schlechtesten gestellten Schichten gerichtet. Diese Ideen und Aktivitäten orientieren sich explizite oder implizite an moralischen (oder ethischen, synonym für moralisch) Werturteilen, die in gewissen Punkten übereinstimmen, in andern nicht. Diese Punkte betreffen die Formen des Wohlergehens, die gefördert werden sollen, die Anforderungen an Gerechtigkeit, Solidarität und Mitgefühl, die interventionsbedürftigen Situationen, die Prioritäten, die zu setzen sind, wenn eine optimale Ressourcennutzung notwendig ist usw. Beispiele: soziale Gerechtigkeit, soziale Lehren, soziale Rechte, soziale Gesetzgebung, das Soziale (im Gegensatz zum Wirtschaftlichen oder Politischen), sozialer Fortschritt, soziale Probleme, soziale Ungleichheiten, soziale Aktion, Sozialpolitik, Sozialstaat, Sozialbudget, soziale Transfers, soziale Sicherheit, Sozialarbeiterinnen und -arbeiter, Sozialwohnungen.
2. Der zweite Blickwinkel bedient sich geläufiger oder technischer Ausdrücke, die keinerlei Beurteilungen wie unter Punkt 1 beinhalten. Beispiele: *fait social*, soziale Gemeinschaft, soziale Gruppe, soziale Bedingungen, soziale Beziehungen, soziale Klassen, soziale Konflikte, soziale Veränderungen, soziale Verhältnisse, soziale Interaktionen, soziales System, soziale Strukturen, soziale Distanzen, sozialer Status, soziale Schichtung, soziale Mobilität, Sozialwissenschaften, Sozialpsychologie, soziale Indikatoren.

Verweise
Soziale Arbeit – Sozialpolitik – Sozialstaat – Sozialversicherungen (allgemeiner Begriff)

Roger Girod

Sozial- und Präventivmedizin

Sozial- und Präventivmedizin ist eine Sammelbezeichnung für das wissenschaftliche Fachgebiet, das sich mit öffentlicher Gesundheit, Prävention, Epidemiologie und Biostatistik befasst. Früher lag das größte Problem der öffentlichen Gesundheit bei den Infektionskrankheiten, welches vom Fach »Hygiene« bearbeitet wurde. Im Laufe des 20. Jahrhunderts hat sich daraus das moderne Fachgebiet der Sozial- und Präventivmedizin entwickelt. Es hat zum Ziel, gesellschaftliche, Umwelt- und Gesundheitsversorgungs-Bedingungen zu verbessern und damit der Gesundheit der gesamten Bevölkerung zu dienen (Gutzwiller, 1996). Dasselbe versteht man in der Schweiz unter dem Fach Public Health.
Die medizinischen Fakultäten der Schweiz verfügen seit folgenden Jahren über Institute für Sozial- und Präventivmedizin: Zürich 1963, Genf 1968, Lausanne 1969, Bern 1971, Basel 1993 (Abteilung seit 1972). Die wissenschaftliche Fachgesellschaft im Bereich der Sozial- und Präventivmedizin ist die Schweizerische Gesellschaft für Prävention und Gesundheitswesen. Sie gibt die Zeitschrift *Sozial- und Präventivmedizin* heraus.

Literatur
Felix Gutzwiller, Olivier Jeanneret (Hrsg.), *Sozial- und Präventivmedizin, Public Health*, Huber, Bern 1996; – Olivier Jeanneret,»Trente ans de santé publique en Suisse«, in: *Sozial- und Präventivmedizin*, Nr. 39, 1994, S. 305–322.
Internet
www.sgpg.ch
Verweise
Gesundheitsförderung – Prävention – Public Health

Christoph Junker

Sozialabzüge

Sozialabzüge sind Beiträge, welche die Arbeitnehmenden in Form von prozentualen Abzügen von ihrem Arbeitslohn entrichten. In der Regel hat der Arbeitgeber Beiträge in gleicher Höhe an die Sozialversicherungen abzuführen (so genannte paritätische Beiträge in AHV, IV, beruflicher Vorsorge, Unfallversicherung, Erwerbsersatzordnung, Arbeitslosenversicherung); im Bereich der Familienzulagen zahlt der Arbeitgeber die Beiträge allein.
Da die Sozialabzüge prozentual zum Lohn bemessen werden, tragen sie der Leistungsfähigkeit der Versicherten Rechnung. Einzig im Bereich der Krankenversicherung handelt es sich um – lohnunabhängige – Kopfprämien; der Leistungsfähigkeit von Personen in bescheidenen wirtschaftlichen Verhältnissen wird in diesem Bereich durch so genannte Prämienverbilligungsbeiträge, die von Bund und Kantonen finanziert werden, teilweise Rechnung getragen.

Literatur
Thomas Locher, *Grundriss des Sozialversicherungsrechts*, Stämpfli, Bern 1997; – Alfred Maurer, *Bundessozialversicherungsrecht*, Helbing & Lichtenhahn, Basel 1994; – Ulrich Meyer-Blaser, »Allgemeine Einführung/Übersicht«, in: Ulrich Meyer-Blaser (Hrsg.), *Schweizerisches Bundesverwaltungsrecht*, Band Soziale Sicherheit, Helbing & Lichtenhahn, Basel 1998.
Verweise
Finanzierung der sozialen Sicherheit (Wirtschaftliche Aspekte) – Kapitaldeckungsverfahren – Umlageverfahren
Olivier Steiner

Sozialarbeiterin, Sozialarbeiter → Soziale Arbeit

Sozialarbeiterinnen und Sozialarbeiter (Ausbildung der)

In der Schweiz werden Sozialarbeiterinnen und Sozialarbeiter derzeit an 12 Schulen ausgebildet, welche inzwischen alle den Statuts von Fachhochschulen (FH-SA) haben. In Zürich und Freiburg werden auch Lehrgänge angeboten, die mit einem Lizentiat abschließen.
Die Ausbildungsstätten organisieren die Ausbildung im Rahmen der kantonalen Fachhochschulgesetze und Verordnungen sowie im Rahmen des Ausbildungsprofils der Fachhochschulen für Soziale Arbeit vom 4. November 1999 der Schweizerischen Konferenz der kantonalen Erziehungsdirektoren (EDK). Abschlüsse unterstehen dem Reglement über die Anerkennung kantonaler Fachhochschuldiplome vom 10. Juni 1999.
Die Ausbildung stützt sich auf human- und sozialwissenschaftliches Grundlagenwissen (Sozialarbeitswissenschaft, Pädagogik, Psychologie, Soziologie, Ökonomie, Recht, Ethik usw.). Die Fachhochschulen bereiten auf anspruchsvolle Berufstätigkeiten vor, die wissenschaftliche Kenntnisse und das Beherrschen der entsprechenden Methoden voraussetzen.
Es wird unterschieden zwischen Vollzeit- und Teilzeit- sowie berufsbegleitender Ausbildung. Das Diplomstudium dauert bei Vollzeitausbildung in der Regel 6 Semester, inklusive 2 Semester begleitete Praxisausbildung; bei Teilzeit- oder berufsbegleitender Ausbildung mindestens 8 Semester. Im Normalfall werden Kandidatinnen und Kandidaten mit einem anerkannten Abschluss auf Tertiärstufe zugelassen, der zum Studium an einer Hochschule berechtigt. Der Nachweis einer mindestens einjährigen, qualifizierten Arbeitspraxis muss ferner erbracht werden.

Internet
www.sassa.ch
Verweise
Fachhochschulen (FHS) – Soziale(n) Arbeit (Fort- und Weiterbildung in der)
Regula Villari

Sozialbilanz

Unter Sozialbilanz wird die freiwillige Rechenschaftslegung eines Unternehmens über seine gesellschaftsbezogenen Aufwendungen und Leistungen, über die sozial positiven und/oder negativen Auswirkungen seiner Aktivitäten und über seinen Umgang mit gesellschaftlichen Anspruchsgruppen verstanden.
In den 1970er-Jahren entwickelt und stärker verbreitet, werden Sozialbilanzen seither oft auf die Darstellung des bewirkten sozialen Nutzens und neuerdings auf die Unternehmensleistungen für die Mitarbeitenden eingeschränkt. Seit 1997 arbeitet die Global Reporting Initiative (GRI) im Rahmen der Nachhaltigkeitsdiskussion an verbindlichen Richtlinien für glaubwürdige und international vergleichbare Sozialbilanzen.
Sozialbilanz bezeichnet weiter auch die Darstellung des sozialpolitischen Forderungskatalogs und/oder Leistungsausweises von Organisationen und Institutionen (politische Parteien, Gewerkschaften, Sozialdienste).
Synonym zu Sozialbilanz gebrauchte Begriffe sind u.a. gesellschaftsorientierte, gesellschaftsverpflichtete, gesellschaftsbezogene, sozialverantwortliche Rechnungslegung, Sozialreport, Sozialbericht, auch als Teil des Nachhaltigkeitsberichts.

Literatur
Carl-Christian Freidank, Heike Meyer, »Die Sozialbilanz als Ergänzung der handelsrechtlichen Jahresabschlussrechnung«, in: Hans Corsten et al. (Hrsg.), *Die soziale Dimension der Unternehmung*, Erich Schmidt, Berlin 1991; – Pierre Mayor, »Le bilan social des institutions comme moyen d'évaluation de l'action sociale«, *Cahiers de l'IDHEAP*, Nr. 76, Lausanne 1991; – Martin Zwyssig, *Die Berücksichtigung öffentlicher Interessen in der externen Berichterstattung*, Dissertation Hochschule St. Gallen, 1995.
Internet
www.globalreporting.org
www.nsw-rse.ch
Verweise
Evaluation – Social Monitoring – Sozialindikatoren
Günther Latzel

Sozialbudget

Das Sozialbudget erschien in Frankreich 1949, als die Familienzulagen eingeführt wurden. Weitere Staaten und internationale Organismen entwickelten daraufhin Systeme für finanzielle Maßnahmen im Bereich der Sozialpolitik. Von den 1960er-Jahren an klagen in der Schweiz verschiedene parlamentarische Vorstöße den mangelnden Überblick über die soziale Sicherheit und ihre Kosten an und fordern mehr Entscheidungshilfen. Der Schweizerische Nationalfonds finanziert 1989 ein Projekt für die Erarbeitung eines Sozialbudgets in der Schweiz. Endlich ist die Problematik belegt; das Bundesamt für Statistik stellt die »Gesamtrechnung der sozialen Sicherheit« nach der Eurostat-Methode auf.

Das Sozialbudget ist ein quantitativer, qualitativer und politischer Anhaltspunkt der nationalen Sozialpolitik. Es ist ein Instrument, das Kenntnis, Messung und Analyse der unternommenen Handlungen im Sozialbereich ermöglicht. Seine Ziele, Mittel und Resultate widerspiegeln den gewählten politischen Ansatz. Das Sozialbudget trägt zur Verwaltung, Koordination, Auswertung und Planung der Sozialpolitik bei.

Folgende Fragen müssen mithilfe des Sozialbudgets beantwortet werden können:
– Welche Sozialpolitiken sind erstellt worden und für welche Eventualitäten?
– Welche Personengruppen sind geschützt und welches sind die Begünstigten?
– Wer garantiert die Umsetzung und nach welcher Organisation? Bis zu welchem Schutzgrad? Zu welchen Kosten und mit was für Finanzierungsmodellen?
– Was für eine Wirkung und was für Perspektiven verfolgt die Sozialpolitik?

Der Ausdruck Sozialbudget ist ambivalent. Finanziell gesehen handelt es sich um die gesamten Einnahmen und Ausgaben der Sozialpolitik eines Landes. Aber auf politischer Ebene bedeutet ein Budget konkret die geplanten und erlaubten jährlichen Einnahmen und Ausgaben des Staates oder anderer Dienste, die denselben Regeln unterliegen. Ein öffentliches Budget muss demzufolge der gesetzgebenden Versammlung vorgelegt werden, die darüber abstimmt. Letztere muss, falls das Budget angenommen wurde, die gesprochenen Gelder zur Benutzung freigeben. Das Konzept erscheint also zu restriktiv im Hinblick auf den Inhalt und die Funktionen der Definition. Heute wird offiziell der Begriff Gesamtrechnung verwendet, wobei man sich bewusst ist, dass die Evaluation der Sozialpolitik neben den Finanzinformationen noch weitere quantitative und qualitative Angaben verwendet.

Literatur
Bundesamt für Sozialversicherung, *Statistik der Sozialversicherungen*, Bundesamt für Statistik, Bern (erscheint jährlich); – Pierre Gilliand, Stéphane Rossini, *La protection sociale en Suisse. Recettes et dépenses 1948–1997*, Réalités sociales, Lausanne 1997; – Stéphane Rossini, *Budget social de la Suisse. Nécessité et perspectives*, Réalités sociales, Lausanne 1995.
Internet
www.statistik.admin.ch
Verweise
Finanzierung der sozialen Sicherheit: Wirtschaftliche Aspekte – Sozialversicherungen (Koordination der)

Stéphane Rossini

Sozialcharta (Europäische)

Die Sozialcharta ist ein Vertragswerk von europäischen Staaten im Bereich sozial- und arbeitsrechtliche Grundrechte. Sie ist am 26. Februar 1965 in Kraft getreten und wurde bisher von 24 Staaten ratifiziert. Die Schweiz hat die Europäische Sozialcharta am 6. Mai 1976 zwar unterzeichnet, hat diese bis heute jedoch nicht ratifiziert. Grund dafür sind u.a. vertragliche Verpflichtungen bezüglich Recht auf Kollektivverhandlungen (Streikrecht) und Schutz der Mutterschaft. Damit ist die Sozialcharta für die Schweiz rechtlich nicht verbindlich. Die Sozialcharta bildet das sozial- und arbeitsrechtliche Gegenstück zur Europäischen Menschenrechtskonvention und schützt 19 grundlegende Rechte. Besonders hervorzuheben sind dabei das Recht der Arbeitnehmenden auf gerechte und gesundheitsverträgliche Arbeitsbedingungen, auf ein gerechtes Arbeitsentgelt, auf Schutz der Mutterschaft, auf berufliche Ausbildung sowie auf soziale Sicherheit.

Mit dem Beitritt zur Sozialcharta erklären die Vertragsstaaten, eine staatliche und zwischenstaatliche Politik zu verfolgen, die darauf abzielt, geeignete Voraussetzungen zu schaffen, damit die Ausübung der 19 aufgeführten Rechte und Grundsätze gewährleistet ist. Die einzelnen Rechte der Europäischen Sozialcharta sind im Gegensatz zur Europäischen Menschenrechtskonvention für Privatpersonen nicht direkt anwendbar, und es ist nicht möglich, diese auf gerichtlichem Wege durchzusetzen.

Die Einhaltung des Vertrages wird durch die Vertragsstaaten überwacht. Dazu besteht ein internationales Rechtsschutzsystem, welches auf Staatenberichten über die Umsetzung der Charta basiert. Die Regierungen der Vertragsstaaten müssen dem Europarat ihre Staatenberichte alle zwei Jahre einreichen. Diese werden vom europäischen Ausschuss für soziale Rechte sowie vom Regierungsausschuss geprüft und mit Empfehlungen versehen. Das Ministerkomitee als Entscheidungsorgan des Europarates kann daraufhin notwendige Empfehlungen an die betroffenen Regierungen richten. Die Gesamtdauer des Berichtsverfahrens bis zur Entschliessung des Ministerkomitees beträgt rund 5 Jahre.

Literatur
Giovanni Agnelli (Hrsg.), *Die europäische Sozialcharta*, Nomos, Baden-Baden 1978; – Europarat (Hrsg.), *Die Europäische Sozialcharta: ein Leitfaden*, Springer, Berlin 2002; – Kurt Sovilla, »Die europäische Sozialcharta: zur Frage der Ratifizierung durch die Schweiz«, in: *Wirtschaftspolitische Mitteilungen*, Nr. 9/33, Wirtschaftsförderung, Zürich 1977.
Internet
www.coe.int/defaultDE.asp

Verweise
Internationales Recht (übergeordnetes Recht) – Menschenrechte (Europäische Konvention der) – Sozialrechte

Monika Bitterli

Sozialdarwinismus

Unterschiedliche Autorinnen und Autoren des späten 19. sowie des frühen 20. Jahrhunderts verwenden den Begriff Sozialdarwinismus. Er beschreibt die Anwendung von Charles Darwins Ideen zur biologischen Evolution auf die Analyse menschlicher Gesellschaften. Gestützt auf Darwins 1859 veröffentlichte Schrift *On the Origin of Species by Means of Natural Selection* (deutsch: *Über die Entstehung der Arten durch natürliche Zuchtwahl*), verstanden Sozialdarwinisten Kraft und Kampf als Motoren der Entwicklung der menschlichen Gesellschaften; die Chancen von Individuen oder Gruppen im Kampf ums Dasein hinge dabei von ihrer biologischen oder genetischen Überlegenheit ab.

Die Idee der natürlichen Selektion wurde innerhalb des Sozialdarwinismus von zwei Strömungen weiterverfolgt. Einerseits betonten Autoren wie Herbert Spencer, William Graham Sumner oder T. H. Huxley die Wichtigkeit des Wettbewerbs zwischen Individuen innerhalb einer Gesellschaft (intrasoziale Selektion). Spencer erfand denn auch den Ausdruck *survival of the fittest* (Überleben des Tüchtigsten), mit dem er aufzeigen wollte, dass sich Gesellschaft und Wirtschaft natürlich entwickeln, und zwar durch kompetitive Prozesse, bei denen jene Personen gewinnen, die sich am besten an ihre Umwelt anpassen können. Dieses Argument wurde an eine Ablehnung von *Laisser-faire*-Sozialpolitik gekoppelt. Spencer und Sumner waren der Ansicht, soziale Reformen würden den Prozess natürlicher Selektion hemmen und darauf hinauslaufen, die schwächsten Mitglieder der Gesellschaft künstlich beizubehalten. Anderseits hoben weitere Autoren – am bekanntesten darunter ist wohl Ludwig Gumplowicz – die Wichtigkeit der Kämpfe zwischen verschiedenen Gesellschaften hervor (intersoziale Selektion). Gumplowicz, im Gegensatz zu Marx, sah den Wettbewerb zwischen sozialen Gruppen als einen natürlichen Aspekt des sozialen Lebens, der nicht ausgelöscht werden könne.

Der Sozialdarwinismus beeinflusste die soziopolitischen Diskussionen von damals beträchtlich. Er wurde benutzt, um rassische Vorurteile und kolonialen Imperialismus wissenschaftlich zu legitimieren und um selektive Immigrationsquoten in den USA nach dem Ersten Weltkrieg zu rechtfertigen. Ebenfalls spielte er eine wichtige Rolle im Aufkommen von eugenischen Bewegungen. In den späten 1920er-Jahren war der Sozialdarwinismus allgemein auf theoretischer wie auf moralischer Ebene diskreditiert. Gewisse Grundideen sind jedoch in der heutigen Soziobiologie von Autoren wie Morris, Lorenz und Dawkins aufgenommen und weiterentwickelt worden.

Literatur
Ludwig Gumplowicz, *Der Rassenkampf*, Wagner, Innsbruck 1883; – Herbert Spencer, *The Study of Sociology*, Appleton, New York 1891; – William Graham Sumner, *What Social Classes Owe to Each Other*, Harper, New York 1883.
Verweise
Eugenik – Rasse und Wissenschaft

Véronique Mottier

Sozialdumping

Sozialdumping meint die illegitime Konkurrenz von Gütern, die unter Beachtung arbeitsrechtlicher Standards und mit existenzsichernden Löhnen produziert worden sind, durch Güter, bei deren Produktion elementare Arbeitsrechte nicht eingehalten wurden oder die Löhne extrem viel tiefer waren.

Ein hoher Anteil der weltweiten Exportgüter wird unter Missachtung fundamentaler Arbeiterrechte hergestellt. Frank et al. (1998) gehen gemessen am Warenwert von etwa 10 Prozent aus, gemessen an den betroffenen Arbeitsplätzen sei der Anteil noch größer, da die Produktivität in Ländern, in denen Arbeiterrechte verletzt werden, gering ist.

Die Diskussion um Sozialdumping entstand zuerst im Zusammenhang mit regionalen Integrationsprojekten der Europäischen Union und der nordamerikanischen Freihandelszone NAFTA. In der Diskussion um die Folgen der Globalisierung befürchten globalisierungskritische Kreise ein generelles Sozialdumping mit einer Absenkung der Rechte und Standards weltweit.

Literatur
Elmar Altvater, Birgit Mahnkopf, *Grenzen der Globalisierung. Ökonomie, Ökologie und Politik in der Weltgesellschaft*, Westfälisches Dampfboot, Münster 1997; – Gerda Falkner, »Sozialdumping‹ im EG-Binnenmarkt: Betrachtungen aus politikwissenschaftlicher Sicht«, *Österreichische Zeitschrift für Politikwissenschaft*, Nr. 3, 1993, S. 261–277; – Volker Frank, Thomas Greven, Christoph Scherrer, *Sozialklauseln, Arbeiterrechte im Welthandel*, Westfälisches Dampfboot, Münster 1998.
Verweise
Arbeitsteilung (internationale) – Globalisierung – Kinderarbeit – Sozialklausel

Andreas Missbach

Soziale Arbeit

Soziale Arbeit als Disziplin und Profession reflektiert, konzeptualisiert, erforscht und bearbeitet ein Spektrum von sozialen Problematiken, Handlungsfeldern und sozialen Systemen, in die sie direkt oder indirekt einbezogen ist. Historisch betrachtet ist sie eine Antwort auf die Soziale(n) Frage(n) des 19. und 20. Jahrhunderts, im Besonderen auf Probleme der Marginalisierung auf der Basis von Klassen-, Schichtungsstrukturen, der Geschlechterordnung, ethnisch-religiöser und weiterer symbolisch legitimierter Unrechtsordnungen. Dabei haben sich unterschiedliche Hilfeformen entwickelt: Gaben im Rahmen von Reziprozitätsverpflichtungen, religiös vorgeschriebene Almosen und ehrenamtliche Wohltätigkeit wurden durch staatlich konzipierte Sozial-, Armenerziehung und -fürsorge, sozialdiagnostisch begründete, professionelle Einzel- und Familienhilfe, Sozialpolitik von unten (Teilnahme an sozialen Bewegungen, Gemeinwesenarbeit) und neuerdings durch ein Dienstleistungs- und Managementverständnis abgelöst oder ergänzt.

Gegenstand Sozialer Arbeit sind soziale Probleme. Soziale Probleme sind sowohl Probleme von Individuen als auch Probleme im Zusammenhang mit einer Sozialstruktur und Kultur, in der sie eingebettet sind. Im Fall der Individuen beziehen sie sich auf soziale und kulturelle Barrieren – problematische strukturelle Chancen, Regeln und Codizes – in Abhängigkeit von ihrer gesellschaftlichen Position, die es ihnen erschweren oder verunmöglichen, ihre Bedürfnisse dank eigener kognitiver wie praktischer Anstrengungen zu befriedigen. Diese individuellen Nöte können sich auf Folgendes beziehen:
– Zu geringe oder fehlende sozioökonomische Ausstattung (Bildungs-, Beschäftigungs-, Einkommensniveau, Statusungleichgewichte), fehlende sozialraumbezogene Infrastruktur;
– fehlende Erkenntnis- und Handlungskompetenzen (sozial abweichendes Verhalten usw.);
– problematische Selbst-, Fremd- und Gesellschaftsbilder (Vorurteile, Klassismus, Sexismus, Rassismus, Rechts- und Linksextremismus);
– fehlende soziale Mitgliedschaften (soziale Isolation oder erzwungener Ausschluss).

Im Zusammenhang mit sozialen Interaktionsfeldern und Systemen sind es u. a. Probleme
– der fehlenden Reziprozität bei Austauschbeziehungen, der gestörten oder verhinderten Kooperation;
– der Ressourcenverteilungs-, Anordnungs- bzw. Arbeitsteilungsregeln; diese können diskriminierend-privilegierend, ausschließend, ausbeuterisch/kolonisierend/manipulativ und mithin illegitim oder/und gewaltfördernd sein;
– der kulturellen Kolonisierung aufgrund von symbolischen Ungleichheitsordnungen,
– der willkürlichen, herrschaftsbezogenen Legitimationsverfahren für Ungerechtigkeit und soziale Regeln der Machtverteilung;
– der willkürlichen Kontrollen und Sanktionen sowie der zwischenmenschlichen oder sozial organisierten Gewaltausübung bis hin zur kriegerischen Vernichtung.

Es gibt heute kaum ein von der Sozialen Arbeit bearbeitetes Problem – sei es Armut, Erwerbslosigkeit, Working Poor, illegale Drogen, AIDS, Kriminalität, Migration, Flucht und deren Folgen, ferner interkulturelle Konflikte, Rassismus, Menschenhandel und Gewalt –, das nur »hausgemacht« wäre. Man muss vielmehr von der Transnationalisierung sozialer Probleme ausgehen, was auch die Transnationalisierung Sozialer Arbeit nach sich zieht.

Als Disziplin ist Soziale Arbeit auf transdisziplinäre Erklärungen sozialer Probleme angewiesen; ihr Bezugswissen bezieht sie aus Biologie, Psychobiologie, Psychologie, Sozialpsychologie, Soziologie (eingeschlossen Ökonomie und Politologie) sowie Kulturtheorie und Philosophie, Ethik und Recht. Als Handlungswissenschaft entwickelt sie wissenschaftsbasierte Arbeitsweisen/Verfahren zur Milderung und Lösung sozialer Probleme. Ressourcenerschließung (Sozialarbeit) und die Förderung von Lernprozessen (Sozialpädagogik) sind die ältesten Arbeitsweisen; neu hinzugekommen sind, je nach Problemsituation, Case Management, Bewusstseinsbildung, interkulturelle Verständigung, Partizipationsförderung, Netzwerkarbeit, Mediation, Gewaltprävention, Arbeit mit Traumatisierten, Ermächtigung, Lobbying, Öffentlichkeits-, Demokratisierungs- und Menschenrechtsarbeit u. a. m. und deren Kombination.

Soziale Arbeit als Profession erfüllt gemäß ihrem Selbstverständnis im Wesentlichen zwei Funktionen: Im Rahmen ihrer gesellschaftlichen Funktion trägt sie zur Verhinderung, Linderung wie Lösung sozialer Probleme bei. Dabei stützt sie sich auf wissenschaftsbegründetes Veränderungswissen, eine Professionsethik (internationale und nationale Berufskodizes) sowie legitime und (verfassungs)rechtlich legitimierte Macht. In ihrer Funktion gegenüber den Adressatinnen und Adressaten erschließt sie individuelle wie gesellschaftliche Ressourcen mit dem Ziel der Befriedigung ihrer Bedürfnisse und unterstützt Lern- und Befreiungsprozesse. Sie fördert die Einlösung legitimer Rechte und besteht auf der Einlösung zumutbarer, legitimer Pflichten. Soziale Arbeit interveniert aber auch im sozialkulturellen Kontext und damit in sozialen Systemen mit dem Ziel der Herstellung menschen- bzw. bedürfnisgerechter Strukturen und mithin sozialer Regeln. Wie in jedem menschlichen Handlungsfeld ist allerdings Machtmissbrauch nicht auszuschließen.

Die Trägerschaft Sozialer Arbeit besteht zu einem großen Teil aus staatlichen Organisationen und großen, vom Staat subventionierten privaten Werken (Pro Juventute, Pro Infirmis, Pro Senectute, Pro Mente Sana, Caritas, Arbeiterhilfswerk usw.), aber auch privaten Werken wie die Kirchen, die schweizerischen und kantonalen gemeinnützigen Gesellschaften. Daneben gibt es gewerkschaftsnahe Soziale Arbeit und im Zuge des Um- und Abbaus des Sozialstaates vermehrt eigenwirtschaftliche Privatpraxen. Weltweit betrachtet lassen sich zunehmend professionell arbeitende, lokale und (trans)nationale Initiativen und Projekte feststellen, die u.a. von den Ausbildungsstätten ausgehen und von Mischfinanzierungen, Spenden, Sponsoren und vor allem viel freiwilligem, unbezahltem Engagement leben. Dadurch ergibt sich eine zunehmende Einbettung der Sozialen Arbeit in Nichtregierungsorganisationen (humanitäre Hilfe, Friedens- und Menschenrechtsarbeit). Die Handlungsfelder umfassen den sozialen Mikro-, Meso- und Makrobereich, das heißt Individuen, Familien, Kleingruppen, lokale, nationale wie weltweite sozialräumliche Gemeinwesen, Organisationen des Bildungs-, Wirtschafts-, Justiz-, Gesundheitswesens sowie der Freizeit- und Kultureinrichtungen, die sich mit als sozial problematisch definierten Adressaten befassen.

Die vorgebrachten Argumente, der Sozialen Arbeit im deutschen Sprachraum Disziplin- und Professionswürdigkeit abzusprechen, waren und sind unerschöpflich. In Deutschland wurde nun aber von der Konferenz der Rektoren und Präsidenten der Hochschulen (HRK) sowie der Ständigen Konferenz der Kultusminister der Länder (KMK) im Oktober 2001 Soziale Arbeit als eigenständige Fach- bzw. Handlungswissenschaft erklärt. Von der UNO und den internationalen Verbänden (International Association of Schools of Social Work; International Federation of Social Workers) ging 1992 die Initiative aus, Soziale Arbeit als (eine) Menschenrechtsprofession zu definieren und entsprechend zu konzipieren. Es ist zu hoffen, dass sich die lehrenden, forschenden und praktizierenden Mitglieder der Profession aufgrund dieser beiden Legitimationsgrundlagen nicht mehr hauptsächlich in einem intellektuelle Ressourcen raubenden Legitimations- und Abgrenzungsdiskurs abmühen, sondern ihre Kapazitäten in den Dienst von wissenschaftlich-professionellen sozialen Problemlösungen und der Weiterentwicklung der Profession einsetzen.

Literatur
Ernst Engelke, *Theorien Sozialer Arbeit*, Lambertus, Freiburg i.Br. 1998; – Tan Ngoh-Tiong, Envall Elis (Hrsg.), *Social Work Around the World*, International Federation of Social Workers, Bern 2000; – Werner Obrecht, *Das Systemtheoretische Paradigma der Disziplin und der Profession der Sozialen Arbeit*, Zürcher Beiträge zur Theorie und Praxis Sozialer Arbeit, Hochschule für Soziale Arbeit, Zürich 2001; – Hans Pfaffenberger, Albert Scherr, Richard Sorg (Hrsg.), *Von der Wissenschaft des Sozialwesens*, Neuer Hochschulschriftenverlag, Rostock 2000; – Silvia Staub-Bernasconi, »Soziale Arbeit und Soziale Probleme – eine disziplin- und professionsbezogene Bestimmung«, in: Werner Thole (Hrsg.), *Grundriss Sozialer Arbeit*, Leske + Budrich, Opladen 2002, S. 245–258.

Verweise
Fachhochschulen und Höhere(n) Fachschulen für Soziale Arbeit (Schweizerische Arbeitsgemeinschaft der, SASSA) – Schweizerischer Berufsverband Soziale Arbeit (SBS/ASPAS) – Unterstützungssystem

Silvia Staub-Bernasconi

Soziale Bewegungen

Netzwerke von Personen, Gruppen und Organisationen, die kollektive Aktionen des Protests organisieren, bilden soziale Bewegungen. Im Gegensatz zu Verbänden und politischen Parteien haben sie offene Grenzen und vermeiden entwickelte Arbeitsteilung. Die Personen, die an kollektiven Protestaktionen teilnehmen, orientieren sich am Motiv des Widerspruchs gegen herrschende Zustände.

Die Sozialwissenschaften trennen zwischen alten und neuen sozialen Bewegungen. Die alten sozialen Bewegungen beruhen auf traditionellen Konflikten (Stadt–Land, Zentrum–Peripherie, Kapital–Arbeit). Es handelt sich um Bauernbewegungen, regionale Bewegungen (z.B. Jurafrage) und die Arbeiterbewegung. Die so genannten neuen sozialen Bewegungen entzünden sich an Konflikten innerhalb der Mittelschichten. Die Umweltfrage, die Geschlechterfrage, Friedensfrage oder die Frage des Nord-Süd-Konfliktes haben neue soziale Bewegungen hervorgebracht. Die Protestaktivitäten dieser Bewegungen nahmen zwischen 1968 und 1984 zu.

Soziale Bewegungen führen neue politische Themen in das politische System ein, rekrutieren neue Eliten und ergänzen Parteien und Verbände. Neben fortschrittlichen sozialen Bewegungen treten auch ausländerfeindliche und rechtsextreme Bewegungen in der politischen Öffentlichkeit auf. Sie organisieren sich wie soziale Bewegungen, betreiben aber reaktionäre Politik.

Literatur
Hanspeter Kriesi, »Öffentlichkeit und soziale Bewegungen in der Schweiz – ein Musterfall?«, in: Bernhard Schäfers (Hrsg.), *Lebensverhältnisse und soziale Konflikte im neuen Europa*, Campus, Frankfurt am Main 1993, S. 576–585; – Hanspeter Kriesi, »Le secteur des mouvements sociaux«, in: ders. (Hrsg.), *Le système politique suisse*, Economica, Paris 1995, S. 276–310; – Dieter Rucht, Friedhelm Neidhardt, »Soziale Bewegungen und kollektive Aktion«, in: Hans Joas (Hrsg.), *Lehrbuch der Soziologie*, Campus, Frankfurt am Main 2001, S. 533–556.

Verweise
Partizipation – Politische Rechte – Soziale Netzwerke
Ludwig Zurbriggen

Soziale Disqualifizierung

Der Begriff der sozialen Disqualifizierung hat erst vor kurzem auf der wissenschaftlichen Bühne Einzug gehalten. Seine begeisterte Aufnahme beim Fachpublikum verdankt er zum größten Teil der Wiederbelebung der Frage der sozialen Exklusion. Er steht in enger Nachbarschaft zu anderen Begriffen. Zu denken wäre an den Begriff der sozialen Ausgliederung, der sich stärker an subjektiv erlebten und wahrgenommenen Phänomenen orientiert, oder an den Begriff der sozialen Ablehnung, der Mechanismen der kollektiven Stigmatisierung betont, oder an den älteren Begriff der sozialen Deklassierung, der explizit Effekte umfassender sozialer Prozesse mit berücksichtigt.

Die soziale Disqualifizierung – im Hinblick auf den Aspekt, unter dem Ansätze für den Umgang mit sozialem Scheitern untersucht werden – steht in enger Beziehung zur Diskreditierung von Personen, die nicht vollständig am ökonomischen und gesellschaftlichen Leben teilnehmen. Sie bezeichnet im Allgemeinen einen Prozess, in dem sich objektive und subjektive Elemente miteinander vermischen. Im Vordergrund stehen die soziale Position und ihr Ort in der sozialen Hierarchie sowie die Folgen unterschiedlicher Zuschreibungs- und Etikettierungsprozesse auf die Identität. Unter diesem Gesichtspunkt richtet sich ihr Interesse auch auf die Rolle der disqualifizierten Person, die soziale Disqualifizierung nicht nur »erleidet«, sondern auch »gestaltet«, wobei die Formen der Gestaltung Akzeptanz, Verleugnung oder Transaktion sind.

Die Disqualifizierung verdeutlicht so im Allgemeinen die moralische Degradation, die diesem Prozess organisierten Statuswechsels anhaftet, sowie die gesellschaftliche Zuschreibungsprozedur, die mit ihr verbunden ist. Sie beruht auf der Vorstellung, dass soziale Tatbestände wie der Tatbestand der Inanspruchnahme von Sozialhilfe als eine Zeremonie der Statusdegradierung wahrgenommen werden können, in deren Verlauf der Übertritt in eine wenig achtbare oder wenigstens niedrigere soziale Kategorie (in Bezug auf den vormaligen sozialen Rang) signalisiert wird. Dies bedeutet, dass eine symbolische Dimension (die des Wertes des Platzes in der sozialen Hierarchie) neben der ökonomischen und gesellschaftlichen Dimension im Begriff Disqualifizierung auch zum Tragen kommt. Die Frage nach dem gesellschaftlichen Wert der Individuen und die nach ihrem Beitrag für die Gesellschaft (via Argumente der gesellschaftlichen Nützlichkeit) sind beide engstens verwoben mit der Abwertung der Identität der Individuen, die – kaum haben sie diese in ihr Leben integriert – zugleich zur Selbstverleumdung und zur sozialen Abkoppelung schreiten.

Literatur
Pierre Bourdieu, »Classement, déclassement, reclassement«, in: *Actes de la recherche en sciences sociales*, 24, November 1978, S. 2–22; – Erving Goffman, *Stigma. Über Techniken der Bewältigung beschädigter Identität*, Suhrkamp, Frankfurt am Main 1967; – Serge Paugam, *La disqualification sociale. Essai sur la nouvelle pauvreté*, Presses Universitaires de France, Paris 1991.

Verweise
Armut – Prekarisierung – Sozialer Zusammenhalt
Marc-Henry Soulet

Soziale Entschädigungssysteme

Bei den ausschließlich aus steuerlichen Mitteln finanzierten Zweigen der sozialen Absicherung spielt das Versicherungsprinzip naturgemäß keine oder nur eine geringe Rolle, so bei den Ergänzungsleistungen zur AHV/IV, in der Militärversicherung wie auch bei den Familienzulagen für Kleinbauern, der Opferhilfe usw.

Nach deutscher Auffassung handelt es sich in solchen Fällen um nach dem Versorgungsprinzip konzipierte soziale Entschädigungssysteme. Soziale Entschädigungen können aufgrund ihrer – in der Schweiz vom Gesetzgeber gewählten – inhaltlichen und funktionalen Ausrichtung als mit den Sozialversicherungen verwandt bezeichnet werden. Die sozialen Entschädigungssysteme sind zum Teil bestehenden klassischen Sozialversicherungen beigeordnet bzw. ergänzen sie.

Es geht bei den nach dem Versorgungsprinzip konzipierten Leistungen grundsätzlich um die gezielte Schließung bestehender Lücken in der sozialen Sicherheit, die von den Sozialversicherungen nicht abgedeckt werden (können) und nicht mit der Sozialhilfe abgedeckt werden sollen: Diese sozialen Entschädigungssysteme ergänzen »das Gesamtsystem sozialer Sicherung […] in Richtung auf die gesteigerte soziale Deckung nicht ›versicherbarer‹ Risiken« (Zacher 1993, 475). Als hauptsächliche Risiken werden in der Regel solche betrachtet, die struktureller Art sind, das heißt nicht vom Individuum selber zu verantworten sind. Hieraus leitet sich auch die Abneigung ab, derartige Risiken, von denen zahlreiche Menschen betroffen sein können, mittels der Sozialhilfe abzufedern. Der Zugang zu den sozialen Entschädigungssystemen ist durchwegs leichter als jener zur Sozialhilfe, auch wenn bei Ersteren durchaus noch Verbesserungen möglich und wünschbar sind.

Den sozialen Entschädigungen liegt – entsprechend den Sozialversicherungen – eine kollektive Schadensbegrenzungsstrategie zur Bewältigung kollektiver Probleme zugrunde, welche die Allgemeinheit für die Betroffenen – anders als bei den Sozialversicherungen – allein aus Steuermitteln zu finanzieren bereit ist. Sie sind mithin keine Einrichtung gemeinsamer kollektiver Vorsorge: Ihre Leistungen sichern nicht prinzipiell diejenigen, die aktiv beitragen. Hier liegt ein wesentlicher Unterschied zu nach dem Versicherungsprinzip konzipierten Leistungen. Trotzdem erhalten die Berechtigten für ihre Schadensdeckung einen klaren Rechtsanspruch.

Leistungen nach dem Versorgungsprinzip werden ebenso planmäßig, das heißt nach fachtechnischen Regeln, errechnet und ausbezahlt wie die Sozialversicherungen: In der Typisierung der Leistungen ist ihre enge Verwandtschaft mit den – schwergewichtig nach dem Versicherungsprinzip konzipierten – Sozialversicherungen wesentlich begründet. Dass die erforderlichen finanziellen Mittel dagegen – anders als bei den Sozialversicherungen – überhaupt nicht aus Beiträgen, sondern planmäßig, aufgrund statistischer Prognosen und Erfahrungswerte von der öffentlichen Hand budgetiert und bereitgestellt werden, vermag die inhaltlich-funktionale Nähe nicht zu schmälern.

Der Kreis der Berechtigten ist bei den sozialen Entschädigungssystemen jedoch in der Regel enger definiert als jener der Sozialversicherungen. Methodisch geschieht das in der Regel dadurch, dass bei der Leistungsermittlung mindestens teilweise ein tatsächlicher Bedarf vorausgesetzt und an eine bestehende Sozialversicherung angeknüpft wird. Aus den bei sozialen Entschädigungen oft vorhandenen Elementen des Bedarfsprinzips erklärt sich ihre Verwandtschaft zur Sozialhilfe. Es handelt sich aber nur um eine entfernte Verwandtschaft. Ihre nahe Verwandtschaft besteht zu den klassischen Sozialversicherungen. Die Gründe liegen in der inhaltlich-funktionalen Nähe und der damit verbundenen Typisierung der Leistungen. Als Systeme unterliegen sie vollumfänglich der öffentlichrechtlichen Normierung.

Literatur
Erwin Carigiet, *Gesellschaftliche Solidarität. Prinzipien, Perspektiven und Weiterentwicklung der sozialen Sicherheit*, Helbing & Lichtenhahn, Basel 2001; – Erwin Carigiet, *Ergänzungsleistungen zur AHV/IV*, Schulthess, Zürich 1995; – Hans F. Zacher, »Die Fragen nach der Entwicklung eines sozialen Entschädigungsrechts«, in: ders. (Hrsg.), *Abhandlungen zum Sozialrecht*, Müller Juristischer Verlag, Heidelberg 1993, S. 473 ff.
Internet
www.bsv.admin.ch
Verweise
Solidarität – Soziale(n) Sicherheit (Architektur der) – Sozialhilfe (im engeren Sinne) – Sozialpolitik – Sozialversicherungen (allgemeiner Begriff) – Versorgungsprinzip
Erwin Carigiet

Soziale Gerechtigkeit → Gerechtigkeit

Soziale Kommunikation

Eine übergreifend als verbindlich akzeptierte Definition von sozialer Kommunikation existiert nicht. Aus der psychologischen Perspektive wird darauf verwiesen, dass es bei der sozialen Kommunikation um eine Kommunikation unter psychologisch handelnden Menschen geht. Soziale Kommunikation findet immer statt und es werden nicht nur Inhalte, sondern auch Vorstellungen über die Beziehung der Kommunikationspartner transportiert (Watzlawick et al. 2000). Botschaften der sozialen Kommunikation enthalten damit nicht nur einen Sachaspekt (Nachricht), sondern auch einen Beziehungs-, Selbstoffenbarungs- und Appellaspekt. Insbesondere nonverbale Elemente helfen, die Botschaft zu qualifizieren, und es können sich unterschiedliche Kommunikationsstile ergeben (Schulz von Thun 2001). An diese Kommunikationsstile und die Anerkennung des Prinzips der Reversibilität knüpft auch das kommunikations- und politikwissenschaftliche Verständnis sozialer Kommunikation an. Für soziale Prozesse der Kommunikation werden verständigungsorientierte Stile postuliert (Habermas 1988). Soziale Kommunikation und eine entsprechende Öffentlichkeitsarbeit soll daher symmetrisch, diskursiv, kooperativ sowie argumentativ sein. Sie hat zum Ziel, mittels begründeter Einsicht einen gemeinsamen Problemlösungsprozess zu initiieren (Burkart 1996).

Literatur
Roland Burkart, »Verständigungsorientierte Öffentlichkeitsarbeit: Der Dialog als PR-Konzeption«, in: Günter Bentele, Horst Steinmann, Ansgar Zerfass (Hrsg.), *Dialogorientierte Unternehmenskommunikation. Grundlagen – Praxiserfahrungen – Perspektiven*, Vistas, Berlin 1996, S. 245–270; – Jürgen Habermas, *Theorie des kommunikativen Handelns*, Suhrkamp, Frankfurt am Main 1988; – Friedemann Schulz von Thun, *Miteinander reden*, rororo, Reinbek bei Hamburg 2001; – Paul Watzlawick, Janet H. Beavin, Don D. Jackson, *Menschliche Kommunikation: Formen, Störungen, Paradoxien*, Huber, Bern 2000.
Verweise
Partizipation

Sibylle Hardmeier

Soziale Kontrolle

»Soziale Kontrolle« bezeichnet Prozesse, die verhindern, dass die Normen einer Gesellschaft oder Gemeinschaft verletzt werden. Besonders wirksam ist soziale Kontrolle in kleinen Gemeinschaften, in der direkten Interaktion ihrer Mitglieder. Dadurch wird einerseits ihre Integration vollzogen. Anderseits werden Individuen stigmatisiert, was deren Ausschluss aus der Gemeinschaft bedeuten kann.

Heute wird die strafrechtliche Verfolgung durch den Staat als moderne Form sozialer Kontrolle zur Verhinderung abweichenden Verhaltens begriffen. Denn es handelt sich auch hier um eine »verdichtete Erwartungsstruktur« (Frehsee et al. 1993, 7), die bei den Individuen, sofern sie sich mit den Erwartungen identifizieren können, zur Verinnerlichung gesellschaftlicher Normen führt.

Literatur
Detlev Frehsee et al. (Hrsg.), *Strafrecht, soziale Kontrolle, soziale Disziplinierung*, Jahrbuch für Rechtssoziologie und Rechtstheorie, Band XV, Westdeutscher Verlag, Opladen 1993; – Erving Goffman, *Stigma. Über Techniken zur Bewältigung beschädigter Identität*, Suhrkamp, Frankfurt am Main 1967; – Erving Goffman, *Interaktionsrituale. Über Verhalten in direkter Kommunikation*, Suhrkamp, Frankfurt am Main 1971.

Verweise
Abweichendes Verhalten (Devianz) – Normen / Regelungen – Stigma

Chantal Magnin

Soziale Mindeststandards

In der Schweiz gibt es kein offiziell anerkanntes finanzielles Existenzminimum. Hingegen findet sich eine Reihe von Einkommenslimiten, die im politischen Diskurs oder durch andere Übereinkommen festgelegt wurden. Diese umschreiben verschiedene Existenzminima mit unterschiedlichen Tragweiten und Konsequenzen. Jedes davon bezieht sich auf andere rechtliche Rahmenbedingungen und umschreibt einen genau begrenzten Rechtsanspruch. Diese Existenzminima entsprechen Schwellen bestimmter sozialer Interventionen und können zwei Kategorien zugeteilt werden:

1. Existenzminima, die darauf abzielen, nicht ausreichende Einkommen durch gezielte Ergänzungen anzuheben. Besonders hervorzuheben sind hier die Ergänzungsleistungen zur AHV/IV, kantonale und kommunale Ausführungsbestimmungen zur Sozialhilfe, die Empfehlungen der Schweizerischen Konferenz für Sozialhilfe (SKOS), die Unterstützungsrichtlinien für Asylbewerber und vorläufig Aufgenommene sowie kantonale Bestimmungen zum Bezug von Stipendien und Ausbildungszulagen.

2. Existenzminima, die darauf abzielen, ein bestimmtes festgelegtes Einkommensminimum nicht zu gefährden und/oder bestimmte Personen oder Haushalte von genau definierten Fixkosten zu befreien. Hierzu sind das im Schweizerischen Schuld- und Konkursrecht umschriebene »betreibungsrechtliche Existenzminimum« sowie steuerlich festgelegte Einkommenslimiten zu zählen, welche den Anspruch auf Krankenkassenprämienverbilligung oder Sozialwohnungen begründen.

Der Rechtsanspruch ist innerhalb der verschiedenen Existenzminima auf jeweils genau definierte Personengruppen beschränkt, die bestimmte Kriterien in Bezug auf rechtlichen Status, Alter sowie die Ursachen der Mittellosigkeit erfüllen (Alter, Verschuldung, Invalidität, Asylstatus, Arbeitslosigkeit ohne begründeten Anspruch auf Arbeitslosenentschädigungen, nicht ausreichende Entlöhnung).

Vom konzeptionellen Standpunkt aus decken die Definitionen der Gesetzgebung durch Bund, Kantone und Gemeinden gemeinsame Interessen ab: Ziel ist es, für den Einzelnen eine minimale, unabdingbare Kaufkraft zu gewährleisten, welche die Grundbedürfnisse abzudecken vermag und eine soziale Teilhabe in Menschenwürde gewährleistet. Gemäß allgemeinem Konsens darf diese minimale Kaufkraft nicht unterschritten werden. In diesem Sinn stellt das Existenzminimum eine Grenze dar, unterhalb deren eine Teilhabe sowohl in materiellem wie auch in sozialem und kulturellem Sinne nicht mehr möglich ist.

Bis zum heutigen Zeitpunkt gibt es keinerlei konsequente Koordination unter den verschiedenen sozialen Existenzminima: die Vielfalt der angewendeten Grundlagen und die Unterschiede zwischen ihnen implizieren *de facto* große Unterschiede in der Praxis, insbesondere entstehen oft bedeutsame Differenzen zwischen den verschiedenen Einkommenslimiten (etwa zwischen den Ansätzen von Ergänzungsleistungsbezügerinnen und -bezügern und jenen von Asylbewerbern). Diese Unterschiede und die damit einhergehenden Diskriminierungen sind das Resultat eines grundlegend fehlenden Existenzminimums auf der Grundlage einer konsequenten Sozialpolitik, welche im Sinne einer Richtschnur die Grenzen der sozialen Sicherheit absteckt.

Literatur
Helvetio Gropetti, Caroline Regamey, *Minimum pour vivre. Étude de diverses normes*, La Passerelle, Lausanne 1999.

Verweise
Armut – Einkommen(sgarantie) – Existenzminimum – Schweizerische Konferenz für Sozialhilfe (SKOS)

Caroline Regamey

Soziale Netzwerke

Unter sozialem Netzwerk versteht man das Beziehungsgeflecht zwischen einer Vielzahl von Akteuren. Dabei spielt es keine Rolle, ob es sich bei den Akteuren um Personen oder um Organisationen handelt. Den Netzwerk-Begriff findet man zwar bereits an vereinzelten Stellen im Werk des Soziologen Georg Simmel. Im sozialwissenschaftlichen Diskurs etabliert hat sich das Konzept allerdings erst im Anschluss an die Feldstudie von John A. Barnes (1954), der das Beziehungsgeflecht in einem norwegischen Hafenort mit einem Fischernetz verglich. Seither interessieren in der Forschung vorab die Strukturen und Funktionen von Netzwerken.

Die Strukturmerkmale von Netzwerken (z.B. Dichte, Zentralisation, Relationsverdichtungen) und die Zentralität von Akteuren lassen sich mittels statistischer Software inzwischen einfach und schnell analysieren (vgl. Wasserman und Faust 1994). Sozialpolitisch relevant sind allerdings vorab die Funktionen von Netzwerken (Kommunikation, Ressourcentausch, Unterstützung, Stiftung von sozialer Solidarität). Dabei gilt es einerseits zwischen Funktionsleistungen für das Individuum und solchen für die Gesellschaft und anderseits zwischen engen (z.B. Freundschaften) und schwachen (lockere Bekanntschaften) Beziehungen zu unterscheiden. So dienen enge Beziehungen vorab der Erhaltung des individuellen Status (z.B. Gesundheit, psychisches Wohlbefinden), schwache Beziehungen hingegen der Statusverbesserung (z.B. bei der Arbeitssuche, vgl. Lin 2001).

Auf der gesellschaftlichen Ebene bieten soziale Netzwerke vorab eine Quelle kollektiven Sozialkapitals und werden daher als Entwicklungsfaktor betrachtet. Angesichts der Vielzahl positiver Funktionen von Netzwerken liegt es auf der Hand, dass die personen- und gemeinwesenorientierte Netzwerkarbeit inzwischen auch in der Praxis Sozialer Arbeit Fuß gefasst hat. Dabei kann die momentane Netzwerk-Euphorie jedoch nicht über eine Reihe von negativen Effekten hinwegtäuschen. So sind Netzwerke auch häufig eine Basis für Exklusions- und Diskriminierungsprozesse, Ausbeutung (z.B. Mafia) und exzessive soziale Kontrolle (vgl. Portes und Landolt 1996).

Literatur
John A. Barnes, »Class and Comittees in a Norwegian Island Parish«, in: *Human Relations*, Nr. 7, S. 39–58, 1954; – Nan Lin, *Social Capital. A Theory of Social Structure and Action*, Cambridge University Press, Cambridge 2001; – Alejandro Portes, Patricia Landolt, »The Downside of Social Capital«, in: *American Prospect*, Nr. 26, S. 18–22, 1996; – Stanley Wasserman, Katherine Faust, *Social Network Analysis, Methods and Applications*, Cambridge University Press, Cambridge 1994.
Internet
www.sfu.ca/~insna
Verweise
Arbeitssuche – Diskriminierung – Sozialkapital
Michael Nollert

Soziale Probleme (Konstruktion)

Als Konstruktion sozialer Probleme bezeichnet man den Prozess, im Zuge dessen Umstände oder Ereignisse, die bestimmte Gruppen oder ganze Gesellschaften in ihrer Lebenssituation beinträchtigen (etwa Armut, Kriminalität, Gewalt, Drogenkonsum, Umweltprobleme), in der Öffentlichkeit bzw. in Teilen derselben kollektiv als veränderungsbedürftig definiert, skandalisiert und zum Gegenstand politischer Programme und Maßnahmen gemacht werden.

Blumer (1975) schlägt zur Beschreibung des Konstitutionsprozesses sozialer Probleme ein fünfstufiges Modell vor, das folgende Phasen umfasst: 1. das Auftauchen des sozialen Problems bzw. seine Wahrnehmung und Benennung; 2. die öffentliche Anerkennung (Legitimierung) als soziales Problem; 3. die Mobilisierung von Handlungsstrategien in politischen Auseinandersetzungen; 4. die Erstellung eines offiziellen Handlungsplanes zur Regulierung des Problems; 5. die Transformation dieses Handlungsplans in seiner tatsächlichen Ausführung.

Dass soziale Probleme einer kollektiven Definition unterliegen, das heißt, dass ihre Konstitution als Prozess kollektiven Handelns aufgefasst wird, darüber besteht in der Forschung Konsens. Strittig hingegen ist, ob diese Definitionen auf konkrete gesellschaftliche Bedingungen aufbauen, was dann die Untersuchung der Bedingungen ihrer Wahrnehmung erfordert, oder ob sie unabhängig davon sozial konstruiert werden, was impliziert, dass ihnen kein anderer Sinn zukommt als der ihnen von den Gesellschaftsmitgliedern in interaktiven Prozessen zugeschriebene. Anders ausgedrückt geht es um die Frage, ob die Kategorie »soziales Problem« nicht nur die öffentlich artikulierten und anerkannten, das heißt manifesten sozialen Probleme erfasst, sondern auch die latenten sozialen Probleme, deren Diagnose dann in den Aufgabenbereich des Sozialwissenschaftlers fiele.

Die zu konstatierende quantitative Zunahme von sozialen Problemen lässt sich einer traditionellen Sicht zufolge als Ergebnis des Komplexerwerdens der Gesellschaft bzw. des sozialen Wandels und der damit einhergehenden Wert- und Interessenkonflikte verstehen. Allerdings muss man auch die Ausbildung einer kritischen Öffentlichkeit und die Ausweitung der Partizipationschancen von ehemals ausgegrenzten gesellschaftlichen Gruppen in Rechnung stellen, was auch voraussetzt, dass sie mit ihren Interessen Zugang zu den entsprechenden Kommunikationsmedien erhalten. Eine Erklärung bietet daneben auch die Theorie des Wertewandels, insofern ehemals als gegeben hingenommene Sachverhalte bezüglich gewandelter kollektiv geteilter normativer Erwartungen als Zumutungen und Missstände wahrgenommen werden, deren Veränderbarkeit nun denkbar wird.

Literatur
Günter Albrecht et al. (Hrsg.), *Handbuch soziale Probleme*, Westdeutscher Verlag, Opladen/Wiesbaden 1999; – Herbert Blumer, »Soziale Probleme als kollektives Verhalten«, in: Karl Otto Hondrich (Hrsg.), *Menschliche Bedürfnisse und gesellschaftliche Steuerung*, Rowohlt, Reinbek bei Hamburg 1975.
Verweise
Soziale Arbeit – Sozialpolitik

Andreas Pfeuffer

Soziale Randgruppe
Die erste prominente, vornehmlich zu analytischen Zwecken entwickelte Definition von »sozialer Randgruppe« stammt von Friedrich Fürstenberg: Unter dem Begriff soziale Randgruppe fasste er einen lose oder fester organisierten Zusammenschluss von Personen, »die durch ein niedriges Niveau der Anerkennung allgemein verbindlicher soziokultureller Werte und Normen und der Teilhabe an ihren Verwirklichungen sowie am Sozialleben überhaupt gekennzeichnet sind« (1965, S. 237). Dabei interessierte sich Fürstenberg – ähnlich wie zuvor Herbert Marcuse in *Der eindimensionale Mensch* (1967) – vornehmlich für die Frage nach dem gesellschaftlichen Destabilisationspotenzial solcher Gruppierungen (z.B. kriminelle Banden, Obdachlose, Stadt- und Landstreicher).
Im Sozialarbeitsdiskurs bezeichnet der Begriff seit Ende der 1960er-Jahre Gruppen von Personen, die aufgrund von Defiziten (der Bildung, des Einkommens, der Sprache, der Lebensverhältnisse, der Wohnsituation usw.) nicht oder unvollkommen in die Kerngesellschaft integriert sind. Dabei wird häufig – wie etwa bei Obdachlosen, Jenischen, Prostituierten, Behinderten – von einer Kumulation dieser Defizite ausgegangen. Im Unterschied zu Fürstenberg fokussiert dieser Diskurs nicht mehr die gesellschaftlichen Folgen, sondern die Merkmale und die Lebenssituation solcher Gruppen, die Beziehungen zwischen Randgruppen und anderen Bevölkerungsgruppen und die gesellschaftliche Bedingtheit der Randständigkeit. Demnach weichen Randgruppen von den gesellschaftlichen Werten und Normen ab, verfügen über geringe berufliche Qualifikationen und wenig Kontakte zu anderen sozialen Gruppen, sind schwach in den Produktionsprozess integriert, einkommensschwach und daher häufig auf staatliche Unterstützungsleistungen angewiesen, was sich u.a. in einer starken Abhängigkeit von Instanzen sozialer Kontrolle (z.B. Sozialarbeit) ausdrückt. Überdies wird betont, dass die Randposition dieser Gruppen nicht frei gewählt, sondern das Ergebnis von Exklusions- und Stigmatisierungsstrategien der dominanten Kerngruppe ist (Karstedt 1975).
Seit den 80er-Jahren wird dieses Randgruppenkonzept jedoch kontinuierlich in Frage gestellt. So wird moniert, dass der Begriff insofern unpräzise sei, als die Vielfalt der Personentypen, die sich darunter subsumieren lassen, zu heterogen sei. Kritisiert wird überdies, dass es sich dabei häufig nicht um Gruppen im Sinne sozialer Gruppen, sondern lediglich um statistische Gruppen bzw. Sozialkategorien handle. Aus soziologischer Perspektive lässt sich gegen den Begriff zudem einwenden, dass sich in modernen Gesellschaften nicht mehr nur eine, sondern mehrere Kerngruppen identifizieren lassen. Nikolaus Sidler (1999) schlägt daher vor, den Begriff aus der deskriptiv-analytischen Sprache zu eliminieren und ihn ausschließlich im sozialkonstruktivistischen Sinne als politischen Problembegriff zu verwenden. Mit anderen Worten: Als soziale Randgruppe gelten demnach all jene Gruppen, die im sozialpolitischen Diskurs als randständig und damit unterstützungswürdig eingestuft werden.

Literatur
Friedrich Fürstenberg, »Randgruppen in der modernen Gesellschaft«, in: *Soziale Welt*, 16, 1965, S. 236–245; – Susanne Karstedt, »Soziale Randgruppen und soziologische Theorie«, in: Manfred Brusten, Jürgen Hohmeier (Hrsg.), *Stigmatisierung 1+2. Zur Produktion gesellschaftlicher Randgruppen*, Luchterhand, Neuwied/Darmstadt 1975, S. 169–196; – Nikolaus Sidler, *Problemsoziologie. Eine Einführung*, Lambertus, Freiburg i.Br. 1999.
Verweise
Ausgrenzung – Diskriminierung – Soziale Disqualifizierung – Stigma

Michael Nollert

Soziale Sicherheit (allgemeine Theorie)
Die allgemeine Theorie der sozialen Sicherheit befasst sich mit den fundamentalen Prinzipien, den essenziellen Begriffen und den großen Problemstellungen dieses Gebietes. Das internationale Recht, das europäische Recht sowie die nationalen Rechtssysteme einerseits und die Theorie andererseits beeinflussen einander permanent. Von ihren Prinzipien sollten folgende hervorgehoben werden: die fundamentalen oder Leitprinzipien (Recht auf soziale Sicherheit; Garantie der medizinischen Versorgung, des Erwerbsersatzes und der Befriedigung der Grundbedürfnisse, garantierte Teilhabe und Wiedereingliederung; das Gleichbehandlungsprinzip, das Solidaritätsprinzip, das Prinzip der Grundversorgung durch öffentliche Dienste, die Staatsverantwortlichkeit und die Mitbestimmung; der klassische (oder analytische) und der funktionale Ansatz; der Ein-

bezug und die Adaptation der Schutzinstitutionen, die der sozialen Sicherheit vorangegangen sind; die Systemarchitektur; das Umfeld der sozialen Sicherheit; eine effiziente und gerechte Finanzierung.

Die allgemeine Theorie bedingt eine tief greifende Analyse: Sie zeigt, dass die soziale Sicherheit eine zivilisatorische Errungenschaft ist. Es handelt sich um ein Instrument im Dienste der Menschen, das versucht, das Schutzbedürfnis und die Unsicherheit des menschlichen Daseins auszubalancieren. Ihre Elemente sind Herzstücke der sozialen Sicherheit und müssen daher bei jeder Revision beachtet werden, egal ob sie auf internationaler, europäischer oder nationaler Ebene durchgeführt wird, ob sie global oder sektoriell ausfällt. Wird dies nicht berücksichtigt, besteht die Gefahr, diese Errungenschaft der Zivilisation zu verzerren oder gar zu zerstören.

Literatur
William Beveridge, *Social Insurance and Allied Services*, His Majesty's Stationery Office, London 1942; – Bureau international du travail (BIT), *La sécurité sociale à l'horizon 2000*, BIT, Genève 1984; – Erwin Carigiet, *Gesellschaftliche Solidarität. Prinzipien, Perspektiven und Weiterentwicklung der sozialen Sicherheit*, Helbing & Lichtenhahn, Basel 2001; – Jörg Paul Müller, *Soziale Grundrechte in der Verfassung?*, Helbing & Lichtenhahn, Basel 1981.
Verweise
Soziale Sicherheit (allgemeiner Begriff) – Soziale Sicherheit (Umfeld) – Sozialpolitik

Pierre-Yves Greber

Soziale Sicherheit (allgemeiner Begriff)

Der Begriff der sozialen Sicherheit stammt aus der Mitte des 20. Jahrhunderts, aus einem sehr schwierigen Kontext, geprägt vom Zweiten Weltkrieg und vom Wiederaufbau. Die Internationale Arbeitsorganisation (ILO) hat bei der Errichtung dieser großen Institution eine wichtige Rolle gespielt: insbesondere hat sie die Erklärung von Philadelphia (1944), das Übereinkommen über die Mindestnormen der Sozialen Sicherheit (1952) und mehrere Instrumente zu ihrer Verbesserung verabschiedet. Die Vereinten Nationen sprechen jedem Menschen das Recht auf soziale Sicherheit zu (Allgemeine Menschenrechtserklärung, 1948; Internationaler Pakt über wirtschaftliche, soziale und kulturelle Rechte, 1966). Die soziale Sicherheit tendiert zu einer globalen Vision: Schutz der gesamten Bevölkerung vor den als am wichtigsten geltenden Risiken oder Eventualitäten.

Nach der klassischen Definition deckt die soziale Sicherheit neun Risiken ab: medizinische Versorgung, Verdienstausfall bei Krankheit, Mutterschaft, Arbeitsunfälle und Berufskrankheiten, Alter, Tod, Invalidität, Arbeitslosigkeit, Familienlasten. Nach der funktionalen Definition hat die soziale Sicherheit den Auftrag, den Zugang zur medizinischen Versorgung, zu grundsätzlichen Ressourcen, zum Erwerbsersatz, zur Eingliederung sowie zur sozialen und beruflichen Wiedereingliederung zu garantieren.

Die soziale Sicherheit ist eine komplexe Institution. Sie soll den Menschen dienen und Folgendes kombinieren: einheitliche oder verschiedenartige Auffassungen von Schutz; universelle oder weniger weit greifende Einrichtungen; bedingungslose oder ressourcenabhängige Leistungen in Form von Naturalien, Geld oder Dienstleistungen; verschiedene Schutz bietende Institutionen (Sozialversicherungen, öffentlicher Dienst, Sozialhilfe); öffentliche oder private Sichtweise; an Einnahmequellen gebundene Finanzierungsmodelle (lohn- oder vermögensabhängige Beitragszahlung), direkte und indirekte Steuern oder Anlagen bei Modellen wie Umverteilung, Kapitalisierung, Mischsysteme. Die Sozialversicherung spielt in der Regel eine wichtige Rolle im System der sozialen Sicherheit.

Die soziale Sicherheit bedingt Solidarität zwischen den verschiedenen Einkommensklassen und den Generationen. Die soziale Sicherheit ist heute, wenn auch in sehr unterschiedlicher Intensität (von minimalen Einrichtungen bis zu fast vollständigen Systemen), auf der ganzen Welt präsent. Sie ist eine Hauptform der Umverteilung des Reichtums und dämpft die Schocks, die durch wirtschaftliche Veränderungen und durch die Globalisierung ausgelöst werden.

Literatur
Ulrich Meyer-Blaser (Hrsg.), *Schweizerisches Bundesverwaltungsrecht*, Band *Soziale Sicherheit*, Helbing & Lichtenhahn, Basel 1998.
Verweise
Finanzierung der sozialen Sicherheit: Wirtschaftliche Aspekte – Soziale(n) Sicherheit (Leistungen der) – Sozialer Schutz – Sozialziele

Pierre-Yves Greber

Soziale Sicherheit (Umfeld)

Das Schweizer System der sozialen Sicherheit stützt sich aus juristischer Sicht, wie in anderen Ländern, auf verschiedene Normen ab (Verfassung, Gesetze, Verordnungen der Regierung, Reglemente gewisser Kassen, allesamt durch die Jurisprudenz der Gerichte und durch die Praxis klargelegt und präzisiert). Es umfasst öffentliche und private Institutionen (für die Ressourcenverwaltung und den Dienstleistungsservice) und es organisiert Finanzflüsse verschiedenen Ursprungs (öffentliche Kollektive, Arbeitgeber, Arbeitnehmende, Individuen, Anlagen), Einnahmequellen (Beiträge, direkte/indirekte Steuern, Zinsen) und wird nach bestimmten Grundsätzen

verwaltet (Umverteilung, Kapitalisierung, Mischsysteme).
Ein solches System ist aber auch Teil eines gewissen Umfeldes, das heißt einer politischen, sozialen, wirtschaftlichen und kulturellen Realität; System und Umfeld beeinflussen sich dabei gegenseitig. Das Umfeld umfasst folgende Elemente: die Schutzbedürfnisse (die sich verändern, z.B. mit dem medizinischen und wissenschaftlichen Fortschritt, dem Alter, der familiären Situationen, der Arbeit), die allgemein gültigen Werte (sie spielen eine selektionierende und ausgleichende Rolle: Existenzsicherheit, Solidarität, Gleichberechtigung), die wirtschaftlichen Gegebenheiten (durch die Globalisierung, die Prekarisierung der Arbeitsverhältnisse und durch die Arbeitslosigkeit geprägt), die demografische Entwicklung (gekennzeichnet durch eine größere Lebenserwartung, die Zunahme von Personen hohen Alters, Migrationen), Diskussionen und politische Entscheidungen (Sozialdemokratie, sozialer Liberalismus oder Neoliberalismus).
Das Umfeld der Systeme der sozialen Sicherheit ist großen Veränderungen ausgesetzt: Die Systeme kamen in der Nachkriegszeit auf und haben darauf in den Industriestaaten vom starken wirtschaftlichen Wachstum profitiert. Heute hat das Klima wieder umgeschlagen. In sämtlichen Ländern werden die Systeme der sozialen Sicherheit vermehrt in Anspruch genommen (Anstieg der Gesundheitskosten, Schwächung der Familien, Abhängigkeit, steigende Lebenserwartung, Zunahme der atypischen Anstellungen, Arbeitslosigkeit, Prekarität) und gleichzeitig wird versucht, die Ausgaben zu stabilisieren oder gar zu reduzieren.
Die garantierte Sicherheit schwächt jedoch die Auswirkungen der Veränderungen ab und trägt umfassend dazu bei, den sozialen Frieden aufrechtzuerhalten.

Literatur
Jean-Jacques Dupeyroux, *Droit de la sécurité sociale*, Dalloz, Paris 1998; – Jean-Pierre Fragnière (Hrsg.), *Repenser la sécurité sociale*, Réalités sociales, Lausanne 1995; – Amartya Sen, *Ökonomie für den Menschen. Wege zu Gerechtigkeit und Solidarität in der Marktwirtschaft*, Hanser, München/Wien 2000.
Verweise
Soziale Sicherheit (allgemeine Theorie)

Pierre-Yves Greber

Soziale Sicherheit (Verfassungsartikel)

Die Bestimmungen über die Sozialversicherungen haben Schritt für Schritt Eingang in die Bundesverfassung (BV) gefunden. Diese Entwicklung erstreckt sich ungefähr über 80 Jahre. So haben das Volk und die Kantone Vorlagen angenommen, die einen Schutz im Falle von Krankheit und Unfall (1890: Art. 34bis BV), von Alter, Tod und Invalidität (1925 und 1972: Art. 34^{quater}), von Mutterschaft und Familienaufgaben (1945: Art. 34^{quinquies}) und von Arbeitslosigkeit (1947: Art. 34ter und 1976: Art. 34^{novies}) vorsehen. Der Artikel über die Unterstützung Bedürftiger wurde 1975 angenommen (Art. 48). Einige Revisionen der Verfassung, betreffend die Krankenversicherung (1974 und 1994), die Mutterschaftsversicherung (1984) und die Alters- und Hinterlassenenversicherung (1995), wurden abgelehnt.
Die am 19. April 1999 angenommene Revision der Verfassung ist am 1. Januar 2000 in Kraft getreten. Ein den »Sozialzielen« gewidmetes Kapitel schreibt dem Bund und den Kantonen insbesondere vor, sich dafür einzusetzen, dass jede Person »gegen die wirtschaftlichen Folgen von Alter, Invalidität, Krankheit, Unfall, Arbeitslosigkeit, Mutterschaft, Verwaisung und Verwitwung gesichert ist« (Art. 41 Abs. 2 BV). Die Bestimmungen, welche die Sozialversicherungen betreffen, sind in den Artikeln 111 bis 117 aufgeführt. Mit dem Recht auf Hilfe in Notlagen befasst sich Artikel 12 der revidierten Verfassung.

Literatur
René Rhinow, *Die Bundesverfassung 2000*, Helbing & Lichtenhahn, Basel 2000.
Verweise
Sozialrechte – Sozialziele – Wirtschafts- und Sozialartikel der Bundesverfassung

Béatrice Despland

Soziale Ungleichheiten

Als soziale Ungleichheiten bezeichnet man die Tatsache, dass wichtige soziale Güter nicht für alle Mitglieder einer Gruppe oder Gesellschaft gleich zugänglich sind. Was in diesem Sinne ein »soziales Gut« ist, kann zwischen Gesellschaften und Kulturen ebenso variieren wie zwischen Untereinheiten ein und derselben Gesellschaft. Diese Unterschiede hängen weitgehend von den vorherrschenden Werten und der Organisation des betrachteten Sozialsystems ab. In industrialisierten und postindustriellen Gesellschaften sind Produktion und Konsum weitgehend warenförmig organisiert; zu den wichtigsten Gütern gehören hier Einkommen, Vermögen, Berufsposition und Bildung.
Soziale Ungleichheiten gibt es in allen bekannten Gesellschaften; sie können aber sehr unterschiedlich ausgeprägt und organisiert sein. Selbst in den egalitärsten Gesellschaften beeinflussen Alter und Geschlecht – Kriterien, die selbst kaum verändert werden können – die kulturellen Interpretationen und die Rollen, Positionen und Lebensläufe der Personen. Diese Interpretationen und Zuschreibungen haben nicht nur den Cha-

rakter von Differenzen, sondern auch von Ungleichheiten in Bezug auf die soziale Wertschätzung, die Autonomie, die Macht der Personen.
Die sozialen Vorgänge, die den Zugang zu privilegierten Situationen regeln, wie auch jene, die sozialen Abstieg bewirken oder diskriminierte Situationen stabilisieren (soziale Schließung), stützen sich regelmäßig auf Merkmale, die leicht feststellbar sind und nicht nach Belieben geändert werden können. Dazu gehören typischerweise die soziale Herkunft (Status der Eltern), ethnische Gruppenzugehörigkeit, Nationalität, regionale und sexuelle Zugehörigkeit.
Ungleichheiten werden von vielfältigen, komplexen Mechanismen aufrechterhalten, verstärkt, aber auch in Frage gestellt. Das System der Ungleichheiten erscheint für »Normalbürgerinnen« und »Normalbürger« in seiner Gesamtheit nicht ohne Weiteres erfassbar und noch weniger beeinflussbar. Dass die Ungleichheiten sozial konstruiert und nicht naturgegeben sind, wird häufig durch die Alltagserfahrungen verdeckt, in denen diese Unterschiede als etwas Unerschütterliches erscheinen. Das Bewusstsein der Ungleichheiten wird auch durch kulturelle Vorstellungsmuster oder Ideologien geschwächt, welche die Aufmerksamkeit auf Aspekte lenken, die von der Frage der Ungleichheiten und ihrer Akzeptierbarkeit fernab liegen. Namentlich die Betrachtungsweise der sozialen Welt als Resultat von Werten und Absichten einzelner Akteure sowie die Vorstellungen über persönliche Verdienste leugnen das Vorhandensein nichtindividueller Phänomene. Sie stellen die Ungleichheiten als »natürlich« dar oder betonen die Notwendigkeit, Personen mit besonderen und nützlichen Gaben gegenüber anderen zu privilegieren.
Obwohl die sozialen Ungleichheiten ein Grundproblem der heutigen Gesellschaften darstellen, rufen sie nicht ohne weiteres Protest oder gar Verteilungskonflikte hervor. Sie werden dann in Frage gestellt, wenn sie als illegitim betrachtet werden. Deshalb sind die Privilegierten daran interessiert, ihre Vorteile weniger sichtbar zu machen bzw. sie zu rechtfertigen. Wirtschaftliche Ungleichheiten stehen grundsätzlich im Widerspruch zu Werten der Gleichheit aller Menschen und können die politische Demokratie untergraben, wenn ihre Legitimität längerfristig nicht gegeben ist.
Armut ist nichts anderes als eine besonders benachteiligte Situation im Rahmen der sozialen Ungleichheiten. Ungleichheiten schließen nicht automatisch Armut in sich ein. Diese resultiert vielmehr aus einer Situation, in der die Kräfte, die auf die Aufrechterhaltung oder gar Verschärfung der Ungleichheiten ausgerichtet sind, gegenüber jenen überwiegen, die auf Umverteilung und Abbau der Ungleichheiten tendieren.

Literatur
Robert E. Leu, Stefan Burri, Tom Priester, *Lebensqualität und Armut in der Schweiz*, Haupt, Bern 1997; – René Levy, *Die schweizerische Sozialstruktur*, Pro Helvetia, Zürich 1997; – René Levy et al., *Alle gleich? Soziale Schichtung, Verhalten und Wahrnehmung*, Seismo, Zürich 1998.
Verweise
Armut – Ausgrenzung – Einkommensumverteilung – Neoliberalismus

René Levy

Soziale Ungleichheit vor dem Tod
Bis Anfang der 1970er-Jahre wurde angenommen, dass wirtschaftliche Entwicklung und Ausweitung der sozialen Wohlfahrt zu einer Verringerung der sozialen Unterschiede in Bezug Gesundheit und Sterblichkeit führen würden. Die seither durchgeführten Analysen haben gezeigt, dass dies nicht der Fall ist. Soziale Unterschiede der Lebenserwartung blieben bestehen, und teilweise sind die relativen Mortalitätsunterschiede nach sozialer Schicht in den letzten Jahrzehnten markanter geworden. Was in früheren Jahrzehnten galt, gilt auch heute: Die Wohlhabenden leben länger als die Armen. Das Sterberisiko der »besser Gestellten« – gemessen an Ausbildung, Einkommen, sozialer Schichtzugehörigkeit usw. – ist in faktisch allen Altersgruppen geringer. Die Ursachen schichtspezifischer Ungleichheiten der Mortalität sind vielfältig
In vielen europäischen Ländern ist die medizinische Grundversorgung so gut ausgebaut, dass institutionelle Ungleichheiten der gesundheitlichen Versorgung die schichtspezifischen Unterschiede der Mortalität kaum zu erklären vermögen. Von zentraler Bedeutung sind deshalb primär Ungleichheiten der Belastungen durch gesundheitsgefährdende Risiken. Statustiefe Gruppen erleben mehr berufsspezifische Risiken und Stress. Zusätzlich ist auch das gesundheitsrelevante Verhalten eng mit schichtspezifisch geprägten Lebensstilen assoziiert. Bedeutsam sind auch schichtspezifische Unterschiede der individuellen Ressourcen, des Bewältigungsverhaltens und der sozialen Unterstützung, etwa bei spezifischen gesundheitlichen Belastungen.

Literatur
Valerie Beer, Brigitte Bisig, Felix Gutzwiller, »Social Class Gradients in Years of Potential Life Lost in Switzerland«, *Social Science Medicine*, Nr. 37, 1993, S. 1011–1018; – Thomas Klein, »Soziale Determinanten der Lebenserwartung«, *Kölner Zeitschrift für Soziologie und Sozialpsychologie*, Nr. 45/4, 1993, S. 712–730; – Sven Schneider, *Lebensstil und Mortalität. Welche Faktoren bedingen ein langes Leben?*, Westdeutscher Verlag, Wiesbaden 2002.
Verweise
Alter – Gesundheitsversorgung (soziale Ungleichheit in der) – Soziale Ungleichheiten

François Höpflinger

Soziale Unsicherheit

Soziale Unsicherheit beinhaltet einen Mangel an sozialer Sicherung. Soziale Unsicherheit liegt dann vor, wenn die materielle Existenzsicherung, die soziale Integration und die persönliche Integrität gefährdet sind. Es geht bei der sozialen Unsicherheit nicht nur um die fehlende Sicherheit, wie sie insbesondere durch Einkommen, Wohnung und Nahrung konstituiert wird, sondern auch um den Zugang zu sozialen und kulturellen Gütern bzw. Leistungen. Hinzu kommen subjektive Momente des sozialen Wohlbefindens. Diese werden im aktuellen Diskurs stark betont. Frühere Konzepte bezogen sich mehr auf den materiellen Bereich größerer Bevölkerungsgruppen. Sie thematisierten die soziale Not durch soziale Unterdrückung.

Literatur
Wilhelm Heitmeyer (Hrsg.), *Was hält die Gesellschaft zusammen?*, Suhrkamp, Frankfurt am Main 1997; – Justitia et Pax, *Die Zukunft der sozialen Sicherheit*, Institut für Sozialethik, Zürich 1997.
Verweise
Soziale Sicherheit (allgemeiner Begriff)

Ueli Mäder

Soziale(n) Arbeit (Fort- und Weiterbildung in der)

Unter Weiterbildung in der Sozialen Arbeit wird allgemein die Wiederaufnahme des organisierten Lernens nach einer abgeschlossenen beruflichen Ausbildung bzw. nach einem entsprechenden Studium in Sozialer Arbeit verstanden. In der Vergangenheit wurde unterschieden zwischen Fortbildung und Weiterbildung. Unter Fortbildung wurde die berufliche Weiterbildung innerhalb bestehender Qualifikationen verstanden (Aktualisierung, Anpassung, Erweiterung von Wissen). Die Weiterbildung baute zusätzlich auf mehrjähriger Berufserfahrung auf und diente dem Erwerb von Zusatzqualifikationen für erweiterte oder neue berufliche Funktionen. In der Sozialen Arbeit sind dies auch heute noch überwiegend: die Spezialisierung in einem Fachgebiet, Supervision/Beratung, Management oder Ausbildung.

Aktuell wird der Begriff Weiterbildung für alle Formen von Weiterbildungsveranstaltungen verwendet. Es wird unterschieden zwischen Nachdiplomstudien, Nachdiplomkursen und Fachkursen.

Ein Nachdiplomstudium (NDS) ist ein Zusatz- oder Ergänzungsstudium, das mindestens 600 Lektionen plus 200 Stunden für Diplomarbeit und andere selbständige Arbeitsleistungen sowie Leistungsprüfungen umfasst. Es wird mit einem Nachdiplom abgeschlossen.

Ein Nachdiplomkurs (NDK) macht mit der Entwicklung in thematisch begrenzten Gebieten vertraut. Er umfasst mindestens 140 Lektionen und führt, falls mit Leistungskontrolle abgeschlossen, zu einem Zertifikat.

Unter Fachkursen oder -seminaren werden Kurzangebote wie Tagungen, Seminare, Kurzkurse und Workshops verstanden.

Weiterbildungsanbieter in der Sozialen Arbeit sind die Ausbildungsstätten (Fachhochschulen, Höhere Fachschulen), ferner Universitäten, Verbände, Betriebe, Verwaltungen sowie private und kommerzielle Anbieter. Die Regelung und Anerkennung der Weiterbildung erfolgt durch das Bundesamt für Berufsbildung und Technologie, bzw. durch die Schweizerische Konferenz der kantonalen Erziehungsdirektoren.

Verweise
Sozialarbeiterinnen und Sozialarbeiter (Ausbildung der)
– Supervision

Daniel Iseli

Soziale(n) Sicherheit (Architektur der)

Die Pyramide wiederspiegelt als Bauform auf passende Weise die Architektur der sozialen Sicherheit: Sie umfasst einen ersten Teil, der am breitesten ist und solide gebaut sein muss, da er die gesamte Konstruktion trägt, die sich auf ihm erhebt und nach oben hin schmaler wird. Diese erste Stufe besteht aus den öffentlichen Systemen der sozialen Sicherheit, welche die gesamte Bevölkerung erfassen (je nach Bedürfnissen durch das Aneinanderreihen mehrerer Systeme oder durch ein einzelnes). Die zweite Stufe besteht aus den Zusatzsystemen der sozialen Sicherheit, die von den Sozialpartnern verwaltet werden. Die dritte Stufe schließlich umfasst den ergänzenden Einzelschutz.

Man kann auch auf das Bild der drei Säulen zurückgreifen, bei dem allerdings das ansteigende Ausmaß des Schutzes weniger gut ersichtlich ist. Die grundlegende Frage, die im Zentrum umfassender Diskussionen steht, betrifft den Inhalt der öffentlichen Systeme, der Zusatzversicherungen und des Einzelschutzes. Die Staaten verpflichten sich am stärksten auf der ersten Stufe, auf der sie die Normen festlegen (Zielsetzungen, persönlicher und sachlicher Geltungsbereich, Leistungen, Organisation von Verwaltung, Finanzierung und Streitschlichtung). Ihr Eingriff auf der zweiten Stufe ist zurückhaltender, besonders dann, wenn die erste Stufe gut entwickelt ist.

Die öffentlichen Systeme spiegeln im Prinzip die Stabilität des Staates und stützen sich auf die Rechtmäßigkeit und die Gleichbehandlung. Sie können eine Solidarität zwischen Einkommen und Generationen herstellen. Die betrieblichen Systeme lassen Ungleichheiten weiterbestehen, die von bedeutendem Ausmaß sein können, wenn sie nicht alle Arbeitnehmenden auf dieselbe Weise schützen. Wenn sie nicht obligatorisch sind, können sie Auswahlkriterien beim Eintritt anwenden und dadurch jene zur Seite schieben, die »erhöhte Risiken« aufweisen. Dafür sind sie aber sehr anpassungsfähig.

Diese Fragestellungen werden sehr stark von politischen Entscheiden geprägt. Diese sollten der Tatsache Rechnung tragen, dass es sich um eine Architektur mit sozialer Zielsetzung handelt.

Verweise
Drei-Säulen-Prinzip – Soziale Sicherheit (allgemeine Theorie) – Sozialpolitik

Pierre-Yves Greber

Soziale(n) Sicherheit (Generalisierung der)

Die Generalisierung bezieht sich auf den Anwendungsbereich der Systeme und Einrichtungen der sozialen Sicherheit. Der Begriff hat je nach Autorin oder Autor eine etwas andere Bedeutung. Der klarste Ansatz grenzt sich deutlich von der Universalität ab und verbindet dieses Konzept mit beruflichen Kriterien. Somit können zwei Typen hervorgehoben werden: 1. eine Generalisierung für alle Angestellten (in der Schweiz entsprechen die Unfall- und die Arbeitslosenversicherung diesem Modell); 2. eine Generalisierung für alle Angestellten und Selbständigen (in der Schweiz nicht realisiert). Gewisse Autorinnen und Autoren verwenden den Begriff jedoch als Synonym für Universalität.

Literatur
Pierre-Yves Greber, *Les principes fondamentaux du droit international et du droit suisse de la sécurité sociale*, Réalités sociales, Lausanne 1984.
Verweise
Persönlicher Geltungsbereich – Universalität – Versicherungsobligatorium

Pierre-Yves Greber

Soziale(n) Sicherheit (Kodifikation der)

Die nationalen Systeme der sozialen Sicherheit beruhen in der Regel auf einer Reihe von Gesetzen und Verordnungen, die zu verschiedenen Zeiten verabschiedet wurden und mehr oder weniger stark miteinander koordiniert sind. Das ist auch in der Schweiz der Fall. Die Idee einer Kodifikation besteht darin, diese Normen zusammenzufassen und ein Gesetzbuch der sozialen Sicherheit auszuarbeiten. Dabei handelt es sich um ein juristisches Instrument, welches das System als Ganzes, seine Zielsetzungen, seine Organisation und seine gemeinsamen Regeln definiert. Im Weiteren enthält es besondere Teile, die den verschiedenen Formen des Schutzes (Gesundheitspflege, Existenzsicherung usw.) gewidmet sind.

Die Kodifikation setzt eine Gesamtsicht voraus. Frankreich verfügt über ein derartiges Gesetzbuch der sozialen Sicherheit. In der Schweiz gibt es kein solches Gesetzbuch, sondern nur einen Allgemeinen Teil des Sozialversicherungsrechts.

Literatur
Erwin Carigiet, *Gesellschaftliche Solidarität. Prinzipien, Perspektiven und Weiterentwicklung der sozialen Sicherheit*, Helbing & Lichtenhahn, Basel 2001; – Alfred Maurer, *Bundessozialversicherungsrecht*, Helbing & Lichtenhahn, Basel 1994.
Verweise
Allgemeiner Teil des Sozialversicherungsrechts (ATSG) – Bundessozialversicherungsrecht – Soziale Sicherheit (allgemeiner Begriff)

Pierre-Yves Greber

Soziale(n) Sicherheit (Leistungen der)

Die Leistungen stellen das Herz der Systeme und Regelungen der sozialen Sicherheit dar: Alle anderen wesentlichen Bestandteile (persönlicher und sachlicher Geltungsbereich, Organisation der Verwaltung, Finanzierung und Streitschlichtung) werden darauf ausgerichtet, einen (Versicherungs-) Schutz zu garantieren. Dieser kann aus Kombinationen der folgenden Elemente bestehen:
– Gültigkeit/Zusammenspiel mehrerer öffentlicher oder privater Sicherungssysteme;
– Möglichkeit des Zusammentreffens oder stattdessen der Priorität von Leistungen der sozialen Sicherheit;
– Natural-, Geld- und Dienstleistungen;
– finanzielle Leistungen können einkommensabhängig oder einkommensunabhängig bzw. pauschal ausgerichtet werden, das heißt, die Leistungen können unabhängig von der wirtschaftlichen Lage der Berechtigen ausgerichtet oder im Gegensatz dazu an Einkommens- und Vermögensbedingungen geknüpft werden;
– der Bezug von Leistungen ist an die Erfüllung von weiteren Voraussetzungen gebunden, die sehr streng sein können (z.B. Pflicht zur Weiterbildung bei Arbeitslosigkeit);
– der Leistungsbezug kann zeitlich begrenzt sein oder so lange dauern, wie der Versicherungsfall vorliegt (z.B. Arbeitslosengelder versus Altersrenten);
– die Leistungen können indexiert werden;
– sie können ins Ausland exportierbar sein oder ausschließlich im zuständigen Land erbracht werden;
– ihre Berechnung kann auf dem Landesrecht beruhen oder zusätzliche Regelungen anderer Staaten einbeziehen.

Literatur
Gertrud E. Bollier, *Leitfaden schweizerische Sozialversicherung*, Stutz, Wädenswil 2001; – Erwin Carigiet, *Gesell-*

schaftliche Solidarität. *Prinzipien, Perspektiven und Weiterentwicklung der sozialen Sicherheit*, Helbing & Lichtenhahn, Basel 2001; – Thomas Locher, *Grundriss des Sozialversicherungsrechts*, Stämpfli, Bern 1997.

Verweise
Geltungsbereich – Soziale Sicherheit (allgemeine Theorie) – Sozialversicherungen (allgemeiner Begriff)

Pierre-Yves Greber

Sozialer Schutz

Der Begriff des sozialen Schutzes kann im engeren Sinn als Synonym für soziale Sicherheit verstanden werden (öffentliche und komplementäre Einrichtungen). Der Begriff hat aber auch eine breitere Bedeutung, die sich ins Arbeitsrecht ausdehnt: Hier entspricht er dem Bereich, der von der Europäischen Sozialcharta und der Gemeinschaftscharta der sozialen Grundrechte der Arbeitnehmer abgedeckt wird. Die Behörden der EU verwenden den engeren Sinn. Der Begriff hat den Vorteil, dass er sich von dem unterscheidet, was ein Staat üblicherweise soziale Sicherheit nennt. Er hat aber den Nachteil, dass er nicht denselben Stand hat, wie ihn die soziale Sicherheit seit langem im internationalen Recht und in der allgemeinen Theorie einnimmt.

Verweise
Sozialcharta (Europäische) – Soziale Sicherheit (allgemeiner Begriff)

Pierre-Yves Greber

Sozialer Wohlstand

Anhand adäquater Sozialindikatoren ist es möglich, den idealen Entwicklungsstand einer Gesellschaft zu bestimmen. Dies ist das ehrgeizige, positivistische Vorhaben jener, die den sozialen Wohlstand objektiv definieren und quantifizieren wollen. Dieser Ansatz geht davon aus, das Wesen des Wohlstands sei bestimmbar und es könne bezüglich der grundlegenden Ziele der Gesellschaft ein allgemeiner Konsens entstehen – ein endloses Unterfangen. Damit werden auch die Schwierigkeiten der Umsetzung einer Politik verwischt, die solche subjektive Kriterien erfüllen muss. Auf einer weniger ehrgeizigen Basis, die nicht das umfassende Konzept, sondern nur den gemeinsamen Nenner in Sachen sozialer Wohlstand sucht, können theoretisch und empirisch Grundlagen erarbeitet werden, die unter anderem internationale Vergleiche erlauben. Gleichzeitig muss eine Reflexion über Ziele und Mittel des Staates sowie über die Natur des Menschen und seine Bedürfnisse stattfinden.

Wird als Maßstab für den wirtschaftlichen Fortschritt und die soziale Entwicklung lediglich das Bruttosozialprodukt (BSP) pro Kopf betrachtet, so ist die Frage, ob die Mitglieder einer Gemeinschaft »gut« oder »besser« leben und ob sie sich dessen bewusst sind, damit noch nicht beantwortet. Die Vereinten Nationen haben dieser Tatsache ab 1954 Rechnung getragen. Die Angaben zum BSP wurden mit Indikatoren zur Kaufkraft ergänzt. Es wurden verschiedene Indikatoren für die soziale Entwicklung getestet, beispielsweise der Indikator für menschliche Entwicklung, den das Entwicklungsprogramm der Vereinten Nationen (UNDP) in seinem Jahresbericht verwendet. Dieser Ansatz ergänzt die Arbeit der Organisation für wirtschaftliche Zusammenarbeit und Entwicklung (OECD) und der Weltbank. Aus der Sicht des UNDP stellt die Fähigkeit eines Individuums, in einer Gesellschaft zu funktionieren, das heißt, was es tun oder sein kann, einen signifikanteren Indikator dar als die wirtschaftlichen Ressourcen, die nur indirekt auf den sozialen Wohlstand einwirken. Die Möglichkeit, etwas zu tun oder zu sein, sagt auch mehr aus als das Vorhandensein von Gütern wie Glück, Wunsch nach Selbstverwirklichung oder Wahlmöglichkeiten. Der soziale Wohlstand wird zur Evaluation der Möglichkeiten für das Sein, welche durch resultatorientierte Indikatoren und nicht durch finanzielle Mittel angezeigt werden.

Damit internationale Vergleiche möglich sind, muss der soziale Wohlstand empirisch als ein Indikator bestimmt werden, der aus verschiedenen Daten besteht: Lebenserwartung, Kindersterblichkeit, Analphabetismus bei Erwachsenen, Schulbesuchsquote und Schulbesuchsdauer. Diese Kriterien geben auch Auskunft über den Zugang von Frauen zur Gesundheitsversorgung, die Qualität der Betreuung von Schwangeren, Ernährung, Qualität und Vorhandensein eines schulischen Angebots, haben aber ihre Grenzen. Es fehlen insbesondere Angaben zu Sicherheit, bürgerlichen Freiheiten, Menschenrechten und Beschäftigung, die als »Fähigkeiten« den sozialen Wohlstand prägen, insbesondere aus der Sicht der Einwohnerinnen und Einwohner der demokratischen Industrieländer.

Der soziale Wohlstand kann auch durch eine Kombination von objektiven und subjektiven Sozialindikatoren mit synthetischen Indikatoren, vergleichenden Daten, Längsschnitterhebungen oder dynamischen Analysen, die sowohl retrospektiv wie prospektiv ausgerichtet sein sollten, ausgedrückt werden. Diese verschiedenen Ansätze ergeben sich nicht von selbst: Sie bilden sich aufgrund der als zentral angesehenen Anliegen einer Gesellschaft an einem bestimmten Punkt ihrer Entwicklung heraus. Daher wird bisweilen die Meinung vertreten, die Rolle des Staates müsse sich in Zukunft mehr auf die notwendige und optimale Qualität der Güter ausrichten, damit die je nach Individuum unterschiedlichen

Wünsche und Bedürfnisse befriedigt werden können. Die Analyse des Wohlstands wird damit durch eine Reflexion über ein besseres Leben und die Tauglichkeit der bestehenden Lösungen ergänzt.

Literatur
OECD, *Living Conditions in OECD Countries, a Compendium of Social Indicators*, OECD, Paris 1986; – Amartya Sen, *Der Lebensstandard*, Europäische Verlagsanstalt, Hamburg 2000; – UNDP, *Human Development Report*, UNDP, Genf (erscheint jährlich).
Internet
www.oecd.org
Verweise
Soziale Ungleichheiten – Sozialindikatoren

Pierre Weiss

Sozialer Zusammenhalt

Der soziale Zusammenhalt einer Gesellschaft drückt sich in der Bereitschaft ihrer Mitglieder aus, solidarisch zu handeln. Dabei ist zu unterscheiden zwischen konkreten und abstrakten Formen von Solidarität. Als konkrete Form von Solidarität gilt die gegenseitige Unterstützung innerhalb einer Gemeinschaft wie der Familie, der Nachbarschaft oder einer Gruppe. Als abstrakt hingegen wird diejenige Form bezeichnet, welche die Sozialversicherungen kennzeichnet. Bei der AHV z.B. handeln junge solidarisch gegenüber älteren Menschen. Auch diese Solidarität beruht auf dem Prinzip der Gegenseitigkeit. Den sozialen Zusammenhalt zu fördern, ist das Ziel jeglicher Art von Sozialpolitik.

Wie viel Ungerechtigkeit eine Gesellschaft verträgt, bis sie auseinander fällt, ist seit Émile Durkheims Studie zur sozialen Arbeitsteilung in der industriellen Gesellschaft (Durkheim 1977) eine zentrale Frage soziologischen Denkens. Gründe, weshalb der soziale Zusammenhalt heute besonders in Frage gestellt sei, werden je nach theoretischem Ansatz unterschiedliche genannt: der allgemeine Modernisierungsprozess (Individualisierungstheorie), die allmähliche Ausdifferenzierung gesellschaftlicher Bereiche und das daraus hervorgehende Konfliktpotenzial (Kommunitarismus), die Vervielfältigung von Identitäten (Postmoderne Theorie) sowie die Durchsetzung der Logik des Marktes in sämtlichen Lebensbereichen (Globalisierungskritik). Doch meist ist unklar, worauf die Bereitschaft zu solidarischem Handeln konkret beruht. Um das Ausmaß des sozialen Zusammenhalts in einer Nation zu messen, verwendet die OECD die folgenden Indikatoren: Anzahl Streiks, Drogenkonsum und -tote, Selbstmord, Verbrechen, Mitgliedschaft in Organisationen, Anzahl Gefängnisinsassinnen und -insassen sowie die Wahlbeteiligung.

Literatur
Émile Durkheim, *Über soziale Arbeitsteilung. Studie über die Organisation höherer Gesellschaften*, Suhrkamp, Frankfurt am Main 1977; – Claudia Honegger, Marianne Rychner (Hrsg.), *Das Ende der Gemütlichkeit. Strukturelles Unglück und mentales Leid in der Schweiz*, Limmat, Zürich 1998; – Ueli Mäder, *Für eine solidarische Gesellschaft. Was tun gegen Armut, Arbeitslosigkeit, Ausgrenzung?*, Rotpunktverlag, Zürich 1999; – Richard Sennett, *Der flexible Mensch. Die Kultur des neuen Kapitalismus*, Berlin Verlag, Berlin 1998.
Verweise
Solidarität – Sozialpolitik – Sozialstaat

Chantal Magnin

Soziales Europa

Der Begriff Soziales Europa ist sowohl deskriptiv wie normativ bestimmt. Im Allgemeinen werden darunter die Institutionen der Europäischen Union (EU) und ihre legislative, finanzierende und koordinierende Tätigkeit auf dem Gebiet des Arbeits- und Sozialrechts subsumiert. In einem weiteren Sinne fallen aber auch die laufenden Bemühungen und Zielvorstellungen der Europäischen Kommission und anderer politischer Akteure hinsichtlich einer sozialpolitischen »Flankierung« oder »Ergänzung« des europäischen Integrationsprozesses unter den Begriff.

Hauptziel der europäischen Integration war von Anfang an die Schaffung eines gemeinsamen Marktes, später eines einheitlichen Binnenmarktes für Waren, Dienstleistungen, Kapital und Arbeitskräfte. Sozialpolitische Tätigkeiten der EU ergaben sich zunächst aus der Marktintegration: soziale Sicherung der Wanderarbeitnehmer, (Re-)Integration von Problemgruppen in den europäischen Arbeitsmarkt und die teilweise Harmonisierung von Arbeitsbedingungen (Sicherheit und Gesundheitsschutz am Arbeitsplatz). Dazu kam eine insbesondere von der Rechtsprechung des Europäischen Gerichtshofes geförderte Politik der Gleichstellung, zunächst der Geschlechter (Lohngleichheit, Gleichbehandlung), inzwischen erweitert um die »Gleichbehandlung ohne Unterschied der Rasse oder der ethnischen Herkunft« und um ein Verbot der Diskriminierung wegen sexueller Orientierung und wegen des Alters. Seit den 1970er-Jahren gibt es Ansätze einer europäischen Rechtsprechung zur Interessensicherung der Arbeitnehmer in den Unternehmen, zunächst im Falle von Fusionen und Massenentlassungen, inzwischen erweitert um »Verfahren zur Unterrichtung und Anhörung der Arbeitnehmer in gemeinschaftsweit operierenden Unternehmen und Unternehmensgruppen«. Seit 1957 gibt es den Wirtschafts- und Sozialausschuss, ein beratendes Organ, zusammengesetzt aus Vertretern der drei Gruppen Arbeitgeber, Arbeitnehmer und »verschiedene Interessen« (Handwerk, Landwirtschaft, Verbraucher usw.). In den 80er-Jahren bemühte sich die Europäische Kommission um die Entwicklung eines sozialen Dialoges zwischen Arbeitnehmer- und Arbeitgeberorganisationen im Rahmen von EU-Institutionen. Im Vertrag von Maastricht (1991) und Amsterdam (1997) wurde eine erweiterte Rolle der »Sozialpartner« festgeschrieben. Die Kommission soll nur noch subsidiär, im Falle eines ergebnislosen Verhandelns im Rahmen des sozialen Dialoges, tätig werden.

Fälle von Sozialdumping, dem gezielten Ausnützen von unterschiedlichen (nationalen oder regionalen) Standards oder dem Gegeneinanderausspielen von Belegschaften durch europaweit tätige Unternehmen, haben dem »sozialen Image« der EU Schaden zugefügt. Für die Europäische Kommission wie auch für die im Europäischen Gewerkschaftsbund zusammengeschlossenen Gewerkschaften ist das »Soziale Europa« im Sinne einer supranationalen Sicherung des »europäischen Sozialmodells« eine politische Zielvorstellung. Substanzielle europäische Regulierungen, mit nachweisbaren Auswirkungen auf die Sozialordnungen der Mitgliedstaaten, gibt nur in wenigen Bereichen. Faktisch sind die zentralen Bereiche des Arbeits- und Sozialrechts nach wie vor national bestimmt. Schätzungen gehen davon aus, dass 95 Prozent aller Fragen des Arbeits- und Sozialrechts weiterhin auf rein nationaler Grundlage entschieden werden.

Mit der Vertiefung der europäischen Integration sind die EU-Institutionen auch zunehmend Ziel der Aktivitäten neuer sozialer Bewegungen geworden, insbesondere seit Mitte der 90er-Jahren. Das Spektrum ist breit: von Umweltorganisationen, die lobbyartige Formen der Einflussnahme entwickelten, über transnationale politische Bewegungen zur Demokratisierung der EU bis hin zu Massenprotesten gegen die EU-Gipfeltreffen, die im Allgemeinen der heterogenen Bewegung der »Globalisierungskritiker« zugeordnet werden. Trotz Bemühungen der Europäischen Kommission um die Einbindung von Nichtregierungsorganisationen in den politischen Prozess auf europäischer Ebene ist ihr Einfluss bisher gering.

Literatur
Berndt Keller, *Europäische Arbeits- und Sozialpolitik*, Oldenbourg, München 2001; – Stephan Leibfried, Paul Pierson (Hrsg.), *Standort Europa. Sozialpolitik zwischen Nationalstaat und Europäischer Union*, Suhrkamp, Frankfurt am Main 1998; – Patrick Ziltener, »EC Social Policy: The Defeat of the Delorist Project«, in: Volker Bornschier (Hrsg.), *State-building in Europe. The Revitalization of Western European Integration*, Cambridge University Press, Cambridge 2000, S. 152–186.

Internet
www.europa.eu.int/pol/socio/index_de.htm
www.etuc.org
Verweise
Europäische Gemeinschaft und soziale Sicherheit – Europäische(n) Union (Instrumente der) – Europäische(n) Union (Reglementierung der) – Europäischer Betriebsrat
Patrick Ziltener

Sozialethik

Der Ausdruck Sozialethik betitelt entweder nur einen Bereich der Ethik oder die ganze Ethik an sich. Letztere Bedeutung findet vor allem in der protestantisch orientierten ethisch-theologischen Literatur Anwendung. In der philosophischen Sprache wird die Sozialethik als Teil der angewandten Ethik verstanden und unterscheidet sich von der individuellen Ethik. Global gesehen kann sie als Studie aller moralischen Normen aufgefasst werden, die nicht in die Kategorien der wirtschaftlichen, politischen oder juristischen Ethiken klassifiziert werden können, sondern stets an die Gesellschaft geknüpft sind. Das Besondere jeglicher Sozialethik liegt in der Tatsache, dass die Werte und Normen, die sie untersucht, vor allem soziale Institutionen betreffen und nicht direkt die Individuen. Jede Sozialethik ist daher eng mit der Sozialphilosophie sowie mit der Rechtsphilosophie verbunden und übernimmt deren Themen und Optionen.

Literatur
Julian Nida-Rümelin (Hrsg.), *Angewandte Ethik*, Kröner, Stuttgart 1996.
Verweise
Ethik
Alberto Bondolfi

Sozialforschung

Sozialforschung umfasst wissenschaftliche Aktivitäten, die mit systematischen Methoden in nachvollziehbarer und überprüfbarer Weise auf Erkenntnis über soziale Regelmäßigkeiten und soziale Sachverhalte abzielen. Wir unterscheiden theoretische Sozialforschung und empirische Sozialforschung. Obwohl sich Beispiele für (administrativ motivierte) systematische Sozialstrukturerhebungen schon im Altertum finden, ist die Sozialforschung neuzeitlichen Ursprungs. Sie entstand im 17. Jahrhundert vor allem im Zusammenhang mit einem wachsenden Interesse an bevölkerungs- und staatswissenschaftlichen Problemen und erstreckt sich heute über verschiedene wissenschaftliche Disziplinen wie Politikwissenschaft, Soziologie, Ökonomie, Ethnologie, Sozialmedizin oder Sozialpsychologie.

Die theoretische Sozialforschung befasst sich mit der Formulierung von Theorien und Hypothesen über soziale Zusammenhänge und Entwicklungen, die soziale Sachverhalte erklären und mittels empirischer Sozialforschung anhand von Erfahrungswissen überprüft werden können. Die Anforderungen an Theorien lauten, dass sie Informationsgehalt aufweisen (das heißt über die Wirklichkeit informieren und potenziell falsifizierbar sind) und empirisch zutreffende Aussagen machen. Die Formulierung von Theorien erfolgt in der Regel kumulativ, das heißt, es wird auf vorliegenden Theorien aufgebaut, und sie erfolgt in Rückkoppelung mit der Erfahrung, das heißt mit den Ergebnissen empirischer Sozialforschung.

Insofern eine Theorie Aussagen über »kausale« Zusammenhänge macht, kann dieses Wissen für die Diskussion von praxisrelevanten Maßnahmen der Sozialplanung genutzt werden. Beispielsweise lautet eine bildungssoziologische Hypothese, dass das Bildungswesen umso weniger sozial selektiv ist, je später eine Differenzierung in verschiedene Schulformen einsetzt und je umfangreicher die tägliche schulische Betreuung ist. Ist diese Hypothese empirisch zutreffend, dann wäre von der bildungspolitischen Maßnahme »Einrichtung von Ganztagsschulen« eine Erhöhung der sozialen Chancengleichheit (Verminderung sozialer Selektivität) zu erwarten. Gemäß der Theorie wäre dieses Ziel alternativ auch erreichbar, wenn der Zeitpunkt der Differenzierung in verschiedene Schulformen verschoben wird. Welche Maßnahme oder welches Maßnahmenbündel ergriffen werden *soll*, ist allerdings mittels der Theorie allein nicht zu beantworten. Die Entscheidung hängt auch von weiteren Folgen und Nebenfolgen, den Kosten der Maßnahmen und ethischen Gesichtspunkten ab. Das Beispiel zeigt aber, dass Theorien darüber Auskunft geben können, mit welchen Maßnahmen spezifische Ziele erreichbar sind. So gesehen »ist nichts praktischer als eine gute Theorie«.

Empirische Sozialforschung bezeichnet die auf Beobachtung (»Empirie«, Erfahrung) beruhende methodisch-systematische Untersuchung sozialer Sachverhalte und Zusammenhänge. Sie ist in allen Sozialwissenschaften von Bedeutung und steht in enger Wechselwirkung mit der sozialwissenschaftlichen Theoriebildung. So erfolgt die Beobachtung sozialer Phänomene und Prozesse (z.B. der Wandel von Familienstrukturen, die Abweichung von sozialen Normen) im Lichte von Hypothesen, welche die Aufmerksamkeit fokussieren. Umgekehrt bleiben Theorien bloße Spekulation, wenn sie (bzw. daraus ableitbare Hypothesen) nicht empirisch überprüft werden. Viele Theorien erscheinen plausibel, aber ob sie auch zutreffend sind, ist eine Frage, die nur durch empirische Verfahren beantwortet werden kann. Hypothesen oder theoretische Erwartungen können sich als falsch erweisen; entsprechend muss empirische Sozialforschung immer »ergebnisoffen« und die Methodik der Erzielung der Ergebnisse objektiv nachprüfbar sein. Nicht selten fördern empirische Studien neue und überraschende Ergebnisse zutage, die althergebrachten Vorurteilen widersprechen. Insofern ist die empirische Sozialforschung auch ein kritisch-aufklärerisches und zeitdiagnostisches Unternehmen.

Literatur
Morton Hunt, *Die Praxis der Sozialforschung*, Campus, Frankfurt am Main 1991.
Internet
www.gesis.org
Verweise
Empirische Forschungsmethoden – Sozialplanung – Soziologie

Andreas Diekmann, Ben Jann

Sozialhilfe (im engeren Sinne)

Die Sozialhilfe im engeren Sinne (i.e.S.) sichert die Existenz bedürftiger Personen, fördert ihre wirtschaftliche und persönliche Selbständigkeit und gewährleistet die soziale und berufliche Integration. Sie ist für Menschen in Not das letzte Auffangnetz im System der sozialen Sicherheit, wenn weder die Sozialversicherungen noch die Sozialhilfe im weiteren Sinne greifen. Sozialhilfe i.e.S. ist subsidiäre und vorübergehende Hilfe in individuellen Notlagen.

Sozialhilfe i.e.S. ist mehr als materielle Unterstützung. Sie will durch Beratung und Betreuung der Sozialhilfebezügerinnen und -bezüger auf der Basis von Leistung und Gegenleistung deren soziale und wirtschaftliche Eigenständigkeit wiederherstellen.

Die Sozialhilfe i.e.S. hat sich aus der Armenpflege und später aus der Fürsorge entwickelt. Noch immer haftet ihr ein stigmatisierender Ruf an. Viele Menschen, die ein Anrecht auf Unterstützung haben, zögern darum den Weg zum Sozialamt möglichst lange hinaus. In einer vergleichenden Untersuchung der Sozialhilfe in der Schweiz und Kanada durch die OECD hat diese die »archaischen Zugangsbarrieren« in unserem Land beklagt. Dazu gehören auch die Verwandtenunterstützung und die Rückerstattungspflicht.

Die Sozialhilfe i.e.S. liegt in der Regel in der Kompetenz der Kantone. In den kantonalen Sozialhilfegesetzen wird festgelegt, wie die Sozialhilfe i.e.S. gewährleistet wird. Die Gemeinden haben die kantonalen Vorgaben umzusetzen. Grundlage für die Sozialhilfe i.e.S. sind die Bundesverfassung, welche die wirtschaftliche Existenzsicherung und die persönliche Hilfe ausdrücklich garantiert, sowie die Richtlinien der SKOS (Schweizerische Konferenz für Sozialhilfe). Trotzdem sind die Leistungsunterschiede zwischen den Kantonen und selbst innerhalb der Kantone zwischen den Kommunen markant.

Neben der öffentlichen Sozialhilfe darf die private Sozialhilfe der Hilfswerke, Selbsthilfegruppen und Nachbarschaftsnetze nicht vergessen werden. Die Zusammenarbeit und Koordination der öffentlichen und der privaten Sozialhilfe ist allerdings noch nicht optimal und bedarf weiterer Verbesserungen.

In der Krise der 1990er-Jahre erfährt die Sozialhilfe i.e.S. eine rasch wachsende Belastung. Die ökonomische Entwicklung und die Dynamik auf dem Arbeitsmarkt führen zu einer starken Zunahme von Armut und Bedürftigkeit. Aufgrund von Langzeitarbeitslosigkeit, unsicheren und nicht existenzsichernden Arbeitsverhältnissen ist eine zunehmende Zahl von Menschen auf Unterstützungsleistungen der öffentlichen Sozialhilfe angewiesen. Zudem werden die Lebensformen vielfältiger. Familiäre Beziehungsnetze erweisen sich zunehmend nicht mehr als tragfähig. Die neuen sozialen Risiken sind nicht einfach individueller, sondern struktureller Art, werden aber nur unzureichend abgesichert. Der gesellschaftliche Wandel macht vielmehr Lücken im System der Sozialversicherungen sichtbar. Diese Lücken müssen in zunehmendem Ausmaß durch die Sozialhilfe ausgefüllt werden. Damit wird der Sozialhilfe i.e.S. eine neue Funktion zugewiesen. Sie leistet nun auch komplementäre und dauerhafte Hilfe für Menschen in strukturell geprägten Notlagen. Die Sozialisierung der gesellschaftlichen und individuellen Kosten des Strukturwandels schreitet voran. Die Sozialhilfe läuft Gefahr, die gesamte Last tragen zu müssen.

Literatur
Bundesamt für Sozialversicherung, *Bekämpfung sozialer Ausgrenzung. Sozialhilfe in Kanada und in der Schweiz. Bericht der OECD. Beiträge zur sozialen Sicherheit*, Band 3, Bundesamt für Sozialversicherung, Bern 1999; – Schweizerische Konferenz für Sozialhilfe (SKOS) (Hrsg.), *Richtlinien für die Ausgestaltung und Bemessung der Sozialhilfe*, SKOS, Bern 2000.
Internet
www.skos.ch
Verweise
Schweizerische Konferenz für Sozialhilfe (SKOS) – Sozialhilfe (im weiteren Sinne) – Versorgungsprinzip

Carlo Knöpfel

Sozialhilfe (im weiteren Sinne)

Die Sozialhilfe im weiteren Sinne (i.w.S.) umfasst alle bedarfsabhängigen Sozialleistungen, die neben der Sozialhilfe im engeren Sinne (i.e.S.) von den Kantonen und Gemeinden erbracht werden. Die Sozialhilfe i.w.S. wird subsidiär zu den Sozialleistungen der allgemeinen Grundversorgung (Aufrechterhaltung eines Bildungssystems, eines Rechtssystems usw.) und den Leistungen der Sozialversicherungen erbracht. Selber ist die Sozialhilfe i.w.S. der Sozialhilfe i.e.S. vorgelagert. Das Bundesamt für Statistik führt ein Inventar der kantonalen und kommunalen Sozialhilfe i.w.S. Erfasst wurden alle Sozialleistungen, die bedarfsabhängig, personenbezogen und Geldleistungen sind. Nicht erfasst werden die von privaten Hilfsorganisationen erbrachten Sozialleistungen und die durch den Bund geregelten Elemente der Sozialversicherungen inklusive Ergänzungsleistungen und der gesamte Bereich des Asylwesens.

Die Bedeutung der Sozialhilfe i.w.S. hat in den letzten 20 Jahren erheblich zugenommen. Die mit der Konsolidierung des Wohlfahrtsstaates im Laufe des 20. Jahrhunderts verbundene Hoffnung, dass nachgelagerte Hilfssysteme wie jenes der öffentlichen Sozialhilfe obsolet würden, hat sich nicht erfüllt. Der Wandel der sozialen Lebensformen und des Arbeitsmarktes hat neue soziale Risikolagen und Risikogruppen hervorgebracht. Die steigende Zahl der Scheidungen, neue Familienformen (insbesondere die Alleinerziehenden), der Wandel der Rolle der Frau und die Zunahme prekärer Arbeitsverhältnisse führen zu Lebenslagen, die mit Armutsrisiken verbunden sind, welche von den traditionellen Sozialversicherungen nur ungenügend oder überhaupt nicht abgedeckt werden. Bei Eintritt des Risikos bleibt in solchen Fällen als letzte soziale Sicherung nur die private und öffentliche Sozialhilfe.

Die Sozialhilfe i.w.S. lässt sich in drei Gruppen gliedern. Die bedarfsabhängigen Sozialleistungen zur Sicherung der allgemeinen Grundversorgung umfassen Ausbildungsbeihilfen, die Opferhilfe, die Rechtshilfe (unentgeltliche Rechtspflege) sowie Zuschüsse an Sozialversicherungsbeiträge der AHV/IV/EO und der Krankenkasse (Prämienübernahme, Prämienverbilligung).

Die bedarfsabhängigen Sozialleistungen, welche ungenügende oder erschöpfte Sozialversicherungsleistungen ergänzen sollen, reichen von den Beihilfen und Zuschüssen zur AHV/IV und EL (inklusive Beihilfen und individueller Zuschüsse für Heimunterbringung, die so genannten außerordentlichen Ergänzungsleistungen) über die Arbeitslosenhilfen, die Geburtsbeihilfen, die Mutterschaftsbeihilfen, die Unterhaltszuschüsse für Familien mit Kindern bis zu den Beihilfen und Zuschüssen für Suchttherapien, bei Krankheit und häuslicher Pflege.

Zu den bedarfsabhängigen Sozialleistungen in Ergänzung mangelnder privater Sicherung zählen die Alimentenbevorschussung und individuelle Wohnkostenzuschüsse bzw. -beihilfen.

Der Katalog der Leistungen im Rahmen der Sozialhilfe i.w.S. variiert von Kanton zu Kanton in erheblichem Ausmaß. Ebenso unterschiedlich geregelt sind die Anspruchsvoraussetzungen, die Leistungshöhe und die Leistungsdauer. Angesichts dieser markanten materiellen Unterschiede im Föderalismus der Schweiz stellt sich die Frage nach einem Bundesrahmengesetz zur Existenzsicherung, wie es seit langem schon in parlamentarischen Kommissionen diskutiert wird.

Literatur
Robert Fluder, Jürgen Stremlow, *Armut und Bedürftigkeit. Herausforderungen für das kommunale Sozialwesen*, Haupt, Bern 1999; – Kurt Wyss, »Sozialhilfe – eine tragende Säule der sozialen Sicherheit? Ein Überblick über die in der Schweiz ausgerichteten bedarfsabhängigen Sozialleistungen«, in: *info:social, Fakten zur Sozialen Sicherheit*, Nr. 1, August 1999.
Verweise
Soziale Entschädigungssysteme – Soziale Sicherheit (allgemeiner Begriff) – Sozialhilfe (im engeren Sinne) – Versorgungsprinzip
Carlo Knöpfel

Sozialhilfeklientinnen und -klienten

Sozialhilfeklienten sind primär bedürftige Personen, die außerstande sind, die Mittel für den Lebensbedarf für sich und die mit ihnen zusammenwohnenden Personen, für die sie unterhaltspflichtig sind, hinreichend oder rechtzeitig zu beschaffen. Sekundär können es auch Personen sein, die von Bedürftigkeit bedroht sind.
In der Praxis werden Sozialhilfeklienten häufig in Kategorien (Segmente) eingeteilt. Das Kennzahlenprojekt der Schweizer Städte (seit 1998) unterscheidet Sozialhilfeklienten nach dem Grad ihrer Erwerbstätigkeit: 1. Arbeitende (Vollzeit, Teilzeit, Selbständigerwerbende); 2. Arbeitsuchende (mit oder ohne Anspruch auf Leistungen der Arbeitslosenversicherung); 3. Nicht-Arbeitsuchende (wegen häuslicher Betreuungspflichten, Krankheit oder Vollzeitausbildung).
Diese Einteilung hat Auswirkungen auf die Leistungen in einzelnen Anreizmodellen, wo die praktische Unmöglichkeit zur Arbeitsaufnahme in der dritten Kategorie besonders gewürdigt wird.
Eine weitere Kategorisierung bezieht sich auf den Grad der Integration in die Gesellschaft und die Arbeitswelt: 1. Integrierte (Personen, die aus familiären, gesundheitlichen oder anderen Gründen bei grundsätzlich bestehender Arbeitsfähigkeit an einer existenzsichernden Erwerbstätigkeit gehindert sind); 2. Integrierbare (Personen, denen zwar Schlüsselqualifikationen fehlen, die aber mit gezielten Maßnahmen in die Integration begleitet werden können); 3. Integrationsgefährdete (Personen, die ohne Hilfe der Desintegration anheim fallen); 4. Nichtintegrierbare (Personen, die zu einer Integration nicht fähig bzw. an ihr nicht interessiert sind, die sich mit ihrer Situation abgefunden bzw. sie selber gewählt haben).

Diese Einteilung hat konkrete Auswirkungen auf Art und Umfang der Stützungs- und Fördermaßnahmen in der Sozialhilfe.
Während die erste Kategorisierung (nach Segmenten) auf objektiven Gegebenheiten basiert, ist die zweite (nach Integrationsgrad) stark von subjektiven Wahrnehmungen abhängig. Es ist unumgänglich, bei ihrer Anwendung objektive Kriterien anzuwenden. Weil aber die Sozialarbeit immer wieder mit subjektiven Wahrnehmungen arbeiten muss, dient diese Kategorisierung insbesondere der Bewusstmachung unstrukturierter und subjektiver Qualifikation von Klientinnen und Klienten und stellt damit auch ein hilfreiches Korrektiv dar.

Verweise
Anreizsysteme in der Sozialhilfe – Beratung – Soziale Arbeit
Walter Rösli

Sozialhilfeprinzip

Das Sozialhilfeprinzip (oder Fürsorgeprinzip) sieht Hilfeleistungen vor, wo die Bedürftigkeit individuell nachgewiesen wird, unabhängig davon, ob vorgängig finanzielle Beiträge geleistet wurden. Diese Hilfeleistungen werden durch die öffentliche Hand finanziert. Die Unterstützung ist auf die Beseitigung von Armut ausgerichtet. Sie fragt nicht nach dem Grund, der zur Bedürftigkeit geführt hat (Finalprinzip). Die Leistungsbemessung orientiert sich am Bedarf der Betroffenen. Für bedürftige Menschen unterhalb des Rentenalters richten sich die entsprechenden Leistungen der Sozialhilfe nach den SKOS-Richtlinien und den in den kantonalen Sozialhilfegesetzen festgelegten Ansätzen. Für bedürftige Alte werden Ergänzungsleistungen zur AHV ausgerichtet, welche allerdings nach dem Versorgungsprinzip konzipiert sind.
Neben dem Sozialhilfeprinzip orientiert sich das schweizerische System sozialer Sicherheit auch am Versicherungsprinzip (z.B. bei der Krankentaggeldversicherung), am Sozialversicherungsprinzip (z.B. bei der Arbeitslosenversicherung) und am Versorgungsprinzip (z.B. beim freien Zugang zur Grundschule oder bei den sozialen Entschädigungssystemen). Bei Revisionen von Sozialversicherungen steht immer wieder die Balance zwischen dem Sozialversicherungs-, dem Sozialhilfe- und dem Versorgungsprinzip zur Diskussion.

Literatur
Peter Füglistaler-Wasmer, Maurice Pedergnana-Fehr, *Vision einer sozialen Schweiz. Zum Umbau der Sozialpolitik*, Haupt, Bern 1996.
Verweise
Bedarfsprinzip – Richtlinien für die Ausgestaltung und

Bemessung der Sozialhilfe (SKOS-Richtlinien) – Versicherungsprinzip – Versorgungsprinzip

Carlo Knöpfel

Sozialhilfestatistik

Die Sozialhilfe, ein wichtiger Teil der Sozialpolitik der Schweiz, steht in ständiger Interaktion mit anderen Systemen der sozialen Sicherheit. Der soziale und wirtschaftliche Wandel sowie die zunehmenden Ausgaben für soziale Sicherheit rufen nach neuen Maßnahmen, die den Erfordernissen einer modernen Sozialpolitik entsprechen. Verlässliche Informationen zur Sozialhilfe sind als Grundlage für politische Entscheide und deren Umsetzung unabdingbar. Es besteht aber bezüglich statistischer Angaben im Bereich Sozialhilfe ein großer Rückstand. Zurzeit sind auf nationaler Ebene keinerlei Daten verfügbar.

Die Schaffung einer einheitlichen Statistik der Bezüger von Sozialhilfe ist eine große Herausforderung: Die verschiedenen Gesetze der 26 Kantone der Schweiz, die das Konzept und die Organisation der Sozialhilfe definieren, weisen große Unterschiede auf. Je nach Kanton ist die Art der Unterstützung verschieden. In gewissen Kantonen gehören die Altersfürsorge, die Unterstützung der ausgesteuerten Arbeitslosen und die Mietzinsbeiträge nicht zum Bereich der Sozialhilfe, sondern werden in besonderen Gesetzen geregelt. Zudem unterscheiden sich die Methoden zur Erfassung von Sozialhilfebezügern und -beiträgen je nach Kanton sehr stark. Daher genießt die Ausarbeitung einer Statistik der Bezüger und der Leistungen, die auf nationaler und kantonaler Ebene Vergleichswerte liefern kann, im Rahmen des statistischen Programms des Bundes hohe Priorität. Das Bundesamt für Statistik (BFS) ist in Zusammenarbeit mit den Kantonen und den Gemeinden beauftragt, eine Sozialhilfestatistik für die Schweiz zu erarbeiten. Diese soll die Zahl und die Struktur der Sozialhilfebezügerinnen und -bezüger ermitteln und Informationen über deren finanzielle Situation und über bezogene Leistungen bereitstellen. Die Umsetzungsphase der Sozialhilfestatistik der Schweiz hat im April 2000 begonnen.

Literatur
Office Fédéral de la Statistique, *Inventaire des prestations sociales individuelles liées au besoin allouées dans les 26 cantons de Suisse. 1997*, Office Fédéral de la Statistique, Bern 1998; – Office Fédéral de la Statistique, *La statistique suisse des bénéficiaires de l'aide sociale. Conception générale*, Office Fédéral de la Statistique, Bern 1997; – Kurt Wyss, »Sozialhilfe – eine tragende Säule der sozialen Sicherheit? Ein Überblick über die in der Schweiz ausgerichteten bedarfsabhängigen Sozialleistungen«, in: *info:social, Fakten zur Sozialen Sicherheit*, Nr. 1, August 1999.

Internet
www.statistik.admin.ch

Verweise
Sozialhilfeklientinnen und -klienten – Sozialhilfe (im engeren Sinne) – Sozialhilfe (im weiteren Sinne) – Städteinitiative

Tom Priester

Sozialindikatoren

Sozialindikatoren sind statistische Instrumente, die es erlauben, das Niveau und die zeitliche Entwicklung eines grundlegenden sozialen Problems (z.B. Sterblichkeitsrate oder Arbeitslosenquote) zu messen. Man kann die Sozialindikatoren auch als Instrumente definieren, welche ein repräsentatives Bild von einer Gesellschaft vermitteln, indem sie vorwiegend quantitative Daten zusammenfassen und über den Zustand des sozialen Wohlstands in der Gesellschaft Auskunft geben. Ihnen unterliegt daher immer eine bestimmte Wahl betreffend das Verständnis dessen, was als Fortschritt betrachtet wird. Einfach, aber präzis, eindeutig, aber aussagekräftig, müssen sie zudem einer stabilen Definition innerhalb einer anpassungsfähigen Liste entsprechen.

Üblicherweise wird unterschieden zwischen Mittelindikatoren (Anzahl Ärzte auf 1000 Einwohner), die eine Intervention messen, und Resultatindikatoren, die deren Auswirkungen erfassen (Sterblichkeitsrate). Die Effizienz der Intervention ergibt sich aus dem Verhältnis zwischen Mittel (im Zähler) und Resultat (im Nenner): Ein Beispiel dafür ist die Entwicklung des Anteils der Schüler, die ein Schuljahr wiederholen müssen, in Abhängigkeit von der auf eine Lehrkraft entfallenden Schülerzahl. Außerdem sollte die Ausarbeitung von Sozialindikatoren sowohl eine zusammengefasste Darstellung der grundlegenden Daten erlauben, welche ihre Aussagekraft unterstreicht, als auch eine aufgeschlüsselte Präsentation (nach Geschlecht, Alter oder Herkunft), welche von ihrer Feinheit zeugt und die Qualität der verfügbaren Informationen erhöht.

Die erfassten Bereiche sind sehr unterschiedlich. In Deutschland wurden 13 Dimensionen – die das Bevölkerungswachstum, die sozialen Strukturen, den Arbeitsmarkt, das Bildungswesen, das Einkommen, das Transportwesen, die Wohnverhältnisse, den Gesundheitszustand, die verschiedenen Formen der Teilnahme am gesellschaftlichen Leben, die Umwelt, die Sicherheit und die Freizeitbeschäftigungen erfassen – berücksichtigt, um sowohl die objektiven Bedingungen als auch die subjektiv erlebte Qualität des Lebens der Einwohner mithilfe von 260 Indikatoren und 900 Zeitreihen zu umschreiben, welche in manchen Fällen bis in die 1950er-Jahre zurückreichen. In Frankreich wurden zu Beginn der 70er-Jahre annähernd 400 Variablen von einer Forschergruppe um Jacques Delors gemessen. In der Schweiz identifizierte in den 90er-Jahren das Bundesamt für Statistik (BFS) 12 Bereiche, die in 130 Indikatoren aufgeschlüsselt wurden. Kürzlich hat sich das BFS außerdem vertieft mit der Bewertung des schweizerischen Bildungssystems auseinander gesetzt. Während es in gewissen Bereichen allgemein akzeptierte Ziele gibt (Erhöhung der Lebenserwartung, Senkung der Arbeitslosigkeit), so sind andere Fragen stärker durch kontroverse Meinungen geprägt (Frauenarbeit, Abtreibung, Selbstmord, Kriminalität).

Literatur
Raymond Bauer (Hrsg.), *Social Indicators*, MIT Press, Cambridge/London 1966; – Roland Habich, Heinz-Herbert Noll, Wolfgang Zapf, *Soziale Indikatoren und Sozialberichterstattung. Internationale Erfahrungen und gegenwärtiger Forschungsstand*, Bundesamt für Statistik, Bern 1994; – United Nations, *Handbook on Social Indicators*, UNO, New York 1989.
Internet
www.gesis.org/Dauerbeobachtung/Sozialindikatoren/index.htm
unstats.un.org/unsd/demographic/social/default.htm
Verweise
Indikator der menschlichen Entwicklung (HDI) – Social Monitoring – Sozialbilanz – Sozialbudget
Pierre Weiss

Sozialisation

Sozialisation beschreibt einen Prozess, durch den die sozialen Gruppen Werte, Normen und Symbole lernen, testen, verinnerlichen und sich damit identifizieren.

Diese Aneignung von Arten des Denkens und des Handelns prägt die Persönlichkeit und stellt den Zusammenhalt und die Stabilität dieser Gruppen sicher.

Sozialisation bedeutet daher: Jeder Handlungsträger passt sich an das soziale System an, in dem er lebt; er distanziert sich aber gleichzeitig genügend davon, um seine eigene Persönlichkeit aufzubauen. Diese beiden Tendenzen können Spannungen hervorrufen. Aus dieser Perspektive hebt sich Sozialisation von Konditionierung, Drill und Zwang ab.

Meist wird zwischen primärer Sozialisation – die der Zeit der Kindheit entspricht – und sekundärer Sozialisation – dem Rest des Lebens – unterschieden. In der zweiten Phase werden oft Werte, die in der ersten Phase verinnerlicht wurden, in Frage gestellt.

Literatur
Dieter Geulen, »Sozialisation«, in: Hans Joas (Hrsg.), *Lehrbuch der Soziologie*, Campus, Frankfurt am Main 2001.
Verweise
Familie – Jugendpolitik – Jugendhilfe – Peer Groups
Jean-Claude Wagnières

Sozialismus

Seit den 1920er- und 30er-Jahren dient Sozialismus als Sammelbezeichnung für Bewegungen, insbesondere der Arbeiterschaft, mit dem Ziel sozialer Gleichheit und Gerechtigkeit. Dies soll erreicht werden durch die Herstellung des Gemeineigentums an den Produktionsmitteln, in der Regel also Verstaatlichung privater Betriebe. Die Frage, ob dieser Übergang von kapitalistischer zu sozialistischer Produktionsweise auf dem Weg der Revolution oder der Reform betrieben werden soll, führte nach dem Ersten Weltkrieg zur definitiven Spaltung des Sozialismus in Kommunismus und Sozialdemokratie.

Während der Kommunismus in der Sowjetunion und in den Ländern Ost-Mittel-Europas durch konsequente Verstaatlichungen die Überwindung des Kapitalismus versuchte, distanzierte sich die westeuropäische Sozialdemokratie seit 1945 schrittweise von diesem Ziel und trug zum Aufbau eines gemischtwirtschaftlichen, korporatistischen Wirtschaftssystems mit Elementen aus Marktwirtschaft, (Wohlfahrts-)Staat und gewerkschaftlicher Mitbestimmung bei.

Trotz der wachsenden (Finanzierungs-)Probleme der Sozialstaaten und dem Scheitern des »real existierenden Sozialismus« ist die Debatte über die Rolle von Markt und Staat bei der Erreichung von sozialen Gleichheits- und Gerechtigkeitszielen keineswegs beendet. In Liberalisierungs-Kontroversen treffen das Konzept eines sozialliberalen »dritten Wegs« und der erneuerte Wunsch nach Überwindung des Kapitalismus allerdings auf eine gewisse ideologische Orientierungslosigkeit.

Literatur
Jost Müller, *Sozialismus*, Rotbuch, Hamburg 2000; – Wolfgang Schieder, »Sozialismus«, in: Otto Brunner, Werner Conze, Reinhart Koselleck (Hrsg.), *Geschichtliche Grundbegriffe*, Band 5, Klett, Stuttgart 1984, S. 923–996; – Theo Schiller, »Sozialismus/Sozialdemokratie«, in: Dieter Nohlen, Rainer-Olaf Schultze (Hrsg.), *Lexikon der Politikwissenschaft*, Band 2, Beck, München 2002.
Verweise
Arbeiterbewegung – Gewerkschaften – Reformismus
Markus Blaser

Sozialkapital

Der Begriff des Sozialkapitals genießt in den Sozialwissenschaften seit den 1990er-Jahren eine hohe Popularität. Dabei gilt es akteur- und systemorientierte Begriffsvarianten zu unterscheiden. Akteurorientiert ist z.B. die Definition von Pierre Bourdieu (1983), wonach Sozialkapital eine individuelle Ressource ist, die aus den sozialen Beziehungen zu anderen Individuen abgeleitet wird. Zahlreiche Studien dokumentieren inzwischen, dass es sich bei dieser Ressource in der Tat um eine wichtige Quelle des sozialen Status und des subjektiven Wohlbefindens handelt. So ist die Verfügbarkeit von Sozialkapital insbesondere bei der Stellensuche, aber auch bei gesundheitlichen Problemen vorteilhaft. Systemorientierte Definitionen begreifen Sozialkapital hingegen als Summe von Faktoren, die das Zusammenleben und damit die gesellschaftliche Entwicklung fördern.

Obwohl der Ursprung dieses Verständnisses umstritten ist und inzwischen eine kaum mehr überblickbare Menge von Definitionsvarianten existiert, gilt Robert Putnam (1993) nach wie vor als Pionier der systemorientierten Sozialkapital-Forschung. So wird in der Forschung in Anlehnung an Putnam das Sozialkapital von sozialen Entitäten anhand von strukturellen (soziale Netzwerke, z.B. Vereine) und kulturellen Faktoren (Normen, z.B. generalisiertes Vertrauen) bestimmt. Da zahlreiche Studien belegen, dass sich die Verfügbarkeit von Sozialkapital in höheren Wachstumsraten und damit tendenziell positiv für die Mitglieder des Sozialsystems auswirkt, sehen Entwicklungsorganisationen und die Weltbank im Besonderen in der Verbesserung des Sozialkapitals eine erfolgsversprechende Entwicklungsstrategie. Da Sozialkapital kein öffentliches Gut im engeren Sinne ist, gilt es dabei jedoch – ähnlich wie im Falle der sozialen Netzwerke – die Kehrseite der Medaille (z.B. Exklusionsphänomene, Diskriminierung) nicht aus den Augen zu verlieren (vgl. Portes und Landolt 1996).

Literatur
Pierre Bourdieu, »Ökonomisches Kapital, kulturelles Kapital, soziales Kapital«, in: Reinhard Kreckel (Hrsg.), *Soziale Ungleichheiten*, Soziale Welt, Sonderband 2, Göttingen 1983; – Alejandro Portes, Patricia Landolt, »The Downside of Social Capital«, in: *American Prospect*, Nr. 26, 1996, S. 18–22; – Robert Putnam, *Making Democracy Work: Civic Traditions in Modern Italy*. Princeton University Press, Princeton 1993.
Internet
www.worldbank.org/poverty/scapital
Verweise
Arbeitssuche – Soziale Netzwerke

Michael Nollert

Sozialklausel

Die als Globalisierung bezeichnete internationale Vernetzung der Ökonomie wird durch den Abbau nationaler Handelsbarrieren in internationalen Verhandlungen stetig vorangetrieben. Um auch die sozialen Folgen der Globalisierung in den Griff zu bekommen, bemühen sich nationale und internationale Gewerkschaftsorganisationen sowie einzelne OECD-Länder, allen voran die USA, Frankreich und die skandinavischen Länder, die Freihandelsabkommen im Rahmen der Welthandelsorganisation (WTO) mit einer Sozialklausel anzureichern. Eine solche Sozialklausel würde sozial- und arbeitsrechtliche Mindeststandards festlegen und die Möglichkeit eröffnen, ein Vertragsland zu bestrafen, wenn es sich nicht an diese Mindestanforderungen hält.

Bisherige Bemühungen um eine Sozialklausel blieben allerdings ohne Erfolg. Bereits 1947 hatte man im Rahmen der Havanna-Charta der International Trade Organization (ITO) versucht, internationale Maßnahmen gegen unfaire Arbeitsbedingungen zu ergreifen. Die ITO wurde aber nie umgesetzt. Im Rahmen der GATT-Verhandlungen wurde später lediglich die Zwangsarbeit durch Gefangene als mögliche Handelsbarriere zugelassen, und auch an den WTO-Ministerkonferenzen von Marrakesch (1994), Singapur (1996), Seattle (1999) und Katar (2001) kam es zu keiner Einigung. Gegen eine Sozialklausel setzen sich vor allem Drittweltländer ein. Sie bezeichnen die Forderungen der Industrieländer nach sozialen Mindeststandards als versteckten Protektionismus. Im Systemwettbewerb um mobile Produktionsfaktoren und Steuerquellen fürchten sie um die komparativen Vorteile, die ihnen durch niedrigere Löhne und wenig ausgebaute Sozialrechte entstehen.

Aufgrund der blockierten Verhandlungen wurde 1996 an der WTO-Ministerkonferenz von Singapur vereinbart, in sozialen Fragen künftig enger mit der Internationalen Arbeitsorganisation (ILO) zusammenzuarbeiten. Die ILO setzt sich für eine internationale Harmonisierung der Sozialpolitik ein, dies aber bisher – anders, als es bei einer WTO-Sozialklausel der Fall wäre – auf der Basis von Freiwilligkeit und moralischem Druck. So könnte die Gewährung von Handelsprivilegien dereinst von der Ratifizierung und Umsetzung ausgewählter ILO-Konventionen abhängig gemacht werden. Diese Kernkonventionen verlangen die Gewährung der Vereinigungsfreiheit für Arbeitnehmer, verbieten die Zwangsarbeit und die Kinderarbeit und stellen ein allgemeines Verbot der Diskriminierung in Beschäftigung und Beruf auf. Diskutiert werden als Alternative zu Sozialklausel und ILO-Arbeitsnormen auch marktverträgliche Instrumente. Diese sollen nicht den destruktiven Wettbewerb bekämpfen, sondern umgekehrt den konstruktiven Wettbewerb fördern. So könnten – ähnlich wie bei Bioprodukten in der Nahrungsmittelherstellung – über soziale Produktelabels die Konsumenten stärker in die Verantwortung gezogen werden. Auf der Produzentenseite wären freiwillige Verhaltenskodizes für transnational tätige Unternehmen denkbar, die sich so zur Einhaltung sozialer Mindeststandards verpflichten.

Literatur
Robert Castle et al., »Integration of Market Economies and the Rights of Labour: International Regulation of Labour Standards«, in: Amnon Levy-Livermore (Hrsg.), *Handbook on the Globalization of the World Economy*, Edward Elgar, Cheltenham 1998, S. 596–618; – Bob Deacon, *Global Social Policy. International Organizations and the Future of Welfare*, Sage, London 1997.
Verweise
Internationale Arbeitsnormen – Internationale Arbeitsorganisation (ILO) – Internationale Handelsabkommen – Kinderarbeit – Sozialdumping – Welthandelsorganisation (WTO)
Martin Senti

Sozialleistungsquote

Unter Sozialleistungsquote versteht man den prozentualen Anteil der Summe aller Ausgaben mit sozialpolitischem Charakter (Sozialausgaben) am Bruttoinlandprodukt eines Landes. Der OECD zufolge handelt es sich dabei um Ausgaben, die zum einen der sozialen Sicherung von Haushalten und Individuen dienen, die in Form von Gütern oder Dienstleistungen oder finanziellen Transfers geleistet werden oder die von staatlichen Institutionen erbracht werden. Diese Quote wird auch als Bruttosozialleistungsquote bezeichnet und von der Soziallastquote und der so genannten Nettosozialleistungsquote unterschieden. Als Soziallastquote bezeichnet man den prozentualen Anteil der Sozialversicherungseinnahmen (Prämien und Einzahlungen) am Bruttoinlandprodukt. Die Nettosozialleistungsquote berücksichtigt zusätzlich die sozialpolitisch wirksamen Elemente des Steuersystems, die Steuern und Abgaben auf direkten Sozialleistungen sowie die privat bereitgestellten Sozialleistungen (z.B. durch Nonprofit-Organisationen), die durch staatliche Regulierung generiert werden (Adema 1999). International vergleichende Studien dokumentieren inzwischen, dass die nationalen Nettosozialleistungsquoten im OECD-Raum geringer variieren als die Bruttosozialleistungsquoten, und zwar vor allem deshalb, weil die skandinavischen Staaten und die Niederlande die Sozialleistungen stark besteuern und die freiwillig-privaten Sozialleistungen in den angloamerikanisch geprägten Ländern wichtig sind (vgl. Kemmerling 2001).

Literatur
Willem Adema, *Net Social Expenditure*, OECD Labour Market and Social Policy – Occasional Papers Nr. 38, Paris 1999; – Achim Kemmerling, *Die Messung des Sozialstaats. Beschäftigungspolitische Unterschiede zwischen Brutto- und Nettosozialleistungsquote*, Wissenschaftszentrum Berlin für Sozialforschung Discussion Paper FS I 01-201, Berlin 2001.
Verweise
OECD (Organisation für wirtschaftliche Zusammenarbeit und Entwicklung) – Wohlfahrtspluralismus (Welfare Mix) – Wohlfahrtsstaat
Michael Nollert

Sozialpädagogin, Sozialpädagoge

Kernaufgabe von Sozialpädagoginnen und -pädagogen ist die professionelle Begleitung von Einzelnen oder Gruppen, deren selbständige Lebensgestaltung und soziale Integration erschwert, gefährdet oder verunmöglicht ist. Sie erfolgt traditionsgemäß vor allem in stationären oder teilstationären Settings, welche aber zunehmend von ambulanten oder offenen Settings abgelöst werden. Die Begleitung zielt darauf ab, Menschen, die ihr soziales Umfeld überfordern oder von diesem überfordert sind, durch stützende, ergänzende oder ersetzende Strukturen zu entlasten und ihren Ressourcen entsprechend in der eigenständigen Bewältigung des Alltags zu fördern.
Definition, Funktionen und Arbeitsformen der Sozialpädagogik haben sich im Verlauf der Zeit stark gewandelt: Vorläuferin der heutigen Sozialpädagogik war die Armen- und Waisenfürsorge des hohen Mittelalters. In der Neuzeit wurde die Entwicklung vor allem durch die sozialen Folgen der Industrialisierung und durch den Ausbau des öffentlichen Sozial-, Bildungs- und Erziehungswesens bestimmt. Waren Sozialpädagoginnen und -pädagogen zu Beginn des 20. Jahrhunderts noch vor allem in der »geschlossenen Fürsorge« bzw. in Erziehungsheimen und -anstalten tätig, sind im Zuge wachsender Lebensweltorientierung sozialer Hilfestellungen neue Tätigkeitsfelder hinzugekommen: Frauen- und Kinderhäuser, Tagesgruppen, Jugendhäuser, sozialpädagogische Familienbegleitung, sozialpädagogische Unterstützung im Schulbereich und Straßenarbeit. Die Annäherung von Arbeitsfeldern und Arbeitsformen der Sozialarbeit und der Sozialpädagogik führte auch zu zunehmender Konvergenz von Theoriebildung und Berufsausbildung unter dem Label Soziale Arbeit. Die Theorie der Sozialen Arbeit ist eine sozialwissenschaftliche Gesellschafts- und Handlungstheorie, deren Aufgaben, Inhalte und Perspektiven sich aus der Praxis Sozialer Arbeit, aus staatlichen Funktionen sozialer Sicherung sowie aus sozialen Strukturen und Entwicklungen ergeben.
Sozialpädagoginnen und -pädagogen werden in der Schweiz überwiegend an Fachhochschulen, zum Teil aber weiterhin an Höheren Fachschulen ausgebildet. Analog zu industriell-gewerblichen Berufen wurden in jüngster Zeit aber auch soziale Berufslehren mit unmittelbarem Anschluss an die Volksschule geschaffen. Aus berufspolitischer Sicht und im Blick auf das professionelle Selbst- und Fremdbild von Sozialpädagoginnen und -pädagogen ist diese Diversifizierung von Ausbildungsniveaus sehr umstritten.

Literatur
Marcel Courtieux et al., *Leben mit andern als Beruf – der*

Sozialpädagoge in Europa, Fédération Internationale des Communautés Éducatives, Wien 1981; – Hanns Eyferth, Hans-Uwe Otto, Hans Thiersch (Hrsg.), *Handbuch zur Sozialarbeit/Sozialpädagogik*, Luchterhand, Neuwied/Darmstadt 1984.
Verweise
Soziale Arbeit

Hannes Tanner

Sozialpartnerschaft

Der Begriff Sozialpartnerschaft verweist ähnlich wie Konkordanz auf ein Muster kooperativer Beziehungen zwischen Unternehmerverbänden und Gewerkschaften: Die Unternehmer verzichten auf Aussperrung der Arbeitnehmenden, die Gewerkschaften auf Streiks. Als Musterbeispiel sozialpartnerschaftlicher Beziehungen galt in der Nachkriegszeit Österreich. Der genuin schweizerische Begriff des Arbeitsfriedens suggeriert eine harmonische Beziehung zwischen den Sozialpartnern und meint im Kern, dass Verhandlungen über Gesamtarbeitsverträge die Arbeitskämpfe ersetzen sollen. Dabei geniessen die Sozialpartner grosse Autonomie in der Ausgestaltung der Verträge. Der Staat tritt lediglich als Schlichter auf. Seit den 1970er-Jahren wird die Sozialpartnerschaft in der Schweiz jedoch von kritischen Gewerkschaftern und seit den 90er-Jahren auch von Unternehmern in Frage gestellt. Beide Parteien betrachten den Verzicht auf Kampfmassnahmen mehr und mehr als eine Schwächung ihrer Position.

Literatur
Bernard Degen, »Von ›Ausbeutern‹ und ›Scharfmachern‹ zu ›Sozialpartnern‹«, in: Schweizerisches Sozialarchiv (Hrsg.), *Bilder und Leitbilder im sozialen Wandel*, Chronos, Zürich 1991.
Verweise
Arbeitsbeziehungen – Arbeitsfrieden (Abkommen über den) – Gewerkschaften – Streik

Ludwig Zurbriggen

Sozialplanung

Sozialplanung im engeren Sinn ist die gebiets- und zielgruppenbezogene Entwicklung sozialer Einrichtungen (Hilfsangebote) und Massnahmen (Programme) im Hinblick auf sozial- und gesellschaftspolitische Zielvorstellungen. Zentraler Ansatzpunkt ist die planvolle Ausgestaltung des öffentlichen Sozialwesens; Träger sind vor allem Gebietskörperschaften (Staat, Kantone, Gemeindeverbände oder Gemeinden).
Im weiteren Sinn kann Sozialplanung auch als sozial bewusste Planung in Wirtschaftspolitik, Bildungswesen, Stadtplanung usw. verstanden werden. Die soziale Situation einer Gesellschaft bemisst sich nicht nur am Sozialwesen und lässt sich somit nicht nur über dessen Ausgestaltung steuern. Dieser Begriff der Sozialplanung ist in der Praxis wenig verbreitet. Er ersetzt Sozialplanung im engeren Sinn nicht, ergänzt sie aber sinnvoll.
Sozialplanung entstand in den USA als Reformansatz auf lokaler Ebene, an der Schnittstelle von Sozialarbeit und Stadt-, Gemeinde- oder Quartierplanung (z.B. Slum-Sanierungsprogramme). Ihre Geschichte ist deshalb eng mit der Entstehung der Gemeinwesenarbeit verknüpft. Die Anfänge im deutschsprachigen Raum gehen auf die Schaffung zentralstaatlicher Wohlfahrtsbürokratien seit Bismarck zurück. Später kamen spezialisierte Einrichtungen der öffentlichen, kirchlichen und privaten Wohlfahrt auf kommunaler, regionaler und überregionaler Ebene hinzu, was seit den 1950er-Jahren zum Ruf nach systematischer Sozialplanung führte.
Nach heutigem Verständnis ist Sozialplanung systematisch bevölkerungsbezogen, das heisst, sie zielt auf die Versorgung ganzer Einzugsgebiete nach einheitlichen Grundsätzen und Standards. Dies unterscheidet sie vom früheren institutionszentrierten Ansatz, der sich an den Bedürfnissen einzelner Anbieter ausrichtete. Die Altersplanung liefert ein Beispiel: Ihr Anspruch geht heute dahin, allen älteren Personen des Planungsgebiets ein Netz von Spitexdiensten, medizinischen und pflegerischen Betreuungsangeboten, altersgerechten Wohnformen usw. zu gewährleisten, wobei Anspruchsberechtigung, Qualitätsstandards und finanzielle Abgeltung einheitlich geregelt sind.
Hauptinstrumente sind Bedarfsanalysen mittels statistischer und empirischer Verfahren (Bedarfsplanung), die Definition geografischer Einzugsgebiete und auf sie bezogener Versorgungskonzepte (Konzeptplanung) sowie deren Umsetzung in konkrete Hilfsangebote und Massnahmen (Angebots- bzw. Programmplanung).
Starre Richtwertplanung, etwa für den Betten- und Personalbedarf in Alters- und Pflegeheimen, wird zunehmend durch flexible und partizipative Planung mittels Leitbildern, Rahmenplanungen und Planungsleitfäden abgelöst. Die Umsetzung erfolgt durch befristete Leistungsaufträge, was eine Trennung von Leistungsfinanzierung und -erbringung bedingt. Leistungs- statt Defizit-Abgeltung schafft Anreize zu mehr Effizienz. Qualitätssicherung, Evaluation und gebietsbezogene Jahresberichte (Sozialberichterstattung) erhöhen die Transparenz. Das Instrumentarium der Sozialplanung wächst so mit jenem der Wirkungsorientierten Verwaltungsführung im Zeichen des New Public Management (NPM) zusammen.
Die theoretischen und methodischen Grundlagen der Sozialplanung bleiben dennoch ungenügend. Der Verweis auf NPM und wissenschaftliche Instrumente greift zu kurz, denn er kann die Wertprämissen und Konsequenzen der Planung

nicht zureichend begründen. Nötig sind Ansätze, die Beteiligten und Betroffenen geeignete kritische Kompetenzen vermitteln (Ulrich 1994).

Dass die Sozialplanung neuer Grundlagen bedarf, heißt nicht, dass ihr Anliegen überholt sei. Die Gefahr besteht, dass aus berechtigter Skepsis gegenüber bisherigen Planungsansätzen falsche Schlüsse gezogen werden. So wird die Sozialplanung zurzeit aus dem Vokabular und den Ausbildungsprogrammen sozialer Berufe verdrängt und durch »Sozialmanagement« ersetzt. Am realen Problemdruck ändert dies wenig; planendes Denken im ursprünglichen Sinne des Wortes – des vorausschauenden Ebnens des Weges – bleibt eine Herausforderung, zu der es letztlich keine Alternative gibt.

Literatur
Klaus-Peter Prüss, Armin Tschoepe, *Planung und Sozialplanung*, Beltz, Weinheim/Basel 1974; – Rüdiger Spiegelberg, Marina Lewkowicz (Hrsg.), *Sozialplanung in der Praxis*, Westdeutscher Verlag, Opladen 1984; – Werner Ulrich, *Critical Heuristics of Social Planning*, Wiley, Chichester/New York 1994.
Internet
www.sozialinfo.ch/focus/sozialpolitik.htm
www.uni-bamberg.de/sowi/sozialplanung
Verweise
Social Monitoring – Soziale Sicherheit (allgemeiner Begriff) – Sozialpolitik

Werner Ulrich

Sozialpolitik

Sozialpolitik zielt auf die Gewährleistung von sozialer Sicherheit ab, das heißt, sie strebt die Behebung oder Milderung von sozialen Missständen an, welche aufgrund individueller oder kollektiver Schwierigkeiten und Nöte eingetreten sind.

Dem Staat geht es dabei um die Verhinderung oder Bewältigung von sozialen Konflikten und darum, die allgemein gültigen Grundwerte von Solidarität und Gleichwertigkeit der Menschen in einem Umfeld möglichst großer individueller Freiheit zu verwirklichen.

Realisiert wird die staatliche Sozialpolitik vor allem über die Gesetzgebungen des Bundes und der Kantone. Die Gemeinden tragen einen wachsenden Teil der sozialen Lasten, wenn Bund und Kantone mit ihren Institutionen nicht helfen können oder wollen.

In der Schweiz ist auch die nichtstaatliche Sozialpolitik bedeutsam und von hoher Wirksamkeit. Unternehmungen nehmen ihre sozialpolitische Verantwortung je nach Ausgestaltung ihrer Geschäftspolitik wahr. Die von Freiwilligen und ehrenamtlich tätigen Menschen geleistete Arbeit oder von ihnen aufgebrachte Mittel entlasten daneben den Staat und die Gemeinwesen finanziell stark und tragen gleichzeitig außerordentlich viel zum sozialen Frieden bei. Die große Solidarität des Staates wird durch die kleine Solidarität der einzelnen Mitglieder der Gesellschaft zweckmäßig ergänzt. Die eine kann aber die andere nicht ersetzen: Dies würde zu einem Ersatz des Sozialstaates durch einen Fürsorgestaat in der Art des 19. Jahrhunderts führen.

Auf dem Feld der sozialen Sicherheit handeln viele Akteurinnen und Akteure, private und öffentliche, Fachleute und Freiwillige: Es sind dies der Staat mit seinen Instituten der Bundessozialversicherungen (wie AHV, IV, EL, ALV, KV usw.), die Familien, die unzähligen kleinen privaten Netzwerke (etwa für die Nachbarschaftshilfe), die politischen Parteien, die privaten Hilfswerke wie Caritas, Brot für alle, Helvetas, Arbeiterhilfswerk, Swissaid usw., die kantonalen und kommunalen Behörden des Gesundheits-, Bildungs- und Sozialwesens sowie die internationalen Organisationen, die mit ihren Berichten und Abkommen in die nationalen Verhältnisse hineinwirken.

Aus häufig vertretener sozialethischer Sicht soll das ganze Wirken des Staates auf das Gemeinwohl der einzelnen Einwohnerinnen und Einwohner ausgerichtet sein, was im weitesten Sinne als sozial bezeichnet werden kann. In der Schweiz spielt beim Ausgleich der verschiedenen Interessen das Subventionswesen ebenfalls eine wichtige Rolle. Die Wirksamkeit ist allerdings umstritten und es bestehen verschiedene Mängel, deren Behebung bis heute an den diversen Einflussgruppen scheitert.

Hans F. Zacher fasst in seiner Abhandlung *Das soziale Staatsziel*, S. 18 f. die inhaltlichen Zielsetzungen der Sozialpolitik und des Sozialstaates wie folgt zusammen:
– Hilfe gegen Not und Armut,
– ein menschenwürdiges Existenzminimum für jedermann,
– mehr Gleichheit durch den Abbau von Wohlstandsdifferenzen und die Kontrolle von Abhängigkeitsverhältnissen,
– mehr Sicherheit gegenüber den »Wechselfällen des Lebens«,
– Hebung und Ausbreitung des Wohlstandes.

Der Begriff der Sozialpolitik kann aufgrund der skizzierten vielfältigen Verhältnisse nicht eindeutig umschrieben werden. So stellen insbesondere die Gesundheits-, Wohn-, Arbeitsmarkt- und Bildungspolitik letzten Endes auch einen Teil der Sozialpolitik im weiteren Sinne dar. In der Schweiz werden diese Begriffe allerdings meist selbständig neben jenem der Sozialpolitik verwendet. Im engeren Sinne wird der Begriff der Sozialpolitik nur für jene Maßnahmen verwendet, die der direkten Armutsbekämpfung und -verhinderung dienen (Sozialversicherungen, soziale Entschädigungssysteme, Sozialhilfe usw.).

Sozialpsychiatrie

Sozialpolitik im weiteren Sinne umfasst:
– die Gesamtheit der Visionen und Vorstellungen einer Gesellschaft zur sozialen Sicherheit und Gerechtigkeit sowie
– die darauf basierenden Bestrebungen und konkreten Maßnahmen des Staates.

Literatur
Erwin Carigiet, *Gesellschaftliche Solidarität. Prinzipien, Perspektiven und Weiterentwicklung der sozialen Sicherheit*, Helbing & Lichtenhahn, Basel 2001; – Jean-Pierre Fragnière, *Politiques sociales en Suisse. Enjeux et débats, Réalités sociales*, Lausanne 1998; – Amartya Sen, *Ökonomie für den Menschen. Wege zu Gerechtigkeit und Solidarität in der Marktwirtschaft*, Hanser, München 2000; – Hans F. Zacher, »Das soziale Staatsziel«, in: ders., *Abhandlungen zum Sozialrecht*, Müller Juristischer Verlag, Heidelberg 1993, S. 3 ff.
Internet
www.sozialinfo.ch
www.sodk-cdas-cdos.ch
www.sassa.ch
Verweise
Solidarität – Soziale Entschädigungssysteme – Soziale Sicherheit (allgemeine Theorie) – Sozialethik – Sozialhilfe (im engeren Sinne) – Sozialhilfe (im weiteren Sinne) – Sozialrecht – Sozialstaat – Sozialversicherungen (allgemeiner Begriff)

Erwin Carigiet

Sozialpsychiatrie

Sozialpsychiatrie ist der Bereich der Psychiatrie, der psychisch kranke Menschen in und mit ihrem sozialen Umfeld zu verstehen und zu behandeln sucht. Sie studiert Wechselwirkungen zwischen sozialen, psychologischen und biologischen Faktoren und bezieht Familie, Wohn- oder Arbeitssituation gezielt in die Prävention und Behandlung mit ein.

Die wichtigsten sozialpsychiatrischen Behandlungsmethoden sind die präventive Krisenintervention (Verhinderung der Ausgliederung), die soziale und berufliche Wiedereingliederung (Rehabilitation), die Angehörigenarbeit und Familientherapie, verschiedene Formen von Milieu- und Soziotherapie, von Gruppenarbeit und von gemeindepsychiatrischer Betreuung durch mobile multiprofessionelle Teams. Sie können in jedem Alter sowohl bei akuten wie bei chronischen Störungen angewendet werden. Angezeigt sind sie vor allem bei psychisch kranken Menschen, die in ihrer Fähigkeit zur selbständigen Alltagsbewältigung eingeschränkt sind und zeitweise einer stationären oder halbstationären Betreuung bedürfen. Sozialpsychiatrische Therapieansätze sind deshalb insbesondere bei Störungen aus dem schizophrenen Formenkreis, bei schweren Depressionen und Persönlichkeitsstörungen, bei Drogen- und Alkoholabhängigkeit sowie bei psychiatrischen Altersstörungen von Vorteil.

Spitalexterne sozialpsychiatrische Dienste fördern die Selbständigkeit psychisch kranker Menschen mit besonderen Einrichtungen wie Tages- und Nachtkliniken, Wohn- und Übergangsheimen, Rehabilitationszentren, geschützten Werkstätten, Tageszentren und anderen Übergangslösungen, die eine dezentralisierte gemeindenahe Teilzeitbetreuung je nach den wechselnden Bedürfnissen der Kranken ermöglichen.

Sozialpsychiatrische Forschung und Lehre sind universitär verankert und umfassen sowohl die klinische Anwendung wie die Grundlagenforschung. Sie dienen der Entwicklung und Ausbreitung sozialpsychiatrischer Denk- und Behandlungsansätze in allen beteiligten Berufsgruppen sowie in der Öffentlichkeit.

Die Sozialpsychiatrie entwickelte sich in den 1960er-Jahren in England und breitete sich nachfolgend in den USA und in Westeuropa aus. Seit 1990, dem Beginn der so genannten Dekade des Gehirns, ist sie zugunsten biologisch-pharmakologischer Untersuchungen und Behandlungen an vielen Orten aufgegeben oder zumindest in die Defensive gedrängt worden. Ebenfalls eine Rolle spielten dabei die Budgetkürzungen im Gefolge der wirtschaftlichen Rezession. Damit erhält eine Aussage des berühmten deutschen Sozialpsychiaters Klaus Dörner erneute Brisanz: »Psychiatrie ist Sozialpsychiatrie, sonst ist sie keine Psychiatrie.«

Literatur
Luc Ciompi (Hrsg.), *Sozialpsychiatrische Lernfälle I + II*, Psychiatrie-Verlag, Bonn 1994; – Asmus Finzen, *Das Pinelsche Pendel*, Psychiatrie-Verlag, Bonn 1998; – Schweizerische Gesellschaft für Sozialpsychiatrie, *Informationen*, Nr. 2, 1993.
Verweise
Prävention – Spitex – Zwang in der Psychiatrie – Zwangssterilisation

Kurt Bachmann

Sozialrecht

Der Begriff des Sozialrechts hat sich in der Schweiz nicht als ein eindeutig abgrenzbares Rechtsgebiet durchgesetzt. Dennoch wird er häufig verwendet. Geschichtlich ist er gegen Ende des 19. Jahrhunderts entstanden und wurde synonym mit dem Begriff des Arbeitsrechts verwendet. Die ersten Sozialversicherungen waren Versicherungen zum Schutze des Arbeiters, sie waren vom Arbeitsrecht nicht zu trennen. Mit dem Aufkommen des Begriffes soziale Sicherheit nach dem Zweiten Weltkrieg verändert sich aber auch der Bedeutungsinhalt des Begriffes Sozialrecht.

Unter Sozialrecht kann jede gesetzliche Regelung verstanden werden, welche sozialpolitischen

Zielsetzungen dient. Das Sozialrecht umfasst deshalb das Recht der Sozialversicherungen auf allen Stufen (Bund und Kantone), das Recht der öffentlichen Sozialhilfe (und jenes für die subventionierten privaten Hilfswerke), das Recht des öffentlichen Gesundheitswesens sowie die gesetzlichen Bestimmungen zum Schutze der Mieterinnen und Mieter, das Konsumentenrecht und die Bestimmungen für die öffentliche Subventionierung von Bauern- und Gewerbebetrieben.

Literatur
Erwin Carigiet, *Gesellschaftliche Solidarität. Prinzipien, Perspektiven und Weiterentwicklung der sozialen Sicherheit*, Helbing & Lichtenhahn, Basel 2001; – Ulrich Meyer-Blaser (Hrsg.), *Schweizerisches Bundesverwaltungsrecht*, Band Soziale Sicherheit, Helbing & Lichtenhahn, Basel 1998; – Hans Peter Tschudi, *Sozialstaat, Arbeits- und Sozialversicherungsrecht*, Schulthess, Zürich 1996.
Internet
www.admin.ch
Verweise
Soziale Sicherheit (allgemeine Theorie) – Sozialpolitik – Sozialversicherungen (allgemeiner Begriff)

Erwin Carigiet

Sozialrechte

Als Sozialrechte werden im Sinne eines Oberbegriffes die Ansprüche von Einzelpersonen auf individuelle staatliche Leistungen bezeichnet. Als Beispiele sind hier exemplarisch das Recht auf Sozialversicherungsleistungen, auf medizinische Grundversorgung, auf Bildung oder auch auf Zuweisung einer Wohnung zu nennen.

In der Schweiz werden Sozialrechte sowohl auf Verfassungs- als auch auf Gesetzesstufe gewährt und geregelt. Auf Verfassungsstufe räumen nur wenige Sozialrechte unmittelbare Ansprüche auf staatliche Leistungen ein, welche vor einem Gericht individuell einklagbar sind. Diese justiziablen Sozialrechte werden auch als soziale Grundrechte bezeichnet. In der neuen Bundesverfassung von 1999 sind einige direkt einklagbare soziale Grundrechte aufgenommen worden. Dabei handelt es sich um das Recht auf Hilfe in Notlagen (Art. 12 BV), den Anspruch auf Grundschulunterricht (Art. 19 BV), den Schutz und die Förderung von Kindern und Jugendlichen (Art. 11 BV) sowie den Anspruch auf unentgeltliche Rechtspflege (Art. 29 Abs. 3 BV).

Im Allgemeinen ist die gerichtliche Durchsetzung von Sozialrechten jedoch erst möglich, wenn der Gesetzgeber die Voraussetzungen, den Umfang und den Bezugskreis der betreffenden staatlichen Leistungen näher geregelt hat und die erforderlichen Geldmittel bewilligt sind (z.B. kantonales Sozialhilfegesetz). Sozialrechte werden daher oft auch als an den Staat gerichtete programmatische Verpflichtungen betrachtet, welche erst bei einer Umsetzung auf Gesetzesstufe ihre Wirkung entfalten können. In diesem Sinne handelt es sich bei den Sozialrechten um Aufträge an die staatlichen Organe mit sozialer Zielsetzung und es bestehen Ähnlichkeiten zu den Sozialzielen.

Der Gedanke der Sozialrechte findet sich bereits in der französischen Erklärung der Menschen- und Bürgerrechte von 1793. Heute sind für die Gewährung und Weiterentwicklung von Sozialrechten auf internationaler Ebene vor allem der UNO-Pakt I über wirtschaftliche, soziale und kulturelle Rechte von 1966 sowie die Europäische Sozialcharta von 1961 von Bedeutung.

Literatur
Ulrich Häfelin, Walter Haller, *Schweizerisches Bundesstaatsrecht*, Schulthess, Zürich 2001; – Walter Kälin, »Soziale Menschenrechte ernst genommen«, in: Caritas Schweiz (Hrsg.), *Sozialalmanach 2000*, Caritas, Luzern 2000; – Jörg Paul Müller, *Grundrechte in der Schweiz im Rahmen der Bundesverfassung von 1999, der UNO-Pakte und der EMRK*, Stämpfli, Bern 1999.
Verweise
Grundrechte – Sozialcharta (Europäische) – Sozialpolitik – Sozialziele

Monika Bitterli

Sozialstaat

Die Idee des Sozialstaates (Sozialstaatlichkeit) und ihre Verwirklichung betreffen ein Strukturprinzip staatlicher Organisation und Verfassungsgebung. Ihre Anfänge gehen auf die Bestrebungen des Internationalen Arbeitsamtes in der Zwischenkriegszeit, das Programm des *New Deal* in den Vereinigten Staaten (1935), den *Social Security Act* Neuseelands (1938) und den *Plan Beveridge* in Großbritannien (1942) zurück. Die Wurzeln des schweizerischen Sozialstaates liegen im liberalen Humanismus, in der christlichen Sozialethik und in der Arbeiterbewegung. Nach dem Zweiten Weltkrieg entfaltete sich der Sozialstaatsgedanke, begünstigt durch die Erklärung von Philadelphia (1944) und die Aufnahme des Rechts auf soziale Sicherheit in Artikel 22 der Allgemeinen Erklärung der Menschenrechte (1948), machtvoll in den meisten Rechtsordnungen der Länder, vor allem der westlichen Welt. Diese Verbreitung der Sozialstaatlichkeit folgte allerdings nicht einem einheitlichen Modell, sondern verlief äußerst unterschiedlich, sei es durch die Weiterentwicklung der klassischen Sozialversicherungen (vor allem Deutschland), sei es durch die Einrichtung universeller Sicherungssysteme wohlfahrtsstaatlicher Prägung (vor allem Skandinavien, Großbritannien), sei es durch eine Kombination der beiden Ansätze (vor allem Schweiz, Niederlande) in verschiedenen Ausprägungen und Gewichtungen.

Inhaltlich lassen sich die Konturen der Sozialstaatlichkeit nicht abschließend beschreiben. Die Vorstellungen, was Gegenstand sozialstaatlicher Tätigkeit sein soll, unterliegen im Verlaufe der Zeit Änderungen. Die Sozialpolitik, welche die sozialstaatliche Normierung und Organisation ermöglicht, hat dynamischen Charakter, da sie sich fortlaufend neuen Herausforderungen (Wirtschaftslage, Finanzhaushalte, Bevölkerungsentwicklung) gegenübergestellt sieht. Eine Aufzählung einzelner Sach- und Rechtsgebiete ist daher wenig aufschlussreich, obwohl es einige Materien gibt, die den Kern des Sozialstaates bilden (vor allem Sozialversicherungen, Sozialhilfe, soziales Entschädigungsrecht; Arbeits-, Miet- und Ausbildungsrecht). Die Definition des Sozialstaates setzt daher an seinen Zielen an. Diese liegen in der Verwirklichung sozialer Sicherheit (Schutz vor den Folgen sozialer Risiken) und sozialer Gerechtigkeit (Chancengleichheit und sozialer Ausgleich) durch die Gesetzgebung, um dadurch die Menschenwürde der Einzelnen zu schützen und ihnen die Entfaltung ihrer Persönlichkeit und ihrer Grundrechte faktisch, nicht nur durch die formelle Gleichstellung vor dem Gesetz, zu ermöglichen.

Literatur
Ulrich Meyer-Blaser, Thomas Gächter, »Der Sozialstaatsgedanke«, in: Daniel Thürer, Jean-François Aubert, Jörg Paul Müller (Hrsg.), *Verfassungsrecht der Schweiz*, Schulthess, Zürich 2001, S. 549–563; – Guy Perrin, *Sécurité sociale*, Réalités sociales, Lausanne 1993.
Verweise
Krise des Sozialstaats – Sozialhilfe (im engeren Sinne) – Sozialhilfe (im weiteren Sinne) – Sozialpolitik – Sozialversicherungen (allgemeiner Begriff)

Ulrich Meyer-Blaser

Sozialstatistik

Unter Sozialstatistik versteht man die systematische und regelmäßige Beobachtung und Analyse der Lebensbedingungen und des Wohlstands gewisser Kategorien innerhalb der Bevölkerung oder der Bevölkerung insgesamt. Eine Sozialstatistik muss sich auf eine große Datenbasis aus verschiedenen Quellen stützen können, insbesondere auf administrative Statistiken, welche öffentliche Stellen im Rahmen der Kontrolle und Erfassung von Haushalten, Personen und anderen beobachteten Einheiten erheben. Im engeren Sinn wird der Begriff auch zur Bezeichnung von Statistiken zu Sozialleistungen (Einnahmen und Ausgaben der Institutionen der sozialen Sicherheit) verwendet. Eine Sozialstatistik bedingt das Sammeln, Festhalten, Auswerten und Weiterleiten der gesammelten Daten und Informationen. Damit verbunden ist auch die Veröffentlichung einer »Sozialberichterstattung«. Das Bundesamt für Statistik (BFS) sieht die Schaffung einer neuen Publikationsreihe für solche Berichte vor. Diese Berichte sollten im weitesten Sinne folgende Bereiche umfassen: Bildung und berufliche Qualifikation, Erwerbstätigkeit und Arbeitsbedingungen, Einkommen und Ausgaben, Wohnbedingungen und Entwicklung der Mietzinse, Gesundheit, soziale Sicherheit, soziale Integration, öffentliche Sicherheit und Kriminalität, Freizeit und Zeiteinteilung, Umwelt. Diese Publikationen sollten ebenfalls Analysen zu spezifischen Problemen wie Armut, Ungleichheit und Lebensbedingungen gewisser Bevölkerungsgruppen (alte Menschen, Ausländer, Einelternfamilien usw.) liefern. Das BFS spielt eine wichtige Rolle als Leistungsanbieter in Sachen Datenmaterial, denn es garantiert die Produktion von quantitativen Daten zu allen genannten Bereichen und verbreitet diese über verschiedene Kanäle, insbesondere über Internet.

Literatur
Roland Habich, Heinz-Herbert Noll, Wolfgang Zapf, *Soziale Indikatoren und Sozialberichterstattung. Internationale Erfahrungen und gegenwärtiger Forschungsstand*, Bundesamt für Statistik, Bern 1994.
Internet
www.statistik.admin.ch
Verweise
Bundesamt für Statistik – Social Monitoring – Sozialindikatoren

Spartaco Greppi

Sozialstruktur

Der Begriff Sozialstruktur bezieht sich auf die institutionalisierte Ungleichheit an Ressourcen wie beispielsweise Reichtum, Status, Ansehen oder Macht innerhalb eines sozialen Gefüges. Als absolute oder relative Maßeinheit wird dieser Begriff angewandt, um soziale Mobilität, Strukturen für die Chancengleichheit oder die Effizienz sozialer Gerechtigkeit innerhalb einer bestimmten Gesellschaft zu untersuchen. Dadurch, dass es Strukturen ökonomischer und sozialer Ungleichheit miteinander verbindet, ist dieses Konzept Kernstück der Sozialpolitik.

Kaum ein Thema war bisher für die Sozialpolitik und die sozialen und politischen Wissenschaften so zentral wie die Konzeptualisierung und Untersuchung von Sozialstrukturen. Moderne Untersuchungen darüber begannen in England um 1851, als die Bevölkerung nach ihrer Beschäftigung in den verschiedenen industriellen Sektoren klassifiziert wurde. Die meisten aktuellen Studien nehmen ebenfalls die berufliche Stellung innerhalb der Gesellschaft als primäre Einheit für soziale Position an. Dies führt jedoch zu Problemen bei Individuen, die keiner anerkannten Arbeit nachgehen, wie z.B. Hausfrauen, Studenten, Arbeitslose und Rentner.

Die Kontroversen auf diesem Gebiet befassen sich mit den Fragen: Was wird strukturiert? Wie wird strukturiert? Was erzeugt Strukturierung? Welches sind die Folgen von Strukturierung?

Der bekannteste Ansatz in Bezug auf Sozialstruktur bezieht sich auf soziale Klassen. Die Aufteilung in soziale Klassen ist schon mindestens seit dem alten Rom präsent und hat seit Karl Marx, in dessen Werk die Klasse den Kernpunkt bildet, großen Einfluss auf die sozialen und politischen Wissenschaften ausgeübt. Zeitgenössische Verfechter dieser Vorstellung sind insbesondere John H. Goldthorpe und Erik O. Wright. Die Kontroversen kreisen um die Frage, welche Aspekte berücksichtigt werden müssen, um Individuen, Haushalte oder Gruppen in Klassen einzuteilen, und um die Frage, wie viele verschiedene Klassen es braucht, um eine Sozialstruktur ausreichend beschreiben zu können.

Eine andere wichtige Tradition befasst sich mit der subjektiven Bewertung von Status oder Ansehen, die anhand von Vorstellungen über Berufsbezeichnungen gemessen werden. Die Einordnung oder Wertung von Berufen aufgrund ihres subjektiv wahrgenommenen Ansehens fand wohl mit G. S. Counts in den 1920er-Jahren ihren Anfang. Zuweilen wird argumentiert, dass es die den Berufen subjektiv zugesprochenen Qualitäten selbst seien, welche die Gesellschaft strukturieren. Andere Varianten vertreten die Ansicht, diese subjektiven Aspekte seien nicht verlässlich und somit lediglich als Indikatoren für die Sozialstruktur zu verstehen. Befürworter dieser Tradition sind Peter M. Blau, Otis D. Duncan, Donald J. Treiman und Anthony P. M. Coxon.

Schließlich kann Strukturierung auch auf den Zusammenhang zwischen Ressourcen und sozialen Netzwerken basieren. In dieser Perspektive schaffen Netzwerke Zugang zu sozial wünschenswerten, aber knappen Ressourcen, während sonst umgekehrt der Zugang zu Ressourcen Individuen innerhalb von Netzwerken positioniert. Verfechter dieses Ansatzes sind Pierre Bourdieu, Kenneth Prandy und Robert Blackburn. Umstritten ist hier die Frage, welche Netzwerke und welche Ressourcen in Betracht gezogen werden sollen.

Literatur
Peter M. Blau, Otis D. Duncan, *The American Occupational Structure*, Wiley, New York 1967; – Rosemary Crompton, John Scott, Mike Savage, Fiona Devine (Hrsg.), *Renewing Class Analysis*, Blackwell, Oxford 2000; – Robert Erikson, John H. Goldthorpe, *The Constant Flux*, Clarendon, Oxford 1992.
Internet
www.cf.ac.uk/socsi/CAMSIS/review.html
Verweise
Armut – Ausgrenzung – Soziale Ungleichheiten
Manfred Max Bergman

Sozialverfassung

Sozialverfassung ist die Gesamtheit derjenigen Verfassungsbestimmungen, welche die soziale Sicherheit (Schutz vor sozialen Risiken) und die soziale Gerechtigkeit (Chancengleichheit, sozialer Ausgleich) als spezifischen Regelungsgegenstand betreffen. Die Bundesverfassung der Schweizerischen Eidgenossenschaft vom 18. April 1999 (BV), in Kraft seit 1. Januar 2000, enthält – im Unterschied zur alten Bundesverfassung von 1874 – eine ganze Reihe von Bestimmungen, welche deutlich machen, dass die Sozialstaatlichkeit ein Strukturprinzip des neuen Grundgesetzes bildet, das gleichberechtigt neben Rechtsstaatlichkeit, Bundesstaatlichkeit (Föderalismus) und demokratischer Mitwirkung steht. Die BV enthält eine ganze Reihe von Normen verschiedensten normativen Gehalts, welche die Sozialverfassung bilden.

Zur schweizerischen Sozialverfassung zählen die Präambel (»Gewiss, dass ... die Stärke des Volkes sich misst am Wohl der Schwachen«), die programmatischen Bestimmungen der Beförderung der gemeinsamen Wohlfahrt (Art. 2 Abs. 2 und Art. 94 Abs. 2 BV), der Chancengleichheit (Art. 2 Abs. 3 BV) und der Abgrenzung der individuellen von der gesellschaftlichen Verantwortung nach Artikel 6 BV, im Weiteren die Grundrechte des Verbotes zur Diskriminierung Behinderter (Art. 8 Abs. 2 BV), des Schutzes von Kindern und Jugendlichen (Art. 11 BV), der Hilfe in Notlagen (Art. 12 BV), des Anspruches auf Grundschulunterricht (Art. 19 BV) und der unentgeltlichen Rechtspflege (Art. 29 Abs. 3 BV), sodann die Gesetzgebungsaufträge (Kompetenzbestimmungen) betreffend die Gleichstellung der Behinderten (Art. 8 Abs. 4 BV) und in den Bereichen Wohnen, Arbeit, soziale Sicherheit und Gesundheit (Art. 108–120 BV). Ein neues Element bilden die Sozialziele gemäß Artikel 41 BV, welcher die wichtigste und für die schweizerische Sozialverfassung charakteristische Bestimmung darstellt. Sozialpolitik und Sozialstaatlichkeit haben darin ihre verfassungsrechtliche Fundierung erfahren. In einer Mittelstellung zwischen gerichtlich durchsetzbaren Grundrechten und rein programmatischen Bestimmungen formuliert Artikel 41 BV zuhanden der gesetzgebenden Organe sieben zentrale, elementare Aspekte des menschlichen Daseins betreffende Handlungsfelder, in denen von Verfassung wegen Sozialpolitik und Sozialrechtsetzung erfolgen sollen: soziale Sicherheit, Gesundheit, Familie, Arbeit, Wohnen, Bildung und Jugendförderung.

Literatur
Ulrich Meyer-Blaser, »Einwirkungen der neuen Bundesverfassung auf das schweizerische Sozialrecht«, in: Sym-

posien zum schweizerischen Recht, *Die neue Bundesverfassung*, Zürich 2002, S. 105–128.

Verweise
Soziale Sicherheit (allgemeiner Begriff) – Sozialpolitik – Sozialziele

Ulrich Meyer-Blaser

Sozialversicherungen (allgemeiner Begriff)

Die Sozialversicherung ist eine deutsche Erfindung des späten 19. Jahrhunderts; ihr Ursprung ist auf Bismarck zurückzuführen, der sowohl das Projekt als auch die Umsetzung dieser Form von sozialer Sicherheit veranlasst hatte.

Die allgemeinen Merkmale der Sozialversicherung sind:
– die Verwendung des Konzepts der Versicherung für die soziale Sicherheit;
– die obligatorische Zugehörigkeit, unabhängig von der Risikohöhe;
– ein gesetzlich verankertes Recht auf Leistungen, wenn ein bestimmtes Risiko eintritt, und die Notwendigkeit gewisser Bedingungen, die das Anrecht auf die Leistung rechtfertigen;
– eine Rente, die dem Einkommen der versicherten Person nahe kommt;
– eine vom Staat unabhängige Organisation, die aber unter seiner Kontrolle steht;
– eine Finanzierung, die die Versicherten, die Arbeitgeber sowie den Staat miteinbezieht, wobei die Beiträge von der Risikohöhe unabhängig sind.

Als wegweisende Erfindung ist die Sozialversicherung Teil des Konzepts der sozialen Sicherheit.

Literatur
Jean-Jacques Dupeyroux, *Droit de la sécurité sociale*, Dalloz, Paris 1998; – Eberhard Eichenhofer, *Sozialrecht*, Mohr Siebeck, Tübingen 1997.

Verweise
Soziale Sicherheit (allgemeiner Begriff) – Versicherungsprinzip

Pierre-Yves Greber

Sozialversicherungen (Koordination der)

Die verschiedenen Zweige der Sozialversicherungen haben sich Schritt für Schritt entwickelt. Dabei hat jeder auf seine Art den versicherten Personenkreis, die erfassten Risiken, den Begriff des versicherten Lohnes, die ausbezahlten Leistungen und die Bedingungen der Anspruchsberechtigung festgelegt. Die Koordinationsregeln erlauben es zu bestimmen, welche Versicherung unter Ausschluss aller anderen zur Anwendung kommt oder, im Gegensatz dazu, welche Systeme kumuliert eingreifen können. Diese Regeln müssen also der versicherten Person den Übergang von einem System zum anderen ohne den Verlust ihrer Rechte garantieren sowie den Bezug aller Leistungen ermöglichen, die sie geltend machen kann, ohne dass der allgemeine Grundsatz des Verbots der Überentschädigung in den Sozialversicherungen verletzt wird.

Es existiert keine Verfassungsgrundlage, die dem Bund die Kompetenz erteilt, die Frage der Koordination im Allgemeinen zu regeln. Diese Regeln müssen also in den verschiedenen Sozialversicherungsgesetzen gesucht werden. Eine erste Kategorie von Bestimmungen dient dazu, jenen Versicherungszweig zu bezeichnen, der provisorisch eingreifen muss, wenn die rechtliche Definition des eingetretenen Risikos Probleme aufwirft. Im schweizerischen System ist diese Definition um so wichtiger, als sie der betroffenen Person je nachdem, welche Versicherung das versicherte Risiko abdecken soll, unterschiedliche Rechte zuspricht. In dieser Hinsicht sollten die Koordinationsregeln einen lückenlosen Schutz der Versicherten garantieren. Sie sind allerdings nicht in allen Sozialversicherungsgesetzen in vollständig entwickelter Form enthalten.

Eine zweite Kategorie von Regeln bestimmt den Schutz, der gewährt wird, wenn zwei Risiken gleichzeitig eintreten (z.B. Unfall während einer Krankheit). Bei so genannt kurzfristigen Leistungen (insbesondere Gesundheitspflege, Taggelder) soll nur eine Versicherung aktiv werden. Dieselbe Regel gilt für langfristige Leistungen (Renten und Zulagen) und Naturalleistungen (Hilfsmittel), wenn zwei Versicherungsfälle eintreten (z.B. Invalidität und Alter). Im schweizerischen Recht dürfen Leistungen nicht kumuliert werden. Aber der Grundsatz der Wahrung des Besitzstandes garantiert die Beibehaltung des Leistungsniveaus beim Übergang von einem Versicherungszweig zum anderen.

Ein einziges soziales Risiko (Tod, Invalidität oder Alter) kann zur Intervention von mehreren Versicherungen führen. In diesem Falle legen die Koordinationsregeln fest, in welchem Ausmaß die von der Ersten Säule der sozialen Sicherheit (AHV/IV) ausbezahlten Renten mit den Leistungen der Zweiten Säule (BVG) oder einer besonderen Versicherung (Unfallversicherung oder Militärversicherung) kumuliert werden können. Das Gesetz bestimmt einen Prozentsatz des versicherten Einkommens als Grenze zur Überentschädigung und definiert dadurch das Höchstmaß der Ansprüche, die die versicherte Person geltend machen kann.

Das Zusammentreffen von Leistungen der Sozialversicherungen mit Leistungen privater Versicherungen fällt unter den Grundsatz der »Kongruenz«. Demnach dürfen nur Leistungen, die demselben Zweck dienen (z.B. Kompensation für Lohnausfälle), gekürzt werden.

Das neue Bundesgesetz über den Allgemeinen Teil des Sozialversicherungsrechts (ATSG), das am 6. Oktober 2000 vom Parlament verabschiedet wurde, enthält Bestimmungen über die Koordination der verschiedenen Versicherungen.

Literatur
Thomas Locher, *Grundriss des Sozialversicherungsrechts*, Stämpfli, Bern 1997; – Erich Peter, *Die Koordination von Invalidenrenten*, Schulthess, Zürich 1997.
Verweise
Allgemeiner Teil des Sozialversicherungsrechts (ATSG) – Harmonisierung – Überentschädigung – Überversicherung

Béatrice Despland

Sozialversicherungsfachleute (Schweizerischer Verband der)

Das Hauptziel des 1972 gegründeten Schweizerischen Verbands der Sozialversicherungsfachleute (SVS) liegt in der Berufsbildung im Bereich der sozialen Sicherheit. Er organisiert in der ganzen Schweiz die Ausbildung und die Prüfungen für den eidgenössischen Fachausweis und das eidgenössische Diplom für Sozialversicherungsexperten, welche vom Bund anerkannt werden. Er organisiert Veranstaltungen und Seminare zu Themen, die im Bereich der sozialen Sicherheit aktuell sind, und begünstigt dadurch die Vermittlung von Wissen und die Auseinandersetzung mit Ideen unter Personen, die in verschiedenen Zweigen der sozialen Sicherheit arbeiten. Außerdem publiziert der SVS in der französischsprachigen Schweiz dreimal jährlich die Zeitschrift *Aspects de la sécurité sociale*, die sich mit verschiedenen sozialen Fragen auseinander setzt und über die Aktivitäten der regionalen Verbände berichtet.

Internet
www.svs-feas.ch
Verweise
Soziale Sicherheit (allgemeiner Begriff)

Philippe Gnaegi

Sozialversicherungsrechtsprechung

Die Garantie der sozialen Rechte setzt eine Kontrolle der Verfügungen der Versicherer durch die Gerichte voraus. Jedes Sozialversicherungsgesetz enthält Bestimmungen, die es den Versicherten ermöglichen, Beschwerde bei einer kantonalen Instanz sowie in der Folge davon beim Eidgenössischen Versicherungsgericht einzulegen. Das Verfahren ist nicht einheitlich. Bei der Arbeitslosenversicherung und der Alters- und Hinterlassenenversicherung kann direkt gegen die Verfügung der Kasse Beschwerde eingelegt werden. Bei der Invalidenversicherung besteht die Möglichkeit, sich bereits zum Entwurf einer Verfügung der Kasse zu äußern. Bei der Krankenversicherung und der Unfallversicherung muss die versicherte Person zuerst Einsprache gegen die Verfügung erheben und dann eine Beschwerde gegen den Einspracheentscheid der Kasse oder des Versicherers formulieren. In allen Fällen wird der Zugang zu den Gerichten erleichtert. Die Gesetze sehen vor, dass das Verfahren einfach, rasch und kostenlos sein muss. Das am 6. Oktober 2000 vom Parlament verabschiedete Bundesgesetz über den Allgemeinen Teil des Sozialversicherungsrechts harmonisiert das Verfahren durch die Verallgemeinerung des Einspracheverfahrens.

Literatur
Thomas Locher, *Grundriss des Sozialversicherungsrechts*, Stämpfli, Bern 1997.
Verweise
Beschwerde (im Bereich der Sozialversicherungen) – Eidgenössisches Versicherungsgericht – Rechtsmittel – Verfügung

Béatrice Despland

Sozialwesen

Der Begriff Sozialwesen bezeichnet die Gesamtheit aller Organisationen, die sich mit der Umsetzung von Maßnahmen in den Bereichen soziale Sicherheit und Wohlfahrt befassen. Die Etablierung und Ausgestaltung dieser Organisationen darf als Reaktion der jeweiligen Gesellschaft auf vergangene und gegenwärtige soziale Problemlagen gelten. Sie unterliegt sozialen, politischen, ökonomischen und kulturellen Veränderungen. Die Einführung der Bezeichnung Sozialwesen ist unbestimmt. Vermutlich entstand der Begriff im 19. Jahrhundert, als im Zuge fortschreitender Differenzierungs- und Institutionalisierungsprozesse ein Ausbau der sozialen Einrichtungen erfolgte und mit der Gründung der Sozialversicherungen die Entwicklung des modernen deutschen Sozialstaats ihren Anfang nahm.

Zu den gegenwärtigen Akteuren des schweizerischen Sozialwesens zählen der Bund, die Kantone, Gemeinden und Kirchen sowie zahlreiche Einrichtungen in privater Trägerschaft. Ihre Zielsetzung ist die Absicherung der Bevölkerung gegen soziale Risiken, die Vermeidung von Notlagen von Individuen und Gruppen sowie die Gewährleistung der sachlichen und persönlichen Unterstützung Bedürftiger. Die Aufgaben der Organisationen des Sozialwesens umfassen im Wesentlichen die (Sozial-)Gesetzgebung, Maßnahmen im Rahmen der Sozialversicherungen sowie das Gebiet der öffentlichen und privaten Sozialhilfe. Föderalismus und Subsidiarität, zwei zentrale Elemente des schweizerischen Staatswesens, sind für das Sozialwesen als strukturbildende Prinzipien wirksam. Die heterogene Ausgestaltung des Sozialwesens auf der kantonalen wie der kommunalen Ebene etwa ist auf das föderalistische Prinzip zurückzuführen, das den Kantonen und Gemeinden unterschiedliche sozialpolitische Aktivitäten gestattet. Die Vorrangigkeit der Leistungen der Sozialversicherungen gegenüber der öffentlichen Sozialhilfe wiederum wird durch den Grundsatz der Subsidiarität bestimmt.

Die Auswirkungen des Föderalismus und der Subsidiarität auf das schweizerische Sozialwesen sind auch Gegenstand sozialpolitischer Auseinandersetzungen. Die 1990er-Jahre machten deutlich, dass die mit der ökonomischen Entwicklung und dem gesellschaftlichen Wandel einhergehenden neuen sozialen Risiken (z.B. die Langzeitarbeitslosigkeit oder die Armutsgefahr für Alleinerziehende) durch das System der Sozialversicherungen nicht oder nur ungenügend abgedeckt sind. Dieses ist an dem Modell der lebenslangen Vollzeiterwerbsbiografie orientiert und baut auf Strukturen eines Geschlechterverhältnisses mit Ehe und Kleinfamilie als Kerninstitution auf. Die Versorgungslücken in der Grundsicherung werden in zunehmendem Maß von der nachgelagerten öffentlichen Sozialhilfe gefüllt, was zu einer steigenden Belastung der Gemeinden führt und das kommunale Sozialwesen nachhaltig beeinträchtigt. Angesichts der veränderten Funktion der öffentlichen Sozialhilfe bleibt abzuwarten, welche Rollen die Akteure des schweizerischen Sozialwesens zukünftig einnehmen und wie eine angemessene Aufgaben- und Lastenverteilung in den Bereichen soziale Sicherheit und Wohlfahrt vorgenommen werden wird.

Literatur
Robert Fluder, Jürgen Stremlow, *Armut und Bedürftigkeit. Herausforderungen für das kommunale Sozialwesen*, Haupt, Bern 1999; – Schweizerische Landeskonferenz für Sozialwesen (Hrsg.), *Handbuch Sozialwesen Schweiz*, Pro Juventute, Zürich 1987.
Internet
www.sozialinfo.ch
Verweise
Soziale Sicherheit (allgemeiner Begriff) – Sozialpolitik – Subsidiarität – Wohlfahrt

Petra Benz

Sozialzeit

Mit Sozialzeit ist, neben der Erwerbs- und der Freizeit, eine dritte Zeitkategorie gemeint. Sie dient dazu, gesellschaftlich nützliche Arbeit organisiert zu erledigen. Im Vordergrund steht die Idee der gegenseitigen Hilfe. Unterschiedliche Konzepte der Sozialzeit zielen darauf ab, sozialstaatliche Anstrengungen zu ersetzen oder zu ergänzen. Übereinstimmend betrachten die meisten Ansätze die Sozialzeit als Chance einer ökosozialen und tauschorientierten Umgestaltung der Gesellschaft. So kann die Sozialzeit, die eine Person mehr oder weniger freiwillig leistet, bei persönlichem Bedarf wieder eingefordert werden.

Literatur
Salomon Biderbost, *Mit übersetzter Geschwindigkeit. Erfahrungen mit unbezahlter Arbeit*, Realotopia, Zürich 1997; – Hans Ruh, *Anders, aber besser: Die Arbeit neu erfinden*, Waldgut, Frauenfeld 1996.
Verweise
Arbeitszeit – Dritter Sektor/Nonprofit-Sektor/Gemeinnützigkeit – Freizeit – Unbezahlte Arbeit/Freiwilligenarbeit/Ehrenamt

Ueli Mäder

Sozialziele

Sozialziele sind das Bekenntnis zu bestimmten als grundlegend anerkannten sozialpolitischen Zielsetzungen. Artikel 41 Bundesverfassung (BV), welcher im Prozess der Verfassungsrevision von 1999 zu den stark umstrittenen Bestimmungen gehörte, nennt als Sozialziele von Bund und Kantonen die Gesundheitspflege, den Schutz und die Förderung der Familie, die Ermöglichung von angemessen entlöhnter Arbeit, die Bereitstellung von Wohnraum zu angemessenen Preisen, die Ermöglichung einer angemessenen Ausbildung für Kinder, Jugendliche und Erwerbstätige sowie den Jugendschutz. Überdies soll jede Person an der sozialen Sicherheit teilhaben und gegen die wirtschaftlichen Folgen von Alter, Invalidität usw. abgesichert sein.

Die Sozialziele vermitteln keine unmittelbaren Ansprüche auf staatliche Leistungen. Sie regeln nicht die bundesstaatliche Aufgabenteilung oder Fragen der Umsetzung. Sozialziele stehen unter dem Vorbehalt genügender finanzieller Mittel. Bund und Kantone sollen überdies nur »in Ergänzung zu persönlicher Verantwortung und privater Initiative« tätig werden (Subsidiarität). Die normative Tragweite von Sozialzielen ist demgemäß begrenzt. Als Normen des Verfassungsrechts sind sie aber für Bund und Kantone verbindlich. Sie sind im politischen Entscheidungsprozess angemessen zu berücksichtigen. Bund und Kantonen verbleibt bei der Umsetzung der Sozialziele aber in jedem Fall ein großer Ermessensspielraum.

Neben Artikel 41 BV enthalten auch Artikel 2 Absätze 2 und 3 (Wohlfahrt und Chancengleichheit) und Artikel 54 Absatz 2 BV (Linderung von Not und Armut in der Welt) Sozialziele. Auch die Kantonsverfassungen enthalten vielfach Sozialzielbestimmungen. Auf internationaler Ebene ist namentlich der Internationale Pakt über wirtschaftliche, soziale und kulturelle Rechte vom 16. Dezember 1966 (SR 0.103.1) von Bedeutung.

Literatur
Ulrich Meyer-Blaser, Thomas Gächter, »Der Sozialstaatsgedanke«, in: Daniel Thürer et al. (Hrsg.), *Verfassungsrecht der Schweiz*, Schulthess, Zürich 2001, S. 549–563; – René Rhinow, *Die Bundesverfassung 2000*, Helbing & Lichtenhahn, Basel 2000.

Verweise
Sozialrechte – Sozialverfassung

Felix Uhlmann

Soziokulturelle Animation

Gesellschaftlicher Wandel verlangt von allen Anpassungsleistungen, grundlegende Umorientierungen und Lernprozesse. Werte und Normen müssen neu verhandelt werden. Vor diesem Hintergrund erhält soziokulturelle Animation ihre Bedeutung. Ihre gesellschaftliche Funktion ist die subsidiäre Realisierung von Teilhabe und Teilnahme. Sie unterstützt eine aktive Lebensgestaltung unterschiedlichster Gruppen und bemüht sich um sozialen und kulturellen Ausgleich. Soziokulturelle Animation wird durch privat- oder öffentlich-rechtliche Trägerschaften ermöglicht, z.B. in Gemeinschafts- und Quartierzentren, in Schüler- und Jugendtreffs, auf Spielplätzen, an Stellen für offene oder mobile Jugendarbeit, in Präventionsprojekten, in Kulturzentren, an Impulsstellen für kirchliche Verbandsarbeit, in Flüchtlingszentren, in Pfarreien, in der Bildungsarbeit der Gewerkschaften und in Freizeitdiensten von Betrieben, im Sport- und Tourismusbereich usw.

Soziokulturelle Animation ist eine professionelle Dienstleistung für Bewohnerinnen und Bewohner in einem Gemeinwesen. Sie orientiert sich an deren Interessen und fördert das soziale und kulturelle Zusammenleben. In der Regel arbeitet sie mit Freiwilligen. Bei der Gestaltung vom Lebensraum vermitteln diese zwischen Anliegen verschiedener Bevölkerungsgruppen, staatlichen und privaten Organisationen.

Soziokulturelle Animation interveniert in den gesellschaftlichen Teilbereichen Politik, Bildung, Kultur und Soziales. Der informelle Charakter und die Niederschwelligkeit von Projekten, die Berücksichtigung der Bedürfnisse der Adressatinnen und Adressaten und die Anknüpfung an ihre Kultur sind zentral.

Als professionelle Tätigkeit erfüllt soziokulturelle Animation in ihren Interventionsbereichen insbesondere vier Funktionen: 1. Partizipation im Interventionsfeld Politik und Gemeinwesenentwicklung; 2. kulturelle Vermittlung im Interventionsfeld Kultur/Kunst; 3. Prävention im Interventionsfeld Soziales; 4. Bilden im Interventionsfeld Bildung.

Wenn soziokulturelle Animatorinnen und Animatoren in den genannten vier Bereichen aktiv werden, dann spielen sie auch bestimmte Rollen: 1. Die Rolle Animator/Animatorin vollzieht sich im Dreischritt »anregen – ermutigen – befähigen« und bezweckt, Zielgruppen zu Selbsttätigkeit zu aktivieren. 2. In der Rolle Konzeptor/Konzeptorin erforschen sie das Umfeld und erheben Daten über den Aktivierungsbedarf der Bevölkerungsgruppen. 3. In der Rolle Organisator/Organisatorin werden interessierten Individuen, Gruppen usw. unterstützende Arrangements (Aktionen, Projekte u.a.) angeboten. 4. Die Rolle Mediator/Mediatorin bedient sich eines Repertoires vermittelnder Tätigkeiten im weitesten Sinne. Sie reichen von Kulturvermittlung bis Mediation im Konfliktfall.

Die Methoden der soziokulturellen Animation umfassen das Arrangieren von Lernsituationen ebenso wie die gezielte soziologische Erforschung quartierbezogener Strukturen. Ihre Aktionen und Projekte sind partizipativ gestaltet. Die soziokulturelle Animation benutzt oft Projektplanungsmethoden. Auf Nachhaltigkeit ihres Wirkens wird großer Wert gelegt.

Literatur
Jean-Claude Gillet, *Animation*, Verlag für Soziales und Kulturelles, Luzern 1998; – Heinz Moser, Emanuel Müller et al. (Hrsg.), *Soziokulturelle Animation*, Verlag für Soziales und Kulturelles, Luzern 1999; – Marcel Spierts, *Balancieren und Stimulieren*, Verlag für Soziales und Kulturelles, Luzern 1998.
Verweise
Gemeinwesenarbeit

Bernard Wandeler

Soziologie

Soziologie ist die Wissenschaft, welche soziale Phänomene untersucht. Im Gegensatz zum verbreiteten Wortsinn wird dabei »sozial« nicht als »fürsorglich« und »gemeinschaftlich« definiert (wie etwa in »Sozialpolitik«, »Sozialstaat«, »Sozialfürsorge« usw.), sondern wesentlich allgemeiner als »zwischenmenschlich« und »gesellschaftlich«. Die Soziologie befasst sich mit allem, was zwischen Menschen geschieht – mit moralischen wie unmoralischen Handlungen –, und verengt den Blick nicht auf spezifische, z.B. wirtschaftliche oder politische Aspekte (wie etwa die Ökonomie oder die Politikwissenschaft).

Typisch für die soziologische Blickweise ist es, den Menschen nicht (bloß) als natürliches, sondern primär als gesellschaftliches Wesen zu begreifen: Menschen durchlaufen nach der natürlichen noch eine »soziokulturelle Geburt«, indem sie Werte und Normen ihrer Gesellschaft verinnerlichen und erst dadurch zu Gesellschaftsmitgliedern werden. Die Soziologie erklärt menschliche Verhaltensweisen weder über genetische noch über psychologische, sondern über gesellschaftliche Faktoren: durch Sozialisationsprozesse einerseits (Orientierung an internalisierten Normen), durch Mechanismen sozialer Kontrolle anderseits (Orientierung an Rollenerwartungen, Sanktionen, Status- und Machtkonstellationen in Gruppen und Organisationen). Der Mensch und sein Verhalten sind Produkte der Gesellschaft. Umgekehrt ist auch die Gesellschaft ein Produkt der Menschen: Ihre Institutionen und Strukturen existieren nur so lange, als sie von den Handlungen der Gesellschaftsmitglieder laufend reproduziert werden.

Vom alltäglichen Denken und Reden über gesellschaftliche Themen unterscheidet sich die Soziologie durch ihre Wissenschaftlichkeit: Sie geht ihre Themen theoriegeleitet, empirisch und methodologisch reflektiert an. 1. In theoretischer Hinsicht bemüht sie sich um systematisches Denken, exakte Begriffe und geklärte Annahmen und Vorannahmen. Zudem baut sie auf dem aktuellen Stand der Forschung auf. 2. Empirisch, also erfahrungswissenschaftlich, setzt sie sich mit realen gesellschaftlichen Verhältnissen auseinander und überprüft, ob ihre Aussagen mit der Wirklichkeit übereinstimmen. 3. Dies tut sie in methodologisch reflektierter Weise, das heißt, sie überprüft selbstkritisch, was mit welchen Methoden überhaupt gültig gemessen werden kann. Denn die Methoden der empirischen Sozialforschung, wie Umfragen oder Leitfadeninterviews, teilnehmende oder nichtteilnehmende Beobachtung, Text- und Dokumentenanalyse usw., haben alle ihre Stärken, aber auch ihre Tücken, die sorgfältig bedacht werden wollen.

Trotz aller methodologischen Expertise leiden die Sozialwissenschaften, mehr als die Naturwissenschaften, unter einem Mess- und Erklärungsproblem: Je nach Fragestellung, theoretischen Annahmen, Definitionen der Begriffe, methodischem Vorgehen usw. können unterschiedliche Befunde resultieren. In der Öffentlichkeit entsteht dadurch der Eindruck, selbst wissenschaftliche »Experten« könnten sich nicht einigen, was immer wieder den Verdacht »dahinter stehender« politischer Interessenlagen auf sich zieht. Die Qualität wissenschaftlicher Forschung zeigt sich indes darin, dass sie methodologisch kontrolliert vorgeht und sich in der kritischen *peer review* der *scientific community* (Auseinandersetzung mit Fachkolleginnen und Fachkollegen) bewähren muss.

Der Nutzen der Soziologie für die Gesellschaft liegt zum einen in der Selbstaufklärung, Selbsterkenntnis und Reflexion, die insbesondere die historische Gewachsenheit der gegebenen gesellschaftlichen Verhältnisse und ihre Stabilitäts- und Veränderungsbedingungen sowie die mannigfaltigen kulturellen Unterschiede innerhalb der Weltgesellschaft sichtbar macht. Im Hinblick auf Sozialpolitik liefert die soziologische Forschung wissenschaftlich fundierte Entscheidungsgrundlagen (z.B. bezüglich der Mechanismen, welche soziale Ungleichheiten reproduzieren), untersucht aber auch die nicht intentionalen Konsequenzen politischer Entscheide und die Logik organisationeller Prozesse bei der konkreten Umsetzungsarbeit administrativer Organe.

Literatur
Heinz Abels, *Einführung in die Soziologie*, Band 1: *Der Blick auf die Gesellschaft*, Band 2: *Die Individuen in ihrer Gesellschaft*, Westdeutscher Verlag, Wiesbaden 2001; – Anthony Giddens, *Soziologie*, Nausner & Nausner, Graz/Wien 1999; – Annette Treibel, *Einführung in soziologische Theorien der Gegenwart*, Leske + Budrich (UTB), Opladen 1994.
Verweise
Empirische Forschungsmethoden – Evaluation – Sozialforschung

Thomas S. Eberle

Sparpolitik

Drei Hauptbedeutungen von »Sparen« – und damit von »Sparpolitik« – sind unterscheidbar:
1. Im volkswirtschaftlichen Sinn bedeutet Sparen den Nettozuwachs an realen Vermögenswerten in der gesamten Volkswirtschaft innerhalb der gegenwärtigen Rechnungsperiode. Das »gesparte« Einkommen fließt in *per saldo* neu erworbene dauerhafte Investitionsgüter (korrigiert um die Veränderung des »gehorteten« Gesamtbestandes an liquiden Mitteln). Sparen im volkswirtschaftlichen Sinn meint die Nettofinanzierung in der laufenden Periode von solchen Investitionsgütern und -projekten, die die »effektive Nachfrage« produzierbarer Güter verändern. Dank dieser Unterscheidung in Finanzierung und Investition gerät erst die Gefahr ins Blickfeld, dass die Sparpläne *ex ante* auch einmal übertrieben groß sein können, weil die aus dem Konsumsektor abgezogenen Einkommen die Investitionsneigung dämpfen und so der relative Überfluss an anlagesuchenden Finanzierungsmitteln nicht mehr genügend viele profitable Investitionsgelegenheiten findet. Anstatt zu einem Anstieg des volkswirtschaftlichen Nettovermögens kommt es zu einer Schrumpfung bei negativen Nettoinvestitionen (»Entsparen«) – mit einem entsprechenden Anstieg der Arbeitslosenquote (»Keynes'sches Sparparadox«). In diesem Rahmen erscheint die Sparpolitik als Bezeichnung für jenen Teilbereich einer auf Konjunkturglättung ausgerichteten Wachstumspolitik der mittleren Frist, welche von den grundlegenden Kreislaufzusammenhängen nicht abstrahiert.

2. Ursprünglich ist nur innerhalb der Betriebswirtschaftslehre die Sprachregelung üblich gewesen, jeglichen Nettozuwachs an finanziellen und realen Werten *(assets)* als »Investition« zu bezeichnen. Mittlerweile ist dieses Begriffsverständnis über die angelsächsische *Finance*-Literatur jedoch auch in weite Teile der Volkswirtschaftslehre eingewandert. Das die »effektive Nachfrage« nicht tangierende Horten von Geld und Gold oder der Kauf von Wertpapieren durch »Investoren« ist jetzt analytisch nicht mehr getrennt vom effektiven Neueinsatz von »realen«

Investitionsgütern. »Sparen« im Ganzen ist insofern nicht mehr unterscheidbar von Transferflüssen, die einzig die »Spar«-Position einzelner Akteure (Haushalte, Unternehmen) oder Gebietskörperschaften vergrößern – jeweils auf Kosten von anderen Akteuren oder Gebietskörperschaften. »Investition« ist damit auf einzelwirtschaftlicher Ebene jederzeit – und nicht nur *ex post* – identisch gesetzt mit »Sparen«, während die gesamtwirtschaftliche »Spar«-tätigkeit ganz aus dem Blickfeld gerät. Im Kontext dieser Denkweise wird Sparpolitik wahrgenommen als Teil einer auf längere Frist ausgerichteten Wachstumspolitik, die von den Kreislaufzusammenhängen abstrahiert und »potenzielle Wachstumsfaktoren« für einzelne Gebietskörperschaften oder Regionen identifizieren möchte. Die konkrete Umsetzung in eine aktive »Standortpolitik« setzt implizit entweder voraus, der internationale Handel sei ein Nullsummenspiel, oder, es handle sich um einen »positionalen Wettbewerb« (F. Hirsch) im Kampf um »Standortvorteile« (M. Porter), der fortdauernd zumindest relative Verlierer und Gewinner erzeuge. Für die Sparpolitik impliziert dieser Ansatz gemäß dem Internationalen Währungsfonds (IWF), dass die nationalen Finanzmärkte »liberalisiert« werden (z.B. keine Devisenverkehrskontrollen, keine Klauseln der Investitionsbeschränkung für ausländische Anleger) und dass die legalen Rahmenbedingungen (die *property rights*) für internationale »Investoren« nicht nur ökonomisch attraktiv, sondern auch umfassend und stabil – und damit berechenbar bzw. »vertrauenswürdig« – auszugestalten sind.

3. Umgangssprachlich und im politischen Diskurs kommt der Ausdruck Sparen in zwei Bedeutungsvarianten vor, die beide innerhalb des Budgetierungsprozesses von privaten oder öffentlichen Haushalten angesiedelt sind. Einerseits wird der Ausdruck verwendet, wenn die rein »technische« Reduktion des Einsatzes von Zahlungsmitteln für budgetierte Aufgabenbereiche angesprochen werden soll. Dieses an der Finanzierungsseite orientierte Begriffsverständnis erstreckt sich auf Haushalte und Unternehmen sowohl des privaten als auch des öffentlichen Wirtschaftssektors. Meist wird dieser Sprachgebrauch erst dann aktualisiert, wenn innerhalb einer Budgetperiode die Zwischenziele geplanter Budgetausgaben merklich überschritten werden und es deshalb zu »Haushaltslöchern« oder »Betriebsdefiziten« kommt. Anderseits wird Sparen auch leistungsseitig verwendet, wenn die Meinung vorherrscht, die zu finanzierenden Leistungen sollen gekürzt werden. Die Soll-Ziele der Budgetplanung werden nach unten revidiert, weil der zu finanzierende Leistungskatalog im normativen Sinn als übertrieben gilt.

Literatur
Klaus D. Henke, Horst Zimmermann, *Finanzwissenschaft. Eine Einführung in die Lehre von der öffentlichen Finanzwirtschaft*, Vahlen, München 1994; – Internationaler Währungsfonds (IWF) (Hrsg.), *World Economic Outlook*, IWF, Washington 2002; – Paul Krugman, *Der Mythos vom globalen Wirtschaftskrieg. Eine Abrechnung mit den Pop-Ökonomen*, Campus, Frankfurt 1999.
Verweise
Budgetpolitik – Krise des Sozialstaats

Thomas Ragni

Spitalfinanzierung

In den 372 Spitälern der Schweiz wurden im Jahr 2000 1,39 Millionen Personen während durchschnittlich 12,8 Tagen behandelt, davon 1,17 Millionen länger als einen Tag (stationär) und 224 880 nur während eines Tages (teilstationär). Die stationäre Versorgung in den Spitälern kostete im Jahr 2000 13,7 Milliarden Franken. Ein Pflegefall kostete im Mittel 9000 Franken oder 830 Franken pro Tag. Am preisgünstigsten waren die Pflegetage in den Spezialkliniken mit relativ langer Aufenthaltsdauer, am teuersten die Aufenthalte in Akutspitälern.

Diese Leistungen werden aus verschiedenen Quellen finanziert, etwa von obligatorischer Krankenversicherung, Unfallversicherung, Militärversicherung, ausländischen Versicherern, privaten Zusatzversicherungen und von selbst zahlenden Patientinnen und Patienten.

Nach dem heutigen, so genannt dualistischen System müssen Tarife der öffentlichen und der öffentlich subventionierten Spitäler zulasten der obligatorischen Krankenversicherung so bemessen sein, dass sie maximal die Hälfte der anrechenbaren Betriebskosten decken. Den anderen Teil hat grundsätzlich der Wohnkanton der betreffenden Patientinnen und Patienten zu übernehmen. Vor Abschluss der Tarifverträge ist dabei auszuhandeln, was alles zu den anrechenbaren Betriebskosten gehört. Gemäß einem Urteil des Eidgenössischen Versicherungsgerichts vom November 2001 gilt dieses System der Finanzierung auch für Patientinnen und Patienten mit einer freiwilligen Zusatzversicherung auf der Privat- und Halbprivatabteilung öffentlicher und öffentlich subventionierter Spitäler, nicht aber für solche in Privatspitälern.

Die Versicherer sind deshalb eher daran interessiert, eine Behandlung in einem öffentlichen oder öffentlich subventionierten Spital statt in einem Privatspital vorzunehmen. Ebenso dürften sie stationäre Behandlungen gegenüber ambulanten und teilstationären bevorzugen. Die Kantone haben dagegen das umgekehrte Interesse.

Um diese problematischen Anreize zu beseitigen, diskutiert das Parlament im Rahmen der zweiten Krankenversicherungsgesetz-Revision den Übergang zu einem dualfixen System. In einem weiteren Schritt soll zum monistischen System gewechselt werden. Dabei würden die Betriebskosten der Spitäler voll auf die Tarife überwälzt.

Literatur
Willy Oggier, *Spitalfinanzierungsmodelle für die Schweiz*, Haupt, Bern 1999.
Verweise
Ambulante Versorgung – Gesundheitswesen(s) (Finanzierung des) – Integrierte Versorgung – Krankenversicherung

Willy Oggier

Spitex

Das Kürzel Spitex ist eine Sammelbezeichnung für verschiedene Formen spitalexterner Angebote der Gesundheitsversorgung, insbesondere für »Hilfe und Pflege« zu Hause. Spitalexterne Angebote schließen Pflege von psychiatrischen Patienten, Kindern, Wöchnerinnen und Mütterberatung mit ein. Die Spitexleistungen werden von lokalen und regionalen Trägerorganisationen meistens im Auftrag der Gemeinden erbracht. Gemeindekrankenpflege und ambulante Pflege sind synonyme Begriffe für Spitex.
Der Begriff Spitex wurde erstmals 1980 von der Direktion des Gesundheitswesens des Kantons Zürich für spitalexterne Krankenpflege und Gesundheitspflege verwendet. 1995 fusionierten der Schweizerische Verband der Gemeindekrankenpflegeorganisationen und der Schweizerische Verband der Hauspflegeorganisationen zum Spitex Verband Schweiz.
Seit der Einführung des Krankenversicherungsgesetzes (KVG) am 1. Januar 1996 und der Verordnung über die Leistungen in der obligatorischen Krankenpflegeversicherung (KLV) sind diejenigen Pflegeleistungen gesetzlich definiert, die von den Krankenkassen getragen werden. Das Bundesgesetz der Alters- und Hinterlassenenversicherung (AHV) sieht die Förderung der Altershilfe vor und leistet finanzielle Beiträge an die Haushalthilfe.
Mitarbeitende mit Diplom in Pflege schätzen den Pflegebedarf von Einzelpersonen oder Familien im Hinblick auf aktuelle oder potenzielle Probleme der Gesundheit ein, planen und führen Maßnahmen durch, evaluieren das Ergebnis und passen die Pflege, wenn nötig, neu an. Artikel 7 KLV verlangt eine ärztliche Verordnung für pflegerische Leistungen.
Im Rahmen der Hilfe zur Selbsthilfe unterstützen und fördern gelernte Hauspflegerinnen und Hauspfleger und angelernte Mitarbeitende das körperliche, soziale und geistige Wohlbefinden von Personen und deren Umfeld. Sie tragen wesentlich dazu bei, das Leben und Wohnen zu Hause zu ermöglichen.

Auf Initiative von Kantonsbehörden, Sozialdiensten und Ärzten entwickeln sich Gesundheitsförderungsprojekte, die von Spitexdiensten bei Einzelpersonen und Familien bereits durchgeführt werden. Aufgrund ihrer Verankerung in der Bevölkerung sind sie prädisponiert für Gesundheitsförderung, die in der Zukunft ausbaufähig ist.
Kontrovers wird über das Verhältnis des Einsatzes von Spezialistinnen und Spezialisten und von diplomierten und angelernten Mitarbeitenden im Spitexbereich diskutiert. Spitexarbeit ist vorwiegend Frauenarbeit und somit mit Genderfragen verbunden.

Internet
www.spitexch.ch
www.bsv.admin.ch/statistik/details/d/index.htm
Verweise
Ambulante Versorgung – Pflegeversicherung – Sozialpsychiatrie

Johanna Niederberger-Burgherr

Staat, strafender

Der strafende Staat bezeichnet im Gegensatz zum Wohlfahrtsstaat eine Verwaltungsorganisation, die das soziale Elend durch repressive Maßnahmen verwaltet. Er beschreibt die Sozialhilfeempfänger als kriminelle, gefährliche und moralisch verwahrloste soziale Klasse. Die Sozialhilfeempfänger haben keinen Rechtsanspruch mehr auf soziale Leistungen, sondern müssen sich diese durch Gegenleistungen (z.B. Verpflichtung zur Arbeitsaufnahme) verdienen. Der Prozess des Umbaus von *welfare* zu *workfare*, vom sozialen zum strafenden Staat, geht in den USA mit einer starken Zunahme der Inhaftiertenzahl einher. Sie stieg von 380 000 Personen im Jahr 1975 auf 2 Millionen im Jahr 1998 (Wacquant 2000, 69). Eine ähnliche, jedoch weniger drastische Entwicklung lässt sich in Europa beobachten. In der Schweiz hingegen gab es in den 90er-Jahren keine relevante Zunahme der Inhaftiertenzahl. Aber die Diskurse über »Jugendgewalt«, »Ausländerkriminalität« und »Null-Toleranz« rechtfertigen die Einschätzung, die Schweiz entwickle sich vom sozialen zum strafenden Staat.

Literatur
Loïc Wacquant, *Elend hinter Gittern*, UVK/Raisons d'Agir, Konstanz 2000.
Verweise
Ausgrenzung – Soziale Randgruppe – Wohlfahrtsstaat – Zero Tolerance (Null-Toleranz)

Ludwig Zurbriggen

Staatsbürgerschaft → Bürgerrechte

Staatssekretariat für Wirtschaft (seco)

Das Staatssekretariat für Wirtschaft (seco) ist das Kompetenzzentrum des Bundes für alle Kernfragen der Wirtschaftspolitik. Das Ziel des seco ist es, ordnungs- und wirtschaftspolitische Rahmenbedingungen zu schaffen, damit sich die Wirtschaft zum Wohle aller entwickelt.

Innenpolitisch wirkt das seco als Schnittstelle zwischen Wirtschaft, Sozialpartnern und Wirtschaftspolitik. Es unterstützt die regional und strukturell ausgewogene Entwicklung der Wirtschaft und gewährleistet den Arbeitnehmerschutz. Das seco leistet einen Beitrag zur Verhinderung und Bekämpfung der Arbeitslosigkeit und damit zur Erhaltung des sozialen Friedens.

Ein weiteres Anliegen des seco ist die Förderung wettbewerbsfähiger Rahmenbedingungen für den Standort Schweiz. Das seco trägt dazu bei, Schweizer Gütern, Dienstleistungen und Investitionen den Zugang zu allen Märkten zu öffnen.

Außenpolitisch arbeitet das seco aktiv an der Gestaltung effizienter, fairer und transparenter Regeln für die Weltwirtschaft mit. Das seco vertritt die Schweiz in großen multilateralen Wirtschaftsorganisationen sowie in internationalen Verhandlungen. Zur Verminderung der Armut engagiert sich das seco auch in der wirtschaftlichen Entwicklungszusammenarbeit.

Das seco erfüllt seine Aufgaben mit rund 600 Mitarbeitenden und ist im Eidgenössischen Volkswirtschaftsdepartement angesiedelt.

Literatur
Ulrich Klöti, Peter Knoepfel et al., *Handbuch der Schweizer Politik*, NZZ Buchverlag, Zürich 2002; – Alois Riklin, Hans Haug, Raymond Probst, *Neues Handbuch der schweizerischen Aussenpolitik*, Haupt, Bern 1992; – seco, *Grundlagen der Wirtschaftspolitik*. Studienreihe des Staatssekretariats für Wirtschaft, Leistungsbereich »Wirtschaftspolitische Grundlagen«, seco, Bern 2000.
Internet
www.seco-admin.ch

Rita Baldegger

Staatsverschuldung

Die Budgetierung öffentlicher Haushalte ist der jederzeit geltenden buchhalterischen Identität des Budgetausgleichs unterworfen: Einnahmen – Ausgaben = Veränderung der Netto-Schuldenposition des öffentlichen Bereichs. Die Veränderung der Netto-Schuldenposition kann weiter aufgegliedert werden in jene gegenüber dem Privatsektor und jene gegenüber der Notenbank.

Um die langfristige Tragfähigkeit der staatlichen Finanzpolitik zu beurteilen, sind zahlreiche Finanzindikatoren entwickelt worden, z.B. der öffentliche Gesamtschuldenstand gemessen am Bruttoinlandprodukt (BIP) oder die öffentlichen Schuldzinsen gemessen am BIP. Doch eine Analyse, die nur die Finanzierungs- und nicht auch die Leistungsseite einbezieht, greift systematisch zu kurz, weil künftige Belastungspotenziale z.B. aus der soziodemografischen Entwicklung nicht ins Blickfeld geraten. Darum ist in den letzten Jahren das Konzept der »Generationenbilanz« *(generational accounting)* entwickelt worden.

Eine auf Budgetdefizite beschränkte Diskussion um eine »nachhaltige« Finanzpolitik blendete noch eine andere Gefahr aus: Wenn etwa aus dem Motiv heraus, die »Staatsquote« zu senken, scharfe Steuersatzreduktionen mit rigiden Ausgabenkürzungen gepaart werden, könnten dadurch öffentliche Investitionen unterlassen bleiben, sodass das Volksvermögen zu schrumpfen begänne (»Entsparen«) und Wachstums- und Wohlstandschancen »nachhaltig« verspielt würden. Auch nach Berücksichtigung solcher leistungsseitigen Effekte werden noch immer wesentliche verursachende Faktoren der »chronischen Finanzkrise des Staates« (O'Connor 1970) ausgeblendet. Nicht sehr überraschend ist, dass die politökonomischen Diagnosen sich diametral widersprechen, je nachdem, ob sie aus linker oder rechter Perspektive gestellt werden. Vereinfacht kann das Folgende gesagt werden:

Das linke normative Grundverständnis ist an der »sozialen Gerechtigkeit« orientiert, während die rechte Weltbild die bloß subsidiäre Hilfspflicht des Staates (Konservative) bzw. die »individuelle Verantwortung« (Liberale) hervorhebt. Die normative Zuständigkeit des Staates zur Leistungserbringung ist für Linke schneller und umfassender als für Rechte gegeben – insbesondere, weil er für die Gleichverteilung der Lebenschancen sorgen und nicht bloß eine nachträgliche Einkommensumverteilung der »blinden« Marktresultate vornehmen soll.

Linke betonen, dass im Wachstumsprozess mit der Arbeitsteilung und der funktionalen Differenzierung (Luhmann) der relative Anteil der öffentlichen Güter am Gesamtumfang der Güterbereitstellung zunimmt, während Rechte dies bestreiten. »Echte« öffentliche Güter gebe es nur ganz wenige, z.B. öffentliche Sicherheit nach außen und innen (durch Armee- und Polizeigewalt gewährleistet).

Linke Vertreter interpretieren die chronische öffentliche Finanznot entweder als Oberflächensymptom der strukturellen Krise des Kapitalismus oder wenigstens der fundamentalen Instabilität des marktwirtschaftlichen Systems. Demgegenüber machen rechte Vertreter als Grundübel gruppenegoistische Strategien zum Schaden des Allgemeinwohls aus. (Allerdings gibt es davon auch linke Lesarten, die meist in Form einer »Klassenanalyse« präsentiert werden.) Angesichts des Mangels realistischer Alternativen stehen die Linken für die Verteidigung des traditionellen Wohlfahrtsstaates ein, während die Rechtskonservativen für einen autoritären, paternalistischen Staat optieren und die (Neo-)Liberalen einen »ordoliberalen« Minimal- oder Nachtwächterstaat bevorzugen.

»Rein ökonomisch« gesehen ist die Staatsverschuldung vor allem in der Konjunkturpolitik von Interesse. Werden innerhalb des »bürgerlich« dominierten politischen Diskurses Steuer- und Abgabenerhöhungen normalerweise als »expansive« Staatstätigkeit interpretiert, als pures Gegenteil eines »sparsamen« staatlichen Ausgabenverhaltens, so gelten innerhalb des fachökonomischen Diskurses steuerfinanzierte Ausgabenerhöhungen als konjunkturell »restriktiv«. Nur Einnahmen- und Ausgabensteigerungen dank weiteren Kreditaufnahmen *(deficit spending)* werden als »expansive« Fiskalpolitik taxiert. Der Grund ist, dass im ersten Fall das verfügbare Einkommen im Privatsektor verringert wird und es »unter normalen Umständen« *per saldo* zu keiner Vergrößerung der effektiven Nachfrage kommt, während im zweiten Fall in Zeiten brachliegender Produktionskapazitäten (bzw. bei einem anhaltend positiven *output gap*) zusätzliche staatliche Nachfrage und damit auch zusätzliche Arbeitsplätze »aus dem Nichts« geschaffen werden, ohne dass es zu Verdrängungseffekten privater Investitionen aufgrund steigender Realzinsen *(crowding out)* oder zu Inflationstendenzen kommen muss.

Literatur
Dieter Grimm, *Staatsaufgaben*, Suhrkamp, Frankfurt am Main 1996; – James O'Connor, »The Fiscal Crisis of the State«, in: *Socialist Revolution*, Nr. 1 und 2, 1970; – Bernd Raffelhüschen, Christoph Borgmann, *Zur Nachhaltigkeit der schweizerischen Fiskal- und Sozialpolitik. Eine Generationenbilanz*, seco-Studienreihe Strukturberichterstattung Nr. 3, seco, Bern 2001.
Verweise
Budgetpolitik – Sparpolitik

Thomas Ragni

Stadt/Land

Gemäß soziologischer Lehrmeinung bilden sich erst im Mittelalter mit der städtischen und der ländlichen Sphäre zwei unvereinbare kulturelle Entwicklungspole heraus. Da ist zunächst einmal das Land, die unbewegliche, in eine kosmische Ordnung objektiver Vernunft fest eingefügte Welt der patriarchalen Grundherrschaften, eine Welt ohne Märkte, Geld, Handel und Wandel. Die Stadt hingegen hat mithilfe eines spezifischen Arbeitsethos und der Erhöhung der Produktivität durch technische Entwicklungen sich von der ländlichen Welt distanziert. Entscheidend für die Wiedergeburt der Stadt ist aber das Auftauchen von Fremden in der Gestalt der Händler, die eine dominierende Stellung in den europäischen Städten einnehmen. Die Stadt entwickelt sich zu einem nichtagrarischen Raum, der eine völlig neuartige Praxis ausbildet: ein subjektzentriertes Denken, in bürgerlicher Rechtsgleichheit verankertes Handeln und ein utilitaristisches, in individueller Kompetenz begründetes und auf Märkte ausgerichtetes Handeln. Mit der Industriemoderne etabliert sich die Herrschaft der Stadt über das Land. Die Gesellschaft wird kleinbürgerlich bzw. massenbürgerlich. Sie gerät vollends unter das Diktat der Geldwirtschaft, die für Simmel sogar zum zentralen Moment einer Großstadtbeschreibung avanciert. Daraus folgt der Typus großstädtischer Individualität, dessen psychologische Grundlage »die Steigerung des Nervenlebens (ist), die aus dem raschen und ununterbrochenen Wechsel äußerer und innerer Eindrücke hervorgeht« (Simmel 1992, 192).

In der Großstadt kommt die Stadt endgültig zu sich selbst und prägt unser Verständnis von Urbanität durch ihre Kultur, Lebensweise und Ästhetik. Die Metropolis ist das Gegenbild zum Landleben. Sie ist der Sozialraum einer Gesellschaft, die sich entschieden der Gemeinschaft und ihren Ausdrucksformen in Familie, Nachbarschaft und Bruderschaft gegenüberstellt. Allmählich verschwindet aber der Strukturdualismus von Stadt und Land, die schnellen Verkehrs- und Kommunikationswege urbanisieren auch die ländlichen Kleinstädte und Dörfer. Dennoch verlassen die Bürger die Stadt – um als Pendler zurückzukehren. Das Eigenheim am Stadt- und Dorfrand ist zum Symbol für das »gute Leben« geworden. Die alten Städte werden mit Ausfallstraßen und Tangenten umzingelt und lassen Zwischenzonen entstehen, die weder Stadt noch Land sind, *non-villes* oder *banlieues*, meist Schlafstädte, die destruktiv auf die Menschen zurückwirken. In beiden Fällen handelt es sich um spezialisierte, erlebnisarme, uniforme Räume, die sowohl urbane als auch rurale Qualitäten vermissen lassen. In der Konsequenz droht der Stadt wie dem Land durch die »funktionalisierte« Produktion von Räumen zum Wohnen, Arbeiten, Konsumieren, Lernen, Spielen usw. der Verlust ihrer Einzigartigkeit, ihrer Atmosphäre und damit nicht zuletzt ihrer Fähigkeit, Begegnung und Kommunikation zu stiften.

Literatur
Dieter Hasenpflug (Hrsg.), *Die europäische Stadt. Mythos und Wirklichkeit*, LIT, Münster 2000; – Georg Simmel, *Soziologie. Untersuchungen über Formen der Vergesellschaftung*, Suhrkamp, Frankfurt am Main 1992; – Max Weber, *Wirtschaft und Gesellschaft*, Mohr, Tübingen 2002.

Verweise
Finanzausgleich – Migration – Urbanisierung
Gianni D'Amato

Städteinitiative

Die Städteinitiative »Ja zur sozialen Sicherung« (neu: Städteinitiative Sozialpolitik) ist eine Fachorganisation des schweizerischen Städteverbandes. In diesem Verbund sind gegenwärtig 41 Städte zusammengeschlossen. Die Städteinitiative verfolgt das Ziel, auf die Sozialpolitik des Bundes Einfluss zu nehmen und den Erfahrungsaustausch unter den Städten zu pflegen. Sie versucht, vor allem mit Lobbyarbeit den städtischen Anliegen auf Bundesebene größeres Gewicht zu verschaffen und die Systeme der sozialen Sicherung zwischen Bund, Kantonen und Gemeinden besser abzustimmen.

Die Städteinitiative wurde im Jahr 1994 als Antwort auf die sozialen Folgen der Wirtschaftsrezession der 90er-Jahre, insbesondere der hohen Arbeitslosigkeit, durch den Zusammenschluss von zunächst 14 Städten gegründet. Zu dieser Zeit traten Lücken im System der sozialen Sicherung auf Bundesebene (z.B. im Bereich der Arbeitslosenversicherung) besonders deutlich zutage und verlangten gerade von den Städten, wo soziale Brennpunkte zuerst und deutlich auftreten, aktive Anstrengungen im Bereich der Sozialhilfe und der Integrationsprogramme.

Wirksame Sozialpolitik, sei sie auf Ebene der Städte oder des Bundes, muss sich auf solide Daten und Zahlen stützen können. Ein grundlegendes Anliegen der Städteinitiative ist es deshalb, die Datenbasis zu verbessern. Seit vier Jahren liefern jährliche Kennzahlenberichte Unterlagen für den Vergleich der Sozialhilfe unter den Städten und die Verbesserung nach dem Prinzip »Lernen vom Besten«. Diese Arbeit wird eng mit dem Bundesamt für Statistik, das für den Aufbau der Sozialhilfestatistik zuständig ist, koordiniert.

Aktueller thematischer Schwerpunkt der Städteinitiative ist die Familienpolitik. Sie hat im November 2001 die Postulate zur Familienpolitik, das so genannte Vier-Säulen-Modell, verabschiedet. Darin verlangt die Städteinitiative einen Ausgleich der Familienlasten und eine Reduktion der zunehmenden Familienarmut. Sie versteht dabei die Familienpolitik als Kombination von wirtschaftlichen Maßnahmen und solchen, die für die Familie ein förderliches Umfeld schaffen und integrierend wirken.

Die Anliegen der Städte haben in Artikel 50 der Bundesverfassung erstmals offiziell Berücksichtigung gefunden. Dennoch verfügen die Städte als wichtige politische Akteurinnen – rund zwei Drittel der Bevölkerung leben in Städten und Agglomerationen – über keinen formellen Status, der ihnen direkten Zugang zu Politikbereichen des Bundes geben würde. Es ist deshalb die besondere Aufgabe der Städteinitiative, hier in die Lücke zu springen und die sozialpolitischen Interessen der Städte auf Ebene der Kantone und des Bundes zu vertreten. Das zunehmende Gewicht dieses Verbundes zeigt sich auch in der Tatsache, dass die Städteinitiative mit beratender Stimme in der Konferenz der kantonalen Sozialdirektorinnen und Sozialdirektoren (SODK) vertreten ist.

Literatur
Bundesamt für Sozialversicherung, »Schwerpunkt Städte und Sozialpolitik«, in: *Soziale Sicherheit*, Nr. 2, 2002; – Robert Fluder, Jürgen Stremlow, *Armut und Bedürftigkeit. Herausforderungen für das kommunale Sozialwesen*, Haupt, Bern 1999.
Internet
www.staedteinitiative.ch
Verweise
Schweizerische Konferenz für Sozialhilfe (SKOS) – Sozialhilfe (im weiteren Sinne) – Sozialhilfestatistik
Michael Hohn

Stationäre Versorgung → Ambulante Versorgung, Integrierte Versorgung, Spitalfinanzierung

Statistische Schätzung

Statistische Schätzung ist der Schluss von den Daten einer repräsentativen Zufallsstichprobe auf eine zunächst unbekannte statistische Kennzahl (z.B. Mittelwert), welche zur Beschreibung der zugehörigen Grundgesamtheit (Population) dient. Gute Schätzverfahren für solche Zwecke sollten von den verfügbaren Daten möglichst erschöpfend und effizient Gebrauch machen (Suffizienz- und Effizienz-Kriterium) und mit wachsendem Stichprobenumfang konsistent zu einem unverzerrten Schätzwert konvergieren (Konsistenz- und Erwartungstreue-Kriterium). Der Vorteil der Schätzung liegt darin, dass sich die zugehörige Datenerhebung auf eine relativ kleine Stichprobe beschränkt, was billiger als eine Vollerhebung ist. Dem steht der Nachteil der relativen Unzuverlässigkeit von Schätzungen gegenüber, die sich in der Variation der Schätzwerte für verschiedene Zufallsstichproben manifestiert. Man versucht dieses Problem dadurch zu lösen, dass man zu jedem Schätzwert ein so genanntes Konfidenzintervall bestimmt, welches für eine frei wählbare Wahrscheinlichkeit den wahren statistischen Kennwert der Grundgesamtheit mit einschließt.

Literatur
Jürgen Bortz, *Statistik für Sozialwissenschaftler*, Springer, Berlin 1999.
Verweise
Empirische Forschungsmethoden – Sozialforschung – Trendanalyse
Georg Müller

Statuten

Statuten ist der Sammelbegriff für die grundlegenden Rechtsnormen, die sich eine Körperschaft gibt. Sie werden in der Regel in Artikel (oder Paragrafen), diese wiederum in Absätze (oder Ziffern) unterteilt; die genaue Bezeichnung ist jedoch ohne Belang. Fragen von untergeordneter Bedeutung werden oft in Reglementen geregelt (z.B. Geschäftsreglemente).

Körperschaften sind rechtsfähige Vereinigungen von (natürlichen und/oder juristischen) Personen, die einen selbst gesetzten Zweck verfolgen und sich hierfür eine zweckdienliche Organisation gegeben haben. Körperschaften des Bundesprivatrechts sind der Verein, die AG, die Kommanditaktiengesellschaft (KAG), die GmbH und die Genossenschaft; daneben bestehen Körperschaften des öffentlichen Rechts und (selten) des kantonalen Privatrechts.

Die Statuten des Vereins und der Genossenschaft bedürfen zu ihrer Gültigkeit der Schriftlichkeit; jene der AG, der KAG und der GmbH sogar der öffentlichen Beurkundung.

Das Gesetz enthält für alle Körperschaften des Bundesprivatrechts Mindestvorschriften, die bei der Abfassung der Statuten zu beachten sind (vgl. für den Verein Art. 60 ff. ZGB, für die AG Art. 626 ff. OR, für die KAG Art. 764 OR, für die GmbH Art. 776 ff. OR und für die Genossenschaft Art. 832 f. OR). Die Statuten der AG, der KAG, der GmbH und der Genossenschaft müssen insbesondere Bestimmungen über Firma, Sitz, Zweck, Organe und die Form ihrer Bekanntmachungen enthalten, jene der AG, der KAG und der GmbH zudem Bestimmungen über das Aktien- bzw. Stammkapital. Die Statuten des Vereins müssen von Gesetzes wegen einzig über dessen Zweck, Mittel und Organisation Aufschluss geben. Für den Verein enthält das Gesetz indessen weitere Bestimmungen zwingender und dispositiver Natur, die sich auf die Abfassung der Statuten auswirken. Zwingende Gesetzesbestimmungen haben absolute Geltung und dürfen durch die Vereinsstatuten nicht ausgeschlossen werden. Dispositive Bestimmungen finden nur dann Anwendung, wenn die Statuten nichts vorsehen. Um vollständig zu sein, sollten Vereinsstatuten folgende Fragen regeln: Zweck und finanzielle Mittel des Vereins, dessen Gründung und Auflösung, die interne Organisation (Mitgliederversammlung, Vorstand, evtl. Rechnungsrevisoren) und die Art der Beschlussfassung, Rechte und Pflichten der Mitglieder sowie Beginn und Ende der Mitgliedschaft.

In der Regel bedürfen Statutenänderungen, insbesondere die Auflösung der Körperschaft oder die Änderung ihres Zwecks, eines qualifizierten Mehrs der Mitglieder.

Literatur
Bruno Huber, *Die Genossenschaft*, Bankpersonalverband der Zentralschweiz, Luzern 1981; – Pascal Montavon, *SCOOP – Société coopérative*, Éditions juridiques AMC, Lausanne 1999; – Urs Scherrer, *Wie gründe und leite ich einen Verein?*, Schulthess, Zürich 1996.
Verweise
Schweizerisches Zivilgesetzbuch (ZGB) – Verbände

Felix Baumann

Stellvertretung/Vertretung

Unter Stellvertretung versteht man das rechtlich bedeutsame Handeln einer Person mit Wirkung für eine andere. Treten die Rechtswirkungen (Rechte und Pflichten) unmittelbar bei der vertretenen Person ein, spricht man von direkter Stellvertretung. Die Vertretung kann durch ein Rechtsgeschäft (so genannt gewillkürte Vertretung) oder aufgrund einer Gesetzesnorm (gesetzliche Vertretung) erfolgen. Ersterer kommt gerade im Sozialversicherungsverfahren eine zunehmend bedeutende Rolle zu. Bei der gewillkürten Stellvertretung wird die Vertretungsmacht durch die Bevollmächtigung eingeräumt. Die Vollmachtgeberin oder der Vollmachtgeber muss hierfür handlungsfähig und – wird die Vollmacht zu einer Verfügung erteilt – verfügungsberechtigt sein. Grundsätzlich bedarf die Bevollmächtigung weder einer Annahme noch einer besonderen Form. Die wichtigsten Gründe zur Beendigung der Vollmacht sind: Erledigung des Geschäfts oder der Geschäfte, für die die Vollmacht erteilt worden ist, Widerruf und – falls nicht anders geregelt – Tod oder Verlust der Handlungsfähigkeit der Vollmachtgeberin oder des Vollmachtgebers. Dem Widerruf gleichgestellt ist die Niederlegung der Vollmacht durch die Vertreterin oder den Vertreter. Tritt eine Person im Namen einer anderen auf, ohne über eine Vollmacht zu verfügen, oder wird die erteilte Vollmacht überschritten, kommen grundsätzlich keine Rechtswirkungen zwischen vertretener Person und der Drittpartei zustande. Die Versicherungsträger können daher von der Vertretung verlangen, sich durch eine schriftliche Vollmacht auszuweisen. Liegt ein Vertretungsverhältnis vor, wickelt sich der Rechtsverkehr ausschließlich über die Vertreterin oder den Vertreter ab (Art. 37 Abs. 2 f. ATSG). Bei der gesetzlichen Vertretung beruht die Vertretungsmacht auf einer Gesetzesnorm. Sie kommt in unterschiedlicher Ausprägung vor allem im Ehe-, Kindes- und Vormundschaftsrecht vor. Stellvertretung ist grundsätzlich bei sämtlichen Rechtsgeschäften möglich, außer es handle sich um ein so genannt vertretungsfeindliches, da höchstpersönliches Geschäft (z.B. Eheschließung, Adoption).

Literatur
Ueli Kieser, *Das Verwaltungsverfahren in der Sozialversi-*

cherung, Schulthess, Zürich 1999; – Ingeborg Schwenzer, *Schweizerisches Obligationenrecht*, Stämpfli, Bern 2000.
Verweise
Verwaltungsverfahren

René Balmer

Sterbehilfe

Der Begriff der Sterbehilfe wird für unterschiedliche Sachverhalte verwendet. In einem engeren Sinn versteht sich die Sterbehilfe als das Sterbenlassen schwerkranker Menschen, deren Leben sich nach medizinischer Einschätzung unwiderruflich dem Ende zuneigt. In einem weiteren Sinn wird Sterbehilfe auch für die Tötung aus Mitleid von Menschen mit unerträglichem und nicht behebbarem Leiden oder von schwerst geschädigten, dauernd bewusstlosen Menschen verwendet. Die Beihilfe zur Selbsttötung wird ebenfalls der Sterbehilfe zugerechnet.

Unterschieden werden im Einzelnen:
– Passive Sterbehilfe, das Unterlassen oder Beenden von lebenserhaltenden Maßnahmen: Dies ist in der Schweiz erlaubt, weil jeder Mensch das Recht hat, eine ärztliche Behandlung abzulehnen. Dem Sterben wird freier Lauf gelassen, und es wird nichts – auch wenn es medizinisch möglich wäre – zur Lebensverlängerung unternommen. Prinzipielle ethische Einwände dagegen sind selten. Gewarnt wird höchstens davor, vorschnell anzunehmen, ein Mensch wünsche keine lebensverlängernde Maßnahme.
– Indirekt aktive Sterbehilfe: Darunter versteht man Maßnahmen zur Verbesserung der Lebensqualität – etwa zur Schmerzbekämpfung –, die als Nebenwirkung das Sterben beschleunigen. Auch dies ist in der Schweiz erlaubt und ethische Einwände sind selten.
– Beihilfe zur Selbsttötung (oft auch als Suizidbeihilfe bezeichnet): Das schweizerische Strafgesetz erklärt diese nur dann für strafbar, wenn sie aus »selbstsüchtigen Beweggründen« erfolgt. Folglich ist Suizidbeihilfe aus nicht selbstsüchtigen Motiven ausdrücklich erlaubt. Damit ist das Schweizer Recht vergleichsweise liberal. Es ermöglicht etwa die Freitodhilfe der Vereinigung »Exit«, die in den meisten anderen Ländern nicht zulässig wäre. Vor allem im angelsächsischen Raum ist die ärztlich unterstützte Selbsttötung – der so genannte *doctor-assisted suicide* – Gegenstand heftiger politischer Kontroversen. Im US-Bundesstaat Oregon wurde sie nach zweimaliger Volksabstimmung erlaubt. In anderen US-Bundesstaaten und in Australien sind entsprechende Bestrebungen jedoch gescheitert.
– Aktive Sterbehilfe, die Tötung auf Verlangen: Diese ist in der Schweiz strafbar. Sofern sie aus achtenswerten Beweggründen erfolgt, ist die Strafe jedoch wesentlich milder als für andere Tötungsdelikte (Gefängnis bis zu 3 Jahren, Bewährungsstrafe möglich). In den Niederlanden und Belgien wurde die aktive Sterbehilfe durch Ärztinnen und Ärzte kürzlich erlaubt. Nationalrat Franco Cavalli forderte dies auch in der Schweiz. Im Dezember 2001 lehnte der Nationalrat seine Initiative jedoch ab.

Befürwortet werden die Beihilfe zur Selbsttötung und die aktive Sterbehilfe einerseits unter Berufung auf das Selbstbestimmungsrecht, das die freie Wahl des Todeszeitpunkts einschließe. Andererseits wird geltend gemacht, Sterbehilfe sei ein Akt der Nächstenliebe, der Leiden vermeide oder abkürze. Skeptische Stimmen machen hingegen geltend, hilfsbedürftige Menschen könnten einem Druck von Angehörigen oder Behörden ausgesetzt werden, der Beendigung ihres Lebens zuzustimmen. Zudem könne eine Lockerung des Gebots der Lebenserhaltung zu einem »ethischen Dammbruch« führen, und die Förderung der Sterbehilfe vermindere die Motivation zur Weiterentwicklung palliativer Behandlungsformen. Diese Haltung ist umstritten: Die Suizidbeihilfe, die indirekt aktive Sterbehilfe sowie die passive Sterbehilfe sind rechtlich und in der Praxis in der Schweiz gut verankert. Umstritten ist, ob jedes Leiden mit Palliation definitiv gelindert oder verhindert werden kann, auch wenn die Fortschritte der Medizin und Pflege in diesem Bereich beachtlich sind. Die öffentliche Diskussion zeichnet sich dadurch aus, dass die verschiedenen Sachverhalte der Sterbehilfe oft zu wenig differenziert auseinander gehalten werden, was zu Missverständnissen führen kann. Das Argument betreffend die freie Wahl des Todeszeitpunktes trifft beispielsweise nur auf die Suizidbeihilfe und die aktive Sterbehilfe zu, auf die anderen Sachverhalte demgegenüber nicht.

Der aus dem Griechischen stammende Begriff der Euthanasie (guter Tod) wird teilweise gleichbedeutend wie Sterbehilfe verwendet. Allerdings wurde er im »Dritten Reich« für die Tötung von Behinderten und Kranken durch das nationalsozialistische Regime gebraucht und ist damit belastet. Der entscheidende Unterschied liegt in der Tatsache, dass die Nazis Menschen gegen deren Willen töteten, während der heutige Begriff der Sterbehilfe explizit nur Tötungen auf ausdrücklichen Wunsch von Sterbenden oder Schwerstleidenden meint.

Literatur
Sterbehilfe. Bericht der Arbeitsgruppe an das Eidg. Justiz- und Polizeidepartement, EJPD, Bern 1999; – Walter Jens, Hans Küng (Hrsg.), *Menschenwürdig sterben. Ein Plädoyer für Selbstverantwortung*, München/Zürich 1998; – Alex Schwank, Ruedi Spöndlin (Hrsg.), *Vom Recht zu sterben zur Pflicht zu sterben. Beiträge zur Euthanasiedebatte in der Schweiz*, Edition 8, Zürich 2001; – Schweize-

rische Akademie der Medizinischen Wissenschaften, *Medizinisch-ethische Richtlinien für die ärztliche Betreuung sterbender und zerebral schwerst geschädigter Patienten*, 24.2.1995.
Internet
www.lwc.edu (Longwood College Web Search, Suchwort »suicide«)
Verweise
Alter – Palliativmedizin/-pflege – Sterbende(n) (Rechte der) – Suizid – Tod

Erwin Carigiet, Ruedi Spöndlin

Sterbende(n) (Rechte der)

Der sterbende Mensch kann bis zum Zeitpunkt des Todes grundsätzlich alle seine Rechte ausüben. Demzufolge darf er u.a. bestimmen, welche medizinischen und pflegerischen Behandlungen er in Anspruch oder nicht in Anspruch nehmen will. Dies ermöglicht es ihm beispielsweise, auf lebensverlängernde medizinische Maßnahmen zu verzichten, um den Sterbeprozess abzukürzen (passive Sterbehilfe). Ist ein sterbender Mensch nicht mehr in der Lage, seinen Willen zu äußern, so haben Ärztinnen, Ärzte und Pflegende auf seinen mutmaßlichen Willen abzustellen. Dieser kann sich aus seinem Verhalten oder unter Umständen aus schriftlichen Aufzeichnungen (Patientenverfügung) ergeben. Die Angehörigen eines sterbenden Menschen können grundsätzlich nicht an seiner Stelle entscheiden. Ärztinnen, Ärzte und Pflegende dürfen sich jedoch an sie wenden, um den mutmaßlichen Willen eines sterbenden Menschen zu ermitteln.

Verweise
Patientinnen- und Patientenrecht – Sterbehilfe – Tod

Ruedi Spöndlin

Steuerdruck

Der Steuerdruck bezeichnet das relative Gewicht einer Steuer oder einer Kategorie von Steuern (oder von obligatorischen Abgaben wie Lohnabzüge für Sozialversicherungen) im Rahmen der Volkswirtschaft. Der Steuerdruck betrifft makroökonomische Größen. Das Gewicht der Steuern wird beispielsweise in Prozenten des Bruttoinlandprodukts (BIP) ausgedrückt, um das Einwirken des Staates auf die Steuerzahler zu messen. Um den Steuerdruck auf die Unternehmen darzustellen, wird die Gesamtsumme der Gewinnsteuern der Summe der Unternehmensgewinne gegenübergestellt. Diese »Messungen« erlauben globale, internationale oder interkantonale Vergleiche hinsichtlich der Wirkung der Steuerpolitik in der Wirtschaft.

Dabei gilt es, zwischen dem »Steuerdruck« und der »Steuerlast« zu unterscheiden. Mit der Steuerlast wird die Vorstellung des Steuerdrucks auf individueller Ebene (mikroökonomische Ebene) ausgedrückt: Für einen verheirateten Steuerzahler mit zwei Kindern und einem steuerbaren Einkommen von 60 000 Franken kann die Steuerlast abgeschätzt werden, indem die Höhe seiner Steuern unter Berücksichtigung seiner familiären Situation mit seinem Einkommen verglichen wird.

Verweise
Steuern – Steuerpolitik

Bernard Dafflon

Steuerdumping

Steuerdumping besteht darin, dass rein pekuniär anwesende ausländische Steuerpflichtige gegenüber den inländischen Steuerpflichtigen privilegiert werden. Dies wird erreicht, indem dem Finanzsektor Steuervergünstigungen gewährt werden. In Klein- und Kleinststaaten, die sich als »Steueroasen« profilieren, werden Vorzugssteuerregime errichtet. Die OECD nennt diese *preferential tax regimes*. Als schädlich gelten die Steuerregime, wenn 1. niedrige oder keine Einkommenssteuern erhoben werden, 2. sie von der übrigen Ökonomie abgeschirmt sind, 3. mangelnde Transparenz herrscht und es 4. keinen effektiven Informationsaustausch gibt.

Seit 1998 kämpft die OECD gegen den schädlichen Steuerwettbewerb, indem alle Mitgliedländer aufgerufen sind, diskriminierende Vorzugssteuerregime abzuschaffen (OECD-Initiative). Als Länder mit einem diskriminierenden Vorzugssteuerregime werden u.a. das Fürstentum Liechtenstein und die Schweiz genannt.

Literatur
OECD, *Harmful Tax Competition. An Emerging Global Issue*, OECD, Paris 1998; – Ulrich Thielemann, »Grundsätze fairen Steuerwettbewerbs. Ein wirtschaftsethisches Plädoyer für einen Steuerleistungswettbewerb«, in: Bernd Britzelmeier et al. (Hrsg.), *Regulierung oder Deregulierung der Finanzmärkte*, Physica-Verlag, Heidelberg 2002.
Internet
www.attac.org
Verweise
Sozialpolitik – Wirtschaftspolitik

Ervin Deplazes

Steuerflucht

Allgemein bezeichnet der Begriff das absichtsvolle Handeln eines Steuerzahlers oder eines Unternehmens zur Senkung oder Verhinderung der Besteuerung. Konkret werden dabei wirtschaftliche und finanzielle Aktivitäten unter Nutzung von Gesetzeslücken zur Umgehung der Besteuerung organisiert (beispielsweise durch das Erzielen von Kapitalgewinn statt Erträgen aus Anlagen, da im ersten Fall keinerlei Steuer erhoben wird). Steuerflucht entsteht aus der unvermeidlichen

Grauzone in der Festlegung der Steuerbemessungsgrundlage und aus der relativen Mobilität gewisser steuerbarer Ressourcen. Darunter fällt die Nutzung von Ungereimtheiten oder Abweichungen zwischen den Steuergesetzen der Kantone (»Steuerkonkurrenz«) oder der Länder (»Steuerparadiese«). Steuerflucht entspricht nicht der Steuerhinterziehung, bei der ein steuerbarer Sachverhalt verheimlicht wird (ein Beispiel hierfür ist die Schwarzarbeit).

Verweise
Steuern – Steuerdumping – Steuerpolitik
Bernard Dafflon

Steuerhinterziehung → Steuerflucht

Steuern
Als Steuern werden jene von jedermann an den Staat zu leistenden gesetzlich festgelegten Zahlungen verstanden, die keinerlei Anspruch auf eine bestimmte Gegenleistung begründen. Im Gegensatz zu Steuern spricht man bei Gebühren, Vorzugslasten und Ersatzabgaben von Kausalabgaben. Diese setzen die Inanspruchnahme einer bestimmten Leistung des Gemeinwesens voraus, die der abgabepflichtigen Person zugerechnet werden.
Die Frage, seit wann es eigentlich Steuern gibt, reicht weit in die Geschichte zurück. Das Wort Steuern leitet sich vom mittelalterlichen *stiura* ab, was so viel wie Stütze, Pfeiler, Unterstützung bedeutet. Darin ist eine gewisse Freiwilligkeit und Nähe zum Opfer enthalten. In den mittelalterlichen Städten herrschte noch keine allgemeine Steuerpflicht. Direkte Abgaben in Geld wurden von Besiegten oder Abhängigen, aber nicht von Staatsbürgern erhoben. Die Haupteinnahmen der Städte stammten von einlaufenden Schiffen in den Häfen, von fremden Kaufleuten und Händlern in Form von Zöllen. Die Gemeinwesen finanzierten ihre Ausgaben somit hauptsächlich durch die Besteuerung von Gütern und Leistungen, das heißt durch indirekte Steuern. Eine der bekanntesten Abgabeformen war der Zehnte. Dieser war in der Form des zehnten Teils der Ernte abzuliefern.
Die allgemeine Finanzierung der öffentlichen Ausgaben durch Steuern ist eine Erscheinung der letzten hundert Jahre. Erst der allgemeine Wohlstand konnte die Vorstellung entstehen lassen, dass jedermann, der über ein hinreichendes Einkommen verfügt, zur Steuerquelle gemacht werden könne. Zur Finanzierung aller anfallenden öffentlichen Aufgaben (Verwaltung, Militär, Rechtsordnung, Fürsorge, Schule, Gesundheitswesen usw.) musste der Staat alle verfügbaren Steuerquellen heranziehen. Nebst den Umsatz- oder Mehrwertsteuern auf Waren und Dienstleistungen wurden die direkten Abgaben auf Einkommen und Vermögen sowie Körperschaftssteuern herangezogen. Damit entstand unvermeidlich das Problem der gleichen oder gerechten Besteuerung. Sobald unmittelbar Personen aufgrund ihres Einkommens oder Vermögens zur Besteuerung herangezogen wurden, mussten Gleiche gleich und Ungleiche ungleich behandelt werden (Grundsatz des gleichen Steueropfers).
In Artikel 127 Bundesverfassung sind aus diesem Grundsatz abgeleitet die wesentlichen Grundsätze der Besteuerung ausdrücklich festgehalten worden:
– Die Ausgestaltung der Steuern, namentlich der Kreis der Steuerpflichtigen, der Gegenstand der Steuer und deren Bemessung, ist in den Grundzügen im Gesetz selbst zu regeln (Legalitätsprinzip).
– Soweit die Art der Steuer es zulässt, sind dabei insbesondere die Grundsätze der Allgemeinheit und der Gleichmäßigkeit der Besteuerung sowie der Grundsatz der Besteuerung nach der wirtschaftlichen Leistungsfähigkeit zu beachten.
– Die interkantonale Doppelbesteuerung ist untersagt.
Obwohl die Grundsätze der Besteuerung weitgehend unbestritten sind, nehmen die Diskussionen über die Steuerpolitik einen breiten Raum ein. Hauptpunkt der steuerpolitischen Diskussion bildet das Ringen um Steuergerechtigkeit. Es wird nicht nur eine gerechte Besteuerung zwischen Arm und Reich verlangt, sondern auch eine materielle Harmonisierung der direkten Steuern unter den Kantonen. Einen wichtigen Platz wird die Diskussion um den neuen Finanzausgleich (NFA) einnehmen.

Literatur
Peter Agner, Beat Jung, Gotthardt Steinmann, *Kommentar zum Gesetz über die direkte Bundessteuer*, Schulthess, Zürich 1995; – Ernst Blumenstein, Peter Locher, *System des Steuerrechts*, Schulthess, Zürich 1995; – Klaus Arnold Vallender, *Schweizerisches Steuerlexikon*, 3 Bände, Schulthess, Zürich 1999 f.
Internet
www.efd.admin.ch
Verweise
Sozialpolitik – Steuerdumping – Steuern und soziale Sicherheit
Ervin Deplazes

Steuern und soziale Sicherheit
Grundsätzlich sind Steuern Zahlungen an den Staat, die keinerlei Anspruch auf eine bestimmte Gegenleistung begründen. Sie dienen in erster Linie der Befriedigung des öffentlichen Finanzbedarfs, das heißt dazu, dem Gemeinwesen die

Steuerpolitik

zur Erfüllung seiner Aufgaben und zur Deckung der notwendigen Ausgaben erforderlichen Geldmittel zuzuführen. Die geschaffene Steuerordnung dient nicht nur fiskalischen, sondern auch außerfiskalischen Zwecken. Als wichtigste gesellschaftliche Zwecke, in deren Dienst die Besteuerung gestellt wird, gelten etwa:
– das Volkseinkommen gerecht zu verteilen bzw. umzuverteilen;
– die Familie finanziell gesund und stark zu erhalten (Berücksichtigung der unterschiedlichen Soziallasten);
– eine breite (Wohn-)Eigentumsstreuung zu begünstigen;
– umweltgerechtes Verhalten zu fördern.

Mit der Verfolgung der erwähnten gesellschaftlichen Zwecke tragen die Steuern wesentlich zur Aufrechterhaltung der sozialen Sicherheit bei. Die soziale Sicherheit umfasst sämtliche Maßnahmen des Staates und privater Institutionen zur Existenzsicherung der Bevölkerung und insbesondere zum Schutz vor sozialen Risiken.

Das schweizerische System der sozialen Sicherheit beruht in erster Linie auf den Sozialversicherungen. Bei diesen Institutionen fallen rund 85 Prozent der Ausgaben an (vor allem berufliche Vorsorge und AHV). Für bedarfsabhängige staatliche Sozialleistungen werden 6,4 Prozent der Gesamtausgaben aufgewendet (z.B. für Ergänzungsleistungen, Sozialhilfegelder). 45 Prozent der Sozialleistungen dienen der Altersvorsorge, 24 Prozent der Krankenpflege bzw. Gesundheitsvorsorge, 12 Prozent den Invaliditätsleistungen.

Finanziert wird die soziale Sicherheit in der Schweiz zur Hälfte aus den Sozialbeiträgen der Arbeitgeber und Arbeitnehmer, zu einem Fünftel aus den Beiträgen des Bundes (davon die Hälfte) sowie der Kantone und der Gemeinden, zu einem weiteren Fünftel aus Vermögenserträgen. Der Anteil des Bundes stammt aus allgemeinen Steuermitteln und in jüngster Zeit vermehrt aus der Mehrwertsteuer.

Mit der Einführung der Gesamtrechnung für Soziale Sicherheit (GRSS) steht fest, wie hoch der Anteil der Steuern an der Finanzierung der sozialen Sicherheit ist: Er beträgt rund 20 Prozent.

Literatur
Spartaco Greppi, Heiner Ritzmann, *Gesamtrechnung der Sozialen Sicherheit: Methoden und Konzepte*, Bundesamt für Statistik, Neuenburg 2002.
Internet
www.bsv.admin.ch
Verweise
Soziale Sicherheit (allgemeiner Begriff) – Sozialpolitik – Steuerdumping – Steuern

Ervin Deplazes

Steuerpolitik

Steuerpolitik spricht unmittelbar die inhaltliche Auseinandersetzung darüber an, wie in der Budgetplanung auf der Ertrags- oder Einnahmenseite der öffentlichen Haushalte die Zahlungsmittel beschafft werden können und sollen. Weil die Fragen der Mittelbeschaffung (Finanzierungsperspektive) immer auch mit den Fragen der Mittelverwendung verbunden sind – welche Staatsaufgaben in welchem Ausmaß verfolgt werden sollen (Leistungsperspektive) –, ist in der »Steuerpolitik« mittelbar auch die Aufwand- oder Ausgabenseite der öffentlichen Budgets von Bedeutung. Werden beide Aspekte öffentlicher Haushalte ins Blickfeld genommen, spricht man von »Fiskalpolitik«.

Ausgaben sind demnach Einnahmen aus direkten und indirekten Steuern, Abgaben und Gebühren inklusive die Veränderung der Netto-Schuldenposition gegenüber dem Privatsektor und die Veränderung der Netto-Schuldenposition gegenüber der Notenbank. Im Einzelnen:
– Steuern sind nicht zweckgebundene Einnahmen, für die der Staat dem Steuersubjekt keine damit verknüpfte Gegenleistung schuldet. Direkte Steuern werden direkt an die Einkommens- oder Vermögensentstehung gekoppelt. (Falls die Steuer bei der das Einkommen zahlenden Stelle erhoben wird, spricht man von einer Zahlstellen- oder Quellensteuer.) Indirekte Steuern werden an die Einkommensverwendung gekoppelt.
– Abgaben sind zweckgebundene Einnahmen, für die der Staat dem Steuersubjekt ebenfalls keine damit verknüpfte Gegenleistung schuldet.
– Gebühren sind (nicht) zweckgebundene Einnahmen, für die der Staat dem Steuersubjekt eine damit verknüpfte Gegenleistung schuldet.

Im Kontext der Steuerpolitik wird der Ausdruck Steuer oftmals in einem begrifflich breiten Sinn verwendet und umfasst dann alle drei staatlichen Einnahmequellen.

Da in den meisten westlichen Ländern eine Defizitfinanzierung des laufenden Staatsbudgets über die Notenbank aufgrund der damit verbundenen Inflationsgefahren verboten ist, bleibt nebst Ausgabenkürzungen und Steuererhöhungen als dritter Weg nur noch die Defizitfinanzierung bei Gläubigern des Privatsektors. In der Finanzwissenschaft ist für diese Option in den letzten Jahren das Kriterium der »Nachhaltigkeit« bzw. »Tragfähigkeit« aus der Ökologiedebatte adaptiert worden.

Wird die Steuerpolitik in den umfassenden Kontext der staatlichen Budgetplanung eingebettet, werden die Restriktionen und Zwänge sichtbar, denen die Steuerpolitik unterworfen ist. Die Frage ist nun, ob es auch eigenständige Ziele gibt, die mittels Steuerpolitik verfolgt werden können.

Wer hier ja sagt, betont die sachliche Unabhängigkeit der normativen Aspekte der Umverteilung von Problemen der gesamtwirtschaftlichen Wohlstandsentwicklung. Ins Blickfeld geraten vor allem Fragen der »Steuergerechtigkeit«. Wer nein sagt, hebt die Bedeutung von *spill-overs* zwischen Umverteilungs- und Wohlstands- (bzw. Wachstums-)zielen hervor. Auf diesem Feld existieren vielerlei Argumente und Denkfiguren. Die rechte Wirtschaftspolitik betont vor allem die aufeinander negativ einwirkenden Faktoren *(trade-off)*, während die linke Position die Faktoren der positiven gegenseitigen Beeinflussung in den Vordergrund schiebt (»Komplementarität«).

Literatur
Philippe Aghion, Jeffrey Williamson, *Growth, Inequality and Globalization*, Cambridge University Press, Cambridge 1998; – Torsten Persson, Guido Tabellini, »Is Inequality Harmful for Growth?«, in: *American Economic Review*, Vol. 84, 1994, S. 600–621; – seco (Hrsg.), *Der Wachstumsbericht*, seco-Studienreihe Grundlagen der Wirtschaftspolitik, Nr. 3D, Bern 2002.
Verweise
Budgetpolitik – Sparpolitik – Steuern

Thomas Ragni

Stigma

Der Begriff Stigma bezeichnet ein körperliches, psychisches, charakterliches oder soziales Merkmal einer Person, das ihm Dritte zuschreiben. Das Stigma ruft Ablehnung, Beklemmung oder Unbehagen bei Dritten hervor und entwertet die Stigmaträger. Erving Goffman (1967) unterscheidet zwischen sichtbaren und unsichtbaren Stigmas, deren Folgen sich unterscheiden. Die Trägerinnen und Träger sichtbarer Stigmas (Hautfarbe, Judenstempel usw.) erfahren Ablehnung. Sichtbar Stigmatisierte versuchen das Stigma durch besondere Leistungen abzulegen. Manchmal kämpfen sie für die öffentliche Anerkennung ihres Stigmas. Die Träger unsichtbarer Stigmas hingegen versuchen unerkannt zu bleiben, indem sie eine Rolle spielen. Sie müssen ihr Gegenüber täuschen, damit sie nicht als Stigmaträger erkannt werden (etwa ehemalige Gefängnisinsassen oder Psychiatriepatienten).
Becker (1973) beschrieb die Stigmatisierung als mehrstufigen Prozess. Zuerst wird eine Regel verletzt, erst danach schreiben Dritte dem Regelbrecher ein Stigma zu. Ob jemandem ein Stigma zugeschrieben wird, hängt entscheidend von der sozialen Stellung des Regelbrechers ab. Chambliss (1973) hat nachgewiesen, dass Jugendliche mit niedrigem sozioökonomischem Status schneller von der Polizei verfolgt werden als solche mit höherem sozioökonomischem Status. Im nächsten Prozessschritt deutet die Öffentlichkeit die Stigmazuschreibung um und macht die Regelverletzung zum zentralen Merkmal der ganzen Person. In den Augen der Öffentlichkeit bestimmt dieses Merkmal sämtliche Handlungen der stigmatisierten Person. Diese verzerrte Wahrnehmung hält den Stigmatisierten auf dem Pfad der Stigmatisierung gefangen. Er sieht sich nun selbst als Stigmaträger. Die Stigmatisierten leiden an der Widersprüchlichkeit zwischen Selbstbild und Ich-Ideal. Sie entwickeln vielfältige Strategien, um öffentliche Anerkennung und Sympathie zu finden.
Die Theorie der Stigmatisierung gehört zum symbolischen Interaktionismus, der betont, dass abweichendes Verhalten erst durch stigmatisierende Handlungsmuster des sozialen Umfeldes entsteht.

Literatur
Howard S. Becker, *Außenseiter. Zur Soziologie abweichenden Verhaltens*, Suhrkamp, Frankfurt am Main 1973; – William J. Chambliss, »The Saints and Roughnecks«, in: *Society*, Nr. 11, 1973, S. 24–31; – Erving Goffman, *Stigma. Über Techniken zur Bewältigung beschädigter Identität*, Suhrkamp, Frankfurt am Main 1967.
Verweise
Abweichendes Verhalten (Devianz) – Kriminalität – Normen / Regelungen – Soziale Disqualifizierung

Ludwig Zurbriggen

Stipendien

Unter Stipendien versteht man einmalige oder wiederkehrende, nicht rückzahlbare Beiträge an die individuellen Kosten einer Aus- und Weiterbildung. Im Gegensatz dazu stehen Studiendarlehen, die rückzahlbar und in der Regel nach Abschluss der Aus- oder Weiterbildung verzinslich sind.
Stipendien werden gewährt, wenn die eigenen finanziellen Mittel zusammen mit jenen unterhaltspflichtiger Personen (Eltern, Ehegatte) nicht ausreichen, um eine Aus- oder Weiterbildung zu finanzieren; sie dienen damit der Verbesserung der Chancengleichheit im Bildungswesen sowie der Steigerung der Wettbewerbsfähigkeit des Landes.
Stipendien werden in erster Linie von den Kantonen nach ihren eigenen Gesetzen ausgerichtet; der Bund leistet ihnen gestützt auf Artikel 66 Absatz 1 Bundesverfassung nach Maßgabe ihrer Finanzkraft Beiträge. Von geringer praktischer Bedeutung sind Stipendien privater Institutionen, von Gemeinden sowie des Bundes.
Im Jahr 2001 bezogen ca. 50 600 kantonale Stipendiaten insgesamt rund 277 Millionen Franken Stipendiengelder.

Literatur
Interkantonale Stipendienbearbeiterkonferenz (Hrsg.), *Die Ausbildungsfinanzierung in den Kantonen, jährliche*

Stipendienstatistik, Amt für Ausbildungsbeiträge des Kantons Basel-Stadt, Basel (erscheint jährlich); – Schweizerische Konferenz der kantonalen Erziehungsdirektoren (EDK) (Hrsg.), *Stipendienpolitik in der Schweiz*, EDK, Bern 1997.
Verweise
Chancengleichheit

Felix Baumann

Strafrechtliche Sanktionen

Das Recht des Staates auf Bestrafung konkretisiert sich im Auferlegen von Sanktionen durch richterliche oder administrative Organe. Auch wenn in der politischen Philosophie über die Grundlegung dieses Rechts heftig debattiert wird – die aktuell herrschenden Thesen stellen die Kontraktualisten und Befürworter der reinen sozialen Notwendigkeit einander gegenüber –, wird dessen Existenz in der gegenwärtigen Zeit kaum bestritten.

Die meisten Strafrechtssysteme kennen zwei Arten von strafrechtlichen Sanktionen: die Strafen und die Sicherheitsmaßnahmen. Die erstgenannten sind die bekannteren; nach der Lehre von Kant und Hegel zielen sie darauf ab, einen von einem Individuum – oder, viel seltener, von einem Kollektiv – begangenen Fehler zu »vergelten«, was darauf hinausläuft, diesem ein »Übel« (Entzug oder Einschränkung bestimmter individueller Freiheiten) zuzufügen als Antwort auf das Übel, das es der Gesellschaft oder einzelnen Mitgliedern derselben zugefügt hat. Die Sicherheitsmaßnahmen sind Sanktionen, die darauf abzielen, auf ein Individuum (oder Kollektiv) einen nützlichen Effekt auszuüben, nämlich – aus der Sicht der Theorie der Generalprävention – das Begehen neuer Straftaten durch irgendein Rechtssubjekt zu verhindern oder – aus der Sicht der Spezialprävention – zu verhindern, dass die bestrafte Person rückfällig wird. Die herkömmlichen Strafen sind der Freiheitsentzug und die Geldstrafe, hinzu kommen neuerdings weitere freiheitsbeschränkende oder -entziehende Strafen. Das Spektrum der Sicherheitsmaßnahmen ist breit.

Literatur
Schweizerische Zeitschrift für Strafrecht, Jhg. 112, H. 4, 1994; – Pierre Avvanzino, Serge Heughebaert (Hrsg.), *La sanction et le soin*, Réalités sociales, Lausanne 1987; – Stefan Bauhofer, Pierre-Henri Bolle (Hrsg.), *Reform der strafrechtlichen Sanktionen*, Rüegger, Chur 1994; – Pierrette Poncela, *Droit de la peine*, Presses Universitaires de France, Paris 1995.
Verweise
Freiheitsbeschränkende Strafen (Ersatzstrafen) – Gefängnis (Freiheitsentzug) – Schweizerisches Strafgesetzbuch (StGB) – Sicherheitsmaßnahmen

Robert Roth

Streik

Unter Streik wird die kollektive Verweigerung von vertraglich vereinbarter Arbeit zur Durchsetzung bestimmter Arbeitsbedingungen (Lohn, Arbeitszeit, Gesamtarbeitsvertrag usw.) verstanden. Nicht unter den Begriff fallen – abweichend vom alltäglichen Sprachgebrauch – Arbeitseinstellungen von selbständig Erwerbenden, Studierenden usw. sowie individuelle Arbeitsverweigerung. Auf Arbeitnehmerseite führen meist Gewerkschaften die Bewegung. Bei Arbeitskonflikten ist die gütliche Einigung die Regel, der Streik die Ausnahme. Gesamtarbeitsverträge enthalten Friedensklauseln, die ihn völlig (absoluter Arbeitsfrieden) oder in Bezug auf die geregelten Punkte (relativer Arbeitsfrieden) ausschließen.

Erst in der Bundesverfassung 1999 (Art. 28) fand das Streikrecht eine positive Verankerung. Zuvor wurde es von anderen Bestimmungen abgeleitet, vor allem von Artikel 56 der Bundesverfassung 1874 (Vereinsfreiheit). Das Bundespersonal kannte unter dem Beamtengesetz von 1927 ein Streikverbot; dieses entfiel mit dem Bundespersonalgesetz (BPG) von 2000.

Vor 1850 sind in der Schweiz nur wenige Streiks überliefert; danach deutlich mehr. Die meisten zählte man in den drei Jahrzehnten vor dem Ersten Weltkrieg (im Mittel 80 pro Jahr), als die Streikneigung im internationalen Vergleich recht hoch war und nicht selten Polizei und Armee eingriffen. Ein weiterer Höhepunkt fällt in die Jahre um das Ende des Ersten Weltkrieges (u.a. Generalstreiks 1918 und 1919). Danach ging die Streiktätigkeit zurück (1923–1938 im Mittel 37 pro Jahr). Eine letzte kurze Welle setzte nach dem Ende des Zweiten Weltkrieges ein, wobei man 1946 so viele Streikende zählte wie nie mehr seit 1920. Seit den 50er-Jahren gehören Streiks zu den seltenen Ereignissen; 1961, 1973, 1987 und 1993 registrierte man überhaupt keine. Einzig die 70er-Jahre ragen mit durchschnittlich 7 pro Jahr leicht heraus. In den 90er-Jahren zählte man zwar im Mittel nur 3; wegen der höheren Beteiligung gingen aber mehr Arbeitstage verloren. Den bisherigen Höhepunkt erreichte die – im internationalen Vergleich bescheidene – jüngste Streikwelle 1998–2001, als 42 372 Personen in 23 Konflikten insgesamt während 52 249 Tagen streikten.

Die politische und wissenschaftliche Kontroverse um Streiks zeichnet sich in der Schweiz durch zwei Eigenheiten aus: 1. wird gerne auf die lange Tradition der friedlichen Schlichtung verwiesen; eine solche ist aber bei Arbeitskonflikten bis Mitte des 20. Jahrhunderts nicht nachzuweisen. 2. wird der wirtschaftliche Nutzen des Arbeitsfriedens betont; in der Zeit mit der niedrigsten Streikneigung, das heißt seit den 60er-Jahren, weist aber die nationale Buchhaltung niedrigere Wachstumsraten aus als die anderer OECD-Länder.

Literatur
Arbeitsfrieden – Realität eines Mythos, Widerspruch Sonderband, Zürich 1987; – Schweizerischer Gewerkschaftsbund (SGB) (Hrsg.), *Streiks in der Schweiz*, SGB, Bern 2000; – Walter Spöhring, *Streiks im internationalen Vergleich*, Otto Brenner Stiftung, Frankfurt am Main 1983.
Internet
www.dhs.ch
www.sgb.ch
Verweise
Arbeiterbewegung – Arbeitsbedingungen (-belastungen) – Arbeitsfrieden (Abkommen über den) – Gewerkschaften

Bernard Degen

Subsidiarität

Dem Prinzip der Subsidiarität folgen heißt, politische Probleme möglichst nahe der Lebenswelt der Betroffenen zu lösen. Dies kann zweierlei bedeuten: 1. sollen politische Regelungen nicht zentralisiert, sondern auf den unteren Stufen der Staatsorganisationen (Gemeinden, Kantone) getroffen werden. Dabei werden sie von den höheren Stufen unterstützt (lateinisch *subsidium*, Hilfeleistung). 2. wollen insbesondere christlich-demokratische Parteien, dass bestimmte gesellschaftliche Aufgaben der Familie als »kleinster Zelle des Staates« vorbehalten bleiben.

Der moderne Subsidiaritätsbegriff gehört in historischer Perspektive zum Liberalismus und zur katholischen Soziallehre des 19. Jahrhunderts. Bei beiden steht der Schutz des Individuums oder sozialer Gruppen vor unberechtigten Eingriffen des Staates im Zentrum. Hingegen wird Subsidiarität als Hilfsverpflichtung des (Zentral-)Staates verstanden, wenn die kleinere soziale Einheit alleine der politischen Aufgabe nicht mehr gewachsen ist. In der Politik wird der Begriff zumeist von Gegnern sozialstaatlicher Regelungen auf Bundesebene verwendet.

Literatur
Ueli Mäder, *Subsidiarität und Solidarität*, Lang, Bern 2000; – Arno Waschkuhn, *Was ist Subsidiarität?*, Westdeutscher Verlag, Opladen 1995.
Internet
www.cdu.de/politik-a-z/sozial/kap21.htm
Verweise
Etatismus – Föderalismus – Katholische Soziallehre

Markus Blaser

Subsidiarität in der EU

Das Subsidiaritätsprinzip in der EU bedeutet, dass Entscheidungen auf einer möglichst bürgernahen Ebene zu treffen sind. Artikel 5 des EG-Vertrags bestimmt:»In den Bereichen, welche nicht in ihre ausschließliche Zuständigkeit fallen, wird die Gemeinschaft nach dem Subsidiaritätsprinzip nur tätig, sofern und soweit die Ziele der in Betracht gezogenen Maßnahmen auf Ebene der Mitgliedstaaten nicht ausreichend erreicht werden können und daher wegen ihres Umfangs oder ihrer Wirkungen besser auf Gemeinschaftsebene erreicht werden können.« Das Subsidiaritätsprinzip wurzelt in der katholischen Soziallehre und steht in engem Zusammenhang mit dem Grundsatz der Verhältnismäßigkeit. Es richtet sich an die Organe der EU und untersteht der Rechtsprechung des Europäischen Gerichtshofs.

Das Subsidiaritätsprinzip wurde mit dem Maastrichter Vertrag (unterzeichnet am 7. Februar 1992) festgeschrieben und am 12. Dezember 1992 durch die Leitlinien des Europäischen Rates von Edinburgh konkretisiert. Am 25. Oktober 1993 schlossen das Europäische Parlament, die Europäische Kommission und der Rat eine Vereinbarung über die interinstitutionelle Zusammenarbeit im Bereich der Subsidiarität. Der Vertrag von Amsterdam (unterzeichnet am 2. Oktober 1997) führte zu einem Vertragsprotokoll zur Anwendung der Prinzipien der Subsidiarität und der Verhältnismäßigkeit, welches dem EG-Vertrag beigefügt wurde. Gemäß dem Subsidiaritätsprotokoll müssen Gesetzesvorschläge der Kommission auf die Einhaltung des Subsidiaritätsprinzips hin geprüft werden. Die Kommission erstattet jährlich Bericht über die Anwendung des Subsidiaritätsprinzips.

Das Mandat des Europäischen Rates von Laeken für den Europäischen Konvent vom 15. Dezember 2001 umfasst auch eine bessere Aufteilung und Festlegung der Zuständigkeiten in der EU und schließt damit das Thema der Subsidiarität mit ein.

Aufgrund von anhaltenden Schwierigkeiten bei der Operationalisierung benutzen sowohl Befürworter als auch Gegner weiterer Integration in der EU das Subsidiaritätsprinzip zur Begründung ihrer jeweiligen Standpunkte.

Literatur
Commission of the European Communities, *Better Lawmaking 2001: Commission Report to the European Council*, Office for Official Publications of the European Communities, Luxemburg 2001; – René Lourau, *Le principe de subsidiarité contre l'Europe*, Presses Universitaires de France, Paris 1997; – Heiner Timmermann, *Subsidiarität und Föderalismus in der Europäischen Union*, Duncker & Humblot, Berlin 1998.
Internet
www.europarl.eu.int/factsheets/1_2_2_de.htm
Verweise
Europäische Union – Europäischer Rat – Europäisches Parlament – Subsidiarität

Alkuin Kölliker

Substitutionstherapie

Substitutionstherapien sind Behandlungen, die darauf abzielen, einen Mangel an üblicherweise einem Organismus zur Verfügung stehenden Substanzen durch deren künstliche Zufuhr zu beheben. Beispiele hierzu sind postmenopausale Östrogenbehandlungen oder Insulinbehandlungen bei ungenügender körpereigener Insulinproduktion.

Sozialpolitische Bedeutung im engeren Sinne haben Substitutionsbehandlungen Opiatabhängiger mit Methadon oder, seit den 1990er-Jahren, mit Buprenorphin erlangt. Erhaltungsbehandlungen mit pharmazeutisch reinem Heroin zur Substitution von »Straßenheroin« sind in England und der Schweiz zugelassen. In anderen europäischen Ländern wird deren Wirksamkeit im Rahmen von wissenschaftlichen Untersuchungen geprüft.

Die Begründer von Methadon-Substitutionsbehandlungen, Vincent Dole und Marie Nyswander, sahen die von ihnen Anfang der 60er-Jahre vorgeschlagene Therapie in enger Parallelität zu Insulinbehandlungen. Methadon war in ihren Augen Korrigens eines der Heroinabhängigkeit zugrunde liegenden metabolischen Defektes. Die Krankheit Heroinabhängiger sei weder vorübergehend noch psychogen entstanden, sondern Folge einer vererbten dauerhaften neurochemischen Störung. Methadonbehandlungen würden den Abhängigen helfen, ihr neurochemisches Gleichgewicht wiederzufinden und in ein normales Leben zurückzukehren. Opioid-Abhängige in Methadontherapien seien demnach psychisch unauffällig (Dole 1988).

In Widerspruch zur obigen Auffassung stehen Ansichten, die in Substitutionsbehandlungen Opiatabhängiger eine ordnungspolitische Maßnahme sehen. Durch die Substitution sollen Verbreitung infektiöser Krankheiten, Kriminalität und Verwahrlosung bekämpft werden. Sie ziele nicht auf Heilung ab, sondern käme erst beim Scheitern eigentlich therapeutischer Anstrengungen zum Einsatz. Politische Vorgaben und nicht medizinisch-wissenschaftliche Evidenz sollten demnach über die Behandlungsart wie Dosis, Dauer und Anzahl der Behandlungsplätze bestimmen.

Ungeachtet dieser Kontroversen ist die Effektivität von Substitutionsbehandlungen für Heroinabhängige bezüglich Reduktion von illegalem Opiatkonsum, HIV-Risikoverhalten und Drogen- bzw. Eigentumsdelikten in verschiedensten kulturellen und ethnischen Gruppen, in verschiedensten therapeutischen Settings, unter verschiedensten experimentellen Anordnungen und unter divergierenden staatlich vorgegebenen Rahmenbedingungen erwiesen (Marsch 1998).

Literatur
Vincent P. Dole, »Implications of Methadone Maintenance for Theories of Narcotic Addiction«, in: *Journal of American Medical Association*, Nr. 260, 1988, S. 3025–3029; – Lisa A. Marsch, »The Efficacy of Methadone Maintenance Interventions in Reducing Illicit Opiate Use, HIV Risk Behavior and Criminality: a Meta-Analysis«, in: *Addiction*, Nr. 93, 1998, S. 515–532.
Verweise
Drogen(politik)

Rudolf Stohler

Suizid

Der Selbstmord oder Suizid ist ein Phänomen, das in sämtlichen Kulturen, Epochen, sozialen Schichten und Altersgruppen vorkommt. Er lässt sich nicht vollständig erfassen, wenn man ihn einzig als Thema der physischen oder mentalen Gesundheit betrachtet oder ausschließlich als soziales Verhalten. Denn es handelt sich um ein kompliziertes und mehrdimensionales Phänomen, das aus der Interaktion verschiedenartiger Faktoren hervorgeht: individuelle Veranlagungen, Faktoren des sozialen Umfelds und spezifische Ereignisse.

Historisch gesehen haben sich Denker in so unterschiedlichen Bereichen wie der Philosophie, der Theologie, der klassischen Psychiatrie, der Psychologie und der Soziologie mit dem Selbstmord beschäftigt. In jüngster Zeit sind die Biochemie und die Genetik hinzugekommen. Bis im 19. Jahrhundert galt der Selbstmord als Thema der Philosophie und der Theologie (Stichwort »Willens- und Wahlfreiheit«). Die Vertreter der klassischen Psychiatrie haben den Begriff des Willens und des vorsätzlichen Charakters der Tat in Frage gestellt. Die Soziologie hat sich mit den Zusammenhängen zwischen dem Selbstmord und gesellschaftlichen Faktoren beschäftigt. Jüngere Studien aus dem Bereich der Biochemie des Gehirns und der Genetik betrachten den Selbstmord als eine Reihe von biochemischen und neuromorphologischen Ungleichgewichten.

Obschon allgemein als unbestritten gilt, dass der Suizid das Resultat von komplizierten Konstellationen und verknüpft mit Faktoren des Umfeldes sowie der Person ist, so bleibt die wissenschaftliche Diskussion dennoch offen in Bezug auf die Gewichtung und die Rolle von jedem Faktorentyp im Prozess, der zum Selbstmord führt. Ein gewisser Konsens scheint sich abzuzeichnen um das Konzept der Schlagfestigkeit, das heißt der Fähigkeit eines Individuums, dem Unglück dank biologischen und psychologischen sowie sozialen Ressourcen zu widerstehen.

Zur Forschung über Veranlagungsfaktoren gesellen sich daher Studien über Schutzfaktoren. Denn der Selbstmord wird heute als das Ende eines Prozesses mit mehreren Phasen betrachtet (Krisenparadigma). Der Begriff des Selbstmordprozesses öffnet den Weg für Handlungsmöglichkeiten gegenüber dem Suizid: Die Prävention betrifft die Lebensbedingungen im Allgemeinen und die mentale Gesundheit im Besonderen. Sie zielt darauf ab, der Entstehung und Kristallisierung einer Krise vorzubeugen. Die Intervention behandelt Krisensituationen, um die Vollstreckung des Selbstmordes und Rückfälle bzw. Wiederholungen zu vermeiden. Die Postvention besteht schließlich aus einer Reihe von Begleit- und Unterstützungsmaßnahmen zugunsten der auf die eine oder andere Weise vom Suizid betroffenen Personen.

Literatur
Eberhard Aebischer-Crettol, *Aus zwei Booten wird ein Floss: Suizid und Todessehnsucht*, Haffmanns, Zürich 2000; – Carin Diodà, Tina Gomez, *Warum konnten wir dich nicht halten? Wenn ein Mensch, den man liebt, sich das Leben genommen hat*, Kreuz, Zürich 1999; – Keith Hawton, Kees Van Heeringen (Hrsg.), *International Handbook of Suicide and Attempted Suicide*, John Wiley and Sons, Chichester 2000; – Adrian Holderegger, *Suizid – Leben und Tod im Widerstreit*, Paulusverlag, Freiburg 2002.
Internet
www.uke.uni-hamburg.de/ens
www.suicidology.org
Verweise
Prävention – Sterbehilfe

Dolores Angela Castelli Dransart

Suizidrate

Der Begriff Suizid ist seit der Antike geläufig für eine vorsätzliche Selbsttötung. Vom Suizid zu unterscheiden ist der Suizidversuch: Darunter versteht man selbstschädigende Handlungen, die den Tod in Kauf nehmen, aber nicht zum Tode führen. Zum Vergleich der relativen Häufigkeit von Ereignissen berechnet man Raten: Damit wird die Zahl der Ereignisse pro Bevölkerung (in der Regel 100 000 in der gleichen Population lebende Personen gleichen Geschlechts und gleichen Alters) und Zeiteinheit (in der Regel ein Jahr) ausgedrückt.

Der Suizid und seine gesellschaftlichen Hintergründe haben die Sozialwissenschaften seit jeher stark beschäftigt. Viele der vom Soziologen Émile Durkheim im späten 19. Jahrhundert formulierten Theorien gelten heute noch als grundlegend. Auf jeden Suizid kommen 10 bis 15 Suizidversuche. Suizide sind bei Männern zwei- bis dreimal häufiger als bei Frauen, für Suizidversuche gilt genau das Gegenteil. Fast alle Betroffenen leiden zum Zeitpunkt der Selbsttötung an einer psychischen Störung, meist einer Depression. Ausgeprägte Unterschiede nach Alter, Geschlecht, Region, Nationalität, Jahreszeit und Wahl der Methode belegen aber auch einen entscheidenden Einfluss kultureller und sozialer Bedingungen – Suizid ist eine zumindest teilweise vermeidbare Todesursache.

Literatur
Vladeta Ajdacic-Gross, *Suizid, sozialer Wandel und die Gegenwart der Zukunft*, Lang, Bern 1999; – Thomas Bronisch, *Der Suizid: Ursachen, Warnsignale, Prävention*. Beck, München 1995; – David Lester (Hrsg.), *Émile Durkheim – Le Suicide. One Hundred Years Later*, The Charles Press, Philadelphia 1994.
Verweise
Soziale Ungleichheit vor dem Tod – Suizid

Matthias Bopp, Felix Gutzwiller

Supervision

Supervision ist ein auf das Arbeits- und Berufsleben zugeschnittener professioneller Beratungsansatz. Sie bietet qualifizierte Unterstützung bei der Bewältigung beruflicher Aufgaben und der Reflexion beruflichen Handelns.

Die Beratung wird vertraglich geregelt und der Vertrag umfasst, unter Einbezug aller involvierten Vertragsparteien, die Beratungsdauer, die anzustrebenden Ziele, die Leistungen der Supervisorin/des Supervisors und der zu beratenden Personen.

Das Ziel ist die Begleitung und Optimierung von Entwicklungs- und Bewältigungsprozessen bei Einzelpersonen, Gruppen und Teams. Diese Prozesse vollziehen sich auf den Ebenen der Reflexion, der Analyse und des Transfers im Handlungsvollzug und beziehen den Kontext der Gesamtorganisation, die Besonderheiten des jeweiligen Fachgebietes sowie die der Teilnehmerinnen und Teilnehmer mit ein.

Diese ganzheitliche Sichtweise erfordert Theorie- und Methodenvielfalt. Im Sinne der Zielsetzung, die generell als Kompetenzerweiterung verstanden werden kann, sind reflektiert unterschiedliche instrumentelle Handlungsweisen einsetzbar: reflektieren, moderieren, Prozess begleiten, trainieren, anleiten, Experte/Expertin sein.

Literatur
Berufsverband für Supervision und Organisationsberatung (BSO), *Berufsbild Supervisorin/Supervisor*, BSO, Bern 2002.
Internet
www.bso.ch

Heinz Müller

Tabakkonsum/Tabakprävention

Tabakkonsum ist eine wichtige Ursache für Krankheiten wie Lungenkrebs, Bronchitis, Herz-Kreislauf-Krankheiten. In der Schweiz gehen rund ein Sechstel aller Todesfälle (10 000 Todesfälle) pro Jahr auf Kosten des Rauchens. Die sozialen Kosten für durch Tabakkonsum verursachte

Gesundheitsschäden – Krankheiten, Invalidität und vorzeitiger Tod – werden auf 10 Milliarden Franken geschätzt. Das Risiko für Krankheiten erhöht sich in Abhängigkeit der gerauchten Menge und der Dauer des Konsums. Früher Rauchbeginn scheint sich besonders negativ auszuwirken. Neben der Eigengefährdung der Rauchenden sind auch die Effekte des Passivrauchens anerkannt. Bei schwangeren Frauen ist die schädliche Wirkung des Tabakkonsums auf den Fötus von Bedeutung (niedriges Geburtsgewicht, erhöhtes Risiko für Totgeburt).

Tabakkonsum ist in der Schweiz weit verbreitet (Frauen: 28 Prozent; Männer: 39 Prozent). Es besteht zudem ein Zusammenhang zwischen dem Tabakkonsum und allgemein ungünstigem Gesundheitsverhalten (mehr Alkohol, weniger körperliche Bewegung und häufiger ungesunde Ernährung). Bei den Jugendlichen hat der Tabakkonsum in den 1990er-Jahren stark zugenommen, besonders auch bei jungen Frauen – ein Trend, der sich weltweit beobachten lässt.

In der Schweiz werden Aktivitäten der Tabakprävention auf Bundesebene prioritär behandelt. Mitte 1995 hat der Bundesrat ein erstes Maßnahmenpaket zur Verminderung von Gesundheitsproblemen in Zusammenhang mit dem Tabakkonsum angenommen. Diese Maßnahmen werden durch das Bundesamt für Gesundheit mit seinen Partnern initiiert. Hauptziel ist die zeitliche Verkürzung der »Raucherkarrieren«: Jugendliche sollen gar nicht oder erst später mit Rauchen beginnen, die Zahl der Aussteigenden soll erhöht werden und die Aussteigewilligen sollen früher mit dem Rauchen aufhören. Nach dem aktuellen Tabakpräventionsprogramm des Bundes (2001–2005) wirkt Tabakprävention nur, wenn die Informationskampagnen gezielt mit weiteren Maßnahmen ergänzt werden wie Gesundheitserziehung in Schulen, Verbot des Verkaufs an Jugendliche unter 16 Jahren sowie Verbot der Werbung, die sich an diese Altersgruppe richtet, Schutz der Nichtrauchenden vor Passivrauchen, Einrichtung rauchfreier Zonen in öffentlichen Räumen und am Arbeitsplatz, verschärfte Warnhinweise auf Zigarettenpackungen, Verbot der irreführenden Light-Kategorie bei Zigaretten, Einschränkung von Werbung und Sponsoring sowie sukzessive Erhöhung der Zigarettenpreise in Anpassung an die EU.

Literatur
Brigitte Bisig, »Tabakkonsum bei Frauen«, in: Brigitte Bisig, Felix Gutzwiller (Hrsg.), *Frau und Herz: Epidemiologie, Prävention und Behandlung der koronaren Herzkrankheit bei Frauen in der Schweiz*, Hans Huber, Bern 2002, S. 63–90; – Chung-Yol Lee, Stanton A. Glantz, »The Tobacco Industry's Successful Efforts to Control Tobacco Policy Making in Switzerland«, www.library.ucsf.edu/tobacco/swiss; – Holger Schmid, Gerhard Gmel, Béatrice Jaquat, »Neue epidemiologische Befunde zum Rauchen in der Schweiz«, *SuchtMagazin*, Nr. 25/5, 1999, S. 3–13; – Sarino Vitale, France Priez, Claude Jeanrenaud, *Le coût social de la consommation de tabac en Suisse*, IRER Université de Lausanne, Lausanne 1998.
Internet
www.letitbe.ch
www.krebsliga.ch
www.at-Schweiz.ch
Verweise
Prävention – Public Health

Brigitte Bisig, Felix Gutzwiller

Taggelder (IV)

Die Invalidenversicherung bezahlt jenen Versicherten, die an Eingliederungsmaßnahmen teilnehmen, Taggelder, die in angemessenem Ausmaß ihren Unterhalt und jenen ihrer Familienmitglieder garantieren sollen. Das Taggeld wird frühestens ab dem ersten Tag des Monats, der auf den 18. Geburtstag des Versicherten folgt, zugesprochen. Der Anspruch auf Taggelder erlischt spätestens am Ende des Monats, in dessen Verlauf die Männer ihr 65. Altersjahr und die Frauen ihr 63. Altersjahr (64. Altersjahr ab 2004) vollendet haben. Es existieren zwei Arten von Taggeldern, die sich in Bezug auf die Anspruchsbedingungen und die Berechnung grundlegend voneinander unterscheiden.

– Das große Taggeld: Das große Taggeld wird an volljährige Versicherte während der Dauer von Maßnahmen der medizinischen Rehabilitation, der beruflichen Neuorientierung und der Ausbildung, während der Wartefristen vor den Eingliederungsmaßnahmen, in der Zeit der Stellensuche nach den Eingliederungsmaßnahmen, während der Genesungszeit nach den medizinischen Maßnahmen der Invalidenversicherung sowie während der Einführungszeit nach einem aufgrund der Invalidität erfolgten Stellenwechsel ausbezahlt.

Versicherte haben in der Regel Anspruch auf ein Taggeld, wenn sie die erwähnten Maßnahmen während mindestens 3 aufeinander folgenden Tagen an der Ausübung einer Erwerbstätigkeit hindern oder wenn sie in ihrer gewohnten Tätigkeit eine Arbeitsunfähigkeit von mindestens 50 Prozent aufweisen. Der Anspruch besteht ebenfalls, wenn die erwähnten Maßnahmen sie im Verlaufe eines Monats während mindestens 3 isolierten Tagen an der Ausübung einer Vollzeiterwerbstätigkeit hindern. Wenn sie in ihrer gewohnten Tätigkeit dauerhaft zu mindestens 50 Prozent arbeitsunfähig sind, können sie einen Anspruch auf ein Taggeld auch für die dazwischen liegenden Tage geltend machen.

Die Berechnung des großen Taggeldes erfolgt ähnlich jener der Erwerbsersatzentschädigung, die an Personen ausbezahlt wird, welche in der Armee, im Zivilschutz oder im Zivildienst Dienst

leisten. Sie ist vom Einkommen der versicherten Person vor dem Auftreten des gesundheitlichen Schadens sowie vom Zivilstand abhängig. Diesem Betrag kann im zutreffenden Fall eine Entschädigung für Alleinstehende oder ein Eingliederungszuschlag hinzugefügt werden.
– Das kleine Taggeld: Das kleine Taggeld wird an Versicherte in Erstausbildung und an minderjährige Versicherte ausbezahlt, die noch keine Erwerbstätigkeit ausgeübt haben und eine Sonderschule besuchen oder an Maßnahmen der medizinischen Rehabilitation teilnehmen. Um darauf Anspruch zu haben, müssen sie allerdings während der Eingliederung oder der ihr gleichgestellten Zeitabschnitte eine durch die Invalidität verursachte Einkommenseinbusse erleiden.
Das kleine Taggeld entspricht in der Regel einem Dreißigstel des Durchschnittslohnes aller Lehrlinge, den das seco in der Jahresstatistik der Löhne und Gehälter aufführt. Der Eingliederungszuschlag und die Entschädigung für Alleinstehende sind in diesem Betrag eingeschlossen. Die volljährigen Versicherten in erster beruflicher Ausbildung, die ohne das Auftreten eines Gesundheitsschadens ihre Ausbildung bereits beendet hätten und ins Erwerbsleben eingetreten wären, erhalten den Höchstbetrag.

Literatur
Thomas Locher, *Grundriss des Sozialversicherungsrechts*, Stämpfli, Bern 1997.
Verweise
Eingliederungsmaßnahmen – Invalidenrenten – Invalidenversicherung (IV) – Invalidität
Michel Valterio, Brigitte Dumas

TARMED, Tarif
Das 1996 in Kraft getretene Bundesgesetz über die Krankenversicherung (KVG) verlangt in Artikel 43, dass Tarife und Preise in Verträgen zwischen den Versicherern und den Leistungserbringern vereinbart werden. Sie haben dabei auf eine betriebswirtschaftliche Bemessung sowie eine sachgerechte Struktur der Tarife zu achten.
Die Sozialversicherer und die Leistungserbringer (vorwiegend die Spitäler und die Ärzte der Schweiz) waren sich einig, einen einheitlichen Tarif für alle medizinischen Leistungen zu erarbeiten. Dieser Tarif der medizinischen Leistungen (abgekürzt: TARMED) umfasst über 4000 einzelne Verrichtungen, die von Ärztinnen und Ärzten durchgeführt werden können. Unerheblich ist dabei, ob es sich um Pflichtleistungen der Sozialversicherer handelt oder um Verrichtungen, welche etwa von den Patienten selbst oder von öffentlichen Stellen bezahlt werden müssen (z.B. Gerichtsmedizin, Pathologie, Schönheitsoperationen usw.).

Für sämtliche Leistungen im Tarif war die für die Durchführung benötigte Zeit die maßgebliche Basis zur Berechnung der Taxpunkte. Es erforderte lange dauernde Diskussionen, um festzulegen, wie viele Minuten ein Spezialist mit der notwendigen Routine für die einzelnen Verrichtungen benötigt, während wie vieler Minuten Assistenzärzte eingesetzt werden müssen und wie lange technische Infrastrukturen (z.B. Operationssäle) für die einzelnen Eingriffe zur Verfügung stehen müssen. Diese Diskussionen und Arbeiten haben mehrere Jahre in Anspruch genommen, was allerdings zum Resultat geführt hat, dass TARMED weltweit der einzige Tarif medizinischer Leistungen ist, welcher auf dem aktuellen Stand, mittels betriebswirtschaftlicher Grundlagen und in elektronischer Form erarbeitet wurde und nun zur Verfügung steht. Ab 2004 kommt er in der ganzen Schweiz zur Anwendung.

Internet
www.tarmed-news.ch
www.tarmed.ch
Verweise
Grundversicherung (der Krankenversicherung) – Leistungskatalog der Krankenversicherung
Daniel Wyler

Teilen von Arbeit
Die Aufteilung der Arbeit in einem sozialen System auf alle Personen, die arbeiten wollen, ist zunächst vom gängigeren Begriff der Arbeitsteilung zu unterscheiden. Im Unterschied dazu bleibt hier die Frage der Spezialisierung offen, wenn nicht sogar im Gegenteil eher an gleichartige Arbeit gedacht wird bzw. pauschal an das vorhandene Arbeitsvolumen, das auf eine größere Zahl von Arbeitenden verteilt werden könnte. Dementsprechend wird das Teilen der Arbeit in diesem Sinne im Zusammenhang mit Arbeitslosigkeit diskutiert. Im Vordergrund steht die Vorstellung, eine moderne Gesellschaft müsse allen in ihr lebenden Personen, die dies wollen oder brauchen, eine mindestens existenzsichernde Arbeit und damit ein entsprechendes Arbeitseinkommen garantieren. Wenn das gesamte Arbeitsvolumen dazu nicht ausreicht, sollte deshalb nach diesem Modell die Arbeitszeit reduziert werden und nicht die Zahl der Arbeitenden; damit würde Arbeitslosigkeit weitgehend verhindert. Diese Idee stellt ein anderes Modell in Frage, das in jahrzehntelangen Auseinandersetzungen zwischen den Sozialpartnern realisiert wurde: jenes der Normalbeschäftigung in Form von Vollzeitarbeit, beschränkt auf die Tagesstunden und auf die Wochentage, während einer grundsätzlich unbefristeten Vertragsdauer. Auch die Flexibilisierung der Arbeitszeit stellt eine Abkehr von die-

sem Prinzip dar, noch stärker als die bloße Reduktion der Normalarbeitszeit (wie jene auf 35 Wochenstunden in Frankreich).

Die Möglichkeiten des Ausgleichs, der im Modell des Teilens des gesamten Arbeitsvolumens ausschlaggebend ist, werden neben Interessengegensätzen auch durch die Differenzierung der heutigen Arbeitswelt beschränkt, das heißt durch die bestehende Arbeitsteilung. Berufliche und qualifikatorische Spezialisierung, hierarchische Unterschiede, Geschlechterbarrieren beschneiden die praktischen Möglichkeiten der Umverteilung, ohne sie ganz auszuschließen. Eine weitere zentrale Frage, die direkt mit diesen Formen der Abkehr vom Normalarbeitsverhältnis verbunden ist, betrifft die Löhne. Sollen sie proportional zur Arbeitszeit reduziert werden? Oder nur in dem Ausmaß, wie sie nicht durch Produktivitätsgewinne ausgeglichen werden? Ist eine minimale Untergrenze festzulegen, unterhalb deren nicht tolerierbare Unterbeschäftigung besteht?

Letztlich ist dieser ganze Fragenkomplex mit einem politischen Grundentscheid verbunden: Soll die Gesellschaft selektiv sein und die von der Arbeitswelt Ausgeschlossenen in soziale Abhängigkeit fallen lassen, oder soll sie solidarisch funktionieren und den sozialen Zusammenhalt über die individuelle Bereicherung setzen?

Literatur
Robert Castel, *Die Metamorphosen der sozialen Frage. Eine Chronik der Lohnarbeit*, UVK, Konstanz 2000; – André Gorz, *Kritik der ökonomischen Vernunft. Sinnfragen am Ende der Arbeitsgesellschaft*, Rotbuch, Hamburg 1994.
Verweise
Arbeitsteilung (internationale) – Arbeitszeit – Dienstleistungsgesellschaft – Flexibilisierung von Arbeitsverhältnissen – Flexibilität

René Levy

Teilzeitarbeit

Als Teilzeitarbeit gelten Beschäftigungsverhältnisse, deren Arbeitszeit deutlich kürzer ist als eine hundertprozentige Vollzeitarbeit, die in der Schweiz zurzeit ungefähr 40 Wochenstunden umfasst. Einheitliche Abgrenzungen zwischen Voll- und Teilzeitarbeit existieren allerdings nicht. Das Schweizerische Bundesamt für Statistik definiert alle Personen mit einem Beschäftigungsgrad von weniger als 90 Prozent als teilzeiterwerbstätig, wobei zwischen Personen mit einem Beschäftigungsgrad unter 50 Prozent und solchen mit 50 bis 89 Prozent unterschieden wird.

Die Bedeutung der Teilzeitarbeit hat in den letzten Jahrzehnten vor allem im Dienstleistungssektor stark zugenommen. 1970 waren in der Schweiz 12 Prozent aller Erwerbstätigen teilzeitbeschäftigt. Bis zum Jahr 2001 hat sich dieser Anteil auf 31 Prozent erhöht, wobei vier Fünftel aller Teilzeitbeschäftigten weiblich sind. Bei Frauen hat sich Teilzeitarbeit mittlerweile als dominante Beschäftigungsform etabliert: 55 Prozent aller erwerbstätigen Frauen und vier Fünftel aller erwerbstätigen Mütter mit betreuungspflichtigen Kindern arbeiteten im Jahr 2001 Teilzeit. Damit spielt Teilzeitarbeit vor allem für die Arbeitsmarktintegration von Frauen eine wichtige, wenn auch kontroverse Rolle: Einerseits ermöglicht sie die Vereinbarung von Familie und Beruf. Anderseits sind Teilzeitstellen schlechter bezahlt als Vollzeitstellen, sie bieten weniger Aufstiegs- und Weiterbildungsmöglichkeiten und kaum Führungsaufgaben (Tam 1997). Beschäftigungspolitisch gilt Teilzeitarbeit als Mittel zum Abbau von Arbeitslosigkeit und zur Umverteilung der Arbeit (Ernst und Gehrke 1999). Noch offen ist allerdings die Frage, ob sich Teilzeitarbeit positiv auf die Beschäftigungssituation auswirkt, da nicht genau beziffert werden kann, wie viele Arbeitsplätze dank Teilzeitarbeit tatsächlich neu geschaffen werden.

Literatur
Bundesamt für Statistik, »Zahlen und Fakten zur Teilzeitarbeit und deren Auswirkungen auf die Beschäftigungssituation«, in: *SAKE-News*, Nr. 5, 1997; – Britta Ernst, Conny Gehrke, *Der Januskopf der Teilzeitbeschäftigung*, Transfer, Regensburg 1999; – May Tam, *Part-Time Employment: A Bridge or a Trap?*, Avebury, Aldershot 1997.
Verweise
Erwerbsquote – Feminisierung der Arbeit – Flexibilisierung von Arbeitsverhältnissen – Normalarbeitsverhältnis

Irene Kriesi

Tertiarisierung → Dienstleistungsgesellschaft

Testament

Das Testament, im Zivilgesetzbuch (ZGB) letztwillige Verfügung (Art. 498–511 ZGB) genannt, ist ein einseitiges Rechtsgeschäft von Todes wegen. Mit einem Testament können die Erbeinsetzung geregelt werden, Vermächtnisse ausgesprochen, ferner Bedingungen, Auflagen, Ersatz- und Nachverfügungen und Teilungsvorschriften verfügt werden. Ferner kann in einem Testament eine Stiftung errichtet, ein Kind anerkannt oder eine Willensvollstreckung angeordnet werden. Ungültig sind unmögliche Anordnungen und Verfügungen, die widerrechtlich oder unsittlich sind. Die Wirkung des Testaments tritt erst im Erbgang ein. Dies bedeutet, dass der Testator seinen eigenen testamentarischen Anordnungen gegenüber frei bleibt und niemand sich auf die Verbindlichkeit des Testaments vor dem Erbgang berufen kann.

Verfügungsfähig sind nur urteilsfähige Personen, die das 18. Lebensjahr vollendet haben. Mit dem

Testament kann der Erblasser anordnen, wie sein Nachlass verteilt werden soll. Diese Verfügung geht grundsätzlich dem gesetzlichen Erbrecht vor, darf aber die Pflichtteilrechte bestimmter vom Gesetz bezeichneter Personen nicht verletzen. Nur über die Differenz zwischen dem Gesamtnachlass und dem Pflichtteil darf der Erblasser frei verfügen (so genannte verfügbare Quote). Pflichtteilberechtigt sind die Nachkommen aller Grade, die Eltern und der überlebende Ehegatte. Hat der Erblasser seine Verfügungsbefugnis überschritten, so kann die Herabsetzung seiner Verfügung auf das erlaubte Maß mittels der Herabsetzungsklage verlangt werden.
Es gibt drei Arten von Testament, für deren rechtsgültige Errichtung strenge Formvorschriften gewahrt werden müssen (eigenhändiges, öffentliches bzw. mündliches Testament).

Literatur
Jean Nicolas Druey, *Grundriss des Erbrechts*, Stämpfli, Bern 2002; – Paul Piotet (Hrsg.), *Schweizerisches Privatrecht*, Band IV/2: *Erbrecht*, Helbing & Lichtenhahn, Basel 1981; – Peter Tuor, Bernhard Schnyder (Hrsg.), *Das Schweizerische Zivilgesetzbuch*, Schulthess, Zürich 2002.
Verweise
Tod

Uwe Koch

Tod

Der Begriff Tod kennzeichnet das zeitliche Ende des Lebens. Die Vorstellungen des Todes und die Art des gesellschaftlichen Umgangs mit ihm sind Ausdruck des jeweiligen Lebensverständnisses. Physiologie, Psychologie und Soziologie der Sterbevorgänge zeigen den Tod als prozesshaften Verlauf, der über das Individuum hinausreicht und andere Akteure, Gruppen und die Gesellschaft mit einbezieht.
Der Tod ist als existenzielle Grenzsituation ein hochgradig symbolbesetztes Thema. Die Verarbeitung des Todes hat kulturkonstitutive Bedeutung. Sie erfolgt in Form von Ritualen des Abschieds, der Bestattung und der Trauer. In westlich geprägten Zivilisationen ist (besonders seit dem 18. Jahrhundert) der Tod weitgehend medikalisiert worden. Die Todesfeststellung ist zu einer ärztlichen Aufgabe geworden, heute mit objektiv feststellbaren klinischen Kriterien. Der Tod wird zunehmend abhängig von Entscheidungen (z.B. über Nichtreanimation); die Möglichkeiten der Medizin und die soziale Organisation der Spitäler bestimmen ganz konkret die Art und Weise des Sterbens. Das vorherrschend gewordene Hirntodkriterium ist seinerseits abhängig von der anthropologischen Überzeugung, dass dem Bewusstsein im menschlichen Leben eine ontologisch fundamentale Rolle zukommt.

Literatur
Klaus Feldmann, Werner Fuchs-Heinritz (Hrsg.), *Der Tod ist ein Problem der Lebenden. Beiträge zur Soziologie des Todes*, Suhrkamp, Frankfurt am Main 1995; – Klaus Feldmann, *Sterben und Tod. Sozialwissenschaftliche Theorien und Forschungsergebnisse*, Leske + Budrich, Opladen 1997; – Thomas Schlich, Claudia Wiesemann (Hrsg.), *Hirntod. Zur Kulturgeschichte der Todesfeststellung*, Suhrkamp, Frankfurt am Main 2001.
Internet
www.exit.ch
www.dignitas.ch
Verweise
Sterbehilfe – Sterbende(n) (Rechte der) – Suizid – Testament

Christoph Rehmann-Sutter

Transferleistungen

Als Transferleistungen werden alle Zahlungen staatlicher Organe bezeichnet, die auf eine Verminderung der Belastung der Haushalte und Privatpersonen abzielen, welche durch das Eintreten bestimmter Bedürfnisse (etwa jener, die mit der Mutterschaft oder dem Alter einhergehen) oder Risiken (etwa Invalidität, Arbeitslosigkeit) entsteht, sofern diese Bedürfnisse und Risiken in den Bereich der »Sozialpolitik« fallen. Zahlungen von privaten Institutionen oder Nichtregierungsorganisation werden einer anderen Kategorie zugerechnet, jener der Hilfe und der wohltätigen Unterstützung.
Um als Transferleistungen betrachtet zu werden, müssen die Leistungen in erster Linie auf dem Grundsatz der Solidarität basieren, was einen Umverteilungsmechanismus voraussetzt. Es besteht zumindest teilweise ein Bruch zwischen der Beteiligung an der Finanzierung der Leistungen und dem Anspruch auf Leistungen. Außerdem muss es sich um finanzielle Leistungen in der Form von Zulagen oder monetären Entschädigungen handeln. Das aus dem öffentlichen Haushalt, das heißt durch Steuereinnahmen finanzierte Stipendium für Schüler und Studierende ist ein Beispiel dafür. Die Solidarität äußert sich meistens, aber nicht ausschließlich in finanzieller Form und im Zusammenhang mit der wirtschaftlichen Situation der betroffenen Personen, der Zahler und Bezüger: Von den Individuen mit höherem Vermögen oder Einkommen wird erwartet, dass sie sich stärker beteiligen bzw. dass sie weniger beziehen als Personen aus bescheidenen Verhältnissen. Doch gibt es weitere Formen der Solidarität, die sich auf den Ausgleich der Risiken (z.B. je nach Art der Tätigkeiten), der Altersgruppen (wenn die Trennung Junge–Betagte aufgehoben wird) oder der Geschlechter stützen.
Zweitens muss die Leistung im Rahmen einer der Funktionen erbracht werden, die der Sozialpoli-

tik im weiteren Sinne zugesprochen werden. Was die Schweiz angeht, haben Greppi und Ritzmann (2001) 8 Interventionsfelder der Sozialpolitik aufgeführt: 1. Krankheit und Krankenpflege, einschließlich der Beiträge der öffentlichen Hand an die am Gesundheitswesen beteiligten Institutionen (z.B. Spitäler, psychiatrische Kliniken, Pflegeheime); 2. Invalidität; 3. Alter; 4. Hinterlassene (Witwer- und Witwenschaft); 5. Familie und Kinder (Familienzulagen, Mutterschaftsversicherung, Unterhaltszahlungen, Einrichtungen zur Betreuung von Kindern im Vorschulalter); 6. Arbeitslosigkeit; 7. Wohnungswesen; 8. Fürsorge.
In dieser Aufzählung fehlen 9. die Steuerpolitik für Familien und Steuerzahler mit Kindern (Steuerabzüge, in manchen Fällen Steuerkredite, die an den Familienstatus, die Anzahl Kinder und bestimmte Ausgabenkategorien wie jene für die Kinderbetreuung gebunden sind) und 10. die Bildungspolitik (Stipendien und Darlehen für Studierende, Schüler oder Lehrlinge).

Literatur
Bundesamt für Sozialversicherung, *Soziale Sicherheit*, zweimonatlich erscheinende Zeitschrift, Bern; – Pierre Gilliand, Stéphane Rossini, *La protection sociale en Suisse. Recettes et dépenses, 1948–1997*, Réalités sociales, Lausanne 1997; – Spartaco Greppi, Heiner Ritzmann, »Die Gesamtrechnung der sozialen Sicherheit«, in: *info:social. Fakten zur sozialen Sicherheit*, Nr. 4, 2001.
Verweise
Soziale Sicherheit (allgemeiner Begriff)

Bernard Dafflon

Transplantationsmedizin

Transplantationsmedizin bezeichnet das chirurgische und internmedizinische Spezialgebiet, das sich mit der Übertragung von Zellen, Geweben oder Organen beschäftigt. Zu unterscheiden ist zwischen autologer und allogener Transplantation sowie Xenotransplantation. Bei der autologen Transplantation stammt das übertragene Gewebe vom gleichen Individuum (z.B. bei einer Hauttransplantation), bei der allogenen werden Organe von einem auf ein anderes Individuum übertragen (z.B. bei einer Nierentransplantation). Unter einer Xenotransplantation versteht man die Übertragung von Organen von einer anderen Spezies auf den Menschen (z.B. eines Schweineherzens).
Die ersten erfolgreichen autologen und allogenen Organtransplantationen fanden in den 1960er-Jahren statt. Seit den 80er-Jahren gehören Organtransplantationen bei Versagen von Niere, Leber und Herz zur Routinebehandlung. Dies ist Verbesserungen der Techniken und Medikamente zu verdanken. Im Jahre 2001 wurden in der Schweiz an sechs Zentren 424 Organe transplantiert (davon 247 Nieren, 88 Lebern, 38 Herzen), 1030 Personen standen auf der Warteliste, von welchen 30 verstarben.
Das größte Hindernis für die allogene Transplantation ist die Transplantatabstoßung. Der empfangende Organismus reagiert auf die fremden Zellen mit einem immunologischen Prozess, der zur Zerstörung des Transplantates führt. Für eine erfolgreiche Transplantation muss das Immunsystem medikamentös unterdrückt werden. Ebenfalls ein großes Problem für die Transplantationsmedizin ist der Mangel an Spenderorganen. Politisch und ethisch umstritten ist vor allem die Frage, unter welchen Voraussetzungen einem toten Menschen Organe für eine Transplantation entnommen werden dürfen. Bisher kam in den meisten Schweizer Kantonen die so genannte Widerspruchsregelung zur Anwendung, die das Bundesgericht ausdrücklich für zulässig erklärt hat. Demnach darf ein Organ entnommen werden, wenn weder der Organspender selbst noch seine Angehörigen dagegen Einspruch erhoben haben. Davon zu unterscheiden ist die so genannte Zustimmungslösung, bei welcher eine Organentnahme nur mit ausdrücklicher Zustimmung des Organspenders zulässig ist. Bei der so genannten erweiterten Zustimmungslösung genügt auch die Zustimmung der Angehörigen, wenn keine anders lautende Willensäußerung des Organspenders dokumentiert ist. Ebenfalls zu Diskussionen Anlass gibt im Zusammenhang mit der Organtransplantation die Defintion des Todeszeitpunkts. Um Organe transplantieren zu können, muss beim Spender auf den so genannten Hirntod abgestellt werden. Als Todeszeitpunkt gilt dabei der irreversible Ausfall der Funktionen des Gehirns und des Hirnstamms.
Im Herbst 2001 hat der Bundesrat dem Parlament den Entwurf für ein Transplantationsgesetz vorgelegt. Dieser will den Handel mit Organen verbieten und sieht die Unentgeltlichkeit der Organspende vor. Zudem setzt er den Hirntod als Kriterium für die Organentnahme fest und will die erweiterte Zustimmungsregelung einführen.

Literatur
Felix Largiader et al., *Checkliste Organtransplantation*, Thieme, Stuttgart 1999; – Felix Largiader et al., *Organallokation*, Huber, Bern 1997.
Internet
www.swisstransplant.org
Verweise
Bioethik

Daniel Gelzer

Travail.Suisse (ehem. Christlichnationaler Gewerkschaftsbund)

Der Christlichnationale Gewerkschaftsbund (CNG) ist eine Arbeitnehmerorganisation, die sich vorab an der christlichen Sozialethik orientiert. Der CNG distanziert sich sowohl vom Kapitalismus als auch vom Sozialismus und will im Rahmen der demokratischen Ordnung und der sozialen Marktwirtschaft für Reformen kämpfen. Die Familie sieht er als wichtigste Vergemeinschaftungsform, welche besonderen Schutz genießen soll. Der CNG wurde 1907 als Dachverband der katholischen Gewerkschaften gegründet. Die Gründungsmitglieder arbeiteten eng mit der römisch-katholischen Kirche und der Christdemokratie zusammen, um den Aufstieg sozialdemokratischer Gewerkschaften zu bekämpfen. Seit den 1990er-Jahren entwickelt sich der CNG zu einer konfessionell und parteipolitisch unabhängigen christlichen Gewerkschaftsorganisation. Dem CNG gehören vier Gewerkschaften an (SYNA, Transfair, Organizzazione Cristiano Sociale Ticinese, Syndicats chrétiens interprofessionnels du Valais), womit er im Jahr 2002 die Interessen von rund 100 000 Arbeitnehmern und Arbeitnehmerinnen vertritt. Die große Mehrheit stammt noch immer aus Gewerkschaften, welche katholische Arbeiter und Angestellte organisieren. Eine kleine Minderheit ist evangelisch-reformiert. Der CNG ist wie der Schweizerische Gewerkschaftsbund Mitglied im Europäischen Gewerkschaftsbund. Ende 2002 schloss sich der CNG mit der Vereinigung schweizerischer Angestelltenverbände (VSA) zur neuen Dachorganisation Travail.Suisse zusammen.

Literatur
Robert Fluder et al. (Hrsg.), *Gewerkschaften und Angestelltenverbände in der schweizerischen Privatwirtschaft*, Seismo, Zürich 1991.
Internet
www.travailsuisse.ch
Verweise
Gewerkschaften – Schweizerischer Gewerkschaftsbund (SGB) – Sozialpartnerschaft – Vereinigung schweizerischer Angestelltenverbände (VSA)

Ludwig Zurbriggen

Trendanalyse

Trendanalyse ist die Identifikation und Beschreibung von längerfristigen Wandlungstendenzen (Trends) in Zeitreihendaten mittels geeigneter statistischer Filter- und Schätzverfahren (z.B. X-11, *exponential smoothing* usw.). Diese ermöglichen es, die hier interessierenden längerfristigen Trends von saisonalen zyklischen Schwankungen und irregulären Zufallskomponenten zu trennen und durch Gleichungen quantitativ zu beschreiben. Dabei unterscheidet man zwischen Nullbeziehungen und monoton (kontinuierlich) wachsenden und fallenden Zusammenhängen – bei den letztgenannten monotonen Beziehungen ist nochmals zwischen linearen und nichtlinearen Zusammenhängen zu differenzieren. Die Ergebnisse einer Trendanalyse können u.a. zur kritischen Evaluation der Effekte von sozialpolitischen Maßnahmen sowie für die qualitative Frühwarnung vor unerwünschtem sozialem Wandel verwendet werden. Wegen der Einfachheit der ihnen zugrunde liegenden Kausalannahmen eignen sich Trendanalysen allerdings nur begrenzt für quantitative Prognosen.

Literatur
Bernd Leiner, *Grundlagen der Zeitreihenanalyse*, Oldenbourg, München 1998.
Verweise
Evaluation – Social Monitoring – Statistische Schätzung

Georg Müller

Überentschädigung

Das Zusammentreffen von Leistungen der verschiedenen Sozialversicherungen, welche das eidgenössische Recht hervorgebracht hat, kann, wenn diese Leistungen kumuliert werden, zu einer Überentschädigung führen, anders gesagt zu einer als unerwünscht betrachteten Bereicherung der anspruchsberechtigten Person. Das Bundesgesetz über den Allgemeinen Teil des Sozialversicherungsrechts (ATSG) zielt darauf ab, das Auftreten solcher Situationen zu verhindern oder zumindest deren Auswirkungen zu begrenzen. Es enthält außerdem Bestimmungen über die Koordination der Leistungen der Sozialversicherungen. Von Überentschädigung wird gesprochen, wenn nach Eintritt des versicherten Risikos die gesetzlich geschuldeten Sozialleistungen sowohl das Einkommen des Versicherten, dessen Verlust vermutet wird, als auch die zusätzlich anfallenden Kosten und mögliche Einkommenseinbußen nahe stehender Personen übersteigen.
Das ATSG schreibt vor, dass zur Berechnung der Überentschädigung ausschließlich Leistungen berücksichtigt werden dürfen, deren Natur und Zweck identisch sind. Es bestimmt im Weiteren grundsätzlich, dass die Geldleistungen um den Betrag der Überentschädigung gekürzt werden müssen. Von jeglicher Kürzung ausgenommen sind allerdings die Renten der AHV und der IV sowie die Hilflosenentschädigungen und die Integritätsentschädigungen. Bei Kapitalleistungen wird der Wert der entsprechenden Rente berücksichtigt.
Die gesetzlichen Regelungen, welche die Überentschädigung im Bereich der beruflichen Vorsorge betreffen, stützen sich auf einen besonderen Begriff, jenen des ungerechtfertigten Vorteils.

Literatur
Thomas Locher, *Grundriss des Sozialversicherungsrechts*, Stämpfli, Bern 1997; – Erich Peter, *Die Koordination von Invalidenrenten*, Schulthess, Zürich 1997.

Verweise
Sozialversicherungen (Koordination der) – Überversicherung – Ungerechtfertigter Vorteil
Bernard Viret

Überschuldung

Ein privater Haushalt gilt als überschuldet, wenn seine Ressourcen (vor allem Einkommen) nach Abzug der zur Lebenshaltung notwendigen Ausgaben nicht ausreichen, die ausstehenden Forderungen zu bezahlen und wenn dieses Ungleichgewicht nicht binnen angemessener Frist aus eigener Kraft ausgeglichen werden kann.

Überschuldung löst eine Vielzahl miteinander verknüpfter Schwierigkeiten aus, die einerseits alle Lebensbereiche der Schuldnerinnen und Schuldner und anderseits die Interessen der Gläubiger und der Gesamtgesellschaft berühren.

Die Ursachen der Überschuldung privater Haushalte sind vielfältig. Tiefe Einkommen und steigende Lebenshaltungskosten, Scheidung, Krankheit, Arbeitslosigkeit, Konsumwünsche und ungeplanter Umgang mit den verfügbaren Geldmitteln können schnell dauerhafte finanzielle Defizite auslösen.

Schuldenberatung will überschuldete Personen befähigen, ihren finanziellen Verpflichtungen wieder nachzukommen und die laufenden Lebenshaltungskosten sowie die persönlichen Bedürfnisse in Einklang mit dem verfügbaren Einkommen zu bringen.

Die eigentliche Schuldensanierung bezweckt einen Interessenausgleich zwischen der überschuldeten Person und ihren Gläubigern. Über einem »sozialen Existenzminimum« liegende Einkommensteile werden während einer befristeten Zeit den Gläubigern zur Verfügung gestellt, welche dafür eine Stundung mit Ratenzahlung oder einen Teilerlass gewähren. Ist dieser Ausgleich nicht möglich, weil nicht genügend Einkommen verfügbar ist oder die Gläubiger nicht kooperieren, lässt das Gesetz unter Umständen einen Neubeginn durch Privatkonkurs (Insolvenzerklärung) zu.

Auf dem Weg in die Überschuldung fällt dem Konsumkredit die Rolle des Beschleunigers zu. Spätestens seit Anfang der 1980er-Jahre wurde diese Kreditform bei der Finanzierung privaten Konsums zu einer gesellschaftlichen Selbstverständlichkeit. Der Kern des Konsumkredites ist die Kreditgewährung auf dem zukünftigen Einkommen. Er entspricht aufseiten der Kreditgeber der Absicht, privaten Konsum als Anlagebereich für Kapital zu erschließen. Mit der Flexibilisierung der Arbeitsverhältnisse ist die Konstruktion des Konsumkredites brüchig geworden. Als Folge davon steigt die Zahl der Überschuldeten und das Ausmaß der Schulden.

Das neue Konsumkreditgesetz (KKG), gültig ab 2003, legt den Geltungsbereich der Kredite fest, die keinem beruflichen oder gewerblichen Zweck dienen, und soll einen minimalen Schutz vor Überschuldung gewährleisten. Neben Konsumkreditverträgen, Kreditkarten und Überziehungskrediten auf laufenden Konten werden auch Leasingverträge erfasst. Das Geschäft mit dem Konsumgüterleasing liegt stark im Trend und übersteigt bereits das Gesamtvolumen der Konsumkreditverträge.

Literatur
Verein Schuldensanierung Bern (VSB), *Schulden – was tun?*, VSB, Köniz 1995.
Verweise
Entschuldung (von Haushalten) – Soziale Arbeit
Gerda Haber

Überversicherung

Überversicherung ist ein Begriff aus dem privaten Versicherungsrecht, nicht aus dem Sozialversicherungsrecht. (In den Sozialversicherungen wird von Überentschädigung gesprochen, in der beruflichen Vorsorge von ungerechtfertigtem Vorteil.)

Das Bundesgesetz über den Versicherungsvertrag (VVG) spricht von Überversicherung, wenn die Versicherungssumme den Versicherungswert zum Zeitpunkt des Schadenseintritts übersteigt. Die Überversicherung existiert bei Sachversicherungen, nicht aber bei Personenversicherungen. Die Überversicherung ist an sich gesetzlich nicht verboten, denn gemäß dem den Schadenversicherungen eigenen Entschädigungsgrundsatz wird der Bezugsberechtigte vom Versicherer nur im Ausmaß des tatsächlich erlittenen Schadens entschädigt. Die Überversicherung wird hingegen geahndet, wenn sie in betrügerischer Absicht zustande gekommen ist, das heißt, wenn der Versicherungsnehmer den Vertrag in der Absicht abgeschlossen hat, sich aus der Überversicherung einen rechtswidrigen Vermögensvorteil zu verschaffen. In diesem Falle ist der Versicherer nicht an den Vertrag gebunden, hat jedoch Anspruch auf die vereinbarte Prämie. Es obliegt ihm, den Beweis der böswilligen Absicht des Versicherungsnehmers zu erbringen.

Das VVG regelt auch die Doppelversicherung (oder den Fall mehrerer Versicherungen). Davon wird gesprochen, wenn dieselben Objekte gegen dieselbe Gefahr und für dieselbe Zeit bei mehr als einem Versicherer dergestalt versichert sind, dass die Versicherungssummen zusammen den Versicherungswert übersteigen.

Literatur
Heinrich Honsell, Nedim Peter Vogt, Anton K. Schnyder, *Kommentar zum schweizerischen Privatrecht. Bundesge-*

setz über den Versicherungsvertrag, Helbing & Lichtenhahn, Basel 2001.
Verweise
Überentschädigung – Ungerechtfertigter Vorteil
Bernard Viret

Umfragen/Umfrageforschung
Umfragen bilden in der modernen Gesellschaft einen festen Bestandteil der Gewinnung von Informationen sowohl über gesellschaftliche Zusammenhänge als auch über menschliches Handeln.
Die Umfrageforschung zerfällt grob gesehen in die Theorie und die Praxis. Die Theorie wird heute von der universitären Grundlagenforschung geleistet und gelehrt. Sie stellt den Bezug zu den Sozialwissenschaften und zur Methodenlehre für die Gewinnung qualitativer oder quantitativer Daten her, sei es durch Voll- oder Stichprobenerhebung. Eine wesentliche Entwicklung stellt die Etablierung der Repräsentativ-Befragung dar.
Die Praxis ist dagegen aus der problembezogenen Anwendungsforschung entstanden. Sie gliedert sich nach Gegenstandsbereichen, wobei zwischen der Erfassung (bekannter oder verdeckter) sozialer Tatbestände (wie Lebensstile, Schichtung oder Mobilität) und der Einstellungs- oder Verhaltensforschung (wie Suchtverhalten, Konsumklima oder politische Kultur) unterschieden wird. Sie dient in erster Linie der Steuerung gesellschaftlicher Entwicklungen, sei es in der Planung von Veränderungen, der Bewältigung bestehender Probleme oder der Evaluierung von Programmen.

Internet
www.swissresearch.org
www.polittrends.ch
Verweise
Empirische Forschungsmethoden – Sozialforschung – Statistische Schätzung
Claude Longchamp

Umlageverfahren
Beim Umlageverfahren handelt es sich um ein Finanzierungssystem der Sozialversicherungen (angewendet z.B. bei der AHV/IV, der Krankenversicherung, der Arbeitslosenversicherung). Es zeichnet sich dadurch aus, dass grundsätzlich die Beiträge der erwerbstätigen Versicherten zur Bezahlung der Leistungen an Rentnerinnen und Rentner, Invalide und Hinterbliebene oder andere Berechtigte (wie Kranke) verwendet werden. Es steht damit im Gegensatz zum Kapitaldeckungsverfahren (angewendet vor allem bei der beruflichen Vorsorge). Wenn das Umlageverfahren in Reinform angewendet wird, fallen keine Zinserträge an. Zum Ausgleich von üblichen Defiziten wird das reine Umlageverfahren in der Regel durch das Prinzip der Schwankungsreserven ergänzt: Diese stellen eine Sicherheitsreserve dar, die aus den Überschüssen und Zinserträgnissen der Aktiven von Reserve- oder Ausgleichsfonds gespiesen werden. Damit sollen nicht voraussehbare, aber mögliche (kurzfristige) Defizite ausgeglichen werden.
Bei der AHV/IV ist z.B. als Sicherheitsreserve ein Ausgleichsfonds geschaffen worden (Art. 107 AHV-Gesetz), dessen Mittel in der Regel nicht unter den Betrag einer Jahresausgabe der Versicherung fallen sollten. Aus diesem Fonds ergeben sich Zinserträge, die neben den Beiträgen und den Zahlungen der öffentlichen Hand zu den Einnahmen zählen.
Das Umlageverfahren beruht auf der Solidarität zwischen den Generationen. Es geht von einem dauerhaften Bestand der Versicherung aus. Somit ist es grundsätzlich nur bei einer Versicherung anwendbar, bei der eine regelmässige Erneuerung der Beitragszahlenden garantiert ist (wie es z.B. bei der AHV/IV der Fall ist). Bei der beruflichen Vorsorge hingegen (auch im obligatorischen Teil) ist diese nicht garantiert. Deshalb verlangt Artikel 69 des Bundesgesetzes über die Alters-, Hinterlassenen-, Invalidenvorsorge von den Vorsorgeeinrichtungen, nur auf den vorhandenen Bestand an Versicherten sowie Rentenberechtigten abzustellen, um ihr finanzielles Gleichgewicht zu sichern. Eine Abweichung von diesem Grundsatz der »Bilanzierung in geschlossener Kasse« ist nur unter den strengen Bedingungen möglich, die der Bundesrat ausschliesslich für Vorsorgeeinrichtungen von öffentlich-rechtlichen Körperschaften festgesetzt hat: In diesem Falle müssen die Leistungen gemäss BVG durch den Bund, einen Kanton oder eine Gemeinde garantiert werden.
Wichtiger Vorteil des Umlageverfahrens: Das System verlangt keine vorgängige Äufnung bedeutender finanzieller Reserven, welche den Unwägbarkeiten der Währungsabwertung unterliegen. Dadurch wird auch die Indexierung der Leistungen vereinfacht.
Wichtiger Nachteil des Umlageverfahrens: Die Last der Leistungen wird auf die folgende Generation bzw. die erwerbstätigen Versicherten übertragen, und das System unterlässt eine Nutzung der wichtigen Einnahmequelle, welche aus einer aktiven Anlagepolitik mit einem Teil der Beiträge resultiert.

Literatur
Erwin Carigiet, *Gesellschaftliche Solidarität. Prinzipien, Perspektiven und Weiterentwicklung der sozialen Sicherheit,* Helbing & Lichtenhahn, Basel 2001; – Ueli Kieser, »Alters- und Hinterlassenenversicherung«, in: Ulrich Meyer-Blaser (Hrsg.), *Schweizerisches Bundesverwaltungsrecht,* Band *Soziale Sicherheit,* Helbing & Lichtenhahn, Basel 1998.

Internet
www.bsv.admin.ch
www.sozialversicherungen.ch
Verweise
AHV/IV – Kapitaldeckungsverfahren – Finanzierung der sozialen Sicherheit: Juristische Aspekte – Finanzierung der sozialen Sicherheit: Wirtschaftliche Aspekte – Umlageverfahren (Formen)

Bernard Viret

Umlageverfahren (Formen)

Bei einer Versicherung schließen sich Menschen zur Deckung bestimmter Risiken zu einer Versichertengemeinschaft zusammen. Dabei werden die Ausgaben, die aus der Behebung der sich realisierenden Risiken (wie Rentenalter, Krankheit, Invalidität) anfallen, auf die gesamte Versichertengemeinschaft »umgelegt« (Begriff der Gegenseitigkeit im weiten Sinne): Die Finanzierung der Kosten setzt voraus, dass die Versicherung die Häufigkeit und Intensität der Versicherungsfälle kennt. Die Verteilung der Last der während einer Rechnungsperiode (in der Regel ein Kalenderjahr) eingetretenen Versicherungsfälle auf alle, die während derselben Zeitspanne den Risiken ausgesetzt waren, ist eine wichtige Grundlage der Versicherungstätigkeit. In diesem Sinne stellt jede Versicherung eine Umlage dar.

Allerdings bedeutet dies nicht, dass auch jede Versicherung in einem technischen Sinne nach dem Umlageverfahren konzipiert ist. Bedeutsam ist ebenfalls das Kapitaldeckungsverfahren, insbesondere für die berufliche Vorsorge und Lebensversicherungen. Nach dem reinen Umlageverfahren planen die Versicherungsträger ihre Einnahmen so, dass die in einer Rechnungsperiode anfallenden Versicherungsleistungen damit beglichen werden können. Die Einnahmen sind mit den Ausgaben identisch. Nach dem reinen Kapitaldeckungsverfahren finanzieren die Versicherten ihre erwarteten Leistungen selber und im Voraus. In der Schweiz bewegen sich die Sozialversicherungen zwischen Umlage- und Kapitaldeckungsverfahren, weshalb sie auch gemischte Verfahren genannt werden. In Theorie und Praxis ist jedoch die Terminologie nicht einheitlich. Im Folgenden werden zwei Beispiele skizziert.

Die soziale Krankenversicherung gründet auf dem Ausgabenumlageverfahren (Art. 60 Krankenversicherungsgesetz). Artikel 78 der Verordnung über die Krankenversicherung verlangt von den Versicherern jedoch, das Gleichgewicht zwischen Einnahmen und Ausgaben jeweils nicht nur für eine Rechnungsperiode, sondern für eine Finanzierungsperiode von zwei Jahren sicherzustellen. Sie müssen zudem ständig über eine Sicherheitssowie über eine Schwankungsreserve verfügen. Die Sicherheitsreserve bezweckt die Sicherung der finanziellen Lage der Versicherung für den Fall, dass die effektiven Kosten gegenüber den bei der Festsetzung der Prämien getroffenen Annahmen zu ungünstig anfallen. Die Schwankungsreserve dient dazu, Kostenschwankungen auffangen zu können. Das Ausmaß dieser Reserven (im Verhältnis zu den zu erzielenden Prämien) sinkt mit zunehmendem Versichertenbestand. Abweichungen sind möglich, wenn eine Rückversicherung der Leistungen besteht oder eine Defizitgarantie eines Gemeinwesens vorliegt.

In der Unfallversicherung spielt das gemischte System des Rentenwert-Umlageverfahrens eine wichtige Rolle. Es unterscheidet sich vom reinen Umlageverfahren dadurch, dass die Beiträge der Versicherten zusätzlich für die Deckung des aktuellen (oder kapitalisierten) Wertes der im Verlauf des Jahres entstandenen zukünftigen periodischen Leistungen ausreichen müssen. Dieses Rentenwert-Umlageverfahren wird gemäß Artikel 90 UVG zur Finanzierung der aus der obligatorischen Unfallversicherung resultierenden Invaliden- und Hinterlassenenrenten angewendet. Die Versicherer müssen also darauf achten, dass die mathematischen Reserven (Deckungskapital) für die Deckung aller zukünftigen Rentenansprüche aus bereits eingetretenen Unfällen ausreichen. Das reine Ausgaben-Umlageverfahren gilt hingegen für kurzfristige Versicherungsleistungen (Taggelder und Kosten für die Heilbehandlung) und Teuerungszulagen (sofern die Zinsüberschüsse aus dem Deckungskapital zu deren Finanzierung nicht ausreichen).

Literatur
Gertrud E. Bollier, *Leitfaden schweizerische Sozialversicherung*, Stutz, Wädenswil 2001.
Internet
www.admin.ch
Verweise
Ausgaben-Umlageverfahren – Kapitaldeckungsverfahren – Krankenversicherung – Rentenwert-Umlageverfahren – Umlageverfahren – Unfallversicherung

Bernard Viret

Umweltmedizin

Umweltmedizin ist eine Sammelbezeichnung für das wissenschaftliche Fachgebiet, das sich mit gesundheitlichen Störungen befasst, die auf Umweltbelastungen zurückzuführen sind. Unter Umwelt wird dabei die vom Menschen veränderte Umwelt und die daraus resultierenden Schadstoffbelastungen verstanden. Zusammenhänge zwischen Schadstoffexpositionen und gesundheitlichen Beeinträchtigungen können mit den Methoden der Umweltepidemiologie und der Toxikologie untersucht werden. Auch aus der Arbeitsmedizin, wo häufig höhere Schadstoffexpositionen vorkommen als in der allgemeinen Umwelt, stammen wichtige Erkenntnisse über gesundheitliche Auswirkungen von Schadstoffen. Die klinische Umweltmedizin befasst sich mit der Abklärung und Behandlung von Individuen, bei denen ein Zusammenhang mit Schadstoffexpositionen vermutet wird. Der Kausalzusammenhang ist im Einzelfall oft schwierig nachzuweisen, da die Beschwerden häufig unspezifisch und die Schadstoffbelastungen nicht zuverlässig zu eruieren sind. Eine sorgfältige medizinische und psychologische Abklärung gehört zu jeder umweltmedizinischen Untersuchung. In Deutschland existieren an verschiedenen Universitäten so genannte Umweltambulanzen, in der Schweiz gibt es solche Institutionen bisher nicht. In der Schweiz kann eine Ausbildung in Umweltepidemiologie und Toxikologie absolviert werden, im Unterschied zu Deutschland jedoch nicht in klinischer Umweltmedizin.

In der Schweiz befasst sich das Institut für Sozial- und Präventivmedizin der Universität Basel seit Jahren wissenschaftlich mit dem Themengebiet der Umweltmedizin. Die Ärztinnen und Ärzte für Umweltschutz Schweiz setzen sich seit über 10 Jahren für die Verbreitung von umweltmedizinischem Wissen in medizinischen Kreisen ein und engagieren sich für umweltmedizinische Anliegen in Öffentlichkeit und Politik.

Literatur
Ärztinnen und Ärzte für Umweltschutz (Aefu) (Hrsg.), *Luftverschmutzung und Gesundheit*, Aefu, Basel 1997; – Ärztinnen und Ärzte für Umweltschutz (Aefu) (Hrsg.), *Wohnen und Gesundheit*, Aefu, Basel 2002.
Internet
www.unibas.ch/ispmbs
www.aefu.ch
www.isde.org
Verweise
Prävention – Public Health – Sozial- und Präventivmedizin
Charlotte Braun-Fahrländer

Unbezahlte Arbeit/Freiwilligenarbeit/Ehrenamt

Als unbezahlte Arbeit gelten Tätigkeiten, die außerhalb des Arbeitsmarktes und ohne Entlöhnung geleistet werden, obwohl sie von einer Drittperson gegen Entgelt ausgeführt werden könnten. Es lassen sich drei Hauptbereiche unbezahlter Arbeit unterscheiden: Haus- und Familienarbeit im eigenen Haushalt, persönliche Hilfeleistung für Verwandte und Bekannte sowie gemeinnützige und ehrenamtliche Tätigkeiten.

Unbezahlte Arbeit wird in der volkswirtschaftlichen Gesamtrechnung nicht erfasst, obwohl sie aus wertschöpfenden Leistungen besteht, welchen für das familiäre und gesellschaftliche Zusammenleben eine wichtige Bedeutung zukommt. Je nach Schätzmethode entspricht der Wert der in der Schweiz geleisteten unbezahlten Arbeit jährlich zwischen einem Drittel und etwas mehr als der Hälfte des Bruttoinlandproduktes, wobei Frauen deutlich mehr zur Wertschöpfung beitragen als Männer.

Literatur
Jacqueline Bühlmann, Beat Schmid, *Unbezahlt – aber trotzdem Arbeit*, Bundesamt für Statistik, Neuenburg 1999; – Hans Schmid, Alfonso Sousa-Poza, Rolf Widmer, *Monetäre Bewertung der unbezahlten Arbeit*, Bundesamt für Statistik, Neuenburg 1999.
Verweise
Dritter Sektor/Nonprofit-Sektor/Gemeinnützigkeit – Schwarzarbeit – Sozialzeit – Zivilgesellschaft
Irene Kriesi

UNESCO

Die Organisation der Vereinten Nationen für Erziehung, Wissenschaft und Kultur wurde 1946 gegründet. Sie ist eine Sonderorganisation der Vereinten Nationen und hat die Aufgabe, die Zusammenarbeit der Mitglieder in Erziehung, Wissenschaft und Kultur zu fördern.

Literatur
Seth Spaulding, Lin Lin, *Historical Dictionary of UNESCO*, Scarecrow, Lanham 1997; – Jean-Claude Zarka, *Les institutions internationales*, Ellipses, Paris 1996.
Internet
www.unesco.org
Verweise
Organisation der Vereinten Nationen (UNO)
Jean-Pierre Fragnière

Unfallverhütung

Der Begriff Unfallverhütung bezieht sich auf Maßnahmen und Tätigkeiten, die Menschen davor bewahren sollen, dass ihr Leben und ihre Gesundheit gefährdet werden. Sie basiert auf dem ethischen Verfassungsgrundsatz, der jedem Menschen das Recht auf körperliche und geistige Unversehrtheit garantiert (Art. 10 Bundesverfassung). Die Unfallverhütung beinhaltet das Verhindern der Berufsunfälle, Berufskrankheiten und Nichtberufsunfälle.

Arbeitgeber sind gesetzlich verpflichtet, ihre Arbeitnehmer vor Berufsunfällen und Berufskrankheiten zu schützen (Art. 82 Unfallversicherungsgesetz [UVG]). Die Arbeitnehmer ihrerseits müssen die Sicherheitsvorschriften befolgen sowie Sicherheitseinrichtungen und persönliche Schutzausrüstungen richtig benützen. Die SUVA, private Unfallversicherer und Krankenkassen sind für die Versicherung zuständig. Die eidgenössischen und kantonalen Arbeitsinspektorate, die SUVA und verschiedene Fachorganisationen überwachen den Vollzug der Unfallverhütung im Arbeitsbereich. Die Eidgenössische Koordinationskommission für Arbeitssicherheit (EKAS) koordiniert ihn. Unfallverhütung im Nichtberufs-

Unfallversicherung

bereich (Straßenverkehr, Haushalt, Sport und Freizeit) fördert und koordiniert die Schweizerische Beratungsstelle für Unfallverhütung bfu (gemäß Art. 88 UVG). Die bfu klärt über Unfallgefahren auf, fördert das Sicherheitsbewusstsein und setzt sich für Sicherheitsvorkehrungen ein. Rund drei Viertel aller Unfälle in der Schweiz sind so genannte Nichtberufsunfälle. Die Verhütung der Berufsunfälle wird durch einen Zuschlag auf den Prämien der Berufsunfallversicherung finanziert, diejenige der Nichtberufsunfälle durch einen Zuschlag auf den Prämien der Nichtberufsunfallversicherung, durch Mittel des Fonds für Verkehrssicherheit sowie durch Eigenleistung der bfu.

Die Unfallverhütung basiert auf Forschungsergebnissen. Ziel der gesamten Präventionstätigkeit ist es, Gefahren zu minimieren und eine hohe Arbeits-, Gebrauchs- und Umweltsicherheit technischer Erzeugnisse und Systeme zu bewirken. Das Unfallgeschehen, Ursachen, Strukturen, Häufigkeit und Abläufe werden ermittelt. Sicherheitsanalysen decken Gefahrenpotenziale auf. Menschliche Bedürfnisse sowie anatomische und physiologische Möglichkeiten des Menschen werden abgeklärt und Literatur ausgewertet.

Literatur
Bundesgesetz über die Unfallversicherung vom 20. März 1981 (SR 832.20 – Unfallversicherungsgesetz, UVG); – Markus Hubacher, *Das Unfallgeschehen bei Kindern im Alter von 0 bis 16 Jahren. Grundlagen für eine schwerpunktorientierte Unfallprävention*, bfu-Report 24, bfu, Bern 1994; – Schweizerische Beratungsstelle für Unfallverhütung bfu (Hrsg.), *bfu-Sicherheits-Kompass 2000*, bfu, Bern 1998.
Internet
www.ekas.ch
www.bfu.ch
Verweise
Prävention – Unfallversicherung – Unfallversicherungsanstalt (Schweizerische) (SUVA)

Karin Hadorn-Janetschek

Unfallversicherung
Die Unfallversicherung wurde am 13. Juni 1911 zusammen mit der Krankenversicherung eingerichtet. Sie deckte vorerst nur bestimmte Kategorien von Lohnabhängigen ab. Am 1. Januar 1984 wurde der soziale Schutz durch das Inkrafttreten des Bundesgesetzes über die Unfallversicherung (UVG) auf alle aktiven Lohnabhängigen ausgedehnt. Die freiwillige Versicherung steht jenen Personen offen, die eine selbständige Erwerbstätigkeit ausüben.

Die Unfallversicherung deckt die Berufsunfälle ab. Nichtberufsunfälle sind ebenfalls versichert, sofern eine Tätigkeit vorliegt, die mindestens 8 Stunden pro Woche umfasst. Ist dies nicht der Fall, so müssen die mit einem Unfall verbundenen Kosten durch die Krankenversicherung getragen werden.

Die Unfallversicherung garantiert vorübergehend die Übernahme der Behandlungskosten, die Auszahlung eines Taggeldes zur Kompensation des Erwerbsausfalls, die Anschaffung von Hilfsmitteln und eine Entschädigung für gewisse materielle Schäden. Führt der Unfall zu bleibenden Schäden, zu Invalidität oder zum Tod, bietet die Versicherung eine Invaliditäts- und Hinterlassenenrente, eine Integritätsentschädigung und eine Hilflosenentschädigung an.

Die Schweizerische Unfallversicherungsanstalt (SUVA) verwaltet die Unfallversicherung zusammen mit anderen Versicherern (private Gesellschaften, Krankenkassen). Finanziert wird diese durch Beiträge der Unternehmer (Versicherung gegen Berufsunfälle) und der Lohnabhängigen (Versicherung gegen Nichtberufsunfälle).

Literatur
Alfred Maurer, *Schweizerisches Unfallversicherungsrecht*, Stämpfli, Bern 1989; – Dieter Widmer, *Die Sozialversicherungen in der Schweiz*, Schulthess, Zürich 2001.
Verweise
Krankenversicherung – Sozialversicherungen (Koordination der) – Unfallversicherungsanstalt (Schweizerische) (SUVA)

Béatrice Despland

Unfallversicherungsanstalt (Schweizerische) (SUVA)
Die SUVA ist ein Verwaltungsorgan der Unfallversicherung und wurde durch das Bundesgesetz über die Krankenversicherung vom 13. Juni 1911 ins Leben gerufen. Bis am 1. Januar 1984 verwaltete die SUVA die Unfallversicherung, welche zwei Drittel der Lohnabhängigen abdeckte, im Alleingang. Mit dem Inkrafttreten des Unfallversicherungsgesetzes wurde der Kreis der Versicherten (alle Lohnabhängigen) und der Versicherer (private Einrichtungen, öffentliche Versicherer, Krankenkassen) vergrößert. Die SUVA bleibt dennoch das wichtigste Organ. Als öffentlich-rechtliche Körperschaft des Bundes verfügt sie über eine ziemlich weitgehende Autonomie: Insbesondere die interne Organisation und das Personalwesen liegen in der Kompetenz des Verwaltungsrates, in dem die Unternehmer und die Lohnabhängigen mehrheitlich vertreten sind. Die SUVA hat ihren Sitz in Luzern. In den verschiedenen Regionen des Landes werden lokale und Bezirksagenturen betrieben.

Literatur
SUVA, *Wegleitung der SUVA durch die Unfallversicherung*, SUVA, Luzern 2001.
Internet
www.suva.ch
Verweise
Unfallversicherung

Béatrice Despland

Ungerechtfertigter Vorteil
Das Bundesgesetz über die berufliche Vorsorge (BVG) ermächtigt den Bundesrat, Vorschriften zur Verhinderung ungerechtfertigter Vorteile für die Versicherte oder den Versicherten oder seine/ihre Hinterlassenen beim Zusammentreffen mehrerer Leistungen zu erlassen. Der Begriff des ungerechtfertigten Vorteils weicht von demjenigen der Überentschädigung im Sinne des Bundesgesetzes über den Allgemeinen Teil des Sozialversicherungsrechts (ATSG) ab.

In der Verordnung des Bundesrates über die berufliche Alters-, Hinterlassenen- und Invalidenvorsorge (BVV 2) wird von ungerechtfertigten Vorteilen gesprochen, wenn die Hinterlassenen- und Invalidenleistungen zusammen mit anderen anrechenbaren Einkünften 90 Prozent des mutmasslich entgangenen Verdienstes übersteigen. Die BVV 2 bestimmt eine Berechnungsart des ungerechtfertigten Vorteils, bei der als anrechenbare Einkünfte Leistungen gleicher Art und Zweckbestimmung gelten, die der anspruchsberechtigten Person aufgrund des schädigenden Ereignisses ausgerichtet werden. Dazu zählen Renten oder Kapitalleistungen (mit ihrem Rentenumwandlungswert) von Sozialversicherungen oder Vorsorgeeinrichtungen, allerdings mit Ausnahme von Hilflosenentschädigungen, Abfindungen und ähnlichen Leistungen. Bezügern und Bezügerinnen von Invalidenleistungen wird überdies das weiterhin erzielte Erwerbseinkommen angerechnet. Die Ehepaarrente der AHV/IV darf nur zu zwei Dritteln angerechnet werden. Die Einkünfte der Witwe und der Waisen werden zusammengerechnet.

Zum Begriff des ungerechtfertigten Vorteils hat das Eidgenössische Versicherungsgericht eine interessante Rechtsprechung entwickelt, auf die hier nicht genauer eingetreten wird.

Literatur
Erich Peter, *Die Koordination von Invalidenrenten*, Schulthess, Zürich 1997.
Verweise
Allgemeiner Teil des Sozialversicherungsrechts (ATSG) – Berufliche Vorsorge – Sozialversicherungen (Koordination der) – Überentschädigung – Überversicherung
Bernard Viret

Ungleichheit
In den sozialen und politischen Wissenschaften bezieht sich der Begriff Ungleichheit auf die unterschiedliche Verteilung von seltenen, aber wünschenswerten Gütern und Ressourcen. Diese können konkret oder abstrakt sein und sich bezüglich Quantität und Qualität unterscheiden. Die Lehre über Ungleichheit wurde wesentlich von sozialen und politischen Theorien, Moralphilosophie, Wirtschaftswissenschaften und Sozialpolitik beeinflusst. Nach Jean-Jacques Rousseau und Karl Marx bestimmen insbesondere Verteilung und Organisation von Ressourcen wie ökonomisches Kapital und Arbeit das Wesen einer Gesellschaft, beispielsweise in Bezug auf Bürgerrechte, Wohlfahrt und soziale Gerechtigkeit. Bis in die 1970er-Jahre haben sich Studien über Ungleichheit primär auf Armut und Zugehörigkeit zu einer sozialen Klasse bezogen. Seither sind sie jedoch um Überlegungen zu Ungleichheit zwischen den Geschlechtern und zwischen prä- und postindustriellen Gesellschaften erweitert worden. Einige der innovativen Autoren auf diesem Gebiet sind Carole Pateman, Samir Amin und Amartya Sen. Die Chancen, Risiken und Kosten der Globalisierung machen seit den 90er-Jahren einen wesentlichen Anteil an der Debatte über Ungleichheit aus.

Bryan S. Turner (1986) geht von vier verschiedenen Arten von Gleichheit aus. 1. Ontologische Gleichheit wurzelt in religiöser Überzeugung und bezieht sich auf die Auffassung, dass »alle Menschen gleich sind«. 2. Die Chancengleichheit gilt als Erbe des Universalismus, der mit der Französischen Revolution propagiert wurde. Er verbindet damit die Ansicht, dass die Möglichkeit bestehen sollte, Stellung und Belohnung durch Verdienste im offenen Wettbewerb zwischen den Mitgliedern einer Population zu erlangen. 3. Die Vorstellung von gleichen Voraussetzungen bezieht sich auf Wohlfahrt und Erziehungspolitik, welche soziale Nachteile anhand gesetzlicher Regelungen kompensieren sollen, einschließlich durch »positive Diskriminierung« und gezielte Fördermaßnahmen *(affirmative action)*. 4. Die Vorstellung von gleichen Ergebnissen schließlich sollte mit der Umverteilung von Ressourcen durch wirtschaftliche und politische Maßnahmen umgesetzt werden und steht in Zusammenhang mit sozialistischen Ideen.

Ungleichheit beinhaltet mindestens drei begrifflich eng miteinander verwobene Ebenen: 1. sozioökonomische Ungleichheit, die Armut, Wohlfahrt, Sozialstrukturen, soziale Ausgrenzung und Integration betrifft; 2. politische Ungleichheit, die Probleme wie Bürgerrechte, Rechtsstaatlichkeit und soziale Gerechtigkeit umfasst; und 3. schließlich kulturelle Ungleichheit, die multikulturelle Anliegen und Fragen der kollektiven Identität einschließt. Wichtig ist, dass diese Ebenen voneinander abhängig sind.

Es gibt grundsätzliche Kontroversen über die Kernfrage, ob es wünschenswert oder möglich sei, gewisse Formen von Ungleichheit aufzuheben. Zum Beispiel besteht die Ansicht, erstrebenswerte Zustände wie persönliche Freiheit und Individualismus hätten automatisch Ungleichheiten zur Folge und würden den Prinzipien von Solidarität und sozialer Gleichheit entgegenstehen. In Verbindung mit diesen Befürchtungen gibt es Vorstellungen bezüglich struktureller und institutionalisierter Ungleichheit und über das Ausmaß, in welchem menschliches Handeln eingesetzt werden kann, um sozioökonomische Nachteile zu überwinden. Schließlich gibt es auch die Auffassung, dass soziale Gerechtigkeit und Ungleichheit nicht unbedingt unvereinbar seien.

Literatur
Pierre Bourdieu, »Ökonomisches Kapital, kulturelles Kapital, soziales Kapital«, in: Reinhard Kreckel (Hrsg.), *Soziale Ungleichheiten*, Soziale Welt, Sonderband 2, Göttingen 1983; – Thomas H. Marshall, *Sociology at the Crossroads*, Heinemann, London 1963; – Bryan S. Turner, *Equality*, Tavistock, London 1986.
Verweise
Armutsgrenzen – Ausgrenzung – Prekarisierung – Soziale Ungleichheiten

Manfred Max Bergman

Ungleichheit zwischen den Generationen
Die grundlegende Frage bezüglich Ungleichheit zwischen den Generationen ist, ob eine Generation »auf Kosten« der anderen Generationen lebt. Es besteht teilweise die Befürchtung, dass die ökologische Ausbeutung durch der derzeitigen Generationen zulasten der kommenden Generationen geschieht. Bisher wurde der Begriff der Ungleichheit zwischen den Generationen meist im umgekehrten Sinne benutzt, verknüpft mit der Aussage, dass die jungen Generationen besser leben als die früheren Generationen.

Verweise
Alter – Generationen

François Höpflinger

Union der Industrie- und Arbeitgeberverbände von Europa (UNICE)
Die Union der Industrie- und Arbeitgeberverbände (UNICE) ist die wichtigste europäische Dachorganisation der nationalen Unternehmerverbände. Gegründet wurde die UNICE im Jahre 1958 und umfasst derzeit 34 nationale Organisationen aus 27 Ländern. Ihr Sekretariat befindet sich in Brüssel, wobei die meisten Mitgliedsorganisationen zusätzlich über eigene Büros in Brüssel verfügen. Die Organisationsstruktur besteht aus einem Rat der Präsidenten, der die politische Strategie bestimmt und dem die Präsidenten aller Mitgliedsorganisationen angehören, einem Gremium der permanenten Delegierten, das die Kontakte zwischen dem Sekretariat und den Mitgliedsorganisationen herstellt, einem Steuerungsausschuss, dem die Generalsekretäre der Mitgliedsorganisationen angehören, und dem Generalsekretariat. Im Weiteren verfügt die UNICE über 5 themenspezifische Komitees (wirtschaftliche und finanzielle Angelegenheiten, Außenbeziehungen, Sozialpolitik, Industriepolitik, Unternehmenspolitik) sowie zahlreiche Arbeitsgruppen, in denen mehr als 1500 Experten debattieren und zur Produktion gemeinsamer Positionspapiere *(consensus papers)* beitragen. Der Einfluss der UNICE auf die Politikproduktion in der Europäischen Union beruht vorab auf ihren guten Kontakten zu Vertretern von Institutionen der Europäischen Union, was sich u.a. darin äußert, dass die Kommission die UNICE als Repräsentant europäischer Unternehmerinteressen im »sozialen Dialog« auf europäischer Ebene anerkennt.

Literatur
Miroslaw Matyja, *Der Einfluss der Vereinigung der Industrie- und Arbeitgeberverbände Europas (UNICE) auf den Entscheidungsprozess der Europäischen Union*, Lang, Bern 1999; – Hans-Wolfgang Platzer, *Unternehmensverbände in der EG. Ihre nationale und transnationale Organisation und Politik*, Engel, Kehl/Straßburg 1984.
Internet
www.unice.org
Verweise
Arbeitsbeziehungen – Europäische Union – Europäischer Gewerkschaftsbund (EGB) – Wirtschafts- und Sozialausschuss (der Europäischen Union)

Michael Nollert

Universalität
Die Universalität betrifft den persönlichen Geltungsbereich der sozialen Sicherungssysteme. Unter Universalität wird die umfassende Ausdehnung des von einem System der sozialen Sicherheit umfassten Personenkreises verstanden. Die Universalität zeichnet sich dadurch aus, dass die gesamte in einem Staat wohnhafte Bevölkerung einer Versicherungspflicht untersteht (in manchen Fällen allerdings begrenzt durch die Zugehörigkeit zur Nation): Lohnabhängige, selbständig Erwerbstätige und Personen ohne Erwerbsarbeit. Sie ist Ausdruck der Anerkennung des Rechts eines jeden Menschen auf soziale Sicherheit. In der Schweiz unterstehen die Alters-, Hinterlassenen- und Invalidenversicherung (AHV/IV) und die soziale Krankenversicherung (obligatorische Krankenpflegeversicherung) dem Prinzip der Universalität.

Literatur
Erwin Carigiet, *Gesellschaftliche Solidarität. Prinzipien, Perspektiven und Weiterentwicklung der sozialen Sicherheit*, Helbing & Lichtenhahn, Basel 2001.
Verweise
Persönlicher Geltungsbereich – Sozialversicherungen (allgemeiner Begriff) – Versicherungsprinzip

Pierre-Yves Greber

Universitäres Institut Alter und Generationen (INAG)

Das INAG wurde 1998 in Sitten mit Unterstützung des Schweizerischen Nationalfonds zur Förderung der wissenschaftlichen Forschung (SNF), der Universitäten Basel und Genf, von Pro Senectute Schweiz, des Universitären Instituts Kurt Bösch (IUKB), des Kantons Wallis sowie zahlreicher Persönlichkeiten aus Wissenschaft und Politik gegründet. Es handelt sich um ein Instrument der Kooperation, dessen Ziel darin besteht, Initiativen zugunsten des Verständnisses und der Verbesserung der Beziehungen zwischen den Generationen zu unterstützen, in einem durch bedeutende soziale und politische Veränderungen geprägten Umfeld. Das INAG fördert und entwickelt in Zusammenarbeit mit seinen Partnern in den Universitäten und in den Feldern der Praxis Studien zu Fragen des Alters und des Verhältnisses zwischen den Generationen.

Die Aktivitäten des Instituts sind darauf ausgerichtet, die gerontologische Forschung und Lehre an den schweizerischen Universitäten und Fachhochschulen zu stimulieren und zu vertiefen, die Diskussion und Verbreitung der Resultate interdisziplinärer Forschung im Bereich des Alters und der Generationen zu fördern und Verknüpfungen zwischen Grundlagenforschung, anwendungsorientierter Forschung und beruflicher Praxis herzustellen. Das INAG versteht sich als sehr offene und regelmäßig nachgeführte Informationsplattform im Bereich der Altersforschung, welche Dienstleistungen wie eine Bibliothek, eine Nachdiplomausbildung in Altersforschung, wissenschaftliche Tagungen, spezialisierte Publikationen und eine Internetseite anbietet. Es kann auch zur Realisierung von Forschungsprojekten beitragen und übernimmt gewisse Aufgaben der Expertise.

Internet
www.socialinfo.ch/inag
Verweise
Alter – Fachhochschulen (FHS) – Generationen – Sozialforschung

Valérie Hugentobler

UNO → Organisation der Vereinten Nationen (UNO)

Unterhaltspflicht

Die Unterhaltspflicht ist eine Einrichtung des Familienrechts und stützt sich im Wesentlichen auf das Kindesverhältnis. Sie verpflichtet die Eltern dazu, für die Kosten von Erziehung und Ausbildung aufzukommen sowie erforderliche Maßnahmen zum Schutz des Kindes zu ergreifen. Die Unterhaltspflicht dauert grundsätzlich bis zur Mündigkeit des Kindes. Ist zu jenem Zeitpunkt die Erstausbildung noch nicht abgeschlossen, so dauert die Verpflichtung der Eltern weiter an, bis eine entsprechende Ausbildung in den üblichen Fristen abgeschlossen werden kann. Allerdings sind hierbei die Einkommens- und Vermögensverhältnisse der Eltern maßgebend, das heißt, bei geringem Einkommen oder Vermögen der Eltern ist die Unterhaltspflicht gegenüber ihren volljährigen Kindern ganz oder teilweise aufgehoben.

Im Fall einer Scheidung oder Trennung der Eltern wird der Unterhaltsbeitrag durch das Gericht festgelegt, sofern keine Vereinbarung abgeschlossen und durch die Vormundschaftsbehörden genehmigt wurde. Jener Elternteil, der das Sorgerecht nicht ausübt, ist grundsätzlich zur Alimentenzahlung verpflichtet.

Die Pflegeeltern unterstehen keiner Unterhaltspflicht, sondern haben Anrecht auf ein Pflegegeld. Unentgeltlichkeit ihrer Dienste ist zu vermuten, wenn es sich um Kinder von nahen Verwandten handelt oder um Kinder, welche in der Absicht ihrer Adoption aufgenommen wurden.

Die Stiefeltern unterstehen keiner Unterhaltspflicht. Die Ehegatten sind allerdings dazu verpflichtet, ihren Partner in angemessener Weise darin zu unterstützen, der Unterhaltspflicht für die vor der Eheschließung geborenen Kinder Folge zu leisten.

Durch das im Zivilgesetzbuch verankerte Prinzip der Verwandtenunterstützung besteht zudem eine Unterhaltspflicht in direkter auf- und absteigender Linie. Im Falle der Sozialhilfe- oder der Pflegebedürftigkeit sind Großeltern, Eltern und Kinder füreinander unterhaltspflichtig, sofern es Ihnen nach ihren wirtschaftlichen Verhältnissen zugemutet werden kann.

Literatur
Peter Tuor et al., *Das Schweizerische Zivilgesetzbuch*, Schulthess, Zürich 2002.
Verweise
Elterliche Sorge – Scheidung – Verwandtschaftsrecht

Béatrice Despland

Unterprivilegierung

Der Begriff bezeichnet Lebenssituationen, die durch eine Überschneidung von materieller Unsicherheit, symbolischer Gewalt, gesundheitlichen Problemen und Stigmatisierung gekennzeichnet sind. Die Zunahme der befristeten Beschäftigungsverhältnisse, von Lohneinbußen und Entlassungen erhöht die Wahrscheinlichkeit, dass Personen aus den Mittelschichten und der Arbeiterschaft unterprivilegiert werden. Erwerbstätige Unterprivilegierte müssen sich mit einer zunehmenden Intensivierung der Arbeit auseinander setzen (Gollac, Volkoff 2001), deren Folgen sich oft negativ auf ihre Gesundheit und ihr Wohlbefinden auswirken. Zudem reicht ihr Erwerbseinkommen häufig nicht für den Lebensunterhalt. Sie werden dann zu den Working Poor gerechnet.

Die abnehmende soziale Sicherheit der Arbeitnehmer geht in den USA und in einigen europäischen Ländern einher mit dem Ausbau des strafenden Staates. Diese Länder machen aus dem Gefängnisaufenthalt eine Form der Unterprivilegierung, welche diese Personen dauerhaft stigmatisiert. Die angelsächsische Kultur bezeichnet die Unterprivilegierten als *underclass*. Sie gilt als kriminell, sozialhilfeabhängig und moralisch haltlos. Mit diesem Bild werden – die zunehmenden Gefängnisstrafen für die Unterprivilegierten gerechtfertigt. Die *underclass* lebt in den Innenstadtvierteln US-amerikanischer Städte. Die Trennung der einheimischen von der eingewanderten Bevölkerung wird sowohl in den USA als auch in Europa als Bedrohung des sozialen Zusammenhalts und der öffentlichen Sicherheit betrachtet (Mahnig 2000). Die europäische Öffentlichkeit hat diese Vorstellungen übernommen und auf die Arbeiterviertel und Vorstädte europäischer Metropolen übertragen.

Entspricht dieses Bild der Wirklichkeit? Für die Schweiz zeigt ein Überblick von Huissoud et al. (1999), dass die ethnische Trennung in den 1990er-Jahren nicht derart zugenommen hat, wie dies oft angenommen wird. Die Trennung von bürgerlichen und Arbeitervierteln ist seit dem 19. Jahrhundert ein Charakteristikum moderner Städte.

Verschiedene Faktoren werden in unterschiedlichem Maß zur Erklärung der Unterprivilegierung der Einwandernden herangezogen: sozioökonomische Ursachen, die Motive der Einwanderer, Diskriminierung auf dem Wohnungsmarkt, Marktmechanismen oder staatliche Politik.

Literatur
Michel Gollac, Serge Volkoff, »Citius, Altius, Fortius: die Intensivierung der Arbeit«, in: Pierre Bourdieu (Hrsg.), *Der Lohn der Arbeit: Flexibilisierung und Kriminalisierung in der ›neuen Arbeitsgesellschaft‹*, UVK, Konstanz 2001, S. 34–53; – Thérèse Huissoud et al., *Structures et tendances de la différenciation dans les espaces urbains en Suisse*, Forschungsbericht Nr. 145, IREC, École Polytechnique Fédérale, Lausanne 1999; – Hans Mahnig, *Ethnische Segregation als Herausforderung städtischer Politik*, Schweizerisches Forum für Migrationsstudien, Neuenburg 2000.
Verweise
Prekarisierung – Soziale Randgruppe – Staat, strafender – Working Poor

Ludwig Zurbriggen

Unterstützungssystem

Organisierte Hilfeleistung im sozialen Bereich erfolgt mittels so genannter Unterstützungssysteme, die sich grob typisieren lassen in Selbsthilfe-Unterstützungssysteme, Unterstützungssysteme im Rahmen von Beratung, Bildung und Therapie sowie Unterstützungssysteme in Form institutionalisierter Netzwerke.

Die ersten beiden Typen kennzeichnen sich durch Überschaubarkeit und direkte Kommunikation aller Beteiligten, insbesondere zwischen Hilfesuchenden und Professionellen. Hingegen zeigen sich die institutionalisierten Unterstützungsnetzwerke weit komplexer. Sie werden für spezifische Problemlösungen beispielsweise im Gesundheitsbereich oder in der Sozialen Arbeit aufgebaut und bestehen u.a. aus Expertinnen und Experten, sozialen Diensten, Bildungseinrichtungen, politischen Gremien und Arbeitskreisen, Ämtern, Kostenträgern und Betrieben. Durch eine klare Zweckorientierung und Netzwerk-Koordination werden für die Adressaten wichtige Ressourcen zur Verfügung gestellt (z.B. Informationen, Kontakte, Beratung, Bildung oder medizinische Versorgung). Im Rahmen des Unterstützungsnetzwerkes werden jeweils diejenigen Personen und Systeme aktiviert, die für Hilfesuchende individuell in Betracht kommen.

Unterstützungssysteme wenden sich auch an Mitbetroffene (z.B. Angehörige), Mitverursacherinnen und -verursacher sowie Personen und Systeme, die im Umfeld der Problembetroffenen Unterstützung leisten können.

Das Unterstützungssystem ist als ein funktionsfähiges System zu konfigurieren, damit eine optimale Unterstützung erfolgen kann (Miller 2001, 183 ff.). Dazu gehört eine Zielgerichtetheit, durch die klargelegt wird, was angeboten, erreicht, verhindert oder gemindert werden soll. Darauf bezogen ist dann zu fragen, wer im Unterstützungssystem vertreten sein soll. Soll mit dem Symptomträger gearbeitet werden und mit dessen Familie, Firma usw.? Welche Experten, Institutionen und Organisationen sollen eingebunden werden? Wichtig sind eine Kontraktbildung unter den Beteiligten und damit einhergehend Regeln der Kommunikation und der Zusammenarbeit.

Das Funktionieren eines komplexen Unterstützungsnetzwerkes setzt Koordination und Steuerung voraus, das heißt, es bedarf Verantwortlicher – in der Regel Professioneller –, die für die Funktionsfähigkeit des Unterstützungssystems Sorge tragen. In komplexen Unterstützungsnetzwerken werden häufig auch Moderatorinnen und Moderatoren von außen hinzugezogen.

Der Begriff des Unterstützungssystems wird derzeit in der Theorie wie in der Praxis noch punktuell und unspezifisch verwendet. Mehr und mehr löst er den Begriff des Klientensystems ab, der in den Verdacht der Klientelisierung geraten ist. Damit ist gemeint, dass Klienten zu einem Beschreibungs- und Behandlungsobjekt geworden sind, indem ihnen Defizite, Merkmale und ein codifizierter Hilfebedarf zugeschrieben werden. Expertendominanz im Sinne eines Arzt-Patienten-Verhältnisses ist nicht selten die Folge eines solchen Zugangs.

Der Unterstützungsbegriff vertritt einen grundlegend anderen Ansatz. Er wurde vor allem durch das Case Management (Wendt 1991) geprägt wie auch durch die Netzwerkforschung (Laireiter 1993). Aus einer systemisch-konstruktivistischen Perspektive (Miller 2001) ergibt sich die Wirksamkeit des Unterstützungssystems nicht lediglich aus der Qualität der gebotenen Dienstleistungen, sondern ebenso aus der Bereitschaft der zu Unterstützenden, selbstverantwortlich an ihren Fragen und Problemen zu arbeiten. Die Adressaten sind deshalb nicht lediglich Bezieher sozialer Dienstleistungen, sondern ebenso deren Mitproduzenten. Sie sind am Unterstützungsprozess beteiligt und ihre Anliegen, Problem- und Problemlösungskonstruktionen werden aktiv verarbeitet. Das setzt seitens der Professionellen eine besondere Haltung und Arbeitsweise voraus, die sich durch Begriffe wie kommunikativer Austausch, Transparenz, Selbstverantwortung und Partizipation sowie durch die Bereitschaft aller Beteiligten, lösungsorientiert zu arbeiten, kennzeichnen. Die Eigenheit, die Bewältigungskompetenz und Erfahrung der Adressaten gelten demzufolge als wichtige Ressourcen für die Problembewältigung. Die Professionellen haben im Rahmen des Unterstützungsprozesses die Aufgabe, ihre fachlichen Konstrukte und Unterstützungsleistungen anzubieten und damit neue Sichtweisen und Wege aufzuzeigen. Sie haben begleitende, bildende, motivierende, intervenierende, entlastende, vermittelnde und koordinierende Funktion. Jedes Unterstützungssystem hat Potenziale im Sinne vorhandener Ressourcen und hat ebenso Grenzen. Letztere zeigen sich im Umfang und in der Qualität der angebotenen Dienstleistung, im Bewältigungspotenzial der Adressaten und in den Ressourcen ihrer Umwelt.

Literatur
Anton Laireiter (Hrsg.), *Soziales Netzwerk und soziale Unterstützung. Konzepte, Methoden und Befunde*, Huber, Bern 1993; – Tilly Miller, *Systemtheorie und Soziale Arbeit. Entwurf einer Handlungstheorie*, Lucius & Lucius, Stuttgart 2001; – Wolf Rainer Wendt (Hrsg.), *Unterstützung fallweise. Case Management in der Sozialarbeit*, Lambertus, Freiburg i.Br. 1991.
Verweise
Beratung – Case Management

Tilly Miller

Unverheiratete Paare

Die Gründe, nicht zu heiraten, können mannigfaltig sein: der Wille, sich vor einer Ehe besser kennen zu lernen, der Wunsch, affektive Beziehung und juristische Verpflichtungen nicht zu vermischen, ökonomische Vorteile (z.B. Hinterbliebenenrenten) sowie die Heiratshindernisse des Zivilgesetzbuches, insbesondere das Eheverbot für gleichgeschlechtliche Paare.

Der Begriff Konkubinat bezeichnet die dauerhafte Gemeinschaft eines unverheirateten Paares. Diese Gemeinschaft ist in der Regel ausschließlich und beinhaltet eine affektive, eine geistige, eine körperliche und eine ökonomische Seite. Die Partner können verschiedenen oder gleichen Geschlechts sein (teilweise wird allerdings unter Konkubinat nur die heterosexuelle Gemeinschaft verstanden, während für Homosexuelle der Begriff gleichgeschlechtliche Paare verwendet wird).

Aufgrund verschiedener Statistiken kann davon ausgegangen werden, dass rund ein Zehntel aller heterosexuellen Paare (das heißt rund 300 000 Personen) unverheiratet zusammenleben. Die Zahl der homosexuellen Paare ist schwieriger zu ermitteln, da Statistiken dazu fehlen. Schätzungen gehen von einem Anteil homosexueller Menschen an der Gesamtbevölkerung von mindestens 5 Prozent aus; wie viele davon in Paarbeziehungen leben, ist nicht bekannt.

Die Haltung der Gesellschaft gegenüber unverheirateten Paaren hat sich im Verlauf des 20. Jahrhunderts grundsätzlich verändert. Noch in der ersten Hälfte des Jahrhunderts kannte die Mehrheit der Kantone – vor allem in der Deutschschweiz – Konkubinatsverbote; das letzte wurde 1995 aufgehoben (Wallis). Bis 1992 sah im Übrigen das Strafgesetzbuch ein höheres Schutzalter für homosexuelle Beziehungen und ein Verbot solcher Beziehungen im Militärdienst vor.

Heute ist das gemischt- wie das gleichgeschlechtliche Konkubinat eine verbreitete und weithin akzeptierte Lebensform. Die Bundesverfassung (BV) schützt gleich- und gemischtgeschlechtliche Konkubinatspaare in Artikel 8 Absatz 2, welcher jede Diskriminierung aufgrund der »Lebensform« verbietet. Intime Beziehungen sind zugleich durch den Schutz des Privatlebens (Art. 13 BV) vor staatlichen Eingriffen geschützt. Einzelne Kantonsverfassungen garantieren zusätzlich die freie Wahl einer anderen Lebensform als der Ehe (Bern, Appenzell Ausserrhoden, Neuenburg, Waadt und Schaffhausen).

Unverheiratete Paare sind in der schweizerischen Rechtsordnung nicht vorgesehen. Das Zivilgesetzbuch sieht als einzige juristisch geregelte Form des Zusammenlebens als Paar die Ehe vor. Konkubinatspaare leben jedoch nicht in einem rechtsfreien Raum. Sie unterstehen den allgemeinen Rechtsregeln und damit insbesondere auch dem Vertragsrecht. Unter bestimmten Bedingungen kann deshalb das unverheiratete Zusammenleben Rechtsfolgen entfalten und zu juristischen Verpflichtungen führen. In der Beziehung zu gemeinsamen Kindern bestehen kaum rechtliche Unterschiede zwischen verheirateten und unverheirateten Eltern, auch wenn sich die Umsetzung der entsprechenden Regeln bei unverheirateten Paaren schwieriger gestalten kann. Die fehlenden gesetzlichen Regelungen haben zum Teil gewichtige Benachteiligungen von Konkubinatspaaren gegenüber Ehepaaren zur Folge. Der überlebende Partner erbt bei Fehlen eines Testaments nicht; wird ein Testament erstellt, so setzen Pflichtteile von Kindern oder Eltern enge Grenzen. In den Sozialversicherungen besteht kein Anrecht auf eine Hinterbliebenenrente. Schließlich hat der ausländische Partner kein gesetzliches Aufenthaltsrecht in der Schweiz.

Seit dem Jahr 2001 können sich im Kanton Genf gemischt- und gleichgeschlechtliche Paare offiziell registrieren lassen. Eine entsprechende Regelung für gleichgeschlechtliche Paare ist seit dem 1. Juli 2003 auch im Kanton Zürich in Kraft. Auch in anderen Kantonen sind solche Bestrebungen im Gang. Die Rechtsfolgen dieser Institute sind jedoch auf die kantonale Gesetzgebung beschränkt. Auf schweizerischer Ebene hat der Bundesrat am 29. November 2002 einen Entwurf zu einem Bundesgesetz über die eingetragene Partnerschaft gleichgeschlechtlicher Paare zuhanden der Bundesversammlung verabschiedet.

In der Europäischen Union kennen rund die Hälfte der Länder ein rechtliches Institut für unverheiratete Paare. In Holland, Belgien und Frankreich steht dieses gleich- wie gemischtgeschlechtlichen Paaren offen; in Dänemark, Schweden, Norwegen, Finnland, Island und Deutschland nur gleichgeschlechtlichen Paaren. Diese Institute haben – außer in Belgien und Frankreich – im Wesentlichen die gleichen Rechtswirkungen wie die Ehe. Seit 2001 steht gleichgeschlechtlichen Paaren in den Niederlanden auch die Ehe offen; seit kurzem können in Dänemark, den Niederlanden, Norwegen, Island und Schweden gleichgeschlechtliche Paare Kinder adoptieren.

Literatur
Aktuelle Juristische Praxis, Sondernummer Registrierte Partnerschaft, Nr. 3, 2001; – Florence Guillaume, Raphaël Arn, *Cohabitation non maritale. Évolution récente en droit suisse et étranger*, Droz, Genève 2000; – Karin A. Hochl, *Gleichheit – Verschiedenheit. Die rechtliche Regelung gleichgeschlechtlicher Partnerschaften in der Schweiz im Verhältnis zur Ehe*, Schriftenreihe des Instituts für Rechtswissenschaft und Rechtspraxis, St. Gallen 2002; – Bernhard Pulver, *Unverheiratete Paare. Aktuelle Rechtslage und Reformvorschläge*, Helbing & Lichtenhahn, Basel 2000.
Verweise
Ehe – Familie – Konkubinat – Scheidung

Bernhard Pulver

Urbanisierung

Der Begriff Urbanisierung, häufig mit Verstädterung gleichgesetzt, bezeichnet einen komplexen, mehrdimensionalen Prozess des gesellschaftlichen Wandels und ist in den west- und mitteleuropäischen Ländern eng mit der Industrialisierung und Modernisierung verbunden. Die Expansion der städtischen Bevölkerung durch die Industrialisierung führte im 19. Jahrhundert zu einem quantitativen und qualitativen Prozess der Verstädterung. Die zahlenmäßige Zunahme der in Städten lebenden Bevölkerung, die Ausbreitung des städtischen Siedlungsraumes und die städtebauliche Umgestaltung bestehender Siedlungen geht einher mit Veränderungsprozessen von Sozial-, Berufs- und Erwerbsstruktur und der Entwicklung städtischer Kulturformen, Lebens- und Verhaltensweisen. Nach Reulecke (1987) ist in den hoch entwickelten Ländern die Hauptphase der Urbanisierung bereits Anfang des 20. Jahrhunderts abgeschlossen. In den 60er-Jahren setzen die Prozesse der Suburbanisierung (Stadt-Landflucht, Agglomerationenbildung) und in den späten 80er-Jahren diejenigen der Re-Urbanisierung ein.

Die Urbanisierungsforschung muss heute, insbesondere wegen der Dynamik der Suburbanisierungsprozesse, das jeweilige Umland der Städte und ein neues Verständnis von Zentralität innerhalb von Stadtregionen und Agglomerationen miteinbeziehen. Aufgrund des Exports urban geprägter gesellschaftlicher Werte-, Normen- und Symbolsysteme in das ländliche Umfeld u.a. durch Massenmedien entsteht ein verflochtenes Stadt-Land-Kontinuum. In der »entwickelten« Welt leben heute 76 Prozent der Bevölkerung in urbanen Strukturen. In vielen Staaten der »Dritten Welt« hat die große urbane Transformation erst begonnen. Vor allem in Asien ist eine urbane Explosion zu verzeichnen. Die Verstädterung verläuft in diesen Staaten oft unabhängig von Urbanisierung als rein demografisches und räumliches Wachstum von Stadt, ländliche Verhaltens- und Wirtschaftsweisen werden dort auch nach der Übersiedlung in die Stadt beibehalten. Angesichts des weltweiten Phänomens der Urbanisierung müssen sich die Städte vier großen Herausforderungen stellen: Globalisierung der Wirtschaft, soziale und räumliche Segregation der Bevölkerung, Stadtplanung und neue demokratische Regierungsformen für Städte.

Literatur
Peter Hall, Ulrich Pfeiffer, *Urban 21. Der Expertenbericht zur Zukunft der Städte*, Deutsche Verlags-Anstalt, München 2000; – Hartmut Häußermann, »Städte, Gemeinden und Urbanisierung«, in: Hans Joas, *Lehrbuch der Soziologie*, Campus, Frankfurt am Main 2001, S. 505–532; – Jürgen Reulecke, *Geschichte der Urbanisierung in Deutschland*, Suhrkamp, Frankfurt am Main 1987.
Internet
www.urban21.de
www.stadtgeschichte.tu-berlin.de
Verweise
Globalisierung – Kernstadt

Barbara Emmenegger

Utilitarismus

Der Utilitarismus (lateinisch: *utilitas*, Nützlichkeit) ist eine Theorie der Ethik und Sozialphilosophie sowie auch der Wirtschaftstheorie, die Handlungen oder Regeln für Handlungen danach bewertet, in welchem Maß sie zur Förderung des größtmöglichen Glücks der Gesellschaft beitragen. Ihr Kern ist das Nützlichkeitsprinzip *(principle of utility)*, das Entscheidungen nicht nach den gehegten Absichten oder Gesinnungen beurteilt, sondern nach ihren Konsequenzen. Als systematische Moral- und Rechtstheorie wurde der Utilitarismus von Jeremy Bentham (1748–1832) begründet und von John Stuart Mill (1806–1873) weiterentwickelt. Heute vertritt z.B. Peter Singer einen konsequenten Utilitarismus, der »Glück« als die Erfüllung von individuellen Präferenzen definiert. Trotz seinen unbestrittenen Fähigkeiten zur Rekonstruktion und Erklärung von Teilen des alltäglichen Moralverständnisses und der Funktion von nutzenmaximierenden Systemen (z.B. Firmen, Volkswirtschaften) sind die Grenzen des Utilitarismus deutlich dort zu sehen, wo individuelle Gerechtigkeitsansprüche oder die Menschenwürde (z.B. in der medizinischen Forschung) dem Wohl der größeren Zahl geopfert würden.

Literatur
Jonathan Glover (Hrsg.), *Utilitarianism and Its Critics*, Macmillan, New York/London 1990; – Otfried Höffe (Hrsg.), *Einführung in die utilitaristische Ethik*, Francke, Tübingen 1992; – John Stuart Mill, *Der Utilitarismus*, Reclam, Stuttgart 1976.
Internet
www.utilitarianism.com
Verweise
Konservativismus

Christoph Rehman-Sutter

Verbände

Als Verbände lassen sich Gruppen von Personen oder Organisationen bezeichnen, die im Unterschied zu Unternehmen vornehmlich politische Ziele verfolgen. Diese Definition schließt nicht aus, dass Verbände in der Realität häufig wie Kartelle funktionieren, also auch wirtschaftliche Ziele verfolgen. Von Vereinen unterscheiden sich Verbände demnach vorab darin, dass sie sich nicht auf die Befriedigung rein privater, expressiver Bedürfnisse beschränken, sondern die Interessen ihrer Mitglieder gegen außen vertreten. Von politischen Parteien unterscheiden sich Verbände hingegen dadurch, dass sie sich nicht an politischen Wahlen beteiligen, häufig »parteipolitische Neutralität« akklamieren und meistens über restriktivere Mitgliedschaftsbedingungen verfügen. So dominiert bei Verbänden als Rekrutierungsprinzip nicht die Zustimmung zu einer gemeinsamen politischen Weltanschauung, sondern die Zugehörigkeit zu einer abgrenzbaren Interessengruppe (z.B. Branche, Berufsgruppe). Ähnlich wie in anderen Ländern gehören auch in der Schweiz die Arbeitgeberverbände und die Gewerkschaften zu den einflussreichsten Verbänden. Dabei gilt es zum einen zu beachten, dass die Mitglieder von Gewerkschaften Personen, die Mitglieder von Arbeitgeberverbänden hingegen Unternehmen sind. Zum andern ist zu konstatieren, dass sich in vielen Ländern die branchenspezifischen Arbeitgeberverbände und Gewerkschaften in Dachorganisationen zusammengeschlossen haben. Obwohl sich viele der wichtigsten Verbände bereits im Verlaufe des 19. Jahrhunderts formiert haben, ist das Verbändesystem nach wie vor im Wandel begriffen. So führte beispielsweise der technologische Wandel im 20. Jahrhundert einerseits zu einer relativen Schwächung von Verbänden, die Agrar- und Industrieinteressen verfolgen, und anderseits zur Neuformierung von Verbänden, deren Mitglieder sich aus neuen Berufen und Produktionszweigen rekrutieren. Aus gesamtgesellschaftlicher Sicht sind Verbände vor allem deshalb funktional, weil sie sowohl zum Ausgleich der Interessen innerhalb von Verbänden als auch zum Ausgleich der Interessen zwischen Verbänden (Sozialpartnerschaft) und zum Ausgleich der Interessen zwischen Verbänden und Staat (Korporatismus) beitragen. In den letzten Jahren hat sich überdies die Ansicht etabliert, dass Verbände Sozialkapital generieren, wobei nach wie vor umstritten bleibt, ob dieses Kapital nur den Verbänden oder auch der Gesellschaft insgesamt nützt.

Literatur
Josef Schmid (Hrsg.), *Verbände, Interessenvermittlung und Interessenorganisationen. Lehr- und Arbeitsbuch*, Oldenbourg, München/Wien 1998.
Internet
www.sozialinfo.ch/adressen/berufsv.htm
Verweise
Arbeitsbeziehungen – Gewerkschaften – Sozialpartnerschaft

Michael Nollert

Verbrauchereinheit

Die Haushalte sind die Verbrauchereinheiten einer Wirtschaft. In dieser Hinsicht bedeutet Haushalt Einzelperson, Familie, aber auch Institution, Organisation, Verein usw. Die Haushalte treten auf dem Markt als Nachfrager (Käufer) von Gütern und Dienstleistungen auf. In einer liberalen Wirtschaft können sie grundsätzlich ihre Präferenzen frei äußern und die Einkommen verwenden, wie es ihnen beliebt (Konsum und/oder Ersparnis). Je nach Einkommensniveau (einschließlich der Transferzahlungen der sozialen Sicherheit) ist die Konsumkraft der verschiedenen Verbrauchereinheiten unterschiedlich. Zahlreiche Studien erfassen diese Aspekte der Neigung der Haushalte, zu konsumieren oder zu sparen.

Verweise
Armut – Armutsgrenzen – Konsum

Stéphane Rossini

Vereinigung schweizerischer Angestelltenverbände (VSA)

Die Vereinigung schweizerischer Angestelltenverbände (VSA) versteht sich als Dachorganisation der Angestellten in der Schweiz. Sie wurde 1918 gegründet, ist konfessionell neutral und parteipolitisch unabhängig. Die VSA ist föderalistisch organisiert und stützt sich auf die Grundsätze der Schweizer Demokratie. Im Jahr 1997 zählte die VSA 9 angeschlossene Verbände mit mehr als 120 000 Mitgliedern. Seit 1965 ist sie auch für Verbände der Beamten und der Angestellten des öffentlichen Dienstes offen. Sie umfasst auch kantonale oder regionale und zum Teil lokale Verbände, die die Anliegen eines Sektors oder einer Region verfolgen. Sie nimmt Stellung zu allen wichtigen Fragen, die ihre Mitglieder betreffen, in den Bereichen Wirtschaftspolitik, Arbeitsmarkt, Arbeitsbedingungen, Sozial- und Finanzpolitik und Schutz der Konsumenten und der Umwelt. Zusammen mit dem Christlichnationalen Gewerkschaftsbund und weiteren Verbänden hat die VSA 2002 die neue Dachorganisation mit dem Namen Travail.Suisse gegründet.

Verweise
Gewerkschaften – Travail.Suisse (ehem. Christlichnationaler Gewerkschaftsbund)

Jean-Pierre Fragnière

Vereinte(n) Nationen (Instrumente der)

Das wichtigste Instrument der Vereinten Nationen im sozialen Bereich ist der Internationale Pakt über wirtschaftliche, soziale und kulturelle Rechte. Der Pakt wurde durch die Generalversammlung der Vereinten Nationen am 16. Dezember 1966 zusammen mit dem Internationalen Pakt über bürgerliche und politische Rechte verabschiedet und ist am 3. Januar 1976 in Kraft getreten. Er entstand in der Folge der Allgemeinen Erklärung der Menschenrechte und konkretisiert deren Inhalt betreffend die sozialen Rechte. Die Schweiz hat diesen Pakt ratifiziert.

Im ersten Teil des Paktes (Art. 1) wird das Selbstbestimmungsrecht der Völker proklamiert. Der zweite Teil (Art. 2–5) enthält insbesondere Bestimmungen über das Ausmaß der Verpflichtungen, welche der Pakt beinhaltet: Jedem ratifizierenden Staat obliegt es zu handeln, um schrittweise die vollständige Ausübung der durch das Abkommen anerkannten Rechte sicherzustellen. Der dritte Teil (Art. 6–15) zählt die anerkannten Rechte auf, sowohl im Bereich des Arbeitsrechts als auch der sozialen Sicherheit und der Kultur. Der vierte Teil (Art. 16–25) behandelt vor allem die Kontrolle über die Anwendung des Paktes und enthält Vorschriften allgemeiner Art: Jeder Staat muss in regelmäßigen Zeitabständen zuhanden des Wirtschafts- und Sozialrats Berichte über die von ihm ergriffenen Maßnahmen und die realisierten Fortschritte erstellen. Diese Berichte werden den zuständigen Organen der Vereinten Nationen zur Prüfung vorgelegt.

Der Internationale Pakt über bürgerliche und politische Rechte, der ebenfalls von der Schweiz ratifiziert wurde, enthält einige Bestimmungen, die sowohl die bürgerlichen als auch die sozialen Rechte betreffen: Verbot der Zwangs- oder Pflichtarbeit (Art. 8), Koalitionsrecht (Art. 22).

Erwähnt sei im Weiteren das Übereinkommen zur Beseitigung jeder Form von Diskriminierung der Frau, das am 18. September 1979 durch die Generalversammlung der Vereinten Nationen verabschiedet wurde. Die eidgenössischen Räte haben seiner Ratifizierung zugestimmt. Dieses Abkommen sieht insbesondere (Art. 11) die Beseitigung der Diskriminierung der Frauen im Bereich der Beschäftigung, der sozialen Sicherheit sowie des Gesundheitsschutzes und der Sicherheit am Arbeitsplatz vor sowie die Beseitigung der Diskriminierung der Frauen in der Arbeitswelt aufgrund von Heirat und Mutterschaft.

Schließlich sei noch auf das Übereinkommen über die Rechte des Kindes hingewiesen, welches am 20. November 1989 durch die Generalversammlung der Vereinten Nationen verabschiedet wurde. Es anerkennt insbesondere das Recht des Kindes auf soziale Sicherheit (Art. 26) und auf Schutz vor wirtschaftlicher Ausbeutung (Art. 32). Das Parlament hat dem Beitritt der Schweiz zu diesem Abkommen, das am 16. März 1997 in Kraft getreten ist, am 13. Dezember 1996 zugestimmt.

Literatur
Günther Unser, *Die UNO. Aufgaben und Strukturen der Vereinten Nationen*, dtv, München 1997.
Internet
www.uno.de
Verweise
Menschenrechtserklärung (Allgemeine) – Soziale Sicherheit (allgemeiner Begriff) – Sozialrechte
Alexandre Berenstein

Verfassungsinitiative
Im schweizerischen Bundesrecht versteht man unter dem Begriff der Verfassungsinitiative ein Verfahren, das es einem gegenwärtig aus 100 000 Bürgern bestehenden Teil der Wählerschaft erlaubt, eine vollständige oder begrenzte Abänderung der Verfassung vorzuschlagen. Die Initiative kann entweder in der Form der allgemeinen Anregung gestaltet werden, welche von der Bundesversammlung im Falle ihrer Annahme umgesetzt werden muss, oder die Form des ausgearbeiteten Entwurfs von einer oder mehreren neuen Bestimmungen annehmen, welche unverändert in die Verfassung Eingang finden sollen. Wenn sie auf eine Totalrevision der Verfassung abzielt, kann die Initiative allerdings nur in der Form der allgemeinen Anregung vorgelegt werden. In der Praxis hat sich gezeigt, dass die eine Teilrevision anstrebende Initiative in der Form des ausgearbeiteten Entwurfs am häufigsten verwendet wird. Die Bundesversammlung kann zu ihr einen Gegenvorschlag ausarbeiten, falls sie es für notwendig erachtet. Trotz ihrer Unterschiede ist diesen verschiedenen Formen der Volksinitiative die Art ihrer endgültigen Annahme gemeinsam, welche immer eine doppelte Mehrheit der Stimmen, sowohl des Volkes als auch der Kantone, in einer Volksabstimmung voraussetzt.

Literatur
Andreas Auer, Giorgio Malinverni, Michel Hottelier, *Droit constitutionnel suisse*, Stämpfli, Bern, 2000; – Wolf Linder, *Schweizerische Demokratie. Institutionen, Prozesse, Perspektiven*, Haupt, Bern 1999; – Silvano Möckli, *Direkte Demokratie: ein Vergleich der Einrichtungen und Verfahren in der Schweiz und Kalifornien, unter Berücksichtigung von Frankreich, Italien, Dänemark, Österreich, Liechtenstein und Australien*, Haupt, Bern 1994.
Internet
www.admin.ch
www.c2d.unige.ch
Verweise
Referendum – Sozialpolitik
Michel Hottelier

Verfügung
Eine Legaldefinition des Verfügungsbegriffs befindet sich in Artikel 5 Absatz 1 des Bundesgesetzes über das Verwaltungsverfahren (VwVG). Die Verfügung ist eine hoheitliche, einseitige und auf dem Verwaltungsrecht beruhende Anordnung einer Behörde, mit der in einem konkreten Fall die Rechte und Pflichten einer bestimmten Person begründet, geändert, aufgehoben oder festgestellt werden. Die Verfügung ist verbindlich und ohne weitere Konkretisierung vollstreckbar. Die erlassende Behörde kann eine Verwaltungsbehörde sein, aber auch ein Organ der Legislative oder Judikative.
Im Allgemeinen bestehen gesetzliche Formvorschriften, welche sich nach dem maßgeblichen Verfahrensgesetz bestimmen. Fehlen solche, so gilt der Grundsatz der freien Wahl der Form. In Artikel 49 des Bundesgesetzes über den Allgemeinen Teil des Sozialversicherungsrechts wird beispielsweise Schriftlichkeit und eine Rechtsmittelbelehrung verlangt, wenn die Verfügung eine Leistung, Forderung oder Anordnung betrifft, die erheblich ist, oder mit der die betroffene Person nicht einverstanden ist. Andernfalls genügt die Behandlung in einem formlosen Verfahren. Die Eröffnung der Verfügung ist eine empfangsbedürftige einseitige Rechtshandlung.

Literatur
Ulrich Häfelin, Walter Haller, *Grundriss des Allgemeinen Verwaltungsrechts*, Schulthess, Zürich 1998; – Alfred Kölz, Isabelle Häner, *Verwaltungsverfahren und Verwaltungsrechtspflege des Bundes*, Schulthess, Zürich 1998.
Verweise
Beschwerde (im Bereich der Sozialversicherungen) – Rechtsmittel – Verwaltungsverfahren
Uwe Koch

Vernehmlassungsverfahren
Das Vernehmlassungsverfahren ist ein wichtiges Element im Prozess der Ausarbeitung der Regeln des eidgenössischen Rechts, sei es auf Verfassungs-, Vertrags-, Gesetzes- oder sogar auf Verordnungsebene. Die Vernehmlassung findet vor der formellen Verabschiedung der Bestimmungen durch die Bundesversammlung oder, gegebenenfalls, durch den Bundesrat statt. Sie erlaubt es, nicht nur die Meinungen der kantonalen Behörden und der im Parlament vertretenen politischen Parteien anzuhören, sondern in einer breiteren Perspektive auch jene der »betroffenen Kreise«, das heißt der über eine gewisse Bedeutung verfügenden Organisationen und Interessengruppen (Berufsorganisationen, Gewerkschaften, Wirtschaftsverbände usw.).

Literatur
Bundeskanzlei, *Handbuch zum Vernehmlassungsverfahren*, Bundeskanzlei, Bern 1994; – Ulrich Klöti, *Das Vernehmlassungsverfahren: Konsultation oder Ritual?*, Wirtschaftsförderung, Zürich 1987; – Hanspeter Kriesi, »Interne Verfahren bei der Ausarbeitung von Stellungnahmen in Vernehmlassungsverfahren«, in: *Schweizeri-*

sches Jahrbuch für politische Wissenschaft, 1979, S. 233–258; – Martin Zogg, Das Vernehmlassungsverfahren im Bund, Lang, Bern 1988.
Internet
www.admin.ch/ch/d/bk/recht/vernehmlassungen/totalrevision_der_vvv.html

Michel Hottelier

Verschulden im Sozialversicherungsrecht

Wenn Versicherte bestimmte ihrer Verpflichtungen verletzen, wird dies geahndet, falls ihnen ein Verschulden vorgeworfen werden kann. Ein solches liegt grundsätzlich vor, wenn sie die entsprechende Handlung absichtlich oder fahrlässig begangen haben. Verschiedene Regelungen des Völkerrechts lassen eine Reduktion oder Verweigerung von Sozialversicherungsleistungen aber nicht zu, wenn lediglich Fahrlässigkeit vorliegt.

Mit Ausnahme der Regelungen in der Arbeitslosenversicherung darf nur ein schweres Verschulden zur Kürzung oder gar zur Verweigerung von Sozialversicherungsleistungen führen. Schweres Verschulden liegt bei Absicht oder grober Fahrlässigkeit vor. Schweres Verschulden gilt als Missachtung elementarer Vorsichtsregeln, die jeder vernünftige Mensch in derselben Situation und unter denselben Umständen beachtet hätte, um einen Schaden zu verhindern, der in Anbetracht des natürlichen Laufs der Dinge vorhersehbar war. Es muss überdies ein Kausalitätszusammenhang zwischen dem Verschulden und dem Schaden bestehen.

Literatur
Thomas Locher, Grundriss des Sozialversicherungsrechts, Stämpfli, Bern 1997, S. 304 ff.; – Roland Schaer, Jean-Louis Duc, Alfred Keller, Das Verschulden im Wandel des Privatversicherungs-, Sozialversicherungs- und Haftpflichtrechts/La faute au fil de l'évolution du droit de l'assurance privée, sociale et de la responsabilité civile, Helbing & Lichtenhahn, Basel 1992.
Verweise
Eidgenössisches Versicherungsgericht – Soziale(n) Sicherheit (Leistungen der) – Versicherungsprinzip

Jean-Louis Duc

Versicherungsobligatorium

Beim Versicherungsobligatorium (nachfolgend Obligatorium) handelt es sich um die vom Staat der Bürgerin oder dem Bürger auferlegte Pflicht, sich gegen Risiken wie Alter oder Unfall zu versichern. Das Gegenstück bildet die freiwillige Versicherung. Dem Obligatorium liegt die Erkenntnis zugrunde, dass bei Freiwilligkeit oft für ungenügenden Versicherungsschutz gesorgt wird, mit der Folge, dass sich ein Risikoeintritt, insbesondere bei Menschen in bescheideneren finanziellen Verhältnissen, sozial einschneidend auswirken kann. Das Obligatorium sorgt überdies dafür, dass die sozialen Risiken auf eine möglichst große Versichertengemeinschaft verteilt werden. Es erlaubt dadurch die Anwendung des Solidaritätsgedankens, der einen Ausgleich zwischen von Risiken betroffenen Menschen und Nichtbetroffenen, Einkommensstarken und -schwachen, den Geschlechtern oder den Generationen schaffen kann. Das Obligatorium bedeutet auch eine Einschränkung der Selbstverantwortung und der persönlichen Freiheit.

In der Schweiz ist es, geprägt vom Solidaritätsgedanken, stark verankert und für verschiedenste Risiken eingerichtet worden. Exemplarisch hierfür ist das Sozialversicherungsrecht. Die geläufigsten Bereiche mit Obligatorium sind die Alters- und Hinterlassenen-, die Invaliden-, Kranken-, Unfall- und Arbeitslosenversicherung sowie die berufliche Vorsorge.

Der Kreis der vom Obligatorium erfassten versicherten Personen ist unterschiedlich groß. Im Sozialversicherungsrecht bestimmt sich dieser meist nach dem Wohn- oder Arbeitsort. Wird beispielsweise am Arbeitsort angeknüpft, wird vom Obligatorium nicht die ganze Wohnbevölkerung erfasst, jedoch unter Umständen im Ausland wohnhafte Personen, die in der Schweiz arbeiten.

Das Obligatorium im Sozialversicherungsrecht ist insofern lückenhaft, als trotz Verfassungsauftrag und mehrerer Volksabstimmung keine staatliche Versicherung für Lohnausfall bei Mutterschaft besteht. Auf Bundesebene steht derzeit zur Diskussion, das Recht auf einen Mutterschaftsurlaub ins Obligationenrecht (OR) einzufügen, das allein zulasten der Arbeitgeber geht, ein neues Versicherungsprojekt zu lancieren oder die beiden Modelle zu koordinieren. Nicht vom Obligatorium erfasst wird auch die Krankentaggeldversicherung.

Literatur
Thomas Locher, Grundriss des Sozialversicherungsrechts, Stämpfli, Bern 1997; – Alfred Maurer, Schweizerisches Sozialversicherungsrecht, Band 1: Allgemeiner Teil, Stämpfli, Bern 1983; – Hans Peter Tschudi, Entstehung und Entwicklung der schweizerischen Sozialversicherungen, Helbing & Lichtenhahn, Basel 1989.
Verweise
Grundversicherung (der Krankenversicherung) – Soziale Sicherheit (allgemeine Theorie) – Volksversicherung

Ruth Schnyder

Versicherungsprinzip

Im Recht der sozialen Sicherheit kann das Versicherungsprinzip mehrere Aspekte umfassen:
– in Bezug auf die Sozialversicherungen stellt es zunächst einmal eine auf Beitragszahlungen gestützte Schutztechnik im Dienste der sozialen Sicherheit dar;
– es bezeichnet eine mehr oder weniger direkte Beziehung zwischen Einkommen und Leistun-

gen, welche für die Sozialversicherungen charakteristisch ist (z.b. betragen die Taggelder der Unfallversicherung 80 Prozent des versicherten Verdienstes, Art. 17 UVG);
– es bezeichnet die Versicherungsklausel, wonach das Recht auf Leistungen an die Bedingung geknüpft ist, zu einem bestimmten, durch das Gesetz festgelegten Zeitpunkt versichert zu sein (z.b. bei Beginn der Arbeitsunfähigkeit).
In der Schweiz sind die Krankenversicherung, die Unfallversicherung und die berufliche Vorsorge weitgehend nach dem Versicherungsprinzip konzipiert.

Literatur
Erwin Carigiet, *Gesellschaftliche Solidarität. Prinzipien, Perspektiven und Weiterentwicklung der sozialen Sicherheit*, Helbing & Lichtenhahn, Basel 2001; – Alfred Maurer, *Bundessozialversicherungsrecht*, Helbing & Lichtenhahn, Basel 1994; – Alfred Maurer, *Schweizerisches Sozialversicherungsrecht*, Band 1: *Allgemeiner Teil*, Stämpfli, Bern 1983.
Verweise
Beitrag/Prämie – Finanzierung der sozialen Sicherheit: Juristische Aspekte – Sozialversicherungen (allgemeiner Begriff) – Versorgungsprinzip

Pierre-Yves Greber

Versorgungsprinzip

In der schweizerischen Lehre und Praxis wird die Grenze zwischen Versorgungs- und Versicherungsprinzip nicht bewusst und eindeutig gezogen. Die für die soziale Sicherheit bedeutsamen Ergänzungsleistungen zur AHV/IV – als klassisches Beispiel eines nach dem Versorgungsprinzip konzipierten sozialen Entschädigungssystems – werden oft als gehobene Fürsorge gewertet. Nach dem Versorgungsprinzip konzipierte Leistungen werden oft implizit oder explizit als Sozialhilfe im weiteren Sinne oder als spezifische bedarfsabhängige Sozialleistungen bezeichnet. Dies ist für die Wirkung der sozialen Sicherheit als Ganzes vordergründig zwar nicht relevant, verhindert aber zum Teil eine konstruktive und kreative Diskussion um die Weiterentwicklung der sozialen Sicherheit in der Schweiz. Der Fokus richtet sich so meist nur auf das Spannungsfeld von Versicherung und Sozialhilfe bzw. auf jenes von Versicherungs- und Bedarfsprinzip. Die Bedeutung des Versorgungsprinzips und der sozialen Entschädigungssysteme wird unterschätzt.
Zum – von einer kollektiven Ausgleichungsabsicht geprägten – Versorgungsprinzip gehört ein mit jenem der klassischen Sozialversicherungen vergleichbar klarer Rechtsanspruch auf ebenfalls eindeutig berechenbare typisierte Leistungen, die allerdings oft von einer Bedarfskomponente bei der Leistungsermittlung begleitet werden. Den Versicherten aller Sozialversicherungszweige wie auch den Sozialentschädigungsberechtigten steht zur Durchsetzung ihrer subjektiven Rechtsansprüche der verwaltungsgerichtliche Weg offen. Der Rechtsschutz ist bestmöglich gewährleistet.
Im Gegensatz zu den Leistungen nach dem Versicherungsprinzip sind jene nach dem Versorgungsprinzip vollumfänglich aus Mitteln der öffentlichen Haushalte finanziert.
Die Bedeutung des Versorgungsprinzips lässt sich wie folgt zusammenfassen: Überall dort, wo die Vorsorgefähigkeit der potenziell Berechtigten aus strukturellen Gründen eingeschränkt oder gar nicht gegeben ist, stellen soziale Entschädigungssysteme eine gute Alternative zu den schwergewichtig aus Beiträgen finanzierten Sozialversicherungen dar. Wie die sozialen Entschädigungssysteme ist auch die Sozialhilfe nach dem Versorgungsprinzip konzipiert, wobei der Rechtsanspruch auf Sozialhilfeleistungen zwar grundsätzlich ebenfalls besteht, aber nicht in einem für die Berechtigten vergleichbar klaren und unmissverständlich berechenbaren Rahmen: Es besteht ein hoher Ermessensspielraum bei der Bestimmung des Bedarfs.
Bemerkenswert ist, dass Teile der Sozialversicherungen sowohl nach dem Versicherungs- als auch nach dem Versorgungsprinzip gestaltet worden sind. Ein wichtiges Beispiel stellen AHV und IV dar, die nicht nur aus Beiträgen der Versicherten, sondern auch aus Beiträgen des Staates finanziert werden.
Das Gemeinwohl und die Beteiligungsgerechtigkeit verlangen heute nach zusätzlichen sozialen Sicherungssystemen. Die notwendigen Ergänzungssysteme zur Gewährleistung der Grundsicherung sollen schwergewichtig nach dem Versorgungsprinzip ausgestaltet werden. Das Zusammenspiel zwischen den Basisleistungen der AHV/IV und den Ergänzungsleistungen zur AHV/IV beweist den hohen Wirkungsgrad derartiger Konzepte.
Die fehlende oder eingeschränkte individuelle Vorsorgefähigkeit allein genügt nicht als Voraussetzung für die Bejahung der Notwendigkeit der Sozialversicherungen oder der sozialen Entschädigungssysteme. Es muss gleichzeitig zusätzlich noch ein grossflächiges strukturelles Problem vorliegen: Dass im Alter die Vorsorgefähigkeit eingeschränkt sein kann, ist heutzutage anerkannt. Diese Anerkennung fehlt noch für einen weiteren Teil der Ursachen, die für die neue Armut verantwortlich sind. So meinen heutzutage noch viele, dass für die von Langzeitarbeitslosigkeit oder von ungenügendem Erwerbseinkommen (Working Poor, junge Familien) betroffenen Menschen die Leistungen der Sozialhilfe ausreichen, was nicht zutrifft. Hieraus erklärt sich beispielsweise die

Forderung nach der Schaffung von Ergänzungsleistungen für Familien auf Bundesebene.
Nach dem Versorgungsprinzip konzipierte Leistungen bauen auf Tatbeständen auf, für deren Ursachen die Gesellschaft als Ganzes verantwortlich ist oder für die sie zumindest die Verantwortung übernimmt (z.B. dauernde Erwerbslosigkeit infolge erhöhter Produktivität und damit verbundenen Abbaus von Arbeitsplätzen oder der Schutz der Familie). Diese gesellschaftliche Solidarität wird einerseits mit der Finanzierung aus allgemeinen Haushaltsmitteln und anderseits mit einem expliziten Rechtsanspruch klar ausgedrückt.

Zu beachten sind bei der Gesetzgebung auch psychosoziale Gesichtspunkte. Leistungen, die nach dem Versicherungsprinzip ausgerichtet werden, werden im Allgemeinen als wohlerworben oder wohlverdient wahrgenommen, da die Versicherten durch ihre Beiträge wesentlich zur Finanzierung beigetragen haben. Für nach dem Vorsorgeprinzip ausgerichtete Leistungen gelten ähnliche Empfindungen, wenn die Betroffenen ihren Anspruch aufgrund besonderer Umstände oder Tätigkeiten – wie der Militärdienst für die Leistungen der Militärversicherung – erworben haben. Gegenüber Leistungen der Sozialhilfe bestehen noch zahlreiche Aversionen, da ihnen – auch durch die Art des Verfahrens – ein Stigma anhaftet. Dies bedeutet, dass der Zugänglichkeit zu sozialen Entschädigungssystemen hohe Beachtung geschenkt werden muss.

Literatur
Erwin Carigiet, *Gesellschaftliche Solidarität. Prinzipien, Perspektiven und Weiterentwicklung der sozialen Sicherheit*, Helbing & Lichtenhahn, Basel 2001; – Erwin Carigiet, *Ergänzungsleistungen zur AHV/IV*, Schulthess, Zürich 1995; – Hans F. Zacher, »Grundtypen des Sozialrechts«, in: ders., *Abhandlungen zum Sozialrecht*, Müller Juristischer Verlag, Heidelberg 1993, S. 257 ff.
Internet
www.bsv.admin.ch
Verweise
Solidarität – Soziale Entschädigungssysteme – Sozialhilfe (im engeren Sinne) – Sozialhilfe (im weiteren Sinne) – Sozialpolitik – Sozialrecht – Sozialstaat – Sozialversicherungen (allgemeiner Begriff) – Versicherungsprinzip
Erwin Carigiet

Verwaltungsrecht
Verwaltungsrecht ist die Summe aller Rechtsnormen, welche die Tätigkeit, die Organisation und das Verfahren der Verwaltungsbehörden regeln. Die Verwaltungsbehörden – oder die »Verwaltung« – sind in erster Linie für den Vollzug der ihnen kraft Gesetz zugewiesenen Aufgaben zuständig. An ihrer Spitze steht die Regierung (für den Bund vgl. Art. 178 und Art. 187 Abs. 1a BV).

Das materielle Verwaltungsrecht ergibt sich in erster Linie aus den Rechtsgrundlagen der einschlägigen Gesetze und Verordnungen (Bildungsrecht, Gesundheitsrecht usw.). Daneben sind für die Anwendung von Verwaltungsrecht verfassungsmäßige Grundsätze von großer Bedeutung (Rechtsgleichheit, Verhältnismäßigkeit usw.). Das Verwaltungsverfahren ist heute meist durch eigene Gesetze geregelt.

Verwaltungsrecht existiert in der Schweiz auf allen Stufen des föderalen Staatsaufbaus. In verschiedenen Sachgebieten findet ein starkes Ineinandergreifen von eidgenössischem, kantonalem und kommunalem Recht statt (z.B. Bau- und Raumplanungsrecht). Vermehrt sind auch internationale Grundlagen von Bedeutung (z.B. bilaterale Verträge mit der EU).

Verwaltungsrecht gehört zum öffentlichen Recht. Seine Anwendung erfolgt von Amtes wegen. Die Verwaltungsbehörden können für sich keine Privatautonomie in Anspruch nehmen; ihr Tätigwerden bedarf einer gesetzlichen Grundlage. Ist eine Verwaltungsaufgabe zulässigerweise an Private delegiert worden, unterliegen auch diese einer gewissen verwaltungsrechtlichen Einbindung.

Literatur
Ulrich Häfelin, Walter Haller, *Grundriss des Allgemeinen Verwaltungsrechts*, Schulthess, Zürich 1998; – Max Imboden, René Rhinow, Beat Krähenmann, *Schweizerische Verwaltungsrechtsprechung*, Helbing & Lichtenhahn, Basel 1986.
Verweise
Öffentliches Recht – Verfügung – Verwaltungsverfahren
Felix Uhlmann

Verwaltungsverfahren
Zum Verwaltungsverfahren gehört jede nach außen wirkende Tätigkeit der Behörden, welche auf Erlass, Abänderung oder Aufhebung eines Verwaltungsaktes gerichtet ist. Das nichtstreitige Verwaltungsverfahren betrifft die Vorbereitung und den Erlass einer Verfügung. Im streitigen Verwaltungsverfahren entscheidet eine Verwaltungsbehörde über die Richtigkeit der im nichtstreitigen Verwaltungsverfahren erlassenen Verfügung. Wird diese Überprüfung nicht durch eine Verwaltungsbehörde, sondern durch ein Gericht oder durch eine unabhängige Rekursinstanz vorgenommen, so spricht man von einem verwaltungsgerichtlichen Verfahren. Die genannten Verfahrensabschnitte nichtstreitiges Verwaltungsverfahren – streitiges Verwaltungsverfahren – verwaltungsgerichtliches Verfahren bilden typischerweise den Rechtsweg eines Verwaltungsverfahrens.

Gemäß der von Volk und Ständen angenommenen, aber noch nicht in Kraft gesetzten Bestimmung von Artikel 29a Bundesverfassung (BV) besteht ein Anspruch auf die Beurteilung von Verwaltungsstreitigkeiten (und anderen Rechtsstreitigkeiten) durch eine richterliche Behörde. Eine alleinige Beurteilung durch Verwaltungsinstanzen ist unter der Geltung von Artikel 29a BV nur noch in Ausnahmefällen zulässig.

Auf Bundesebene ist das Verwaltungsverfahren im Bundesgesetz über das Verwaltungsverfahren vom 20. Dezember 1968 (VwVG; SR 172.021) geregelt. Die Kantone haben im Rahmen ihrer Zuständigkeit eigene Gesetze erlassen, die oft dem VwVG nachgebildet sind. In jedem Fall sind die verfassungsrechtlichen Minimalvorschriften gemäß Artikel 29 BV (Allgemeine Verfahrensgarantien) und Artikel 30 BV (Gerichtliche Verfahren) zu beachten. Dazu gehört insbesondere der Grundsatz des rechtlichen Gehörs (Art. 29 Abs. 2 BV).

Literatur
Ulrich Häfelin, Walter Haller, *Grundriss des Allgemeinen Verwaltungsrechts*, Schulthess, Zürich 1998; – René Rhinow, Heinrich Koller, Christina Kiss, *Öffentliches Prozessrecht und Justizverfassungsrecht des Bundes*, Helbing & Lichtenhahn, Basel 1996.
Verweise
Beschwerde (im Bereich der Sozialversicherungen) – Rechtsmittel – Verwaltungsrecht
Felix Uhlmann

Verwaltungsverordnung (Weisung)

Eine Verordnung ist eine Vorschrift, die von einer Exekutivbehörde (z.B. vom Bundesrat oder von einem eidgenössischen Departement) oder einer Verwaltungsstelle erlassen wird. Während sich die Rechtsverordnung an die der Verwaltung unterstellten Bürgerinnen und Bürger richtet, denen sie Rechte zusichert oder Verpflichtungen auferlegt (z.B. die Verordnung über die Krankenversicherung oder die Verordnung über die Invalidenversicherung), wird die Verwaltungsverordnung von einer hierarchisch übergeordneten Behörde oder einer Aufsichtsbehörde (z.B. vom Bundesamt für Sozialversicherung [BSV]) erlassen und richtet sich entweder an Organe der Verwaltung oder an die mit der Ausführung eines Gesetzes beauftragten Institutionen (z.B. die Ausgleichskassen oder die Krankenkassen). In dem Ausmaß, in dem sie vorschreibt, wie das Gesetz in einem bestimmten Falle anzuwenden ist, kommt ihr allerdings oft eine über ihre Adressaten im engen Sinne hinausgehende Geltung zu (z.B. die Wegleitungen und Kreisschreiben des BSV im Bereich der AHV/IV). Die Richter und Richterinnen sind durch eine solche Verordnung nicht gebunden und betrachten sie als Ausdruck der Verwaltungspraxis.

Literatur
Ulrich Häfelin, Walter Haller, *Schweizerisches Bundesstaatsrecht*, Schulthess, Zürich 2001.
Verweise
Bundesamt für Sozialversicherung (Befugnisse)
Raymond Spira

Verwandtenunterstützung(spflicht) → Unterhaltspflicht

Verwandtschaftsrecht

Das Verwandtschaftsrecht umfasst die Gesamtheit der Bestimmungen, welche die Entstehung und die Auswirkungen des Kindesverhältnisses regeln. Mit Ausnahme der Bestimmungen über die Adoption sind die Regeln, welche die Verwandtschaft betreffen, 1978 in Kraft getreten. Das Kindesverhältnis zur Mutter entsteht mit der Geburt oder durch Adoption. Das Kindesverhältnis zum Vater entsteht durch die Ehe mit der Mutter, durch Anerkennung oder durch gerichtliche Feststellung. Die Auswirkungen des Kindesverhältnisses betreffen vor allem die Unterhaltspflicht der Eltern, die elterliche Sorge (einschließlich der Maßnahmen des Kindesschutzes) sowie Verwaltung, Verwendung und Schutz des Kindesvermögens.

Verweise
Elterliche Sorge – Familienrecht – Unterhaltspflicht
Béatrice Despland

Viertes Alter

In der wissenschaftlichen und öffentlichen Diskussion wird zunehmend zwischen »drittem« und »viertem Alter« unterschieden. Die so genannten jungen Alten (drittes Alter) leben weitgehend behinderungsfrei, während bei hochaltrigen Menschen altersbedingte körperliche Einschränkungen zu Anpassungen des Alltagslebens zwingen. Eine chronologische Definition ist wenig hilfreich, da die hohe interindividuelle Unterschiedlichkeit zwischen älter werdenden Menschen solche Altersgrenzen fragwürdig macht. Aus pragmatischen Gründen wird heute oft die Grenze bei 80 Jahren angesetzt.

Unter demografischen Gesichtspunkten kann der Beginn des vierten Alters (Hochaltrigkeit) als das Lebensalter definiert werden, bis zu dem 50 Prozent der Angehörigen eines Geburtsjahrgangs verstorben sind. Aus biologischer Sicht liegt eine klare Definition von Hochaltrigkeit bislang nicht vor. Mit Blick auf die Befunde zahlreicher Studien lässt sich das vierte Lebensalter durch die Kumulation von Risiken definieren (z.B. im Sinne der Multimorbidität). Bei den Risiken des hohen Alters haben demenzielle Erkrankungen einen besonders gravierenden Stellenwert.

Heute gehören rund 4 Prozent der schweizerischen Wohnbevölkerung der Gruppe der 80-Jährigen und Älteren an. Bis Mitte des 21. Jahrhunderts werden es schätzungsweise 8,5 Prozent sein. Heute führen nahezu vier Fünftel der 85- bis 89-jährigen Menschen ein selbständiges Leben, und selbst bei den über 90-Jährigen beläuft sich dieser Anteil auf rund zwei Drittel.

Die wachsende Zahl hochaltriger Menschen macht deutlich, dass sich die Schweiz (wie alle Länder der industrialisierten Welt) auf dem Weg zu einer »Gesellschaft des langen Lebens« befindet. Notwendig ist eine neue Alterskultur, die die Chancen der Langlebigkeit wahrnimmt – und nicht nur die damit einhergehenden Belastungen (beispielsweise für die Systeme der sozialen Sicherheit) thematisiert.

Literatur
Bundesamt für Sozialversicherung (Hrsg.), *Langlebigkeit – gesellschaftliche Herausforderung und kulturelle Chance*, Bundesamt für Sozialversicherung, Bern 2002; – Pro Senectute Schweiz (Hrsg.), *Hochaltrigkeit – eine Herausforderung für Individuum und Gesellschaft*, Pro Senectute, Zürich 2003 (in Vorbereitung); – Sachverständigenkommission für den Vierten Altenbericht (Hrsg.), *Vierter Bericht zur Lage der älteren Generation in der Bundesrepublik Deutschland: Risiken, Lebensqualität und Versorgung Hochaltriger – unter besonderer Berücksichtigung demenzieller Erkrankungen*, Bundesregierung, Berlin 2002.
Verweise
Alter – Alterung, demografische – Demografie – Junge Alte – Senilität

Kurt Seifert

Volksversicherung
Als Volksversicherung oder Volkspension wird gemeinhin eine einheitliche, obligatorische Vorsorge im Alter, nach Versorgerverlust und bei Invalidität verstanden. Sie wird grundsätzlich im Umlageverfahren finanziert. Soweit eine Volksversicherung aus Beiträgen aufgrund des Einkommens der aktiven Bevölkerung und nicht aus allgemeinen Steuer- und Abgabemitteln finanziert wird, werden damit nicht individuelle Vorsorgekapitalien gebildet, aus denen später individuelle Renten finanziert werden (Kapitaldeckungsverfahren). Die Renten der Bevölkerung im Ruhestand werden vielmehr direkt aus den Beiträgen der aktiven Bevölkerung bezahlt (Umlageverfahren). Die Leistungen der Volkspension sollen gemeinhin zumindest die Existenzgrundlage und darüber hinaus einen gewissen Prozentsatz des bisherigen Erwerbseinkommens der versicherten Person bis zu einem bestimmten Plafond decken. Die Einführung einer Volkspension ist mit zwei Volksinitiativen verlangt worden. Eine Initiative der Partei der Arbeit wurde in der Volksabstimmung vom 30. Juni 1972 verworfen. Gleichzeitig wurde die Verfassungsgrundlage für das heutige Drei-Säulen-Modell geschaffen. Eine zweite Initiative der Sozialdemokratischen Partei der Schweiz wurde in der Folge zurückgezogen. In jüngerer Zeit wandte sich der Bundesrat in seinem Drei-Säulen-Bericht gegen Vorstösse, mit denen eine im Umlage- und Kapitaldeckungsverfahren finanzierte Volkspension vorgeschlagen worden ist.

Als Volksversicherung kann die im Umlageverfahren mit Beiträgen auf den Einkommen der Versicherten und mit Leistungen des Gemeinwesens finanzierte AHV/IV verstanden werden. Trotz dem entsprechenden Verfassungsauftrag deckt die AHV/IV aber den Existenzbedarf der Versicherten nur mit den nach dem Bedarfsprinzip ausgerichteten Ergänzungsleistungen. Diese Volksversicherung als Erste Säule deckt die Vorsorge nur zum Teil. Neben sie treten die im Kapitaldeckungsprinzip finanzierte berufliche Vorsorge (Zweite Säule) und die teilweise steuerbegünstigte Eigenvorsorge (Dritte Säule), welche über die Sicherung des Existenzbedarfs die Fortführung des bisherigen Lebensstandards nach dem Austritt aus dem Erwerbsleben ermöglichen soll.

Literatur
Bericht des Eidgenössischen Departementes des Innern zur heutigen Ausgestaltung und Weiterentwicklung der schweizerischen 3-Säulen-Konzeption der Alters-, Hinterlassenen- und Invalidenvorsorge, EDI, Bern Oktober 1995; – Botschaft des Bundesrates an die Bundesversammlung zum Entwurf betr. die Änderung der BV auf dem Gebiete der Alters-, Hinterlassenen- und Invalidenvorsorge und Bericht über das Volksbegehren für eine wirkliche Volkspension, BBl 1971 II 1597.
Verweise
AHV/IV – Berufliche Vorsorge – Drei-Säulen-Prinzip – Universalität

Stephan Wullschleger

Volkszählung
Die Volkszählung wird seit 1850 alle 10 Jahre durchgeführt. Dabei hat sie sich zu einer vielschichtigen Strukturerhebung entwickelt, welche demografische, wirtschaftliche, soziale, räumliche und kulturelle Aspekte miteinander verknüpft. Sie liefert heute unentbehrliche Planungs- und Entscheidungsgrundlagen für Staat, Politik, Wirtschaft und Gesellschaft und übernimmt einen aus andern Quellen nicht erfüllbaren Informationsauftrag. Sie bildet die Basis für unzählige weiterführende Statistiken und Stichprobenerhebungen. Nur die Volkszählung als Vollerhebung ermittelt die Zusammensetzung der Schweizer Bevölkerung. Mit gewissen Einschränkungen aufgrund des Datenschutzes sind raumbezogene Aussagen selbst für kleine Quartiere möglich.

Die erste Volkszählung im Jahre 1850 führte Bundesrat Stefano Franscini noch persönlich durch: Als die ersten Rohdaten gesammelt waren, machten Parlament und Bundesrat einen finanziellen Rückzieher. Weil nun das Geld fehlte, wertete Franscini die Zahlen zusammen mit seinem privaten Sekretär selber aus. Als Visionär war Franscini überzeugt, dass jede politische Tätigkeit in einem modernen Staat auf einer sorgfältigen Analyse basieren muss.

Literatur
Thomas Busset, *Zur Geschichte der eidgenössischen Volkszählung*, Bundesamt für Statistik, Bern 1993; – Bundesamt für Statistik, *Der Informationsauftrag der Strukturerhebung Schweiz. Volkszählung 2000*, Bundesamt für Statistik, Bern 1997.
Internet
www.volkszaehlung.ch
www.statistik.admin.ch
Verweise
Bundesamt für Statistik – Eurostat/ESSOSS – Mikrozensus
Markus Döbeli

Vollbeschäftigung

Mit dem Begriff Vollbeschäftigung wird der ordnungspolitische Wunsch zum Ausdruck gebracht, dass alle potenziell Erwerbstätigen einer Beschäftigung nachgehen können. Verfolgt ein Staat dieses Ziel, dann wird den Staatsbürgerinnen und Staatsbürgern an sich das Recht auf Erwerbsarbeit zugesichert. Hinsichtlich der Frage, wie niedrig die Arbeitslosenquote sein muss, damit der Zustand der Vollbeschäftigung als erreicht gelten kann, existiert in der wirtschaftswissenschaftlichen Literatur jedoch kein Konsens.

Vollbeschäftigung als Ziel staatlicher Politik hat sich in der Schweiz erst nach dem Zweiten Weltkrieg durchgesetzt. Dass sich dieses Ziel derzeit nicht erreichen lässt, reflektiert vorab die Tatsache, dass auf dem Arbeitsmarkt nicht ausreichend viele Beschäftigungsmöglichkeiten verfügbar sind. Mit einer »aktiven Arbeitsmarktpolitik«, wie sie im Rahmen der Arbeitslosenversicherung derzeit verfolgt wird, versucht der Staat diesem Problem abzuhelfen.

Literatur
Hans Schmid et al., *Vollbeschäftigungspolitik: Der Wille zum Erfolg*, Schriftenreihe des Forschungsinstitutes für Arbeit und Arbeitsrecht an der Hochschule St. Gallen, Band 10, Haupt, Bern 1993.
Verweise
Arbeitslosenversicherung – Arbeitslosigkeit – Beschäftigungsmaßnahmen (aktive) – Beschäftigungspolitik
Chantal Magnin

Vollmacht → Stellvertretung/Vertretung

Vorbereitung auf die Pensionierung

Eine länger andauernde nachberufliche Lebensphase für eine größere Zahl von Menschen gibt es in den Industriegesellschaften erst seit wenigen Jahrzehnten. Sie stellt somit individuelles wie kollektives Neuland dar. Die Pensionierung verändert das Leben der bislang Berufstätigen grundlegend. Gewohnte Strukturen fallen weg. Anderseits öffnen sich neue Möglichkeiten zur Lebensgestaltung.

Für ein gutes Leben nach der Pensionierung ist nicht nur materielle Absicherung im Alter von Bedeutung, sondern auch die Pflege von Beziehungen. Wer aktiv und gesund lebt, seine kognitive und seelische Leistungsfähigkeit trainiert und erhält, wer sich mitmenschlich verhält, sich sozial interessiert und engagiert, hat gute Chancen auf eine erfüllte, selbstbestimmte Lebensphase. Eine gute Vorbereitung – beispielsweise durch Kurse, die von Pro Senectute und anderen Organisationen angeboten werden – ist die Grundlage dafür.

Literatur
Dieter Hanhart et al., *Fit für die Pensionierung. Ein Ratgeber aus der* Beobachter-*Praxis*, Beobachter, Zürich 1998.
Verweise
Alter – Junge Alte – Pensionierung (Rentenalter) – Pro Senectute
Peter Schütz-Aerne

Vormundschaft

Die Vormundschaft ist eine auf eigenes Begehren beantragte oder gesetzlich verordnete Maßnahme zum Schutz einer Person. Ist eine Person teilweise oder gänzlich verhindert, ihre eigenen oder die Interessen ihrer Familie wahrzunehmen oder gefährdet sie die Sicherheit Dritter, so kann eine Vormundschaft beantragt und von der Vormundschaftsbehörde angeordnet werden.

Gründe für die Errichtung einer Vormundschaft sind im Schweizerischen Zivilgesetzbuch (ZGB) wie folgt umschrieben:
– das Fehlen der elterlichen Sorge bei einer unmündigen Person (Art. 368 ZGB);
– Geisteskrankheit oder Geistesschwäche, die das Erledigen der persönlichen und rechtlichen Angelegenheiten einschränkt oder verhindert (Art. 369 ZGB);
– Unfähigkeit der Verwaltung des eigenen Einkommens oder Vermögens infolge Verschwendung, Trunksucht, lasterhaften Lebenswandels oder anderer persönlicher Probleme (Art. 370 ZGB);
– Freiheitsentzug mit einer Dauer von über einem Jahr (Art. 371 ZGB).

Die Errichtung einer Vormundschaft hat für die betroffene Person eine wesentliche Einschränkung bzw. den Entzug der rechtlichen Handlungsfähigkeit (z.B. Abschluss von Verträgen usw.) zur Folge.

Das Vormundschaftsrecht befindet sich zurzeit in

einer umfassenden Revision, welche um 2004 abgeschlossen sein sollte.

Literatur
Nicolas Queloz et al., *Pauvretés sous tutelle – Armut unter Vormundschaft*, Rapport scientifique au FNRS, Université de Fribourg 1993; – Bernhard Schnyder et al., *Zur Revision des Schweizerischen Vormundschaftsrechts*, Eidgenössisches Justizdepartement, Bern 1995.
Verweise
Beistandschaft – Vormundschaftsrecht
Nicolas Queloz, Ariane Senn

Vormundschaftsbehörde

Die Vormundschaftsbehörde ist eines der Organe zur Umsetzung des materiellen Vormundschaftsrechts, das heißt des zivilrechtlichen Kindes- und Erwachsenenschutzes. Zuständigkeit und Funktion der Vormundschaftsbehörde sind weitgehend durch das Bundesrecht definiert. Die Organisation ist jedoch dem kantonalen Recht überlassen (in der deutschsprachigen Schweiz meist kommunale Verwaltungsbehörden). Mit der in Vorbereitung befindlichen Gesetzesrevision sollen von Bundesrechts wegen gewisse Mindestanforderungen bezüglich Größe und Professionalität definiert werden (regionale Fachbehörden oder -gerichte).

Die Hauptfunktionen, welche die Vormundschaftsbehörde in geordneten Verwaltungs- bzw. Gerichtsverfahren wahrzunehmen hat, sind:
– Prüfung der Voraussetzungen und Anordnung/Veranlassung der geeigneten Kindesschutz- bzw. Erwachsenenschutz-Maßnahmen in den Einzelfällen, Anpassung bzw. Aufhebung der Maßnahmen bei Änderung der Verhältnisse;
– Ernennung geeigneter vormundschaftlicher Amtsträger (Vormund, Beirat, Beistand), wobei das Amt einer geeigneten Privatperson (Amtspflicht, Art. 382 ZGB) oder einer professionellen Betreuungsperson (Mitarbeitende von Sozialdiensten, Amtsvormundschaften) übertragen werden kann; Umschreibung der Aufgabenkreise der Beistände;
– Beurteilung von Beschwerden gegen Amtsträger, periodische Kontrolle der Tätigkeit (Prüfung der Rechenschaftsberichte), Bestätigung im Amt bzw. Entlassung der Amtsträger.

Literatur
Christoph Häfeli, *Wegleitung für vormundschaftliche Organe*, Stutz, Wädenswil 1998; – Konferenz der kantonalen Vormundschaftsbehörden (Hrsg.), *Zeitschrift für Vormundschaftswesen – Recht und Praxis im Kindes- und Erwachsenenschutz*, Schulthess, Zürich (seit 1946); – Martin Stettler, *Droit civil I. Représentation et protection de l'adulte*, Éditions Universitaires, Fribourg 1997.
Verweise
Beistandschaft – Vormundschaft – Vormundschaftsrecht
Ernst Langenegger

Vormundschaftsrecht

Das im Schweizerischen Zivilgesetzbuch (ZGB) kodifizierte Vormundschaftsrecht (Art. 360–456 ZGB) begründet Maßnahmen, mit denen negative Folgen gewisser Schwächezustände von Personen behoben oder gemildert werden können. Es ermöglicht behördliche Eingriffsfürsorge, nötigenfalls auch gegen den Willen betroffener Personen. Vormundschaftliche Maßnahmen kommen in Betracht für Personen, die auf längere Sicht nicht in der Lage sind, selber das Erforderliche für ihr persönliches Fortkommen und die Wahrung ihrer Interessen vorzukehren. Als Gründe für vormundschaftsrechtlich relevante Schutz- und Beistandsbedürftigkeit erkennt das Gesetz im Wesentlichen Geistesschwäche und psychische Krankheit (Art. 369 ZGB), Suchterkrankung (Art. 370 ZGB) und Altersschwäche (Art. 372 ZGB). Vormundschaftliche Maßnahmen können für minderjährige Personen erforderlich sein, wenn Eltern ihre Aufgaben nicht oder nicht ausreichend wahrnehmen können (Art. 308, 368, 392 ZGB). Das Subsidiaritätsprinzip gebietet, vormundschaftliche Maßnahmen nur anzuordnen, wenn nicht andere Hilfestellungen die negativen Auswirkungen der Schwächezustände kompensieren, etwa Hilfestellungen der Familie und anderer Bezugspersonen, von Sozialdiensten der Kirchen und privater Institutionen sowie der staatlichen Sozialhilfe.

Vormundschaftlicher Schutz war bereits im römischen Recht institutionalisiert *(tutores, curatores)*. Das alte germanische Recht sah die Schirmgewalt *(munt)* über Waisen und Gebrechliche als Aufgabe des Sippenverbandes. Vor Vereinheitlichung des materiellen Zivilrechts auf Bundesebene (ZGB von 1907) kannten die kantonalen Rechtsordnungen teils Lösungen mit Ernennung und Beaufsichtigung des Vormundes durch die Obrigkeit bzw. durch Gerichte, teils war damit ein Familienrat betraut. Die im ZGB von 1907 als Ausnahme noch vorgesehene Familienvormundschaft (Art. 362–366 ZGB) hat in der Folge keine praktische Bedeutung erlangt.

Die vormundschaftliche Maßnahme besteht darin, dass die Vormundschaftsbehörde einen Vormund, Beirat oder Beistand einsetzt. Diese Amtsträger haben die Interessen der schutz- und beistandsbedürftigen Personen zu wahren. Die Aufgaben betreffen in den meisten Fällen sowohl Bereiche der persönlichen Fürsorge und Betreuung als auch solche der rechtsgeschäftlichen Vertretung und Vermögensverwaltung.

In der Ausgestaltung als Vormundschaft (Art. 369–372 ZGB) bzw. Beiratschaft (Art. 395 ZGB) wird die vormundschaftliche Maßnahme mit einem Entzug der Handlungsfähigkeit (Entmündigung) bzw. einer Beschränkung derselben verbunden. Dies soll die betroffene Person davor bewahren, für sie nachteilige Rechtsgeschäfte abzuschließen. Demgegenüber schränkt die Beistandschaft (Art. 392–394 ZGB) die Handlungsfähigkeit nicht ein.

Für rund 57 000 erwachsene und 29 000 minderjährige in der Schweiz wohnhafte Personen wurde am Jahresende 2000 eine vormundschaftliche Maßnahme geführt (ungefähr 1,2 Prozent der Wohnbevölkerung). Für erwachsene Personen wurden im Jahr 2000 rund 9200 vormundschaftliche Maßnahmen neu errichtet, wovon rund drei Viertel als Beistandschaften. Die Beistandschaft ist auch für Minderjährige die weitaus häufigste Maßnahme (Art. 308, 309 und 392 ZGB).

Als weitere (nicht an ein Amt gebundene) Maßnahme definiert das Vormundschaftsrecht die fürsorgerische Freiheitsentziehung wegen Geisteskrankheit, Geistesschwäche, Trunksucht, anderer Suchterkrankungen oder schwerer Verwahrlosung (Art. 397a ZGB).

Mit einer Revision des Vormundschaftsrechtes (Abschluss der Arbeiten der Expertenkommission des Bundes im Jahr 2002) werden u.a. angestrebt:
– die bessere Verwirklichung des Verhältnismäßigkeitsprinzips durch ein flexibleres Maßnahmensystem (»maßgeschneiderte« Maßnahmen);
– eine neue Terminologie ohne stigmatisierende Wirkung (u.a. soll der Begriff Vormundschaftswesen durch den Begriff (zivilrechtlicher) Erwachsenenschutz ersetzt werden);
– eine der Größe und Schwierigkeit der Aufgabe entsprechende Organisation.

Literatur
Christoph Häfeli, *Wegleitung für vormundschaftliche Organe*, Stutz, Wädenswil 1998; – Konferenz der kantonalen Vormundschaftsbehörden (Hrsg.), *Zeitschrift für Vormundschaftswesen – Recht und Praxis im Kindes- und Erwachsenenschutz*, Schulthess, Zürich (seit 1946); – Martin Stettler: *Droit civil I. Représentation et protection de l'adulte*, Éditions Universitaires, Fribourg 1997.

Verweise
Beistandschaft – Fürsorgerischer Freiheitsentzug – Kindesschutz (Maßnahmen) – Kindesschutz (Teil des Kindesrechts)
Ernst Langenegger

Vorruhestand
Der Vorruhestand bezeichnet die Lage eines Beschäftigten, der sich dem Rentenalter nähert und aufgrund wirtschaftlicher Schwierigkeiten des Unternehmens oder eines persönlichen Entscheids keine bezahlte Stelle mehr innehat, sondern bis zum Eintritt ins Pensionsalter ein Ersatzeinkommen bezieht. Der Vorruhestand bedeutet meist eine merkliche Reduktion des Einkommens aus dem System der Altersvorsorge. Dieses Problem stellt eine wichtige Herausforderung für die 11. AHV-Revision dar.

Verweise
AHV/IV – Altersrenten – Pensionierung (Rentenalter)
Jean-Pierre Fragnière

Weiterbildung
Weiterbildung ist die Fortsetzung oder Wiederaufnahme organisierten Lernens nach dem Abschluss einer ersten Bildungsphase in Schule, Hochschule und Beruf mit dem Ziel, die erworbenen Kenntnisse, Fähigkeiten und Fertigkeiten zu erneuern, zu vertiefen und zu erweitern oder neue Kenntnisse, Fähigkeiten und Fertigkeiten zu erlernen. Weiterbildung ist intendiertes, gezieltes Lernen: vom Selbststudium mithilfe von Fachliteratur bis hin zu institutionalisierten Lernformen wie Weiterbildungskursen oder -studien.

Weiterbildung erfolgt demgemäß institutionell oder außerhalb von Bildungsträgern in informellen Formen am Arbeitsplatz, in der Freizeit und bei sozialer oder kultureller Aktivität.

Bei diesem integralen Weiterbildungsbegriff entfällt die früher übliche Trennung in berufliche Weiterbildung und allgemeine Erwachsenenbildung, in kulturelle Bildung für Erwachsene und Bildung im Rahmen aktiver Arbeitsmarktmaßnahmen, in Fortbildung und Erwachsenenbildung.

Das Ziel der Weiterbildung ist es, durch die Vermittlung von Kenntnissen, Fähigkeiten und Fertigkeiten eine selbstbestimmte, verantwortliche Lebensgestaltung und Lebensbewältigung im persönlichen, öffentlichen und beruflichen Bereich zu fördern. Es sollen fachspezifische Kenntnisse und Fertigkeiten vertieft und erweitert werden und vor allem übergreifende Qualifikationen erworben werden, die es erleichtern, die gesellschaftliche, soziale und technologische Entwicklung aktiv mitzugestalten.

Gemäß Erhebungen des Bundesamtes für Statistik nehmen jährlich nur knapp 40 Prozent der erwachsenen Schweizer Wohnbevölkerung an Weiterbildung teil. Dieser Anteil verändert sich kaum.

Im Unterschied zum übrigen Bildungsbereich dominieren in der Weiterbildung die privatrechtlich organisierten Anbieterorganisationen (rund 85 Prozent aller Anbieter). Auf politischer Ebene besteht großer Handlungsbedarf: Trotz entsprechender Anstrengungen ist es bisher nicht gelungen, ein nationales Weiterbildungsgesetz zu schaffen. In einigen wenigen Kantonen bestehen kantonale Gesetze. Seit dem Jahr 2000 besteht mit dem Forum Weiterbildung Schweiz ein Gremium, das die Förderung der Weiterbildung auf nationaler Ebene koordiniert.

Literatur
Rolf Lischer, *Weiterbildung in der Schweiz 2001. Auswertungen der SAKE 1996–2000*, Bundesamt für Statistik, Neuenburg 2001; – André Schläfli, Philipp Gonon, *Weiterbildung in der Schweiz: Die Länderberichte*, Deutsches Institut für Erwachsenenbildung, Frankfurt am Main 1999.
Verweise
Lebenslanges Lernen

André Schläfli

Weltbank

Gegründet 1944 als Teil des Systems von Bretton Woods ist die Weltbank heute die wichtigste Entwicklungsfinanzierungsorganisation. Sie gehört mehr als 180 Mitgliedstaaten, darunter der Schweiz, die erst 1992 beitrat. Die Weltbankgruppe setzt sich zusammen aus der Internationalen Bank für Wiederaufbau und Entwicklung (IBRD), der Internationalen Entwicklungsagentur (IDA), der Internationalen Finanzgesellschaft (IFC), der Multilateralen Investitionsgarantieagentur (MIGA) und dem Internationalen Zentrum zur Beilegung von Investitionsstreitigkeiten (ICSID). Während die Klienten der Weltbank (IBRD und IDA) die Regierungen selber sind, arbeiten IFC, MIGA und ICSID in erster Linie mit dem Privatsektor zusammen.

Insbesondere in den 1980er-Jahren kam die Weltbank aufgrund ihrer Strukturanpassungsprogramme unter Beschuss. Die Kritik an den großen Staudammprojekten führte gar dazu, dass sich die Bank nahezu gänzlich aus diesem Bereich zurückgezogen hat. Das Ende des Kalten Kriegs läutete auch bei der Weltbank eine radikale Öffnung und Kursänderung ein. Heute zielt die Bank auf die Bekämpfung der Armut durch die Förderung der sozialen Sektoren und die Verbesserung der Rahmenbedingungen für die Entwicklung eines dynamischen Privatsektors.

Literatur
Botschaft des Bundesrates über den Beitritt der Schweiz zu den Institutionen von Bretton Woods, BBl 1991 II 1153; – Maria Roselli, *Zehn Jahre mitbestimmen, kritisieren, verändern – Bretton Woods und die Schweiz*, Eine Welt, Juni 2002; – Joseph Stiglitz, *Globalization and Its Discontents*, Norton, New York 2002.
Internet
www.worldbank.org
www.iie.com
www.ifc.org
www.challengeglobalization.org
Verweise
Europäische Bank für Wiederaufbau und Entwicklung – Internationaler Währungsfonds (IWF) – Welthandelsorganisation (WTO)

Martin Rohner

Weltgesundheitsorganisation (WHO)

Die WHO ist die Sonderorganisation der Vereinten Nationen für Fragen der Gesundheit mit Sitz in Genf. Die WHO übt zahlreiche Funktionen aus: Koordination internationaler Programme, Zusammenarbeit mit internationalen und nationalen Institutionen, technische Unterstützung, epidemiologische und statistische Studien, Aktionen gegen epidemische und endemische Krankheiten, Aktionen zur Förderung der Ernährung und der Hygiene, Unterstützung der wissenschaftlichen Zusammenarbeit, Ausarbeitung internationaler Normen im Bereich der Krankheiten und der pharmazeutischen Produkte. Die Definition von Gesundheit und die erklärten Ziele der WHO sind ohne Zweifel utopisch, aber nur durch eine unmissverständliche Ausrichtung lassen sich Energien mobilisieren, dank denen allzu offensichtlich himmelschreienden Missständen abgeholfen werden kann.

Gemäß der Erklärung von Alma-Ata soll der Schwerpunkt auf die Förderung der primären Gesundheitspflege gelegt werden. Diese soll zumindest folgende Elemente umfassen: eine Aufklärung über Gesundheitsprobleme (betreffend die Prävention von und den Kampf gegen Krankheiten), die Unterstützung guter Bedingungen und Regeln im Ernährungsbereich, eine ausreichende Wasserversorgung und minimale Reinigungsmaßnahmen, die Fürsorge für Mutter und Kind (einschließlich der Familienplanung), Impfungen gegen verbreitete Infektionskrankheiten, Prävention und Kontrolle der großen lokalen endemischen Krankheiten, die Behandlung der oft vorkommenden Krankheiten und Verletzungen und die Versorgung mit unabdingbaren Medikamenten.

Literatur
Weltgesundheitsorganisation, *World Health Report*, Genf, erscheint jährlich.
Internet
www.who.int/whr/en
Verweise
Organisation der Vereinten Nationen (UNO)

Jean-Pierre Fragnière

Welthandelsorganisation (WTO)

Die 1995 gegründete Welthandelsorganisation (WTO) ging aus dem Allgemeinen Zoll- und Handelsabkommen (GATT) hervor, das nach dem Ende des Zweiten Weltkriegs geschaffen wurde. Ihre wichtigste Aufgabe besteht darin, so weit wie möglich die reibungslose Abwicklung, die Vorhersehbarkeit und die Freiheit der Handelsströme zu begünstigen. Im Zentrum des Systems, welches als multilaterales Handelssystem bezeichnet wird, befinden sich die Abkommen der WTO, die von der Mehrheit der Handelsmächte der Welt ausgehandelt und unterzeichnet sowie von ihren Parlamenten ratifiziert worden sind. Diese Abkommen bilden die rechtliche Grundlage des internationalen Handels und zwingen die Regierungen dazu, ihre Handelspolitik im Rahmen der vereinbarten Grenzen zu entwickeln.

Die WTO wird aufgrund ihrer fehlenden Aufmerksamkeit für Fragen der sozialen Gerechtigkeit (welche sich insbesondere in der beinahe vollständigen Abwesenheit einer Zusammenarbeit mit der ILO äußert) stark kritisiert. Auch wird ihr vorgeworfen, den reichsten Staaten einseitig Vorrechte einzuräumen.

Literatur
Sadruddin Aga Khan (Hrsg.), *Policing the World Economy: Why, How and For Whom?*, Cameron May, London 1998; – Ramesh Mishra, *Globalization and the Welfare State*, Edward Elgar, Cheltenham 1999.
Internet
www.wto.org
Verweise
G7 (Gruppe der 7/8) – Internationale Arbeitsorganisation (ILO) – Weltbank

Jean-Michel Bonvin

Wettbewerb (Konkurrenz)

Wettbewerb bezeichnet allgemein ein Streben von mehreren Personen nach einem Ziel, wobei der höhere Zielerreichungsgrad der einen Person einen geringeren Zielerreichungsgrad der andern zur Folge hat. In einem ökonomischen Kontext spricht man von Wettbewerb, wenn auf Märkten mit mindestens zwei Anbietern oder Nachfragern (Unternehmen, Konsumenten, Arbeitnehmer, Gliedstaaten usw.) diese ihre Aktionsparameter (Preis, Menge, Qualität, Lohn, Arbeitsstunden, Steuern usw.) in einer Weise festlegen, dass sie ihren Zielerreichungsgrad (Gewinn, Nutzen, Macht usw.) zulasten anderer Wirtschaftssubjekte verbessern wollen.

Wettbewerb führt insbesondere auf Gütermärkten meist zu einem effizienten Ergebnis – er gilt als Voraussetzung für das gute Funktionieren der Marktwirtschaft. Monopole führen dagegen zu überhöhten Preisen und Unterversorgung mit Gütern. Auch aus dynamischer Sicht hat der Wettbewerb Vorteile: Arbeitet ein Produzent mit veralteter Technologie, so wird er bei geltendem Marktpreis nicht mehr bestehen können und aus dem Markt ausscheiden. Diese Funktion des Wettbewerbs hat Schumpeter (1911) als »kreative Zerstörung« bezeichnet. Wettbewerb ist somit zugleich Selektionsverfahren und Triebfeder für Innovationen. Hayek (1969) hat den Wettbewerb als Entdeckungsverfahren bezeichnet, da verschiedene Unternehmen auf unterschiedliche Art versuchen, effizientere Technologien zu finden. In dieser Hinsicht ist der Wettbewerb einem (privaten oder staatlichen) Monopol überlegen.

Wettbewerb ist nicht mehr gewährleistet, wenn die Anbieter Preis- oder Gebietsabsprachen treffen (Kartelle) oder fusionieren. Je kleiner die Anzahl der verbleibenden Unternehmen, desto größer ist tendenziell die Gefahr von Absprachen. Solange der Markt jedoch für neue Anbieter offen ist, kann auch zwischen einer kleinen Anzahl Unternehmen Wettbewerb herrschen. Dieser »potenzielle« Wettbewerb verhindert monopolistisches Verhalten. Oft ist eine Vielzahl von Anbietern volkswirtschaftlich weder nötig noch sinnvoll. Bei Infrastrukturnetzen würde dies zu ineffizienter Doppelspurigkeit führen.

Aufgrund der großen Bedeutung des Wettbewerbs für die Marktwirtschaft ist eine staatliche Wettbewerbspolitik wichtig. Insbesondere die Vereinigten Staaten kennen ein strenges Wettbewerbsrecht. Firmen müssen nachweisen können, dass sie den Wettbewerb nicht behindern. Die Kartellbehörde kann für Marktbeschränkungen hohe Geldstrafen verhängen. Die Schweiz verfolgte lange Zeit eine »Missbrauchspolitik«: Die Kartellkommission musste beweisen, dass Unternehmen ihre marktbeherrschende Position zum Nachteil der Konsumenten ausnutzen. Mit dem Inkrafttreten des neuen Kartellgesetzes 1996 hat die Wettbewerbskommission (WEKO), die Nachfolgeorganisation der alten Kartellkommission, mehr Kompetenzen bekommen, gegen marktmächtige Firmen einzuschreiten.

Literatur
Joseph A. Schumpeter, *Theorie der wirtschaftlichen Entwicklung*, Duncker & Humblot, Berlin 1997; – Roland von Büren, Lucas David (Hrsg.), *Schweizerisches Immaterialgüter- und Wettbewerbsrecht*, Bände 1 und 2: *Kartellrecht*, Helbing & Lichtenhahn, Basel 2000; – Friedrich A. von Hayek, »Der Wettbewerb als Entdeckungsverfahren«, in: *Freiburger Studien*, Mohr, Tübingen 1969.
Internet
www.wettbewerbskommission.ch/
Verweise
Deregulierung – Neoliberalismus – Skalenertrag

Christoph Kilchenmann

Wiedereingliederung

Bei Sozialhilfe-Revisionen in den 1990er-Jahren haben die Kantone verschiedene Wege gewählt. Die einen haben ihr angestammtes Sozialhilfegesetz abgeändert, während andere ein neues Gesetz zu so genannten Eingliederungseinkommen geschaffen haben. Gemeinsam ist den meisten dieser Revisionen die Erweiterung des Begriffes der materiellen Sozialhilfe durch die Einführung von Maßnahmen zur sozialen und beruflichen Wiedereingliederung (Integration). Diese Entwicklung muss auf dem Hintergrund der wirtschaftlichen Krise im letzten Jahrzehnt des 20. Jahrhunderts verstanden werden. Man wurde sich damals immer stärker bewusst, dass die herrschende Arbeitslosigkeit nicht nur konjunktureller, sondern auch struktureller Natur war. In diesen Jahren fand eine gewaltige Restrukturierung der Wirtschaft statt, welche trotz einer Verbesserung der Arbeitslage noch nicht beendet ist. Für eine nicht zu unterschätzende Anzahl von Menschen hat der Arbeitsmarkt die integrierende Funktion verloren, die er in der Vergangenheit innehatte. So finden sich diese Personen zunächst von ihrem angestammten beruflichen Leben ausgeschlossen, später vom Arbeitsmarkt und laufen schließlich Gefahr, auch vom sozialen Leben ausgeschlossen zu werden. Deshalb wird seit den 90er-Jahren vom Risiko des sozialen und beruflichen Ausschlusses gesprochen, den es durch die Bereitstellung von Wiedereingliederungsmaßnahmen zu verhindern gilt.

Die ebenfalls in den 90er-Jahren revidierten Richtlinien der Schweizerischen Konferenz für Sozialhilfe (SKOS) bringen diese Entwicklung zum Ausdruck. Sie postulieren, dass »die Sozialhilfe, um sozialen Ausschlussprozessen zu begegnen, kompensierende Angebote zum sich verengenden Arbeitsmarkt bereitstellen muss. Materielle Grundsicherung und Beratung im Einzelfall sind mit Maßnahmen zur sozialen und beruflichen Integration zu verbinden.«

Auch in der Sozialhilfe in der Regel vorgelagerten Arbeitslosenversicherung wurden Wiedereingliederungsmaßnahmen gesetzlich verankert. Unter dem Titel »Leistungen zur Verhütung und Bekämpfung von Arbeitslosigkeit« bestehen nun so genannte arbeitsmarktliche Maßnahmen auch in diesem Bereich.

Literatur
Ueli Tecklenburg, *Rapport sur les évaluations des mesures d'insertion professionnelle ou sociale en faveur des chômeurs en fin de droit ou des bénéficiaires de l'aide sociale*, Conférance suisse des institutions d'action sociale, Bern 2000; – Kurt Wyss, Rosmarie Ruder, »Integrationsmassnahmen zur Bekämpfung der Langzeiterwerbslosigkeit«, in: *Soziale Sicherheit*, Nr. 5, 1999, S. 239–245; – Kurt Wyss, *Massnahmen zur sozialen und beruflichen Integration von Langzeitarbeitslosen bzw. SozialhilfeempfängerInnen*, Schweizerische Konferenz für Sozialhilfe, Bern 1997.
Verweise
Richtlinien für die Ausgestaltung und Bemessung der Sozialhilfe (SKOS-Richtlinien) – Soziale Arbeit – Sozialhilfe (im engeren Sinne)

Ueli Tecklenburg

Wirkung

In der Evaluationsliteratur der 1990er-Jahre ist das Prinzip der »ressourcengesteuerten Führung« auf breiter Linie durch das Prinzip der »zielorientierten Wirkungsvereinbarung« ersetzt worden. »Zielorientierung« meint, dass die Wirkungen, die mit der Bereitstellung von Sach- oder Dienstleistungen hervorgerufen werden, auch tatsächlich jene Kundenbedürfnisse treffen, die zuvor als Organisationszweck definiert worden sind. »Vereinbarung« meint, dass eine delegierende Instanz eine ausführende Instanz beauftragt, in eigenständiger operativer Verantwortung die entsprechenden Kundenbedürfnisse zu befriedigen. Die Auftraggebenden steuern nur noch strategisch anhand der Zuteilung von Globalbudgets und der Evaluation der Kundinnen- und Kundenzufriedenheit.

In der wirkungsorientierten Führung privater Nonprofit-Organisationen und öffentlicher Verwaltungen hat in der jüngeren Vergangenheit z.B. das *Balanced-scorecard*-Konzept starke Verbreitung gefunden. Es stammt aus jener Sparte der *Controlling*-Literatur, die sich mit der Führung dezentraler Konzerne befasst. Denkbar geworden ist diese weitgehende Adaptation, weil unter Verwaltungsexperten und -expertinnen seit der siegreichen Revolution des New Public Management ein breiter Konsens herrscht, dass auch innerorganisatorisch, wo keine echten Märkte existieren, das Prinzip des Marktwettbewerbs nachgeahmt werden kann, um dessen effizienzsteigernde Effekte auszuschöpfen. Überall dort, wo sich Privatisierung betriebswirtschaftlich nicht rechnet, können echte Gewinnanreize zwar nicht greifen, aber es ist möglich, gewinnähnliche Anreize zu schaffen, z.B. dank Fallpauschalenfinanzierung und dank der ergänzenden Kompetenz, gebildete Reserven autonom verwenden zu dürfen. Und freie Kundenwahl kann z.B. durch die Ausgabe von Gutscheinen nachgebildet werden.

Der Grundgedanke der Nachahmung des Marktwettbewerbs ist an ganz bestimmte Bedingungen geknüpft, deren Fehlen oft mit dem Begriff des Marktversagens umschrieben wird. So muss etwa vorausgesetzt werden können, dass die Kundinnen und Kunden souverän handelnde Individuen sind, was z.B. im Bildungs- oder im Gesundheitswesen nicht immer der Fall ist. Um ein gesellschaftlich optimales Ausmaß der Marktnachfrage zu erhalten, dürfen zudem keine positiven oder negativen Externalitäten auftreten. Auf Anbieterseite durchkreuzen dominierende Skalenerträge oft die gute Absicht, die Vorteile der Marktkonkurrenz auf Dauer erhalten zu wollen. Schließlich ist zu prüfen, ob Mitarbeiterinnen und Mitarbeiter nicht primär »intrinsisch« angeleitet sind (wie z.B. Pflegende, Sozialarbeitende). Hier zerstören wirkungsorientierte Anreizsetzungen die Motivationsbasis, wie empirisch-experimentelle Studien gezeigt haben.

Wirkungsindikatoren

Wirkungsindikatoren sind steuerungsrelevante Größen für die Politikerinnen und Politiker, welche für Verwaltungseinheiten und für Nonprofit-Organisationen verantwortlich sind. Wirkungsindikatoren messen den Ist-Zielerreichungsgrad und geben den Soll-Wert der politischen Zielsetzung für einen Aufgabenbereich, für eine politische Maßnahme oder eine Produktegruppe vor. Jeder Wirkungsindikator steht am Ende einer komplexen und komplizierten Ursache-Wirkungs-Kette, welche die staatlichen Leistungen, Informationen und Subventionen *(outputs)* mit den Verhaltensänderungen der Zielgruppen *(impacts)* und den Wirkungen und Nebenwirkungen in Gesellschaft, Wirtschaft und Umwelt *(outcomes)* miteinander verbindet. Weil sich die Auswirkungen der Politik nur indirekt verändern lassen, steht hinter jedem Zweckartikel eines Gesetzes und hinter jeder Zielsetzung einer politischen Maßnahme ein (implizites oder explizites) Kausalmodell für den staatlichen Beitrag zur Problemlösung. Dabei zeigen Parlamentsdebatten oft die ganze Bandbreite vermuteter Kausalzusammenhänge auf. Erst die sozialwissenschaftlichen Evaluationen, das heißt Vollzugs- und Erfolgskontrollen, ermöglichen eine systematische Überprüfung und Verknüpfung von politischer Problemartikulation, staatlicher Leistungserstellung und gesamtgesellschaftlicher Problemlösung. Wirkungsindikatoren sind somit spezielle Indikatoren zur Gesellschafts-, Wirtschafts- und Umweltbeobachtung.

Erste Erfahrungen mit der Wirkungsorientierten Verwaltungsführung in der Schweiz haben gezeigt, dass Zielformulierung, Indikatordefinition und Soll-Wert-Setzung auf der politiknahen Wirkungsebene sehr viel anspruchsvoller sind als auf der betriebsnahen Leistungsebene.

Literatur
Werner Bussmann, Peter Knoepfel et al., *Einführung in die Politikevaluation*, Helbing & Lichtenhahn, Basel 1997.
Internet
www.statistik.admin.ch/events/symposium/abstracts/zuercher_internet.pdf
www.stzh.ch/fste/nachhaltigkeitsindikatoren.htm

Literatur
Jens M. Alt, Andreas G. Scherer, *Balanced Scorecard in Verwaltung und Non-Profit-Organisationen*, Schäffer-Poeschel, Stuttgart 2002; – Armin Falk, Simon Gächter, *Work Motivation, Institutions and Performance*, Institut für Empirische Wirtschaftsforschung Working paper Nr. 62, Zürich 2000; – Ted Gaebler, David Osborne, *Reinventing Government*, Addison-Wesley, New York 1993.
Verweise
New Public Management – Wirkungsorientierte Verwaltungsführung

Thomas Ragni

Verweise
Leistungsauftrag – Leistungsindikatoren – Wirkung

Theo Haldemann

Wirkungsorientierte Verwaltungsführung

Wirkungsorientierte Verwaltungsführung (WoV) ist die Bezeichnung für New Public Management (NPM) in der Schweiz. In zahlreichen Gemeinden, Kantonen und im Bund laufen zum Teil bereits seit 1996 Pilotversuche zur Führung der Verwaltung mit Globalbudget und Leistungsauftrag. In den Kantonen Zürich, Bern, Luzern, Solothurn Aargau und Basel-Landschaft, ferner Basel-Stadt, Wallis und Schaffhausen ist die definitive und flächendeckende Einführung beschlossen oder in Vorbereitung. In der Schweiz wird NPM durch die besonderen Merkmale des politischen Systems geprägt: Die Konkordanz und das Kollegialprinzip erschweren das Setzen klarer politischer Ziele, das Milizprinzip und die direkte Demokratie bedingen, dass auch strategisch unbedeutende Fragen politisch wichtig werden können und daher dem Management entzogen und der politischen Rationalität unterstellt sind.

In unterschiedlichem Ausmaß wird daher das Parlament (bisher noch kaum die Stimmbürgerschaft) an der Verwaltungssteuerung beteiligt. Zumindest erhält das Parlament alle erforderlichen Leistungsinformationen, um gestützt darauf seine Entscheidung über den Voranschlag zu treffen. Meist verfügt es darüber hinaus noch über das Instrument des Auftrags, mit welchem es der Regierung auch in deren eigenem Zuständigkeitsbereich Richtlinien setzen kann. Dieser Auftrag ist in Einzelfällen durch ein Sanktionsrecht verstärkt (Solothurn). Oft beschließt das Parlament die Wirkungs- oder Leistungsziele, welche mit den bewilligten Globalkrediten verwirklicht werden sollen. Zum Teil ist unklar, ob es darüber hinaus auch die Standards und Indikatoren für die Messung der Zielerreichung festlegen kann. Den Legislaturplan und den jährlich rollend auf 4 Jahre erstellten so genannten integrierten Aufgaben- und Finanzplan nimmt das Parlament teils nur zur Kenntnis, teils genehmigt es ihn global oder beschließt ihn im Detail. Als Zwischenlösung trifft es einen Planungsbeschluss zu den Punkten des Plans, die es korrigieren will.

Literatur
Albert Hofmeister, Ernst Buschor (Hrsg.), *Verwaltungsreformen in der Schweiz – eine Zwischenbilanz*, Schriftenreihe der Schweizerischen Gesellschaft für Verwaltungswissenschaften, Band 39, Bern 1999; – Philippe Mastronardi, »Gewaltenteilung unter NPM. Zum Verhältnis von Parlament und Regierung«, in: *Schweizerisches Zentralblatt für Staats- und Verwaltungsrecht*, Nr. 9, 1999, S. 449–464; – Kurt Nuspliger, »Gewaltenteilung der wirkungsorientierten Verwaltungsführung. Ein Diskus-

sionsbeitrag aus der Perspektive des Kantons Bern«, in: *Schweizerisches Zentralblatt für Staats- und Verwaltungsrecht*, Nr. 9, 1999, S. 465–482.
Internet
www.iop.unibe.ch/Public-Management/index.html
coc.idt.unisg.ch
Verweise
New Public Management – Ökonomisierung – Wirkung
Philippe Mastronardi

Wirtschaftliche Tätigkeit (gemäß IAA)

Die wirtschaftliche Tätigkeit ist ein theoretischer Begriff, der vom Internationalen Arbeitsamt (IAA) mit dem Ziel ausgearbeitet wurde, durch Arbeitskräftestudien wie die Schweizerische Arbeitskräfteerhebung (SAKE) eine Klassifizierung der Erwerbsbevölkerung und der Beschäftigten anzubieten. Als wirtschaftliche Tätigkeiten gelten sämtliche Tätigkeiten der Produktion von Gütern und Dienstleistungen, welche im System der volkswirtschaftlichen Gesamtrechnung der Vereinten Nationen *(System of National Accounts and Balances)* definiert sind. Darunter fallen in erster Linie alle Tätigkeiten zur Produktion von Primärgütern. Es handelt sich um Produkte für den Austausch auf dem Markt (Produktion für den Markt) oder um solche, die für den persönlichen Konsum (Produktion außerhalb des Marktes) bestimmt sind. Im Weiteren umfasst die Kategorie der wirtschaftlichen Tätigkeit auch die Produktionstätigkeiten der Haushalte (z.B. den selbständigen Bau eines Hauses), deren Produkte (industrielle Güter oder Dienstleistungen) für den Austausch auf dem Markt oder einen persönlichen Verbrauchszweck bestimmt sind.

Die Definition der wirtschaftlichen Tätigkeit schließt Freiwilligenarbeit und Hausarbeit aus, bei denen es sich oft um Tätigkeiten von Frauen handelt. Außerdem ist zu beachten, dass in den meisten westlichen Ländern, in denen Arbeitskräftestudien durchgeführt werden, die auf die Befriedigung der eigenen Bedürfnisse ausgerichteten Produktionstätigkeiten nicht zur Kategorie der wirtschaftlichen Tätigkeiten gezählt werden.

Internet
www.ilo.org
Verweise
Arbeit – Internationales Arbeitsamt (IAA) – Schweizerische Arbeitskräfteerhebung (SAKE)
Jean-Marie Le Goff

Wirtschafts- und Sozialartikel der Bundesverfassung

Zu den Wirtschafts- und Sozialartikeln der Bundesverfassung (BV) gehören alle Bestimmungen mit Verfassungsrang, welche die Lebensbereiche »Wirtschaft« und »Soziales« regeln. Die einzelnen Bestimmungen haben unterschiedlichen normativen Gehalt. Sie können als Staatszielbestimmung, als Grundrecht oder als Kompetenznorm ausgestaltet sein. Gegenüber der Bundesverfassung von 1874 hat die nachgeführte Bundesverfassung von 1999 Struktur und Lesbarkeit erheblich verbessert. In ihrer Gesamtheit bilden die einzelnen Artikel die jeweilige Bereichsverfassung (Wirtschaftsverfassung, Sozialverfassung).

Zum Kernbestand der Wirtschaftsartikel gehören Artikel 27, Artikel 94 und 95 BV. Darin enthalten ist die Wirtschaftsfreiheit (Art. 27 BV), welche als Grundrecht das einzelne Wirtschaftssubjekt vor staatlichen Eingriffen schützt. Sie umfasst die freie Wahl des Berufes sowie die Freiheit zur Aufnahme und Ausübung einer Erwerbstätigkeit. Von zentraler Bedeutung ist Artikel 94 Absatz 1 BV, wonach sich Bund und Kantone an den Grundsatz der Wirtschaftsfreiheit zu halten haben. Maßnahmen, welche den freien Wettbewerb behindern, um gewisse Gewerbezweige oder Bewirtschaftungsformen zu sichern, sind unzulässig (so genannte grundsatzwidrige, früher: wirtschaftspolitische Maßnahmen). Abweichungen vom Grundsatz der Wirtschaftsfreiheit bedürfen einer Verfassungsgrundlage (Art. 94 Abs. 4 BV). Gemäß Artikel 95 BV ist der Bund zum Erlass von Gesetzesbestimmungen zur Regelung der privatwirtschaftlichen Erwerbstätigkeit und zur Gewährleistung eines einheitlichen schweizerischen Wirtschaftsraumes befugt.

Neben den genannten Bestimmungen sind als weitere wirtschaftsrelevante Grundrechte die Eigentumsgarantie (Art. 26 BV), die Koalitionsfreiheit (Art. 28 BV) und die Niederlassungsfreiheit (Art. 24 BV) zu nennen. Im Aufgabenteil der Bundesverfassung finden sich unter dem Abschnitt »Wirtschaft« (Art. 94–107 BV) schließlich insbesondere die Grundlagen der schweizerischen Wettbewerbs-, Konjunktur- und Außenwirtschaftspolitik sowie der Landwirtschafts- und der Strukturpolitik.

Zu den Sozialartikeln der Bundesverfassung gehören zunächst die sozialen Grundrechte (Sozialrechte). Diese stehen Privaten zu und vermitteln subjektive Ansprüche auf Leistungen des Staates, welche nötigenfalls gerichtlich eingeklagt werden können. Zu nennen sind das Recht auf Hilfe in Notlagen (Art. 12 BV), der Anspruch auf unentgeltlichen Grundschulunterricht (Art. 19 BV), der Schutz vor Diskriminierung aufgrund einer Behinderung (Art. 8 Abs. 2 BV) sowie der Anspruch auf unentgeltliche Rechtspflege (Art. 29 Abs. 3 BV). Inhaltlich noch wenig geklärt ist das Recht von Jugendlichen auf besonderen Schutz und Förderung (Art. 11 BV).

Artikel 41 BV nennt die Sozialziele von Bund und Kantonen. Im Gegensatz zu den Sozialrechten sind die Sozialziele nicht gerichtlich einklagbar und bilden in erster Linie eine Zielsetzung für den Gesetzgeber. Zu ihnen zählen der Schutz gegen soziale Risiken, die Gesundheitspflege sowie die Bereitstellung von Arbeit und Wohnraum.

Im achten Abschnitt der Bundesverfassung (Art. 108–120 BV) finden sich unter dem Titel »Wohnen, Arbeit, soziale Sicherheit und Gesundheit« die wichtigsten sozialpolitischen Zuständigkeiten des Bundes. Typisch ist der Auftrag an den Bund zur Einrichtung verschiedener Sozialversicherungen, doch folgen die Artikel der Sozialverfassung keinem einheitlichen System. Das für die Schweiz charakteristische Drei-Säulen-System der Alters-, Hinterlassenen- und Invalidenvorsorge ist in Artikel 111 BV niedergelegt.

Zwischen den Artikeln der Wirtschaftsverfassung und denjenigen der Sozialverfassung bestehen erhebliche Wechselwirkungen. Die Umsetzung und Gewährleistung der Sozialartikel in der Bundesverfassung bedingt die wirtschaftliche Leistungsfähigkeit des Landes. Umgekehrt sind die Strukturveränderungen einer wettbewerbsorientierten Wirtschaft ohne soziale Abfederung kaum zu bewältigen. Die Bestimmungen der schweizerischen Arbeitsverfassung sind für die Verzahnung von Wirtschafts- und Sozialverfassung ein gutes Beispiel.

Literatur
Ulrich Meyer-Blaser, Thomas Gächter, »Der Sozialstaatsgedanke«, in: Daniel Thürer et al. (Hrsg.), *Verfassungsrecht der Schweiz*, Schulthess, Zürich 2001, S. 549–563; – René Rhinow, *Die Bundesverfassung 2000*, Helbing & Lichtenhahn, Basel 2000; – René Rhinow, Gerhard Schmid, Giovanni Biaggini, *Öffentliches Wirtschaftsrecht*, Helbing & Lichtenhahn, Basel 1998.
Verweise
Grundrechte – Soziale Sicherheit (Umfeld) – Sozialverfassung – Sozialziele

Felix Uhlmann

Wirtschafts- und Sozialausschuss (der Europäischen Union)

Der Wirtschafts- und Sozialausschuss der Europäischen Union (WSA bzw. CES) berät das Europäische Parlament, den Rat und die Kommission und verfasst Stellungnahmen. Dabei kann der WSA drei verschiedene Formen der Stellungnahme ausarbeiten: 1. Stellungnahmen zu Vorschlägen der Kommission und des Rates, für die die Verträge von Amsterdam ein Konsultationsrecht des WSA vorsehen; 2. Stellungnahmen auf Antrag der Kommission oder des Europäischen Parlaments (seit 1957); 3. Initiativstellungnahmen (seit 1972). Der WSA tagt in Brüssel und besteht aus 222 Mitgliedern, wobei je ein Drittel Vertreter von nationalen Arbeitgeberverbänden, Gewerkschaften und weiteren Interessengruppen (z.B. Konsumenten- und Umweltschutzorganisationen) sind. Obwohl der WSA nicht über Haushalts- und Kontrollbefugnisse verfügt, ist er damit nach wie vor das einzige europäische Organ, das einen grenzübergreifenden Dialog zwischen nationalen Interessenverbänden ermöglicht. Den Verträgen von Rom (Art. 4 und 193–198 des EWG-Vertrags, Art. 3 und 165–170 des EAG-Vertrags) zufolge wird der WSA alle 4 Jahre neu besetzt.

Literatur
Europäischer Wirtschafts- und Sozialausschuss, *Der WSA – Brücke zwischen Europa und der Zivilgesellschaft, 2000–2002*, CES, Brüssel 2001; – Katharina Vierlich-Jürcke, *Der Wirtschafts- und Sozialausschuss der Europäischen Gemeinschaften*, Nomos, Baden-Baden 1998.
Internet
www.ces.eu.int/index800.htm
Verweise
Arbeitsbeziehungen – Europäische Union

Michael Nollert

Wirtschaftspolitik

Wirtschaftspolitik ist die Gesamtheit aller Bestrebungen, Handlungen und Maßnahmen, die darauf abzielen, das Wirtschaftsgeschehen zu ordnen, zu beeinflussen oder unmittelbar festzulegen.

Grundlage für die normative Wirtschaftspolitik bildet die Wohlfahrtsökonomik. Diese untersucht auf einer formalen Ebene die Bedingungen, die erfüllt sein müssen, damit wirtschaftliche Tätigkeiten und staatliche Maßnahmen zu einer Erhöhung der gesellschaftlichen Wohlfahrt führen. Realitätsbezogener ist die Theorie der Wirtschaftspolitik. Sie erarbeitet zuhanden der Politik Vorschläge, wie Ziele am besten zu erreichen sind. Ziele können genereller Natur sein (z.B. Wohlfahrt, Lebensqualität, nachhaltige Entwicklung), als gesellschaftspolitische Ziele (Freiheit, Gerechtigkeit, Sicherheit, Fortschritt) und als wirtschaftspolitische Ziele (Wirtschaftswachstum, Vollbeschäftigung, Preisstabilität, sozialer Ausgleich, außenwirtschaftliches Gleichgewicht usw.) formuliert werden. Die wirtschaftspolitischen Maßnahmen können entweder die »Spielregeln« für Wirtschaft und Politik (z.B. Wirtschaftsordnung; Eigentums-, Privat- und Strafrecht; demokratische und föderative Organisation des Staates) oder die laufenden wirtschaftspolitischen Entscheidungen betreffen (z.B. Finanzpolitik, Geld-, Kredit- und Währungspolitik, Regulierung).

Wirtschaftspolitik kann aufgrund unterschiedlicher Konzepte erfolgen. Das *Laisser-faire*-Prinzip beruht auf dem Modell der reinen Marktwirtschaft und begnügt sich mit allgemeinen Verhaltensregeln. Die Geschichte hat gezeigt, dass dabei

Marktversagen auftritt, vor allem in Form von Marktmacht durch Monopole und Kartelle, Fehlentwicklungen wegen asymmetrischer Information, Transaktionskosten und externer Effekte sowie soziale Spannungen wegen ungleicher Einkommens- und Vermögensverteilung. Die soziale Marktwirtschaft (bzw. der Neoliberalismus im ursprünglichen Sinne des Begriffs) will diese Mängel durch Herstellen bzw. Wiederherstellen guter Marktvoraussetzungen und Einkommensumverteilung beheben. Das Regulierungskonzept versucht individuelle Entscheidungen der Wirtschaftssubjekte direkt oder indirekt durch Änderung der Rahmenbedingungen zu beeinflussen, damit bestimmte gesellschafts- und wirtschaftspolitische Ziele erreicht werden. Noch weiter geht das planwirtschaftliche Konzept; es ersetzt individuelle durch kollektive Entscheidungen.

Zu den Akteuren der Wirtschaftspolitik gehören die Entscheidungsträger (Volk, Parlament, Regierung, Verwaltung, Nationalbank, Gerichte) und die Einflussträger (Interessenorganisationen wie politische Parteien, Wirtschafts- und Arbeitgeberverbände, Gewerkschaften, Konsumentenorganisationen, Medien, Nichtregierungsorganisationen). Die Wirtschaftspolitik der kleinen, offenen Volkswirtschaft Schweiz ist stark auf Sicherstellung der internationalen Wettbewerbsfähigkeit ausgerichtet. Sie versucht, eine möglichst große Autonomie zu wahren, muss aber zunehmend internationale und supranationale Regelungen von Welthandelsorganisation, Europäischer Union usw. nachvollziehen.

Literatur
Bruno S. Frey, Gebhard Kirchgässner, *Demokratische Wirtschaftspolitik*, Vahlen, München 2002; – Bruno Molitor, *Wirtschaftspolitik*, Oldenbourg, München/Wien 2001.
Verweise
Sozialpolitik – Wohlfahrt

René L. Frey

Wirtschaftsverbände (Arbeitgeberorganisationen)

Als Wirtschaftsverbände werden Organisationen bezeichnet, die sich im politischen Entscheidungsprozess für die Anliegen der Arbeitgeber engagieren. Drei nationale Verbände vertreten in der Schweiz die Interessen von Arbeitgebern: der Schweizerische Arbeitgeberverband (SAV, bis 1996 Zentralverband Schweizerischer Arbeitgeberorganisationen genannt), der Schweizerische Gewerbeverband (SGV), der vor allem kleine und mittlere Unternehmen (KMUs), vertritt, und economiesuisse, entstanden im Jahr 2000 aus der Fusion zwischen dem Schweizerischen Handels- und Industrie-Verein (SHIV, besser bekannt unter dem Namen Vorort), in dem vor allem die großen Unternehmen organisiert sind, und der Gesellschaft zur Förderung der Schweizerischen Wirtschaft (Wf). Der SAV beschäftigt sich vor allem mit Arbeitgeberpolitik, während sich economiesuisse auf die Wirtschaftspolitik konzentriert (Außenhandel, Zoll-, Geld- und Finanzpolitik usw.) und sich der SGV vorab mit KMU-Anliegen befasst.

Der SAV wurde 1908 vor dem Hintergrund der Streikwellen zu Beginn des 20. Jahrhunderts in Zürich gegründet. Die Unternehmer erkannten die Notwendigkeit, sich auf Branchenebene zu vereinigen, um gegenüber der Gewerkschaftsbewegung ein Gegengewicht bilden zu können. Mitglieder des SAV sind jedoch nicht Unternehmen, sondern über 30 Fachverbände und 28 regionale Verbände, die mehr als eine Million Beschäftigte umfassen. Der SAV hat zum Ziel, die Interessen seiner Mitglieder in Sachen Arbeitgeberpolitik, Sozialpolitik, Arbeitsrecht und Bildung zu vertreten. Er fördert zur Erhaltung des Arbeitsfriedens eine konstruktive Sozialpartnerschaft. Zu diesem Zweck koordiniert er seine Aktion mit derjenigen der anderen Verbände. Auf supranationaler Ebene ist der SAV Mitglied der Union der Industrie- und Arbeitgeberverbände Europas (UNICE), des Internationalen Arbeitgeberverbandes und des Beratungsausschusses für Unternehmen und Industrie bei der OECD.

Internet
www.arbeitgeber.ch
Verweise
Arbeitsbeziehungen – Sozialpartnerschaft – Union der Industrie- und Arbeitgeberverbände von Europa (UNICE)

Pierre Bonnet

Wohlfahrt

Der Begriff Wohlfahrt wird in einem doppelten Sinne verwendet: als Synonym für soziale Wohlfahrt und für Lebensqualität.

Soziale Wohlfahrt bezeichnet das Ergebnis der Gesamtheit aller Maßnahmen, die auf wirtschaftliche Sicherheit (z.B. Altersvorsorge), Abbau von wirtschaftlichen Disparitäten und Bekämpfung von Armut ausgerichtet sind. Dieses Verständnis von Wohlfahrt liegt dem Begriff Wohlfahrtsstaat zugrunde, aber auch Artikel 2 der Schweizerischen Bundesverfassung: »(Die Schweizerische Eidgenossenschaft) fördert die gemeinsame Wohlfahrt ...«.

Wohlfahrt im Sinne von Lebensqualität umfasst neben dem Einkommen auch immaterielle Faktoren, welche das Wohlbefinden der Mitglieder einer Gesellschaft beeinflussen (z.B. Umweltqualität, Gesundheitszustand der Bevölkerung, kulturelle Leistungen). Wohlfahrtswachstum wird auch mit den Begriffen qualitatives Wachstum und nachhaltige Entwicklung (ökologische, ökonomische und soziale Nachhaltigkeit) umschrieben.

Literatur
Bruno S. Frey, Alois Stutzer, *Happiness and Economics*, Princeton University Press, Princeton 2002; – René L. Frey, *Wirtschaft, Staat und Wohlfahrt*, Helbing & Lichtenhahn, Basel 2002.
Verweise
Nachhaltigkeit – Sozialpolitik

René L. Frey

Wohlfahrt (gemeinsame)

Als eines der Staatsziele der Eidgenossenschaft wird in Artikel 2 Absatz 2 der Bundesverfassung die gemeinsame Wohlfahrt festgelegt. Diese Formulierung findet sich bereits in der ursprünglichen Bundesverfassung von 1848. Der liberale Bundesstaat soll nicht nur die Freiheit und die Rechte schützen, sondern sich auch solidarisch für das Wohlergehen, das heißt für die Lebensqualität, der Bevölkerung einsetzen. Die gesamte Rechtsordnung ist auf diesen Zweck auszurichten. Wohlfahrt ist ein offener Begriff. Sein Inhalt verändert sich dynamisch mit der sozialen Entwicklung und mit dem Wandel der Werte. Durch eine auf die gemeinsame Wohlfahrt ausgerichtete Politik soll der Staat möglichst umfassend das physische und psychische Wohlergehen der Bevölkerung fördern. Die soziale Sicherheit sowie Maßnahmen zum Schutz der Gesundheit und der Umwelt bilden dafür die wesentlichen Grundlagen. Doch eine weitere Komponente darf nicht fehlen, nämlich das Anstreben einer befriedigenden Stellung für jedes Glied in der Gesellschaft.
Die Entwicklung unseres Landes zu einem Sozialstaat war also von Anfang an vorprogrammiert. Im Laufe des 20. Jahrhunderts sind durch zahlreiche Verfassungsrevisionen, den sich wandelnden Bedürfnissen entsprechend, neue soziale Einrichtungen geschaffen worden. Ein dichtes und wirksames soziales Netz ist entstanden. Diese Entwicklung erfuhr mit der Erneuerung der Bundesverfassung im Jahr 1999 ihre Krönung, insbesondere durch Artikel 41. Die gemeinsame Wohlfahrt wird hier in folgenden sechs Sozialzielen konkretisiert: soziale Sicherheit, Gesundheit, Schutz der Familie, Arbeit zu angemessenen Bedingungen, Bildung und Weiterbildung, Förderung der Kinder und Jugendlichen. Es gilt nun, diese hohen Ziele in solidarischem Zusammenwirken von Volk und Staat zu realisieren.

Literatur
Botschaft des Bundesrates über die neue Bundesverfassung, BBl 1997 I 1, S. 1 ff.; – René Rhinow, *Die Bundesverfassung 2000. Eine Einführung*, Helbing & Lichtenhahn, Basel 2000; – Hans Peter Tschudi, *Sozialstaat, Arbeits- und Sozialversicherungsrecht*, Schulthess, Zürich 1996.
Verweise
Gerechtigkeit – Sozialpolitik – Sozialstaat

Hans Peter Tschudi

Wohlfahrtspluralismus (Welfare Mix)

Das Konzept des Wohlfahrtspluralismus bzw. des Welfare Mix verweist auf das Faktum, dass zur Produktion der sozialen Wohlfahrt nicht nur der Staat und der Markt, sondern auch eine Vielzahl von intermediären Organisationen (Nonprofit-Organisationen, Selbsthilfegruppen), Familien und soziale Bewegungen beitragen (vgl. Evers und Olk 1996). Von daher bildet der Begriff primär eine Reaktion auf die Dominanz der Markt-Staat-Dichotomie in der Wohlfahrtsregime-Forschung. Dabei lassen sich eine analytische und eine normative Dimension des Konzepts unterscheiden. Aus analytischer Sicht interessieren vorab die funktionalen Beiträge der angesprochenen Sektoren sowie die Unterschiede zwischen den nationalen Welfare Mixes (vgl. Esping-Andersen 1990). So ist erkennbar, dass der Markt in Ländern mit angloamerikanischem Kapitalismus-Modell eine ungleich wichtigere Rolle einnimmt als etwa in den skandinavischen Ländern. In der Gruppe der Länder mit »rheinischem« Kapitalismus-Modell, zu der auch die Schweiz gehört, spielen dagegen die Nonprofit-Organisationen eine vergleichsweise wichtige Rolle. In den südeuropäischen Ländern ist wiederum die Familie ein wichtiger Wohlfahrtsproduzent.
Aus normativer Sicht stellt sich die Frage nach dem optimalen Welfare Mix bzw. die Frage, welcher Sektor am besten in der Lage ist, ein gesellschaftspolitisches Ziel zu realisieren. Prominentester Kritiker des Wohlfahrtspluralismus ist Richard Titmuss. Er vertrat schon 1958 die Ansicht, dass die Expansion der freien Wohlfahrtspflege das universalistische Gleichheitsprinzip unterminiert. Seit den 90er-Jahren findet in den westlichen Ländern allerdings vorab die Ansicht Resonanz, dass der Staat bei der Erfüllung vieler Ziele versage und daher zu substituieren sei. So kritisiert z.B. der Neoliberalismus vorab die Ineffizienz und Leistungsfeindlichkeit des Sozialstaats und fordert daher eine Revitalisierung des Marktprinzips im Bereich der sozialen Dienste. Der Kommunitarismus moniert wiederum, dass der Staat zum Abbau naturwüchsiger Solidaritätsnetze beitrage, die Lebenswelt penetriere und im Unterschied zur Familie und zu zivilgesellschaftlichen Assoziationsformen (z.B. Vereinen) nicht in der Lage sei, das menschliche Bedürfnis nach sozialer Geborgenheit zu realisieren.

Literatur
Gösta Esping-Andersen, *The Three Worlds of Welfare Capitalism*, Polity, Cambridge 1990; – Adalbert Evers, Thomas Olk (Hrsg.), *Wohlfahrtspluralismus. Vom Wohlfahrtsstaat zur Wohlfahrtsgesellschaft*, Westdeutscher Verlag, Opladen 1996; – Richard Titmuss, *Essays on the Welfare State*, Allen and Unwin, London 1958.
Internet
www.sozialinfo.ch/adressen/organisation.htm
Verweise
Dritter Sektor/Nonprofit-Sektor/Gemeinnützigkeit – Kommunitarismus – Neoliberalismus
Michael Nollert

Wohlfahrtsstaat

Der Begriff Wohlfahrtsstaat beschreibt ein Institutionengefüge, das seine Bürgerinnen und Bürger vor den negativen Folgen von Arbeitslosigkeit, Krankheit, Unfall und dem Älterwerden schützt. Sozial- und christdemokratische Wohlfahrtsstaaten erweitern diese Kernaufgaben: Sie kontrollieren Abhängigkeitsverhältnisse zwischen Unternehmern und Arbeitnehmern und begrenzen Wohlstandsdifferenzen zwischen sozialen Milieus und geografischen Räumen. Der erweiterte Begriff des Wohlfahrtsstaates umfasst alle Staatsaktivitäten ohne militärischen Charakter, die industriegesellschaftliche Risiken absichern, Einkommen umverteilen, das Wirtschaftswachstum fördern, die Produktivität steigern und den sozialen Zusammenhalt stärken. Diese Interventionen in Wirtschaft und Gesellschaft legitimieren die gesellschaftliche Ordnung.
Der französische Sozialwissenschaftler Robert Castel (2000) lehnt die Verwendung des Begriffes Wohlfahrtsstaat (État-providence) ab, denn dieser Begriff ist in Frankreich von den Gegnern öffentlichen Eingreifens während der zweiten Hälfte des 19. Jahrhunderts verwendet worden. Sie haben mit diesem Begriff die Einführung von Sicherungssystemen bekämpft, die von vielen anderen europäischen Ländern akzeptiert worden sind (Deutschland, Skandinavien, Belgien, Niederlande usw.). In der deutschsprachigen öffentlichen Meinung hat dieser Begriff im 20. Jahrhundert eine negative Konnotation erhalten: Er brandmarkt die skandinavischen Sicherungssysteme als überbordend und bevormundend. Die deutschsprachigen Sozialwissenschaften hingegen verwenden diesen Begriff, ohne damit ein Werturteil zu fällen.
Wohlfahrtsstaatliche Institutionen nehmen häufig die Form von Sonderbehörden und Körperschaften des öffentlichen Rechts an. Diese Institutionen sind im Arbeitsschutz, in der sozialen Sicherung, in der Armutsbekämpfung sowie in der Gesundheits- und Bildungspolitik aktiv, wodurch sie zwischen der privatkapitalistischen Wirtschaft und dem demokratischen Staatswesen vermitteln.

Der moderne Wohlfahrtsstaat wurzelt in der gesellschaftlichen Reaktion auf die Verelendung breiter Bevölkerungskreise in der zweiten Hälfte des 19. Jahrhunderts. Verstädterung und Industrialisierung haben einen großen Teil der Bevölkerung ins Elend gestürzt, indem sie die ständischen Schutzmechanismen zerstört haben.
Seit dem Zweiten Weltkrieg führen neue soziale Rechte zum Ausbau des Wohlfahrtsstaates. Politische Machtverhältnisse, nationale Traditionen und Deutungsmuster beeinflussen diesen Prozess, sodass verschiedene Typen des Wohlfahrtsstaates entstehen. Besonders die Sozialdemokratie, der Sozialkatholizismus und die Gewerkschaften haben für den Ausbau wohlfahrtsstaatlicher Einrichtungen gekämpft.
Die Kritiker des Wohlfahrtsstaates benutzen den Begriff in polemischer Absicht, indem sie vor der Gefährdung der individuellen und unternehmerischen Freiheit warnen. Claus Offe (2001) sieht als zentrale Streitfrage, ob der Wohlfahrtsstaat eine unverzichtbare Grundlage für die Freiheit der Bürger und ihre Selbstbestimmung ist oder ob seine Kosten zu einer ökonomischen und moralischen Gefahr werden.

Literatur
Robert Castel, *Die Metamorphosen der sozialen Frage. Eine Chronik der Lohnarbeit*, UVK, Konstanz 2000; – Rolf G. Heinze, Josef Schmid, Christoph Strünck, *Vom Wohlfahrtsstaat zum Wettbewerbsstaat. Arbeitsmarkt- und Sozialpolitik in den 90er Jahren*, Leske + Budrich, Opladen 1999; – Claus Offe, »Staat, Demokratie und Krieg«, in: Hans Joas (Hrsg.), *Lehrbuch der Soziologie*, Frankfurt am Main 2001, S. 417–446.
Verweise
Beveridge-Plan – Sozialpolitik – Sozialstaat – Staat, strafender
Ludwig Zurbriggen

Wohnbau- und Eigentumsförderung

Wohnbauförderung bezeichnet in der Schweiz die Subventionierung des sozialen Wohnungsbaus durch Bund, Kantone und Gemeinden. Der Bund verpflichtet sich in Artikel 108 der Bundesverfassung zur Förderung des Wohnungsbaus und des selbst genutzten Wohneigentums. Er berücksichtigt dabei namentlich die Interessen von Familien, Betagten, Bedürftigen und Behinderten. Verstand der Bund Wohnbauförderung nach dem Ersten Weltkrieg als ein Investitionsprogramm im Kampf gegen die Arbeitslosigkeit und erst nach dem Zweiten Weltkrieg als eine sozialpolitische Maßnahme, so war sie in Basel oder Zürich schon seit Mitte des 19. Jahrhunderts ein soziales Instrument zum Bau gesunder und billiger Wohnungen für ärmere Bevölkerungsschichten. Wohnbauförderung definiert unterschiedliche Leistungen sowie bauliche, ökonomische und soziale Festlegungen für einzelne Wohnungskategorien, für Neubauten und Sanierungen sowie für die Vermietung (Kostenmiete). Erwiesenermaßen senkt Wohnbauförderung die Sozialkosten und stärkt eine nachhaltige Siedlungsentwicklung. Mitte 2003 tritt auf Bundesebene ein neues Wohnraumförderungsgesetz mit einer einfacheren Finanzierung mittels Darlehen in Kraft. In Österreich, Deutschland oder Frankreich ist die Wohnbauförderung viel bedeutender und stärker institutionalisiert als in der Schweiz.

Literatur
Amt für Wirtschaft und Arbeit des Kantons Zürich, Fachstelle Wohnbauförderung; Bundesamt für Wohnungswesen, Grenchen; Finanzdepartement der Stadt Zürich; Schweizerischer Verband für Wohnungswesen, Sektion Zürich (Hrsg.), *Wirkungen und Nutzen der Wohnbauförderung im Kanton Zürich*, Zürich 2001; – Bundesamt für Wohnungswesen, *Wohnbau- und Eigentumsförderung – Wie weiter? Empfehlungen der Eidg. Wohnbaukommission zur künftigen Wohnungspolitik des Bundes*, Schriftenreihe Wohnungswesen, Band 67, 1999.
Internet
www.bwo.admin.ch
www.svw.ch
www.vd.zh.ch
Verweise
Bundesamt für Wohnungswesen – Wohnungspolitik
Michael Emmenegger

Wohnen
In der Schweiz gibt es rund 3,5 Millionen Wohnungen. Rund 70 Prozent davon sind vermietet. In keinem anderen europäischen Land wohnen mehr Menschen in Mietwohnungen als in der Schweiz. In den Städten beträgt der Anteil der Mietenden sogar über 80 Prozent. Rund 50 Prozent aller Mietwohnungen stehen im Eigentum von Privatpersonen. Die institutionellen Anleger – Pensionskassen und Versicherungen – verfügen über 18 Prozent des Mietwohnungsangebots, die Bau- und Immobiliengesellschaften über 11 Prozent und die Genossenschaften über 6 Prozent. Der Rest entfällt auf weitere gemeinnützige Bauträger und auf die öffentliche Hand.
Während in den 1990er-Jahren die Produktion von Neuwohnungen drastisch sank, stieg die Leerwohnungsziffer kontinuierlich an und erreichte 1998 mit 1,85 Prozent den Höchststand. Seither ist die Tendenz wieder fallend. Am 1. Juni 2002 standen in der Schweiz nur noch 40 600 Wohnungen leer, was einer Leerwohnungsziffer von 1,13 Prozent entspricht. Damit herrscht ein derart knappes Angebot, dass der Markt nicht mehr funktioniert und die Gefahr von Missbrauch zulasten der Mieterinnen und Mieter wächst. Von einer eigentlichen Wohnungsnot betroffen sind die Agglomerationen Zürich und Zug sowie die Gegend rund um den Genfersee.

Die angespannte Situation auf dem Wohnungsmarkt ist begründet durch die massiv zurückgegangene Bautätigkeit einerseits und durch den erhöhten Raumbedarf der Bevölkerung (40 Quadratmeter pro Person) und das Bevölkerungswachstum anderseits. Eine wichtige Rolle spielt auch die neue Urbanität. Aktive Städte sind dank Wirtschaftskonjunktur, verbessertem Wohnumfeld und einem breiteren Kulturangebot als Wohnorte wieder attraktiver geworden und üben auf bestimmte Gruppen einen starken Sog aus.
Die Mieterinnen und Mieter gaben im Jahre 2001 rund 56 Milliarden Franken für das Wohnen (Mietzins, Nebenkosten und Energie) aus. Etwa die Hälfte aller Haushalte wenden zwischen 10 und 20 Prozent ihrer Gesamtausgaben für die Miete auf. 20 Prozent der Haushalte haben hingegen eine Mietzinsbelastung von 25 Prozent und mehr ihres Haushaltsbudgets zu tragen. Die Daten aus der Einkommens- und Verbrauchserhebung des Bundesamtes für Statistik von 1998 zeigen, dass die Wohnkosten der wichtigste sozialpolitische Faktor sind, der das Niveau der Armut bestimmt.

Literatur
Frohmut W. Gerheuser, *Mietbelastungen und Wohnverhältnisse. Ergebnisse der eidg. Verbrauchserhebung 1998*, Bundesamt für Wohnungswesen, Bern 2001.
Internet
www.mieterverband.ch
www.bwo.admin.ch
Verweise
Miete (Schutz der Mietenden) – Stadt/Land – Wohnbau- und Eigentumsförderung – Wohnungspolitik
Regula Mühlebach

Wohnhilfe
Wohnhilfe meint die Maßnahmen des Bundes zur Förderung von Bau und Renovation von Mietwohnungen sowie zur Förderung von Wohneigentum:
– Eine Bürgschaft für nachrangige Hypotheken, durch die der Bedarf an Eigenmitteln auf 10 Prozent und der Hypothekarzins auf jenen der erstrangigen Hypothek gesenkt wird.
– Eine »Grundverbilligung«, durch die der Anfangsmietzins um ungefähr 15 Prozent gesenkt werden kann. Der Vorschuss läuft nach und nach aus. Der kontrollierte Mietzins steigt an, sogar über das Niveau der Kosten, um den Anfangsvorschuss über eine Zeitspanne von 25 Jahren zurückzuzahlen, mit auf Marktzinsen basierenden Zinsen. Da die Grundverbilligung keine Subvention enthält, ist sie für jeden Bauherrn und jede Bauherrin zugänglich, die den Mietzinsplan akzeptieren und bei den Kosten eine Höchstgrenze, die nach Qualität der Wohnungen variieren kann, nicht überschreiten.

– Zusätzliche Vergünstigungen sind Subventionen ohne Rückerstattung, die den Mietern und Mieterinnen gewährt werden, wenn die Miete immer noch zu hoch ist. Die Bezügerinnen und Bezüger müssen gewisse Bedingungen bezüglich Einkommen und Vermögen oder persönlicher Verhältnisse erfüllen.

Es gibt außerdem noch einige Bestimmungen, die Bauvorhaben im öffentlichen Interesse begünstigen.

Verweise
Altersarmut – Armut – Wohnungspolitik
Philippe Thalmann

Wohnungspolitik

Wohnungspolitik umfasst alle Maßnahmen der öffentlichen Hand, die der optimalen Wohnungsversorgung der Bevölkerung dienen. Zu den wohnungspolitischen Kernanliegen gehören die Bereitstellung eines ausreichenden Wohnungsangebots, die Gewährleistung tragbarer Wohnkosten, der Schutz vor unfreiwilligem Wohnraumverlust und ungerechtfertigten Preiserhöhungen sowie die Verbesserung der inneren Wohnungsqualität und des Wohnumfelds.

Die Wohnungspolitik gehört zu den klassischen Feldern der Sozialpolitik, hat aber auch Schnittstellen u.a. mit der Wirtschafts-, Raumordnungs- und Umweltpolitik. Wohnungspolitische Aktivitäten gehen auf die »Wohnungsfrage« des 19. Jahrhunderts zurück: Im Zuge von Industrialisierung und Landflucht entstanden in den Städten menschenunwürdige Wohnverhältnisse, die zu einer politischen Debatte über das »richtige Wohnen« führten. Konkrete Gegenmaßnahmen gingen zuerst von privater Basis aus, allmählich übernahm aber auch die öffentliche Hand Verantwortung für das Wohnen. Bauvorschriften wurden mit »sozialhygienischen« Zielen und Mindeststandards ergänzt, Städte und später der Bund ergriffen erste Maßnahmen zur Wohnbauförderung, und seit 1911 sind die Rechte und Pflichten von Vermieter- und Mieterschaft Gegenstand des Obligationenrechts. Auch wenn die heutigen Wohnverhältnisse mit dem früheren Wohnelend wenig gemeinsam haben, sind staatliche Interventionen in den Wohnungsmarkt weiterhin nötig. Im Wohnbereich bestehen große soziale Disparitäten, Diskriminierungen beeinträchtigen den Marktzugang einzelner Gruppen, und die Wohnkosten können die Befriedigung anderer Grundbedürfnisse gefährden. Der Mieterschutz und die Wohnbauförderung – für beide besteht ein Verfassungsauftrag – sind die Hauptfelder der wohnungspolitischen Auseinandersetzung. Das Verhältnis von Mietenden und Vermietenden berührt mächtige Einzelinteressen, und Bestrebungen für Mietrechtsänderungen gehören zu den politischen Dauerbrennern. Aufgabe einer übergeordneten Wohnungspolitik ist es, in diesem fortwährenden Seilziehen zu vermitteln und für tragfähige Lösungen zu sorgen. Die Wohnbau- und Eigentumsförderung konzentriert sich heute weniger auf die allgemeine Ausweitung des Wohnungsangebots als auf die Unterstützung jener Personen und Haushalte, die ihr Grundbedürfnis Wohnen nicht aus eigenen Kräften befriedigen können. Kontrovers diskutiert wird vor allem die Frage, welches die dafür zweckmäßigsten Maßnahmen sind und welche politische Ebene dafür zuständig sein soll. Einen wichtigen Stellenwert haben in der jüngeren Diskussion auch Anliegen wie das Ressourcen sparende Bauen und Wohnen, die Wohnungsangebote für Personen und Haushalte mit spezifischen Bedürfnissen, die Vermittlung von Innovationen sowie die Ausweitung der rechtlichen und organisatorischen Handlungsspielräume. Ziel ist ein vielfältigeres Wohnungsangebot, das mit der zunehmenden Ausdifferenzierung von Bedürfnissen und Lebensstilen Schritt halten kann.

Literatur
Bundesamt für Wohnungswesen, *Wohnbau- und Eigentumsförderung – Wie weiter? Empfehlungen der Eidg. Wohnbaukommission zur künftigen Wohnungspolitik des Bundes*, Schriftenreihe Wohnungswesen, Band 67, Grenchen 1999; – Hartmut Häußermann, Walter Siebel, *Soziologie des Wohnens*, Juventa, München 1996.
Internet
www.bwo.admin.ch
Verweise
Bundesamt für Wohnungswesen – Ghettoisierung (Integration/Segregation) – Miete (Schutz der Mietenden) – Wohnbau- und Eigentumsförderung
Ernst Hauri

Working Poor

Working Poor sind Haushalte, die trotz Erwerbstätigkeit kein Einkommen erreichen, das über der Armutsgrenze liegt. Diese Umschreibung für erwerbstätige Arme, wie Working Poor im deutschsprachigen Raum genannt werden, enthält drei kritische Aspekte.

Der Begriff der Working Poor wird auf Haushalte und nicht auf einzelne Personen bezogen. Damit wird der Begriff gegenüber der Problematik der Niedriglohnempfängerinnen und -empfänger abgegrenzt.

Das Ausmaß der Erwerbstätigkeit wird nicht weiter spezifiziert. In der nationalen Armutsstudie von Leu et al. (1997) wird von einem Beschäftigungsgrad von 100 Prozent eines Haushaltsmitglieds ausgegangen. Damit lehnt man sich an das so genannte Ernährerlohnmodell an. In der Studie von Caritas Schweiz wird darum vorgeschlagen, von einem Beschäftigungsgrad von 100 Prozent für den gesamten Haushalt auszugehen, um dem Trend zur Teilzeitarbeit und der zunehmenden Erwerbstätigkeit der Frauen besser gerecht zu werden. Allerdings bleiben auch so Teilzeit erwerbstätige Alleinerziehende und all jene, die keiner vollumfänglichen Erwerbstätigkeit nachgehen können, unerfasst.

Die Höhe des Haushaltseinkommens wird mit einer Armutsgrenze verglichen. In allen Studien wird dabei auf die Richtlinien der Schweizerische Konferenz für Sozialhilfe verwiesen. Wenn das Haushaltseinkommen unter diese Beträge zu liegen kommt, können Unterstützungsleistungen der kantonalen Sozialhilfe beansprucht werden.

Der Begriff der Working Poor stammt aus dem angelsächsischen Raum. Dort wird er seit den 1960er-Jahren für Erwerbstätige in prekären Arbeitsverhältnissen verwendet. In den 80er-Jahren sprachen dann auch in der Schweiz erste kantonale Armutsstudien von den Working Poor, ohne dass dem viel Beachtung geschenkt worden wäre. Doch schon damals lebte der überwiegende Teil der armutsbetroffenen Menschen in der Schweiz in Working-Poor-Haushalten. Erst Ende der 90er-Jahre erkannte man dann die Brisanz der Thematik. Während dieser Jahre erlebte die Schweiz eine tiefe wirtschaftliche Krise, und die Zahl der Working Poor nahm in diesem Zeitraum deutlich zu. Arbeitsmarkt- und sozialpolitische Maßnahmen sollen das Ausmaß der Working Poor in der Schweiz reduzieren. Ein Minimallohn von 3000 Franken ist heute in den meisten Gesamtarbeitsverträgen festgeschrieben. In der sozialpolitischen Diskussion sind darüber hinaus steuerliche Entlastungen für Familien, erwerbsabhängige Ergänzungsleistungen für Familien, eine Erhöhung der Kinderzulagen und eine Ausweitung des Angebots für die familienergänzende Kinderbetreuung.

Literatur
Caritas Schweiz, *Trotz Einkommen kein Auskommen – working poor in der Schweiz*, Caritas, Luzern 1998; – Michael Gerfin, Robert E. Leu, Stephan Brun, Andreas Tschöpe, *Armut unter Erwerbstätigen in der Schweiz: Eine Beurteilung alternativer wirtschaftspolitischer Lösungsansätze*, Staatssekretariat für Wirtschaft seco, Bern 2002; – Robert E. Leu, Stefan Burri, Tom Priester, *Lebensqualität und Armut in der Schweiz*, Haupt, Bern 1997; – Elisa Streuli, Tobias Bauer, *Working Poor in der Schweiz. Gesamtbericht einer Untersuchung über Konzepte, Ausmass und Problemlagen aufgrund der Daten der Schweizerischen Arbeitskräfteerhebung*, Bundesamt für Statistik, Neuenburg 2002.
Internet
www.skos.ch
Verweise
Armutsgrenzen – Atypische Beschäftigungsformen – Prekarisierung – Richtlinien für die Ausgestaltung und Bemessung der Sozialhilfe (SKOS-Richtlinien)

Carlo Knöpfel

Zero Tolerance (Null-Toleranz)

Die Politik der Null-Toleranz (Zero Tolerance) verfolgt lückenlos Regelverletzungen im öffentlichen Raum. Dabei steht die Bestrafung der Kleinkriminalität und von Bagatelldelikten im Zentrum dieser Strategie. Trunkenheit, Ruhestörung, sittenwidriges Verhalten, Bettelei, Vandalismus (Graffiti), Drogenkriminalität usw. sollen sofort geahndet werden. Das Ziel ist, jene lokalen Bedingungen, die das soziale, geschäftliche und politische Leben beeinträchtigen, zu verbessern. Die Politik der Null-Toleranz nimmt an, dass die Bekämpfung harmloser Delikte schwerwiegendere Verbrechen verhindert. Sie erfordert die Vergrößerung des Polizeikorps, den Einsatz von computergestützten Erfassungssystemen und die Ausstattung der Polizeistreifen mit Bordcomputern.

Das Manhattan Institute (Wacquant 2000, 10), eine neoliberale Denkfabrik in New York, hat diese neue Strategie der Kriminalitätskontrolle entwickelt und populär gemacht. Westeuropäische politische Parteien verschiedener Ausrichtung greifen diese Politik auf und machen sie zu ihrem Wahlkampfthema. Dabei konzentrieren sie ihre Rhetorik auf bestimmte Tätergruppen (Jugendliche, Ausländer usw.). Politisch brisant ist die strafrechtliche Ergänzung des Rückzuges des Wohlfahrtsstaates und das Aufkommen eines Misstrauensverhältnisses zwischen der Polizei und bestimmten Randgruppen und Minderheiten (Afroamerikaner, Latinos, Native Americans in den USA; Ausländer oder Asylbewerber, Jugendliche in Europa).

Literatur
Helmut Ortner, Arno Pilgram, Heinz Steinert (Hrsg.), *Die Null-Lösung. Zero Tolerance-Politik in New York*, Nomos, Baden-Baden 1998; – Loïc Wacquant, *Elend hinter Gittern*, UVK/Raisons d'Agir, Konstanz 2000; – James Q. Wilson, George L. Kelling, »Polizei und Nachbarschaftssicherheit, Zerbrochene Fenster«, in: *Kriminologisches Journal*, 28/2, 1996, S. 121–137.
Verweise
Bürgerrechte – Sozialpolitik – Staat, strafender – Unterprivilegierung – Wohlfahrtsstaat

Ludwig Zurbriggen

Zielorientiertes Handeln

Zielorientiertes Handeln zur Bearbeitung von Mehrfachproblematiken (in der Sozialen Arbeit) kann verstanden werden als ein zirkulärer Prozess. Er beginnt mit der Erfassung und Einschätzung der Ausgangslage und der Bildung von Hypothesen zur weiteren Entwicklung der Situation. Die Situationen sind oft komplex, schlecht durchschaubar und damit uneindeutig. »Aus der prinzipiellen Uneindeutigkeit von (Handlungs-)Situationen erfolgt die prinzipielle Uneindeutigkeit methodischen Handelns in der Sozialarbeit«

(Possehl 1993). Die Handelnden erfassen die Situation subjektiv. In Kooperation mit den Klientinnen und Klienten, ihrem Umfeld und Fachpersonen wird eine intersubjektive Einschätzung der Situation entwickelt. Die Uneindeutigkeit methodischen Handelns und die Notwendigkeit, das Handeln verantworten zu können, erfordern bewusste und begründete Entscheide. Diese werden hergeleitet, indem überprüfbare, realistische und durch die Beteiligten akzeptierte Ziele bestimmt, Handlungsalternativen entwickelt und deren mögliche Folgen abgewogen werden. Die Durchführung wird in Kooperation mit den Klientinnen und Klienten und weiteren Akteuren geplant und umgesetzt. Die Wirkungen des Handelns werden laufend und abschließend überprüft. Nach erneuter Einschätzung wird entschieden, ob der Prozess weitergeführt, die Steuerung des Prozesses verändert oder die Zusammenarbeit abgeschlossen wird.

Literatur
Kurt Possehl, *Methoden der Sozialarbeit*, Peter Lang, Frankfurt am Main 1993.
Verweise
Soziale Arbeit

Yvonne Hofstetter Rogger

Zivildienst

Die Idee eines gemeinnützigen Arbeitsdienstes anstelle von Militärdienst wurde nach dem Ersten Weltkrieg vom Schweizer Pierre Cérésole propagiert und in freiwilligen Arbeitseinsätzen in verschiedenen Ländern erprobt. Die internationale Zivildienstbewegung (heute: Service civil international) engagierte sich dabei auch auf politischer Ebene für die Anerkennung der Militärdienstverweigerung.

Die Schweiz führte den Zivildienst – nach erfolglosen Anläufen durch Volksinitiativen 1977 und 1984 – als eines der letzten westlichen Länder in den 1990er-Jahren ein. Wer den Militärdienst mit seinem Gewissen nicht vereinbaren kann, muss zunächst seine Gründe schriftlich und vor einer Kommission darlegen (Gewissensprüfung). Der Dienst ist dann u.a. im Sozial- und Gesundheitswesen, in Umweltschutz, Landwirtschaft oder Entwicklungszusammenarbeit zu leisten. Dabei wird vorausgesetzt, dass der Dienst den regulären Arbeitsmarkt nicht konkurrenziert (Arbeitsmarktneutralität). In sozialrechtlicher Hinsicht sind Zivildienstleistende Militärdienstleistenden gleichgestellt (Erwerbsersatz usw.). Im Rahmen von Reformbestrebungen wird vorab der Ersatz der Gewissensprüfung durch den Tatbeweis (längere Dauer des Ersatzdienstes) gefordert.

Literatur
Bundesgesetz über den zivilen Ersatzdienst vom 6. Oktober 1995 (SR 824.0 – Zivildienstgesetz, ZDG); – Peter Hug, »Zivildienst«, in: Forum für praxisbezogene Friedensforschung (Hrsg.), *Handbuch Frieden Schweiz*, Z-Verlag, Basel 1986, S. 233–236; – Ruedi Winet, *Etwas Sinnvolles tun. Handbuch zum Zivildienst*, Limmat, Zürich 1998.
Internet
www.zivil-dienst.ch
www.zivildienst.ch
Verweise
Ergänzender Arbeitsmarkt – Erwerbsersatzordnung – Militärdienstverweigerer

Heinz Gabathuler

Zivilgesellschaft

Die Zivilgesellschaft zeichnet sich durch einen offenen Charakter und radikal säkularisierte Grundlagen der Politik aus. Konfliktbereitschaft und Konfliktfähigkeit sind wichtige Komponenten der *civil society*. Sie manifestieren sich in neuen Formen gesellschaftlicher Proteste und in divergenten sozialen Bewegungen, die ein hohes Maß an Autonomie gegenüber staatlichen Einrichtungen postulieren.

Die Zivilgesellschaft hat verschiedene Stränge. Ältere Staatstheorien thematisierten die Frage der *civil society* bereits im 17. Jahrhundert. John Locke leitete damals gesellschaftliche Institutionen und Integrationsformen aus den Bedürfnissen der Individuen ab. In der zweiten Hälfte des 20. Jahrhunderts engagierte sich im ehemaligen Ostblock die Bürgerrechtsbewegung dafür, die Zivilgesellschaft zu stärken. Soziale Bewegungen begannen sich während der 70er-Jahre auch in westlichen Industrieländern für den Schutz ziviler Einrichtungen einzusetzen.

Die Frage nach dem Rückzug des Staates beeinflusst die aktuelle Debatte über die Zivilgesellschaft. Die Reaktivierung des Zivilen soll dazu beitragen, gesellschaftliche Aufgaben neu zu verteilen und den sozialen Zusammenhalt (bzw. die Solidarität) zu festigen. Kommunitaristische Strömungen diskutieren, »wie wir eine Zivilgesellschaft wiederherstellen« können (Etzioni 1995, 3). Sie wollen die Bereitschaft fördern, mehr Freiwilligenarbeit zu leisten. Diese umfasst primär unentgeltliche Tätigkeiten zugunsten anderer. Sie versteht sich als gelebte Solidarität und zielt darauf ab, herkömmliche Leistungssysteme zu ergänzen und zu verbessern. Ohne Freiwilligenarbeit könnten moderne Gesellschaften kaum existieren.

Die Zivilgesellschaft setzt sich aus unzähligen Gruppen und Institutionen zusammen, die sich für Umweltschutz, Menschenrechte und andere soziale Anliegen engagieren. Sie steht in einer langen Tradition der Gemeinnützigkeit und geht zunächst von Einzelpersonen, Familien, sozialen Bewegungen, Genossenschaften, Gewerkschaften, politischen und kirchlichen Organisationen aus. Im Vordergrund stehen Aktivitäten außerhalb der Staats- und Marktsphäre als Praxisform gesellschaftlicher Selbstorganisation.

Die Unterscheidung von ziviler Gesellschaft und Staat gilt weithin als Kennzeichen der Moderne. Anthony Giddens (1997, 187) kritisiert diese Trennung. Seiner Auffassung nach ist »die Zivilgesellschaft nie bloß eine Reihe von Einrichtungen außerhalb des Staates gewesen«. Der Staat ist kein Selbstzweck. Er umfasst zahlreiche gesellschaftliche Institutionen und nimmt – auch über die Unterstützung ziviler Einrichtungen – Funktionen wahr, die von öffentlichem Interesse sind.

Die zivilgesellschaftlichen Einrichtungen sind ein wichtiges Instrument einer umfassenden demokratischen Bewegung. Sie machen Probleme sichtbar, ziehen Mächtige zur Verantwortung und weiten die öffentliche Entscheidungsfindung aus. Das gilt auch im weltweiten Kontext. Die globale Zivilgesellschaft ist ein Korrektiv zu wirtschaftlichen Konzentrationsprozessen. Sie konstituiert sich heute zunehmend als Koordination von Nonprofit-Organisationen und Nichtregierungsorganisationen, die eng mit politischen Zusammenschlüssen wie den Vereinten Nationen kooperieren.

Literatur
Amitai Etzioni, *Die Entdeckung des Gemeinwesens – Ansprüche, Verantwortlichkeiten und das Programm des Kommunitarismus*, Schäffer-Poeschel, Stuttgart 1995; – Anthony Giddens, *Jenseits von Links und Rechts*, Suhrkamp, Frankfurt am Main 1997; – Ueli Mäder, *Für eine solidarische Gesellschaft*, Rotpunktverlag, Zürich 1999; – Michael Walzer, *Zivile Gesellschaft und amerikanische Demokratie*, Rotbuch, Berlin 1992.
Verweise
Dritter Sektor/Nonprofit-Sektor/Gemeinnützigkeit – Kommunitarismus – Private Organisationen im Sozialbereich – Solidarität – Unbezahlte Arbeit/Freiwilligenarbeit/Ehrenamt

Ueli Mäder

Zwang in der Psychiatrie

Zwang in der Psychiatrie umfasst alle Maßnahmen, die von psychiatrischen Institutionen ohne oder gegen den Willen des Patienten oder der Patientin vollzogen werden. Dabei wird unterschieden zwischen der Zwangseinweisung in die psychiatrische Klinik und Zwangsmaßnahmen, die während des Klinikaufenthaltes durchgeführt werden.

In der Schweiz ist eine Zwangseinweisung möglich, wenn die Voraussetzungen einer fürsorgerischen Freiheitsentziehung im Sinne von Artikel 397a Zivilgesetzbuch (ZGB) erfüllt sind. Aufgrund dieser Gesetzesbestimmung darf »eine mündige oder entmündigte Person wegen Geisteskrankheit, Geistesschwäche, Trunksucht, anderen Suchtkrankheiten oder schwerer Verwahrlosung in einer geeigneten Anstalt untergebracht oder zurückbehalten werden, wenn ihr die nötige persönliche Fürsorge nicht anders erwiesen werden kann«. Die betroffene Person und die ihr nahe stehenden Personen haben Anspruch auf eine gerichtliche Beurteilung (Art. 397d).

Unter die Zwangsmaßnahmen fällt einerseits die unfreiwillige Behandlung durch Psychopharmaka, welche in der Regel mittels Zwangsinjektion erfolgt. Anderseits zählen auch Maßnahmen wie das Festbinden oder die Isolation des Patienten oder der Patientin dazu. Das kantonale Gesundheitsrecht regelt, ob und unter welchen Voraussetzungen Zwangsmaßnahmen zulässig sind.

Die ethische Rechtfertigung von Zwang in der Psychiatrie wird kontrovers diskutiert. Die klassische Psychiatrie begründet dessen Notwendigkeit mit der fehlenden Krankheitseinsicht von Patientinnen und Patienten; die aufgezwungene Therapie diene dazu, die durch die Krankheit eingeschränkte Entscheidungsfreiheit wiederherzustellen. Deshalb wird ein Recht der psychisch Kranken postuliert, die Hilfe der Psychiatrie nötigenfalls wider Willen zu bekommen. Demgegenüber kritisiert die antipsychiatrische Bewegung Gewalt und Zwang durch die Psychiatrie als Mittel zur Stabilisierung der bestehenden gesellschaftlichen Machtverhältnisse. Die Medizinalisierung abweichenden Verhaltens durch die Psychiatrie wird als Irrweg bezeichnet (vgl. Rufer 1997). Eine empirische Studie zeigt, dass Zwangseinweisungen in einem erheblichen Maß vermeidbar wären, wenn genügend Betreuungsangebote außerhalb der Klinik zur Verfügung stünden (Borghi, 1991, 103 ff.).

Literatur
Marco Borghi, *Évaluation de l'efficacité de la législation sur la privation de liberté à des fins d'assistance*, Pro Mente Sana, Agno 1991; – Asmus Finzen, Hans-Joachim Haug, Adrienne Beck et al., *Hilfe wider Willen*, Psychiatrie-Verlag, Bonn 1993; – Marc Rufer, *Irrsinn Psychiatrie*, Zytglogge, Gümligen 1997.
Internet
www.promentesana.ch
www.psychex.ch
Verweise
Alkoholismus – Psychiatrie – Sozialpsychiatrie – Spitex – Zwangssterilisation

Jürg Gassmann

Zwangssparen

Das Zwangssparen entsteht als Folge von Maßnahmen, welche die staatlichen Behörden oder eine Gruppe von Personen durch Gesetze oder Kollektivverträge durchsetzt, um ein System der sozialen Solidarität und Vorsorge zu errichten. In der Schweiz nimmt es die Form von obligatorischen Ersparnissen für die Altersvorsorge an und umfasst im Wesentlichen die Beiträge an die Erste

Säule (AHV) und an die Zweite Säule (berufliche Vorsorge).

Das Zwangssparen unterscheidet sich vom freiwilligen Sparen, das aus einer freien Entscheidung hervorgeht und verschiedene Formen annehmen kann (Bankguthaben, Wertschriften, Lebensversicherungen usw.) sowie vom gebundenen Sparen oder der gebundenen Vorsorge (Säule 3 A), welche mit Versicherungsinstituten abgeschlossene Vorsorgeverträge oder bei Bankstiftungen unterzeichnete Vorsorgevereinbarungen umfasst.

Verweise
AHV/IV – Berufliche Vorsorge

Marie-Luce Délez

Zwangssterilisation

Sterilisation ist eine empfängnisverhütende Maßnahme, bei der die Samenleiter bzw. die Eileiter operativ durchgetrennt werden. Sie führt praktisch immer zu einer endgültigen Unfruchtbarkeit. Im Unterschied zur Kastration bleibt die Produktion von Geschlechtshormonen jedoch unverändert. Die freiwillige Sterilisation bei urteilsfähigen Menschen wird heute kaum mehr in Frage gestellt.

Im letzten Jahrhundert wurden nicht nur in Nazi-Deutschland zahlreiche geistig Behinderte, Fahrende und Angehörige von sozialen Randgruppen aus rassenhygienischen (eugenischen) Motiven zwangssterilisiert. Pionier in Europa war der Schweizer Psychiater Auguste Forel, geistiger Vater des Gesetzes zur Verhütung erbkranken Nachwuchses in Nazi-Deutschland (1934) war der St. Galler Ernst Rüdin. Das von Forel und Rüdin propagierte eugenische Paradigma wurde vor dem Zweiten Weltkrieg zu einem unbestrittenen Teil der psychiatrischen Praxis. Aber auch nach 1945, als das eugenische Dogma an Boden verloren hatte, wurden in psychiatrischen Klinken weiterhin ohne gesetzliche Grundlagen Zwangssterilisationen angeordnet.

1978 begann in der Schweiz eine breite öffentliche Debatte, die 1981 zum Erlass von Richtlinien der schweizerischen Akademie der medizinischen Wissenschaften führte. Die letzte öffentlich bekannte Zwangskastration wurde 1987 vorgenommen. Wie viele Menschen ohne ihre Zustimmung sterilisiert worden sind, ist unbekannt. Meist waren Frauen betroffen. Es wird angenommen, dass in der Schweiz jede zweite geistig behinderte Frau sterilisiert ist. Heute gilt die Zustimmung zu einer Sterilisation als Ausübung eines höchst persönlichen Rechts. Höchst persönliche Rechte können nur selbst ausgeübt werden, die Vertretung durch einen gesetzlichen Vertreter (Vormund, Inhaber der elterlichen Sorge) ist ausgeschlossen. Deshalb kann bei nicht urteilsfähigen Menschen nie von einer gültigen Zustimmung zur Sterilisation ausgegangen werden.

Verweise
Behinderung, geistige – Psychiatrie – Zwang in der Psychiatrie

Alex Schwank

Zweiklassenmedizin

Zwei- oder Mehrklassenmedizin bedeutet, dass sich die Qualität der Gesundheitsversorgung je nach finanzieller Situation oder sozialem Status eines Menschen unterscheidet. In der Vergangenheit war eine Mehrklassenmedizin während Jahrhunderten bittere Realität. Und in vielen Teilen der Erde ist sie es heute noch. In der Schweiz und den anderen westeuropäischen Ländern besteht heute hingegen der politische Anspruch, keine Mehrklassenmedizin zu dulden. So steht in der schweizerischen Bundesverfassung (Art. 41 Abs. 1b): »Bund und Kantone setzen sich in Ergänzung zu persönlicher Verantwortung und privater Initiative dafür ein, dass jede Person die für ihre Gesundheit notwendige Pflege erhält.«

Natürlich hat die soziale Lage eines Menschen auch hierzulande Auswirkungen auf seine Gesundheit. Etwas vereinfacht lässt sich sagen: je ärmer, desto kränker. Die Gesundheitsversorgung ist in der Schweiz hingegen recht gut organisiert. Die gesamte Bevölkerung gehört einer obligatorischen Krankenversicherung an, die für eine vollwertige Behandlung aufkommt. Die Spitäler kennen zwar drei Klassen, wovon zwei mit der obligatorischen Krankenversicherung allein nicht zugänglich sind. Die drei Spitalklassen unterscheiden sich jedoch im Wesentlichen nur hinsichtlich des Komforts. Die Qualität der medizinischen Versorgung ist auf allen Klassen grundsätzlich gleich. Somit haben wir in der Schweiz zwar eine Mehrklassenmedizin hinsichtlich des Komforts, nicht aber in Bezug auf die Heilungs- und Überlebenschancen. Daran ändert auch die Tatsache nichts, dass gewisse Privatkliniken nur mit einer speziellen Zusatzversicherung zugänglich sind. Die größte medizinische Fachkompetenz ist nach wie vor in den öffentlichen Spitälern anzutreffen, die allen offen stehen.

Literatur
Ueli Mäder, *Für eine solidarische Gesellschaft*, Rotpunktverlag, Zürich 1999; – Ruedi Spöndlin, »Gibt es in der Schweiz eine Zweiklassenmedizin?«, in: Caritas, *Sozialalmanach 2000*, Caritas, Luzern, 2000, S. 133 ff.; – Markus D. Zürcher, »Gibt es ein Anrecht auf maximale Versorgung?«, in: *Soziale Medizin*, Nr. 1, 2000; S. 41–43.
Verweise
Ethik – Gesundheitsversorgung (soziale Ungleichheit in der) – Grundversicherung (der Krankenversicherung) – Rationierung – Risikoselektion

Ruedi Spöndlin

Auswahlbibliografie

1. Sozialpolitik (allgemeine Literatur, Sozialgeschichte)

Alessandra Bosco, Martin Hutsebaut (Hrsg.), *Sozialer Schutz in Europa, Veränderungen und Herausforderungen*, Schüren, Marburg 1998.
Bureau international du travail (BIT), *La sécurité sociale à l'horizon 2000*, BIT, Genève 1984.
Danielle Bütschi, Sandro Cattacin, *Le modèle suisse du bien-être*, Réalités sociales, Lausanne 1994.
Erwin Carigiet, *Gesellschaftliche Solidarität. Prinzipien, Perspektiven und Weiterentwicklung der sozialen Sicherheit*, Helbing & Lichtenhahn, Basel 2001.
Erwin Carigiet, Jean-Pierre Fragnière (Hrsg.), *Hat das Drei-Säulen-Konzept eine Zukunft? – Le concept des trois piliers a-t-il un avenir?*, Réalités sociales, Lausanne 2001.
Robert Castel, *Die Metamorphosen der sozialen Frage. Eine Chronik der Lohnarbeit*, UVK, Konstanz 2000.
Marie-Dominique Chenu, *Kirchliche Soziallehre im Wandel. Das Ringen der Kirche um das Verständnis der gesellschaftlichen Wirklichkeit*, Exodus, Freiburg/Luzern 1991.
Gösta Esping-Andersen, *The Three Worlds of Welfare Capitalism*, Polity, Cambridge 1990.
Adalbert Evers, Thomas Olk (Hrsg.), *Wohlfahrtspluralismus. Vom Wohlfahrtsstaat zur Wohlfahrtsgesellschaft*, Westdeutscher Verlag, Opladen 1996.
Jean-Pierre Fragnière, *Politiques sociales en Suisse. Enjeux et débats*, Réalités sociales, Lausanne 1998.
Jean-Pierre Fragnière (Hrsg.), *Repenser la sécurité sociale*, Réalités sociales, Lausanne 1995.
Peter Füglistaler-Wasmer, Maurice Pedergnana-Fehr, *Vision einer sozialen Schweiz. Zum Umbau der Sozialpolitik*, Haupt, Bern 1996.
Heiner Ganssmann, *Politische Ökonomie des Sozialstaates*, Westfälisches Dampfboot, Münster 2000.
Pierre Gilliand, Stéphane Rossini, *La protection sociale en Suisse. Recettes et dépenses 1948–1997*, Réalités sociales, Lausanne 1997.
Pierre-Yves Greber (Hrsg.), *La sécurité sociale en Europe à l'aube du XXIe siècle. Mutations, nouvelles voies, réformes du financement*, Helbing & Lichtenhahn, Basel 1996.
Rolf G. Heinze, Josef Schmid, Christoph Strünck, *Vom Wohlfahrtsstaat zum Wettbewerbsstaat. Arbeitsmarkt- und Sozialpolitik in den 90er Jahren*, Leske + Budrich, Opladen 1999.
Manfred Hettling, Mario König et al., *Eine kleine Geschichte der Schweiz*, Suhrkamp, Frankfurt am Main 1998.
Hasso Hofmann, *Die Entdeckung der Menschenrechte. Zum 50. Jahrestag der Allgemeinen Menschenrechtserklärung vom 10. Dezember 1948*, Walter de Gruyter, Berlin/New York 1999.
Justitia et Pax, *Die Zukunft der sozialen Sicherheit*, Institut für Sozialethik, Zürich 1997.
Peter A. Köhler, Hans F. Zacher (Hrsg.), *Ein Jahrhundert Sozialversicherung in der Bundesrepublik Deutschland, Frankreich, Großbritannien, Österreich und der Schweiz*, Schriftenreihe für Internationales und Vergleichendes Sozialrecht, Band 6, Duncker & Humblot, Berlin 1981.
Stephan Leibfried, Paul Pierson (Hrsg.), *Standort Europa. Sozialpolitik zwischen Nationalstaat und Europäischer Union*, Suhrkamp, Frankfurt am Main 1998.
Ueli Mäder, *Für eine solidarische Gesellschaft. Was tun gegen Armut, Arbeitslosigkeit, Ausgrenzung?*, Rotpunktverlag, Zürich 1999.
Ulrich Meyer-Blaser, Thomas Gächter, »Der Sozialstaatsgedanke«, in: Daniel Thürer, Jean-François Aubert, Jörg Paul Müller (Hrsg.), *Verfassungsrecht der Schweiz*, Schulthess, Zürich 2001, S. 549–563.
Silvano Möckli, *Der schweizerische Sozialstaat. Sozialgeschichte, Sozialphilosophie, Sozialpolitik*, Haupt, Bern 1988.
Herbert Obinger, *Politische Institutionen und Sozialpolitik der Schweiz. Der Einfluss von Nebenregierungen auf Struktur und Entwicklungsdynamik des schweizerischen Sozialstaats*, Lang, Frankfurt am Main/Berlin/Bern/New York/Paris/Wien 1998.
Guy Perrin, *Sécurité sociale*, Réalités sociales, Lausanne 1993.
Rudolf Rechsteiner, *Sozialstaat Schweiz am Ende?*, Unionsverlag, Zürich 1998.
Heiner Ritzmann, *Gesamtrechnung der Sozialen Sicherheit: Resultate für 1999. Schätzungen für 2000. Entwicklung seit 1990*, Bundesamt für Statistik, Neuenburg 2002.
Martino Rossi, Elena Sartoris, *Solidarität neu denken. Wirtschaftliche Veränderungen, Krise der sozialen Sicherheit und Reformmodelle*, Seismo, Zürich 1996.

Franz Ruland, Bernd Baron von Maydell, Hans-Jürgen Papier (Hrsg.), *Verfassung und Theorie und Praxis des Sozialstaats. Festschrift für Hans F. Zacher zum 70. Geburtstag*, Müller, Heidelberg 1998.
Amartya Sen, *Ökonomie für den Menschen. Wege zu Gerechtigkeit und Solidarität in der Marktwirtschaft*, Hanser, München/Wien 2000.
Brigitte Studer, »Soziale Sicherheit für alle? Das Projekt Sozialstaat«, in: dies. (Hrsg.), *Etappen des Bundesstaates. Staats- und Nationsbildung der Schweiz, 1848–1998*, Chronos, Zürich 1998, S. 159–186.
Brigitte Studer, François Valloton (Hrsg.), *Sozialgeschichte und Arbeiterbewegung 1848–1998*, Éditions d'en bas/Chronos, Lausanne/Zürich 1997.
Christian Suter (Hrsg.), *Sozialbericht 2000*, Seismo, Zürich 2000.
Albert Tanner, *Arbeitsame Patrioten – wohlanständige Damen. Bürgertum und Bürgerlichkeit in der Schweiz 1830–1914*, Orell Füssli, Zürich 1995.
Hans Peter Tschudi, *Sozialstaat, Arbeits- und Sozialversicherungsrecht*, Schulthess, Zürich 1996.
Antonin Wagner, *Teilen statt umverteilen. Sozialpolitik im kommunitaristischen Wohlfahrtsstaat*, Haupt, Bern 1999.

2. Soziologische Grundbegriffe

Ulrich von Aleman et al. (Hrsg.), *Bürgergesellschaft und Gemeinwohl. Analyse, Diskussion, Praxis*, Leske + Budrich, Opladen 1999.
Kurt Bayertz (Hrsg.), *Solidarität. Begriff und Problem*, Suhrkamp, Frankfurt am Main 1998.
Ulrich Brand, Werner Raza (Hrsg.), *Fit für den Postfordismus? Theoretisch-politische Perspektiven des Regulationsansatzes*, Westfälisches Dampfboot, Münster 2002.
Pierre Bourdieu, *Sozialer Raum und »Klassen«*, Suhrkamp, Frankfurt am Main 1985.
Erving Goffman, *Stigma. Über Techniken der Bewältigung beschädigter Identität*, Suhrkamp, Frankfurt am Main 1967.
Michael Haller, Felix Davatz, Matthias Peters, *Massenmedien, Alltagskultur und Partizipation. Zum Informationsgeschehen in städtischen Gesellschaften*, Helbing & Lichtenhahn, Basel 1995.
Hartmut Häußermann, Walter Siebel, *Dienstleistungsgesellschaften*, Suhrkamp, Frankfurt am Main 1998.
Wilhelm Heitmeyer (Hrsg.), *Was hält die Gesellschaft zusammen?*, Suhrkamp, Frankfurt am Main 1997.
IG Metall (Hrsg.), *Was ist soziale Gerechtigkeit? Eine Einführung*, IG Metall, Schwalbach 2002.
Alfred Kieser (Hrsg.), *Organisationstheorien*, Kohlhammer, Stuttgart 1999.
René Levy, *Die schweizerische Sozialstruktur*, Pro Helvetia, Zürich 1997.
René Levy et al., *Alle gleich? Soziale Schichtung, Verhalten und Wahrnehmung*, Seismo, Zürich 1998.
Ueli Mäder, *Subsidiarität und Solidarität*, Lang, Bern 2000.
Thomas H. Marshall, *Bürgerrechte und soziale Klassen*, Campus, Frankfurt am Main/New York 1992.
Herfried Münkler, Karsten Fischer (Hrsg.), *Gemeinwohl und Gemeinsinn. Rhetoriken und Perspektiven sozial-moralischer Orientierung*, Akademischer Verlag, Berlin 2002.
Richard Sennett, *Der flexible Mensch. Die Kultur des neuen Kapitalismus*, Berlin Verlag, Berlin 1998.
Paul Watzlawick, Janet H. Beavin, Don D. Jackson, *Menschliche Kommunikation: Formen, Störungen, Paradoxien*, Huber, Bern 2000.
Max Weber, *Wirtschaft und Gesellschaft*, Mohr, Tübingen 2002.

3. Sozialrecht, Sozialversicherungen

Kathrin Amstutz, *Das Grundrecht auf Existenzsicherung*, Stämpfli, Bern 2002.
Andreas Auer, Giorgio Malinverni, Michel Hottelier, *Droit constitutionnel suisse*, Band 1: *L'État*, Stämpfli, Bern 2000.
Katerina Baumann, Margareta Lauterburg, *Knappes Geld – ungleich verteilt*, Helbing & Lichtenhahn, Basel 2001.
Helmar Bley, *Grundbegriffe des Sozialrechts*, Nomos, Baden-Baden 1988.
Gertrud E. Bollier, *Leitfaden schweizerische Sozialversicherung*, Stutz, Wädenswil 2001.
Gertrud E. Bollier, *Soziale Sicherheit in der Schweiz. Entstehung, Struktur, Finanzierung und Perspektiven*, Verlag Personalvorsorge und Sozialversicherung, Luzern 1999.
Silvia Bucher, *Soziale Sicherheit, beitragsunabhängige Sonderleistungen und soziale Vergünstigungen*, Universitätsverlag, Freiburg 2000.
Bundesamt für Militärversicherung (BAMV), *Leitfaden durch die Militärversicherung*, BAMV, Bern 2001.
Erwin Carigiet, *Ergänzungsleistungen zur AHV/IV*, Schulthess, Zürich 1995.
Erwin Carigiet, Uwe Koch, *Ergänzungsleistungen zur AHV/IV*, Ergänzungsband, Zürich 2000.

Bernd Casmir, *Staatliche Rentensysteme im internationalen Vergleich. Eine Studie über die Systeme in Großbritannien, den Niederlanden, der Schweiz, den Vereinigten Staaten von Amerika, Österreich und der Bundesrepublik Deutschland*, Campus, Frankfurt am Main/New York 1989.
Europarat (Hrsg.), *Die Europäische Sozialcharta: ein Leitfaden*, Springer, Berlin 2002.
Pierre-Yves Greber, *Les principes fondamentaux du droit international et du droit suisse de la sécurité sociale*, Réalités sociales, Lausanne 1984.
Ulrich Häfelin, Walter Haller, *Schweizerisches Bundesstaatsrecht*, Schulthess, Zürich 2001.
Ulrich Häfelin, Walter Haller, *Grundriss des Allgemeinen Verwaltungsrechts*, Schulthess, Zürich 1998.
Carl Helbling, *Personalvorsorge und BVG*, Haupt, Bern 2000.
Ueli Kieser, *ATSG-Kommentar*, Schulthess, Zürich 2003.
Ueli Kieser, *Das Verwaltungsverfahren in der Sozialversicherung*, Schulthess, Zürich 1999.
Ueli Kieser, Gabriela Riemer-Kafka, *Tafeln zum schweizerischen Sozialversicherungsrecht*, Schulthess, Zürich 1998.
Moritz W. Kuhn, R. Luka Müller-Studer, Martin K. Eckert, *Privatversicherungsrecht*, Schulthess, Zürich 2002.
Thomas Locher, *Grundriss des Sozialversicherungsrechts*, Stämpfli, Bern 1997.
Alfred Maurer, *Das neue Krankenversicherungsrecht*, Helbing & Lichtenhahn, Basel 1996.
Alfred Maurer, *Bundessozialversicherungsrecht*, Helbing & Lichtenhahn, Basel 1994.
Alfred Maurer, *Schweizerisches Sozialversicherungsrecht*, Band I: *Allgemeiner Teil*, Stämpfli, Bern 1983.
Ulrich Meyer-Blaser (Hrsg.), *Schweizerisches Bundesverwaltungsrecht*, Band *Soziale Sicherheit*, Helbing & Lichtenhahn, Basel 1998.
Hans-Jakob Mosimann, *Aktuelles im Sozialversicherungsrecht*, Schulthess, Zürich 2001.
Jörg Paul Müller, *Grundrechte in der Schweiz im Rahmen der Bundesverfassung von 1999, der UNO-Pakte und der EMRK*, Stämpfli, Bern 1999.
Jörg Paul Müller, *Soziale Grundrechte in der Verfassung?*, Helbing & Lichtenhahn, Basel 1981.
Erwin Murer, Hans-Ulrich Stauffer (Hrsg.), *Rechtsprechung des Bundesgerichts zum Sozialversicherungsrecht: Bundesgesetz über die Alters- und Hinterlassenenversicherung* (Bearbeitung: Ueli Kieser), Schulthess, Zürich 1996.
Alexandra Rumo-Jungo, *Haftpflicht und Sozialversicherung*, Universitätsverlag, Freiburg 1998.
Hansjörg Seiler, *Einführung in das Recht*, Schulthess, Zürich 2000.
Hans Peter Tschudi, *Entstehung und Entwicklung der schweizerischen Sozialversicherungen*, Helbing & Lichtenhahn, Basel 1989.
Dieter Widmer, *Die Sozialversicherung in der Schweiz*, Schulthess, Zürich 2001.
Hans F. Zacher, *Abhandlungen zum Sozialrecht*, Müller Juristischer Verlag, Heidelberg 1993.

4. Sozialhilfe

Bundesamt für Sozialversicherung (BSV), *Bekämpfung sozialer Ausgrenzung. Sozialhilfe in Kanada und in der Schweiz. Bericht der OECD*, Beiträge zur sozialen Sicherheit, Band 3, BSV, Bern 1999.
Caritas (Hrsg.), *Sozialalmanach. Existenzsicherung in der Schweiz*, Caritas, Luzern 1999.
Pascal Coullery, *Das Recht auf Sozialhilfe*, Haupt, Bern 1993.
Robert Fluder, Jürgen Stremlow, *Armut und Bedürftigkeit. Herausforderungen für das kommunale Sozialwesen*, Haupt, Bern 1999.
Helvetio Gropetti, Caroline Regamey, *Minimum pour vivre. Étude de diverses normes*, La Passerelle, Lausanne 1999.
Carlo Knöpfel, »Interinstitutionelle Zusammenarbeit in der Sozialpolitik«, in: *Soziale Sicherheit*, Nr. 4, 2002.
Anna Locher, Carlo Knöpfel, *Sozialhilfe – eine konzentrierte Aktion? Die institutionelle Zusammenarbeit im Spannungsfeld von Sozialbereich und Arbeitsmarkt*, Caritas, Luzern 2000.
Schweizerische Konferenz für Sozialhilfe (SKOS) (Hrsg.), *Richtlinien für die Ausgestaltung und Bemessung der Sozialhilfe*, SKOS, Bern 2000.
Verein Schuldensanierung Bern (VSB), *Schulden – was tun?*, VSB, Köniz 1995.
Felix Wolffers, *Grundriss des Sozialhilferechts. Eine Einführung in die Fürsorgegesetzgebung von Bund und Kantonen*, Haupt, Bern 1993.
Kurt Wyss, »Sozialhilfe – eine tragende Säule der sozialen Sicherheit? Ein Überblick über die in der Schweiz ausgerichteten bedarfsabhängigen Sozialleistungen«, in: *info:social, Fakten zur Sozialen Sicherheit*, Nr. 1, August 1999.

Kurt Wyss, *Massnahmen zur sozialen und beruflichen Integration von Langzeitarbeitslosen bzw. Sozialhilfeempfängerlnnen*, Schweizerische Konferenz für Sozialhilfe, Bern 1997.

Kurt Wyss, Caroline Knupfer, *Existenzsicherung im Föderalismus der Schweiz. Schlussbericht*, Schweizerische Konferenz für Sozialhilfe, Bern 2003.

5. Soziale Arbeit

Matthias Drilling, *Schulsozialarbeit. Antworten auf veränderte Lebenswelten*, Haupt, Bern 2001.

Ernst Engelke, *Theorien Sozialer Arbeit*, Lambertus, Freiburg i.Br. 1998.

Hanns Eyferth, Hans-Uwe Otto, Hans Thiersch (Hrsg.), *Handbuch zur Sozialarbeit/Sozialpädagogik*, Luchterhand, Neuwied/Darmstadt 1984.

Martin Härter, Uwe Koch, *Psychosoziale Dienste im Krankenhaus*, Verlag für angewandte Psychologie, Göttingen 2000.

Wolfgang Hinte, Maria Lüttringhaus, Dieter Oelschlägel, *Grundlagen und Standards der Gemeinwesenarbeit*, Votum, Münster 2001.

Erwin Jordan, Dieter Sengling, *Jugendhilfe. Einführung in Geschichte und Handlungsfelder, Organisationsformen und gesellschaftliche Problemlagen*, Juventa, Weinheim 1988.

Dieter Kreft, Ingrid Mielenz (Hrsg.), *Wörterbuch Soziale Arbeit. Aufgaben, Praxisfelder, Begriffe und Methoden der Sozialarbeit und Sozialpädagogik*, Beltz, Weinheim/Basel 1996.

Anton Laireiter (Hrsg.), *Soziales Netzwerk und soziale Unterstützung. Konzepte, Methoden und Befunde*, Huber, Bern 1993.

Thomas Mächler, *Selbsthilfe wirtschaftlich Schwacher*, Haupt, Bern 1994.

Tilly Miller, *Systemtheorie und Soziale Arbeit. Entwurf einer Handlungstheorie*, Lucius & Lucius, Stuttgart 2001.

Tilly Miller, Sabine Pankofer (Hrsg.), *Empowerment konkret. Handlungsentwürfe aus der psychosozialen Praxis*, Lucius & Lucius, Stuttgart 2000.

Heinz Moser, Emanuel Müller et al. (Hrsg.), *Soziokulturelle Animation*, Verlag für Soziales und Kulturelles, Luzern 1999.

Tan Ngoh-Tiong, Envall Elis (Hrsg.), *Social Work Around the World*, International Federation of Social Workers, Bern 2000.

Hans Pfaffenberger, Albert Scherr, Richard Sorg (Hrsg.), *Von der Wissenschaft des Sozialwesens*, Neuer Hochschulschriftenverlag, Rostock 2000.

Kurt Possehl, *Methoden der Sozialarbeit*, Peter Lang, Frankfurt am Main 1993.

Silvia Staub-Bernasconi, *Systemtheorie, soziale Probleme und Soziale Arbeit*, Haupt, Bern 1995.

Hans Thiersch, *Lebensweltorientierte soziale Arbeit: Aufgaben der Praxis im sozialen Wandel*, Juventa, Weinheim 1992.

Werner Thole (Hrsg.), *Grundriss Sozialer Arbeit*, Leske + Budrich, Opladen 2002.

Vreni Vogelsanger, *Selbsthilfegruppen brauchen ein Netz. Selbsthilfegruppen und ihre Kontaktstellen in der Schweiz und im Fürstentum Liechtenstein*, Seismo, Zürich 1995.

Wolf Rainer Wendt, *Case Management im Sozial- und Gesundheitswesen*, Lambertus, Freiburg i.Br. 1999.

6. Sozialforschung

Peter Atteslander, *Methoden der empirischen Sozialforschung*, de Gruyter, Berlin 1995.

Raymond Bauer (Hrsg.), *Social Indicators*, MIT Press, Cambridge/London 1966.

Jürgen Bortz, *Statistik für Sozialwissenschaftler*, Springer, Berlin 1999.

Brigitte Buhmann, *Einführung in die Arbeitsmarktstatistik*, Bundesamt für Statistik, Neuenburg 1999.

Bundesamt für Statistik (BFS), *Die Schweizerische Arbeitskräfteerhebung. Kommentierte Ergebnisse und Tabellen*, BFS, Neuenburg (erscheint jährlich).

Thomas Busset, *Zur Geschichte der eidgenössischen Volkszählung*, Bundesamt für Statistik, Bern 1993.

Alan Clarke, *Evaluation Research. An Introduction to Principles, Methods and Practice*, Sage, London 1999.

Andreas Diekmann, *Empirische Sozialforschung. Grundlagen, Methoden, Anwendungen*, Rowohlt, Reinbek bei Hamburg 2002.

Antoine Fleury, Frédéric Joye, *Die Anfänge der Forschungspolitik in der Schweiz. Gründungsgeschichte des Schweizerischen Nationalfonds zur Förderung der wissenschaftlichen Forschung 1934–1952*, Hier und Jetzt, Baden 2002.

Jürgen Friedrichs, *Methoden empirischer Sozialforschung*, Leske + Budrich, Opladen 1990.

Alexis Gabadinho, *Mikrozensus Familie in der Schweiz 1994/95*, Bundesamt für Statistik, Bern 1998.
Spartaco Greppi, Heiner Ritzmann, *Gesamtrechnung der Sozialen Sicherheit: Methoden und Konzepte*, Bundesamt für Statistik, Neuenburg 2002.
Roland Habich, Heinz-Herbert Noll, Wolfgang Zapf, *Soziale Indikatoren und Sozialberichterstattung. Internationale Erfahrungen und gegenwärtiger Forschungsstand*, Bundesamt für Statistik, Bern 1994.
Maja Heiner (Hrsg.), *Praxisforschung in der Sozialen Arbeit*, Lambertus, Freiburg i.Br. 1988.
Morton Hunt, *Die Praxis der Sozialforschung*, Campus, Frankfurt am Main 1991.
K. Jill Kiecolt, Laura E. Nathan, *Secondary Analysis of Survey Data*, Sage, Newbury Park 1998.
Helmut Kromey, *Empirische Sozialforschung*, Leske + Budrich, Opladen 1991.
Siegfried Lamnek, *Qualitative Sozialforschung*, Band 2: *Methoden und Techniken*, Psychologie Verlags Union, München 1989.
Bernd Leiner, *Grundlagen der Zeitreihenanalyse*, Oldenbourg, München 1998.
Heinz Moser, *Grundlagen der Praxisforschung*, Lambertus, Freiburg i.Br. 1995.
Rainer Schnell, Paul B. Hill, Elke Esser, *Methoden der empirischen Sozialforschung*, Oldenbourg, München 1999.
Peter Sommerfeld, »Forschung und Entwicklung als Schnittstelle zwischen Disziplin und Profession«, in: Hans-Günther Homfeldt, Jörgen Schulze-Krüdener (Hrsg.), *Wissen und Nichtwissen. Herausforderungen für Soziale Arbeit in der Wissensgesellschaft*, Juventa, Weinheim 2000, S. 221–236.
Rüdiger Spiegelberg, Marina Lewkowicz (Hrsg.), *Sozialplanung in der Praxis*, Westdeutscher Verlag, Opladen 1984.
Werner Ulrich, *Critical Heuristics of Social Planning*, Wiley, Chichester/New York 1994.
United Nations, *Handbook on Social Indicators*, UNO, New York 1989.
Carol H. Weiss, *Evaluation*, Upper Saddle River, Prentice Hall 1998.

7. Wirtschaftspolitik

Elmar Altvater, Birgit Mahnkopf, *Grenzen der Globalisierung. Ökonomie, Ökologie und Politik in der Weltgesellschaft*, Westfälisches Dampfboot, Münster 1997.
Ernst Blumenstein, Peter Locher, *System des Steuerrechts*, Schulthess, Zürich 1995.
Bruno S. Frey, Gebhard Kirchgässner, *Demokratische Wirtschaftspolitik*, Vahlen, München 2002.
René L. Frey, *Wirtschaft, Staat und Wohlfahrt. Eine Einführung in die Nationalökonomie*, Helbing & Lichtenhahn, Basel 2002.
Dieter Grimm, *Staatsaufgaben*, Suhrkamp, Frankfurt am Main 1996.
Klaus D. Henke, Horst Zimmermann, *Finanzwissenschaft. Eine Einführung in die Lehre von der öffentlichen Finanzwirtschaft*, Vahlen, München 1994.
Albert Hofmeister, Ernst Buschor (Hrsg.), *Verwaltungsreformen in der Schweiz – eine Zwischenbilanz*, Schriftenreihe der Schweizerischen Gesellschaft für Verwaltungswissenschaften (SGVW), Band 39, Bern 1999.
Jörg Huffschmid, *Politische Ökonomie der Finanzmärkte*, VSA, Hamburg 2002.
Achim Kemmerling, *Die Messung des Sozialstaats. Beschäftigungspolitische Unterschiede zwischen Brutto- und Nettosozialleistungsquote*, Wissenschaftszentrum Berlin für Sozialforschung, Discussion Paper FS I 01–201, Berlin 2001.
Johann Günther König, *Alle Macht den Konzernen: Das neue Europa im Griff der Lobbyisten*, Rowohlt, Reinbek bei Hamburg 1999.
Gregory N. Mankiv, *Grundzüge der Volkswirtschaftslehre*, Schäffer-Poeschel, Stuttgart 2001.
Alessandro Pelizzari, *Die Ökonomisierung des Politischen*, UVK/Raisons d'Agir, Konstanz 2001.
Bernd Raffelhüschen, Christoph Borgmann, *Zur Nachhaltigkeit der schweizerischen Fiskal- und Sozialpolitik. Eine Generationenbilanz*, seco-Studienreihe Strukturberichterstattung Nr. 3, Staatssekretariat für Wirtschaft seco, Bern 2001.
Robert B. Reich, *Die neue Weltwirtschaft: Das Ende der nationalen Ökonomien*, Fischer, Frankfurt am Main 1996.
Stéphane Rossini, *Budget social de la Suisse. Nécessité et perspectives*, Réalités sociales, Lausanne 1995.
Kuno Schedler, Isabella Proeller, *New Public Management*, Haupt, Bern 2000.
Staatssekretariat für Wirtschaft seco, *Grundlagen der Wirtschaftspolitik*, Studienreihe des Staatssekretariats für Wirtschaft, Leistungsbereich »Wirtschaftspolitische Grundlagen«, seco, Bern 2000.
Rudolf H. Strahm, *Arbeit und Sozialstaat. Analysen und Grafiken zur schweizerischen Wirtschaft im Zeichen der Globalisierung*, Werd, Zürich 1997.

Klaus Arnold Vallender, *Schweizerisches Steuerlexikon*, 3 Bände, Schulthess, Zürich 1999 f.
Hannelore Weck, Werner W. Pommerehne, Bruno S. Frey, *Schattenwirtschaft*, Vahlen, München 1984.

8. Politisches System, nationale und internationale Institutionen

Jean-Michel Bonvin, *L'Organisation internationale du travail. Étude sur une agence productrice de normes*, Presses Universitaires de France, Paris 1998.
Stefan Brupbacher, *Fundamentale Arbeitsnormen der Internationalen Arbeitsorganisation: eine Grundlage der sozialen Dimension der Globalisierung*, Stämpfli, Bern 2002.
Wolfgang Dietz, Barbara Fabian, *Das Räderwerk der Europäischen Kommission*, Economica, Bonn 1998.
Raimund E. Germann, *Öffentliche Verwaltung in der Schweiz*, Haupt, Bern 1998.
Arthur Haefliger, Frank Schürmann, *Die europäische Menschenrechtskonvention und die Schweiz*, Stämpfli, Bern 1999.
Yvo Hangartner, Andreas Kley, *Die demokratischen Rechte in Bund und Kantonen der Schweizerischen Eidgenossenschaft*, Schulthess, Zürich 2000.
Berndt Keller, *Europäische Arbeits- und Sozialpolitik*, Oldenbourg, München 2001.
Ulrich Klöti, Peter Knoepfel et al. (Hrsg.), *Handbuch der Schweizer Politik*, NZZ Buchverlag, Zürich 2002.
Hanspeter Kriesi (Hrsg.), *Le système politique suisse*, Economica, Paris 1995.
Wolf Linder, *Schweizerische Demokratie. Institutionen, Prozesse, Perspektiven*, Haupt, Bern 1999.
Leonhard Neidhart, *Die politische Schweiz: Fundamente und Institutionen*, NZZ Buchverlag, Zürich 2002.
Dieter Nohlen (Hrsg.), *Wörterbuch Staat und Politik*, Piper, München 1991.
Frank Pfetsch, *Die Europäische Union: Geschichte, Institutionen, Prozesse*, Uni-Taschenbücher, Stuttgart 2001.
René Rhinow, *Die Bundesverfassung 2000. Eine Einführung*, Helbing & Lichtenhahn, Basel 2000.
Martin Senti, *Internationale Regime und nationale Politik. Die Effektivität der Internationalen Arbeitsorganisation (ILO) im Industrieländervergleich*, Haupt, Bern 2002.
Richard Senti, *WTO. System und Funktionsweise der Welthandelsordnung*, Schulthess, Zürich 2000.
Daniel Thürer, Rolf H. Weber, Roger Zäch (Hrsg.), *Bilaterale Verträge Schweiz – EG. Ein Handbuch*, Schulthess, Zürich 2002.
Günther Unser, *Die UNO. Aufgaben und Strukturen der Vereinten Nationen*, dtv, München 1997.

9. Arbeit, Arbeitsmarkt

Klaus Armingeon, Simon Geissbühler (Hrsg.), *Gewerkschaften in der Schweiz: Herausforderungen und Optionen*, Seismo, Zürich 2000.
Jürg Baillod et al. (Hrsg.), *Zeitenwende Arbeitszeit: Wie Unternehmen die Arbeitszeit flexibilisieren*, vdf Hochschulverlag, Zürich 1997.
Marie-Louise Barben, Elisabeth Ryter (Hrsg.), *Verflixt und zugenäht!, Frauenberufsbildung – Frauenerwerbsarbeit 1888–1988*, Chronos, Zürich 1988, S. 45–54.
Peter Böhringer, *Arbeitsrecht. Ein Lehrgang für die Praxis*, Orell Füssli, Zürich 2001.
Peter Böhringer, Rainer Mössinger, *Das Neue Arbeitsgesetz. Ein systematischer Überblick*, Kaufmännischer Verband, Zürich 2001.
Marlis Buchmann et al., *Halb drinnen – halb draussen. Analysen zur Arbeitsmarktintegration von Frauen in der Schweiz*, Rüegger, Chur/Zürich 2002.
Jacqueline Bühlmann, Beat Schmid, *Unbezahlt – aber trotzdem Arbeit*, Bundesamt für Statistik, Neuenburg 1999.
Caritas Schweiz, *Trotz Einkommen kein Auskommen – working poor in der Schweiz*, Caritas, Luzern 1998.
Bernard Degen, »Zur Geschichte der Arbeitslosigkeit in der Schweiz«, in: *Widerspruch*, Nr. 25, 1993, S. 37–46.
Robert Fluder, *Politik und Strategien schweizerischer Arbeitnehmer-Organisationen*, Rüegger, Chur/Zürich 1998.
Robert Fluder, *Interessenorganisationen und kollektive Arbeitsbeziehungen im öffentlichen Dienst der Schweiz*, Seismo, Zürich 1996.
Robert Fluder, Heinz Ruf, Walter Schöni, Martin Wicki, *Gewerkschaften und Angestelltenverbände in der schweizerischen Privatwirtschaft: Entstehung, Mitgliedschaft, Organisation und Politik seit 1940*, Seismo, Zürich 1991.

Michael Gerfin, Robert Leu, Stephan Brun, Andreas Tschöpe, *Armut unter Erwerbstätigen in der Schweiz: Eine Beurteilung alternativer wirtschaftspolitischer Lösungsansätze*, Staatssekretariat für Wirtschaft seco, Bern 2002.
Gerhard Gerhards, *Grundriss des neuen Arbeitslosenversicherungsrechts*, Haupt, Bern 1996.
Michel Gollac, Serge Volkoff, *Les conditions de travail*, La Découverte, Paris 2000.
Andrea Grawehr, Carlo Knöpfel, *Ergänzender Arbeitsmarkt. Ein erfolgreiches Konzept zur sozialen und beruflichen Integration?*, Caritas, Luzern 2001.
Bettina Heintz et al., *Ungleich unter Gleichen. Studien zur geschlechtsspezifischen Segregation des Arbeitsmarktes*, Campus, Frankfurt am Main 1997.
Carlo Knöpfel, Simone Prodolliet, *Prekäre Arbeitsverhältnisse in der Schweiz*, Caritas, Luzern 2001.
Jürgen Kocka, Claus Offe (Hrsg.), *Geschichte und Zukunft der Arbeit*, Campus, Frankfurt am Main/New York 2000.
Beate Krais, Margaret Maruani (Hrsg.), *Frauenarbeit – Männerarbeit. Neue Muster der Ungleichheit auf dem europäischen Arbeitsmarkt*, Campus, Frankfurt am Main 2001.
Bruno Marelli, *Arbeitsvermittlung und Stellensuche in der Schweiz*, Rüegger, Grüsch 1985.
Walter Müller-Jentsch, *Soziologie der industriellen Beziehungen*, Campus, Frankfurt am Main/New York, 1997.
Erwin Murer (Hrsg.), *Neue Erwerbsformen – veraltetes Arbeits- und Sozialversicherungsrecht?*, Stämpfli, Bern 1996.
Manfred Rehbinder, *Schweizerisches Arbeitsrecht*, Stämpfli, Bern 2002.
Hans Schmid et al. (Hrsg.), *Vollbeschäftigungspolitik: Der Wille zum Erfolg*, Schriftenreihe des Forschungsinstituts für Arbeit und Arbeitsrecht an der Hochschule St. Gallen, Band 10, Haupt, Bern 1993.
Werner Sesselmeier, Gregor Blauermel, *Arbeitsmarkttheorien. Ein Überblick*, Physica, Heidelberg 1998.
Ullin Streiff, Adrian von Kaenel, *Arbeitsvertrag. Leitfaden zum Arbeitsvertragsrecht*, Organisator, Zürich 1992.
Elisa Streuli, Tobias Bauer, *Working Poor in der Schweiz. Gesamtbericht einer Untersuchung über Konzepte, Ausmass und Problemlagen aufgrund der Daten der Schweizerischen Arbeitskräfteerhebung*, Bundesamt für Statistik, Neuenburg 2002.
Silvia Strub, Tobias Bauer, *Wie ist die Arbeit zwischen den Geschlechtern verteilt?*, Büro für arbeits- und sozialpolitische Studien, Bern 2002.
Emmerich Tálos (Hrsg.), *Atypische Beschäftigung: Internationale Trends und sozialstaatliche Regelungen*, Manz, Wien 1999.
Kurt Wyss, Rosmarie Ruder, »Integrationsmassnahmen zur Bekämpfung der Langzeiterwerbslosigkeit: Starke Segmentierung«, in: *Soziale Sicherheit*, Nr. 5, 1999, S. 239–245.

10. Armut, Ausgrenzung, soziale Ungleichheit

Stefan Bauhofer, Pierre-Henri Bolle (Hrsg.), *Reform der strafrechtlichen Sanktionen*, Rüegger, Chur 1994.
Howard S. Becker, *Außenseiter. Zur Soziologie abweichenden Verhaltens*, Suhrkamp, Frankfurt am Main 1973.
Angelika Diezinger, Verena Mayer-Kleffel, *Soziale Ungleichheit. Eine Einführung für soziale Berufe*, Lambertus, Freiburg i.Br. 1999.
Pierre Gilliand (Hrsg.), *Pauvretés et sécurité sociale*, Réalités sociales, Lausanne 1990.
Martial Gottraux (Hrsg.), *Prisons, droit pénal: le tournant?*, Éditions d'en bas, Lausanne 1987.
Mary E. Helfer, Ruth S. Kempe, Richard D. Krugman (Hrsg.), *Das misshandelte Kind*, Suhrkamp, Frankfurt am Main 2002.
Claudia Honegger, Marianne Rychner (Hrsg.), *Das Ende der Gemütlichkeit. Strukturelles Unglück und mentales Leid in der Schweiz*, Limmat, Zürich 1998.
Reinhard Kreckel (Hrsg.), *Soziale Ungleichheiten*, Soziale Welt, Sonderband 2, Göttingen 1983.
Robert E. Leu, Stefan Burri, Tom Priester, *Lebensqualität und Armut in der Schweiz*, Haupt, Bern 1997.
Ueli Mäder, Elisa Streuli, *Reichtum in der Schweiz. Porträts – Fakten – Hintergründe*, Rotpunktverlag, Zürich 2002.
Serge Paugam, *La disqualification sociale. Essai sur la nouvelle pauvreté*, Presses Universitaires de France, Paris 1991.
Nikolaus Sidler, *Problemsoziologie. Eine Einführung*, Lambertus, Freiburg i. Br. 1999.

Trutz von Trotha (Hrsg.), *Soziologie der Gewalt. Kölner Zeitschrift für Soziologie und Sozialpsychologie Sonderheft 37*, Westdeutscher Verlag, Opladen 1997.
Loïc Wacquant, *Elend hinter Gittern*, UVK/Raisons d'Agir, Konstanz 2000.
Martine Xiberras, *Les théories de l'exclusion. Pour une construction de l'imaginaire de la déviance*, Méridiens Klincksieck, Paris 1994.

11. Migration, Rassismus

Roland Aegerter, Ivo Nezel, *Sachbuch Rassismus. Informationen über Erscheinungsformen der Ausgrenzung*, Pestalozzianum, Zürich 2000.
Monika Alisch, Jens S. Dengschat, *Armut und soziale Integration: Strategien sozialer Stadtentwicklung und lokaler Nachhaltigkeit*, Leske + Budrich, Opladen 1998.
Urs Altermatt, Hanspeter Kriesi (Hrsg.), *Rechtsextremismus in der Schweiz. Organisationen und Radikalisierung in den 1980er und 1990er Jahren*, NZZ Buchverlag, Zürich 1995.
Denise Efionayi-Mäder et al., *Asyldestination Europa*, Seismo, Zürich 2001.
Bernhard Ehrenzeller (Hrsg.), *Aktuelle Fragen des schweizerischen Ausländerrechts*. Schriftenreihe des Instituts für Rechtswissenschaft und Rechtspraxis, Universität St. Gallen, St. Gallen 2001.
Mario Gattiker, *Das Asyl- und Wegweisungsverfahren. Asylgewährung und Wegweisung nach dem Asylgesetz vom 26.6.1998*, Schweizerische Flüchtlingshilfe, Bern 1999.
Werner Haug, *Vom Einwanderungsland zur multikulturellen Gesellschaft. Grundlagen für eine schweizerische Migrationspolitik*, Bundesamt für Statistik, Bern 1995.
Walter Kälin, *Grundrechte im Kulturkonflikt: Freiheit und Gleichheit in der Einwanderungsgesellschaft*, NZZ Buchverlag, Zürich 2000.
Walter Kälin, *Grundriss des Asylverfahrens*, Helbing & Lichtenhahn, Basel 1990.
Georg Kreis, »Die Schweiz wird zum Einwanderungsland«, in: Walter Leimgruber, Werner Fischer (Hrsg.), *»Goldene Jahre«: Zur Geschichte der Schweiz seit 1945*, Chronos, Zürich 1999.
Alain Maillard, Christophe Tafelmacher, *»Faux Réfugiés«? La politique suisse de dissuasion d'asile 1979–1999*, Éditions d'en bas, Lausanne 1999.
Erwin Murer (Hrsg.), *Das Personenverkehrsabkommen mit der EU und seine Auswirkungen auf die soziale Sicherheit der Schweiz*, Stämpfli, Bern 2001.
Peter Niggli, Jürg Frischknecht, *Rechte Seilschaften. Wie die »unheimlichen Patrioten« den Zusammenbruch des Kommunismus meisterten*, Rotpunktverlag, Zürich 1998.
Léon Poliakov et al., *Rassismus: Über Fremdenfeindlichkeit und Rassenwahn*, Luchterhand, Hamburg/Zürich 1992.
Marc Spescha, *Handbuch zum Ausländerrecht*, Haupt, Bern 1999.
Hans-Rudolf Wicker, Rosita Fibbi, Werner Haus (Hrsg.), *Migration und die Schweiz*, Seismo, Zürich 2003.
Johannes Zerger, *Was ist Rassismus? Eine Einführung*, Lamuv, Göttingen 1997.

12. Bildung

Pierre Bourdieu, Jean-Claude Passeron, *Illusion der Chancengleichheit. Zur Soziologie des Bildungswesens am Beispiel Frankreichs*, Suhrkamp, Frankfurt am Main 1971.
Bundesamt für Statistik (BFS) und Schweizerische Konferenz der kantonalen Erziehungsdirektoren (Hrsg.), *Für das Leben gerüstet? Die Grundkompetenzen der Jugendlichen. Nationaler Bericht der Erhebung PISA 2000*, BFS, Neuenburg 2002.
Anita Calonder-Gerster et al., *Schweizerisches Qualifikationsbuch*, Werd, Zürich 1999.
Frank-Olaf Radtke et al. (Hrsg.), *Schulautonomie, Wohlfahrtsstaat und Chancengleichheit. Ein Studienbuch*, Leske + Budrich, Opladen 2000.
André Schläfli, Philipp Gonon, *Weiterbildung in der Schweiz: Die Länderberichte*, Deutsches Institut für Erwachsenenbildung, Frankfurt am Main 1999.
Schweizerische Konferenz der kantonalen Erziehungsdirektoren (EDK) (Hrsg.), *Politische Bildung in der Schweiz*, EDK, Bern 2000.
Schweizerische Konferenz der kantonalen Erziehungsdirektoren (EDK) (Hrsg.), *Stipendienpolitik in der Schweiz*, EDK, Bern 1997.
Emil Wettstein, *Berufliche Bildung in der Schweiz*, Deutschschweizerische Berufsbildungsämter-Konferenz, Luzern 1999.
René Zihlmann (Hrsg.), *Berufswahl in Theorie und Praxis*, sabe, Zürich 1998.

13. Gesundheit

Der Beobachter (Hrsg.), *Krankenversicherung*, Beobachter, Zürich 1998.
Alexander Bischoff, Louis Loutan, *Mit anderen Worten. Dolmetschen in Behandlung, Beratung und Pflege*, Département de Médecine Communautaire HUG, Bern/Genf 2000.
Ulrich Bleidick et al., *Einführung in die Behindertenpädagogik*, Kohlhammer, Stuttgart 1998.
Bundesamt für Gesundheit (BAG), *Die Schweizer Drogenpolitik*, BAG, Bern 2000.
Caritas (Hrsg.), *Sozialalmanach 2003. Gesundheit – eine soziale Frage*, Caritas, Luzern 2003.
Siegfried Eichhorn (Hrsg.), *Chancen und Risiken von Managed Care. Perspektiven der Vernetzung des Krankenhauses mit Arztpraxen, Rehabilitationskliniken und Krankenkassen*, Kohlhammer, Stuttgart 1998.
Felix Gutzwiller, Olivier Jeanneret (Hrsg.), *Sozial- und Präventivmedizin, Public Health*, Huber, Bern 1996.
Heinrich Honsell (Hrsg.), *Handbuch des Arztrechts*, Schulthess, Zürich 1994.
Klaus Hurrelmann, Petra Kolip (Hrsg.), *Geschlecht, Gesundheit und Krankheit. Männer und Frauen im Vergleich*, Hans Huber, Bern 2002.
Ivan Illich, *Die Nemesis der Medizin: die Kritik der Medikalisierung des Lebens*, Beck, München 1995.
Marit Kirkevold, *Pflegewissenschaft als Praxisdisziplin*, Hans Huber, Bern 2002.
Gerhard Kocher, Willy Oggier (Hrsg.), *Gesundheitswesen Schweiz 2001/2002*, Verlag Konkordat der Schweizerischen Krankenversicherer, Solothurn 2001.
Karl W. Kratky, *Komplementäre Medizinsysteme. Vergleich und Integration*, Ibera, Wien 2002.
Hardy Landolt, *Der Pflegeschaden*, Stämpfli, Bern 2002.
Jean Martin, *Médecine pour la médecine ou médecine pour la santé*, Réalités sociales, Lausanne 1996.
Isabelle Meier, Koni Rohner, *Psychotherapie. Ein Ratgeber aus der* Beobachter-*Praxis*, Beobachter, Zürich 1998.
Willy Oggier, *Spitalfinanzierungsmodelle für die Schweiz*, Haupt, Bern 1999.
Stefan Osbahr, *Selbstbestimmtes Leben von Menschen mit einer geistigen Behinderung*, Edition Schweizerische Zentralstelle für Heilpädagogik, Luzern 2000.
Paul Ramer, Josef Rennhard, *Patientenrecht. Ein Ratgeber aus der* Beobachter-*Praxis*, Beobachter, Zürich 1998.
Santésuisse (Hrsg.), *Handbuch der Schweizerischen Krankenversicherung*, Verlag Konkordat der Schweizerischen Krankenversicherer, Solothurn 2002.
Dorothea Sauter, Dirk Richter (Hrsg.), *Gewalt in der psychiatrischen Pflege*, Huber, Bern 1998.
Patricia Schroeder, *Qualitätsentwicklung im Gesundheitswesen*, Hans Huber, Bern 1998.
Wolfram Schüffel et al. (Hrsg.), *Handbuch der Salutogenese. Konzept und Praxis*, Ullstein Medical, Wiesbaden 1998.
Jürg H. Sommer, *Muddling through elegantly: Rationierung im Gesundheitswesen*, EMH, Basel 2001.
Heiner Tobiska, Susi Wiederkehr, Pierre Gobet, *Die Rationierung im Gesundheitswesen: Teuer, ungerecht, ethisch unvertretbar*, Aktion Gsundi Gsundheitspolitik, Zürich 1999.
Walter Weiss (Hrsg.), *Gesundheit in der Schweiz*, Seismo, Zürich 1993.
Anne Witschi, Christoph Junker, Christoph Minder, *Soziale Ungleichheit und Gesundheit in der Schweiz. Ergebnisse der Schweizerischen Gesundheitsbefragung 1992/93*, Institut für Sozial- und Präventivmedizin, Bern 2000.

14. Kindheit, Jugend, Familie

Tobias Bauer, *Kinder, Zeit und Geld. Eine Analyse der durch Kinder bewirkten finanziellen und zeitlichen Belastungen von Familien und der staatlichen Unterstützungsleistungen in der Schweiz*, Büro für arbeits- und sozialpolitische Studien, Bern 1998.
Eidgenössische Expertenkommission Familienbesteuerung, *Bericht der Expertenkommission zur Überprüfung des schweizerischen Systems der Familienbesteuerung*, Eidg. Finanzdepartement, Bern 1998.
Eidgenössische Kommission für Jugendfragen (EKJ), *Grundlagen für eine nationale Kinder- und Jugendpolitik*, EKJ, Bern 2000.
Eidgenössische Kommission für Jugendfragen, *Prügeljugend – Opfer oder Täter?*, Bundesamt für Kultur, Bern 1998.
Eidgenössische Kommission für Jugendfragen, *Ohne Arbeit keine Zukunft? Jugendliche auf der Suche nach ihrem Platz in der Gesellschaft*, Bundesamt für Kultur, Bern 1997.
Regula Gerber Jenni, Christina Hausammann (Hrsg.), *Kinderrechte – Kinderschutz*, Helbing & Lichtenhahn, Basel 2002.

Pierre Gilliand, May Lévy (Hrsg.), *Familles et solidarité dans une société en mutation*, Réalités sociales, Lausanne 1991.
Pierre Gilliand et al., *Pensions alimentaires, pratiques et enjeux*, Réalités sociales, Lausanne 1985.
Daniela Gloor, Hanna Meier, Pascale Baeriswil, Andrea Büchler, *Interventionsprojekte gegen Gewalt in Ehe und Partnerschaft: Grundlagen und Evaluation zum Pilotprojekt Halt-Gewalt*, Haupt, Bern 2000.
Christa Hanetseder, *Frauenhaus: Sprungbrett zur Freiheit?*, Haupt, Bern 1992.
Cyril Hegnauer, *Grundriss des Kindesrechts*, Stämpfli, Bern 1999.
Cyril Hegnauer, Peter Breitschmid, *Grundriss des Eherechts*, Stämpfli, Bern 2000.
Michèle Minelli, *Tabuthema Abtreibung*, Haupt, Bern 2002.
Michael Mitterauer, Reinhard Sieder, *Vom Patriarchat zur Partnerschaft – zum Strukturwandel der Familie*, Beck, München 1991.
Bernhard Pulver, *Unverheiratete Paare. Aktuelle Rechtslage und Reformvorschläge*, Helbing & Lichtenhahn, Basel 2000.
Nora Refaeil (Hrsg.), *Die Gleichbehandlung von Mann und Frau im europäischen und schweizerischen Recht*, Schulthess, Zürich 1996.
Paul Röthlisberger et al. (Hrsg.), *Jugendliche – Trendsetter oder Ausgeschlossene? Ein statistisches Porträt der Jugend*, Bundesamt für Statistik, Bern 1997.
Katharina Rutschky, Reinhart Wolff (Hrsg.), *Handbuch sexueller Missbrauch*, Klein, Hamburg 1994.
François de Singly, *Die Familie der Moderne*, UVK, Konstanz 1995.
Elisa Streuli, *Alleinleben in der Schweiz. Entstehung, Verbreitung, Merkmale*, Soziologisches Institut (Diss.), Zürich 2002.
Irène Théry, Marie-Thérèse Meulders-Klein (Hrsg.), *Fortsetzungsfamilien: neue familiale Lebensformen in pluridisziplinärer Betrachtung*, UVK, Konstanz 1998.
Sabine Walper, »Wenn Kinder arm sind – Familienarmut und ihre Betroffenen«, in: Lothar Böhnisch, Karl Lenz (Hrsg.), *Familien. Eine interdisziplinäre Einführung*, Juventa, Weinheim 1997, S. 265–281.

15. Alter

Gertrud M. Backes, *Alter(n) als »Gesellschaftliches Problem«?*, Westdeutscher Verlag, Opladen 1997.
Bundesamt für Sozialversicherung (BSV) (Hrsg.), *Langlebigkeit – gesellschaftliche Herausforderung und kulturelle Chance. Ein Diskussionsbeitrag aus der Schweiz zur Zweiten Weltversammlung zur Frage des Alterns*, BSV, Bern 2002.
Bundesamt für Statistik (BFS) (Hrsg.), *Szenarien zur Bevölkerungsentwicklung der Schweiz 2000–2060*, BFS, Neuenburg 2001.
Erwin Carigiet, Daniel Grob (Hrsg.), *Der alte Mensch im Spital – Altersmedizin im Brennpunkt*, Gesundheits- und Umweltdepartement der Stadt Zürich, Zürich 2003.
Eidgenössische Kommission »Neuer Altersbericht«, *Altern in der Schweiz, Bilanz und Perspektiven*, Eidgenössische Drucksachen- und Materialzentrale, Bern 1995.
Adalbert Evers, Kai Leichsenring, Birgit Pruckner, *Alt genug um selbst zu entscheiden. Internationale Modelle für mehr Demokratie in Altenhilfe und Alterspolitik*, Lambertus, Freiburg i.Br. 1993.
Jean-Pierre Fragnière, *Pour les retraités. Joies et responsabilités*, Réalités sociales, Lausanne 2001.
Jean-Pierre Fragnière, François Höpflinger, Valérie Hugentobler, *La question des générations: dimensions, enjeux et débats – Generationenfrage: Dimensionen, Trends und Debatten*, Universitäres Institut Alter und Generationen, Sitten 2002.
Pierre Gilliand, *Rentiers AVS. Une autre image de la Suisse*, Réalités sociales, Lausanne 1983.
Dieter Hanhart et al., *Fit für die Pensionierung. Ein Ratgeber aus der Beobachter-Praxis*, Beobachter, Zürich 1998.
Adrian Holderegger, *Suizid – Leben und Tod im Widerstreit*, Paulusverlag, Freiburg 2002.
François Höpflinger, *Bevölkerungssoziologie*, Juventa, Weinheim 1997.
François Höpflinger, Astrid Stuckelberger, *Demographische Alterung und individuelles Altern. Ergebnisse aus dem nationalen Forschungsprogramm Alter/Vieillesse/Anziani*, Seismo, Zürich 1999.
Walter Jens, Hans Küng (Hrsg.), *Menschenwürdig sterben. Ein Plädoyer für Selbstverantwortung*, Piper, München/Zürich 1998.
Gabriela Künzler, *Arme sterben früher. Soziale Schicht, Mortalität und Rentenalterspolitik in der Schweiz*, Caritas, Luzern 2002.
Eckart Liebau (Hrsg.), *Das Generationenverhältnis. Über das Zusammenleben in Familie und Gesellschaft*, Juventa, Weinheim 1997.

Pasqualina Perrig-Chiello, *Wohlbefinden im Alter. Körperliche, psychische und soziale Determinanten und Ressourcen*, Juventa, Weinheim 1997.

Pasqualina Perrig-Chiello, François Höpflinger, *Jenseits des Zenits. Frauen und Männer in der zweiten Lebenshälfte*, Haupt, Bern 2000.

Pro Senectute Schweiz (Hrsg.), *Hochaltrigkeit – eine Herausforderung für Individuum und Gesellschaft*, Pro Senectute, Zürich 2003 (in Vorbereitung).

Alex Schwank, Ruedi Spöndlin (Hrsg.), *Vom Recht zu sterben zur Pflicht zu sterben. Beiträge zur Euthanasiedebatte in der Schweiz*, Edition 8, Zürich 2001.

Alexander Sturm, Felix Largiadèr, Otto Wicki (Hrsg.), *Checklisten der aktuellen Medizin, Checkliste Geriatrie*, Thieme, Stuttgart/New York 1997.

Auswahl sozialpolitischer Fachzeitschriften

AHI-Praxis
Hrsg. vom Bundesamt für Sozialversicherung (BSV), Bern
Berichtet zweimonatlich über Rechtsprechung und Verwaltungspraxis aus den Gebieten der Alters-, Hinterlassenen- und Invalidenversicherung; Ergänzungsleistungen zur AHV/IV; Erwerbsersatzordnung für Dienstleistende in Armee, Zivildienst und Zivilschutz; Familienzulagen. Pflichtlektüre für Mitarbeitende AHV-Ausgleichskassen, IV-Stellen.

AM/ALV-Praxis
Hrsg. vom Staatssekretariat für Wirtschaft (seco), Direktion für Arbeit, Arbeitsmarkt und Arbeitslosenversicherung, Bern
Die vierteljährlich erscheinende Loseblattfolge enthält Weisungen und Mitteilungen zur Arbeitslosenversicherung (Arbeitslosen-, Kurzarbeits-, Schlechtwetter- und Insolvenzentschädigung sowie arbeitsmarktliche Maßnahmen). Pflichtlektüre für Mitarbeitende Arbeitsämter, Arbeitslosenkassen und Regionale Arbeitsvermittlungszentren.

ASIP
Hrsg. vom Schweizerischen Pensionskassenverband, Thun
ASIP enthält Fachmitteilungen zu Vollzug und Rechtsprechung der beruflichen Vorsorge in Loseblattfolge. Verbandsorgan für mit der Führung von Pensionskassen betraute Personen.

AWP, Soziale Sicherheit
Hrsg. von der AG für Wirtschafts-Publikationen, Zürich
AWP berichtet 14-täglich über aktuelle Fragen zur beruflichen Vorsorge und gibt Hinweise zu den übrigen Sozialversicherungen. Richtet sich an Pensionskassenverantwortliche und an Pensionskassenfragen interessierte Personenkreise.

Benefit
Hrsg. von der SUVA, Luzern
Kundenmagazin der SUVA mit Themen zu Unfallverhütung und Arbeitssicherheit, das sich auch an Personen mit Bezug zur Unfallversicherung oder zur Arbeitssicherheit richtet.

Bulletin of the World Health Organization, The International Journal of Public Health
Hrsg. von der Weltgesundheitsorganisation (WHO), Genf
Das Bulletin orientiert monatlich über Gesundheitspolitik in einer Mischung von wissenschaftlichen Beiträgen und praxisrelevanten Informationen.

DEMOS
Hrsg. vom Bundesamt für Statistik (BFS), Neuenburg
DEMOS erscheint alle 4 Monate mit Informationen aus der Demografie für Personen, die an Hintergrundinformationen zu den Systemen der schweizerischen sozialen Sicherheit interessiert sind.

European Journal of Social Work
Hrsg. von Hans-Uwe Otto, Bielefeld und Walter Lorenz, Cork (Irland)
Dieses akademische Diskussionsforum veröffentlicht *peer-reviewed* Abhandlungen über Sozialpolitik, soziale Institutionen und Strategien des sozialen Wandels. Daneben werden Berichte über exemplarische Praxiserfahrungen und Buchbesprechungen publiziert. Die Beiträge sind auf Englisch verfasst, werden aber von deutschen Zusammenfassungen begleitet.

Fachbulletin GPI (Gesundheitspolitische Informationen)
Hrsg. von der Schweizerischen Gesellschaft für Gesundheitspolitik (SGGP), Bern
Das *Fachbulletin GPI* informiert über politische und ökonomische Fragen. Es erscheint vierteljährlich mit jeweils rund 200 Kurzbeiträgen. Die SGGP setzt sich für mehr Zusammenarbeit unter den Partnern im Gesundheitssystem ein.

Bulletin Familienfragen
Hrsg. vom Bundesamt für Sozialversicherung (BSV), Zentralstelle für Familienfragen, Bern
Das Bulletin informiert 3-mal im Jahr über familienpolitische Entwicklungen und Familienfragen im allgemeinen oder internationalen Kontext. Neben einem Schwerpunktthema werden Organisationen und neue Publikationen vorgestellt.

Familie und Gesellschaft
Hrsg. vom Bundesamt für Sozialversicherung (BSV), Zentralstelle für Familienfragen, Bern
Gelbe Sonderreihe des *Bulletins Familienfragen*, die Schwerpunktthemen darstellt (1/1998 »Kinder, Zeit und Geld«; 2/1999 »Familienbesteuerung: die drei Reformmodelle«; 3/2001 »Kinderrechte – alles klar?«). Richtet sich an Personen, die sich für Familienpolitik und das schweizerische System der sozialen Sicherheit interessieren.

FEAS, aspects de la securité sociale
Hrsg. vom Verband der Westschweizer Kantonalsektionen des Schweizerischen Verbandes der Sozialversicherungsfachleute (FEAS), Carouge
Verbandsorgan der FEAS (die Deutschschweiz beschränkt sich auf eine Einlage in *Soziale Sicherheit* CHSS). Fachbeiträge zum Vollzug der Sozialversicherungen, Kommentare zu Vorstößen auf dem Gebiete der sozialen Sicherheit, insbesondere der Sozialversicherungen. Pflichtlektüre für Sozialversicherungsfachleute, Personalverantwortliche und alle Personen, die sich für den Vollzug der schweizerischen Systeme der sozialen Sicherung interessieren.

focus 19
Hrsg. von der Schweizerischen Stiftung für Gesundheitsförderung/Stiftung 19, Lausanne
Vierteljährliche Plattform für Akteure aus dem Bereich der Gesundheitsförderung und Prävention. Für am Gesundheitswesen interessierte Personen.

infosantésuisse
Hrsg. von Santésuisse (Dachverband der Krankenversicherer), Solothurn
Aktuelle Themen aus dem Bereiche der sozialen Krankenversicherung. Verbandsorgan, das sich auch an Personen mit Bezug zur obligatorischen Krankenpflegeversicherung richtet. Erscheint 10-mal jährlich.

info:social, Fakten zur Sozialen Sicherheit
Hrsg. vom Bundesamt für Statistik (BFS), Neuenburg
Einmal im Jahr Aktuelles zur Statistik der sozialen Sicherheit. Für an Hintergrundinformationen zu den schweizerischen Systemen der sozialen Sicherheit interessierte Personen.

International Labour Review
Hrsg. von der Internationalen Arbeitsorganisation (ILO), Genf
Interdisziplinäre Analysen zu den Themen Arbeitsmarkt und Beschäftigung sowie umfangreiches und international vergleichendes statistisches Material zu Arbeitsumfang, Arbeitslosigkeit usw. Erscheint 4-mal jährlich.

Internationale Revue für Soziale Sicherheit
Hrsg. von der Internationalen Vereinigung für soziale Sicherheit (IVSS), Genf
Bedeutende internationale Fachzeitschrift auf dem Gebiet der sozialen Sicherheit: Sie enthält 4-mal im Jahr Artikel führender Expertinnen und Experten der sozialen Sicherheit aus aller Welt mit internationalen Vergleichen und ausführlichen Studien über fachspezifische Fragen sowie Analysen der Systeme der sozialen Sicherheit in verschiedenen Ländern; dazu kommt ein regelmäßiger, umfassender Überblick über die neuesten Veröffentlichungen auf diesem Gebiet. Pflichtlektüre für Fachleute auf dem Gebiet der sozialen Sicherheit und alle Personen, die sich für den Vollzug der Systeme der sozialen Sicherung interessieren.

Journal of European Social Policy
Hrsg. von Ian Gough, University of Bath, Großbritannien
Diese englischsprachige Zeitschrift will umfassend über sozialpolitische Fragen berichten (Alterspolitik, Familien-, Geschlechter- und Gesundheitspolitik, internationale Organisationen, Migration,

Armut, Berufsmobilität, Arbeitslosigkeit und Ehrenamtlichkeit). Sie veröffentlicht sowohl theoretische als auch empirische Analysen der aktuellen sozialpolitischen Entwicklungen in Europa.

Mitteilungen über die berufliche Vorsorge
Hrsg. vom Bundesamt für Sozialversicherung (BSV), Bern
Loseblattfolge mit mehreren Ausgaben pro Jahr; Stellungnahmen des Bundesamts zur Rechtsprechung auf dem Gebiet der beruflichen Vorsorge. Pflichtlektüre für Pensionskassenverantwortliche.

Olympe. Feministische Arbeitshefte zur Politik
Hrsg. von einem Redaktionsteam, Autorinnen-Verlag, München/Zürich
Die Redaktorinnen der *Olympe* wollen den politischen Diskurs beeinflussen, indem sie über die unterschiedlichen Lebensbedingungen von Frauen und frauenpolitische Kontroversen berichten. Die *Feministischen Arbeitshefte zur Politik* erscheinen 2-mal jährlich.

RKUV
Hrsg. vom Bundesamt für Sozialversicherung (BSV), Bern
Berichtet alle 3 Monate über Rechtsprechung und Verwaltungspraxis aus Kranken- und Unfallversicherung. Pflichtlektüre für Kranken- und Unfallversicherer.

Schweizer Personalvorsorge
Hrsg. vom Verlag Personalvorsorge und Sozialversicherung (VPS), Luzern
Monatszeitschrift für alle Fragen der beruflichen Vorsorge. Je Nummer mit Schwerpunktthema zu Pensionskassenfragen, mit Hinweisen zu den Sozialversicherungen und Mitteilungen der Konferenz der kantonalen BVG- und Stiftungsaufsichten. Pflichtlektüre für Pensionskassenverantwortliche, Stiftungsräte und weitere Personenkreise, wie Personalfachleute, die sich für Fragen unseres Systems der sozialen Sicherheit interessieren.

Schweizerische Zeitschrift für Politikwissenschaft (SZPW)
Hrsg. von der Schweizerischen Vereinigung für Politische Wissenschaft, Bern
Die *SZPW* veröffentlicht 3-mal im Jahr Beiträge aus allen Feldern der Politikwissenschaft, also auch aus der Sozialpolitik. Sie enthält wissenschaftliche Abhandlungen, Forschungsnotizen, Literaturberichte, Debatten über kontroverse Fragen und Buchrezensionen. Wer sich über direkte Demokratie, Föderalismus und Konkordanzpolitik informieren will, findet hier viele wichtige Beiträge.

Schweizerische Zeitschrift für Soziologie (SZS)
Hrsg. von der Schweizerischen Gesellschaft für Soziologie, St. Gallen
Die *SZS* veröffentlicht 3-mal im Jahr Beiträge aus allen Bereichen der Soziologie. Sie enthält wissenschaftliche Abhandlungen, Forschungsnotizen und Buchrezensionen. Wer sich über den soziologischen Wissensstand und die Schweizer Sozialpolitik unterrichten will, findet in der *SZS* wichtige Beiträge.

Soziale Medizin. Das kritische Magazin im Gesundheits- und Sozialwesen
Hrsg. von der Schweizerischen Gesellschaft für ein Soziales Gesundheitswesen (SGSG), Basel
Die Zweimonatsschrift befasst sich mit dem Sozial- und Gesundheitswesen aus einer parteipolitisch unabhängigen Perspektive. Die SGSG versteht sich als sozialpolitisch fortschrittlich.

Soziale Probleme
Hrsg. von der Sektion »Soziale Probleme und soziale Kontrolle« in der Deutschen Gesellschaft für Soziologie, Centaurus Verlag, Pfaffenweiler, Deutschland
Die halbjährlich erscheinende Zeitschrift strebt an, zu einem zentralen Diskussionsforum der sozialwissenschaftlichen Forschung über soziale Probleme zu werden. Sie integriert Beiträge aus verschiedenen Fachbereichen und bietet sowohl anwendungsbezogenen als auch grundlagenorientierten Abhandlungen Platz.

Soziale Sicherheit CHSS
Hrsg. vom Bundesamt für Sozialversicherung (BSV), Bern
Die *Soziale Sicherheit CHSS* informiert alle zwei Monate über Neuerungen, Projekte und Entwicklungen in allen Sozialversicherungszweigen und den angrenzenden Gebieten. Für alle am sozialpolitischen Geschehen der Schweiz interessierten Personen (Fachpersonen und Laien) von Interesse.

Sozialwissenschaftliche Literaturrundschau. Sozialarbeit – Sozialpädagogik – Sozialpolitik – Gesellschaftspolitik
Hrsg. von Hans-Uwe Otto, Heinz Sünker, Hans Thiersch, Universität Tübingen, Deutschland
Diese Zeitschrift ist unentbehrlich, um sich einen Überblick über den Forschungsstand in der Sozialpolitik zu verschaffen. Sie enthält Rezensionsaufsätze, Essays, Einzelbesprechungen und Bibliografien zu den Bereichen Sozialarbeit, Sozialpädagogik, Sozialpolitik und Gesellschaftspolitik.

Statistisches Jahrbuch der Schweiz
Hrsg. vom Bundesamt für Statistik (BFS), Verlag Neue Zürcher Zeitung, Zürich
Das *Statistische Jahrbuch* fasst die wichtigsten statistischen Ergebnisse zu Bevölkerung, Gesellschaft, Staat, Wirtschaft und Umwelt des Landes zusammen. Es dient nicht nur als Nachschlagewerk, sondern zeichnet mit seinen Übersichtsbeiträgen auch ein umfassendes Bild der sozialen und wirtschaftlichen Lage der Schweiz. Es enthält zudem eine CD-ROM mit der elektronischen Version der Publikation, ergänzt durch das regionalstatistische Jahrbuch *Kantone und Städte der Schweiz*.

Schweizerische Zeitschrift für Sozialversicherung und berufliche Vorsorge
Hrsg. vom Stämpfli Verlag AG, Bern
Erscheint zweimonatlich mit Fachbeiträgen zu Fragen im Vollzug der beruflichen Vorsorge und Sozialversicherungen (Koordination), zur Rechtsprechung und mit Mitteilungen der Konferenz der kantonalen BVG- und Stiftungsaufsichten. Pflichtlektüre für mit der Leitung eines Sozialversicherungsträgers betraute Personen und Pensionskassenverantwortliche.

Traverse. Zeitschrift für Geschichte
Hrsg. von der Schweizerischen Gesellschaft für Wirtschafts- und Sozialgeschichte (SGWSG), Chronos Verlag, Zürich
Traverse enthält sozial- und wirtschaftsgeschichtliche Abhandlungen, welche regelmäßige sozialpolitische Institutionen untersuchen. Die 3-mal jährlich erscheinende Zeitschrift sammelt Beiträge zu einem Schwerpunktthema. Zudem enthält sie Debattenbeiträge, ein kommentiertes historisches Dokument und Buchbesprechungen (z.B. Drogen und Sucht, Arbeitslosigkeit, Geschichte usw.).

Trends in der Sozialen Sicherheit
Hrsg. von der Internationalen Vereinigung für soziale Sicherheit (IVSS), Genf
Berichtet zweimonatlich über Gesetzesänderungen, Gesetzesentwürfe und Reformvorschläge in der sozialen Sicherheit weltweit. Die wichtigste Informationsquelle ist ein Netzwerk von Korrespondenten aus Institutionen der sozialen Sicherheit. Pflichtlektüre für Fachleute auf dem Gebiet der sozialen Sicherheit und alle Personen, die sich für den Vollzug der Systeme der sozialen Sicherung interessieren.

Die Volkswirtschaft
Hrsg. vom Staatssekretariat für Wirtschaft (seco), Bern
Diese Monatszeitschrift sammelt Beiträge von verschiedenen Autoren zu einem aktuellen wirtschaftspolitischen Thema. Die Autoren schreiben in eigenem Namen.

Vorsorge aktuell
Hrsg. vom Verlag Personalvorsorge und Sozialversicherung (VPS), Luzern
Erscheint wöchentlich (nur via Mail als PDF erhältlich). Laufendes Update mit neuesten Informationen zur beruflichen Vorsorge und aus den Sozialversicherungen. Für alle am Vollzug des schweizerischen Systems der sozialen Sicherheit beteiligten Personen von Interesse.

Zeitschrift für Sozialhilfe
Hrsg. von der Schweizerischen Konferenz für Sozialhilfe (SKOS), Bern
Offizielles Organ der SKOS. Monatliche Beiträge und Entscheide aus dem Bereich Fürsorge, Sozialversicherung, Jugendhilfe und Vormundschaft. Pflichtlektüre für alle Sozialarbeitenden sowie für Personen, die sich mit sozialen Fragen auseinander setzen.

Gertrud E. Bollier, Ludwig Zurbriggen

Autorinnen und Autoren

Christoph **Abderhalden**, Pflegewissenschaftler MNSc, Weiterbildungszentrum für Gesundheitsberufe WE'G Aarau/Zürich, Zürich.
Ewald **Ackermann**, Redaktor deutschsprachiger Pressedienst des Schweizerischen Gewerkschaftsbundes, Bern.
Joachim **Ahrens**, Kommunikationsbeauftragter, wissenschaftlicher Mitarbeiter, Direktion für Entwicklung und Zusammenarbeit, Bern.
Michael **Allgäuer**, Stabsjurist, Gesundheits- und Umweltdepartement der Stadt Zürich, Zürich.
Herbert **Ammann**, Soziologe, Geschäftsleiter Schweizerische Gemeinnützige Gesellschaft, Zürich.
Margrit **Annen-Ruf**, Journalistin, Mitglied Leitender Ausschuss Schweizerischer Seniorenrat, Luzern.
Peter **Aregger**, Ökonom, Leiter Managed Care und Leistungen ÖKK Öffentliche Krankenkassen Schweiz, Luzern.
Christoph **Auer**, Direktionsadjunkt Bundesamt für Justiz, Bern.
Kurt **Bachmann**, Spezialarzt für Psychiatrie und Psychotherapie, Chefarzt Zentrum für Psychiatrie und Psychotherapie Spital Region Oberaargau SRO, Langenthal.
Rita **Baldegger**, Leiterin Kommunikation/Information, Staatssekretariat für Wirtschaft seco, Bern.
René **Balmer**, Jurist, Stabsmitarbeiter Amt für Zusatzleistungen zur AHV/IV der Stadt Zürich, Zürich.
Andreas **Balthasar**, Politikwissenschaftler, Interface Institut für Politikstudien, Luzern.
Vincent **Barras**, historien, médecin, professeur à l'Institut universitaire romand d'histoire de la médecine et de la santé, Universités de Genève et Lausanne.
Sophie **Barras Duc**, politologue, Service social de la ville de Romont.
Miriam **Bass**, Genf.
Tobias **Bauer**, Volkswirtschaftler, Büro für arbeits- und sozialpolitische Studien BASS, Bern.
Felix **Baumann**, Jurist, Gerichtsschreiber, Kantonsgericht Freiburg, Marly.
Peter H. **Baumann**, Rigi Kaltbad.
Carmen **Baumeler**, Soziologin, ETH Technikgeschichte, Zürich.
Michael **Baumgartner**, Sozialarbeiter HFS, Projektleiter Pro Juventute, »jung & stark«, Zürich.
Alessandro **Bee**, Volkswirtschaftler, wissenschaftlicher Mitarbeiter, Wirtschaftswissenschaftliches Zentrum, Universität Basel, Basel.
Philippe **Bender**, Adjunkt der Direktion Schweizerisches Rotes Kreuz, Bern.
Petra **Benz**, Erziehungswissenschaftlerin, wissenschaftliche Mitarbeiterin Departement Sozialarbeit und Sozialpolitik, Universität Freiburg.
Alexandre **Berenstein** †
Manfred Max **Bergman**, Projektleiter SIDOS Neuenburg, Lecturer Cambridge University.
Brigitte **Bisig**, Leiterin Arbeitsbereich Gesundheitsbeobachtung/Epidemiologie Herz-/Kreislaufkrankheiten, Institut für Sozial- und Präventivmedizin, Universität Zürich.
Monika **Bitterli**, Rechtsanwältin, Basel.
Susanne **Blank**, Ökonomin, Leiterin Dossier Wirtschaftspolitik, Travail.Suisse, Dachverband für Arbeitnehmende, Bern.
Markus **Blaser**, Student Geschichtswissenschaften, Universität Freiburg.
Maryse **Bloch Bonstein**, travailleuse sociale, Lausanne.
Isabelle **Bohrer**, wissenschaftliche Mitarbeiterin, SBS/ASPAS Geschäftsstelle, Bern.
Peter **Böhringer**, Jurist, Dozent Zürcher Hochschule Winterthur, Rechtskonsulent mit Schwerpunkt Arbeitsrecht, Zürich.
Jean-Pierre **Boillat**, travailleur social, Centre de Contact Suisses-Immigrés, Genève.
Gertrud E. **Bollier**, eidg. dipl. Sozialversicherungs-Expertin, gebo Sozialversicherungen AG, Pfaffhausen.
Félix **Bollmann**, Ökonom, Direktor der Schweizerischen Stiftung der Glückskette, Genf.
Rudolf **Bolzern**, Leiter der Abteilung Geistes- und Sozialwissenschaften, Schweizerischer Nationalfonds, Bern.
Jean-Pierre **Bonafé-Schmitt**, chargé de recherche CMRS-Université Lyon II, responsable scientifique du Master européen de médiation, Institut universitaire Kurt Bösch, Sion.
Thomas **Bonda**, Leiter Kontakt- und Anlaufstellen BS, Suchthilfe Region Basel.
Alberto **Bondolfi**, théologien, professeur, Centre lémanique d'éthique, Université de Lausanne.

Pierre **Bonnet** †
Jean-Michel **Bonvin**, sociologue, professeur, Université de Genève.
Matthias **Bopp**, Geograf und Epidemiologe, wissenschaftlicher Mitarbeiter Institut für Sozial- und Präventivmedizin, Universität Zürich.
Jean-Marie **Bouverat**, Leiter der Abteilung Kinderschutz, Zentralstelle für Familienfragen, Bundesamt für Sozialversicherung, Bern.
Charlotte **Braun-Fahrländer**, Ärztin, Leiterin der Abteilung Umwelt und Gesundheit, Institut für Sozial- und Präventivmedizin, Universität Basel.
Roger **Braunschweig**, Ökonom und Jurist, Leiter Direktionsstab Eidgenössische Steuerverwaltung, Bern.
Claude **Bridel**, professeur honoraire, Faculté de théologie, Université de Lausanne.
Heinz **Bruni**, Zentralsekretär Schweizerische Stiftung Pro Juventute, Zürich.
Andrea **Büchler**, Juristin, Professorin Lehrstuhl für Privatrecht mit Schwerpunkt ZGB, Rechtswissenschaftliche Fakultät, Universität Zürich.
Bundesamt für Flüchtlinge, Bern.
Bundesamt für Polizei, Bern.
Bundesamt für Wohnungswesen, Grenchen.
Bundesamt für Zuwanderung, Integration und Auswanderung (IMES), Bern.
Erwin **Carigiet**, Jurist, Departementssekretär Gesundheits- und Umweltdepartement der Stadt Zürich, Dozent Hochschule für Wirtschaft Luzern, Zürich.
Dolores Angela **Castelli Dransart**, professeure-chercheure, Haute École fribourgeoise de travail social, Fribourg.
Sandro **Cattacin**, Professor in Sozial- und Gesundheitspolitik, Direktor Schweizerisches Forum für Migrations- und Bevölkerungsstudien, Neuenburg.
Anne-Lise **Cattin**, Philologin, wissenschaftliche Mitarbeiterin Bundesamt für Verkehr, Bern.
Martine **Chaponnière**, professeure, chargée de cours à l'Université de Genève.
Michael **Claussen**, Sozialarbeiter, Stellenleiter Plusminus, Budget- und Schuldenberatung Basel.
Pascal **Coullery**, Jurist, Eidgenössisches Departement des Innern, Bern.
Bernard **Dafflon**, Professor Departement Volkswirtschaftslehre, Universität Freiburg.
Gianni **D'Amato**, Sozialwissenschaftler, Projektleiter Schweizerisches Forum für Migrations- und Bevölkerungsstudien, Universität Neuenburg.
Claus-Heinrich **Daub**, Professor für Marketing, Fachhochschule Nordwestschweiz Aargau, Baden.
Bernard **Degen**, Historiker, Dozent/Oberassistent Historisches Institut, Universität Bern.
Marie-Luce **Délez**, professeure, École d'études sociales et pédagogiques, Lausanne.
Ervin **Deplazes**, Rechtsanwalt, Partner bei Isler Partner Rechtsanwälte, Stäfa/Zürich.
Béatrice **Despland**, directrice adjointe, Institut de droit de la santé, Université de Neuchâtel.
Andreas **Diekmann**, Professor für Soziologie, Institut für Soziologie, Universität Bern.
Markus **Döbeli**, Journalist, wissenschaftlicher Mitarbeiter Bundesamt für Statistik, Neuenburg.
Franziska **Dörig**, Soziologin, Projektleiterin Fachstelle für Stadtentwicklung der Stadt Zürich.
Matthias **Drilling**, Sozialgeograf, Dozent Fachhochschule für Soziale Arbeit beider Basel, Basel.
Jean-Louis **Duc**, professeur honoraire, Université de Lausanne, Château-d'Oex.
Brigitte **Dumas**, wissenschaftliche Mitarbeiterin, Bundesamt für Sozialversicherung, Bern.
Thomas S. **Eberle**, Soziologe, Professor Soziologisches Seminar, Universität St. Gallen.
Denise **Efionayi-Mäder**, Soziologin, Vizedirektorin Schweizerisches Forum für Migrations- und Bevölkerungsstudien, Neuenburg.
Dieter **Egli**, Soziologe, wissenschaftlicher Mitarbeiter Institut für Soziologie, Universität Basel.
Rebekka **Ehret**, Ethnologin, Lehrbeauftragte Ethnologisches Seminar der Universität Basel, Fachhochschule beider Basel, Europainstitut, Basel.
Barbara **Emmenegger**, Soziologin, Projektleiterin Fachstelle für Stadtentwicklung der Stadt Zürich.
Michael **Emmenegger**, Geograf, Projektleiter Fachstelle für Stadtentwicklung Stadt Zürich.
Claude **Enz**, Service cantonal de recherche et d'information statistiques (SCRIS), Lausanne.
Rudolf **Ergenzinger**, Professor Departement Wirtschaft, Fachhochschule Nordwestschweiz und Oberassistent, Institut für betriebswirtschaftliche Forschung, Lehrstuhl Marketing, Universität Zürich.
Roland **Erne**, Politikwissenschaftler, College Lecturer, Department of Industrial Relations and Human Resources, University College Dublin.
Markus **Fäh**, Psychoanalytiker IPA/SGPsa, Praxis für Psychoanalyse, Supervision, Coaching, Zürich.
Yves **Flückiger**, économiste, professeur, Département d'économie politique, Université de Genève.
Johannes **Flury**, Theologe, Projektleiter Bundesamt für Berufsbildung und Technik, Bern.

Jean-Pierre **Fragnière**, professeur, École d'études sociales et pédagogiques, Lausanne et à l'Université de Genève.
René L. **Frey**, Volkswirtschaftslehre, Professor Wirtschaftswissenschaftliches Zentrum, Universität Basel.
Markus B. **Fritz**, eidg. dipl. Apotheker, Leiter Schweizerische Medikamenten-Informationsstelle SMI, Basel.
Didier **Froidevaux**, Sektionschef Löhne und Arbeitsbedingungen, Bundesamt für Statistik, Neuenburg.
Gisela **Fuchs**, Kommunikationsbeauftragte, Generalsekretariat Konferenz der kantonalen Erziehungsdirektorinnen und -direktoren (EDK), Bern.
Theresa **Furrer**, Soziologin, Winterthur.
Heinz **Gabathuler**, Soziologe, Zürich.
Michele **Galizia**, Ethnologe, Leiter Fachstelle für Rassismusbekämpfung, Eidgenössisches Departement des Innern, Bern.
Jürg **Gassmann**, Rechtsanwalt, Zentralsekretär Schweizerische Stiftung Pro Mente Sana, Zürich.
Daniel **Gelzer**, Facharzt für Allgemeine Medizin, Hausarzt, Redaktion *Soziale Medizin*, Basel.
Michael **Gemperle**, Soziologe, wissenschaftlicher Assistent Institut für Soziologie, Universität Basel.
Brigitta **Gerber**, Ethnologin und Historikerin, wissenschaftliche Mitarbeiterin Schweizerisches Forum für Migrations- und Bevölkerungsstudien, Neuenburg.
Regula **Gerber Jenni**, Juristin, wissenschaftliche Mitarbeiterin Bundesamt für Zuwanderung, Integration und Auswanderung, Bern.
Hans **Geser**, Soziologe, Professor Soziologisches Institut, Universität Zürich.
Fabrice **Ghelfi**, économiste, postgrade en économie de la santé, Département de la santé et de l'action sociale, Université de Lausanne.
Roger **Girod**, professeur honoraire de l'Université de Genève, Confignon.
Anne **Giroud**, cheffe du Service de protection de la jeunesse, Département de la formation et de la jeunesse de l'État de Vaud, Lausanne.
Philippe **Gnaegi**, chargé de cours, Département de travail social et politiques sociales, Université de Fribourg.
Pierre **Gobet**, Soziologe, wissenschaftlicher Mitarbeiter Departement Sozialarbeit und Sozialpolitik, Universität Freiburg.
Martin A. **Graf**, Soziologe, kritische Theorie, Pädagogik, Winterthur.
Pia **Graf-Vögeli**, Geschäftsführerin Schweizerische Gesellschaft für Gerontologie, Bern.
Andrea **Grawehr**, wissenschaftliche Mitarbeiterin im Bildungs- und Kulturdepartement des Kantons Obwalden, Luzern.
Pierre-Yves **Greber**, juriste, professeur, Département de droit du travail et de la sécurité sociale, Faculté de droit, Université de Genève.
Spartaco **Greppi**, economista, Dipartimento Lavoro Sociale, Scuola Universitaria Professionale della Svizzera italiana, Lugano.
Alain **Griffel**, Jurist, Privatdozent Universität Zürich, Dürnten.
Daniel **Grob**, Chefarzt Klinik für Akutgeriatrie, Stadtspital Waid, Zürich.
Silvia **Grossenbacher**, Erziehungswissenschaftlerin, Stellvertretende Direktorin Schweizerische Koordinationsstelle für Bildungsforschung, Aarau.
Wally **Gschwind-Fiegele**, Psychologin und Berufsberaterin IV-Stelle Basel-Stadt, Basel.
Olivier **Guillod**, juriste, professeur, directeur de l'Institut de droit de la santé, Université de Neuchâtel.
Felix **Gutzwiller**, Mediziner, Ordinarius und Institutsdirektor Institut für Sozial- und Präventivmedizin, Universität Zürich.
Christine **Haag**, wissenschaftliche Mitarbeiterin, Schweizerischer Wissenschafts- und Technologierat, Bern.
Gerda **Haber**, Sozialarbeiterin HFS, Geschäftsleiterin Fachstelle für Schuldenfragen im Kanton Zürich, Zürich.
Karin **Hadorn-Janetschek**, Redaktorin Medienstelle Schweizerische Beratungsstelle für Unfallverhütung bfu, Bern.
Theo **Haldemann**, Leiter Spezialprojekte in der Finanzverwaltung der Stadt Zürich.
Patrick **Haemmerle**, Arzt, Kinder- und Jugendpsychiater und Psychotherapeut, Chefarzt Kinder- und Jugendpsychiatrischer Dienst des Kantons Freiburg.
Sibylle **Hardmeier**, Politikwissenschaftlerin, Professorin, Institut für Politikwissenschaft, Universität Zürich.
Katrin **Hartmann**, Soziologin, Koordinatorin Ecpat Switzerland, Co-Leiterin Kindesschutz Schweiz, Bern.

Martin **Haug**, Heilpädagoge, Bildungsclub Region Basel, Basel.
Ernst **Hauri**, Leiter Bereich Politik und Grundlagen, Bundesamt für Wohnungswesen, Grenchen.
Marcel **Heiniger**, dipl. Geograf, wissenschaftlicher Mitarbeiter Sektion Bevölkerungsentwicklung, Bundesamt für Statistik, Neuenburg.
Manfred **Hettling**, Historiker, Professor Institut für Geschichte, Martin-Luther-Universität Halle-Wittenberg.
Marianne **Hochuli**, Koordinatorin der entwicklungspolitischen Organisation Erklärung von Bern und Verantwortliche für den Bereich Handelspolitik, Zürich.
Yvonne **Hofstetter Rogger**, dipl. Sozialarbeiterin und Mediatorin, Dozentin Hochschule für Sozialarbeit HSA, Bern.
Michael **Hohn**, Abteilungsleiter Sozialamt der Stadt Bern, Direktion für Soziale Sicherheit der Stadt Bern.
Pia **Hollenstein**, Berufsschullehrerin im Gesundheitswesen, Schule für Gesundheits- und Krankenpflege, St. Gallen.
Patrick Edgar **Holzer**, Fürsprecher, wissenschaftlicher Mitarbeiter Integrationsbüro EDA/EVD, Bern.
François **Höpflinger**, Soziologe, Professor Universitäres Institut Alter und Generationen (INAG), Sitten.
Michel **Hottelier**, professeur, Département de droit constitutionnel, Faculté de droit, Université de Genève.
Valérie **Hugentobler**, politologue, collaboratrice scientifique Institut universitaire Âges et Générations (INAG), Sion.
Helene **Huldi**, Frauenärztin, Frauenpraxis Runa, Solothurn.
Karin **Huwiler-Müntener**, Ärztin, wissenschaftliche Mitarbeiterin Institut für Sozial- und Präventivmedizin, Universität Bern.
Walter **Ilg**, Redaktor/Berater *Beobachter*, Schaffhausen.
Martin **Imoberdorf**, dipl. Sozialarbeiter, Soziale Dienste Binningen.
Daniel **Iseli**, dipl. Sozialarbeiter, Supervisor und Organisationsberater, Dozent und Projektleiter Hochschule für Sozialarbeit HSA, Bern.
Ben **Jann**, Soziologe, Assistent Institut für Soziologie, Universität Bern.
Piergiorgio **Jardini**, Ispettorato delle finanze, Bellinzona.
Dominique **Joye**, directeur du SIDOS, Neuchâtel; professeur associé Université de Neuchâtel.
Anne **Juhasz**, Soziologin, wissenschaftliche Mitarbeiterin Soziologisches Institut, Universität Zürich.
Christoph **Junker**, Epidemiologe, wissenschaftlicher Mitarbeiter Sektion Gesundheit, Bundesamt für Statistik, Neuenburg.
Bettina **Kahil-Wolff**, professeure extraordinaire, Institut de recherches sur le droit de la responsabilité civile et des assurances, Université de Lausanne et professeure associée, Chair du droit de travail et des assurances sociales, Université de Fribourg.
Katharina **Kanka**, Familienfrau/Bauökologin, ehrenamtlich Tätige, Präsidentin Fachstelle Assistenz Schweiz (FAssiS), Hinterkappelen.
Felix **Keller**, Soziologe, Oberassistent Soziologisches Institut, Universität Zürich.
Sibylle **Keller**, Soziologin, Winterthur.
Dominique **Kern**, Sozialer Arbeiter – Management im Nonprofit-Bereich, freischaffender Sozialwissenschaftler, TS-SA Kern Travail Social – Soziale Arbeit, Straßburg.
Ueli **Kieser**, Rechtsanwalt, Zürich.
Christoph **Kilchenmann**, Volkswirtschaftler, wissenschaftlicher Mitarbeiter Wirtschaftswissenschaftliches Zentrum, Universität Basel.
Irene **Kissling**, Psychomotoriktherapeutin, Ausbildungsleiterin Abteilung Psychomotorik, GDS/IfB Basel.
Carlo **Knöpfel**, Leiter Bereich Grundlagen Caritas Schweiz, Luzern.
Caroline **Knupfer**, Soziologin, wissenschaftliche Mitarbeiterin Schweizerische Konferenz für Sozialhilfe (SKOS), Bern.
Jean-Claude **Knutti**, ancien directeur du Service des mineurs et des tutelles, Neuchâtel.
Uwe **Koch**, Leiter Rechtsdienst Amt für Zusatzleistungen zur AHV/IV der Stadt Zürich, Zumikon.
Alkuin **Kölliker**, Politologe, wissenschaftlicher Mitarbeiter Max-Planck-Projektgruppe »Recht der Gemeinschaftsgüter«, Bonn.
Irene **Kriesi**, Soziologin, wissenschaftliche Mitarbeiterin Soziologisches Institut, Universität Zürich und Professur für Soziologie, ETH Zürich.
Jürg **Krummenacher**, Direktor Caritas Schweiz, Präsident Schweizerische Arbeitsgemeinschaft für Sozialpolitik, Luzern.

Hagen **Kühn**, Ökonom, Privatdozent Wissenschaftszentrum für Sozialforschung, Berlin.
Andreas **Kunz**, Leitung Medienabteilung und Pressesprecher Greenpeace Schweiz, Zürich.
Stefan **Kutzner**, Diplom-Soziologe, wissenschaftlicher Mitarbeiter Departement Sozialarbeit und Sozialpolitik, Universität Freiburg.
Andrea **Lanfranchi**, Fachpsychologe für Psychotherapie FSP, Dozent Hochschule für Heilpädagogik, Zürich und Ausbildungsinstitut für systemische Therapie und Beratung, Meilen.
Ernst **Langenegger**, Jurist, Sozialdepartement der Stadt Zürich, Zürich.
Anni **Lanz**, Solidarité sans frontières, Bern.
Günther **Latzel**, Berater im Gesundheits- und Sozialwesen BRAINS, Zürich.
Jean-Marie **Le Goff**, démographe, maître d'enseignement et de recherche, Centre lémanique des parcours et modes de vie et Laboratoire de démographie et études familiales, Universités de Genève et de Lausanne.
Philippe **Le Grand Roy**, avocat, chef des Services juridiques pour la Suisse latine, Office fédéral de l'Assurance militaire, Carouge.
Walter **Leimgruber**, Ordinarius für Volkskunde/Europäische Ethnologie, Universität Basel.
Irene **Leu**, Geschäftsführerin Stiftung Basler Wirrgarten, Basel.
Simone **Leuenberger**, Beraterin diverser Organisationen der privaten Behindertenhilfe, Lehrerin für Wirtschaft und Recht, Lehrkraft Gymnasium und Handelsmittelschule, Thun.
René **Levy**, sociologue, professeur, Institut d'anthropologie et de sociologie (IAS), Université de Lausanne.
Anne **Lévy**, Politologin, wissenschaftliche Mitarbeiterin Koordinations- und Dienstleistungsplattform Sucht KDS, Bundesamt für Gesundheit, Bern.
Brigitte **Liebig**, Sozialwissenschaftlerin, Oberassistentin und Projektleiterin Psychologisches Institut, Sozialpsychologie I, Universität Zürich.
Thomas **Locher**, Professor Institut für öffentliches Recht, Universität Bern.
Claude **Longchamp**, Politikwissenschaftler, GFS-Forschungsinstitut Politik und Staat, Bern.
Riccardo **Lucchini**, Professor, Präsident Departement der Gesellschaftswissenschaften, Universität Freiburg.
Iris **Ludwig**, Diplompädagogin, Pflegeberaterin MA, Programmleiterin Master in Nursing Science, Weiterbildungszentrum für Gesundheitsberufe WE'G, Aarau.
Daniel **Luginbühl**, Projektleiter Interinstitutionelle Zusammenarbeit, Staatssekretariat für Wirtschaft seco, Direktion für Arbeit, Bern.
Ueli **Mäder**, Soziologe, Professor, Fachhochschule für Soziale Arbeit beider Basel, Universitäten Basel und Freiburg.
Christoph **Maeder**, Soziologe, Professor, Leiter Forschung, Institut für Soziale Arbeit, Hochschule für Technik, Wirtschaft und Soziale Arbeit St. Gallen.
Rolf **Maegli**, Fürsprecher, Vorsteher Sozialhilfe der Stadt Basel, Basel.
Chantal **Magnin**, Soziologin, wissenschaftliche Mitarbeiterin Institut für Soziologie, Universität Bern.
Pascal **Mahon**, professeur, Division juridique UER de droit, Université de Neuchâtel.
Kai-Olaf **Maiwald**, Soziologe, wissenschaftlicher Mitarbeiter Institut für Soziologie, Universität Tübingen.
Carlo **Malaguerra**, ehemaliger Direktor des Bundesamts für Statistik, Professor an der Universität Neuenburg, Muri b. Bern.
Christian **Marazzi**, professore, Scuola universitaria professionale della Svizzera italiana, Mendrisio.
Jacques **Martin**, Conseiller principal pour les affaires multilatérales, Direction du développement et de la collaboration, Bern.
Jean **Martin**, privat-docent, Médecin cantonal de l'État de Vaud, Lausanne.
Ruth **Mascarin**, Ärztin, Allgemeinmedizin FMH, Basel.
Philippe **Mastronardi**, ordentlicher Professor für öffentliches Recht, Juristische Abteilung Universität St. Gallen.
Frank **Mathwig**, Theologe, Ethiker, wissenschaftlicher Mitarbeiter Christkatholische und Evangelische Theologische Fakultät, Fachbereich Ethik, Universität Bern.
Lucrezia **Meier-Schatz**, Politologin, Generalsekretärin Pro Familia Schweiz, St. Peterzell.
François-Xavier **Merrien**, professeur, Institut des sciences sociales et pédagogiques, Université de Lausanne.
Gil **Meyer**, professeur, École d'études sociales et pédagogiques, Lausanne.
Ulrich **Meyer-Blaser**, Fürsprecher, Professor, Bundesrichter am Eidgenössischen Versicherungsgericht, Luzern.

Tilly **Miller**, Professorin für Soziale Arbeit und Politikwissenschaft, Katholische Stiftungsfachhochschule München.
Andreas **Missbach**, Historiker und Soziologe, Mitarbeiter der Erklärung von Bern, Zürich.
Cristina **Molo Bettelini**, responsabile Centro di documentazione e ricerca, Organizzazione sociopsichiatrica cantonale, Mendrisio.
Willi **Morger**, Mitglied der Geschäftsleitung Schweizerische Unfallversicherungsanstalt (SUVA), Luzern.
Peter **Mösch**, Jurist, Dozent Hochschule für Soziale Arbeit, Luzern.
Véronique **Mottier**, sociologue et politologue, professeure boursière FNRS, Institut d'études politiques et internationales, Université de Lausanne.
Markus **Mugglin**, Ökonom, Marly.
Regula **Mühlebach**, Juristin, Geschäftsleiterin Schweizerischer Mieterinnen- und Mieterverband Deutschschweiz, Zürich.
Catherine **Mueller**, Sozialwissenschaftlerin, Istituto di filosofia e sociologia del diritto, Università degli Studi, Milano.
Georg **Müller**, Soziologe, Maître d'enseignement et de recherche Departement Gesellschaftswissenschaften, Universität Freiburg.
Heinz **Müller**, Professor, Paar- und Familienberater, Supervisor IHS Basel, Beratungspraxis, Basel.
Klaus **Müller**, Gesundheitsökonom, freier Berater Integria Consult Dr. Klaus Müller, Bern.
Eva **Nadai**, Soziologin, Dozentin Fachhochschule Solothurn Nordwestschweiz, Olten.
Manfred **Neuhaus**, dipl. Sozialarbeiter, Assistent Departement Sozialarbeit und Sozialpolitik, Universität Freiburg.
Johanna **Niederberger-Burgherr**, Master in Nursing Science, Programmverantwortliche Höheres Fachdiplom Spitexpflege, Weiterbildungszentrum für Gesundheitsberufe WE'G, Zürich.
Michael **Nollert**, Soziologe, assoziierter Professor Departement Sozialarbeit und Sozialpolitik, Universität Freiburg, Oberassistent Soziologisches Institut, Universität Zürich.
Odilo **Noti**, Leiter Bereich Kommunikation Caritas Schweiz, Luzern.
Martin **Nyffenegger**, Fürsprecher, Jurist, Stellvertretender Sektionschef, Bundesamt für Zuwanderung, Integration und Auswanderung, Bern.
Larissa **Ogertschnig-Berdiyev**, Juristin, wissenschaftliche Mitarbeiterin Europäisches Hochschulinstitut, Florenz.
Willy **Oggier**, Gesundheitsökonom, Gesundheitsökonomische Beratungen AG, Zürich.
Alessandro **Pelizzari**, Soziologe, wissenschaftlicher Mitarbeiter Departement Sozialarbeit und Sozialpolitik, Universität Freiburg.
Andreas **Pfeuffer**, Soziologe, wissenschaftlicher Mitarbeiter Fachbereich Geschichte und Soziologie, Universität Konstanz.
Tom **Priester**, Bundesamt für Statistik, Sektion Soziale Sicherheit, Neuenburg.
Jean-Claude **Prince**, secrétaire syndical FTMH, Delémont.
Simone **Prodolliet**, Ethnologin, Leiterin des EKA-Sekretariats, Eidgenössische Ausländerkommission, Bern.
Bernhard **Pulver**, Jurist, Großrat, Bern.
Nicolas **Queloz**, Professor für Strafrecht und Kriminologie, Rechtswissenschaftliche Fakultät, Universität Freiburg.
Jean-Pierre **Rageth**, chargé des questions sociales, Département de l'action sociale et de la santé, Genève.
Thomas **Ragni**, Historiker und Ökonom, wissenschaftlicher Mitarbeiter Staatssekretariat für Wirtschaft seco, Wirtschaftspolitische Grundlagen, Ressort Arbeitsmarkt- und Sozialpolitik, Bern.
Caroline **Regamey**, sociologue, chargée de recherche, Centre Social Protestant Vaud, Lausanne.
Christoph **Rehmann-Sutter**, Philosoph und Biologe, Leiter der Arbeitsstelle für Ethik in den Biowissenschaften, Universität Basel.
Ernst **Reimann**, Direktor Amt für Zusatzleistungen zur AHV/IV der Stadt Zürich, Zürich.
Irène **Renz**, Fachfrau für öffentliche Gesundheit, Leiterin Gesundheitsförderung Baselland, Riehen.
Gérard de **Rham** †
Charles **Ridoré**, animateur, Villars-sur-Glâne.
Martin **Rohner**, Ökonom, Ressortleiter Multilaterale Finanzinstitutionen, Staatssekretariat für Wirtschaft seco, Bern.
Sonja **Rosenberg**, Psychologin und Pädagogin, Generalsekretariat der Schweizerischen Konferenz der Rektorinnen und Rektoren der Pädagogischen Hochschulen, Bern.

Walter **Rösli**, Psychologe, Leiter Ressort Soziales, Wirtschafts- und Sozialdepartement Basel-Stadt.
Martino **Rossi**, direttore Divisione dell'azione sociale, Bellinzona.
Sergio **Rossi**, Ökonom, Lehr- und Forschungsrat Departement für Volkswirtschaftslehre, Universität Freiburg.
Stéphane **Rossini**, professeur, DTS, Université de Neuchâtel et DESMAP, Université de Genève.
Robert **Roth**, professeur, Département de droit pénal de la Faculté de droit, Université de Genève.
Sandra **Rothböck**, Soziologin, Projektleiterin, MAYA Bangalore, Karnataka, Indien.
Urs **Rufli**, dipl. Sozialpädagoge, ISORBA, Basel.
Christina **Ruggli-Wüest**, Advokatin, Leiterin Aufsichtsbehörde BVG und Stiftungsaufsicht Kanton Basel-Stadt, Justizdepartement Basel-Stadt.
Dieter **Ryffel**, Direktor der Interkantonalen Landeslotterie, Zürich.
Stefan **Sacchi**, Sozialwissenschaftler, Professor für Soziologie, ETH Zürich und Cue Sozialforschung, Zürich.
Max **Salm**, wissenschaftlicher Mitarbeiter Schweizerischer Wissenschafts- und Technologierat, Bern.
Alexander **Salvisberg**, Soziologe, wissenschaftlicher Mitarbeiter Soziologisches Institut, Universität Zürich.
Santésuisse, Solothurn.
Claudine **Sauvain-Dugerdil**, professeure, directrice du Laboratoire de démographie économique et sociale, Université de Genève.
Susi **Saxer**, Pflegewissenschaftlerin, Dozentin Programmleitung HöFa II, Weiterbildungszentrum für Gesundheitsberufe WE'G, Aarau.
Gustavo **Scartazzini**, Rechtsanwalt, Privatdozent, Bundesrichter, Bundesgerichtsschreiber, Luzern.
Rolf **Schaeren**, Direktor Departement Wirtschaft, Fachhochschule Aargau, Baden.
Hans Rudolf **Schelling**, Sozialpsychologe, wissenschaftlicher Mitarbeiter Psychologisches Institut, Sozialpsychologie I, Universität Zürich.
Isabelle **Schenker**, wissenschaftliche Mitarbeiterin Bundesamt für Flüchtlinge, Bern.
André **Schläfli**, Direktor Schweizerischer Verband für Weiterbildung (SVEB), Zürich.
Hector **Schmassmann**, Sozialwissenschaftler, Fachhochschule beider Basel, Departement Bau, Muttenz.
Martin **Schmeiser**, Soziologe, Oberassistent Institut für Soziologie, Universität Bern.
Jacques-André **Schneider**, avocat à Genève, chargé de cours à l'Université de Lausanne.
Ruth **Schnyder**, Juristin, Gerichtsschreiberin Sozialversicherungsgericht Basel-Stadt.
Sabine **Schoch**, Ethnologin, Mitarbeitende Ressourcenzentrum Integration, Schweizerische Flüchtlingshilfe, Bern.
Rudolf **Schütz**, Facharzt FMH für Innere Medizin und Arbeitsmedizin, Chefarzt Arbeitsmedizin, Schweizerische Unfallversicherungsanstalt (SUVA), Luzern.
Peter **Schütz-Aerne**, Sozialarbeiter, Abteilungsleiter Bildung+Sport Pro Senectute Kanton Bern.
Ursula **Schwager**, dipl. Ergotherapeutin, Bildungsexpertin, Zürich.
Alex **Schwank**, Spezialarzt Innere Medizin FMH, Redaktor *Soziale Medizin*, Basel.
Ueli **Schwarzmann**, dipl. Sozialarbeiter, Master of Science in Social Work, Direktor Amt für Altersheime, Zürich.
Kurt **Seifert**, Leiter Bereich Sozialpolitische Fragen Pro Senectute Schweiz, Zürich.
Ariane **Senn**, wissenschaftliche Mitarbeiterin, Schweizerisches Ausbildungszentrum für das Strafvollzugspersonal, Freiburg.
Martin **Senti**, Politologe, Redaktor *Neue Zürcher Zeitung*, Zürich.
George **Sheldon**, Professor, Wirtschaftswissenschaftliches Zentrum, Universität Basel.
Kurt **Siehr**, Professor emeritiert, Hamburg.
Roland **Sigg**, Directeur de recherche, Association internationale de la sécurité nationale (BIT), Genève.
Andreas **Simmen**, Publizist, Verlagsmitarbeiter, Zürich.
Damir **Skenderovic**, Zeithistoriker, Seminar für Zeitgeschichte, Universität Freiburg.
Peter **Sommerfeld**, Sozialwissenschaftler, Leiter Forschung und Entwicklung Fachhochschule Solothurn Nordwestschweiz, Bereich Soziales, Olten.
Marc-Henry **Soulet**, sociologue, professeur, président du Département travail social et politiques sociales, Université de Fribourg.
Raymond **Spira**, alt Bundesrichter, La Chaux-de-Fonds.
Ruedi **Spöndlin**, Jurist, Redaktor *Soziale Medizin*, Basel.
Hanspeter **Stamm**, Soziologe, Lamprecht + Stamm SFB AG, Zürich.

Silvia **Staub-Bernasconi**, Soziologin, dipl. Sozialarbeiterin, Professorin für Soziale Arbeit, Sozialarbeitswissenschaftlerin, Technische Universität Berlin, Universität Freiburg, Wirtschaftsuniversität Wien.
Olivier **Steiner**, Jurist, Gerichtsschreiber Sozialversicherungsgericht Basel-Stadt.
Rudolf **Stohler**, Leitender Arzt Psychiatrische Universitätsklinik Zürich.
Peter **Streckeisen**, Soziologe, wissenschaftlicher Assistent Institut für Soziologie, Universität Basel.
Anton **Streit**, Naturwissenschaftler, Vizedirektor Bundesamt für Sozialversicherung, Bern.
Elisa **Streuli**, Soziologin, Dozentin, Basler Institut für Sozialforschung und Sozialplanung der Fachhochschule für Soziale Arbeit beider Basel, Basel.
Michel **Surbeck**, chef du Service des assurances sociales et de l'hébergement, Département de la santé et de l'action sociale de l'État de Vaud, Lausanne.
Christian **Suter**, Soziologe, Professor Universität Neuenburg und Professor für Soziologie, ETH Zürich.
Christophe **Tafelmacher**, Service d'aide juridique aux exilés (SAJE), Lausanne.
Hannes **Tanner**, Sozialwissenschaftler, Dozent Hochschule für Technik, Wirtschaft und Soziale Arbeit St. Gallen, Studienbereich Soziale Arbeit.
Ueli **Tecklenburg**, Département de la santé et de l'action sociale de l'État de Vaud, Lausanne.
Philippe **Thalmann**, économiste, professeur d'économie de la construction à l'EPFL, directeur du cycle postgrade en expertise immobilière EPFL, Lausanne.
Matthias **Tobler**, Soziologe.
Benno **Torgler**, Volkswirtschaftler, wissenschaftlicher Mitarbeiter Wirtschaftswissenschaftliches Zentrum, Universität Basel.
Frances **Trezevant**, Schweizerisches Arbeiterhilfswerk, Lausanne.
Pierre-Yves **Troutot**, sociologue, directeur de l'École d'éducateurs/trices du jeune enfant, Département de l'instruction publique, Genève.
Peter **Trübner**, Soziologe, Professor Fachhochschule für Soziale Arbeit beider Basel.
Hans Peter **Tschudi** †
Felix **Uhlmann**, Assistenzprofessor für öffentliches Recht, Universität Basel, Advokat, Advokaturbüro Wenger Plattner.
Anita **Ulrich**, Historikerin, Vorsteherin Schweizerisches Sozialarchiv, Zürich.
Werner **Ulrich**, ehem. Titularprofessor für Theorie und Praxis der Sozialplanung, Departement Sozialarbeit und Sozialpolitik, Universität Freiburg, Schliern b. Köniz.
Christian **Urech**, Redaktor der Zeitschrift *pro-juventute-thema*, Sachbuchlektor Verlag Pro Juventute, Buchautor, Zürich.
Olivier **Urfer**, Conches.
Paolo **Urio**, professeur de science politique et science administrative, Université de Genève.
Michel **Valterio**, Jurist, Stellvertretender Direktor Bundesamt für Sozialversicherung, Bern.
Natali **Velert**, Ethnologin, Projektkoordinatorin Abteilung Integration Caritas Schweiz.
Elio **Venturelli**, economista, Bellinzona.
Martine **Verwey**, Medizinethnologin, Büro SoFraG, Zürich.
Regula **Villari**, Zentralsekretärin Schweizerische Arbeitsgemeinschaft der Fachhochschulen und Höheren Fachschulen für Soziale Arbeit (SASSA), Lausanne.
Bernard **Viret**, alt Bundesrichter Eidgenössisches Versicherungsgericht, Professor honoris causa, Universität Lausanne.
Vreni **Vogelsanger**, Sozialarbeiterin, Supervisorin, Leiterin Geschäftsstelle Stiftung KOSCH – Koordination und Förderung von Selbsthilfegruppen in der Schweiz, Basel.
Jean-Bernard **Waeber**, avocat au barreau de Genève, médiateur, spécialiste et enseignant en droit du travail, Genève.
Jean-Claude **Wagnières** †
Thomas **Wahlster**, Diplom-Sozialpädagoge, Fachgruppenleiter Amt für Alterspflege des Kantons Basel-Stadt, Basel.
Bernhard **Walpen**, Sozialwissenschaftler, Wissenschaftler Abteilung Forschung/Grundlagen, Bereich Sozialwissenschaften und Ökonomie, Bethlehem Mission, Immensee.
Bernard **Wandeler**, Dozent Hochschule für Soziale Arbeit, Luzern.
Gioia **Weber**, Ethnologin, Stellvertretende Leiterin des Sekretariats Eidgenössische Kommission gegen Rassismus, GS EDI, Bern.
Hannelore **Weck-Hannemann**, Ökonomin, Universitätsprofessorin Institut für Finanzwissenschaft, Universität Innsbruck.
Peter **Wehrli**, Geschäftsleiter Zentrum für Selbstbestimmtes Leben, Zürich.

Mathias **Weibel**, Psychomotoriktherapeut, Ausbildungsleiter, Abteilung Psychomotorik, GDS/IfB Basel.

Martha **Weingartner**, Erwachsenenbildnerin, Projektleiterin Büro für die Gleichstellung von Frau und Mann der Stadt Zürich.

Pierre **Weiss**, professeur, Université de Genève.

Albert **Wettstein**, Geriater, Chefarzt stadtärztlicher Dienst/Zentrum für Gerontologie, Universität Zürich.

Heinz **Wettstein**, Jurist, Berater und Ausbildner, freischaffender Berater im Sozial-, Bildungs- und Kirchenbereich, Luzern.

Regina **Widmer**, Frauenärztin, Frauenpraxis Runa, Solothurn.

Rolf **Widmer**, Direktor Internationaler Sozialdienst, Genf.

Katja **Windisch**, Soziologin, wissenschaftliche Assistentin Institut für Soziologie, Universität Basel.

Stephan **Wullschleger**, Jurist, Gerichtspräsident Zivilgericht Basel-Stadt.

Daniel **Wyler**, Jurist, Leiter Abteilung Services santésuisse, Solothurn.

Tanja **Zangger**, Soziologin, wissenschaftliche Mitarbeiterin Institut für Soziologie, Universität Basel.

Urs **Zanoni**, MPH, Ressortleiter Gesundheit und Soziales, Redaktion *Beobachter*, Zürich.

Katrin **Zehnder**, Präsidentin Sozialversicherungsgericht, Basel.

Elisabeth **Zemp**, Fachärztin in Prävention und Gesundheitswesen, Oberärztin, Institut für Sozial- und Präventivmedizin, Universität Basel.

Jean **Zermatten**, Président du Tribunal pour mineurs du Canton du Valais, Sitten.

Franz **Ziegler**, Psychologe, Geschäftsleitung Kinderschutz Schweiz.

René **Zihlmann**, Psychologe, Direktor Laufbahnzentrum der Berufsberatung der Stadt Zürich, Zürich.

Patrick **Ziltener**, Soziologe, wissenschaftlicher Mitarbeiter Max-Planck-Institut für Gesellschaftsforschung, Köln.

Erwin **Zimmermann**, sociologue, directeur du Panel suisse des ménages et professeur, Faculté de droit et sciences économiques, Université de Neuchâtel.

Hedi **Zogg**, Journalistin BR, Informationsbeauftragte der Heilsarmee Schweiz-Österreich-Ungarn, Hauptquartier, Bern.

Jean **Zufferey**, assistant social, Unité d'alcoologie, Division d'abus de substances, Hôpitaux Universitaires de Genève.

Ludwig **Zurbriggen**, Sozialwissenschaftler, wissenschaftlicher Mitarbeiter Departement Sozialarbeit und Sozialpolitik, Universität Freiburg.

Ernst **Zürcher**, Politologe, geschäftsführender Sekretär Zentralsekretariat Konferenz der kantonalen Sozialdirektorinnen und -direktoren (SODK), Bern.

Stichwortverzeichnis

Abweichendes Verhalten (Devianz)
Adoption
Agismus
AHV/IV
AIDS/HIV
Alimente
Alimentenbevorschussung
Alkoholismus
Alleinerziehende → Einelternfamilie
Allgemeiner Teil des Sozialversicherungsrechts (ATSG)
Allgemeiner Teil des Sozialversicherungsrechts (Geschichte und Idee)
Alter
Ältere Arbeitnehmerinnen und Arbeitnehmer
Altersarmut
Alterspolitik
Alterspyramide
Altersrenten
Altersversicherung → AHV/IV
Alterung, demografische
Ambulante Versorgung
Analphabetismus → Illettrismus
Angewandte Ökonomie
Anpassung der Leistungen der Ersten und Zweiten Säule an die wirtschaftliche Entwicklung
Anreizsysteme in der Sozialhilfe
Antirassismus
Anwendbares Recht
Äquivalenzprinzip
Arbeit
Arbeiterbewegung
Arbeitsbedingungen (-belastungen)
Arbeitsbeziehungen
Arbeitsfrieden (Abkommen über den)
Arbeitsgesetz
Arbeitslosenhilfe
Arbeitslosenrate → Erwerbslosenrate
Arbeitslosenversicherung
Arbeitslosigkeit
Arbeitslosigkeit (Verfassungsartikel zur)
Arbeitsmarkt
Arbeitsmarkt und Alter
Arbeitsmedizin
Arbeitsorganisation
Arbeitsplatzverlagerung
Arbeitsproduktivität
Arbeitssicherheit
Arbeitssuche
Arbeitsteilung
Arbeitsteilung (internationale)
Arbeitsunfähigkeit
Arbeitsverhältnis
Arbeitsvertrag
Arbeitszeit
Arbeitszufriedenheit
Armut
Armut (neue)
Armutsbesteuerung
Armutsforschung
Armutsgrenzen
Arzthaftung
Ärztin-Patientin-Beziehung (bzw. Arzt-Patienten-Beziehung)
Ärztliche Schweigepflicht
Assessment → Beratung
Assistenz (persönliche oder selbstbestimmte)
Asylgesetz
Asylpolitik
Asylsuchende
Asylwesen
Atypische Beschäftigungsformen
Ausgaben-Umlageverfahren
Ausgleichskasse
Ausgrenzung
Ausländerinnen- und Ausländerpolitik
Außerparlamentarische Kommissionen
Aussperrung (Lockout)
B-Ausweis → Jahresaufenthaltsbewilligung
Beamtenstatus
Bedarfsprinzip
Bedürfnisklausel
Befas (berufliche Abklärungsstelle)
Behinderung
Behinderung, geistige
Beihilfen
Beistandschaft
Beitrag/Prämie
Beitragsprimat
Beobachtung
Beratung
Beruf/Berufswechsel
Berufliche Vorsorge
Berufliche Wiedereingliederung
Berufsberatung
Berufsbildung
Berufsbildungsgesetz
Berufsgeheimnis
Berufslehre
Beschäftigungsmaßnahmen (aktive)
Beschäftigungspolitik
Beschwerde (im Bereich der Sozialversicherungen)
Betreuung/Begleitung (soziale)
Beveridge-Plan
Bevollmächtigung → Stellvertretung/Vertretung
Bilaterale Abkommen
Bildung(spolitik)
Bildungsurlaub

Bioethik
Biografie
Biopolitik
Bologna-Deklaration
Boykott
Bruttoinlandprodukt (BIP)
Budgetpolitik
Bundesamt für Berufsbildung und Technologie
Bundesamt für Flüchtlinge
Bundesamt für Justiz
Bundesamt für Polizei
Bundesamt für Sozialversicherung
Bundesamt für Sozialversicherung (Befugnisse)
Bundesamt für Statistik
Bundesamt für Verkehr
Bundesamt für Wohnungswesen
Bundesamt für Zuwanderung, Integration und Auswanderung
Bundessozialversicherungsrecht
Bürgerrechte
Bürgertum
Bürokratie
C-Ausweis → Jahresaufenthaltsbewilligung
Case Management
Chancengleichheit
Chronisch, Chronifizierung
Demenz
Demografie
Deregulierung
Dezentralisierung/Integration
Diakonie
Dienstleistungsgesellschaft
Direktion für Entwicklung und Zusammenarbeit (DEZA)
Diskriminierung
Dolmetschen im Gesundheitswesen
Drei-Säulen-Prinzip
Dritte Säule (oder Selbstvorsorge)
Dritter Sektor/Nonprofit-Sektor/Gemeinnützigkeit
Drogen(politik)
Duale Gesellschaft
Dunkelziffer
Ehe
Eherecht
Eidgenössische Ausländerkommission
Eidgenössische Kommission für Jugendfragen
Eidgenössische Kommission gegen Rassismus
Eidgenössische Steuerverwaltung
Eidgenössisches Versicherungsgericht
Einelternfamilie
Eingliederungsmaßnahmen
Einheitliche Europäische Akte → Europäische Union
Einkommen(sgarantie)
Einkommensumverteilung
Elterliche Sorge
Emanzipation
Empirische Forschungsmethoden

Entschuldung (von Haushalten)
Entschuldung (von Staaten)
Entwicklungspolitik
Ergänzender Arbeitsmarkt
Ergänzungsleistungen zur AHV/IV
Ergotherapie
Ermessen
Erwachsenenbildung → Lebenslanges Lernen
Erwerbsbevölkerung
Erwerbsersatzordnung
Erwerbslosenrate
Erwerbslosigkeit (Struktur der)
Erwerbsquote
Etatismus
Ethik
Eugenik
Eurokompatibilität/autonomer Nachvollzug
Europäische Bank für Wiederaufbau und Entwicklung
Europäische Freihandelsassoziation (EFTA)
Europäische Gemeinschaft → Europäische Union
Europäische Gemeinschaft und soziale Sicherheit
Europäische Kommission
Europäische Union
Europäische Währungsunion
Europäische Zentralbank → Europäische Währungsunion
Europäische(n) Union (Instrumente der)
Europäische(n) Union (Reglementierung der)
Europäischer Betriebsrat
Europäischer Gerichtshof
Europäischer Gewerkschaftsbund (EGB)
Europäischer Rat
Europäischer Wirtschaftsraum
Europäisches Parlament
Europäisches Währungssystem (EWS) → Europäische Währungsunion
Europarat
Europarat(es) (Instrumente des)
European Free Trade Area → Europäische Freihandelsassoziation (EFTA)
Eurostat/ESSOSS
Euthanasie → Sterbehilfe
Evaluation
Existenzminimum
Existenzsicherung (der Familie)
Experiment (Sozial-)
Externalitäten
Fabrikarbeit (Bundesgesetz)
Fachhochschulen (FHS)
Fachhochschulen und Höhere(n) Fachschulen für Soziale Arbeit (Schweizerische Arbeitsgemeinschaft der, SASSA)
Familie
Familie (Verfassungsartikel zum Schutz der)
Familienarbeit
Familienmediation

Familiennachzug/-zusammenführung
Familienpolitik
Familienrecht
Familiensplitting
Familienzulagen
Fastenopfer, Katholisches Hilfswerk Schweiz
Feminisierung der Arbeit
Finalität
Finanzausgleich
Finanzierung der sozialen Sicherheit: Juristische Aspekte
Finanzierung der sozialen Sicherheit: Wirtschaftliche Aspekte
Finanzkrise
Flexibilisierung von Arbeitsverhältnissen
Flexibilität
Flüchtlinge/Flucht
Föderalismus
Fortbildung → Weiterbildung
Fortpflanzungsmedizin
Frauen und Gesundheit
Frauenerwerbsarbeit
Frauenhäuser
Freiheitsbeschränkende Strafen (Ersatzstrafen)
Freizeit
Freizügigkeit in der beruflichen Vorsorge
Fürsorgerischer Freiheitsentzug
G7 (Gruppe der 7/8)
Gassenzimmer → Kontakt- und Anlaufstellen für Drogenkonsumierende
Gefängnis (Freiheitsentzug)
Gegenseitige Hilfe → Selbsthilfe
Gegenseitigkeit (Grundsatz der)
Geldleistungen
Gemeineigentum
Gemeinwesenarbeit
Gemeinwohl
Generationen
Generationenkonflikte
Generationenvertrag
Generika
Gerechtigkeit
Geriatrie
Gerontologie
Gerontologie (Schweizerische Gesellschaft für)
Gesamtarbeitsvertrag (GAV)
Gesellschaftspolitik
Gesundheit
Gesundheitsförderung
Gesundheitskosten
Gesundheitsversorgung (soziale Ungleichheit in der)
Gesundheitswesen(s) (Finanzierung des)
Gewalt
Gewalt in der Pflege
Gewerkschaften
Ghettoisierung (Integration/Segregation)
Gleichbehandlung von Inländern und Ausländern
Gleichbehandlung von Mann und Frau
Gleichstellung von Mann und Frau
Gleichstellungsbüro
Gleichwertigkeit (Grundsatz der)
Globalisierung
Glückskette
Grundrechte
Grundversicherung (der Krankenversicherung)
Harmonisierung
Hausarztmodell
Haushaltsbudget von Familien
Häusliche Gewalt
Heilsarmee
Hilfe zur Selbsthilfe → Selbsthilfe
Hilflosenentschädigung
Hilfsmittel
Hinterlassenenleistungen → AHV/IV
Hinterlassenenversicherung
HMO
Höhere Fachschulen für Soziale Arbeit → Sozialarbeiterinnen und Sozialarbeiter (Ausbildung der)
Humanitäre Hilfe
Humankapital
Identitätspolitik
Illegale Migration (Sans-Papiers)
Illettrismus
Index der Konsumentenpreise
Indikator der menschlichen Entwicklung (HDI)
Inflation
Informelle Wirtschaft
Insolvenzentschädigung
Integrationspolitik
Integrierte Versorgung
Integritätsentschädigung/-schaden
Interinstitutionelle Zusammenarbeit
Interkantonale Landeslotterie
Interkulturelle Pädagogik
International Labour Organisation (ILO) → Internationale Arbeitsorganisation (ILO)
Internationale Arbeitskonferenz (IAK)
Internationale Arbeitsnormen
Internationale Arbeitsorganisation (ILO)
Internationale Finanzinstitutionen → Internationaler Währungsfonds (IWF), Weltbank, Welthandelsorganisation (WTO)
Internationale Handelsabkommen
Internationale Vereinigung für soziale Sicherheit (IVSS)
Internationaler Sozialdienst (ISS)
Internationaler Währungsfonds (IWF)
Internationales Arbeitsamt (IAA)
Internationales Recht (übergeordnetes Recht)
Invalidenrenten
Invalidenversicherung (IV)
Invalidität
Inzest
IV-Stelle (Invalidenversicherung)

Jahresaufenthaltsbewilligung
Jugendarbeitslosigkeit
Jugendgewalt / -kriminalität
Jugendhilfe
Jugendpolitik
Jugendstrafrecht
Jugend(sub)kultur
Junge Alte
Jus Sanguinis / Jus Soli
Kapitaldeckungsverfahren
Katholische Soziallehre
Kaufkraft
Kaufmännischer Verband der Schweiz (SKV)
Kausalität
Kernfamilie
Kernstadt
Keynesianismus
Kinderarbeit
Kinderarmut
Kinderkosten
Kinderpolitik
(Kinder-)Prostitution
Kinderrechte
Kinderrechtskonvention
Kinderzulagen → Familienzulagen
Kindesmisshandlung
Kindesschutz (Maßnahmen)
Kindesschutz (Teil des Kindesrechts)
Klasse
Kleinkinderzieherin und -erzieher
Klientensystem → Unterstützungssystem
Kollektivgüter und dienstleistungen (reine)
Kommunitarismus
Komplementärmedizin
Konferenz der kantonalen Sozialdirektorinnen und Sozialdirektoren (SODK)
Konkubinat
Konservativismus
Konsum
Konsumentinnen und Konsumenten
Konsumentinnen- und Konsumentenschutz
Konsumentinnen- und Konsumentenverhalten
Konsumgüter
Kontakt- und Anlaufstellen für Drogenkonsumierende (Gassenzimmer)
Konvergenz (in der Europäischen Union)
Konzentrationsprozesse (wirtschaftliche)
Konzerne (multinationale)
Korporatismus → Arbeitsbeziehungen
Kostenbeteiligung (in der Krankenversicherung)
Kostenrechnung
Krankenheime
Krankenkassen
Krankenkassenverbände (kantonale)
Krankenversicherer
Krankenversicherung
Kriminalität
Kriminalstatistik

Krippe und Kindertagesstätte
Krise des Sozialstaats
Kündigung
Kündigungsschutz
Kurzaufenthalter (Saisonnierstatut)
Langzeitarbeitslosigkeit
Lebenserwartung
Lebenslanges Lernen
Lebenslauf
Lebensqualität
Lebensweisen (Wandel der)
Leistung und Gegenleistung
Leistungsauftrag
Leistungsindikatoren
Leistungskatalog der Krankenversicherung
Leistungsprimat
Leistungsvereinbarung
Liberalismus
Lockout → Aussperrung
Lohnindex
Machtmissbrauch
Managed Care
Markt
Marktstudien
Marktwirtschaft
Massenentlassung (Sozialplan)
Master of Nursing Science
Medas (medizinische Abklärungsstelle)
Mediation
Medien
Mediendemokratie
Medikamente
Medizin (Geschichte der)
Menschenrechte (Europäische Konvention der)
Menschenrechte (Europäischer Gerichtshof für)
Menschenrechtserklärung (Allgemeine)
Menschenwürde
Messung der Fruchtbarkeit
Miete (Schutz der Mietenden)
Migration
Migration und Bildung
Migration und Gesundheit
Migrationspolitik
Mikrozensus
Militärdienstverweigerer
Militärversicherung
Mindesteingliederungseinkommen
Mindestlohn
Mitbestimmung / Mitwirkung
Monetarismus
Multikulturalismus
Mutterschaft(sschutz)
Nachhaltigkeit
Nachtwächterstaat
Nationalfonds (Schweizerischer Nationalfonds zur Förderung der wissenschaftlichen Forschung)
Nationalfondsprogramme

Neoliberalismus
Netzwerke → Soziale Netzwerke
New Public Management
Niederlassungsbewilligung
Nord-Süd-Migration
Normalarbeitsverhältnis
Normalarbeitsvertrag
Normen/Regelungen
OECD (Organisation für wirtschaftliche Zusammenarbeit und Entwicklung)
Öffentliche Abgaben
Öffentlicher Dienst
Öffentliches Recht
Ökologische Steuerreform
Ökonomisierung
Opfer von Straftaten (Opferhilfegesetz) (OHG)
Organisation der Vereinten Nationen (UNO)
Palliativmedizin/-pflege
Paritätische Kommission
Partizipation
Patchwork-Familie
Patientinnen- und Patientenrecht
Pauperismus
Pauschalisierung
Peer Groups
Pensionierung (Rentenalter)
Pensionskasse
Personenverkehr (freier)
Persönlicher Geltungsbereich
Persönlichkeit (Schutz der)
Petitionsrecht
Pflege
Pflegefamilie
Pflegeheime
Pflegeversicherung
Pflegewissenschaft
Pflegewohngruppe
Pluralismus → Arbeitsbeziehungen
Politische Bildung
Politische Rechte
Populismus
Postfordismus
Prämienverbilligung
Pränatale Diagnostik
Prävention
Praxisforschung
Preisindex
Prekarisierung
Private Organisationen im Sozialbereich
Privatisierung
Privatrecht
Privatversicherungsrecht
Pro Familia
Pro Juventute
Pro Senectute
Produktegruppen-Globalbudget
Psychiatrie
Psychomotorik

Psychosoziale Dienste
Psychotherapie
Public Health
Qualifikation (berufliche)
Qualitätsentwicklung (-sicherung)
Quoten
Rahmenfristen
Rasse und Ideologie
Rasse und Wissenschaft
Rassismus
Rat der Europäischen Union
Rationierung
Réalités sociales (Verlag)
Recht auf Arbeit
Rechtsanspruch
Rechtsextremismus
Rechtsmittel
Rechtspopulismus
Rechtssicherheit
Referendum
Reformismus
Regionales Arbeitsvermittlungszentrum
Rehabilitation
Reichtum
Rentenwert-Umlageverfahren
Rentnerinnen- und Rentnerverbände
Richtlinien für die Ausgestaltung und Bemessung der Sozialhilfe (SKOS-Richtlinien)
Risiko
Risikoselektion
Sachleistungen
Saisonnierstatut → Jahresaufenthaltsbewilligung
Salutogenese
Sans-Papiers → Illegale Migration
Scheidung
Schichten
Schulsozialarbeit
Schulsystem
Schwangerschaftsabbruch
Schwangerschaftsberatung
Schwarzarbeit
Schweizer Haushaltpanel (SHP)
Schweizerische Arbeitsgemeinschaft für Sozialpolitik (SAS)
Schweizerische Arbeitskräfteerhebung (SAKE)
Schweizerische Gemeinnützige Gesellschaft (SGG)
Schweizerische Konferenz der kantonalen Erziehungsdirektorinnen und -direktoren (EDK)
Schweizerische Konferenz für Sozialhilfe (SKOS)
Schweizerische Lohnstrukturerhebung (LSE)
Schweizerische Vereinigung für Sozialpolitik (SVSP)
Schweizerischer Berufsverband Soziale Arbeit (SBS/ASPAS)
Schweizerischer Gewerkschaftsbund (SGB)
Schweizerischer Informations- und Datenarchivdienst für die Sozialwissenschaften (SIDOS)
Schweizerischer Seniorenrat

Schweizerischer Wissenschafts- und Technologierat
Schweizerisches Arbeiterhilfswerk (SAH)
Schweizerisches Rotes Kreuz (SRK)
Schweizerisches Sozialarchiv
Schweizerisches Strafgesetzbuch (StGB)
Schweizerisches Zivilgesetzbuch (ZGB)
Segmentation (des Arbeitsmarkts)
Seismo (Verlag)
Sekundäranalyse
Selbstbestimmung (selbstbestimmtes Leben für Behinderte)
Selbsthilfe
Selbsthilfegruppen
Selbstmord → Suizid
Selbstverwaltung (betriebliche)
Senilität
Seniorenuniversität
Seniorinnen und Senioren
Sicherheitsmaßnahmen
Sicherheitsrat
Singles
Skalenertrag
Social Marketing
Social Monitoring
Solidarität
Sonderschulung
Sozial
Sozial- und Präventivmedizin
Sozialabzüge
Sozialarbeiterin, Sozialarbeiter → Soziale Arbeit
Sozialarbeiterinnen und Sozialarbeiter (Ausbildung der)
Sozialbilanz
Sozialbudget
Sozialcharta (Europäische)
Sozialdarwinismus
Sozialdumping
Soziale Arbeit
Soziale Bewegungen
Soziale Disqualifizierung
Soziale Entschädigungssysteme
Soziale Gerechtigkeit → Gerechtigkeit
Soziale Kommunikation
Soziale Kontrolle
Soziale Mindeststandards
Soziale Netzwerke
Soziale Probleme (Konstruktion)
Soziale Randgruppe
Soziale Sicherheit (allgemeine Theorie)
Soziale Sicherheit (allgemeiner Begriff)
Soziale Sicherheit (Umfeld)
Soziale Sicherheit (Verfassungsartikel)
Soziale Ungleichheiten
Soziale Ungleichheit vor dem Tod
Soziale Unsicherheit
Soziale(n) Arbeit (Fort- und Weiterbildung in der)
Soziale(n) Sicherheit (Architektur der)
Soziale(n) Sicherheit (Generalisierung der)
Soziale(n) Sicherheit (Kodifikation der)
Soziale(n) Sicherheit (Leistungen der)
Sozialer Schutz
Sozialer Wohlstand
Sozialer Zusammenhalt
Soziales Europa
Sozialethik
Sozialforschung
Sozialhilfe (im engeren Sinne)
Sozialhilfe (im weiteren Sinne)
Sozialhilfeklientinnen und -klienten
Sozialhilfeprinzip
Sozialhilfestatistik
Sozialindikatoren
Sozialisation
Sozialismus
Sozialkapital
Sozialklausel
Sozialleistungsquote
Sozialpädagogin, Sozialpädagoge
Sozialpartnerschaft
Sozialplanung
Sozialpolitik
Sozialpsychiatrie
Sozialrecht
Sozialrechte
Sozialstaat
Sozialstatistik
Sozialstruktur
Sozialverfassung
Sozialversicherungen (allgemeiner Begriff)
Sozialversicherungen (Koordination der)
Sozialversicherungsfachleute (Schweizerischer Verband der)
Sozialversicherungsrechtsprechung
Sozialwesen
Sozialzeit
Sozialziele
Soziokulturelle Animation
Soziologie
Sparpolitik
Spitalfinanzierung
Spitex
Staat, strafender
Staatsbürgerschaft → Bürgerrechte
Staatssekretariat für Wirtschaft (seco)
Staatsverschuldung
Stadt/Land
Städteinitiative
Stationäre Versorgung → Ambulante Versorgung, Integrierte Versorgung, Spitalfinanzierung
Statistische Schätzung
Statuten
Stellvertretung/Vertretung
Sterbehilfe
Sterbende(n) (Rechte der)
Steuerdruck
Steuerdumping
Steuerflucht
Steuerhinterziehung → Steuerflucht

Steuern
Steuern und soziale Sicherheit
Steuerpolitik
Stigma
Stipendien
Strafrechtliche Sanktionen
Streik
Subsidiarität
Subsidiarität in der EU
Substitutionstherapie
Suizid
Suizidrate
Supervision
Tabakkonsum/Tabakprävention
Taggelder (IV)
TARMED, Tarif
Teilen von Arbeit
Teilzeitarbeit
Tertiarisierung → Dienstleistungsgesellschaft
Testament
Tod
Transferleistungen
Transplantationsmedizin
Travail.Suisse (ehem. Christlichnationaler Gewerkschaftsbund)
Trendanalyse
Überentschädigung
Überschuldung
Überversicherung
Umfragen/Umfrageforschung
Umlageverfahren
Umlageverfahren (Formen)
Umweltmedizin
Unbezahlte Arbeit/Freiwilligenarbeit/Ehrenamt
UNESCO
Unfallverhütung
Unfallversicherung
Unfallversicherungsanstalt (Schweizerische) (SUVA)
Ungerechtfertigter Vorteil
Ungleichheit
Ungleichheit zwischen den Generationen
Union der Industrie- und Arbeitgeberverbände von Europa (UNICE)
Universalität
Universitäres Institut Alter und Generationen (INAG)
UNO → Organisation der Vereinten Nationen (UNO)
Unterhaltspflicht
Unterprivilegierung
Unterstützungssystem
Unverheiratete Paare
Urbanisierung
Utilitarismus
Verbände
Verbrauchereinheit
Vereinigung schweizerischer Angestelltenverbände (VSA)

Vereinte(n) Nationen (Instrumente der)
Verfassungsinitiative
Verfügung
Vernehmlassungsverfahren
Verschulden im Sozialversicherungsrecht
Versicherungsobligatorium
Versicherungsprinzip
Versorgungsprinzip
Verwaltungsrecht
Verwaltungsverfahren
Verwaltungsverordnung (Weisung)
Verwandtenunterstützung(spflicht) → Unterhaltspflicht
Verwandtschaftsrecht
Viertes Alter
Volksversicherung
Volkszählung
Vollbeschäftigung
Vollmacht → Stellvertretung/Vertretung
Vorbereitung auf die Pensionierung
Vormundschaft
Vormundschaftsbehörde
Vormundschaftsrecht
Vorruhestand
Weiterbildung
Weltbank
Weltgesundheitsorganisation (WHO)
Welthandelsorganisation (WTO)
Wettbewerb (Konkurrenz)
Wiedereingliederung
Wirkung
Wirkungsindikatoren
Wirkungsorientierte Verwaltungsführung
Wirtschaftliche Tätigkeit (gemäß IAA)
Wirtschafts- und Sozialartikel der Bundesverfassung
Wirtschafts- und Sozialausschuss (der Europäischen Union)
Wirtschaftspolitik
Wirtschaftsverbände (Arbeitgeberorganisationen)
Wohlfahrt
Wohlfahrt (gemeinsame)
Wohlfahrtspluralismus (Welfare Mix)
Wohlfahrtsstaat
Wohnbau- und Eigentumsförderung
Wohnen
Wohnhilfe
Wohnungspolitik
Working Poor
Zero Tolerance (Null-Toleranz)
Zielorientiertes Handeln
Zivildienst
Zivilgesellschaft
Zwang in der Psychiatrie
Zwangssparen
Zwangssterilisation
Zweiklassenmedizin